Fortbildung und Praxis

**Schriftenreihe der Zeitschrift
»Wege zur Sozialversicherung«**

Das neue Recht
der Sozialhilfe
für Sozialberufe

Eine Zusammenstellung der Rechtsprechung

Von

Dirk Heinz, Jurist, Dipl. Soz. Päd.

1. Auflage

133 **2006**

Asgard-Verlag Dr. Werner Hippe GmbH · Sankt Augustin

Bibliografische Information der Deutschen Bibliothek
Die Deutsche Bibliothek verzeichnet diese Publikation in der Deutschen Nationalbibliografie; detaillierte bibliografische Daten sind im Internet über http://dnb.ddb.de abrufbar.

© 2006 by Asgard-Verlag Dr. Werner Hippe GmbH,
Einsteinstraße 10 · 53757 Sankt Augustin
Telefon (0 22 41) 31 64-0
Telefax (0 22 41) 31 64 36
Internet: www.asgard.de
E-Mail: Info@asgard.de

Titel-Nummer 313301
ISBN (10): 3-537-31330-6
ISBN (13): 978-3-537-31330-0

Satz: Satz · Bild · Grafik Marohn, Dortmund
Druck: Wöhrmann Print Service, NL

Gedruckt auf säurefreiem, alterungsbeständigem und chlorfreiem Papier.

Vorwort

Mit dieser Zusammenstellung von Entscheidungen der Verwaltungs- und Sozialgerichtsbarkeit soll dem Umstand Rechnung getragen werden, dass zum 1. Januar 2005 das bisherige Recht der Sozialhilfe, welches im Bundessozialhilfegesetz zusammengefasst war, zersplittert worden ist. Unter dem Stichwort „Hartz-IV-Gesetze" ist diese Verteilung der armen, u.U. arbeitslosen, häufig behinderten Personenkreise „berühmt" geworden.

Zum einen gilt es dabei, die neuere Rechtsprechung der Sozialgerichtsbarkeit, soweit bereits vorhanden, zusammenzutragen, welche zum SGB XII, dem Sozialhilferecht der armen und behinderten Hilfeempfänger zum Teil unter neuen Vorzeichen ergangen ist.

Zum anderen soll eben dem Umstand Rechnung getragen werden, dass das bisherige Bundessozialhilfegesetz in dem neu geschaffenen Zwölften Buch des Sozialgesetzbuches „Sozialhilfe" aufgegangen ist. Dies macht eine Überprüfung hinsichtlich der Kompatibilität von Alt-Rechtsprechung und neuem Recht erforderlich, eine Zuordnung notwendig, um zu sehen, welche Entscheidungen zur Auslegung des neuen Rechts herangezogen werden können.

Den einzelnen Paragrafen des neuen Rechts folgend wird nachstehend eine Zuordnung der Rechtsprechung zu den Vorschriften vorgenommen. Die Leitsätze, welche den Urteilen und Beschlüssen vorangestellt worden sind, sind entweder (in selteneren Fällen) amtlichen Ursprunges oder aber, was weitaus häufiger ist, redaktioneller Art und speziell eben auf diese Zusammenstellung hin geformt.

Die Verkürzung der wiedergegebenen Gründe der Entscheidungen hängt davon ab, inwieweit Sachverhalt und Entscheidungsgründe zum Verständnis der jeweiligen Entscheidung wiedergegeben werden mussten. Der jeweilige Zwischen- oder Rahmentext dient dem Aufbau der Zusammenstellung, soll als Art „Gerüst" durch das Recht geleiten.

Das Verzeichnis der eingearbeiteten Entscheidungen ist unter der Überschrift „Rechtsprechungsverzeichnis" enthalten. Der Aufbau der Zusammenstellung folgt dem des Gesetzes, welches jeweils vorangestellt ist. Einzelne Gesetze werden dabei unter dem Gesichtspunkt der Einschlägigkeit für den angesprochenen Leserkreis nicht kommentiert. Hier war eine Auswahl nötig, schon allein, um die Zusammenstellung nicht unnötig auszuweiten.

Inhaltsverzeichnis

Rechtsprechungsverzeichnis

(nach Gerichten, in historischer Reihenfolge; die fett gedruckten Zahlen sind die Seitenzahlen)

03.12.1996, 5 B 193/95, **125**
29.10.1997, 5 C 34/95, **378**
20.11.1997, 5 C 16/97, **601**
19.12.1997, 5 C 7/96, **572**
26.01.1998, 5 B 40/95, **600**
18.02.1999, 5 C 14/98, **87**
18.02.1999, 5 C 16/98, **87**
18.02.1999, 5 C 35/97, **87, 570**
26.02.1999, 5 B 137/98, **105**
29.12.2000, 5 B 217/99, **91**
22.02.2001, 5 C 8/00, **542**
13.03.2001, 5 B 83/00, **146**
31.05.2001, 5 C 20/00, **330**
28.11.2001, 5 C 9/01, **415**
30.05.2002, 5 C 14/01, **542**
14.11.2002, 5 C 37/01, **533**
13.03.2003, 5 C 2/02, **541**
10.04.2003, 5 C 4/02, **599**
10.07.2003, 5 C 17/02, **594**
29.01.2004, 5 C 2/03, **540**
26.10.2004, 5 B 50/04, **556**
16.12.2004, 5 C 25/04, **533**
28.04.2005, 5 C 28/04, **481**
21.09.2005, B 12 P 6 /04 R, **478**

OVG Sachsen, Entscheidung vom
25.01.2005, 4 B 580/04, **475, 561**

OVG Rheinland-Pfalz, Entscheidung vom
20.09.2000, 12 A 11092/00, **81**
05.04.2001, 12 A 10133/01, **595**
24.03.2003, 12 A 10302/03, **540**
04.04.2003, 12 B 10469/03, **476**
21.10.2004, 12 A 11206/04, **597**

OVG Hamburg, Entscheidung vom
30.10.1987, Bf I 6/87, **511**
20.10.1989, Bf IV 52/89, **490**
27.03.1990, Bs IV 57/90, **518**
29.08.1990, Bs IV 326/90, **470**
21.12.1990, Bf IV 8/90, **490**
19.03.1996, 4 M 2984/93, **527**
09.05.2003, 4 Bs 134/03, **479**
01.10.2003, 4 Bs 330/03, **526**
05.04.1984, Bs I 15/84, **463**
16.01.1990, Bs IV 256/89, **426**
25.07.1991, Bs IV 178/91, **516**
18.08.1993, Bs IV 164/93, **425**

OVG Brandenburg, Entscheidung vom
22.05.2002, 4 B 60/02, **154**
04.11.2004, 4 A 167/02, **494**

OVG Sachsen-Anhalt, Entscheidung vom
10.06.2005, 3 M 416/04, **554**

OVG Saarlouis, Entscheidung vom
277.7.1989, 1 R 200/87, **462**
06.08.1997, 8 Y 9/97, **538**
28.08.2001, 3 W 9/01, **290**

VGH Baden-Württemberg, Entscheidung vom
18.10.1977, VI 478/77, **216**
08.09.1982, 6 S 843/81, **537**
02.02.1983, 6 S 2216/82, **577**
09.04.1987, 6 S 2779/86, **537**
07.03.1988, 6 S 2088/86, **124**
23.06.1988, 7 S 2308/97, **188**
14.02.1990, 6 S 1797/88, **324**
07.03.1990, 6 S 1429/89, **532**
18.06.1990, 6 S 316/90, **537**
22.01.1992, 6 S 3004/90, **469**
15.04.1992, 6 S 2470/90, **438**
13.01.1993, 6 S 2619/91, **463**
16.03.1994, 6 S 1591/92, **84**
20.10.1995, 6 S 2670/94, **601**
21.03.1996, 6 S 1342/ 93, **429**
14.03.1997, 6 S 755/95, **165**
06.04.2000, 7 S 1967/98, **536**
16.02.2001, 7 S 2253/99, **422**
05.12.2001, 7 S 2825/99, **599**
11.03.2002, 7 S 2490/00, **595**
31.07.2003, 12 S 631/03, **552**
19.10.2005, 12 S 1558/05, **480**

VGH Hessen, Entscheidung vom
31.08.1983, 9 TG 4/83, **438**
13.12.1983, IX OE 115/81, **537**
23.03.1990, 9 TG 3385/89, **409, 520**
26.10.1993, 9 VE 1656/91, **86**

OVG Schleswig, Entscheidung vom
07.05.1996, 5 M 53/96, **91**
26.09.2001, 2 L 49/01, **517**
25.02.2005, 3 LB 5/04, **532**

OVG Niedersachsen, Entscheidung vom
14.05.1986, 4 A 116/82, **568**
13.10.1988, 4 B 270/88, **321**
27.10.1989, 4 A 144/88, **467**
31.01.1990, 4 A 128/88, **384**
14.02.1990, 4 A 77/88, **520**
16.01.1992, 4 M 2288/91, **518**
28.12.1993, 4 M 2984/93, **527**
12.06.1995, 12 L 2513/94, **570**

VG Göttingen, Entscheidung vom
01.10.2000, 2 A 2161/99, **518**
20.05.2003, 2 B 194/03, **486**
28.04.2004, 2 A 313/03, **586**

VG Gelsenkirchen, Entscheidung vom
16.03.2004, 2 L 575/04, **489**

VG Wiesbaden, Entscheidung vom
12.11.2004, 2 E 129/02 (3), **492**

VG Stuttgart, Entscheidung vom
06.09.2004, 7 K 3055/04, **494**
02.12.2004, 8 K 1300/04, **573**

VG Neustadt, Entscheidung vom
31.08.2004, 4 L 2124/04 NW, **495**

VG Potsdam, Entscheidung vom
27.07.2004, 7 L 643/04, **495**

VG Bremen, Entscheidung vom
22.10.1999, 7 K 1645/97, **536**

VG München, Entscheidung vom
11.11.1999, M 15 E 99.4014, **538**

VG Köln, Entscheidung vom
09.12.1994, 18 K 458/92, **570**

VG Münster, Entscheidung vom
28.03.2003, 5 K 1522/00, **588**
28.07.2003, 5 K 1410/01, **584**
07.08.2003, 5 K 875/00, **598**

VG Mainz, Entscheidung vom
25.03.2004, 1 K 278/03 MZ, **597**

Vergabekammer Bezirksregierung
Münster, Entscheidung vom
28.05.2004, VK 10/04, **555**

LSG Hamburg, Entscheidung vom
28.01.2005, C 3 B 16/05 ER SO, **235, 272**
22.03.2005, C 3 B 46/05, **142, 233, 486**
05.07.2005, C 3 B 159/05 ER AS, **262, 384**

LSG Niedersachsen, Entscheidung vom
17.02.1963, L 7 S (Ar) 25/62, **192**

LSG Sachsen, Entscheidung vom
14.04.2005, L 3 B 30/05 AS/ER, **264**

LSG Baden-Württemberg, Entscheidung vom
11.06.2005, L 7 SO 1840/05 ER-B, **273**
15.06.2005, L 7 SO 1594/05 ER-B, **408**

LSG Sachsen-Anhalt, Entscheidung vom
15.04.2005, L 2 B 7/05, **277**

LSG Hessen, Entscheidung vom
02.05.2005, L 9 AS 38/05 ER, **454**

LSG Bremen/Niedersachsen, Entscheidung vom
25.04.2005, L 8 AS 39/05 ER, **560**

SG Hamburg, Entscheidung vom
28.01.2005, L 3 B 10/05 ER SO, **145**

SG Düsseldorf, Entscheidung vom
22.02.2005, S 35 SO 23/05 ER, **259**

SG Dortmund, Entscheidung vom
31.03.2005, S 31 AS 82/05 ER, **263**

SG Berlin, Entscheidung vom
14.03.2005, S 38 A Y 13/05 ER, **302**

SG Leipzig, Entscheidung vom
16.12.2004, S 8 KR 540/04, **491**

Bundesgerichtshof, Entscheidung vom
26.09.1957, III ZR 65/57, **191**
23.07.2003, XII ZR 339/00, **586**
21.04.2004, XII ZR 251/01, **585**
26.01.2005, XII ZR 234/03, **560**

OLG Karlsruhe, Entscheidung vom
01.08.2003, 5 WF 88/03, **587**

OLG Stuttgart, Entscheidung vom
29.10.2003, 19 VA 6/03, **587**

OLG Frankfurt, Entscheidung vom
21.11.2003, 3 UF 119/02, **587**

OLG Koblenz, Entscheidung vom
24.05.2004, 13 UF 192/00, **585**

OLG Hamm, Entscheidung vom
30.01.2004, 11 WF 207/03, **476**
24.02.2005, 4 WF 5/05, **561**

OLG Saarbrücken, Entscheidung vom
24.06.2004, 6 UF 77/03, **475**

OLG Brandenburg, Entscheidung vom
11.03.2004, 10 UF 176/03, **475**

OLG München, Entscheidung vom
07.12.2000, 6 U 4759/ 00, **209**
03.03.2005, 3 Z BR 192/04, **593**

I. Einleitung

Mit dieser Zusammenstellung wird der Neuordnung des Sozialhilferechtes mit den sog. „Hartz-IV-Gesetzen" Rechnung getragen, die die Sozialhilfe zum Lebensunterhalt im neunten Buch des Sozialgesetzbuches mit sich brachte, welche vormals im Bundessozialhilfegesetz geregelt war.

Mit den „Hartz-IV-Gesetzen" zur Arbeitsmarktpolitik und des Arbeitslosenrechts erfolgte der Umbau des Systemes der sozialen Sicherung. Dauerarbeitslosigkeit und Armut erwerbsfähiger Bedürftiger wurden aus dem bisherigen System der allgemeinen Sozialhilfe herausgelöst und im Sozialgesetzbuch II – Grundsicherung für Arbeitsuchende – geregelt. Mit der Herauslösung dieses Personenkreises, der ungefähr 80 Prozent der Bedürftigen ausmacht, musste das Sozialhilferecht insgesamt umgeschrieben werden. Das Ergebnis stellt das SGB XII – Sozialhilfe – dar. Inhaltlich lässt sich allgemein sagen, dass mit der Sozialhilfereform durch Herauslösung der erwerbsfähigen Arbeitsuchenden eine Beschränkung des Sozialhilferechts auf den Personenkreis der nicht erwerbsfähigen Bedürftigen verbunden war. Erwerbsfähige und Langzeitarbeitslose erhalten im Falle der Bedürftigkeit seit dem 01.01.2005 „Arbeitslosengeld II" nach dem SGB II.

Im Zuge der Neuregelung des Sozialhilferechts im soeben beschriebenen Sinne wurde auch das bisherige Grundsicherungsgesetz, ein eigenständiges Bundesgesetz zur Bekämpfung „verschämter Armut", in das neu geformte SGB XII eingearbeitet und stellt dort ein eigenes Kapitel dar.

Des Weiteren wurde die Hilfe zum Lebensunterhalt, also die laufende Sozialhilfezahlung, pauschaliert. Auch wurde das „Persönliche Budget" für die in eigenen Kapiteln des Zwölften Buches des Sozialgesetzbuches (SGB XII) geregelten Bereiche der Eingliederungshilfe für behinderte Menschen und die Hilfe zur Pflege eingeführt.

Die eingetragene Lebenspartnerschaft gleichgeschlechtlicher Partner wird der Ehe in jeder Beziehung im Rahmen des SGB XII gleichgestellt. Auch werden „Bestattungskosten" nicht mehr wie früher im Rahmen der Hilfe zum Lebensunterhalt gezahlt, vielmehr nunmehr als „Hilfe in anderen Lebenslagen".

Schließlich wurde die Terminologie Veränderungen unterzogen: Aus dem ehemaligen „Hilfesuchenden" wurde die „nachfragende Person", aus dem „Hilfeempfänger" der „Leistungsberechtigte".

Mit der Neuordnung des Sozialhilferechtes stellt sich die Frage nach der Abweichung der Regelungen des neuen Rechtes von denen des Bundessozialhilferechts.

Aus dem alten Recht übernommen wurde die inhaltliche Inbezugnahme auf die Menschenwürde (§ 1 SGB XII), welche übrigens im Recht der Grundsicherung für Arbeitsuchende nach dem SGB II fehlt (vgl. dort § 1). Auch das Individualitätsprinzip wurde mit § 9 Abs. 1 SGB XII übernommen, ebenso das „Wunsch- und Wahlrecht" (§ 9 Abs. 2 und 3 SGB XII) sowie das „Fachkräfteprinzip" gemäß § 6 SGB XII.

Ein Novum stellt die „Aktivierung" des Leistungsberechtigten im Wege der Beratung und Unterstützung dar, damit aktiv am Leben in der Gemeinschaft einschließlich gesellschaftlichen Engagements teilgenommen wird (§ 11 Abs. 2 Satz 2 und Abs. 3 Satz 1 SGB XII). Auch die „Leistungsabsprache" im Rahmen des „Case managements" (§ 12 SGB XII) wurde neu eingeführt.

Mit dem „Gesetz zur Einordnung des Sozialhilferechts in das Sozialgesetzbuch vom Dezember 2003 (BGBl. I S. 3022) wurde die Systematik des bisherigen Sozialhilferechts verändert. Die Unterteilung in zwei Leistungsgruppen, nämlich die „Hilfe zum Lebensunterhalt" und die „Hilfen in besonderen Lebenslagen" wurde zugunsten einer Einteilung in sieben Kapitel, die Leistungen für jeweilige Lebenslagen bereitstellen, aufgegeben.

II. Umfang der neuen Sozialhilfe – ein Überblick

Die **Sozialhilfe umfasst** in der neuen Form:
- Hilfe zum Lebensunterhalt (§§ 27 bis 40),
- Grundsicherung im Alter und bei Erwerbsminderung (§§ 41 bis 46),
- Hilfen zur Gesundheit (§§ 47 bis 52),
- Eingliederungshilfe für behinderte Menschen (§§ 53 bis 60),
- Hilfe zur Pflege (§§ 61 bis 66),
- Hilfe zur Überwindung besonderer sozialer Schwierigkeiten (§§ 67 bis 69),
- Hilfe in anderen Lebenslagen (§§ 70 bis 74).

Zu den einzelnen Bereichen kann zusammengefasst Folgendes gesagt werden:

Hilfe zum Lebensunterhalt (§§ 27 bis 40 SGB XII)

§ 27 SGB XII umschreibt den durch die „Hilfe zum Lebensunterhalt" gewährten notwendigen Unterhalt, welcher insbesondere „Ernährung, Unterkunft, Kleidung, Körperpflege, Hausrat und Heizung sowie die persönlichen Bedürfnisse des täglichen Lebens" umfasst. Die Hilfe zum Lebensunterhalt wird in erster Linie als Geldleistung erbracht. Nachdem der Bedarf bestimmt worden ist, so bspw. Regelsatz und warme Wohnung, werden Einkommen und Vermögen angerechnet.

Dabei umfasst der Bedarf folgende Bestandteile bzw. setzt sich wie folgt zusammen:
- Regelsätze,
- Unterkunftskosten in Höhe der tatsächlichen, individuellen Aufwendungen, sofern angemessen,
- Heizkosten, soweit angefallen und angemessen,
- etwaige Mehrbedarfe, die zur Aufstockung der Regelsätze führen,
- etwaige Kosten einmaliger Anschaffungen wie Hausratserstausstattungen, Kleidungserstausstattungen bzw. Kosten für Klassenfahrten,
- Beiträge für Kranken- und Pflegeversicherung und für die Altersvorsorge.

Die neuen Regelsätze betragen:

345,00 € für den Haushaltsvorstand oder Alleinstehende,

276,00 € für Kinder ab Vollendung des 14. Lebensjahres,

207,00 € für Kinder bis zur Vollendung des 14. Lebensjahres.

Grundsicherung im Alter und bei Erwerbsminderung (§§ 41 bis 46 SGB XII)

Anspruch auf diese Grundsicherung im Alter bzw. bei Erwerbsminderung haben Personen, die entweder das 65. Lebensjahr vollendet haben oder die das 18. Lebensjahr vollendet haben und dauerhaft erwerbsgemindert sind. Die Höhe dieser Sozialleistung entspricht der der Hilfe zum Lebensunterhalt. Einkommen und Vermögen des Leistungsberechtigten und seines Partners werden angerechnet. Jedoch wird im Unterschied zur Hilfe zum Lebensunterhalt gegenüber unterhaltsverpflichteten Kindern im Sinne der unterhaltsrechtlichen Vorschriften des BGB kein Unterhaltsregress vorgenommen, wenn die Kinder nicht reich sind bzw. über Einkommen unterhalb von 100.000,00 € jährlich verfügen. Letzteres hängt damit zusammen, dass der Regress bei den Kindern, der die Sozialhilfe ansonsten kennzeichnet, viele, meist ältere und einkommensschwache Frauen, die Zielgruppe des ehemaligen Grundsicherungsgesetzes waren, von der Beantragung der Hilfe abhielt.

Hilfen zur Gesundheit (§§ 47 bis 52 SGB XII)

Lediglich die kurzfristigen Sozialhilfebezieher, welche nicht aufgrund des „Gesetzes zur Modernisierung der gesetzlichen Krankenversicherung" seit 01.01.2004 bereits grundsätzlich von den Krankenkassen wie gesetzliche Krankenversicherte Leistungen der Krankenbehandlung erhalten, bekommen aufgrund der Sonderregelungen der §§ 47 bis 52 SGB XII stattdessen Hilfen zur Gesundheit, die inhaltlich denen der Krankenkassen entsprechen.

Eingliederungshilfe für behinderte Menschen (§§ 53 bis 60 SGB XII)

Gemäß § 53 Abs. 3 SGB XII ist es Aufgabe der Eingliederungshilfe, „eine drohende Behinderung zu verhüten, bestehende Behinderungen zu beseitigen oder zu mildern und die Menschen in die Gesellschaft einzugliedern".

Leistungsberechtigt sind Menschen, die eine Behinderung im Sinne des § 2 SGB IX, also eine körperliche, seelische oder geistige Behinderung haben. Es besteht hier eine eingeschränkte Anrechnungverpflichtung bzgl. Einkommen und Vermögen.

Hilfe zur Pflege (§§ 61 bis 66 SGB XII)

Seit Bestehen der Pflegeversicherung ist die Sozialhilfe vor allem zuständig für Pflegebedürftige, welche das Kriterium der „erheblichen Pflegebedürftigkeit" erfüllen, so dass für diese Personen die Leistungen der Pflegeversicherung, die der Höhe nach begrenzt sind, nicht ausreichen.

Hilfe zur Überwindung besonderer sozialer Schwierigkeiten (§§ 67 bis 69 SGB XII)

Hilfe für diesen Personenkreis umfasst Leistungen bei Wohnungslosigkeit und in anderen existenziellen Problemlagen.

Hilfe in anderen Lebenslagen (§§ 70 bis 74 SGB XII)

Hilfe in anderen Lebenslagen umfasst:
- Hilfe zur Weiterführung des Haushaltes (§ 70 SGB XII),
- Altenhilfe (§ 71 SGB XII),
- Blindenhilfe (§ 72 SGB XII),
- Hilfen in sonstigen Lebenslagen als Auffangtatbestand (§ 73 SGB XII).
- Bestattungskosten (§ 74 SGB XII),

III. Die Entwicklung des Sozialhilferechts in Deutschland – ein historischer Abriss

Bereits im Mittelalter waren es zumeist die Großfamilien, die dafür zuständig waren, für die soziale Sicherung ihrer Mitglieder zu sorgen. Auch wurde die Armenfürsorge durch Kirchen, Orden und Klöster gewahrt, wobei später auch Gilden, Zünfte, Genossenschaften und Bruderschaften diese Aufgabe wahrnahmen.

Die öffentliche Armenpflege war ursprünglich in den Städten geboren worden. Dies geschah zunächst durch die Gilden und Zünfte und später als gemeindliche Aufgabe eben der Städte. Das Hauptziel der öffentlichen Ordnung und Sicherheit verfolgten dann die Städte, als sie die Aufgaben der Armenpflege wahrnahmen, dies insbesondere nach der Reformation. Dabei arbeiteten Städte und Kirchen vor allem im 17. Jahrhundert eng zusammen. Durch so genannte „Armenverordnungen" wurde in den Städten der Kooperation zwischen der Kirche und den Kommunalbehörden eine Grundlage gegeben. Bis in das späte 19. Jahrhundert hinein wurde Hilfe grundsätzlich nur in der Heimat gewährt.

Im Deutschen Reich wurde die Organisation der Armenpflege durch das „Eberfelder System" verkörpert, das seinen Namen der Stadt Eberfeld, in der es 1853 in Kraft gesetzt wurde, verdankt. Dieses Modell wurde dann, teilweise verändert, von vielen deutschen Städten adaptiert.

Im System des Eberfelder Modells wurden ehrenamtliche Armenpfleger zur Überprüfung des „Armutsklientels" eingesetzt. Sie hatten dabei auch die Aufgabe, die Betreuung und Leistungserbringung in den Familien zu organisieren und zu überwachen. Dieses System war durch seine hohe Rückführungsquote bei der „Armenlast" (bis zu 50 Prozent) erfolgreich und hatte bis hin in die Zeiten des Nationalsozialismus bestanden.

Im Jahr 1871 wurde das Unterstützungswohnsitzgesetz im Deutschen Reich mit Ausnahme von Bayern eingeführt, das bis 1916 dem Heimatprinzip verpflichtet war. Darin wurden als Träger der öffentlichen Fürsorge die Orts- und Landarmenverbände verankert.

Von einem Anspruch auf Fürsorge konnte aber noch nicht gesprochen werden. In der Zeit des ersten Weltkrieges wurden im Rahmen der „Kriegsopferfürsorge" dann die Strukturen in der Fürsorge grundlegend verankert, die teilweise heute noch anzutreffen sind. Im Reichsversorgungsgesetz, dem Vorläufer des heutigen Bundesversorgungsgesetzes, mithin dem „Gesetz über die Versorgung der Opfer des Krieges" war die „Kriegsopferfürsorge" fester Bestandteil. Dieser Bestandteil ist auch heute noch im Bundesversorgungsgesetz, also demnach für den Personenkreis der Kriegsopfer und derer, die in entsprechender Anwendung des Bundesversorgungsgesetzes „versorgt" werden, enthalten (§§ 25 ff. BVG).

Nicht zuletzt durch eine zunehmende Professionalisierung der sozialen Arbeit in der Weimarer Zeit gekennzeichnet, was auch mit den Folgen des ersten Weltkrieges und der damit verbundenen Verarmung einherging, erfuhr die Armenfürsorge weiteren Fortschritt.

„In den Jahren von 1922 bis 1924 wurden wichtige, bis heute weiterwirkende gesetzliche Grundlagen der Jugend- und Sozialhilfe geschaffen, und zwar das Reichsjugendwohlfahrtsgesetz 1922, die Verordnung über die Fürsorgepflicht (RFV) vom 13.12.1924 und die Reichsgrundsätze über Voraussetzung, Art und Maß der öffentlichen Fürsorge (RGr) vom 14.12.1924. Durch den Erlass dieser Vorschriften wurde ein nahezu reichseinheitliches Fürsorgerecht geschaffen. An die Stelle der Orts- und Landarmenverbände traten die Bezirks- und Landesfürsorgeverbände (Schoch, Sozialhilfe, 1995, S. 7). Das bis Mai 1962 geltende Fürsorgerecht beruhte im Wesentlichen auf der Verordnung über die Fürsorgepflicht – RFV – und auf eben diesen Reichsgrundsätzen über Voraussetzung, Art und Maß der öffentlichen Fürsorge (RGr), beide aus dem Jahre 1924 stammend; trotz mehrfacher Änderungen waren diese Vorschriften in ihrem Kern unverändert geblieben. An bedeutsamen zusätzlichen Sonderregelungen bestanden die verschiedenen Kriegsvereinfachungsverordnungen zum Fürsorgerecht, das Körperbehindertengesetz – KBG – zum 27.02.1957 (BGBl. I. S. 147) und das „Gesetz über die Tuberkulosehilfe" – THG – vom 23.07.1959 (BGBl. I. S. 513) sowie die unter den Fürsorgeträgern für die Geltendmachung von gegenseitigen Kostenerstattungsansprüchen abgeschlossene Fürsorgerechtsvereinbarung – FRV – aus den Jahren 1947/1949. Im Mittelpunkt der Fürsorge stand nach diesen Bestimmungen die Sicherstellung notwendigen Lebensunterhaltes, die sog. „laufende Unterstützung".

Bereits äußerlich demonstrierte das Bundessozialhilfegesetz dann (Schellhorn/Jirasek/Seipp, Kommentar zum BSHG, 1993, Einführung, Rn. 11) mit der Änderung der Bezeichnung „öffentliche Fürsorge" in „Sozialhilfe", dass gegenüber dem bisherigen Recht neues geschaffen werden sollte. Der Begriff der „öffentlichen Fürsorge" war im allgemeinen Sprachgebrauch abgewertet und noch nicht von den Vorstellungen der Armenfürsorge losgelöst worden.

Mit der „Reform des Sozialhilferechts" aus dem Jahre 2003 wurden dann bestimmte Zwecke oder Ziele verfolgt, die sich gut aus den einschlägigen Gesetzesmaterialien entnehmen lassen:

Aus der Bundestagsdrucksache 15/1514 vom 05.09.2003 „Gesetzentwurf der Fraktionen der SPD und Bündnis 90/Die Grünen: Entwurf eines Gesetzes zur Einordnung des Sozialhilferechts in das Sozialgesetzbuch":

A. Problem und Ziel

Reform des Sozialhilferechts bei gleichzeitiger Einordnung als Zwölftes Buch in das Sozialgesetzbuch.

B. Lösung

Der Entwurf enthält eine umfassende Reform des Sozialhilferechts, die einer seit langem bestehenden Forderung, das Recht der Sozialhilfe weiterzuentwickeln, entspricht. Einen besonderen Schwerpunkt bildet ein neues System für die Bemessung der Regelsätze. Die einmaligen Leistungen werden bis auf wenige Ausnahmen in den Regelsatz einbezogen. Die Struktur der Regelsätze wird in der dazu zu erlassenden Rechtsverordnung vereinfacht, die Höhe der Regelsätze aus der im Abstand von fünf Jahren erfolgenden Einkommens- und Verbrauchsstichprobe abgeleitet und die Fortschreibung in der Zwischenzeit an die Entwicklung der Renten gekoppelt. Es entsteht damit auf der Grundlage des geltenden Rechts ein in sich schlüssiges und einfaches Verfahren zur Bemessung der Regelsätze, das geeignet ist, das soziokulturelle Existenzminimum dauerhaft zu sichern. Das neue Sozialhilferecht bildet zugleich das Referenzsystem für zahlreiche, insbesondere steuerfinanzierte Fürsorgeleistungen, einschließlich der Leistung des Arbeitslosengeldes II im neuen Zweiten Buch Sozialgesetzbuch.

Für die in der Sozialhilfe verbleibenden Leistungsberechtigten werden die Instrumente zur Förderung eines aktiven Lebens und zur Überwindung der Bedürftigkeit ausgebaut. Entsprechend dem Grundsatz des „Förderns und Forderns" sollen die Leistungsberechtigten dabei eine größere Verantwortung übernehmen bzw. andernfalls auch Nachteile in Kauf nehmen müssen.

Gemäß dem bereits eingeleiteten Paradigmenwechsel werden behinderte und pflegebedürftige Menschen stärker als bisher darin unterstützt, ein möglichst selbstständiges und selbstbestimmtes Leben zu führen. Dazu dient insbesondere die weitere Ausgestaltung des Persönlichen Budgets, dessen Erprobung im Rahmen des Neunten Buches Sozialgesetzbuch als Leistungsform geregelt wird. Behinderten und pflegebedürftigen Menschen werden dabei regelmäßige Geldzahlungen zur Verfügung gestellt, die ihnen ermöglichen sollen, bestimmte Betreuungsleistungen selbst zu organisieren und zu bezahlen.

Drucksache 15/1514 – 2 – Deutscher Bundestag – 15. Wahlperiode

Neben der weiteren Ausgestaltung des Persönlichen Budgets wird zur Unterstützung von behinderten und pflegebedürftigen Menschen, ein möglichst selbstständiges Leben zu führen, auch der Grundsatz „ambulant vor stationär" gestärkt, indem die bisher an verschiedenen Stellen bestehende Schlechterstellung von ambulanten Leistungen beseitigt wird.

Die Verwaltungsmodernisierung, die von den Trägern der Sozialhilfe bereits eingeleitet worden ist, wird durch zahlreiche Einzelregelungen unterstützt, soweit dies bundesgesetzlich geregelt werden kann. Die Regelungen betreffen insbesondere die Datenbasis, Verwaltungsvereinfachungen und Instrumente für eine zielgerechte Leistungserbringung.

C. Alternativen

Keine

D. Kosten der öffentlichen Haushalte

Durch die Reform des Sozialhilferechts werden Einsparungen von rd. 66 Mio. Euro im ersten Jahr nach In-Kraft-Treten des Zwölften Buches Sozialgesetzbuch erzielt.

Bei den unter Ziffer 1 genannten Aufwendungen (siehe Finanztableau) handelt es sich im Wesentlichen um Mehraufwendungen für Verwaltungsausgaben in Höhe von 150 Mio. Euro im neuen Sozialhilferecht, die durch eine Verstärkung von Beratungs- und Aktivierungsinstrumenten für den in der Hilfe zum Lebensunterhalt verbleibenden Personenkreis sowie für die Empfänger von Hilfe nach dem Vierten bis Achten Kapitel des SGB XII bedingt sind.

IV. SGB XII – Gesetzestext

§1 SGB XII   Aufgabe der Sozialhilfe

Aufgabe der Sozialhilfe ist es, den Leistungsberechtigten die Führung eines Lebens zu ermöglichen, das der Würde des Menschen entspricht. Die Leistung soll sie so weit wie möglich befähigen, unabhängig von ihr zu leben; darauf haben auch die Leistungsberechtigten nach ihren Kräften hinzuarbeiten. Zur Erreichung dieser Ziele haben die Leistungsberechtigten und die Träger der Sozialhilfe im Rahmen ihrer Rechte und Pflichten zusammenzuwirken.

§ 2 SGB XII   Nachrang der Sozialhilfe

(1) Sozialhilfe erhält nicht, wer sich vor allem durch Einsatz seiner Arbeitskraft, seines Einkommens und seines Vermögens selbst helfen kann oder wer die erforderliche Leistung von anderen, insbesondere von Angehörigen oder von Trägern anderer Sozialleistungen, erhält.

(2) Verpflichtungen anderer, insbesondere Unterhaltspflichtiger oder der Träger anderer Sozialleistungen, bleiben unberührt. Auf Rechtsvorschriften beruhende Leistungen anderer dürfen nicht deshalb versagt werden, weil nach dem Recht der Sozialhilfe entsprechende Leistungen vorgesehen sind.

§ 3 SGB XII   Träger der Sozialhilfe

(1) Die Sozialhilfe wird von örtlichen und überörtlichen Trägern geleistet.

(2) Örtliche Träger der Sozialhilfe sind die kreisfreien Städte und die Kreise, soweit nicht nach Landesrecht etwas anderes bestimmt wird. Bei der Bestimmung durch Landesrecht ist zu gewährleisten, dass die zukünftigen örtlichen Träger mit der Übertragung dieser Aufgaben einverstanden sind, nach ihrer Leistungsfähigkeit zur Erfüllung der Aufgaben nach diesem Buch geeignet sind und dass die Erfüllung dieser Aufgaben in dem gesamten Kreisgebiet sichergestellt ist.

(3) Die Länder bestimmen die überörtlichen Träger der Sozialhilfe.

§ 4 SGB XII   Zusammenarbeit

(1) Die Träger der Sozialhilfe arbeiten mit anderen Stellen, deren gesetzliche Aufgaben dem gleichen Ziel dienen oder die an Leistungen beteiligt sind oder beteiligt werden sollen, zusammen, insbesondere mit den Trägern von Leistungen nach dem Zweiten, dem Achten und dem Neunten Buch, sowie mit anderen Trägern von Sozialleistungen, mit den gemeinsamen Servicestellen der Rehabilitationsträger und mit Verbänden.

(2) Ist die Beratung und Sicherung der gleichmäßigen, gemeinsamen oder ergänzenden Erbringung von Leistungen geboten, sollen zu diesem Zweck Arbeitsgemeinschaften gebildet werden.

(3) Soweit eine Erhebung, Verarbeitung und Nutzung personenbezogener Daten erfolgt, ist das Nähere in einer Vereinbarung zu regeln.

§ 5 SGB XII   Verhältnis zur freien Wohlfahrtspflege

(1) Die Stellung der Kirchen und Religionsgesellschaften des öffentlichen Rechts sowie der Verbände der freien Wohlfahrtspflege als Träger eigener sozialer Aufgaben und ihre Tätigkeit zur Erfüllung dieser Aufgaben werden durch dieses Buch nicht berührt.

(2) Die Träger der Sozialhilfe sollen bei der Durchführung dieses Buches mit den Kirchen und Religionsgesellschaften des öffentlichen Rechts sowie den Verbänden der freien Wohlfahrtspflege zusammenarbeiten. Sie achten dabei deren Selbständigkeit in Zielsetzung und Durchführung ihrer Aufgaben.

(3) Die Zusammenarbeit soll darauf gerichtet sein, dass sich die Sozialhilfe und die Tätigkeit der freien Wohlfahrtspflege zum Wohle der Leistungsberechtigten wirksam ergänzen. Die Träger der Sozialhilfe sollen die Verbände der freien Wohlfahrtspflege in ihrer Tätigkeit auf dem Gebiet der Sozialhilfe angemessen unterstützen.

(4) Wird die Leistung im Einzelfall durch die freie Wohlfahrtspflege erbracht, sollen die Träger der Sozialhilfe von der Durchführung eigener Maßnahmen absehen. Dies gilt nicht für die Erbringung von Geldleistungen.

(5) Die Träger der Sozialhilfe können allgemein an der Durchführung ihrer Aufgaben nach diesem Buch die Verbände der freien Wohlfahrtspflege beteiligen oder ihnen die Durchführung solcher Aufgaben übertragen, wenn die Verbände mit der Beteiligung oder Übertragung einverstanden sind. Die Träger der Sozialhilfe bleiben den Leistungsberechtigten gegenüber verantwortlich.

(6) § 4 Abs. 3 findet entsprechende Anwendung.

§ 6 SGB XII   Fachkräfte

(1) Bei der Durchführung der Aufgaben dieses Buches werden Personen beschäftigt, die sich hierfür nach ihrer Persönlichkeit eignen und in der Regel entweder eine ihren Aufgaben entsprechende Ausbildung erhalten haben oder über vergleichbare Erfahrungen verfügen.

(2) Die Träger der Sozialhilfe gewährleisten für die Erfüllung ihrer Aufgaben eine angemessene fachliche Fortbildung ihrer Fachkräfte. Diese umfasst auch die Durchführung von Dienstleistungen, insbesondere von Beratung und Unterstützung.

§ 7 SGB XII   Aufgabe der Länder

Die obersten Landessozialbehörden unterstützen die Träger der Sozialhilfe bei der Durchführung ihrer Aufgaben nach diesem Buch. Dabei sollen sie insbesondere den Erfahrungsaustausch zwischen den Trägern der Sozialhilfe sowie die Entwicklung und Durchführung von Instrumenten der Dienstleistungen, der zielgerichteten Erbringung und Überprüfung von Leistungen und der Qualitätssicherung fördern.

§ 8 SGB XII   Leistungen

Die Sozialhilfe umfasst:
1. Hilfe zum Lebensunterhalt (§§ 27 bis 40),
2. Grundsicherung im Alter und bei Erwerbsminderung (§§ 41 bis 46),
3. Hilfen zur Gesundheit (§§ 47 bis 52),
4. Eingliederungshilfe für behinderte Menschen (§§ 53 bis 60),

5. Hilfe zur Pflege (§§ 61 bis 66),
6. Hilfe zur Überwindung besonderer sozialer Schwierigkeiten (§§ 67 bis 69),
7. Hilfe in anderen Lebenslagen (§§ 70 bis 74)
8. sowie die jeweils gebotene Beratung und Unterstützung.

§ 9 SGB XII Sozialhilfe nach der Besonderheit des Einzelfalles

(1) Die Leistungen richten sich nach der Besonderheit des Einzelfalles, insbesondere nach der Art des Bedarfs, den örtlichen Verhältnissen, den eigenen Kräften und Mitteln der Person oder des Haushalts bei der Hilfe zum Lebensunterhalt.

(2) Wünschen der Leistungsberechtigten, die sich auf die Gestaltung der Leistung richten, soll entsprochen werden, soweit sie angemessen sind. Wünschen der Leistungsberechtigten, den Bedarf stationär oder teilstationär zu decken, soll nur entsprochen werden, wenn dies nach der Besonderheit des Einzelfalles erforderlich ist, weil anders der Bedarf nicht oder nicht ausreichend gedeckt werden kann und wenn mit der Einrichtung Vereinbarungen nach den Vorschriften des Zehnten Kapitels dieses Buches bestehen. Der Träger der Sozialhilfe soll in der Regel Wünschen nicht entsprechen, deren Erfüllung mit unverhältnismäßigen Mehrkosten verbunden wäre.

(3) Auf Wunsch der Leistungsberechtigten sollen sie in einer Einrichtung untergebracht werden, in der sie durch Geistliche ihres Bekenntnisses betreut werden können.

§ 10 SGB XII Leistungserbringung

(1) Die Leistungen werden als Dienstleistung, Geldleistung oder Sachleistung erbracht.

(2) Zur Dienstleistung gehören insbesondere die Beratung in Fragen der Sozialhilfe und die Beratung und Unterstützung in sonstigen sozialen Angelegenheiten.

(3) Die Geldleistung hat Vorrang vor der Sachleistung, soweit nicht dieses Buch etwas anderes bestimmt oder die Sachleistung das Ziel der Sozialhilfe erheblich besser oder wirtschaftlicher erreichen kann oder die Leistungsberechtigten es wünschen. Gutscheine und andere unbare Formen der Verrechnung gehören zu den Sachleistungen.

§ 11 SGB XII Beratung und Unterstützung, Aktivierung

(1) Zur Erfüllung der Aufgaben dieses Buches werden die Leistungsberechtigten beraten und, soweit erforderlich, unterstützt.

(2) Die Beratung betrifft die persönliche Situation, den Bedarf sowie die eigenen Kräfte und Mittel sowie die mögliche Stärkung der Selbsthilfe zur aktiven Teilnahme am Leben in der Gemeinschaft und zur Überwindung der Notlage. Die aktive Teilnahme am Leben in der Gemeinschaft umfasst auch ein gesellschaftliches Engagement. Zur Überwindung der Notlage gehört auch, die Leistungsberechtigten für den Erhalt von Sozialleistungen zu befähigen. Die Beratung umfasst auch eine gebotene Budgetberatung.

(3) Die Unterstützung umfasst Hinweise und, soweit erforderlich, die Vorbereitung von Kontakten und die Begleitung zu sozialen Diensten sowie zu Möglichkeiten der

aktiven Teilnahme am Leben in der Gemeinschaft unter Einschluss des gesellschaftlichen Engagements. Soweit Leistungsberechtigte zumutbar einer Tätigkeit nachgehen können, umfasst die Unterstützung auch das Angebot einer Tätigkeit sowie die Vorbereitung und Begleitung der Leistungsberechtigten. Auf die Wahrnehmung von Unterstützungsangeboten ist hinzuwirken. Können Leistungsberechtigte durch Aufnahme einer zumutbaren Tätigkeit Einkommen erzielen, sind sie hierzu sowie zur Teilnahme an einer erforderlichen Vorbereitung verpflichtet.

(4) Den Leistungsberechtigten darf eine Tätigkeit nicht zugemutet werden, wenn

1. sie wegen Erwerbsminderung, Krankheit, Behinderung oder Pflegebedürftigkeit hierzu nicht in der Lage sind oder

2. sie ein der Regelaltersgrenze der gesetzlichen Rentenversicherung (§ 35 des Sechsten Buches) entsprechendes Lebensalter erreicht oder überschritten haben oder

3. der Tätigkeit ein sonstiger wichtiger Grund entgegensteht. Ihnen darf eine Tätigkeit insbesondere nicht zugemutet werden, soweit dadurch die geordnete Erziehung eines Kindes gefährdet würde. Die geordnete Erziehung eines Kindes, das das dritte Lebensjahr vollendet hat, ist in der Regel nicht gefährdet, soweit unter Berücksichtigung der besonderen Verhältnisse in der Familie der Leistungsberechtigten die Betreuung des Kindes in einer Tageseinrichtung oder in Tagespflege im Sinne der Vorschriften des Achten Buches sichergestellt ist; die Träger der Sozialhilfe sollen darauf hinwirken, dass Alleinerziehenden vorrangig ein Platz zur Tagesbetreuung des Kindes angeboten wird. Auch sonst sind die Pflichten zu berücksichtigen, die den Leistungsberechtigten durch die Führung eines Haushalts oder die Pflege eines Angehörigen entstehen.

(5) Auf die Beratung und Unterstützung von Verbänden der freien Wohlfahrtspflege, von Angehörigen der rechtsberatenden Berufe und von sonstigen Stellen ist zunächst hinzuweisen. Ist die weitere Beratung durch eine Schuldnerberatungsstelle oder andere Fachberatungsstellen geboten, ist auf ihre Inanspruchnahme hinzuwirken. Angemessene Kosten einer Beratung nach Satz 2 sollen übernommen werden, wenn eine Lebenslage, die Leistungen der Hilfe zum Lebensunterhalt erforderlich macht oder erwarten lässt, sonst nicht überwunden werden kann; in anderen Fällen können Kosten übernommen werden. Die Kostenübernahme kann auch in Form einer pauschalierten Abgeltung der Leistung der Schuldnerberatungsstelle oder anderer Fachberatungsstellen erfolgen.

§ 12 SGB XII   Leistungsabsprache

Vor oder spätestens bis zu vier Wochen nach Beginn fortlaufender Leistungen sollen in einer schriftlichen Leistungsabsprache die Situation der leistungsberechtigten Personen sowie gegebenenfalls Wege zur Überwindung der Notlage und zu gebotenen Möglichkeiten der aktiven Teilnahme in der Gemeinschaft gemeinsam festgelegt und die Leistungsabsprache unterzeichnet werden. Soweit es auf Grund bestimmbarer Bedarfe erforderlich ist, ist ein Förderplan zu erstellen und in die Leistungsabsprache einzubeziehen. Sind Leistungen im Hinblick auf die sie tragenden Ziele zu überprüfen, kann dies in der Leistungsabsprache näher festgelegt werden. Die Leistungsabsprache soll regelmäßig gemeinsam überprüft und fortgeschrieben werden. Abweichende Regelungen in diesem Buch gehen vor.

§ 13 SGB XII Leistungen für Einrichtungen, Vorrang anderer Leistungen

(1) Die Leistungen können entsprechend den Erfordernissen des Einzelfalles für die Deckung des Bedarfs außerhalb von Einrichtungen (ambulante Leistungen), für teilstationäre oder stationäre Einrichtungen (teilstationäre oder stationäre Leistungen) erbracht werden. Stationäre Einrichtungen sind Einrichtungen, in denen Leistungsberechtigte leben und die erforderlichen Hilfen erhalten. Vorrang haben ambulante Leistungen vor teilstationären und stationären Leistungen sowie teilstationäre vor stationären Leistungen. Der Vorrang der ambulanten Leistung gilt nicht, wenn eine Leistung für eine geeignete stationäre Einrichtung zumutbar und eine ambulante Leistung mit unverhältnismäßigen Mehrkosten verbunden ist. Bei der Entscheidung ist zunächst die Zumutbarkeit zu prüfen. Dabei sind die persönlichen, familiären und örtlichen Umstände angemessen zu berücksichtigen. Bei Unzumutbarkeit ist ein Kostenvergleich nicht vorzunehmen.

(2) Einrichtungen im Sinne des Absatzes 1 sind alle Einrichtungen, die der Pflege, der Behandlung oder sonstigen nach diesem Buch zu deckenden Bedarfe oder der Erziehung dienen.

§ 14 SGB XII Vorrang von Prävention und Rehabilitation

(1) Leistungen zur Prävention oder Rehabilitation sind zum Erreichen der nach dem Neunten Buch mit diesen Leistungen verbundenen Ziele vorrangig zu erbringen.

(2) Die Träger der Sozialhilfe unterrichten die zuständigen Rehabilitationsträger und die Integrationsämter, wenn Leistungen zur Prävention oder Rehabilitation geboten erscheinen.

§ 15 SGB XII Vorbeugende und nachgehende Leistungen

(1) Die Sozialhilfe soll vorbeugend geleistet werden, wenn dadurch eine drohende Notlage ganz oder teilweise abgewendet werden kann. § 47 ist vorrangig anzuwenden.

(2) Die Sozialhilfe soll auch nach Beseitigung einer Notlage geleistet werden, wenn dies geboten ist, um die Wirksamkeit der zuvor erbrachten Leistung zu sichern. § 54 ist vorrangig anzuwenden.

§ 16 SGB XII Familiengerechte Leistungen

Bei Leistungen der Sozialhilfe sollen die besonderen Verhältnisse in der Familie der Leistungsberechtigten berücksichtigt werden. Die Sozialhilfe soll die Kräfte der Familie zur Selbsthilfe anregen und den Zusammenhalt der Familie festigen.

§ 17 SGB XII Anspruch

(1) Auf Sozialhilfe besteht ein Anspruch, soweit bestimmt wird, dass die Leistung zu erbringen ist. Der Anspruch kann nicht übertragen, verpfändet oder gepfändet werden.

(2) Über Art und Maß der Leistungserbringung ist nach pflichtmäßigem Ermessen zu entscheiden, soweit das Ermessen nicht ausgeschlossen wird. Werden Leistungen auf Grund von Ermessensentscheidungen erbracht, sind die Entscheidungen im Hin-

blick auf die sie tragenden Gründe und Ziele zu überprüfen und im Einzelfall gegebenenfalls abzuändern.

§ 18 SGB XII   Einsetzen der Sozialhilfe

(1) Die Sozialhilfe, mit Ausnahme der Leistungen der Grundsicherung im Alter und bei Erwerbsminderung, setzt ein, sobald dem Träger der Sozialhilfe oder den von ihm beauftragten Stellen bekannt wird, dass die Voraussetzungen für die Leistung vorliegen.

(2) Wird einem nicht zuständigen Träger der Sozialhilfe oder einer nicht zuständigen Gemeinde im Einzelfall bekannt, dass Sozialhilfe beansprucht wird, so sind die darüber bekannten Umstände dem zuständigen Träger der Sozialhilfe oder der von ihm beauftragten Stelle unverzüglich mitzuteilen und vorhandene Unterlagen zu übersenden. Ergeben sich daraus die Voraussetzungen für die Leistung, setzt die Sozialhilfe zu dem nach Satz 1 maßgebenden Zeitpunkt ein.

§ 19 SGB XII   Leistungsberechtigte

(1) Hilfe zum Lebensunterhalt nach dem Dritten Kapitel dieses Buches ist Personen zu leisten, die ihren notwendigen Lebensunterhalt nicht oder nicht ausreichend aus eigenen Kräften und Mitteln, insbesondere aus ihrem Einkommen und Vermögen, beschaffen können. Bei nicht getrennt lebenden Ehegatten oder Lebenspartnern sind das Einkommen und Vermögen beider Ehegatten oder Lebenspartner gemeinsam zu berücksichtigen; gehören minderjährige unverheiratete Kinder dem Haushalt ihrer Eltern oder eines Elternteils an und können sie den notwendigen Lebensunterhalt aus ihrem Einkommen und Vermögen nicht beschaffen, sind auch das Einkommen und das Vermögen der Eltern oder des Elternteils gemeinsam zu berücksichtigen.

(2) Grundsicherung im Alter und bei Erwerbsminderung ist nach den besonderen Voraussetzungen des Vierten Kapitels dieses Buches Personen zu leisten, die das 65. Lebensjahr vollendet haben oder das 18. Lebensjahr vollendet haben und dauerhaft voll erwerbsgemindert sind, sofern sie ihren notwendigen Lebensunterhalt nicht oder nicht ausreichend aus eigenen Kräften und Mitteln, insbesondere aus ihrem Einkommen und Vermögen, beschaffen können. Einkommen und Vermögen des nicht getrennt lebenden Ehegatten oder Lebenspartners, die dessen notwendigen Lebensunterhalt übersteigen, sind zu berücksichtigen. Die Leistungen der Grundsicherung im Alter und bei Erwerbsminderung gehen der Hilfe zum Lebensunterhalt nach dem Dritten Kapitel vor.

(3) Hilfen zur Gesundheit, Eingliederungshilfe für behinderte Menschen, Hilfe zur Pflege, Hilfe zur Überwindung besonderer sozialer Schwierigkeiten und Hilfen in anderen Lebenslagen werden nach dem Fünften bis Neunten Kapitel dieses Buches geleistet, soweit den Leistungsberechtigten, ihren nicht getrennt lebenden Ehegatten oder Lebenspartnern und, wenn sie minderjährig und unverheiratet sind, auch ihren Eltern oder einem Elternteil die Aufbringung der Mittel aus dem Einkommen und Vermögen nach den Vorschriften des Elften Kapitels dieses Buches nicht zuzumuten ist.

(4) Lebt eine Person bei ihren Eltern oder einem Elternteil und ist sie schwanger oder betreut ihr leibliches Kind bis zur Vollendung des sechsten Lebensjahres, werden Einkommen und Vermögen der Eltern oder des Elternteils nicht berücksichtigt.

(5) Ist den in den Absätzen 1 bis 3 genannten Personen die Aufbringung der Mittel aus dem Einkommen und Vermögen im Sinne der Absätze 1 und 2 möglich oder im

Sinne des Absatzes 3 zuzumuten und sind Leistungen erbracht worden, haben sie dem Träger der Sozialhilfe die Aufwendungen in diesem Umfang zu ersetzen. Mehrere Verpflichtete haften als Gesamtschuldner.

(6) Der Anspruch der Berechtigten auf Leistungen für Einrichtungen oder auf Pflegegeld steht, soweit die Leistung den Berechtigten erbracht worden wäre, nach ihrem Tode demjenigen zu, der die Leistung erbracht oder die Pflege geleistet hat.

§ 20 SGB XII   Eheähnliche Gemeinschaft

Personen, die in eheähnlicher Gemeinschaft leben, dürfen hinsichtlich der Voraussetzungen sowie des Umfangs der Sozialhilfe nicht besser gestellt werden als Ehegatten. § 36 gilt entsprechend.

§ 21 SGB XII   Sonderregelung für Leistungsberechtigte nach dem Zweiten Buch

Personen, die nach dem Zweiten Buch als Erwerbsfähige oder als Angehörige dem Grunde nach leistungsberechtigt sind, erhalten keine Leistungen für den Lebensunterhalt mit Ausnahme von Leistungen nach § 34, soweit sie nicht nach § 22 Abs. 5 des Zweiten Buches zu übernehmen sind. Bestehen über die Zuständigkeit zwischen den zuständigen Leistungsträgern unterschiedliche Auffassungen, so findet § 45 des Zweiten Buches Anwendung.

§ 22 SGB XII   Sonderregelungen für Auszubildende

(1) Auszubildende, deren Ausbildung im Rahmen des Bundesausbildungsförderungsgesetzes oder der §§ 60 bis 62 des Dritten Buches dem Grunde nach förderungsfähig ist, haben keinen Anspruch auf Hilfe zum Lebensunterhalt. In besonderen Härtefällen kann Hilfe zum Lebensunterhalt als Beihilfe oder als Darlehen geleistet werden.

(2) Absatz 1 findet keine Anwendung auf Auszubildende,
1. die auf Grund von § 2 Abs. 1a des Bundesausbildungsförderungsgesetzes keinen Anspruch auf Ausbildungsförderung oder auf Grund von § 64 Abs. 1 des Dritten Buches keinen Anspruch auf Berufsausbildungsbeihilfe haben oder
2. deren Bedarf sich nach § 12 Abs. 1 Nr. 1 des Bundesausbildungsförderungsgesetzes oder nach § 66 Abs. 1 Satz 1 des Dritten Buches bemisst.

§ 23 SGB XII   Sozialhilfe für Ausländerinnen und Ausländer

(1) Ausländern, die sich im Inland tatsächlich aufhalten, ist Hilfe zum Lebensunterhalt, Hilfe bei Krankheit, Hilfe bei Schwangerschaft und Mutterschaft sowie Hilfe zur Pflege nach diesem Buch zu leisten. Die Vorschriften des Vierten Kapitels bleiben unberührt. im Übrigen kann Sozialhilfe geleistet werden, soweit dies im Einzelfall gerechtfertigt ist. Die Einschränkungen nach Satz 1 gelten nicht für Ausländer, die im Besitz einer Niederlassungserlaubnis oder eines befristeten Aufenthaltstitels sind und sich voraussichtlich dauerhaft im Bundesgebiet aufhalten. Rechtsvorschriften, nach denen außer den in Satz 1 genannten Leistungen auch sonstige Sozialhilfe zu leisten ist oder geleistet werden soll, bleiben unberührt.

(2) Leistungsberechtigte nach § 1 des Asylbewerberleistungsgesetzes erhalten keine Leistungen der Sozialhilfe.

(3) Ausländer, die eingereist sind, um Sozialhilfe zu erlangen, haben keinen Anspruch auf Sozialhilfe. Sind sie zum Zweck einer Behandlung oder Linderung einer Krankheit eingereist, soll Hilfe bei Krankheit insoweit nur zur Behebung eines akut lebensbedrohlichen Zustandes oder für eine unaufschiebbare und unabweisbar gebotene Behandlung einer schweren oder ansteckenden Erkrankung geleistet werden.

(4) Ausländer, denen Sozialhilfe geleistet wird, sind auf für sie zutreffende Rückführungs- und Weiterwanderungsprogramme hinzuweisen; in geeigneten Fällen ist auf eine Inanspruchnahme solcher Programme hinzuwirken.

(5)In den Teilen des Bundesgebiets, in denen sich Ausländer einer ausländerrechtlichen räumlichen Beschränkung zuwider aufhalten, darf der für den tatsächlichen Aufenthaltsort zuständige Träger der Sozialhilfe nur die nach den Umständen unabweisbar gebotene Leistung erbringen. Das Gleiche gilt für Ausländer, die einen räumlich nicht beschränkten Aufenthaltstitel nach den §§ 23, 23a, 24 Abs. 1 oder § 25 Abs. 3 bis 5 des Aufenthaltsgesetzes besitzen, wenn sie sich außerhalb des Landes aufhalten, in dem der Aufenthaltstitel erstmals erteilt worden ist. Satz 2 findet keine Anwendung, wenn der Ausländer im Bundesgebiet die Rechtsstellung eines ausländischen Flüchtlings genießt oder der Wechsel in ein anderes Land zur Wahrnehmung der Rechte zum Schutz der Ehe und Familie nach Artikel 6 des Grundgesetzes oder aus vergleichbar wichtigen Gründen gerechtfertigt ist.

§ 24 SGB XII   Sozialhilfe für Deutsche im Ausland

(1) Deutsche, die ihren gewöhnlichen Aufenthalt im Ausland haben, erhalten keine Leistungen. Hiervon kann im Einzelfall nur abgewichen werden, soweit dies wegen einer außergewöhnlichen Notlage unabweisbar ist und zugleich nachgewiesen wird, dass eine Rückkehr in das Inland aus folgenden Gründen nicht möglich ist:
1. Pflege und Erziehung eines Kindes, das aus rechtlichen Gründen im Ausland bleiben muss,
2. längerfristige stationäre Betreuung in einer Einrichtung oder Schwere der Pflegebedürftigkeit oder
3. hoheitliche Gewalt.

(2) Leistungen werden nicht erbracht, soweit sie von dem hierzu verpflichteten Aufenthaltsland oder von anderen erbracht werden oder zu erwarten sind.

(3) Art und Maß der Leistungserbringung sowie der Einsatz des Einkommens und des Vermögens richten sich nach den besonderen Verhältnissen im Aufenthaltsland.

(4) Die Leistungen sind abweichend von § 18 zu beantragen. Für die Leistungen zuständig ist der überörtliche Träger der Sozialhilfe, in dessen Bereich die antragstellende Person geboren ist. Liegt der Geburtsort im Ausland oder ist er nicht zu ermitteln, wird der örtlich zuständige Träger von einer Schiedsstelle bestimmt. § 108 Abs. 1 Satz 2 gilt entsprechend.

(5) Leben Ehegatten oder Lebenspartner, Verwandte und Verschwägerte bei Einsetzen der Sozialhilfe zusammen, richtet sich die örtliche Zuständigkeit nach der ältesten Person von ihnen, die im Inland geboren ist. Ist keine dieser Personen im Inland geboren, ist ein gemeinsamer örtlich zuständiger Träger nach Absatz 4 zu bestimmen. Die Zuständigkeit bleibt bestehen, solange eine der Personen nach Satz 1 der Sozialhilfe bedarf.

(6) Die Träger der Sozialhilfe arbeiten mit den deutschen Dienststellen im Ausland zusammen.

§ 25 SGB XII   Erstattung von Aufwendungen anderer

Hat jemand in einem Eilfall einem anderen Leistungen erbracht, die bei rechtzeitigem Einsetzen von Sozialhilfe nicht zu erbringen gewesen wären, sind ihm die Aufwendungen in gebotenem Umfang zu erstatten, wenn er sie nicht auf Grund rechtlicher oder sittlicher Pflicht selbst zu tragen hat. Dies gilt nur, wenn die Erstattung innerhalb angemessener Frist beim zuständigen Träger der Sozialhilfe beantragt wird.

§ 26 SGB XII   Einschränkung, Aufrechnung

(1) Die Leistung soll bis auf das zum Lebensunterhalt Unerlässliche eingeschränkt werden
1. bei Leistungsberechtigten, die nach Vollendung des 18.Lebensjahres ihr Einkommen oder Vermögen vermindert haben in der Absicht, die Voraussetzungen für die Gewährung oder Erhöhung der Leistung herbeizuführen,
2. bei Leistungsberechtigten, die trotz Belehrung ihr unwirtschaftliches Verhalten fortsetzen.

So weit wie möglich ist zu verhüten, dass die unterhaltsberechtigten Angehörigen oder andere mit ihnen in Haushaltsgemeinschaft lebende Leistungsberechtigte durch die Einschränkung der Leistung mitbetroffen werden.

(2) Die Leistung kann bis auf das jeweils Unerlässliche mit Ansprüchen des Trägers der Sozialhilfe gegen eine leistungsberechtigte Person aufgerechnet werden, wenn es sich um Ansprüche auf Erstattung zu Unrecht erbrachter Leistungen der Sozialhilfe handelt, die die leistungsberechtigte Person oder ihr Vertreter durch vorsätzlich oder grob fahrlässig unrichtige oder unvollständige Angaben oder durch pflichtwidriges Unterlassen veranlasst hat, oder wenn es sich um Ansprüche auf Kostenersatz nach den §§ 103 und 104 handelt. Die Aufrechnungsmöglichkeit wegen eines Anspruchs ist auf drei Jahre beschränkt; ein neuer Anspruch des Trägers der Sozialhilfe auf Erstattung oder auf Kostenersatz kann erneut aufgerechnet werden.

(3) Eine Aufrechnung nach Absatz 2 kann auch erfolgen, wenn Leistungen für einen Bedarf übernommen werden, der durch vorangegangene Leistungen der Sozialhilfe an die leistungsberechtigte Person bereits gedeckt worden war.

(4) Eine Aufrechnung erfolgt nicht, soweit dadurch der Gesundheit dienende Leistungen gefährdet werden.

§ 27 SGB XII   Notwendiger Lebensunterhalt

(1) Der notwendige Lebensunterhalt umfasst insbesondere Ernährung, Unterkunft, Kleidung, Körperpflege, Hausrat, Heizung und persönliche Bedürfnisse des täglichen Lebens. Zu den persönlichen Bedürfnissen des täglichen Lebens gehören in vertretbarem Umfang auch Beziehungen zur Umwelt und eine Teilnahme am kulturellen Leben.

(2) Bei Kindern und Jugendlichen umfasst der notwendige Lebensunterhalt auch den besonderen, insbesondere den durch ihre Entwicklung und ihr Heranwachsen bedingten Bedarf.

(3) Hilfe zum Lebensunterhalt kann auch Personen geleistet werden, die ein für den notwendigen Lebensunterhalt ausreichendes Einkommen oder Vermögen haben, jedoch einzelne für ihren Lebensunterhalt erforderliche Tätigkeiten nicht verrichten können. Von den Leistungsberechtigten kann ein angemessener Kostenbeitrag verlangt werden.

§ 28 SGB XII   Regelbedarf, Inhalt der Regelsätze

(1) Die Landesregierungen setzen durch Rechtsverordnung erstmals zum 1. Januar 2005 und dann zum 1. Juli eines jeden Jahres die Höhe der monatlichen Regelsätze im Rahmen der Rechtsverordnung nach § 40 fest. Die Bedarfe werden abweichend festgelegt, wenn im Einzelfall ein Bedarf ganz oder teilweise anderweitig gedeckt ist oder unabweisbar seiner Höhe nach erheblich von einem durchschnittlichen Bedarf abweicht.

(2) Die Landesregierungen setzen durch Rechtsverordnung zum 1. Juli eines jeden Jahres die Höhe der monatlichen Regelsätze im Rahmen der Rechtsverordnung nach § 40 fest. Sie können dabei die Träger der Sozialhilfe ermächtigen, auf der Grundlage von in der Rechtsverordnung festgelegten Mindestregelsätzen regionale Regelsätze zu bestimmen. Die Regelsätze für den Haushaltsvorstand (Eckregelsätze) in den Ländern Brandenburg, Mecklenburg-Vorpommern, Sachsen, Sachsen-Anhalt und Thüringen dürfen bis zur Festsetzung im Jahre 2010 nicht mehr als 14,00 Euro unter dem durchschnittlichen Eckregelsatz in den anderen Ländern festgesetzt werden.

(3) Die Regelsätze werden so bemessen, dass der Bedarf nach Absatz 1 dadurch gedeckt werden kann. Die Regelsatzbemessung berücksichtigt Stand und Entwicklung von Nettoeinkommen, Verbraucherverhalten und Lebenshaltungskosten. Grundlage sind die tatsächlichen, statistisch ermittelten Verbrauchsausgaben von Haushalten in unteren Einkommensgruppen. Datengrundlage ist die Einkommens- und Verbrauchsstichprobe. Die Bemessung wird überprüft und gegebenenfalls weiterentwickelt, sobald die Ergebnisse einer neuen Einkommens- und Verbrauchsstichprobe vorliegen.

(4) Die Regelsatzbemessung gewährleistet, dass bei Haushaltsgemeinschaften von Ehepaaren mit drei Kindern die Regelsätze zusammen mit Durchschnittsbeträgen der Leistungen nach den §§ 29 und 31 und unter Berücksichtigung eines durchschnittlich abzusetzenden Betrages nach § 82 Abs. 3 unter den erzielten monatlichen durchschnittlichen Nettoarbeitsentgelten unterer Lohn- und Gehaltsgruppen einschließlich anteiliger einmaliger Zahlungen zuzüglich Kindergeld und Wohngeld in einer entsprechenden Haushaltsgemeinschaft mit einer alleinverdienenden vollzeitbeschäftigten Person bleiben.

(5) Wird jemand in einer anderen Familie oder bei anderen Personen als bei seinen Eltern oder einem Elternteil untergebracht, so wird in der Regel der notwendige Lebensunterhalt abweichend von den Regelsätzen in Höhe der tatsächlichen Kosten der Unterbringung bemessen, sofern die Kosten einen angemessenen Umfang nicht übersteigen.

§ 29 SGB XII   Unterkunft und Heizung

(1) Leistungen für die Unterkunft werden in Höhe der tatsächlichen Aufwendungen erbracht. Übersteigen die Aufwendungen für die Unterkunft den der Besonderheit des Einzelfalles angemessenen Umfang, sind sie insoweit als Bedarf der Personen,

deren Einkommen und Vermögen nach § 19 Abs. 1 zu berücksichtigen sind, anzuerkennen. Satz 2 gilt solange, als es diesen Personen nicht möglich oder nicht zuzumuten ist, durch einen Wohnungswechsel, durch Vermieten oder auf andere Weise die Aufwendungen zu senken, in der Regel jedoch längstens für sechs Monate. Vor Abschluss eines Vertrages über eine neue Unterkunft haben Leistungsberechtigte den dort zuständigen Träger der Sozialhilfe über die nach den Sätzen 2 und 3 maßgeblichen Umstände in Kenntnis zu setzen. Sind die Aufwendungen für die neue Unterkunft unangemessen hoch, ist der Träger der Sozialhilfe nur zur Übernahme angemessener Aufwendungen verpflichtet, es sei denn, er hat den darüber hinausgehenden Aufwendungen vorher zugestimmt. Leistungen für die Unterkunft sollen an den Vermieter oder andere Empfangsberechtigte gezahlt werden, wenn die zweckentsprechende Verwendung durch die Leistungsberechtigten nicht sichergestellt ist; die Leistungsberechtigten sind hiervon schriftlich zu unterrichten. Wohnungsbeschaffungskosten, Mietkautionen und Umzugskosten können bei vorheriger Zustimmung übernommen werden. Eine Zustimmung soll erteilt werden, wenn der Umzug durch den Träger der Sozialhilfe veranlasst wird oder aus anderen Gründen notwendig ist und wenn ohne die Zustimmung eine Unterkunft in einem angemessenen Zeitraum nicht gefunden werden kann.

(2) Der Träger der Sozialhilfe kann für seinen Bereich die Leistungen für die Unterkunft durch eine monatliche Pauschale abgelten, wenn auf dem örtlichen Wohnungsmarkt hinreichend angemessener freier Wohnraum verfügbar und in Einzelfällen die Pauschalierung nicht unzumutbar ist. Bei der Bemessung der Pauschale sind die tatsächlichen Gegebenheiten des örtlichen Wohnungsmarkts, der örtliche Mietspiegel sowie die familiären Verhältnisse der Leistungsberechtigten zu berücksichtigen. Absatz 1 Satz 2 gilt entsprechend.

(3) Leistungen für Heizung werden in tatsächlicher Höhe erbracht, soweit sie angemessen sind. Die Leistungen können durch eine monatliche Pauschale abgegolten werden. Bei der Bemessung der Pauschale sind die persönlichen und familiären Verhältnisse, die Größe und Beschaffenheit der Wohnung, die vorhandenen Heizmöglichkeiten und die örtlichen Gegebenheiten zu berücksichtigen.

§ 30 SGB XII   Mehrbedarf

(1) Für Personen, die
1. das 65. Lebensjahr vollendet haben oder
2. unter 65 Jahren und voll erwerbsgemindert nach dem Sechsten Buch sind,

und einen Ausweis nach § 69 Abs. 5 des Neunten Buches mit dem Merkzeichen G besitzen, wird ein Mehrbedarf von 17 vom Hundert des maßgebenden Regelsatzes anerkannt, soweit nicht im Einzelfall ein abweichender Bedarf besteht.

(2) Für werdende Mütter nach der 12. Schwangerschaftswoche wird ein Mehrbedarf von 17 vom Hundert des maßgebenden Regelsatzes anerkannt, soweit nicht im Einzelfall ein abweichender Bedarf besteht.

(3) Für Personen, die mit einem oder mehreren minderjährigen Kindern zusammenleben und allein für deren Pflege und Erziehung sorgen, ist, soweit kein abweichender Bedarf besteht, ein Mehrbedarf anzuerkennen
1. in Höhe von 36 vom Hundert des Eckregelsatzes für ein Kind unter sieben Jahren oder für zwei oder drei Kinder unter sechzehn Jahren, oder

2. in Höhe von 12 vom Hundert des Eckregelsatzes für jedes Kind, wenn die Voraussetzungen nach Nummer 1 nicht vorliegen, höchstens jedoch in Höhe von 60 vom Hundert des Eckregelsatzes.

(4) Für behinderte Menschen, die das 15. Lebensjahr vollendet haben und denen Eingliederungshilfe nach § 54 Abs. 1 Satz 1 Nr. 1 bis 3 geleistet wird, wird ein Mehrbedarf von 35 vom Hundert des maßgebenden Regelsatzes anerkannt, soweit nicht im Einzelfall ein abweichender Bedarf besteht. Satz 1 kann auch nach Beendigung der in § 54 Abs. 1 Satz 1 Nr. 1 bis 3 genannten Leistungen während einer angemessenen Übergangszeit, insbesondere einer Einarbeitungszeit, angewendet werden. Absatz 1 Nr. 2 ist daneben nicht anzuwenden.

(5) Für Kranke, Genesende, behinderte Menschen oder von einer Krankheit oder von einer Behinderung bedrohte Menschen, die einer kostenaufwändigen Ernährung bedürfen, wird ein Mehrbedarf in angemessener Höhe anerkannt.

(6) Die Summe des insgesamt anzuerkennenden Mehrbedarfs darf die Höhe des maßgebenden Regelsatzes nicht übersteigen.

§ 31 SGB XII   Einmalige Bedarfe

(1) Leistungen für
1. Erstausstattungen für die Wohnung einschließlich Haushaltsgeräten,
2. Erstausstattungen für Bekleidung einschließlich bei Schwangerschaft und Geburt sowie
3. mehrtägige Klassenfahrten im Rahmen der schulrechtlichen Bestimmungen

werden gesondert erbracht.

(2) Leistungen nach Absatz 1 werden auch erbracht, wenn die Leistungsberechtigten keine Regelsatzleistungen benötigen, den Bedarf jedoch aus eigenen Kräften und Mitteln nicht voll decken können. In diesem Falle kann das Einkommen berücksichtigt werden, das sie innerhalb eines Zeitraums von bis zu sechs Monaten nach Ablauf des Monats erwerben, in dem über die Leistung entschieden worden ist.

(3) Die Leistungen nach Absatz 1 Nr. 1 und 2 können als Pauschalbeträge erbracht werden. Bei der Bemessung der Pauschalbeträge sind geeignete Angaben über die erforderlichen Aufwendungen und nachvollziehbare Erfahrungswerte zu berücksichtigen.

§ 32 SGB XII   Beiträge für die Kranken- und Pflegeversicherung

(1) Für Weiterversicherte im Sinne des § 9 Abs. 1 Nr. 1 des Fünften Buches oder des § 6 Abs. 1 Nr. 1 des Zweiten Gesetzes über die Krankenversicherung der Landwirte sowie für Rentenantragsteller, die nach § 189 des Fünften Buches als Mitglied einer Krankenkasse gelten, werden die Krankenversicherungsbeiträge übernommen, soweit die genannten Personen die Voraussetzungen des § 19 Abs. 1 erfüllen. § 82 Abs. 2 Nr. 2 und 3 ist insoweit nicht anzuwenden.

(2) In sonstigen Fällen können Beiträge für eine freiwillige Krankenversicherung übernommen werden, soweit sie angemessen sind. Zur Aufrechterhaltung einer freiwilligen Krankenversicherung werden solche Beiträge übernommen, wenn Hilfe zum Lebensunterhalt voraussichtlich nur für kurze Dauer zu leisten ist. § 82 Abs. 2 Nr. 3 ist insoweit nicht anzuwenden.

(3) Soweit nach den Absätzen 1 und 2 Krankenversicherungsbeiträge übernommen werden, werden auch die damit zusammenhängenden Beiträge zur Pflegeversicherung übernommen.

§ 33 SGB XII   Beiträge für die Vorsorge

Um die Voraussetzungen eines Anspruchs auf eine angemessene Alterssicherung oder auf ein angemessenes Sterbegeld zu erfüllen, können die erforderlichen Kosten übernommen werden.

§ 34 SGB XII   Hilfe zum Lebensunterhalt in Sonderfällen

(1) Schulden können nur übernommen werden, wenn dies zur Sicherung der Unterkunft oder zur Behebung einer vergleichbaren Notlage gerechtfertigt ist. Sie sollen übernommen werden, wenn dies gerechtfertigt und notwendig ist und sonst Wohnungslosigkeit einzutreten droht. Geldleistungen können als Beihilfe oder als Darlehen erbracht werden.

(2) Geht bei einem Gericht eine Klage auf Räumung von Wohnraum im Falle der Kündigung des Mietverhältnisses nach § 543 Abs. 1, 2 Satz 1 Nr. 3 in Verbindung mit § 569 Abs. 3 des Bürgerlichen Gesetzbuches ein, teilt das Gericht dem zuständigen örtlichen Träger der Sozialhilfe oder der von diesem beauftragten Stelle zur Wahrnehmung der in Absatz 1 bestimmten Aufgaben unverzüglich

1. den Tag des Eingangs der Klage,
2. die Namen und die Anschriften der Parteien,
3. die Höhe der monatlich zu entrichtenden Miete,
4. die Höhe des geltend gemachten Mietrückstandes und der geltend gemachten Entschädigung und

den Termin zur mündlichen Verhandlung, sofern dieser bereits bestimmt ist, mit.

Außerdem kann der Tag der Rechtshängigkeit mitgeteilt werden. Die Übermittlung unterbleibt, wenn die Nichtzahlung der Miete nach dem Inhalt der Klageschrift offensichtlich nicht auf Zahlungsunfähigkeit des Mieters beruht. Die übermittelten Daten dürfen auch für entsprechende Zwecke der Kriegsopferfürsorge nach dem Bundesversorgungsgesetz verwendet werden.

§ 35 SGB XII   Notwendiger Lebensunterhalt in Einrichtungen

(1) Der notwendige Lebensunterhalt in Einrichtungen umfasst den darin erbrachten sowie in stationären Einrichtungen zusätzlich den weiteren notwendigen Lebensunterhalt. Der notwendige Lebensunterhalt in Einrichtungen entspricht dem Umfang der Leistungen der Grundsicherung nach § 42 Satz 1 Nr. 1 bis 3.

(2) Der weitere notwendige Lebensunterhalt umfasst insbesondere Kleidung und einen angemessenen Barbetrag zur persönlichen Verfügung; § 31 Abs. 2 Satz 2 ist nicht anzuwenden. Leistungsberechtigte, die das 18. Lebensjahr vollendet haben, erhalten einen Barbetrag in Höhe von mindestens 26 vom Hundert des Eckregelsatzes. Für Leistungsberechtigte, die das 18. Lebensjahr noch nicht vollendet haben, setzen die zuständigen Landesbehörden oder die von ihnen bestimmten Stellen für die in ihrem Bereich bestehenden Einrichtungen die Höhe des Barbetrages fest. Der Barbetrag wird gemindert, soweit dessen bestimmungsgemäße Verwendung durch oder für den Leistungsberechtigten nicht möglich ist.

(3) Der Träger der Sozialhilfe übernimmt für Leistungsberechtigte nach Absatz 2 Satz 2 die jeweils von ihnen bis zur Belastungsgrenze (§ 62 des Fünften Buches) zu leistenden Zuzahlungen in Form eines ergänzenden Darlehens (§ 37), sofern der Leistungsberechtigte nicht widerspricht. Die Auszahlung der für das ganze Kalenderjahr zu leistenden Zuzahlungen erfolgt unmittelbar an die zuständige Krankenkasse zum 1. Januar oder bei Aufnahme in eine stationäre Einrichtung. Der Träger der Sozialhilfe teilt der zuständigen Krankenkasse spätestens bis zum 1. November des Vorjahres die Leistungsberechtigten nach Absatz 2 Satz 2 mit, soweit diese der Darlehensgewährung nach Satz 1 für das laufende oder ein vorangegangenes Kalenderjahr nicht widersprochen haben.

(4) In den Fällen des Absatzes 3 Satz 3 erteilt die Krankenkasse über den Träger der Sozialhilfe die in § 62 Abs. 1 Satz 1 des Fünften Buches genannte Bescheinigung jeweils bis zum 1. Januar oder bei Aufnahme in eine stationäre Einrichtung und teilt dem Träger der Sozialhilfe die Höhe der vom Leistungsberechtigten zu leistenden Zuzahlungen mit; Veränderungen im Laufe eines Kalenderjahres sind unverzüglich mitzuteilen.

(5) Zum 1. Januar 2005 erteilt die Krankenkasse die in § 62 Abs. 1 Satz 1 des Fünften Buches genannte Bescheinigung abweichend von Absatz 4 unmittelbar an die Leistungsberechtigten nach Absatz 2 Satz 2; der Träger der Sozialhilfe teilt der zuständigen Krankenkasse diese Leistungsberechtigten spätestens bis zum 1. Januar 2005 mit.

§ 36 SGB XII   Vermutung der Bedarfsdeckung

Lebt eine Person, die Sozialhilfe beansprucht (nachfragende Person), gemeinsam mit anderen Personen in einer Wohnung oder in einer entsprechenden anderen Unterkunft, so wird vermutet, dass sie gemeinsam wirtschaften (Haushaltsgemeinschaft) und dass sie von ihnen Leistungen zum Lebensunterhalt erhält, soweit dies nach ihrem Einkommen und Vermögen erwartet werden kann. Soweit nicht gemeinsam gewirtschaftet wird oder die nachfragende Person von den Mitgliedern der Haushaltsgemeinschaft keine ausreichenden Leistungen zum Lebensunterhalt erhält, ist ihr Hilfe zum Lebensunterhalt zu gewähren. Satz 1 gilt nicht für nachfragende Personen,

1. die schwanger sind oder ihr leibliches Kind bis zur Vollendung seines 6. Lebensjahres betreuen und mit ihren Eltern oder einem Elternteil zusammenleben, oder
2. die im Sinne des § 53 behindert oder im Sinne des § 61 pflegebedürftig sind und von in Satz 1 genannten Personen betreut werden; dies gilt auch, wenn die genannten Voraussetzungen einzutreten drohen und das gemeinsame Wohnen im Wesentlichen zu dem Zweck der Sicherstellung der Hilfe und Versorgung erfolgt.

§ 37 SGB XII   Ergänzende Darlehen

(1) Kann im Einzelfall ein von den Regelsätzen umfasster und nach den Umständen unabweisbar gebotener Bedarf auf keine andere Weise gedeckt werden, sollen auf Antrag hierfür notwendige Leistungen als Darlehen erbracht werden.

(2) Bei Empfängern von Hilfe zum Lebensunterhalt kann die Rückzahlung des Darlehens in monatlichen Teilbeträgen in Höhe von bis zu 5 vom Hundert des Eckregelsatzes von der Leistung einbehalten werden. Die Rückzahlung von Darlehen nach § 35 Abs. 3 erfolgt in gleichen Teilbeträgen über das ganze Kalenderjahr.

§ 38 SGB XII   Darlehen bei vorübergehender Notlage

(1) Sind Leistungen nach den §§ 28, 29, 30, 32, 33 und der Barbetrag nach § 35 Abs. 2 voraussichtlich nur für kurze Dauer zu erbringen, können Geldleistungen als Darlehen gewährt werden. Darlehen an Mitglieder von Haushaltsgemeinschaften im Sinne des § 19 Abs. 1 Satz 2 können an einzelne Mitglieder oder an mehrere gemeinsam vergeben werden.

(2) Die Regelung des § 105 Abs. 2 findet entsprechende Anwendung.

§ 39 SGB XII   Einschränkung der Leistung

(1) Lehnen Leistungsberechtigte entgegen ihrer Verpflichtung die Aufnahme einer Tätigkeit oder die Teilnahme an einer erforderlichen Vorbereitung ab, vermindert sich der maßgebende Regelsatz in einer ersten Stufe um bis zu 25 vom Hundert, bei wiederholter Ablehnung in weiteren Stufen um jeweils bis zu 25 vom Hundert. Die Leistungsberechtigten sind vorher entsprechend zu belehren.

(2) § 26 Abs. 1 Satz 2 findet Anwendung.

§ 40 SGB XII   Verordnungsermächtigung

Das Bundesministerium für Gesundheit und Soziale Sicherung erlässt im Einvernehmen mit dem Bundesministerium der Finanzen und dem Bundesministerium für Wirtschaft und Arbeit durch Rechtsverordnung mit Zustimmung des Bundesrates Vorschriften über Inhalt, Bemessung und Aufbau der Regelsätze nach § 28 sowie ihre Fortschreibung.

§ 41 SGB XII   Leistungsberechtigte

(1) Zur Sicherung des Lebensunterhaltes im Alter und bei dauerhafter Erwerbsminderung können Personen mit gewöhnlichem Aufenthalt im Inland, die
1. das 65. Lebensjahr vollendet haben oder
2. das 18. Lebensjahr vollendet haben, unabhängig von der jeweiligen Arbeitsmarktlage voll erwerbsgemindert im Sinne des § 43 Abs. 2 des Sechsten Buches sind und bei denen unwahrscheinlich ist, dass die volle Erwerbsminderung behoben werden kann,

auf Antrag die Leistungen der Grundsicherung im Alter und bei Erwerbsminderung nach diesem Kapitel erhalten.

(2) Anspruch auf Leistungen haben Leistungsberechtigte nach Absatz 1, soweit sie ihren Lebensunterhalt nicht aus ihrem Einkommen und Vermögen gemäß §§ 82 bis 84 und 90 beschaffen können.

(3) Keinen Anspruch auf Leistungen nach diesem Kapitel haben Personen, die in den letzten zehn Jahren ihre Bedürftigkeit vorsätzlich oder grob fahrlässig herbeigeführt haben.

§ 42 SGB XII   Umfang der Leistungen

Die Leistungen der Grundsicherung im Alter und bei Erwerbsminderung umfassen:
1. den für den Leistungsberechtigten (1) maßgebenden Regelsatz nach § 28,
2. die angemessenen tatsächlichen Aufwendungen für Unterkunft und Heizung entsprechend § 29, bei Leistungen in einer stationären oder teilstationären Einrichtung

sind als Kosten für Unterkunft und Heizung Beträge in Höhe der durchschnittlichen angemessenen tatsächlichen Aufwendungen für die Warmmiete eines Einpersonenhaushalts im Bereich des nach § 98 zuständigen Trägers der Sozialhilfe zugrunde zu legen,

3. die Mehrbedarfe entsprechend § 30 sowie die einmaligen Bedarfe entsprechend § 31,

4. die Übernahme von Kranken- und Pflegeversicherungsbeiträgen entsprechend § 32,

5. Hilfe zum Lebensunterhalt in Sonderfällen nach § 34.

Reichen die Leistungen nach Satz 1 nicht aus, um diesen Bedarf des Leistungsberechtigten zu decken, können weitere Leistungen als ergänzende Darlehen entsprechend § 37 erbracht werden.

§ 43 SGB XII   Besonderheiten bei Vermögenseinsatz und Unterhaltsansprüchen

(1) Einkommen und Vermögen des nicht getrennt lebenden Ehegatten oder Lebenspartners sowie des Partners einer eheähnlichen Gemeinschaft, die dessen notwendigen Lebensunterhalt nach diesem Buch übersteigen, sind nach den §§ 19 und 20 Satz 1 zu berücksichtigen; § 36 Satz 1 ist nicht anzuwenden.

(2) Unterhaltsansprüche der Leistungsberechtigten gegenüber ihren Kindern und Eltern bleiben unberücksichtigt, sofern deren jährliches Gesamteinkommen im Sinne des § 16 des Vierten Buches unter einem Betrag von 100.000,00 Euro liegt. Es wird vermutet, dass das Einkommen der Unterhaltspflichtigen nach Satz 1 die dort genannte Grenze nicht überschreitet. Zur Widerlegung der Vermutung nach Satz 2 kann der zuständige Träger der Sozialhilfe von den Leistungsberechtigten Angaben verlangen, die Rückschlüsse auf die Einkommensverhältnisse der Unterhaltspflichtigen nach Satz 1 zulassen. Liegen im Einzelfall hinreichende Anhaltspunkte für ein Überschreiten der in Satz 1 genannten Einkommensgrenze vor, sind die Kinder oder Eltern der Leistungsberechtigten gegenüber dem Träger der Sozialhilfe verpflichtet, über ihre Einkommensverhältnisse Auskunft zu geben, soweit die Durchführung dieses Buches es erfordert. Die Pflicht zur Auskunft umfasst die Verpflichtung, auf Verlangen des Trägers der Sozialhilfe Beweisurkunden vorzulegen oder ihrer Vorlage zuzustimmen. Leistungsberechtigte haben keinen Anspruch auf Leistungen der bedarfsorientierten Grundsicherung, wenn die nach Satz 2 geltende Vermutung nach Satz 4 und 5 widerlegt ist.

§ 44 SGB XII   Besondere Verfahrensregelungen

(1) Die Leistung wird in der Regel für zwölf Kalendermonate bewilligt. Bei der Erstbewilligung oder bei einer Änderung der Leistung beginnt der Bewilligungszeitraum am Ersten des Monats, in dem der Antrag gestellt worden ist oder die Voraussetzungen für die Änderung eingetreten und mitgeteilt worden sind. Führt eine Änderung nicht zu einer Begünstigung des Berechtigten, so beginnt der neue Bewilligungszeitraum am Ersten des Folgemonats.

(2) Eine Leistungsabsprache nach § 12 kann im Einzelfall stattfinden.

§ 45 SGB XII   Feststellung der dauerhaften vollen Erwerbsminderung

(1) Der zuständige Träger der Sozialhilfe ersucht den nach § 109a Abs. 2 des Sechsten Buches zuständigen Träger der Rentenversicherung, die medizinischen Voraussetzungen des § 41 Abs. 1 Nr. 2 zu prüfen, wenn es auf Grund der Angaben und Nachweise des Leistungsberechtigten als wahrscheinlich erscheint, dass diese erfüllt sind und das zu berücksichtigende Einkommen und Vermögen nicht ausreicht, um den Lebensunterhalt vollständig zu decken. Die Entscheidung des Trägers der Rentenversicherung ist für den ersuchenden Träger der Sozialhilfe bindend. Ein Ersuchen findet nicht statt, wenn

1. ein Träger der Rentenversicherung bereits die Voraussetzungen des § 41 Abs. 1 Nr. 2 im Rahmen eines Antrags auf eine Rente wegen Erwerbsminderung festgestellt hat oder
2. der Fachausschuss einer Werkstatt für behinderte Menschen über die Aufnahme in eine Werkstatt oder Einrichtung eine Stellungnahme abgegeben hat (§§ 2 und 3 der Werkstättenverordnung) und der Leistungsberechtigte kraft Gesetzes nach § 43 Abs. 2 Satz 3 Nr. 1 des Sechsten Buches als voll erwerbsgemindert gilt.

Die kommunalen Spitzenverbände und die Deutsche Rentenversicherung Bund können Vereinbarungen über das Verfahren schließen.

(2) Die Träger der Sozialhilfe erstatten den Trägern der Rentenversicherung die Kosten und Auslagen nach § 109a Abs. 2 des Sechsten Buches, die auf Grund des Ersuchens nach Absatz 1 entstehen. Die kommunalen Spitzenverbände und der Verband Deutscher Rentenversicherungsträger die Deutsche Rentenversicherung Bund können Vereinbarungen über die Zahlung von Pauschalbeträgen schließen. Eine Kostenerstattung nach dem Zweiten Abschnitt des Dreizehnten Kapitels findet nicht statt.

§ 46 SGB XII   Zusammenarbeit mit den Trägern der Rentenversicherung

Der zuständige Träger der Rentenversicherung informiert und berät leistungsberechtigte Personen nach § 41, die rentenberechtigt sind, über die Leistungsvoraussetzungen und über das Verfahren nach diesem Kapitel. Personen, die nicht rentenberechtigt sind, werden auf Anfrage beraten und informiert. Liegt eine Rente unter dem 27-fachen Betrag des aktuellen Rentenwertes nach den §§ 68 und 255c des Sechsten Buches, ist der Information zusätzlich ein Antragsformular beizufügen. Der Träger der Rentenversicherung übersendet einen eingegangenen Antrag mit einer Mitteilung über die Höhe der monatlichen Rente und über das Vorliegen der Voraussetzungen der Leistungsberechtigung an den zuständigen Träger der Sozialhilfe. Eine Verpflichtung des Trägers der Rentenversicherung nach Satz 1 besteht nicht, wenn eine Inanspruchnahme von Leistungen nach diesem Kapitel wegen der Höhe der gezahlten Rente sowie der im Rentenverfahren zu ermittelnden weiteren Einkommen nicht in Betracht kommt.

§ 47 SGB XII   Vorbeugende Gesundheitshilfe

Zur Verhütung und Früherkennung von Krankheiten werden die medizinischen Vorsorgeleistungen und Untersuchungen erbracht. Andere Leistungen werden nur erbracht, wenn ohne diese nach ärztlichem Urteil eine Erkrankung oder ein sonstiger Gesundheitsschaden einzutreten droht.

§ 48 SGB XII   Hilfe bei Krankheit

Um eine Krankheit zu erkennen, zu heilen, ihre Verschlimmerung zu verhüten oder Krankheitsbeschwerden zu lindern, werden Leistungen zur Krankenbehandlung entsprechend dem Dritten Kapitel Fünften Abschnitt Ersten Titel des Fünften Buches erbracht. Die Regelungen zur Krankenbehandlung nach § 264 des Fünften Buches gehen den Leistungen der Hilfe bei Krankheit nach Satz 1 vor.

§ 49 SGB XII   Hilfe zur Familienplanung

Zur Familienplanung werden die ärztliche Beratung, die erforderliche Untersuchung und die Verordnung der empfängnisregelnden Mittel geleistet. Die Kosten für empfängnisverhütende Mittel werden übernommen, wenn diese ärztlich verordnet worden sind.

§ 50 SGB XII   Hilfe bei Schwangerschaft und Mutterschaft

Bei Schwangerschaft und Mutterschaft werden
1. ärztliche Behandlung und Betreuung sowie Hebammenhilfe,
2. Versorgung mit Arznei-, Verband- und Heilmitteln,
3. Pflege in einer stationären Einrichtung und
4. häusliche Pflegeleistungen nach § 65 Abs. 1

geleistet.

§ 51 SGB XII   Hilfe bei Sterilisation

Bei einer durch Krankheit erforderlichen Sterilisation werden die ärztliche Untersuchung, Beratung und Begutachtung, die ärztliche Behandlung, die Versorgung mit Arznei-, Verband- und Heilmitteln sowie die Krankenhauspflege geleistet.

§ 52 SGB XII   Leistungserbringung, Vergütung

(1) Die Hilfen nach den §§ 47 bis 51 entsprechen den Leistungen der gesetzlichen Krankenversicherung. Soweit Krankenkassen in ihrer Satzung Umfang und Inhalt der Leistungen bestimmen können, entscheidet der Träger der Sozialhilfe über Umfang und Inhalt der Hilfen nach pflichtgemäßem Ermessen.

(2) Leistungsberechtigte haben die freie Wahl unter den Ärzten und Zahnärzten sowie den Krankenhäusern entsprechend den Bestimmungen der gesetzlichen Krankenversicherung. Hilfen werden nur in dem durch Anwendung des § 65a des Fünften Buches erzielbaren geringsten Umfang geleistet.

(3) Bei Erbringung von Leistungen nach den §§ 47 bis 51 sind die für die gesetzlichen Krankenkassen nach dem Vierten Kapitel des Fünften Buches geltenden Regelungen mit Ausnahme des Dritten Titels des Zweiten Abschnitts (1) anzuwenden. Ärzte, Psychotherapeuten im Sinne des § 28 Abs. 3 Satz 1 des Fünften Buches und Zahnärzte haben für ihre Leistungen Anspruch auf die Vergütung, welche die Ortskrankenkasse, in deren Bereich der Arzt, Psychotherapeut oder der Zahnarzt niedergelassen ist, für ihre Mitglieder zahlt. Die sich aus den §§ 294, 295, 300 bis 302 des Fünften Buches für die Leistungserbringer ergebenden Verpflichtungen gelten auch für die Abrechnung von Leistungen nach diesem Kapitel mit dem Träger der Sozialhilfe. Die Vereinbarungen nach § 303 Abs. 1 sowie § 304 des Fünften Buches gelten für den Träger der Sozialhilfe entsprechend.

(4) Leistungsberechtigten, die nicht in der gesetzlichen Krankenversicherung versichert sind, wird unter den Voraussetzungen von § 39a Satz 1 des Fünften Buches zu stationärer und teilstationärer Versorgung in Hospizen der von den gesetzlichen Krankenkassen entsprechend § 39a Satz 3 des Fünften Buches zu zahlende Zuschuss geleistet.

(5) Für Leistungen zur medizinischen Rehabilitation nach § 54 Abs. 1 Satz 1 gelten die Absätze 2 und 3 entsprechend.

§ 53 SGB XII   Leistungsberechtigte und Aufgabe

(1) Personen, die durch eine Behinderung im Sinne von § 2 Abs. 1 Satz 1 des Neunten Buches wesentlich in ihrer Fähigkeit, an der Gesellschaft teilzuhaben, eingeschränkt oder von einer solchen wesentlichen Behinderung bedroht sind, erhalten Leistungen der Eingliederungshilfe, wenn und solange nach der Besonderheit des Einzelfalles, insbesondere nach Art oder Schwere der Behinderung, Aussicht besteht, dass die Aufgabe der Eingliederungshilfe erfüllt werden kann. Personen mit einer anderen körperlichen, geistigen oder seelischen Behinderung können Leistungen der Eingliederungshilfe erhalten.

(2) Von einer Behinderung bedroht sind Personen, bei denen der Eintritt der Behinderung nach fachlicher Erkenntnis mit hoher Wahrscheinlichkeit zu erwarten ist. Dies gilt für Personen, für die vorbeugende Gesundheitshilfe und Hilfe bei Krankheit nach den §§ 47 und 48 erforderlich ist, nur, wenn auch bei Durchführung dieser Leistungen eine Behinderung einzutreten droht.

(3) Besondere Aufgabe der Eingliederungshilfe ist es, eine drohende Behinderung zu verhüten oder eine Behinderung oder deren Folgen zu beseitigen oder zu mildern und die behinderten Menschen in die Gesellschaft einzugliedern. Hierzu gehört insbesondere, den behinderten Menschen die Teilnahme am Leben in der Gemeinschaft zu ermöglichen oder zu erleichtern, ihnen die Ausübung eines angemessenen Berufs oder einer sonstigen angemessenen Tätigkeit zu ermöglichen oder sie so weit wie möglich unabhängig von Pflege zu machen.

(4) Für die Leistungen zur Teilhabe gelten die Vorschriften des Neunten Buches, soweit sich aus diesem Buch und den auf Grund dieses Buches erlassenen Rechtsverordnungen nichts Abweichendes ergibt. Die Zuständigkeit und die Voraussetzungen für die Leistungen zur Teilhabe richten sich nach diesem Buch.

§ 54 SGB XII   Leistungen der Eingliederungshilfe

(1) Leistungen der Eingliederungshilfe sind neben den Leistungen nach den §§ 26, 33, 41 und 55 des Neunten Buches insbesondere
1. Hilfen zu einer angemessenen Schulbildung, insbesondere im Rahmen der allgemeinen Schulpflicht und zum Besuch weiterführender Schulen einschließlich der Vorbereitung hierzu; die Bestimmungen über die Ermöglichung der Schulbildung im Rahmen der allgemeinen Schulpflicht bleiben unberührt.
2. Hilfe zur schulischen Ausbildung für einen angemessenen Beruf einschließlich des Besuchs einer Hochschule,
3. Hilfe zur Ausbildung für eine sonstige angemessene Tätigkeit,
4. Hilfe in vergleichbaren sonstigen Beschäftigungsstätten nach § 56,

5. nachgehende Hilfe zur Sicherung der Wirksamkeit der ärztlichen und ärztlich verordneten Leistungen und zur Sicherung der Teilhabe der behinderten Menschen am Arbeitsleben.

Die Leistungen zur medizinischen Rehabilitation und zur Teilhabe am Arbeitsleben entsprechen jeweils den Rehabilitationsleistungen der gesetzlichen Krankenversicherung oder der Bundesagentur für Arbeit.

(2) Erhalten behinderte oder von einer Behinderung bedrohte Menschen in einer stationären Einrichtung Leistungen der Eingliederungshilfe, können ihnen oder ihren Angehörigen zum gegenseitigen Besuch Beihilfen geleistet werden, soweit es im Einzelfall erforderlich ist.

§ 55 SGB XII Sonderregelung für behinderte Menschen in Einrichtungen

Werden Leistungen der Eingliederungshilfe für behinderte Menschen in einer vollstationären Einrichtung der Hilfe für behinderte Menschen im Sinne des § 43a des Elften Buches erbracht, umfasst die Leistung auch die Pflegeleistungen in der Einrichtung. Stellt der Träger der Einrichtung fest, dass der behinderte Mensch so pflegebedürftig ist, dass die Pflege in der Einrichtung nicht sichergestellt werden kann, vereinbaren der Träger der Sozialhilfe und die zuständige Pflegekasse mit dem Einrichtungsträger, dass die Leistung in einer anderen Einrichtung erbracht wird; dabei ist angemessenen Wünschen des behinderten Menschen Rechnung zu tragen.

§ 56 SGB XII Hilfe in einer sonstigen Beschäftigungsstätte

Hilfe in einer den anerkannten Werkstätten für behinderte Menschen nach § 41 des Neunten Buches vergleichbaren sonstigen Beschäftigungsstätte kann geleistet werden.

§ 57 SGB XII Trägerübergreifendes Persönliches Budget

Leistungsberechtigte nach § 53 können auf Antrag Leistungen der Eingliederungshilfe auch als Teil eines trägerübergreifenden Persönlichen Budgets erhalten. § 17 Abs. 2 bis 4 des Neunten Buches in Verbindung mit der Budgetverordnung und § 159 des Neunten Buches sind insoweit anzuwenden.

§ 58 SGB XII Gesamtplan

(1) Der Träger der Sozialhilfe stellt so frühzeitig wie möglich einen Gesamtplan zur Durchführung der einzelnen Leistungen auf.

(2) Bei der Aufstellung des Gesamtplans und der Durchführung der Leistungen wirkt der Träger der Sozialhilfe mit dem behinderten Menschen und den sonst im Einzelfall Beteiligten, insbesondere mit dem behandelnden Arzt, dem Gesundheitsamt, dem Landesarzt, dem Jugendamt und den Dienststellen der Bundesagentur für Arbeit, zusammen.

§ 59 SGB XII Aufgaben des Gesundheitsamtes

Das Gesundheitsamt oder die durch Landesrecht bestimmte Stelle hat die Aufgabe,
1. behinderte Menschen oder Personensorgeberechtigte über die nach Art und Schwere der Behinderung geeigneten ärztlichen und sonstigen Leistungen der

Eingliederungshilfe im Benehmen mit dem behandelnden Arzt auch während und nach der Durchführung von Heilmaßnahmen und Leistungen der Eingliederungshilfe zu beraten; die Beratung ist mit Zustimmung des behinderten Menschen oder des Personensorgeberechtigten im Benehmen mit den an der Durchführung der Leistungen der Eingliederungshilfe beteiligten Stellen oder Personen vorzunehmen. Steht der behinderte Mensch schon in ärztlicher Behandlung, setzt sich das Gesundheitsamt mit dem behandelnden Arzt in Verbindung. Bei der Beratung ist ein amtliches Merkblatt auszuhändigen. Für die Beratung sind im Benehmen mit den Landesärzten die erforderlichen Sprechtage durchzuführen,

2. mit Zustimmung des behinderten Menschen oder des Personensorgeberechtigten mit der gemeinsamen Servicestelle nach den §§ 22 und 23 des Neunten Buches den Rehabilitationsbedarf abzuklären und die für die Leistungen der Eingliederungshilfe notwendige Vorbereitung abzustimmen und

3. die Unterlagen auszuwerten und sie zur Planung der erforderlichen Einrichtungen und zur weiteren wissenschaftlichen Auswertung nach näherer Bestimmung der zuständigen obersten Landesbehörde weiterzuleiten. Bei der Weiterleitung der Unterlagen sind die Namen der behinderten Menschen und der Personensorgeberechtigten nicht anzugeben.

§ 60 SGB XII Verordnungsermächtigung

Die Bundesregierung kann durch Rechtsverordnung mit Zustimmung des Bundesrates Bestimmungen über die Abgrenzung des leistungsberechtigten Personenkreises der behinderten Menschen, über Art und Umfang der Leistungen der Eingliederungshilfe sowie über das Zusammenwirken mit anderen Stellen, die den Leistungen der Eingliederungshilfe entsprechende Leistungen durchführen, erlassen.

§ 61 SGB XII Leistungsberechtigte und Leistungen

(1) Personen, die wegen einer körperlichen, geistigen oder seelischen Krankheit oder Behinderung für die gewöhnlichen und regelmäßig wiederkehrenden Verrichtungen im Ablauf des täglichen Lebens auf Dauer, voraussichtlich für mindestens sechs Monate, in erheblichem oder höherem Maße der Hilfe bedürfen, ist Hilfe zur Pflege zu leisten. Hilfe zur Pflege ist auch Kranken und behinderten Menschen zu leisten, die voraussichtlich für weniger als sechs Monate der Pflege bedürfen oder einen geringeren Bedarf als nach Satz 1 haben oder die der Hilfe für andere Verrichtungen als nach Absatz 5 bedürfen; für Leistungen für eine stationäre oder teilstationäre Einrichtung gilt dies nur, wenn es nach der Besonderheit des Einzelfalles erforderlich ist, insbesondere ambulante oder teilstationäre Leistungen nicht zumutbar sind oder nicht ausreichen.

(2) Die Hilfe zur Pflege umfasst häusliche Pflege, Hilfsmittel, teilstationäre Pflege, Kurzzeitpflege und stationäre Pflege. Der Inhalt der Leistungen nach Satz 1 bestimmt sich nach den Regelungen der Pflegeversicherung für die in § 28 Abs. 1 Nr. 1, 5 bis 8 des Elften Buches aufgeführten Leistungen; § 28 Abs. 4 des Elften Buches gilt entsprechend. Die Hilfe zur Pflege kann auf Antrag auch als Teil eines trägerübergreifenden Persönlichen Budgets erbracht werden. § 17 Abs. 2 bis 4 des Neunten Buches in Verbindung mit der Budgetverordnung und § 159 des Neunten Buches sind insoweit anzuwenden.

(3) Krankheiten oder Behinderungen im Sinne des Absatzes 1 sind:

1. Verluste, Lähmungen oder andere Funktionsstörungen am Stütz- und Bewegungsapparat,
2. Funktionsstörungen der inneren Organe oder der Sinnesorgane,
3. Störungen des Zentralnervensystems wie Antriebs-, Gedächtnis- oder Orientierungsstörungen sowie endogene Psychosen, Neurosen oder geistige Behinderungen,
4. andere Krankheiten oder Behinderungen, infolge derer Personen pflegebedürftig im Sinne des Absatzes 1 sind.

(4) Der Bedarf des Absatzes 1 besteht in der Unterstützung, in der teilweisen oder vollständigen Übernahme der Verrichtungen im Ablauf des täglichen Lebens oder in Beaufsichtigung oder Anleitung mit dem Ziel der eigenständigen Übernahme dieser Verrichtungen.

(5) Gewöhnliche und regelmäßig wiederkehrende Verrichtungen im Sinne des Absatzes 1 sind:
1. im Bereich der Körperpflege das Waschen, Duschen, Baden, die Zahnpflege, das Kämmen, Rasieren, die Darm- und Blasenentleerung,
2. im Bereich der Ernährung das mundgerechte Zubereiten oder die Aufnahme der Nahrung,
3. im Bereich der Mobilität das selbstständige Aufstehen und Zu-Bett-Gehen, An- und Auskleiden, Gehen, Stehen, Treppensteigen oder das Verlassen und Wiederaufsuchen der Wohnung,
4. im Bereich der hauswirtschaftlichen Versorgung das Einkaufen, Kochen, Reinigen der Wohnung, Spülen, Wechseln und Waschen der Wäsche und Kleidung und das Beheizen.

(6) Die Verordnung nach § 16 des Elften Buches, die Richtlinien der Pflegekassen nach § 17 des Elften Buches, die Verordnung nach § 30 des Elften Buches, die Rahmenverträge und Bundesempfehlungen über die pflegerische Versorgung nach § 75 des Elften Buches und die Vereinbarungen über die Qualitätssicherung nach § 80 des Elften Buches finden zur näheren Bestimmung des Begriffs der Pflegebedürftigkeit, des Inhalts der Pflegeleistung, der Unterkunft und Verpflegung und zur Abgrenzung, Höhe und Anpassung der Pflegegelder nach § 64 entsprechende Anwendung.

§ 62 SGB XII   Bindung an die Entscheidung der Pflegekasse

Die Entscheidung der Pflegekasse über das Ausmaß der Pflegebedürftigkeit nach dem Elften Buch ist auch der Entscheidung im Rahmen der Hilfe zur Pflege zugrunde zu legen, soweit sie auf Tatsachen beruht, die bei beiden Entscheidungen zu berücksichtigen sind.

§ 63 SGB XII   Häusliche Pflege

Reicht im Fall des § 61 Abs. 1 häusliche Pflege aus, soll der Träger der Sozialhilfe darauf hinwirken, dass die Pflege einschließlich der hauswirtschaftlichen Versorgung durch Personen, die dem Pflegebedürftigen nahe stehen, oder als Nachbarschaftshilfe übernommen wird. Das Nähere regeln die §§ 64 bis 66. In einer stationären oder teilstationären Einrichtung erhalten Pflegebedürftige keine Leistungen zur häuslichen Pflege.

§ 64 SGB XII   Pflegegeld

(1) Pflegebedürftige, die bei der Körperpflege, der Ernährung oder der Mobilität für wenigstens zwei Verrichtungen aus einem oder mehreren Bereichen mindestens einmal täglich der Hilfe bedürfen und zusätzlich mehrfach in der Woche Hilfe bei der hauswirtschaftlichen Versorgung benötigen (erheblich Pflegebedürftige), erhalten ein Pflegegeld in Höhe des Betrages nach § 37 Abs. 1 Satz 3 Nr. 1 des Elften Buches.

(2) Pflegebedürftige, die bei der Körperpflege, der Ernährung oder der Mobilität für mehrere Verrichtungen mindestens dreimal täglich zu verschiedenen Tageszeiten der Hilfe bedürfen und zusätzlich mehrfach in der Woche Hilfe bei der hauswirtschaftlichen Versorgung benötigen (Schwerpflegebedürftige), erhalten ein Pflegegeld in Höhe des Betrages nach § 37 Abs. 1 Satz 3 Nr. 2 des Elften Buches.

(3) Pflegebedürftige, die bei der Körperpflege, der Ernährung oder der Mobilität für mehrere Verrichtungen täglich rund um die Uhr, auch nachts, der Hilfe bedürfen und zusätzlich mehrfach in der Woche Hilfe bei der hauswirtschaftlichen Versorgung benötigen (Schwerstpflegebedürftige), erhalten ein Pflegegeld in Höhe des Betrages nach § 37 Abs. 1 Satz 3 Nr. 3 des Elften Buches.

(4) Bei pflegebedürftigen Kindern ist der infolge Krankheit oder Behinderung gegenüber einem gesunden gleichaltrigen Kind zusätzliche Pflegebedarf maßgebend.

(5) Der Anspruch auf das Pflegegeld setzt voraus, dass der Pflegebedürftige und die Sorgeberechtigten bei pflegebedürftigen Kindern mit dem Pflegegeld dessen Umfang entsprechend die erforderliche Pflege in geeigneter Weise selbst sicherstellen. Besteht der Anspruch nicht für den vollen Kalendermonat, ist der Geldbetrag entsprechend zu kürzen. Bei der Kürzung ist der Kalendermonat mit 30 Tagen anzusetzen. Das Pflegegeld wird bis zum Ende des Kalendermonats geleistet, in dem der Pflegebedürftige gestorben ist. Stellt die Pflegekasse ihre Leistungen nach § 37 Abs. 6 des Elften Buches ganz oder teilweise ein, entfällt die Leistungspflicht nach den Absätzen 1 bis 4.

§ 65 SGB XII   Andere Leistungen

(1) Pflegebedürftigen im Sinne des § 61 Abs. 1 sind die angemessenen Aufwendungen der Pflegeperson zu erstatten; auch können angemessene Beihilfen geleistet sowie Beiträge der Pflegeperson für eine angemessene Alterssicherung übernommen werden, wenn diese nicht anderweitig sichergestellt ist. Ist neben oder anstelle der Pflege nach § 63 Satz 1 die Heranziehung einer besonderen Pflegekraft erforderlich oder eine Beratung oder zeitweilige Entlastung der Pflegeperson geboten, sind die angemessenen Kosten zu übernehmen.

(2) Pflegebedürftigen, die Pflegegeld nach § 64 erhalten, sind zusätzlich die Aufwendungen für die Beiträge einer Pflegeperson oder einer besonderen Pflegekraft für eine angemessene Alterssicherung zu erstatten, wenn diese nicht anderweitig sichergestellt ist.

§ 66 SGB XII   Leistungskonkurrenz

(1) Leistungen nach § 64 und § 65 Abs. 2 werden nicht erbracht, soweit Pflegebedürftige gleichartige Leistungen nach anderen Rechtsvorschriften erhalten. Auf das Pflegegeld sind Leistungen nach § 72 oder gleichartige Leistungen nach anderen

Rechtsvorschriften mit 70 vom Hundert, Pflegegelder nach dem Elften Buch jedoch in dem Umfang, in dem sie geleistet werden, anzurechnen.

(2) Die Leistungen nach § 65 werden neben den Leistungen nach § 64 erbracht. Werden Leistungen nach § 65 Abs. 1 oder gleichartige Leistungen nach anderen Rechtsvorschriften erbracht, kann das Pflegegeld um bis zu zwei Drittel gekürzt werden.

(3) Bei teilstationärer Betreuung von Pflegebedürftigen oder einer vergleichbaren nicht nach diesem Buch durchgeführten Maßnahme kann das Pflegegeld nach § 64 angemessen gekürzt werden.

(4) Leistungen nach § 65 Abs. 1 werden insoweit nicht erbracht, als Pflegebedürftige in der Lage sind, zweckentsprechende Leistungen nach anderen Rechtsvorschriften in Anspruch zu nehmen. Stellen die Pflegebedürftigen ihre Pflege durch von ihnen beschäftigte besondere Pflegekräfte sicher, können sie nicht auf die Inanspruchnahme von Sachleistungen nach dem Elften Buch verwiesen werden. In diesen Fällen ist ein nach dem Elften Buch geleistetes Pflegegeld vorrangig auf die Leistung nach § 65 Abs. 1 anzurechnen.

§ 67 SGB XII   Leistungsberechtigte

Personen, bei denen besondere Lebensverhältnisse mit sozialen Schwierigkeiten verbunden sind, sind Leistungen zur Überwindung dieser Schwierigkeiten zu erbringen, wenn sie aus eigener Kraft hierzu nicht fähig sind. Soweit der Bedarf durch Leistungen nach anderen Vorschriften dieses Buches oder des Achten Buches gedeckt wird, gehen diese der Leistung nach Satz 1 vor.

§ 68 SGB XII   Umfang der Leistungen

(1) Die Leistungen umfassen alle Maßnahmen, die notwendig sind, um die Schwierigkeiten abzuwenden, zu beseitigen, zu mildern oder ihre Verschlimmerung zu verhüten, insbesondere Beratung und persönliche Betreuung für die Leistungsberechtigten und ihre Angehörigen, Hilfen zur Ausbildung, Erlangung und Sicherung eines Arbeitsplatzes sowie Maßnahmen bei der Erhaltung und Beschaffung einer Wohnung. Zur Durchführung der erforderlichen Maßnahmen ist in geeigneten Fällen ein Gesamtplan zu erstellen.

(2) Die Leistung wird ohne Rücksicht auf Einkommen und Vermögen erbracht, soweit im Einzelfall Dienstleistungen erforderlich sind. Einkommen und Vermögen der in § 19 Abs. 3 genannten Personen ist nicht zu berücksichtigen und von der Inanspruchnahme nach bürgerlichem Recht Unterhaltspflichtiger abzusehen, soweit dies den Erfolg der Hilfe gefährden würde.

(3) Die Träger der Sozialhilfe sollen mit den Vereinigungen, die sich die gleichen Aufgaben zum Ziel gesetzt haben, und mit den sonst beteiligten Stellen zusammenarbeiten und darauf hinwirken, dass sich die Sozialhilfe und die Tätigkeit dieser Vereinigungen und Stellen wirksam ergänzen.

§ 69 SGB XII   Verordnungsermächtigung

Das Bundesministerium für Gesundheit und Soziale Sicherung kann durch Rechtsverordnung mit Zustimmung des Bundesrates Bestimmungen über die Abgrenzung des Personenkreises nach § 67 sowie über Art und Umfang der Maßnahmen nach § 68 Abs. 1 erlassen.

§ 70 SGB XII   Hilfe zur Weiterführung des Haushalts

(1) Personen mit eigenem Haushalt sollen Leistungen zur Weiterführung des Haushalts erhalten, wenn keiner der Haushaltsangehörigen den Haushalt führen kann und die Weiterführung des Haushalts geboten ist. Die Leistungen sollen in der Regel nur vorübergehend erbracht werden. Satz 2 gilt nicht, wenn durch die Leistungen die Unterbringung in einer stationären Einrichtung vermieden oder aufgeschoben werden kann.

(2) Die Leistungen umfassen die persönliche Betreuung von Haushaltsangehörigen sowie die sonstige zur Weiterführung des Haushalts erforderliche Tätigkeit.

(3) § 65 Abs. 1 findet entsprechende Anwendung.

(4) Die Leistungen können auch durch Übernahme der angemessenen Kosten für eine vorübergehende anderweitige Unterbringung von Haushaltsangehörigen erbracht werden, wenn diese Unterbringung in besonderen Fällen neben oder statt der Weiterführung des Haushalts geboten ist.

§ 71 SGB XII   Altenhilfe

(1) Alten Menschen soll außer den Leistungen nach den übrigen Bestimmungen dieses Buches Altenhilfe gewährt werden. Die Altenhilfe soll dazu beitragen, Schwierigkeiten, die durch das Alter entstehen, zu verhüten, zu überwinden oder zu mildern und alten Menschen die Möglichkeit zu erhalten, am Leben in der Gemeinschaft teilzunehmen.

(2) Als Leistungen der Altenhilfe kommen insbesondere in Betracht:
1. Leistungen zu einer Betätigung und zum gesellschaftlichen Engagement, wenn sie vom alten Menschen gewünscht wird,
2. Leistungen bei der Beschaffung und zur Erhaltung einer Wohnung, die den Bedürfnissen des alten Menschen entspricht,
3. Beratung und Unterstützung in allen Fragen der Aufnahme in eine Einrichtung, die der Betreuung alter Menschen dient, insbesondere bei der Beschaffung eines geeigneten Heimplatzes,
4. Beratung und Unterstützung in allen Fragen der Inanspruchnahme altersgerechter Dienste,
5. Leistungen zum Besuch von Veranstaltungen oder Einrichtungen, die der Geselligkeit, der Unterhaltung, der Bildung oder den kulturellen Bedürfnissen alter Menschen dienen,
6. Leistungen, die alten Menschen die Verbindung mit nahe stehenden Personen ermöglichen.

(3) Leistungen nach Absatz 1 sollen auch erbracht werden, wenn sie der Vorbereitung auf das Alter dienen.

(4) Altenhilfe soll ohne Rücksicht auf vorhandenes Einkommen oder Vermögen geleistet werden, soweit im Einzelfall Beratung und Unterstützung erforderlich sind.

§ 72 SGB XII   Blindenhilfe

(1) Blinden Menschen wird zum Ausgleich der durch die Blindheit bedingten Mehraufwendungen Blindenhilfe gewährt, soweit sie keine gleichartigen Leistungen nach anderen Rechtsvorschriften erhalten. Auf die Blindenhilfe sind Leistungen bei häuslicher Pflege nach dem Elften Buch, auch soweit es sich um Sachleistungen handelt, mit 70 vom Hundert des Pflegegeldes der Pflegestufe I und bei Pflegebedürftigen der Pflegestufen II und III mit 50 vom Hundert des Pflegegeldes der Pflegestufe II, höchstens jedoch mit 50 vom Hundert des Betrages nach Absatz 2, anzurechnen. Satz 2 gilt sinngemäß für Leistungen nach dem Elften Buch aus einer privaten Pflegeversicherung und nach beamtenrechtlichen Vorschriften. § 39 ist entsprechend anzuwenden.

(2) Die Blindenhilfe beträgt bis 30. Juni 2004 für blinde Menschen nach Vollendung des 18. Lebensjahres 585,00 Euro monatlich, für blinde Menschen, die das 18. Lebensjahr noch nicht vollendet haben, beträgt sie 293,00 Euro monatlich. Sie verändert sich jeweils zu dem Zeitpunkt und in dem Umfang, wie sich der aktuelle Rentenwert in der gesetzlichen Rentenversicherung verändert.

(3) Lebt der blinde Mensch in einer stationären Einrichtung und werden die Kosten des Aufenthalts ganz oder teilweise aus Mitteln öffentlich-rechtlicher Leistungsträger getragen, so verringert sich die Blindenhilfe nach Absatz 2 um die aus diesen Mitteln getragenen Kosten, höchstens jedoch um 50 vom Hundert der Beträge nach Absatz 2. Satz 1 gilt vom ersten Tage des zweiten Monats an, der auf den Eintritt in die Einrichtung folgt, für jeden vollen Kalendermonat des Aufenthalts in der Einrichtung. Für jeden vollen Tag vorübergehender Abwesenheit von der Einrichtung wird die Blindenhilfe in Höhe von je einem Dreißigstel des Betrages nach Absatz 2 gewährt, wenn die vorübergehende Abwesenheit länger als sechs volle zusammenhängende Tage dauert; der Betrag nach Satz 1 wird im gleichen Verhältnis gekürzt.

(4) Neben der Blindenhilfe wird Hilfe zur Pflege wegen Blindheit (§§ 61 und 63) außerhalb von stationären Einrichtungen sowie ein Barbetrag (§ 35 Abs. 2) nicht gewährt. Neben Absatz 1 ist § 30 Abs. 1 Nr. 2 nur anzuwenden, wenn der blinde Mensch nicht allein wegen Blindheit voll erwerbsgemindert ist. Die Sätze 1 und 2 gelten entsprechend für blinde Menschen, die nicht Blindenhilfe, sondern gleichartige Leistungen nach anderen Rechtsvorschriften erhalten.

(5) Blinden Menschen stehen Personen gleich, deren beidäugige Gesamtsehschärfe nicht mehr als ein Fünfzigstel beträgt oder bei denen dem Schweregrad dieser Sehschärfe gleichzuachtende, nicht nur vorübergehende Störungen des Sehvermögens vorliegen.

§ 73 SGB XII   Hilfe in sonstigen Lebenslagen

Leistungen können auch in sonstigen Lebenslagen erbracht werden, wenn sie den Einsatz öffentlicher Mittel rechtfertigen. Geldleistungen können als Beihilfe oder als Darlehen erbracht werden.

§ 74 SGB XII   Bestattungskosten

Die erforderlichen Kosten einer Bestattung werden übernommen, soweit den hierzu Verpflichteten nicht zugemutet werden kann, die Kosten zu tragen.

§ 75 SGB XII   Einrichtungen und Dienste

(1) Einrichtungen sind stationäre und teilstationäre Einrichtungen im Sinne von § 13. Die §§ 75 bis 80 finden auch für Dienste Anwendung, soweit nichts Abweichendes bestimmt ist.

(2) Zur Erfüllung der Aufgaben der Sozialhilfe sollen die Träger der Sozialhilfe eigene Einrichtungen nicht neu schaffen, soweit geeignete Einrichtungen anderer Träger vorhanden sind, ausgebaut oder geschaffen werden können. Vereinbarungen nach Absatz 3 sind nur mit Trägern von Einrichtungen abzuschließen, die insbesondere unter Berücksichtigung ihrer Leistungsfähigkeit und der Sicherstellung der Grundsätze des § 9 Abs. 1 zur Erbringung der Leistungen geeignet sind. Sind Einrichtungen vorhanden, die in gleichem Maße geeignet sind, hat der Träger der Sozialhilfe Vereinbarungen vorrangig mit Trägern abzuschließen, deren Vergütung bei vergleichbarem Inhalt, Umfang und Qualität der Leistung nicht höher ist als die anderer Träger.

(3) Wird die Leistung von einer Einrichtung erbracht, ist der Träger der Sozialhilfe zur Übernahme der Vergütung für die Leistung nur verpflichtet, wenn mit dem Träger der Einrichtung oder seinem Verband eine Vereinbarung über
1. Inhalt, Umfang und Qualität der Leistungen (Leistungsvereinbarung),
2. die Vergütung, die sich aus Pauschalen und Beträgen für einzelne Leistungsbereiche zusammensetzt (Vergütungsvereinbarung) und
3. die Prüfung der Wirtschaftlichkeit und Qualität der Leistungen (Prüfungsvereinbarung)

besteht.

Die Vereinbarungen müssen den Grundsätzen der Wirtschaftlichkeit, Sparsamkeit und Leistungsfähigkeit entsprechen. Der Träger der Sozialhilfe kann die Wirtschaftlichkeit und Qualität der Leistung prüfen.

(4) Ist eine der in Absatz 3 genannten Vereinbarungen nicht abgeschlossen, darf der Träger der Sozialhilfe Leistungen durch diese Einrichtung nur erbringen, wenn dies nach der Besonderheit des Einzelfalls geboten ist. Hierzu hat der Träger der Einrichtung ein Leistungsangebot vorzulegen, das die Voraussetzung des § 76 erfüllt, und sich schriftlich zu verpflichten, Leistungen entsprechend diesem Angebot zu erbringen. Vergütungen dürfen nur bis zu der Höhe übernommen werden, wie sie der Träger der Sozialhilfe am Ort der Unterbringung oder in seiner nächsten Umgebung für vergleichbare Leistungen nach den nach Absatz 3 abgeschlossenen Vereinbarungen mit anderen Einrichtungen trägt. Für die Prüfung der Wirtschaftlichkeit und Qualität der Leistungen gelten die Vereinbarungsinhalte des Trägers der Sozialhilfe mit vergleichbaren Einrichtungen entsprechend. Der Träger der Sozialhilfe hat die Einrichtung über Inhalt und Umfang dieser Prüfung zu unterrichten. Absatz 5 gilt entsprechend.

(5) Bei zugelassenen Pflegeeinrichtungen im Sinne des § 72 des Elften Buches richten sich Art, Inhalt, Umfang und Vergütung der ambulanten und teilstationären Pflegeleistungen sowie der Leistungen der Kurzzeitpflege und der vollstationären Pflegeleistungen sowie der Leistungen bei Unterkunft und Verpflegung und der Zusatzleistungen in Pflegeheimen nach den Vorschriften des Achten Kapitels des Elften Buches, soweit nicht nach § 61 weitergehende Leistungen zu erbringen sind. Satz 1 gilt nicht, soweit Vereinbarungen nach dem Achten Kapitel des Elften Buches nicht im Einvernehmen mit dem Träger der Sozialhilfe getroffen worden sind.

Der Träger der Sozialhilfe ist zur Übernahme gesondert berechneter Investitionskosten nach § 82 Abs. 4 des Elften Buches nur verpflichtet, wenn hierüber entsprechende Vereinbarungen nach dem Zehnten Kapitel getroffen worden sind.

§ 76 SGB XII   Inhalt der Vereinbarungen

(1) Die Vereinbarung über die Leistung muss die wesentlichen Leistungsmerkmale festlegen, mindestens jedoch die betriebsnotwendigen Anlagen der Einrichtung, den von ihr zu betreuenden Personenkreis, Art, Ziel und Qualität der Leistung, Qualifikation des Personals sowie die erforderliche sächliche und personelle Ausstattung. In die Vereinbarung ist die Verpflichtung der Einrichtung aufzunehmen, im Rahmen des vereinbarten Leistungsangebotes Leistungsberechtigte aufzunehmen und zu betreuen. Die Leistungen müssen ausreichend, zweckmäßig und wirtschaftlich sein und dürfen das Maß des Notwendigen nicht überschreiten.

(2) Vergütungen für die Leistungen nach Absatz 1 bestehen mindestens aus den Pauschalen für Unterkunft und Verpflegung (Grundpauschale) und für die Maßnahmen (Maßnahmepauschale) sowie aus einem Betrag für betriebsnotwendige Anlagen einschließlich ihrer Ausstattung (Investitionsbetrag). Förderungen aus öffentlichen Mitteln sind anzurechnen. Die Maßnahmepauschale wird nach Gruppen für Leistungsberechtigte mit vergleichbarem Bedarf kalkuliert. Einer verlangten Erhöhung der Vergütung auf Grund von Investitionsmaßnahmen braucht der Träger der Sozialhilfe nur zuzustimmen, wenn er der Maßnahme zuvor zugestimmt hat.

(3) Die Träger der Sozialhilfe vereinbaren mit dem Träger der Einrichtung Grundsätze und Maßstäbe für die Wirtschaftlichkeit und die Qualitätssicherung der Leistungen sowie für den Inhalt und das Verfahren zur Durchführung von Wirtschaftlichkeits- und Qualitätsprüfungen. Das Ergebnis der Prüfung ist festzuhalten und in geeigneter Form auch den Leistungsberechtigten der Einrichtung zugänglich zu machen. Die Träger der Sozialhilfe haben mit den Heimaufsichtsbehörden und dem Medizinischen Dienst der Krankenversicherung zusammenzuarbeiten, um Doppelprüfungen möglichst zu vermeiden.

§ 77 SGB XII   Abschluss von Vereinbarungen

(1) Die Vereinbarungen nach § 75 Abs. 3 sind vor Beginn der jeweiligen Wirtschaftsperiode für einen zukünftigen Zeitraum (Vereinbarungszeitraum) abzuschließen; nachträgliche Ausgleiche sind nicht zulässig. Kommt eine Vereinbarung nach § 76 Abs. 2 innerhalb von sechs Wochen nicht zustande, nachdem eine Partei schriftlich zu Verhandlungen aufgefordert hat, entscheidet die Schiedsstelle nach § 80 auf Antrag einer Partei unverzüglich über die Gegenstände, über die keine Einigung erreicht werden konnte. Gegen die Entscheidung ist der Rechtsweg zu den Sozialgerichten gegeben. Die Klage richtet sich gegen eine der beiden Vertragsparteien, nicht gegen die Schiedsstelle. Einer Nachprüfung der Entscheidung in einem Vorverfahren bedarf es nicht.

(2) Vereinbarungen und Schiedsstellenentscheidungen treten zu dem darin bestimmten Zeitpunkt in Kraft. Wird ein Zeitpunkt nicht bestimmt, werden Vereinbarungen mit dem Tag ihres Abschlusses, Festsetzungen der Schiedsstelle mit dem Tag wirksam, an dem der Antrag bei der Schiedsstelle eingegangen ist. Ein jeweils vor diesen Zeitpunkt zurückwirkendes Vereinbaren oder Festsetzen von Vergütungen ist nicht zulässig. Nach Ablauf des Vereinbarungszeitraums gelten die vereinbarten oder festgesetzten Vergütungen bis zum In-Kraft-Treten neuer Vergütungen weiter.

(3) Bei unvorhersehbaren wesentlichen Veränderungen der Annahmen, die der Vereinbarung oder Entscheidung über die Vergütung zugrunde lagen, sind die Vergütungen auf Verlangen einer Vertragspartei für den laufenden Vereinbarungszeitraum neu zu verhandeln. Die Absätze 1 und 2 gelten entsprechend.

§ 78 SGB XII   Außerordentliche Kündigung der Vereinbarungen

Ist wegen einer groben Verletzung der gesetzlichen oder vertraglichen Verpflichtungen gegenüber den Leistungsberechtigten und deren Kostenträgern durch die Einrichtung ein Festhalten an den Vereinbarungen nicht zumutbar, kann der Träger der Sozialhilfe die Vereinbarungen nach § 75 Abs. 3 ohne Einhaltung einer Kündigungsfrist kündigen. Das gilt insbesondere dann, wenn in der Prüfung nach § 76 Abs. 3 oder auf andere Weise festgestellt wird, dass Leistungsberechtigte infolge der Pflichtverletzung zu Schaden kommen, gravierende Mängel bei der Leistungserbringung vorhanden sind, dem Träger der Einrichtung nach dem Heimgesetz die Betriebserlaubnis entzogen oder der Betrieb der Einrichtung untersagt wird oder die Einrichtung nicht erbrachte Leistungen gegenüber den Kostenträgern abrechnet. Die Kündigung bedarf der Schriftform. § 59 des Zehnten Buches bleibt unberührt.

§ 79 SGB XII   Rahmenverträge

(1) Die überörtlichen Träger der Sozialhilfe und die kommunalen Spitzenverbände auf Landesebene schließen mit den Vereinigungen der Träger der Einrichtungen auf Landesebene gemeinsam und einheitlich Rahmenverträge zu den Vereinbarungen nach § 75 Abs. 3 und § 76 Abs. 2 über

1. die nähere Abgrenzung der den Vergütungspauschalen und -beträgen nach § 75 Abs. 3 zugrunde zu legenden Kostenarten und -bestandteile sowie die Zusammensetzung der Investitionsbeträge nach § 76 Abs. 2,
2. den Inhalt und die Kriterien für die Ermittlung und Zusammensetzung der Maßnahmepauschalen, die Merkmale für die Bildung von Gruppen mit vergleichbarem Bedarf nach § 76 Abs. 2 sowie die Zahl dieser zu bildenden Gruppen,
3. die Zuordnung der Kostenarten und -bestandteile nach § 41 des Neunten Buches und
4. den Inhalt und das Verfahren zur Durchführung von Wirtschaftlichkeits- und Qualitätsprüfung nach § 75 Abs. 3

ab.

Für Einrichtungen, die einer Kirche oder Religionsgemeinschaft des öffentlichen Rechts oder einem sonstigen freigemeinnützigen Träger zuzuordnen sind, können die Rahmenverträge auch von der Kirche oder Religionsgemeinschaft oder von dem Wohlfahrtsverband abgeschlossen werden, dem die Einrichtung angehört.

In den Rahmenverträgen sollen die Merkmale und Besonderheiten der jeweiligen Leistungen nach dem Fünften bis Neunten Kapitel berücksichtigt werden.

(2) Die Bundesarbeitsgemeinschaft der überörtlichen Träger der Sozialhilfe, die Bundesvereinigung der kommunalen Spitzenverbände und die Vereinigungen der Träger der Einrichtungen auf Bundesebene vereinbaren gemeinsam und einheitlich Empfehlungen zum Inhalt der Verträge nach Absatz 1.

§ 80 SGB XII   Schiedsstelle

(1) Für jedes Land oder für Teile eines Landes wird bei der zuständigen Landesbehörde eine Schiedsstelle gebildet.

(2) Die Schiedsstelle besteht aus Vertretern der Träger der Einrichtungen und Vertretern der örtlichen und überörtlichen Träger der Sozialhilfe in gleicher Zahl sowie einem unparteiischen Vorsitzenden. Die Vertreter der Einrichtungen und deren Stellvertreter werden von den Vereinigungen der Träger der Einrichtungen, die Vertreter der Träger der Sozialhilfe und deren Stellvertreter werden von diesen bestellt. Bei der Bestellung der Vertreter der Einrichtungen ist die Trägervielfalt zu beachten. Der Vorsitzende und sein Stellvertreter werden von den beteiligten Organisationen gemeinsam bestellt. Kommt eine Einigung nicht zustande, werden sie durch Los bestimmt. Soweit beteiligte Organisationen keinen Vertreter bestellen oder im Verfahren nach Satz 3 keine Kandidaten für das Amt des Vorsitzenden und des Stellvertreters benennen, bestellt die zuständige Landesbehörde auf Antrag einer der beteiligten Organisationen die Vertreter und benennt die Kandidaten.

(3) Die Mitglieder der Schiedsstelle führen ihr Amt als Ehrenamt. Sie sind an Weisungen nicht gebunden. Jedes Mitglied hat eine Stimme. Die Entscheidungen werden mit der Mehrheit der Mitglieder getroffen. Ergibt sich keine Mehrheit, gibt die Stimme des Vorsitzenden den Ausschlag.

§ 81 SGB XII   Verordnungsermächtigungen

(1) Kommen die Verträge nach § 79 Abs. 1 innerhalb von sechs Monaten nicht zustande, nachdem die Landesregierung schriftlich dazu aufgefordert hat, können die Landesregierungen durch Rechtsverordnung Vorschriften stattdessen erlassen.

(2) Die Landesregierungen werden ermächtigt, durch Rechtsverordnung das Nähere über die Zahl, die Bestellung, die Amtsdauer und Amtsführung, die Erstattung der baren Auslagen und die Entschädigung für Zeitaufwand der Mitglieder der Schiedsstelle nach § 80, die Rechtsaufsicht, die Geschäftsführung, das Verfahren, die Erhebung und die Höhe der Gebühren sowie über die Verteilung der Kosten zu bestimmen.

§ 82 SGB XII   Begriff des Einkommens

(1) Zum Einkommen gehören alle Einkünfte in Geld oder Geldeswert mit Ausnahme der Leistungen nach diesem Buch, der Grundrente nach dem Bundesversorgungsgesetz und nach den Gesetzen, die eine entsprechende Anwendung des Bundesversorgungsgesetzes vorsehen und der Renten oder Beihilfen nach dem Bundesentschädigungsgesetz für Schaden an Leben sowie an Körper oder Gesundheit, bis zur Höhe der vergleichbaren Grundrente nach dem Bundesversorgungsgesetz. Bei Minderjährigen ist das Kindergeld dem jeweiligen Kind als Einkommen zuzurechnen, soweit es bei diesem zur Deckung des notwendigen Lebensunterhaltes benötigt wird.

(2) Von dem Einkommen sind abzusetzen
1. auf das Einkommen entrichtete Steuern,
2. Pflichtbeiträge zur Sozialversicherung einschließlich der Beiträge zur Arbeitsförderung,
3. Beiträge zu öffentlichen oder privaten Versicherungen oder ähnlichen Einrichtungen, soweit diese Beiträge gesetzlich vorgeschrieben oder nach Grund und Höhe angemessen sind, sowie geförderte Altersvorsorgebeiträge nach § 82 des Einkom-

mensteuergesetzes, soweit sie den Mindesteigenbeitrag nach § 86 des Einkommensteuergesetzes nicht überschreiten,

4. die mit der Erzielung des Einkommens verbundenen notwendigen Ausgaben,

5. das Arbeitsförderungsgeld und Erhöhungsbeträge des Arbeitsentgelts im Sinne von § 43 Satz 4 des Neunten Buches.

(3) Bei der Hilfe zum Lebensunterhalt und Grundsicherung im Alter und bei Erwerbsminderung ist ferner ein Betrag in Höhe von 30 vom Hundert des Einkommens aus selbstständiger und nichtselbstständiger Tätigkeit der Leistungsberechtigten abzusetzen. Abweichend von Satz 1 ist bei einer Beschäftigung in einer Werkstatt für behinderte Menschen von dem Entgelt ein Achtel des Eckregelsatzes zuzüglich 25 vom Hundert des diesen Betrag übersteigenden Entgelts abzusetzen. im Übrigen kann in begründeten Fällen ein anderer als in Satz 1 festgelegter Betrag vom Einkommen abgesetzt werden.

(4) Lebt eine Person in einer teilstationären oder stationären Einrichtung, kann die Aufbringung der Mittel für Leistungen nach dem Dritten Kapitel von ihr verlangt werden, soweit Aufwendungen für den häuslichen Lebensunterhalt erspart werden. Darüber hinaus soll in angemessenem Umfang die Aufbringung der Mittel verlangt werden von Personen, die auf voraussichtlich längere Zeit der Pflege in einer Einrichtung bedürfen, solange sie nicht einen anderen überwiegend unterhalten.

§ 83 SGB XII   Nach Zweck und Inhalt bestimmte Leistungen

(1) Leistungen, die auf Grund öffentlich-rechtlicher Vorschriften zu einem ausdrücklich genannten Zweck erbracht werden, sind nur so weit als Einkommen zu berücksichtigen, als die Sozialhilfe im Einzelfall demselben Zweck dient.

(2) Eine Entschädigung, die wegen eines Schadens, der nicht Vermögensschaden ist, nach § 253 Abs. 2 des Bürgerlichen Gesetzbuches geleistet wird, ist nicht als Einkommen zu berücksichtigen.

§ 84 SGB XII   Zuwendungen

(1) Zuwendungen der freien Wohlfahrtspflege bleiben als Einkommen außer Betracht. Dies gilt nicht, soweit die Zuwendung die Lage der Leistungsberechtigten so günstig beeinflusst, dass daneben Sozialhilfe ungerechtfertigt wäre.

(2) Zuwendungen, die ein anderer erbringt, ohne hierzu eine rechtliche oder sittliche Pflicht zu haben, sollen als Einkommen außer Betracht bleiben, soweit ihre Berücksichtigung für die Leistungsberechtigten eine besondere Härte bedeuten würde.

§ 85 SGB XII   Einkommensgrenze

(1) Bei der Hilfe nach dem Fünften bis Neunten Kapitel ist der nachfragenden Person und ihrem nicht getrennt lebenden Ehegatten oder Lebenspartner die Aufbringung der Mittel nicht zuzumuten, wenn während der Dauer des Bedarfs ihr monatliches Einkommen zusammen eine Einkommensgrenze nicht übersteigt, die sich ergibt aus

1. einem Grundbetrag in Höhe des zweifachen Eckregelsatzes,

2. den Kosten der Unterkunft, soweit die Aufwendungen hierfür den der Besonderheit des Einzelfalles angemessenen Umfang nicht übersteigen und

3. einem Familienzuschlag in Höhe des auf volle Euro aufgerundeten Betrages von 70 vom Hundert des Eckregelsatzes für den nicht getrennt lebenden Ehegatten

oder Lebenspartner und für jede Person, die von der nachfragenden Person, ihrem nicht getrennt lebenden Ehegatten oder Lebenspartner überwiegend unterhalten worden ist oder für die sie nach der Entscheidung über die Erbringung der Sozialhilfe unterhaltspflichtig werden.

(2) Ist die nachfragende Person minderjährig und unverheiratet, so ist ihr und ihren Eltern die Aufbringung der Mittel nicht zuzumuten, wenn während der Dauer des Bedarfs das monatliche Einkommen der nachfragenden Person und ihrer Eltern zusammen eine Einkommensgrenze nicht übersteigt, die sich ergibt aus

1. einem Grundbetrag in Höhe des zweifachen Eckregelsatzes,
2. den Kosten der Unterkunft, soweit die Aufwendungen hierfür den der Besonderheit des Einzelfalles angemessenen Umfang nicht übersteigen und
3. einem Familienzuschlag in Höhe des auf volle Euro aufgerundeten Betrages von 70 vom Hundert des Eckregelsatzes für einen Elternteil, wenn die Eltern zusammenleben, sowie für die nachfragende Person und für jede Person, die von den Eltern oder der nachfragenden Person überwiegend unterhalten worden ist oder für die sie nach der Entscheidung über die Erbringung der Sozialhilfe unterhaltspflichtig werden.

Leben die Eltern nicht zusammen, richtet sich die Einkommensgrenze nach dem Elternteil, bei dem die nachfragende Person lebt. Lebt sie bei keinem Elternteil, bestimmt sich die Einkommensgrenze nach Absatz 1.

(3) Der maßgebende Eckregelsatz bestimmt sich nach dem Ort, an dem der Leistungsberechtigte die Leistung erhält. Bei der Leistung in einer Einrichtung sowie bei Unterbringung in einer anderen Familie oder bei den in § 107 genannten anderen Personen bestimmt er sich nach dem gewöhnlichen Aufenthalt des Leistungsberechtigten oder, wenn im Falle des Absatzes 2 auch das Einkommen seiner Eltern oder eines Elternteils maßgebend ist, nach deren gewöhnlichem Aufenthalt. Ist ein gewöhnlicher Aufenthalt im Inland nicht vorhanden oder nicht zu ermitteln, ist Satz 1 anzuwenden.

§ 86 SGB XII   Abweichender Grundbetrag

Die Länder und, soweit landesrechtliche Vorschriften nicht entgegenstehen, auch die Träger der Sozialhilfe können für bestimmte Arten der Hilfe nach dem Fünften bis Neunten Kapitel der Einkommensgrenze einen höheren Grundbetrag zugrunde legen.

§ 87 SGB XII   Einsatz des Einkommens über der Einkommensgrenze

(1) Soweit das zu berücksichtigende Einkommen die Einkommensgrenze übersteigt, ist die Aufbringung der Mittel in angemessenem Umfang zuzumuten. Bei der Prüfung, welcher Umfang angemessen ist, sind insbesondere die Art des Bedarfs, die Art oder Schwere der Behinderung oder der Pflegebedürftigkeit, die Dauer und Höhe der erforderlichen Aufwendungen sowie besondere Belastungen der nachfragenden Person und ihrer unterhaltsberechtigten Angehörigen zu berücksichtigen. Bei schwerstpflegebedürftigen Menschen nach § 64 Abs. 3 und blinden Menschen nach § 72 ist ein Einsatz des Einkommens über der Einkommensgrenze in Höhe von mindestens 60 vom Hundert nicht zuzumuten.

(2) Verliert die nachfragende Person durch den Eintritt eines Bedarfsfalles ihr Einkommen ganz oder teilweise und ist ihr Bedarf nur von kurzer Dauer, so kann die Auf-

bringung der Mittel auch aus dem Einkommen verlangt werden, das sie innerhalb eines angemessenen Zeitraumes nach dem Wegfall des Bedarfs erwirbt und das die Einkommensgrenze übersteigt, jedoch nur insoweit, als ihr ohne den Verlust des Einkommens die Aufbringung der Mittel zuzumuten gewesen wäre.

(3) Bei einmaligen Leistungen zur Beschaffung von Bedarfsgegenständen, deren Gebrauch für mindestens ein Jahr bestimmt ist, kann die Aufbringung der Mittel nach Maßgabe des Absatzes 1 auch aus dem Einkommen verlangt werden, das die in § 19 Abs. 3 genannten Personen innerhalb eines Zeitraumes von bis zu drei Monaten nach Ablauf des Monats, in dem über die Leistung entschieden worden ist, erwerben.

§ 88 SGB XII Einsatz des Einkommens unter der Einkommensgrenze

(1) Die Aufbringung der Mittel kann, auch soweit das Einkommen unter der Einkommensgrenze liegt, verlangt werden,
1. soweit von einem anderen Leistungen für einen besonderen Zweck erbracht werden, für den sonst Sozialhilfe zu leisten wäre,
2. wenn zur Deckung des Bedarfs nur geringfügige Mittel erforderlich sind,
3. soweit bei teilstationären oder stationären Leistungen Aufwendungen für den häuslichen Lebensunterhalt erspart werden. Darüber hinaus soll in angemessenem Umfang die Aufbringung der Mittel verlangt werden von Personen, die auf voraussichtlich längere Zeit der Pflege in einer Einrichtung bedürfen, solange sie nicht einen anderen überwiegend unterhalten.

(2) Bei einer stationären Leistung in einer stationären Einrichtung wird von dem Einkommen, das der Leistungsberechtigte aus einer entgeltlichen Beschäftigung erzielt, die Aufbringung der Mittel in Höhe von einem Achtel des Eckregelsatzes zuzüglich 25 vom Hundert des diesen Betrag übersteigenden Einkommens aus der Beschäftigung nicht verlangt. § 82 Abs. 3 ist nicht anzuwenden.

§ 89 SGB XII Einsatz des Einkommens bei mehrfachem Bedarf

(1) Wird im Einzelfall der Einsatz eines Teils des Einkommens zur Deckung eines bestimmten Bedarfs zugemutet oder verlangt, darf dieser Teil des Einkommens bei der Prüfung, inwieweit der Einsatz des Einkommens für einen anderen gleichzeitig bestehenden Bedarf zuzumuten ist oder verlangt werden kann, nicht berücksichtigt werden.

(2) Sind im Fall des Absatzes 1 für die Bedarfsfälle verschiedene Träger der Sozialhilfe zuständig, hat die Entscheidung über die Leistung für den zuerst eingetretenen Bedarf den Vorrang. Treten die Bedarfsfälle gleichzeitig ein, ist das über der Einkommensgrenze liegende Einkommen zu gleichen Teilen bei den Bedarfsfällen zu berücksichtigen.

§ 90 SGB XII Einzusetzendes Vermögen

(1) Einzusetzen ist das gesamte verwertbare Vermögen.

(2) Die Sozialhilfe darf nicht abhängig gemacht werden vom Einsatz oder von der Verwertung

1. eines Vermögens, das aus öffentlichen Mitteln zum Aufbau oder zur Sicherung einer Lebensgrundlage oder zur Gründung eines Hausstandes erbracht wird,
2. eines Kapitals einschließlich seiner Erträge, das der zusätzlichen Altersvorsorge im Sinne des § 10a oder des Abschnitts XI des Einkommensteuergesetzes dient und dessen Ansammlung staatlich gefördert wurde,
3. eines sonstigen Vermögens, solange es nachweislich zur baldigen Beschaffung oder Erhaltung eines Hausgrundstücks im Sinne der Nummer 8 bestimmt ist, soweit dieses Wohnzwecken behinderter (§ 53 Abs. 1 Satz 1 und § 72) oder pflegebedürftiger Menschen (§ 61) dient oder dienen soll und dieser Zweck durch den Einsatz oder die Verwertung des Vermögens gefährdet würde,
4. eines angemessenen Hausrats; dabei sind die bisherigen Lebensverhältnisse der nachfragenden Person zu berücksichtigen,
5. von Gegenständen, die zur Aufnahme oder Fortsetzung der Berufsausbildung oder der Erwerbstätigkeit unentbehrlich sind,
6. von Familien- und Erbstücken, deren Veräußerung für die nachfragende Person oder ihre Familie eine besondere Härte bedeuten würde,
7. von Gegenständen, die zur Befriedigung geistiger, insbesondere wissenschaftlicher oder künstlerischer Bedürfnisse dienen und deren Besitz nicht Luxus ist,
8. eines angemessenen Hausgrundstücks, das von der nachfragenden Person oder einer anderen in den § 19 Abs. 1 bis 3 genannten Person allein oder zusammen mit Angehörigen ganz oder teilweise bewohnt wird und nach ihrem Tod von ihren Angehörigen bewohnt werden soll. Die Angemessenheit bestimmt sich nach der Zahl der Bewohner, dem Wohnbedarf (zum Beispiel behinderter, blinder oder pflegebedürftiger Menschen), der Grundstücksgröße, der Hausgröße, dem Zuschnitt und der Ausstattung des Wohngebäudes sowie dem Wert des Grundstücks einschließlich des Wohngebäudes,
9. kleinerer Barbeträge oder sonstiger Geldwerte; dabei ist eine besondere Notlage der nachfragenden Person zu berücksichtigen.

(3) Die Sozialhilfe darf ferner nicht vom Einsatz oder von der Verwertung eines Vermögens abhängig gemacht werden, soweit dies für den, der das Vermögen einzusetzen hat, und für seine unterhaltsberechtigten Angehörigen eine Härte bedeuten würde. Dies ist bei der Leistung nach dem Fünften bis Neunten Kapitel insbesondere der Fall, soweit eine angemessene Lebensführung oder die Aufrechterhaltung einer angemessenen Alterssicherung wesentlich erschwert würde.

§ 91 SGB XII   Darlehen

Soweit nach § 90 für den Bedarf der nachfragenden Person Vermögen einzusetzen ist, jedoch der sofortige Verbrauch oder die sofortige Verwertung des Vermögens nicht möglich ist oder für die, die es einzusetzen hat, eine Härte bedeuten würde, soll die Sozialhilfe als Darlehen geleistet werden. Die Leistungserbringung kann davon abhängig gemacht werden, dass der Anspruch auf Rückzahlung dinglich oder in anderer Weise gesichert wird.

§ 92 SGB XII   Anrechnung bei behinderten Menschen

(1) Erfordert die Behinderung Leistungen für eine stationäre Einrichtung, für eine Tageseinrichtung für behinderte Menschen oder für ärztliche oder ärztlich verordnete Maßnahmen, sind die Leistungen hierfür auch dann in vollem Umfang zu erbringen, wenn den in § 19 Abs. 3 genannten Personen die Aufbringung der Mittel zu einem

Teil zuzumuten ist. In Höhe dieses Teils haben sie zu den Kosten der erbrachten Leistungen beizutragen; mehrere Verpflichtete haften als Gesamtschuldner.

(2) Den in § 19 Abs. 3 genannten Personen ist die Aufbringung der Mittel nur für die Kosten des Lebensunterhalts zuzumuten

1. bei heilpädagogischen Maßnahmen für Kinder, die noch nicht eingeschult sind,
2. bei der Hilfe zu einer angemessenen Schulbildung einschließlich der Vorbereitung hierzu,
3. bei der Hilfe, die dem behinderten noch nicht eingeschulten Menschen die für ihn erreichbare Teilnahme am Leben in der Gemeinschaft ermöglichen soll,
4. bei der Hilfe zur schulischen Ausbildung für einen angemessenen Beruf oder zur Ausbildung für eine sonstige angemessene Tätigkeit, wenn die hierzu erforderlichen Leistungen in besonderen Einrichtungen für behinderte Menschen erbracht werden,
5. bei Leistungen zur medizinischen Rehabilitation (§ 26 des Neunten Buches),
6. bei Leistungen zur Teilhabe am Arbeitsleben (§ 33 des Neunten Buches),
7. bei Leistungen in anerkannten Werkstätten für behinderte Menschen nach § 41 des Neunten Buches und in vergleichbaren sonstigen Beschäftigungsstätten (§ 56),
8. bei Hilfen zum Erwerb praktischer Kenntnisse und Fähigkeiten, die erforderlich und geeignet sind, behinderten Menschen die für sie erreichbare Teilhabe am Arbeitsleben zu ermöglichen, soweit diese Hilfen in besonderen teilstationären Einrichtungen für behinderte Menschen erbracht werden.

Die in Satz 1 genannten Leistungen sind ohne Berücksichtigung von vorhandenem Vermögen zu erbringen. Die Kosten des in einer Einrichtung erbrachten Lebensunterhalts sind in den Fällen der Nummern 1 bis 6 nur in Höhe der für den häuslichen Lebensunterhalt ersparten Aufwendungen anzusetzen; dies gilt nicht für den Zeitraum, in dem gleichzeitig mit den Leistungen nach Satz 1 in der Einrichtung durchgeführte andere Leistungen überwiegen. Die Aufbringung der Mittel nach Satz 1 Nr. 7 und 8 ist aus dem Einkommen nicht zumutbar, wenn das Einkommen des behinderten Menschen insgesamt einen Betrag in Höhe des zweifachen Eckregelsatzes nicht übersteigt. Die zuständigen Landesbehörden können Näheres über die Bemessung der für den häuslichen Lebensbedarf ersparten Aufwendungen und des Kostenbeitrags für das Mittagessen bestimmen. Zum Ersatz der Kosten nach den §§ 103 und 104 ist insbesondere verpflichtet, wer sich in den Fällen der Nummern 5 und 6 vorsätzlich oder grob fahrlässig nicht oder nicht ausreichend versichert hat.

(3) Hat ein anderer als ein nach bürgerlichem Recht Unterhaltspflichtiger nach sonstigen Vorschriften Leistungen für denselben Zweck zu erbringen, dem die in Absatz 2 genannten Leistungen dienen, wird seine Verpflichtung durch Absatz 2 nicht berührt. Soweit er solche Leistungen erbringt, kann abweichend von Absatz 2 von den in § 19 Abs. 3 genannten Personen die Aufbringung der Mittel verlangt werden.

§ 93 SGB XII   Übergang von Ansprüchen

(1) Hat eine leistungsberechtigte Person oder haben bei Gewährung von Hilfen nach dem Fünften bis Neunten Kapitel auch ihre Eltern, ihr nicht getrennt lebender Ehegatte oder ihr Lebenspartner für die Zeit, für die Leistungen erbracht werden, einen Anspruch gegen einen anderen, der kein Leistungsträger im Sinne des § 12 des Ersten Buches ist, kann der Träger der Sozialhilfe durch schriftliche Anzeige an den anderen bewirken, dass dieser Anspruch bis zur Höhe seiner Aufwendungen auf ihn

übergeht. Er kann den Übergang dieses Anspruchs auch wegen seiner Aufwendungen für diejenige Hilfe zum Lebensunterhalt bewirken, die er gleichzeitig mit den Leistungen für die in Satz 1 genannte leistungsberechtigte Person, deren nicht getrennt lebenden Ehegatten oder Lebenspartner und deren minderjährigen unverheirateten Kindern erbringt. Der Übergang des Anspruchs darf nur insoweit bewirkt werden, als bei rechtzeitiger Leistung des anderen entweder die Leistung nicht erbracht worden wäre oder in den Fällen des § 19 Abs. 5 und des § 92 Abs. 1 Aufwendungsersatz oder ein Kostenbeitrag zu leisten wäre. Der Übergang ist nicht dadurch ausgeschlossen, dass der Anspruch nicht übertragen, verpfändet oder gepfändet werden kann.

(2) Die schriftliche Anzeige bewirkt den Übergang des Anspruchs für die Zeit, für die der leistungsberechtigten Person die Leistung ohne Unterbrechung erbracht wird. Als Unterbrechung gilt ein Zeitraum von mehr als zwei Monaten.

(3) Widerspruch und Anfechtungsklage gegen den Verwaltungsakt, der den Übergang des Anspruchs bewirkt, haben keine aufschiebende Wirkung.

(4) Die §§ 115 und 116 des Zehnten Buches gehen der Regelung des Absatzes 1 vor.

§ 94 SGB XII Übergang von Ansprüchen gegen einen nach bürgerlichem Recht Unterhaltspflichtigen

(1) Hat die leistungsberechtigte Person für die Zeit, für die Leistungen erbracht werden, nach bürgerlichem Recht einen Unterhaltsanspruch, geht dieser bis zur Höhe der geleisteten Aufwendungen zusammen mit dem unterhaltsrechtlichen Auskunftsanspruch auf den Träger der Sozialhilfe über. Der Übergang des Anspruchs ist ausgeschlossen, soweit der Unterhaltsanspruch durch laufende Zahlung erfüllt wird. Der Übergang des Anspruchs ist auch ausgeschlossen, wenn die unterhaltspflichtige Person zum Personenkreis des § 19 gehört oder die unterhaltspflichtige Person mit der leistungsberechtigten Person vom zweiten Grad an verwandt ist; der Übergang des Anspruchs des Leistungsberechtigten nach dem Vierten Kapitel gegenüber Eltern und Kindern ist ausgeschlossen. Gleiches gilt für Unterhaltsansprüche gegen Verwandte ersten Grades einer Person, die schwanger ist oder ihr leibliches Kind bis zur Vollendung seines sechsten Lebensjahres betreut. § 93 Abs. 4 gilt entsprechend. Für Leistungsempfänger nach dem Dritten Kapitel gilt für den Übergang des Anspruchs § 105 Abs. 2 entsprechend.

(2) Der Anspruch einer volljährigen unterhaltsberechtigten Person, die behindert im Sinne von § 53 oder pflegebedürftig im Sinne von § 61 ist, gegenüber ihren Eltern wegen Leistungen nach dem Sechsten und Siebten Kapitel geht nur in Höhe von bis zu 26,00 Euro, wegen Leistungen nach dem Dritten Kapitel nur in Höhe von bis zu 20,00 Euro monatlich über. Es wird vermutet, dass der Anspruch in Höhe der genannten Beträge übergeht und mehrere Unterhaltspflichtige zu gleichen Teilen haften; die Vermutung kann widerlegt werden. Die in Satz 1 genannten Beträge verändern sich zum gleichen Zeitpunkt und um denselben Vomhundertsatz, um den sich das Kindergeld verändert.

(3) Ansprüche nach Absatz 1 und 2 gehen nicht über, soweit
1. die unterhaltspflichtige Person Leistungsberechtigte nach dem Dritten Kapitel ist oder bei Erfüllung des Anspruchs würde oder
2. der Übergang des Anspruchs eine unbillige Härte bedeuten würde.

Der Träger der Sozialhilfe hat die Einschränkung des Übergangs nach Satz 1 zu berücksichtigen, wenn er von ihren Voraussetzungen durch vorgelegte Nachweise oder auf andere Weise Kenntnis hat.

(4) Für die Vergangenheit kann der Träger der Sozialhilfe den übergegangenen Unterhalt außer unter den Voraussetzungen des bürgerlichen Rechts nur von der Zeit an fordern, zu welcher er dem Unterhaltspflichtigen die Erbringung der Leistung schriftlich mitgeteilt hat.
Wenn die Leistung voraussichtlich auf längere Zeit erbracht werden muss, kann der Träger der Sozialhilfe bis zur Höhe der bisherigen monatlichen Aufwendungen auch auf künftige Leistungen klagen.

(5) Der Träger der Sozialhilfe kann den auf ihn übergegangenen Unterhaltsanspruch im Einvernehmen mit der leistungsberechtigten Person auf diesen zur gerichtlichen Geltendmachung rückübertragen und sich den geltend gemachten Unterhaltsanspruch abtreten lassen. Kosten, mit denen die leistungsberechtigte Person dadurch selbst belastet wird, sind zu übernehmen. Über die Ansprüche nach den Absätzen 1 bis 4 ist im Zivilrechtsweg zu entscheiden.

§ 95 SGB XII   Feststellung der Sozialleistungen

Der erstattungsberechtigte Träger der Sozialhilfe kann die Feststellung einer Sozialleistung betreiben sowie Rechtsmittel einlegen. Der Ablauf der Fristen, die ohne sein Verschulden verstrichen sind, wirkt nicht gegen ihn. Satz 2 gilt nicht für die Verfahrensfristen, soweit der Träger der Sozialhilfe das Verfahren selbst betreibt.

§ 96 SGB XII   Verordnungsermächtigungen

(1) Die Bundesregierung kann durch Rechtsverordnung mit Zustimmung des Bundesrates Näheres über die Berechnung des Einkommens nach § 82, insbesondere der Einkünfte aus Land- und Forstwirtschaft, aus Gewerbebetrieb und aus selbstständiger Arbeit bestimmen.

(2) Das Bundesministerium für Gesundheit und Soziale Sicherung kann durch Rechtsverordnung mit Zustimmung des Bundesrates die Höhe der Barbeträge oder sonstigen Geldwerte im Sinne des § 90 Abs. 2 Nr. 9 bestimmen.

§ 97 SGB XII   Sachliche Zuständigkeit

(1) Für die Sozialhilfe sachlich zuständig ist der örtliche Träger der Sozialhilfe, soweit nicht der überörtliche Träger sachlich zuständig ist.

(2) Die sachliche Zuständigkeit des überörtlichen Trägers der Sozialhilfe wird nach Landesrecht bestimmt. Dabei soll berücksichtigt werden, dass so weit wie möglich für Leistungen im Sinne von § 8 Nr. 1 bis 6 jeweils eine einheitliche sachliche Zuständigkeit gegeben ist.

(3) Soweit Landesrecht keine Bestimmung nach Absatz 2 Satz 1 enthält, ist der überörtliche Träger der Sozialhilfe für
1. Leistungen der Eingliederungshilfe für behinderte Menschen nach den §§ 53 bis 60,
2. Leistungen der Hilfe zur Pflege nach den §§ 61 bis 66,
3. Leistungen der Hilfe zur Überwindung besonderer sozialer Schwierigkeiten nach den §§ 67 bis 69,
4. Leistungen der Blindenhilfe nach § 72 sachlich zuständig.

(4) Die sachliche Zuständigkeit für eine stationäre Leistung umfasst auch die sachliche Zuständigkeit für Leistungen, die gleichzeitig nach anderen Kapiteln zu erbringen sind, sowie für eine Leistung nach § 74.

(5) Die überörtlichen Träger sollen, insbesondere bei verbreiteten Krankheiten, zur Weiterentwicklung von Leistungen der Sozialhilfe beitragen. Hierfür können sie die erforderlichen Einrichtungen schaffen oder fördern.

§ 98 SGB XII   Örtliche Zuständigkeit

(1) Für die Sozialhilfe örtlich zuständig ist der Träger der Sozialhilfe, in dessen Bereich sich die Leistungsberechtigten tatsächlich aufhalten. Für Leistungen der Grundsicherung im Alter und bei Erwerbsminderung ist der Träger der Sozialhilfe örtlich zuständig, in dessen Bereich der gewöhnliche Aufenthaltsort des Leistungsberechtigten liegt. Diese Zuständigkeit bleibt bis zur Beendigung der Leistung auch dann bestehen, wenn die Leistung außerhalb seines Bereichs erbracht wird.

(2) Für die stationäre Leistung ist der Träger der Sozialhilfe örtlich zuständig, in dessen Bereich die Leistungsberechtigten ihren gewöhnlichen Aufenthalt im Zeitpunkt der Aufnahme in die Einrichtung haben oder in den zwei Monaten vor der Aufnahme zuletzt gehabt hatten. Waren bei Einsetzen der Sozialhilfe die Leistungsberechtigten aus einer Einrichtung im Sinne des Satzes 1 in eine andere Einrichtung oder von dort in weitere Einrichtungen übergetreten oder tritt nach dem Einsetzen der Leistung ein solcher Fall ein, ist der gewöhnliche Aufenthalt, der für die erste Einrichtung maßgebend war, entscheidend. Steht innerhalb von vier Wochen nicht fest, ob und wo der gewöhnliche Aufenthalt nach Satz 1 oder 2 begründet worden ist oder ist ein gewöhnlicher Aufenthaltsort nicht vorhanden oder nicht zu ermitteln oder liegt ein Eilfall vor, hat der nach Absatz 1 zuständige Träger der Sozialhilfe über die Leistung unverzüglich zu entscheiden und sie vorläufig zu erbringen. Wird ein Kind in einer Einrichtung im Sinne des Satzes 1 geboren, tritt an die Stelle seines gewöhnlichen Aufenthalts der gewöhnliche Aufenthalt der Mutter.

(3) In den Fällen des § 74 ist der Träger der Sozialhilfe örtlich zuständig, der bis zum Tod der leistungsberechtigten Person Sozialhilfe leistete, in den anderen Fällen der Träger der Sozialhilfe, in dessen Bereich der Sterbeort liegt.

(4) Für Hilfen an Personen, die sich in Einrichtungen zum Vollzug richterlich angeordneter Freiheitsentziehung aufhalten oder aufgehalten haben, gelten die Absätze 1 und 2 sowie die §§ 106 und 109 entsprechend.

(5) Für die Leistungen an Personen, die Leistungen in Formen ambulanter betreuter Wohnmöglichkeiten erhalten, bleibt der Träger der Sozialhilfe örtlich zuständig, der vor Eintritt in diese Wohnform zuletzt örtlich zuständig war. Vor In-Kraft-Treten dieses Buches begründete Zuständigkeiten bleiben hiervon unberührt.

§ 99 SGB XII   Vorbehalt abweichender Durchführung

(1) Die Länder können bestimmen, dass und inwieweit die Kreise ihnen zugehörige Gemeinden oder Gemeindeverbände zur Durchführung von Aufgaben nach diesem Buch heranziehen und ihnen dabei Weisungen erteilen können; in diesen Fällen erlassen die Kreise den Widerspruchsbescheid nach dem Sozialgerichtsgesetz.

(2) Die Länder können bestimmen, dass und inwieweit die überörtlichen Träger der Sozialhilfe örtliche Träger der Sozialhilfe sowie diesen zugehörige Gemeinden und

Gemeindeverbände zur Durchführung von Aufgaben nach diesem Buch heranziehen und ihnen dabei Weisungen erteilen können; In diesen Fällen erlassen die überörtlichen Träger den Widerspruchsbescheid nach dem Sozialgerichtsgesetz, soweit nicht nach Landesrecht etwas anderes bestimmt wird.

§ 100 SGB XII Zuständigkeit auf Grund der deutsch-schweizerischen Fürsorgevereinbarung

Die in der Erklärung der Bevollmächtigten der Regierung der Bundesrepublik Deutschland zum Schlussprotokoll zur Vereinbarung zwischen der Bundesrepublik Deutschland und der Schweizerischen Eidgenossenschaft über die Fürsorge für Hilfsbedürftige vom 14. Juli 1952 (BGBl. 1953 II S. 31) genannten deutschen Fürsorgestellen sind die überörtlichen Träger der Sozialhilfe, die für die Leistung von Sozialhilfe für Deutsche im Ausland nach § 24 Abs. 4 örtlich zuständig wären.

§ 101 SGB XII Behördenbestimmung und Stadtstaaten-Klausel

(1) Welche Stellen zuständige Behörden sind, bestimmt die Landesregierung, soweit eine landesrechtliche Regelung nicht besteht.

(2) Die Senate der Länder Berlin, Bremen und Hamburg werden ermächtigt, die Vorschriften dieses Buches über die Zuständigkeit von Behörden dem besonderen Verwaltungsaufbau ihrer Länder anzupassen.

§ 102 SGB XII Kostenersatz durch Erben

(1) Der Erbe der leistungsberechtigten Person oder ihres Ehegatten oder ihres Lebenspartners, falls diese vor der leistungsberechtigten Person sterben, ist vorbehaltlich des Absatzes 5 zum Ersatz der Kosten der Sozialhilfe verpflichtet. Die Ersatzpflicht besteht nur für die Kosten der Sozialhilfe, die innerhalb eines Zeitraumes von zehn Jahren vor dem Erbfall aufgewendet worden sind und die das Dreifache des Grundbetrages nach § 85 Abs. 1 übersteigen. Die Ersatzpflicht des Erben des Ehegatten oder Lebenspartners besteht nicht für die Kosten der Sozialhilfe, die während des Getrenntlebens der Ehegatten oder Lebenspartner geleistet worden sind. Ist die leistungsberechtigte Person der Erbe ihres Ehegatten oder Lebenspartners, ist sie zum Ersatz der Kosten nach Satz 1 nicht verpflichtet.

(2) Die Ersatzpflicht des Erben gehört zu den Nachlassverbindlichkeiten. Der Erbe haftet mit dem Wert des im Zeitpunkt des Erbfalles vorhandenen Nachlasses.

(3) Der Anspruch auf Kostenersatz ist nicht geltend zu machen,
1. soweit der Wert des Nachlasses unter dem Dreifachen des Grundbetrages nach § 85 Abs. 1 liegt,
2. soweit der Wert des Nachlasses unter dem Betrag von 15.340,00 Euro liegt, wenn der Erbe der Ehegatte oder Lebenspartner der leistungsberechtigten Person oder mit dieser verwandt ist und nicht nur vorübergehend bis zum Tod der leistungsberechtigten Person mit dieser in häuslicher Gemeinschaft gelebt und sie gepflegt hat,
3. soweit die Inanspruchnahme des Erben nach der Besonderheit des Einzelfalles eine besondere Härte bedeuten würde.

(4) Der Anspruch auf Kostenersatz erlischt in drei Jahren nach dem Tod der leistungsberechtigten Person, ihres Ehegatten oder ihres Lebenspartners. § 103 Abs. 3 Satz 2 gilt entsprechend.

(5) Der Ersatz der Kosten durch die Erben gilt nicht für Leistungen nach dem Vierten Kapitel und für die vor dem 1. Januar 1987 entstandenen Kosten der Tuberkulosehilfe.

§ 103 SGB XII Kostenersatz bei schuldhaftem Verhalten

(1) Zum Ersatz der Kosten der Sozialhilfe ist verpflichtet, wer nach Vollendung des 18. Lebensjahres für sich oder andere durch vorsätzliches oder grob fahrlässiges Verhalten die Voraussetzungen für die Leistungen der Sozialhilfe herbeigeführt hat. Zum Kostenersatz ist auch verpflichtet, wer als leistungsberechtigte Person oder als deren Vertreter die Rechtswidrigkeit des der Leistung zugrunde liegenden Verwaltungsaktes kannte oder infolge grober Fahrlässigkeit nicht kannte. Von der Heranziehung zum Kostenersatz kann abgesehen werden, soweit sie eine Härte bedeuten würde.

(2) Eine nach Absatz 1 eingetretene Verpflichtung zum Ersatz der Kosten geht auf den Erben über. § 102 Abs. 2 Satz 2 findet Anwendung.

(3) Der Anspruch auf Kostenersatz erlischt in drei Jahren vom Ablauf des Jahres an, in dem die Leistung erbracht worden ist. Für die Hemmung, die Ablaufhemmung, den Neubeginn und die Wirkung der Verjährung gelten die Vorschriften des Bürgerlichen Gesetzbuchs sinngemäß. Der Erhebung der Klage steht der Erlass eines Leistungsbescheides gleich.

(4) Die §§ 44 bis 50 des Zehnten Buches bleiben unberührt. Zum Kostenersatz nach Absatz 1 und zur Erstattung derselben Kosten nach § 50 des Zehnten Buches Verpflichtete haften als Gesamtschuldner.

§ 104 SGB XII Kostenersatz für zu Unrecht erbrachte Leistungen

Zum Ersatz der Kosten für zu Unrecht erbrachte Leistungen der Sozialhilfe ist in entsprechender Anwendung des § 103 verpflichtet, wer die Leistungen durch vorsätzliches oder grob fahrlässiges Verhalten herbeigeführt hat. Zum Kostenersatz nach Satz 1 und zur Erstattung derselben Kosten nach § 50 des Zehnten Buches Verpflichtete haften als Gesamtschuldner.

§ 105 SGB XII Kostenersatz bei Doppelleistungen, nicht erstattungsfähige Unterkunftskosten

(1) Hat ein vorrangig verpflichteter Leistungsträger in Unkenntnis der Leistung des Trägers der Sozialhilfe an die leistungsberechtigte Person geleistet, ist diese zur Herausgabe des Erlangten an den Träger der Sozialhilfe verpflichtet.

(2) Von den bei den Leistungen nach § 27 oder § 42 berücksichtigten Kosten der Unterkunft, mit Ausnahme der Kosten für Heizungs- und Warmwasserversorgung, unterliegen 56 vom Hundert nicht der Rückforderung. Satz 1 gilt nicht im Fall des § 45 Abs. 2 Satz 3 des Zehnten Buches oder wenn neben der Hilfe zum Lebensunterhalt gleichzeitig Wohngeld nach dem Wohngeldgesetz geleistet worden ist.

§ 106 SGB XII Kostenerstattung bei Aufenthalt in einer Einrichtung

(1) Der nach § 98 Abs. 2 Satz 1 zuständige Träger der Sozialhilfe hat dem nach § 98 Abs. 2 Satz 3 vorläufig leistenden Träger die aufgewendeten Kosten zu erstatten. Ist in den Fällen des § 98 Abs. 2 Satz 3 und 4 ein gewöhnlicher Aufenthalt nicht vorhanden oder nicht zu ermitteln und war für die Leistungserbringung ein örtlicher Träger der Sozialhilfe sachlich zuständig, sind diesem die aufgewendeten Kosten von dem überörtlichen Träger der Sozialhilfe zu erstatten, zu dessen Bereich der örtliche Träger gehört.

(2) Als Aufenthalt in einer stationären Einrichtung gilt auch, wenn jemand außerhalb der Einrichtung untergebracht wird, aber in ihrer Betreuung bleibt, oder aus der Einrichtung beurlaubt wird.

(3) Verlässt in den Fällen des § 98 Abs. 2 die leistungsberechtigte Person die Einrichtung und erhält sie im Bereich des örtlichen Trägers, in dem die Einrichtung liegt, innerhalb von einem Monat danach Leistungen der Sozialhilfe, sind dem örtlichen Träger der Sozialhilfe die aufgewendeten Kosten von dem Träger der Sozialhilfe zu erstatten, in dessen Bereich die leistungsberechtigte Person ihren gewöhnlichen Aufenthalt im Sinne des § 98 Abs. 2 Satz 1 hatte. Absatz 1 Satz 2 gilt entsprechend. Die Erstattungspflicht wird nicht durch einen Aufenthalt außerhalb dieses Bereichs oder in einer Einrichtung im Sinne des § 98 Abs. 2 Satz 1 unterbrochen, wenn dieser zwei Monate nicht übersteigt; sie endet, wenn für einen zusammenhängenden Zeitraum von zwei Monaten Leistungen nicht zu erbringen waren, spätestens nach Ablauf von zwei Jahren seit dem Verlassen der Einrichtung.

§ 107 SGB XII Kostenerstattung bei Unterbringung in einer anderen Familie

§ 98 Abs. 2 und § 106 gelten entsprechend, wenn ein Kind oder ein Jugendlicher in einer anderen Familie oder bei anderen Personen als bei seinen Eltern oder bei einem Elternteil untergebracht ist.

§ 108 SGB XII Kostenerstattung bei Einreise aus dem Ausland

(1) Reist eine Person, die weder im Ausland noch im Inland einen gewöhnlichen Aufenthalt hat, aus dem Ausland ein und setzten innerhalb eines Monats nach ihrer Einreise Leistungen der Sozialhilfe ein, sind die aufgewendeten Kosten von dem von einer Schiedsstelle bestimmten überörtlichen Träger der Sozialhilfe zu erstatten. Bei ihrer Entscheidung hat die Schiedsstelle die Einwohnerzahl und die Belastungen, die sich im vorangegangenen Haushaltsjahr für die Träger der Sozialhilfe nach dieser Vorschrift sowie nach den §§ 24 und 115 ergeben haben, zu berücksichtigen. Satz 1 gilt nicht für Personen, die im Inland geboren sind oder bei Einsetzen der Leistung mit ihnen als Ehegatte, Lebenspartner, Verwandte oder Verschwägerte zusammenleben. Leben Ehegatten, Lebenspartner, Verwandte oder Verschwägerte bei Einsetzen der Leistung zusammen, ist ein gemeinsamer erstattungspflichtiger Träger der Sozialhilfe zu bestimmen.

(2) Schiedsstelle im Sinne des Absatzes 1 ist das Bundesverwaltungsamt. Die Länder können durch Verwaltungsvereinbarung eine andere Schiedsstelle bestimmen.

(3) Ist ein Träger der Sozialhilfe nach Absatz 1 zur Erstattung der für eine leistungsberechtigte Person aufgewendeten Kosten verpflichtet, hat er auch die für den Ehegatten, den Lebenspartner oder die minderjährigen Kinder der leistungsberechtigten Personen aufgewendeten Kosten zu erstatten, wenn diese Personen später einreisen und Sozialhilfe innerhalb eines Monats einsetzt.

(4) Die Verpflichtung zur Erstattung der für Leistungsberechtigte aufgewendeten Kosten entfällt, wenn für einen zusammenhängenden Zeitraum von drei Monaten Sozialhilfe nicht zu leisten war.

(5) Die Absätze 1 bis 4 sind nicht anzuwenden für Personen, deren Unterbringung nach der Einreise in das Inland bundesrechtlich oder durch Vereinbarung zwischen Bund und Ländern geregelt ist.

§ 109 SGB XII Ausschluss des gewöhnlichen Aufenthalts

Als gewöhnlicher Aufenthalt im Sinne des Zwölften Kapitels und des Dreizehnten Kapitels, Zweiter Abschnitt, gelten nicht der Aufenthalt in einer Einrichtung im Sinne von § 98 Abs. 2 und der auf richterlich angeordneter Freiheitsentziehung beruhende Aufenthalt in einer Vollzugsanstalt.

§ 110 SGB XII Umfang der Kostenerstattung

(1) Die aufgewendeten Kosten sind zu erstatten, soweit die Leistung diesem Buch entspricht.
Dabei gelten die am Aufenthaltsort der Leistungsberechtigten zurzeit der Leistungserbringung bestehenden Grundsätze für die Leistung von Sozialhilfe.

(2) Kosten unter 2.560,00 Euro, bezogen auf einen Zeitraum der Leistungserbringung von bis zu zwölf Monaten, sind außer in den Fällen einer vorläufigen Leistungserbringung nach § 98 Abs. 2 Satz 3 nicht zu erstatten. Die Begrenzung auf 2.560,00 Euro gilt, wenn die Kosten für die Mitglieder eines Haushalts im Sinne von § 19 Abs. 1 Satz 2 zu erstatten sind, abweichend von Satz 1 für die Mitglieder des Haushalts zusammen.

§ 111 SGB XI Verjährung

(1) Der Anspruch auf Erstattung der aufgewendeten Kosten verjährt in vier Jahren, beginnend nach Ablauf des Kalenderjahres, in dem er entstanden ist.

(2) Für die Hemmung, die Ablaufhemmung, den Neubeginn und die Wirkung der Verjährung gelten die Vorschriften des Bürgerlichen Gesetzbuchs sinngemäß.

§ 112 SGB XII Kostenerstattung auf Landesebene

Die Länder können Abweichendes über die Kostenerstattung zwischen den Trägern der Sozialhilfe ihres Bereichs regeln.

§ 113 SGB XII Vorrang der Erstattungsansprüche

Erstattungsansprüche der Träger der Sozialhilfe gegen andere Leistungsträger nach § 104 des Zehnten Buches gehen einer Übertragung, Pfändung oder Verpfändung des Anspruchs vor, auch wenn sie vor Entstehen des Erstattungsanspruchs erfolgt sind.

§ 114 SGB XII Ersatzansprüche der Träger der Sozialhilfe nach sonstigen Vorschriften

Bestimmt sich das Recht des Trägers der Sozialhilfe, Ersatz seiner Aufwendungen von einem anderen zu verlangen, gegen den die Leistungsberechtigten einen Anspruch haben, nach sonstigen gesetzlichen Vorschriften, die dem § 93 vorgehen, gelten als Aufwendungen außer den Kosten der Leistung für diejenige Person, die den Anspruch gegen den anderen hat, auch die Kosten der gleichzeitig mit dieser Leistung ihrem nicht getrennt lebenden Ehegatten oder Lebenspartner und ihren minderjährigen unverheirateten Kindern geleisteten Hilfe zum Lebensunterhalt.

§ 115 SGB XII Übergangsregelung für die Kostenerstattung bei Einreise aus dem Ausland

Die Pflicht eines Trägers der Sozialhilfe zur Kostenerstattung, die nach der vor dem 1. Januar 1994 geltenden Fassung des § 108 des Bundessozialhilfegesetzes entstanden oder von der Schiedsstelle bestimmt worden ist, bleibt bestehen.

§ 116 SGB XII Beteiligung sozial erfahrener Dritter

(1) Soweit Landesrecht nichts Abweichendes bestimmt, sind vor dem Erlass allgemeiner Verwaltungsvorschriften sozial erfahrene Dritte zu hören, insbesondere aus Vereinigungen, die Bedürftige betreuen, oder aus Vereinigungen von Sozialleistungsempfängern.

(2) Soweit Landesrecht nichts Abweichendes bestimmt, sind vor dem Erlass des Verwaltungsaktes über einen Widerspruch gegen die Ablehnung der Sozialhilfe oder gegen die Festsetzung ihrer Art und Höhe Dritte, wie sie in Absatz 1 bezeichnet sind, beratend zu beteiligen.

§ 117 SGB XII Pflicht zur Auskunft

(1) Die Unterhaltspflichtigen, ihre nicht getrennt lebenden Ehegatten oder Lebenspartner und die Kostenersatzpflichtigen haben dem Träger der Sozialhilfe über ihre Einkommens- und Vermögensverhältnisse Auskunft zu geben, soweit die Durchführung dieses Buches es erfordert. Dabei haben sie die Verpflichtung, auf Verlangen des Trägers der Sozialhilfe Beweisurkunden vorzulegen oder ihrer Vorlage zuzustimmen. Auskunftspflichtig nach Satz 1 und 2 sind auch Personen, von denen nach § 36 trotz Aufforderung unwiderlegt vermutet wird, dass sie Leistungen zum Lebensunterhalt an andere Mitglieder der Haushaltsgemeinschaft erbringen. Die Auskunftspflicht der Finanzbehörden nach § 21 Abs. 4 des Zehnten Buches erstreckt sich auch auf diese Personen.

(2) Wer jemandem, der Leistungen nach diesem Buch beantragt hat oder bezieht, Leistungen erbringt oder erbracht hat, die geeignet sind oder waren, diese Leistungen auszuschließen oder zu mindern, hat dem Träger der Sozialhilfe auf Verlangen hierüber Auskunft zu geben, soweit es zur Durchführung der Aufgaben nach diesem Buch im Einzelfall erforderlich ist.

(3) Wer jemandem, der Leistungen nach diesem Buch beantragt hat oder bezieht, zu Leistungen verpflichtet ist oder war, die geeignet sind oder waren, Leistungen auszuschließen oder zu mindern, oder für ihn Guthaben führt oder Vermögensgegenstände verwahrt, hat dem Träger der Sozialhilfe auf Verlangen hierüber sowie über

damit im Zusammenhang stehendes Einkommen oder Vermögen Auskunft zu erteilen, soweit es zur Durchführung der Leistungen nach diesem Buch im Einzelfall erforderlich ist.
§ 21 Abs. 3 Satz 4 des Zehnten Buches gilt entsprechend.

(4) Der Arbeitgeber ist verpflichtet, dem Träger der Sozialhilfe über die Art und Dauer der Beschäftigung, die Arbeitsstätte und das Arbeitsentgelt der bei ihm beschäftigten Leistungsberechtigten, Unterhaltspflichtigen und deren nicht getrennt lebenden Ehegatten oder Lebenspartner sowie Kostenersatzpflichtigen Auskunft zu geben, soweit die Durchführung dieses Buches es erfordert.

(5) Die nach den Absätzen 1 bis 4 zur Erteilung einer Auskunft Verpflichteten können Angaben verweigern, die ihnen oder ihnen nahe stehenden Personen (§ 383 Abs. 1 Nr. 1 bis 3 der Zivilprozessordnung) die Gefahr zuziehen würden, wegen einer Straftat oder einer Ordnungswidrigkeit verfolgt zu werden.

(6) Ordnungswidrig handelt, wer vorsätzlich oder fahrlässig die Auskünfte nach den Absätzen 2, 3 Satz 1 und Absatz 4 nicht, nicht richtig, nicht vollständig oder nicht rechtzeitig erteilt.
Die Ordnungswidrigkeit kann mit einer Geldbuße geahndet werden.

§ 118 SGB XII   Überprüfung, Verwaltungshilfe

(1) Die Träger der Sozialhilfe können Personen, die Leistungen nach diesem Buch mit Ausnahme des Vierten Kapitels beziehen, auch regelmäßig im Wege des automatisierten Datenabgleichs daraufhin überprüfen,
1. ob und in welcher Höhe und für welche Zeiträume von ihnen Leistungen der Bundesagentur für Arbeit (Auskunftsstelle) oder der Träger der gesetzlichen Unfall- oder Rentenversicherung (Auskunftsstellen) bezogen werden oder wurden,
2. ob und in welchem Umfang Zeiten des Leistungsbezuges nach diesem Buch mit Zeiten einer Versicherungspflicht oder Zeiten einer geringfügigen Beschäftigung zusammentreffen,
3. ob und welche Daten nach § 45d Abs. 1 des Einkommensteuergesetzes dem Bundeszentralamt für Steuern (Auskunftsstelle) übermittelt worden sind und
4. ob und in welcher Höhe ein Kapital nach § 90 Abs. 2 Nr. 2 nicht mehr dem Zweck einer geförderten zusätzlichen Altersvorsorge im Sinne des § 10a oder des Abschnitts XI des Einkommensteuergesetzes dient.

Sie dürfen für die Überprüfung nach Satz 1 Name, Vorname (Rufname), Geburtsdatum, Geburtsort, Nationalität, Geschlecht, Anschrift und Versicherungsnummer der Personen, die Leistungen nach diesem Buch beziehen, den Auskunftsstellen übermitteln. Die Auskunftsstellen führen den Abgleich mit den nach Satz 2 übermittelten Daten durch und übermitteln die Daten über Feststellungen im Sinne des Satzes 1 an die Träger der Sozialhilfe. Die ihnen überlassenen Daten und Datenträger sind nach Durchführung des Abgleichs unverzüglich zurückzugeben, zu löschen oder zu vernichten. Die Träger der Sozialhilfe dürfen die ihnen übermittelten Daten nur zur Überprüfung nach Satz 1 nutzen. Die übermittelten Daten der Personen, bei denen die Überprüfung zu keinen abweichenden Feststellungen führt, sind unverzüglich zu löschen.

(2) Die Träger der Sozialhilfe sind befugt, Personen, die Leistungen nach diesem Buch beziehen, auch regelmäßig im Wege des automatisierten Datenabgleichs daraufhin zu überprüfen, ob und in welcher Höhe und für welche Zeiträume von ihnen

Leistungen nach diesem Buch durch andere Träger der Sozialhilfe bezogen werden oder wurden. Hierzu dürfen die erforderlichen Daten nach Absatz 1 Satz 2 anderen Trägern der Sozialhilfe oder einer zentralen Vermittlungsstelle im Sinne des § 120 Nr. 1 übermittelt werden. Diese führen den Abgleich der ihnen übermittelten Daten durch und leiten Feststellungen im Sinne des Satzes 1 an die übermittelnden Träger der Sozialhilfe zurück. Sind die ihnen übermittelten Daten oder Datenträger für die Überprüfung nach Satz 1 nicht mehr erforderlich, sind diese unverzüglich zurückzugeben, zu löschen oder zu vernichten. Überprüfungsverfahren nach diesem Absatz können zusammengefasst und mit Überprüfungsverfahren nach Absatz 1 verbunden werden.

(3) Die Datenstelle der Rentenversicherungsträger darf als Vermittlungsstelle für das Bundesgebiet die nach den Absätzen 1 und 2 übermittelten Daten speichern und nutzen, soweit dies für die Datenabgleiche nach den Absätzen 1 und 2 erforderlich ist. Sie darf die Daten der Stammsatzdatei (§ 150 des Sechsten Buches) und der bei ihr für die Prüfung bei den Arbeitgebern geführten Datei (§ 28p Abs. 8 Satz 2 des Vierten Buches) nutzen, soweit die Daten für die Datenabgleiche erforderlich sind. Die nach Satz 1 bei der Datenstelle der Rentenversicherungsträger gespeicherten Daten sind unverzüglich nach Abschluss der Datenabgleiche zu löschen.

(4) Die Träger der Sozialhilfe sind befugt, zur Vermeidung rechtswidriger Inanspruchnahme von Sozialhilfe Daten von Personen, die Leistungen nach diesem Buch beziehen, bei anderen Stellen ihrer Verwaltung, bei ihren wirtschaftlichen Unternehmen und bei den Kreisen, Kreisverwaltungsbehörden und Gemeinden zu überprüfen, soweit diese für die Erfüllung dieser Aufgaben erforderlich sind. Sie dürfen für die Überprüfung die in Absatz 1 Satz 2 genannten Daten übermitteln. Die Überprüfung kann auch regelmäßig im Wege des automatisierten Datenabgleichs mit den Stellen durchgeführt werden, bei denen die in Satz 4 jeweils genannten Daten zuständigkeitshalber vorliegen. Nach Satz 1 ist die Überprüfung folgender Daten zulässig:
1. Geburtsdatum und -ort,
2. Personen- und Familienstand,
3. Wohnsitz,
4. Dauer und Kosten von Miet- oder Überlassungsverhältnissen von Wohnraum,
5. Dauer und Kosten von bezogenen Leistungen über Elektrizität, Gas, Wasser, Fernwärme oder Abfallentsorgung und
6. Eigenschaft als Kraftfahrzeughalter.

Die in Satz 1 genannten Stellen sind verpflichtet, die in Satz 4 genannten Daten zu übermitteln. Sie haben die ihnen im Rahmen der Überprüfung übermittelten Daten nach Vorlage der Mitteilung unverzüglich zu löschen. Eine Übermittlung durch diese Stellen unterbleibt, soweit ihr besondere gesetzliche Verwendungsregelungen entgegenstehen.

§ 119 SGB XII Wissenschaftliche Forschung im Auftrag des Bundes

Der Träger der Sozialhilfe darf einer wissenschaftlichen Einrichtung, die im Auftrag des Bundesministeriums für Gesundheit und Soziale Sicherung ein Forschungsvorhaben durchführt, das dem Zweck dient, die Erreichung der Ziele von Gesetzen über soziale Leistungen zu überprüfen oder zu verbessern, Sozialdaten übermitteln, soweit

1. dies zur Durchführung des Forschungsvorhabens erforderlich ist, insbesondere das Vorhaben mit anonymisierten oder pseudoanonymisierten Daten nicht durchgeführt werden kann, und
2. das öffentliche Interesse an dem Forschungsvorhaben das schutzwürdige Interesse der Betroffenen an einem Ausschluss der Übermittlung erheblich überwiegt.

Vor der Übermittlung sind die Betroffenen über die beabsichtigte Übermittlung, den Zweck des Forschungsvorhabens sowie ihr Widerspruchsrecht nach Satz 3 schriftlich zu unterrichten. Sie können der Übermittlung innerhalb eines Monats nach der Unterrichtung widersprechen. Im Übrigen bleibt das Zweite Kapitel des Zehnten Buches unberührt.

§ 120 SGB XII Verordnungsermächtigung

Das Bundesministerium für Gesundheit und Soziale Sicherung wird ermächtigt, durch Rechtsverordnung im Einvernehmen mit dem Bundesministerium für Wirtschaft und Arbeit mit Zustimmung des Bundesrates
1. das Nähere über das Verfahren des automatisierten Datenabgleichs nach § 118 Abs. 1 und die Kosten des Verfahrens zu regeln; dabei ist vorzusehen, dass die Zuleitung an die Auskunftsstellen durch eine zentrale Vermittlungsstelle (Kopfstelle) zu erfolgen hat, deren Zuständigkeitsbereich zumindest das Gebiet eines Bundeslandes umfasst, und
2. das Nähere über das Verfahren nach § 118 Abs. 2 zu regeln.

§ 121 SGB XII Bundesstatistik

Zur Beurteilung der Auswirkungen dieses Buches und zu seiner Fortentwicklung werden Erhebungen über
1. die Empfänger von
   a) Hilfe zum Lebensunterhalt (§§ 27 bis 40),
   b) Grundsicherung im Alter und bei Erwerbsminderung (§§ 41 bis 46),
   c) Hilfen zur Gesundheit (§§ 47 bis 52),
   d) Eingliederungshilfe für behinderte Menschen (§§ 53 bis 60),
   e) Hilfe zur Pflege (§§ 61 bis 66),
   f) Hilfe zur Überwindung besonderer sozialer Schwierigkeiten (§§ 67 bis 69) und
   g) Hilfe in anderen Lebenslagen (§§ 70 bis 74),
2. die Ausgaben und Einnahmen der Sozialhilfe als Bundesstatistik durchgeführt.

§ 122 SGB XII Erhebungsmerkmale

(1) Erhebungsmerkmale bei den Erhebungen nach § 121 Nr. 1 Buchstabe a sind:
1. für Leistungsempfänger, denen Hilfe zum Lebensunterhalt für mindestens einen Monat geleistet wird:
   a) Geschlecht, Geburtsmonat und -jahr, Staatsangehörigkeit, Migrationshintergrund, bei Ausländern auch aufenthaltsrechtlicher Status, Stellung zum Haushaltsvorstand, Art der geleisteten Mehrbedarfszuschläge,
   b) für 15- bis unter 65-jährige Leistungsempfänger zusätzlich zu den unter Buchstabe a genannten Merkmalen: Beschäftigung, Einschränkung der Leistung,
   c) für 18- bis unter 65-jährige Leistungsempfänger zusätzlich zu den unter den Buchstaben a und b genannten Merkmalen die unabhängig von der jeweiligen Arbeitsmarktlage volle Erwerbsminderung im Sinne von § 43 Abs. 2 des

Sechsten Buches, wenn unwahrscheinlich ist, dass die volle Erwerbsminderung behoben werden kann,

d) für Leistungsempfänger in Personengemeinschaften, für die eine gemeinsame Bedarfsberechnung erfolgt, und für einzelne Leistungsempfänger: Wohngemeinde und Gemeindeteil, Art des Trägers, Leistungen in und außerhalb von Einrichtungen, Beginn der Leistung nach Monat und Jahr, Beginn der ununterbrochenen Leistungserbringung für mindestens ein Mitglied der Personengemeinschaft nach Monat und Jahr, Anspruch und Bruttobedarf je Monat, anerkannte monatliche Bruttokaltmiete, Art und jeweilige Höhe der angerechneten oder in Anspruch genommenen Einkommen und übergegangenen Ansprüche, Zahl aller Haushaltsmitglieder, Zahl aller Leistungsempfänger im Haushalt,

e) bei Änderung der Zusammensetzung der Personengemeinschaft und bei Beendigung der Leistungserbringung zusätzlich zu den unter den Buchstaben a bis d genannten Merkmalen: Monat und Jahr der Änderung der Zusammensetzung oder der Beendigung der Leistung, bei Ende der Leistung auch Grund der Einstellung der Leistungen und

2. für Leistungsempfänger, die nicht zu dem Personenkreis der Nummer 1 zählen: Geschlecht, Altersgruppe, Staatsangehörigkeit, Vorhandensein eigenen Wohnraums, Art des Trägers.

(2) Erhebungsmerkmale bei der Erhebung nach § 121 Nr. 1 Buchstabe b sind: Geschlecht, Geburtsmonat und -jahr, Wohngemeinde und Gemeindeteil, Art des Trägers, Staatsangehörigkeit, volle Erwerbsminderung gemäß § 41 Abs. 1 Nr. 2, Leistungen in und außerhalb von Einrichtungen, Ursache und Beginn der Leistungsgewährung nach Monat und Jahr, die in § 42 Satz 1 Nr. 1 bis 5 genannten Bedarfe je Monat, Nettobedarf je Monat, Art des angerechneten Einkommens.

(3) Erhebungsmerkmale bei der Erhebung nach § 121 Nr. 1 Buchstabe c bis g sind für jeden Leistungsempfänger: Geschlecht, Geburtsmonat und -jahr, Wohngemeinde und Gemeindeteil, Staatsangehörigkeit, bei Ausländern auch aufenthaltsrechtlicher Status, Art des Trägers, erbrachte Leistung im Laufe und am Ende des Berichtsjahres sowie in und außerhalb von Einrichtungen nach Art der Leistung nach § 8, am Jahresende geleistete Hilfe zum Lebensunterhalt in und außerhalb von Einrichtungen, bei Hilfe zur Pflege und Eingliederungshilfe für behinderte Menschen auch die einzelne Art der Leistungen und die Ausgaben je Fall, Beginn und Ende der Leistungserbringung nach Monat und Jahr sowie Art der Unterbringung; Leistung durch ein Persönliches Budget, bei Eingliederungshilfe für behinderte Menschen zusätzlich die Beschäftigten, denen der Übergang auf den allgemeinen Arbeitsmarkt gelingt, bei Hilfe zur Pflege zusätzlich Erbringung von Pflegeleistungen von Sozialversicherungsträgern, bei 18- bis unter 65-jährigen Empfängern von Hilfe nach dem Fünften bis Neunten Kapitel in Einrichtungen die unter Absatz 1 Nr. 1 Buchstabe c genannten Merkmale, soweit diese Personen auch Leistungen nach dem Vierten Kapitel erhalten.

(4) Erhebungsmerkmale bei der Erhebung nach § 121 Nr. 2 sind:
Art des Trägers, Ausgaben für Leistungen in und außerhalb von Einrichtungen nach § 8, Einnahmen in und außerhalb von Einrichtungen nach Einnahmearten und Leistungen nach § 8; bei Leistungen nach dem Vierten Kapitel zusätzlich Anzahl und Kosten der Gutachten nach § 45 Satz 2.

§ 123 SGB XII Hilfsmerkmale

(1) Hilfsmerkmale sind
1. Name und Anschrift des Auskunftspflichtigen,
2. für die Erhebung nach § 122 Abs. 1 Nr. 1 und Abs. 2 die Kennnummern der Leistungsempfänger,
3. Name und Telefonnummer der für eventuelle Rückfragen zur Verfügung stehenden Person.

(2) Die Kennnummern nach Absatz 1 Nr. 2 dienen der Prüfung der Richtigkeit der Statistik und der Fortschreibung der jeweils letzten Bestandserhebung. Sie enthalten keine Angaben über persönliche und sachliche Verhältnisse der Leistungsberechtigten und sind zum frühestmöglichen Zeitpunkt spätestens nach Abschluss der wiederkehrenden Bestandserhebung zu löschen.

§ 124 SGB XII Periodizität, Berichtszeitraum

(1) Die Erhebungen nach § 122 Abs. 1 Nr. 1 Buchstabe a bis d und Abs. 2 werden als Bestandserhebungen jährlich zum 31. Dezember durchgeführt. Die Angaben sind darüber hinaus bei Beginn und Ende der Leistungserbringung sowie bei Änderung der Zusammensetzung der Personengemeinschaft nach § 122 Abs. 1 Nr. 1 Buchstabe d zu erteilen. Die Angaben zu § 122 Abs. 1 Nr. 1 Buchstabe e sind ebenfalls zum Zeitpunkt der Beendigung der Leistungserbringung und der Änderung der Zusammensetzung der Personengemeinschaft zu erteilen.

(2) Die Erhebung nach § 122 Abs. 1 Nr. 2 wird als Bestandserhebung vierteljährlich zum Quartalsende durchgeführt.

(3) Die Erhebungen nach § 122 Abs. 3 und 4 erfolgen jährlich für das abgelaufene Kalenderjahr.

§ 125 SGB XII Auskunftspflicht

(1)Für die Erhebungen besteht Auskunftspflicht. Die Angaben nach § 123 Abs. 1 Nr. 3 sowie die Angaben zum Gemeindeteil nach § 122 Abs. 1 Nr. 1 Buchstabe d und § 122 Abs. 3 sind freiwillig.

(2) Auskunftspflichtig sind die zuständigen örtlichen und überörtlichen Träger der Sozialhilfe sowie die kreisangehörigen Gemeinden und Gemeindeverbände, soweit sie Aufgaben dieses Buches wahrnehmen.

§ 126 SGB XII Übermittlung, Veröffentlichung

(1) An die fachlich zuständigen obersten Bundes- oder Landesbehörden dürfen für die Verwendung gegenüber den gesetzgebenden Körperschaften und für Zwecke der Planung, jedoch nicht für die Regelung von Einzelfällen, vom Statistischen Bundesamt und den statistischen Ämtern der Länder Tabellen mit statistischen Ergebnissen übermittelt werden, auch soweit Tabellenfelder nur einen einzigen Fall ausweisen. Tabellen, deren Tabellenfelder nur einen einzigen Fall ausweisen, dürfen nur dann übermittelt werden, wenn sie nicht differenzierter als auf Regierungsbezirksebene, bei Stadtstaaten auf Bezirksebene, aufbereitet sind.

(2) Die statistischen Ämter der Länder stellen dem Statistischen Bundesamt für Zusatzaufbereitungen des Bundes jährlich unverzüglich nach Aufbereitung der Be-

standserhebung und der Erhebung im Laufe des Berichtsjahres Einzelangaben aus einer Zufallsstichprobe mit einem Auswahlsatz von 25 vom Hundert der Leistungsempfänger zur Verfügung.

(3) Die Ergebnisse der Sozialhilfestatistik dürfen auf die einzelne Gemeinde bezogen veröffentlicht werden.

§ 127 SGB XII Übermittlung an Kommunen

(1) Für ausschließlich statistische Zwecke dürfen den zur Durchführung statistischer Aufgaben zuständigen Stellen der Gemeinden und Gemeindeverbände für ihren Zuständigkeitsbereich Einzelangaben aus der Erhebung nach § 122 mit Ausnahme der Hilfsmerkmale übermittelt werden, soweit die Voraussetzungen nach § 16 Abs. 5 des Bundesstatistikgesetzes gegeben sind.

(2) Die Daten können auch für interkommunale Vergleichszwecke übermittelt werden, wenn die betreffenden Träger der Sozialhilfe zustimmen und sichergestellt ist, dass die Datenerhebung der Berichtsstellen nach standardisierten Erfassungs- und Melderegelungen sowie vereinheitlichter Auswertungsroutine erfolgt.

§ 128 SGB XII Zusatzerhebungen

Über Leistungen und Maßnahmen nach dem Dritten bis Neunten Kapitel, die nicht durch die Erhebungen nach § 121 Nr. 1 erfasst sind, können bei Bedarf Zusatzerhebungen als Bundesstatistiken durchgeführt werden.

§ 129 SGB XII Verordnungsermächtigung

Das Bundesministerium für Gesundheit und Soziale Sicherung kann hierfür im Einvernehmen mit dem Bundesministerium des Innern mit Zustimmung des Bundesrates durch Rechtsverordnung das Nähere regeln über
1. den Kreis der Auskunftspflichtigen nach § 125 Abs. 2,
2. die Gruppen von Empfängern von Hilfe zum Lebensunterhalt sowie von Grundsicherung im Alter und bei Erwerbsminderung oder Leistungen nach dem Fünften bis Neunten Kapitel,
3. die Empfänger bestimmter einzelner Leistungen der Hilfe zum Lebensunterhalt sowie von Grundsicherung im Alter und bei Erwerbsminderung oder der Leistungen nach dem Fünften bis Neunten Kapitel,
4. den Zeitpunkt der Erhebungen,
5. die erforderlichen Erhebungs- und Hilfsmerkmale im Sinne der §§ 122 und 123 und
6. die Art der Erhebung (Vollerhebung oder Zufallsstichprobe).

§ 130 SGB XII Übergangsregelung für ambulant Betreute

Für Personen, die Leistungen der Eingliederungshilfe für behinderte Menschen oder der Hilfe zur Pflege empfangen, deren Betreuung am 26. Juni 1996 durch von ihnen beschäftigte Personen oder ambulante Dienste sichergestellt wurde, gilt § 3a des Bundessozialhilfegesetzes in der am 26. Juni 1996 geltenden Fassung.

§ 131 SGB XII Übergangsregelung aus Anlass des Sonderprogramms Mainzer Modell

Zu den nicht als Einkommen zu berücksichtigenden Leistungen im Sinne des § 83 Abs. 1 zählen auch der Zuschuss zu den Sozialversicherungsbeiträgen sowie der Kindergeldzuschlag, die nach den vom Bundesministerium für Wirtschaft und Arbeit erlassenen Richtlinien zur Durchführung des Sonderprogramms „Mainzer Modell" an den Arbeitnehmer erbracht werden.

§ 132 SGB XII Übergangsregelung zur Sozialhilfegewährung für Deutsche im Ausland

(1) Deutsche, die am 31. Dezember 2003 Leistungen nach § 147b des Bundessozialhilfegesetzes in der zu diesem Zeitpunkt geltenden Fassung bezogen haben, erhalten diese Leistungen bei fortdauernder Bedürftigkeit weiter.

(2) Deutsche,
1. die in den dem 1. Januar 2004 vorangegangenen 24 Kalendermonaten ohne Unterbrechung Leistungen nach § 119 des Bundessozialhilfegesetzes in der am 31. Dezember 2003 geltenden Fassung bezogen haben und
2. in dem Aufenthaltsstaat über eine dauerhafte Aufenthaltsgenehmigung verfügen,

erhalten diese Leistungen bei fortdauernder Bedürftigkeit weiter. Für Deutsche, die am 31. Dezember 2003 Leistungen nach § 119 des Bundessozialhilfegesetzes in der am 31. Dezember 2003 geltenden Fassung bezogen haben und weder die Voraussetzungen nach Satz 1 noch die Voraussetzungen des § 24 Abs. 1 erfüllen, enden die Leistungen bei fortdauernder Bedürftigkeit mit Ablauf des 31. März 2004.

(3) Deutsche, die die Voraussetzungen des § 1 Abs. 1 des Bundesentschädigungsgesetzes erfüllen und
1. zwischen dem 30. Januar 1933 und dem 8. Mai 1945 das Gebiet des Deutschen Reiches oder der Freien Stadt Danzig verlassen haben, um sich einer von ihnen nicht zu vertretenden und durch die politischen Verhältnisse bedingten besonderen Zwangslage zu entziehen oder aus den gleichen Gründen nicht in das Gebiet des Deutschen Reiches oder der Freien Stadt Danzig zurückkehren konnten oder
2. nach dem 8. Mai 1945 und vor dem 1. Januar 1950 das Gebiet des Deutschen Reiches nach dem Stande vom 31. Dezember 1937 oder das Gebiet der Freien Stadt Danzig verlassen haben,

können, sofern sie in dem Aufenthaltsstaat über ein dauerhaftes Aufenthaltsrecht verfügen, in außergewöhnlichen Notlagen Leistungen erhalten, auch wenn sie nicht die Voraussetzungen nach den Absätzen 1 und 2 oder nach § 24 Abs. 1 erfüllen; § 24 Abs. 2 gilt.

§ 133 SGB XII Übergangsregelung für besondere Hilfen an Deutsche nach Artikel 116 Abs. 1 des Grundgesetzes

(1) Deutsche, die außerhalb des Geltungsbereiches dieses Gesetzes, aber innerhalb des in Artikel 116 Abs. 1 des Grundgesetzes genannten Gebiets geboren sind und dort ihren gewöhnlichen Aufenthalt haben, können in außergewöhnlichen Notlagen besondere Hilfen erhalten, auch wenn sie nicht die Voraussetzungen des § 24 Abs. 1 erfüllen. § 24 Abs. 2 gilt. Die Höhe dieser Leistungen bemisst sich nach den im Auf-

enthaltsstaat in vergleichbaren Lebensumständen üblichen Leistungen. Die besonderen Hilfen werden unter Übernahme der Kosten durch den Bund durch Träger der freien Wohlfahrtspflege mit Sitz im Inland geleistet.

(2) Die Bundesregierung wird ermächtigt, durch Rechtsverordnung mit Zustimmung des Bundesrates die persönlichen Bezugsvoraussetzungen, die Bemessung der Leistungen sowie die Trägerschaft und das Verfahren zu bestimmen.

§ 133a SGB XII Übergangsregelung für Hilfeempfänger in Einrichtungen

Für Personen, die am 31. Dezember 2004 einen Anspruch auf einen zusätzlichen Barbetrag nach § 21 Abs. 3 Satz 4 des Bundessozialhilfegesetzes haben, wird diese Leistung in der für den vollen Kalendermonat Dezember 2004 festgestellten Höhe weiter erbracht.

§ 134 SGB XII Übergangsregelung aus Anlass des In-Kraft-Tretens des Zweiten Buches

Für erwerbsfähige Hilfebedürftige im Sinne des Zweiten Buches, denen bis zum 31. Dezember 2004 Leistungen oder Maßnahmen nach
1. § 18 Abs. 4 und 5,
2. § 19 Abs. 1 und 2 oder
3. § 20

des Bundessozialhilfegesetzes in der bis zum 31. Dezember 2004 geltenden Fassung bewilligt wurden, gelten die genannten Vorschriften bis zum Ende der Bewilligung weiter, längstens jedoch bis zum 31. Dezember 2005.

§ 135 SGB XII Übergangsregelung aus Anlass des Zweiten Rechtsbereinigungsgesetzes

(1) Erhielten am 31. Dezember 1986 Tuberkulosekranke, von Tuberkulose Bedrohte oder von Tuberkulose Genesene laufende Leistungen nach Vorschriften, die durch das Zweite Rechtsbereinigungsgesetz außer Kraft treten, sind diese Leistungen nach den bisher maßgebenden Vorschriften weiterzugewähren, längstens jedoch bis zum 31. Dezember 1987. Sachlich zuständig bleibt der überörtliche Träger der Sozialhilfe, soweit nicht nach Landesrecht der örtliche Träger zuständig ist.

(2) Die Länder können für die Verwaltung der im Rahmen der bisherigen Tuberkulosehilfe gewährten Darlehen andere Behörden bestimmen.

§ 136 SGB XII Maßgaben des Einigungsvertrages

Die Maßgaben nach Anlage I Kapitel X Sachgebiet H Abschnitt III Nr. 3 Buchstabe d und g in Verbindung mit Artikel 3 des Einigungsvertrages sind nicht mehr anzuwenden. Die darüber hinaus noch bestehenden Maßgaben nach Anlage I Kapitel X Sachgebiet H Abschnitt III Nr. 3 in Verbindung mit Artikel 3 des Einigungsvertrages sind im Land Berlin nicht mehr anzuwenden.

V. Die Rechtsprechung zum Sozialhilferecht

§ 1 SGB XII   Aufgabe der Sozialhilfe

Aufgabe der Sozialhilfe ist es, den Leistungsberechtigten die Führung eines Lebens zu ermöglichen, das der Würde des Menschen entspricht. Die Leistung soll sie so weit wie möglich befähigen, unabhängig von ihr zu leben; darauf haben auch die Leistungsberechtigten nach ihren Kräften hinzuarbeiten. Zur Erreichung dieser Ziele haben die Leistungsberechtigten und die Träger der Sozialhilfe im Rahmen ihrer Rechte und Pflichten zusammenzuwirken.

Die Regelung überträgt im Wesentlichen inhaltsgleich den bisherigen § 1 Abs. 2 des Bundessozialhilfegesetzes. Mit der Ergänzung von Satz 2 wird im Sinne des Grundsatzes „Fördern und Fordern" stärker als bisher die eigenständige Verpflichtung der Leistungsberechtigten betont, ihre gesamten Kräfte dafür einzusetzen, um wieder unabhängig von der Sozialhilfe leben zu können. Durch Satz 3 soll das Zusammenwirken zwischen den Leistungsberechtigten und den Trägern der Sozialhilfe gestärkt werden. Ziel ist die Bildung einer Art Verantwortungsgemeinschaft, insbesondere im Bereich notwendiger Beratung und Unterstützung, ohne dass dabei die jeweiligen Rechte und Pflichten berührt werden.

Ohne ein solches Zusammenwirken im Sinne einer „Ko-Produktion" lassen sich die Ziele der Sätze 1 und 2 häufig nicht erreichen. Die Bedeutung der bisher schon gegebenen Pflicht zum Zusammenwirken von Leistungsberechtigten und Trägern der Sozialhilfe wird durch die Aufnahme in den grundlegenden Aufgabenkatalog der Sozialhilfe nunmehr besonders betont (BT-Drucksache 15/1514).

Menschenwürde und Existenzminimum

Das Bundesverfassungsgericht begründet mit Art. 1 Abs. 1 GG in Verbindung mit dem Sozialstaatsprinzip die Pflicht des Staates zur Sicherung der Mindestvoraussetzungen eines menschenwürdigen Daseins. Die Effektivität eines Systemes der sozialen Sicherung erweist sich beim untersten sozialen Auffangnetz, eben bei der Sicherung des Existenzminimums über die Bereitstellung von Sozialhilfe.

Im sog. „Kindergeldbeschluss" hat das Bundesverfassungsgericht für den Bereich des Steuerrrechts insoweit einen bis dahin verfassungswidrigen Zustand beseitigt. Bei der Einkommensbesteuerung muss ein Betrag in Höhe des Existenzminimums des Steuerpflichtigen und seiner Familie steuerfrei bleiben. Für die Bemessung des Existenzminimums soll dem Sozialhilferecht „entscheidende Bedeutung" zukommen. Denn die Leistungen der Sozialhilfe sollen dieses Existenzminimum gewährleisten. Der Gesetzgeber hat aus diesem Beschluss bereits Konsequenzen auch für das Pfändungsrecht gezogen. Die Vollstreckungsgewalt des Staates endet nunmehr am Sozialhilfebedarf (§ 850f Abs. 1 Nr. A ZPO).

Ausgangspunkt für die Konkretisierung des Menschenwürdebegriffs im Sozialhilferecht ist die Entscheidung des Bundesverfassungsgerichts aus dem Jahre 1952 (BVerfGE 1, 97). Demnach sind Menschenwürde und Existenzminimum ungleiche Begriffe. In diesem Sinn hat das Bundesverfassungsgericht in seiner ersten Entscheidung argumentiert: Wenn die Menschenwürde alle staatliche Gewalt zum Schutze der Würde verpflichte, dann sei damit der Schutz vor Angriffen wie Ächtung und Verfolgung gemeint. Dagegen gehöre die Gewähr eines Mindestmaßes an Nahrung, Kleidung und Wohnung zu den Aufgaben des Sozialstaates.

Leitsatz (redaktionell)

Weder GG Art 1 Abs. 1 noch GG Art 2 Abs. 2 S. 1 begründen ein Grundrecht des Einzelnen auf gesetzliche Regelung von Ansprüchen auf angemessene Versorgung (Kriegsopferversorgung) durch den Staat.

Aus den Gründen:

„... Es ist zwar richtig, dass die Hinterbliebenenrenten des Bundesversorgungsgesetzes die allgemeinen Fürsorgesätze nur in bescheidenem Maße übersteigen und das tragische Schicksal der Kriegshinterbliebenen nicht zu wenden vermögen. Dadurch ist aber ein Grundrecht nicht verletzt. Die Grundrechte haben sich aus den im 18. Jahrhundert proklamierten Rechten der Freiheit und Gleichheit entwickelt. Ihr Grundgedanke war der Schutz des Einzelnen gegen den als allmächtig und willkürlich gedachten Staat, nicht aber die Verleihung von Ansprüchen des Einzelnen auf Fürsorge durch den Staat. Im Wandel der Zeiten ist der Gedanke der Fürsorge des im Staat repräsentierten Volkes für den Einzelnen immer stärker und diese Fürsorge vor allem durch die Folgen des zweiten Weltkrieges zu einer elementaren staatlichen Notwendigkeit geworden. Aber dieser – vergleichsweise neue – Gedanke des Anspruchs auf positive Fürsorge durch den Staat hat in die Grundrechte nur in beschränktem Maße Eingang gefunden.

Wenn Art. 1 Abs. 1 GG sagt: „Die Würde des Menschen ist unantastbar", so will er sie nur negativ gegen Angriffe abschirmen. Der zweite Satz: „...Sie zu achten und zu schützen ist Verpflichtung aller staatlichen Gewalt" verpflichtet den Staat zwar zu dem positiven Tun des „Schützens", doch ist dabei nicht Schutz vor materieller Not, sondern Schutz gegen Angriffe auf die Menschenwürde durch andere, wie Erniedrigung, Brandmarkung, Verfolgung, Ächtung usw. gemeint.

Art. 2 Abs. 2 Satz 1 GG räumt dem Einzelnen kein Grundrecht auf angemessene Versorgung durch den Staat ein. Die vom Ausschuss für Grundsatzfragen des Parlamentarischen Rates vorgeschlagene Bestimmung über das Recht auf ein Mindestmaß an Nahrung, Kleidung und Wohnung ist später gestrichen und in das Grundgesetz nicht aufgenommen worden. Man hat sich darauf beschränkt, negativ ein Recht auf Leben und körperliche Unversehrtheit zu statuieren, d.h. insbesondere den staatlich organisierten Mord und die zwangsweise durchgeführten Experimente an Menschen auszuschließen. Aus Art. 2 GG kann daher ein Recht auf Zuteilung bestimmter, das allgemeine Maß öffentlicher Fürsorge übersteigender Renten nicht hergeleitet werden.

Damit ist zwar nicht gesagt, dass der Einzelne überhaupt kein verfassungsmäßiges Recht auf Fürsorge hat. Wenn auch die Wendung vom „sozialen Bundesstaat" nicht in den Grundrechten, sondern in Art. 20 des Grundgesetzes (Bund und Länder) steht, so enthält sie doch ein Bekenntnis zum Sozialstaat, das bei der Auslegung des Grundgesetzes wie bei der Auslegung anderer Gesetze von entscheidender Bedeutung sein kann. Das Wesentliche zur Verwirklichung des Sozialstaates aber kann nur der Gesetzgeber tun; er ist gewiss verfassungsrechtlich zu sozialer Aktivität, insbe-

sondere dazu verpflichtet, sich um einen erträglichen Ausgleich der widerstreitenden Interessen und um die Herstellung erträglicher Lebensbedingungen für alle die zu bemühen, die durch die Folgen des Hitlerregimes in Not geraten sind. Aber nur wenn der Gesetzgeber diese Pflicht willkürlich, d.h. ohne sachlichen Grund versäumte, könnte möglicherweise dem Einzelnen hieraus ein mit der Verfassungsbeschwerde verfolgbarer Anspruch erwachsen." ...

Drei Jahre nach dieser Entscheidung hatte das Bundesverwaltungsgericht zu entscheiden, ob das Fürsorgerecht (von dem man damals im Zusammenhang mit der Sozialhilfe sprach, vgl. hierzu die Ausführungen im geschichtlichen Teil) entgegen seinem Wortlaut dem hilfebedürftigen (also armen) Bürger einen Rechtsanspruch auf Unterstützung verleihe. Dazu ist zum Verständnis zu sagen, dass im überkommenen Fürsorgerecht der Arme nicht etwa Subjekt eines Rechtsanspruchs, sondern Objekt einer im öffentlichen Interesse bestehenden Verpflichtung war. Denn, so die beeindruckende Begründung im 19. Jahrhundert, die Hilfe werde gewährt, um nicht durch Hunger, Not und Verwahrlosung die niederen Bevölkerungsklassen zur Störung der öffentlichen Ordnung zu treiben und ein staatsgefährliches Proletariat aufkommen zu lassen (Blätter der administrativen Praxis und Polizeirechtspflege, Bd. XXII (1872), S. 25).

Die „Fürsorgerechtsentscheidung des Bundesverwaltungsgerichts brach mit dieser „armenpolizeilichen Tradition" und bejahte einen Anspruch auf Hilfe. Darin wurde der Anspruch auf Hilfe gerade nicht im Interesse der armenpolizeilichen Zielsetzung begründet. Vielmehr wurden die Prinzipien des demokratischen und sozialen Rechtsstaates, die über die Gewährung materieller Leistungen hinaus die Anerkennung aller Bürger als „Teilnehmer der Gesellschaft" verstünden, zur Begründung herangezogen. Darin berief sich das Gericht auch auf die Menschenwürde, die es verbiete, den Hilfebedürftigen „lediglich als Gegenstand staatlichen Handelns zu betrachten".

Leitsatz (redaktionell) (BVerwG, Urteil vom 28.01.1955, V C 1/54)

Soweit das Gesetz dem Träger der Fürsorge zugunsten des Bedürftigen Pflichten auferlegt, hat der Bedürftige entsprechende Rechte.

Aus den Gründen:

„*... Das im Bundesgebiet einschließlich West-Berlin geltende Fürsorgerecht – die Fürsorgepflichtverordnung und die Reichsgrundsätze – kennt Leistungen, zu denen der Träger der Fürsorge verpflichtet, und solche, deren Gewährung in sein Ermessen gestellt ist. Die von dem Kläger geforderten Leistungen würden solche sein, zu deren Erfüllung der Träger der Fürsorge verpflichtet wäre. Die Vorschriften des Fürsorgerechts sprechen sich nicht ausdrücklich darüber aus, wem gegenüber diese Verpflichtung besteht, ob lediglich dem Staate oder auch dem Bedürftigen gegenüber, und ob dieser Pflicht ein Anspruch des Bedürftigen entspricht. Die Vorschriften bedürfen also insoweit einer Auslegung. Sie führte vor 1945 in Schrifttum und Rechtsprechung fast einmütig dazu, einen solchen Rechtsanspruch zu verneinen. Diese Ablehnung knüpfte nicht an eine ausdrückliche Bestimmung an, sondern beruhte auf hergebrachten sozialethischen Vorstellungen.*

Das alte preußische Recht (Gesetz über Armenpflege vom 31. Dezember 1842 – Pr. Ges. Sammlg. 1843 S. 8 –) war nämlich stillschweigend von dem Grundsatz ausgegangen, dass die damals als Armenpflege bezeichnete Fürsorge dem Bedürftigen lediglich aus Gründen der öffentlichen Ordnung, nicht aber um seiner selbst willen zu gewähren sei (vgl. Arnoldt, Freizügigkeit und Unterstützungswohnsitz, S. 688, Anm. 1 zu § 63 des Preußischen Ausführungsgesetzes zum Unterstützungswohnsitzgesetz; Plenarentscheidung des Preuß. Geh. Obertribunals vom 21. Februar 1853, Präjudiz Nr. 2434 – Entsch. Bd. 24 S. 249) und dass er daher nicht Subjekt der behördlichen Verpflichtung, sondern nur Objekt des behördlichen Handelns, Gegenstand der Pflicht sei, welche der Armenbehörde dem Staate gegenüber obliege (vgl. Urteil des Bundesamtes für Heimatwesen vom 22. Juni 1901 – Entsch. des Bundesamtes, Heft 33 Nr. 18 S. 39, 41). Dieser Grundsatz wurde später ohne Prüfung beibehalten, obwohl die wirtschaftlichen und sozialen Verhältnisse und die sozialethischen Wertungen sich gewandelt hatten, obwohl die Rechtsprechung längst die Wohlfahrtspflege von den polizeilichen Aufgaben des Staates geschieden hatte, und obwohl der Arme im öffentlichen Recht – z.B. durch die Gewährung des Wahlrechts –, namentlich aber im neueren Fürsorgerecht seit der Verordnung von 1924 und ihren Änderungen durch das Gesetz vom 8. Juni 1926 (RGBl. I S. 255) und die Notverordnung vom 5. Juni 1931 (RGBl. I S. 279) eine veränderte Rechtsstellung erhalten hatte. Spätestens seit dem In-Kraft-Treten des Grundgesetzes ist die frühere Auffassung nicht mehr haltbar.

Die Leitgedanken des Grundgesetzes führen dazu, das Fürsorgerecht dahin auszulegen, dass die Rechtspflicht zur Fürsorge deren Träger gegenüber dem Bedürftigen obliegt und dieser einen entsprechenden Rechtsanspruch hat. Es braucht daher nicht geprüft zu werden, ob ein solches Recht durch neueres Landesrecht oder bestimmte Einzelvorschriften des Grundgesetzes geschaffen worden ist.

Das Verfassungsrecht besteht nicht nur aus den einzelnen Sätzen der geschriebenen Verfassung, sondern auch aus gewissen, sie verbindenden, innerlich zusammenhaltenden allgemeinen Grundsätzen und Leitideen, die der Verfassungsgeber, weil sie das vorverfassungsmäßige Gesamtbild geprägt haben, von dem er ausgegangen ist, nicht in einem besonderen Rechtssatz konkretisiert hat." (Entscheidung des Bundesverfassungsgerichts vom 1. Juli 1953 – Samml. Bd. 2 S. 380 –). Eine solche Leitidee ist die Auffassung über das Verhältnis des Menschen zum Staat: Der Einzelne ist zwar der öffentlichen Gewalt unterworfen, aber nicht Untertan, sondern Bürger. Darum darf er in der Regel nicht lediglich Gegenstand staatlichen Handelns sein. Er wird vielmehr als selbstständige sittlich verantwortliche Persönlichkeit und deshalb als Träger von Rechten und Pflichten anerkannt. Dies muss besonders dann gelten, wenn es um seine Daseinsmöglichkeit geht.

Dieser Grundsatz spiegelt sich in mehreren Vorschriften des Grundgesetzes wider (Art. 1 und 20 in Verbindung mit Art. 79 Abs. 3, Art. 2 und 19).

Die unantastbare, von der staatlichen Gewalt zu schützende Würde des Menschen (Art. 1) verbietet es, ihn lediglich als Gegenstand staatlichen Handelns zu betrachten, soweit es sich um die Sicherung des „notwendigen Lebensbedarfs" (§ 1 der Reichsgrundsätze), also seines Daseins überhaupt, handelt. Das verlangt auch das Grundrecht der freien Persönlichkeit (Art. 2 Abs. 1).

Im Rechtsstaat (Art. 20 in Verbindung mit Art. 28) sind die Beziehungen des Bürgers zum Staat grundsätzlich solche des Rechts, daher wird auch das Handeln der öffentlichen Gewalt ihm gegenüber der gerichtlichen Nachprüfung unterworfen (Art. 19

Abs. 4). Mit dem Gedanken des demokratischen Staates (Art. 20) wäre es unverein-
bar, dass zahlreiche Bürger, die als Wähler die Staatsgewalt mitgestalten, ihr gleich-
zeitig hinsichtlich ihrer Existenz ohne eigenes Recht gegenüberständen. Auch der
Gemeinschaftsgedanke, der in den Grundsätzen des sozialen Rechtsstaats (Art. 20
und 28) und der Sozialgebundenheit des Eigentums (Art. 14 Abs. 2) Ausdruck gefun-
den hat, erschöpft sich nicht in der Gewährung von materiellen Leistungen, sondern
verlangt, dass die Teilnehmer der Gemeinschaft als Träger eigener Rechte aner-
kannt werden, die grundsätzlich einander mit gleichen Rechten gegenüberstehen
(vgl. auch Art. 3), und dass nicht ein wesentlicher Teil des Volkes in dieser Gemein-
schaft hinsichtlich seiner Existenz ohne Rechte dasteht. Endlich ist auch das Grund-
recht auf Leben und Gesundheit (Art. 2 Abs. 2) Ausfluss jenes Grundgedankens.

Demnach widerspräche es dem Verfassungsrecht, den früher zur Auslegung des
Fürsorgerechts dienenden Grundsatz beizubehalten. Die den Grundgedanken der
Verfassung entsprechende Auslegung des Fürsorgerechts hat vielmehr das Ergeb-
nis: Soweit das Gesetz dem Träger der Fürsorge zugunsten des Bedürftigen Pflich-
ten auferlegt, hat der Bedürftige entsprechende Rechte und kann daher gegen ihre
Verletzung den Schutz der Verwaltungsgerichte anrufen. Es braucht deshalb auch
nicht geprüft zu werden, ob und wieweit nach geltendem Recht dieser Rechtsschutz
auch dann gegeben wäre, wenn dem Bedürftigen nicht ein solches Recht zuständе,
er aber durch das Verhalten der öffentlichen Gewalt in seinen rechtlich anerkannten
und geschützten Belangen verletzt würde.

Der Kläger kann demnach eine verwaltungsgerichtliche Entscheidung über die von
ihm erhobenen Fürsorgeansprüche verlangen."

Dies war sozusagen die „Geburtsstunde" des Rechtes auf eine Mindestsicherung,
wenn auch nicht als unmittelbar verfassungsrechtlich verbürgtes Recht, so doch als
ein durch menschenwürdekonforme Auslegung des Gesetzes gewonnener Anspruch. Entsprechend nahm der Gesetzgeber sowohl den Rechtsanspruch auf Hilfe
als auch die Verpflichtung auf die Menschenwürde in das Bundessozialhilfegesetz
auf: „Aufgabe der Sozialhilfe ist es, dem Empfänger der Hilfe die Führung eines Lebens zu ermöglichen, das der Würde des Menschen entspricht."

Das Bundesverfassungsgericht zog erst Mitte der siebziger Jahre nach, als es von
der Pflicht des Staates zur Sicherung eines menschenwürdigen Daseins sprach
(BVerfGE 40, 121 (133)):

„Gewiss gehört die Fürsorge für Hilfsbedürftige zu den selbstverständlichen Pflichten
eines Sozialstaates (vgl. BVerfGE 5, 85 (198); 35, 202 (236)). Dies schließt notwen-
dig die soziale Hilfe für den Mitbürger ein, die wegen körperlicher oder geistiger Ge-
brechen an ihrer persönlichen und sozialen Entfaltung gehindert und außerstande
sind, sich selbst zu unterhalten. Die staatliche Gemeinschaft muss ihnen jedenfalls
die Mindestvoraussetzungen für ein menschenwürdiges Dasein sichern und sich dar-
über hinaus bemühen, sie soweit möglich in die Gesellschaft einzugliedern, ihre an-
gemessene Betreuung in der Familie oder durch Dritte zu fördern sowie die notwen-
digen Pflegeeinrichtungen zu schaffen. Diese allgemeine Schutzpflicht kann
natürlicherweise nicht an einer bestimmten Altersgrenze enden; sie muss vielmehr
dem jeweils vorhandenen Bedarf an sozialer Hilfe entsprechen. Jedoch bestehen
vielfältige Möglichkeiten, den gebotenen Schutz zu verwirklichen. Es liegt grundsätz-
lich in der Gestaltungsfreiheit des Gesetzgebers, den ihm geeignet erscheinenden
Weg zu bestimmen, besonders zwischen den verschiedenen Formen finanzieller
Hilfe für den Unterhalt und die Betreuung gebrechlicher Menschen zu wählen und

entsprechend die Anspruchsberechtigung festzulegen. Ebenso hat er, soweit es sich nicht um die bezeichneten Mindestvoraussetzungen handelt, zu entscheiden, in welchem Umfang soziale Hilfe unter Berücksichtigung der vorhandenen Mittel und anderer gleichrangiger Staatsaufgaben gewährt werden kann und soll."

Begründet wird diese Pflicht (entgegen dem Wortlaut des Bundessozialhilferechts und auch entgegen dem Wortlaut des § 1 SGB XII) aber nicht mit dem Schutz der Menschenwürde. Vielmehr lautet die bis heute durchgehaltene Formel, dass Art. 1 GG in Verbindung mit dem Sozialstaatsprinzip den Staat zur Sicherung oder Schaffung eben dieser Mindestvoraussetzungen verpflichte: Der Beschluss zur Prozesskostenhilfe erklärt die Sicherung des Existenzminimums zur Aufgabe des Sozialhilferechts.

Leitsatz (redaktionell)

Es verstößt gegen das Prinzip des sozialen Rechtsstaats und gegen den Gleichheitssatz, wenn die Kostenbeteiligung einer bedürftigen Partei, die Prozesskostenhilfe erhält, deren Existenzminimum gefährdet.

Aus den Gründen:

„... Die Sicherung des Existenzminimums ist Aufgabe des Sozialhilferechts. Der sozialhilferechtliche Regelbedarf, der verbrauchsbezogen ermittelt und periodisch an die tatsächlichen Verhältnisse angepaßt wird, kann daher als Anhaltspunkt für die Kostenbeteiligung der bedürftigen Partei gelten. Er soll den notwendigen Lebensunterhalt garantieren, dessen der Einzelne zur Führung eines menschenwürdigen Lebens bedarf. Die Kosten einer Prozessführung rechnen nicht zu diesem Grundbedarf. Das zeigt sich auch daran, dass ein Bedürftiger zusätzlich zum Regelbedarf, der den Lebensunterhalt sichern soll, Hilfe in besonderen Lebenslagen beanspruchen kann. Während die Hilfe zum Lebensunterhalt der Sicherung des Existenzminimums dient, erfasst die Hilfe in besonderen Lebenslagen spezifische Bedarfssituationen. Eine solche stellt auch die gerichtliche Rechtsverfolgung dar. Daraus folgt, dass eine Kostenbeteiligung nicht verlangt werden darf, wenn das Einkommen der bedürftigen Partei den sozialhilferechtlichen Regelsatz nicht übersteigt. Dieser muss vielmehr nach Zahlung der Raten ungeschmälert für die Lebensführung zur Verfügung stehen."

Damit war das letzte verfassungsrechtliche Wort noch nicht gesprochen. „Menschenwürde und Existenzminimum" sind auch Thema der Entscheidung aus dem Jahre 1992, denn im Beschluss zur Besteuerung des Existenzminimums wird letzterer als Eingriff in das Grundrecht der allgemeinen Handlungsfreiheit in seiner Ausprägung als persönliche Entfaltung im vermögensrechtlichen und im beruflichen Bereich aus Art. 12 und 14 GG hergeleitet:

Leitsatz (redaktionell)

1. Dem der Einkommensteuer unterworfenen Steuerpflichtigen muss nach Erfüllung seiner Einkommensteuerschuld von seinem Erworbenen soviel verbleiben, als er zur Bestreitung seines notwendigen Lebensunterhalts und – unter Berücksichtigung von Art. 6 Abs. 1 GG – desjenigen seiner Familie bedarf (Existenzminimum).

2. Die Höhe des steuerlich zu verschonenden Existenzminimums hängt von den allgemeinen wirtschaftlichen Verhältnissen und dem in der Rechtsgemeinschaft anerkannten Mindestbedarf ab. Der Steuergesetzgeber muss dem Einkommensbezieher von seinen Erwerbsbezügen zumindest das belassen, was er dem Bedürftigen zur Befriedigung seines existenznotwendigen Bedarfs aus öffentlichen Mitteln zur Verfügung stellt.

3. Bei einer gesetzlichen Typisierung ist das steuerlich zu verschonende Existenzminimum grundsätzlich so zu bemessen, dass es in möglichst allen Fällen den existenznotwendigen Bedarf abdeckt, kein Steuerpflichtiger also infolge einer Besteuerung seines Einkommens darauf verwiesen wird, seinen existenznotwendigen Bedarf durch Inanspruchnahme von Staatsleistungen zu decken.

Aus den Gründen:

„Das vorliegende Verfahren gibt keinen Anlass zu entscheiden, aufgrund welcher Maßstäbe und wie im Einzelnen die – je nach Steuerart und Steuergegenstand möglicherweise unterschiedlichen – verfassungsrechtlichen Grenzen der staatlichen Besteuerungsgewalt zu bestimmen sind. Steuergesetze sind in ihrer freiheitsbeschränkenden Wirkung jedenfalls an Art. 2 Abs. 1 GG zu messen. Dabei ist indes zu berücksichtigen, dass Steuergesetze in die allgemeine Handlungsfreiheit gerade in deren Ausprägung als persönliche Entfaltung im vermögensrechtlichen und im beruflichen Bereich (Art. 14 Abs. 1, Art. 12 Abs. 1 GG) eingreifen. Dies bedeutet, dass ein Steuergesetz keine „erdrosselnde Wirkung" haben darf: Das geschützte Freiheitsrecht darf nur so weit beschränkt werden, dass dem Grundrechtsträger (Steuerpflichtigen) ein Kernbestand des Erfolges eigener Betätigung im wirtschaftlichen Bereich in Gestalt der grundsätzlichen Privatnützigkeit des Erworbenen und der grundsätzlichen Verfügungsbefugnis über die geschaffenen vermögenswerten Vermögenspositionen erhalten bleibt. Hieraus folgt, dass dem der Einkommensteuer unterworfenen Steuerpflichtigen nach Erfüllung seiner Einkommensteuerschuld von seinem Erworbenen soviel verbleiben muss, als er zur Bestreitung seines notwendigen Lebensunterhalts und – unter Berücksichtigung von Art. 6 Abs. 1 GG – desjenigen seiner Familie bedarf („Existenzminimum")."

Konkretisierungen des Aspektes der Achtung der Menschenwürde im Sozialhilferecht

Der Aspekt der Menschenwürde spielt im Sozialhilferecht eine Bedeutung im Zusammenhang mit der **Zumutbarkeit des Tragens gebrauchter Kleidung:**

Leitsatz (redaktionell) (VG Braunschweig, Urteil vom 11.03.2004, Az.: 3 A 233/02)

Die Verweisung von Sozialhilfeempfängern auf eine teilweise Deckung ihres Bedarfes an (ergänzender) Bekleidung über gut erhaltene, gebrauchte und gereinigte Kleidung einer Kleiderkammer des Deutschen Roten Kreuzes begegnet keinen rechtlichen Bedenken.

Aus den Gründen:

„Die Klägerin und ihr 1999 geborener Sohn, der Kläger, bezogen laufende Hilfe zum Lebensunterhalt vom Beklagten. Am 29.04.2002 stellten diese sowie der damals noch mit ihnen zusammenlebende G. H. einen Antrag auf Gewährung einmaliger Beihilfen für Sommerbekleidung. Mit Bescheid vom 04.04.2002 (richtig 04.05.2002) lehnte die Samtgemeinde D. namens und im Auftrag des Beklagten die Bewilligung einer einmaligen Beihilfe für die Klägerin betr. Unterwäsche und T-Shirts bzw. Tops, für den Kläger betr. T-Shirts, Socken und Unterwäsche und für Herrn H. betr. T-Shirts und Socken mit der Begründung ab, es handele sich insoweit um Bekleidungsgegenstände von geringem Anschaffungspreis, die vom Regelsatz zu beschaffen seien. im Übrigen wurde eine Beihilfe in Höhe von insgesamt 126,33 EUR bewilligt und ausgezahlt. Die Bewilligung eines Teilbetrages in Höhe von 95,00 EUR erfolgte für jeweils ein Paar Schuhe für alle Antragsteller. In Bezug auf eine Hose für die Klägerin, Bettwäsche für den Kläger sowie eine Hose und eine Garnitur Bettwäsche für Herrn H. wurde ein Bedarf von 94,00 EUR festgestellt, jedoch lediglich ein Drittel, d.h. 31,33 EUR, bar ausgezahlt. Zur Begründung wurde darauf hingewiesen, dass den Klägern aufgrund des Nachranggrundsatzes der Sozialhilfe nach § 2 BSHG grundsätzlich zuzumuten sei, ihren Bedarf an Oberbekleidung im Rahmen der Verpflichtung zur Selbsthilfe aus der DRK-Kleiderkammer in I. oder J. zu decken. Die Kleiderkammer werde von ihm mit erheblichen Zuwendungen gefördert, um Hilfesuchenden die Möglichkeit zur Selbsthilfe einzuräumen, damit sie nicht auf Sozialhilfe angewiesen seien. Dementsprechend werde ein Berechtigungsschein zur Inanspruchnahme der Leistungen der Kleiderkammer übersandt. Um nebenher eine gewisse Dispositionsfreiheit zu ermöglichen, werde ein Drittel des Wertes der genannten Gegenstände als Barbeihilfe ausgezahlt. Dadurch bestehe die Möglichkeit, zumindest einen Teil des Bedarfes nach freier Auswahl ladenneu zu erwerben. ...

Es widerspricht nicht der Menschenwürde, wenn zwei Drittel des Kleidungsbedarfs vom Hilfeempfänger aus sauberer gebrauchter Kleidung einer Kleiderkammer zu beschaffen ist.

Entgegen der Ansicht der Kläger wird die Menschenwürde nicht dadurch verletzt, dass ihnen seitens des Beklagten zugemutet wird, zwei Drittel des im Übrigen festgestellten (Ergänzungs-)Bedarfes an Bekleidung durch saubere, gebrauchte Kleidung aus der Kleiderkammer des Deutschen Roten Kreuzes in G. zu decken. Die Kammer verweist insoweit zunächst auf das Urteil des Bundesverwaltungsgerichts vom 14.03.1991, a.a.O., welches zu § 1 Abs. 2 Satz 1 BSHG grundsätzlich Folgendes ausgeführt hat:

Die Entscheidung des Sozialhilfeträgers über die Gewährung von Geld- oder Sachleistung hat in nicht diskriminierender Weise zu erfolgen und die Menschenwürde des

Hilfeempfängers zu beachten, wobei die in der Bevölkerung herrschenden Lebensgewohnheiten zu berücksichtigen sind.

Die Achtung der Menschenwürde gebiete es nicht, es dem Hilfeempfänger im Rahmen der einmaligen Beihilfen zum Lebensunterhalt durch Geldleistung für einen bestimmten Bedarf freizustellen, wie er diesen Bedarf decken will. Vielmehr darf der Hilfeempfänger – nicht zuletzt aus Gründen der Sparsamkeit im Umgang mit öffentlichen Haushaltsmitteln – auch auf ihn zumutbare Sachleistungen verwiesen werden. Aus der Aufgabenstellung der Sozialhilfe nach § 1 Abs. 2 Satz 1 BSHG folgt des Weiteren, dass bei der Hilfegewährung auf die jeweils herrschenden Lebensgewohnheiten und Erfahrungen Rücksicht zu nehmen ist und die Hilfe es ihrem Empfänger ermöglichen soll, in der Umgebung von Nichthilfeempfängern ähnlich wie diese zu leben. Der Senat hat aber bereits klargestellt, dass dieser Maßstab sich nicht dazu eignet, der Sozialhilfe die Gewährleistung eines Sozialmindeststandards und eine höchstmögliche Ausweitung der Hilfen aufzugeben. Wenn für die Frage, inwieweit ein Hilfeempfänger auf gebrauchte Haushaltsgegenstände verwiesen werden darf, auf die herrschenden Lebensgewohnheiten abgestellt wird, darf somit nicht aus dem Blick geraten, dass eine solche Betrachtungsweise sozialhilferechtlich nur Geltung beanspruchen kann, soweit auch sie sich am Menschenwürdeschutz orientiert: Nur im Rahmen dessen, was zur Führung eines menschenwürdigen Lebens gehört, muss die Sozialhilfe dem Hilfeempfänger Lebensgewohnheiten und Lebensumstände der übrigen Bevölkerung und eine Gleichstellung mit ihr ermöglichen. Unzulässig wäre danach eine Verweisung auf eine Art der Hilfegewährung, die der Hilfeempfänger als diskriminierend empfinden müsste, weil sie ihn gegenüber der übrigen Bevölkerung herabsetzt. Dies wäre insbesondere dann der Fall, wenn Art und Weise der Deckung des Lebensunterhaltsbedarfs, für den die Sachleistung angeboten wird, von Nichthilfeempfängern als allgemein unzumutbar bewertet würde: Was jedermann (der übrigen Bevölkerung) als unzumutbar erscheint und was nach den allgemeinen Lebensgewohnheiten und Lebensumständen deshalb gemieden zu werden pflegt, darf auch einem Sozialhilfeempfänger nicht zugemutet werden... Entscheidend ist, ob die Benutzung des betreffenden Gegenstandes unzumutbar ist, und zwar allein deswegen, weil er nicht neu, sondern zuvor schon von anderen benutzt worden ist." ...

Leitsatz (redaktionell) (OVG Rheinland-Pfalz, Beschluss vom 20.09.2000, Az.: 12 A 11092/00)

Es ist keine ermessensfehlerhaltige Entscheidung festzustellen, wenn der sozialhilferechtliche Bedarf an Oberbekleidung durch das Angebot gebrauchter Kleidungsstücke gedeckt wird.

Aus den Gründen:

„... Entgegen der Auffassung der Klägerin gebietet die Achtung ihrer Menschenwürde nicht grundsätzlich die Gewährung von Geldmitteln zur Deckung des sozialhilferechtlichen Bedarfs an Oberbekleidung. Zwar hat das Niedersächsische Oberverwaltungsgericht (Beschluss vom 15. April 1986, FEVS 36, 327 (328)) entschieden, dass der notwendige Lebensunterhalt im Regelfall nicht gebrauchte, sondern (laden-) neue Kleidung umfasst. Zur Begründung hat es ausgeführt, es entspreche mittler-

weile auch in ärmeren Bevölkerungsschichten den herrschenden Lebensgewohnheiten, regelmäßig nur ladenneue Bekleidung zu tragen (ähnlich: Fichtner, BSHG, 1999, § 12 RdNr. 34; einschränkend: Mergler/Zink, BSHG, 4. Aufl. 1999, § 12 RdNr. 25 c). Demgegenüber hat der Senat in seinem Beschluss vom 2. Februar 1987 – 12 B 4/87 – entschieden, dass der Verweis eines Hilfeempfängers auf gebrauchte Kleidung nicht mit der in § 1 Abs. 2 Satz 1 BSHG niedergelegten Aufgabe der Sozialhilfe kollidiert, dem Empfänger der Hilfe die Führung eines Lebens zu ermöglichen, das der Würde des Menschen entspricht. Es stehe – so der Senat weiter – nicht im krassen, das Ehrgefühl des Betroffenen verletzenden Missverhältnis zu der üblichen Lebensweise. Das Bestehen von Gebrauchtkleiderläden (Second-Hand-Shops) und von Tauschzentralen zeige, dass das Tragen gebrauchter Bekleidung allgemein weder als eine unzumutbare Belastung des Selbstwertgefühls des Einzelnen gewertet werde, noch die Gefahr bestehe, dass sich der Hilfeempfänger mit gebrauchter Kleidung äußerlich negativ von der übrigen Bevölkerung abhebe. An dieser Auffassung hält der Senat auch unter den gegenwärtigen Verhältnissen fest (so auch OVG Saarlouis, Beschluss vom 27. Juli 1990, FEVS 41, 71 (74 f.); ähnlich VGH Mannheim, Urteil vom 16. März 1994, FEVS 45, 258 (259 f.); OVG Münster, Beschluss vom 20. August 1990, FamRZ 1991, 247; Schellhorn/Jirasek/Seipp, BSHG, 15. Aufl. 1997, § 12 RdNr. 26 f.). Auch der Rechtsprechung des Bundesverwaltungsgerichts (Urteil vom 14. März 1991, FEVS 41, 397, 399) kann eine Bestätigung dieser Auffassung entnommen werden; im Zusammenhang mit der Frage, ob ein Hilfeempfänger auf eine gebrauchte Matratze verwiesen werden kann, hat es aus der erwähnten Aufgabenstellung der Sozialhilfe nach § 1 Abs. 2 Satz 1 BSHG gefolgert, dass bei der Hilfegewährung auf die jeweils herrschenden Lebensgewohnheiten und Erfahrungen Rücksicht zu nehmen ist und die Hilfe es ihrem Empfänger ermöglichen soll, in der Umgebung von Nichthilfeempfängern ähnlich wie diese zu leben. Nur – so heißt es in dieser Entscheidung weiter – im Rahmen dessen, was zur Führung eines menschenwürdigen Lebens gehört, muss die Sozialhilfe dem Hilfeempfänger Lebensgewohnheiten und Lebensumstände der übrigen Bevölkerung und eine Gleichstellung mit ihr ermöglichen."

Auch im Zusammenhang mit Gebrauchtmöbeln spielte die Menschenwürde im Rahmen der Argumentation ein Rolle:

„Die Beschwerde bleibt ohne Erfolg. Die Revision ist nicht wegen grundsätzlicher Bedeutung der Rechtssache (vgl. § 132 Abs. 2 Nr. 1 VwGO) zuzulassen; auf sie allein stellt die Beschwerde ab, so dass nur dieser Zulassungsgrund zu prüfen ist, beschränkt auf die von den Beschwerdeführern hierzu vorgetragenen Gründe.

Diese rechtfertigen die Zulassung der Revision nicht. „Inwieweit ... es den Lebensgewohnheiten der Bevölkerungsschicht mit niedrigem Einkommen entspreche, sich mit ladenneuen Möbeln einzudecken", bedarf keiner Entscheidung in einem Revisionsverfahren. Denn das Bundesverwaltungsgericht hat in seinem Urteil vom 14. März 1991 – BVerwG 5 C 70.86 – (Buchholz 436.0 § 4 BSHG Nr. 4 = NJW 1991, 2305 = NDV 1991, 260 = ZfSH/SGB 1991, 364 = FEVS 41, 397) entschieden, dass zwar bei der Hilfegewährung auf die jeweils herrschenden Lebensgewohnheiten und Erfahrungen Rücksicht zu nehmen ist und die Hilfe es ihrem Empfänger ermöglichen soll, in der Umgebung von Nichthilfeempfängern ähnlich wie diese zu leben, diese Betrachtungsweise sozialhilferechtlich aber nur Geltung beanspruchen kann, soweit auch sie sich am Menschenwürdeschutz orientiert. Hieraus hat das Bundesverwaltungsgericht unter anderem die Folgerung abgeleitet, dass der Rahmen dessen, was zur Führung eines menschenwürdigen Lebens gehört, eingehalten wird, wenn der

Hilfeempfänger darauf verwiesen wird, seinen Bedarf an Möbeln durch gut erhaltene Gebrauchtmöbel zu decken."

Dabei hatte das Bundesverwaltungsgericht auch über die Zumutbarkeit einer gebrauchten Matratze im Zusammenhang mit der Menschenwürde zu entscheiden (BVerwG, Urteil vom 14.03.1991, Az.: 5 C 70/86):

„Nach § 4 Abs. 2 BSHG ist über Form und Maß der Sozialhilfe nach pflichtgemäßem Ermessen zu entscheiden, soweit nicht dieses Gesetz – was im vorliegenden Fall nicht gegeben ist – das Ermessen ausschließt. In das dem Träger der Sozialhilfe hierdurch eingeräumte Ermessen fällt es auch, ob eine Leistung in Form von Geld oder als Sachleistung gewährt wird. Die gerichtliche Kontrolle dieser Entscheidung ist dabei auf die Nachprüfung beschränkt, ob der Behörde ein Ermessensfehler unterlaufen ist; das Gericht darf nicht sein eigenes Ermessen an die Stelle des Behördenermessens setzen. Der gerichtlichen Nachprüfung unterliegt hier damit (nur), ob die Beklagte ihr Ermessen pflichtgemäß, d.h. entsprechend dem Zweck des § 4 Abs. 2 BSHG, ausgeübt und die gesetzlichen Grenzen ihres Ermessens eingehalten hat (§ 114 VwGO; s. auch § 39 Abs. 1 Satz 1 SGB I). Ausgehend hiervon hätte das Berufungsgericht die Entscheidung der Beklagten, den Kläger auf eine gebrauchte Matratze aus ihren Beständen als Sachleistung zu verweisen – wobei die Matratze unstreitig für den Gesundheitszustand des Klägers geeignet sein muss –, nicht beanstanden dürfen.

Aufgrund seiner Bindung an den gesetzlichen Zweck der Ermächtigung zum Ermessensgebrauch muss der Träger der Sozialhilfe bei seiner Entscheidung, in welcher Form er die – hier als einmalige Beihilfe im Rahmen der Hilfe zum Lebensunterhalt beantragte – Sozialhilfe gewährt, alle geschriebenen und ungeschriebenen Grundsätze beachten, die sich aus dem Bundessozialhilfegesetz, dem Sozialgesetzbuch – Allgemeiner Teil – und gegebenenfalls aus dem Verfassungsrecht ergeben (BVerwGE 72, 354 <356 f.>). Dazu gehört vor allem die Beachtung von § 1 Abs. 2 Satz 1 BSHG, wonach es Aufgabe der Sozialhilfe ist, dem Empfänger der Hilfe die Führung eines Lebens zu ermöglichen, das der Würde des Menschen entspricht. Hierunter fällt auch, dass dem erwachsenen Menschen die Möglichkeit gelassen wird, im Rahmen der ihm nach dem Gesetz zustehenden Mittel seine Bedarfsdeckung frei zu gestalten (BVerwG, a.a.O., S. 357). Die Achtung der Menschenwürde gebietet aber nicht, es dem Hilfeempfänger im Rahmen der einmaligen Beihilfen zum Lebensunterhalt durch Geldleistung für einen bestimmten Bedarf freizustellen, wie er diesen Bedarf decken will. Vielmehr darf der Hilfeempfänger – nicht zuletzt aus Gründen der Sparsamkeit im Umgang mit öffentlichen Haushaltsmitteln – auch auf ihm zumutbare Sachleistungen verwiesen werden".

Aus der Aufgabenstellung der Sozialhilfe nach § 1 Abs. 2 Satz 1 BSHG folgt des Weiteren – wovon auch das Berufungsgericht im Ansatz zutreffend ausgegangen ist –, dass bei der Hilfegewährung auf die jeweils herrschenden Lebensgewohnheiten und Erfahrungen (BVerwGE 35, 178 <180 f.>) Rücksicht zu nehmen ist und die Hilfe es ihrem Empfänger ermöglichen soll, in der Umgebung von Nichthilfeempfängern ähnlich wie diese zu leben (BVerwGE 36, 256 <258>). Der Senat hat aber bereits klargestellt, dass dieser Maßstab sich nicht dazu eignet, der Sozialhilfe die Gewährleistung eines sozialen Mindeststandards und eine höchstmögliche Ausweitung der Hilfen aufzugeben (BVerwGE 80, 349 <352 f.>). Wenn für die Frage, inwieweit ein Hilfeempfänger auf gebrauchte Haushaltsgegenstände verwiesen werden darf, auf die herrschenden Lebensgewohnheiten oder – mit den Worten des Berufungsurteils –

„Lebensumstände der übrigen Bevölkerung" abgestellt wird (s. ähnlich Oestreicher/ Schelter/Kunz, Bundessozialhilfegesetz, Komm., Stand: März 1990, § 1 RdNr. 9), darf somit nicht aus dem Blick geraten, dass eine solche Betrachtungsweise sozialhilferechtlich nur Geltung beanspruchen kann, soweit auch sie sich am Menschenwürdeschutz orientiert: Nur im Rahmen dessen, was zur Führung eines menschenwürdigen Lebens gehört, muss die Sozialhilfe dem Hilfeempfänger Lebensgewohnheiten und Lebensumstände der übrigen Bevölkerung und eine Gleichstellung mit ihr ermöglichen. Unzulässig wäre danach eine Verweisung auf eine Art der Hilfegewährung, die der Hilfeempfänger als diskriminierend empfinden müsste, weil sie ihn gegenüber der übrigen Bevölkerung herabsetzt. Dies wäre insbesondere dann der Fall, wenn Art und Weise der Deckung des Lebensunterhaltsbedarfs, für den die Sachleistung angeboten wird, von Nichthilfeempfängern als allgemein unzumutbar gewertet würde: Was jedermann (der „übrigen Bevölkerung") als unzumutbar erscheint und was nach den allgemeinen Lebensgewohnheiten und Lebensumständen deshalb gemieden zu werden pflegt, darf auch einem Sozialhilfeempfänger nicht zugemutet werden.

Dieser Maßstab ist bei der Verweisung des Klägers darauf gewahrt, er könne aus den Beständen der Beklagten eine gebrauchte, aber gereinigte Matratze erhalten."

Leitsatz (redaktionell) (VGH Baden-Württemberg, Urteil vom 16.03.1994, Az.: 6 S 1591/92)

Der Hilfeempfänger bzw. -suchende darf, wenn trotz gewährter Beleidungspauschale noch Bedarf besteht, dann an ein Bekleidungslager verwiesen werden, wenn der Träger auf das Angebotsspektrum und auf die Modalitäten der Abgabe Einfluss hat.

Aus den Gründen:

„... Dem Kläger ist es auch zuzumuten, sich aus dem Angebot des Kleiderlagers zu bedienen, obwohl dort gebrauchte Kleidung abgegeben wird. Ihm wird nicht angesonnen, seinen gesamten Ergänzungsbedarf an Kleidung aus dem Kleiderlager zu decken, sondern nur denjenigen, der nach seinem Vorbringen von der – an und für sich ausreichenden – Ergänzungsbedarfspauschale nicht umfasst wird. Hierdurch wird seine Menschenwürde nicht verletzt (vgl. § 1 Abs. 2 Satz 1 BSHG), denn deren Achtung verbietet es nicht, den Hilfeempfänger im Rahmen von einmaligen Beihilfen auf zumutbare Sachleistungen zu verweisen (vgl. Urt. des BVerwG v. 14.03.1991 – 5 C 70.86 –, NJW 1991, 2305 = NDV 1991, 260). Bei der Hilfegewährung ist aber auf die jeweils herrschenden Lebensgewohnheiten und -erfahrungen Rücksicht zu nehmen, denn die Hilfe soll es ihrem Empfänger ermöglichen, in der Umgebung von Nichthilfeempfängern wie diese zu leben. Was jedermann als unzumutbar erscheint und was nach den allgemeinen Lebensgewohnheiten und Lebensumständen deshalb gemieden zu werden pflegt, darf auch einem Sozialhilfeempfänger nicht zugemutet werden (vgl. Urt. des BVerwG v. 14.03.1991 a.a.O.). Nach diesem Maßstab durfte der Kläger jedoch ergänzend auf gebrauchte Kleidung verwiesen werden. Das Tragen solcher Kleidung ist nämlich auch bei Erwachsenen noch durchaus geläufig, sieht man von Unterwäsche, Strümpfen, Nachtwäsche und Ähnlichem ab. Es ist mithin nicht diskriminierend. Dafür spricht auch, dass es in vielen Gemeinden Second-Hand-Shops gibt, in denen gebrauchte Kleidung keineswegs nur für Kinder angebo-

ten wird. Dies gilt umso mehr für die Lebensumstände der Bevölkerung in der Zeit ab 1991, in der die wirtschaftliche Lage Deutschlands von stagnierenden Einkommen bei steigenden Preisen und hoher Arbeitslosigkeit gekennzeichnet ist (für die Rechtmäßigkeit der Abgabe von gebrauchter Kleidung auch Schellhorn/ Jirasek/Seipp a.a.O. § 12 RdNr. 27; RdNr. 21.06 SHR; OVG Saarlouis, Beschl. v. 27.07.1990 – 1 W 121/90 –, FEVS 41, 71, OVG Nordrhein-Westfalen, Beschl. v. 20.08.1990 – 24 A 1836/87 –, ZfSH/SGB 1990, 652; für Ausnahmefälle ebenfalls Knopp/Fichtner, BSHG, 7. Aufl., § 12 RdNr. 14; anderer Ansicht LPK-BSHG, 3. Aufl., § 12 RdNr. 43; OVG Lüneburg, Beschl. v. 15.04.1986 – 4 B 76/86 –, FEVS 36, 327; offengelassen von BVerwG, Urt. v. 14.03. 1991 a.a.O.)."....

Bemerkung zur Übertragbarkeit der Rechtsprechung auf das neue Recht des SGB XII:

Aufgrund der Pauschalierung im neuen Recht des SGB XII, womit auch verbunden ist, dass Kleidung und Mobiliar, soweit nicht im Rahmen der Erstbeschaffung anfallend (§ 31 Abs. 1 SGB XII), aus dem Regelsatz zu beschaffen sind, spielen Sachleistungen, wie Bereitstellung von Mobiliar, bei der Gewährung von einmaligen Hilfen eine Rolle (§ 31 SGB XII). Die vorliegende Rechtsprechung zum BSHG wird jedoch auf das neue Recht übertragbar sein.

Der Aspekt der Menschenwürde tritt auch im Zusammenhang mit der Zumutbarkeit des Besuches einer öffentlichen Schule im Ausland während des Bezuges von **Sozialhilfe im Ausland** auf den Plan.

Leitsatz (redaktionell) (BVerwG, Urteil vom 23.03.1994, Az.: 5 C 4/96)

Sozialhilfeexport in das Ausland setzt einen besonderen Notfall voraus. Dies kann dann gegeben sein, wenn es an existenziellen Rechtsgütern mangelt und zugleich eine Rückkehr nach Deutschland aus bestimmten Gründen unzumutbar erscheint.

Aus den Gründen:

„Von diesem Ansatz geht auch das Verwaltungsgericht aus, berücksichtigt aber nicht, dass anders als bei der die physische Existenz sichernden Hilfe zum Lebensunterhalt bezüglich des Rechts auf Ausbildung zu differenzieren ist, weil nicht jede Beeinträchtigung dieses Rechts eine existentielle, mit der Menschenwürde unvereinbare Bedrohung darstellt. Soweit das Verwaltungsgericht daher im rechtlichen Ausgangspunkt meint, die Sozialhilfe sei als Hilfe in besonderen Lebenslagen nach § 27 Abs. 2 BSHG durch Übernahme der vollen Kosten für den Schulbesuch der Kläger im Schuljahr 1995/96 zu gewähren, lässt das Urteil nicht hinreichend deutlich erkennen, dass ihm hinsichtlich des besonderen Notfalls der richtige rechtliche Maßstab zugrunde liegt. Gemäß § 27 Abs. 2 BSHG kann im Inland Hilfe in anderen besonderen Lebenslagen gewährt werden, wenn sie den Einsatz öffentlicher Mittel rechtfertigen. Das gilt nicht gleichermaßen für Sozialhilfe an Deutsche im Ausland nach § 119 BSHG. Mit der Übergangsregelung des § 147b Satz 1 BSHG hat der Gesetzgeber den Hilfeempfängern in bestehenden Dauerbedarfsfällen grundsätzlich das Ende der Hilfegewährung nach altem Recht nach längstens zwei Jahren angekündigt und ihnen Gelegenheit gegeben, sich auf die veränderte Rechtslage einzustellen. Abge-

sehen von denjenigen Menschen, denen eine solche Umstellung wegen ihres Alters oder ihrer Lebenslage in besonderen Einrichtungen nicht mehr zugemutet werden sollte, setzt § 147b Satz 2 BSHG für alle anderen Hilfeempfänger das Ende der Leistungen nach altem Recht auf den Ablauf des 30. Juni 1995 fest. Daraus folgt, dass als besondere Notfälle im Sinne des § 119 Abs. 1 BSHG n.F. nur solche anzusehen sind, in denen nach dem Wirksamwerden der gesetzlichen Neufassung Ereignisse eintreten oder fortwirken, die einen Notfall der oben bezeichneten besonderen Art begründen. Auch soweit bei der Gewährung von Sozialhilfe an im Ausland lebende Deutsche nach § 119 BSHG ein „besonders strenger Maßstab" anzulegen ist (BT-Drucks 12/4401 S. 85), darf doch, wie der Vorinstanz beizupflichten ist, nicht die aus dem Gesichtspunkt der Menschenwürde unabdingbar notwendige Hilfe unterbleiben."

Bemerkung zur Übertragbarkeit der Rechtsprechung auf das neue Recht des SGB XII:

Auch wenn die Sozialhilfegewährung nach neuem Recht gemäß § 24 SGB XII grundsätzlich ausgeschlossen ist, so wird die oben soeben aufgezeigte Rechtsprechung des Bundesverwaltungsgerichts wegen der Bedeutung der Menschenwürde Relevanz haben, da diese über § 1 SGB XII (selbstverständlich) in das neue Recht transferiert wurde.

Auch im Zusammenhang mit der **Finanzierung von Ferienreisen** hat die Menschenwürde eine Bedeutung, die hier erwähnenswert erscheint:

Leitsatz (redaktionell) (Hessischer VGH, Urteil vom 26.10.1993, Az.: 9 UE 1656/91)

Nach § 12 Abs. 1 Satz 2 BSHG gehören Beziehungen zur Umwelt, zu denen auch Urlaubs- und Ferienreisen zu zählen sind, nur in einem vertretbaren Umfang zum notwendigen Lebensunterhalt. Auch insoweit ist es Aufgabe der Sozialhilfe (nur) eine Hilfebedürftigkeit zu beseitigen, deren Fortbestehen die Menschenwürde des Hilfesuchenden verletzen würde. Dies ist jedoch nicht der Fall, wenn aus finanziellen Gründen Urlaubs- oder Ferienreisen nicht durchgeführt werden können.

Bemerkung zur Übertragbarkeit der Rechtsprechung auf das neue Recht des SGB XII:

Diese Rechtsprechung ist uneingeschränkt auf das neue Recht übertragbar, da die bisherige Regelung des § 12 BSHG wortgleich in § 27 Abs. 1 und 2 SGB XII übernommen wurde und auch im Übrigen das neue Recht keine abweichenden Regelungen enthält, die dem entgegenstünden.

§ 2 SGB XII   Nachrang der Sozialhilfe

(1) Sozialhilfe erhält nicht, wer sich vor allem durch Einsatz seiner Arbeitskraft, seines Einkommens und seines Vermögens selbst helfen kann oder wer die erforderliche Leistung von anderen, insbesondere von Angehörigen oder von Trägern anderer Sozialleistungen, erhält.

(2) Verpflichtungen anderer, insbesondere Unterhaltspflichtiger oder der Träger anderer Sozialleistungen, bleiben unberührt. Auf Rechtsvorschriften beruhende Leistungen anderer dürfen nicht deshalb versagt werden, weil nach dem Recht der Sozialhilfe entsprechende Leistungen vorgesehen sind.

Die Regelung überträgt inhaltsgleich den bisherigen § 2 BSHG, ergänzt um die Benennung typischer, nicht abschließend aufgezählter Selbsthilfemöglichkeiten.

Der Nachrang der Sozialhilfe

In § 2 SGB XII ist der Nachrang, d.h. die Nachrangigkeit der Leistungen des SGB XII gegenüber Möglichkeiten der Selbsthilfe und Hilfeleistungen Dritter als prägender Grundsatz der Sozialhilfe normiert, obwohl dieser Grundsatz nicht uneingeschränkt gilt. Leistungsberechtigte müssen demzufolge zunächst ihr eigenes Einkommen in dem in den §§ 82 ff. SGB XII vorgeschriebenen Rahmen einsetzen sowie ihr Vermögen bis hin zur Grenze des Schonvermögens gem. § 90 Abs. 2 SGB XII, das bspw. in angemessenem Hausrat oder angemessenem selbst genutzten Hausgrundstück besteht. Freibleibend ist weiter ein kleiner Barbetrag im Sinne von § 90 Abs. 2 Nr. 9 SGB XII i.V.m. DVO gem. § 96 Abs. 2 SGB XII. Sozialhilferechtlich ist dabei als Einkommen alles anzusehen, was der Hilfesuchende im Bedarfszeitraum erhält. Vermögen ist das, was in dem Bedarfszeitraum bereits vorhanden ist.

Vgl. hierzu das Bundesverwaltungsgericht:

Leitsatz (redaktionell) (BVerwG, Urteil vom 18.02.1999, Az.: 5 C 35/97)

1. Einkommen im sozialhilferechtlichen Sinne ist alles das, was jemand innerhalb der Zeit des Bezuges dazu erhält.

2. Vermögen ist das , was er während der Bezugszeit schon innehat.

3. Entscheidend ist beim Einkommen der tatsächliche Zufluss (Zuflusstheorie).

Leitsatz (redaktionell) (BVerwG, Urteil vom 18.02.1999, Az.: 5 C 16/98)

1. Hinsichtlich Einkommen ist in der Sozialhilfe vom tatsächlichen Zufluss auszugehen, es sei denn, man müsste ausnahmsweise aus bestimmten gründen auf einen normativen Zufluss abstellen.

2. Die Auszahlung ererbten Anspruches ist damit Einkommen.

Leitsatz (redaktionell) (BVerwG, Urteil vom 18.02.1999, Az.: 5 C 14/98)

Nach der Lehre vom normativen Zufluss ist bereits eine Schadensersatzleistung als Einkommen einzustufen.

Aus den Gründen:

„… Die Revision ist begründet und die Klage abzuweisen, weil die von der Klägerin angegriffenen Bescheide rechtmäßig sind und der Beklagte nicht verpflichtet ist, der Klägerin für den Monat März 1995 Hilfe zum Lebensunterhalt zu bewilligen. Denn mit dem in diesem Monat erhaltenen Schadensersatz stand der Klägerin ausreichend Einkommen zur Verfügung, ihren Bedarf zu decken.

Die Auffassung der Vorinstanzen, wonach die sozialhilferechtliche Erfassung finanzieller Zuflüsse als Einkommen voraussetze, dass sie zur Deckung des Lebensunterhalts bestimmt sind (Identität der Zweckbestimmung) und dass sie einem bestimmten Zeitabschnitt der Lebensführung des Hilfesuchenden so zugeordnet werden können, dass sie der Deckung des Bedarfs des Hilfeempfängers während eines konkreten Zeitraums dienen sollen (Zeitraumidentität), entspricht Bundesrecht nicht. Soweit sich die Vorinstanzen für ihre Auffassung auf Rechtsprechung des Bundesverwaltungsgerichts (z.B. BVerwGE 29, 295) stützen können, wird daran nicht festgehalten.

Richtig ist zwar, dass Einkommen (aber auch Vermögen) sozialhilferechtlich nur dann von Bedeutung sein kann, wenn es einer bestimmten Zeit, der Zeit eines sozialhilferechtlichen Bedarfs, einer konkreten Bedarfszeit, zugeordnet werden kann. Der gesetzlichen Bestimmung des Einkommens in § 76 Abs. 1 BSHG: „Zum Einkommen im Sinne dieses Gesetzes gehören alle Einkünfte in Geld oder Geldeswert …" kann aber nicht entnommen werden, dass dazu nur Einkünfte gehören, die wie die Sozialhilfe zur Bedarfsdeckung zweckbestimmt sind (Identität der Zweckbestimmung) und die für einen Zeitraum bestimmt sind, der mit dem Bedarfszeitraum identisch ist (Zeitraumidentität).

Die Frage nach Einkommen und Vermögen dient sozialhilferechtlich der Prüfung, ob sie zur Deckung eines bestimmten Bedarfs und damit bezogen auf eine bestimmte Bedarfszeit einzusetzen sind (§ 11 Abs. 1, § 28 Abs. 1 BSHG). Einkommen und Vermögen gehören zu den Mitteln im Sinne § 11 Abs. 1 BSHG, sind aber auseinander zu halten; ihr Einsatz ist in den §§ 76 ff. BSHG einerseits und §§ 88 f. BSHG andererseits unterschiedlich geregelt. Ihr Bezug zur Bedarfszeit ist von grundsätzlicher Bedeutung, weil Einkommen und Vermögen nur dann wirksam zur Bedarfsdeckung eingesetzt werden können, wenn sie dafür in der Zeit des Bedarfs zur Verfügung stehen (z.B. § 79 Abs. 1 BSHG: monatliches Einkommen während des Bedarfs). Allein ist dieser Bezug zur Bedarfszeit aber nicht geeignet, Einkommen und Vermögen voneinander abzugrenzen, weil er für beide erforderlich ist.

Auch das Kriterium der Zweckbestimmung ist für eine Abgrenzung zwischen Einkommen und Vermögen nicht tauglich. So ist einerseits nicht jedes Einkommen zweckbestimmt (z.B. Kapitalzinsen, die kausal für, aber nicht final zu etwas geleistet werden) und andererseits nicht jedes Vermögen zweckfrei (z.B. Vermögen zur angemessenen Alterssicherung). Nach § 76 Abs. 1 BSHG gehören zum Einkommen alle Einkünfte, und nach § 88 Abs. 1 BSHG gehört zum Vermögen das gesamte verwertbare Vermögen; soweit das Bundessozialhilfegesetz für das Einkommen oder Vermögen an eine Zweckbestimmung anknüpft, ist das besonders bestimmt (z.B. § 77 Abs. 1 BSHG zum Einkommen, § 88 Abs. 2 Nr. 1 BSHG zum Vermögen). Bereits nach §§ 2, 11, 28 BSHG steht Sozialhilfe nur dem zu, der seinen notwendigen Bedarf nicht mit eigenen Mitteln, vor allem Einkommen und Vermögen, selbst decken kann. Danach ist Voraussetzung für den Einsatz von Einkommen und Vermögen deren bedarfsbezogene Verwendungsmöglichkeit, nicht notwendig dagegen eine Zweckbestimmung.

Wenn § 76 Abs. 1 BSHG bestimmt, dass zum Einkommen „alle Einkünfte in Geld oder Geldeswert ..." gehören, so bezeichnet es damit als Einkommen alle eingehenden Einnahmen, Zahlungen, Zuflüsse, Zuwendungen und anderen Leistungen. Im Gegensatz zum Vermögen, dem Inbegriff all dessen, was einem Rechtsträger schon zusteht, was er (bereits) hat, ist Einkommen demnach dasjenige, was er (erst/gerade) erhält, was sein Geld oder seine geldwerten Mittel vermehrt.

Wenn auch beiden, dem Einkommen und dem Vermögen, sozialhilferechtlich der Bezug zur Bedarfszeit wesentlich ist, so grenzen sie sich doch auch gerade dadurch voneinander ab, dass Einkommen alles das ist, was jemand in der Bedarfszeit wertmäßig dazuerhält, und Vermögen das, was er in der Bedarfszeit bereits hat. Mittel, die der Hilfesuchende (erst) in der Bedarfszeit erhält, sind als Zufluss in der Bedarfszeit Einkommen. Mittel, die der Hilfesuchende früher, wenn auch erst in der vorangegangenen Bedarfszeit, als Einkommen erhalten hat, sind, soweit sie in der nun aktuellen Bedarfszeit (noch, gegebenenfalls auch wieder) vorhanden sind, Vermögen. Dabei ist Bedarfszeit die Zeit, in der der Bedarf besteht und (grundsätzlich rechtzeitig) zu decken ist.

Zur Frage, wann etwas zufließt, ist grundsätzlich vom tatsächlichen Zufluss auszugehen. Damit wird nicht unzulässig an einen mehr oder weniger zufälligen Zeitpunkt angeknüpft (vgl. dazu BVerwGE 29, 295 <298>), sondern einer aktuellen Notlage ein aktuelles Einkommen gegenübergestellt.

Allerdings kann abweichend vom tatsächlichen Zufluss rechtlich ein anderer Zufluss als maßgeblich bestimmt werden. Beispiele für einen solchen normativen Zufluss sind nicht die Fälle nach § 84 Abs. 2 und 3 BSHG. Denn dort werden Einkünfte auch nach ihrem tatsächlichen Zufluss als Einkommen bewertet und ist nur besonders geregelt, dass in diesen Fällen der Einsatz des Einkommens aus einer späteren Zeit für einen Bedarf in früherer Zeit verlangt werden kann. Beispiele für einen vom tatsächlichen abweichenden, normativen Zufluss finden sich in der Verordnung zur Durchführung des § 76 des Bundessozialhilfegesetzes (DVO zu § 76 BSHG), z.B. in dessen § 3 Abs. 3 und § 11 i.V.m. §§ 4, 6, 7 und 8. So sind Sonderzuwendungen, Gratifikationen und gleichartige Bezüge und Vorteile, die in größeren als monatlichen Zeitabständen gewährt werden, sowie einmalige Einnahmen von dem Monat an zu berücksichtigen, in dem sie anfallen; sie sind, soweit nicht im Einzelfall eine andere Regelung angezeigt ist, auf einen angemessenen Zeitraum aufzuteilen und monatlich mit einem entsprechenden Teilbetrag anzusetzen (§ 3 Abs. 3 Satz 2 und 3, § 8 Abs. 1 Satz 3 DVO zu § 76 BSHG).

Zur Abgrenzung von Einkommen und Vermögen nach dem, was zufließt, und dem, was bereits vorhanden ist, ist weiter zu berücksichtigen, dass Einnahmen grundsätzlich aus bereits bestehenden Rechtspositionen erzielt werden (z.B. Auszahlung des Gehalts als Erfüllung der Gehaltsforderung; hier: Schadensersatz als Erfüllung des Schadensersatzanspruchs). Da eine auf Geld oder Geldeswert gerichtete (noch nicht erfüllte) Forderung einen wirtschaftlichen Wert darstellt, gehört sie, wenn sie dem Inhaber bereits zusteht (z.B. noch nicht erfüllte Gehaltsforderungen für zurückliegende Monate; dagegen baut sich die Gehaltsforderung für den laufenden Monat erst auf), zu seinem Vermögen. Das führt jedoch nicht zu einer Konkurrenz dergestalt, dass die Forderung als Vermögen und daneben die Leistung aus der Forderung als Einkommen zu berücksichtigen wären. Vielmehr ist der Regelung in § 76 BSHG zu entnehmen, dass im Falle der Erfüllung einer (Geld-)Forderung sozialhilferechtlich grundsätzlich nicht das Schicksal der Forderung interessiert, sondern das Gesetz insofern allein auf die Erzielung von Einkünften in Geld oder Geldeswert als Einkommen abstellt. Das gilt allerdings nicht für Fälle, in denen mit bereits erlangten Einkünften Vermögen angespart wurde, z.B. bei Banken, Sparkassen oder Versicherungen. Denn andernfalls wertete man den Rückgriff auf Erspartes unzulässig erneut als Einkommen. Dementsprechend gilt § 76 BSHG auch nicht für die Auszahlung solcher Forderungen, die als fällige und liquide Forderungen bewusst nicht geltend gemacht, sondern angespart wurden.

Steht danach der Vermögenswert einer Schadensersatzforderung nicht entgegen, die Schadensersatzleistung als Einkommen i.S. des § 76 BSHG zu verstehen (§ 76 Abs. 1 BSHG nimmt nicht generell Renten und Beihilfen für Schaden an Leben sowie an Körper oder Gesundheit vom Einkommen aus), so gilt § 76 BSHG doch für solchen Schadensersatz nicht, der lediglich eine frühere Vermögenslage wiederherstellt (z.B. Schadensersatz für die Beschädigung oder den Verlust einer Sache). Denn der bloße Ersatz für etwas, was jemand bereits hatte, bewirkt keinen Zufluss, ist keine Einnahme, sondern, wie das Ersetzte, wiederum unmittelbar Vermögen. Andernfalls wertete man den Ersatz eines bereits früher Erlangten unzulässig erneut als Einkommen. Dagegen sind alle diejenigen Schadensersatzleistungen Einkommen i.S. des § 76 BSHG, mit denen kein zuvor vorhandenes Vermögen ersetzt wird, sondern mit denen der Berechtigte erstmals eine Leistung in Geld oder Geldeswert erhält. Hierzu gehört die im Streit stehende Schadensersatzleistung. Mit ihr erhielt die Klägerin nicht einen Ersatz für einen bereits erworbenen Vermögensgegenstand, sondern erstmals eine Leistung für ihr bisher nicht ausgezahltes Kindergeld (das, wäre es seinerzeit ausgezahlt worden, – damals – ebenfalls Einkommen gewesen wäre)."

Im Zusammenhang mit der Zielvorstellung der Aktivierung (vgl. § 1 SGB XII) des Leistungsberechtigten ist in § 11 Abs. 3 SGB XII die Möglichkeit vorgesehen, Arbeiten anzubieten, soweit dies zumutbar ist. Dabei ist der Gesetzgeber davon ausgegangen, dass auch der nicht erwerbsfähige Leistungsbezieher in geringem Umfang arbeiten sollte.

Bemerkung zur Übertragbarkeit der Rechtsprechung auf das neue Recht des SGB XII:

Die soeben dargelegte Rechtsprechung zum Einkommensbegriff wird auch auf das neue Recht ohne Einschränkung übertragbar sein, da insoweit auch angesichts der Übernahme der alten Vorschriften des BSHG in das SGB XII keine Zweifel angebracht sind.

§ 2 Abs. 1 SGB XII beinhaltet die Selbsthilfeverpflichtung des Leistungsbeantragenden. Absatz 1 konkretisiert die „Hilfe zur Selbsthilfe", da typische Selbsthilfemöglichkeiten erwähnt werden, die im SGB XII näher umschrieben werden.

Der Einsatz von Einkommen und Vermögen

Leitsatz (redaktionell) (OVG Schleswig, Beschluss vom 07.05.1996, Az.: 5 M 53/96)

Sofern der Leistungsbeantragende sich ohne weiteres auf zumutbare Weise durch Veräußerung eines Vermögensgegenstandes selbst helfen kann, befindet er sich nicht in einer Notlage.

Aus den Gründen:

„... Es fehlt bereits an einem Anordnungsgrund. Zunächst wird darauf hingewiesen, dass nach ständiger Rechtsprechung des Senats Hilfe zum Lebensunterhalt im Wege der einstweiligen Anordnung grundsätzlich nur für die Gegenwart und die nahe Zukunft zugesprochen werden kann. Sofern in der Vergangenheit zu Unrecht Sozialhilfe versagt worden ist, können diese Ansprüche nur im Hauptsacheverfahren durchgesetzt werden. Zwingende Gründe, die es rechtfertigen könnten, ausnahmsweise auch Sozialhilfeansprüche aus der Vergangenheit bereits im vorläufigen Rechtsschutzverfahren zuzusprechen, sind nicht ersichtlich. Demgemäß könnte allenfalls ein Anordnungsgrund für die Durchsetzung möglicher Sozialhilfeansprüche ab Mai 1996 in Betracht kommen. Aber auch insoweit liegt hier bereits deshalb kein Anordnungsgrund vor, weil die Antragstellerin zu 1) Eigentümerin eines ausschließlich privat genutzten PKWs ist. Der Wert dieses Fahrzeuges beträgt nach den Angaben der Antragsteller ca. 2.300,00 DM. Die Antragsteller könnten dieses Fahrzeug veräußern und zunächst den Erlös für ihren Lebensunterhalt einsetzen. Kann sich ein Anspruchsteller – wie hier – ohne weiteres auf zumutbare Weise durch Veräußerung eines Vermögensgegenstandes selbst helfen, so befindet er sich nicht in einer seine Existenz bedrohenden Notlage, so dass eine die Hauptsache vorwegnehmende gerichtliche Eilentscheidung entbehrlich ist. Die Veräußerung des Fahrzeugs ist auch zumutbar. Der Senat kann nicht erkennen, dass die Antragsteller für die von ihnen genannten Fahrten zum Spielkreis, zum Kinderarzt und zur Schwiegermutter auf ein eigenes Kraftfahrzeug angewiesen sind. Diese Fahrten dürften auch mit öffentlichen Verkehrsmitteln möglich sein. Ob die Antragsteller wegen „Verbrauchs" des Vermögensgegenstandes materiell-rechtlich nicht mehr zur Verwertung verpflichtet sind, ist allein eine Frage des materiellen Hilfeanspruchs, nicht aber des Anordnungsgrundes (a.A. OVG Lüneburg, Beschluss v. 30.06.1995 – 4 M 3039/95 –, FEVS 46, 146)." ...

Leitsatz (redaktionell) (BVerwG, Beschluss vom 29.12.2000, Az.: 5 B 217/99)

Dabei wird allein das Halten eines Kfz grundsätzlich nicht ausreichen, eine Verpflichtung des Berechtigten zu begründen, das Fahrzeug zu verkaufen. Vielmehr können die Unterhaltungskosten für das Fahrzeug aus Sozialhilfemitteln finanziert werden, wenn der Antragsteller selbst bis zu 50 %, dessen Partner bis zu 30 % der Sozialhilfemittel , die für den persönlichen Bedarf zustehen, für das Fahrzeug aufwenden.

Aus den Gründen:

„... Die vom Beklagten als grundsätzlich bezeichnete Frage, „ob ein unwirtschaftliches Verhalten i.S.d. § 25 Abs. 2 Ziffer 2 BSHG dann vorliegt, wenn der Haushaltsvorstand die laufenden Kosten für die Unterhaltung seines Pkw aus denjenigen Teilen der ‚persönlichen Bedürfnisse des täglichen Lebens' i.S.d. § 12 BSHG aus seinem Regelsatz und dem Regelsatz seiner volljährigen und minderjährigen Familienangehörigen finanziert, der die im Regelsatz enthaltenen Anteile für die Benutzung öffentlicher Verkehrsmittel offenkundig übersteigt", bedarf keiner Klärung in einem Revisionsverfahren. Die Antwort ergibt sich aus dem Gesetz und der Rechtsprechung des Bundesverwaltungsgerichts.

Unwirtschaftlich i.S.d. § 25 Abs. 2 Nr. 2 BSHG kann ein Verhalten sein, wenn Sozialhilfeleistungen zweckwidrig verwendet werden und damit nicht mehr für den sozialhilferechtlichen Bedarf zur Verfügung stehen. Da das Halten eines Personenkraftwagens im Streitfall unstreitig nicht zum notwendigen Bedarf der Kläger gehört, ist entscheidend, ob sie die Kosten der Autohaltung mit frei verfügbaren Sozialhilfemitteln decken können.

Das Berufungsgericht ist von monatlichen Aufwendungen für die Kraftfahrzeugsteuer in Höhe von 49,66 DM, für die Kraftfahrzeughaftpflichtversicherung in Höhe von 107,66 DM und für Kraftstoff in Höhe von allenfalls 72,00 DM ausgegangen. Diese Kosten im Einzelnen beanstandet der Beklagte nicht, meint aber, weitere Kosten seien für Verschleißteile und Reparaturen oder Rücklagen dafür anzusetzen.

Für frei verfügbar hält das Berufungsgericht jedenfalls ein Drittel bis die Hälfte des Leistungsanteils für die persönlichen Bedürfnisse des täglichen Lebens aus den Regelsatzleistungen für den Kläger zu 1 als Haushaltsvorstand (nach dem Berechnungsansatz des Berufungsgerichts 60,66 DM bzw. 91,00 DM) und 20 bis 30 v.H. des Leistungsanteils für die persönlichen Bedürfnisse des täglichen Lebens aus den Regelsatzleistungen für die Kläger zu 2 bis 6 als Haushaltsangehörige (nach dem Berechnungsansatz des Berufungsgerichts 112,84 DM bzw. 169,26 DM).

Demgegenüber hält der Beklagte unter Berufung auf Rechtsprechung des Verwaltungsgerichtshofs Baden-Württemberg und des Oberverwaltungsgerichts der Freien Hansestadt Bremen Sozialhilfemittel nur in wesentlich geringerem Umfang für die Autohaltung einsetzbar, nämlich lediglich in Höhe des Anteils, der in den Regelsatzleistungen für die Benutzung von Verkehrsmitteln enthalten sei. Allerdings betraf die Entscheidung des Verwaltungsgerichtshofs Baden-Württemberg vom 20. Juni 1979 – VI 3798/78 – (FEVS 28, 170) einen Fall, in dem die Betriebskosten unter dem Anteil für die Benutzung von Verkehrsmitteln lagen, so dass über den Aufwand höherer Betriebskosten als unwirtschaftliches Verhalten nicht entschieden wurde. Zwar hat das Oberverwaltungsgericht der Freien Hansestadt Bremen in seinem Beschluss vom 19. Februar 1988 – 2 B 17/88 – (FEVS 37, 471) ausgeführt, dass zum unwirtschaftlichen Verhalten i.S.d. § 25 Abs. 2 Nr. 2 BSHG auch zu rechnen seien „die Kosten für die Unterhaltung eines Kraftfahrzeugs, wenn dieses nicht benötigt wird und seine Betriebskosten außer Verhältnis zu dem Betrag stehen, der im Regelsatz für die Benutzung von Verkehrsmitteln vorgesehen ist"; diese Ausführungen finden sich aber lediglich in einem obiter dictum, weil das Gericht aus anderem Grund die Kürzung der Regelsatzleistung für nicht rechtens hielt.

Der Beklagte verkennt nicht, dass zu den Bedürfnissen des täglichen Lebens eine Vielzahl unterschiedlicher Bedürfnisse gehören können, und dass der Hilfeempfän-

ger insoweit disponieren kann. Er missversteht aber die damit eingeräumte Dispositionsmöglichkeit, wenn er anknüpfend an eine beispielhafte Aufzählung möglicher Einzelbedürfnisse meint, „diese Vielzahl an Zwecken (könne) nur sichergestellt werden, wenn der monatliche Einzelbetrag entsprechend vom Hilfeempfänger nur hierfür disponiert wird". Da die „persönlichen" Bedürfnisse des täglichen Lebens ihrem Wesen nach solche aus freier, selbstbestimmter und -gestalteter, eben „persönlicher" Lebensführung sind (BVerwGE 105, 281 <286>; 106, 99 <102>), ist der Hilfeempfänger in seiner Disposition darüber frei, ob er die ihm zustehenden Mittel auf viele oder wenige und welche von ihm ausgewählte Bedürfnisse aufteilt. Deshalb ist es nicht zu beanstanden, wenn Hilfeempfänger einen Teil ihrer frei verfügbaren Sozialhilfeleistungen zur Finanzierung einer Autohaltung einsetzen.

Auch der Einsatz von Sozialhilfemitteln der Ehefrau und der Kinder ist nicht zu beanstanden. Zwar sieht der Beklagte die Gefahr, dass den Kindern zustehende Geldbeträge für Luxuszwecke des Haushaltsvorstandes missbraucht würden. Es ist aber zum einen zu bedenken, dass es die Eltern sind, denen die Pflicht und das Recht zusteht, für das minderjährige Kind zu sorgen (§ 1626 BGB), und die die elterliche Sorge in eigener Verantwortung und in gegenseitigem Einvernehmen zum Wohle des Kindes auszuüben haben (§ 1627 BGB), und zum anderen, dass grundsätzlich nicht davon ausgegangen werden kann, dass ein Auto allein zum Nutzen des Haushaltsvorstandes und nicht auch der übrigen Haushaltsangehörigen gehalten wird.

Der Streitfall gibt auch keinen Anlass zu klären, bis zu welcher Höhe frei verfügbare Mittel auf ein bestimmtes Interesse konzentriert werden dürfen. Denn es ist nicht bedenklich, wenn das Berufungsgericht für zulässig hält, ein Drittel bis ein Halb der für die persönlichen Bedürfnisse des täglichen Lebens zur Verfügung stehenden Mittel beim Haushaltsvorstand und von 20 bis 30 v.H. der für die persönlichen Bedürfnisse des täglichen Lebens zur Verfügung stehenden Mittel bei den Haushaltsangehörigen für die Haltung eines Autos zu verwenden. Angesichts des Alters der 1985, 1986, 1990 bzw. 1991 geborenen Kläger zu 3 bis 6 steht die elterliche Entscheidung für die Haltung eines Autos in der streitgegenständlichen Zeit 1994 ihrer elterlichen Aufgabe, bei der Pflege und Erziehung die wachsende Fähigkeit und das wachsende Bedürfnis des Kindes zu selbstständigem verantwortungsbewusstem Handeln zu berücksichtigen (§ 1626 Abs. 2 BGB), nicht entgegen. Den Klägern zu 1 bis 6 bleiben ausreichend Mittel für weitere Interessen im Bereich der persönlichen Bedürfnisse des täglichen Lebens.

Die vom Beklagten als grundsätzlich bezeichnete Frage, „ob bei der Bestimmung eines unwirtschaftlichen Verhaltens i.S.d. § 25 Abs. 2 Ziffer 2 BSHG in dem streitgegenständlichen Beurteilungszeitraum zwischen Erlass des Bescheides und Widerspruchsbescheid auch Rücklagen für außerhalb dieses Zeitraumes anfallende zwangsläufig vorhersehbare Verschleißreparaturen und die Zahlung des restlichen Kaufpreises zu berücksichtigen sind", stellte sich in einem Revisionsverfahren nicht. Denn das Berufungsgericht hat nicht festgestellt, dass die Kläger solche Rücklagen gebildet haben. Ob Rücklagen für zukünftige Aufwendungen gebildet werden, liegt im Ermessen des Besitzers. Notwendig sind sie, wie die Autohaltung selbst, nicht.

Schließlich kann die Revision nicht zugelassen werden zur Klärung der vom Beklagten als grundsätzlich bezeichneten Frage, „ob der Regelsatz bereits gem. § 22 Abs. 3 Satz 2 und 3 BSHG im Abstellen auf das tatsächliche Verbrauchsverhalten von Haushalten in unteren Einkommensgruppen bereits Einsparmöglichkeiten beim Einkauf im Supermarkt beim Regelsatzanteil für Ernährung berücksichtigt, so dass keine weiteren Einsparungen in diesem Bereich für die 'Einnahmeseite' bei der Unterhaltung eines Kfz aus laufenden Sozialhilfemitteln (möglich sind) und damit ein unwirtschaftliches Verhalten i.S.d. § 25 Abs. 2 Nr. 2 BSHG besteht", oder wegen eines Verfahrensmangels, den der Beklagte in der unterlassenen Ermittlung der tatsächlichen Einsparung der Kläger bei Einkauf im Supermarkt sieht. Denn die vom Berufungsgericht angenommene Möglichkeit einer Einsparung in Höhe von 10 v.H. durch Einkauf in Supermärkten ist nicht streitentscheidend. Dies ergibt sich wohl bereits aus dem Berufungsurteil. Zwar werden dort den monatlichen Autohaltungskosten in Höhe von 229,32 DM frei verfügbare Sozialhilfemittel in Höhe von 280,11 DM gegenübergestellt, die neben einem Drittel bzw. 20 v.H. aus dem Leistungsanteil für die persönlichen Bedürfnisse des täglichen Lebens auch einen Betrag von 106,60 DM aus vermeintlicher Einsparung beim Einkauf in Supermärkten enthalten. Das Berufungsgericht hält es aber weitergehend – und, wie zuvor dargelegt, zu Recht – für zulässig, dass der Kläger zu 1 als Haushaltsvorstand und Kraftfahrzeughalter 50 v.H. und seine Ehefrau und seine Kinder, die Kläger zu 2 bis 6, als Haushaltsangehörige 30 v.H. aus dem Leistungsanteil für die persönlichen Bedürfnisse des täglichen Lebens für die Autohaltung aufbringen (Berufungsurteil S. 14 und 15). Dieser höhere Betrag braucht nicht gegen die Einbehaltung von 80,00 DM wegen der Autohaltung verrechnet zu werden, weil diese im Streitfall kein unwirtschaftliches Verhalten darstellt. Auch ohne die vom Berufungsgericht für möglich gehaltene Einsparung beim Nahrungskauf stehen den Klägern bei einem Einsatz von 50 v.H. des Leistungsanteils für die persönlichen Bedürfnisse des täglichen Lebens des Klägers zu 1 und von 30 v.H. des Leistungsanteils für die persönlichen Bedürfnisse des täglichen Lebens der Kläger zu 2 bis 6 nach den vom Beklagten nicht beanstandeten Berechnungsansätzen zu den Leistungsanteilen für die persönlichen Bedürfnisse des täglichen Lebens (35 v.H. aus 520,00 DM bzw. aus 1612,00 DM = 182,00 DM bzw. 564,20 DM) 260,26 DM (= 91,00 DM + 169,26 DM) und damit ausreichende Mittel zur Deckung der Autohaltungskosten in Höhe von 229,32 DM zur Verfügung.

Sollte das Berufungsgericht die über den mit einem Drittel bzw. 20 v.H. angenommenen Einsatz des Leistungsanteils für die persönlichen Bedürfnisse des täglichen Lebens hinausgehenden Beträge lediglich als Sicherheit gegen den mit der Autohaltung begründeten Einbehalt des Beklagten in Höhe von monatlich 80,00 DM verstanden haben, wäre die Revision in entsprechender Anwendung des § 144 Abs. 4 VwGO nicht zuzulassen. Denn der vom Berufungsgericht für verfügbar angesehene höhere (50 v.H. und 30 v.H.) Sozialhilfebetrag braucht, wie oben dargelegt, nicht gegen die Einbehaltung von 80,00 DM wegen der Autohaltung verrechnet zu werden, weil diese im Streitfall kein unwirtschaftliches Verhalten darstellt."

Bemerkung zur Übertragbarkeit der Rechtsprechung auf das neue Recht des SGB XII:

Es ist fraglich, ob diese, zum BSHG ergangene Rechtsprechung hinsichtlich der Haltung eines Kfz auf das neue Recht übertragbar ist, denn zum einzusetzenden Vermögen zählt grundsätzlich das gesamte, nicht durch die Absätze 2 und 3 des § 90 SGB XII oder durch § 91 SGB XII geschützte Vermögen. Hier ist, anders als bei der Grundsicherung für Arbeitsuchende nach dem SGB II (vgl. dort § 12 Abs. 3 Nr. 2 SGB II) das Kfz nicht von der Berücksichtigung ausgenommen!

Weitere Einzelfälle der Nachrangigkeit der Sozialhilfe

Antragsteller nach dem SGB XII sind nicht bedürftig, wenn sie von anderen Hilfe erlangen können:

Leitsatz (redaktionell) (BVerwG, Urteil vom 23.06.1994, Az.: 5 C 26/92)

Hilfeleistungen von anderen sind aber nur dann als Einkommen zu berücksichtigen, wenn sie als **Schenkung** endgültig geleistet werden.

Aus den Gründen:

„... Der 1974 geborene Kläger zog im August 1985 von Niedersachsen nach St. I. im Saarland zu seiner Mutter, die dort seit längerem wohnte und von dem Beklagten Hilfe zum Lebensunterhalt erhielt. Am 20. August 1985 wurde der Kläger in das Internat des Staatlichen Gymnasiums in O. aufgenommen, das er bis zum Ende des Schuljahres 1985/86 besuchte. Nach dem von seiner Mutter am 20. August 1985 abgeschlossenen Aufnahmevertrag betrugen die Internatskosten für das Schuljahr insgesamt 5.460,00 DM. An den Wochenenden, Feiertagen und in den Ferien während des Schuljahres hielt der Kläger sich bei seiner Mutter in St. I. auf. Die Internatskosten bezahlte die Mutter aus Mitteln, die der Onkel des Klägers ihr hierfür darlehensweise gewährte.

Der Beklagte bewilligte dem Kläger auf seinen Antrag vom 21. August 1985 mit Bescheid vom 7. November 1985 ab dem Tag der Antragstellung Hilfe zum Lebensunterhalt in Höhe der Regelsatzleistung von 6,13 DM täglich für die Tage, an denen der Kläger sich nachweislich im Haushalt seiner Mutter aufhalte. Der Kläger legte hiergegen Widerspruch ein und machte geltend, er habe auch für die Wochentage, an denen er sich im Internat in O. aufhalte, Anspruch auf Hilfe zum Lebensunterhalt. Der Widerspruch wurde u.a. mit der Begründung zurückgewiesen, in Bezug auf die Tage, an denen der Kläger sich tatsächlich im Internat aufhalte, sei nicht der Beklagte, sondern der Landkreis N., in dessen Bereich das Internat liege, für Sozialhilfe örtlich zuständig.

Der vom Kläger erhobenen Klage mit dem Antrag, den Beklagten zu verpflichten, ihm für die Zeit vom 21. August 1985 bis 30. Juni 1986 Hilfe zum Lebensunterhalt unter Anrechnung erbrachter Leistungen zu gewähren, hat das Verwaltungsgericht in Höhe des maßgeblichen Regelsatzes stattgegeben. Mit seiner dagegen gerichteten Berufung hat der Beklagte vorgetragen: Da der Onkel des Klägers die Internatskosten getragen habe, besitze der Kläger für die Zeit seines Aufenthaltes im Internat keinen Bedarf an zusätzlicher Hilfe. Das Oberverwaltungsgericht hat die Berufung des Beklagten mit im Wesentlichen folgender Begründung zurückgewiesen:

Der Kläger habe für den streitbefangenen Zeitraum einen Anspruch auf Hilfe zum Lebensunterhalt (Regelsatzleistungen) gegen den Beklagten als örtlich zuständigen Träger der Sozialhilfe. Der Nachranggrundsatz in § 2 Abs. 1 BSHG stehe dem Anspruch des Klägers nicht entgegen. Zwar habe dessen Onkel der Mutter für das gesamte Schuljahr die Internatskosten vorgestreckt, die dem Internat dann tatsächlich zugeflossen und insoweit auch dem Lebensunterhalt des Klägers zugute gekommen seien. Nicht unterhaltsverpflichteten Verwandten, wie hier dem Onkel des Klägers, müsse jedoch die – billigenswerte – Möglichkeit verbleiben, während der Verweige-

rung der Sozialhilfe durch den Sozialhilfeträger ihren Verwandten den Unterhalt vorzuschießen. Auch unter Beachtung des Nachrangs der Sozialhilfe würde es deren Zweck als letzter Existenzsicherung widersprechen, wenn die Behörde durch bloße Hilfeverweigerung einen nicht unterhaltsverpflichteten Angehörigen zu ständigen verlorenen Zuschüssen zwingen könnte. So liege der Fall hier. Der Onkel habe den Lebensunterhalt des Klägers allein im Hinblick auf den vorausgesetzten Sozialleistungsanspruch vorgeschossen. Etwas anderes ergebe sich hier auch nicht daraus, dass die Mutter des Klägers Darlehensnehmerin gewesen sei. Wegen des Prinzips der Individualität der Sozialhilfe müsse zwar auf die Person des Hilfesuchenden selbst und damit hier des Klägers abgestellt werden. Im Verhältnis zwischen dem Kläger und seiner Mutter stelle sich die Bezahlung der Internatskosten als nichtrückzahlbare Unterhaltsleistung seiner zur Unterhaltsgewährung verpflichteten Mutter dar, so dass eigentlich der Nachranggrundsatz in § 2 Abs. 1 BSHG eingreife und den geltend gemachten Anspruch ausschließe. Dieses Ergebnis liefe jedoch dem Grundsatz der familiengerechten Hilfe in § 7 Satz 2 BSHG zuwider. Der Selbsthilfegrundsatz in § 2 Abs. 1 BSHG sei familienbezogen dahin auszulegen, dass das der Mutter des Klägers gewährte Darlehen den Hilfeanspruch des Klägers nicht ausschließe. ...

Sollte das Berufungsgericht feststellen, dass die Mutter des Klägers erst nach Antragstellung bei dem Beklagten Darlehensmittel des Onkels an den Internatsträger gezahlt hat, um den notwendigen Lebensunterhalt des Klägers zu sichern, dürfte es das Klagebegehren an der aus diesem Grund eingetretenen Bedarfsdeckung nicht scheitern lassen. Denn insoweit müsste nach der Rechtsprechung des Bundesverwaltungsgerichts von dem Erfordernis eines tatsächlich (fort-)bestehenden Bedarfs im Interesse einer effektiven Rechtsdurchsetzung ausnahmsweise abgesehen werden (vgl. BVerwGE 90, 154 <156>; 90, 160 <162>). Der vorliegende Fall gibt Anlass, in diesem Zusammenhang auf Folgendes hinzuweisen:

Auch eine nach dem Zeitpunkt des § 5 BSHG einsetzende, bedarfsdeckende Hilfe Dritter wirkt anspruchsvernichtend, wenn der Dritte die Hilfe endgültig, d.h. als „verlorenen Zuschuss" (z.B. durch Schenkung) leistet. Die Hilfe eines Dritten schließt den Sozialhilfeanspruch dagegen dann nicht aus, wenn der Dritte vorläufig – gleichsam anstelle des Sozialhilfeträgers und unter Vorbehalt des Erstattungsverlangens – nur deshalb einspringt, weil der Träger der Sozialhilfe nicht rechtzeitig geholfen oder Hilfe abgelehnt hat (vgl. BVerwGE 26, 217 <219>; 90, 154 <156, 158>; 94, 127 <135>; Senatsurteil vom 5. Mai 1994 <a.a.O.>). Die vom Onkel des Klägers darlehensweise geleistete Hilfe würde diese Voraussetzung erfüllen, weil sie nach den tatsächlichen Feststellungen des Berufungsgerichts in der Erwartung sicherer Rückzahlung und im Vertrauen auf einen bestehenden, lediglich noch nicht erfüllten Sozialhilfeanspruch des Klägers erfolgt ist.

Dem Klagebegehren des Klägers könnte ferner nicht entgegengehalten werden, dass nach der Rechtsprechung des Bundesverwaltungsgerichts in Eilfällen um der Effektivität der gesetzlichen Gewährung des Rechtsanspruchs auf Sozialhilfe willen über eine zwischenzeitliche Bedarfsdeckung durch Hilfe Dritter (oder Selbsthilfe) nur hinwegzusehen ist, wenn es dem Hilfesuchenden nicht zuzumuten war, die Entscheidung des Sozialhilfeträgers abzuwarten (vgl. BVerwGE 90, 154 <156, 158>; 90, 160 <162>). Welche Zeitspanne des Zuwartens dem Hilfesuchenden zuzumuten ist, richtet sich nach den Umständen des Einzelfalles. Es obliegt dem Hilfesuchenden, die Hilfeleistung so rechtzeitig zu beantragen bzw. von seiner Hilfebedürftigkeit Kenntnis zu geben, dass die Hilfe vom Sozialhilfeträger rechtzeitig gewährt werden kann. Eine sofortige Hilfeleistung kann deshalb nur in entsprechend beschaffenen Eilfällen er-

wartet werden (BVerwGE 90, 154 <157>). Diese Rechtsprechung beruht auf der Überlegung, dass die Deckung eines sozialhilferechtlichen Bedarfs – ungeachtet des Bestehens einer gegenwärtigen Notlage als Grundvoraussetzung jeder Sozialhilfe – unterschiedlich dringlich sein kann. So hat der erkennende Senat einen Anspruch auf Krankenhilfe (Kosten der zahnärztlichen Behandlung) und einen Anspruch auf Hilfe zum Lebensunterhalt (Übernahme von Renovierungskosten für eine Wohnung) verneint, weil der Bedarf zwischenzeitlich, d.h. nach Antragstellung, gedeckt worden, die Bedarfsdeckung aber nicht so dringend gewesen war, dass sie nicht bis zur Entscheidung des Sozialhilfeträgers hätte hinausgeschoben werden können (vgl. BVerwGE 90, 154 <158>; 90, 160 <162>).

Auf eine Zeitspanne des Zuwartens nach Antragseingang bis zur Entscheidung des Beklagten müsste der Kläger sich nicht verweisen lassen. Denn der von ihm erhobene Anspruch auf Hilfe zum Lebensunterhalt richtet sich auf einen Bedarf (Regelsatzleistungen), der seiner Art nach in aller Regel unaufschiebbar ist. Besondere Umstände des Einzelfalles (z.B. Ersparnisse des Klägers oder seiner Mutter), die eine andere Beurteilung hätten rechtfertigen können, hat das Berufungsgericht nicht festgestellt. Die Bearbeitung eines auf die Bewilligung von Regelsatzleistungen gerichteten Hilfeantrages, der die Notlage in einer die Anforderungen des § 5 BSHG erfüllenden Weise erkennen lässt, duldet keinen Aufschub und ist wegen des existentiellen Gewichts einer schnellen und wirksamen Bedarfsdeckung baldmöglichst abzuschließen. Auch in solchen Fällen kann die Entscheidung über die Anspruchsberechtigung zwar zeitaufwendige tatsächliche Feststellungen oder rechtliche Klärungen erforderlich machen. Dem Hilfesuchenden kann jedoch nicht zugemutet werden, bis zum Abschluss dieser Ermittlungen („vorübergehend") auf das für seinen Lebensunterhalt Notwendige zu verzichten. Macht der Sozialhilfeträger in einem solchen Fall nicht von der Möglichkeit Gebrauch, vorläufige Leistungen tages- oder wochenweise zu erbringen, sondern überlässt er es dem Hilfesuchenden, für seinen unaufschiebbaren Bedarf zwischen Eingang und Bescheidung des Sozialhilfeantrags aufzukommen, so kann er dem Hilfesuchenden später nicht anspruchsvernichtend entgegenhalten, dass dieser seine Notlage überbrückt und die Bedarfsmittel vorläufig sich selbst beschafft oder von Dritten erhalten hat. Einwände gegen den vom Kläger verfolgten Anspruch ließen sich schließlich auch nicht daraus herleiten, dass nach den tatsächlichen Feststellungen des Berufungsgerichts nicht er, sondern seine Mutter das zur Bestreitung der Internatskosten gewährte Darlehen des Onkels empfangen hat, also Darlehensnehmerin ist. Die Vorinstanz meint, dass – bezogen auf die Person der Mutter des Klägers – die vorschussweise Finanzierung des Internatsaufenthalts durch den Onkel zwar kein die Hilfe zum Lebensunterhalt ausschließender Umstand sei. Betrachte man jedoch den unmittelbaren Leistungsfluss zwischen der Mutter und dem Kläger, sei die Rechtslage für den Kläger ungünstig, weil er eine Unterhaltsleistung seiner unterhaltsverpflichteten Mutter entgegengenommen, sich so in zumutbarer Weise selbst geholfen (§ 2 Abs. 1 BSHG) und seinen notwendigen Lebensunterhalt im streitbefangenen Zeitraum mangels eigener Rückzahlungspflicht endgültig gedeckt habe. Zu der Annahme, dass der Klageanspruch gleichwohl besteht, gelangt das Berufungsgericht nur unter Rückgriff auf das Gebot der familiengerechten Hilfe in § 7 Satz 2 BSHG, das es zur Auslegung des Nachranggrundsatzes in § 2 Abs. 1 BSHG zugunsten des Klägers heranzieht." ...

97

Leitsatz (redaktionell) (BVerwG, Urteil vom 07.02.1980, Az.: 5 C 73/79)

Vorrangige Sozialleistungen sind zu berücksichtigen, um Doppelleistungen zu vermeiden.

Aus den Gründen:

„... Die Unterbringung der damals minderjährigen und noch nicht 16 Jahre alten Klägerin als Pflegekind (§ 27 Abs. 1 des Gesetzes für Jugendwohlfahrt – JWG – in der Fassung vom 6. August 1970 (BGBl I S. 1197)) in der Familie der Eheleute R. war Hilfe zur Erziehung nach § 5 Abs. 1 Nr. 3 und § 6 JWG. Diese Hilfe schloß gemäß § 6 Abs. 2 JWG ein, den notwendigen Lebensunterhalt der Klägerin sicherzustellen. Was die Aufbringung der für diese Hilfeleistung erforderlichen Mittel angeht, so gilt – ohne dass § 2 Abs. 1 des Bundessozialhilfegesetzes angeführt zu werden braucht – der Nachranggrundsatz (vgl Friedeberg/Polligkeit/Giese, Das Gesetz für Jugendwohlfahrt, Kommentar, 3. Aufl 1972, § 6 Erl 4, § 81 Erl 1). Nach § 81 Abs. 1 JWG trägt (vorbehaltlich abweichender landesrechtlicher Regelung gemäß Abs. 3 der Vorschrift) der Träger der öffentlichen Jugendhilfe die Kosten der Hilfe (nur) insoweit, als dem Minderjährigen selbst (oder seinen Eltern) nicht zuzumuten ist, die Mittel aus seinem (ihrem) Einkommen und Vermögen aufzubringen. Das entspricht § 28 BSHG. Das Nachrangprinzip dient auch der Vermeidung staatlicher Doppelleistungen, die in einem ausgebauten Sozialleistungssystem eintreten können, wenn nämlich ein und derselbe Bedarf in mehreren Gesetzen als deckungsbedürftig geregelt ist." ...

Leitsatz (redaktionell) (BVerwG, Urteil vom 15.01.1981, Az.: 5 C 2/80)

Dabei ist die Anrechnung von Hilfe anderer auch dann vorzunehmen, besteht also Nachrang der Sozialhilfe, wenn die Hilfen ohne Rechtsgrund erbracht werden oder wenn die Hilfe irrtümlich erbracht wird.

Aus den Gründen:

„... Die Klägerin als Träger der Arbeiterrentenversicherung begehrt von dem beklagten Landschaftsverband, einem überörtlichen Träger der Sozialhilfe, die Erstattung von 48011,55 DM aufgrund folgenden Sachverhalts: Bei der 1950 geborenen S., Tochter eines bei der Klägerin Versicherten, besteht ein angeborener Schwachsinn vom Grade der Imbezillität. Aus diesem Grunde befand sie sich von 1959 an in Anstaltspflege. Als sie im Jahre 1963 an Lungentuberkulose erkrankte, wurde sie wegen dieser Erkrankung nacheinander in verschiedenen Einrichtungen behandelt, die zugleich die wegen der Geistesschwäche notwendige Anstaltspflege sicherstellten; so vom 24. Februar 1964 bis zum 18. März 1970 in einer im Bereich des Beklagten gelegenen evangelischen Heilerziehungs-, Heil- und Pflegeanstalt und danach in einem Fachkrankenhaus für Psychiatrie – Fachabteilung für Erkrankungen der Atmungsorgane – in W., dessen Träger der Beklagte ist. Die Kosten übernahm die Klägerin. Mit Ablauf des September 1971 lehnte sie es jedoch gegenüber dem Krankenhaus ab, weiterhin Kosten zu übernehmen. Sie war zu der Auffassung gelangt, dass S. im Hinblick auf die für sie gleichzeitig notwendige Anstaltspflege, für die der Träger

der Sozialhilfe zuständig und damit leistungspflichtig sei, keinen Anspruch auf Tuberkuloseheilbehandlung gegen sie (Trägerin der Rentenversicherung) habe. Vom 1. Oktober 1971 an trug deshalb der Beklagte die Kosten der Anstaltspflege und der Tuberkuloseheilbehandlung. Die mit Rücksicht hierauf von der Klägerin begehrte Erstattung der in der Zeit vom 24. Februar 1964 bis zum 30. September 1971 aufgewendeten Pflege- und Heilbehandlungskosten (ausgenommen derjenigen für die Zeit vom 8. Mai 1964 bis zum 31. August 1966; insoweit erhielt die Klägerin den Kostenaufwand vom Bund erstattet) lehnte der Beklagte wegen fehlender Hilfebedürftigkeit der S. während des genannten Zeitraums ab.

Aus alledem folgt: Ein Träger der Rentenversicherung, der zugunsten einer wegen Geisteskrankheit in Anstaltspflege untergebrachten und gleichzeitig wegen Erkrankung an Tuberkulose der Heilbehandlung bedürfenden Person die Unterbringungs- und Heilbehandlungskosten insgesamt (vorbehaltlos) trägt, obwohl diese Person hinsichtlich der Anstaltspflegekosten nicht Selbstzahler ist, beseitigt die sozialhilferechtlich relevante Hilfebedürftigkeit in Bezug auf die Anstaltspflege; das Einsetzen von Sozialhilfe ist dann unter diesem Aspekt überflüssig. Da diese Person nicht wegen Geisteskrankheit auf öffentliche Kosten in Anstaltspflege untergebracht ist, kann eine anschlussweise, nicht mit Nachrang ausgestattete Verpflichtung des Trägers der Sozialhilfe zur Leistung von Tuberkulosehilfe nicht entstehen.

Soweit der Dritte die Leistung allerdings ersatzweise erbracht hat und weil der Sozialhilfeträger nicht rechtzeitig eingriff, besteht kein Vorrang der Sozialhilfe."

Leitsatz (redaktionell) (BVerwG, Urteil vom 02.09.1993, Az.: 5 C 50/91)

Soweit der Dritte die Leistung allerdings ersatzweise erbracht hat und weil der Sozialhilfeträger nicht rechtzeitig eingriff, besteht kein Vorrang der Sozialhilfe.

Aus den Gründen:

"... Der Kläger begehrt vom Beklagten die Übernahme der Kosten für den Besuch der in Rheinland-Pfalz gelegenen A.-V.-Schule im P.institut für Hörsprachbehinderte in F. für das Schuljahr 1987/88.

Der 1979 geborene Kläger ist ein mehrfach behindertes, gehörloses Kind. Neben beidseitiger Gehörlosigkeit und dem damit verbundenen Stummsein bestehen schwere Verhaltensstörungen mit autistischen Zügen. Das Schulamt stellte den Kläger zweimal vom Schulbesuch zurück und stellte fest, dass er förderungsbedürftig im Sinne des Besuchs eines Sonderschulkindergartens für Gehörlose mit Heimunterbringung sei. Im April 1986 beantragten die in Baden-Württemberg wohnhaften Eltern des Klägers beim P.institut für Hörsprachbehinderte in F. die Aufnahme ihres Sohnes in den dortigen Heimsonderkindergarten. Mit Schreiben vom 14. Mai 1986 bat das P.institut den Beklagten um Kostenübernahmeerklärung, der daraufhin in Ermittlungen eintrat, ob nicht eine geeignete Unterbringungsmöglichkeit für den Kläger auch in einer Einrichtung Baden-Württembergs vorhanden sei. Am 24. Juli 1986 beantragten auch die Eltern des Klägers unter Vorlage einer fachärztlichen Bescheinigung beim Beklagten die Übernahme der Heimkosten. Der Beklagte schloss das Verfahren vor Beginn des Vorschuljahres nicht ab. Der Kläger wurde deshalb am 25. August 1986 in den Heimsonderkindergarten des P.instituts aufgenommen.

Die im Verfahren eingeholten fachärztlichen und fachbehördlichen Stellungnahmen ergaben, dass das P.institut wegen seiner besonderen Verfahren der Sprachstützung besonders geeignet für den Kläger sei, aber auch die in Baden-Württemberg gelegene Staatliche Schule für Gehörlose und Sprachbehinderte in H. als für den Kläger geeignete Förderungseinrichtung in Betracht komme. Nach Abschluss seiner Ermittlungen übernahm der Beklagte mit Bescheid vom 27. Februar 1987 die im P.institut entstehenden Kosten für das Vorschuljahr 1986/87 als Eingliederungshilfe nach § 40 Abs. 1 Nr. 2a BSHG, wies aber ausdrücklich darauf hin, dass eine behindertengerechte Förderung des Klägers auch in H. möglich sei und man lediglich unter Berücksichtigung der Verhaltensstörung und der damit zusammenhängenden Kontaktschwierigkeiten des Klägers davon abgesehen habe, ihn mitten im Schuljahr nach H. überwechseln zu lassen. In Anbetracht der erheblichen Mehrkosten, die durch die Unterbringung des Klägers in F. in Höhe von monatlich 2.085,60 DM anfielen, werde der Beklagte überprüfen, ob sich die Kontaktfähigkeit des Klägers stabilisiert habe und ein Schulwechsel nach den Sommerferien möglich sein werde.

Mit Bescheid vom 7. Mai 1987 stellte das staatliche Schulamt K. fest, dass der Kläger sonderschulpflichtig sei und gemäß § 84 Abs. 3 SchulG Heimunterbringung notwendig sei. Das P.institut erscheine für den Kläger besonders geeignet. Der Beklagte forderte im Juni 1987 einen Entwicklungsbericht über den Kläger beim P.institut an und bat die Eltern, ihren Sohn nochmals in der Staatlichen Schule für Gehörlose und Sprachbehinderte in H. vorzustellen, damit festgestellt werden könne, ob der Kläger eventuell nach den Sommerferien in diese Einrichtung überwechseln könne. Den vom P.institut übersandten Unterlagen war zu entnehmen, dass weitere Entwicklungsfortschritte des Klägers davon abhängig seien, dass der Kläger in seiner gewohnten kleinen Gruppe verbliebe und die derzeitigen Bezugspersonen beibehalten würden. Eine Vorstellung des Klägers in der Staatlichen Schule in H. unterblieb, weil die Eltern den Kläger die damit verbundenen Belastungen ersparen wollten und der dortige Schulleiter eine derartige Vorstellung nicht für dringend notwendig hielt. Daraufhin lehnte der Beklagte die Übernahme der Kosten für die Unterbringung des Klägers im P.institut für das Schuljahr 1987/88 mit Bescheid vom 30. September 1987 ab und erklärte sich lediglich bereit, den für eine Unterbringung des Klägers in der Staatlichen Heimsonderschule in H. anfallenden Aufwand (445,83 DM) abzüglich des von den Eltern des Klägers aufgrund der häuslichen Ersparnis zu übernehmenden Kostenbeitrages in Höhe von 203,00 DM, mithin 242,83 DM als Kostenzuschuss zu leisten. Der Beklagte begründete dies damit, dass der Kläger in H. genauso behindertengerecht gefördert werden könne wie in F.; das in § 3 Abs. 2 BSHG formulierte Wunschrecht finde seine Grenze dann, wenn seine Erfüllung mit unverhältnismäßigen Mehrkosten verbunden sei. Der durch den Aufenthalt des Klägers in F. entstehende Aufwand liege um monatlich 2.147,67 DM über dem in H. entstehenden und könne deshalb als unverhältnismäßiger Mehraufwand nicht im Rahmen der Eingliederungshilfe übernommen werden.

Die nach erfolglosem Widerspruchsverfahren erhobene Klage des Klägers, gerichtet auf Verpflichtung des Beklagten, die begehrte Eingliederungshilfe für das Schuljahr 1987/88 durch Übernahme der Kosten für den Besuch des P.instituts zu gewähren, hatte im zweiten Rechtszug im Wesentlichen aus folgenden Gründen Erfolg:

Die Anwendung des Kostenvorbehalts nach § 3 Abs. 2 Satz 3 BSHG setze begrifflich das Bestehen von Alternativen voraus. Die für die Einschulung zur Auswahl stehenden Sonderschulen müssten zur Erreichung der Aufgaben der Eingliederungshilfe sowohl in objektiver wie in subjektiver Hinsicht sämtlich möglich, geeignet und zumut-

*bar sein. Könne beispielsweise nach der individuellen Lage des Behinderten zur Er-
reichung des Zwecks der Eingliederungshilfe auf eine kontinuierliche Betreuung
durch bestimmte Bezugspersonen und auf den Fortbestand einer vertrauten Umgebung nicht verzichtet werden, so sei ihm auch der Wechsel in eine andere Einrichtung nicht zuzumuten. Dies sei nach der vom Senat eingeholten Sachverständigen-
beurteilung beim Kläger der Fall.*

*Dem Anspruch auf Kostenübernahme könne auch nicht der Einwand unzulässiger
„Selbsthilfe" und der Schaffung vollendeter Tatsachen durch die Eltern des Klägers
entgegengesetzt werden. Denn der Beklagte habe durch seine schleppende Bearbeitung des Kostenübernahmebegehrens die Verengung seines Entscheidungsspiel-
raums durch das Entstehen jener personalen Bindungen des Klägers, deren Abbruch
nunmehr seiner Entwicklung schädlich wäre, selbst verschuldet.*

*Gegen dieses Urteil richtet sich die Revision des Beklagten, mit der er die Wiederher-
stellung des erstinstanzlichen klagabweisenden Gerichtsbescheids begehrt. Er rügt
die Verletzung der Regelungen in § 2 Abs. 1, § 3 Abs. 2 Satz 3, § 39 Abs. 3 Satz 1
und § 40 Abs. 1 Nr. 3 BSHG sowie eine unzutreffende Würdigung der festgestellten
Tatsachen. Das Berufungsgericht hätte die Berufung bereits wegen § 2 Abs. 1 BSHG
zurückweisen müssen, weil der Kläger die erforderliche Hilfe von seinen Eltern erhalten habe.*

Der Kläger verteidigt das angefochtene Urteil.

Entscheidungsgründe

*Die Revision des Beklagten ist unbegründet, so dass sie zurückzuweisen ist (§ 144
Abs. 2 VwGO). Das Berufungsgericht hat der Klage zu Recht stattgegeben. Sie bezieht sich – wie die Beteiligten in der mündlichen Verhandlung vor dem erkennenden
Senat übereinstimmend klargestellt haben – allein auf das Schuljahr 1987/88. Für
diesen Zeitraum hat der Kläger Anspruch auf Übernahme der Kosten für den Besuch
der Sonderschule für Gehörlose (A.-V.-Schule) im P.institut in F.*

*Nach § 39 Abs. 1 Satz 1 BSHG ist Personen, die nicht nur vorübergehend körperlich,
geistig oder seelisch wesentlich behindert sind, Eingliederungshilfe zu gewähren.
Der Kläger gehört unbestritten zu diesem Personenkreis. Auch die weiteren Voraussetzungen der Eingliederungshilfe nach § 39 Abs. 3, § 40 Abs. 1 Nr. 3, § 47 BSHG in
Verbindung mit § 12 Nr. 1 Eingliederungshilfe-Verordnung sind erfüllt. Nach § 12
Nr. 1 Eingliederungshilfe-Verordnung umfasst die Hilfe zu einer angemessenen
Schulbildung im Sinne des § 40 Abs. 1 Nr. 3 BSHG auch sonstige Maßnahmen zu-
gunsten behinderter Kinder, wenn die Maßnahmen erforderlich und geeignet sind,
dem Behinderten den Schulbesuch im Rahmen der allgemeinen Schulpflicht zu ermöglichen oder zu erleichtern. Insoweit sind auch die hier in Rede stehenden Kosten
des Besuchs der Heimsonderschule in F. notwendige Folge der Behinderung des
Klägers. Denn nach den tatsächlichen Feststellungen des Berufungsgerichts hat das
Staatliche Schulamt K. mit Bescheid vom 7. Mai 1987 eine Entscheidung nach § 84
Abs. 3 des Schulgesetzes für Baden-Württemberg des Inhalts getroffen, dass es erforderlich sei, den Kläger als Sonderschulpflichtigen zur Erfüllung der Schulpflicht in
einem Heim unterzubringen.*

*Zu Recht hat das Berufungsgericht angenommen, dass dem Kostenübernahmean-
spruch des Klägers der Einwand unverhältnismäßiger Mehrkosten (§ 3 Abs. 2 Satz 3
BSHG) nicht entgegengehalten werden kann. § 3 Abs. 2 BSHG regelt das*

"Wunschrecht" des Hilfesuchenden in Bezug auf die Gestaltung der Hilfe; er betrifft das „Wie" der Hilfeleistung und setzt deshalb begrifflich Alternativen der Bedarfsdeckung voraus (vgl. BVerwGE 91, 114 <116>). Hieran fehlt es im Fall des Klägers. Denn nach den tatsächlichen, gemäß § 137 Abs. 2 VwGO bindenden Feststellungen des Berufungsgerichts war zwar auch die Staatliche Heimsonderschule für Gehörlose und Sprachbehinderte in H. geeignet und bereit, den Kläger behindertengerecht zu betreuen; ein Wechsel nach H. anlässlich der Einschulung des Klägers zum Schuljahr 1987/88 hätte aber infolge der Unterbrechung des in F. im Vorschuljahr zu seinen Bezugspersonen (mühsam) aufgebauten Kontakts zu einem Rückfall in der ohnehin zu langsam verlaufenden Kommunikationsentwicklung des Klägers sowie dazu geführt, dass die wenigen bisher über Buchstaben und Bilder erreichten sprachlichen Zuordnungsvorgänge sowie die Besserung der autistischen Kommunikationsstörungen sich verlangsamt und die autismusunabhängigen Verhaltensstörungen sich eher verschlimmert hätten; damit stelle sich ein Wechsel der schulischen Einrichtung als gravierende Beeinträchtigung des Zwecks der Eingliederungshilfe dar (Urteilsabdruck S. 15).

Mit Recht hat das Berufungsgericht angenommen, dass dem Kläger unter diesen Umständen ein Wechsel von F. nach H. nicht zumutbar war und damit die Staatliche Heimsonderschule in H. als eine Alternative der Bedarfsdeckung im Sinne des § 3 Abs. 2 BSHG ausschied. Art, Form und Maß der Sozialhilfe richten sich nach der Besonderheit des Einzelfalles, vor allem nach der Person des Hilfempfängers und der Art seines Bedarfs (§ 3 Abs. 1 BSHG). Steht die Gewährung von Eingliederungshilfe in Frage, kann der Behinderte nur auf die Inanspruchnahme derjenigen Einrichtungen verwiesen werden, die nach ihrer personellen und sächlichen Ausstattung eine der Besonderheit des Einzelfalles, vor allem der Art und Schwere der Behinderung des Hilfesuchenden gerecht werdende Erfüllung der Aufgabe der Eingliederungshilfe erwarten lassen. Dabei darf nicht bei der Prüfung stehengeblieben werden, ob die betreffende Einrichtung ein der Behinderung des Hilfesuchenden gerecht werdendes Betreuungsangebot unterbreiten kann, also zu seiner Eingliederung objektiv geeignet ist. Von Bedeutung ist vielmehr auch, ob die Betreuungseinrichtung für den Behinderten ohne gravierende Beeinträchtigung des Eingliederungserfolges zugänglich ist; denn auch hiervon kann Erfolg oder Misserfolg der Eingliederungshilfe abhängen. Es ist deshalb auch die konkrete Lebenssituation des Behinderten im Zeitpunkt des Beginns der Eingliederungsmaßnahme in den Blick zu nehmen. Ist sie dadurch gekennzeichnet, dass der Behinderte in ein soziales Beziehungsgeflecht eingebettet ist, dessen Auflösung nicht ohne schwerwiegende Beeinträchtigungen des Erfolgs der Eingliederungshilfemaßnahme möglich ist, dann scheiden Betreuungseinrichtungen, die nur unter Auflösung dieses Beziehungsgeflechts für den Hilfesuchenden zugänglich sind, als geeignete Alternativen der Eingliederungshilfe aus. In der Rechtsprechung des Senats ist deshalb anerkannt, dass der Sozialhilfeträger gehindert sein kann, einem Hilfesuchenden, der sich in Widerspruch zu einem ablehnenden Sozialhilfebescheid für eine unverhältnismäßig teure Betreuungseinrichtung entschieden hat, den Kostenvorbehalt des § 3 Abs. 2 Satz 3 BSHG auch dann noch entgegenzuhalten, wenn ein Wechsel der Betreuungsstätte ohne nachteilige Auswirkungen auf den Erfolg der Eingliederungsmaßnahme nicht mehr möglich ist (vgl. BVerwGE 64, 318 <320>).

Der Beklagte hat im verwaltungsgerichtlichen Verfahren wiederholt vorgetragen, dass die beim Kläger im P.institut in Gang gekommene Entwicklung durch einen Schulwechsel nicht erheblich beeinträchtigt worden wäre. Sollte der Beklagte damit geltend gemacht haben wollen, dass die für den Kläger mit einem Schulwechsel verbundenen Belastungen nur vorübergehender Art und deshalb unbeachtlich gewesen wären, so könnte dem im Hinblick auf die tatsächlichen Feststellungen der Vorinstanz nicht gefolgt werden. Richtig ist zwar, dass bei Eingliederungsmaßnahmen, die – wie Hilfen zu einer angemessenen Schulbildung nach § 40 Abs. 1 Nr. 3 BSHG – längerfristig angelegt sind, im Einzelfall anfängliche Beeinträchtigungen im Verlauf der Eingliederungsmaßnahme wieder ausgeglichen werden können und in Fällen dieser Art deshalb nachteilige Auswirkungen auf den Erfolg der Eingliederungsmaßnahme nicht zu besorgen sind. Einen solchen Sachverhalt hat das Berufungsgericht jedoch nicht festgestellt, sondern in tatrichterlicher Würdigung der extremen Mehrfachbehinderung des Klägers, die diesem eine Kommunikation mit anderen Menschen ohnehin nur „auf schmalstem Grat" erlaube, jede Erschwerung d i e s e r Situation „als erheblich, ja möglicherweise verhängnisvoll" bewertet. An diese Bewertung, die die Annahme einer lediglich vorübergehenden Beeinträchtigung des Eingliederungserfolges bei einem Schulwechsel des Klägers ausschließt, ist der Senat in Ermangelung dagegen vorgebrachter Revisionsgründe gebunden (§ 137 Abs. 2 VwGO).

Zu Recht hat das Berufungsgericht weiter entschieden, dass dem Anspruch des Klägers auf Kostenübernahme nicht der Einwand unzulässiger „Selbsthilfe" und der Schaffung vollendeter Tatsachen durch seine Eltern entgegengesetzt werden kann. Zwar haben die Eltern des Klägers diesen unter Missachtung des Ablehnungsbescheides des Beklagten vom 30. September 1987 in der A.-V.-Schule des P.instituts belassen. Diese Ablehnung war jedoch nicht rechtmäßig, da, wie ausgeführt, eine andere kostengünstigere Einschulungsalternative für den Kläger nicht bestand. Lehnt aber der Sozialhilfeträger die Hilfegewährung rechtswidrig ab, dann darf sich der Hilfesuchende um der Effektivität des Rechtsschutzes willen selbst helfen und vom Sozialhilfeträger die Übernahme der hierdurch entstandenen Kosten verlangen (vgl. BVerwGE 40, 343 <346>; 58, 68 <74>; 90, 154 <156>; 90, 160 <162>: Die Einklagbarkeit abgelehnter Sozialhilfe wäre uneffektiv, wenn der Träger der Sozialhilfe durch unberechtigtes Bestreiten des Anspruchs den Beginn der Sozialhilfeleistung auf Jahre hinausschieben oder gar den mit dem bekanntgewordenen Bedarf entstandenen Anspruch vereiteln könnte.

Zu keinem anderen Ergebnis führt es, wenn man die Umstände einbezieht, die zur Reduzierung des Auswahlermessens des Beklagten (§ 4 Abs. 2 BSHG) auf die A.-V.-Schule des P.instituts als einziger behindertengerechter Heimsonderschule für den Kläger geführt haben. Zwar hatte der Beklagte über den Antrag des Klägers auf Übernahme der Kosten für den Besuch des Sonderschulkindergartens im P.institut noch nicht entschieden, als die Eltern den Kläger am 25. August 1986 dort unterbrachten. Aber auch vor Erlass einer ablehnenden Entscheidung des Sozialhilfeträgers kommt in Eilfällen um der Effektivität der gesetzlichen Gewährung des Rechtsanspruchs des Bürgers auf Fürsorgeleistungen willen eine Selbsthilfe des Hilfesuchenden in Betracht, wenn es ihm nicht zuzumuten ist, die Entscheidung des Sozialhilfeträgers abzuwarten (vgl. BVerwGE 26, 217 <220>; 90, 154 <156>; 90, 160 <162>). So lag es hier.

Nach den tatsächlichen Feststellungen des Berufungsgerichts hatte der Beklagte vom 16. Mai (Eingang des Schreibens des P.instituts vom 14. Mai 1986 beim Beklagten) bis zum 25. August 1986 Zeit, um den Eltern des Klägers eine ebenso behindertengerechte, aber kostengünstigere Betreuungsalternative in Baden-Württemberg anzubieten. Dafür, dass diese Zeitspanne zu gering war, als dass der Kläger eine Entscheidung des Beklagten vor Beginn des Vorschuljahres hätte erwarten können, sind keinerlei Anhaltspunkte ersichtlich; auch der Beklagte behauptet dies nicht. Das Berufungsgericht hat vielmehr festgestellt, dass der Beklagte den Fall des Klägers schleppend und ohne den erforderlichen Nachdruck behandelt hat (vgl. Urteilsabdruck S. 16 f.). Ein weiteres Zuwarten war dem Kläger, dessen Förderungsbedürftigkeit im Sinne des Besuchs eines Sonderschulkindergartens für Gehörlose das staatliche Schulamt K. mit Bescheid vom 22. Juli 1986 festgestellt hatte, im Hinblick auf den Beginn des Vorschuljahres nicht zumutbar. Das hat der Beklagte selbst dadurch anerkannt, dass er die Kosten für den Besuch des Sonderschulkindergartens schließlich rückwirkend zum Beginn des Vorschuljahres übernahm. Für die abschließende Entscheidung benötigte der Beklagte über den Zeitpunkt des Beginns des Vorschuljahres hinaus noch weitere sechs Monate. Das Berufungsgericht hat all dies zutreffend dahin gewertet, dass das aus dem tatsächlichen Aufenthalt des Klägers im Sonderschulkindergarten des P.instituts folgende Risiko, einem durch das Erfordernis des Betreuungskontinuums verengten Entscheidungsspielraum gegenüberzustehen, dem Beklagten in nicht geringem Maße selbst zur Last fällt und daher dem Kläger nicht als unzulässige „Selbsthilfe" entgegengehalten werden kann.

Der Beklagte wendet demgegenüber ein, das Berufungsgericht habe die seiner Entscheidung zugrunde liegenden Tatsachen falsch gewürdigt, weil unstreitig feststehe, dass die Unterbringung des Klägers in der Sonderschule der Staatlichen Schule für Gehörlose und Sprachbehinderte in H. bereits zu Beginn des Schuljahres ohne weiteres möglich gewesen wäre. Ein Fehler in der Beweiswürdigung wird damit jedoch nicht aufgezeigt. Denn nach der zutreffenden Rechtsansicht des Berufungsgerichts kam es für die Entscheidung des Falles nicht allein darauf an, ob die Heimsonderschule in H. zu einer behindertengerechten Betreuung des Klägers fähig und bereit war; entscheidungserheblich war vielmehr auch und vor allem, ob nach Art und Ausmaß der Behinderung des Klägers diesem ein Wechsel der Betreuungsstätte ohne Beeinträchtigung des ihm zustehenden Anspruchs auf Eingliederungshilfe möglich und zumutbar war. Das Berufungsgericht hat dies in Würdigung des von ihm eingeholten Sachverständigengutachtens verneint. Hiergegen hat der Beklagte zulässige und begründete Rügen nicht erhoben.

Entgegen der Ansicht des Beklagten stehen Gründe des Nachrangs der Sozialhilfe dem Hilfebegehren nicht entgegen. Zwar erhält nach § 2 Abs. 1 BSHG Sozialhilfe nicht, wer die erforderliche Hilfe von anderen, besonders von Angehörigen erhält. Dieser Grundsatz findet jedoch nach der ständigen Rechtsprechung des Bundesverwaltungsgerichts seine Begrenzung in den bereits oben dargelegten Erfordernissen effektiver Rechtsdurchsetzung. Hat ein Dritter den Bedarf des Hilfebedürftigen tatsächlich gedeckt, darf dies dem Sozialhilfeanspruch dann nicht entgegengehalten werden, wenn der Dritte die Hilfeleistung nur deshalb erbracht hat, weil der Träger der Sozialhilfe nicht rechtzeitig eingegriffen oder ein Eingreifen abgelehnt hat (vgl. BVerwGE 23, 255 <257>; 52, 214 <226>; 65, 52 <53>; 90, 154 <156> sowie Urteil vom 4. September 1980 – BVerwG 5 C 55.79 – <FEVS 29, 45/47 = ZfSH 1981, 23/24>).

Von einem solchen Sachverhalt kann im vorliegenden Fall ausgegangen werden. Zwar hat das Berufungsgericht nicht ermittelt, wer die Sonderschulkosten für den Kläger im streitgegenständlichen Schuljahr getragen hat. Hierfür kommen nach Lage der Dinge jedoch nur der Träger des P.instituts oder die Eltern des Klägers in Betracht. Bei beiden kann ohne Beweiserhebung davon ausgegangen werden, dass sie die Unterbringungskosten dem Kläger nur vorschießen und nicht mit einer den Beklagten befreienden Wirkung leisten wollten. Für den Träger des P.instituts ergibt

sich dies daraus, dass er den Beklagten bei Aufnahme des Klägers um Kostenüber-
nahme ersucht hat, während die Eltern des Klägers dies für den Beklagten unmiss-
verständlich dadurch zum Ausdruck gebracht haben, dass sie einerseits ihren Sohn
trotz Ablehnung der Kostenübernahme im P.institut belassen, andererseits aber im
Namen ihres Sohnes auf Kostenübernahme geklagt haben." ...

Leitsatz (redaktionell) (BVerwG, Urteil vom 26.02.1999, Az.: 5 B 137/98)

Die eigenen oder fremden Leistungen müssen zum Bedarfzeitpunkt zur Verfügung stehen.

Aus den Gründen:

„... Die Beschwerde des Beklagten gegen die Nichtzulassung der Revision in dem
Urteil des Bayerischen Verwaltungsgerichtshofs ist nicht begründet. Der Rechtssa-
che kommt die von der Beschwerde als alleiniger Zulassungsgrund geltend ge-
machte grundsätzliche Bedeutung (§ 132 Abs. 2 Nr. 1 VwGO) nicht zu.

Die vom Beklagten aufgeworfene Rechtsfrage, „ob eine Rentennachzahlung eines
Sozialversicherungsträgers für Zeiten, für die in der Vergangenheit Sozialhilfe ge-
währt wurde, den Sozialhilfeträger berechtigt, für den in der Vergangenheit liegenden
Leistungszeitraum die Rentennachzahlung als Einkommen zu berücksichtigen und
deshalb einen Leistungsbescheid nach § 29 Satz 2 BSHG als Voraussetzung für
einen Erstattungsanspruch gegen den Rentenversicherungsträger nach § 104 Abs. 1
Satz 4 SGB X zu erlassen, oder ob solche Rentennachzahlungen nicht für die Ver-
gangenheit vom Sozialhilfeträger als Einkommen berücksichtigt werden dürfen", ist
nicht von grundsätzlicher Bedeutung, weil sie sich auch ohne Durchführung eines
Revisionsverfahrens allein auf der Grundlage des Wortlautes der einschlägigen ge-
setzlichen Vorschriften und bereits vorliegender Rechtsprechung des Senats beant-
worten lässt.

Bei der Rentennachzahlung handelt es sich danach eindeutig nicht um Einkommen,
das sozialhilferechtlich als bereits in dem Zeitraum zugeflossen betrachtet werden
könnte, in dem der betreffende Rentenanspruch entstanden war und (gleichwohl) So-
zialhilfe gewährt wurde. Soweit in § 29 Satz 1 BSHG – über dessen rechtliche Vor-
aussetzungen die Beteiligten streiten – von einer „Aufbringung der Mittel aus dem
Einkommen" die Rede ist, meint das Gesetz nur Einkommen im Sinne von Mitteln,
die dem Hilfesuchenden eine rechtzeitige Bedarfsdeckung ermöglichen („bereite Mit-
tel"). Hierunter fällt ein in Form einer Rentennachzahlung erzieltes Einkommen erst
im Zeitpunkt seines Zuflusses, also im Zeitpunkt der Rentennachzahlung selbst. So-
weit dagegen ein Anspruch auf Rentennachzahlung in den Blick genommen wird, wie
dies der Verwaltungsgerichtshof getan hat (S. 8 f. des Berufungsurteils), handelte es
sich auch hierbei im Zeitpunkt seiner Entstehung angesichts der vom Berufungsge-
richt für das Bundesverwaltungsgericht bindend festgestellten (vgl. § 137 Abs. 2
VwGO) „gegebenen Umstände" (noch) nicht um ein „bereites Mittel". Unter welchen
– generellen – Voraussetzungen Ansprüche bzw. Rechte „bereite Mittel" sind, ist in
der Rechtsprechung des Senats geklärt (vgl. z.B. BVerwGE 55, 148 <152>; weitere
Hinweise auf die Senatsrechtsprechung im Beschluss des Senats vom 13. Mai 1996
– BVerwG 5 B 52.96 – <Buchholz 436.0 § 2 BSHG Nr. 20>).

Soweit die Beschwerde es für klärungsbedürftig hält, „ob ein Erstattungsanspruch nach § 104 Abs. 1 Satz 1 (SGB X) hier besteht", fehlt hierfür ein revisionsgerichtlicher Klärungsbedarf, weil von der Frage nach dem Bestehen von Erstattungsansprüchen der Leistungsträger untereinander nicht die Entscheidung in einem Revisionsverfahren abhängt, das (allein) die Rechtmäßigkeit der Heranziehung des Klägers als des Hilfeempfängers zum Kostenersatz nach § 29 Satz 2 BSHG betrifft."

Leitsatz (redaktionell) (BVerwG, Urteil vom 23.11.1995, Az.: 5 C 13/94)

Es kommt mithin auf die Durchsetzbarkeit einer Forderung an, nicht auf deren Bestehen.

Aus den Gründen:

„... Die Klägerin begehrt vom Beklagten, einem überörtlichen Träger der Sozialhilfe, Eingliederungshilfe für den Besuch einer Sonderberufsfachschule.

Die 1972 geborene Klägerin ist aufgrund einer angeborenen spastischen Lähmung erheblich gehbehindert. Nach Erwerb der Mittleren Reife begann sie zunächst unter Vermittlung des Arbeitsamtes B. im September 1990 eine Berufsausbildung zur Bürogehilfin bei der AOK A., musste diese jedoch mit dem Ablauf der Probezeit abbrechen, da sie den dortigen Anforderungen in Maschineschreiben und Stenografie wegen Störungen in der Feinmotorik nicht gewachsen war. Auf Empfehlung und Kosten des Arbeitsamtes nahm sie daraufhin vom 15. bis 26. April 1991 an einer Berufsfindungsmaßnahme im Berufsförderungszentrum J. P. in W. (Bayern) teil. Diese ergab eine Eignung der Klägerin für den Beruf „Bürokauffrau". Eine Aufnahme im Berufsförderungszentrum J. P. wäre zum Jahresende 1991 möglich gewesen.

Da die Klägerin der Ausbildung im Berufsförderungszentrum J. P. ablehnend gegenüberstand und ein ärztliches Attest vom 22. Mai 1991 ihr bescheinigte, dass die Nähe des Ausbildungsortes zum Heimatort eine wichtige Rolle für ihre psychische Stabilität spiele, machte das Arbeitsamt B. nach Erörterung der Angelegenheit mit der Klägerin am 15. Juli 1991 einen Eingliederungsvorschlag mit dem Ziel, die Klägerin zur Bürokauffrau an der Sonderberufsfachschule im Körperbehindertenzentrum O. in W. (Baden-Württemberg) auszubilden. Allerdings wies das Arbeitsamt darauf hin, dass hierfür eine Förderung aus Mitteln der Bundesanstalt für Arbeit nicht in Betracht komme, da es sich um eine schulische Ausbildung handele. Eine Aufnahme im Berufsbildungswerk H. sei frühestens 1993, im Rehabilitationszentrum K. frühestens 1994 möglich. Daraufhin beantragte die Klägerin mit Schreiben vom 16. Juli 1991 beim Beklagten die Übernahme der Kosten für die Ausbildung zur Bürokauffrau in der Körperbehinderteneinrichtung W. für den ab 26. August 1991 laufenden Ausbildungskurs. Dies lehnte der Beklagte mit Bescheid vom 28. August 1991 unter Hinweis auf den Nachrang der Sozialhilfe ab. Den hiergegen eingelegten Widerspruch wies der Beklagte mit Bescheid vom 25. November 1991 zurück: Für die berufliche Förderung der Klägerin sei vorrangig die Arbeitsverwaltung zuständig. Ob das Berufsförderungszentrum J. P. in W. die für die Klägerin geeignete Einrichtung sei, könne zwar nicht abschließend beurteilt werden; es sei aber allein Sache der Arbeitsverwaltung, die Aufnahme der Klägerin in eine geeignete Einrichtung zu vermitteln. Die Klägerin müsse sich dementsprechend mit der Arbeitsverwaltung auseinandersetzen und evtl.

auch eine längere Wartezeit etwa für eine Ausbildung im Berufsbildungswerk H. (Baden-Württemberg) in Kauf nehmen.

Hiergegen hat die Klägerin Klage erhoben mit dem Ziel, den Beklagten zu verpflichten, über ihren Antrag unter Beachtung der Rechtsauffassung des Gerichts erneut zu entscheiden. Das Verwaltungsgericht hat nach Einholung einer Auskunft des Berufsförderungszentrums J. P. in W. zu den dortigen Ausbildungsmöglichkeiten sowie eines Gutachtens des Landesarztes für Behinderte zur Frage, ob es der Klägerin im Hinblick auf die Entfernung vom elterlichen Wohnort zumutbar sei, ab November 1991 dort eine Ausbildung zu absolvieren, der Klage stattgegeben. Zur Begründung hat es im Wesentlichen ausgeführt: Dem Anspruch der Klägerin auf Eingliederungshilfe stehe der Nachrang der Sozialhilfe nicht entgegen. Die Durchführung der Ausbildung im Berufsförderungszentrum J. P. könne der Klägerin nicht zugemutet werden, da diese Einrichtung im Hinblick auf die besondere Situation der Klägern für diese nicht geeignet sei. Dort fehle es an begleitenden psychosozialen und pädagogischen Hilfen. Auch die Möglichkeit einer Ausbildung in H. im Frühjahr 1993 müsse sich die Klägerin nicht entgegenhalten lassen. Denn es sei ihr mit Rücksicht auf ihre psychische Situation nicht zuzumuten gewesen, mit dem Beginn einer Eingliederungsmaßnahme bis zum Jahr 1993 zu warten.

Die gegen dieses Urteil eingelegte Berufung des Beklagten hat der Verwaltungsgerichtshof zurückgewiesen und zur Begründung ausgeführt: Bei der Frage, ob jemand Hilfe von anderen erhalte, sei von der tatsächlichen Lage des Hilfesuchenden auszugehen. Diese sei im Fall der Klägerin dadurch geprägt, dass sie zunächst eine Einrichtung der Arbeitsverwaltung probeweise besucht, sich dann aber für eine in der Trägerschaft des Beklagten stehende Einrichtung entschieden habe, diese seit längerer Zeit tatsächlich auch besuche und dementsprechend die Übernahme der Kosten begehre. In einem solchen Fall sei lediglich zu fragen, ob der Hilfesuchende für die konkrete Maßnahme, für die er Hilfe durch Geldleistungen begehre, Leistungen von anderen Trägern erhalte oder erhalten könne. Der Nachrang der Sozialhilfe greife deshalb im vorliegenden Fall nicht, weil feststehe, dass die Arbeitsverwaltung für die durch den Aufenthalt der Klägerin im Körperbehindertenzentrum W. entstehenden Kosten nicht aufkomme, weil es sich dabei um eine schulische und nicht um eine berufliche Ausbildung handele. Das bedeute nicht, dass ein Hilfeempfänger ein Recht auf freie Wahl der von ihm bevorzugten Einrichtung habe. Schranke sei in jedem Fall der Mehrkostenvorbehalt des § 3 Abs. 2 BSHG. Anhaltspunkte dafür, dass die Klägerin sich für einen nicht erforderlichen oder im Sinne von § 3 BSHG unangemessenen, weil mit unverhältnismäßigen Mehrkosten verbundenen Ausbildungsgang entschieden hätte, bestünden aber nicht.

Gegen dieses Urteil richtet sich die Revision des Beklagten, mit der er seinen Klagabweisungsantrag weiterverfolgt. Er rügt Verletzung des § 2 BSHG.

Die Klägerin verteidigt das angefochtene Urteil.

Entscheidungsgründe

Die Revision des Beklagten ist begründet. Die das Berufungsurteil tragenden rechtlichen Erwägungen sind mit Bundesrecht nicht vereinbar (§ 137 Abs. 1 Nr. 1 VwGO). Die auf der Grundlage der noch darzustellenden rechtlichen Beurteilungskriterien zu treffende abschließende Entscheidung erfordert indes noch tatsächliche Feststellungen, die zu treffen dem Revisionsgericht verwehrt ist (§ 137 Abs. 2 VwGO), so dass die Sache zur weiteren Sachaufklärung an die Vorinstanz zurückverwiesen werden muss (§ 144 Abs. 3 Satz 1 Nr. 2 VwGO).

Zutreffend ist das Berufungsgericht davon ausgegangen, dass der Klägerin Eingliederungshilfe in Form der Hilfe zur Ausbildung für einen angemessenen Beruf zustehen kann. Nach § 39 Abs. 1 Satz 1 BSHG ist Personen, die nicht nur vorübergehend körperlich, geistig oder seelisch wesentlich behindert sind, Eingliederungshilfe zu gewähren. Die Klägerin gehört unbestritten zu diesem Personenkreis. Der Beklagte hat zwar – auch – im Revisionsverfahren die Frage, ob die Voraussetzungen der §§ 39, 40 Abs. 1 Nr. 4 BSHG vorliegen, offengelassen. Hierin liegt aber kein Bestreiten einer wesentlichen Behinderung der Klägerin im Sinne des § 39 Abs. 1 Satz 1 BSHG, sondern lediglich ein Hinweis darauf, dass es nach der Rechtsauffassung des Beklagten auf das Vorliegen dieses Tatbestandsmerkmals nicht ankomme. So hat es auch das Berufungsgericht gesehen, und so ergibt es sich auch aus dem eigenen, vom Beklagten im verwaltungsgerichtlichen Verfahren eingereichten Schreiben vom 16. Juli 1993 an das Berufsförderungszentrum J. P. in W., in dem der Beklagte ausdrücklich feststellt, bei der Klägerin liege eine wesentliche und nicht nur vorübergehende körperliche Behinderung im Sinne des § 39 Abs. 1 Satz 1 BSHG vor.

Auch die weiteren Voraussetzungen der Eingliederungshilfe nach § 39 Abs. 3, § 40 Abs. 1 Nr. 4, § 47 BSHG in Verbindung mit § 13 Abs. 1 Nr. 2 Eingliederungshilfe-Verordnung hat das Berufungsgericht zu Recht als erfüllt angesehen. Nach § 13 Abs. 1 Nr. 2 Eingliederungshilfe-Verordnung umfasst die Hilfe zur Ausbildung für einen angemessenen Beruf im Sinne des § 40 Abs. 1 Nr. 4 BSHG unter anderem die Hilfe zur Ausbildung an einer Berufsfachschule. Nach den gemäß § 137 Abs. 2 VwGO bindenden tatsächlichen Feststellungen des Berufungsgerichts ist das Körperbehindertenzentrum W., das die Klägerin besucht, eine Sonderberufsfachschule, so dass die durch den Besuch dieser Einrichtung entstehenden Kosten vom Beklagten als dem zuständigen überörtlichen Träger der Sozialhilfe (§ 100 Abs. 1 Nr. 1 BSHG) zu übernehmen sind, wenn der Nachrang der Sozialhilfe dem nicht entgegensteht.

Sozialhilfe erhält nach § 2 Abs. 1 BSHG nicht, wer die erforderliche Hilfe von anderen, besonders von Trägern anderer Sozialleistungen, erhält. Dies hat das Berufungsgericht verneint, weil es der Ansicht war, bei der Frage, ob die Klägerin die „erforderliche Hilfe" von der Arbeitsverwaltung erhalten könne, sei auf die konkrete, vom Hilfesuchenden in Anspruch genommene Ausbildungsmaßnahme abzustellen mit dem Ergebnis, dass für eine schulische Ausbildung an einer Berufsfachschule Geldleistungen der Bundesanstalt für Arbeit nicht beansprucht werden könnten. Das verletzt Bundesrecht.

Die Klägerin benötigt Hilfe mit dem Ziel ihrer Eingliederung auf dem allgemeinen Arbeitsmarkt. Die vom Arbeitsamt finanzierte Berufsfindungsmaßnahme hat als angemessenen Beruf, dessen Ausübung der Klägerin durch die Eingliederungsmaßnahme ermöglicht werden soll, den der Bürokauffrau ergeben. Die für die Ausübung dieses Berufes erforderlichen Fertigkeiten und Kenntnisse können nach Lage der Dinge sowohl durch eine sogen. betriebliche Ausbildung (vgl. die Verordnung über die Berufsausbildung zum Bürokaufmann/zur Bürokauffrau vom 13. Februar 1991 <BGBl I S. 425>) als auch durch eine schulische Ausbildung an einer Berufsfachschule vermittelt werden. Hilfen an einen Behinderten für eine berufliche Ausbildung in Betrieben oder überbetrieblichen Ausbildungsstätten stellt, soweit nicht ein anderer Rehabilitationsträger zuständig ist (§ 57 Satz 1 AFG), die Bundesanstalt für Arbeit als berufsfördernde Leistungen zur Rehabilitation zur Verfügung (§ 56 Abs. 1, § 58

Abs. 1 Satz 1 in Verbindung mit § 40 Abs. 1 AFG), während für eine schulische Ausbildung die Träger der Sozialhilfe als berufsfördernde Maßnahme (vgl. § 40 Abs. 2 BSHG) Hilfe zur Ausbildung (§ 40 Abs. 1 Nr. 4 BSHG) gewähren können. Beide Sozialleistungen dienen demselben Zweck, nämlich dem Behinderten die Ausübung des Berufes „Bürokaufmann/Bürokauffrau" zu ermöglichen. Führen betriebliche und schulische Ausbildung zu gleichwertigen berufsqualifizierenden Abschlüssen für denselben Beruf, decken finanzielle Hilfen zur Durchführung dieser Ausbildungen den gleichen Bedarf. Bei einer solchen Situation verlangt der Sinn des Nachranggrundsatzes, in der Ausbildungshilfe des gegenüber der Sozialhilfe vorrangigen Sozialleistungsträgers grundsätzlich die erforderliche Hilfe im Sinne des § 2 Abs. 1 BSHG zu sehen.

Sozialhilfe als Hilfe in gegenwärtiger Not fungiert in dem gegliederten Sozialleistungssystem der Bundesrepublik Deutschland grundsätzlich als letzte soziale Sicherung (vgl. Begründung zum Entwurf eines Bundessozialhilfegesetzes, BTDrucks III/ 1799 S. 38 zu § 2). Ihre Garantiefunktion wird nicht aktualisiert, wenn der Hilfebedürftige die im Einzelfall erforderliche Hilfe von einem Träger vorrangiger Sozialleistungen erhält. Dabei kommt es auf Einzelheiten in der Ausgestaltung der bedarfsdeckenden Hilfe in den beiden Sozialleistungssystemen auch dann nicht entscheidend an, wenn die Sozialhilfe in einzelnen Beziehungen günstiger ausgestaltet sein sollte. Maßgeblich ist vielmehr, dass die Hilfeleistung nach dem Recht des Trägers der vorrangigen Sozialleistung im Ganzen so ausgestaltet ist, dass der Bedarf des Hilfebedürftigen angemessen (§ 9 SGB I: „ausreichend") abgedeckt und deshalb für ein Eingreifen der Sozialhilfe kein Raum ist. Das hat der Senat für das Verhältnis zwischen der gesetzlichen Krankenversicherung und der Eingliederungshilfe nach dem Bundessozialhilfegesetz entschieden (vgl. BVerwGE 38, 174 <175 f.>); für das Verhältnis zwischen sozialhilferechtlicher Eingliederungshilfe und berufsfördernden Leistungen zur Rehabilitation der Arbeitsverwaltung gilt nichts anderes.

Ein Wahlrecht des Hilfebedürftigen zwischen diesen beiden Sozialleistungen besteht nicht. Denn der Nachranggrundsatz steht nicht zur Disposition des Hilfebedürftigen. Das „Wunschrecht" des § 3 Abs. 2 BSHG betrifft das „Wie" der Hilfeleistung durch einen Träger der Sozialhilfe; es setzt Alternativen der Bedarfsdeckung innerhalb dieses Sozialleistungssystems voraus (vgl. BVerwGE 91, 114 <116>; 94, 127 <130>) und begründet keine Befugnis, zwischen den Hilfen unterschiedlicher Sozialleistungssysteme zu wählen.

Hätte demnach der Verwaltungsgerichtshof die Berufung nicht mit der Begründung zurückweisen dürfen, der Nachrang der Sozialhilfe greife deshalb nicht, weil feststehe, dass die Arbeitsverwaltung für die Kosten einer Berufsfachschulausbildung nicht aufkomme, so lässt sich jedoch noch nicht übersehen, ob sich die Entscheidung nicht doch im Ergebnis als richtig erweist. Hierzu bedarf es noch tatsächlicher Feststellungen, die zu treffen dem Revisionsgericht verwehrt ist. Dabei ist von folgenden rechtlichen Maßstäben auszugehen:

§ 2 Abs. 1 BSHG setzt nach der ständigen Rechtsprechung des Bundesverwaltungsgerichts im Hinblick auf den Charakter der Sozialhilfe als Hilfe in gegenwärtiger, konkreter Not voraus, dass die Hilfe des Trägers anderer Sozialleistungen tatsächlich bereitsteht (BVerwGE 38, 307 <308>). Die Sozialhilfe tritt also nicht bereits dann zurück, wenn der Hilfesuchende einen Rechtsanspruch auf die begehrte Hilfe gegen einen anderen Sozialleistungsträger hat, sondern erst dann, wenn er sie auch tatsächlich erhält (BVerwGE 38, 174 <176>) oder ohne Schwierigkeiten in angemesse-

ner Frist erhalten kann (BVerwGE 38, 307 <309>). Auch sonst hat der Senat einen Rechtsanspruch auf Hilfe durch einen Dritten nur dann als den Nachrang der Sozialhilfe auslösend angesehen, wenn es sich um ein bereites Mittel der Selbsthilfe handelt und seine Inanspruchnahme für den Hilfesuchenden auch sonst nicht unzumutbar ist (BVerwGE 60, 367 <368 f.>; 89, 192 <194> sowie Urteil vom 12. Oktober 1993 – BVerwG 5 C 38.92 – <Buchholz 436.0 § 2 BSHG Nr. 16 S. 15>). Denn nur Forderungen, die rechtzeitig durchsetzbar sind, stellen zur Behebung einer gegenwärtigen Notlage „bereite Mittel" dar (BVerwGE 67, 163 <166> sowie Urteil vom 12. Oktober 1993 a.a.0).

Für das Verhältnis zwischen arbeitsförderungsrechtlichen Leistungen zur Rehabilitation und sozialhilferechtlicher Eingliederungshilfe bedeutet dies: Der Hilfebedürftige muss sich grundsätzlich auf die Inanspruchnahme der berufsfördernden Leistungen zur Rehabilitation durch die Arbeitsverwaltung verweisen lassen, wenn sie die Ausbildung zu demselben Beruf ermöglichen. Ausnahmen kommen dann in Betracht, wenn eine betriebliche Ausbildung dem Behinderten mit Blick auf seine Behinderung nicht zumutbar ist, sei es, dass er wegen seiner Behinderung gerade auf eine schulische Ausbildung angewiesen ist oder aber die konkret in Betracht kommenden, von der Arbeitsverwaltung förderbaren betrieblichen oder überbetrieblichen Ausbildungsstätten dem Behinderten nicht unter zumutbaren Bedingungen zugänglich sind oder aber keine behinderungsgerechten Ausbildungsbedingungen aufweisen. Denn für die Eingliederungshilfe nach den §§ 39 ff. BSHG hat der Senat bereits entschieden, dass der Behinderte nur auf die Inanspruchnahme derjenigen Einrichtungen verwiesen werden darf, die nach ihrer personellen und sächlichen Ausstattung eine der Besonderheit des Einzelfalles, vor allem der Art und Schwere der Behinderung des Hilfesuchenden gerecht werdende Erfüllung der Aufgabe der Eingliederungshilfe erwarten lassen. Dabei darf nicht bei der Prüfung stehengeblieben werden, ob die betreffende Einrichtung ein der Behinderung des Hilfesuchenden gerecht werdendes Betreuungsangebot unterbreiten kann, also zu seiner Eingliederung objektiv geeignet ist; von Bedeutung ist vielmehr auch, ob die Betreuungseinrichtung für den Behinderten ohne gravierende Beeinträchtigung des Eingliederungserfolges zugänglich ist (BVerwGE 94, 127 <131>). Für die Frage, ob der Behinderte vom Sozialhilfeträger auf die Inanspruchnahme von Rehabilitationseinrichtungen anderer Sozialleistungsträger verwiesen werden darf, kann nichts anderes gelten.

Das Berufungsgericht hat sich mit diesen Fragen – von seinem abweichenden Rechtsstandpunkt aus folgerichtig – nicht befasst. Das Verwaltungsgericht dagegen ist nach Beweiserhebung zu dem Ergebnis gelangt, dass die vom Arbeitsamt B. angebotene Ausbildung im Berufsförderungszentrum J. P. in W. der Klägerin nicht habe zugemutet werden können, da diese Einrichtung im Hinblick auf die besondere Situation der Klägerin für diese nicht geeignet gewesen sei. Diese Würdigung ist jedoch vom Beklagten im Berufungsverfahren als auf unzureichend aufgeklärter Tatsachengrundlage erfolgt angegriffen worden, so dass die Eignung dieser Ausbildungsstätte für die Klägerin der abschließenden tatrichterlichen Würdigung durch das Berufungsgericht bedarf.

Soweit der Beklagte meint, die Klägerin hätte sich auf die Inanspruchnahme des – allerdings aus Kapazitätsgründen erst im Frühjahr 1993 zur Verfügung stehenden – Berufsbildungswerkes in H. verweisen lassen müssen, hat das Verwaltungsgericht dem Beklagten entgegengehalten, eine derartige „Warteschleife" hätte sich nach dem gerade erlittenen erheblichen Misserfolg durch das Scheitern der begonnenen Ausbildung bei der AOK ungünstig auf die ohnehin geringe psychische Stabilität der

Klägerin ausgewirkt und sei ihr deshalb nicht zumutbar gewesen. Das lässt sich im rechtlichen Ansatz aus der Sicht der eingangs dargestellten bundesrechtlichen Maßstäbe nicht beanstanden. Eine Aushöhlung des Nachranggrundsatzes ist dadurch, dass die Arbeitsverwaltung durch unzumutbar lange Wartezeiten bei den von ihr eingesetzten Rehabilitationseinrichtungen Behinderte zur Inanspruchnahme von Einrichtungen der Sozialhilfe zwingt, nicht zu befürchten. Denn wenn die vom Beklagten insoweit erhobenen Vorwürfe zutreffen sollten, stünde mit § 104 SGB X ein geeignetes Instrument zur Verfügung, um den Nachrang der Sozialhilfe wiederherzustellen."

Leitsatz (redaktionell) (BVerwG, Urteil vom 29.09.1971, Az.: V C 2.71)

Der Hilfesuchende muss wegen der Nachrangigkeit der Sozialhilfe Sozialleistungen anderer Träger beantragen.

Aus den Gründen:

„Dem Kläger könnte der begehrte Zuschuss zu den Kosten der Heilkur als vorbeugende Gesundheitshilfe oder Krankenhilfe nach dem Bundessozialhilfegesetz nur dann zugesprochen werden, wenn er sich nicht selbst helfen könnte und die erforderliche Hilfe auch nicht von anderen, besonders von Trägern anderer Sozialleistungen erhielte (§ 2 Abs. 1 BSHG). Im vorliegenden Falle fragt es sich, ob der Kläger, weil Versicherter nach dem Angestelltenversicherungsgesetz – AnVG –, wegen des begehrten Zuschusses an die Bundesversicherungsanstalt verwiesen werden durfte.

Da die Sozialhilfe Hilfe in einer bestimmten Notlage ist, muss der Nachranggrundsatz des § 2 Abs. 1 BSHG so verstanden werden, dass Hilfe nach dem Bundessozialhilfegesetz dann ausscheidet, wenn die Hilfe des Trägers anderer Sozialleistungen zur Behebung der eingetretenen Notlage tatsächlich bereitsteht oder der Hilfesuchende sich selbst tatsächlich helfen kann. Dies bedeutet, dass es nicht entscheidend darauf ankommen kann, ob der Hilfesuchende einen Rechtsanspruch gegen einen Dritten hat (zuletzt Urteil vom 9. Juni 1971 – BVerwG V C 56.70 –), sondern darauf, ob der nach dem Bundessozialhilfegesetz berücksichtigungsfähige Bedarf (durch Dritte) tatsächlich befriedigt werden kann.

Unter diesen Umständen ist es für die Entscheidung nicht erforderlich, die in §§ 12 ff. AnVG vorgesehenen Maßnahmen zur Erhaltung, Besserung und Wiederherstellung der Erwerbsfähigkeit den Hilfsmöglichkeiten im Rahmen der vorbeugenden Gesundheitshilfe und der Krankenhilfe nach dem Bundessozialhilfegesetz gegenüberzustellen. Von Bedeutung ist lediglich, ob der Kläger im vorliegenden Fall einen im Rahmen des Bundessozialhilfegesetzes deckungsfähigen Kurbedarf auch im Rahmen des Angestelltenversicherungsgesetzes gedeckt erhalten könnte. Diese Frage kann jedoch beim derzeitigen Stand der tatsächlichen Feststellungen nicht sicher bejaht werden. Sie kann freilich schon mit Rücksicht darauf, dass dem Kläger verschiedentlich Kuren durch die Bundesversicherungsanstalt für Angestellte genehmigt worden sind, auch nicht verneint werden. Ebensowenig kann – unbeschadet des Leistungsrahmens der beiden Gesetze – gesagt werden, dass der Kläger jedenfalls im vorliegenden Falle tatsächlich nicht mit Leistungen der Angestelltenrentenversicherung hätte rechnen können. Weder aus dem Angestelltenversicherungsgesetz selbst noch aus den zu den einschlägigen Vorschriften des Gesetzes ergangenen Rahmengrundsätzen der Bundesversicherungsanstalt kann entnommen werden, dass der

Versicherte in jedem Falle erst nach einer Wartezeit von zwei Jahren mit der Bewilligung einer Kur rechnen könnte und der Kläger deshalb, weil erst 1965 in Kur, für 1966 von Kurleistungen ausgeschlossen gewesen wäre.

Hiernach ist davon auszugehen, dass der Kläger zwar die Deckung des Kurbedarfs nicht von dritter Seite erlangt hatte. Es war indessen auch nicht ausgeschlossen, dass er von dritter Seite hätte Hilfe erlangen können. Mit diesen Feststellungen allein lässt sich jedoch die Frage, ob Mittel zur Deckung des eingetretenen Bedarfs nicht bereitstanden, nicht beantworten.

Wenn auch der Begriff der bereiten Mittel auf die tatsächliche Lage hindeutet, in der sich der Hilfesuchende befindet, so ist damit doch nicht zugleich gesagt, dass Möglichkeiten der Bedarfsbefriedigung, werden sie nicht tatsächlich ausgenutzt, unberücksichtigt zu bleiben hätten.

Wenn das Bundessozialhilfegesetz in § 2 Abs. 1 denjenigen von der Gewährung von Hilfe ausschließt, der sich selbst helfen kann, und in § 115 Abs. 1 den Hilfesuchenden verpflichtet, bei der Feststellung des Bedarfs mitzuwirken, so stellt es klar, dass auch zukünftige Möglichkeiten zur Bedarfsbefriedigung zu beachten sind. Freilich können damit nur solche Möglichkeiten gemeint sein, die nach Lage des einzelnen Falles geeignet sind, zur Deckung des Bedarfs in angemessener Frist zu führen. Es liegt auf der Hand, dass etwa derjenige, der um Hilfe zum Lebensunterhalt nachsucht, nicht auf einen Rentenanspruch verwiesen werden kann, der im günstigsten Falle mehrere Monate nach Eintritt des Bedarfsfalles erfüllt wird. Andererseits würde es sich aber auch nicht mit dem Nachranggrundsatz vertragen, wenn der einzelne sich ohne Rücksicht auf die Möglichkeit der Bedarfsbefriedigung von dritter Seite an den Träger der Sozialhilfe mit der Bitte um Hilfe wenden könnte, um diesem auch dann die Durchsetzung seiner Ansprüche gegen den Dritten zu überlassen, wenn er selbst bei rechtzeitiger Tätigwerden die Bedarfsdeckung durch Dritte hatte herbeiführen können. Dem steht das Urteil des Bundesverwaltungsgerichts vom 2. Juni 1965 (BVerwGE 21, 208 (212)) nicht entgegen. Dort heißt es zwar, der Hilfesuchende dürfe nur auf bereite Mittel verwiesen werden. Zugleich ist aber mit dem Hinweis darauf, dass es sich um realisierbare Ansprüche handeln müsse, klargestellt, dass auch die Frage der Durchsetzbarkeit im einzelnen Falle nicht außer Betracht bleiben darf.

Hierauf wird es allerdings dann nicht ankommen, wenn von vornherein feststeht, dass Hilfe von dritter Seite nicht zu erlangen ist. Nach den oben gemachten Darlegungen steht jedoch im vorliegenden Falle nicht fest, dass der Kläger von der Bundesversicherungsanstalt Hilfe nicht hätte erlangen können. Mithin kann nur gefragt werden, ob dem Kläger im Rahmen seiner Selbsthilfeverpflichtung zugemutet werden konnte, vor Inanspruchnahme des Trägers der Sozialhilfe die Möglichkeit einer Hilfe durch die Bundesversicherungsanstalt zu erkunden. Diese Frage ist zu bejahen.

Die Bedarfsdeckung hing im vorliegenden Falle nicht nachweisbar von einem sofortigen Eingreifen des Trägers der Sozialhilfe ab. Weder hat der Kläger dartun können, dass er sich nicht einige Monate vor Kurantritt um eine Entscheidung der Bundesversicherungsanstalt hätte bemühen können, noch ist erkennbar, dass die Kur unaufschiebbar war. Ist aber nicht nachgewiesen, dass nur durch ein sofortiges Eingreifen des Beklagten ein sozialhilferechtlich erheblicher Bedarf befriedigt werden kann, so muss der Kläger mit seiner Klage abgewiesen werden, ohne dass es auf die vom Berufungsgericht bejahte Frage ankäme, ob der Kläger mit seinem Einkommen die Einkommensgrenze überschreitet".

Auch Leistungen der Jugendhilfe sind vorrangig in Anspruch zu nehmen, wenn eine Hilfe zur Erziehung notwendig ist und das Jugendamt umfassend helfen kann.

Leitsatz (BVerwG, Urteil vom 06.02.1986, Az.: 5 C 23.85)

Erhält ein Minderjähriger in einer Notlage, die Hilfe zur Erziehung erfordert, diese Hilfe umfassend vom Träger der Jugendhilfe, dann besteht aus demselben Anlass kein Anspruch auf Sozialhilfe (hier: Eingliederungshilfe); diese ist nachrangig.

Dabei soll maßgeblich sein, dass der Anspruch alsbald verwirklicht werden kann, vgl.

Leitsatz (BVerwG, Urteil vom 05.05.1983, Az.: 5 C 112/81)

Auf eine sozialhilferechtlich beachtliche Notlage, auf den Mangel an „bereiten Mitteln" – auch aus dem Grund fehlender Leistungsfähigkeit des Schuldners – kann sich der Hilfesuchende nicht berufen, der ausdrücklich erklärt, einen ihm zustehenden Anspruch, dessen Erfüllung die Notlage zu beheben geeignet erscheint, nicht durchsetzen zu wollen.

Leitsatz (redaktionell)

Lässt sich nicht aufklären, ob ein Anspruch zu verwirklichen ist, der dem Grunde nach besteht, so geht dies zu Lasten des Antragstellers.

Aus den Gründen:

„Der Klägerin und ihrem Kind ist die Sozialhilfe rechtswidrig gewährt worden: Sozialhilfe ist nach ihrem Grundgedanken Hilfe in einer Notlage. Sie ist zu gewähren, wenn der Hilfesuchende hilfebedürftig ist. Hilfebedürftigkeit besteht – geht es, wie hier, um die Mittel zur Bestreitung des notwendigen Lebensunterhalts – in dem Mangel an diesen Mitteln. Sozialhilfe ist außerdem subsidiär (nachrangig). Sie erhält derjenige nicht, der sich selbst helfen kann (§ 2 Abs. 1 BSHG). Es steht also nicht im Belieben des Hilfesuchenden, zwischen der Selbsthilfe und der Inanspruchnahme der Sozialhilfe zu wählen. Zur Selbsthilfe gehört vor allem der Einsatz des eigenen Einkommens und (unter Beachtung von Schongrenzen) des Vermögens (vgl. § 11 Abs. 1 Satz 1 BSHG). Hierzu rechnet die Verwirklichung von Forderungen, die dem Hilfesuchenden zustehen – unter der Voraussetzung, dass sie in angemessener Zeit durchzusetzen sind, weil es für die Gewährung von Sozialhilfe auf die tatsächliche Lage und für die Behebung der Notlage auf „bereite Mittel" ankommt (vgl. dazu aus der ständigen Rechtsprechung des Bundesverwaltungsgerichts die Entscheidungen in BVerwGE 21, 208 (211); 38, 307 (308); 41, 115 (116/117) und 55, 148 (152)).

Auf der Grundlage all dessen musste der Beklagte prüfen, ob die Klägerin und ihr Kind (jeder für sich, vgl. BVerwGE 55, 148 (150)) hilfebedürftig waren. Hierzu bestand Grund. Die Lage, in der sich die Klägerin vor der Geburt ihres Kindes befunden und in der der Beklagte zeitabschnittsweise Hilfe zum Lebensunterhalt gewährt hatte, änderte sich unter dem sozialhilferechtlich beachtlichen Aspekt der Hilfebedürftigkeit in dem Augenblick grundlegend, in dem das Kind geboren wurde. Der Klägerin waren nach § 1615 1 BGB vor allem Unterhaltsansprüche gegen den Vater des Kindes erwachsen, ebenso nach §§ 1615a ff. BGB dem Kind. Unter dem Aspekt der „bereiten Mittel" war zu prüfen, inwieweit die Klägerin und ihr Kind ihre Ansprüche nach § 1615o BGB im Wege der einstweiligen Verfügung gegen den Vater alsbald durchsetzen konnten.

Dieser Lage ist sich der Beklagte offenbar nicht bewusst gewesen. Er hat ohne die zur Feststellung der Hilfebedürftigkeit gebotene Prüfung der vorgenannten Umstände der Klägerin weiterhin und dem Kind vom 13. Juli 1976 an erstmals Hilfe zum Lebensunterhalt gewährt in der Vorstellung, er könne seine Leistungen im Wege der Überleitung der Unterhaltsansprüche und durch Inanspruchnahme des Vaters (s. §§ 90 und 91 BSHG) ohne weiteres ersetzt verlangen und erhalten, sobald er dessen Namen und Anschrift erfährt. Dabei hat er übersehen, dass er mit Rücksicht auf § 1600a BGB die genannten Ansprüche so lange nicht auf sich überleiten kann, wie die Vaterschaft nicht anerkannt oder durch rechtskräftige gerichtliche Entscheidung festgestellt ist (vgl. dazu Bundesgerichtshof, Urteil vom 25. Mai 1973 (NJW 1973, 1367 (1368))). Von da her kam es auf das Erfahren des Namens und der Anschrift des Vaters zunächst nicht an, so dass in diesem Zusammenhang eine Mitwirkung der Klägerin nach § 60 Abs. 1 Nr. 1 des Sozialgesetzbuchs – Allgemeiner Teil – (Art. I des Gesetzes vom 11. Dezember 1975 (BGBl. I S. 3015)) – SGB I – nicht in Betracht kam. Die Erhebung der Klage auf Feststellung der Vaterschaft durch die Klägerin namens ihres Kindes kraft des ihr nach § 1705 BGB zustehenden elterlichen Sorgerechts (unter Einschluss der Befugnis, die in § 1706 BGB genannten Aufgaben wahrzunehmen) und die Durchsetzung der darauf fußenden Geldansprüche lassen sich nicht dem in den §§ 60 ff. SGB I beschriebenen Pflichtenkreis zuordnen.

Was die sozialhilferechtlich beachtliche Notlage selbst anlangt, so kann sich der Hilfesuchende auf eine solche Notlage, auf den Mangel an „bereiten Mitteln" – auch aus dem Grund fehlender Leistungsfähigkeit des Schuldners – nicht berufen, der ausdrücklich erklärt, einen ihm zustehenden Anspruch, dessen Erfüllung die Notlage zu beheben geeignet erscheint, nicht durchsetzen zu wollen. Etwas anderes hat nur dann zu gelten, wenn es für dieses Verhalten des Hilfesuchenden einen Rechtfertigungsgrund gibt. Dessen Anerkennung erfordert eine Abwägung des privaten Interesses des Hilfesuchenden und des vom Träger der Sozialhilfe wahrzunehmenden öffentlichen Interesses an einem sparsamen Umgang mit den Mitteln, die aus dem Steueraufkommen, also letzten Endes aus der Leistung derjenigen stammen, die das Bruttosozialprodukt erarbeiten.

Niemand wird in Abrede stellen – auch das Oberverwaltungsgericht anerkennt dies –, dass es außergewöhnliche Gründe geben kann, aus denen die Mutter eines nichtehelichen Kindes zu der Frage, ob sie den Vater ihres Kindes kennt, schweigen will und aus denen sie infolgedessen die von ihr namens des Kindes (vgl. §§ 1600n Abs. 1 und 1705 BGB) zu erhebende Klage auf Feststellung der Vaterschaft und die Inanspruchnahme des Vaters auf Erfüllung der ihr und dem Kind zustehenden Ansprüche als eine Belastung empfinden darf, die so schwerwiegend ist, dass das erwähnte öffentliche Interesse und sogar das Interesse des Kindes daran, seinen Vater zu kennen, hinter dem privaten Interesse der Mutter zurückstehen muss. Jedoch setzt diese Abwägung der Interessen deren Kenntnis voraus, d.h. also die Kenntnis der Umstände, die das Überwiegen des Interesses der Hilfesuchenden rechtfertigen können. Dem vom Verwaltungsgericht angeführten Einwand, das Interesse der Mutter schließe gerade auch ein, jegliche Angaben zu einer für das Bestehen einer beachtlichen, anerkennenswerten Konfliktlage verweigern zu dürfen, kann deshalb nicht gefolgt werden, weil damit die Interessenabwägung selbst in die Hand desjenigen gelegt wäre, der an der Gewährung der Leistung das allergrößte Eigeninteresse hat. Damit wäre unter dem Aspekt des Missbrauchs und seiner Verhütung jede Prüfung und Abwägung selbst durch ein unabhängiges Gericht ausgeschlossen. Auf die naheliegenden Folgen der Anerkennung einer solchen der Mutter des nichtehelichen Kindes eingeräumten Entscheidungsfreiheit hat das Berufungsgericht bereits zutreffend hingewiesen. Es ist – will man zum Missbrauch nicht geradezu anreizen – unabweisbar, dass zunächst eine Konfliktlage überhaupt geltend gemacht wird und dass ihre Gründe (mindestens andeutungsweise) dargetan werden. Zu Recht weist der Oberbundesanwalt in diesem Zusammenhang auf Vorschriften hin, die die Behörde zur Geheimhaltung von Geheimnissen verpflichten (vgl. § 30 VwVfG und § 35 SGB I)."

Bemerkung zur Übertragbarkeit der Rechtsprechung auf das neue Recht des SGB XII:

Die zitierten Entscheidungen, insbesondere der Verwaltungsgerichtsbarkeit zu den Einzelfragen im Rahmen der Regelung des § 2 SGB XII, werden ohne weitere Abstriche übertragbar sein auf das neue Recht, zumal mit der Regelung fast inhaltsgleich und nur klarstellend die Altregelung des § 2 BSHG überarbeitet wurde.

Verpflichtungen anderer Sozialleistungsträger, Nachrangregelung des Absatzes 2

In Absatz 2 der Regelung des § 2 SGB XII ist der Grundsatz verankert, dass die aus Steuermitteln finanzierte Sozialhilfe anderweitige Sozialleistungsträger, die über bspw. Beiträge finanziert sind, nicht entlasten soll. Die Sozialhilfe ist eben das letzte „Auffangbecken".

Das SGB XII ist gegenüber anderen Verpflichtungen absolut subsidiär:

Leitsatz (BVerwG, Urteil vom 27.01.1965, Az.: 5 C 37/64)

Verordnung zur Kriegsopferfürsorge § 4 Satz 1 verletzt nicht höherrangiges Recht, wenn er die Familienangehörigen des Kriegsbeschädigten wegen der im Falle der Behinderung notwendigen Hilfe auf die Leistungen nach dem Bundessozialhilfegesetz verweist. Der sog Subsidiaritätsgrundsatz des Sozialhilferechts hindert den Gesetzgeber oder Verordnungsgeber nicht, hilfsbedürftige Personen von Leistungen nach anderen Vorschriften als denen des Bundessozialhilfegesetzes auszuschließen.

Aus den Gründen:

„... Der Kläger hat als Kriegsbeschädigter Anspruch auf Kriegsopferfürsorge für sich und seine Familienangehörigen. Indessen ist in § 4 Satz 1 der Verordnung zur Kriegsopferfürsorge vom 30. Mai 1961 (BGBl. I S. 653) – KrOFV – bestimmt, dass Leistungen der Kriegsopferfürsorge Beschädigten auch für Familienmitglieder gewährt werden, soweit diese nicht wegen ... Behinderung Anspruch auf Leistungen nach anderen öffentlich-rechtlichen Vorschriften haben. Da der Sohn des Klägers behindert ist, die Erfüllung der Voraussetzungen für die Gewährung einer Hilfe zur Pflege nach §§ 68 ff. des Bundessozialhilfegesetzes vom 30. Juni 1961 (BGBl. I S. 815,1875) mit späteren Änderungen – BSHG – auch von keiner Seite bestritten ist, hätte der Beklagte den Kläger zu Recht an den Träger der Sozialhilfe verwiesen, wenn die Bestimmung des § 4 Satz 1 KrOFV rechtsgültig ist. Das ist der Fall.

Der Senat hat bereits in seinen Urteilen vom 9. Dezember 1964 – BVerwG V C 5.64 und V C 86.64 – ausgeführt, dass die Ermächtigungsnorm des § 27d des Bundesversorgungsgesetzes, hier anzuwenden in der Fassung vom 18. Juli 1961 (BGBl. I S. 1001) – BVG –, dem Art. 80 GG entspricht. Die Urteile des Senats beziehen sich zwar auf die nähere Ausgestaltung der Erziehungsbeihilfe nach § 27 BVG durch die Verordnung zur Kriegsopferfürsorge. Indessen muss Gleiches auch für die Hilfe zum Lebensunterhalt gelten, in deren Rahmen die hier streitige Pflegezulage begehrt wird. Die Ermächtigungsnorm des § 27d BVG bezieht ausdrücklich auch die die Grundlage der Hilfe zum Lebensunterhalt betreffende Vorschrift des § 27a BVG ein. Auch für die Hilfe zum Lebensunterhalt gilt das, was der Senat für die Erziehungsbeihilfe ausgeführt hat, nämlich dass das gesetzgeberische Programm für die Kriegsopferfürsorge in den Vorschriften der §§ 25 ff. BVG so umrissen ist, dass sich die Grundzüge der nach § 27d BVG zu erlassenden Verordnungen mit hinreichender Deutlichkeit bereits aus dem Gesetz ergeben.

Die hier in Betracht kommende Vorschrift des § 4 Satz 1 KrOFV hält sich auch im Rahmen der in § 27d erteilten Ermächtigung, unter anderem Art und Ausmaß der Leistungen der Kriegsopferfürsorge zu bestimmen.

Das Bundesversorgungsgesetz schließt in § 25 Abs. 1 die Familienangehörigen des Beschädigten in die Kriegsopferfürsorge ein. Gleichwohl schränkt § 4 Satz 1 KrOFV nicht unzulässigerweise den Kreis der von der Kriegsopferfürsorge Bedachten ein, sondern regelt das Ausmaß der Kriegsopferfürsorge.

Die Familienangehörigen des Beschädigten haben keinen selbstständigen Anspruch auf Leistungen der Kriegsopferfürsorge. Das ergibt sich bereits aus § 25 Abs. 1 BVG, der ausdrücklich sagt, dass die Kriegsopferfürsorge die Familienangehörigen „umfasst". Schon nach dem Wortlaut des Gesetzes sind die Familienangehörigen des Beschädigten demnach nicht selbst Anspruchsberechtigte, sondern lediglich Begünstigte. Auch der Zusammenhang der gesetzlichen Vorschriften erweist, dass die Familienangehörigen nicht selbst anspruchsberechtigt sind. Ziel der Kriegsopferfürsorge ist der Schadensausgleich im Rahmen sozialer Notwendigkeit (§ 25a Abs. 1 BVG). Die Familienangehörigen werden unter diesen Umständen von der Kriegsopferfürsorge mit umfasst, weil der dem Beschädigten entstandene Schaden sich auch auf die Unmöglichkeit erstreckt, den Unterhaltsverpflichtungen nachzukommen, die er ohne die erlittene Schädigung hätte erfüllen können. Soll aber mit der Einbeziehung der Familienangehörigen der Schadensausgleich auf die gestörte „Ernährerfunktion" des Beschädigten erstreckt werden, so handelt es sich bei § 4 Satz 1 KrOFV um eine nähere Bestimmung des Schadensumfangs und auf der Schadens-

ausgleichsseite um die nähere Bestimmung des Ausmaßes der zu gewährenden Leistungen.

Freilich soll nicht verkannt werden, dass etwa ein gänzlicher Ausschluss der Familienangehörigen von den Leistungen der Kriegsopferfürsorge dem Gesetz nicht entsprechen würde. Denn handelt es sich hier auch um eine Frage der Bemessung der Kriegsopferfürsorge, so bleibt doch die grundsätzliche Verpflichtung des Verordnungsgebers bestehen, den Auftrag des Gesetzgebers zu erfüllen, auch die gestörte Ernährerfunktion des Beschädigten auszugleichen. Indessen ist zu beachten, dass das Bundesversorgungsgesetz nicht einen vollen Schadensausgleich gewährt. Der Beschädigte wird auf sein sonstiges Einkommen verwiesen (§ 25a Abs. 1, § 27a Abs. 1 BVG) und erhält nur einen angemessenen Ausgleich. Wirkt aber bei dem Beschädigten selbst auch solches Einkommen auf die Höhe der Fürsorge ein, das nicht dem Schadensausgleich zu dienen bestimmt ist, so ist es auch nicht systemfremd, wenn bei den Angehörigen des Beschädigten eine Substitution der Einkommensquellen stattfindet. Das bedeutet im vorliegenden Zusammenhang, dass die Störung der Ernährerfunktion des Beschädigten auch ausgeglichen werden kann durch öffentlich-rechtliche Leistungen an seine Familienangehörigen, die nicht dem Schadensausgleich dienen. Deshalb bestehen keine Bedenken, auch solche Bestimmungen, die die Angehörigen des Beschädigten auf öffentlich-rechtliche Leistungen außerhalb des Bundesversorgungsgesetzes verweisen, als Bestimmungen über die Höhe der Kriegsopferfürsorge anzusehen.

§ 4 KrOFV ist hiernach nicht zu beanstanden, soweit die Ausfüllung der gesetzlichen Ermächtigung in Frage steht. Er schließt die Hilfe für die Familienangehörigen bei Behinderung nur dann aus, wenn für den Fall der Behinderung anderweitige öffentlich-rechtliche Leistungen vorgesehen sind. Das ist aber vorliegend der Fall; denn der Sohn des Klägers kann nach den §§ 68 ff. BSHG eine Pflegezulage erhalten.

Die Verweisung auf die Pflegezulage nach dem Bundessozialhilfegesetz ist auch nicht deshalb zu beanstanden, weil das Bundessozialhilfegesetz vom Grundsatz der Subsidiarität beherrscht ist. Klarzustellen ist vorab, dass der Subsidiaritätsgrundsatz im Sozialhilferecht nichts mit dem Subsidiaritätsgrundsatz zu tun hat, wie er zuweilen als ein dem Grundgesetz vorgegebener Satz des Verfassungsrechts anerkannt wird. Der verfassungsrechtliche Subsidiaritätsgrundsatz, soweit er nicht die positive Seite des allgemeinen Subsidiaritätsgrundsatzes, das „subsidium" als Pflicht zur Hilfe, betrifft, soll ein Rangverhältnis zwischen der möglichen Selbsthilfe des Einzelnen oder der kleineren Gemeinschaften und staatlicher Hilfe herstellen. Er ist aber nicht geeignet, zwischen den einzelnen Hilfen des Staates ein Rangverhältnis zu begründen.

Nach § 2 Abs. 2 BSHG werden Verpflichtungen anderer, besonders Unterhaltspflichtiger oder der Träger anderer Sozialleistungen, durch das Bundessozialhilfegesetz nicht berührt. Mit diesem Satz begründet das Bundessozialhilfegesetz keine selbstständige Pflicht zur Hilfeleistung durch Träger anderer Sozialleistungen. Vielmehr soll das Konkurrenzverhältnis zwischen dem Bundessozialhilfegesetz und anderen gesetzlichen Bestimmungen dahin klargestellt werden, dass das Bundessozialhilfegesetz nicht andere gesetzliche Vorschriften verdrängt, sondern lediglich ergänzt.

Der Gesetz- oder Verordnungsgeber ist durch das Bundessozialhilfegesetz demnach in keiner Weise gehindert, einzelne Personen oder Personengruppen von bestimmten Leistungen nach anderen Vorschriften als dem Bundessozialhilfegesetz auszuschließen. § 2 Abs. 2 BSHG greift nur bei der Gesetzesanwendung ein. Die Erfüllung eines nach einem anderen Gesetz als dem Bundessozialhilfegesetz gegebenen An-

spruchs kann nicht mit der Begründung versagt werden, der Berechtigte habe An-
sprüche nach dem Bundessozialhilfegesetz, oder negativ ausgedrückt, § 2 Abs. 2
BSHG greift nicht ein, wenn auf Grund anderer gesetzlicher Bestimmungen ein An-
spruch nicht besteht.

Unter diesen Umständen stand das Bundessozialhilfegesetz dem Erlass der Verord-
nung zur Kriegsopferfürsorge nicht entgegen.

Schließlich kann auch nicht anerkannt werden, dass § 4 Satz 1 KrOFV den Gleich-
heitssatz verletze. Die Verweisung der Beschädigten mit behinderten Kindern auf die
Sozialhilfe führt nicht deshalb zu einer Schlechterstellung, weil Beschädigte mit ge-
sunden Kindern Hilfe als Hilfe zum Lebensunterhalt im Wege der Kriegsopferfürsorge
erhalten. Für gesunde Kinder wird nämlich keine Pflegezulage gezahlt. Überdies
schließt die Pflegezulage nach dem Bundessozialhilfegesetz die Hilfe zum Lebens-
unterhalt keineswegs aus (dazu auch Gottschick, BSHG, 2. Aufl., Bem. 1 zu § 68;
Vorbem. 2 vor § 27; Bem. 2 zu § 12). Tatsächlich wird der Sohn des Klägers auch bei
der Regelsatzberechnung im Rahmen der Kriegsopferfürsorge mitberücksichtigt.
Eine Verletzung des Gleichheitssatzes kann auch nicht deshalb angenommen wer-
den, weil die Hilfe zum Lebensunterhalt im Wege der Kriegsopferfürsorge gezahlt
wird, die Pflegezulage jedoch nach dem Bundessozialhilfegesetz. Nach dem heuti-
gen Verständnis kann von einem herabsetzenden Charakter der Sozialhilfe nicht
mehr die Rede sein. Dass die Sozialhilfe für den Sohn des Klägers unter Umständen
Zahlungsverpflichtungen des Klägers selbst auslöst, kann ebenfalls nicht als eine
Verletzung des Gleichheitssatzes anerkannt werden. Durch die Bindung der Ersatz-
pflicht an die Einkommensgrenzen (§ 91 Abs. 1 BSHG) ist gewährleistet, dass der
Beschädigte nicht des sozialen Schutzes verlustig geht, der den Kriegsbeschädigten
durch die Kriegsopferfürsorge verbürgt ist." ...

Der Nachrang der Sozialhilfe darf auch (selbstverständlich) nicht über eine fehlerhafte Ermessensausübung seitens eines anderen Trägers umgangen werden:

Leitsatz (redaktionell) (BSG, Urteil vom 25.02.1982, Az.: 3 RK 67/83)

Eine Krankenkasse handelt ermessensfehlerhaft, wenn sie dabei die vom
Versicherten bezogene Sozialhilfe nicht in Abzug bringt.

Aus den Gründen:

„Der Beigeladene, der seit Januar 1978 als Bezieher von Arbeitslosengeld und Ar-
beitslosenhilfe Pflichtmitglied der Beklagten war, hat von der Klägerin laufende Hilfe
zum Lebensunterhalt nach dem Bundessozialhilfegesetz (BSHG) bezogen. Von Juli
bis September 1978 standen ihm monatlich für sich und seine sechs minderjährigen
Kinder ohne Mietzuschuss 2.347,40 DM zur Verfügung nämlich 1.167,40 DM Ar-
beitslosengeld, 730,00 DM Kindergeld und 450,00 DM Hilfe zum Lebensunterhalt.
Ende Juli 1978 wurde seine Tochter I, für die er einen Anspruch auf Familienkranken-
hilfe nach § 205 der Reichsversicherungsordnung (RVO) hatte, mit Zahnersatz ver-
sorgt. Von den Kosten in Höhe von 2.046,99 DM hat die Beklagte – entsprechend
ihrer Satzung – gem § 182c Satz 1 und 2 RVO 80 % übernommen. Mit Bescheid vom
17. Juli 1978 hat sie die Übernahme des Restbetrages in Höhe von 409,40 DM abge-
lehnt. Daraufhin hat ihn der Kläger im Wege der Sozialhilfe übernommen. Auf seine

Klage hat das Sozialgericht (SG) die Beklagte zur Erstattung verurteilt. Im Berufungs-
verfahren hat die Beklagte – unter Berücksichtigung eines ihr bei der Berechnung
des Einkommens des Versicherten unterlaufenen Rechenfehlers – einen Teilbetrag
in Höhe von 172,66 DM anerkannt, so dass nur noch 236,74 DM im Streit sind. Sie
hat sich auf die Richtlinien des Landesverbandes der Ortskrankenkassen in Bayern
(Bl 39 ff der SG-Akten) bezogen, nach denen sie laut Vorstandsbeschluss vom 6. De-
zember 1977 verfährt. Diese Richtlinien sahen für das Jahr 1978 bei monatlichen
Bruttoeinnahmen zwischen 2.340,00 DM und 2.534,00 DM bei fünf familienhilfebe-
rechtigten Angehörigen eine Eigenbeteiligung bis zur Höhe von 25 % der Einnahmen
vor (hier: 2.347,40 DM: 4 = 586,85 DM). Das Landessozialgericht (LSG) hat die Be-
rufung zurückgewiesen. Zur Begründung hat es ausgeführt: Beim Vorliegen eines
besonderen Härtefalles nach § 182c RVO habe die Beklagte keinen Ermessensspiel-
raum mehr gehabt. Ein Härtefall liege aber immer dann vor, wenn die Einnahmen den
notwendigen Lebensbedarf im Sinne des BSHG nicht überschreiten....

Die Verpflichtung der Beklagten, bei ihrer Entscheidung den „Bedarf" des Versicher-
ten in Erwägung zu ziehen, ergibt sich nicht nur aus dem Inhalt des Begriffs „beson-
derer Härtefall", sondern auch aus § 33 Sozialgesetzbuch – Allgemeiner Teil –
(SGB I), wonach bei unbestimmtem Inhalt von Rechten und Pflichten die persönli-
chen Verhältnisse des Berechtigten sowie sein Bedarf und seine Leistungsfähigkeit
zu berücksichtigen sind. Da dieser Bedarf aber, wie aus den oben genannten Grün-
den dem § 2 Abs. 2 BSHG zu entnehmen ist, ohne Rücksicht auf die empfangenen
Sozialhilfeleistungen zu ermitteln war, ist es bei dem Vorgehen der Beklagten zu
einer echten Prüfung der Hilfsbedürftigkeit des Beigeladenen, also der Tatsache, ob
und inwieweit er den sozialhilferechtlichen Mindestbedarf unterschritten hat (§§ 11,
12 BSHG iVm der gem § 22 BSHG ergangenen Regelsatzverordnung) gar nicht ge-
kommen. Wäre die Beklagte hier aber zutreffenderweise von einem bloßen Einkom-
men von 1.167,40 DM Arbeitslosengeld zuzüglich 730,00 DM Kindergeld, also insge-
samt 1.897,40 DM ausgegangen, so hätte dies unter Anwendung ihrer Richtlinien, an
die sie sich gebunden hält, zu einer vollen Übernahme der Restkosten geführt. Denn
nach der Richtlinien-Tabelle für das Jahr 1978 beträgt die Eigenbeteiligung der Ver-
sicherten bei einem Einkommen zwischen 1.756,00 DM und 1.950,00 DM (– also
den Betrag von 1.897,00 DM mit umgreifend –) bei fünf familienhilfeberechtigten An-
gehörigen höchstens 15 %; da der Beigeladene aber sechs solcher Angehörigen
hatte und die Gesamttabelle eine Eigenbeteiligung unter 15 % nicht vorsieht, führen
die Richtlinien-Grundsätze der Beklagten in diesem Fall zu einer vollen Übernahme.
Da die selbstbindende Zugrundelegung der Richtlinien die Geltendmachung weite-
rer, über den unbestimmten Rechtsbegriff hinausgehender Ermessensgesichts-
punkte aber ausschließt, ist ihr Ermessensspielraum „auf Null geschrumpft", so dass
eine Ablehnung der beantragten Leistung aus Ermessensgründen nicht in Betracht
kommt. Ihre im Prozesszess nachgetragene Begründung vermag daran nichts zu än-
dern."...

Bemerkung zur Übertragbarkeit der Rechtsprechung auf das neue Recht des
SGB XII:

Die vorstehenden Entscheidungen werden ohne weitere Abstriche auf das neue
Recht übertragbar sein, zumal auch insoweit die bisherige Regelung des BSHG inhaltsgleich übertragen wird.

§ 3 SGB XII   Träger der Sozialhilfe

(1) Die Sozialhilfe wird von örtlichen und überörtlichen Trägern geleistet.

(2) Örtliche Träger der Sozialhilfe sind die kreisfreien Städte und die Kreise, soweit nicht nach Landesrecht etwas anderes bestimmt wird. Bei der Bestimmung durch Landesrecht ist zu gewährleisten, dass die zukünftigen örtlichen Träger mit der Übertragung dieser Aufgaben einverstanden sind, nach ihrer Leistungsfähigkeit zur Erfüllung der Aufgaben nach diesem Buch geeignet sind und dass die Erfüllung dieser Aufgaben in dem gesamten Kreisgebiet sichergestellt ist.

(3) Die Länder bestimmen die überörtlichen Träger der Sozialhilfe.

In der Vorschrift werden die bisher auf verschiedene Stellen im BSHG verteilten Regelungen zur Frage, wer die Sozialhilfe gewährt, zusammengefasst. Die Regelung des Absatzes 1 überträgt dabei inhaltsgleich den bisherigen § 9 BSHG, Abs. 2 den bisherigen § 96 Abs. 1 Satz 1 BSHG, Abs. 3 den bisherigen § 96 Abs. 2 Satz 1 BSHG.

Heranziehung Dritter zur Aufgabenwahrnehmung

Wenn auch Absatz 1 der Vorschrift bestimmt, dass die Träger der Sozialhilfe die Hilfe „leisten", so bedeutet dies längst nicht zugleich, dass sie die Hilfe auch in eigenen Einrichtungen bereitstellen müssen. Dies ergibt sich bereits aus § 75 SGB XII , wonach das Gesetz die Anstaltshilfe zulässt, ohne die Träger der Sozialhilfe zur Unterhaltung von Anstalten zu verpflichten und vielmehr den Abschluss von Finanzierungsvereinbarungen regelt.

Leitsatz (redaktionell) (BVerwG, Urteil vom 27.01.1971, Az.: 5 C 74.70)

Hat jemand in einem Eilfall einem anderen Hilfe gewährt, die der Träger der Sozialhilfe bei rechtzeitiger Kenntnis nach diesem Gesetz gewährt haben würde, sind ihm auf Antrag die Aufwendungen in gebotenem Umfange zu erstatten, wenn er sie nicht auf Grund rechtlicher oder sittlicher Pflicht selbst zu tragen hat.

Aus den Gründen:

„Diese Regelung stellt nichts anderes als den Niederschlag von Grundsätzen dar, die bereits vor dem In-Kraft-Treten des Bundessozialhilfegesetzes teils durch landesrechtliche Vorschriften (z.B. Art. 26 des Bayerischen Fürsorgegesetzes), teils durch die Rechtsprechung (siehe dazu z.B. RGZ 150, 81; 150, 243; auch BAH 66, 27; 92, 6) herausgebildet worden waren. Diese wiederum sind der bürgerlich-rechtlichen Rechtsfigur der Geschäftsführung ohne Auftrag verwandt. Ebenso wie dort aber die Verpflichtung zum Aufwendungsersatz durch nachträgliche Genehmigung der Geschäftsführung herbeigeführt werden kann (§ 684 Satz 2 BGB), kann auch die Erstattungspflicht für den Fall der Nothilfe im Sozialhilferecht durch eine nachträgliche Erklärung des Trägers der Sozialhilfe herbeigeführt werden. Es ist auch sonst aus dem Bundessozialhilfegesetz nicht erkennbar, dass der Sozialhilfeträger nicht sollte durch eine nachträgliche Erklärung die Leistungen des Nothelfers als eigene übernehmen können.

Der Träger der Sozialhilfe ist nicht selbst zur Gewährung der Hilfe (in einem Krankenhaus) verpflichtet. Er hat sie lediglich sicherzustellen (dazu Schellhorn, Anstaltsfürsorge, S. 6). Hieraus folgt die grundsätzliche Befugnis, für die Aufgaben der Sozialhilfe Dritte heranzuziehen, und zwar unbeschadet der fortbestehenden Verantwortlichkeit des Trägers der Sozialhilfe für die Erfüllung der sich aus dem Bundessozialhilfegesetz ergebenden Verpflichtungen und ohne Rücksicht auf die Frage, ob sich das Verhältnis des Hilfesuchenden zum herangezogenen Dritten nach privatem oder öffentlichem Recht bestimmt. Das Bundessozialhilfegesetz sagt das zwar, lässt man § 93 BSHG außer Betracht, nicht ausdrücklich. Es beschäftigt sich in seinem § 10 lediglich mit dem eigenen oder übertragenen Wirkungskreis der Träger der freien Wohlfahrtspflege. Indessen ergibt sich die Zulässigkeit der Regelungen der geschilderten Art schon aus der Tatsache, dass das Gesetz die Anstaltshilfe zulässt, ohne die Sozialhilfeträger zu verpflichten, Anstalten selbst zu unterhalten.

Aus alledem folgt, dass der Beklagte verpflichtet ist, der Klägerin die erstatteten Kosten zu ersetzen, wenn diese sie innerhalb angemessener Frist angemeldet hat. Hieran würde sich auch nichts ändern, wenn unzweifelhaft kein Eilfall vorgelegen hätte. Die Träger der Sozialhilfe sind nämlich auch dann befugt, die Gewährung von Sozialhilfe durch Dritte zu vereinbaren, wenn es sich nicht um einen Eilfall handelt.

Bereits unter der Geltung des Rechts vor In-Kraft-Treten des Bundessozialhilfegesetzes konnte der Träger der Fürsorge die Gewährung von Krankenversorgung dadurch regeln, dass er im Einzelnen Falle vor Aufnahme der Behandlung im Wege der Kostenzusicherung die Bereitschaft zur Übernahme der Kosten erklärte. Daneben gab es unter dem früheren Recht auch allgemeine Vereinbarungen der Träger der Fürsorge mit den Krankenanstalten, auf Grund derer die Krankenanstalten berechtigt waren, hilfsbedürftigen Personen Hilfe zu leisten, allerdings mit der Auflage, hierüber alsbald an den Träger der Fürsorge Mitteilung zu machen. Die Zulässigkeit derartiger, für den einzelnen Fall oder allgemein getroffener Vereinbarungen auch unter dem Bundessozialhilfegesetz folgt aus den oben angestellten Überlegungen. Fraglich sein könnte allenfalls, ob es sich bei den aus den getroffenen Vereinbarungen ergebenden Verpflichtungen um solche des bürgerlichen oder des öffentlichen Rechts handelt.

Dass für das Verhältnis des Krankenhauses zum Träger der Sozialhilfe das öffentliche Recht gilt, folgt aus § 121 BSHG. Wenn dort die Hilfeleistung im Eilfall einen öffentlich-rechtlichen Erstattungsanspruch auslöst, ohne dass es eines Tätigwerdens des Trägers der Sozialhilfe bedürfte, so muss das erst recht für die kraft Vereinbarung entstandenen Ansprüche gelten; denn der Eilfall weist insoweit nur dadurch Besonderheiten auf, dass das Gesetz wegen der Eilbedürftigkeit von der Billigung der getroffenen Maßnahmen absieht. Die Billigung ist sonach der Grundtatbestand für den öffentlich-rechtlichen Erstattungsanspruch, sowohl für den nach § 121 BSHG als auch für den kraft Vereinbarung entstandenen.

Hiernach waren die Parteien auch dann, wenn ein Eilfall nicht vorgelegen haben sollte, in der Lage, die Frage der Erstattung im Wege einer Vereinbarung zu erledigen.

Schon hieraus ergibt sich, dass der Beklagte der Klägerin nicht seine Verfügungen vom 20. März 1935 und vom 16. Juli 1956, durch die er die Krankenhäuser seines Bezirks ermächtigt hat, in bestimmten Fällen Fürsorge zu gewähren, entgegenhalten kann. Nach den oben gemachten Darlegungen kann es sich bei diesen Verfügungen nicht um – unabdingbare – Rechtssätze handeln, sondern lediglich um eine Verpflichtung, im gegebenen Falle Erstattung zu leisten. Dann war der Beklagte aber auch in der Lage, im vorliegenden Falle von den beiden Verfügungen abzuweichen und Erstattung für den Fall zu versprechen, dass die Anmeldung innerhalb einer angemessenen Frist erfolgt ist.

Schließlich spielt im vorliegenden Falle auch nicht die Regelung des § 3 Fürsorgerechtsvereinbarung in der jetzigen Fassung eine Rolle. Die Klägerin wird nicht durch die allein die Träger der Sozialhilfe untereinander bindende Vorschrift berührt.

Es bleibt nach alledem zu prüfen, ob die Klägerin den Erstattungsanspruch innerhalb angemessener Frist angemeldet hat. Unter diesem Begriff verstehen die Parteien, wie sich aus dem Gesamtzusammenhang ihrer Erklärungen ergibt, nichts anderes als die Frist des § 121 BSHG.

Wenn § 121 BSHG von einer angemessenen Frist zur Anmeldung der Ersatzansprüche spricht, so geht er ersichtlich davon aus, dass es eine feste Frist für alle Fälle nicht gibt. Kommt es auf den Einzelfall an, so fragt es sich, für wen die Frist angemessen sein soll. Nach Auffassung des Gerichts müssen die Belange und Möglichkeiten beider unmittelbar Beteiligten, also des Hilfeleistenden und des Trägers der Sozialhilfe, mit in Betracht gezogen werden. Auf der Seite des Hilfeleistenden ist das gesetzlich anerkannte Interesse an einer Entschädigung für die geleistete Hilfe ebenso in Rechnung zu stellen wie die sich an den Verhältnissen des Einzelfalles ausrichtende Verpflichtung, sorgsam die Interessen desjenigen zu wahren, der für die Kosten der Hilfe erstattungspflichtig sein könnte. Der Träger der Sozialhilfe hat seinerseits ein berechtigtes Interesse daran, alsbald über den Hilfsfall unterrichtet zu werden, um die in einem Hilfsfall notwendigen Vorkehrungen treffen zu können. Hierzu zählt nicht ohne weiteres die Aufklärung des Sachverhalts; denn nach der Regelung des § 121 BSHG muss im Streitfall der Hilfesuchende beweisen, dass die tatsächlichen Voraussetzungen für ein Eingreifen der Sozialhilfe vorlagen. Die Gefährdung der Sachverhaltsaufklärung kann mithin insoweit eine Verkürzung der angemessenen Frist nicht rechtfertigen. Wohl kann auf Seiten des Trägers der Sozialhilfe für die Bestimmung der Frist die Frage einer anderweitigen Ersatzmöglichkeit eine Rolle spielen.

Im vorliegenden Fall steht Folgendes unter den Parteien fest: Die Patientin befand sich vom 4. September bis zum 13. Oktober 1964 im Krankenhaus. Bei der Aufnahme hatte sie angegeben, sie sei privat gegen Krankheit versichert, die Kosten seien gedeckt. Nach zwei vergeblichen Vorschussanforderungen im September 1964 erteilte die Klägerin der Patientin unter dem 19. November 1964 Rechnung. Hierauf zahlte die Patientin am 11. Dezember 1964 den (Teil-)Betrag, den sie von ihrer Privatversicherung erhalten hatte. Am 22. Februar 1965 mahnte die Klägerin den Restbetrag an. Darauf teilte die Patientin am 26. Februar 1965 mit, sie sei zur Begleichung der Restforderung nicht in der Lage, weil sie seit 2. Februar 1965 Sozialhilfe erhalte. Die Klägerin wandte sich daraufhin unter dem 1. März 1965 zunächst an die Stadt H und – nachdem diese unter dem 12. März 1965 auf ihre Unzuständigkeit hingewiesen hatte – am 18. März 1965 an den Beklagten.

Unter den gegebenen Verhältnissen hat die Klägerin ihre Erstattungsforderung innerhalb angemessener Frist geltend gemacht. Sie konnte zunächst davon ausgehen, dass die Patientin die Krankenhauskosten selbst zahlen könne und werde. Sie war nicht verpflichtet, alsbald die Zahlungsfähigkeit und – willigkeit der Patientin nachzuprüfen. Zwar wird in vielen Krankenhäusern – so wie im vorliegenden Falle – von den Privatpatienten ein Kostenvorschuss verlangt. Indessen kann es der Klägerin nicht als mangelnde Sorgfalt bei der Regelung der Kostenfrage zugerechnet werden, dass sie nicht alsbald nach ihren erfolglosen Versuchen, einen Kostenvorschuss zu erhal-

ten, zu Zwangsmaßnahmen geschritten ist. Da der Krankenhausaufenthalt nur von kurzer Dauer war und die entstandenen Kosten sich deshalb in verhältnismäßig engen Grenzen hielten, konnte die Klägerin mit einer abschließenden Regelung zuwarten. Auch nachdem auf die Rechnung nur ein Teilbetrag eingegangen war, bestand keine Veranlassung, alsbald mit Zwangsmaßnahmen gegen die Patientin vorzugehen. Es liegt nach Lage des Einzelfalles noch im Rahmen einer sorgsamen Geschäftsabwicklung, wenn die Klägerin erst auf die Mitteilung der Patientin vom 26. Februar 1965 hin tätig geworden ist. Hierbei mag zwar auf der einen Seite ins Gewicht fallen, dass ein sorgsamer Krankenhausverwalter seine Interessen und die womöglich beteiligter Dritter durch zügige Abwicklung der Zahlungsgeschäfte wahren wird, dass er aber ebenso Bedacht auf die erfahrungsgemäß mit einem Krankenhausaufenthalt verbundenen vielfältigen Schwierigkeiten der Patienten nehmen muss.

Es ist auch nicht ersichtlich, dass durch die Handlungsweise der Klägerin berechtigte Interessen des Beklagten verletzt worden wären. Nach den oben gemachten Darlegungen sind sich die Parteien darüber einig, dass die Voraussetzungen für die Gewährung von Sozialhilfe an die Patientin vorgelegen haben. Ein Interesse des Beklagten an der Aufklärung der Umstände der Krankenhausbehandlung kann also nicht berührt sein."

Bemerkung zur Übertragbarkeit der Rechtsprechung auf das neue Recht des SGB XII:

Die genannte und dargestellte Entscheidung wird auch auf das neue Recht übertragbar sein.

§ 4 SGB XII   Zusammenarbeit

(1) Die Träger der Sozialhilfe arbeiten mit anderen Stellen, deren gesetzliche Aufgaben dem gleichen Ziel dienen oder die an Leistungen beteiligt sind oder beteiligt werden sollen, zusammen, insbesondere mit den Trägern von Leistungen nach dem Zweiten, dem Achten und dem Neunten Buch, sowie mit anderen Trägern von Sozialleistungen, mit den gemeinsamen Servicestellen der Rehabilitationsträger und mit Verbänden.

(2) Ist die Beratung und Sicherung der gleichmäßigen, gemeinsamen oder ergänzenden Erbringung von Leistungen geboten, sollen zu diesem Zweck Arbeitsgemeinschaften gebildet werden.

(3) Soweit eine Erhebung, Verarbeitung und Nutzung personenbezogener Daten erfolgt, ist das Nähere in einer Vereinbarung zu regeln.

Die Regelung verpflichtet die Träger der Sozialhilfe in Anlehnung an den bisherigen § 95 BSHG in Verbindung mit § 81 SGB VIII allgemein zur Zusammenarbeit mit anderen Stellen, wenn dies zur Aufgabenerfüllung geboten ist. Insbesondere soll die Verbesserung der Zusammenarbeit zwischen den Trägern der Sozialhilfe, den Trägern der öffentlichen Jugendhilfe, den anderen Rehabilitationsträgern, der Bundesanstalt für Arbeit und den Grundsicherungsämtern erreicht werden. Das bisherige Instrument der Arbeitsgemeinschaften bleibt bestehen. Entsprechend den datenschutzrechtlichen Erfordernissen wird durch den neuen Absatz 3 sichergestellt, dass in den Fällen, in denen im Rahmen der Zusammenarbeit eine Erhebung, Verarbeitung und Nutzung personenbezogener Daten erfolgt, das Nähere in einer Vereinbarung zu regeln ist.

Leitsatz (redaktionell) (Verwaltungsgerichtshof Baden-Württemberg 6. Senat, Beschluss vom 7. März 1988, Az.: 6 S 2088/86)

Ein privater Taxiunternehmer wird in seinen Grundrechten verletzt, wenn er im Rahmen eines Behindertenfahrdienstes gegenüber Trägern freier Wohlfahrtspflege benachteiligt wird.

---

§ 5 SGB XII   Verhältnis zur freien Wohlfahrtspflege

(1) Die Stellung der Kirchen und Religionsgesellschaften des öffentlichen Rechts sowie der Verbände der freien Wohlfahrtspflege als Träger eigener sozialer Aufgaben und ihre Tätigkeit zur Erfüllung dieser Aufgaben werden durch dieses Buch nicht berührt.

(2) Die Träger der Sozialhilfe sollen bei der Durchführung dieses Buches mit den Kirchen und Religionsgesellschaften des öffentlichen Rechts sowie den Verbänden der freien Wohlfahrtspflege zusammenarbeiten. Sie achten dabei deren Selbstständigkeit in Zielsetzung und Durchführung ihrer Aufgaben.

(3) Die Zusammenarbeit soll darauf gerichtet sein, dass sich die Sozialhilfe und die Tätigkeit der freien Wohlfahrtspflege zum Wohle der Leistungsberechtigten wirksam ergänzen. Die Träger der Sozialhilfe sollen die Verbände der freien Wohlfahrtspflege in ihrer Tätigkeit auf dem Gebiet der Sozialhilfe angemessen unterstützen.

(4) Wird die Leistung im Einzelfall durch die freie Wohlfahrtspflege erbracht, sollen die Träger der Sozialhilfe von der Durchführung eigener Maßnahmen absehen. Dies gilt nicht für die Erbringung von Geldleistungen.

(5) Die Träger der Sozialhilfe können allgemein an der Durchführung ihrer Aufgaben nach diesem Buch die Verbände der freien Wohlfahrtspflege beteiligen oder ihnen die Durchführung solcher Aufgaben übertragen, wenn die Verbände mit der Beteiligung oder Übertragung einverstanden sind. Die Träger der Sozialhilfe bleiben den Leistungsberechtigten gegenüber verantwortlich.

(6) § 4 Abs. 3 findet entsprechende Anwendung.

Die Regelung überträgt in den Absätzen 1 bis 5 inhaltsgleich den bisherigen § 10 BSHG. Der neue Absatz 6 stellt durch den Verweis auf § 4 Abs. 3 sicher, dass in den Fällen, in denen im Rahmen der Zusammenarbeit mit den Verbänden der freien Wohlfahrtspflege eine Erhebung, Verarbeitung und Nutzung personenbezogener Daten erfolgt, das Nähere in einer Vereinbarung zu regeln ist.

Zur Zusammenarbeit mit freien Trägern, insbesondere den Religionsgemeinschaften

---

Leitsatz (BVerwG, Urteil vom 03.12.1996, Az.: 5 B 193/95)

1. Eine Religionsgemeinschaft, die Körperschaft des öffentlichen Rechts werden will (GG Art 140 iVm WRV Art 137 Abs. 5 Satz 2), muss rechtstreu sein.

   a) Sie muss die Gewähr dafür bieten, dass sie das geltende Recht beachten, insbesondere die ihr übertragene Hoheitsgewalt nur in Einklang mit den verfassungsrechtlichen und sonstigen gesetzlichen Bindungen ausüben wird.

   b) Sie muss außerdem die Gewähr dafür bieten, dass ihr künftiges Verhalten die in GG Art 79 Abs. 3 umschriebenen fundamentalen Verfassungsprinzipien, die dem staatlichen Schutz anvertrauten Grundrechte Dritter sowie die Grundprinzipien des freiheitlichen Religions- und Staatskirchenrechts des Grundgesetzes nicht gefährdet.

2. Eine darüber hinausgehende Loyalität zum Staat verlangt das Grundgesetz nicht.

Leitsatz (redaktionell)

Der Gesetzgeber hat mit dem Körperschaftsstatus für Religionsgemeinschaften eine Vielzahl von Einzelbegünstigungen verbunden (sog. „Privilegienbündel"). Zu ihnen gehören beispielsweise steuerliche Begünstigungen (§ 54 AO, § 13 Abs. 1 Nr. 16 ErbStG, § 3 Abs. 1 Nr. 4 GrStG, § 2 Abs. 3 und § 4a UStG), der Vollstreckungsschutz nach § 882a ZPO und § 17 VwVG, die in § 1 Abs. 5 Satz 2 Nr. 6 BauGB angeordnete bauplanungsrechtliche Rücksichtnahme auf die Erfordernisse der korporierten Religionsgemeinschaften, die institutionelle Absicherung der Zusammenarbeit der Sozialhilfeträger mit den korporierten Religionsgemeinschaften in § 10 BSHG und ihre Anerkennung als Träger der freien Jugendhilfe durch § 75 Abs. 3 SGB VIII.

Leitsatz (redaktionell) (BVerwG, Urteil vom 03.12.1996, Az.: 5 B 193/95)

Es besteht weitgehende Freiheit der kommunalen Träger der Sozialhilfe, die Förderung freier Träger von deren jeweiligen Eignung abhängig zu machen.

Aus den Gründen:

„Die mit der Beschwerde behauptete Abweichung von der Entscheidung des Bundesverfassungsgerichts in BVerfGE 22, 180 liegt nicht vor. In dieser Entscheidung geht es u.a. um die Frage, ob die gesetzliche Förderungs- und Finanzierungspflicht

der Gemeinden gegenüber freien Trägern der Jugendpflege (aus § 5 Abs. 1 und Abs. 3 Satz 1 i.V.m. § 8 Abs. 3 JWG) in den Kernbereich der kommunalen Selbstverwaltung eingreift. Das Bundesverfassungsgericht hat diese Frage verneint (a.a.O. S. 207 ff.), dagegen keine Grundsätze über den Zugang zu den für die Förderung der freien Jugendhilfe bereitzustellenden Haushaltsmitteln entwickelt. Insbesondere hat das Bundesverfassungsgericht keinen Rechtssatz aufgestellt, dem die Ansicht des Berufungsgerichts widerspräche, dass „praktische Konkordanz der Selbstverwaltungsgarantie der Gemeinden und der Selbständigkeitsgarantie freier Wohlfahrtsverbände ... durch eine Abwägung herzustellen" sei (S. 11 des Berufungsurteils). Einen solchen Rechtssatz kann die Beschwerde nicht belegen. Ihrem Verständnis, dass nach der Entscheidung des Bundesverfassungsgerichts „keine Abwägung anzustellen" sei, widerspricht vielmehr der Hinweis in dieser Entscheidung darauf, dass es „im pflichtgemäßen Ermessen der Gemeinde (stehe), ob sie im gegebenen Fall Sach- oder Geldleistungen gewähren oder Hilfe in anderer Weise leisten will" (a.a.O. S. 207), und „keinesfalls gezwungen (sei), Haushaltsmittel unrationell einzusetzen" (a.a.O. S. 208).

Auch die ihr von der Beschwerde beigemessene grundsätzliche Bedeutung im Sinne von § 132 Abs. 2 Nr. 1 VwGO kommt der Rechtssache nicht zu. Dies wäre nur der Fall, wenn für die Entscheidung des Berufungsgerichts eine grundsätzliche, bisher höchstrichterlich nicht geklärte Rechtsfrage von Bedeutung war, die auch für die Entscheidung im Revisionsverfahren erheblich wäre und deren höchstrichterliche Klärung zur Erhaltung der Einheitlichkeit der Rechtsprechung oder zu einer bedeutsamen Weiterentwicklung des Rechts geboten erscheint (vgl. BVerwGE 13, 90 <91 f.>). Diese Voraussetzungen sind hier nicht erfüllt.

Auf die Frage, „was eine Tätigkeit auf dem Gebiet der Sozialhilfe i.S.d. § 10 Abs. 3 Satz 2 BSHG" ist, kommt es auf der Grundlage der tatsächlichen Feststellungen des Verwaltungsgerichtshofs nicht an. Das angegriffene Urteil ist – alternativ – damit begründet, dass „keine Tätigkeit 'auf dem Gebiet der Sozialhilfe' ... die rechtliche Beratung in Fragen der Sozialhilfe" insoweit sei, „als es ... einem Hilfesuchenden darum geht, sich gegen Maßnahmen eines Sozialhilfeträgers zur Wehr zu setzen" (S. 9 des Berufungsurteils), die Beklagte aber auch deshalb nicht verpflichtet sei, die Tätigkeit des Klägers in der begehrten Weise zu unterstützen, weil sie dessen Tätigkeit in rechtlich einwandfreier Weise für nicht erforderlich halte (S. 10 des Berufungsurteils). Zwar macht die Beschwerde auch insoweit rechtsgrundsätzliche Bedeutung geltend, indem sie unter Bezugnahme auf ein Urteil des Hamburgischen Oberverwaltungsgerichts vom 12. September 1980 (FEVS 31, 404 <416 f.>) vorträgt, es gebe in der Rechtsprechung der Oberverwaltungsgerichte unterschiedliche Rechtsauffassungen darüber, „inwieweit der Sozialhilfeträger die Selbständigkeit in Zielsetzung und Durchführung der Aufgaben der Selbsthilfeinitiativen zu achten hat (§ 17 Abs. 3 Satz 3 SGB I)". Dem ist jedoch entgegenzuhalten, dass jenes Urteil sich nur mit der Förderung freier Träger durch den Abschluss von Pflegesatzvereinbarungen befasst, dagegen ausdrücklich offengelassen hat, „welche Grundsätze im Einzelnen für die unmittelbare finanzielle Förderung von Einrichtungen und Veranstaltungen der freien Wohlfahrtspflege gelten" (a.a.O. S. 417). Was Letzteres betrifft, so kann keine Frage – und deshalb auch nicht revisionsgerichtlich klärungsbedürftig – sein, dass es den Gemeinden unbenommen ist, ihre Förderungsentscheidung von der Eignung des jeweiligen freien Trägers abhängig zu machen (vgl. auch Hamburgisches OVG, a.a.O. S. 413 f.). Ebenso unproblematisch und deshalb ohne rechtsgrundsätzliche Bedeutung ist die Frage, „ob und in welchem Maß die praktische Konkordanz der Selbstver-

waltungsgarantie der Gemeinden und der Selbständigkeitsgarantie freier Wohlfahrts-
verbände durch eine Abwägung herzustellen ist", soweit es um die Berücksichtigung
von weniger geeigneten freien Trägern geht. Allein daran jedoch hat das Berufungs-
gericht das Klagebegehren letztlich scheitern lassen, indem es von einem „kommu-
nalen Entscheidungsvorrecht über die 'Förderungswürdigkeit' der fraglichen Tätigkeit
ausgegangen ist (S. 11 oben des Berufungsurteils unter Bezugnahme auf BVerfG,
a.a.O.)."

Leitsatz (BVerwG, Urteil vom 03.12.1990, Az.: 7 B 1/88)

Die Gewährung von Zuschüssen für Instandsetzungsmaßnahmen an Altenheimen von Trägern der freien Wohlfahrtspflege (§ 10 BSHG) und nicht auch
von gewerblichen Trägern verstößt nicht gegen den Gleichheitssatz.

Aus den Gründen:

„Die Klägerin betreibt gewerblich zwei private Altenheime. Sie wendet sich gegen die
Gewährung eines einmaligen Zuschusses an die Beigeladene für Instandsetzungs-
maßnahmen an Altenheimen freigemeinnütziger Träger (Konkurrentenklage). Mit der
Beschwerde begehrt sie die Zulassung der Revision gegen das Urteil des Oberver-
waltungsgerichts, mit dem das klagabweisende erstinstanzliche Urteil bestätigt wor-
den ist.

Die auf § 132 Abs. 2 Nrn. 1 und 3 VwGO gestützte Beschwerde bleibt ohne Erfolg.
Aus der Beschwerdeschrift ergibt sich kein Grund für die Zulassung der Revision.

Die Rechtssache hat mit den in der Beschwerdeschrift bezeichneten Fragen keine
grundsätzliche Bedeutung im Sinne des § 132 Abs. 2 Nr. 1 VwGO.

Die Frage, ob § 10 des Bundessozialhilfegesetzes (BSHG) bei der Zusammenarbeit
des Trägers der Sozialhilfe mit den in der Vorschrift genannten Trägern von Einrich-
tungen der freien Wohlfahrtspflege konkurrenzneutral zu handhaben ist und was dies
in Bezug auf die Förderung von Instandsetzungsmaßnahmen im Einzelnen bedeutet,
würde sich in einem Revisionsverfahren nicht stellen; denn die Klägerin gehört als
gewerblicher Betreiber von Altenheimen nicht zu dem Kreis von „Trägern eigener so-
zialer Aufgaben", für die § 10 BSHG gilt. Deshalb würden sich auch nicht die Fragen
stellen, die die Beschwerde im Zusammenhang mit der Erörterung des Urteils des
Oberverwaltungsgerichts Hamburg vom 12. September 1980 (Zeitschrift für das Für-
sorgewesen 1982, S. 59) aufwirft; in dieser Entscheidung geht es nicht – wie hier –
um die Wettbewerbsneutralität gegenüber „freien Trägern" einerseits und gewerbli-
chen Betreibern andererseits, sondern nur um die Wettbewerbsneutralität gegenüber
verschiedenen „freien Trägern" im Sinne des § 10 BSHG. Dass § 10 BSHG den dort
genannten Trägern der freien Wohlfahrtspflege eine besondere Stellung einräumt
und eine angemessene Unterstützung ihrer Tätigkeit vorschreibt und dass dies für
den Haushaltsgesetzgeber ein Grund für eine Differenzierung der Förderung gegen-
über gewerblichen Trägern gleichartiger Einrichtungen durch einmalige Instandset-
zungszuschüsse sein kann, wie das Berufungsgericht angenommen hat, liegt ange-
sichts des eindeutigen Wortlauts des Gesetzes auf der Hand.

Ob § 10 oder ob § 93 BSHG für die Gewährung des Zuschusses an die Beigeladene
einschlägig ist, und ob, wenn § 93 BSHG – wie die Beschwerde meint – lex specialis

gegenüber § 10 wäre, dessen Voraussetzungen vorlagen, war im Berufungsverfahren nicht entscheidungserheblich und wäre es auch in einem Revisionsverfahren nicht; denn die Klägerin wäre durch eine rechtswidrige Gewährung des Zuschusses an die Beigeladene nicht in ihren Rechten verletzt. Keine der genannten Vorschriften schützt mit ihren Voraussetzungen für die Gewährung von Vergünstigungen an Träger der freien Wohlfahrtspflege die mit diesen Trägern konkurrierenden anderen, nämlich gewerblichen, Träger gleichartiger Einrichtungen. Das ist angesichts von Wortlaut und Sinn der Vorschrift eindeutig. Das lässt sich auch nicht durch einen Hinweis auf das Urteil des Oberverwaltungsgerichts Lüneburg vom 11. Juni 1985 (Fürsorgerechtliche Entscheidungen der Verwaltungsgerichte und der Sozialgerichte 1985, Bd. 34, Nr. 73 S. 419, 423 ff.) in Zweifel ziehen. Jene Entscheidung, die übrigens zu der durch Gesetz vom 22. Dezember 1983 geänderten und hier nicht einschlägigen Fassung des § 93 Abs. 2 BSHG ergangen ist, befasst sich mit der Frage, ob ein Träger der Sozialhilfe den Betreiber einer Einrichtung (Sonderschule für Geistigbehinderte) von einem „Verzeichnis der anerkannten Einrichtungen" aus Gründen ausschließen darf, die nicht in ungenügender Eignung der Einrichtung liegen, sondern darauf gerichtet sind, dass Behinderte nicht mehr in der Einrichtung des ausgeschlossenen Trägers, sondern in Einrichtungen freier und gemeinnütziger Träger aufgenommen werden, so dass deren Kapazität ausgeschöpft und deren Kosten so niedrig wie möglich gehalten werden. Einen solchen „Eingriff" sieht das Oberverwaltungsgericht Lüneburg als ein nicht durch § 93 Abs. 2 BSHG in der Fassung vom 23. Dezember 1983 gedecktes Mittel der Angebotssteuerung an. Um einen derartigen Eingriff geht es hier jedoch nicht. Die Gewährung eines einmaligen Zuschusses für Kosten von Instandsetzungsmaßnahmen an Träger der freien Wohlfahrtspflege und nicht auch an andere (gewerbliche) Träger gleichartiger Einrichtungen, denen übrigens Pflegekosten für die in ihren Heimen untergebrachten Sozialhilfeempfänger vom Beklagten ebenfalls erstattet werden, ist auch mit einem derartigen Eingriff nicht vergleichbar. Dass der Zuschuss gezielt gewährt worden wäre, um die gewerblichen Träger im Wettbewerb mit den freigemeinnützigen Trägern zu benachteiligen, ist vom Berufungsgericht nicht festgestellt worden, ebenso nicht, dass er eine solche Wirkung – sei sie beabsichtigt oder nicht – gehabt hätte oder erwarten lasse. Die Frage, ob die besondere, durch § 10 BSHG bekräftigte und garantierte Stellung der Träger der freien Wohlfahrtspflege ein Merkmal ist, das unter dem Gleichheitssatz des Art. 3 Abs. 1 GG die Gewährung eines Zuschusses zu Instandsetzungskosten an diese Träger und nicht zugleich auch an gewerbliche Träger von Altenheimen, insoweit also eine Ungleichbehandlung, rechtfertigt, wirft grundsätzlich klärungsbedürftige Fragen nicht auf. Art. 3 Abs. 1 GG verbietet, Ungleiches willkürlich gleich und Gleiches willkürlich ungleich zu behandeln. Es ist nicht willkürlich, dem Träger einer Einrichtung, dessen Stellung als Träger entsprechender sozialer Aufgaben das Gesetz gewährleistet und dessen Tätigkeit es durch die Träger der örtlichen und überörtlichen Sozialhilfe unterstützt sehen will, und dem zudem die Gemeinnützigkeit verbietet, seine Tätigkeit nach Gesichtspunkten der Gewinnerzielung auszurichten, einen Zuschuss für Instandsetzungsmaßnahmen zu gewähren, einen solchen Zuschuss hingegen einem anderen Träger einer gleichartigen Einrichtung vorzuenthalten, der eine gleiche soziale Aufgabenstellung nicht hat, gleichen oder gleichartigen Bindungen nicht unterliegt und die Einrichtung zwecks Gewinnerzielung betreibt. Dies kann durch den Hinweis auf das Urteil des Bundesverfassungsgerichts vom 8. April 1987 (DVBl. 1987, 621) sowie des beschließenden Senats vom 11. April 1986 – BVerwG 7 C 13.84 – (BayVBl. 1987, 504) zur staatlichen Förderung privater Ersatzschulen nicht in Frage gestellt werden. Die in diesen Entscheidungen, insbesondere in der Ent-

scheidung des Bundesverfassungsgerichts, zur Anwendung des Art. 3 Abs. 1 GG gemachten Ausführungen betreffen die Gleichbehandlung privater Schulen als Ersatz für öffentliche Schulen vor dem Hintergrund der Privatschulfreiheit, die Art. 7 Abs. 4 GG ohne Unterscheidung nach Trägern privater Schulen gewährleistet. Es gibt keine solche Gewährleistung zugunsten von Trägern sozialer Einrichtungen, insbesondere von Altenheimen, unabhängig von ihrer Stellung und Zielsetzung (gemeinnützig oder erwerbswirtschaftlich), die eine Übertragung der vom Bundesverfassungsgericht zur Privatschulfinanzierung aufgestellten Grundsätze auf die Altenheimfinanzierung rechtfertigen könnte. Eine dem Art. 7 Abs. 4 GG vergleichbare Gewährleistung wird auch nicht durch Art. 2 Abs. 1, 12 Abs. 1 und 14 Abs. 1 GG vermittelt. Die Vorschriften schützen, wie das Berufungsgericht zutreffend ausgeführt hat, einen Gewerbetreibenden nicht davor, dass der Staat in Verfolgung öffentlicher Aufgaben Einrichtungen schafft oder unterstützt, die im Wettbewerb zu gewerblich betriebenen Einrichtungen stehen. Dies ist in der Rechtsprechung geklärt (BVerwG, NJW 1978, 1539 <1540>). Die Rechtssache gäbe keinen Anlass zu einer weitergehenden Klärung. Dies gilt auch für die in der Beschwerdeschrift zur Konkurrentenklage (s. dazu schon BVerwGE 30, 191) aufgeworfenen Fragen. Dass Voraussetzung für den Erfolg einer Konkurrentenklage nicht ist, dass der Kläger bereits aus dem Wettbewerb ausgeschieden ist, bedarf nicht erst der Klärung in einem Revisionsverfahren; ob schon eine – möglicherweise nur geringfügige – Gefährdung von an sich schutzwürdigen Interessen ausreicht, kann offenbleiben; denn das Berufungsgericht hat eine solche Gefährdung gerade nicht festgestellt, sondern keine konkreten Anhaltspunkte gesehen, die die insoweit pauschalen Behauptungen des Klägers belegen könnten (UA S. 15). Nach den Feststellungen des Berufungsgerichts gibt es keine Anhaltspunkte dafür, dass die Klägerin selbst oder dass gewerbliche Träger von Altenheimen allgemein durch die angegriffene Subventionierung der freigemeinnützigen Träger in ihrer Wettbewerbssituation merklich beeinträchtigt oder gar gefährdet sein könnten. Deshalb würden sich auch nicht die weiteren Fragen stellen, welche Maßstäbe an den Grad und die Absehbarkeit der Gefährdung anzulegen sind und ob ein so schwerwiegender Eingriff in die Wettbewerbssituation einer gesetzlichen Ermächtigung bedürfe."

Leitsatz (BVerwG, Urteil vom 04.05.1988, Az.: 5 C 1/87)

Der Verweis von Sozialhilfeempfängern auf die Inanspruchnahme einer von einem Träger der freien Wohlfahrtspflege betriebenen Kleiderkammer ist zulässig, wenn sich deren Leistungen nach den gesamten Umständen des Einzelfalles als Hilfegewährungen des Sozialhilfeträgers darstellen und zu diesem Zweck erbracht werden.

Aus den Gründen:

„Die Kläger, die laufende Hilfe zum Lebensunterhalt durch die für den Beklagten handelnde Samtgemeinde F. beziehen, wenden sich dagegen, dass diese ihnen auf ihren Antrag auf Gewährung einer einmaligen Leistung zur Beschaffung von Oberbekleidung (streitgegenständlich noch: eine Hose für die Klägerin zu 1.) und Kinderbettwäsche (für den Kläger zu 2.) lediglich ein Drittel des für die Beschaffung als erforderlich angesehenen Betrages als Geldleistung bewilligt und sie im Übrigen darauf verwiesen hat, ihren Bedarf durch Inanspruchnahme der Kleiderkammern in G. und

H. (im Folgenden einheitlich: Kleiderkammer) zu decken, die der Kreisverband G. des Deutschen Roten Kreuzes (im Folgenden: DRK) betreibt. Die Kläger begehren die Verpflichtung des Beklagten zur Bewilligung des vollständigen Betrages, der für die Beschaffung einer Damenhose und von Kinderbettwäsche in ladenneuem Zustand erforderlich ist.

Der Beklagte bzw. die Sozialämter der von ihm herangezogenen Gemeinden gewähren Leistungen nach §§ 12 Abs. 1 Satz 1, 21 Abs. 1a Nr. 1 BSHG (hier und im Folgenden: in der bis zum 31. Dezember 2004 geltenden Fassung) zur Deckung des Bedarfs an Kleidung durch Pauschalbeträge, sofern die Hilfeempfänger mit dieser Verfahrensweise einverstanden sind. Hilfeempfänger, die wie die Kläger nicht an dem Pauschalierungsverfahren teilnehmen, erhalten einmalige Beihilfen in Form von Geld für die Beschaffung von Bekleidung von nicht geringem Anschaffungspreis uneingeschränkt nur für Schuhe und für (Leib-) Wäsche, die die Intimsphäre berührt. Für den Bedarf an Oberbekleidung wird eine Geldbeihilfe zunächst nur in Höhe eines Drittels des Wertes der benötigten Kleidungsstücke bewilligt. im Übrigen werden die Hilfeempfänger an die Kleiderkammer des DRK verwiesen. Durch die Leistung eines Teilbetrages in Geld will der Beklagte den Hilfeempfängern eine gewisse Dispositionsfreiheit erhalten und ihnen zumindest für einen Teil ihres Bedarfs die Möglichkeit eines Erwerbs ladenneuer Ware nach freier Auswahl einräumen. In entsprechender Weise verfährt der Beklagte im Hinblick auf Bettwäsche.

Die Funktionsweise der durch das DRK betriebenen Kleiderkammer und deren Einbindung in die Gewährung von Sozialhilfe für die Beschaffung von Oberbekleidung und Bettwäsche durch den Beklagten lässt sich wie folgt kennzeichnen: Das DRK betreibt die Kleiderkammer als unabhängiger Träger der freien Wohlfahrtspflege. Das Angebot der Kleiderkammer wird gespeist aus Sammlungen gebrauchter Bekleidung in Altkleidercontainern und durch das Altkleidermobil des DRK. Hinzu kommen Sachspenden, die teilweise, etwa wenn sie von Bekleidungsgeschäften gegeben werden, auch Neuware umfassen. Das DRK ist bestrebt sicherzustellen, dass Sozialhilfeempfänger nicht an ihrer Kleidung zu erkennen sein sollen, und bietet deshalb nur als hochwertig eingeschätzte und wenn möglich auch modische Kleidung an. Im Jahr 2001 wurden von 267.212 kg gesammelter Altkleidung 97.642 kg in das Angebot der Kleiderkammer aufgenommen, der Rest wurde als nicht tragbar aussortiert. Die Kleiderkammer finanziert sich aus Spenden, Beiträgen der DRK-Mitglieder und Zuschüssen des Beklagten. Der Beklagte beteiligte sich im Jahr 1999 mit einem Zuschuss in Höhe von 105.500,00 DM an dem Bau der neuen Kleiderkammer in I.. Er leistete in den letzten Jahren auf entsprechende Anträge des DRK hin durch Förderbescheide Zuschüsse zu den Betriebskosten der Kleiderkammer in Höhe von ca. 30.000,00 € p.a.. Er übernahm darüber hinaus im Rahmen der Hilfe zur Arbeit nach § 18 Abs. 4 BSHG die Lohnkosten für die Mitarbeiter des DRK, die in den Kleiderkammern tätig sind, in Höhe von ca. 70.000,00 € p.a.. Die Abläufe in der Kleiderkammer sind ähnlich wie in einem Kaufhaus organisiert, das heißt, die Interessenten können die Ware aus Regalen bzw. von Kleiderständern entnehmen und sie gegebenenfalls anprobieren. Sozialhilfeempfänger, die ihren Bedarf bei dem für sie zuständigen Sozialamt anmelden, bekommen dort einen Berechtigungsschein ausgehändigt, auf dem ihr Name und die in der Kleiderkammer zu beschaffenden Gegenstände nach Art und Menge angegeben sind. Sie können sich die Artikel in der Kleiderkammer selbst aussuchen und bekommen diese nach einem entsprechenden Vermerk auf dem Berechtigungsschein kostenlos ausgehändigt. Steht ein bestimmter Artikel nicht zur Verfügung, wird dies durch die Mitarbeiter der Kleiderkammer auf dem Berechtigungsschein bestätigt. Bei Vorlage der Bestätigung auf dem zuständigen Sozialamt wird zusätzlich zu dem bereits gezahlten Betrag von einem Drittel des Wertes der Restbetrag in Geld gewährt. Ebenso wird verfahren, wenn Hilfeempfänger Ware aus von dem Beklagten anerkannten Gründen nicht akzeptiert haben. Diesem langjährig geübten Verfahren liegen schriftliche Vereinbarungen zwischen dem Beklagten und dem DRK bzw. Verwaltungsanweisungen des Beklagten nicht zugrunde.

Die Kleiderkammer wird in großem Umfang unabhängig von dem beschriebenen Berechtigungsscheinverfahren in Anspruch genommen. Ca. 90 % ihrer Nutzer sind nicht im Besitz eines derartigen Scheines. Unter diesen befinden sich nach Einschätzung des DRK zahlreiche Hilfeempfänger, die ansonsten am oben genannten Pauschalierungsverfahren des Beklagten teilnehmen. Diese Nutzer müssen pro erworbenen Artikel einen Betrag in Höhe von 1,00 € bis 15,-00 € zahlen.

Am 29. April 2002 beantragten die Kläger zusammen mit Herrn J. K., der mit der Klägerin zu 1. bis zum 22. Mai 2002 in eheähnlicher Gemeinschaft lebte, bei der Samtgemeinde F. die Gewährung einmaliger Leistungen für diverse Bekleidungsgegenstände, u.a. für Unterwäsche, drei Tops, ein Paar Schuhe und eine Hose für die Klägerin zu 1. und fünf T-Shirts, Socken, Sommerschuhe, einen Bademantel und Kinderbettwäsche für den Kläger zu 2.

Mit Bescheid vom 4. Mai 2002 gewährte die Samtgemeinde F. den Klägern und Herrn K. eine einmalige Beihilfe zur Beschaffung von Kleidung in Höhe von insgesamt 126,33 €. Dabei setzte die Samtgemeinde für die von den Klägern und Herrn K. begehrten Schuhe jeweils deren angenommenen vollen Wert an. Von dem hierfür ausgeworfenen Teilbetrag in Höhe von 95,00 € entfielen auf die Klägerin zu 1,35 € und auf den Kläger zu 2,20 €. Den Wert der von der Klägerin zu 1. beantragten Hose veranschlagte die Samtgemeinde F. auf 31,00 €, denjenigen der von dem Kläger zu 2. begehrten Bettwäsche auf 14,00 €. Als auszuzahlende Beihilfe nahm die Samtgemeinde ein Drittel dieser Beträge, das heißt 15,00 € an. In entsprechender Weise verfuhr sie in Bezug auf eine von Herrn K. beantragte Hose und eine für den Haushalt vorgesehene Garnitur Bettwäsche, so dass sie für die in Rede stehende Bedarfsgruppe insgesamt einen Betrag von 31,33 € auswarf. im Übrigen erteilte sie für die Bedarfsgruppe einen Berechtigungsschein für die Kleiderkammer des DRK. Im Hinblick auf die von den Klägern jeweils beantragte Unterwäsche, die von der Klägerin zu 1. begehrten Tops sowie die von dem Kläger zu 2. gewünschten T-Shirts und Socken lehnte die Samtgemeinde F. die Gewährung einer Beihilfe unter Verweis darauf vollständig ab, dass es sich um Bekleidungsgegenstände von geringem Anschaffungspreis handele, die aus den gewährten Regelsätzen zu beschaffen seien. Eine Beihilfe für die Beschaffung eines Bademantels für den Kläger zu 2. könne nicht gewährt werden, weil dieser nicht zum notwendigen Lebensbedarf zähle.

Am 24. Juni 2002 legten die Kläger durch Schreiben ihres Prozessbevollmächtigten Widerspruch gegen den Bescheid der Samtgemeinde F. vom 4. Mai 2002 mit der Begründung ein, dass eine Verweisung an die Kleiderkammer nicht in Betracht komme. im Übrigen werde der Leistungsantrag aus dem April 2002 erneut gestellt. Nachdem sich die Samtgemeinde F. bei der Kleiderkammer des DRK vergewissert hatte, dass dort Damenhosen in den für die Klägerin in Frage kommenden Größen und auch Bettwäschegarnituren vorhanden waren, lehnte sie mit Bescheid vom 9. Juli 2002 den am 24. Juni 2002 gestellten Antrag unter Verweis auf den Bewilligungsbescheid vom 4. Mai 2002 und die Vorschrift des § 66 SGB I ab. Die Kläger hätten durch ihre Ablehnung, die Kleiderkammer in Anspruch zu nehmen, nicht alle Möglichkeiten zur

Selbsthilfe im Sinne des § 2 BSHG genutzt. Auch diesen Bescheid griffen die Kläger mit anwaltlichem Widerspruchsschreiben vom 14. Juli 2002 unter neuerlicher Ablehnung eines Besuches der Kleiderkammer an.

Mit Widerspruchsbescheid vom 12. August 2002 wies der Beklagte den Widerspruch gegen den Bescheid der Samtgemeinde F. vom 4. Mai 2002 wegen Verfristung als unzulässig und den Rechtsbehelf gegen den Bescheid vom 9. Juli 2002 unter Verweis auf seine ständige Praxis der Einbeziehung der Kleiderkammer des DRK in die Bedarfsdeckung ab.

Am 10. September 2002 haben die Kläger Klage erhoben. Mit Gerichtsbescheid vom 10. Juni 2003 hat das Verwaltungsgericht die Klage abgewiesen und zur Begründung auf die in seinem Urteil vom 1. November 2001 (Az.: 3 A 738/00) ausgesprochene grundsätzliche Billigung der Praxis des Beklagten verwiesen. Die Kläger haben in Bezug auf den Gerichtsbescheid die Durchführung der mündlichen Verhandlung beantragt. Gegen die durch das Verwaltungsgericht mit Beschluss vom 21. November 2003 ausgesprochene Ablehnung der Gewährung von Prozesskostenhilfe für den ersten Rechtszug haben sie Beschwerde vor dem erkennenden Senat erhoben. Mit Beschluss vom 8. Dezember 2002 (Az.: 12 PA 545/03) hat ihnen der Senat unter Abänderung des ablehnenden verwaltungsgerichtlichen Beschlusses Prozesskostenhilfe für das Verfahren im ersten Rechtszug bewilligt. In der Begründung seines Beschlusses hat der Senat auf die zu prüfende Voraussetzung einer Zuordnung der Hilfeleistung durch die Kleiderkammer des DRK an den Beklagten und die umstrittene Frage der Zumutbarkeit von Gebrauchtkleidung verwiesen.

Die Kläger haben sich zur Begründung ihrer Klage wiederum auf die Unzulässigkeit einer Verweisung an die Kleiderkammer des DRK berufen.

Sie haben beantragt, den Bescheid der Samtgemeinde F. vom 9. Juli 2002 in der Gestalt des Widerspruchsbescheides des Beklagten vom 12. August 2002 aufzuheben und die beantragten und abgelehnten Bekleidungsgegenstände zu bewilligen.

Der Beklagte hat beantragt, die Klage abzuweisen.

Der Beklagte hat vorgetragen, er sei nicht der Auffassung, dass ihm die Kleiderkammer des DRK organisatorisch zuzuordnen sein müsse. Deren Leistung stelle keine Zuwendung eines Trägers der freien Wohlfahrtspflege im Sinne des § 78 BSHG dar, weil der Leistungsinhalt nicht durch das DRK bestimmt werde. Vielmehr könnten die Hilfesuchenden aus einem Sortiment, das auch Personen zugänglich sei, die keine Sozialhilfe bezögen, frei auswählen. Die Wahrnehmung dieser Möglichkeit sei als zumutbare Selbsthilfe im Sinne des § 2 BSHG zu qualifizieren. Unabhängig hiervon sei eine Zuordnung jedoch tatsächlich gegeben. Da ohne die erhebliche finanzielle Förderung, die er, der Beklagte, dem DRK zukommen lasse, diesem der Betrieb der Kleiderkammer nicht möglich sei, verstehe es sich von selbst, dass er auf den Betrieb in gleicher Weise Einfluss nehmen könne, als wenn es sich um seine eigene Einrichtung handele. Es bestünden überdies umfassende und regelmäßige Kontakte zwischen ihm und dem DRK, auch zur Klärung von Einzelfällen.

Mit Urteil vom 11. März 2004 hat das Verwaltungsgericht die Klage abgewiesen. Den Klägern stehe für die Damenhose bzw. die Kinderbettwäsche, die nach dem Verfahrensverlauf allein noch einer materiellen Überprüfung zugänglich seien, ein Anspruch auf Auszahlung weiterer Barmittel nicht zu. Die Verwaltungspraxis des Beklagten, derzufolge die Samtgemeinde F. eine Barauszahlung nur in Höhe eines Drittels des festgestellten Wertes der begehrten Gegenstände vorgenommen und die Kläger im

Übrigen auf die Inanspruchnahme der Kleiderkammer des DRK verwiesen habe, sei rechtlich nicht zu beanstanden. § 78 Abs. 1 BSHG hindere eine Verweisung auf die Kleiderkammer in der praktizierten Form nicht, weil die Zusammenarbeit des Beklagten mit dem DRK in einer Weise angelegt und strukturiert sei, die es rechtfertige, die Hilfeleistungen der Kleiderkammer bei der Deckung des Bedarfs an Kleidung und Bettwäsche dem Grunde nach dem Beklagten zuzuordnen. Dies ergebe sich schon daraus, dass das DRK die Leistungen seiner Kleiderkammer ohne die finanzielle Unterstützung des Beklagten als Sozialhilfeträger nicht erbringen könne. Aus der finanziellen Beteiligung des Beklagten ergebe sich ein direkter und erheblicher Einfluss auf die von der Kleiderkammer vorgenommene Bedarfsdeckung. Auch sei es rechtlich nicht geboten, den Bedarf von Sozialhilfeempfängern an Oberbekleidung und Bettwäsche stets durch ladenneue Ware zu decken. Nach § 4 Abs. 2 BSHG entscheide der Sozialhilfeträger über Form und Maß der Sozialhilfe nach pflichtgemäßem Ermessen. Die Grenzen dieses Ermessens habe der Beklagte mit seiner Praxis der Hilfegewährung nicht überschritten. Insbesondere werde die Menschenwürde der Kläger im Sinne des § 1 Abs. 2 Satz 1 BSHG nicht dadurch verletzt, dass ihnen der Beklagte zumute, zwei Drittel ihres entsprechenden Bedarfes durch saubere Gebrauchtware aus der Kleiderkammer des DRK zu decken. Dies gelte jedenfalls für den konkreten Umfang der Verweisung auf Gebrauchtwaren unter Berücksichtigung der Modalitäten der Bedarfsfeststellung und der Ausgestaltung der Kleiderkammer. Das Verwaltungsgericht hat die Berufung gegen sein Urteil nach § 124 Abs. 2 Nr. 3 i.V.m. § 124a Abs. 1 VwGO zugelassen. Der Rechtssache komme im Hinblick auf die Frage grundsätzliche Bedeutung zu, ob Sozialhilfeempfänger in rechtmäßiger Weise auf gebrauchte Kleidung und Bettwäsche verwiesen werden könnten.

Am 21. April 2004 haben die Kläger bei dem Verwaltungsgericht Berufung gegen das am 6. April 2004 zugestellte Urteil eingelegt. Zugleich mit der Einlegung des Rechtsmittels haben sie zu dessen Begründung ausgeführt: Es werde mit Nichtwissen bestritten, dass – jedenfalls zum Zeitpunkt des Erlasses des Widerspruchsbescheides – die streitige Damenhose und Bettwäsche in der Kleiderkammer des DRK vorhanden gewesen seien. Überdies hätten Sozialhilfeempfänger regelmäßig Anspruch darauf, in die Lage versetzt zu werden, sich ladenneue Ware beschaffen zu können. Es werde bestritten, dass zwischen dem Beklagten und dem DRK eine Absprache bestehe, die die Hilfeleistungen der Kleiderkammer quasi dem Beklagten zuordne. Für eine derartige Annahme bestünden keine ausreichenden Anhaltspunkte. Das in der Kleiderkammer beschäftigte Personal des DRK maße sich an, im Einzelfall eine Entscheidung darüber zu treffen, ob ein Kleidungsstück von einem Sozialhilfeempfänger zu Recht oder zu Unrecht abgelehnt werde. Auch das zuständige Sozialamt sei im Zusammenhang mit der Frage, ob den betroffenen Hilfeempfängern ein zusätzlicher Zuschuss gewährt werden müsse, nicht in der Lage, zu überprüfen, ob die Ablehnung der Bedarfsdeckung in der Kleiderkammer berechtigt oder unberechtigt gewesen sei. Der Beklagte müsse hierfür die abgelehnten Artikel sicherstellen und sich selbst von deren Zumutbarkeit überzeugen. Dies geschehe jedoch nicht. Schließlich sei den Hilfeempfängern das Aufsuchen der Kleiderkammer auch deshalb nicht zumutbar, weil der Beklagte die hierfür entstehenden Fahrtkosten nicht übernehme.

Die Kläger beantragen sinngemäß, das angefochtene Urteil zu ändern und den Beklagten zu verpflichten, ihnen eine einmalige Beihilfe als Zuschuss für eine Damenhose und Kinderbettwäsche in Höhe von insgesamt 30,00 € zu bewilligen sowie den Bescheid der Samtgemeinde F. vom 9. Juli 2002 und den Widerspruchsbescheid des Beklagten vom 12. August 2002 aufzuheben, soweit sie dem entgegenstehen.

Der Beklagte beantragt, die Berufung zurückzuweisen.

Er verteidigt das angefochtene Urteil und führt ergänzend aus, die Kläger könnten nicht in wirksamer Weise mit Nichtwissen bestreiten, dass die von ihnen begehrten Gegenstände in der Kleiderkammer des DRK vorhanden gewesen seien. Jedenfalls am 9. Juli 2002 sei dies ausweislich des Verwaltungsvorganges der Fall gewesen. Die Kläger hätten es bereits zu diesem Zeitpunkt abgelehnt, die Kleiderkammer überhaupt aufzusuchen. Dass den Klägern auch unter Berücksichtigung der in § 1 Abs. 2 BSHG umschriebenen Aufgabe der Sozialhilfe zumutbar sei, ihren streitgegenständlichen Bedarf in der Kleiderkammer des DRK zu decken, ergebe sich bereits daraus, dass das Angebot der Kleiderkammer auch und überwiegend von Personen genutzt werde, die Sozialhilfe nicht bezögen. Die Fahrtkosten, die den in F. wohnhaften Klägern im Zusammenhang mit einem Besuch der Kleiderkammer in G. entstünden, müssten diese aus dem für Fahrtkosten vorgesehenen Anteil ihres Regelsatzes aufbringen. Die Deckung ihres Bekleidungsbedarfes ausschließlich in ihrem Wohnort sei ohnehin nicht möglich. Dass die durch die Kleiderkammer des DRK gewährten Hilfeleistungen ihm, dem Beklagten, ohne Einschränkungen zuzuordnen seien, ergebe sich aus den in den Verwaltungsvorgängen dokumentierten Abläufen im Zusammenhang mit der Einschaltung der Kleiderkammer in die Bedarfsdeckung.

Der Senat hat in der mündlichen Verhandlung vom 15. März 2005 Beweis erhoben durch die Vernehmung des stellvertretenden Geschäftsführers des DRK – Kreisverbandes G. als Zeugen. Wegen des Ergebnisses der Beweisaufnahme wird auf die Sitzungsniederschrift verwiesen.

Wegen der weiteren Einzelheiten des Sachverhaltes und des Vorbringens der Beteiligten wird auf den Inhalt der Gerichtsakte zu diesem Verfahren und zu dem Verfahren zum Aktenzeichen 3 A 738/99 des Verwaltungsgerichts sowie auf die beigezogenen Verwaltungsvorgänge des Beklagten verwiesen. Die Unterlagen sind Gegenstand der mündlichen Verhandlung vor dem Senat gewesen.

Entscheidungsgründe

Die nach Zulassung durch das Verwaltungsgericht gemäß § 124 Abs. 1 VwGO statthafte und auch sonst zulässige Berufung der Kläger ist nicht begründet. Das Verwaltungsgericht hat das im Berufungsverfahren allein noch weiterverfolgte Begehren der Kläger, den Beklagten zur Bewilligung einer einmaligen Geldleistung von insgesamt noch 30,00 € für die Beschaffung einer Damenhose für die Klägerin zu 1) und von Kinderbettwäsche für den Kläger zu 2) – jeweils als Neuware – zu verpflichten, zu Recht abgewiesen.

Zwar sind die Kläger – was zwischen den Beteiligten nicht streitig ist – im sozialhilferechtlichen Sinne hilfebedürftig und können deshalb gemäß § 11 Abs. 1 Satz 1 BSHG die Gewährung von Hilfe zum Lebensunterhalt beanspruchen. Nach § 12 Abs. 1 Satz 1 BSHG sind Kleidung und Bettwäsche, die zum Hausrat zählt, Bestandteile des notwendigen Lebensunterhaltes. Der Beklagte (bzw. hier und im Folgenden: die für diesen handelnde Samtgemeinde F.) gewährt für ihre Beschaffung, sofern diese wie hier einen geringen Anschaffungspreis übersteigt, einmalige Leistungen nach § 21 Abs. 1a Nr. 1 BSHG. Dabei begegnet der Umstand keinen rechtlichen Bedenken, dass der Beklagte diese Hilfeleistung an die Kläger, die an dem Verfahren zur pauschalen Deckung ihres Bekleidungsbedarfes nicht teilnehmen, entsprechend seiner ständigen Praxis in der Form erbracht hat, dass er einen Geldbetrag in Höhe von einem Drittel des für den Kauf von Neuware erforderlichen Betrages an die Klä-

ger ausgezahlt und diese im Übrigen unter Aushändigung eines entsprechenden Berechtigungsscheines darauf verwiesen hat, die Kleiderkammer in Anspruch zu nehmen, in der das DRK (teils neuwertige, zum größten Teil) gebrauchte Oberbekleidung und Bettwäsche bedürftigen Menschen im Kreisgebiet des Beklagten zur Verfügung stellt. Die Kläger können die begehrte Verpflichtung des Beklagten zur Bewilligung des restlichen für die Beschaffung einer Damenhose und einer Garnitur Kinderbettwäsche in ladenneuem Zustand erforderlichen Betrages nicht beanspruchen.

Die Entscheidung des vorliegenden Falles erfordert eine Stellungnahme zu drei grundlegenden Fragestellungen der Hilfegewährung, die aufeinander aufbauen und ineinander verschränkt sind. Dabei gelten für den Bedarf an Oberbekleidung und Bettwäsche identische Maßstäbe (vgl. insoweit unstreitig: 4. Senat des erkennenden Gerichts, Beschluss v. 15.04.1986 – 4 B 75/86 –, FEVS 36, 327 f.). Zunächst stellt sich die Frage, ob ein Sozialhilfeträger einmalige Leistungen für den Bedarf eines Hilfeempfängers an Oberbekleidung und Bettwäsche stets vollständig in Geld zu erbringen hat oder Sachleistungen erbringen darf. Weiterhin wird die Problematik aufgeworfen, ob dieser Bedarf nur durch ladenneue Ware oder auch durch im Hinblick auf die Qualität, die Gebrauchstauglichkeit und die Hygiene einwandfreie Gebrauchtware gedeckt werden kann. Schließlich ergibt sich die Fragestellung, ob gebrauchte Oberbekleidung und Bettwäsche zum Zweck einer sozialhilferechtlich wirksamen Bedarfsdeckung nur in einer eigenen Kleiderkammer des Sozialhilfeträgers oder auch durch die Kleiderkammer eines Trägers der freien Wohlfahrtspflege wie des DRK abgegeben werden darf. Sämtliche Fragen sind entgegen der von den Klägern vertretenen Rechtsposition zu entscheiden, so dass eine Grundlage für den von ihnen erhobenen Anspruch nicht besteht.

Der Beklagte war nicht verpflichtet, den streitigen Oberbekleidungs- und Bettwäschebedarf der Kläger vollständig durch Gewährung einer Geldleistung zu decken. Er konnte vielmehr in ermessensfehlerfreier Weise den Klägern die begehrte Damenhose und Kinderbettwäsche in sächlicher Form zugänglich machen.

(1) Der Sozialhilfeträger muss bei seiner Ermessensentscheidung gemäß § 3 Abs. 1 und 2 BSHG den Besonderheiten des Einzelfalles und den angemessenen Wünschen der Hilfeempfänger Rechnung tragen sowie der in § 1 Abs. 2 BSHG statuierten Aufgabe der Sozialhilfe entsprechen, den Hilfeempfängern die Führung eines Lebens zu ermöglichen, das der Würde des Menschen entspricht. Hiernach wird der Sozialhilfeträger die laufende Hilfe zum Lebensunterhalt grundsätzlich in Form von Geld zu leisten haben.

Gemäß § 8 Abs. 1 BSHG ist die Sachleistung wie die Geldleistung eine der Formen der Sozialhilfe. Nach § 4 Abs. 2 BSHG entscheidet der Sozialhilfeträger über Form und Maß der Sozialhilfe nach pflichtgemäßem Ermessen, soweit nicht das Bundessozialhilfegesetz – was hier nicht der Fall ist – das Ermessen ausschließt. Allerdings hat der Sozialhilfeträger bei seiner Entscheidung, in welcher Form er die Hilfe zum Lebensunterhalt gewährt, alle geschriebenen und ungeschriebenen Grundsätze zu beachten, die sich aus dem Bundessozialhilfegesetz, dem Sozialgesetzbuch (AT) und gegebenenfalls aus dem Verfassungsrecht ergeben. Insbesondere muss er bei seiner Ermessensentscheidung gemäß § 3 Abs. 1 und 2 BSHG den Besonderheiten des Einzelfalles und den angemessenen Wünschen der Hilfeempfänger Rechnung tragen sowie der in § 1 Abs. 2 BSHG statuierten Aufgabe der Sozialhilfe entsprechen, den Hilfeempfängern die Führung eines Lebens zu ermöglichen, das der Würde des Menschen entspricht (BVerwG, Urt. v. 16.01.1986 – BVerwG 5 C 72.84 –, BVerwGE

72, 354, 355 ff.; Urt. v. 14.03.1991 – BVerwG 5 C 70.86 –, FEVS 41, 397, 398 ff.; Dauber, in: Mergler/ Zink <Hrsg.>, BSHG, Loseblattsammlung, Stand: August 2004, § 4, Rn. 46). Hiernach wird der Sozialhilfeträger die laufende Hilfe zum Lebensunterhalt grundsätzlich in Form von Geld zu leisten haben, um jedenfalls dem erwachsenen Menschen die Möglichkeit zu lassen, im Rahmen der ihm nach dem Gesetz zustehenden Mittel seine Bedarfsdeckung frei zu gestalten (BVerwG, Urt.v. 16.01.1986, a.a.O.; Roscher/Conradis in: LPK-BSHG, 6. Aufl., 2003, § 4 RdNr. 23; Dauber, in: Mergler/ Zink, a.a.O., § 4, RdNr. 46a).

(2) Bei den einmaligen Hilfen zum Lebensunterhalt ist die generelle Annahme eines Vorranges der Geldleistung vor der Sachleistung nicht gerechtfertigt. Bei der einmaligen Hilfe steht die konkrete Bedarfsdeckung und nicht die Gestaltungsfreiheit der Hilfeempfänger bei der Verwendung der Hilfe im Vordergrund. Der Sozialhilfeträger ist deshalb durch die von ihm zu achtende Menschenwürde der Hilfeempfänger grundsätzlich nicht gehindert, diese auf zumutbare Sachleistungen zu verweisen; dies gilt auch im Hinblick auf Oberbekleidung und Bettwäsche.

Der Senat vermag sich allerdings nicht denjenigen Stimmen in der Rechtsprechung (4. Senat des erkennenden Gerichts, Beschlüsse v. 12.09.1985 – 4 OVG B 115/85 –, info also 1986, 37 f; 15.04.1986, a.a.O.; 04.06.1987 – 4 OVG B 83/87 –; 20.04.1988 – 4 OVG B 169/88 –, info also 1989, 41; 18.09.1991 – 4 O 2165/91 –, info also 1992, 136 f.; 19.12.1991 – 4 M 2245/91, ZfF 1992, 266; VGH Bad-Württ., Beschl. v. 03.11.1992 – 6 S 2356/92 –, info also 1993, 26 ff.; VG Stade, Beschl. v. 29.02.1988 – 2 D 113/87 –, info also 1989, 39 f; VG Göttingen, Urt. v. 27.01.1999 – 2 A 2402/96 –, info also 1999, 92 f.) und in der Literatur (Hofmann in: LPK-BSHG, a.a.O., § 21 Rn. 24; Wenzel in: Fichtner/Wenzel <Hrsg.> BSHG, 2. Auflage 2003, § 8 RdNr. 14, § 12 RdNr. 34) anzuschließen, die den Grundsatz des regelmäßigen Vorranges der Geldleistung vor der Sachleistung von dem Bereich der laufenden Hilfe uneingeschränkt auf denjenigen der einmaligen Leistungen zum Lebensunterhalt, insbesondere im Hinblick auf den Bedarf an Oberbekleidung und Bettwäsche übertragen. Diese Übertragung wird in der Regel nicht ausdrücklich begründet und oftmals mit der weiteren Problematik einer Zumutbarkeit von gebrauchter Oberbekleidung bzw. Bettwäsche vermischt. Tragend ist hier jedoch letztlich ebenfalls stets der Gedanke, den Hilfeempfängern auch im Bereich der einmaligen Leistungen einen Bereich des eigenständigen und selbstständigen Wirtschaftens zu erhalten.

Zur Überzeugung des Senats ist bei den einmaligen Hilfen zum Lebensunterhalt die generelle Annahme eines Vorranges der Geldleistung vor der Sachleistung unter entsprechender Einengung des dem Sozialhilfeträger durch § 4 Abs. 2 BSHG eingeräumten Ermessens nicht gerechtfertigt. Denn anders als bei der laufenden Hilfe zum Lebensunterhalt steht bei der einmaligen Hilfe die konkrete Bedarfsdeckung und nicht die Gestaltungsfreiheit der Hilfeempfänger bei der Verwendung der Hilfe im Vordergrund. Der Sozialhilfeträger ist deshalb auch durch die von ihm zu achtende Menschenwürde der Hilfeempfänger grundsätzlich nicht gehindert, diese – nicht zuletzt aus Gründen der Sparsamkeit im Umgang mit öffentlichen Haushaltsmitteln – auf zumutbare Sachleistungen zu verweisen; dies gilt auch im Hinblick auf Oberbekleidung und Bettwäsche (VGH Bad.-Württ., Urt. v. 16.03.1994 – 6 S 1591/92 –, FEVS 45, 258, 260; Urt. v. 03.11.2003 – 7 S 1162/01 –; OVG Rheinland-Pfalz, Beschl. v. 20.09.2000 – 12 A 1192/00 –, FEVS 52, 109 ff., W. Schellhorn/ H. Schellhorn, a.a.O., § 12 RdNr. 52, jeweils unter Berufung auf: BVerwG, Urt. v. 14.03.1991, a.a.O. – gebrauchte Matratze als Sachleistung –).

(3) Hilfeempfänger können nicht verlangen, dass ihr Bedarf an Kleidung und Bettwäsche ausschließlich und vollständig durch ladenneue Ware gedeckt wird, wenn der Verweis auf gebrauchte Ware nach bestimmten Bedingungen vorgenommen wird, wonach u.a. Schuhe und Leibwäsche von vornherein von dieser Regelung ausgenommen sind und die gebrauchte Oberbekleidung und Bettwäsche, die in der Kleiderkammer angeboten wird, in Bezug auf Qualität, Gebrauchstauglichkeit und hygienischen Zustand einwandfrei ist und die Kleidungsstücke in aller Regel auch zeitgemäß gestaltet sind.

Die Kläger können weiterhin nicht verlangen, dass ihr Bedarf an Kleidung und Bettwäsche ausschließlich und vollständig durch ladenneue Ware gedeckt wird. Vielmehr ist der Verweis auf gebrauchte Ware nach den Bedingungen, unter denen der Beklagte diesen vornimmt, nicht zu beanstanden.

Zunächst besteht für die Hilfeempfänger die Möglichkeit, ihren Bekleidungsbedarf durch Teilnahme an dem Pauschalisierungsverfahren des Beklagten zu decken. Auch wenn sie dies – wie die Kläger – nicht tun, sinnt ihnen der Beklagte nicht an, ihren gesamten Bedarf an Bekleidung – und Bettwäsche – durch Gebrauchtware zu decken. Von vornherein ausgenommen von dieser Regelung sind Schuhe und (Leib-) Wäsche, die die Intimsphäre berühren (vgl. zur besonderen Problematik eines Verweises auf Gebrauchtkleidung aus diesen Bereichen: OVG des Saarlandes, Beschl. v. 27.07.1990 – 1 W 121/90 –, FEVS 41, 71, 75; VGH Bad.-Württ., Urt. v. 16.03.1994, a.a.O.). Nach dem Inhalt der Akten und dem Ergebnis der mündlichen Verhandlung ist überdies davon auszugehen, dass die gebrauchte Oberbekleidung und Bettwäsche, die den Hilfeempfängern in der Kleiderkammer angeboten wird, in Bezug auf Qualität, Gebrauchstauglichkeit und hygienischen Zustand einwandfrei (vgl. zur Voraussetzung der Qualität: BVerwG, Beschl. v. 02.09.2004 – 5 B 18/04 –) ist und die Kleidungsstücke in aller Regel auch zeitgemäß gestaltet sind. Darüber hinaus ist durch die von dem Beklagten und die für ihn tätigen Sozialämter geübte Praxis gewährleistet, dass die Hilfeempfänger den Geldbetrag, der für den Erwerb von Kleidungsstücken bzw. Bettwäscheteilen erforderlich ist, die in der Kleiderkammer des DRK nicht passend vorhanden sind, vollständig erhalten. Gleiches gilt nach der aus der mündlichen Verhandlung gewonnenen Überzeugung des Senats in den Fällen, in denen vorhandene Ware von den Hilfeempfängern aus nachvollziehbaren Gründen abgelehnt wird. Schließlich zahlt der Beklagte in jedem Fall einen Betrag in Höhe von einem Drittel des angenommenen Wertes der benötigten Bekleidung bzw. Wäsche als Geldleistung aus. Die Hilfeempfänger sind danach jedenfalls durch ein Ansparen dieser Geldbeträge in der Lage, bestimmte, von ihnen für besonders bedeutsam erachtete Kleidungsstücke – bzw. Bettwäsche – auch in ladenneuem Zustand zu erwerben.

Vor diesem Hintergrund hat der Senat mit dem Verwaltungsgericht keinen Anlass, die von dem Beklagten geübte Praxis allein deshalb zu verwerfen, weil und soweit sie den Hilfeempfängern eine Bedarfsdeckung durch gebrauchte Oberbekleidung und Bettwäsche zumutet. Der Senat ist nicht der Ansicht, dass der notwendige Lebensunterhalt im Sinne des § 12 Abs. 1 Satz 1 BSHG im streitgegenständlichen Zeitraum im Sommer des Jahres 2002 (noch) regelmäßig ladenneue Oberbekleidung und Bettwäsche umfasste, weil es den Lebensgewohnheiten auch der Bevölkerungsschichten mit niedrigem Einkommen entsprochen hätte, sich regelmäßig mit neuwertigen im Sinne von ladenneuen Waren aus diesem Segment zu versorgen (in diesem Sinne für die achtziger und frühen neunziger Jahre des 20. Jahrhunderts: 4. Senat des erkennenden Gerichts, Beschlüsse v. 12.09.1985, 15.04.1986, 04.06.1987,

20.04.1988, 19.12.1991, jew. a.a.O. und im Übrigen: VG Stade, Beschl. v. 29.02.1988 und VG Göttingen, Urt. v. 27.01.1999, jew. a.a.O.; Hofmann, in: LPK-BSHG, a.a.O., § 21, RdNr. 24; Frings, info also 1991, 110).

(4) Zwar soll durch die Hilfegewährung auf die jeweils herrschenden Lebensgewohnheiten und Erfahrungen Rücksicht genommen und es den Hilfeempfängern ermöglicht werden, in der Umgebung von Nichthilfeempfängern ähnlich wie diese zu leben, jedoch kann sich der Inhalt des notwendigen Lebensunterhaltes durch die wirtschaftliche Entwicklung und die damit im Zusammenhang stehenden Lebensumstände der nicht sozialhilfebedürftigen Bevölkerung verändern. Hilfeempfänger heben sich durch das Tragen gebrauchter Oberbekleidung äußerlich nicht negativ von der übrigen Bevölkerung ab.

Zwar soll durch die Hilfegewährung auf die jeweils herrschenden Lebensgewohnheiten und Erfahrungen Rücksicht genommen und es den Hilfeempfängern ermöglicht werden, in der Umgebung von Nichthilfeempfängern ähnlich wie diese zu leben (BVerwG, Urt. v. 14.03.1991, a.a.O.; Urt. v. 09.02.1995 – BVerwG 5 C 2.93 –, BVerwGE 97, 376, 378; Wenzel, in: Fichtner/Wenzel, a.a.O., § 12, RdNr. 1; Kunz, in: Oestreicher/Schelter/Kunz/Decker, BSHG, Loseblattsammlung, Stand: Juni 2003, § 12, RdNr. 1). Jedoch kann sich der Inhalt des notwendigen Lebensunterhaltes durch die wirtschaftliche Entwicklung und die damit im Zusammenhang stehenden Lebensumstände der nicht sozialhilfebedürftigen Bevölkerung verändern (Wenzel, in: Fichtner/ Wenzel, a.a.O., § 12, RdNr. 3; Dauber, in: Mergler/ Zink, a.a.O., § 12, RdNr. 4; Kunz, in: Oestreicher/Schelter/Kunz/Decker, a.a.O., § 12, RdNr.2). Auch muss die Sozialhilfe nur im Rahmen dessen, was zur Führung eines menschenwürdigen Lebens gehört, den Hilfeempfängern Lebensgewohnheiten und Lebensumstände der übrigen Bevölkerung und eine Gleichstellung mit ihr ermöglichen. Was jedermann als unzumutbar erscheint und was nach den allgemeinen Lebensgewohnheiten und Lebensumständen deshalb gemieden zu werden pflegt, darf auch einem Hilfeempfänger nicht zugemutet werden (BVerwG, Urt. v. 14.03.1991, a.a.O. im Hinblick auf gebrauchte Matratzen).

Das Verwaltungsgericht verweist in diesem Zusammenhang zu Recht darauf, dass die in der Bevölkerung immer beliebtere Nutzung von Internetportalen und spezialisierten Läden, die qualitativ hochwertige Gebrauchtkleidung vertreiben, Zeichen einer in der Bevölkerung gerade in den letzten Jahren gestiegenen Akzeptanz des Tragens gebrauchter Kleidung sind. Ursache hierfür ist zur Überzeugung des Senats in erster Linie der Umstand, dass sich die wirtschaftlichen Verhältnisse weiter Teile der Bevölkerung in dem letzten Jahrzehnt merklich verschlechtert haben (vgl. in diesem Sinne auch: VGH Baden-Württemberg, Urt. v. 16.03.1994, a.a.O.). Der Senat vermag deshalb nicht zu erkennen, dass sich Hilfeempfänger durch das Tragen gebrauchter Oberbekleidung äußerlich negativ von der übrigen Bevölkerung abheben würden (vgl. hierzu: VGH Baden-Württemberg, Beschl. v. 3.11.1992, a.a.O.; Hofmann, in: LPK-BSHG, a.a.O., § 21, RdNr. 21; W. Schellhorn/ H. Schellhorn, a.a.O., § 12, RdNr. 25) oder dass die Nutzung von Gebrauchtkleidung – und ebenso die Inanspruchnahme gebrauchter Bettwäsche – an sich weithin als diskriminierend und menschenunwürdig empfunden würde und deshalb den Empfängern von Sozialhilfe nicht zumutbar wäre (in diesem Sinne auch: OVG des Saarlandes, Beschl. v. 27.07.1990; VGH Baden-Württemberg, Urt. v. 16.03.1994; OVG Rheinland-Pfalz, Beschl. v. 20.09.2000, jew. a.a.O.; VG Arnsberg, Urt. v. 07.06.1990 – 5 K 922/89 –, NWVBL 1991, 30 f; vgl. auch – zumindest für einen Teil des Bekleidungsbedarfs –: OVG Nordrhein-Westfalen, Beschl. v. 20.08.1990 – 24 A 1836/87 –, NVWBL 1991,

28; aus der Literatur: W. Schellhorn/H.Schellhorn, a.a.O., § 12, RdNr. 27 und – zumindest teilweise –: Dauber, in: Mergler/Zink, a.a.O., § 12, RdNr. 25c).

Dass die speziellen Umstände der Versorgung mit gebrauchter Oberbekleidung und Bettwäsche in der Kleiderkammer des DRK eine diskriminierende Wirkung nicht aufweisen, ergibt sich zum einen aus dem Umstand, dass ein großer Teil der Besucher der Kleiderkammer Sozialhilfe nicht bezieht, und zum anderen daraus, dass die Abgabe der Bekleidung und Wäsche in der Kleiderkammer des DRK sich am Erscheinungsbild des Einzelhandels orientiert. Auch können, wie der Beklagte überzeugend dargelegt hat, die Hilfeempfänger und mit ihnen die Kläger die Kleiderkammer in zumutbarer Weise erreichen (vgl. zu einer Fallgestaltung, in der dies nicht gegeben war: VGH Baden-Württemberg, Urt. v. 3.11.2003 – 7 S 1162/01 –). In Anbetracht des Umstandes, dass die Kläger einen Besuch der Kleiderkammer von vornherein abgelehnt haben, ist ihnen weiterhin der Einwand abgeschnitten, dass die von ihnen benötigten Artikel dort nicht bzw. nicht in angemessener Form vorhanden gewesen seien. Überdies hatte die Samtgemeinde F. vor Erlass des angefochtenen Bescheides abgeklärt, dass zum Zeitpunkt der Geltendmachung des Bedarfs – auf diesen und nicht auf den Zeitpunkt des Erlasses des Widerspruchsbescheides kommt es an – die benötigten Gegenstände jedenfalls der Art nach in der Kleiderkammer vorrätig waren.

(5) Gibt der Sozialhilfeträger die Gebrauchtwaren nicht durch eine eigene Einrichtung ab, sondern verweist die Hilfeempfänger zunächst auf die Kleiderkammer des DRK, bestehen gegen diese Praxis keine rechtlichen Bedenken, wenn sich deren Leistungen nach den gesamten Umständen des Einzelfalles als Hilfegewährungen des Sozialhilfeträgers darstellen und zu diesem Zweck erbracht werden.

Schließlich unterliegt die von dem Beklagten im Hinblick auf den Hilfebedarf an Oberbekleidung und Bettwäsche generell und auch gegenüber den Klägern geübte Praxis nicht deswegen rechtlichen Bedenken, weil der Beklagte die Gebrauchtwaren nicht durch eine eigene Einrichtung abgibt, sondern die Hilfeempfänger – zunächst – auf die Kleiderkammer des DRK verweist.

Der Senat hat in dem von den Klägern gegen die Versagung von Prozesskostenhilfe im ersten Rechtszug anhängig gemachten Beschwerdeverfahren ausgesprochen, der zuständige Träger der Sozialhilfe dürfe sich seiner Pflicht zur Hilfeleistung grundsätzlich nicht dadurch entziehen, dass er Hilfesuchende unter Berufung auf die Selbsthilfeverpflichtung aus § 2 Abs. 1 BSHG und unter Außerachtlassung des Regelungsgehaltes des § 78 BSHG anhalte, sich um eine Deckung ihres Bedarfs in der freien Wohlfahrtspflege zu bemühen. Etwas anderes könne gelten, wenn nach den konkreten Umständen des Falles die Hilfeleistung durch die Kleiderkammer dem Sozialhilfeträger zuzuordnen sei (Beschl. v. 08.12.2003 – 12 PA 545/03 –; ebenso: Beschl. v. 06.11.2002 – 12 PA 717/02 –; jeweils unter Verweis auf: OVG des Saarlandes, Beschl. v. 27.07.1990, a.a.O.; W. Schellhorn/H. Schellhorn, a.a.O., § 12, RdNr. 27, § 78, RdNr. 2; vgl. auch: VGH Baden-Württemberg, Urt. v. 16.03.1994, a.a.O.; weitergehend wohl: VG Arnsberg, Urt. v. 07.06.1990 – 5 K 922/89 –, NWVBL 1991, 30; Zeitler, in: Mergler/Zink, a.a.O., § 78, RdNr. 9). In einem Verfahren des vorläufigen Rechtsschutzes (Beschl. v. 20.12.2002 – 12 ME 759/02 –, wiederum unter Verweis auf OVG des Saarlandes, Beschl. v. 27.07.1990, a.a.O.) hat der Senat hierzu gefordert, dass die Zusammenarbeit zwischen dem Sozialhilfeträger und dem Träger der freien Wohlfahrtspflege rechtlich in eindeutiger und nachweisbarer Hinsicht strukturiert sein müsse.

Diese Anforderungen sind, wie das Verwaltungsgericht zu Recht festgestellt hat, im vorliegenden Fall erfüllt. Insbesondere besteht kein Grund dafür, die Leistungen, die die Kleiderkammer des DRK den Hilfeempfängern gewährt, unter Anwendung des Rechtsgedankens des § 78 Abs. 1 BSHG als nicht auf den Bedarf anzurechnende Zuwendungen der freien Wohlfahrtspflege zu qualifizieren.

Zwar haben der Beklagte und das DRK einen gemäß § 56 SGB X der Schriftform bedürfenden öffentlich-rechtlichen Vertrag über eine Beteiligung des DRK an den Aufgaben des Trägers der Sozialhilfe nach § 10 Abs. 5 BSHG, der eine Charakterisierung als Zuwendung im Sinne des § 78 Abs. 1 BSHG ohne weiteres ausschließen würde, nicht geschlossen. Jedoch verweist der Beklagte die Hilfeempfänger, für deren Betreuung er zuständig ist, nicht einseitig auf das Kleiderkammerangebot des DRK. Vielmehr stellen sich die von der Kleiderkammer an die Hilfeempfänger erbrachten Leistungen objektiv als Hilfegewährungen des Beklagten in seiner Funktion als Sozialhilfeträger dar. Denn der Beklagte fördert die Kleiderkammer finanziell in einem Umfang, ohne den das DRK nach der Aussage des in der mündlichen Verhandlung von dem Senat als Zeuge vernommenen stellvertretenden Geschäftsführers seines Kreisverbandes G. nicht zum Betrieb der Einrichtung in der Lage wäre. Der Beklagte erlässt in diesem Zusammenhang jährliche Förderbescheide, die in ihrem Bestand von der Erreichung des auf die Kleiderkammer bezogenen Verwendungszweckes abhängen. Hierdurch ist sichergestellt, dass der Beklagte generell großen Einfluss auf den Betrieb der Kleiderkammer hat. Der Ablauf der Hilfegewährung ist zudem durch das System der von dem Beklagten ausgegebenen Berechtigungsscheine in nachweisbarer Weise dahingehend strukturiert, dass der Beklagte das Verfahren der Bedarfsdeckung auch im konkreten Fall stets unter Kontrolle behält. Darüber hinaus gehen nach den Bekundungen der Vertreterinnen des Beklagten und des stellvertretenden Geschäftsführers des Kreisverbandes G. des DRK in der mündlichen Verhandlung sowohl der Beklagte als auch das DRK (letzteres in Kenntnis der insoweit restriktiven Erklärung der Bundesarbeitsgemeinschaft der Freien Wohlfahrtspflege e.V. vom 5. November 1991, IDAS 4/91 III S. 195 ff., hierzu: Brühl, in: LPK-BSHG, a.a.O., § 2, RdNr. 9, § 78, RdNr. 4; Frings, info also 1991, 110 f.) auch in subjektiver Hinsicht übereinstimmend davon aus, dass die Leistungen der Kleiderkammer dazu bestimmt sind, den entsprechenden sozialhilferechtlichen Bedarf der Hilfeempfänger (teilweise) zu decken.

Die Rüge der Kläger, nach der Praxis des Beklagten obliege die Entscheidung, ob ein in der Kleiderkammer vorhandener Artikel von dem Hilfeempfänger in berechtigter Weise abgelehnt worden sei, in unzulässiger Weise den in der Kleiderkammer tätigen Mitarbeitern des DRK, geht fehl. Vielmehr liegt es in der Konsequenz der Zuordnung der Hilfeleistungen der Kleiderkammer an den Beklagten, dass dieser in jedem streitigen Fall die Entscheidung darüber treffen muss, ob der Bedarf eines Hilfeempfängers durch einen bestimmten Gegenstand gedeckt wird oder nicht. Der Beklagte muss deshalb verfahrensmäßig sicherstellen, dass er zu der entsprechenden Entscheidung in der Lage ist und diese gegebenenfalls auch gerichtlich überprüft werden kann. Nach den Ausführungen der Vertreterinnen des Beklagten in der mündlichen Verhandlung geht dessen Praxis dahin, in einzelnen Fällen eine Überprüfung durch den zuständigen Sachbearbeiter vor Ort in der Kleiderkammer vorzunehmen. Die Frage, ob der Beklagte zudem veranlassen müsste, dass die streitige Ware – wie die Kläger meinen – in der Kleiderkammer ausgesondert und aufbewahrt oder aber – weniger weitgehend – fotografisch dokumentiert wird, kann dahinstehen. Denn der Beklagte wird, wenn sich die von ihm getroffenen Vorkehrungen im Einzelfall als un-

zureichend erweisen, im Zweifel stets den für die Beschaffung des fraglichen Artikels erforderlichen restlichen Geldbetrag zu leisten haben. Die Kläger können jedoch mit dem Einwand, in ihrem Fall sei ein solches Verfahren nicht eingehalten worden, bereits deshalb nicht durchdringen, weil sie die Kleiderkammer überhaupt nicht aufgesucht haben und dementsprechend ein Streit über die Zumutbarkeit einer bestimmten Hose oder Bettwäschegarnitur gar nicht entstanden ist.

Abschließend hebt der Senat hervor, dass er in der Praxis des Beklagten – insbesondere im Zusammenhang mit den an die Hilfeempfänger ausgegebenen Berechtigungsscheinen für die Inanspruchnahme der Kleiderkammer – eine unzulässige Offenbarung von Sozialdaten nicht angelegt sieht (ablehnend hierzu allgemein: Der Hessische Datenschutzbeauftragte, info also 1989, 134; Hofmann, in: LPK – BSHG, a.a.O., § 21, RdNr. 24; Schoch, ZFSH/SGB 2005, 73). Die Datenübermittlung ist zur Überzeugung des Senats zur Erfüllung der Aufgaben des Beklagten als Sozialhilfeträger im Sinne des § 69 Abs. 1 Nr. 1 SGB X erforderlich."

Bemerkung zur Übertragbarkeit der Rechtsprechung auf das neue Recht des SGB XII:

Da die Regelung den bisherigen § 10 BSHG inhaltsgleich übernimmt, sind kein Anhaltspunkte dafür gegeben, dass die hier wiedergegebene Rechtsprechung, auch die des Bundesverfassungsgerichts, nicht auf das neue Recht übertragbar wären.

§ 6 SGB XII   Fachkräfte

(1) Bei der Durchführung der Aufgaben dieses Buches werden Personen beschäftigt, die sich hierfür nach ihrer Persönlichkeit eignen und in der Regel entweder eine ihren Aufgaben entsprechende Ausbildung erhalten haben oder über vergleichbare Erfahrungen verfügen.

(2) Die Träger der Sozialhilfe gewährleisten für die Erfüllung ihrer Aufgaben eine angemessene fachliche Fortbildung ihrer Fachkräfte. Diese umfasst auch die Durchführung von Dienstleistungen, insbesondere von Beratung und Unterstützung.

Die Regelung überträgt im Wesentlichen inhaltsgleich den bisherigen § 102 BSHG. Bei der Ergänzung im Absatz 2 handelt es sich um eine Konkretisierung der Verweisung im bisherigen § 102 Abs. 2 BSHG auf den bisherigen § 17 BSHG.

Als Inhalt der Fortbildung wird ausdrücklich Beratung und Unterstützung genannt.

Inhalt der Vorschrift

Mit der Regelung wird das „Fachkräfteprinzip" in das SGB XII übernommen, wobei insbesondere in Absatz 2 die Fortbildung hervorgehoben wird. Dies unter besonderer Betonung der Fortbildung zu „Unterstützung". Diese lässt sich bewerten als Erwähnung der Technik des „Case-Managements", welches im Rahmen der Sozialhilfe stattfinden soll, wie auch in anderen Bereichen des Sozialrechts.

Das BSG hat mit Urteil vom 25.10.1978, Az.: 1 RJ 32/78, festgestellt, dass zur Konkretisierung der persönlichen Eignung in Zusammenhang mit dem Sozialgeheimnis Folgendes gilt:

Leitsatz (redaktionell)

Wenn der Betreffende ein berechtigtes Interesse geltend machen kann, ist er in die Lage versetzt, die Unbefugtheit der Offenbarung einzelner Geheimnisse im Wege der Feststellungsklage geltend zu machen.

§ 7 SGB XII   Aufgabe der Länder

Die obersten Landessozialbehörden unterstützen die Träger der Sozialhilfe bei der Durchführung ihrer Aufgaben nach diesem Buch. Dabei sollen sie insbesondere den Erfahrungsaustausch zwischen den Trägern der Sozialhilfe sowie die Entwicklung und Durchführung von Instrumenten der Dienstleistungen, der zielgerichteten Erbringung und Überprüfung von Leistungen und der Qualitätssicherung fördern.

Die obersten Landessozialbehörden unterstützen bereits jetzt die Träger der Sozialhilfe in vielfältiger Weise. Mit der neuen Regelung, die die Bedeutung der Unterstützung herausstellt und die Zusammenarbeit mit den Trägern der Sozialhilfe stärken soll, wird diese Praxis gesetzlich verankert.

§ 8 SGB XII   Leistungen

Die Sozialhilfe umfasst:
1. **Hilfe zum Lebensunterhalt (§§ 27 bis 40),**
2. **Grundsicherung im Alter und bei Erwerbsminderung (§§ 41 bis 46),**
3. **Hilfen zur Gesundheit (§§ 47 bis 52),**
4. **Eingliederungshilfe für behinderte Menschen (§§ 53 bis 60),**
5. **Hilfe zur Pflege (§§ 61 bis 66),**
6. **Hilfe zur Überwindung besonderer sozialer Schwierigkeiten (§§ 67 bis 69),**
7. **Hilfe in anderen Lebenslagen (§§ 70 bis 74) sowie die jeweils gebotene Beratung und Unterstützung.**

Die Regelung überträgt unter Berücksichtigung der neuen Gesetzessystematik inhaltsgleich den bisherigen § 1 Abs. 1 in Verbindung mit § 27 Abs. 1 Bundessozialhilfegesetz.

Zur neuen Systematik des SGB XII bzw. des Rechtes der Sozialhilfe

---

Leitsatz (redaktionell) (LSG Hamburg, Beschluss vom 22.03.2005, Az.: C 3 B 46/05)

Weder Hilfe zum Lebensunterhalt nach den §§ 27 ff. SGB XII (a) noch Leistungen der Grundsicherung bei voller Erwerbsminderung nach den §§ 41 ff. SGB XII (b) können beliebig beansprucht werden. Vielmehr hat der Sozialhilfeträger zu Recht darauf verwiesen, zunächst bei der Beigeladenen um Leistungen nach dem Sozialgesetzbuch Zweites Buch – Grundsicherung für Arbeitsuchende – (SGB II) nachzusuchen.

Aus den Gründen:

„Das Sozialgericht hat den Erlass der begehrten einstweiligen Anordnung nach § 86b Abs. 2 SGG zu Recht abgelehnt. Der Antragsteller hat auch nach der Überzeugung des Senats nicht mit der im sozialhilferechtlichen Eilverfahren notwendigen hohen Wahrscheinlichkeit im Sinne des § 920 Abs. 2 Zivilprozessordnung i.V.m. § 86b Abs. 2 Satz 4 SGG glaubhaft gemacht, dass ihm der mit dem Antrag geltend gemachte Anspruch auf Leistungen der Sozialhilfe nach dem am 1. Januar 2005 in Kraft getretenen Sozialgesetzbuch Zwölftes Buch – Sozialhilfe – (SGB XII) zusteht. Nach dem Kenntnisstand des vorliegenden Eilverfahrens kann er weder Hilfe zum Lebensunterhalt nach den §§ 27 ff. SGB XII (a) noch Leistungen der Grundsicherung bei voller Erwerbsminderung nach den §§ 41 ff. SGB XII (b) beanspruchen. Vielmehr hat ihn die Antragsgegnerin zu Recht darauf verwiesen, zunächst bei der Beigeladenen um Leistungen nach dem Sozialgesetzbuch Zweites Buch – Grundsicherung für Arbeitsuchende – (SGB II) nachzusuchen. Dem Beschwerdevorbringen sind keine (neuen) Gesichtspunkte zu entnehmen, die eine andere Entscheidung in der Sache rechtfertigen würden.

1) Nach §§ 8, 19 SGB XII erhalten Sozialhilfe in der Gestalt der Hilfe zum Lebensunterhalt diejenigen Personen, die ihren notwendigen Lebensunterhalt nicht oder nicht ausreichend aus eigenen Kräften und Mitteln beschaffen können. Die Leistungen der Sozialhilfe sind nach der zum 1. Januar 2005 wirksam gewordenen Neuordnung der sozialen Sicherungssysteme als ein gegenüber der Grundsicherung für Arbeitsuchende des SGB II insgesamt grundsätzlich nachrangiges Leistungssystem zu begreifen. Dies folgt aus § 21 SGB XII, wonach Leistungen für den Lebensunterhalt nicht erhält, wer als Erwerbsfähiger in eigener Person oder als Angehöriger dem Grunde nach leistungsberechtigt nach dem SGB II ist (vgl. Voelzke in Hauck/Noftz, SGB XII, § 21, RdNr. 4, 7). So liegt es bei dem Antragsteller. Zwar macht er geltend, nicht erwerbsfähig im Sinne des § 8 SGB II, d.h. außerstande zu sein, unter den üblichen Bedingungen des Arbeitsmarktes mindestens drei Stunden täglich einer Erwerbstätigkeit nachzugehen, jedoch ist gerade dies zwischen den Beteiligten streitig und lässt sich auch in dem vorliegenden Eilverfahren nicht abschließend klären. Insoweit kann sich der Antragsteller zum Beleg der behaupteten vollen Erwerbsunfähigkeit nicht mit Erfolg darauf berufen, dass ihm im Jahre 1986 wegen einer schizophrenen Psychose die Fahrerlaubnis entzogen wurde. Er kann sich ferner auch nicht mit Erfolg auf den bis zum 31. Dezember 2004 erfolgten Bezug von Leistungen nach dem Bundessozialhilfegesetz berufen. Beide Umstände mögen Zweifel an der Erwerbsfähigkeit wecken, sie schließen diese jedoch nicht (vollen Umfanges) aus. Weder die Straßenverkehrsbehörde noch der Träger der Sozialhilfe haben in der Vergangenheit Feststellungen im Sinne des § 8 SGB II getroffen. Aktuelle ärztliche Unterlagen, denen Anhaltspunkte für ein aufgehobenes Leistungsvermögen zu entnehmen wären, liegen ebenfalls nicht vor. Demgegenüber legen Umfang und Inhalt der im gerichtlichen Verfahren eingereichten und von dem Antragsteller nach aufwändigen Recherchen in öffentlich zugänglichen Bibliotheken selbst gefertigten Schriftsätze nahe, dass dieser in der Lage ist, mehrere Stunden am Tag konzentriert zu arbeiten. Bei dieser Sachlage ist dem Antragsteller zuzumuten, die ihm verbliebene Arbeitskraft zu verwerten und sich, solange er keine Beschäftigung gefunden hat, zunächst an den Träger der Grundsicherung für Arbeitsuchende zu wenden, dort um Leistungen nachzusuchen und so seine Hilfebedürftigkeit abzuwenden. Denn im Falle der Konkurrenz von Leistungen nach dem SGB II und dem SGB XII obliegt nach § 44a Satz 1 SGB II die Feststellung der Erwerbsfähigkeit nach dem Willen des

Gesetzgebers allein dem Träger der Grundsicherung für Arbeitsuchende und der Hilfebedürftige erhält nach § 44a Satz 3 SGB II bis zur Klärung des Grades der Erwerbsminderung vorläufige Leistungen nach dem SGB II, die sowohl von der Agentur für Arbeit als auch von dem kommunalen Träger zu erbringen sind und zu deren Bewilligung nach § 44b SGB II die Beigeladene verpflichtet ist. Dieser Umstand schließt den Bezug von Hilfe zum Lebensunterhalt auch dann aus, wenn der Hilfebedürftige sich weigert, den nach § 37 Abs. 1 SGB II für den Bezug der Leistungen der Grundsicherung für Arbeitsuchende erforderlichen Antrag zu stellen. Denn es kann nicht in der Hand des Hilfeempfängers liegen, durch Verweigerung der Mitwirkung im Verfahren das Eintreten eines anderen Sozialleistungsträgers zu erzwingen (vgl. auch § 2 SGB XII – Nachrang der Sozialhilfe). Das von dem Antragsteller für sich reklamierte Wahlrecht besteht nach dem Willen des Gesetzgebers nicht. Der Senat vermag auch nicht zu erkennen, dass die angewandten Vorschriften verfassungswidrig sind, weil langjährige Bezieher von Sozialhilfe aufgrund der Neuregelung gezwungen sind, nunmehr eine Überprüfung ihrer Leistungsfähigkeit durchführen zu lassen.

2) Aus dem Vorstehenden folgt, dass der Antragsteller Leistungen der Grundsicherung bei dauerhafter voller Erwerbsminderung nach §§ 41 ff. SGB XII ebenso wenig in Anspruch nehmen kann. Dem steht in gleicher Weise entgegen, dass der Antragsteller nach dem Kenntnisstand des Eilverfahrens (jedenfalls noch teilweise) erwerbsfähig im Sinne des § 8 SGB II ist und in zumutbarer Weise durch die Inanspruchnahme von Leistungen der Grundsicherung für Arbeitsuchende seine Bedürftigkeit überwinden kann.

3) Auch das Vorbringen der Beigeladenen im Beschwerdeverfahren rechtfertigt eine andere Entscheidung nicht. Allerdings weist diese zutreffend darauf hin, dass die Antragsgegnerin zunächst in eigener Zuständigkeit zu prüfen hat, ob in der Person des Antragstellers die Voraussetzungen für die Gewährung von Leistungen nach dem SGB XII vorliegen. Sie weist ferner zu Recht darauf hin, dass es nicht ausreicht, wenn die Antragsgegnerin sich insoweit lediglich auf das Fehlen von Feststellungen zur Erwerbsfähigkeit durch einen Rentenversicherungsträger nach § 45 Abs. 1 SGB XII beruft. Die Antragsgegnerin wird eigene Feststellungen im Widerspruchsverfahren nachzuholen haben. Nach dem gegenwärtigen Stande des Verfahrens erweist es sich aber – wie dargelegt – unabhängig von dem Fehlen eigener Feststellungen der Antragsgegnerin nicht als wahrscheinlich, dass dem Antragsteller die Erwerbsfähigkeit fehlt. Dies rechtfertigt die Entscheidung der Antragsgegnerin und verbietet es, ihr im Eilverfahren eine vorläufige Verpflichtung zur Leistung aufzuerlegen."

Leitsatz (redaktionell) (SG Hamburg, Urteil vom 28.01.2005, Az.: L 3 B 10/05 ER SO)

Die Leistungen der Sozialhilfe sind nach der zum 01.01.2005 wirksam gewordenen Neuordnung der sozialen Sicherungssysteme als ein gegenüber der Grundsicherung für Arbeitsuchende des SGB 2 insgesamt grundsätzlich nachrangiges Leistungssystem zu begreifen. Ist der Hilfebedürftige dem Grunde nach leistungsberechtigt nach dem SGB 2, ist es ihm grundsätzlich zuzumuten, sich zunächst an den Träger der Grundsicherung für Arbeitsuchende zu wenden, dort um Leistungen nachzusuchen und so seine Hilfebedürftigkeit abzuwenden.

Aus den Gründen:

„Der Antragsteller, der bis zum 31. Dezember 2004 Hilfe zum Lebensunterhalt nach §§ 11 ff. des Bundessozialhilfegesetzes bezogen hat und der mit seiner Ehefrau in Haushaltsgemeinschaft lebt, hat nicht im Sinne des § 920 Abs. 2 Zivilprozessordnung i.V.m. § 86b Abs. 2 Satz 4 SGG glaubhaft gemacht, dass ihm der mit dem Antrag geltend gemachte Anspruch auf Hilfe zum Lebensunterhalt nach den §§ 27 ff. des am 1. Januar 2005 in Kraft getretenen Sozialgesetzbuches Zwölftes Buch – Sozialhilfe – (SGB XII) zusteht. Nach dem Kenntnisstand des vorliegenden Eilverfahrens hat ihn vielmehr die Antragsgegnerin zu Recht darauf verwiesen, zunächst bei der Beigeladenen um Leistungen nach dem Sozialgesetzbuch Zweites Buch – Grundsicherung für Arbeitsuchende – (SGB II) nachzusuchen.

Nach §§ 8, 19 SGB XII erhalten Sozialhilfe in der Gestalt der Hilfe zum Lebensunterhalt diejenigen Personen, die ihren notwendigen Lebensunterhalt nicht oder nicht ausreichend aus eigenen Kräften und Mitteln beschaffen können. Die Leistungen der Sozialhilfe sind nach der zum 1. Januar 2005 wirksam gewordenen Neuordnung der sozialen Sicherungssysteme als ein gegenüber der Grundsicherung für Arbeitsuchende des SGB II insgesamt grundsätzlich nachrangiges Leistungssystem zu begreifen. Dies folgt aus § 21 SGB XII, wonach Leistungen für den Lebensunterhalt nicht erhält, wer in eigener Person oder als Angehöriger dem Grunde nach leistungsberechtigt nach dem SGB II ist (vgl. Voelzke in Hauck/Noftz, SGB XII, § 21, RdNr. 4, 7). So liegt es bei dem Antragsteller. Zwar macht er – ebenso wie seine Ehefrau in dem Verfahren S 50 SO 2/05 ER – geltend, nicht erwerbsfähig im Sinne des § 8 SGB II, d.h. außerstande zu sein, unter den üblichen Bedingungen des Arbeitsmarktes mindestens drei Stunden täglich einer Erwerbstätigkeit nachzugehen, jedoch ist gerade dies zwischen den Beteiligten streitig und lässt sich auch in dem vorliegenden Eilverfahren nicht abschließend klären. Bei dieser Sachlage ist dem Antragsteller zuzumuten, sich zunächst an den Träger der Grundsicherung für Arbeitsuchende zu wenden, dort um Leistungen nachzusuchen und so seine Hilfebedürftigkeit abzuwenden. Denn im Falle der Konkurrenz von Leistungen nach dem SGB II und dem SGB XII obliegt die Feststellung der Erwerbsfähigkeit nach dem Willen des Gesetzgebers allein dem Träger der Grundsicherung für Arbeitsuchende und der Hilfebedürftige erhält bis zur Klärung des Grades der Erwerbsminderung vorläufige Leistungen nach dem SGB II. Dies folgt im Hinblick auf die Beigeladene aus §§ 44a, 44b SGB II. Dieser Umstand schließt den Bezug von Hilfe zum Lebensunterhalt auch dann aus, wenn der Hilfebedürftige sich weigert, den nach § 37 Abs. 1 SGB II für den

Bezug der Leistungen der Grundsicherung für Arbeitsuchende erforderlichen Antrag zu stellen, den der Antragsteller ebenso wie dessen Ehefrau eigenem Vorbringen zufolge jedoch mittlerweile nachgeholt hat. Denn es kann nicht in der Hand des Hilfeempfängers liegen, durch Verweigerung der Mitwirkung im Verfahren das Eintreten eines anderen Sozialleistungsträgers zu erzwingen."

Entscheidungen zum alten Recht

Bereits zum alten Recht war entschieden worden, dass die jeweilige Art der Notlage entscheidend sei für die Wahl der Hilfeart:

Leitsatz (redaktionell) (BVerwG, Beschluss vom 13.03.2001, Az.: 5 B 83/00)

Auch bei sinngerechter Auslegung dieser Vorschrift ergibt sich nichts anderes. Knüpft die Sozialhilfe sonst an die jeweilige Notlage an und fragt nicht nach deren Gründen, so wäre es nicht vertretbar, in bestimmten Einzelfällen ohne eine entsprechende eindeutige Regelung die Hilfe unter Hinweis auf ein schuldhaftes Verhalten des Hilfesuchenden zu versagen.

Aus den Gründen:

„Der Kläger erhielt Blindenhilfe nach dem Bundessozialhilfegesetz. Mit Bescheid vom 3. August 1964 wurde die Zahlung der Hilfe mit Wirkung vom 1. Juli 1964 eingestellt, weil der Kläger als Eigentümer eines Bauernhofes mit einem Verkehrswert von 125.000,00 DM ein Vermögen besitze, das die Schongrenzen des Bundessozialhilfegesetzes überschreite. Mit Vertrag vom 16. Oktober 1964 überließ der Kläger den Bauernhof seinem Sohn. Als Gegenleistung wurden unter anderem vereinbart: Wohnung, Beköstigung, freie Aufwartung und Pflege in kranken und schwachen Tagen sowie monatlich 150,00 DM Taschengeld. Daraufhin bewilligte das Kreissozialamt dem Kläger mit Bescheid vom 2. Dezember 1964 erneut Blindenhilfe. Das Landessozialamt (Beklagter) teilte die Auffassung des Kreissozialamtes jedoch nicht. Es war der Ansicht, der Kläger habe die Voraussetzungen für die Gewährung der Blindenhilfe durch die Überlassung des Hofes vorsätzlich herbeigeführt, und bat um Einstellung der Blindenhilfe. Der Landrat wandte sich daraufhin an den Staatssekretär des Ministeriums für Arbeit, Soziales und Vertriebene und erbat neue Weisungen, indem er seine Auffassung, dass dem Kläger Blindenhilfe zustehe, darlegte. Der Staatssekretär missbilligte die Auffassung des Landrats und unterstützte die Weisung des Landessozialamtes.

Nunmehr lehnte das Kreissozialamt mit Bescheid vom 14. Mai 1965 die Gewährung von Blindenhilfe ab. Der Widerspruch des Klägers blieb ohne Erfolg.

Auf die entsprechend der Rechtsmittelbelehrung im Widerspruchsbescheid gegen das Landessozialamt gerichtete Klage hat das Verwaltungsgericht den Beklagten zur Gewährung der Blindenhilfe verpflichtet. Die Berufung des Beklagten ist mit Urteil vom 2. August 1967 zurückgewiesen worden.

Das Berufungsgericht ist der Meinung, dass die Blindenhilfe nicht nach § 92 Abs. 2 BSHG versagt werden könne, weil diese Vorschrift lediglich die Erstattung von Sozialhilfeleistungen regele und demnach nichts über die Frage aussage, unter welchen Voraussetzungen die Sozialhilfe abgelehnt werden könne. Ob aus allgemeinen

Gründen Leistungen der Sozialhilfe bei einer Vermögensaufgabe versagt werden könnten, brauche nicht erörtert zu werden, weil der Kläger die Voraussetzungen für die Gewährung der begehrten Hilfe nicht missbräuchlich herbeigeführt habe, sondern einleuchtende familiäre, rechtliche und wirtschaftliche Gründe sein Handeln bestimmt hätten.

Gegen das Urteil des Berufungsgerichts richtet sich die vom Bundesverwaltungsgericht zugelassene Revision des Beklagten.

Er beantragt, unter Aufhebung der vorinstanzlichen Urteile die Klage abzuweisen.

Der Kläger bittet um Zurückweisung der Revision.

Die Revision ist unbegründet.

Nach dem angefochtenen Urteil steht fest, dass der Kläger blind ist. Im Revisionsverfahren geht es allein um die Frage, ob ihm die Blindenhilfe nur deshalb nicht gewährt werden darf, weil er seinen Bauernhof mit einem Verkehrswert von 125.000,00 DM auf seinen Sohn übertragen hat.

Zu Recht ist das Berufungsgericht davon ausgegangen, dass § 92 Abs. 2 BSHG keine geeignete Rechtsgrundlage für die Versagung der Blindenhilfe darstellt. § 92 Abs. 2 Satz 1 BSHG befasst sich mit der Pflicht zur Erstattung bereits gewährter Sozialhilfe und beschränkt die Erstattungspflicht auf den Fall, dass die Voraussetzungen für die Gewährung der Hilfe vorsätzlich oder grob fahrlässig herbeigeführt worden sind.

Schon nach dem Wortlaut gibt § 92 Abs. 2 BSHG unmittelbar keine Antwort auf die Frage, ob Leistungen der Sozialhilfe demjenigen nicht zustehen, der die Voraussetzungen hierfür vorsätzlich oder grob fahrlässig herbeigeführt hat. Zwar trifft es zu, dass nach allgemeinen Rechtsgrundsätzen nicht gefordert werden kann, was ohnehin sofort wieder zurückzugewähren ist. Indessen gilt dieser Grundsatz im Sozialhilferecht nicht, jedenfalls nicht in dem hier erörterten Zusammenhang. Bei Gewährung der Sozialhilfe kommt es regelmäßig nicht auf den Grund der Hilfsbedürftigkeit an. Folgerichtig bestimmt § 92 Abs. 2 Satz 2 BSHG auch, dass die Geltendmachung der Erstattungspflicht nicht zu einer Gefährdung der Hilfe führen dürfe. Hilfe ist also auch dann (weiter) zu gewähren, wenn von vornherein feststeht, dass der Hilfesuchende sich selbst bedürftig gemacht hat.

Auch bei sinngerechter Auslegung dieser Vorschrift ergibt sich nichts anderes. Knüpft die Sozialhilfe sonst an die jeweilige Notlage an und fragt nicht nach deren Gründen, so wäre es nicht vertretbar, in bestimmten Einzelfällen ohne eine entsprechende eindeutige Regelung die Hilfe unter Hinweis auf ein schuldhaftes Verhalten des Hilfesuchenden zu versagen.

Dem steht auch nicht entgegen, dass der Hilfesuchende fortdauernd verpflichtet ist, im Wege der Selbsthilfe die entstandene Notlage zu beseitigen. Diese Pflicht besteht zwar. Unrichtig ist jedoch die daraus gezogene Schlussfolgerung, dass derjenige, der sich nicht ausreichend darum bemühe, seine Notlage gar nicht erst entstehen zu lassen, keinen Anspruch auf Hilfe habe. Genauso wie es für die Beurteilung der Notlage auf den gegenwärtigen Zeitpunkt ankommt, muss es für die Beurteilung der Möglichkeiten der Selbsthilfe auf den gegenwärtigen Zeitpunkt ankommen. Im gegenwärtigen Zeitpunkt ist aber nicht ersichtlich, dass der Kläger die entstandene Notlage aus eigener Kraft abwenden könnte.

Eine andere Auffassung würde den Grundgedanken der Sozialhilfe zuwiderlaufen. Sie würde eine Haftung für frühere Säumnisse im Gefolge haben. In vielen Fällen aber entsteht die sozialhilferechtliche Bedürftigkeit gerade deshalb, weil der Hilfesuchende sich nicht oder nicht rechtzeitig darum bemüht hat, zu einer seinen Lebensunterhalt sichernden Tätigkeit zu gelangen, für die Zeiten des Alters oder der Not vorzusorgen oder mit seinem Vermögen wirtschaftlich umzugehen.

Anders wären freilich solche Fälle zu beurteilen, in denen etwa durch doloses Zusammenwirken des Hilfesuchenden mit einer anderen Person Vermögensverschiebungen stattgefunden haben, die von der Rechtsordnung nicht gebilligt werden, wie beispielsweise durch Scheingeschäft, durch gesetzwidrige oder sittenwidrige Rechtsgeschäfte; in diesen Fällen wäre das Vermögen ohnehin dem Hilfesuchenden zuzurechnen mit der Folge, dass er sich nach Maßgabe des Bundessozialhilfegesetzes auf dieses Vermögen verweisen lassen müsste. Ebensowenig kann ein Hilfesuchender aus dem Missbrauch bürgerlich-rechtlicher Gestaltungsmöglichkeiten Vorteile ziehen. Denn das Sozialhilferecht geht von der tatsächlichen Lage aus, so dass es auch nur auf die tatsächliche Notlage ankommt und nicht auf die aus der rechtlichen Gestaltung hergeleitete. im Übrigen kann hier dahingestellt bleiben, ob und inwieweit überhaupt arglistiges oder missbräuchliches Verhalten des Hilfesuchenden rechtserheblich sein könnte.

Denn Fälle dieser Art liegen nach den getroffenen Feststellungen nicht vor. Auch wenn der über 65 Jahre alte Kläger im Hinblick auf die Blindenhilfe seinen Hof übertragen und dabei sein Sohn in demselben Sinne mitgewirkt haben sollte, so erfüllt dies angesichts der im Übrigen vorliegenden sachlichen Gründe für den Eigentumswechsel nicht die Voraussetzungen, unter denen das Rechtsgeschäft zu missbilligen oder ein dahingehendes Verhalten als arglistig oder missbräuchlich zu bezeichnen wäre. Es entspricht bäuerlichen Gepflogenheiten, wenn der Altbauer, zumal dann, wenn er gebrechlich ist, sich auf das Altenteil zurückzieht und seinen Hof einem seiner Kinder nicht nur zur tatsächlichen, sondern auch zu eigenverantwortlicher Bewirtschaftung durch Übertragung des Eigentums am Hofe überlässt.

Ob auch derjenige als vermögenslos angesehen werden kann, der sein Vermögen verschenkt hat, und ob er auf die Möglichkeit der Rückforderung des Geschenks wegen Bedürftigkeit (§ 528 BGB) oder des Widerrufs der Schenkung wegen groben Undanks (§ 530 BGB) verwiesen werden kann, bedarf keiner Erörterung, weil die Voraussetzungen für eine Schenkung nicht vorliegen.

Hiernach ist es nicht zu beanstanden, wenn das Berufungsgericht die Hilfsbedürftigkeit des Klägers insoweit bejaht hat, als es sich um die Vermögensverhältnisse handelt.

Ob der Kläger nach seinem Einkommen die Voraussetzungen für die Gewährung der Blindenhilfe erfüllt, ist von keiner Seite in Frage gestellt worden. Das Einkommen des Klägers übersteigt nicht die besondere Einkommensgrenze für die Blindenhilfe (§ 81 Abs. 2 BSHG). Auch ist nicht ersichtlich, dass der Kläger Leistungen wegen der blindheitsbedingten Mehraufwendungen erhielte, die unter § 77 BSHG fielen; aus diesem Grunde erübrigt sich die Frage danach, ob im Rahmen des § 67 wegen § 67 Abs. 4 BSHG eine weitergehende Anrechnung anderweitiger Leistungen stattfindet als nach § 77 BSHG.

Auch meint der Beklagte zu Unrecht, der Kläger hätte im Überlassungsvertrag höhere laufende Zahlungen vereinbaren müssen, um sich von öffentlicher Hilfe unab-

hängig zu machen. Denn nach den Feststellungen des Berufungsurteils liegen die Belastungen des Hofes bereits jenseits der Leistungsgrenze.

Wohl könnte die Frage aufgeworfen werden, ob dem Kläger angesonnen werden kann, Einkommen unter der Einkommensgrenze einzusetzen (§ 85 BSHG). Indessen ist nach dem Inhalt des Überlassungsvertrages nicht ersichtlich, dass der Kläger auch nur zum Teil den blindheitsbedingten Mehrbedarf von seinem Sohn erhält. Auch hat der Beklagte insoweit nichts vorgetragen, was auf die Absicht einer teilweisen Anrechnung schließen ließe." ...

Leitsatz (redaktionell) (BVerwG, Urteil vom 18.07.1976, Az.: 5 C 83/78)

Es ist jeweils bei der Auswahl der Hilfen darauf zu achten, die wirksamste und vollständigste Hilfeart auszuwählen.

Aus den Gründen:

"... Der Kläger, Kriegerwaise, erhält von dem Beklagten Erziehungsbeihilfe. Wegen eines Sportunfalls musste er das Studium der Philologie aufgeben und das Studium der Rechtswissenschaft aufnehmen. Zur Durchführung seines Studiums benötigt er ein Kraftfahrzeug. Der Beigeladene hat ihm zur Beschaffung Hilfe geleistet. Der Beklagte lehnte die endgültige Übernahme der Kosten im Wege der Kriegsopferfürsorge ab.

Die Klage hatte im ersten Rechtszuge Erfolg. Auf die Berufung des Beklagten hat das Berufungsgericht zunächst mit Urteil vom 28. April 1965 die Klage mangels Rechtsschutzbedürfnis abgewiesen. Das Bundesverwaltungsgericht hat dieses Urteil jedoch mit der Begründung aufgehoben, die vorläufige Hilfeleistung durch den Beigeladenen habe einen etwaigen Anspruch des Klägers auf Übernahme der Leistungen durch den Beklagten unberührt gelassen. Daraufhin hat das Berufungsgericht durch sein Urteil vom 30. Juni 1967 die Klage aus Sachgründen abgewiesen.

Gegen das Urteil des Berufungsgerichts richtet sich die von diesem zugelassene Revision des Beigeladenen, mit der er die Wiederherstellung des verwaltungsgerichtlichen Urteils anstrebt.

Der Beklagte bittet um Zurückweisung der Revision.

Der Oberbundesanwalt beteiligt sich am Verfahren.

Entscheidungsgründe

Die Revision ist zurückzuweisen.

Die Auffassung des Berufungsgerichts, die begehrte Hilfe müsse schon deshalb abgelehnt werden, weil es an dem erforderlichen ursächlichen Zusammenhang fehle, vermag das Bundesverwaltungsgericht nicht zu teilen.

Es entspricht der ständigen Rechtsprechung des Bundesverwaltungsgerichts, die Kriegsopferfürsorge für die Waisen als Schadensausgleich unter Berücksichtigung einer sozialtypischen Bedürftigkeit und unter Berücksichtigung anderweitiger öffentlich-rechtlicher Leistungen zu umschreiben.

Aus der Umschreibung der Kriegsopferfürsorge als Maßnahme des Schadensaus-gleichs folgt aber, dass der Ursachenzusammenhang bestehen muss zwischen dem Tod des Ernährers und dem jetzigen Bedarf, oder anders gewendet: Voraussetzung für eine Leistung der Kriegsopferfürsorge an die Waise ist, dass die Leistung ohne den Tod des Ernährers von diesem hätte erbracht werden können und bei verständi-ger Würdigung auch erbracht worden wäre. Auszugleichen ist also die verlorenge-gangene Ernährerfunktion.

Unrichtig ist es unter diesen Umständen, im vorliegenden Falle danach zu fragen, ob der Sportunfall des Klägers und die aus ihm folgende Notwendigkeit der Beschaffung eines Kraftfahrzeuges in einem näheren oder ferneren Zusammenhang mit dem Tod des Ernährers steht. Richtigerweise kann nur gefragt werden, ob der Kläger von sei-nem Vater, wäre dieser nicht gefallen, Unterstützung für die Anschaffung eines Kraft-fahrzeuges hätte erwarten können. Letztlich kommt es indessen auf diese Frage und auch auf die weitere Frage, ob in Bezug auf den Ursachenzusammenhang ausrei-chende tatsächliche Feststellungen getroffen worden sind, nicht an.

Das Recht der Kriegsopferfürsorge geht ebenso wie das allgemeine Sozialhilferecht bei der Abgrenzung der einzelnen Leistungen davon aus, zu welchem Zweck eine bestimmte Hilfe erforderlich ist.

Dies folgt schon aus dem allgemeinen sozialhilferechtlichen Grundsatz, dass Hilfe ohne Rücksicht auf die Ursache, die zu einer Notlage geführt hat, dann geleistet wird, wenn die Beseitigung der Notsituation geboten ist. Zu fragen ist deshalb bei Unter-stellung des ursächlichen Zusammenhangs im vorliegenden Falle, ob die Beschaf-fung eines Kraftfahrzeuges der Ausbildung des Klägers dient, ob nach den Bestim-mungen des Bundesversorgungsgesetzes die Leistungen der Erziehungsbeihilfe auch den hier zu befriedigenden Bedarf an einem Kraftfahrzeug erfassen und schließlich, wenn das nicht der Fall ist, ob anderweitige Hilfen im Rahmen der Kriegs-opferfürsorge in Betracht kommen.

Die Beschaffung des Kraftfahrzeuges dient jedenfalls im Weiteren Sinne der Ausbil-dung des Klägers, denn ohne Kraftfahrzeug wäre der Kläger außerstande, die Ausbil-dungsstätte aufzusuchen. Es ist jedoch fraglich, ob eine derartige Zweckbindung im Weiteren Sinne ausreichend ist. Im Rahmen der Sozialhilfe kann vielfach dieselbe Hilfe nach mehreren Bestimmungen geleistet werden. Aus diesem Grunde hat der Senat in seinem Urteil BVerwGE 22, 319 auf die Notwendigkeit einer umfassenden Prüfung des Notfalles hingewiesen. Auch bei umfassender Prüfung kann jedoch im Einzelfalle ungewiss bleiben, welche der einzelnen gesetzlichen Hilfen zum Zuge kommt. Das sich hierbei ergebende Konkurrenzproblem ist weder im Bundesversor-gungsgesetz – BVG – noch in dem ergänzend heranzuziehenden Bundessozialhilfe-gesetz – BSHG – allgemein gelöst. § 87 BSHG verhält sich lediglich zu der Frage, welche Einkommensgrenze bei mehrfachem Bedarf gilt. Die Lösung findet sich inso-weit einmal in dem allgemeinen Grundsatz der möglichst wirksamen Hilfe, wie er sich u.a. aus § 6 BSHG ergibt. Danach ist der Hilfeart der Vorzug zu geben, die die Besei-tigung der Notlage am wirksamsten gewährleistet, im Zweifel hat also die umfassen-dere Hilfeart den Vorzug. Zum anderen folgt aus dem Grundsatz, dass die Hilfe unab-hängig von der Ursache der Hilfsbedürftigkeit danach ausgerichtet ist, welcher Notlage begegnet werden soll, dass die Hilfeart zu wählen ist, die der jeweiligen Not-lage näher ist. Freilich kann nicht übersehen werden, dass die beiden Regeln unter Umständen zu einem widersprüchlichen Ergebnis führen können. In Fällen der vorlie-genden Art mag das aber auf sich beruhen; denn die Behinderung des Klägers wirkt sich nicht allein auf die Ausbildung aus. Nach dem Grundsatz möglichster Wirksamkeit der Hilfe muss demnach der Behinderung auf Dauer begegnet werden, was zur Folge hat, dass im Zweifel nicht Ausbildungshilfe, sondern Behindertenhilfe zum Zuge zu kommen hat. Die Behindertenhilfe steht auch dem zu beseitigenden Notstand näher als die Ausbildungshilfe, weil sie auf die Behinderung selbst eingeht, nicht nur auf die Folgen der Behinderung in einem bestimmten Lebensabschnitt oder nur in Bezug auf die Bewegungsbehinderung. Dass die hier vorgenommene allgemeine Abgrenzung zutreffend ist, folgt auch aus einer Betrachtung der Einzelvorschriften des Bundessozialhilfegesetzes. So finden in dem Unterabschnitt des Bundessozialhilfegesetzes über die Ausbildungshilfe (§§ 31 ff. BSHG) zwar die Kosten des Lebensunterhalts und der Ausbildung Berücksichtigung, nicht aber die Kosten, die zum Ausgleich einer Behinderung aufgebracht werden müssen. Anders in dem Unterabschnitt des Bundessozialhilfegesetzes, der sich mit der Behindertenhilfe beschäftigt (§§ 39 ff. BSHG). Hier finden sowohl die Kosten der Ausbildung als auch die Kosten der Versorgung mit Hilfsmitteln Erwähnung (§ 40 BSHG). Auch das Bundessozialhilfegesetz sieht deshalb den Fall der Behinderung als Ansatz möglichst wirksamer und notstandsnaher Hilfe an.

Diese allgemeine Überlegung spricht demnach dafür, dass die Versorgung mit einem Kraftfahrzeug der Behindertenhilfe zuzurechnen ist. Das würde jedoch nicht entscheidend ins Gewicht fallen, wenn auf dem Gebiete der Kriegsopferfürsorge eine speziellere Regel die allgemeinen Grundsätze beiseite schieben würde. Das ist jedoch nicht der Fall.

§ 27 BVG, hier anzuwenden in der Fassung vom 27. Juni 1960 (BGBl. I S. 453), billigt den Waisen Sicherstellung einer angemessenen – ihren Anlagen und Fähigkeiten entsprechenden – allgemeinen und beruflichen Ausbildung zu und gewährleistet insoweit die erforderlichen Leistungen für Ausbildung und Lebensunterhalt. Hieraus folgt zwar, dass neben den eigentlichen Ausbildungskosten auch die Kosten des Lebensunterhalts einzubeziehen sind (hierzu etwa Urteile BVerwGE 26, 217 und vom 21. September 1966 – BVerwG V C 225.65 – (FEVS 14, 281)). Indessen zwingt die gesetzliche Regelung nicht, auch alle sonstigen Kosten einzubeziehen, die für die Ausbildung aufgewandt werden müssen. Das Gegenteil ergibt sich aus der Spezifizierung der Kriegsopferfürsorge auf einzelne Notlagen hin. Wenn das Bundesversorgungsgesetz neben der Erziehungsbeihilfe auch die Hilfe zum Lebensunterhalt und die Hilfe in besonderen Lebenslagen (§ 27b BVG) erwähnt, so knüpft es ersichtlich an das System des Sozialhilferechts an. Auch hier muss es demnach bei den oben aufgestellten Grundsätzen des Sozialhilferechts verbleiben. Freilich zählt § 21 der Verordnung zur Kriegsopferfürsorge in der Fassung vom 27. August 1965 (BGBl. I S. 1032) – KfürsV – zum Bedarf des Auszubildenden durch Verweisung auf § 20 Abs. 3 KfürsV auch die Fahrtkosten. Zu den notwendigen Fahrtkosten können jedoch nur die Fahrtkosten gezählt werden, die unabhängig von einer Behinderung entstehen. Ist nämlich auch im Recht der Kriegsopferfürsorge auf die Grundsätze der Effektivität und der notstandsnäheren Hilfe abzuheben, so können die Fahrtkosten, die nicht aus dem Besuch einer Ausbildungsstätte selbst entstehen, nicht als notwendig im Sinne der angeführten gesetzlichen Bestimmungen angesehen werden. Das hat zur Folge, dass die Kraftfahrzeugkosten beispielsweise dann Kosten der Erziehungsbeihilfe sein können, wenn der Auszubildende auf einem abgelegenen Bauernhof wohnt. Hier sind die Kosten allein in Zusammenhang mit der Ausbildung zu bringen und können auch nicht durch eine dem Notstand nähere anderweitige Hilfe aufge-

bracht werden. Anders im vorliegenden Falle. Hier sind es unmittelbar nicht die Kosten der Ausbildung, sondern die der Behinderung, die abgegolten werden sollen.

Zu fragen bleibt jedoch, ob die Kosten der Kraftfahrzeugbeschaffung anders als im Wege der Erziehungsbeihilfe durch die Kriegsopferfürsorge aufgebracht werden können und müssen.

§ 27b BVG in Verbindung mit § 139 BSHG lässt im Rahmen der Kriegsopferfürsorge auch Hilfen zu, die im Rahmen der Sozialhilfe als Hilfen in besonderen Lebenslagen gewährt werden. Indessen wird diese Verweisung auf das Sozialhilferecht in Fällen der vorliegenden Art durch § 4 KfürsV beiseite geschoben.

Das Bundesverwaltungsgericht hat bereits in seinem Urteil BVerwGE 20, 194 darauf hingewiesen, dass gegen die Rechtsgültigkeit dieser Vorschrift keine Bedenken anzumelden sind. Hieran ist festzuhalten.

Nach § 4 a.a.O. gilt:

„Leistungen der Kriegsopferfürsorge werden Beschädigten auch für Familienmitglieder gewährt, soweit diese nicht wegen Tuberkulose oder Behinderung Anspruch auf Leistungen nach anderen öffentlich-rechtlichen Vorschriften haben."

Zu den anderen öffentlich-rechtlichen Leistungen im Falle der Behinderung zählen auch die Vorschriften des Bundessozialhilfegesetzes. Dem steht auch nicht der Grundsatz der Subsidiarität der Sozialhilfe entgegen. In dem o.a. Urteil hat das Bundesverwaltungsgericht bereits ausgeführt, dass der Subsidiaritätsgrundsatz des Sozialhilferechts lediglich eine Rechtsanwendungsregel darstellt, mithin weder der Gesetz- noch der Verordnungsgeber gehindert ist, den Leistungen nach dem Bundessozialhilfegesetz Vorrang einzuräumen.

Fraglich ist jedoch, ob § 4 KfürsV auch dann Anwendung findet, wenn es sich nicht um Familienmitglieder des Beschädigten handelt, sondern um Hinterbliebene. Nach Auffassung des Bundesverwaltungsgerichts ist diese Vorschrift auch auf Hinterbliebene anzuwenden.

Die Regelung des § 4 KfürsV wurzelt in der Überlegung, dass eine spezielle Hilfe im Wege der Kriegsopferfürsorge mit Rücksicht auf die breiten Leistungspflichten im Rahmen der Sozialhilfe nicht notwendig ist. Diese Überlegung trifft aber auch auf die Hinterbliebenen zu.

Für eine Verweisung der Hinterbliebenen an die Sozialhilfe spricht – abgesehen davon – die Konzentration aller Hilfsmaßnahmen bei einer Stelle und die dadurch geförderte bessere Ausstattung der Träger der Hilfe.

Gegen die Gleichbehandlung der Angehörigen und Hinterbliebenen spricht auch nicht deren verschiedene rechtliche Stellung im Rahmen der Kriegsopferfürsorge. Zwar haben die Angehörigen des Beschädigten keinen selbstständigen Anspruch auf Kriegsopferfürsorge, sondern werden lediglich durch die dem Beschädigten gewährte Hilfe mit begünstigt. Gleichwohl stehen sie der Kriegsopferfürsorge materiell nicht weiter entfernt gegenüber als die Hinterbliebenen, die eigene Ansprüche auf Kriegsopferfürsorge haben. Die Hilfe für beide Gruppen beruht auf der Überlegung, dass die Ernährerfunktion des Kriegsteilnehmers gestört ist. Die Ausstattung mit einem eigenen Rechtsanspruch hat deshalb nur rechtstechnische Bedeutung und steht einer entsprechenden Anwendung des § 4 KfürsV auf die Hinterbliebenen nicht im Wege." ...

Bemerkung zur Übertragbarkeit der Rechtsprechung auf das neue Recht des SGB XII:

Auch die Rechtsprechung zum alten Recht des Bundessozialhilferechts wird auf das neue Recht uneingeschränkt übertragbar sein, da diese Grundsätze auch im neuen Recht verwendbar sein werden.

§ 9 SGB XII   Sozialhilfe nach der Besonderheit des Einzelfalles

(1) Die Leistungen richten sich nach der Besonderheit des Einzelfalles, insbesondere nach der Art des Bedarfs, den örtlichen Verhältnissen, den eigenen Kräften und Mitteln der Person oder des Haushalts bei der Hilfe zum Lebensunterhalt.

(2) Wünschen der Leistungsberechtigten, die sich auf die Gestaltung der Leistung richten, soll entsprochen werden, soweit sie angemessen sind. Wünschen der Leistungsberechtigten, den Bedarf stationär oder teilstationär zu decken, soll nur entsprochen werden, wenn dies nach der Besonderheit des Einzelfalles erforderlich ist, weil anders der Bedarf nicht oder nicht ausreichend gedeckt werden kann und wenn mit der Einrichtung Vereinbarungen nach den Vorschriften des Zehnten Kapitels dieses Buches bestehen. Der Träger der Sozialhilfe soll in der Regel Wünschen nicht entsprechen, deren Erfüllung mit unverhältnismäßigen Mehrkosten verbunden wäre.

(3) Auf Wunsch der Leistungsberechtigten sollen sie in einer Einrichtung untergebracht werden, in der sie durch Geistliche ihres Bekenntnisses betreut werden können.

Die Regelung überträgt im Wesentlichen inhaltsgleich den bisherigen § 3 BSHG. Der ergänzende Hinweis in Absatz 1, dass sich die Leistung auch nach den eigenen Kräften und Mitteln richtet, füllt eine derzeit bestehende Lücke. Der Verweis auf den Haushalt bei der Hilfe zum Lebensunterhalt entspricht im Hinblick auf die Bedarfsfeststellung dem geltenden Recht. Bezüglich der Feststellung der Bedürftigkeit wird insoweit auch die bislang offene Frage geklärt, dass es auch auf die Mittel und Kräfte des Haushaltes ankommt, als insbesondere in § 19 eine Berücksichtigung von Einkommen und Vermögen geregelt ist. Insoweit wird das Individualprinzip des Absatzes 1 nicht mehr auf die einzelne Person bezogen, sondern aufgrund der Lebenswirklichkeit gemeinsam wirtschaftender Haushalte erweitert, was insbesondere bei der Leistungsberechnung nach § 19 von Bedeutung ist.

Das Individualisierungsprinzip in der Rechtsprechung

Zu dem hier inhaltsgleich übertragenen Individualitätsgrundsatz sind einige Urteile ergangen, die hier angesprochen werden sollen.

Leitsatz (redaktionell) (OVG Brandenburg, Beschluss vom 22.05.2002, Az.: 4 B 60/02)

Steht danach die Eignung der Förderschule für Geistigbehinderte in N bislang jedenfalls nicht ernsthaft in Frage, kann die Mutter des Antragstellers auch nicht stellvertretend für diesen auf sein Wunschrecht nach § 3 Abs. 2 BSHG verweisen, denn dieses findet unter mehreren gleichwertigen, den Schulungsbedarf deckenden Maßnahmen dort seine Grenzen, wo die gewünschte Maßnahme nicht mehr angemessen wäre.

Aus den Gründen:

„Es ist fraglich, ob die eingelegte Beschwerde zulässig ist, denn sie enthielt jedenfalls nicht ausdrücklich den nach § 146 Abs. 4 Satz 3 und 4 VwGO erforderlichen bestimmten Antrag, ohne den die Beschwerde als unzulässig zu verwerfen ist. Dem Wortlaut der Beschwerdeschrift nach richtet sich die Beschwerde „sowohl gegen die Ablehnung des Antrages auf Erlass einer einstweiligen Anordnung als auch gegen die Ablehnung von Prozesskostenhilfe". Ob dies zusammen mit dem vorliegenden angefochtenen Beschluss vom 27. Februar 2002, welchem der erstinstanzlich abgelehnte Antrag entnommen werden kann, ausreicht, um dem Antragserfordernis zu genügen, ist zweifelhaft, kann aber auf sich beruhen, weil die Beschwerde jedenfalls unbegründet ist.

Das Verwaltungsgericht hat den Antrag auf Kostenübernahme für den Schultransport des Antragstellers von seinem Wohnhaus in F. zur B-Schule in F. (Hin- und Rückfahrt/Einzeltransport) im Wege des vorläufigen Rechtsschutzes nach § 123 Abs. 1 Satz 2 VwGO zu Recht wegen eines fehlenden Anordnungsanspruchs abgelehnt.

Ausgehend von den nach § 146 Abs. 4 Satz 6 VwGO allein maßgeblichen rechtlichen und rechtstatsächlichen Gesichtspunkten, wie sie sich aus der Beschwerdebegründung ergeben, hat der Antragsteller den vom Verwaltungsgericht gezogenen Schluss, dass eine angemessene Beschulung in der Schule am A. Förderschule für Geistigbehinderte in N. gewährleistet sei, nicht erschüttern können.

Der Antragsteller macht der Sache nach geltend, das Gericht habe den Beschulungsbedarf aufgrund des Protokolls der Förderausschusssitzung vom 27. Juni 2000 und aufgrund der Bildungsempfehlung des Förderausschusses falsch eingeschätzt, denn zum einen habe man in der Förderausschusssitzung nicht die unterschiedlichen Fördermöglichkeiten an der B-Schule in F. und an der Förderschule für Geistigbehinderte in N. herausgearbeitet, zum anderen sei die Bildungsempfehlung von unzutreffenden räumlichen und sächlichen Voraussetzungen der Förderung des Antragstellers an der Förderschule für Geistigbehinderte in N. ausgegangen. So finde an der Förderschule für Geistigbehinderte in N. im Gegensatz zu der B-Schule keine Musiktherapie statt. Es gebe dort auch kein Pflegebad und Therapiebecken, sondern es werde lediglich einmal pro Woche Schwimmunterricht außerhalb der Schule selbst gegeben. Hierfür sei ein Taxitransport mit Begleitperson erforderlich, dessen Kosten auch nicht wesentlich geringer wären als der beantragte Transport. Auch das in der Bildungsempfehlung für die Förderschule N. angegebene Computerkabinett existiere – im Gegensatz zu dem in der B-Schule – nicht. Der Antragsteller erhalte in dem Computerkabinett dreimal wöchentlich eine Aufmerksamkeits- und

Kommunikationsförderung durch eine Sprachtherapeutin. Gleiches könne in N. nicht geleistet werden, da für die gesamte Schule nur zwei Sprachtherapeutinnen zur Verfügung stünden. Nach der Stellungnahme der Kinderärztin und der sonderpädagogischen Stellungnahme vom 20. Juni 2000 sei ein solcher logopädischer Förderbedarf aber vorhanden und durch Maßnahmen im Schulalltag zu decken. Nach der Bildungsempfehlung bedürfe der Antragsteller eines Zivildienstleistenden oder einer sonstigen zusätzlichen Betreuung. Zwar gebe es an beiden Schulen pro Klasse zwei Lehrerinnen, aber in N. stünden für drei Klassen nur eine pädagogische Hilfskraft und ein Zivildienstleistender zur Verfügung, hingegen an der B-Schule bei nur vier Kindern pro Klasse eine weitere Heilerziehungspflegerin, so dass der Antragsteller gegebenenfalls sogar rund um die Uhr betreut werden könne.

Dieser Vortrag ist nicht geeignet, den vom Verwaltungsgericht dem Grunde nach anerkannten Anspruch des Antragstellers gegen den Antragsgegner auf Hilfe zu einer angemessenen Schulausbildung nach §§ 39 Abs. 1, 40 Abs. 1 Nr. 3 BSHG i.V.m. § 12 Nr. 1 Eingliederungshilfe-VO – EinglHVO – auf die Übernahme von Schülerfahrtkosten zur B-Schule nach F. hin zu konkretisieren. Ein solcher Anspruch bestünde nur dann, wenn der Antragsteller nur dort Hilfe zu einer angemessenen Schulbildung erhalten könnte. Was eine im Sinne des § 40 Abs. 1 Nr. 3 BSHG angemessene Schulbildung umfasst, ergibt sich nach Maßgabe der Zielsetzung der Eingliederungshilfe nach § 39 Abs. 3 und 4 BSHG. Danach ist es unter anderem Aufgabe der Eingliederungshilfe, die Folgen einer Behinderung zu beseitigen oder zu mildern und behinderte Menschen in die Gesellschaft einzugliedern. Ziel der angemessenen Schulbildung ist es demnach nicht, dem Antragsteller eine bestmögliche Schulbildung zu geben, wie dies die Mutter des Antragstellers in ihrer Anhörung auf der Förderausschusssitzung und in ihrem Schreiben vom 18. September 2000 an den Petitionsausschuss des Landtages Brandenburg aus elterlicher Sicht verständlicherweise fordert. Die Angemessenheit einer Beschulung in der Förderschule für Geistigbehinderte in N. ist vielmehr nur dann zu verneinen, wenn ihre Eignung angesichts der Schwerstbehinderungen des Antragstellers nicht gegeben wäre. Dabei ist zu berücksichtigen, dass die Entscheidung über die angemessene Schulbildung hinsichtlich ihrer Eignung und Angemessenheit für einen schwerbehinderten Schüler stets prognostischer Art ist, die Eignung einer konkreten Schule einer bestimmten Schulform also im Nachhinein nach der Aufnahmeentscheidung widerlegt oder bestätigt werden kann.

Davon ausgehend kommt es entgegen dem Beschwerdevorbringen nicht darauf an, ob die B-Schule in F. in bestimmten Punkten ein besseres therapeutisches und schulisches Angebot als die Förderschule für Geistigbehinderte in N. vorhält, um den Behinderungen des Antragstellers Rechnung zu tragen, sondern allein darauf, ob eine an der Aufgabe der Eingliederungshilfe für Behinderte orientierte Eignung der Förderschule für Geistigbehinderte in N. bejaht werden kann (vgl. Oberverwaltungsgericht Berlin, Urteil vom 8. Juni 1984 – 6 B 74.83 – FEVS 35, 196, 199; VGH München, Urteil 26. Juli 1982 – 12 B 80 A.1474 – FEVS 32, 228, 232).

In diesem Rahmen hat das Verwaltungsgericht zu Recht der Bildungsempfehlung des Förderausschusses vom 27. Juni 2000 erhebliche Bedeutung beigemessen. Hierfür spricht, dass die Bildungsempfehlung des Förderausschusses nach § 50 Abs. 2 S. 1 des Brandenburgischen Schulgesetzes – BbgSchulG – und § 15 Abs. 4 der Sonderpädagogik-Verordnung (SopV) vom 24. Juni 1997 (GVBl. II, S. 504, 510) in der Fassung der 2. VO zur Änderung der Sonderpädagogik-Verordnung vom 26. März 2002 (GVBl. II, 194) neben dem elterlichen Wunsch maßgebliches Gewicht bei der Entscheidung des staatlichen Schulamtes hat. Der Förderausschuss hat nämlich im Rahmen des Feststellungsverfahrens nach § 15 SopV die erforderlichen sonderpädagogischen, medizinischen und psychologischen Daten nach dem Verfahren der Kind-Umfeld-Diagnostik zur Feststellung des sonderpädagogischen Förderbedarfs, insbesondere zur Erstellung der Bildungsempfehlung zu erheben und zu verarbeiten (vgl. § 14 Abs. 1 SopV). Das staatliche Schulamt ist zwar anschließend nicht an diese Empfehlung gebunden (vgl. Hanßen/Glöde, Brandenburgisches Schulgesetz, Komm. § 50 Rn. 6), ist aber in jedem Fall gehalten, auf der Grundlage dieser Bildungsempfehlung über die Aufnahme oder die Zuweisung einer Schülerin oder eines Schülers mit sonderpädagogischem Förderbedarf zu entscheiden.

Von diesem am Kindeswohl ausgerichteten Maßstab der Bildungsempfehlung ausgehend lässt sich nicht feststellen, dass die Förderschule für Geistigbehinderte in N. nicht geeignet wäre, dem Antragsteller eine angemessene Schulbildung zu vermitteln. Nach der Bildungsempfehlung soll der Antragsteller in der Förderschule für geistig Behinderte nach den Unterrichtsvorgaben für geistig Behinderte in N. beschult werden. Die weiteren Angaben in der Bildungsempfehlung zur räumlichen und personellen Ausstattung der Förderschule in N. haben keinen empfehlenden, sondern beschreibenden Charakter, dem die Schule im Übrigen auch nahekommt. Danach hätte dem auf einen Rollstuhl angewiesenen Antragsteller mit seinen mehrfachen Schwerstbehinderungen (spastische Cerebralparese, Hydrocephalus mit ventriculoperitonealem Shunt) voraussichtlich auch dort ein angemessenes Schulbildungsangebot gemacht werden können, denn nach der Auskunft der Schulleiterin vom 5. September 2000 ist die Schule rollstuhlgerecht ausgebaut und verfügt über einen Entspannungsraum sowie ein Pflegebad mit moderner Ausstattung. Ferner würden Schüler mit Schwerstmehrfachbehinderungen wöchentlich einmal zur Schule am P. nach B. fahren und dort das Therapiebecken der Schule nutzen. Den dortigen Schwimmunterricht würde eine ausgebildete Fachkraft leiten. im Übrigen könne an der Schule auf Rezept Physiotherapie stattfinden. Auf gerichtliche Nachfrage hat die Schulleiterin diese Angaben ergänzt: In allen Klassen, welche zurzeit eine Schülerzahl von 6 bis 7 Schülern hätten, würden zwei Lehrkräfte unterrichten und bei Bedarf finde individueller Förderunterricht auch außerhalb des Klassenraumes statt. Für jeweils drei Klassen stehe zusätzlich eine pädagogische Fachkraft und ein Zivildienstleistender zur Verfügung. Sprachunterricht könne durch zwei Lehrer mit der sonderpädagogischen Ausbildungskombination Geistigbehindertenpädagogik/Sprachheilpädagogik nach Bedarf gegeben werden. Musiktherapie finde nicht statt; die Schüler hätten Musikunterricht entsprechend der Unterrichtsvorgaben für Förderschulen für geistig Behinderte (Lernfeld Musik und Rhythmik).

Dass dieser personelle und sächliche Ausstattungsgrad, den der Antragsteller nicht bestreitet, für die Vermittlung einer angemessenen Schulbildung schlechthin ungeeignet wäre, ergibt sich nicht aus den vom Antragsteller vorgelegten Unterlagen. Dies hat das Verwaltungsgericht zu Recht festgestellt und im Einzelnen begründet, so dass hierauf verwiesen wird. im Übrigen wäre dem Antragsteller der lange tägliche Schulweg von F. nach F. erspart geblieben, ein Umstand, der dem Gesundheitszustand des Antragstellers dauerhaft zugute gekommen wäre. Auch ist dem Gericht darin zu folgen, dass es dem Antragsteller zunächst oblegen hätte, die empfohlene Schule über einen gewissen Zeitraum zu erproben. Gerade weil sich die Eignung nicht mit letzter Sicherheit voraussehen lässt, gibt in Fällen wie dem vorliegenden erst die praktische Erfahrung im Schulalltag darüber Aufschluss, ob eine Schule im

Sinne der §§ 39 Abs. 3 und 4, 40 Abs. 1 Nr. 3 BSHG dem Hilfesuchenden eine angemessene Schulbildung vermitteln kann.

Steht danach die Eignung der Förderschule für Geistigbehinderte in N. bislang jedenfalls nicht ernsthaft in Frage, kann die Mutter des Antragstellers auch nicht stellvertretend für diesen auf sein Wunschrecht nach § 3 Abs. 2 BSHG verweisen, denn dieses findet unter mehreren gleichwertigen, den Schulungsbedarf deckenden Maßnahmen dort seine Grenzen, wo die gewünschte Maßnahme nicht mehr angemessen wäre. Angesichts der vom Antragsgegner bezifferten Fahrtkosten von über 210,00 DM (€ 107,37) pro Tag für einen behindertengerechten Spezialtransport, dem keine vergleichbaren Kosten bei einer Beschulung in N. gegenüberstünden – auch die Fahrten zum wöchentlichen Unterricht werden durch schuleigene Fahrzeuge ausgeführt –, kann sich der Antragsteller nicht auf sein Wunschrecht berufen.

Es ist ferner naheliegend, einen Anordnungsanspruch auch unter dem Aspekt zu verneinen, dass der Transport schon durch die Eltern bewerkstelligt und daher ein Anspruch auf Eingliederungshilfe wegen des Nachranges der Sozialhilfe nach § 2 Abs. 1 BSHG ausgeschlossen ist. im Übrigen spricht auch einiges dafür, dass dem weiterverfolgten Antrag der Anordnungsgrund fehlt, denn es ist nicht ersichtlich, dass der Erlass der Anordnung zur Abwendung wesentlicher Nachteile für den Beschwerdeführer dringend erforderlich wäre. Schließlich fahren die Eltern den Jungen seit eineinhalb Jahren von F. nach F., ohne dass ihm daraus zwischenzeitlich eine Notlage erwachsen wäre." ...

Leitsatz (redaktionell) (OVG Lüneburg, Urteil vom 31.10.2002, Az.: 4 LB 286/02)

Zwar ist es grundsätzlich zulässig, dass Träger der Sozialhilfe häufig auftretende Bedarfslagen durch Richtlinien regeln. Derartige Richtlinien können im Interesse nicht nur des Hilfeträgers, sondern auch des einzelnen Hilfesuchenden liegen, da sie geeignet sind, für gleich gelagerte Fälle eine gleichartige Ermessensübung zu gewährleisten. Insoweit sind bestehende Richtlinien für den Sozialhilfeträger – anders als für die Gerichte – bindend. Die Anwendung solcher Richtlinien kann aber nur zu rechtmäßigen Entscheidungen im Einzelfall führen, wenn deren (notwendig) generalisierenden Maßgaben Raum lassen für eine an dem individuellen Bedarf des hilfesuchenden Behinderten orientierte Betrachtung (vgl. Senat, Urt. v. 12.04.2000 – 4 L 3902/99 –, FEVS 52, 151<154> = Nds.Rpfl. 2000, 260 – Behindertentransport –).

Aus den Gründen:

„Die zulässige Berufung des Klägers ist begründet. Das Verwaltungsgericht hat die Klage zu Unrecht abgewiesen. Dem Kläger steht gegen den Beklagten ein Anspruch auf Gewährung von Eingliederungshilfe nach den §§ 39 Abs. 1 Satz 1, Abs. 3 Satz 1, 40 Abs. 1 Nr. 8, 47 Bundessozialhilfegesetz (BSHG) i.V.m. § 19 Nr. 1 der Eingliederungshilfeverordnung (EingliederungshilfeVO) – jeweils in der hier anzuwendenden, bis zum 30. Juni 2001 gültig gewesenen Fassung – in Form der Übernahme der Kosten für die Gemeinschaftsreise nach G. in der Zeit vom 08. bis zum 15. September 1999 zu.

Der Kläger hat gemäß § 39 Abs. 1 Satz 1 BSHG dem Grunde nach Anspruch auf Gewährung von Eingliederungshilfe für Behinderte, da er – unstreitig – nicht nur vorübergehend seelisch wesentlich behindert ist. Die Aufgabe der Eingliederungshilfe liegt darin, eine drohende Behinderung zu verhüten oder eine Behinderung oder deren Folgen zu beseitigen oder zu mildern und die behinderten Menschen in die Gesellschaft einzugliedern (§ 39 Abs. 3 Satz 1 BSHG). Zu den Maßnahmen der Eingliederungshilfe gehört u.a. die Hilfe zur Teilnahme am Leben der Gemeinschaft (§ 40 Abs. 1 Nr. 8 BSHG). Diese Hilfe umfasst vor allem Maßnahmen, die geeignet sind, dem Behinderten die Begegnung und den Umgang mit nicht behinderten Personen zu ermöglichen, zu erleichtern oder diese vorzubereiten (§ 19 Nr. 1 EingliederungshilfeVO). Auf solche Maßnahmen hat der Behinderte einen Rechtsanspruch dem Grunde nach; insoweit ist dem Hilfeträger Ermessen nicht eingeräumt (vgl. BVerwG, Urt. v. 22.05.1975 – BVerwG V C 19.74 –, Buchholz 436.0 § 40 BSHG Nr. 6 zur „Hilfe zu einer angemessenen Schulbildung").

Gemäß § 4 Abs. 1 Satz 1, Abs. 2 BSHG besteht auf Sozialhilfe ein Anspruch, soweit das BSHG bestimmt, dass die Hilfe zu gewähren ist; über Form und Maß der Sozialhilfe ist nach pflichtmäßigem Ermessen zu entscheiden, soweit das BSHG das Ermessen nicht ausschließt. Mit dem Maß der Hilfe ist deren Umfang gemeint; darunter fällt damit die Frage, welche konkreten Hilfemaßnahmen im Einzelfall zu gewähren sind. Allerdings richten sich gemäß § 3 Abs. 1 BSHG Art, Form und Maß der Sozialhilfe nach der Besonderheit des Einzelfalles, vor allem nach der Person des Hilfeempfängers, der Art seines Bedarfs und den örtlichen Verhältnissen (Individualisierungs- und Bedarfsdeckungsgrundsatz), und soll Wünschen des Hilfeempfängers, die sich auf die Gestaltung der Hilfe richten, entsprochen werden, soweit sie angemessen sind (§ 3 Abs. 2 Satz 1 BSHG). Daraus folgt, dass der Sozialhilfeträger sein pflichtgemäßes Ermessen (nur) hinsichtlich der Frage auszuüben hat, welche (in welchem Umfang) Eingliederungshilfemaßnahmen nach § 19 EingliederungshilfeVO nach den besonderen Umständen des Einzelfalles, also nach dem individuellen Hilfebedarf des Hilfeempfängers, und unter Berücksichtigung seiner angemessenen Wünsche gewährt werden.

Diese Ermessensentscheidung hat der Beklagte im vorliegenden Fall rechtsfehlerhaft getroffen (§ 114 VwGO). Denn sein Ermessen war hier darauf reduziert, die beantragte Kostenübernahme zu gewähren. Die Ermessensentscheidung des Beklagten ist bereits deshalb fehlerhaft, weil er ihr die Maßgabe zugrunde gelegt hat, die der überörtliche Träger der Sozialhilfe in der Ziffer 2. des Rundschreibens Nr. 22/97 des NLZSA vom 27. November 1997 getroffen hat.

Zwar ist es grundsätzlich zulässig, dass Träger der Sozialhilfe häufig auftretende Bedarfslagen durch Richtlinien regeln. Derartige Richtlinien können im Interesse nicht nur des Hilfeträgers, sondern auch des einzelnen Hilfesuchenden liegen, da sie geeignet sind, für gleich gelagerte Fälle eine gleichartige Ermessensübung zu gewährleisten. Insoweit sind bestehende Richtlinien für den Sozialhilfeträger – anders als für die Gerichte – bindend. Die Anwendung solcher Richtlinien kann aber nur zu rechtmäßigen Entscheidungen im Einzelfall führen, wenn deren (notwendig) generalisierenden Maßgaben Raum lassen für eine an dem individuellen Bedarf des hilfesuchenden Behinderten orientierte Betrachtung (vgl. Senat, Urt. v. 12.04.2000 – 4 L 3902/99 –, FEVS 52, 151<154> = Nds.Rpfl. 2000, 260 – Behindertentransport –). Darüber hinaus muss die Richtlinie (wie jede andere ermessenslenkende Vorschrift auch) dem Regelungsgehalt – dem Sinn und Zweck – der einschlägigen gesetzlichen Regelungen entsprechen. Diese Anforderungen werden die Maßgaben des Rund-

schreibens, auf die der Beklagte die Ablehnung des Hilfeantrages des Klägers stützt, nicht gerecht.

Zwar nimmt das Rundschreiben – zutreffend – an, dass Gemeinschaftsreisen von Behinderten grundsätzlich zu den geeigneten Maßnahmen der Hilfe zur Teilnahme am Leben in der Gemeinschaft zählen. Unter Ziff. 1.2 des Rundschreibens wird dazu ausgeführt, Gemeinschaftsreisen dienten neben der Ermöglichung oder Erleichterung der Begegnung und dem Umgang der Behinderten mit nicht behinderten Personen am Zielort auch dazu, durch die Vermittlung neuer Eindrücke und die Entwicklung der Bereitschaft zu Aktivitäten in der Gemeinschaft die Persönlichkeitsentwicklung zu fördern... Ziele einer Gemeinschaftsreise seien insbesondere, das Zusammenleben in einer Gemeinschaft unter veränderten Bedingungen kennen zu lernen, einzuüben und die Sozialisationsfähigkeit zu fördern.

Der überörtliche Träger der Sozialhilfe erkennt also an, dass der Nutzen einer Gemeinschaftsreise im Hinblick auf das verfolgte Ziel der Eingliederungshilfe gerade auch darin besteht, dass der Behinderte, betreut durch eine Vertrauensperson, im Schutze der ihm vertrauten Gemeinschaft den Kontakt mit Nichtbehinderten knüpfen kann und die Begegnung mit Nichtbehinderten gerade auch als Gemeinschaftserlebnis der gemeinsam reisenden Behinderten gestaltet wird.

Demgemäß erteilte das NLZSA mit Schreiben an den Beklagten vom 06. Juli 1999 ein Grundanerkenntnis. Es hat damit – zu Recht – speziell die Geeignetheit der Gemeinschaftsreise nach G. als Maßnahme der Eingliederungshilfe bejaht. Denn gemäß der Nr. 7.2 des Rundschreibens Nr. 22/97 setzt die Erteilung eines Grundanerkenntnisses voraus, dass der beim NLZSA zu stellende Antrag auf Durchführung einer Gemeinschaftsreise durch die Einrichtung u.a. ein Förderprogramm gemäß Ziffer 3.2 des Rundschreibens enthält. Dem Förderprogramm muss gemäß Ziffer 3.2 zu entnehmen sein, dass das Programm der Gemeinschaftsreise der Förderung der Teilnehmer im Sinne von Ziffer 1.2 des Rundschreibens dient; unter dieser Ziffer wiederum werden – wie ausgeführt – die Ziele der Hilfe zur Teilnahme am Leben in der Gemeinschaft beschrieben. Ausweislich des Programms der Gemeinschaftsreise war diese fachlich betreut und führte an einen Ort, an dem die Gewähr gegeben war, dass Kontakte mit Nichtbehinderten zustande kommen. Die Reise entsprach damit den Maßgaben, die nach Ziffer 1.2 des Rundschreibens an eine solche Gemeinschaftsreise zu stellen sind.

Das Rundschreiben ist aber rechtsfehlerhaft, soweit dessen Ziffer 2, 2. Absatz bestimmt, bei Behinderten, die eine Werkstatt für Behinderte besuchten (auch wenn sie in einem Wohnheim lebten), könne im Regelfall davon ausgegangen werden, dass sie über Außenkontakte im näheren Umfeld der Wohnung oder des Heimes verfügten, die ihnen den Kontakt mit nichtbehinderten Personen gewährleisteten – mit der Folge, dass in diesen Fällen Kosten für eine Gemeinschaftsreise nicht übernommen werden. Diese Maßgabe beruht auf einem nicht zutreffenden Verständnis der Vorschriften des BSHG, aus denen sich der Anspruch des Klägers auf Gewährung von Eingliederungshilfe dem Grunde nach ergibt.

Eingliederungshilfe in Form der Ermöglichung oder der Erleichterung der Teilnahme am Leben in der Gemeinschaft bedeutet nämlich eine Förderung von Kontakten auch und gerade zu nichtbehinderten Mitmenschen, und zwar nicht nur zu nahestehenden Personen wie Familienangehörigen, sondern darüber hinaus zu allen Personen, die aufgrund gemeinsamer Interessen und Bedürfnisse dem Behinderten helfen können, das Gefühl menschlicher Isolierung zu überwinden (vgl. OVG Lüneburg, Beschl. v.

23.05.2002 – 12 LA 344/02 –, V.n.b., unter Hinweis auf die amtliche Begründung zu Nr. 14 der Änderungsverordnung vom 15.01.1975 <= § 19 EingliederungshilfeVO> abgedr. bei Giese, in: Gottschick/Giese, BSHG, 9. Aufl. 1985, RdNr. 2 zu § 19 EingliederungshilfeVO). Gemeinschaftsreisen kommt daher als Maßnahmen der Hilfe zur Teilnahme am Leben in der Gemeinschaft im Sinne des § 19 Nr. 1 EingliederungshilfeVO in besonderem Maße Bedeutung zu. Denn die Teilnahme hieran eröffnet den Behinderten, die sonst fast ausschließlich und damit isoliert in einer Einrichtung leben, die Möglichkeit, mit nichtbehinderten Personen in Kontakt zu treten. Die Behinderten erwerben hierdurch neues Selbstvertrauen und können lernen, mit ihrer Behinderung in der Gemeinschaft ihrer Mitmenschen als gleichberechtigte Partner zu leben (vgl. OVG Lüneburg, Beschl. v. 23.05.2002, a.a.O., unter Hinweis auf OVG Münster, Urt. v. 19.06.1979 – VIII A 2099/78 – FEVS 29, 149 – für den Aufenthalt Behinderter in einem Ferienlager im Ausland). Eine Auslegung der Vorschriften über die Eingliederungshilfe, die für die Förderung einer Gemeinschaftsreise voraussetzt, dass ein behinderter Heimbewohner über keinerlei Außenkontakte verfügt, ist daher gerade nicht mit § 19 Nr. 1 EingliederungshilfeVO vereinbar. Vielmehr kommt es – wie ausgeführt – maßgeblich auf die besonderen Umstände des Einzelfalles an, die bei dem jeweiligen Behinderten vorliegen – auf den Grad der bereits eingetretenen Isolierung bei Behinderten etwa aufgrund eines langen Heimaufenthalts, die dem Behinderten durch das Heim oder durch andere Personen gebotenen Freizeitaktivitäten, seine Einbindung in die Außenwelt etwa aufgrund von Betätigungen außerhalb der Einrichtungen und die Möglichkeiten des Behinderten, angebotene Aktivitäten wahrzunehmen (vgl. OVG Lüneburg, Beschl. v. 23.05.2002, a.a.O.).

Daraus folgt, dass die Maßgabe der Ziffer 2, 2. Absatz des Rundschreibens dem Regelungsgehalt der §§ 39 Abs. 3 Satz 1, 40 Abs. 1 Nr. 8 BSHG, § 19 Nr. 1 EingliederungshilfeVO nicht gerecht wird. Denn die Maßgabe beruht offenbar auf der Annahme, diejenigen Kontakte zu Nichtbehinderten, die Behinderte regelmäßig durch die Beschäftigung in der Werkstatt für behinderte Menschen knüpfen (können) – nämlich diejenigen zu den sie dort betreuenden Nichtbehinderten –, seien als Teilnahme am Leben in der Gemeinschaft im Sinne der Eingliederungshilfe zu begreifen und reichten in aller Regel bereits aus, um den Bedarf an Teilnahme am Leben in der Gemeinschaft zu decken. Diese Annahme geht fehl. Wie ausgeführt, zielen die Maßnahmen zur Teilnahme am Leben in der Gemeinschaft nicht nur darauf ab, Kontakte zu nahestehenden Personen wie Familienangehörigen oder Betreuern zu erhalten oder (wieder) aufzubauen, sondern bezwecken darüber hinaus, Kontakte zu allen Personen, die aufgrund gemeinsamer Interessen und Bedürfnisse dem Behinderten helfen können, das Gefühl menschlicher Isolierung zu überwinden zu ermöglichen oder zu erleichtern.

Es ist nicht ersichtlich, dass der individuelle Bedarf des Klägers an Hilfe zur Teilnahme am Leben in der Gemeinschaft zu dem hier erheblichen Zeitpunkt anders als durch die Teilnahme an der Gemeinschaftsreise gedeckt werden konnte. Die Feststellungen in dem Entwicklungsbericht der Einrichtung vom 08. Mai 2000, an deren Richtigkeit Zweifel nicht bestehen, belegen, dass der individuelle Bedarf des Klägers an Hilfe zur Teilnahme am Leben in der Gemeinschaft zum Zeitpunkt der Gemeinschaftsreise (gerade auch) darin lag, betreut durch geeignetes Fachpersonal (dies ist nach Ziffer 3.3.1, 1. Absatz des Rundschreibens Voraussetzung für die Anerkennung einer Gemeinschaftsreise als Maßnahme der Eingliederungshilfe) in der Gemeinschaft mit anderen Behinderten, die ihm aus der Einrichtung bekannt sind, an Außenkontakte zu Nichtbehinderten herangeführt zu werden. Dem Entwicklungsbericht kann entnommen werden, dass der Kläger als Folge seiner Behinderung nicht ohne Hilfestellung in der Lage ist, sich kognitiv und sprachlich anderen Menschen zuzuwenden und Begegnungs- und Gesprächssituationen realistisch einzuschätzen. Dies ist ursächlich für die Schwierigkeiten, die der Kläger bei der Kontaktaufnahme mit nichtbehinderten Menschen hat.

Dieser Bedarf war insbesondere nicht bereits durch begleitete Ausflüge und Freizeitaktivitäten, die – so der Entwicklungsbericht – zum Hilfeplan gehörten, gedeckt. Es ist bereits fraglich, ob solche Hilfeangebote grundsätzlich einen adäquaten Ersatz für die Teilnahme an der Gemeinschaftsreise bieten bzw. bieten können. Denn Gemeinschaftsreisen nutzen dem Hilfeziel der Teilnahme am Leben in der Gemeinschaft auf spezifische Weise. Wie in Ziffer 1 des Rundschreibens zutreffend ausgeführt ist, liegt ihr besonderer Wert darin, den Behinderten neue Eindrücke zu vermitteln und durch die Entwicklung der Bereitschaft zu Aktivitäten in der Gemeinschaft ihre Persönlichkeitsentwicklung zu fördern, sowie darin, ihnen Gelegenheit zu geben, das Zusammenleben in einer Gemeinschaft unter veränderten Bedingungen kennen zu lernen und einzuüben zu dem Zweck, ihre Sozialisationsfähigkeit zu fördern. Diesen spezifischen Nutzen bieten (auch häufige) begleitete Ausflüge regelmäßig nicht. im Übrigen ist den Verwaltungsvorgängen und dem Vortrag der Beteiligten nicht zu entnehmen, wie häufig solche Hilfeangebote gemacht wurden und wie sie konkret ausgestaltet waren. Dem braucht jedoch nicht nachgegangen zu werden. Denn jedenfalls beschreibt der Entwicklungsbericht vom 08. Mai 2000 einen Bedarf des Klägers an Hilfe zur Teilnahme am Leben in der Gemeinschaft, den begleitete Ausflüge und Freizeitaktivitäten (allein) nicht deckten bzw. decken konnten.

Entgegen der Auffassung des Beklagten und des Verwaltungsgerichts ist ein gewichtiges Indiz dafür, dass der Kläger über hinreichende Außenkontakte verfügte, auch nicht darin zu sehen, dass der Entwicklungsbericht in der Rubrik „Freizeitverhalten" ausführt, der Kläger sei in seiner Freizeit gern mit Bus und Bahn unterwegs, um das „Bad in der Gesellschaft" zu genießen. Der Entwicklungsbericht macht nämlich deutlich, dass der Bedarf des Klägers gerade darin lag, an Kontakte mit nichtbehinderten Menschen herangeführt zu werden. Der Entwicklungsbericht führt denn auch im unmittelbaren Anschluss an den vom Beklagten zitierten Satz aus, aufgrund der Defizite des Klägers im Umgang mit Menschen außerhalb des beschützenden Rahmens seien diese (Bus- und Bahn-)Fahrten häufig mit einem Rückfall verbunden; das häufig ungesteuerte Konsumverhalten des Klägers führe leicht zur Unzufriedenheit, die ihm dann ausweglos erscheine. Die „selbstständigen", unbetreuten Außenkontakte warfen den Kläger demnach bei dem Bemühen um Teilnahme am Leben in der Gemeinschaft eher zurück und deckten insoweit gerade nicht seinen Eingliederungshilfebedarf.

Der Beklagte und das Verwaltungsgericht schätzen daher den Bedarf des Klägers auch nicht richtig ein, wenn sie im Hinblick auf seine Möglichkeit, Außenkontakte zu knüpfen, darauf verweisen, er könne mit seinem Fahrrad in nahe gelegene Orte fahren. Allein die räumliche Nähe zu nichtbehinderten Menschen versetzte den Kläger – ohne Hilfestellung durch Fachpersonal – noch nicht in die Lage, am Leben in der Gemeinschaft i.S.d. § 19 Nr. 1 EingliederungshilfeVO teilzunehmen.

Es liegt auf der Hand und bedarf keiner weiteren Darlegung, dass (auch) der Kontakt des Klägers zu seinem Vater und zu den Betreuern in der Werkstatt für Behinderte im Hinblick auf diesen Zweck der Eingliederungshilfe die Teilnahme an Gemeinschaftsreisen (oder ähnlichen Aktivitäten) nicht ersetzen kann.

Der Erlass – nur – eines Bescheidungsurteils (§ 113 Abs. 5 Satz 2 VwGO) scheidet hier aus, da es nach allem ausgeschlossen ist, dass der Beklagte das ihm eröffnete Ermessen pflichtgemäß anders ausüben kann als durch die Gewährung von Eingliederungshilfe durch Übernahme der Kosten der Gemeinschaftsreise. Dem Anspruch steht nicht entgegen, dass der Kläger an der Gemeinschaftsreise teilgenommen hat und dadurch dieser Bedarf gedeckt worden ist. Der Bedarf des Klägers ist dem Sozialhilfeträger rechtzeitig vor Beginn der Gemeinschaftsreise bekannt worden (§ 5 BSHG) und nachträglich durch Übernahme der Kosten zu decken, gleichgültig, ob sie zunächst der Heimträger oder der Kläger selbst aus seinem Taschengeldkonto vorgestreckt hat."

Leitsatz (redaktionell) (OVG Lüneburg, Urteil vom 31.10.2002, Az.: 4 LB 286/02)

Der Träger der Sozialhilfe ist berechtigt, die monatlich bewilligte Hilfe zum Lebensunterhalt in Teilleistungen zu erbringen, wenn der Hilfesuchende durch Verwendung der Hilfe für ein Drogensubstitutionspräparat vorzeitig mittellos geworden ist, für das Leistungen nicht bewilligt worden waren.

Aus den Gründen:

„Der 1960 geborene Antragsteller ist nach eigenen Angaben seit 17 Jahren heroinabhängig. Mindestens seit Februar 1993 verschreibt ihm sein behandelnder Arzt auf Privatrezept regelmäßig Dihydrocodeinsaft als Ersatzdroge zur Vermeidung von intravenösem Heroingebrauch. Zur Beschaffung dieses von den Krankenkassen in Berlin für diesen Zweck nicht anerkannten Medikaments braucht der Antragsteller monatliche Mittel in Höhe von ca. 160,00 DM. Das Bezirksamt bewilligte dem Antragsteller seit 1992 laufende Hilfe zum Lebensunterhalt. In den vergangenen Monaten erklärte sich der Antragsteller wiederholt vor Ablauf der Zeit, für die ihm Hilfe bewilligt worden war, mittellos. Den vorzeitigen Verbrauch der ihm zur Verfügung gestellten Mittel erklärte er damit, dass er den von ihm dringend benötigten Dihydrocodeinsaft habe beschaffen müssen. Die Bewilligung von Leistungen zum Erwerb dieses Medikaments hat das Bezirksamt mündlich abgelehnt. Es hat damit begonnen, die Hilfe nicht mehr monatlich, sondern in kleineren Teilbeträgen auszuzahlen. Mit Beschluss vom 19. April 1995 hat das Verwaltungsgericht den Antragsgegner im Wege der einstweiligen Anordnung unbefristet verpflichtet, dem Antragsteller die Hilfe zum Lebensunterhalt monatlich auszuzahlen. Die Beschwerde des Antragsgegners gegen diesen Beschluss ist begründet. Die Auszahlung der monatlich bewilligten laufenden Hilfe zum Lebensunterhalt in Teilbeträgen ist nicht zu beanstanden.

Gegenstand des Beschwerdeverfahrens ist allein die vom Verwaltungsgericht getroffene Anordnung. Diese Anordnung entspricht dem von der Rechtsantragstelle des Verwaltungsgerichts formulierten Antrag. Nach der Begründung des Antrags ist eigentliche Ursache für den vorzeitigen Verbrauch der bewilligten Hilfe, dass es dem Antragsteller an Mitteln für die Beschaffung des ärztlich verordneten Dihydrocodein-(DHC)-Präparates fehlt und er die für die laufende Hilfe bestimmten Leistungen zur Beschaffung dieses Medikaments einsetzt. Letztlich will der Antragsteller – grundsätzlich mit Unterstützung des Gesundheitsamtes – mindestens auch erreichen, dass er über die laufende Hilfe zum Lebensunterhalt hinaus zusätzliche Mittel für die

Beschaffung von DHC-Saft erhält. Das hat er im Beschwerdeverfahren mündlich bestätigt. Es ist fraglich, ob dies das Verwaltungsgericht nicht hätte veranlassen müssen, den Antrag in diesem Sinne zu interpretieren oder auf einen sachgerechten zusätzlichen Antrag hinzuwirken. Das Verwaltungsgericht hat indessen allein darüber entschieden, dass das Bezirksamt die Hilfe künftig wieder monatlich auszahlen soll und dem Antrag in vollem Umfang entsprochen. Der Antragsteller hat gegen diesen Beschluss keine Beschwerde erhoben und geltend gemacht, dass das Verwaltungsgericht sein Begehren missverstanden und ihm nicht in vollem Umfang entsprochen habe.

Die Beschwerde des Antragsgegners muss Erfolg haben, denn die Bewilligung von laufender Hilfe zum Lebensunterhalt in Teilbeträgen ist rechtmäßig. Der Träger der Sozialhilfe hat soweit wie möglich zu gewährleisten, dass durch die Bewilligung von laufender Hilfe zum Lebensunterhalt der notwendige Lebensunterhalt des Hilfesuchenden sichergestellt wird. Art, Maß und Form der Hilfe richten sich nach den Besonderheiten des Einzelfalles, vor allem nach der Person des Hilfempfängers, der Art seines Bedarfs und den örtlichen Verhältnissen (vgl. § 3 Abs. 1 BSHG). Die monatliche Auszahlung der laufenden Hilfe zum Lebensunterhalt ist die Regel. Wenn der Hilfempfänger die bewilligte Hilfe vorzeitig verbraucht und Doppelleistungen in Anspruch nimmt, ist der Träger der Sozialhilfe berechtigt, die Zweckbestimmung der Hilfe durch deren Auszahlung in Teilbeträgen besser zu gewährleisten. Das wird auch vom Verwaltungsgericht im Grundsatz nicht bezweifelt.

Zu Unrecht hält der angefochtene Beschluss dem Antragsteller zugute, dass er die Hilfe zum Lebensunterhalt zur Beschaffung der von ihm offenbar ständig eingenommenen Ersatzdroge habe verwenden müssen. Das wäre eine zweckwidrige Verwendung der Hilfe selbst dann, wenn dem Antragsteller, wie das Verwaltungsgericht annimmt, unter den gegebenen Umständen Mittel zur Beschaffung von DHC-Saft als Krankenhilfe nach § 37 BSHG hätte bewilligt werden müssen. Solange das Bezirksamt weder aus eigener Einsicht noch kraft gerichtlicher Entscheidung bereit war, entsprechende Leistungen zu erbringen, durfte es versuchen, die Zweckbestimmung der Hilfe zum Lebensunterhalt in der geschehenen Weise zu sichern. Der Antragsteller hätte gegen die Ablehnung von Krankenhilfe Widerspruch einlegen und ggf. beim Verwaltungsgericht den Erlass einer einstweiligen Anordnung beantragen können. Die Verwendung der Hilfe zum Lebensunterhalt für diesen Zweck war eine unzulässige Selbsthilfe zur Verfolgung seines Ziels, der das Bezirksamt mit Recht entgegengetreten ist.

Zur Klarstellung gegenüber dem Verwaltungsgericht und den Beteiligten und zur Vermeidung weiteren Streits in dieser Sache gibt der Senat zu der vom Verwaltungsgericht ohne weiteres bejahten Frage, ob dem Antragsteller Krankenhilfe zur Beschaffung eines DHC-Präparates hätte bewilligt werden müssen, summarisch Folgendes zu bedenken:

Krankenhilfe als Sozialhilfeleistung umfasst unter anderem Arzneimittel sowie sonstige zur Genesung, zur Besserung oder zur Linderung der Krankheitsfolgen erforderliche Leistungen (vgl. § 37 Abs. 2 Satz 1 BSHG). Die Leistungen sollen in der Regel den Leistungen entsprechen, die nach den Vorschriften über die gesetzliche Krankenversicherung gewährt werden (§ 37 Abs. 2 Satz 2 BSHG). Der Sozialhilfeträger ist darauf beschränkt, das als Bedarf an Krankenhilfe anzuerkennen, was nach dem Leistungsrahmen der gesetzlichen Krankenversicherung in diesem Versicherungszweig seiner Art nach und hinsichtlich der näheren Leistungsmodalitäten als Bedarf anerkannt werden kann (siehe dazu Urteile des Bundesverwaltungsgerichts vom 17. Juni 1993 – 5 C 11.91 – FEVS 44 S. 265, 266 und vom 30. September 1993 – 5 C 49.91 – FEVS 44 S. 313, 315 f.). Die in der gesetzlichen Krankenversicherung verbreiteten Teilleistungen – mit einem vom Versicherten aus eigenen Mitteln aufzubringenden Eigenanteil – sind dem Sozialhilferecht allerdings fremd (Bundesverwaltungsgericht a.a.O.). Es bedarf keiner Erörterung, ob die Einschränkung der Leistungspflicht bei geringfügigen Gesundheitsstörungen, etwa bei Erkältungskrankheiten (vgl. näheres in § 34 Abs. 1 und 2 SGB V), auf den in der Sozialhilfe anzuerkennenden Bedarf übertragen werden kann. Wenn die Krankenhilfe nach dem BSHG „in der Regel" den Leistungen entsprechen soll, die nach den Vorschriften über die gesetzliche Krankenversicherung gewährt werden, kann sie nur dann darüber hinausgehen, wenn Besonderheiten der Sozialhilfe dazu Anlass geben (vgl. LPK-BSHG, 4. Auflage, Rz. 1 zu § 37 BSHG). Das ist bei der vom Antragsteller gewünschten Hilfe zur weiteren Einnahme von DHC-Saft nicht ersichtlich.

Drogensubstitution ist für sich allein keine Krankenbehandlung, denn sie führt nicht zur Drogenabstinenz. Sie kann lediglich dann als notwendiger Teil der Krankenbehandlung angesehen werden, wenn diese dadurch erst ermöglicht wird (vgl. die Präambel der Richtlinien des Bundesausschusses der Ärzte und Krankenkassen zur Methadon-Substitutionsbehandlung bei I.v.-Heroinabhängigen vom 16. Februar 1994 – Bundesanzeiger Nr. 58 vom 24. März; siehe auch Beschluss des Sozialgerichts Berlin vom 12. Juni 1995 – S 76 KrE 218/95 – im Parallelrechtsstreit des Antragstellers gegen seine Krankenkasse). Mit den Richtlinien zur Methadon-Substitutionsbehandlung hat der Bundesausschuss der Ärzte und Krankenkassen gemäß § 92 Abs. 1 Nr. 5 SGB V eine neue Untersuchungs- und Behandlungsmethode in die soziale Krankenversicherung eingeführt. Solche Richtlinien sind im Streit um Leistungen für die Krankenbehandlung auch für die Gerichte grundsätzlich verbindlich (vgl. Urteil des Bundessozialgerichts vom 16. Dezember 1993 – 4 RK 5.92 – BSGE 73, 271, 287 f.). Codeinpräparate sind danach zur Substitutionsbehandlung als Leistung der sozialen Krankenversicherung nicht zugelassen. Falls dies anderswo in der Bundesrepublik in der sozialen Krankenversicherung anders praktiziert werden sollte, muss jedenfalls bezweifelt werden, dass insoweit ein Anspruch auf Hilfe besteht. Gerade bei der Zulassung neuer und alternativer Heilweisen liegen keine Besonderheiten der Sozialhilfe vor, die zu einer über die soziale Krankenversicherung hinausgehenden Leistungspflicht der Krankenhilfe nach dem BSHG Anlass geben. Das SGB V bietet mit den Bundesausschüssen der Ärzte und Krankenkassen ein Instrument zur Weiterentwicklung des Leistungsrechts, über die das BSHG nicht verfügt.

Auch das Verwaltungsgericht hat nicht die Meinung vertreten, dass die jahrelang und ohne erkennbar ernsthafte therapeutische Begleitung und Perspektive betriebene Verschreibung von DHC-Saft als Krankenhilfe nach dem BSHG zu finanzieren wäre. Es hat mit Unterstützung des Gesundheitsamtes allerdings ohne nähere Begründung lediglich gemeint, dass dem Antragsteller für die Zeit bis zum Übergang in das Methadonprogramm die weitere Einnahme der ihm gewohnten Substitutionsdroge als Krankenhilfe nach dem BSHG zu bewilligen sei. Diese Frage stellt sich zurzeit nicht, denn der Antragsteller betreibt die Aufnahme in das Methadonprogramm, soweit ersichtlich, nicht mehr. Ob er dazu jedenfalls zeitweise ernstlich entschlossen war, ist fraglich. Nach seinen Äußerungen gegenüber Mitarbeitern des Bezirksamts war seine Bereitschaft zu einer Therapie – nach eigener Aussage wegen früherer Misserfolge – gering. Ob der Abbruch des Kontaktes zur Drogenberatungsstelle BOA auf der Ablehnung von Leistungen für das gewohnte Substitutionsmittel DHC beruht, un-

terliegt erheblichen Zweifeln, denn der Antragsteller hat dieses Mittel offenbar jahrelang eingenommen, ohne dafür Leistungen zu bekommen. Sollte er künftig einen unterstützungswürdigen weiteren Versuch machen, in das Methadonprogramm aufgenommen zu werden, stünden dem Anspruch auf Krankenhilfe nach dem BSHG zur Überbrückung bis zum Beginn des Methadonprogramms, das seinerseits eine Heilbehandlung erst ermöglichen soll, Bedenken entgegen. Dabei muss mit der Möglichkeit gerechnet werden, dass der an die Einnahme von DHC gewöhnte Antragsteller krankheitsbedingt wegen seiner Abhängigkeit von diesem Präparat nicht ohne weiteres imstande ist, die Einstiegshürden für das Methadonprogramm ohne dieses Medikament zu überwinden. Ob dies bewirken würde, dass der Antragsteller eine solche Übergangshilfe von seiner Krankenkasse erhält, muss der Senat offen lassen. Auch bei Außenseitermethoden, deren Anerkennung noch nicht zu Richtlinien geführt hat, sind Einzelfallösungen nach der Rechtsprechung des BSG nicht ausgeschlossen (vgl. Urteil vom 23. März 1988 – BSGE 63, 102).

Der Antragsteller bedarf keiner Krankenhilfe nach dem BSHG, weil er als Versicherter Anspruch auf gleichartige Leistungen der Krankenversicherung hat. Wäre er kein Versicherter mehr, könnte ihm Krankenhilfe durch Krankenschein bewilligt werden. Würde sich letztlich herausstellen, dass der Anspruch auf Leistungen der Krankenversicherung den streitigen Bedarf nicht deckt, bestünde ein weitergehender Anspruch auf Sozialhilfe, wie dargelegt, nicht. Es ist nach den besonderen Gegebenheiten dieser Hilfeart sinnvoll und dem Antragsteller zuzumuten, seinen Anspruch als Versicherter ggf. mit beratender Unterstützung des Sozialamtes und vor allem des Gesundheitsamtes im Rahmen der Sozialversicherung und notfalls mithilfe der Sozialgerichte klären zu lassen. Vorläufiger Rechtsschutz kann auch bei den Sozialgerichten in Anspruch genommen werden (vgl. zum Vorrang der Sozialversicherung auch schon Urteil des Senats vom 27. Mai 1993 – OVG 6 B 6.92 – FEVS 44 S. 381). Die Festlegung des Anspruchs auf ein bestimmtes Heilmittel oder andere Leistungen der Krankenkasse obliegt im Normalfall nicht einer Behörde, sondern dem Kassenarzt, der den Patienten auf Krankenschein behandelt (vgl. dazu Urteil des Bundessozialgerichts vom 16. Dezember 1993 a.a.O. Abdruck S. 27a ff.). Die Klärung der Grenzen des Anspruchs auf Leistungen als Krankenversicherer in Zweifelsfällen muss letztlich den besonderen Behörden und Gerichten der Sozialversicherung überlassen bleiben. Der Träger der Sozialhilfe könnte diesen Anspruch als außenstehender Dritter nicht gleich wirkungsvoll durchsetzen. Der Senat vermag daher dem Verwaltungsgericht nach allem nicht zuzustimmen, dass das Bezirksamt Wedding in diesem besonderen Fall eine Vorleistung nicht hätte ablehnen dürfen." ...

Leitsatz (redaktionell) (VGH Baden-Württemberg, Urteil vom 14.03.1997, Az.: 6 S 755/95)

Gemäß § 3 Abs. 2 Satz 3 BSHG ist ein Kostenvergleich anzustellen wegen der u.U. unverhältnismäßigen Mehrkosten infolge der Ausübung eines Wahlrechts.

Beim Vergleich der Kosten einer Heimunterbringung einer Hilfeempfängerin mit den Kosten, die mit der von ihr gewünschten häuslichen Pflege verbunden sind, darf auch das Einkommen der Hilfeempfängerin wertend mit einbezogen werden.

Aus den Gründen:

„Die Klägerin begehrt die Übernahme der Kosten für eine besondere Pflegekraft.

Die im Jahre 1935 geborene Klägerin ist an multipler Sklerose erkrankt und pflegebedürftig im Sinne des § 69 Abs. 3 BSHG (a.F.). Ihre Erkrankung ist geprägt durch zunehmende Schwäche und Lähmung aller Extremitäten mit ausgeprägter Spastik, Gangstörung und erheblicher Einschränkung aller manueller Tätigkeiten. Über mehrere Jahre hinweg erhielt die Klägerin von der Beklagten Hilfe zur Pflege in Höhe des Aufwands für eine hauptamtliche Pflegekraft. Die Pflege der Klägerin wurde in dieser Zeit durch den Einsatz von Zivildienstleistenden und durch Nachbarschaftshilfe des xx sichergestellt.

Am 13.09.1993 beantragte die Klägerin erneut Hilfe zur Pflege gemäß § 69 (a.F.) BSHG. Zur Begründung trug sie vor, durch den Tod ihres Ehemannes habe sich ihre Lebenssituation völlig verändert. Ihre eigene Rente betrage 1.243,17 DM im Monat. Vom Arbeitgeber ihres verstorbenen Ehemannes erhalte sie eine Witwenrente in Höhe von 825,83 DM im Monat. Die von der BfA zu erwartende Witwenrente könne sie noch nicht beziffern. Sie benötige derzeit eine Pflege von 16 Stunden am Tag.

Mit Bescheid vom 25.10.1993 erklärte sich die Beklagte bereit, von den Kosten der Klägerin für eine besondere Pflegekraft 2.433,00 DM abzüglich der der Klägerin seitens der BfA noch zu gewährenden Witwenrente zu übernehmen. Zur Begründung führte sie aus, gemäß § 3 Abs. 2 S. 3 BSHG brauche der Träger der Sozialhilfe Wünschen nicht zu entsprechen, deren Erfüllung mit unverhältnismäßigen Mehrkosten verbunden sei. Ein Vergleich der Kosten der Pflege der Klägerin in ihrer Wohnung mit den Kosten, die im Falle einer Pflege bzw. Betreuung in einem Pflegeheim entstünden, ergebe, dass der Klägerin für Pflege im häuslichen Bereich eine Hilfeleistung in Höhe von 2.433,00 DM gewährt werden könne. Der Tagessatz in einem Pflegeheim betrage rund 140,00 DM, was durch eine Multiplikation mit 30,5 Tagen einen Betrag von 4.270,00 DM ergebe. Hierzu müsse ein Betrag von 232,00 DM als Barbetrag addiert werden. Von diesem Gesamtbetrag in Höhe von 4.502,00 DM seien die Einkünfte der Klägerin abzuziehen. Dies ergebe einen Betrag von 2.433,00 DM, von dem jedoch noch die von der BfA zu gewährende Witwenrente abzuziehen sei. Unterstelle man, dass die Klägerin eine Witwenrente von rund 1.000,00 DM erhalte, so beliefen sich die Betreuungskosten in einem Pflegeheim für sie auf rund 1.500,00 DM. Demgegenüber entstünden bei einer Pflege der Klägerin im häuslichen Bereich Aufwendungen in Höhe von 5.800,00 DM. Auch unter Berücksichtigung der Tatsache, dass die Klägerin seit Jahren im häuslichen Bereich gepflegt werde und erst 58 Jahre alt sei, könne ihr Wunsch auf häusliche Pflege nicht als angemessen angesehen werden.

Gegen diesen Bescheid erhob die Klägerin Widerspruch. Zur Begründung führte sie aus, sie benötige für ca. 16 Stunden täglich unterstützende Hilfe. Hierfür zahle sie 10,00 DM pro Stunde. Dies ergebe im Monat einen Betrag von rund 4.500,00 DM. Dem stünden ihre Erwerbsunfähigkeitsrente, die Betriebsrente ihres verstorbenen Mannes sowie ihre eigene Witwenrente in Höhe von 1.629,57 DM gegenüber. Der nicht gedeckte Aufwand betrage demnach wesentlich weniger. Ihr Wunsch auf ein Verbleiben im gewohnten Lebenskreis sei daher nicht als unangemessen und mit unverhältnismäßigen Mehrkosten verbunden anzusehen.

Mit Bescheid vom 15.12.1993 setzte die Beklagte die der Klägerin ab 01.01.1994 zu gewährende Hilfe zur Pflege auf 805,00 DM monatlich fest. Zur Begründung wurde unter anderem ausgeführt, unter Berücksichtigung eines Betreuungsaufwandes bei einer Pflege der Klägerin im häuslichen Bereich in Höhe von 4.500,00 DM ergäben sich bei einem Vergleich mit den Kosten, die im Falle der Pflege der Klägerin in einem Heim entstünden, Mehrkosten in Höhe von 3.695,00 DM im Monat. Der Wunsch der Klägerin, weiterhin im häuslichen Bereich gepflegt zu werden, könne hiernach nicht als angemessen angesehen werden.

Auch gegen diesen Bescheid erhob die Klägerin Widerspruch, zu dessen Begründung sie ausführte, für die häusliche Pflege habe sie monatlich einen Betrag zwischen 4.880,00 DM und 5.490,00 DM zu zahlen. Ihre Betriebsrente belaufe sich auf lediglich 781,24 DM, so dass sich ein Fehlbetrag in Höhe von 850,02 DM ergebe. Der von der Beklagten angesetzte Tagessatz für die Unterbringung in einem Pflegeheim sei nicht nachvollziehbar. Nach Auskunft der Arbeiterwohlfahrt liege der Monatsbetrag für die Unterbringung in einem Behindertenwohnheim mittlerer Ausstattung und Güte bei 6.100,00 DM im Monat. im Übrigen müsse berücksichtigt werden, dass die mit einem zwangsweisen Umzug einhergehende Entwurzelung aus dem bisherigen sozialen Umfeld nicht nur ihre physische, sondern auch ihre psychische Situation erheblich beeinträchtigen würde.

Mit Schreiben vom 18.05.1994 wies die Beklagte die Klägerin darauf hin, dass ihr Widerspruch gegen ihren Bescheid vom 25.10.1993 als erledigt angesehen werde, da dieser Bescheid durch ihren Bescheid vom 15.12.1993 aufgehoben worden sei.

Mit Widerspruchsbescheid vom 03.06.1994 änderte die Beklagte ihren Bescheid vom 15.12.1993 dahingehend ab, dass der monatliche Betrag an Hilfe zur Pflege ab 01.01.1994 auf 850,00 DM festgesetzt wurde. im Übrigen wies die Beklagte den Widerspruch der Klägerin gegen diesen Bescheid zurück. Zur Begründung führte sie aus, das BSHG räume zwar grundsätzlich einer Pflege im häuslichen Bereich den Vorrang gegenüber einer Unterbringung in einer Anstalt oder einem Heim ein. Etwas anderes gelte jedoch dann, wenn die häusliche Pflege mit unverhältnismäßigen Mehrkosten verbunden sei. So liege es jedoch im Fall der Klägerin. Wie die Vergleichsberechnung ergeben habe, sei die der Klägerin im Falle häuslicher Pflege zu leistende Hilfe auf 4.933,50 DM zu veranschlagen und sei damit 5,8 mal höher als die vom Sozialhilfeträger zu gewährende Hilfe in einem Pflegeheim in Höhe von monatlich 850,00 DM. Der angenommene Tagessatz in Höhe von rund 140,00 DM sei durchaus realistisch, er entspreche den Pflegesätzen mehrerer in F. vorhandener Pflegeheime. Neben diesem finanziellen Aspekt hätten aber auch andere Erwägungen zu der getroffenen Entscheidung geführt. Zwar werde nicht verkannt, dass die Klägerin in ihrem bisherigen Umfeld bleiben wolle. Angesichts ihres Alters und ihrer Erkrankung sei aber mit einer Besserung der gesundheitlichen Situation nicht zu rechnen, eher mit einer Verschlechterung. Ob dann die jetzt ausreichenden Hilfen noch ausreichend wären, könne nicht beurteilt werden. In einem Pflegeheim wäre die Betreuung der Klägerin jedoch auf jeden Fall rund um die Uhr gewährleistet. Zu keinem anderen Ergebnis könne der Umstand führen, dass der Klägerin in Zukunft Leistungen nach dem Pflegeversicherungsgesetz zustünden. Auch wenn man davon ausginge, dass die Klägerin der Pflegestufe III zugeordnet würde, bei der in besonderen Härtefällen die Sachleistungen bis zu 3.750,00 DM im Monat betragen könnten, blieben ungedeckte Aufwendungen in Höhe von 1.435,00 DM. Auch unter Berücksichtigung dieses Betrages wären die Aufwendungen bei einer Unterbringung der Klägerin in einem Pflegeheim Wesentlich geringer. Falls man bis zum Eintritt der gesetzlichen Pflegeversicherung die Pflegeaufwendungen der Klägerin voll über-

V. Die Rechtsprechung zum Sozialhilferecht

nehme, so ergäbe sich ein Mehraufwand in Höhe von rund 61.250,00 DM. Dieser sei nicht akzeptabel.

Am 04.07.1994 hat die Klägerin mit dem Antrag Klage erhoben, die Beklagte zu verpflichten, die Kosten für eine besondere Pflegekraft im Sinne des § 69 Abs. 2 S. 3 BSHG (a.F.) für die Zeit vom 13.09.1993 bis einschließlich März 1995 zu übernehmen und den Bescheid der Beklagten vom 15.12.1993 in der Gestalt des Widerspruchsbescheids vom 03.06.1994 aufzuheben, soweit die Bescheide dem entgegenstehen. Zur Begründung hat die Klägerin vorgetragen, die Bescheide der Beklagten seien ermessensfehlerhaft. Gemäß § 3a BSHG habe die offene Hilfe Vorrang vor der Unterbringung in einem Pflegeheim. Ihr Wunsch auf ein Verbleiben im gewohnten Lebenskreis sei nicht als unangemessen und mit unverhältnismäßigen Mehrkosten verbunden anzusehen. Die mit einem zwangsweisen Umzug einhergehende Entwurzelung aus dem bisherigen jahrzehntelangen sozialen Umfeld beeinträchtige sie nicht nur physisch, sondern auch psychisch sehr. Darüber hinaus sei sie Halterin eines Hundes, der ihr bei all ihrem Leiden noch einen gewissen Trost spende. Bei der Unterbringung in einem Pflegeheim sei sie gezwungen, das Tier wegzugeben. Zu Unrecht sei von der Beklagten nicht hinreichend berücksichtigt worden, dass ein Großteil des ungedeckten Bedarfes voraussichtlich in Zukunft von der gesetzlichen Pflegeversicherung abgedeckt sein werde.

Die Beklagte ist der Klage entgegengetreten. Sie hat mit Schreiben vom 30.11.1994 mitgeteilt, in O. gebe es ein Pflegeheim für MS-Kranke, das vom x x getragen werde. Der Tagessatz in diesem Pflegeheim betrage täglich 181,40 DM. Der Bescheid vom 15.12.1993 und der Widerspruchsbescheid vom 03.06.1994 würden insoweit abgeändert, als der Klägerin mit Wirkung vom 01.01.1994 im Hinblick auf diesen erhöhten Pflegesatz Hilfe zur Pflege in Höhe von monatlich 2.113,00 DM gewährt werde.

Die Beteiligten haben hierauf insoweit übereinstimmend den Rechtsstreit für in der Hauptsache erledigt erklärt.

Das Verwaltungsgericht hat eine Auskunft der x vom 21.11.1994 eingeholt. Hiernach betrugen die Tagessätze für die Wohngruppe im L. in Bietigheim-Bissingen, einer Einrichtung für an multipler Sklerose erkrankte Personen, für Sozialhilfeempfänger ab 01.01.1994 259,50 DM.

Mit Urteil vom 29.12.1994 hat das Verwaltungsgericht das Verfahren eingestellt, soweit die Beteiligten den Rechtsstreit in der Hauptsache übereinstimmend für erledigt erklärt haben, und im Übrigen die Klage abgewiesen. Zur Begründung hat es ausgeführt, soweit die Klägerin von der Beklagten Hilfe zur Pflege für den Zeitraum vom 13.09.1993 bis 31.12.1993 begehre, sei die Klage mangels Rechtsschutzbedürfnisses unzulässig, da die streitgegenständlichen Bescheide der Beklagten vom 15.12.1993 und 03.06.1994 lediglich den Zeitraum ab 01.01.1994 beträfen und der Zeitraum vom 13.09.1993 bis 31.12.1993 mithin nicht Gegenstand des Verfahrens sei. Soweit die Klägerin die Übernahme der Kosten für eine besondere Pflegekraft für den Zeitraum ab 01.01.1994 bis einschließlich März 1995 begehre, sei die Klage unbegründet. Nach § 68 Abs. 1 BSHG (a.F.) sei Personen, die infolge Krankheit oder Behinderung so hilflos seien, dass sie nicht ohne Wartung und Pflege bleiben könnten, Hilfe zur Pflege zu gewähren. Gemäß § 69 Abs. 2 S. 1 BSHG (a.F.) solle der Träger der Sozialhilfe darauf hinwirken, dass Wartung und Pflege durch Personen, die dem Pflegebedürftigen nahestünden, oder im Wege der Nachbarschaftshilfe übernommen würden. Sei neben oder anstelle der Wartung und Pflege die Heranziehung einer besonderen Pflegekraft erforderlich, so seien nach § 69 Abs. 2 S. 3 BSHG (a.F.) die angemessenen Kosten hierfür zu übernehmen. Bei dem Begriff der angemessenen Kosten handele es sich um einen unbestimmten Rechtsbegriff, dessen Anwendung durch die Behörde der vollen verwaltungsgerichtlichen Überprüfung unterliege. Bei der Auslegung dieses Begriffs seien die Vorschriften der §§ 3 und 3a BSHG heranzuziehen. Der Gesetzgeber habe sich nicht zuletzt auch deshalb für einen Vorrang der offenen bzw. ambulanten Hilfe ausgesprochen, weil diese oft kostengünstiger sei als die Hilfe in stationären Einrichtungen. Der grundsätzliche Vorrang der offenen Hilfe sei im Einzelfall für die Gewährung der Hilfe jedoch dann nicht maßgeblich, wenn die offene Hilfe die Träger der Sozialhilfe kostenmäßig ungleich stärker belaste als die Hilfe in einer stationären Einrichtung. Der Träger der Sozialhilfe sei deshalb trotz des in § 3 Abs. 2 S. 2 und in § 3a BSHG bestimmten Vorrangs der offenen Hilfe berechtigt zu prüfen, ob die gewünschte häusliche Wartung und Pflege im Vergleich zu der Hilfe in einer geeigneten stationären Einrichtung mit unverhältnismäßigen Mehrkosten verbunden sei. Zugleich sei er berechtigt, die Hilfe nach dem Ergebnis dieser Prüfung zu begrenzen. Die Beklagte habe zu Recht die der Klägerin zu gewährende Hilfe auf den Betrag begrenzt, der zu übernehmen wäre, wenn die Klägerin in einem Heim untergebracht wäre. Zwar lebe die erst 59 Jahre alte Klägerin bereits seit über 25 Jahren in ihrer jetzigen Wohnung. Außerdem sei sie Halterin eines Hundes, den sie bei einer Heimunterbringung weggeben müsste. Demgegenüber stünden jedoch die erheblichen und unverhältnismäßigen Mehraufwendungen, die der Beklagten bei der Übernahme der Kosten einer besonderen Pflegekraft für die Klägerin entstünden und die nicht unberücksichtigt bleiben dürften. Der monatliche Pflegeaufwand der Klägerin beliefe sich in dem vom x in O. betriebenen Pflege- und Therapiezentrum auf 5.532,70 DM (181,40 DM x 30,5 Tage). Für ihre Vergleichsberechnung habe die Beklagte die Pflegesätze des x x in Ansatz bringen dürfen, da sich in dessen Pflege- und Therapiezentrum in O. eine spezielle Einrichtung für Apalliker und MS-Kranke befinde, die dort auch rund um die Uhr betreut würden. Gegenüber der Wohngruppe im L. der x seien die Pflegesätze im Pflege- und Therapiezentrum des x deshalb wesentlich geringer, weil die ärztlichen Leistungen und Therapien dort von außen erbracht würden, wohingegen diese Leistungen, deren Übernahme grundsätzlich Angelegenheit der jeweiligen Krankenkasse sei, in die Pflegesätze der Wohngruppe im L. integriert seien. Auch bei einer Unterbringung der Klägerin in der Wohngruppe im L. lägen die von der Beklagten als Sozialhilfeträger zu übernehmenden Kosten mithin nicht wesentlich höher als diejenigen für eine Unterbringung der Klägerin im Pflege- und Therapiezentrum in O. Aus § 3 Abs. 2 S. 1 und S. 3 BSHG ergebe sich darüber hinaus, dass es einem Sozialhilfeträger möglich sei, die Unterbringung eines Sozialhilfeempfängers in ein preiswerteres Heim zu veranlassen. Auf die Wünsche des Sozialhilfeempfängers müsse nicht auf jeden Fall eingegangen werden. Zutreffend habe die Beklagte darüber hinaus zu dem monatlichen Pflegeaufwand in dem x und Therapiezentrum des x x in Höhe von 5.532,70 DM einen Barbetrag in Höhe von insgesamt 234,00 DM hinzuaddiert. Gemäß § 76 BSHG habe als Einkommen der Klägerin ein Gesamtbetrag in Höhe von 3.653,98 DM in Abzug gebracht werden müssen, was den Differenzbetrag von 2.113,00 DM ergebe. Dem stünden im Fall der Klägerin monatliche Aufwendungen für eine besondere Pflegekraft in Höhe von 4.933,50 DM gegenüber. Eine Übernahme dieser Kosten würde für die Beklagte einen mehr als doppelt so hohen Mehraufwand bedeuten als im Fall der Übernahme der ungedeckten Kosten bei Unterbringung der Klägerin in dem Pflege- und Therapiezentrum des x. Bei einem derart hohen Mehraufwand handele es sich um unverhältnismäßige Mehrkosten, so dass von angemessenen Pflegekosten im Sinne von § 69 Abs. 2 S. 3 BSHG (a.F.) keine

Rede sein könne. Hieran ändere auch die Tatsache nichts, dass die Klägerin ab 01.04.1995 unter Umständen an Leistungen aus der gesetzlichen Pflegeversicherung einen Betrag in Höhe von 3.750,00 DM monatlich erwarten könne. Würde die Beklagte im Fall der Klägerin dazu verpflichtet, bis zum Einsetzen der gesetzlichen Pflegeversicherung die Kosten für eine besondere Pflegekraft im Sinne des § 69 Abs. 2 S. 3 BSHG (a.F.) zu übernehmen, so brächte dies für die Beklagte einen Mehraufwand in Höhe von 42.307,50 DM mit sich. Auch unter Berücksichtigung dieser der Beklagten entstehenden Mehrkosten als Gesamtbetrag könne von einer Angemessenheit der Kosten für eine besondere Pflegekraft nicht gesprochen werden. Umstände, die eine Unterbringung der Klägerin im Pflege- und Therapiezentrum des x in O. als unzumutbar erscheinen lassen könnten, habe diese nicht dargetan. Nur unter dieser Voraussetzung wäre es jedoch unter Umständen gerechtfertigt, eine Gegenüberstellung der niedrigeren Kosten der Hilfe in diesem Heim gegenüber den Kosten der von der Klägerin gewünschten häuslichen Pflege zu unterlassen.

Gegen das ihr am 11.01.1995 zugestellte Urteil hat die Klägerin am 09.02.1995 Berufung eingelegt. Zur Begründung führt sie aus, sie habe einen Anspruch auf vollständige Übernahme ihrer monatlichen Aufwendungen für eine besondere Pflegekraft. Ausschlaggebend für die Einführung des § 3a BSHG sei die Überlegung des Gesetzgebers gewesen, dass das Verbleiben des Hilfesuchenden in seiner gewohnten Umgebung in der Regel die humanere Hilfe sei; dem Ziel, dabei unter Umständen auch Kosten sparen zu können, sei nur untergeordnete Bedeutung zugekommen. Der Nachrang der Unterbringung in einem Heim habe dabei sicherstellen sollen, dass Mitbürger, die noch in der Lage seien, mit geeigneter Hilfe Dritter ein Leben im eigenen Lebensbereich zu führen, nicht ohne zwingenden Grund in eine staatliche Einrichtung abgeschoben würden. Das Verwaltungsgericht habe diese Zielsetzung des Gesetzgebers verkannt und § 3a BSHG falsch ausgelegt, indem es sich in den Urteilsgründen hauptsächlich mit den Zielen der Kosteneinsparung befasst habe. Ihr sei es auch im Hinblick darauf, dass ihre Wohnung genau nach ihren Bedürfnissen eingerichtet worden sei, möglich, mithilfe ihrer Familie, der Nachbarschaft und einer besonderen Pflegekraft ihr Leben in ihrer gewohnten Umgebung zu führen. Das geringe Maß an Unabhängigkeit, das ihr dadurch gewährleistet werde, werde ihr durch einen Aufenthalt im Heim völlig genommen. Auch wäre es ihr unmöglich, ihren Hund bei sich zu behalten, an dem sie sehr hänge. Auch bei der Auslegung des § 3 BSHG habe das Gericht die Tragweite der Regelung verkannt, indem es sich hauptsächlich damit auseinandergesetzt habe, welche Art von Pflegehilfe objektive Mehrkosten verursache. Folgte man der Argumentation des Gerichts, so müssten Schwerpflegebedürftige in der Regel in Heimen untergebracht werden, da sie grundsätzlich einen erhöhten Pflege- und Kostenaufwand verursachten. Der Vorrang der offenen Hilfe beziehe sich jedoch auch auf Schwerpflegebedürftige, da der Gesetzgeber diese ansonsten von dieser Regelung ausgenommen hätte. Das Gericht habe ferner verkannt, dass die Beklagte gemäß § 3 Abs. 2 S. 3 BSHG berechtigt gewesen wäre, auch unverhältnismäßige Mehrkosten anzuerkennen. Eine Ermessensbetätigung in diesem Sinne müsse allerdings durch die besonderen Verhältnisse des Einzelfalles gerechtfertigt sein, da es dem Träger der Sozialhilfe nicht freigestellt sein könne, grundsätzlich auch unverhältnismäßige Mehrkosten zu übernehmen. In ihrem speziellen Fall hätte sich die Beklagte mit einer derartigen Entscheidungsmöglichkeit auseinandersetzen müssen, da im Hinblick auf das In-Kraft-Treten der Pflegeversicherung absehbar gewesen sei, dass die Beklagte nur für einen geringen Zeitraum die vollen Pflegekosten zu tragen hätte. Die Beklagte sei sich über diese Entscheidungsmöglichkeit nicht im Klaren gewesen, da sie in ihrem Widerspruchsbescheid eine

Übernahme der Pflegekosten ausdrücklich aus Kostengründen abgelehnt habe. Hierin sei die Beklagte vom Gericht bestätigt worden, ohne dass sich dieses damit auseinandergesetzt habe, aus welchem Grunde die Beklagte in ihrem Fall nicht verpflichtet gewesen sei, ihr Ermessen in dem von ihr, der Klägerin, dargelegten Sinne auszuschöpfen. Fehlerhaft sei es auch gewesen, dass bei der Prüfung der Verhältnismäßigkeit der häuslichen Pflegekosten die Pflegekosten nicht berücksichtigt worden seien, die bei der Unterbringung in der Wohngruppe im L. in Höhe von 7.914,75 DM im Monat entstünden. Ihr Wunsch, in einer bestimmten Einrichtung untergebracht zu werden, müsse berücksichtigt werden. Ohnedies könne bei der Prüfung der Verhältnismäßigkeit nicht von den durchschnittlichen Kosten im Bereich eines örtlichen Trägers ausgegangen werden. Bei niedrigem Niveau dieser Einrichtungen in einem Trägerbereich würde ansonsten jeder soziale Fortschritt verbannt. Auszugehen sei vielmehr von den durchschnittlichen Kosten in einem größeren Bereich, etwa einem Land oder dem Bereich eines überörtlichen Trägers. Bei Berücksichtigung der beiden überörtlichen Einrichtungen, nämlich der Wohngruppe im L. und dem Pflege- und Therapiezentrum des x, ergebe sich ein durchschnittlicher Tagessatz in Höhe von 220,45 DM. Bei der Vergleichsberechnung habe zumindest der sich bei Zugrundelegung dieses durchschnittlichen Tagessatzes ergebende monatliche Pflegeaufwand in Höhe von 6.723,72 DM herangezogen werden müssen. Darüber hinaus habe auch nicht ihr gesamtes Einkommen in Höhe von 3.653,98 DM in Abzug gebracht werden dürfen. Von diesem Einkommen hätten zuvor noch die besonderen Belastungen abgezogen werden müssen, die ihr trotz Unterbringung in einem Heim verblieben. Hierzu gehörten die Kosten für die Versorgung ihres Hundes und für die Unterhaltung des Autos, die Telefonkosten sowie die Kosten für Rezepte und Bäder und für das Theaterabonnement. Nicht zuletzt seien die monatlichen Aufwendungen für eine besondere Pflegekraft von der Beklagten auch zu hoch angesetzt worden. Das Pflegegeld gemäß § 69 Abs. 3 S. 1 BSHG (a.F.) sei nicht geltend gemacht worden und habe nicht in die Vergleichsberechnung mit einfließen dürfen. Von dem sich hiernach ergebenden durchschnittlichen Pflegeaufwand von monatlich 5.185,00 DM sei noch der Krankenkassenbeitrag in Höhe von 750,00 DM abzuziehen, so dass an Kosten für eine besondere Pflegekraft lediglich 4.435,00 DM verblieben. Unter Berücksichtigung dieses Kostenverhältnisses sei die Beklagte verpflichtet gewesen, die gesamten Kosten für eine besondere Pflegekraft zu übernehmen.

Die Klägerin beantragt, das Urteil des Verwaltungsgerichts Freiburg vom 29.12.1994 – 4 K 1176/94 – zu ändern, die Beklagte zu verpflichten, für die Zeit vom 01.01.1994 bis 31.03.1995 die Kosten für eine besondere Pflegekraft über den Betrag in Höhe von 2.113,00 DM im Monat hinaus zu übernehmen und den Bescheid der Beklagten vom 15.12.1993 sowie deren Widerspruchsbescheid vom 03.06.1994 – jeweils in der Fassung des Bescheids der Beklagten vom 30.11.1994 – aufzuheben, soweit sie dem entgegenstehen.

Die Beklagte beantragt, die Berufung zurückzuweisen.

Sie hält das angefochtene Urteil für zutreffend.

Dem Senat liegen die zur Sache gehörenden Sozialhilfeakten der Beklagten sowie die Prozessakten des Verwaltungsgerichts Freiburg vor.

Entscheidungsgründe

Im Einverständnis der Beteiligten entscheidet der Senat ohne mündliche Verhandlung (§ 125 Abs. 1, § 101 Abs. 2 VwGO).

Die Berufung ist teilweise begründet. Zu Unrecht hat das Verwaltungsgericht die Klage in vollem Umfang abgewiesen. Der Klägerin steht gegen die Beklagte im Zeitraum vom 01.01.1994 bis 31.03.1995 ein Anspruch auf Übernahme der Kosten für ihre häusliche Pflege in Höhe von insgesamt 2.453,00 DM im Monat zu. Ihrem Verpflichtungsbegehren war daher bezüglich des Differenzbetrags aus dieser Summe und dem ihr von der Beklagten bereits zugebilligten Höchstbetrag in Höhe von 2.113,00 DM, d.h. in Höhe von 340,00 DM monatlich, stattzugeben.

Anspruchsgrundlage für die Übernahme der Kosten besonderer Pflegekräfte sind die §§ 68 Abs. 1, 69 Abs. 1, Abs. 2 S. 3 BSHG in der hier maßgeblichen bis zum 31.03.1995 gültigen Fassung vom 10.01.1991 (BGBl. I S. 594ff.). Nach § 68 Abs. 1 BSHG ist Personen, die – wie die Klägerin – infolge Krankheit oder Behinderung so hilflos sind, dass sie nicht ohne Wartung und Pflege bleiben können, Hilfe zur Pflege zu gewähren. Reichen bei diesen Personen häusliche Wartung und Pflege aus, so regelt sich die Hilfe zur Pflege nach § 69 Abs. 2 – 6 BSHG (vgl. § 69 Abs. 1 BSHG). Nach § 69 Abs. 2 S. 1 BSHG soll der Träger der Sozialhilfe darauf hinwirken, dass diese Pflege durch Personen, die den Pflegebedürftigen nahestehen, oder im Wege der Nachbarschaftshilfe übernommen wird. Ist neben oder anstelle der Wartung und Pflege nach S. 1 die Heranziehung einer besonderen Pflegekraft erforderlich, so sind die angemessenen Kosten hierfür zu übernehmen (§ 69 Abs. 2 S. 3 BSHG).

§ 69 Abs. 1 BSHG ist jedoch entgegen der von der Klägerin vertretenen Ansicht nicht in dem Sinne zu verstehen, dass die Absätze 2-6 dieser Vorschrift stets dann zur Anwendung kommen, wenn die häusliche Pflege überhaupt – wie kostenaufwendig auch immer – zu organisieren ist. § 3 BSHG, der im „Abschnitt 1 Allgemeines" des Bundessozialhilfegesetzes steht, gilt nämlich für alle Hilfen nach dem Bundessozialhilfegesetz und ist deshalb auch bei der Anwendung der Vorschriften des Abschnitts 3, zu dem § 69 BSHG gehört, heranzuziehen. Dies gilt, wie das Verwaltungsgericht zu Recht ausgeführt hat, auch für die Bestimmung des § 3 Abs. 2 S. 3 BSHG, wonach der Träger der Sozialhilfe Wünschen nicht zu entsprechen braucht, deren Erfüllung mit unverhältnismäßigen Mehrkosten verbunden wäre (vgl. BVerwG, Beschl. v. 06.08.1992 – 5 B 97.91 –, Buchholz 436.0 § 2 BSHG Nr. 11; Senat, Beschl. v. 30.10.1996 – 6 S 2314/96 – m.w.N.). Dem steht auch § 3a BSHG in der hier anzuwendenden bis zum 31.07.1996 geltenden Fassung vom 10.01.1991 nicht entgegen, in dem der Vorrang der offenen Hilfe im Vergleich zu der Hilfe in Anstalten, Heimen und gleichartigen Einrichtungen bestimmt ist. Die in § 3a BSHG vorgesehene Verpflichtung des Sozialhilfeträgers, darauf hinzuwirken, dass die erforderliche Hilfe soweit wie möglich außerhalb von Anstalten und Heimen gewährt wird, bedeutet nämlich nicht, dass der Sozialhilfeträger in jedem Falle und unabhängig von den entstehenden Kosten verpflichtet wäre, für einen Hilfebedürftigen, der in seiner Wohnung leben will, die erforderliche Pflege im häuslichen Bereich sicherzustellen. Der Gesetzgeber hat mit dem in § 3a BSHG enthaltenen Zusatz „soweit wie möglich" zum Ausdruck gebracht, dass die Hilfeempfänger nicht in jedem Fall einen Anspruch auf die sogenannte offene bzw. ambulante Hilfe hat. Vielmehr lässt sich diesem Zusatz entnehmen, dass der Sozialhilfeträger bei der Entscheidung zwischen der Hilfe in Einrichtungen und der offenen Hilfe im Einzelfall auch die finanziellen Belastungen berücksichtigen darf, die mit dieser Entscheidung verbunden sind (vgl. BVerwG, Beschl. v. 06.08.1992 a.a.O.; Knopp/Fichtner, BSHG 7. Auflage, § 3a RdNr. 4). Der Träger der Sozialhilfe ist deshalb trotz der Bestimmung des Vorrangs der offenen Hilfe in § 3 Abs. 2 S. 2 und § 3a BSHG berechtigt, nach § 3 Abs. 2 S. 3 BSHG zu prüfen, ob die gewünschte Hilfe (häusliche Wartung und Pflege) im Vergleich zu der Hilfe in

einer geeigneten stationären Einrichtung mit unverhältnismäßigen Mehrkosten verbunden ist (vgl. BVerwG, Urt. v. 06.08.1992 a.a.O.).

Die Beurteilung, ob ein Wunsch nach § 3 Abs. 2 S. 3 BSHG deshalb unberücksichtigt bleiben darf, weil seine Erfüllung mit „unverhältnismäßigen Mehrkosten" verbunden ist, setzt die Feststellung voraus, ob und gegebenenfalls welche Mehrkosten entstehen. Diese sind aufgrund eines Vergleichs zu bestimmen. Verglichen werden müssen im vorliegenden Fall dabei die Kosten, die die von der Klägerin gewünschte ambulante häusliche Pflege verursacht, und die Kosten, die bei ihrer Unterbringung in einem – geeigneten – Pflegeheim entstehen würden (vgl. BVerwG, Urt. v. 22.01.1987 – 5 C 10.85 –, FEVS 36, 353). Entgegen der von der Klägerin vertretenen Ansicht können dabei, was die Höhe der Heimunterbringungskosten angeht, Ausgangspunkt des Kostenvergleichs nicht die Durchschnittskosten sein, die durch die Unterbringung einer an multipler Sklerose erkrankten Person in einem Pflegeheim regelmäßig verursacht werden. Als Vergleichsbasis für die Frage, ob wunschbedingte Mehrkosten im Sinne des § 3 Abs. 2 S. 3 BSHG entstehen, können nach der Rechtsprechung (vgl. BVerwG, Beschl. v. 06.08.1992 a.a.O.) nur diejenigen Hilfemaßnahmen – und der sich daraus ergebende Kostenaufwand – dienen, die der Träger der Sozialhilfe zur Beseitigung der bestehenden sozialhilferechtlich relevanten Notlage treffen würde, wenn er den Hilfefall ohne Berücksichtigung der Wünsche des Leistungsberechtigten regeln könnte. Dies macht es nach Auffassung des Senats jedoch grundsätzlich erforderlich, beim Kostenvergleich die Kosten der gewünschten Hilfe den Kosten gegenüberzustellen, die durch die vom Sozialhilfeträger konkret angebotene Hilfe verursacht werden (vgl. OVG Lüneburg, Beschl. v. 14.06.1984 – 4 B 272/83 –, FEVS 34, 61 und Neumann, Das Wunsch- und Wahlrecht des Sozialhilfeberechtigten auf Hilfe in einer Anstalt, einem Heim oder einer gleichartigen Einrichtung, RsDE 1, 6ff.). Die von der Klägerin und auch einem Teil der Literatur (vgl. LPK-BSHG, 4. Auflage, § 3 RdNr. 37; Schellhorn/Jirasek/Seipp, BSHG, 14. Auflage, § 3 RdNr. 21) vertretene Ansicht, bei dem Kostenvergleich sei in Fällen wie dem der Klägerin von durchschnittlichen Heimunterbringungskosten auszugehen, lässt sich schwerlich mit der Begründung des Bundesrats zu der von ihm vorgeschlagenen Neufassung des § 3 Abs. 2 BSHG, der die Bundesregierung zugestimmt hat (BT-Drucksache 10/347 S. 3 zu Nr. 21), in Einklang bringen. Zu S. 3 dieser Vorschrift heißt es nämlich (vgl. BT-Drucksache 10/335 Anl. 2 zu Nr. 21) unter anderem: „Mit der Ersetzung der Worte „unvertretbare Mehrkosten" durch die Worte „unverhältnismäßige Mehrkosten" soll der Gesichtspunkt der kostengünstigeren Hilfegewährung stärker als bisher betont werden. Dem Sozialhilfeträger wird es dadurch ermöglicht, einen Kostenvergleich zwischen der gewünschten Leistung und der von ihm angebotenen Leistung zu ziehen...". Hieraus ergibt sich, dass es durchaus dem gesetzgeberischen Willen entspricht, bei dem nach § 3 Abs. 2 S. 3 BSHG erforderlichen Kostenvergleich die Kosten der gewünschten Hilfe den Kosten einer vom Sozialhilfeträger stattdessen konkret angebotenen Hilfe gegenüberzustellen. Das Verwaltungsgericht ist daher zutreffend davon ausgegangen, dass vorliegend bei der im Rahmen des § 3 Abs. 2 S. 3 BSHG vorzunehmenden Vergleichsberechnung nur die Kosten angesetzt werden dürfen, die durch die Unterbringung der Klägerin in dem von der Beklagten vorgesehenen Pflegeheim, nämlich dem Pflege- und Therapiezentrum des x in O., anfallen würden.

Das Verwaltungsgericht hat auch zu Recht angenommen, dass beim Vergleich der Kosten der Heimunterbringung der Klägerin und der Kosten, die mit deren häuslicher Pflege verbunden sind, auch das Einkommen der Klägerin miteinbezogen werden darf. Sozialhilferechtlich verhältnismäßig sind ihrem Wesen nach nur die unter Beachtung der Gesichtspunkte der Sparsamkeit und Wirtschaftlichkeit zur Behebung einer menschenunwürdigen Notlage erforderlichen Kosten. Unverhältnismäßig sind deshalb von daher zumindest im Grundsatz bereits alle Kosten, die über der für den Träger der Sozialhilfe kostenmäßig günstigsten Bedarfsdeckung liegen. Hiervon ausgehend kann es bei dem gemäß § 3 Abs. 2 S. 3 BSHG anzustellenden Kostenvergleich zur Feststellung, ob eine Hilfegewährung entsprechend dem Wunsch des Hilfeempfängers „unverhältnismäßige Mehrkosten" erfordert, grundsätzlich auch nur darauf ankommen, welche Kosten (in welcher Höhe) der Träger der Sozialhilfe jeweils tatsächlich bei den gegenüberzustellenden Alternativen der Bedarfsdeckung übernehmen muss. Das hat das Bundesverwaltungsgericht in seinem weiter oben bereits zitierten Urteil vom 22.01.1987 – 5 C 10.85 – auch eindeutig ausgesprochen. Sowohl im Leitsatz dieser Entscheidung als auch in seinen Gründen werden allein die Kosten miteinander verglichen, die auf den Sozialhilfeträger zukommen bzw. zukämen. Allein eine solche Handhabung des Kostenvergleichs wird letztlich auch dem Nachranggrundsatz des § 2 Abs. 1 BSHG gerecht, nach dem der Hilfesuchende versuchen muss, sich selbst zu helfen, bevor er Sozialhilfe in Anspruch nimmt (vgl. BVerwG, Beschl. v. 06.08.1992 – 5 B 97.91 – a.a.O.). Für den Kostenvergleich zwischen der offenen/ambulanten Hilfe bzw. teilstationären Hilfe und der stationären Hilfe muss daher von dem dem Sozialhilfeträger jeweils verbleibenden Nettoaufwendungen ausgegangen werden; die Regelungen über den Einkommenseinsatz nach den §§ 79ff. BSHG sind deshalb insoweit zu berücksichtigen (so wohl auch Hess. VGH, Beschl. v. 04.12.1990 – 9 TG 4614/88 –, NVwZ-RR 1991, 562ff.; Schellhorn/Jirasek/Seipp, a.a.O. § 3 RdNr. 23; Oestreicher/Schelter/Kunz, BSHG, Stand September 1996, § 3 RdNr. 20; a.A. OVG Lüneburg, Beschl. v. 25.05.1990 – 4 M 44/90 –, FEVS 41, 68 und Mergler/Zink, BSHG, Stand August 1996, § 3 RdNr. 40).

Hiernach ergibt sich Folgendes: Der Tagessatz des Pflege- und Therapiezentrums des x in O. belief sich im maßgeblichen Zeitraum auf 181,40 DM. Auf dieser Grundlage errechnet sich somit ein monatlicher Pflegesatz von 5.532,70 DM. Diesen Kosten ist noch der Barbetrag nach § 21 Abs. 3 BSHG hinzuzurechnen, der gemäß S. 3 dieser Vorschrift auf 45 % des Regelsatzes eines Haushaltsvorstandes (= 520,00 DM), mithin auf 234,00 DM, zu veranschlagen ist. Zur Errechnung des mit der Heimunterbringung der Klägerin für den Sozialhilfeträger entstehenden Nettoaufwands muss ferner noch der Kostenbeitrag abgezogen werden, zu dem die Klägerin nach §§ 28, 68 Abs. 1 in Verbindung mit § 85 Nr. 3 S. 2 BSHG herangezogen werden kann. § 85 Nr. 3 S. 2 BSHG kommt im vorliegenden Fall zur Anwendung, weil das Einkommen der Klägerin unter der maßgeblichen Einkommensgrenze des § 81 Abs. 1 Nr. 5 BSHG liegt, die Klägerin auch längere Zeit der Pflege in der sie betreuenden Einrichtung bedürfte und keinen anderen überwiegend unterhält. In Fällen dieser Art soll nach § 85 Nr. 3 S. 2 BSHG die Aufbringung der Mittel „in angemessenem Umfang" verlangt werden. Das in dieser Vorschrift vorgesehene „Soll"-Ermessen bedeutet, dass bei Vorliegen der gesetzlichen Voraussetzungen in der Regel eine Inanspruchnahme geboten ist und dass vom Einsatz des Einkommens nur dann abgesehen werden darf, wenn ein vom Regelfall abweichender Sachverhalt vorliegt (vgl. BVerwG, Urt. v. 14.01.1982 – 5 C 70.80 –, FEVS 27, 45). Das ist hier nicht der Fall. Bei der Prüfung, in welchem Umfang die Aufbringung der Mittel angemessen ist, sind vor allem die Art des Bedarfs, die Dauer und Höhe der erforderlichen Aufwendungen sowie besondere Belastungen des Hilfesuchenden zu berücksichtigen. Hierbei sind die besonderen Verhältnisse des Einzelfalles in Blick zu nehmen (vgl. § 3 Abs. 1 BSHG). Bei Auslegung und Anwendung von § 85 Nr. 3 S. 2 BSHG ist ferner zu be-

achten, dass der Gesetzgeber den Einsatz von Einkommen unterhalb der Einkommensgrenze nur unter den in § 85 Nr. 1, 2 und 3 S. 1 BSHG näher bestimmten, eng umgrenzten Voraussetzungen für zulässig erklärt hat, die Einsatzpflicht in Fällen einer voraussichtlich längeren Anstalts- oder Heimpflege jedoch deutlich erweitern wollte. Insofern konkretisiert auch die Regelung in § 85 Nr. 3 S. 2 BSHG den in § 2 BSHG allgemein beschriebenen Nachrang der Sozialhilfe. Der Hilfesuchende soll zunächst einmal nach Maßgabe des Gesetzes sein eigenes Vermögen und Einkommen einsetzen, bevor er Sozialhilfe in Anspruch nimmt. Dies gilt im Falle des Einsatzes von Einkommen und Vermögen unter der Einkommensgrenze gerade auch für den in § 85 Nr. 3 S. 2 BSHG erfassten Personenkreis, denn mit Nr. 3 des § 85 BSHG wird das Anliegen verfolgt, dem Hilfesuchenden daraus keinen wirtschaftlichen Vorteil erwachsen zu lassen, dass er auf Kosten der Allgemeinheit in einer seinen Lebensunterhalt und seine umfassende Betreuung sicherstellenden Weise untergebracht ist. Deshalb kann bei einer dauerhaften, umfassenden Heimbetreuung, wie sie die Klägerin in dem Pflege- und Therapiezentrum des x in O. erhalten würde, die volle Heranziehung des Einkommens angemessen sein, wenn der nach § 21 Abs. 3 BSHG zu gewährende Barbetrag ausreicht, um die persönlichen Bedürfnisse des täglichen Lebens zu befriedigen, und der Hilfesuchende (Hilfeempfänger) keine besonderen finanziellen Belastungen zu tragen hat, die eine (teilweise) Freilassung seines Einkommens erforderlich machen oder doch zumindest rechtfertigen (vgl. BVerwG, Urt. v. 06.04.1995 – 5 C 5.93 –, FEVS 46, 45 = NDV-RD 1996, 35). Von Letzterem ist die Beklagte – und ihr folgend auch das Verwaltungsgericht – ausgegangen und hat demgemäß in Anwendung der Randnummer 85.20 der Sozialhilferichtlinien des Landkreistags und Städtetags Baden-Württemberg – SHRL – zur Deckung der Heimunterbringungskosten die volle Heranziehung des der Klägerin aus ihren Renten zufließenden monatlichen Einkommens als angemessen angesehen.

Hierbei hat die Beklagte jedoch verkannt, dass die Klägerin besondere Belastungen in Form der sogenannten Selbstbeteiligung im Rahmen der gesetzlichen Krankenversicherung (z.B. Arznei-, Heil- und Hilfsmittel, Fahrtkosten etc.) treffen, die sich nach ihren glaubhaften Angaben im Widerspruchsverfahren monatlich auf ca. 290,00 DM belaufen (vgl. AS. 363 der Verwaltungsakten). Diese von der Klägerin zu tragenden Aufwendungen muss sie nicht mit dem ihr zustehenden Barbetrag bestreiten, dessen Höhe im Übrigen so bemessen ist, dass er zur Deckung der Aufwendungen für den persönlichen Bedarf ausreicht. Diese Selbstbeteiligungen, die die Klägerin zu tragen hat, machen eine Freilassung ihres Einkommens in der Höhe von 290,00 DM erforderlich. Als den Einkommenseinsatz hindernde besondere Belastungen müssen im Fall der Klägerin jedoch auch noch die Aufwendungen für Kleidung, Schuhe und Wäsche, für die vom Sozialhilfeträger regelmäßig einmalige Beihilfen nach § 21 Abs. 2 BSHG gewährt werden und deren Höhe monatlich auf ca. 50,00 DM angesetzt werden kann (vgl. RdNr. 21.15 SHRL), angesehen werden. Weitere besondere Belastungen im Sinne der obengenannten Rechtsprechung, die im Fall der Heimunterbringung der Klägerin den Einkommenseinsatz mindern würden, sind jedoch nicht ersichtlich. Fehl geht insbesondere die Ansicht der Klägerin, ihr würden auch noch nach einer Heimunterbringung Kosten für die Versorgung ihres Hundes sowie für die Unterhaltung ihres Autos verbleiben. Von beiden müsste sich die Klägerin für den Fall ihrer Heimunterbringung nämlich trennen, so dass von einem Wegfall dieser Belastungen ausgegangen werden muss. Der Klägerin kann hiernach zugemutet werden, zur Deckung der Heimunterbringungskosten monatlich einen Betrag von 3.313,98 DM aus ihrem eigenen Einkommen zu erbringen. Damit belaufen sich die Nettoaufwendungen (= ungedeckte Heimkosten), die der Träger der Sozialhilfe im Fall der Unterbringung der Klägerin im Pflege- und Therapiezentrum des x in O. zu tragen hätte, auf insgesamt 2.452,72 DM (5.232,70 DM + 234,00 DM – 3.318,98 DM).

Diesen Kosten sind die Kosten für die ambulante Pflege der Klägerin gegenüberzustellen, die sich nach Angaben der Klägerin im Widerspruchsverfahren im Mittel auf ca. 5.185,00 DM im Monat belaufen und von denen die Beklagte bei Berücksichtigung des Wunsches der Klägerin im entscheidungserheblichen Zeitraum nach Abzug der von der Krankenkasse gemäß § 55 SGB V gewährten häuslichen Pflegehilfe in Höhe von 750,00 DM im Monat bei Hinzurechnung eines – gekürzten – Pflegegeldes in Höhe von 498,50 DM, das die Klägerin nicht in Anspruch nehmen will, 4.933,50 DM und ohne Berücksichtigung desselben 4.435,00 DM zu tragen hätte. Der Vergleich der Kosten der stationären Betreuung der Klägerin mit den Kosten ihrer ambulanten Pflege ergibt bei Hinzurechnung des Pflegegeldes von dem Sozialhilfeträger zu tragende Mehrkosten in Höhe von 2.480,78 DM und ohne Berücksichtigung eines Pflegegeldes Mehrkosten in Höhe von 1.982,28 DM, d.h. Mehrkosten in Höhe von rund 101 bzw. 81 vom Hundert. Mehrkosten in dieser Größenordnung müssen ohne weiteres als „unverhältnismäßig" im Sinne von § 3 Abs. 2 S. 3 BSHG angesehen werden (vgl. BVerwG, Urt. v. 11.12.1982 – 5 C 85.80 – Buchholz § 3 BSHG Nr. 5; LPK-BSHG, § 3 RdNr. 37; Schellhorn/Jirasek/ Seipp, a.a.O., § 3 RdNr. 19).

Die niedrigeren Kosten der Hilfe im Pflege- und Therapiezentrum des x x in O. dürften allerdings dann nicht den Kosten der von der Klägerin gewünschten häuslichen Pflege gegenübergestellt werden, wenn es der Klägerin nicht zumutbar wäre, in diesem Heim zu leben (vgl. BVerwG, Beschl. v. 06.08.1992 – 5 B 97.91 – a.a.O.; Hess. VGH, Beschl. v. 04.12.1990 – 9 TG 4614/88 – a.a.O.; OVG Lüneburg, Beschl. v. 08.02.1984 – 4 B 229/83 –, FEVS 34, 112; Schellhorn/Jirasek/Seipp, a.a.O., § 3a RdNr. 10). So liegt es hier jedoch nicht. Das Pflege- und Therapiezentrum des x x in O. ist, wie zwischen den Beteiligten auch unstreitig ist, eine spezielle Einrichtung für Apalliker und MS-Kranke, in der diese rund um die Uhr betreut werden. Die Unterbringung in diesem Heim würde eine gegenüber der ambulanten Betreuung zumindest gleichwertige Pflege gewährleisten. Dies wird von der Klägerin auch nicht bestritten. Eine stationäre Pflegegewährung im Sinne einer zumutbaren Alternative nach § 3 Abs. 2 BSHG setzt jedoch nicht nur voraus, dass die notwendigen Pflegeleistungen erbracht werden können, sondern auch, dass dem Anspruch des betroffenen Hilfeempfängers auf individuelle Lebensgestaltung in einer ihm entsprechenden Umgebung Rechnung getragen werden kann. Unter diesen Gesichtspunkten verbietet sich je nach den bestehenden Umständen die Verweisung eines jungen pflegebedürftigen Hilfebedürftigen in ein Altenheim, wo zwar die entsprechenden Pflegeleistungen erbracht werden, der Hilfebedürftige jedoch dauerhaft mit alten bzw. älteren Menschen zusammenleben muss, für deren Lebenssituation häufig Krankheit, Resignation und Todeserwartung bestimmend sind. Auch kann es dem Hilfeempfänger aus psychischen Gründen nicht zuzumuten sein, in einem Heim zu leben (vgl. Hess. VGH, Beschl. v. 05.07.1991 – 9 TG 374/91 –, FEVS 43, 118). Je nach Krankheitsverlauf und den sonstigen Umständen kann es auch die Würde des Menschen (§ 1 Abs. 2 BSHG) erfordern, den Wunsch des Pflegebedürftigen zu erfüllen, in der eigenen Wohnung bleiben zu dürfen. Andererseits dürfte es schon aus finanziellen Gründen nicht möglich sein, alle Schwer- und Schwerstbehinderte, die dies wünschen, in ihrer eigenen Wohnung zu betreuen. Gemessen an diesen Grundsätzen ist der Senat der Auffassung, dass es der Klägerin zumutbar wäre, in dem Pflege- und The-

rapiezentrum des x in O. zu leben. Die Klägerin war im streitbefangenen Zeitraum nahezu 60 Jahre alt und stand mithin bereits in einem Alter, in dem die Betreuung in einem Alten- bzw. Pflegeheim nichts gänzlich Ungewöhnliches ist. Sie wäre mithin nicht gezwungen, in einer altersmäßig völlig inadäquaten Umgebung zu leben. Dass ihr durch den Wechsel in eine stationäre Pflegeeinrichtung gesundheitliche Beeinträchtigungen drohten, hat die Klägerin nicht zur Überzeugung des Senats dargetan. Hierzu genügt der Hinweis der Klägerin, dass die Unterbringung in einem Heim sie nicht nur physisch, sondern auch psychisch sehr beeinträchtigen würde, für sich allein nicht. O. liegt auch nicht so weit entfernt von F., dass die Unterbringung in dem dortigen Pflegeheim eine Abschneidung von bisherigen sozialen Bindungen der Klägerin zur Folge hätte. Die Klägerin war auch in dem streitbefangenen Zeitraum aufgrund ihrer Erkrankung bereits nahezu bewegungsunfähig und infolgedessen nicht nur bei den sogenannten personenbezogenen Verrichtungen, sondern auch bei den hauswirtschaftlichen Verrichtungen (wie etwa Beschaffung der Ernährung durch Einkauf, Zubereiten der Mahlzeiten, Geschirrspülen, Bettenmachen usw.) auf eine Rundumbetreuung durch Dritte angewiesen, die – falls keine besonderen Umstände vorliegen – regelmäßig trotz der Normierung des Vorrangs der offenen Hilfe den Verzicht auf eine eigene Wohnung und die dort konkret erfahrene häusliche Pflege zur Folge hat. Besondere Umstände, die ein Verbleiben der Klägerin in ihrer Wohnung sowie die damit verbundenen höheren Kosten der ambulanten Betreuung rechtfertigen könnten, hat die Klägerin nicht vorgetragen. Vielmehr handelte es sich bei ihr um den noch innerhalb der Norm liegenden Fall, dass die Aufnahme in ein Pflegeheim das Verlassen des häuslichen Bereichs zur Folge hat. Hieran ändert auch die Tatsache nichts, dass die Klägerin im Falle ihrer Heimunterbringung sich von ihrem Hund trennen muss.

Ergibt der Kostenvergleich wie hier, dass die gewünschte Hilfe unverhältnismäßig höhere Kosten verursacht als die angebotene, braucht der Träger der Sozialhilfe dem Wunsch des Hilfesuchenden nicht zu entsprechen. Damit ist jedoch nicht gesagt, dass er ihm nicht entsprechen darf. Ob er ihm entsprechen will, liegt in seinem Ermessen. Ermessensentscheidungen müssen sich immer an dem Sinn und Zweck der Ermächtigung orientieren. Zweck der Neufassung des § 3 Abs. 2 S. 3 BSHG war es, dem Sozialhilfeträger mehr als bisher zu ermöglichen, kostenaufwendige Maßnahmen abzuwehren, die lediglich wünschenswert wären (vgl. BT-Drucksache 10/335 Anl. 2 zu Nr. 21). Bei dieser Ermessensentscheidung muss der Sozialhilfeträger grundsätzlich auch berücksichtigen, welche Nachteile die Verwirklichung seines Angebots für den Hilfesuchenden mit sich bringen würde und ob und inwieweit die Verwirklichung des Wunsches des Hilfesuchenden Kosten verursachen würde, die außerhalb des Rahmens liegen, der für vergleichbare Hilfen üblich ist. Die Beklagte hat eine Ermessensentscheidung getroffen, in der alle diese Gesichtspunkte berücksichtigt worden sind. Fehl geht die Ansicht der Klägerin, die Beklagte habe bei ihrer Entscheidung nicht hinreichend die finanziellen Auswirkungen der gesetzlichen Pflegeversicherung berücksichtigt. Die ursprünglich auch von der Beklagten geteilte – Annahme der Klägerin, ein Großteil der Kosten für die häusliche Pflege werde nach In-Kraft-Treten des SGB XI aus Mitteln der Pflegeversicherung getragen, hat sich nämlich, wie die Klägerin in dem beim Senat anhängigen Verfahren des vorläufigen Rechtsschutzes – 6 S 209/97 – selbst eingeräumt hat, im Nachhinein als falsch erwiesen.

Es kann hiernach nicht beanstandet werden, dass die Beklagte zur Absicherung der sachgerechten Verteilung der Mittel die Klägerin auf eine alternative und kostengüns-

tigere Betreuungsmöglichkeit in Form der Heimunterbringung verwiesen hat, wenn diese – wie bereits dargelegt – geeignet ist, das Ziel der Hilfeleistung, nämlich die Sicherstellung der Pflege der Klägerin zu erreichen und dass die Beklagte die der Klägerin zu gewährende Hilfe zur Pflege auf den Betrag begrenzt hat, der zu übernehmen wäre, wenn die Klägerin im Pflege- und Therapiezentrum des x in O. untergebracht wäre. Bei Vorliegen der Voraussetzungen des § 3 Abs. 2 S. 3 BSHG reduziert sich nämlich ein Hilfeanspruch auf einen Leistungsanspruch in der Höhe, mittels dessen eine nach sozialhilferechtlichen Gesichtspunkten angemessene Bedarfsdeckung erfolgen könnte. Es ist kein plausibler Grund dafür ersichtlich, der Klägerin für eine von ihr gewünschte ambulante Pflege den Kostenbeitrag zu verweigern, der bei einer stationären Pflege aus Mitteln der Sozialhilfe aufgebracht werden müsste. Der Umstand allein, dass die Pflegekosten im Fall einer Heimunterbringung von dem überörtlichen Träger der Sozialhilfe zu tragen sind (§ 100 Abs. 1 Nr. 1 BSHG), wohingegen die Hilfe zur Pflege bei einer ambulanten Betreuung der Klägerin von dem örtlichen Sozialhilfeträger zu gewähren ist (§ 97 Abs. 1 BSHG) rechtfertigt es nicht, die Kosten für eine ambulante Betreuung bis zur Höhe der Kosten für eine Heimunterbringung als unangemessen anzusehen (vgl. Hess. VGH, Beschl. v. 12.10.1987 – 9 TP 1593/87 –, NDV 1988, 188 u. Schellhorn/Jirasek/ Seipp, a.a.O. § 3a RdNr. 10).

Die Beklagte war jedoch nicht berechtigt, die Hilfe zur Pflege für die Klägerin auf einen Betrag von 2.113,00 DM im Monat zu begrenzen. Bei der Begrenzung auf diesen Betrag ist die Beklagte davon ausgegangen, dass zur Deckung der Heimunterbringungskosten die volle Heranziehung des der Klägerin aus ihren Renten zufließenden monatlichen Einkommen als angemessen angesehen werden muss. Die Klägerin hat sich aber (vgl. die Ausführungen weiter oben) entgegen der von der Beklagten vertretenen Ansicht nur mit einem um 340,00 DM geminderten Einkommenseinsatz an den Kosten der Heimunterbringung zu beteiligen. Um diesen Betrag erhöhen sich die monatlichen Nettoaufwendungen, die der Träger der Sozialhilfe im Fall der Unterbringung der Klägerin im Pflege- und Therapiezentrum des x in O. zu tragen hätte. Mithin hat die Klägerin auch in Höhe dieses Betrags einen zusätzlichen Anspruch auf Gewährung einer weiteren monatlichen Hilfe zur Pflege. Der darüber hinausgehende Klagantrag ist dagegen zu Recht vom Verwaltungsgericht abgewiesen worden." ...

Leitsatz (redaktionell) (OVG Berlin, Beschluss vom 05.07.1995, Az.: 6 S 88.95)

Der Träger der Sozialhilfe kann die monatlich bewilligte Hilfe zum Lebensunterhalt in Teilleistungen erbringen, wenn der Hilfesuchende durch Verwendung der Hilfe für ein Drogensubstitutionspräparat vorzeitig mittellos geworden ist, für das Leistungen nicht bewilligt worden waren.

Aus den Gründen:

„Der 1960 geborene Antragsteller ist nach eigenen Angaben seit 17 Jahren heroinabhängig. Mindestens seit Februar 1993 verschreibt ihm sein behandelnder Arzt auf Privatrezept regelmäßig Dihydrocodeinsaft als Ersatzdroge zur Vermeidung von intravenösem Heroingebrauch. Zur Beschaffung dieses von den Krankenkassen in

Berlin für diesen Zweck nicht anerkannten Medikaments braucht der Antragsteller monatliche Mittel in Höhe von ca. 160,00 DM. Das Bezirksamt bewilligte dem Antragsteller seit 1992 laufende Hilfe zum Lebensunterhalt. In den vergangenen Monaten erklärte sich der Antragsteller wiederholt vor Ablauf der Zeit, für die ihm Hilfe bewilligt worden war, mittellos. Den vorzeitigen Verbrauch der ihm zur Verfügung gestellten Mittel erklärte er damit, dass er den von ihm dringend benötigten Dihydrocodeinsaft habe beschaffen müssen. Die Bewilligung von Leistungen zum Erwerb dieses Medikaments hat das Bezirksamt mündlich abgelehnt. Es hat damit begonnen, die Hilfe nicht mehr monatlich, sondern in kleineren Teilbeträgen auszuzahlen. Mit Beschluss vom 19. April 1995 hat das Verwaltungsgericht den Antragsgegner im Wege der einstweiligen Anordnung unbefristet verpflichtet, dem Antragsteller die Hilfe zum Lebensunterhalt monatlich auszuzahlen. Die Beschwerde des Antragsgegners gegen diesen Beschluss ist begründet. Die Auszahlung der monatlich bewilligten laufenden Hilfe zum Lebensunterhalt in Teilbeträgen ist nicht zu beanstanden.

Gegenstand des Beschwerdeverfahrens ist allein die vom Verwaltungsgericht getroffene Anordnung. Diese Anordnung entspricht dem von der Rechtsantragstelle des Verwaltungsgerichts formulierten Antrag. Nach der Begründung des Antrags ist eigentliche Ursache für den vorzeitigen Verbrauch der bewilligten Hilfe, dass es dem Antragsteller an Mitteln für die Beschaffung des ärztlich verordneten Dihydrocodein-(DHC)-Präparates fehlt und er die für die laufende Hilfe bestimmten Leistungen zur Beschaffung dieses Medikaments einsetzt. Letztlich will der Antragsteller – grundsätzlich mit Unterstützung des Gesundheitsamtes – mindestens auch erreichen, dass er über die laufende Hilfe zum Lebensunterhalt hinaus zusätzliche Mittel für die Beschaffung von DHC-Saft erhält. Das hat er im Beschwerdeverfahren mündlich bestätigt. Es ist fraglich, ob dies das Verwaltungsgericht nicht hätte veranlassen müssen, den Antrag in diesem Sinne zu interpretieren oder auf einen sachgerechten zusätzlichen Antrag hinzuwirken. Das Verwaltungsgericht hat indessen allein darüber entschieden, dass das Bezirksamt die Hilfe künftig wieder monatlich auszahlen soll und dem Antrag in vollem Umfang entsprochen. Der Antragsteller hat gegen diesen Beschluss keine Beschwerde erhoben und geltend gemacht, dass das Verwaltungsgericht sein Begehren missverstanden und ihm nicht in vollem Umfang entsprochen habe.

Die Beschwerde des Antragsgegners muss Erfolg haben, denn die Bewilligung von laufender Hilfe zum Lebensunterhalt in Teilbeträgen ist rechtmäßig. Der Träger der Sozialhilfe hat soweit wie möglich zu gewährleisten, dass durch die Bewilligung von laufender Hilfe zum Lebensunterhalt der notwendige Lebensunterhalt des Hilfesuchenden sichergestellt wird. Art, Maß und Form der Hilfe richten sich nach den Besonderheiten des Einzelfalles, vor allem nach der Person des Hilfeempfängers, der Art seines Bedarfs und den örtlichen Verhältnissen (vgl. § 3 Abs. 1 BSHG). Die monatliche Auszahlung der laufenden Hilfe zum Lebensunterhalt ist die Regel. Wenn der Hilfeempfänger die bewilligte Hilfe vorzeitig verbraucht und Doppelleistungen in Anspruch nimmt, ist der Träger der Sozialhilfe berechtigt, die Zweckbestimmung der Hilfe durch deren Auszahlung in Teilbeträgen besser zu gewährleisten. Das wird auch vom Verwaltungsgericht im Grundsatz nicht bezweifelt.

Zu Unrecht hält der angefochtene Beschluss dem Antragsteller zugute, dass er die Hilfe zum Lebensunterhalt zur Beschaffung der von ihm offenbar ständig eingenommenen Ersatzdroge habe verwenden müssen. Das wäre eine zweckwidrige Verwendung der Hilfe selbst dann, wenn dem Antragsteller, wie das Verwaltungsgericht annimmt, unter den gegebenen Umständen Mittel zur Beschaffung von DHC-Saft als

Krankenhilfe nach § 37 BSHG hätte bewilligt werden müssen. Solange das Bezirks-amt weder aus eigener Einsicht noch kraft gerichtlicher Entscheidung bereit war, ent-sprechende Leistungen zu erbringen, durfte es versuchen, die Zweckbestimmung der Hilfe zum Lebensunterhalt in der geschehenen Weise zu sichern. Der Antragstel-ler hätte gegen die Ablehnung von Krankenhilfe Widerspruch einlegen und ggf. beim Verwaltungsgericht den Erlass einer einstweiligen Anordnung beantragen können. Die Verwendung der Hilfe zum Lebensunterhalt für diesen Zweck war eine unzuläs-sige Selbsthilfe zur Verfolgung seines Ziels, der das Bezirksamt mit Recht entgegen-getreten ist.

Zur Klarstellung gegenüber dem Verwaltungsgericht und den Beteiligten und zur Ver-meidung weiteren Streits in dieser Sache gibt der Senat zu der vom Verwaltungsge-richt ohne weiteres bejahten Frage, ob dem Antragsteller Krankenhilfe zur Beschaf-fung eines DHC-Präparates hätte bewilligt werden müssen, summarisch Folgendes zu bedenken:

Krankenhilfe als Sozialhilfeleistung umfasst unter anderem Arzneimittel sowie sons-tige zur Genesung, zur Besserung oder zur Linderung der Krankheitsfolgen erforder-liche Leistungen (vgl. § 37 Abs. 2 Satz 1 BSHG). Die Leistungen sollen in der Regel den Leistungen entsprechen, die nach den Vorschriften über die gesetzliche Kran-kenversicherung gewährt werden (§ 37 Abs. 2 Satz 2 BSHG). Der Sozialhilfeträger ist darauf beschränkt, das als Bedarf an Krankenhilfe anzuerkennen, was nach dem Leistungsrahmen der gesetzlichen Krankenversicherung in diesem Versicherungs-zweig seiner Art nach und hinsichtlich der näheren Leistungsmodalitäten als Bedarf anerkannt werden kann (siehe dazu Urteile des Bundesverwaltungsgerichts vom 17. Juni 1993 – 5 C 11.91 – FEVS 44 S. 265, 266 und vom 30. September 1993 – 5 C 49.91 – FEVS 44 S. 313, 315 f.). Die in der gesetzlichen Krankenversicherung ver-breiteten Teilleistungen – mit einem vom Versicherten aus eigenen Mitteln aufzubrin-genden Eigenanteil – sind dem Sozialhilferecht allerdings fremd (Bundesverwal-tungsgericht a.a.O.). Es bedarf keiner Erörterung, ob die Einschränkung der Leistungspflicht bei geringfügigen Gesundheitsstörungen, etwa bei Erkältungskrank-heiten (vgl. näheres in § 34 Abs. 1 und 2 SGB V), auf den in der Sozialhilfe anzuer-kennenden Bedarf übertragen werden kann. Wenn die Krankenhilfe nach dem BSHG „in der Regel" den Leistungen entsprechen soll, die nach den Vorschriften über die gesetzliche Krankenversicherung gewährt werden, kann sie nur dann darüber hin-ausgehen, wenn Besonderheiten der Sozialhilfe dazu Anlass geben (vgl. LPK-BSHG, 4. Auflage, Rz. 1 zu § 37 BSHG). Das ist bei der vom Antragsteller gewünsch-ten Hilfe zur weiteren Einnahme von DHC-Saft nicht ersichtlich.

Drogensubstitution ist für sich allein keine Krankenbehandlung, denn sie führt nicht zur Drogenabstinenz. Sie kann lediglich dann als notwendiger Teil der Krankenbe-handlung angesehen werden, wenn diese dadurch erst ermöglicht wird (vgl. die Prä-ambel der Richtlinien des Bundesausschusses der Ärzte und Krankenkassen zur Methadon-Substitutionsbehandlung bei I.v.-Heroinabhängigen vom 16. Februar 1994 – Bundesanzeiger Nr. 58 vom 24. März; siehe auch Beschluss des Sozialge-richts Berlin vom 12. Juni 1995 – S 76 KrE 218/95 – im Parallelrechtsstreit des An-tragstellers gegen seine Krankenkasse). Mit den Richtlinien zur Methadon-Substituti-onsbehandlung hat der Bundesausschuss der Ärzte und Krankenkassen gemäß § 92 Abs. 1 Nr. 5 SGB V eine neue Untersuchungs- und Behandlungsmethode in die sozi-ale Krankenversicherung eingeführt. Solche Richtlinien sind im Streit um Leistungen für die Krankenbehandlung auch für die Gerichte grundsätzlich verbindlich (vgl. Urteil des Bundessozialgerichts vom 16. Dezember 1993 – 4 RK 5.92 – BSGE 73, 271,

287 f.). Codeinpräparate sind danach zur Substitutionsbehandlung als Leistung der sozialen Krankenversicherung nicht zugelassen. Falls dies anderswo in der Bundesrepublik in der sozialen Krankenversicherung anders praktiziert werden sollte, muss jedenfalls bezweifelt werden, dass insoweit ein Anspruch auf Hilfe besteht. Gerade bei der Zulassung neuer und alternativer Heilweisen liegen keine Besonderheiten der Sozialhilfe vor, die zu einer über die soziale Krankenversicherung hinausgehenden Leistungspflicht der Krankenhilfe nach dem BSHG Anlass geben. Das SGB V bietet mit den Bundesausschüssen der Ärzte und Krankenkassen ein Instrument zur Weiterentwicklung des Leistungsrechts, über die das BSHG nicht verfügt.

Auch das Verwaltungsgericht hat nicht die Meinung vertreten, dass die jahrelang und ohne erkennbar ernsthafte therapeutische Begleitung und Perspektive betriebene Verschreibung von DHC-Saft als Krankenhilfe nach dem BSHG zu finanzieren wäre. Es hat mit Unterstützung des Gesundheitsamtes allerdings ohne nähere Begründung lediglich gemeint, dass dem Antragsteller für die Zeit bis zum Übergang in das Methadonprogramm die weitere Einnahme der ihm gewohnten Substitutionsdroge als Krankenhilfe nach dem BSHG zu bewilligen sei. Diese Frage stellt sich zurzeit nicht, denn der Antragsteller betreibt die Aufnahme in das Methadonprogramm, soweit ersichtlich, nicht mehr. Ob er dazu jedenfalls zeitweise ernstlich entschlossen war, ist fraglich. Nach seinen Äußerungen gegenüber Mitarbeitern des Bezirksamts war seine Bereitschaft zu einer Therapie – nach eigener Aussage wegen früherer Misserfolge – gering. Ob der Abbruch des Kontaktes zur Drogenberatungsstelle BOA auf der Ablehnung von Leistungen für das gewohnte Substitutionsmittel DHC beruht, unterliegt erheblichen Zweifeln, denn der Antragsteller hat dieses Mittel offenbar jahrelang eingenommen, ohne dafür Leistungen zu bekommen. Sollte er künftig einen unterstützungswürdigen weiteren Versuch machen, in das Methadonprogramm aufgenommen zu werden, stünden dem Anspruch auf Krankenhilfe nach dem BSHG zur Überbrückung bis zum Beginn des Methadonprogramms, das seinerseits eine Heilbehandlung erst ermöglichen soll, Bedenken entgegen. Dabei muss mit der Möglichkeit gerechnet werden, dass der an die Einnahme von DHC gewöhnte Antragsteller krankheitsbedingt wegen seiner Abhängigkeit von diesem Präparat nicht ohne weiteres imstande ist, die Einstiegshürden für das Methadonprogramm ohne dieses Medikament zu überwinden. Ob dies bewirken würde, dass der Antragsteller eine solche Übergangshilfe von seiner Krankenkasse erhält, muss der Senat offen lassen. Auch bei Außenseitermethoden, deren Anerkennung noch nicht zu Richtlinien geführt hat, sind Einzelfalllösungen nach der Rechtsprechung des BSG nicht ausgeschlossen (vgl. Urteil vom 23. März 1988 – BSGE 63, 102).

Der Antragsteller bedarf keiner Krankenhilfe nach dem BSHG, weil er als Versicherter Anspruch auf gleichartige Leistungen der Krankenversicherung hat. Wäre er kein Versicherter mehr, könnte ihm Krankenhilfe durch Krankenschein bewilligt werden. Würde sich letztlich herausstellen, dass der Anspruch auf Leistungen der Krankenversicherung den streitigen Bedarf nicht deckt, bestünde ein weitergehender Anspruch auf Sozialhilfe, wie dargelegt, nicht. Es ist nach den besonderen Gegebenheiten dieser Hilfeart sinnvoll und dem Antragsteller zuzumuten, seinen Anspruch als Versicherter ggf. mit beratender Unterstützung des Sozialamtes und vor allem des Gesundheitsamtes im Rahmen der Sozialversicherung und notfalls mithilfe der Sozialgerichte klären zu lassen. Vorläufiger Rechtsschutz kann auch bei den Sozialgerichten in Anspruch genommen werden (vgl. zum Vorrang der Sozialversicherung auch schon Urteil des Senats vom 27. Mai 1993 – OVG 6 B 6.92 – FEVS 44 S. 381). Die Festlegung des Anspruchs auf ein bestimmtes Heilmittel oder andere Leistungen der Krankenkasse obliegt im Normalfall nicht einer Behörde, sondern dem Kassen-arzt, der den Patienten auf Krankenschein behandelt (vgl. dazu Urteil des Bundesso-zialgerichts vom 16. Dezember 1993 a.a.O. Abdruck S. 27a ff.). Die Klärung der Grenzen des Anspruchs auf Leistungen als Krankenversicherer in Zweifelsfällen muss letztlich den besonderen Behörden und Gerichten der Sozialversicherung überlassen bleiben. Der Träger der Sozialhilfe könnte diesen Anspruch als außenste-hender Dritter nicht gleich wirkungsvoll durchsetzen. Der Senat vermag daher dem Verwaltungsgericht nach allem nicht zuzustimmen, dass das Bezirksamt Wedding in diesem besonderen Fall eine Vorleistung nicht hätte ablehnen dürfen. Es ist auch nicht ersichtlich, dass die fragliche Leistung aufgrund einer anderen Hilfeart nach dem BSHG hätte bewilligt werden können. Insbesondere geben Zwecke wie die Ver-meidung von Beschaffungskriminalität keinen Anlass zur Bewilligung einer Leistung der Sozialhilfe." ...

Bemerkung zur Übertragbarkeit der Rechtsprechung auf das neue Recht des SGB XII:

Alle gezeigten Entscheidungen werden ohne Abstriche auf das neue Recht übertrag-bar sein, zumal die alte Regelung des § 3 BSHG in der Regelung des § 9 SGB XII fortgeschrieben worden ist.

§ 10 SGB XII   Leistungserbringung

(1) Die Leistungen werden als Dienstleistung, Geldleistung oder Sachleistung er-bracht.

(2) Zur Dienstleistung gehören insbesondere die Beratung in Fragen der Sozialhilfe und die Beratung und Unterstützung in sonstigen sozialen Angelegenheiten.

(3) Die Geldleistung hat Vorrang vor der Sachleistung, soweit nicht dieses Buch etwas anderes bestimmt oder die Sachleistung das Ziel der Sozialhilfe erheblich bes-ser oder wirtschaftlicher erreichen kann oder die Leistungsberechtigten es wün-schen. Gutscheine und andere unbare Formen der Verrechnung gehören zu den Sachleistungen.

Die Vorschrift überträgt in Absatz 1 den bisherigen § 8 Abs. 1 BSHG, ersetzt dabei in Angleichung an die Begrifflichkeit des § 11 Satz 1 des Ersten Buches den Begriff der „persönlichen Hilfe" durch den Begriff „Dienstleistung".

Absatz 2 überträgt im Wesentlichen den bisherigen § 8 Abs. 2 BSHG, soweit dieser nicht in § 11 Abs. 5 Satz 1 eingegangen ist. Die Erweiterung der Dienstleistungen auf Unterstützung schließt eine Lücke, die durch die frühere Einfügung des bisherigen § 17 BSHG entstanden war.

Absatz 3 enthält Klarstellungen zum Verhältnis zwischen Geld- und Sachleistungen, die im Wesentlichen der Praxis entsprechen.

Aus der Rechtsprechung zu den Leistungsarten in der Sozialhilfe

Der Vorrang der Geldleistung:

Leitsatz (redaktionell) (BVerwG, Urteil vom 16.01.1986, Az.: 5 C 72/84)

Es ist von vornherein nicht zulässig, die Sachleistung als Mittel zu dem Zweck einzusetzen, eine ganze Gruppe von Hilfesuchenden von der Geltendmachung eines Hilfeanspruchs gegenüber einem bestimmten Träger der Sozialhilfe abzuschrecken.

Aus den Gründen:

„Der 1936 geborene – ledige – Kläger gehört zu den Nichtsesshaften; er ist auch alkoholabhängig. Seit 1961 hält er sich im Bereich des beklagten Trägers der Sozialhilfe auf. In den sechziger Jahren verrichtete er noch Gelegenheitsarbeiten. Er wohnte zeitweise in Wohnheimen. Die Beklagte gewährte ihm mit Unterbrechungen Hilfe zum Lebensunterhalt und Krankenhilfe. Mitte Juli 1981 verließ er das Wohnheim, in dem er sich damals aufhielt, und „machte Biwak". Die Beklagte gewährte ihm zunächst weiterhin zeitabschnittsweise Hilfe zum Lebensunterhalt nach dem Regelsatz für einen Haushaltsvorstand in Geld (damals 340,00 DM monatlich) und einen Zuschlag für Gasthausessen.

Anfang Januar 1982 beschied sie den Kläger wie auch andere dem Personenkreis der Obdachlosen zuzurechnende Hilfempfänger „formularmäßig" dahin, dass die bisher in bar ausgezahlte Hilfe zum Lebensunterhalt überwiegend als Sachleistung gewährt werde, und zwar in der Weise, dass der auf die Ernährung entfallende Teil des Lebensunterhalts durch das Angebot eines Mittagstisches oder einer mobilen Essenausgabestelle sowie durch Aushändigung weiterer Verpflegung für den jeweiligen Tag abgedeckt werde. Die ergänzende Geldleistung setzte die Beklagte auf 3,00 DM/Tag fest. Diese Maßnahme begründete sie damit, ihre bisherige Praxis habe dazu geführt, dass Obdachlose und Nichtsesshafte vorzugsweise in ihrem Bereich Aufenthalt nähmen. Um dieser nicht mehr tragbaren Belastung zu begegnen, schließe sie sich der Regelung an, die in den Bereichen anderer Sozialhilfeträger üblich sei. Hinzu komme, dass sich die Hilfebedürftigkeit dieses Personenkreises (mehrere hundert Personen) nicht eindeutig klären lasse; es sei nicht auszuschließen, dass darunter Hilfempfänger seien, die in ihrem Bereich nicht ihren gewöhnlichen Aufenthalt hätten oder sich neben der Sozialhilfe weitere Einkünfte beschafften.

Die zulässige Revision der Beklagten führt zur Zurückverweisung der Sache an das Berufungsgericht zur anderweitigen Verhandlung und Entscheidung darüber, ob dem Kläger während des entscheidungserheblichen Zeitraums (5. Januar bis 8. September 1982) die Hilfe zum Lebensunterhalt uneingeschränkt in Höhe des für einen Alleinstehenden geltenden Regelsatzes für einen Haushaltsvorstand zu gewähren war. Hierzu sind auf der Grundlage der noch darzustellenden rechtlichen Beurteilungskriterien tatsächliche Feststellungen erforderlich, die zu treffen dem Revisionsgericht verwehrt ist. Dagegen ist der Ansicht des Berufungsgerichts, der Kläger habe für die genannte Zeit dem Grunde nach einen Anspruch darauf, dass ihm die Hilfe zum Lebensunterhalt (s. §§ 1 Abs. 1 und 11 Abs. 1 Satz 1 BSHG) ausschließlich in Geld gewährt wird, im Ergebnis beizutreten.

Neben der persönlichen Hilfe und der Sachleistung ist die Geldleistung eine der For-men der Sozialhilfe (§ 8 Abs. 1 BSHG; § 11 Satz 1 SGB I). Ein Rangverhältnis dieser Leistungsformen zueinander, insbesondere zwischen der Geld- und der Sachleis-tung, ist in diesen Vorschriften nicht bestimmt. Dagegen ist der Träger der Sozialhilfe durch § 4 Abs. 2 BSHG ermächtigt, auch über die Form der Sozialhilfe nach pflicht-gemäßem Ermessen zu entscheiden, soweit nicht im Bundessozialhilfegesetz die Er-messensbetätigung ausgeschlossen oder – wie hinzugefügt werden muss – einge-schränkt ist. So ist in § 21 Abs. 3, § 38 Abs. 2 Nrn. 3 und 5, § 67 Abs. 2 und § 69 Abs. 3 Satz 1 BSHG von vornherein die Form der Geldleistung bestimmt. Umgekehrt soll nach § 120 Abs. 2 Satz 3 BSHG in der Fassung des Art. 26 Nr. 12 des Haus-haltsbegleitgesetzes 1984 vom 22. Dezember 1983 (BGBl. I S. 1532 (1564)) den in dieser Vorschrift genannten Personen die Hilfe als Sachleistung gewährt werden.

Entgegen der Auffassung des Verwaltungsgerichtshofs gehört § 22 Abs. 1 Satz 1 BSHG nicht zu den Vorschriften, durch die die Befugnis, Ermessen pflichtgemäß auszuüben, mindestens eingeschränkt ist. Dieser Vorschrift lässt sich keine „Vorent-scheidung" des Gesetzgebers des Inhalts entnehmen, die Hilfe zum Lebensunterhalt sei regelmäßig als Geldleistung zu gewähren. Zu Recht weist vor allem der Oberbun-desanwalt darauf hin, dass mit § 22 in Verbindung mit der zur Durchführung dieser Vorschrift ergangenen Verordnung vom 20. Juli 1962 (BGBl. I S. 515) – Regelsatz-verordnung – das M a ß der laufenden Leistungen zum Lebensunterhalt in der Weise bestimmt wird, dass diese Leistungen im Regelfall nach Regelsätzen gewährt wer-den. Ausdrücklich heißt es im Satz 2 des § 22 Abs. 1 BSHG, dass die Leistungen ab-weichend von den Regelsätzen zu b e m e s s e n sind, soweit .... Dabei bleibt unent-schieden, in welcher F o r m im Einzelfall die laufenden Leistungen zu gewähren sind. Der Umstand, dass die Regelsätze in Geldbeträgen ausgewiesen werden, steht dem nicht entgegen. Die festgesetzten Beträge sind das Ergebnis einer Bewertung der für die Bestreitung des notwendigen Lebensunterhalts erforderlichen Waren und Dienst-leistungen, wie sie im Wesentlichen in § 12 Abs. 1 BSHG und in § 1 Abs. 1 der Re-gelsatzverordnung umschrieben sind (Warenkorb). Gerade dieser Ursprung der in Geld ausgedrückten Regelsätze macht – wenn nötig – die Sachleistung möglich. Etwas anderes hat das Bundesverwaltungsgericht in seiner bisherigen Rechtspre-chung nicht entschieden. Der Hinweis des Klägers auf das Urteil vom 14. März 1985 (BVerwGE 71, 139) geht fehl. Der Umstand, dass dort (auf S. 148) von der Ein-schränkung der Geldleistung auf das zum Lebensunterhalt Unerlässliche die Rede ist, ist damit zu erklären, dass der Senat bei der Formulierung der Urteilsgründe den damals geltenden Text des § 120 Abs. 2 Satz 3 BSHG übernommen hat. Eine Aus-sage dahin, dass die Hilfe zum Lebensunterhalt stets Geldleistung ist, liegt darin nicht.

Gibt es einerseits die vom Verwaltungsgericht angenommene „Vorentscheidung" des Gesetzgebers zugunsten der Geldleistung nicht, so ist andererseits die Befürchtung des Klägers unbegründet, ohne eine solche „Vorentscheidung" könnte der Träger der Sozialhilfe nach Belieben darüber befinden, in welcher Form er die Hilfe zum Lebens-unterhalt gewähren will.

1) Das dem Träger der Sozialhilfe in § 4 Abs. 2 BSHG eingeräumte Ermessen ist nicht frei; es ist vielmehr ein pflichtmäßiges. Das besagt, dass der Träger der Sozial-hilfe bei seiner Entscheidung, in welcher Form er die Hilfe zum Lebensunterhalt ge-währt, alle geschriebenen und ungeschriebenen Grundsätze beachten muss, die sich aus dem Bundessozialhilfegesetz, dem Sozialgesetzbuch – Allgemeiner Teil –

und gegebenenfalls aus dem Verfassungsrecht, insbesondere aus dem Gleichheitssatz (Art. 3 Abs. 1 GG), ergeben.

Überlegungen, die auch der Verwaltungsgerichtshof zur Begründung seines Urteils angestellt hat, von denen er allerdings rechtsirrtümlich gemeint hat, ihnen nur über § 22 Abs. 1 BSHG Geltung verschaffen zu können.

2) Nach § 3 Abs. 1 und 2 BSHG richtet sich auch die Form der Hilfe nach den Besonderheiten des Einzelfalles, vor allem nach der Person des Hilfeempfängers, der Art seines Bedarfs und den örtlichen Verhältnissen; und Wünschen des Hilfeempfängers, die sich auf die Gestaltung der Hilfe richten, soll entsprochen werden, soweit sie angemessen sind und keine unvertretbaren Mehrkosten erfordern (vgl. auch § 33 SGB I). Nach § 1 Abs. 2 Satz 1 BSHG soll dem Empfänger der Hilfe ermöglicht werden, ein Leben zu führen, das der Würde des Menschen entspricht. Dazu gehört, dass dem erwachsenen Menschen die Möglichkeit gelassen wird, im Rahmen der ihm nach dem Gesetz zustehenden Mittel seine Bedarfsdeckung frei zu gestalten (vgl. dazu Schellhorn/ Jirasek/Seipp, Kommentar zum Bundessozialhilfegesetz, 12. Aufl. 1985, § 1 RdNr. 9 und § 12 RdNr. 38).

All dem wird die Beklagte gerecht, wenn sie wie andere Träger der Sozialhilfe die laufende Hilfe zum Lebensunterhalt in Geld gewährt.

3) Dem wird der Sozialhilfeträger gerecht, wenn er die Hilfe zum Lebensunterhalt in der ganz überwiegenden Mehrzahl der Fälle tatsächlich in Geld gewährt, das dem Hilfeempfänger im Ganzen ausgezahlt wird.

Aufgrund aller dieser Überlegungen hat der Empfänger von Hilfe zum Lebensunterhalt grundsätzlich einen Anspruch darauf, dass ihm die laufende Hilfe zum Lebensunterhalt in Form von Geld gewährt wird; das ist sein ausdrücklicher Wunsch, ohne dass hierdurch unvertretbare Mehrkosten entstehen.

Will die Beklagte die Form der Hilfegewährung gegenüber dem Kläger abweichend von diesem Grundsatz regeln, so müssen besondere Umstände vorliegen, die geeignet sind, zum Zwecke der Erfüllung der Aufgabe der Sozialhilfe im Einzelfall die Abweichung zu rechtfertigen...

4) Es ist von vornherein nicht zulässig, die Sachleistung als Mittel zu dem Zweck einzusetzen, eine ganze Gruppe von Hilfesuchenden von der Geltendmachung eines Hilfeanspruchs gegenüber einem bestimmten Träger der Sozialhilfe abzuschrecken.

Der Verwaltungsgerichtshof weist zu Recht darauf hin, dass sich die Beklagte des verstärkten Zuzugs Nichtsesshafter mit den sich daraus ergebenden Ungewissheiten hinsichtlich der Berechtigung eines Anspruchs und des Bestehens eines Bedarfs mit anderen gesetzlichen Mitteln erwehren muss. Offenbar hat die Beklagte inzwischen selbst eingesehen, dass sie ihre Maßnahme gegenüber dem Kläger nicht mit der Begründung rechtfertigen kann, die sie „formularmäßig" im Erstbescheid gegeben hatte. Die überwiegende Sachleistung lässt sich ferner nicht allein mit der Begründung rechtfertigen, der Kläger sei alkoholabhängig und nicht sesshaft; und die Kombination von Biwak und Geldleistung sei bei einem Alkoholiker keine sinnvolle und sachgerechte Hilfe, weil sie eine Kapitulation des Resozialisierungsgedankens vor der gedankenlosen Versorgung darstelle. Auch dieser Begründung liegt eine abstrakte, gruppenspezifische Betrachtung zugrunde, ohne dass die Umstände des Einzelfalles geprüft sind. Es kann nicht darum gehen, ob die ausnahmslose Geldleistung eine geeignete Maßnahme ist, oder darum, ob die teilweise Sachleistung schadet. Vielmehr kommt es vor dem Hintergrund der oben dargestellten Erwägungen grundsätzlicher Art darauf an, ob die teilweise Sachleistung – eben die von der Beklagten ergriffene Maßnahme – geeignet ist, den in der Person des Klägers bestehenden Defiziten, die seine Hilfebedürftigkeit bedingen – Alkoholabusus und Nichtsesshaftigkeit –, mit einiger Aussicht auf Erfolg zu begegnen.

Zu dieser Fragestellung hat der Verwaltungsgerichtshof zutreffend bemerkt: Alkoholismus als krankhaftes Geschehen könne nur durch zusammenwirkende ärztliche, psychologische und soziale Hilfen therapiert werden; und da der Kläger außerdem ein Nichtsesshafter sei, bedürfe es eines an § 72 BSHG ausgerichteten Gesamtkonzepts. Von da her erscheine die bloße Sachleistung statt der Geldleistung von vornherein als eine unzureichende und damit ungeeignete Maßnahme, den genannten Defiziten entgegenzuwirken.

Vor diesem Hintergrund hat der Verwaltungsgerichtshof auf den Kläger bezogene, also – wie im Gesetz bestimmt – die Umstände des Einzelfalles berücksichtigende tatsächliche Feststellungen getroffen; zum einen die, es sei nicht notwendig gewesen, dem Kläger wegen seines Alkoholabusus' wiederholt Hilfe zum Lebensunterhalt doppelt zu leisten. Zum anderen hat der Verwaltungsgerichtshof zur zentralen Frage, ob die (teilweise) Sachleistung in der besonderen Lebenslage, in der sich der Kläger befand, wirksame Hilfe sein konnte, durch die Einholung eines Sachverständigengutachtens Beweis erhoben. In Würdigung des Ergebnisses dieser Begutachtung: „..... dass die Entziehung der Hilfegewährung als Geldleistung nach dem Regelsatz bei gleichzeitigem Angebot von Naturalleistungen aus medizinisch- psychiatrischer Sicht nicht geeignet ist, der Alkoholabhängigkeit des Probanden (das ist der Kläger) nachhaltig entgegenzuwirken oder gar seine Resozialisierung einzuleiten ...."', hat der Verwaltungsgerichtshof gefolgert, die (teilweise) Gewährung von Sachleistung während des in der Vergangenheit liegenden Zeitraums sei keine geeignete Hilfe gewesen, so dass die Beklagte endgültig zur Leistung und nicht nur zur Neubescheidung des Klägers zu verpflichten sei. Diese Würdigung kann revisionsgerichtlich nicht beanstandet werden. Dass die Beklagte die Problematik nach wie vor (abstrakt) anders sieht, ergibt noch nicht, dass die vom Verwaltungsgerichtshof aus dem Gesamtergebnis des Verfahrens gewonnene Überzeugung (§ 108 Abs. 1 Satz 1 VwGO) im Widerspruch zu Denkgesetzen steht oder gegen anerkannte Erfahrungs- und Auslegungsgrundsätze verstößt. Da die Beklagte im Übrigen zulässige und begründete Revisionsgründe nicht vorgebracht hat, ist das Bundesverwaltungsgericht an die im Berufungsurteil getroffenen tatsächlichen Feststellungen gebunden (§ 137 Abs. 2 VwGO).

Die Höhe der dem Kläger nach den vorstehenden Ausführungen dem Grunde nach uneingeschränkt in Geld zu gewährenden laufenden Leistungen zum Lebensunterhalt richtet sich nach den Regelsätzen. Angesichts dessen, dass dies in § 22 Abs. 1 Satz 1 BSHG eindeutig ausnahmslos bestimmt ist, ist es entgegen der Ansicht der Beklagten nicht problematisch,

5) Die Vorschriften der Regelsatzverordnung sind auch für die Bemessung der Hilfe zum Lebensunterhalt für einen Obdachlosen anzuwenden. Im Regelsatz ist – wie schon in anderem Zusammenhang erwähnt – der in einem Warenkorb zusammengefasste, den notwendigen Lebensunterhalt ausmachende Bedarf an Waren und Dienstleistungen des täglichen Lebens in Geld ausgedrückt. Auch ein Obdachloser hat diesen Bedarf in vielerlei Hinsicht, auf jeden Fall den in der Bedarfsgruppe „Ernährung" und mindestens teilweise den Bedarf in den Bedarfsgruppen „Körperpflege und Reinigung", „persönliche Bedürfnisse des täglichen Lebens" und „Instandhaltung von Schuhen, Kleidung und Wäsche ... ." Dagegen wird hinsichtlich „Kochfeuerung und Beleuchtung" ein Bedarf nicht bestehen. Soweit hieran und an den in der Regelsatzverordnung verwendeten Begriffen gemessen Obdachlosigkeit eine Besonderheit im Einzelfall ist, bietet – der Satz 2 des § 22 Abs. 1 BSHG eine Rechtsgrundlage für eine etwa notwendige Korrektur.

Diese ist nach oben oder nach unten vorzunehmen, je nachdem, ob man vom Regelsatz für einen sonstigen Haushaltsangehörigen oder von demjenigen für einen Haushaltsvorstand ausgeht.

Was diese Zuordnung angeht, so ist der alleinstehende Obdachlose ein Alleinstehender im Sinne des § 2 Abs. 1 Satz 2 der Regelsatzverordnung. Von daher ist eine andere als die sich vom natürlichen Sprachgebrauch her aufdrängende Betrachtung nicht geboten. Diese Norm besagt lediglich, dass der Regelsatz für den Haushaltsvorstand für den Alleinstehenden gilt; dies vor dem Hintergrund, dass der Alleinstehende im Regelfall einen Haushalt hat. Trifft dies ausnahmsweise nicht zu, dann mag eben der für den Haushaltsvorstand vorgesehene Regelsatzbetrag nach § 22 Abs. 1 Satz 2 BSHG gemindert werden. Am Status des Alleinstehens ändert der Mangel an Haushalt nicht.

Entgegen der Ansicht des Klägers kann aus der Zuordnung des alleinstehenden Obdachlosen zum Personenkreis der Alleinstehenden im Sinne des § 2 Abs. 1 Satz 2 der Regelsatzverordnung aber nicht gefolgert werden, ihm stehe schon aus diesem Grund die Hilfe zum Lebensunterhalt in Höhe des für einen Haushaltsvorstand festgesetzten Regelsatzbetrages zu. Damit würde entgegen § 22 Abs. 1 Satz 2 BSHG eine Besonderheit vernachlässigt werden. Eine andere Frage ist es, ob die Besonderheit im Einzelfall die abweichende Bemessung gebietet. Das hängt davon ab, ob eine Gesamtbetrachtung – Kompensationsüberlegungen einschließend – zu dem Ergebnis nötigt, die die Besonderheit ausmachenden Umstände haben auf den Bedarf, wie er in seiner Vielgestaltigkeit der Bemessung der Regelsatzhilfe zugrunde liegt, einen nicht unwesentlichen Einfluss. Das hat auch das Berufungsgericht erkannt und dazu zutreffend den Bedarf erwähnt, den der im Biwak lebende Obdachlose nicht hat: Kochfeuerung, Beleuchtung, Wohnungsreinigung, Betrieb elektrischer Geräte. Seiner gleichwohl vertretenen Ansicht, der typische Bedarf des Obdachlosen im Biwak sei offensichtlich nicht geringer als der Bedarf des Alleinstehenden, der in einer Wohnung wohnt, kann nicht beigetreten werden; denn der Verwaltungsgerichtshof hat zum einen nicht bedacht, dass dieser Bedarf – wenn auch in geringerem Umfange – auch bei den sonstigen Haushaltsangehörigen zu Buche schlägt, was sich in den Warenkorbübersichten niederschlägt (s. dazu Petersen, Die Regelsätze nach dem BSHG, Kleinere Schriften des Deutschen Vereins für öffentliche und private Fürsorge, Heft 43, S. 76 f.). Daraus folgt: Unter diesem Aspekt wäre sogar der für einen erwachsenen sonstigen Haushaltsangehörigen ausgewiesene Regelsatzbetrag für einen Obdachlosen im Biwak zu hoch. Zum anderen hat der Verwaltungsgerichtshof nicht berücksichtigt, dass entsprechend der Aufzählung in § 1 Abs. 1 der Regelsatzverordnung die Bedarfsgruppe „Instandhaltung" Aufwendungen für kleinere Instandsetzungen von Hausrat sowie für die Neubeschaffung von Hausrat von geringem Anschaffungswert erfasst, Aufwendungen, die ein Obdachloser im Biwak jedoch nicht hat.

Darüber hinaus gibt es in den Bedarfsgruppen „persönliche Bedürfnisse des täglichen Lebens" und „Körperpflege und Reinigung" diesen und jenen Einzelposten, hin-

187

sichtlich dessen auch nicht vorstellbar ist, dass der mit ihm erfasste Aufwand einem Obdachlosen im Biwak entstehen könnte, z.B. Geschirrspülmittel, Reinigungsmittel für Toiletten, Scheuertuch. Mag es sich hierbei im Einzelnen um geringfügige Beträge handeln; in ihrer Summierung mit den größeren Posten der Bedarfsgruppen „Kochfeuerung und Beleuchtung" und „Instandhaltung" ergibt sich ein Weniger an Bedarf, hinsichtlich dessen auf Anhieb nicht gesagt werden kann, dass dem ein annähernd gleiches Mehr an Bedarf gegenübersteht, das seine Ursache in derselben Besonderheit „Obdachlosigkeit" hat.

Bei allem Verständnis für eine aus Gründen der Verwaltungspraktikabilität nah gelegte pauschalierende Betrachtungsweise kann mit Rücksicht auf den schon zwischen dem Regelsatz für einen Haushaltsvorstand und demjenigen eines Haushaltsangehörigen bestehenden Unterschied von damals 68,00 DM auf eine mindestens überschlägige Untersuchung und Bewertung wesentlicher Bedarfspositionen nicht verzichtet werden. Diese Untersuchung und Bewertung wird der Verwaltungsgerichtshof im fortzusetzenden Berufungsverfahren vorzunehmen haben."

Leitsatz (redaktionell) (VGH Baden-Württemberg, Beschluss vom 23.06.1988, Az.: 7 S 2308/97)

Der Sozialhilfeträger handelt ermessensfehlerfrei, wenn er aus Gründen einer sparsamen Verwendung von Haushaltsmitteln von der Bewilligung von Geldleistungen absieht. Wünschen des Hilfeempfängers auf Bewilligung von Geldleistungen braucht der Sozialhilfeträger dann in aller Regel nicht nachzukommen. Bei der Beschaffung von Großgeräten (hier Kohleofen) ist auch die Versorgung mit einem gebrauchten Gegenstand grundsätzlich zumutbar.

Aus den Gründen:

„Mit Bescheid vom 05.09.1995 bewilligte der Beklagte dem Kläger eine einmalige Beihilfe zum Lebensunterhalt zur Beschaffung eines Kohleofens in Höhe von 500,00 DM. Die Beihilfe wurde in Form eines Gutscheins gewährt. Der hiergegen gerichtete Widerspruch des Klägers vom 06.10.1995 wurde mit Widerspruchsbescheid vom 25.04.1996 zurückgewiesen. Die Gutscheingewährung sei nach pflichtgemäßem Ermessen erfolgt, da der Verdacht bestanden habe, dass Sozialhilfemittel in der Vergangenheit missbräuchlich eingesetzt worden seien. Der Kläger habe bereits im Jahre 1994 eine Beihilfe zur Beschaffung eines Elektroherdes erhalten. Bereits im August 1995 sei erneut eine einmalige Beihilfe zur Beschaffung eines Elektroherdes beantragt worden, wobei der Kläger dieselben Mängel geltend gemacht habe, die zur Bewilligung der ersten Beihilfe geführt hätten. Von daher liege der Verdacht nahe, dass nach der ersten Bewilligung überhaupt kein neuer Elektroherd angeschafft worden sei. Zusätzlich falle auf, dass der Kläger den ihm übersandten Gutschein über 500,00 DM nicht eingelöst habe, was zweifelhaft erscheinen lasse, ob insoweit überhaupt ein Bedarf bestehe. Der Widerspruchsbescheid wurde der Verfahrensbevollmächtigten des Klägers am 29.04.1996 zugestellt.

Der Kläger hat am 21.05.1996 beim Verwaltungsgericht Karlsruhe Klage erhoben, mit der er sich unter anderem gegen die Gewährung des Wertgutscheins in Höhe von 500,00 DM wandte. Er machte geltend, für 500,00 DM sei ein Kohleherd nicht zu beschaffen; Kohleherde seien wesentlich teurer. Auch sei die Gewährung mittels eines

Gutscheins rechtswidrig, weil er als mittellos stigmatisiert werde. Der vom Beklagten geäußerte Verdacht entbehre der Grundlage. Der Kläger hat insoweit beantragt, unter Aufhebung des Bescheides vom 05.09.1995 und des Widerspruchsbescheides vom 25.04.1996 den Beklagten zu verpflichten, ihm zur Anschaffung eines Kohleofens eine einmalige Beihilfe als Geldleistung in angemessener Höhe zu gewähren. Der Beklagte ist der Klage entgegengetreten und hat deren Abweisung beantragt.

Mit Urteil vom 24.06.1997 hat das Verwaltungsgericht den Beklagten unter anderem dazu verpflichtet, dem Kläger für die Anschaffung eines Kohleofens eine einmalige Beihilfe von 700,00 DM als Geldleistung zu gewähren. In den Entscheidungsgründen heißt es u.a.: Der Kläger habe einen Anspruch auf Bewilligung einer Geldleistung. Zwar stehe die Gewährung der Hilfe nach § 4 Abs. 2 BSHG im Ermessen des Sozialhilfeträgers, nach den Besonderheiten des Einzelfalls und dem vom Kläger geäußerten Wunsch habe aber eine Geldleistung bewilligt werden müssen. Der Wunsch des Klägers sei angemessen und verursache keine unvertretbaren Mehrkosten. Aus § 1 Abs. 2 S. 1 BSHG folge zudem, dass dem Hilfeempfänger ermöglicht werden solle, im Rahmen der ihm nach dem Gesetz zustehenden Mittel seine Bedarfsdeckung frei zu gestalten. Dem werde der Beklagte nur gerecht, wenn er grundsätzlich Geldleistungen gewähre. Nur beim Vorliegen besonderer Umstände könne der Beklagte hiervon abweichen. Der vom Beklagten geltend gemachte Sachverhalt rechtfertige eine solche Abweichung nicht. Es sei nicht ausgeschlossen, dass bei einem im Jahre 1994 angeschafften Elektroherd die gleichen Defekte auftreten wie bei dem zuvor vorhandenen Herd. Der Beklagte hätte weitere Ermittlungen anstellen müssen. Er hätte sich den Rechnungsbeleg vorlegen lassen können oder den allgemeinen sozialen Dienst zu einer Begutachtung veranlassen können. Der Bewilligungsbetrag sei auf 700,00 DM abzuändern gewesen. Der Kammer sei aus eigener Sachkunde bekannt, dass der Mindestpreis für den Kauf eines Kohleofens bei 700,00 DMDM liege. Das Urteil wurde dem Beklagten am 19.08.1997 zugestellt.

Der Beklagte hat am 02.09.1997 die Zulassung der Berufung beantragt und sich auf § 124 Abs. 2 Nr. 1 VwGO berufen. Mit Beschluss vom 17.09.1997 (7 S 2200/97) hat der erkennende Senat die Berufung wegen ernstlicher Zweifel an der Richtigkeit der angegriffenen Entscheidung zugelassen. ...

Das Verwaltungsgericht hat der Klage zu Unrecht entsprochen, weil dem Kläger der geltend gemachte Anspruch nicht zusteht. Der Kläger kann vom Beklagten weder eine Geldleistung verlangen, noch kann er erfolgreich geltend machen, dass der bewilligte Betrag von 500,00 DM nicht ausreiche.

Über Form und Maß der Hilfe entscheidet gemäß § 4 Abs. 2 BSHG der Sozialhilfeträger nach pflichtgemäßem Ermessen, soweit das BSHG das Ermessen nicht ausschließt. Bei seiner Ermessensentscheidung muss der Sozialhilfeträger den Besonderheiten des Einzelfalls und angemessenen Wünschen des Hilfeempfängers Rechnung tragen (§ 3 Abs. 1 und 2 BSHG) sowie den in § 1 Abs. 2 BSHG festgelegten Grundsätzen der Hilfegewährung entsprechen. Nach der Rechtsprechung des BVerwG (Urt. v. 16.01.1986 – 5 C 72.84 –, BVerwGE 72, 354 (357)), der der Senat folgt, ist bei der laufenden Hilfe zum Lebensunterhalt zu beachten, dass dem erwachsenen Menschen die Möglichkeit gelassen wird, im Rahmen der ihm nach dem Gesetz zustehenden Mittel seine Bedarfsdeckung frei zu gestalten. Diesem Erfordernis wird der Sozialhilfeträger nur gerecht, wenn er die laufende Hilfe zum Lebensunterhalt grundsätzlich in Geld gewährt. Will der Sozialhilfeträger die Hilfegewährung aber abweichend von diesem Grundsatz regeln, müssen besondere Umstände vorliegen, die geeignet sind, zum Zwecke der Erfüllung der Aufgabe der Sozialhilfe im Einzelfall Abweichungen zu rechtfertigen (ebenda). Das BVerwG hat aber auch klargestellt, dass diese Grundsätze nicht auf die Bewilligung von einmaligen Hilfen zum Lebensunterhalt übertragen werden können (Urt. v. 14.03.1991 – 5 C 70.86 –, NDV 1991, 260 (261)). Hier gibt es keinen Vorrang der Geldleistung, vielmehr darf der Hilfeempfänger auch auf die grundsätzlich gleichrangige Sachleistung verwiesen werden. Dem Sozialhilfeträger steht es bei der Bewilligung einmaliger Hilfen zum Lebensunterhalt damit grundsätzlich frei, zwischen Geldleistung und Sachleistung oder anderen adäquaten Leistungsformen (wie z.b. Wertgutscheinen) zu wählen. Von daher bedarf es auch keiner besonderen Rechtfertigung, wenn der Sozialhilfeträger von einer Geldleistung absieht und andere Leistungsformen wählt. Insbesondere müssen nicht notwendigerweise Umstände vorliegen, die in der Person des Hilfeempfängers liegen, wie beispielsweise die zweckwidrige Verwendung gewährter Sozialhilfeleistungen. Solche Umstände können zwar Anlass für die Versagung einer Geldleistung sein, der Sozialhilfeträger kann sich aber bei seiner Entscheidung auch auf andere Gesichtspunkte stützen. So kann, insbesondere in Zeiten anhaltender Belastungen der kommunalen Haushalte, der sparsame Umgang mit Haushaltsmitteln für die Wahl der Leistungsform ausschlaggebend sein. Führt eine bestimmte Ausgestaltung der Hilfe zu einem verringerten Mitteleinsatz, kann allein dieser Umstand die getroffene Entscheidung rechtfertigen. Wünsche des Hilfeempfängers auf Gewährung einer Geldleistung können dem grundsätzlich nicht entgegenstehen, weil § 3 Abs. 2 BSHG voraussetzt, dass nur Wünschen entsprochen werden soll, die angemessen sind und nicht zu unverhältnismäßigen Mehrkosten führen. Entscheidend ist damit allein, ob dem Hilfeempfänger die konkrete Hilfeform zugemutet werden kann. Unzumutbar ist eine Ausgestaltung der Hilfe aber nur dann, wenn dem Hilfeempfänger etwas zugemutet wird, was allgemein als unzumutbar angesehen wird. Was jedermann als unzumutbar erscheint und was nach den allgemeinen Lebensgewohnheiten und Lebensumständen deshalb gemieden zu werden pflegt, darf auch einem Sozialhilfeempfänger nicht zugemutet werden (BVerwG NDV 1991, 260 (261)). Bei Anlegung dieses Maßstabs kann keine Rede davon sein, dass die bewilligte Hilfe unzumutbar ist. Bei der Anschaffung von Großgeräten ist die Ausgabe von Wertgutscheinen grundsätzlich zulässig (ebenso: OVG Lüneburg, Beschl. v. 22.04.1997 – 4 M 1686/ 97 –, FEVS 48, 121 (122)). Dies hat keinerlei diskriminierenden Charakter, zumal sich die Zahlungsgewohnheiten insgesamt grundlegend gewandelt haben. Bei einem einmaligen Beschaffungsvorgang, wie dem Kauf eines Kohleofens, kann auch keineswegs von einer Diskriminierung des Klägers gesprochen werden, wenn er unbar zahlt.

Im vorliegenden Fall kommt zusätzlich hinzu, dass der Beklagte gute Gründe angegeben hat, die eine Verweigerung der Geldleistung stützen. Zu Recht ist der Beklagte davon ausgegangen, dass eine zweckwidrige Verwendung von Sozialhilfemitteln bei der früheren Beschaffung eines Elektroherdes durch den Kläger naheliegt. Es widerspricht jeder Lebenserfahrung, dass ein soeben mit Sozialhilfemitteln beschaffter Elektroherd alsbald gebrauchsunfähig wird und dass dieselben drei Kochplatten unbrauchbar geworden sein sollen wie bei dem ersten Elektroherd, der ersetzt worden ist. Der Senat teilt zwar die Auffassung des Verwaltungsgerichts, dass der Beklagte vom Kläger ohne weiteres die Vorlage von Verwendungsnachweisen für die gewährte Hilfe hätte verlangen können (vgl. hierzu OVG Berlin FEVS 37, 109 sowie Nr. 21.07 der Sozialhilferichtlinien), er war hierzu aber nicht gezwungen. Er konnte aufgrund seiner Erfahrungen mit der früheren Mittelverwendung durch den Kläger selbstredend auch von der Bewilligung einer Barzuwendung absehen und einen Gutschein begeben. Aus den vom BVerwG entwickelten Grundsätzen über die Bewilli-

gung von einmaligen Beihilfen folgt auch, dass der Sozialhilfeträger den Hilfeempfänger bei der Beschaffung von Großgeräten grundsätzlich auch auf funktionstüchtige gebrauchte Geräte verweisen darf. Auch der Erwerb solcher gebrauchter Geräte wird in weiten Kreisen der Gesellschaft nicht als unzumutbar angesehen, sondern in großem Umfang praktiziert und nicht nur von den Beziehern kleiner Einkommen. Die Beschaffung gebrauchter Geräte ist damit als grundsätzlich gleichwertig und deshalb ermessensfehlerfrei einzustufen sein. Von daher ist auch der vom Beklagten bewilligte Betrag von 500,00 DM nicht zu beanstanden." ...

Leitsatz (redaktionell) (OVG Lüneburg, Beschluss vom 22.04.1997, 4 M 1686/97)

Es können auch dann Verpflichtungsscheine ausgegeben werden, wenn der Berechtigte keinen Anlass hierzu gibt.

Aus den Gründen:

„... Es ist nicht ersichtlich, dass die Antragstellerin mit der Verweisung auf die Einlösung des Verpflichtungsscheins einer offensichtlich rechtswidrigen Verwaltungspraxis unterworfen würde oder durch die Offenbarung ihres Status als Sozialhilfeempfängerin gegenüber Dritten bei Einlösung des Scheins in unzumutbarer Weise in ihren Persönlichkeitsrechten verletzt würde. Die von der Antragstellerin zitierte Rechtsprechung (wie BVerwGE 72, 354) zur Zulässigkeit der Aushändigung von Wertgutscheinen betrifft Fälle, in denen nicht einzelne Beihilfen, sondern die laufende Hilfe zum Lebensunterhalt in dieser Form gewährt wurde und die Betroffenen deshalb beim täglichen Einkauf u.U. in Anwesenheit vieler fremder Personen die Gutscheine vorlegen mussten. Im vorliegenden Fall geht es aber um die einmalige Anschaffung eines Großgeräts. In einem solchen Fall ist die Ausgabe eines Verpflichtungsscheins auch dann, wenn das Verhalten des Hilfeempfängers nicht Anlass dazu gibt, nicht schlechthin unzulässig (vgl. Senatsbeschluss v. 26.10.1995 – 4 M 5809/95 – betr. Wertgutschein für Möbel; V.n.b.). Auch ist beim Kauf derartiger Geräte in einem Fachgeschäft oder der Fachabteilung eines Kaufhauses nicht zu erwarten, dass die Antragstellerin oder ihr Betreuer den Verpflichtungsschein vor den Augen einer Vielzahl anderer Kunden an der Kasse vorlegen müssen. Eine unzumutbare Beeinträchtigung ihres Persönlichkeitsrechts ist deshalb nicht zu befürchten."

Dienstleistungen in Form von Beratung und Unterstützung

Bereits früh äußerte sich der BGH in den 50er Jahren zu den Amtspflichten der Sozialbeamten gegenüber der Bevölkerungsgruppe der „sozial Schwächeren".

Leitsatz (BGH, Urteil vom 26.09.1957, Az.: III ZR 65/57)

Im sozialen Rechtsstaat gehört es zu den Amtspflichten der mit der Betreuung der sozial schwachen Volkskreise betrauten Beamten, diesen zur Erlangung und Wahrung der ihnen vom Gesetz zugedachten Rechte und Vorteile nach Kräften beizustehen.

Leitsatz (redaktionell) (LSG Niedersachsen, Beschluss vom 17.02.1963, Az.: L 7 S (Ar) 25/62)

Die Beratung in Angelegenheiten der SGB gehört zur Beratung in sonstigen sozialen Angelegenheiten im Rahmen der persönlichen Hilfe nach BSHG § 8. BSHG § 8 gestattet aber keineswegs ganz allgemein das mündliche Verhandeln vor Gericht. Dieses ist nach SGG § 73 Abs. 6 iVm ZPO § 157 Abs. 1 dem darin genannten Personenkreis – Rechtsanwälten usw. – vorbehalten. Zu ihm gehören nicht die Bediensteten des Sozialamtes.

Leitsatz (BVerfG, Urteil vom 18.07.1967, Az.: 2 BvF 3/6)

Auch die Hinweispflicht des § 8 Abs. 2 Satz 2 BSHG ist verfassungsrechtlich nicht zu beanstanden. Der Sozialhilfeträger muss zwar den Ratsuchenden auf die gleichzeitige Beratungsmöglichkeit durch Verbände der freien Wohlfahrtspflege hinweisen. Er darf aber trotzdem in vollem Umfang beratende Tätigkeit in sozialen Angelegenheiten ausüben; insbesondere ist der Ratsuchende nicht gehindert, sich trotz des Hinweises vom Träger der Sozialhilfe beraten zu lassen.

Entscheidungen über die Art der Leistung

Leitsatz (redaktionell) (BVerwG, Urteil vom 16.01.1986, Az.: 5 C 72/84)

Welche Art der Hilfeleistung im Einzelfall angebracht erscheint, entscheidet der Sozialhilfeträger nach pflichtgemäßen Ermessen.

Aus den Gründen:

„... Mit dem angefochtenen Urteil (ESVGH 35, 59) hat der Verwaltungsgerichtshof – nachdem er insbesondere zu der Frage, ob aus medizinisch-psychiatrischer Sicht die Entziehung der bisherigen Hilfegewährung als Geldleistung nach dem Regelsatz bei Angebot von Naturalleistungen geeignet sei, der Alkoholabhängigkeit des Klägers nachhaltig entgegenzuwirken und eine Resozialisierung einzuleiten, das Gutachten eines Facharztes für Neurologie und Psychiatrie eingeholt hatte – die auf Abweisung der Klage zielende Berufung der Beklagten zurückgewiesen und auf die Anschlussberufung des Klägers dessen Klage in vollem Umfange stattgegeben. Das Urteil ist im Wesentlichen wie folgt begründet: Die laufende Hilfe zum Lebensunterhalt werde nach Regelsätzen gewährt; sie sei also als Geldleistung vorgesehen; denn § 22 Abs. 1 Satz 1 BSHG enthalte eine an Art. 2 und 3 GG orientierte „Vorentscheidung" des Gesetzgebers über die sonst dem pflichtgemäßen Ermessen des Trägers der Sozialhilfe überlassene Bestimmung der Form der Hilfeleistung. Dem liege die Absicht zugrunde, dem Hilfesuchenden durch Gewährung von Geldleistungen für die

Grundbedürfnisse des täglichen Lebens ein Mindestmaß an persönlicher und wirt-schaftlicher Gestaltungsfreiheit zu erhalten und alle Hilfesuchenden hinsichtlich der Grundbedürfnisse gleichzustellen. Durch diese „Vorentscheidung" des Gesetzgebers sei das dem Träger der Sozialhilfe in § 4 Abs. 2 BSHG eingeräumte Ermessen be-grenzt; er habe nicht die freie Ermessenswahl zwischen Geld- und Sachleistung. Es sei ihm verwehrt, anstelle des Gesetz- oder Verordnungsgebers bestimmte Perso-nengruppen ohne Rücksicht auf die Umstände des Einzelfalles generell von der Ge-währung der Regelsatzleistung ganz oder teilweise auszuschließen. Nur wenn im Einzelfall die Regelsatzleistung ungeeignet wäre, die Notlage des Hilfesuchenden zu beheben, könnte jene ganz oder teilweise versagt werden. An solchen einzelfallbezo-genen Umständen fehle es hier. Die nachträglich im Widerspruchsbescheid ange-stellten Erwägungen der Beklagten rechtfertigten die Versagung der Regelsatzleis-tung nicht. Zwar könne eine missbräuchliche oder unwirtschaftliche Verwendung der Hilfe – vor allem bei Alkoholabusus – ein Grund sein, statt der Geldleistung ganz oder teilweise die Sachleistung zu gewähren. Das setze aber voraus, dass die Gewährung letzterer tatsächlich eine wirksame Hilfe darstelle, also der Alkoholabhängigkeit ent-gegenwirke und den Willen zur Resozialisierung wachrufe. Das setze eine vorherige individuelle Prüfung der „Ansprechbarkeit" des Hilfesuchenden auf die Maßnahme voraus, die im Übrigen in eine planvoll gezielte Hilfe nach § 72 BSHG eingebettet sein sollte. Die Beweisaufnahme habe ergeben, dass die teilweise Gewährung von Sachleistung für den Kläger keine wirksame Hilfe darstelle. Bei dem Persönlichkeits-bild des damals 45 Jahre alten Klägers, wie es sich aus dem Gutachten ergebe, habe ihm die isolierte Verweisung auf Sachleistungen bei der Überwindung seiner sozialen Schwierigkeiten nicht helfen können. Die akute Gefahr einer Unterernährung wegen missbräuchlicher Verwendung der Hilfe zum Kauf von Alkohol habe 1982 so wenig wie heute bestanden. Der Kläger sei auch mit der ihm von Juli bis Dezember 1981 zeitabschnittsweise in Geld gewährten Hilfe jeweils ausgekommen. Bei diesem Sachverhalt könne nicht angenommen werden, dass ein unwirtschaftliches Verhalten des Klägers Grund gebe, ihm die Hilfe auf Dauer überwiegend nur noch als Sachleis-tung zu gewähren. Ebensowenig sei die Verweisung des Klägers auf eine Sachleis-tung geeignet, als eine Art von „Entziehungskur" seiner Alkoholabhängigkeit entge-genzuwirken und eine Resozialisierung einzuleiten. Alkoholismus könne als krankhaftes Geschehen nur durch ein Zusammenwirken ärztlicher, psychologischer und sozialer Hilfen therapiert werden; ohne Mitwirkungsbereitschaft des Trinkers bleibe selbst all dies vergebens. – Dem Kläger sei die Hilfe in Höhe des einem Allein-stehenden zustehenden Regelsatzbetrages zu gewähren. Zwar umfasse dieser – zu-geschnitten auf den Bedarf eines Alleinstehenden, der einen eigenen Haushalt führe – auch Aufwendungen, die ein Obdachloser im Biwak nicht habe, solche für Kochfeu-erung, Beleuchtung, Wohnungsreinigung und den Betrieb elektrischer Geräte. Den-noch sei der Bedarf eines solchen Hilfesuchenden offensichtlich insgesamt nicht ge-ringer; denn der Obdachlose habe anderweit erhöhten Bedarf für die persönliche Hygiene und die Reinigung der Kleidung; er lebe ohne Vorratshaltung von der Hand in den Mund."…

Dienstleistung als „persönliche Hilfe" in der alten Begrifflichkeit des BSHG

Leitsatz (redaktionell) (BVerwG , Urteil vom 31.08.1966, Az.: 5 C 185.65)

Fehl geht die Auffassung, das Bundessozialhilfegesetz gestatte als Eingliederungsmaßnahmen nur solche Hilfen, die den in § 40 BSHG genannten ähnlich seien. Wie dargelegt, kommt es wegen der lediglich beispielhaften Aufzählung der Eingliederungsmaßnahmen in § 40 BSHG nicht auf die Ähnlichkeit der Hilfen, sondern auf die Geeignetheit und Zweckbestimmung der jeweiligen Maßnahme im Rahmen des § 39 Abs. 3 Satz 1 BSHG an.

Aus den Gründen:

„... 1) Die Klägerin hat einen Anspruch auf Übernahme der Transportkosten, und zwar im Wege der Eingliederungshilfe.

Der ärztlich angeordnete Transport der Klägerin durch einen Krankenwagen stellt eine Hilfsmaßnahme im Sinne des § 40 Abs. 1 Nr. 1 BSHG dar; denn nach der genannten Vorschrift sind Maßnahmen der Eingliederungshilfe vor allem ambulante oder stationäre Behandlung oder sonstige ärztliche oder ärztlich verordnete Maßnahmen zur Verhütung, Beseitigung oder Milderung der Behinderung. Die in § 40 BSHG einzeln aufgeführten Maßnahmen sind lediglich Beispiele für die Eingliederungshilfe (Urteil des Senats vom 10. November 1965 – BVerwG V C 104.64 –). Infolgedessen kann der sachliche Umfang der Eingliederungshilfe nur aus der Aufgabe der Eingliederungshilfe erläutert werden. Aufgabe der Eingliederungshilfe ist nach § 39 Abs. 3 Satz 1 BSHG, eine drohende Behinderung zu verhüten oder eine vorhandene Behinderung oder deren Folgen zu beseitigen oder zu mildern und dabei dem Behinderten die Teilnahme am Leben in der Gemeinschaft zu ermöglichen oder zu erleichtern. Dass die stationäre Behandlung der Klägerin notwendig zur Milderung ihrer Behinderung ist, ist nicht bestritten. Zu der stationären Behandlung muss aber auch der notwendige Transport zum Krankenhaus gerechnet werden. Es mag sein, dass der Transport nicht selbst stationäre Behandlung ist. Wird nämlich die lediglich beispielhafte Aufzählung der Eingliederungsmaßnahmen in § 40 Abs. 1 Nr. 1 BSHG einerseits, die damit notwendige Umschreibung des sachlichen Umfangs der Eingliederungshilfe durch § 39 Abs. 3 Satz 1 BSHG andererseits in Betracht gezogen, so muss es jedenfalls ausreichen, wenn eine Maßnahme geeignet und bestimmt ist, im Rahmen der Eingliederungshilfe zu einer der in § 40 Abs. 1 Nr. 1 BSHG genannten Maßnahmen zu führen. Das ist aber bei einem ärztlich angeordneten Transport durch einen Krankenwagen in eine Krankenanstalt, in der eine stationäre Behandlung vorgenommen werden soll, der Fall. Unter diesen Umständen bedarf es auch keiner näheren Überlegung, ob nicht der Transport als eine sonstige ärztlich verordnete Maßnahme anzusehen ist. Fehl geht die Auffassung, das Bundessozialhilfegesetz gestatte als Eingliederungsmaßnahmen nur solche Hilfen, die den in § 40 BSHG genannten ähnlich seien. Wie dargelegt, kommt es wegen der lediglich beispielhaften Aufzählung der Eingliederungsmaßnahmen in § 40 BSHG nicht auf die Ähnlichkeit der Hilfen, sondern auf die Geeignetheit und Zweckbestimmung der jeweiligen Maßnahme im Rahmen des § 39 Abs. 3 Satz 1 BSHG an. Fehl geht auch der Hinweis darauf, wenn die Transportkosten im Rahmen der Eingliederungshilfe ersetzt würden, könnten sie bei sonstigen Hilfen in besonderen Lebenslagen nicht unberück-

sichtigt bleiben. Dieser Hinweis würde allenfalls dann weiterführen, wenn bei anderen Hilfen Transportkosten nicht erstattungsfähig wären. Das ist aber nicht der Fall. Die Kosten der Fahrten zur Schule im Rahmen der Ausbildungshilfe (§ 33 Abs. 1 BSHG), die Kosten eines Transportes der Wöchnerin in das Entbindungsheim (§ 38 Abs. 3 BSHG) oder des Kranken in das Krankenhaus (§ 37 Abs. 2 BSHG) sind von der Erstattung nicht ausgeschlossen.

Im Übrigen ist gerade bei Körperbehinderten der Transport mit Krankenwagen besonders naheliegend und daher nicht ohne weiteres mit dem Umfang der Hilfen in anderen Lebenslagen zu vergleichen. Zuzugeben ist freilich, dass die Zuordnung der Transportkosten zu den Kosten der Eingliederungshilfe auch sozialpolitische Folgerungen nach sich zieht. Indessen ist es verfehlt, hieraus auf die rechtliche Behandlung der Transportkosten Rückschlüsse zu ziehen. Zählen die Transportkosten zu der Eingliederungshilfe, so ist es folgerichtig, hier auch die besonderen Einkommensgrenzen für die Eingliederungshilfe anzuwenden. Aus den hierauf bezüglichen Vorschriften lässt sich auch nicht entnehmen, dass der Gesetzgeber eine unterschiedliche Behandlung der Kosten der Anstaltsunterbringung und des Transportes zur Anstalt vornehmen wollte. Zwar heißt es in § 81 Abs. 1 Nr. 1 BSHG, dass die besondere Einkommensgrenze dann an die Stelle der allgemeinen Einkommensgrenze tritt, wenn die Hilfe in einer Anstalt gewährt wird. Indessen werden damit nicht die Kosten ausgeschlossen, die mit der Anstaltsaufnahme notwendig verbunden sind. Dies ergibt sich auch daraus, dass nach § 81 Abs. 1 Nr. 2 BSHG auch wegen der Kosten einer ambulanten (ärztlichen) Behandlung die besondere Einkommensgrenze des § 81 BSHG zur Anwendung kommt. Jedenfalls kann aber ein ärztlich angeordneter Transport mit einem Krankenwagen als Teil der Gesamtbehandlung angesehen werden. Aus dem Bundessozialhilfegesetz kann auch keine Regel dahin entnommen werden, dass im Zweifel die Auslegung zu wählen ist, bei der die öffentlichen Finanzen am meisten geschont werden. Schon die Vorschrift des § 83 BSHG über die Konkurrenz verschiedener Einkommensgrenzen erweist, dass das Gesetz im Gegenteil dem Hilfesuchenden die ihm günstigste Unterordnung seines Falles unter das Bundessozialhilfegesetz gewährleisten will. im Übrigen verkennt die Auffassung, dass im Zweifel die finanziell schonendste Regelung zu wählen ist, Folgendes: Die Hilfe in besonderen Lebenslagen soll nicht lediglich eine finanzielle Entlastung des Hilfesuchenden ermöglichen. Da die Sozialhilfe auch ohne besonderen Antrag einsetzen soll (§ 5 BSHG), die Eingliederungshilfe besonders auch dem Zweck der Eingliederung des Behinderten in das Gemeinschaftsleben dient (§ 39 Abs. 3 Satz 1 BSHG), entspricht sie nicht lediglich einem Verlangen nach finanzieller Unterstützung, sondern bietet namentlich dem Behinderten die hilfreiche Hand der Gemeinschaft, damit er in seinem eigenen, aber auch im Interesse der Allgemeinheit die Folgen der Behinderung so gut wie irgend möglich überwindet, mit anderen Worten: Gerade bei der Eingliederungshilfe steht die Wirksamkeit der Hilfe, nicht die möglichste Schonung der öffentlichen Finanzen im Vordergrund. Damit verbietet sich aber eine Auslegung, die allein auf die finanziellen Auswirkungen der begehrten Hilfe auf die öffentlichen Finanzen abhebt.

Gehören die Kosten eines ärztlich angeordneten Transportes mit einem Krankenwagen in eine Klinik, in die der Behinderte zum Zwecke der Behandlung aufgenommen werden soll, zu den Kosten der Eingliederungshilfe, so kann es sich im vorliegenden Falle nur darum handeln, ob die Klägerin Behinderte ist, ob ihr Einkommen unter der besonderen Einkommensgrenze des § 81 BSHG liegt und die sonstigen allgemeinen sozialhilferechtlichen Voraussetzungen für die Hilfegewährung vorliegen. Dass die

Klägerin Behinderte im Sinne des § 39 Abs. 1 Nr. 1 BSHG ist, hat das Berufungsgericht festgestellt. Rügen gegen diese Feststellung sind nicht erhoben.

Nicht ausdrücklich festgestellt ist zwar, dass die Klägerin nicht die Einkommensgrenzen überschreitet, also bedürftig ist. Das ist jedoch unschädlich. Da die Kosten des Krankenhausaufenthalts im Wege der Sozialhilfe erstattet worden sind, ergibt sich notwendigerweise, dass die Einkommensgrenzen des Bundessozialhilfegesetzes nicht überschritten worden sind. Keine Bedenken bestehen auch insoweit, als die Klägerin den Krankenwagen in Anspruch genommen hat, ohne vorher eine Kostenzusicherung des Sozialhilfeträgers herbeizuführen. Zwar ist es nicht Aufgabe des Sozialhilfeträgers, vergangene Notstände zu beseitigen, insbesondere Schulden des Hilfsbedürftigen abzudecken. Dieser Grundsatz kann jedoch im vorliegenden Falle nicht angewendet werden. Aus dem im Tatbestand des angefochtenen Urteils erwähnten und folglich in Bezug genommenen Bescheid des Beklagten vom 28. November 1962 ergibt sich, dass die Klägerin bereits vor Antritt der Fahrt die Übernahme der Kosten der stationären Behandlung und damit auch die Übernahme der Transportkosten beantragt hatte.

2) Hat die Klägerin einen Anspruch auf Erstattung der Transportkosten im Rahmen der Eingliederungshilfe, so kann nur zweifelhaft sein, ob der Beklagte diesen Anspruch zu erfüllen hat. Nach § 99 BSHG ist der örtliche Träger der Sozialhilfe sachlich zuständig, sofern nicht nach § 100 BSHG oder nach Landesrecht der überörtliche Träger zuständig ist. Da nach dem Berufungsurteil eine landesrechtliche Regel für Fälle der hier vorliegenden Art nicht besteht, kann nur streitig sein, ob § 100 BSHG eingreift: Nach § 100 Abs. 1 Nr. 1 BSHG ist der überörtliche Träger der Sozialhilfe sachlich zuständig für die Hilfe in besonderen Lebenslagen für die in § 39 Abs. 1 genannten Personen ..., wenn die Behinderung, der Zustand oder das Leiden dieser Personen den Aufenthalt in einer Anstalt ... erfordert.

Dass die Klägerin zum Personenkreis der Behinderten nach § 39 Abs. 1 BSHG zählt und die Transportkosten zur Eingliederungshilfe gehören, ist oben dargelegt. Mithin bleibt zu prüfen, ob auch die Voraussetzungen des Bedingungssatzes „wenn ..." erfüllt sind. Der Gesetzeswortlaut gibt keine eindeutige Lösung. Wenn auch im Gesetz von dem Aufenthalt in einer Anstalt die Rede ist, so ist damit nicht notwendig der tatsächliche Aufenthalt in einer Anstalt Anknüpfungspunkt für die Zuständigkeit des überörtlichen Trägers der Sozialhilfe. Wie sich aus dem Wort „erfordert" ergibt, ist Ausgangspunkt vielmehr die besondere Lage, in der sich der Behinderte befindet, die Lage, in der der Anstaltsaufenthalt notwendig geworden ist, und zwar deshalb, weil eine Behinderung vorliegt (Bedingungssatz). Da § 100 Abs. 1 Nr. 1 BSHG eine sachliche Zuständigkeit begründet, also eine Zuständigkeit zur Erfüllung einer Aufgabe der Sozialhilfe in besonderen Lebenslagen, diese Aufgabe aber in § 39 Abs. 3 BSHG dahin umschrieben ist, dass die Eingliederungshilfe der Milderung oder Beseitigung der Behinderung zu dienen bestimmt ist, muss der in § 100 Abs. 1 Nr. 1 BSHG hergestellte Zusammenhang zwischen Behinderung und Anstaltsaufnahme dahin verstanden werden, dass die Anstaltsaufnahme erforderlich sein muss, um eine vorhandene Behinderung zu mildern oder zu beseitigen.

Mit diesen Überlegungen ist freilich nicht viel gewonnen. Zwar folgt aus § 9 BSHG, dass die sachliche Zuständigkeit im Sinne des Bundessozialhilfegesetzes nicht bloße Regelungszuständigkeiten begründet, sondern zugleich auch die Leistungspflicht. Der Beklagte ist damit, falls er zuständig ist, auch leistungspflichtig. Indessen bleibt auch bei dem oben dargelegten Verständnis des § 100 Abs. 1 Nr. 1 BSHG offen, ob sich die Regelungszuständigkeit (und die Leistungspflicht) lediglich auf die Kosten des Anstaltsaufenthalts selbst bezieht oder auch auf die Transportkosten. Zwar war der Beklagte zuständig geworden, sobald sich durch den Antrag der Klägerin herausgestellt hatte, dass zur Behandlung der vorhandenen Behinderung ein Anstaltsaufenthalt erforderlich geworden war. Indessen folgt hieraus nicht unmittelbar, dass damit auch die Zuständigkeit für alle die Maßnahmen begründet wurde, die in irgendeinem Zusammenhang mit der Krankenhausbehandlung standen. Aus § 100 Abs. 2 BSHG ergibt sich, dass der Umfang der sachlichen Zuständigkeit anders umschrieben sein kann als die Bedingungen, unter denen die sachliche Zuständigkeit begründet wird. Jedenfalls dann, wenn eine erweiterte Zuständigkeit nach § 100 Abs. 2 BSHG nicht in Betracht kommt, ist jedoch der Umfang der sachlichen Zuständigkeit aus dem Bedingungssatz des § 100 Abs. 1 Nr. 1 BSHG zu entnehmen; wenn nämlich § 100 Abs. 2 BSHG von den Hilfen spricht, die „gleichzeitig" zu gewähren sind, so nimmt er auf eine vorhandene Zuständigkeitsumschreibung Bezug, und diese Umschreibung kann nur in § 100 Abs. 1 Nr. 1 BSHG und hier in dem Bedingungssatz liegen.

Mithin ist nicht nur wegen der Begründung der Zuständigkeit des überörtlichen Trägers der Sozialhilfe auf § 100 Abs. 1 Nr. 1 BSHG zurückzugreifen, sondern auch wegen der Umschreibung des Umfangs der Zuständigkeit. Diese ist aber mehrdeutig.

Für die Umschreibung des Umfangs der sachlichen Zuständigkeit kann nichts aus § 100 Abs. 1 Nr. 6 BSHG entnommen werden. Wenn dort von der Hilfe in einer Anstalt die Rede ist, so besagt das lediglich, dass Anknüpfungspunkt die Lage des Anstaltsinsassen ist, nicht die Lage des Anstaltsbedürftigen. Nichts kann infolgedessen aus dieser Vorschrift darüber entnommen werden, welches die Hilfen für den Anstaltsbedürftigen sind, von dem in § 100 Abs. 1 Nr. 1 BSHG die Rede ist. Hierfür kann auch nichts aus der bereits erwähnten Vorschrift des § 100 Abs. 2 BSHG entnommen werden, denn die gleichzeitigen Hilfen nach § 100 Abs. 2 BSHG setzen eine primäre Leistungspflicht voraus und umschreiben sie demnach nicht.

Nichts gewonnen werden kann auch aus dem Verhältnis zwischen § 99 und § 100 BSHG. Es wird gesagt, § 99 BSHG enthalte die Regelzuständigkeit des örtlichen Trägers der Sozialhilfe, § 100 BSHG die ausnahmsweise Zuständigkeit des überörtlichen Trägers der Sozialhilfe. Allein es ist schon zweifelhaft, ob Ausnahmevorschriften immer eng auszulegen sind. Das mag aber auf sich beruhen; denn ein Regel-Ausnahmeverhältnis zwischen § 99 und § 100 BSHG kann nicht festgestellt werden. Weder was die Quantität noch was die Qualität der Sozialhilfe anlangt, lässt sich eindeutig sagen, dem örtlichen oder überörtlichen Träger der Sozialhilfe komme in den hier interessierenden Fällen das Übergewicht zu. Insbesondere hat es der Bundesgesetzgeber in § 99 BSHG dem Landesgesetzgeber überlassen, die Zuständigkeit des überörtlichen Trägers der Sozialhilfe zu erweitern. Da die landesgesetzliche Zuständigkeitserweiterung nicht an nähere bundesrechtliche Bedingungen gebunden ist, lässt sich kaum sagen, dass nach dem Bundessozialhilfegesetz eine Vermutung für die Zuständigkeit des örtlichen Trägers der Sozialhilfe und damit für eine einengende Umschreibung der Zuständigkeit des überörtlichen Trägers der Sozialhilfe gilt.

Nichts gewonnen werden kann auch durch eine Heranziehung des § 103 Abs. 1 BSHG. Hier ist zwar von den Kosten des Aufenthaltes in einer Anstalt die Rede. Indessen geht es in § 103 BSHG allein um die Kostenerstattung zwischen den Trägern der Sozialhilfe, nicht um eine Regelung des Verhältnisses des Hilfesuchenden zum Träger der Sozialhilfe. Selbst wenn man aber in § 103 BSHG nicht lediglich eine Re-

gelung der Zuständigkeitskonkurrenz zweier Träger der Sozialhilfe sehen und darauf hinweisen würde, dass die Kostenerstattungspflicht nicht losgelöst von der sachlichen Zuständigkeit gegenüber dem Hilfesuchenden betrachtet werden kann, würde für die hier zu entscheidende Frage aus § 103 BSHG nichts zu gewinnen sein; denn immerhin ließe sich die Auffassung vertreten, dass Kosten des Anstaltsaufenthalts im Sinne des § 103 BSHG die Kosten sind, die der sachlich zuständige Träger der Sozialhilfe im Falle seiner örtlichen Zuständigkeit zu tragen hätte. Dann läge aber in § 103 BSHG lediglich eine Rückverweisung auf § 100 BSHG. Schließlich kann auch aus einer historischen Auslegung nichts gewonnen werden. Zwar heißt es in der Begründung zum Entwurf eines Bundessozialhilfegesetzes (Deutscher Bundestag, 3. Wahlperiode, Drucksache Nr. 1799 S. 57), der jetzige § 100 Abs. 1 Nr. 1 BSHG (§ 92 Abs. 1 Nr. 1 des Entwurfs) übernehme § 1 Abs. 1 der Vierten Verordnung zur Vereinfachung des Fürsorgerechts und § 7 des Körperbehindertengesetzes. Indessen ist die rechtsförmliche Ausgestaltung der genannten Vorschriften und deren Zielrichtung so verschieden, dass allenfalls von einer Anknüpfung an das bisherige Recht, nicht aber von dessen Übernahme gesprochen werden kann. Nach § 1 Abs. 1 der Vierten Verordnung zur Vereinfachung des Fürsorgerechts vom 9. November 1944 (RGBl. I S. 323) waren die Landesfürsorgeverbände verpflichtet, für den Lebensunterhalt der näher bezeichneten Personen aufzukommen. Bei dieser Regelung stand demnach die Sicherung des Lebensunterhalts in einer Anstalt in Frage, so dass zu Recht die Meinung vertreten werden konnte, die Zuständigkeit bemesse sich danach, ob der Hilfesuchende bereits die Schwelle zu der jeweiligen Anstalt überschritten habe (sog. Schwellentheorie). Bei der Eingliederungshilfe geht es indessen nicht um die bloße Sicherung des Lebensunterhalts, sondern um geplante Hilfe, also um Maßnahmen, die bereits den „vor der Anstalt" befindlichen Behinderten erfassen. Freilich kann auch nicht auf § 7 des Körperbehindertengesetzes zurückgegriffen werden, denn hier bot schon der Wortlaut des Gesetzes, in dem von dem Heilverfahren für den Behinderten die Rede war, einen Ansatzpunkt für die Übernahme auch der Transportkosten. Indessen spricht der Gesamtzusammenhang der Vorschriften des Bundessozialhilfegesetzes für eine Übernahme der Kosten durch den überörtlichen Träger der Sozialhilfe. Das Bundessozialhilfegesetz geht nicht davon aus, welche Lasten der Sozialhilfe die einzelnen Fürsorgeträger zu übernehmen haben. Vielmehr sieht gerade die Regelung über die Hilfe in besonderen Lebenslagen den Hilfesuchenden in einer besonderen Lebenssituation, und auf diese Lebenssituation sind die einzelnen Hilfen und demnach auch die Zuständigkeiten zugeschnitten. Dass es auf die Lebenssituation ankommt, wird besonders deutlich in dem bereits erwähnten § 39 Abs. 3 BSHG, aber auch in § 46 Abs. 1 BSHG über die Aufstellung eines Gesamtplanes zur Durchführung der einzelnen Maßnahmen. Infolgedessen ist bei dem Behinderten, der zur Beseitigung seiner Behinderung einer stationären Behandlung bedarf, auch von dieser seiner Lebenssituation auszugehen. Dann aber muss auch all das zur stationären Behandlung gehören und damit in die Zuständigkeit des überörtlichen Trägers der Sozialhilfe fallen, was den Behinderten zur Anstalt hinführt. Was im Einzelnen hierzu zu rechnen ist, kann dabei unentschieden bleiben. Jedenfalls sind die Kosten einer ärztlich angeordneten Überführung des Behinderten mit dem Krankenwagen in die Anstalt zu den Kosten zu zählen, die der Anstaltsaufenthalt erfordert. Es wäre nämlich sinnwidrig und würde den Grundsätzen einer vernünftigen Verwaltungsökonomie widersprechen, wenn der überörtliche Träger der Sozialhilfe die Notwendigkeit eines Anstaltsaufenthaltes bejahen, der örtliche Träger diese Notwendigkeit bestreiten und aus diesem Grunde die Überführung des Behinderten mit einem Krankenwagen ablehnen könnte." ...

Bemerkung zur Übertragbarkeit der Rechtsprechung auf das neue Recht des SGB XII:

Die vorstehenden Entscheidungen werden auf das neue Recht ohne weitere „Abstriche" übertragbar sein.

§ 11 SGB XII   Beratung und Unterstützung, Aktivierung

(1) Zur Erfüllung der Aufgaben dieses Buches werden die Leistungsberechtigten beraten und, soweit erforderlich, unterstützt.

(2) Die Beratung betrifft die persönliche Situation, den Bedarf sowie die eigenen Kräfte und Mittel sowie die mögliche Stärkung der Selbsthilfe zur aktiven Teilnahme am Leben in der Gemeinschaft und zur Überwindung der Notlage. Die aktive Teilnahme am Leben in der Gemeinschaft umfasst auch ein gesellschaftliches Engagement. Zur Überwindung der Notlage gehört auch, die Leistungsberechtigten für den Erhalt von Sozialleistungen zu befähigen. Die Beratung umfasst auch eine gebotene Budgetberatung.

(3) Die Unterstützung umfasst Hinweise und, soweit erforderlich, die Vorbereitung von Kontakten und die Begleitung zu sozialen Diensten sowie zu Möglichkeiten der aktiven Teilnahme am Leben in der Gemeinschaft unter Einschluss des gesellschaftlichen Engagements. Soweit Leistungsberechtigte zumutbar einer Tätigkeit nachgehen können, umfasst die Unterstützung auch das Angebot einer Tätigkeit sowie die Vorbereitung und Begleitung der Leistungsberechtigten. Auf die Wahrnehmung von Unterstützungsangeboten ist hinzuwirken. Können Leistungsberechtigte durch Aufnahme einer zumutbaren Tätigkeit Einkommen erzielen, sind sie hierzu sowie zur Teilnahme an einer erforderlichen Vorbereitung verpflichtet.

(4) Den Leistungsberechtigten darf eine Tätigkeit nicht zugemutet werden, wenn
1. sie wegen Erwerbsminderung, Krankheit, Behinderung oder Pflegebedürftigkeit hierzu nicht in der Lage sind oder
2. sie ein der Regelaltersgrenze der gesetzlichen Rentenversicherung (§ 35 des Sechsten Buches) entsprechendes Lebensalter erreicht oder überschritten haben oder
3. der Tätigkeit ein sonstiger wichtiger Grund entgegensteht.

Ihnen darf eine Tätigkeit insbesondere nicht zugemutet werden, soweit dadurch die geordnete Erziehung eines Kindes gefährdet würde. Die geordnete Erziehung eines Kindes, das das dritte Lebensjahr vollendet hat, ist in der Regel nicht gefährdet, soweit unter Berücksichtigung der besonderen Verhältnisse in der Familie der Leistungsberechtigten die Betreuung des Kindes in einer Tageseinrichtung oder in Tagespflege im Sinne der Vorschriften des Achten Buches sichergestellt ist; die Träger der Sozialhilfe sollen darauf hinwirken, dass Alleinerziehenden vorrangig ein Platz zur Tagesbetreuung des Kindes angeboten wird. Auch sonst sind die Pflichten zu berücksichtigen, die den Leistungsberechtigten durch die Führung eines Haushalts oder die Pflege eines Angehörigen entstehen.

(5) Auf die Beratung und Unterstützung von Verbänden der freien Wohlfahrtspflege, von Angehörigen der rechtsberatenden Berufe und von sonstigen Stellen ist zunächst hinzuweisen. Ist die weitere Beratung durch eine Schuldnerberatungsstelle oder andere Fachberatungsstellen geboten, ist auf ihre Inanspruchnahme hinzuwirken. Angemessene Kosten einer Beratung nach Satz 2 sollen übernommen werden, wenn eine Lebenslage, die Leistungen der

Hilfe zum Lebensunterhalt erforderlich macht oder erwarten lässt, sonst nicht überwunden werden kann; in anderen Fällen können Kosten übernommen werden. Die Kostenübernahme kann auch in Form einer pauschalierten Abgeltung der Leistung der Schuldnerberatungsstelle oder anderer Fachberatungsstellen erfolgen.

Die Vorschrift tritt an die Stelle des bisherigen § 17 Abs. 1 des Bundessozialhilfegesetzes. In Absatz 2 werden Inhalt und Umfang der Beratung beschrieben, um einzelne Gegenstände der Beratung konkretisiert. Satz 4 betont die Bedeutung einer gebotenen Budgetberatung, die nicht nur wegen der Verankerung des persönlichen Budgets in § 52, sondern auch wegen der Einbeziehung der meisten bisherigen einmaligen Leistungen in den Regelsatz gemäß §§ 29 bis 32 zunimmt.

Absatz 5 entspricht den bisherigen § 8 Abs. 2 Satz 2 und § 17 Abs. 1 Satz 1 des Bundessozialhilfegesetzes.

Zumutbarkeit einer Tätigkeit im Sinne von § 11 Abs. 4

Leitsatz (redaktionell) (BVerwG, Urteil vom 04.03.1993, Az.: 5 C 13/89)

Beim Verständnis der Regelung des § 18 Abs. 3 Satz 1 BSHG sind der Regelungszusammenhang und Zweck zu beachten, insbesondere die Pflicht zur Bestreitung des Lebensunterhaltes durch Arbeit (vgl. § 18 Abs. 1 BSHG).

Aus den Gründen:

„Der Kläger begehrt von der Beklagten laufende Leistungen der Hilfe zum Lebensunterhalt nach dem Bundessozialhilfegesetz für die Zeit vom 17. Januar bis 31. Juli 1985.

Der im Jahre 1964 geborene Kläger lebte bis Mai 1983 bei seinen Eltern in Berlin. Nach dem Abschluss der Realschule mit dem Zeugnis der mittleren Reife begann er eine Lehre als Ladenfleischer, die er im Januar 1984 vorzeitig mit gutem Erfolg beendete. Im Anschluss daran arbeitete er in dem erlernten Beruf bei seiner Lehrfirma. Da er eine fachbezogene Weiterbildung durch den Besuch der 12. Klasse der Fachoberschule in der Fachrichtung Ernährung und Hauswirtschaft anstrebte, um die Fachhochschulreife zu erlangen und anschließend Ökotrophologie an einer Fachhochschule zu studieren, bewarb er sich Anfang März 1984 um einen entsprechenden Schulplatz in Hamburg, nachdem nach seinen Erkundigungen in Berlin eine Fachoberschulklasse in der gewünschten Fachrichtung noch nicht vorhanden war. Dieser Schulplatz wurde ihm zum 1. August 1984 zugesagt. Daraufhin kündigte der Kläger sein Arbeitsverhältnis in Berlin zum Ende Juli 1984 und absolvierte in Hamburg von August 1984 bis Ende Juli 1985 die 12. Klasse der Fachoberschule, die in der gewünschten Fachrichtung nur in der Tagesschulform angeboten wurde.

Einen Antrag des Klägers auf Bewilligung von Ausbildungsförderung für diesen Schulbesuch hatte das zuständige Bezirksamt von Berlin im April 1984 unter Hinweis auf § 68 Abs. 2 Nr. 1 BAföG mit der Begründung abgelehnt, von der Wohnung der Eltern des Klägers in Berlin aus sei eine entsprechende zumutbare Ausbildungsstätte erreichbar, weil zum September 1984 eine vergleichbare Fachoberschulklasse auch in Berlin eingerichtet werde, die der Kläger besuchen könnte. Der Bescheid wurde nach erfolgloser Durchführung eines verwaltungsgerichtlichen Verfahrens bestandskräftig. Einen Antrag des Klägers auf Arbeitslosenunterstützung hatte das Arbeitsamt im September 1984 ebenfalls abgelehnt. Nachdem der Kläger seine Ersparnisse Ende September 1984 aufgebraucht hatte, stellte er mündlich einen Antrag auf Sozialhilfe, der jedoch im Oktober 1984 bestandskräftig abgelehnt wurde. Von Oktober 1984 bis Juli 1985 erhielt der Kläger von seinem Vermieter in Hamburg ein Darlehen von monatlich 400,00 DM. Mit Schreiben vom 11. Januar 1985, bei der Beklagten eingegangen am 17. Januar 1985, beantragte der Kläger erneut Sozialhilfe und führte hierzu aus, zu seinen Eltern nach Berlin könne er aus persönlichen Gründen nicht zurückkehren. Eine Arbeitsaufnahme neben dem Besuch der Fachoberschule sei ihm nicht möglich und zumutbar, da der Unterricht acht Stunden in Anspruch nehme und anschließend vor- bzw. nachbereitet werden müsse. Mit Bescheid vom 5. Februar 1985 lehnte die Beklagte diesen Antrag mit der Begründung ab, der Kläger sei nicht bereit, unter Aufgabe seines Schulbesuchs zumutbare Arbeit zur Abwendung der Hilfebedürftigkeit zu leisten, und habe damit seinen Rechtsanspruch auf Hilfe zum Lebensunterhalt verwirkt. Den hiergegen eingelegten Widerspruch wies die Beklagte zurück.

Das Verwaltungsgericht hat der Klage, die auf die Gewährung von Hilfe zum Lebensunterhalt in Höhe des Regelsatzes für die Zeit vom 17. Januar bis 31. Juli 1985 gerichtet war, stattgegeben. Auf die Berufung der Beklagten hat das Oberverwaltungsgericht das erstinstanzliche Urteil aufgehoben und die Klage mit folgender Begründung abgewiesen: Zutreffend habe das Verwaltungsgericht entschieden, dass § 26 Satz 1 BSHG dem Hilfebegehren des Klägers nicht entgegenstehe. Der Kläger könne jedoch deswegen keine Hilfe zum Lebensunterhalt beanspruchen, weil er sich durch Einsatz seiner Arbeitskraft selbst hätte helfen können. Ein wichtiger Grund gemäß § 18 Abs. 3 Satz 1 BSHG habe dem nicht entgegengestanden. Ursache für die Aufgabe des Arbeitsverhältnisses bei seiner Lehrfirma sei allein sein Wunsch gewesen, an der Fachoberschule die schulischen Voraussetzungen für eine höherwertige Berufsausbildung zu erlangen. Er sei von vornherein auf eine finanzielle Unterstützung für den Fachoberschulbesuch angewiesen gewesen, weil er von seinen Eltern keine Leistungen erhalten und selbst Rücklagen nicht gebildet habe. Aus dem schon geraume Zeit vor dem vorgesehenen Schulbeginn ergangenen Bescheid vom April 1984 und dem dazu ergangenen Widerspruchsbescheid sei für den Kläger erkennbar gewesen, dass eine Förderung nach dem Bundesausbildungsförderungsgesetz ausscheide. Darüber hinaus handele es sich um eine nur einjährige Ausbildung, für die der Zugang auch nicht mit besonderen Schwierigkeiten verbunden gewesen sei. Dem Kläger habe daher sozialhilferechtlich angesonnen werden können, seinen Wunsch zum Besuch der Fachoberschule zunächst zurückzustellen und vorerst weiterhin berufstätig zu sein, um Sparrücklagen zu bilden und hieraus die geplante Ausbildung zu finanzieren. Die mit einem solchen Aufschub verbundene zeitliche Verzögerung der Aufnahme des Schulbesuches sei für den damals gerade 20 Jahre alten Kläger hinnehmbar gewesen. Dies entspreche dem Grundsatz des Nachrangs der Sozialhilfe. Etwas anderes gelte auch nicht deshalb, weil der Kläger Sozialhilfeleistungen zu einem Zeitpunkt begehrt habe, in dem der Besuch der Fachoberschule weit fortgeschritten gewesen sei. Der Kläger sei von Beginn des Fachoberschulbesuchs an auf finanzielle Unterstützung angewiesen gewesen und nicht erst im Laufe der Ausbildung infolge unvorhersehbarer Umstände hilfebedürftig geworden, die ihm möglicherweise die Aufgabe der Ausbildung wegen der mit einer späteren Wiederaufnahme verbundenen Nachteile unzumutbar gemacht hätten.

Gegen dieses Urteil richtet sich die Revision des Klägers. Er rügt eine Verletzung des § 2 Abs. 1, § 18 Abs. 1 und 3, § 25 Abs. 1 BHG sowie der gerichtlichen Aufklärungspflicht und – sinngemäß – des Anspruchs auf rechtliches Gehör. Die Beklagte verteidigt das angefochtene Urteil.

Entscheidungsgründe

Die zulässige Revision ist unbegründet. Die vom Berufungsgericht vertretene Auffassung, dass der Kläger für die Zeit vom 17. Januar bis zum 31. Juli 1985 keinen Anspruch auf Hilfe zum Lebensunterhalt nach dem Bundessozialhilfegesetz hat, steht mit Bundesrecht in Einklang. In Übereinstimmung mit der bisherigen Rechtsprechung des erkennenden Senats (vgl. Urteil vom 11. Dezember 1986 – BVerwG 5 C 71.85 – <Buchholz 436.36 § 68 BAföG Nr. 5>) und der jetzt ausdrücklich in § 65 Abs. 3 Nr. 1 BAföG in der seit dem 12. BAföGÄndG vom 22. Mai 1990 (BGBl. I S. 936) geltenden Fassung getroffenen gesetzlichen Regelung ist das Berufungsgericht davon ausgegangen, dass § 26 Satz 1 BSHG dem geltend gemachten Anspruch auf Hilfe zum Lebensunterhalt nicht entgegensteht. Das Berufungsgericht hat auch mit Recht entschieden, dass der Kläger gleichwohl keine Hilfe zum Lebensunterhalt für die maßgebliche Zeit beanspruchen kann, weil er sich durch Einsatz seiner Arbeitskraft selbst hätte helfen können (§ 2 Abs. 1, § 18 Abs. 1, § 25 Abs. 1 BSHG). Auf einen „sonstigen wichtigen Grund", der es ihm gemäß § 18 Abs. 3 Satz 1 BSHG unzumutbar gemacht hätte, seine Arbeitskraft zur Beschaffung seines Lebensunterhalts einzusetzen, kann sich der Kläger nicht berufen.

Der Begriff des „wichtigen Grundes" in § 18 Abs. 3 Satz 1 BSHG ist aus dem Regelungszusammenhang des Gesetzes und der Zielsetzung der Vorschrift heraus auszulegen, insbesondere also aus dem Grundsatz der Pflicht zur Beschaffung des Lebensunterhalts durch Arbeit (§ 18 Abs. 1 BSHG) und dem Gewicht der ausdrücklich in Absatz 3 genannten Ausnahmen von diesem Grundsatz. Der Entstehungsgeschichte der Regelung, die sich ursprünglich eng an das Arbeitslosenversicherungsrecht anlehnte, kommt demgegenüber ebensowenig maßgebliche Bedeutung zu wie ihrer Auslegung in einzelnen Verwaltungsvorschriften. Der den Nachrang der Sozialhilfe (§ 2 Abs. 1 BSHG) konkretisierende Grundsatz des § 18 Abs. 1 BSHG wird durch den Wunsch des Klägers nach einer sinnvollen fachbezogenen Fortbildung nicht außer Kraft gesetzt. Denn die Ausbildungsförderung, auf die das Begehren des Klägers der Sache nach gerichtet ist, ist auch in dem Bereich, den § 26 BSHG offenhält, nicht mehr eigentlich Aufgabe der Sozialhilfe, seitdem der Unterabschnitt 3 – Ausbildungshilfe – durch Art. 21 Nr. 10 des Zweiten Haushaltsstrukturgesetzes vom 22. Dezember 1981 (BGBl. I S. 1523) aufgehoben worden ist. Vielmehr ist die Sozialhilfebedürftigkeit allein nach sozialhilferechtlichen Kriterien zu beurteilen: Nur wenn anderenfalls der Auszubildende nicht im Sinne von § 1 Abs. 2 BSHG in der Lage wäre, unter zumutbarem Einsatz seiner Kräfte unabhängig von Sozialhilfe ein Leben zu führen, das der Würde des Menschen entspricht, kann die Gewährung von Hilfe zum Lebensunterhalt während der Ausbildung in Betracht kommen. Das war beim Kläger, der bereits eine abgeschlossene Berufsausbildung als Ladenfleischer hatte, in seinem erlernten Beruf arbeiten und davon menschenwürdig leben konnte, nicht der Fall.

Der Wunsch des Klägers, an der Fachoberschule die schulischen Voraussetzungen für eine höherwertige Berufsausbildung zu erlangen, hat auch nicht das gleiche Gewicht wie die ausdrücklich in § 18 Abs. 3 BSHG anerkannten Ausnahmetatbestände, bei denen persönliches Unvermögen des Hilfesuchenden, der Bestandsschutz sei-

nes Berufs oder eine familienbedingte Pflichtenkollision eine Arbeit als unzumutbar erscheinen lassen. Dies gilt selbst bei einbeziehender Würdigung des in Art. 12 GG gewährleisteten Grundrechts auf freie Berufswahl. Denn der Kläger hätte nach den für das Revisionsgericht bindenden tatsächlichen Feststellungen des angefochtenen Urteils seinen Wunsch zum Besuch der Fachoberschule nicht endgültig aufgeben, sondern nur zurückstellen müssen, um zunächst durch weitere Berufstätigkeit zusätzliche Sparrücklagen zu bilden und sodann mit einer gewissen zeitlichen Verzögerung z.B. im folgenden Jahr die geplante Ausbildung hieraus zu finanzieren. Die vom Kläger in diesem Zusammenhang sinngemäß erhobene Rüge einer Verletzung des Anspruchs auf rechtliches Gehör vor dem Berufungsgericht greift nicht durch. Auf den Gesichtspunkt, dass der Kläger den Schulbesuch erst nach Ansparen einer größeren Summe aufgrund längerer Berufstätigkeit hätte aufnehmen können, hatte nämlich bereits der Widerspruchsbescheid hingewiesen, so dass der Kläger dadurch nicht überrascht worden sein kann. Die Rüge, das Berufungsgericht habe gleichzeitig seine Pflicht zur umfassenden Aufklärung des Sachverhalts verletzt, genügt schon nicht den Darlegungserfordernissen des § 139 Abs. 3 Satz 4 VwGO. Denn die allgemein gehaltenen Ausführungen der Revision lassen nicht erkennen, zu welchem Ergebnis die von ihr für erforderlich gehaltene weitere Sachaufklärung durch Vernehmung des Klägers im Einzelnen hätte führen sollen (vgl. BVerwGE 31, 212 <217 f.>). Dass der Kläger Sozialhilfe erst von einem Zeitpunkt an begehrt, in dem der Besuch der Fachoberschule bereits weit fortgeschritten war, hat das Berufungsgericht nicht zum Anlass einer anderen Beurteilung der Zumutbarkeit genommen, weil für den Kläger der Eintritt seiner Hilfebedürftigkeit – wie bindend festgestellt – von vornherein vorhersehbar war. Auch dies ist revisionsrechtlich nicht zu beanstanden. War ihm ein Aufschub seiner weiteren Ausbildung sozialhilferechtlich zuzumuten, so kann ihm nicht zugute kommen, dass er sich anders entschieden und die möglichen Nachteile eines bei Versagung der Hilfe notwendig werdenden Abbruchs dieser Ausbildung damit in Kauf genommen hat."

Leitsatz (redaktionell) (OVG Münster, Beschluss vom 17.05.2001, Az.: 12 E 692/00)

In der obergerichtlichen Rechtsprechung ist mehrfach entschieden worden, dass ein Hilfe Suchender nicht darauf verwiesen werden kann, seinen Erziehungsurlaub abzubrechen, um den Lebensunterhalt der Familie durch Arbeitseinkommen sicherzustellen.

Auch hat der beschließende Senat – Beschluss vom 10.04. 2000 – 22 B 282/00 – unter Bezugnahme auf diese Rechtsprechung entschieden, dass Entsprechendes für eine Mutter gelten dürfte, die in den ersten drei Lebensjahren ihres Kindes nicht erwerbstätig ist und nicht sein will, ohne in einem an ein aktuelles Arbeitsverhältnis anknüpfenden Erziehungsurlaub zu sein. Ob dieses auch für den Fall gilt, dass die Erziehung und Betreuung des Kindes durch den Ehepartner bzw. Lebensgefährten sichergestellt werden kann, hat der Senat noch nicht entschieden.

Leitsatz (redaktionell) (BVerwG, Urteil vom 17.05.1995, Az.: 5 C 20/93)

Einem Alleinerziehenden ist im Sinne von § 18 Abs. 3 Satz 2 BSHG in der Regel nur eine Halbtagstätigkeit zuzumuten.

Aus den Gründen:

„... Auf der Grundlage dieses Normverständnisses sind die (sozialhilferechtlichen) Anforderungen an die Zumutbarkeit einer Arbeit anhand der in § 18 Abs. 3 BSHG genannten Kriterien zu bestimmen, die den in § 18 Abs. 1 BSHG normierten Grundsatz, nach dem jeder Hilfesuchende seine Arbeitskraft zur Beschaffung des Lebensunterhalts für sich und seine unterhaltsberechtigten Angehörigen einzusetzen hat, einschränken (vgl. BVerwGE 67, 1 <6>; 68, 97 <99>; 92, 163 <165 f.>). Nach § 18 Abs. 3 Satz 2 BSHG darf einem Hilfesuchenden eine Arbeit vor allem nicht zugemutet werden, soweit dadurch die geordnete Erziehung eines Kindes gefährdet würde. In Anwendung dieser Vorschrift ist dem alleinerziehenden Elternteil eines – wie hier der Tochter des Klägers im maßgeblichen Zeitraum – neunjährigen Schulkindes in aller Regel nur eine Halbtagsarbeit zuzumuten, falls Betreuung und Verpflegung des Kindes durch die Schule (z.B. Ganztagsschule) oder Dritte (z.B. Verwandte, Nachbarn) ausscheiden. Über die konkrete Arbeitszeit entscheiden die Umstände des Einzelfalls. Das Berufungsgericht hat im Fall des Klägers wegen des Schulbesuchs seiner Tochter eine Arbeitszeit am Vormittag, und zwar von 8.00 bis 12.00 Uhr, für angemessen gehalten und zur Begründung angeführt, dass ein neun- bis zehnjähriges Schuldkind noch nicht regelmäßig für sich selbst kochen könne und es ihm daher nicht zuzumuten sei, noch bis in den Nachmittag hinein unbeaufsichtigt auf die Rückkehr eines Elternteils zu warten. Das ist revisionsrechtlich nicht zu beanstanden.

Dem Berufungsgericht ist ferner darin zuzustimmen, dass der Kläger sich in dem hier für die rechtliche Beurteilung maßgeblichen Zeitraum nicht im Sinne von § 25 Abs. 1 BSHG „geweigert" hat, eine ihm nach dem Vorstehenden zumutbare Halbtagstätigkeit zu übernehmen.

Das Verständnis des § 25 Abs. 1 BSHG als Hilfenorm, deren Anwendung einen Hilfesuchenden zur Selbsthilfe durch Aufnahme von (zumutbarer) Arbeit motivieren soll, bestimmt auch die Anforderungen, die im Rahmen dieser Vorschrift an die Weigerung, zumutbare Arbeit zu leisten, gestellt werden müssen. Die anspruchsvernichtende Wirkung von § 25 Abs. 1 BSHG tritt deshalb nur ein, wenn ein Hilfesuchender (Hilfeempfänger) durch sein Verhalten zum Ausdruck bringt, dass ihm der Wille zur Selbsthilfe durch Einsatz seiner Arbeitskraft fehlt. Fehlende (mangelnde) Arbeitsbereitschaft in diesem Sinne zeigt sich insbesondere darin, dass es der Hilfesuchende unberechtigt – sei es ausdrücklich, sei es konkludent – ablehnt, eine ihm vom Arbeitsamt, dem Sozialhilfeträger oder einem Dritten angebotene oder nachgewiesene (zumutbare) konkrete Erwerbstätigkeit aufzunehmen. Auch die Ablehnung einer nach § 19 BSHG für den Hilfesuchenden geschaffenen Arbeitsgelegenheit fällt unter § 25 Abs. 1 BSHG (BVerwGE 67, 1 <4 ff.>; 68, 91 <93 f.>; vgl. nunmehr auch § 25 Abs. 1 BSHG in der Fassung von Art. 7 Nr. 11 Buchst. a des Gesetzes zur Umsetzung des Föderalen Konsolidierungsprogramms vom 23. Juni 1993, BGBl I S. 944).

Eine Weigerung im Sinne von § 25 Abs. 1 BSHG kann schließlich auch darin liegen, dass ein Hilfesuchender, der sich beim Arbeitsamt als arbeitslos gemeldet hat und für das Arbeitsamt erreichbar ist, es ablehnt, sich unabhängig von Bemühungen des Arbeitsamts selbst auf dem für ihn zugänglichen Arbeitsmarkt einen Arbeitsplatz zu suchen. Die Mitwirkung bei der Arbeitsvermittlung durch das Arbeitsamt ist nur eine Möglichkeit, sich Arbeit zu verschaffen. Weder § 18 Abs. 1 und 2 BSHG noch § 25 Abs. 1 BSHG kann die generelle Aussage entnommen werden, dass derjenige, der der Arbeitsvermittlung durch das Arbeitsamt zur Verfügung steht, das ihm Zumutbare getan habe, um seine durch Arbeitslosigkeit entstandene Notlage zu überwinden. Die in § 18 Abs. 1 BSHG weit gefasste Verpflichtung jedes Hilfesuchenden, seine Arbeitskraft zur Beschaffung des Lebensunterhalts einzusetzen, und der daran anknüpfende, § 25 Abs. 1 BSHG innewohnende Hilfezweck, der Leistungskürzungen ermöglicht, um das Selbsthilfestreben des Hilfesuchenden wiederherzustellen und zu fördern, rechtfertigen daher nicht die Annahme, der Gesetzgeber habe die Weigerung, sich selbstständig (unabhängig von Bemühungen des Arbeitsamts) um eine zumutbare Erwerbstätigkeit zu bemühen, gänzlich oder für den Regelfall vom Anwendungsbereich des § 25 Abs. 1 BSHG ausschließen wollen. Das Berufungsgericht ist mit Recht davon ausgegangen, dass eine Weigerung im Verständnis des § 25 Abs. 1 BSHG sich auch darin ausdrücken kann, dass es ein Hilfesuchender ohne hinreichenden Grund unterlässt, sich um zumutbare Arbeit zu bemühen. So verliert seinen Anspruch auf Hilfe zum Lebensunterhalt in der Regel, wer es ablehnt, sich beim Arbeitsamt als arbeitssuchend zu melden, oder Vermittlungsversuche des Arbeitsamts vereitelt. Auch Gleichgültigkeit oder Nachlässigkeit bei der Inanspruchnahme der Vermittlungsdienste des Arbeitsamts (z.B. unregelmäßige oder nur gelegentliche Vorsprachen im Amt, fehlende häusliche Erreichbarkeit) können im Einzelfall ein Anzeichen für die Weigerung sein, zumutbare Arbeit zu leisten.

Die Anforderungen an die selbstständige Arbeitssuche eines als arbeitslos gemeldeten Hilfesuchenden dürfen jedoch nicht überspannt werden. Ob und in welcher Intensität eigene Bemühungen des Hilfesuchenden um eine Arbeitsstelle verlangt werden dürfen, hängt ab von den Umständen des Einzelfalles, insbesondere von den persönlichen (z.B. familiären, gesundheitlichen) Verhältnissen des Hilfesuchenden, seinen Arbeitsfähigkeiten und der Arbeitsmarktlage in dem Bereich, der dem Hilfesuchenden zugänglich ist (vgl. § 3 Abs. 1 BSHG). Fehlende eigene Bemühungen um Arbeit können einem Hilfesuchenden, der die Dienste des Arbeitsamts regelmäßig in Anspruch nimmt, nur dann nach § 25 Abs. 1 BSHG als anspruchsvernichtend entgegengehalten werden, wenn solche Arbeitsbemühungen dem Hilfesuchenden nach seinen persönlichen und finanziellen Kräften zumutbar sind und nach der (örtlichen oder regionalen) Arbeitsmarktlage auch konkrete Erfolgsaussichten besitzen. Vor der Aufforderung zur selbstständigen Arbeitssuche hat der Sozialhilfeträger daher in jedem Fall zu prüfen, ob der einzelne Hilfesuchende mit solchen Ansinnen nicht überfordert und damit dem Hilfezweck der §§ 18 ff., 25 Abs. 1 BSHG entgegengewirkt wird (vgl. auch Krahmer, LPK-BSHG, 4. Aufl. 1994, RdNr. 6 zu § 18 BSHG). Bemüht ein Hilfesuchender sich nach einer solchen, in seinem Fall berechtigten Aufforderung ernsthaft und zielstrebig selbst (neben dem Arbeitsamt) um Arbeit, kann von einer Weigerung im Sinne des § 25 Abs. 1 BSHG nicht gesprochen werden. Das gilt auch dann, wenn die eigene Arbeitssuche noch intensiver hätte ausfallen können. Den vorgenannten Grundsätzen wird das angegriffene Urteil gerecht. Das Berufungsgericht hat festgestellt, dass der Kläger es im Klagezeitraum weder grundsätzlich abgelehnt habe, sich beim Arbeitsamt arbeitssuchend zu melden, noch es gänzlich unterlassen habe, dem Beklagten seine eigenen Arbeitsbemühungen nachzuweisen. Hierbei hat sich die Vorinstanz u.a. von den Angaben des Klägers in mehreren Schreiben (seit Juni 1990) an den Beklagten leiten lassen sowie auf ein

Ende Juli 1990 zwischen einem Sachbearbeiter des Beklagten und dem zuständigen Arbeitsamt geführtes Ferngespräch gestützt, das die vom Kläger vorgebrachten Schwierigkeiten, eine für ihn geeignete Halbtagsstelle zu finden, weitgehend bestätigt habe. Unter Zugrundelegung dieser Umstände gelangt das Berufungsgericht zu der Auffassung, das Verhalten des Klägers erfülle, auch wenn sich möglicherweise intensivere Bemühungen bei der Arbeitssuche noch vorstellen ließen, nicht den Tatbestand der Weigerung im Sinne von § 25 Abs. 1 BSHG. Dies alles beruht auf näher bezeichneten Tatsachen, an deren Feststellung und Würdigung der erkennende Senat gebunden ist. Zulässige und begründete Revisionsrügen (§ 137 Abs. 2 VwGO) hat der Beklagte hiergegen nicht vorgebracht.

Ohne Erfolg macht die Revision demgegenüber geltend, ein ausreichendes Maß an Arbeitsbemühungen des Klägers sei nach außen objektiv nicht erkennbar gewesen, weil er im Laufe eines Jahres nur neun Firmen benannt habe, bei denen er sich beworben habe. Diese auf ein Jahr bezogene Betrachtungsweise des Beklagten wird dem Hilfezweck des § 25 Abs. 1 BSHG nicht gerecht. Leistungskürzungen auf der Grundlage dieser Vorschrift sollen, wie dargelegt, das Selbsthilfestreben des Hilfesuchenden wiederherstellen und fördern. Sie dürfen deshalb nur vorgenommen werden, wenn der Hilfesuchende sich gegenwärtig, d.h. im Zeitpunkt einer beabsichtigten Kürzung, weigert, zumutbare Arbeit zu leisten. Leistungen dürfen überdies nur für die Dauer dieser Weigerung gekürzt werden. Für Kürzungen der Hilfeleistung auf der Grundlage von § 25 Abs. 1 BSHG ist es hingegen nicht ausreichend, dass der Hilfesuchende zumutbare Arbeit während eines in der Vergangenheit liegenden, inzwischen abgeschlossenen Zeitraums verweigert hat. Die Weigerung des Hilfesuchenden muss im Zeitpunkt der Entscheidung des Sozialhilfeträgers über eine Kürzung der Hilfe noch andauern. Ist dies nicht der Fall, würde eine Kürzung der Hilfe unter dem Gesichtspunkt der Motivation zur Selbsthilfe ihren Zweck verfehlen. Entscheidungserheblich ist deshalb allein, ob der Kläger sich in den Wochen und Monaten vor Erlass des angefochtenen Bescheides sowie in dem nachfolgenden Zeitraum bis zum Erlass des Widerspruchsbescheides geweigert hat, zumutbare Arbeit zu leisten. Das ist nach den tatsächlichen Feststellungen der Vorinstanz nicht der Fall. Dahinstehen kann, ob der Kläger den Tatbestand des § 25 Abs. 1 BSHG in davorliegenden Zeiträumen erfüllt haben könnte.

Erfolglos bleiben muss auch das Vorbringen der Revision, die vom Kläger vorgelegten, nach Auffassung des Beklagten „mehr als dürftigen" Bewerbungsschreiben seien objektiv mangelhaft, sie enthielten noch nicht einmal ein Minimum an Informationen für einen potentiellen Arbeitgeber. Das Berufungsgericht hat den Bewerbungsschreiben des Klägers nicht entnommen, dass der Kläger seine Arbeitsbereitschaft nur vorgetäuscht hat oder gar ein Arbeitsangebot vereiteln wollte. Insoweit beschränkt sich das Revisionsvorbringen auf Angriffe gegen die Richtigkeit der vorinstanzlichen Sachverhaltswürdigung, ohne revisionsrechtlich beachtliche Fehler der Beweiswürdigung aufzuzeigen. Denn die Revision legt nicht dar, dass das Berufungsgericht bei der Würdigung der Bewerbungsschreiben allgemeine Auslegungsgrundsätze, die gesetzlichen Beweisregeln, die Denkgesetze oder allgemeine Erfahrungssätze außer Acht gelassen habe (vgl. BVerwGE 47, 330 <361>; 61, 176 <188>; 81, 74 <76>).

Der Vorinstanz ist schließlich auch darin zuzustimmen, dass die Kürzung der Regelsatzleistungen für den Kläger nicht auf § 66 Abs. 1 in Verbindung mit §§ 60 ff. SGB I gestützt werden kann. § 66 Abs. 1 SGB I ermächtigt den Sozialleistungsträger – soweit die Voraussetzungen einer beantragten Sozialleistung nicht nachgewiesen *sind –, die Leistung ganz oder teilweise zu versagen, wenn der Antragsteller seinen Mitwirkungspflichten nach den §§ 60 bis 62, 65 SGB I nicht nachkommt und hierdurch die Aufklärung des Sachverhalts erheblich erschwert. Die Versagung oder Kürzung der Leistung stellt danach die Sanktion für eine Verletzung von Mitwirkungspflichten des Antragstellers dar. § 66 Abs. 1 SGB I regelt damit einen eigenständigen Versagungsgrund bei Nichterfüllung von Verfahrenspflichten (vgl. BVerwGE 71, 8 <9 f.>).*

Von den in §§ 60 bis 62 SGB I geregelten Pflichten zur Mitwirkung des Leistungsberechtigten im Verwaltungsverfahren zu unterscheiden ist die in § 2 Abs. 1, § 18 BSHG normierte Pflicht des Hilfesuchenden, seine Arbeitskraft zur Beschaffung seines Lebensunterhalts einzusetzen und sich im Fall der Arbeitslosigkeit um Arbeit zu bemühen. Auf die sozialhilferechtliche Pflicht zur Selbsthilfe durch Arbeit findet § 66 AbS. 1 SGB I schon nach seinem Wortlaut, aber auch nach seinem Zweck, den Hilfesuchenden zur Mitwirkung an der Aufklärung des entscheidungserheblichen Sachverhalts anzuhalten, keine Anwendung. Wie das Berufungsgericht zutreffend ausgeführt hat, besitzen § 66 Abs. 1 SGB I und § 25 Abs. 1 BSHG getrennte Anwendungsbereiche. Vorliegend ist der Beklagte davon ausgegangen, dass der Kläger seine Arbeitsbemühungen nicht ausreichend nachgewiesen habe, und auf dieser Grundlage zu der materiellrechtlichen Überzeugung gelangt, der Kläger erfülle den Weigerungstatbestand des § 25 Abs. 1 BSHG. Bei dieser Rechtsauffassung hat ein dem Kläger zuzurechnender Aufklärungsmangel, der Anlass für eine Sanktion nach § 66 Abs. 1 SGB I hätte sein können, nicht bestanden." ...

Leitsatz (redaktionell) (BayVGH, Urteil vom 24.09.1998, Az.: 12 B 96.400)

Es bedarf einer Einzelfallprüfung, ob die Aufnahme einer Tätigkeit wegen Kindererziehung unzumutbar ist. Dies kann u.U. bei einem sechs Jahre alten Kind gegeben sein.

Aus den Gründen:

„... Bei der im Bescheid vom 19. Mai 1993 genannten Tätigkeit im Altenheim handelte es sich um eine gemeinnützige und zusätzliche Arbeit. Die Heranziehung der Klägerin ist hinsichtlich der Art der zu leistenden Arbeit, ihres zeitlichen Umfangs und ihrer zeitlichen Verteilung sowie hinsichtlich des „Entgelts" hinreichend bestimmt (vgl. Schellhorn/Jirasek/Seipp, a.a.O., RdNr. 21 zu § 19, mit Hinweis auf einschlägige Entscheidungen des Bundesverwaltungsgerichts). ...Die der Klägerin angesonnene Tätigkeit im Altenheim war für diese nicht unzumutbar. Das Gesetz regelt die Frage der Zumutbarkeit einer Arbeit (oder Arbeitsgelegenheit) in § 18 Abs. 3 BSHG. Dessen Sätze 1 und 2 lauten auszugsweise wie folgt:

„Dem Hilfesuchenden darf eine Arbeit nicht zugemutet werden, wenn er körperlich oder geistig hierzu nicht in der Lage ist ... oder wenn der Arbeit ein sonstiger wichtiger Grund entgegensteht. Ihm darf eine Arbeit vor allem nicht zugemutet werden, soweit dadurch die geordnete Erziehung eines Kindes gefährdet würde; auch sonst sind die Pflichten zu berücksichtigen, die dem Hilfesuchenden die Führung eines Haushalts oder die Pflege eines Angehörigen auferlegt."

Der Arbeit der Klägerin im Altenheim stand ein wichtiger Grund nicht entgegen.

...Die Klägerin war zu der Arbeit im Altenheim körperlich und geistig in der Lage. Sie war bei Erlass des Bescheides 44 Jahre alt. Dass sie aus gesundheitlichen Gründen arbeitsunfähig gewesen sei, macht sie weder geltend noch gibt es hierfür sonstige Anhaltspunkte. Durch das amtsärztliche Zeugnis vom 23. April 1992 wird nur Arbeitsunfähigkeit „zum jetzigen Zeitpunkt" belegt. ... Soweit die Klägerin geltend macht, die Arbeit sei für sie wegen der Kindererziehung und der Pflege ihrer kranken Eltern unzumutbar gewesen, muss sie sich Folgendes entgegenhalten lassen: Der Sohn Thomas war im Zeitpunkt des Erlasses des Bescheides fast sechs Jahre alt und besuchte den Kindergarten, in den er zum 1. September 1992 aufgenommen worden war. Es kann daher nicht gesagt werden, die ordnungsgemäße Erziehung von Thomas sei durch einen nur täglich zwei Stunden am Vormittag dauernden Arbeitseinsatz der Klägerin gefährdet gewesen, zumal der Beklagte für den Fall eines Kindergartenbesuches am Nachmittag bereit war, die Arbeitszeit auf den Nachmittag zu verlegen. Der Sohn Andreas der Klägerin war im Zeitpunkt des Bescheidserlasses bereits 17 Jahre alt und damit fast volljährig. Der Akteninhalt deutet darauf hin, dass er nicht dem Haushalt der Klägerin angehörte (§ 11 Abs. 1 Satz 2 BSHG). Es ist anzunehmen, dass die Klägerin gegen die Nichtberücksichtigung von Andreas bei der Bedarfsberechnung mit Rechtsbehelfen vorgegangen wäre, wenn sie eine Möglichkeit gesehen hätte, die Haushaltsangehörigkeit von Andreas nachzuweisen. Was die Pflege der kranken Eltern der Klägerin betrifft, hat die Klägerin nichts vorgetragen, was den Schluss darauf zuließe, dass die Klägerin durch die Pflege so stark in Anspruch genommen wurde, dass sie nicht einmal zwei Stunden am Tag im Altenheim arbeiten konnte."...

Leitsatz (redaktionell) (OVG Münster, Urteil vom 02.03.1988, Az.: 17 A 181/85)

Zu den Voraussetzungen einer amtsärztlichen Untersuchung gemäß § 62 SGB I im Falle der Weigerung zur Aufnahme zumutbarer Tätigkeit.

Die Regelung des Absatzes 5 beinhaltet die Durchführung von Beratung und Unterstützung:

Leitsatz (redaktionell) (OLG München, Urteil vom 07.12.2000, Az.: 6 U 4759/00)

Für den Begriff der Rechtsbesorgung im Sinne von § 11 Abs. 5 SGB XII wird eine weite Definition verwendet, so dass jede Tätigkeit dazu zählt, die auf unmittelbare Förderung konkreter fremder Rechtsangelegenheiten gerichtet ist.

Aus den Gründen:

„Für den Begriff der „Rechtsbesorgung" wird zwar eine weite Definition dahingehend verwendet, dass darunter „jede Tätigkeit falle, die auf unmittelbare Förderung konkreter fremder Rechtsangelegenheiten gerichtet ist" (Rennen/Calibe 2. Aufl. 1992, § 1 RdNr. 24), doch werden dann das Fertigen von Entwürfen oder das Formulieren

von Anträgen als Beispiele gewählt, während das Beschaffen von Gesetzestexten und Ähnliches keine Rechtsbesorgung ist (a.a.O. RdNr. 26).

Der Senat hält die Beispiele für zutreffend, die Definition jedoch für zu weitgehend, denn dann würden auch die Deutsche Post AG oder die Deutsche Telekom AG rechtsbesorgend bei der Übermittlung von Anträgen tätig, die sonst gar nicht oder verfristet an Landratsämter oder Gerichte gelangten.

Das ist sicher nicht Sinn des Gesetzes. Man kann das Gesetz kritisieren und geißeln wie z.B. Rasehorn in der Deutschen Richterzeitung 2000, Seite 442 f., aber auch sinnvoll dahin auslegen, dass nur eine gestaltende Beratungs- und Besorgungstätigkeit hier angesprochen ist und nicht mehr oder weniger reine Hilfsdienste. Dabei ist, wie zum Fall b) noch dargelegt werden wird, keine zu engherzige Auslegung angezeigt, soweit nämlich andernfalls unverzichtbare Tätigkeiten unmöglich gemacht würden. Die „Arbeitsanweisung (Leitlinien) zur Rechtsberatung von Asylsuchenden" von 1997, die der Beklagte heranzieht und die mit dem Bayerischen Innen- und Justizministerium abgestimmt worden sind, belegen die Meinung des Senats:

Es dürfen sprachliche und kulturelle Bildungsdefizite ausgeglichen werden, eine juristische Bewertung darf dagegen nicht erfolgen. Die Worte des Antragstellers sind ohne rechtliche Argumentationshilfe unter Ausgleich sprachlicher und kultureller Defizite niederzuschreiben. Ein Rechtsanwalt darf aber befragt werden, soweit ersichtlich ist, dass der Hilfeleistende, also der Beklagte oder wer auch immer, nur dessen Ratschläge und Formulierungen verwendet. Diese Grundsätze sind bei Vorfall gemäß a) gewahrt, denn entsprechend vorstehend Abschnitt b) handelt es sich bei aa) um eine Darstellung des Irakers, die der Beklagte lediglich unter Ausgleich des sprachlichen Defizits an den Rechtsanwalt weitergab (bb). cc) ist die zulässige Tätigkeit von Rechtsanwalt ..., die dieser über den Beklagten als Boten dem Iraker übermittelte (dd). Der Iraker entschied sich selbst (ee) und der Beklagte wurde als Schreibkraft tätig für Rechtsanwalt ... (ff). In letzterer Tätigkeit liegt sicherlich keine Rechtsbesorgung im Sinne des Rechtsberatungsgesetzes, auch wenn der Kläger nicht expressis verbis, aber de facto ausführen lässt, gemäß Art. 1 § 6 Abs. 1 Ziff. 2 RberG würden Schreibkräfte in Anwaltskanzleien beim Schreiben des Diktats bzw. dem Verbringen der Kanzleipost zum Briefkasten „Rechtsangelegenheiten erledigen". Vorgang gg) ist eine etwas missglückte caritative Hilfeleistung, Vorgang hh) ist wiederum sicherlich kein Verstoß gegen das Rechtsberatungsgesetz".

Leitsatz (redaktionell) (OVG Münster, Beschluss vom 29.11.2001, Az.:12 A 100/99)

Gerichtliche Vertretung ist Verbänden der freien Wohlfahrtspflege nicht erlaubt.

Aus den Gründen:

„... Das VG hat seine Entscheidung im Wesentlichen darauf gestützt, dass die Klägerin gemäß § 13 Abs. 5 Satz 1 SGB X zu Recht als Bevollmächtigte im Widerspruchsverfahren zurückgewiesen worden sei, weil ihr wiederholtes Auftreten als Bevollmächtigte in sozialhilferechtlichen Verfahren sich als geschäftsmäßige Besorgung fremder Rechtsangelegenheiten im Sinne von Art. 1 § 1 Abs. 1 Satz 1 RBerG dar-

stelle, die nach dieser Vorschrift der Erlaubnis der zuständigen Behörde bedürfe. Über eine solche Erlaubnis verfüge die Klägerin nicht. Auch durch die Ausnahmevorschrift des Art. 1 § 3 Nr. 1 RBerG werde ihr Auftreten als Bevollmächtigte in sozialhilferechtlichen Widerspruchsverfahren nicht gedeckt. Zwar nehme die Klägerin als Teil der evangelischen Landeskirche grundsätzlich auch mit ihrer Arbeit im „Zentrum für Sozial- und Migrationsberatung" an der Privilegierung teil, die Körperschaften des öffentlichen Rechts nach Art. 1 § 3 Nr. 1 RBerG erführen. Jedoch gehöre die in Rede stehende Vertretung im Widerspruchsverfahren nicht zu der nach dieser Vorschrift erlaubnisfreien Tätigkeit der „Rechtsberatung und Rechtsbetreuung". Bei einer Vertretung im sozialhilferechtlichen Widerspruchsverfahren handele es sich unzweifelhaft nicht um eine reine Rechtsberatung. Die Tätigkeit falle aber auch nicht unter den Begriff der „Rechtsbetreuung", und zwar selbst dann nicht, wenn man hierunter nicht nur eine im Innenverhältnis zwischen der betreuenden Stelle und dem Ratempfänger bleibende Vorsorge, sondern auch ein Tätigwerden für den Betreuten nach außen verstehe. Die Vertretung in streitigen Verwaltungsverfahren gehe – nicht anders als eine Vertretung vor Gericht – über ein bloßes nach außen gerichtetes Tätigwerden für einen anderen hinaus.

Dass der Begriff der Rechtsbetreuung nicht auch die Rechtsvertretung in streitigen Verwaltungs- und Gerichtsverfahren erfasse, ergebe sich auch aus der Begriffssystematik des Rechtsberatungsgesetzes. Der Gesetzgeber habe in die Ausnahmevorschrift des Art. 1 § 3 Nr. 1 – anders als in die Ausnahmevorschriften des Art. 1 § 3 Nr. 4 und 5 – nicht den alles umfassenden Oberbegriff der „Besorgung fremder Rechtsangelegenheiten" aufgenommen, sondern den Ausnahmetatbestand auf „die Rechtsberatung und Rechtsbetreuung" beschränkt. Dies mache deutlich, dass es neben der Rechtsberatung und der Rechtsbetreuung einen weiteren Bereich geben müsse, der den Oberbegriff der Rechtsbesorgung ausfülle. In diesen Bereich falle insbesondere die Rechtsvertretung zur Durchsetzung und Verwirklichung streitiger Rechtsansprüche, denn die streitige Rechtsvertretung sei die Tätigkeit, die erforderlich werde, wenn eine Rechtsberatung und Rechtsbetreuung nicht bereits zur Verwirklichung des Rechtsanspruchs geführt hätten.

Die weitgehende Autonomie der Kirchen in der Regelung eigener Angelegenheiten stehe diesem Ergebnis nicht entgegen. Auch die Kirchen seien gemäß Art. 140 GG i.V.m. Art. 137 Abs. 3 Satz 1 WRV an die Schranken der für alle geltenden Gesetze gebunden. Das Rechtsbehelfsvorbringen der Klägerin gibt keine Veranlassung, die Richtigkeit dieser Entscheidung ernstlich in Zweifel zu ziehen. Auf das Ergebnis eines am 24.02.1969 im Hinblick auf eine beabsichtigte Reform des Rechtsberatungsgesetzes geführten Gesprächs zwischen den beteiligten Bundesressorts, der Bundesarbeitsgemeinschaft der Freien Wohlfahrtsverbände und den angeschlossenen Organisationen, vgl. Knopp/Fichtner, BSHG, 7. Auflage, Nr. 37 zu § 8, kann die Klägerin sich nicht mit Erfolg berufen. Das gilt im Hinblick auf den bloß informellen Charakter der Absprache, der eine Rechtsbindung ausschließt, selbst dann, wenn das auf eine „Beratung" nach § 8 BSHG bezogene Gesprächsergebnis – wie die Klägerin entgegen dem klaren Wortlaut der Absprache annimmt – den Rückschluss gestatten sollte, die Gesprächsteilnehmer seien von einer Befugnis der Wohlfahrtsverbände zur geschäftsmäßigen Vertretung von Bedürftigen in sozialhilferechtlichen Widerspruchsverfahren ausgegangen. Das VG hat die Gründe, die einer solchen Befugnis entgegenstehen, mit Blick auf die Begriffssystematik des Rechtsberatungsgesetzes überzeugend dargelegt. Danach lässt sich insbesondere aus den Regelungen des Art. 1 § 3 RBerG nichts entnehmen, was eine unterschiedliche Beurteilung des

Auftretens eines Rechtsvertreters in einem Widerspruchsverfahren und seines Auftretens in einem Klageverfahren rechtfertigen könnte. Vgl. hierzu auch OVG NRW, Urteil vom 22.09.1998 – 24 A 4470/96 –, NVwZ-RR 1999, 585, und das dieser Entscheidung zugrunde liegende Urteil des VG Köln vom 18.07.1996 – 5 K 5617/94 – sowie VG Braunschweig, Urteil vom 27.08.1992 – 4 A 4038/91 – info also 1994, 236; LG Stuttgart, Urteil vom 21.06.2001 – 5 KfH O 21/01 – info also 2001, 167 (168); Rennen/Caliebe, RBerG, 3. Auflage, RdNr. 13 zu Art. 1 § 3 und Giese/Krahmer, SGB X, Rdnrn. 43 und 45 zu § 13 ...."

Bemerkung zur Übertragbarkeit der Rechtsprechung auf das neue Recht des SGB XII:

Die Rechtsprechung zur Zumutbarkeit von Erwerbstätigkeit wird wie die Rechtsprechung zur Beratung bzw. Unterstützung uneingeschränkt auf das neue Recht übertragbar sein.

§ 12 SGB XII   Leistungsabsprache

Vor oder spätestens bis zu vier Wochen nach Beginn fortlaufender Leistungen sollen in einer schriftlichen Leistungsabsprache die Situation der leistungsberechtigten Personen sowie gegebenenfalls Wege zur Überwindung der Notlage und zu gebotenen Möglichkeiten der aktiven Teilnahme in der Gemeinschaft gemeinsam festgelegt und die Leistungsabsprache unterzeichnet werden. Soweit es auf Grund bestimmbarer Bedarfe erforderlich ist, ist ein Förderplan zu erstellen und in die Leistungsabsprache einzubeziehen. Sind Leistungen im Hinblick auf die sie tragenden Ziele zu überprüfen, kann dies in der Leistungsabsprache näher festgelegt werden. Die Leistungsabsprache soll regelmäßig gemeinsam überprüft und fortgeschrieben werden. Abweichende Regelungen in diesem Buch gehen vor.

Mit der Leistungsabsprache soll die kooperative Vorgehensweise verstärkt werden, da die erfolgreiche Überwindung der Notlage wie auch die Stärkung der Selbsthilfe zur aktiven Teilnahme am Leben in der Gemeinschaft in vielfältiger Weise von der aktiven Mitwirkung der Leistungsberechtigten abhängig ist. Die Regelung konkretisiert insoweit § 1 Satz 3. Um eine einfache und flexible Handhabung zu erreichen, soll der Begriff der Leistungsabsprache klarstellen, dass es sich nicht um einen öffentlich-rechtlichen Vertrag handelt. Insbesondere bei komplexen Bedarfssituationen, die ein mehrstufiges Handeln erfordern, sind die verschiedenen Stufen und das voneinander abhängige Handeln der leistungsberechtigten Person und des Trägers der Sozialhilfe in einem untereinander abgestimmten Förderplan niederzulegen und in die allgemeine Leistungsabsprache einzubeziehen. Abweichende Regelungen z.B. über einen Gesamtplan werden nicht berührt. Der Zeitpunkt einer gemeinsamen Besprechung und Fortschreibung wird nicht gesetzlich festgelegt, sondern muss sich aus den Besonderheiten des Einzelfalls ergeben.

§ 13 SGB XII   Leistungen für Einrichtungen, Vorrang anderer Leistungen

(1) Die Leistungen können entsprechend den Erfordernissen des Einzelfalles für die Deckung des Bedarfs außerhalb von Einrichtungen (ambulante Leistungen), für teilstationäre oder stationäre Einrichtungen (teilstationäre oder stationäre Leistungen) erbracht werden. Stationäre Einrichtungen sind Einrichtungen, in denen Leistungsberechtigte leben und die erforderlichen Hilfen erhalten. Vorrang haben ambulante

Leistungen vor teilstationären und stationären Leistungen sowie teilstationäre vor stationären Leistungen. **Der Vorrang der ambulanten Leistung gilt nicht, wenn eine Leistung für eine geeignete stationäre Einrichtung zumutbar und eine ambulante Leistung mit unverhältnismäßigen Mehrkosten verbunden ist. Bei der Entscheidung ist zunächst die Zumutbarkeit zu prüfen. Dabei sind die persönlichen, familiären und örtlichen Umstände angemessen zu berücksichtigen. Bei Unzumutbarkeit ist ein Kostenvergleich nicht vorzunehmen.**

(2) Einrichtungen im Sinne des Absatzes 1 sind alle Einrichtungen, die der Pflege, der Behandlung oder sonstigen nach diesem Buch zu deckenden Bedarfe oder der Erziehung dienen.

In der Vorschrift werden die bisher auf verschiedene Stellen im Bundessozialhilfegesetz verteilten Regelungen zum Verhältnis der ambulanten, teilstationären und stationären Leistungen zusammengefasst und präzisiert. Anknüpfend an die Regelung des bisherigen § 3a des Bundessozialhilfegesetzes wird mit der Regelung des Absatzes 1 verdeutlicht, dass die Flexibilisierung der Leistungen immer stärker an Bedeutung gewinnt. Die Neufassung erfolgt, weil die Anwendung der Vorschrift in der Sozialhilfepraxis zum Teil zu Auslegungsproblemen führte. Die Vorrangregelung des Satzes 3 soll soweit möglich strikt durchgehalten werden, erfordert jedoch in Ausnahmefällen eine Abweichung, die in den folgenden Sätzen geregelt wird. Wenn der Träger der Sozialhilfe auf eine stationäre Leistung anstelle einer ambulanten Leistung verweisen möchte, setzt dies zunächst voraus, dass dem Hilfebedarf der Leistungsberechtigten im Hinblick auf ihre persönliche und familiäre Situation und auf ihr Alter Rechnung getragen wird. Es verbietet sich also je nach den bestehenden Umständen des Einzelfalls die Verweisung eines jungen pflegebedürftigen Menschen in ein Altenheim, in dem er dauerhaft mit alten Menschen zusammenleben müsste. Erweist sich eine stationäre Hilfe unter Abwägung der vorgenannten Gesichtspunkte bereits als unzumutbar, bleibt für die Prüfung der Unverhältnismäßigkeit der Mehrkosten für den Träger der Sozialhilfe kein Raum. Absatz 2 enthält eine Legaldefinition von „Einrichtungen" im Sinne des Absatzes 1, die aus dem bisherigen § 97 Abs. 4 des Bundessozialhilfegesetzes entnommen ist.

§ 14 SGB XII   Vorrang von Prävention und Rehabilitation

(1) Leistungen zur Prävention oder Rehabilitation sind zum Erreichen der nach dem Neunten Buch mit diesen Leistungen verbundenen Ziele vorrangig zu erbringen.

(2) Die Träger der Sozialhilfe unterrichten die zuständigen Rehabilitationsträger und die Integrationsämter, wenn Leistungen zur Prävention oder Rehabilitation geboten erscheinen.

In Absatz 1 wird der Vorrang von Prävention oder Rehabilitation vor der Inanspruchnahme von Pflegeleistungen als ein wesentliches Ziel der Gesundheitspolitik festgeschrieben. Die Leistungen zur Prävention oder Rehabilitation zielen darauf ab, den Zeitpunkt der Pflegebedürftigkeit und der Behinderung hinauszuschieben, Pflegebedürftigkeit oder Behinderung zu mindern oder sogar ganz zu vermeiden. Diese Leistungen sind nicht zuletzt auch wegen ihrer positiven wirtschaftlichen Auswirkungen von hoher Bedeutung. Nach Absatz 2 sollen die zuständigen Träger der Sozialhilfe die zuständigen Leistungsträger informieren, damit die zur Verfügung stehenden Leistungen der Prävention oder Rehabilitation uneingeschränkt und unverzüglich erfolgen können.

§ 15 SGB XII   Vorbeugende und nachgehende Leistungen

(1) Die Sozialhilfe soll vorbeugend geleistet werden, wenn dadurch eine drohende Notlage ganz oder teilweise abgewendet werden kann. § 47 ist vorrangig anzuwenden.

(2) Die Sozialhilfe soll auch nach Beseitigung einer Notlage geleistet werden, wenn dies geboten ist, um die Wirksamkeit der zuvor erbrachten Leistung zu sichern. § 54 ist vorrangig anzuwenden.

Die Regelung überträgt inhaltsgleich den bisherigen § 6 des Bundessozialhilfegesetzes.

Leitsatz (BVerwG, Urteil vom 18.10.1990, Az.: 5 C 51/86)

§ 6 Abs. 2 Satz 1 BSHG eignet sich nicht, um einen „Nachholbedarf" zu befriedigen, dem keine der gesetzlichen Arten der Sozialhilfe entspricht.

Aus den Gründen:

„Am 12. September 1985 hat die Klägerin vor dem Verwaltungsgericht Klage erhoben. Sie hat u.a. beantragt, den Beklagten zu verpflichten, ihr von der Arbeitslosenhilfenachzahlung einen Betrag von 1.000 DM „freizugeben". Dies hat sie u.a. mit hohen Kosten eines Unterhaltsprozesses gegen den Vater ihrer Kinder und mit Aufwendungen für Versicherungen begründet. Das Verwaltungsgericht hat der Klage teilweise stattgegeben, indem es unter Abweisung der Klage im Übrigen den Beklagten zur Bescheidung des Freigabeantrags nach der Rechtsauffassung des Gerichts verpflichtete. Gegen dieses Urteil haben sowohl die Klägerin als auch der Beklagte Berufung eingelegt. Der Verwaltungsgerichtshof hat beide Rechtsmittel zurückgewiesen, das des Beklagten mit der Maßgabe, dass dieser bei der Bescheidung des Freigabeantrags der Klägerin die Rechtsansicht des Berufungsgerichts zu beachten habe. Hierzu führt der Verwaltungsgerichtshof im Wesentlichen aus: Die Klage sei nach § 75 VwGO zulässig. In der Sache sei die Berufung des Beklagten aber nicht begründet, weil auch nach dem Inkrafttreten des § 104 SGB X am 1. Juli 1983 der Träger der Sozialhilfe über einen Antrag des Hilfeempfängers, eine Erstattungsleistung (teilweise) freizugeben, nach pflichtgemäßem Ermessen entscheiden müsse. Zwar sei in dieser Vorschrift nur die Erstattungspflicht des vorrangig zur Leistung verpflichteten Trägers geregelt und berühre die Neuregelung der Erstattungsansprüche der Sozialleistungsträger untereinander grundsätzlich nicht das Verhältnis des Trägers der Sozialhilfe zum Hilfeempfänger. Doch sei bei der Abwicklung eines Erstattungsanspruchs nach § 104 SGB X die Anwendung sozialhilferechtlicher Grundsätze nicht ausgeschlossen; die Vorschrift begründe keine Pflicht des einzelnen Trägers, den Anspruch in voller Höhe geltend zu machen. Sinn und Zweck des vom Bundesverwaltungsgericht entwickelten Instituts der „Freigabe" sowie die Interessenlage hätten sich durch die Kodifikation des Erstattungsrechts der Sozialleistungsträger nicht entscheidend geändert. Hätte der Gesetzgeber in Kenntnis der Rechtsprechung des Bundesverwaltungsgerichts eine „Freigabe"-Entscheidung ausschließen wollen, hätte er dies zum Ausdruck bringen müssen. § 107 Abs. 1 SGB X – wonach der Anspruch des Berechtigten gegen den zur Leistung verpflichteten Leistungsträger als erfüllt gelte, soweit ein Erstattungsanspruch bestehe – schließe einen „Anspruch auf Freigabe" nicht aus, weil der Berechtigte durch die Freigabe eine zusätzli-

che Leistung zu einem anderen Zweck erhalte. „Freigabe" (einer Erstattungsleistung) bedeute (nämlich), dass der Hilfeempfänger über seine ursprüngliche Forderung gegen den Sozialleistungsträger hinaus tatsächlich ein „Mehr" erhalten solle, damit er einen sozialhilferechtlich bedeutsamen Nachholbedarf befriedigen könne. Eine Ermessensentscheidung habe der Träger der Sozialhilfe nach § 4 Abs. 2 BSHG zu treffen....

Das angefochtene Berufungsurteil stellt sich auch nicht aus anderen Gründen als richtig dar. Eine gesetzliche Grundlage für die von der Klägerin begehrte „Freigabe" findet sich auch nicht in den Vorschriften über die Gewährung von Sozialhilfe. Insbesondere lässt sich das vorliegend zu beurteilende Klagebegehren nicht auf die Regelung des § 6 Abs. 2 Satz 1 BSHG über nachgehende Sozialhilfe stützen. Danach soll Sozialhilfe auch nach Beseitigung einer Notlage gewährt werden, wenn dies geboten ist, um die Wirksamkeit der zuvor gewährten Hilfe zu sichern. Diese Bestimmung eignet sich indessen nicht, um einen „Nachholbedarf" des Sozialhilfeempfängers sozialrechtlich zu berücksichtigen, wie ihn die Vorinstanzen in Betracht gezogen haben. § 6 BSHG berechtigt nicht zu Leistungen eigener Art, sondern steht rechtlich im Zusammenhang mit der jeweiligen Hilfeart (siehe auch Gottschick/Giese, Das Bundessozialhilfegesetz, Komm., 9. Aufl. 1985, § 6 RdNr. 2.1; Mergler, in: Mergler/Zink, Bundessozialhilfegesetz, Komm., 4. Aufl., Stand August 1989, § 6 RdNr. 7). Die Bestimmung ermächtigt und verpflichtet den Träger der Sozialhilfe zu prüfen, ob der Zweck der Sozialhilfe nicht dadurch besser erreicht werden kann, dass die einzelnen Leistungen bereits vor Eintritt der Notlage oder auch nach ihrer Beseitigung gewährt werden; sie müssen aber in jedem Fall in die gesetzlichen Kategorien von Sozialhilfe einzuordnen sein (siehe auch Oestreicher/Schelter/Kunz, Bundessozialhilfegesetz, Komm., Stand März 1990, § 6 RdNr. 3 a.E.). Dies ist hier nicht der Fall. Dem in Rede stehenden Bedarf (u.a. Kosten eines Unterhaltsprozesses, rückständige Beiträge zu Versicherungen) entspricht keine der Arten der Sozialhilfe (Hilfe zum Lebensunterhalt oder Hilfe in besonderen Lebenslagen). Auch hier schließt es § 31 SGB I aus, den Beklagten – sei es auch nur im Sinne einer Verpflichtung zu ordnungsgemäßem Ermessensgebrauch – für verpflichtet zu halten, die von ihm in Anspruch genommene Arbeitslosenhilfenachzahlung – ganz oder teilweise – gewissermaßen als „Nachschlag" zur bereits gewährten Hilfe zum Lebensunterhalt an die Klägerin weiterzuleiten."

Bemerkung zur Übertragbarkeit der Rechtsprechung auf das neue Recht des SGB XII:

Diese vorstehend geschilderte Rechtsprechung wird auf das neue Recht übertragbar sein.

§ 16 SGB XII   Familiengerechte Leistungen

Bei Leistungen der Sozialhilfe sollen die besonderen Verhältnisse in der Familie der Leistungsberechtigten berücksichtigt werden. Die Sozialhilfe soll die Kräfte der Familie zur Selbsthilfe anregen und den Zusammenhalt der Familie festigen.

Die Regelung überträgt inhaltsgleich den bisherigen § 7 des Bundessozialhilfegesetzes.

Leitsatz (redaktionell) (Urteil des BVerwG vom 09.06.1983, Az.: 5 C 12/82)

Der Begriff der Familie im Sinne des Bundessozialhilfegesetzes ist bedeutend weiter gefasst als der des Grundgesetzes.

Aus den Gründen:

„Im Urteil vom 31. März 1977 (BVerwGE 52, 214; FEVS 25, 265; FamRZ 1977, 541; NDV 1977, 320; ZfS 1977, 325; ZfSH 1977, 249) hat der erkennende Senat ausgeführt, dass das Jugendwohlfahrtsgesetz keine Rechtsgrundlage für eine Jugendhilfe enthält, die ausschließlich in wirtschaftlicher Hilfe – gemeinhin (mißverständlich) als Pflegegeld bezeichnet – besteht. Dieses Gesetz ist seinem Gegenstand nach ein „Erziehungs"-Gesetz. Sein Anliegen ist es, das Recht des Kindes auf Erziehung zur leiblichen, seelischen und gesellschaftlichen Tüchtigkeit zu gewährleisten (§ 1 Abs. 1 JWG; vgl. auch die Absätze 2 und 3 dieser Vorschrift sowie § 3 Abs. 1, § 5 Absätze 1 und 3, § 6 und die Vorschriften, mit denen die Erziehungsbeistandschaft, die Freiwillige Erziehungshilfe und die Fürsorgeerziehung – §§ 55 bis 77 JWG – geregelt sind). Dementsprechend steht die notwendige Hilfe zur Erziehung im Vordergrund. Die darüber hinaus erwähnte, mit der erzieherischen Hilfe nicht identische, vielmehr der Sicherstellung des notwendigen Lebensunterhalts des Minderjährigen dienende wirtschaftliche Hilfe ist nach § 6 Abs. 2 JWG nicht als solche zu gewähren, sondern – sofern ein Bedarf besteht – nur im Gefolge einer Hilfe zur Erziehung, die einem Minderjährigen nach den §§ 4 oder 5 JWG zuteil wird. Voraussetzung für die Gewährung wirtschaftlicher Hilfe ist also, dass die Unterbringung des Minderjährigen in einer Familie außerhalb des Elternhauses, in einem Heim oder in einer sonstigen Einrichtung eine Maßnahme im Rahmen einer Hilfe zur Erziehung ist. § 6 Abs. 2 JWG gibt mithin keine Rechtsgrundlage dafür her, den notwendigen Lebensunterhalt eines außerhalb des Elternhauses lebenden Minderjährigen allein aus diesem Grunde mit wirtschaftlicher Hilfe in der Rechtsform der Jugendhilfe zu decken.

Hieran hält der Senat fest. Die Sicherstellung des notwendigen Lebensunterhalts eines Minderjährigen ist Aufgabe der Sozialhilfe, wenn sie nicht vorrangig nach anderen Gesetzen (z.B. dem Bundesausbildungsförderungsgesetz, dort § 11 Abs. 1; dem Bundesversorgungsgesetz, dort § 27 Abs. 1) zu geschehen hat. Das gilt nicht nur für Minderjährige, die mit ihren Eltern in Haushaltsgemeinschaft leben (vgl. § 11 Abs. 1 Satz 2 Halbs. 2 BSHG), sondern auch für Minderjährige, die mit Verwandten oder Verschwägerten in Haushaltsgemeinschaft leben; denn nach § 16 Satz 1 BSHG ist zu vermuten, dass der Minderjährige von ihnen die Leistungen zum Lebensunterhalt erhält. Wird diese Vermutung widerlegt, dann ist Hilfe zum Lebensunterhalt zu gewähren, und zwar nach dem Bundessozialhilfegesetz (§ 16 Satz 2 dieses Gesetzes), nicht aber nach dem Jugendwohlfahrtsgesetz. Bestätigt wird dies durch die in § 3 Abs. 3 der Regelsatz-Verordnung vom 20. Juli 1962 (BGBl. I S. 515) getroffene Regelung, dass die laufenden Leistungen zum Lebensunterhalt in der Regel abweichend von den Regelsätzen in Höhe der tatsächlichen Kosten der Unterbringung gewährt werden (sofern sie einen angemessenen Umfang nicht übersteigen), wenn jemand in einer anderen Familie oder bei einer anderen Person als bei seinen Eltern oder einem Elternteil untergebracht wird." ...

Bemerkung zur Übertragbarkeit der Rechtsprechung auf das neue Recht des SGB XII:

Diese Rechtsprechung wird auf das neue Recht übertragbar sein, zumal das SGB XII selbst bei der „Vermutung der Bedarfsdeckung" (§ 36 SGB XII) von einer erweiterten Gemeinschaft ausgeht.

§ 17 SGB XII   Anspruch

(1) Auf Sozialhilfe besteht ein Anspruch, soweit bestimmt wird, dass die Leistung zu erbringen ist. Der Anspruch kann nicht übertragen, verpfändet oder gepfändet werden.

(2) Über Art und Maß der Leistungserbringung ist nach pflichtmäßigem Ermessen zu entscheiden, soweit das Ermessen nicht ausgeschlossen wird. Werden Leistungen auf Grund von Ermessensentscheidungen erbracht, sind die Entscheidungen im Hinblick auf die sie tragenden Gründe und Ziele zu überprüfen und im Einzelfall gegebenenfalls abzuändern.

Die Regelung überträgt inhaltsgleich den bisherigen § 4 des Bundessozialhilfegesetzes in der Begrifflichkeit des Ersten Buches. Absatz 2 konkretisiert allgemeine Prinzipien öffentlichen Verwaltungshandelns, um eine qualifizierte und zielgerechte Leistungserbringung zu gewährleisten. Die Umsetzung im Einzelnen bleibt dabei den Trägern der Sozialhilfe überlassen.

Vorliegen gegenwärtiger Notlage

Leitsatz (redaktionell) (VGH Baden-Württemberg, Urteil vom 18.10.1977, Az.: VI 478/77)

Der Sozialhilfeanspruch besteht nur, wenn gegenwärtig noch Bedarf besteht. Es wird keine Sozialhilfe für abgelaufene Zeiträume gewährt.

Leitsatz (redaktionell) (BVerwG, Urteil vom 02.05.1965, Az.: V C 63.64)

Lässt sich nicht aufklären, ob Hilfsbedürftigkeit vorliegt, so geht dies zu Lasten desjenigen, der Ansprüche auf Sozialhilfe geltend macht.

Aus den Gründen:

„... Soweit die Klägerin Erstattung der durch die Kohlenbevorratung entstandenen Kosten verlangt, ist die Klage zu Recht als unbegründet abgewiesen worden. Die Klage ist insoweit auf die Befriedigung von Schulden der Klägerin gerichtet. Es ist aber nicht Aufgabe der Sozialhilfebehörden, Schulden zu tilgen, die der Hilfsbedürftige eingegangen ist, es sei denn, dass die Entstehung der Schulden auf das säumige Verhalten der Sozialhilfebehörden zurückzuführen ist. Ein derartiges säumiges Verhalten der Sozialhilfebehörden kann aber schon deshalb nicht angenommen werden, weil die Klägerin die Kohlen bereits vor Beginn der Heizungsperiode 1962/1963

beschafft hat, also zu einem Zeitpunkt, in dem ein tatsächlicher Heizungsbedarf noch nicht vorlag. Ob die Bevorratung mit Kohlen üblich und wegen der niedrigeren Sommerpreise zweckmäßig ist, ist hierbei ohne Bedeutung; denn es ist Sache der Sozialhilfebehörden, diese Umstände zur Entlastung des öffentlichen Haushaltes in Betracht zu ziehen. Dem Hilfsbedürftigen gegenüber sind sie allein verpflichtet, einen während der Heizperiode auftretenden Bedarf zu befriedigen." ...

Bemerkung zur Übertragbarkeit der Rechtsprechung auf das neue Recht des SGB XII:

Diese Rechtsprechung ist zweifellos auf das neue Recht übertragbar, zumal auch im SGB XII (hier in § 18) das Bedarfsdeckungsprinzip verankert wurde, dessen Teilaspekt eben auch das Vorliegen gegenwärtiger Notlage ist.

Verlangen von Verwendungsnachweisen

Leitsatz (OVG Berlin, Beschluss vom 27.08.1987, Az.: 6 S 74.87)

Da der Sozialhilfeträger gehalten ist, auf die Beseitigung ihm bekannter Notlagen hinzuwirken und für eine zweckentsprechende Verwendung von Sozialhilfemitteln Sorge zu tragen, kann er grundsätzlich von Sozialhilfeempfängern die Führung des Verwendungsnachweises hinsichtlich bewilligter Mittel, mithin die Vorlage entsprechender Rechnungen verlangen, ohne dass Anhaltspunkte für eine Zweckentfremdung der Mittel vorliegen müssen.

Bemerkung zur Übertragbarkeit der Rechtsprechung auf das neue Recht des SGB XII:

Auch diese Rechtsprechung ist auf das neue Recht übertragbar, da insofern keine Änderungen zu verzeichnen sind. Im Hinblick auf die Regelung des Absatzes 2 Satz 2, die neu aufgenommen worden ist, um eine qualifizierte und zielgerichtete Leistungsgewährung zu erreichen, ist die Übertragung dieser Rechtsprechung sogar geboten.

§ 18 SGB XII   Einsetzen der Sozialhilfe

(1) Die Sozialhilfe, mit Ausnahme der Leistungen der Grundsicherung im Alter und bei Erwerbsminderung, setzt ein, sobald dem Träger der Sozialhilfe oder den von ihm beauftragten Stellen bekannt wird, dass die Voraussetzungen für die Leistung vorliegen.

(2) Wird einem nicht zuständigen Träger der Sozialhilfe oder einer nicht zuständigen Gemeinde im Einzelfall bekannt, dass Sozialhilfe beansprucht wird, so sind die darüber bekannten Umstände dem zuständigen Träger der Sozialhilfe oder der von ihm beauftragten Stelle unverzüglich mitzuteilen und vorhandene Unterlagen zu übersenden. Ergeben sich daraus die Voraussetzungen für die Leistung, setzt die Sozialhilfe zu dem nach Satz 1 maßgebenden Zeitpunkt ein.

Die Regelung überträgt inhaltsgleich den bisherigen § 5 des Bundessozialhilfegesetzes.

Einsetzen des Anspruchs auf Sozialhilfe mit Bekanntwerden der Voraussetzungen

---

Leitsatz (redaktionell) (BVerwG, Urteil vom 04.02.1988, Az.: 5 C 89/85)

Die Hilfegewährungsvoraussetzungen müssen noch vorliegen, wenn nach Ablauf der Heizperiode eine Nachzahlung für Heizkosten übernommen werden soll.

Aus den Gründen:

„Die Revision ist auch begründet. Das Berufungsgericht hätte die Berufung der Klägerin gegen den Gerichtsbescheid des Verwaltungsgerichts vom 16. Juli 1985 zurückweisen müssen; denn das Verwaltungsgericht hat die Klage zu Recht mit der Begründung abgewiesen, dass nach § 97 Abs. 1 Satz 1 des Bundessozialhilfegesetzes (BSHG) in der Fassung der Bekanntmachung vom 24. Mai 1983 (BGBl. I S. 613) nicht die Beklagte örtlich zuständig war, den aufgrund der Antragstellung der Klägerin im Oktober 1984 entstandenen Hilfefall zu regeln; die Beklagte ist mithin für das mit der Klage geltend gemachte Begehren nicht passivlegitimiert. Nach dieser Vorschrift richtet sich die örtliche Zuständigkeit eines Trägers der Sozialhilfe nach dem tatsächlichen Aufenthalt des Hilfesuchenden. Daraus ergibt sich allerdings noch nicht ohne weiteres, auf welchen Zeitpunkt dabei abzustellen ist. Er ergibt sich jedoch aus dem das Sozialhilferecht prägenden und vom Bundesverwaltungsgericht in ständiger Rechtsprechung hervorgehobenen Grundsatz, dass die Sozialhilfe dazu dient, eine g e g e n w ä r t i g e Notlage zu beheben (z.B. Urteil vom 19. Juni 1980 <BVerwGE 60, 236> und Urteil vom 9. Februar 1984 <BVerwGE 69, 5>), wobei „Gegenwart" den Zeitpunkt des Bekanntwerdens der Notlage – ggf. durch eine Antragstellung des Hilfesuchenden – bei dem Träger der Sozialhilfe bedeutet (vgl. Bundesverwaltungsgericht, Urteil vom 13. Januar 1983 <BVerwGE 66, 335>). Hiermit nicht zu vereinbaren ist die Ansicht des Verwaltungsgerichtshofs und des Oberverwaltungsgerichts für das Land Nordrhein-Westfalen (siehe dessen Urteil vom 17. Oktober 1986 <NDV 1987, 234>), für die Feststellung der örtlichen Zuständigkeit nach § 97 Abs. 1 Satz 1 BSHG werde die „Gegenwärtigkeit" des tatsächlichen Aufenthalts des Hilfesuchenden ungeachtet des von diesem inzwischen vollzogenen Ortswechsels danach bestimmt, ob dem Träger der Sozialhilfe, in dessen Bereich der Hilfesuchende sich zuvor tatsächlich aufgehalten hatte, die Notlage, die bei Zugrundelegung der vom Verwaltungsgerichtshof im Weiteren vertretenen Auffassung eine solche in der Vergangenheit war, schon damals bekannt war; und dieses Bekanntsein folgert der Verwaltungsgerichtshof zum einen aus dem während der vergangenen Heizperiode vorhanden gewesenen realen Bedarf an Heizung und zum anderen aus dem bekannten Umstand, dass bei Vorauszahlungen auf Heizungskosten der Bedarf tatsächlich höher sein kann als die Summe der vom Träger der Sozialhilfe übernommenen Vorauszahlungsbeträge. Maßgeblicher Grund für diese Ansicht ist die Befürchtung des Verwaltungsgerichtshofs, dass andernfalls überhaupt kein Hilfeanspruch mehr bestehen könnte, weil der Träger der Sozialhilfe, in dessen Bereich der Hilfesuchende sich im Zeitpunkt der vom früheren Vermieter gegen ihn geltend gemachten Nachforderung gegenwärtig tatsächlich aufhält, die Hilfegewährung unter Berufung auf § 5 BSHG ablehnen dürfte.

Diese Befürchtung ist bei richtigem Verständnis des „Bedarfs" sowie der vom Mieter zu leistenden Vorauszahlungen und der von ihm etwa zu leistenden Nachzahlung unbegründet. Vielmehr würde gerade die vom Verwaltungsgerichtshof vertretene Auffassung befürchten lassen müssen, dass einerseits einer bestehenden tatsächlichen Hilfebedürftigkeit u. U. nicht abgeholfen werden könnte und dass andererseits Sozialhilfe noch zu leisten wäre, obwohl Hilfebedürftigkeit nicht mehr besteht. Bei alledem handelt es sich übrigens nicht um eine auf den Fall des Wechsels des tatsächlichen Aufenthaltes beschränkte, also nur die Anwendung des § 97 Abs. 1 Satz 1 BSHG betreffende Problematik. Im Hinblick auf den das Sozialhilferecht prägenden Grundsatz, dass für die Vergangenheit Hilfe nicht zu gewähren ist, ist sie auch bei unveränderter örtlicher Zuständigkeit des in der Vergangenheit einmal tätig gewordenen Trägers der Sozialhilfe von Bedeutung.

Im Einzelnen: Der Träger der Sozialhilfe kann die notwendige Wärme nicht in natura bereitstellen, namentlich dann nicht, wenn der Hilfesuchende eine zentralbeheizte Unterkunft bewohnt. Der „Bedarf" besteht daher gerade in diesem Fall darin, dass der Träger der Sozialhilfe dem Hilfesuchenden Geldmittel zur Verfügung stellt, die dieser benötigt, um die Lieferung der Wärme durch den Vermieter bezahlen zu können (vgl. auch § 3 Abs. 2 der Verordnung zur Durchführung des § 22 BSHG vom 20. Juli 1962 <BGBl. I S. 515>). Da sich im Vorhinein weder die in der kalten Jahreszeit zum Zwecke ausreichender Erwärmung der Unterkunft erforderliche Wärmemenge noch der dafür erforderliche Kostenaufwand feststellen lassen, beschränken sich die Berechtigung des Vermieters und die Verpflichtung des Mieters auf die Forderung bzw. Zahlung von Vorausleistungen (vgl. dazu § 4 Abs. 1 Satz 1 des Gesetzes zur Regelung der Miethöhe = Art. 3 des Zweiten Wohnraumkündigungsschutzgesetzes vom 18. Dezember 1974 <BGBl. I S. 3603>), und zwar sogar während der Monate, in denen eine Beheizung der Unterkunft tatsächlich nicht erforderlich ist. Das bestätigt, dass auch aus der Sicht des Hilfesuchenden der sozialhilferechtliche Bedarf in der Übernahme der von der Jahreszeit unabhängig regelmäßig zu leistenden Geldbeträge besteht, nicht aber in dem realen Bedarf an Wärme. Dieser Umstand und der weitere Umstand, dass in den jeweiligen Zeitpunkten der Leistung der Vorauszahlungen ungewiß ist, ob diese zu niedrig oder zu hoch bemessen sind, zwingen dazu, die „Gegenwärtigkeit" der Bedarfslage nach dem jeweiligen Zeitpunkt des Entstehens und der Fälligkeit der Vorauszahlungen einerseits und der Nachzahlung andererseits zu beurteilen. Der Anspruch des Vermieters auf Nachzahlung von Kosten der Beheizung kann erst entstehen (und fällig werden), wenn er sich am Ende der vereinbarten Rechnungsperiode anhand der dann bekannten Daten feststellen lässt. Diese Betrachtung wird dadurch bestätigt, dass im umgekehrten Fall – die Vorauszahlungen haben sich im Nachhinein als zu hoch bemessen erwiesen – die Forderung des Mieters auf Erstattung erst mit der Feststellung der tatsächlichen Kosten entstehen (fällig werden) kann; es handelt sich nicht um auf die Monate der Vorauszahlungen rückwirkend verteilte Zuvielzahlungen mit der Folge, dass sich im Fall einer Übernahme der zu hohen Vorausleistungen auf die Heizkosten durch den Träger der Sozialhilfe die Hilfegewährung rückwirkend als zum Teil rechtswidrig herausstellt. Eine gegenteilige Betrachtung wäre auch mit der im Urteil des Bundesverwaltungsgerichts vom 21. Juni 1979 (BVerwGE 58, 146) vertretenen Auffassung nicht zu vereinbaren.

Auf der Grundlage der vorstehend dargelegten Rechtsauffassung erledigt sich das vom Verwaltungsgerichtshof angeführte, besonders vom Oberverwaltungsgericht für das Land Nordrhein-Westfalen (a.a.O.) bei seiner Auseinandersetzung mit der vom Oberverwaltungsgericht Rheinland-Pfalz in dessen Urteil vom 21. Dezember 1978

(FEVS 28, 210) vertretenen, anders lautenden Ansicht betonte Argument, der Hilfesuchende fordere mit dem Begehren, dass der Nachzahlungsbetrag übernommen werden solle, Hilfe für die Vergangenheit oder – anders gewendet – die Übernahme einer Schuld. Als unbegründet erweist sich ferner die Befürchtung des Verwaltungsgerichtshofs, es könnte – folgte man seiner Ansicht nicht – überhaupt kein Hilfeanspruch mehr bestehen. Schließlich kommt es nicht auf die mit dem Urteil des Bundesverwaltungsgerichts vom 13. Januar 1983 (BVerwGE 66, 335) nicht vereinbare Erwägung des Oberverwaltungsgerichts Rheinland-Pfalz in dessen soeben erwähntem Urteil an, dass bei einem Ortswechsel des Hilfeempfängers der „neue" Träger der Sozialhilfe sich die Betreuung durch den „alten" Träger der Sozialhilfe zurechnen lassen müsse. Letztlich ist die Befürchtung des Oberbundesanwalts nicht begründet, die Wirksamkeit der Hilfe könnte beeinträchtigt werden. Gerade weil – besteht in dem Zeitpunkt, in dem ein Nachzahlungsbetrag entsteht und fällig wird, Hilfebedürftigkeit – der Träger der Sozialhilfe, in dessen Bereich sich der hilfebedürftige Schuldner des Nachzahlungsbetrages nunmehr tatsächlich aufhält, Hilfe leisten muss (vorausgesetzt, diese Hilfebedürftigkeit wird insbesondere durch Antragstellung bekannt), braucht der frühere Vermieter nicht um sein Geld zu bangen. Dieser Fall könnte aber eintreten, pflichtete man den Überlegungen des Berufungsgerichts zur Hilfebedürftigkeit und zum für sie maßgeblichen Beurteilungszeitpunkt bei; denn der Verwaltungsgerichtshof müsste auf der Grundlage seiner Ansicht, für die Hilfebedürftigkeit sei auf die „damaligen Verhältnisse" abzustellen, „konsequenterweise" denjenigen „leer ausgehen" lassen, der früher (Verwaltungsgerichtshof: nach den „damaligen Verhältnissen") mindestens zeitweise in der Lage gewesen war, die Heizungskosten – sowohl die Vorauszahlungen als auch einen Nachzahlungsbetrag, wäre er damals – schon bekannt gewesen – mit eigenen Mitteln zu bezahlen, aber gerade gegenwärtig, da er den Nachzahlungsbetrag bezahlen soll, hierzu mangels ausreichender Mittel außerstande ist. Hiervon abgesehen würde es in einem solchen Fall auf der Grundlage der Ansicht des Verwaltungsgerichtshofs an einem Anknüpfungspunkt für das Tätigwerden des „alten" Trägers der Sozialhilfe fehlen. Umgekehrt würde – legte man die Auffassung des Berufungsgerichts zugrunde – ein Mieter ungerechtfertigt begünstigt werden, der zwar hilfebedürftig war , als er im Rahmen seines (wegen Wechsels der Wohnung in der Gegenwart nicht mehr bestehenden) Mietverhältnisses Vorauszahlungen auf die ihrer Höhe nach noch nicht endgültig feststehenden Kosten der Beheizung zu leisten hatte, der aber in dem Zeitpunkt, in dem der (frühere) Vermieter eine nunmehr erst festgestellte Nachzahlung fordert, nicht mehr hilfebedürftig ist, weil er z.B. inzwischen (wieder) ausreichendes Einkommen erzielt. Während jener Mieter gegenwärtig der Hilfe bedarf, bedarf dieser Mieter ihrer nicht.

All dem lässt sich nicht entgegenhalten: Hätten Vermieter und Mieter die Vorauszahlungsbeträge zufällig gerade in der Höhe vereinbart, dass ihre Summe der am Ende festgestellten Gesamtschuld an Heizungskosten entsprochen hätte, oder hätten sie die Vorauszahlungen sogar zu hoch vereinbart, dann hätte der Träger der Sozialhilfe damals diese Beträge in dieser Höhe übernommen, also müsse er – seien die Vorauszahlungen zu gering bemessen gewesen, so dass er damals weniger zu übernehmen brauchte – auch den Nachzahlungsbetrag übernehmen. Bei dieser Überlegung wird übersehen, dass es im Sozialhilferecht auf die tatsächliche Lage des Hilfesuchenden ankommt, nicht auf Gegebenheiten, die hätten sein können (vgl. dazu das Urteil des Bundesverwaltungsgerichts vom 20. Oktober 1981 – BVerwG 5 C 16.80 – <Buchholz 436.0 § 120 BSHG Nr. 3 S. 5 f. = FEVS 31, 45>). Die tatsächliche Lage wird aber durch das Entstehen von Zahlungsverpflichtungen des Mieters zu unterschiedlichen Zeitpunkten bestimmt. Bei zu gering bemessenen Vorauszahlun-

gen hat der Mieter (Hilfesuchende) tatsächlich nur diese zu leisten. Dementsprechend besteht – mangelt es ihm an ausreichenden eigenen Mitteln – nur insoweit Hilfebedürftigkeit. Nicht anders verhält es sich mit der Forderung, Heizungskosten nachzuzahlen. Sie ist erst im Zeitpunkt ihres Entstehens und ihrer Geltendmachung eine Tatsache. Der Träger der Sozialhilfe braucht Mittel zu ihrer Erfüllung nur zur Verfügung zu stellen, wenn der Mieter in diesem Zeitpunkt („gegenwärtig") tatsächlich hilfebedürftig ist. Welcher Träger der Sozialhilfe dies ist, richtet sich nach dem tatsächlichen Aufenthalt des Hilfesuchenden zu diesem Zeitpunkt (§ 97 Abs. 1 Satz 1 BSHG). Allein auf diese Weise werden der mit dieser Vorschrift verfolgte Sinn und Zweck erreicht: Den Hilfefall sollte der ortsnahe Träger der Sozialhilfe regeln. Das betrifft vornehmlich die Feststellungen zu den persönlichen und wirtschaftlichen Verhältnissen des Hilfesuchenden. Der „ferne" Träger der Sozialhilfe könnte dies nur unter Inanspruchnahme der Amtshilfe des Trägers tun, in dessen Bereich der Hilfesuchende sich gegenwärtig tatsächlich aufhält." ...

Leitsatz (redaktionell) (BVerwG, Urteil vom 27.11.1986, Az.: 5 C 75/84)

Der Anspruch des Trägers der Sozialhilfe darauf, dass der Empfänger „erweiterter Hilfe" im Sinne des BSHG § 11 Abs. 2 S 1 die Aufwendungen ersetzt, verjährt in 30 Jahren.

Aus den Gründen:

„... Die Verjährung des Aufwendungsersatzanspruchs nach § 11 Abs. 2 Satz 2 BSHG wird daher – wie schon bisher – durch die §§ 194 ff. BGB (in entsprechender Anwendung) bestimmt. Danach gilt die allgemeine dreißigjährige Verjährungsfrist (Hauck/Haines, Sozialgesetzbuch Allgemeiner Teil, Loseblatt-Kommentar, Stand 1. April 1984, § 45 RdNr. 1a. E.; Peters, Sozialgesetzbuch, Allgemeiner Teil, Loseblatt-Kommentar, Stand 1. Februar 1985, § 45 Erl. 7; Thieme in Wannagat, Sozialgesetzbuch, Kommentar zum gesamten Recht des Sozialgesetzbuchs, Loseblatt-Kommentar, 1983, § 45 RdNr. 11). Entgegen der Ansicht der Klägerin ist § 197 BGB nicht entsprechend anwendbar; denn der Anspruch auf Ersatz geleisteter erweiterter Hilfe gleicht oder ähnelt nicht einem Anspruch auf „Rückstände von Renten, Auszugsleistungen, Besoldungen, Wartegeldern, Ruhegehalten, Unterhaltsbeiträgen und allen anderen regelmäßig wiederkehrenden Leistungen" (vgl. auch dazu das Urteil des Bundesverwaltungsgerichts vom 20. Januar 1977 (a.a.O.)). Da die Hilfe zum Lebensunterhalt und dementsprechend die erweiterte Hilfe nach § 11 Abs. 2 Satz 1 BSHG nicht wie eine Rente dauernd zu leisten sind, ist der „Gegenanspruch" des Trägers der Sozialhilfe nach Satz 2 des § 11 Abs. 2 BSHG auf Ersatz seiner Aufwendungen kein Anspruch auf eine regelmäßig wiederkehrende Leistung.

Damit, dass der Gesetzgeber es unterlassen hat, in Bezug auf den Aufwendungsersatzanspruch nach § 11 Abs. 2 Satz 2 BSHG (und nach § 29 Satz 2 BSHG) eine (mindestens) vierjährige Verjährungsfrist zu bestimmen, hat er – entgegen der Ansicht der Klägerin – nicht den Gleichheitssatz (Art. 3 Abs. 1 GG) verletzt. Ausführungen der Klägerin hierzu mit dem Hinweis darauf, dass der Anspruch des Sozialleistungsträgers auf Erstattung einer zu Unrecht erbrachten Sozialleistung nach § 50 Abs. 4 SGB X schon in vier Jahren verjähre (während für den Aufwendungsersatzanspruch im Anschluss an eine rechtmäßig erbrachte Leistung eine Verjährungsfrist von 30 Jahren gelten solle), ergeben nicht, dass wesentlich Gleiches ohne zurei-chenden sachlichen Grund – willkürlich – ungleich geregelt ist. Die genannten An-sprüche sind nicht miteinander vergleichbar. Der Aufwendungsersatz nach § 11 Abs. 2 Satz 2 BSHG dient dem Ausgleich von Leistungen, die der Träger der Sozial-hilfe ohne zwingende rechtliche Verpflichtung zugunsten des Empfängers, zu Lasten der Allgemeinheit „verauslagt" hat (s. dazu das schon mehrfach erwähnte Urteil des Bundesverwaltungsgerichts vom 20. Januar 1977). Dieser Anspruch entsteht bereits mit der Leistung der erweiterten Hilfe. Der in § 50 Abs. 4 SGB X vorgesehene Eintritt der Verjährung nach Ablauf von vier Jahren kann erst im Anschluss an andere Ver-fahrenshandlungen eintreten: Der Erstattungsanspruch setzt die Rücknahme des rechtswidrigen begünstigenden Verwaltungsaktes nach § 45 SGB X unter Beach-tung der dort bestimmten Frist von einem Jahr voraus, die aber erst zu laufen be-ginnt, wenn die Behörde die Tatsachen kennt, die die Rücknahme rechtfertigen. So-dann ist die zu erstattende Leistung festzusetzen. Erst nach Unanfechtbarkeit dieses Verwaltungsaktes beginnt am 1. Januar des darauffolgenden Jahres die Verjäh-rungsfrist von vier Jahren zu laufen. Ist dieser Verwaltungsakt aber ein Leistungsbe-scheid, dann wird die Verjährung unterbrochen; und nach Eintritt der Unanfechtbar-keit dieses Leistungsbescheides beträgt die Verjährungsfrist 30 Jahre (§ 50 Abs. 4 Satz 3 und § 52 Abs. 2 SGB X in Verbindung mit § 218 Abs. 1 BGB)." ...

Modalitäten des Bekanntwerdens des Bedarfes

Leitsatz (redaktionell) (BVerwG, Beschluss vom 9.11.1976, Az.: V B 080/76)

Dass das Einsetzen der Sozialhilfe von einem Antrag unabhängig ist, besagt nicht, dass Hilfe einem Hilfsbedürftigen aufzuzwingen ist.

Aus den Gründen:

„... Etwas Gegenteiliges hat das Bundesverwaltungsgericht in seinen Urteilen vom 10. November 1965 (BVerwGE 22, 319 = FEVS 13, 41) und vom 17. Januar 1968 (BVerwG V C 13.67 – VerwRspr 19, 749) weder ausdrücklich noch dem Sinne nach entschieden oder entscheiden wollen. Die Ausführungen in diesen Entscheidungen sind auch nicht geeignet anzunehmen, in Sozialhilfesachen könne im Verfahren vor dem Verwaltungsgericht auf einen bestimmten Klage- oder Berufungs*-antrag, wie ihn die Verwaltungsgerichtsordnung vorschreibt, verzichtet werden. Die Pflicht zu umfassender Prüfung und Regelung des Sozialhilfefalles beruht – wie in BVerwGE 22, 319 dargelegt – darauf, dass nach § 5 BSHG die Sozialhilfe einsetzt, sobald dem Träger der Sozialhilfe oder den von ihm beauftragten Stellen bekannt wird, dass die Voraussetzungen für die Gewährung vorliegen. „Sozialhilfe" meint alle im Bundesso-zialhilfegesetz vorgesehenen Arten und Formen der Hilfe, die im Einzelfall notwendig sind, die Aufgabe der Sozialhilfe zu erfüllen. „Bekanntwerden" heißt, dass die Not-wendigkeit der Hilfe dargetan oder sonstwie erkennbar ist. Dem Sozialhilfeträger wird nicht angesonnen, die Notwendigkeit der Hilfe zu „erahnen". Dazu ist darauf hinzu-weisen, dass der Hilfesuchende bis zum 31. Dezember 1975 nach § 115 Abs. 1 BSHG verpflichtet war, bei der Feststellung seines Bedarfs mitzuwirken. Seit dem 1. Januar 1976 ergeben sich die Mitwirkungspflichten des Hilfesuchenden aus den §§ 60 ff. des Sozialgesetzbuchs – Allgemeiner Teil –. Der Hilfesuchende kann nicht einerseits notwendige Angaben tatsächlicher Art, insbesondere seine Hilfsbedürftig-

keit betreffend, unterlassen oder gar verweigern – ihm ist seine Lage am besten bekannt –, andererseits aber verlangen, dass der Sozialhilfeträger den Fall umfassend regeln soll. Dass das Einsetzen der Sozialhilfe von einem Antrag unabhängig ist, besagt nicht, dass Hilfe einem Hilfsbedürftigen aufzuzwingen ist. Kommt der Sozialhilfeträger der so zu verstehenden – vom Bundesverwaltungsgericht nicht anders verstandenen – Pflicht nach, alle in Betracht kommenden Hilfemöglichkeiten zu prüfen und den Sozialhilfefall im Ganzen zu regeln, dann findet dies in Anwendung des Bundessozialhilfegesetzes zwangsläufig seinen Niederschlag in der Gewährung oder Versagung von konkreten Leistungen. Dadurch wird der Rahmen abgesteckt, innerhalb dessen der Hilfesuchende bei dem Verwaltungsgericht durch Klageerhebung und Rechtsmitteleinlegung um Rechtsschutz nachsuchen und ihn finden kann. So wie sich die umfassend zu gewährende Sozialhilfe konkretisieren lässt und konkretisiert werden muss, so bestimmt kann das Hilfebegehren zum Gegenstand des verwaltungsgerichtlichen Verfahrens gemacht werden; es lässt sich in einem bestimmten Antrag ausdrücken. Dieser kann – ist die Sache noch nicht spruchreif – möglicherweise nur auf die Verpflichtung zur Neubescheidung gerichtet werden (vgl § 113 Abs. 4 Satz 2 VwGO). Steht die Leistung im pflichtgemäßen Ermessen des Sozialhilfeträgers (dazu etwa § 4 Abs. 2 BSHG, was Form und Maß der Hilfe angeht), dann kann das Gericht regelmäßig gleichfalls nicht zu einer bestimmten Leistung verpflichten. Dementsprechend kann der prozessuale Klageantrag lauten.

Zu den Anforderungen an die „Bestimmtheit" des Antrags – sei es im Verfahren im ersten Rechtszug, sei es im Berufungsverfahren – hat das Bundesverwaltungsgericht wiederholt ausgeführt, dass ihnen genügt sei, wenn das Ziel der Klage (der Berufung) aus der Tatsache der Erhebung der Klage (der Einlegung des Rechtsmittels) allein oder in Verbindung mit den während der Frist zur Erhebung der Klage (zur Einlegung des Rechtsmittels) gegebenen Erklärungen erkennbar ist oder auch noch danach innerhalb einer vom Vorsitzenden zu setzenden Frist erkennbar gemacht wird (BVerwGE 3, 75; 5, 37 und 13, 94). Dass unklare Anträge erläutert oder dass anhand des in der Klageschrift (Rechtsmittelschrift) zum Ausdruck gekommenen Begehrens ein sachdienlicher Antrag gestellt wird – ohne dieses Begehren in seinem materiellen Inhalt zu verändern –, darauf hinzuwirken ist Pflicht des Vorsitzenden (§ 86 Abs. 3 VwGO). Das wird regelmäßig in einer mündlichen Verhandlung geschehen. § 86 Abs. 3 VwGO wird also nicht schon dadurch genügt, dass der Vorsitzende den Rechtsuchenden unter dem Aspekt des „bestimmten Antrags" auf Bedenken gegen die gewählte Fassung des Antrags hinweist und ihm Gelegenheit gibt, den Antrag anders zu fassen. Die in § 86 Abs. 3 VwGO normierte Pflicht beinhaltet – richtig verstanden – Formulierungshilfe, gegebenenfalls nach einer klärenden Erörterung des Begehrens mit dem Rechtsuchenden, der sich vor dem Verwaltungsgericht und dem Oberverwaltungsgericht nicht durch einen Rechtsanwalt vertreten lassen muss.

Der Sachvortrag des Klägers, anknüpfend an die bekannte besondere Lebenslage, in der er sich befindet, lässt das Begehren in der erforderlichen Deutlichkeit erkennen, die es dem Tatsachengericht möglich macht, nach § 86 Abs. 3 VwGO in dem dargelegten Sinne einen sachdienlichen Antrag stellen zu lassen. Eine ganz andere Frage ist es dann, ob und inwieweit mit Rücksicht auf den aus der Sicht der Bedarfs- und Einkommensberechnung (dazu §§ 84 und 87 BSHG) möglicherweise untrennbaren Zusammenhang von notwendigen (Einzel-) Leistungen über den gestellten Antrag nach Einzelpositionen sofort entschieden werden kann; etwa auch im Hinblick darauf, dass das unter Beachtung des § 114 Abs. 2 BSHG notwendige Vorverfahren noch nicht stattgefunden hat. Möglicherweise ist die Klage ohne weiteres nach § 75

VwGO zulässig. All dem kann und muss das Tatsachengericht Rechnung tragen, gegebenenfalls unter Heranziehung gerade des Beklagten. Das richtige prozessuale Vorgehen dabei unter Ausnutzung der Möglichkeiten, die die Verfahrensordnung bietet, ist Sache des Gerichts." ...

Leitsatz (Urteil des BVerwG vom 13.01.1983, Az.: 5 C 98/81)

Ein Hilfesuchender, der bei dem für seinen tatsächlichen Aufenthaltsort örtlich zuständigen Träger der Sozialhilfe als Maßnahme zur Eingliederung der Unterbringung in einer außerhalb des Bereichs dieses Trägers gelegenen Einrichtung beantragt, hat nach der Aufnahme in dieser Einrichtung gegen den für den nunmehrigen tatsächlichen Aufenthaltsort örtlich zuständigen Träger der Sozialhilfe Anspruch auf die Hilfe erst von dem Zeitpunkt an, in dem diesem Träger bekannt wird, dass die Voraussetzungen für die Gewährung vorliegen.

Aus den Gründen:

„... *Der 49 Jahre alte Kläger leidet an Schwachsinn vom Grad der Debilität mit erheblichen Verhaltensstörungen. Seit Juni 1976 steht er unter der Vormundschaft des Jugendamtes der Stadt D. Er war im Bereich des Landschaftsverbandes R., überörtlichen Trägers der Sozialhilfe – Beigeladenen zu 1) –, auf dessen Kosten zunächst in einem Landeskrankenhaus, später in Heimen untergebracht. Die Hilfegewährung führte der Kreis K., örtliche Träger der Sozialhilfe – Beigeladenen zu 2) –, durch. Diesem teilte der Vormund am 23. Mai 1977 mit, er beabsichtige, den Kläger auswärts im Haus T., einem Pflegeheim für psychiatrische und neurologische Pflegefälle unterzubringen, das im Bereich des Beklagten liegt. Er bat um Übernahme der Unterbringungs- und Zuführungskosten. In dieser Unterbringung sah er „die einzige Möglichkeit, den Kläger angemessen zu fördern und einzusetzen und ihn vor dem oft angekündigten Ausrücken (Landstreichertum) zu bewahren". Am 1. Juni 1977 brachte der Vormund den Kläger im Haus T. unter. Der Beigeladene zu 2) erfuhr hiervon jedoch erst später durch einen Brief des Klägers und im Juli 1977 durch die Aufnahmeanzeige des Pflegeheims. Der Beigeladene zu 1) weigerte sich, der auswärtigen Unterbringung zuzustimmen; er schlug stattdessen den Besuch einer Werkstatt für Behinderte in seinem Bereich vor. Hiervon erfuhr der Vormund über den Beigeladenen zu 2. im September 1977. Auf den im Oktober 1977 wiederholten Antrag des Vormundes auf Kostenübernahme verwies der Beigeladene zu 1) diesen an den überörtlichen Träger der Sozialhilfe, in dessen Bereich das Haus T. liegt, den Landeswohlfahrtsverband B. An diesen wandte sich der Vormund schließlich am 9. Januar 1978. Nachdem ein erneuter Versuch des Vormundes im März 1978 um Kostenübernahme durch den Beigeladenen zu 1) diesen an dieser letzte seine Zustimmung zur auswärtigen Unterbringung aus dem Grund ortsnaher Versorgung und Betreuung des Klägers ab –, bewilligte der vom Landeswohlfahrtsverband B. mit der Bearbeitung des Hilfefalles beauftragte Beklagte Sozialhilfe in der Gestalt der Übernahme der im Haus T. entstehenden Heimkosten in Höhe des üblichen Pflegesatzes und eines Taschengeldes, jedoch erst mit Wirkung vom 9. Januar 1978. Den Widerspruch des Klägers, gerichtet darauf, die Sozialhilfe auch für die Zeit vom 1. Juni 1977 bis zum 8. Januar 1978 gewährt zu erhalten, wies der Landeswohlfahrtsverband zurück, weil ihm der Hilfefall erst am 9. Januar 1978 bekannt geworden sei.*

Die hierauf erhobene Klage hat das Verwaltungsgericht abgewiesen. Dagegen hat der Verwaltungsgerichtshof ihr auf die Berufung des Klägers stattgegeben, im Wesentlichen aus folgenden Gründen: Obwohl dem Landeswohlfahrtsverband B. die Verlegung des Klägers in das Haus T. erst am 9. Januar 1978 bekannt geworden sei und obwohl nach § 5 BSHG die Sozialhilfe (erst) einsetze, sobald dem Träger (oder den von ihm beauftragten Stellen) bekannt werde, dass die Voraussetzungen für die Hilfegewährung vorlägen, müsse er sich so behandeln lassen, als sei ihm die Verlegung des Klägers schon in dem Zeitpunkt bekannt gewesen, in dem der Bedarf des Klägers entstanden sei. Zunächst – bei der Antragstellung am 23. Mai 1977 – sei nach § 97 Abs. 1 Satz 1 BSHG der Beigeladene zu 2) örtlich zuständig gewesen. Für diese Annahme sei bedeutungslos, dass der maßgebliche Bedarf erst am 1. Juni 1977 im Bereich eines anderen Trägers der Sozialhilfe aufgetreten sei; die Zuständigkeit hänge nicht vom Einsetzen der Sozialhilfe ab. Das folge auch aus § 97 Abs. 2 Satz 1 BSHG. Da der Beigeladene zu 2) die auswärtige Unterbringung des Klägers aber nicht veranlasst und ihr auch nicht zugestimmt habe, müsse in einem solchen Fall der neu zuständig gewordene Träger der Sozialhilfe, der Beklagte, die Kenntnis des früheren Trägers gegen sich gelten lassen. § 5 BSHG stehe dem nicht entgegen. Der Kläger als der Hilfesuchende habe alles Erforderliche getan gehabt, indem er dem damals noch zuständigen Träger alle maßgeblichen Tatsachen mitgeteilt gehabt habe. Für ihn habe kein Anlass bestanden, den Bedarf auch dem „neuen" Träger mitzuteilen; denn es sei noch nicht sicher gewesen, ob der bisherige Träger der auswärtigen Unterbringung zustimmen würde. Der Umstand, dass sich die Verhandlungen hierüber sehr lange hingezogen hätten, dürfe nicht zu Lasten des Klägers ausschlagen. Zwar treffe den Beklagten kein Verschulden daran, dass er von der Hilfebedürftigkeit des Klägers erst im Januar 1978 erfahren habe. Doch komme es darauf nicht an. Entscheidend sei allein, in wessen Bereich über die Frage der künftigen Zuständigkeit entschieden worden sei; das sei aber der Bereich der Sozialhilfeträger, auf deren Entscheidung nach § 97 Abs. 2 Satz 1 BSHG der Hilfesuchende wenig Einfluss habe. Dem Kläger könne auch nicht entgegengehalten werden, er hätte sich wenigstens dann sofort an den Beklagten wenden müssen, als ihm erstmals bekannt geworden sei, dass die Beigeladenen seiner auswärtigen Unterbringung nicht zustimmen würden. Auch hier sei es Sache der Sozialhilfeträger gewesen, das Erforderliche zu tun....Entgegen der Auffassung des Verwaltungsgerichtshofs braucht sich der Beklagte (als der vom überörtlich Träger der Sozialhilfe mit der Regelung des Hilfefalles beauftragte Träger) die Kenntnis, die die Beigeladenen von der Hilfebedürftigkeit des Klägers bereits am 1. Juni 1977 gehabt haben, nicht mit der Folge zurechnen zu lassen, dass er zur Gewährung der Eingliederungshilfe auch für die Zeit vom 1. Juni 1977 bis zum 8. Januar 1978 zu verpflichten wäre.

Zu Recht geht das Berufungsgericht davon aus, dass der Beigeladene zu 2) nach § 97 Abs. 1 Satz 1 des Bundessozialhilfegesetzes in der am 13. Februar 1976 bekannt gemachten Neufassung (BGBl. I S. 289) – BSHG – der örtlich zuständige Träger der Sozialhilfe war, als sich der Kläger, vertreten durch seinen Vormund, Ende Mai 1977 an ihn mit dem Begehren wandte, auf Kosten der Sozialhilfe in dem Haus T. untergebracht zu werden. Der sich damals im Bereich des Beigeladenen zu 2) tatsächlich aufhaltende Kläger begehrte Sozialhilfe in der Gestalt der Eingliederungshilfe in einer Notlage, die gegenwärtig bestand und hinsichtlich der er meinte, dass sie sachgerecht und wirksam nur durch die alsbaldige Unterbringung in der außerhalb des Bereichs der Beigeladenen gelegenen Einrichtung behoben werden könnte. Es ging ihm nicht um die Klärung der abstrakten Frage, ob der Beigeladene zu 1) Hilfe zur Überwindung einer Notlage zu gewähren hätte, die vielleicht in der Zukunft einmal auftreten könnte (vgl. dazu das Urteil des Bundesverwaltungsgerichts vom 11. Februar 1982 – BVerwG 5 C 119.79 – FEVS 31, 309; NDV 1982, 237; ZfS 1982, 180; ZfSH 1982, 248). Hätten die Beigeladenen dem Antrag des Klägers entsprochen – daran wären sie nicht durch die Aufenthaltnahme des Klägers im Bereich des Beklagten am 1. Juni 1977 gehindert gewesen (vgl. Schellhorn/Jirasek/Seipp, Kommentar zum Bundessozialhilfegesetz, 10. Aufl. 1981, § 97 RdNr. 18) –, dann hätten sie damit zugleich ihre fortgesetzte Zuständigkeit nach § 97 Abs. 2 Satz 1 BSHG begründet. Hierin liegt gerade auch der Sinn des dem § 97 BSHG durch das Zweite Gesetz zur Änderung des Bundessozialhilfegesetzes vom 14. August 1969 (BGBl. I S. 1153) angefügten Absatzes 2, nämlich die im Einzelfall erforderliche Hilfe selbst dann erbringen zu können, wenn die hierfür in Betracht zu ziehende Einrichtung im eigenen Bereich nicht vorhanden ist. Daher hätte der Kläger, nachdem der Beigeladene zu 1) den Antrag abgelehnt hatte – auch nach seiner Wiederholung –, hiergegen Rechtsmittel einlegen können, d.h. am Ende auf die Verpflichtung des Beigeladenen zu 2), die begehrte Hilfe zu gewähren, klagen können, zumal da der Beigeladene zu 1) – was der Kläger verkennt – das Begehren aus einem Sachgrund abgelehnt hatte, nämlich dem, dass bei einer auswärtigen Unterbringung des Klägers dessen ortsnahe Versorgung nicht gewährleistet sei. Bei Erfolg der Klage hätte die Hilfe vom 1. Juni 1977 an gewährt werden müssen, also auch für einen vergangenen Zeitabschnitt, weil sie erst im Rechtsmittelverfahren erstritten worden wäre (vgl. BVerwGE 40, 343 (346)).

Der Kläger ist diesen Weg jedoch nicht gegangen. Vielmehr hat er sein Begehren auch bei dem Träger der Sozialhilfe geltend gemacht, in dessen Bereich er sich vom 1. Juni 1977 an tatsächlich aufgehalten hat. Hieran war er nicht aus Rechtsgründen gehindert; und der Landeswohlfahrtsverband B. (und damit der Beklagte) konnten sich der Verpflichtung zur Regelung des Hilfefalles nicht entziehen; denn ihre örtliche Zuständigkeit ergab sich aus § 97 Abs. 1 Satz 1 BSHG (vgl. auch dazu das bereits angeführte Urteil des Bundesverwaltungsgerichts vom 11. Februar 1982).

Diese Feststellung der örtlichen Zuständigkeit des Beklagten sagt jedoch nichts darüber aus, von welchem Zeitpunkt an der Beklagte zur Leistung der Sozialhilfe verpflichtet sein konnte. Die genannte Feststellung betrifft das Verwaltungsverfahren. Von ihm zu unterscheiden ist die dem materiellen Recht zuzuordnende Frage, von welchem Zeitpunkt an der Träger der Sozialhilfe zur Leistung verpflichtet ist; denn hierbei geht es um den das Sozialhilferecht prägenden Grundsatz, dass für vergangene Zeitabschnitte Hilfe nicht zu gewähren ist, weil Sozialhilfe (regelmäßig) dazu dient, eine gegenwärtige Notlage zu beheben, woraus sich auch ergibt, dass Schulden des Hilfesuchenden (regelmäßig) nicht mittels Sozialhilfe abzudecken sind. Die Feststellung, dass ein bestimmter Träger der Sozialhilfe für das Hilfebegehren eines Hilfesuchenden örtlich zuständig ist, sagt noch nichts darüber aus, ob, in welcher Höhe und von wann an Hilfe zu gewähren ist. Zutreffend bemerkt Zeitler (in Mergler/Zink, Bundessozialhilfegesetz Kommentar, 3. Aufl. 1981, § 97 AbsNr. 19), dass sich der Beginn der Hilfegewährung ausschließlich nach § 5 BSHG richte (vgl. auch Schellhorn/Jirasek/Seipp, a.a.O., § 4 RdNr. 28 und § 5 RdNr. 16).

Aus der Regelung dort, dass die Sozialhilfe einsetzt, sobald dem Träger der Sozialhilfe (oder den von ihm beauftragten Stellen) bekannt wird, dass die Voraussetzungen für die Gewährung vorliegen, ergibt sich, dass es auf diesen Zeitpunkt für die Beurteilung ankommt, ob ein gegenwärtiger oder ein Bedarf zu befriedigen ist, der schon während eines vergangenen Zeitabschnitts bestanden hat.

All dies lässt das Berufungsgericht bei seiner Darlegung, der neu zuständig gewordene Träger der Sozialhilfe müsse die Kenntnis des früher zuständig gewesenen Trägers der Sozialhilfe gegen sich gelten lassen, außer Acht. Zu dieser Auffassung hat es nur gelangen können, weil es die in dieser Sache tätig gewordenen Träger der Sozialhilfe einer Art Haftungsgemeinschaft zugeordnet und im Sinne einer „Sphärentheorie" danach gefragt hat, in wessen Bereich über die Frage der Zuständigkeit entschieden wird. Dazu konnte es nur dadurch kommen, dass es nicht auf den Träger (und seine von ihm beauftragten Stellen), sondern auf die Träger der Sozialhilfe abgestellt hat. Das ist mit § 5 BSHG nicht zu vereinbaren, in dem es aus einleuchtenden Gründen nicht heißt, dass die Sozialhilfe einsetzt, sobald irgendeiner Behörde (des Bundes, der Länder, der Kreise oder der Gemeinden) die Voraussetzungen für die Hilfegewährung bekanntwerden; denn die Träger der Sozialhilfe sind rechtlich selbstständige Rechtssubjekte, die die Sozialhilfe als Selbstverwaltungsangelegenheit durchführen, d.h. im eigenen Namen und unter eigener Verantwortung mit Auswirkung auf die hierfür bereitzustellenden Haushaltsmittel wahrnehmen.

Auch die weiteren Ausführungen des Verwaltungsgerichtshofs dazu, ob der Kläger Anlass gehabt habe, dem Beklagten (oder dem Landeswohlfahrtsverband B.) seinen Bedarf alsbald nach der Aufenthaltnahme in dessen Bereich mitzuteilen, und dazu, ob es vertretbar erscheine, dass der Kläger mit einer solchen Mitteilung bis zum Januar 1978 zugewartet habe, nötigen zu keiner anderen Beurteilung. Es war der Kläger, der seinen tatsächlichen Aufenthalt verlegt und damit die Voraussetzung für eine örtliche Zuständigkeit des Beklagten geschaffen hatte (§ 97 Abs. 1 Satz 1 BSHG). Er war daher in erster Linie aufgerufen, dem Beklagten (oder dem Landeswohlfahrtsverband B.) hiervon Kenntnis zu geben, wenn er sich unabhängig von dem Ausgang der – wie bereits dargelegt rechtlich zulässigen – Bemühungen, von den Beigeladenen die Hilfe gewährt zu erhalten, die Möglichkeit der Hilfegewährung seitens des Beklagten vom Tag des Eintritts in das Haus T. an offenhalten wollte. Dazu brauchte er keinen förmlichen Antrag zu stellen. Eine solche Mitteilung hat sich nach dem 1. Juni 1977 dem Vormund des Klägers wiederholt aufdrängen müssen. Dieser ist nicht nur von der (ersten) Ablehnung des Hilfebegehrens durch den Beigeladenen zu 1) unterrichtet worden, sondern auch von der ausdrücklichen Aufforderung des Beigeladenen zu 2) an das Pflegeheim, sich an den für ihn (das Heim) zuständigen Träger zu wenden. Angesichts dessen ist nicht einmal unter dem vom Verwaltungsgerichtshof erwogenen Aspekt des Ausgleichs von Interessen eine Auslegung des § 5 BSHG zu rechtfertigen, die überdies dem klaren Wortlaut dieser Vorschrift widerstreiten würde.

Ebensowenig sind die Überlegungen des Klägers geeignet, die Verpflichtung des Beklagten zur Hilfegewährung auch für die Zeit vom 1. Juni 1977 bis zum 8. Januar 1978 zu rechtfertigen. Die Auffassung, der neu zuständig gewordene Träger der Sozialhilfe sei verpflichtet, ein anderweit anhängig gewordenes (gewesenes) Verfahren in dem Stadium zu übernehmen, in dem es sich bei dem vormals zuständig gewesenen Träger befunden habe – er müsse es fortführen und die noch ausstehende Sachentscheidung treffen –, lässt sich weder auf § 2 Abs. 2 des Sozialgesetzbuchs – Zehntes Buch – vom 18. August 1980 (BGBl. I S. 1469) – SGB X – stützen noch aus Rechtsprechung der Verwaltungsgerichte zum Ausbildungsförderungsrecht besonders aus derjenigen des Bundesverwaltungsgerichts, herleiten (s. dessen Urteile vom 18. Oktober 1979 – BVerwG 5 C 64.77 – und 13. November 1980 – BVerwG 5 C 33.79 – Buchholz 436.36 § 37 BAföG Nrn. 11 und 13 – sowie das Urteil des Oberverwaltungsgerichts Berlin vom 1. Februar 1979 – FEVS 28, 17 – und das Urteil des Oberverwaltungsgerichts für das Land Nordrhein-Westfalen vom 6. Dezember 1979

– DÖV 1980, 803 mit Anmerkung von Schultz). Abgesehen davon, dass – wie eingangs dargelegt – der Kläger sein Hilfebegehren gegenüber den Beigeladenen hätte verfolgen können, nachdem diese eine ablehnende Entscheidung in der Sache getroffen hatten, gilt nach § 1 Abs. 1 Satz 1 SGB X § 2 Abs. 2 dieses Gesetzes für die Verwaltungstätigkeit der Träger der Sozialhilfe deshalb nicht, weil sich aus dem Bundessozialhilfegesetz als einem der besonderen Teile des Sozialgesetzbuchs (s. Art. II § 1 Nr. 15 des Gesetzes vom 11. Dezember 1975 (BGBl. I S. 3015)) Abweichendes ergibt, nämlich in Gestalt der §§ 97 ff. BSHG. Darüber bestand schon im Gesetzgebungsverfahren Klarheit (s. Deutscher Bundestag, Drucksache 8/4022, S. 80; vgl. auch Schellhorn/Jirasek/Seipp, a.a.O., § 97 RdNr. 37). Auch der Hinweis des Klägers auf die bereits erwähnte Rechtsprechung führt nicht weiter. Das Sozialhilferecht ist vom anderen Sozialleistungsrecht wesensverschieden. Das hat das Bundesverwaltungsgericht im Zusammenhang mit der Geltendmachung von Erstattungsansprüchen anderer Sozialleistungsträger gegen Träger der Sozialhilfe wiederholt ausgeführt (BVerwGE 60, 236 und 61, 276 sowie das Urteil vom 15. Dezember 1981 – BVerwG 5 C 23.80 –). Der dort hervorgehobene, das Sozialhilferecht prägende, in § 5 BSHG ausgedrückte Grundsatz, dass die Sozialhilfe (regelmäßig) dazu dient, eine gegenwärtige Notlage zu beheben – wobei die Gegenwärtigkeit aus der Sicht des Trägers der Sozialhilfe zu beurteilen ist, dessen Leistungsverpflichtung in Frage steht –, gebietet auch hier eine unterschiedliche Betrachtungsweise. Dass im Ausbildungsförderungsrecht die neu zuständig gewordene Behörde das Verwaltungsverfahren fortzuführen hat (es sei denn, dass es unter den in § 2 Abs. 2 SGB X bestimmten Voraussetzungen von der bisher zuständig gewesenen Behörde fortgeführt wird), hat seinen Grund darin, dass es im Bundesausbildungsförderungsgesetz keine § 5 BSHG vergleichbare Vorschrift gibt.

Schließlich kann die Klage nicht in Anwendung von Vorschriften des Sozialgesetzbuchs – Allgemeiner Teil – (Art. I des Gesetzes vom 11. Dezember 1975 (BGBl. I S. 3015)) – SGB I – Erfolg haben. Der von den Beteiligten erörterte § 16 Abs. 2 Satz 2 SGB I ist hierfür – wie auch der Kläger erkannt hat – schon deshalb nicht geeignet, weil die dort bestimmte Fiktion des Antragseingangs sich auf Anträge bezieht, die bei einem unzuständigen Leistungsträger, bei einer für die Sozialleistung nicht zuständigen Gemeinde oder bei einer amtlichen Vertretung der Bundesrepublik Deutschland im Ausland gestellt worden und von dieser Stelle unverzüglich an den zuständigen Leistungsträger weiterzuleiten sind. Der Kläger hatte sich aber, wie eingangs dargelegt worden ist, an die Beigeladenen als die gerade zuständigen Träger der Sozialhilfe gewandt. Daher braucht der Frage nicht nachgegangen zu werden, ob § 16 Abs. 2 Satz 2 SGB I deshalb von vornherein nicht anwendbar ist, weil sich aus dem Bundessozialhilfegesetz Abweichendes ergibt (vgl. § 37 SGB I).

Der vom Kläger des Weiteren erörterte § 43 SGB I, der dazu dient, Nachteile abzuwenden, die für den Hilfesuchenden aus der institutionellen Gliederung des Sozialleistungssystems entstehen können (vgl. auch die Ausführungen bei Schellhorn/Jirasek/Seipp, a.a.O., RdNr. 27, dass die Sonderregelung in Absatz 2 des § 97 BSHG nicht zu einer Verschlechterung der Situation des Hilfesuchenden führen dürfe, dass insbesondere Kompetenzstreitigkeiten nicht auf seinem Rücken ausgetragen werden dürften), würde gerade nicht eine Verpflichtung des Beklagten zu vorläufigen Leistungen begründet haben, unterstellt, dass derartige Leistungen im Sozialhilferecht außer nach den §§ 44 und 59 BSHG allgemein vorstellbar sind. Davon abgesehen hat der Beklagte gerade von dem Zeitpunkt an endgültige Leistungen erbracht, von dem an nach dem oben Gesagten seine Leistungsverpflichtung in Anwendung des § 5 BSHG in Betracht gezogen werden konnte." ...

Leitsatz (Urteil des BVerwG vom 09.02.1984, Az.: 5 C 22/83)

1. Für die Kenntnis, die für den Zeitpunkt des Einsetzens der Sozialhilfe maßgebend ist (BSHG § 5), genügt es nicht, dass der Hilfefall einem (örtlich zuständigen) Träger der Sozialhilfe bekanntgeworden ist; Kenntnis muss vielmehr der (örtlich und sachlich) zuständige Träger (oder eine von ihm beauftragte Stelle) erlangt haben (Bestätigung BVerwG, 13. Januar 1983, 5 C 98/81, BVerwGE 66, 335).

2. Die Sozialhilfe ist nicht eine von einem Antrag abhängige Sozialleistung im Sinne des SGB 1 § 16 Abs. 2 S 2. Die dort bestimmte Fiktion ist daher im Sozialhilferecht nicht anwendbar.

Aus den Gründen:

„... Aufgrund der tatsächlichen Feststellungen des Verwaltungsgerichtshofs hat das Bundesverwaltungsgericht davon auszugehen (vgl. § 137 Abs. 2 VwGO), dass der Kläger behindert im Sinne des § 39 Abs. 1 Satz 1 des Bundessozialhilfegesetzes (BSHG) in der am 13. Februar 1976 bekanntgemachten Neufassung (BGBl. I S. 289) ist und infolgedessen einen Anspruch auf Eingliederungshilfe hat und dass weder er noch seine Eltern die für seine Eingliederung erforderlichen Mittel aus eigenem Einkommen und Vermögen (in vollem Umfang) aufbringen können (vgl. § 28 BSHG). Auch der Beklagte geht hiervon aus; denn er hat dem Kläger Eingliederungshilfe in Gestalt der Übernahme der Wohnheimkosten gewährt. Dass er dies erst vom 27. Dezember 1976 und nicht schon vom 22. September 1976 an getan hat, ist rechtmäßig, wie das Berufungsgericht zu Recht ausgeführt hat; denn nach § 5 BSHG hat die Sozialhilfe in dem Zeitpunkt einzusetzen, in dem dem Träger der Sozialhilfe (oder den von ihm beauftragten Stellen) die Voraussetzungen bekannt werden, unter denen die Hilfe zu gewähren ist (gewährt werden soll oder kann). Auf die Art und Weise des Bekanntwerdens der Hilfebedürftigkeit kommt es nicht an.

Zu dieser Vorschrift hat das Bundesverwaltungsgericht in seinem Urteil vom 13. Januar 1983 (BVerwGE 66, 335; FEVS 32, 221; NDV 1984, 41; ZfS 1983, 263; ZfSH/ SGB 1983, 179) ausgeführt:

Die Feststellung der örtlichen Zuständigkeit eines Trägers der Sozialhilfe betrifft das Verwaltungsverfahren. Sie sagt nichts darüber aus, von welchem Zeitpunkt an der Träger zur Leistung der Sozialhilfe verpflichtet ist. Das ist eine dem materiellen Recht zuzuordnende Frage, die den das Sozialhilferecht prägenden Grundsatz betrifft, dass für vergangene Zeitabschnitte Hilfe nicht zu gewähren ist, weil die Sozialhilfe (regelmäßig) dazu dient, eine gegenwärtige Notlage zu beheben. Für die Kenntnis, die für den Zeitpunkt des Einsetzens der Hilfe maßgebend ist, genügt es nicht, dass im Sinne einer Sphärentheorie der Hilfefall einem Träger der Sozialhilfe bekanntgeworden ist; Kenntnis muss vielmehr der (örtlich und sachlich) zuständige Träger (oder eine von ihm beauftragte Stelle) erlangt haben. Die für das Sozialhilferecht maßgebliche Frage danach, ob es um die Leistung von Sozialhilfe zur Behebung einer ge-

genwärtigen Notlage oder einer solchen in der Vergangenheit geht, ist aus der Sicht des Trägers der Sozialhilfe zu beurteilen.

An dieser Auffassung hält das Bundesverwaltungsgericht fest. Die vom Kläger betonte Effektivität der Sozialhilfe ist nicht geeignet, den erwähnten, das Sozialhilferecht prägenden Grundsatz außer Kraft zu setzen oder in ihm eine „nicht unbedingt erforderliche Formalie" zu sehen. Im Bundessozialhilfegesetz selbst ist von ihm nur in den §§ 61 und 121 Satz 1 eine Ausnahme gemacht (siehe dazu das Urteil des Bundesverwaltungsgerichts vom 15. Januar 1981 (BVerwGE 61, 276; FEVS 29, 177; NDV 1983, 186; ZfS 1981, 179; ZfSH 1981, 252)). – Dass weder die Sozialhilfeverwaltung des Bezirks O. noch diejenige des Landkreises B. beauftragte Stellen des Beklagten sind, hat das Berufungsgericht in tatsächlicher Hinsicht für das Bundesverwaltungsgericht verbindlich festgestellt.

Diese materiellrechtliche Rechtslage wird durch § 16 Abs. 2 Satz 2 des am 1. Januar 1976 in Kraft getretenen Sozialgesetzbuchs/ Allgemeiner Teil (SGB I) vom 11. Dezember 1975 (BGBl. I S. 3015) nicht berührt. Zwar ist § 16 SGB I im Anwendungsbereich des Bundessozialhilfegesetzes, das ein besonderer Teil des Sozialgesetzbuchs ist, anwendbar. Daraus folgt insbesondere, dass – beantragt der Hilfesuchende die Leistung von Sozialhilfe bei einem unzuständigen Leistungsträger oder etwa bei einer für die Sozialhilfe nicht zuständigen Gemeinde – die angegangene Stelle den Antrag unverzüglich an den zuständigen Träger der Sozialhilfe weiterzuleiten hat (Satz 1 des § 16 Abs. 2 SGB I). Jedoch ist die Sozialhilfe nicht eine Leistung, die von einem Antrag abhängig ist; nur in Bezug auf eine solche Leistung wird der Antrag bei dem zuständigen Leistungsträger als zu dem Zeitpunkt gestellt fingiert, in dem er bei der unzuständigen Stelle gestellt worden ist. Die Sozialhilfe setzt von Amts wegen ein (vgl. auch den Beschluss des Bundesverwaltungsgerichts vom 9. November 1976 – BVerwG 5 B 080.76 – FEVS 25, 133 – ; ferner Petersen in NDV 1976, 66 (70) und Osterburg in ZfSH 1976, 65 (66)). Maßgebend für das Einsetzen der Sozialhilfe ist das Bekanntwerden ihrer Voraussetzungen beim zuständigen Träger der Sozialhilfe. Dadurch, dass die Sozialhilfe auch „beantragt" werden kann – das ist sogar die Regel –, wird sie nicht zu einer Sozialleistung, die von einem Antrag abhängig ist. Vielmehr ist der Antrag lediglich ein Mittel, dem Träger der Sozialhilfe die nach § 5 BSHG notwendige und maßgebliche Kenntnis der Voraussetzungen für das Einsetzen der Sozialhilfe zu verschaffen. Die Verwendung eines Antragsvordrucks hierbei ist geeignet, den Träger sofort und umfassend über alle für die Beurteilung notwendigen Anhaltspunkte zu unterrichten. Von daher lässt sich – entgegen der Auffassung von Schultz (in ZfF 1981, 153 (155)) – der Antrag im Verhältnis zur Kenntniserlangung (zum Bekanntwerden der Notlage) nicht als ein Weniger begreifen.

Dagegen hat der Antrag, dem die in § 16 Abs. 2 Satz 2 SGB I bezeichnete Wirkung beigelegt ist, konstitutiven Charakter. Bei ihm handelt es sich um einen Antrag, mit dem zur Vermeidung des Ausschlusses von der Leistung eine im jeweiligen Sozialleistungsgesetz bestimmte materiellrechtliche oder Verfahrensfrist zu wahren ist (vgl. dazu auch Peters, Sozialgesetzbuch/Allgemeiner Teil, Loseblatt-Kommentar, § 16, Erl. 7; Rüfner in Wannagat, Sozialgesetzbuch, Loseblatt-Kommentar, § 16 Erl. III 2; Graulich in ZfF 1983, 52 ff.). Das ist der Sinn des nur in Satz 2 des § 16 Abs. 2 SGB I in Bezug auf eine Sozialleistung verwendeten Wortes „abhängig". Bestätigt wird dieses Verständnis des § 16 Abs. 2 Satz 2 SGB I durch die Begründung zu dieser (unverändert Gesetz gewordenen) Vorschrift des Regierungsentwurfs eines Sozialgesetzbuchs (Bundestagsdrucksache Nr. 7/868 vom 27. Juni 1973, S. 26). Dort heißt es, dass Satz 2 nur die Einhaltung eines Zeitablaufs fingiert, nicht jedoch andere Vo-

raussetzungen für Sozialleistungen, wie etwa die Kenntnis des Leistungsträgers nach § 5 BSHG. Der Antrag als ein bloßes Mittel zur Kenntniserlangung und der Antrag konstitutiven Charakters, der für die Sozialleistung unabdingbare Voraussetzung ist, sind wesensverschieden. „Vergleichspaar" sind allenfalls die Kenntniserlangung im Sozialhilferecht einerseits und der konstitutive Antrag in anderen Sozialleistungsgesetzen andererseits. In § 16 Abs. 2 Satz 2 SGB I wird aber gerade nicht die Kenntnis, die eine unzuständige Stelle von einer (möglichen) sozialhilferechtlich beachtlichen Notlage hat, als Kenntnis des zuständigen Trägers der Sozialhilfe fingiert. Ist hiernach § 16 Abs. 2 Satz 2 SGB I nach seinem Wortlaut, seiner Entstehungsgeschichte und seinem Sinn und Zweck bei Beachtung der das Sozialhilferecht prägenden Grundsätze nicht anwendbar, wenn es um die Leistung von Sozialhilfe geht, dann scheidet damit auch die Möglichkeit einer entsprechenden Anwendung dieser Vorschrift aus.

Hierin liegt – entgegen der Ansicht von Schultz (a.a.O.) – kein Verstoß gegen den Gleichheitssatz. Es wird nicht Gleiches willkürlich ungleich behandelt, weil ungeachtet des mit dem Sozialgesetzbuch verfolgten Anliegens, das Sozialrecht zusammenzufassen, die Sozialleistungen im Einzelnen nicht gleichwertig und nicht nach denselben Regeln zu gewähren sind; der ausdrückliche Vorbehalt für Abweichungen, die sich aus den besonderen Teilen ergeben (siehe § 37 SGB I in seinen jeweiligen Fassungen), macht das deutlich. Das Bundesverwaltungsgericht hat wiederholt darauf hingewiesen, dass das Recht der Sozialhilfe vom anderen Sozialleistungsrecht wesensverschieden ist (siehe das schon angeführte Urteil vom 13. Januar 1983, a.a.O., mit Hinweisen auf frühere Rechtsprechung).

Für eine von alledem unabhängige, aus einer allgemeinen Verpflichtung zu „fürsorgerischem Handeln" abgeleitete Anspruchsgrundlage, aufgrund deren nach Ansicht des Klägers wenigstens in Ausübung von Ermessen eine rückwirkende Leistung der Eingliederungshilfe durch den Beklagten in Betracht kommen soll – wobei nach seiner Ansicht sogar nur die seinem Begehren entsprechende Bescheidung ermessensfehlerfrei sein soll –, gibt es im Bundessozialhilfegesetz keinen Anhalt. Insbesondere lässt sich eine derart verselbstständigte Leistungsverpflichtung nicht aus § 4 BSHG ableiten. Diese im Abschnitt 1 des Gesetzes stehende Vorschrift ist nur im Zusammenhang mit den Vorschriften der folgenden Abschnitte, in denen die Leistungen der Sozialhilfe im Einzelnen nach ihren materiellen Voraussetzungen tatbestandsmäßig umschrieben sind, und unter Berücksichtigung der das Sozialhilferecht prägenden Grundsätze, insbesondere der in den übrigen allgemeinen Vorschriften getroffenen Regelungen, anwendbar. Daraus folgt: Ist eine konkrete Hilfe (hier: Eingliederungshilfe) deshalb nicht zu gewähren, weil es sich aus der Sicht des sachlich und örtlich zuständigen Trägers der Sozialhilfe – gemessen an dem Zeitpunkt des Bekanntwerdens des Hilfefalles bei ihm – um Hilfe für vergangene Zeitabschnitte handelt (hier: die (Teil-)Monate September, Oktober, November, Dezember 1976), dann wird die sich hieraus ergebende rechtmäßige Versagung der Hilfe unter dem Aspekt zu einer rechtswidrigen, dass es fürsorgerischem Handeln entsprechen würde, die Hilfe doch für die vergangenen Zeitabschnitte zu gewähren. Damit wäre der Grundsatz „keine Hilfe für die Vergangenheit" außer Kraft gesetzt."

Bemerkung zur Übertragbarkeit der Rechtsprechung auf das neue Recht des SGB XII:

Alle vorgenannten Entscheidungen zu § 18 SGB XII werden wegen der wortgleichen Fassung im Vergleich zu § 5 BSHG, zu dem sie ergangen sind, auf das neue Recht ohne „Abstriche" übertragbar sein.

§ 19 SGB XII   Leistungsberechtigte

(1) Hilfe zum Lebensunterhalt nach dem Dritten Kapitel dieses Buches ist Personen zu leisten, die ihren notwendigen Lebensunterhalt nicht oder nicht ausreichend aus eigenen Kräften und Mitteln, insbesondere aus ihrem Einkommen und Vermögen, beschaffen können. Bei nicht getrennt lebenden Ehegatten oder Lebenspartnern sind das Einkommen und Vermögen beider Ehegatten oder Lebenspartner gemeinsam zu berücksichtigen; gehören minderjährige unverheiratete Kinder dem Haushalt ihrer Eltern oder eines Elternteils an und können sie den notwendigen Lebensunterhalt aus ihrem Einkommen und Vermögen nicht beschaffen, sind auch das Einkommen und das Vermögen der Eltern oder des Elternteils gemeinsam zu berücksichtigen.

(2) Grundsicherung im Alter und bei Erwerbsminderung ist nach den besonderen Voraussetzungen des Vierten Kapitels dieses Buches Personen zu leisten, die das 65. Lebensjahr vollendet haben oder das 18. Lebensjahr vollendet haben und dauerhaft voll erwerbsgemindert sind, sofern sie ihren notwendigen Lebensunterhalt nicht oder nicht ausreichend aus eigenen Kräften und Mitteln, insbesondere aus ihrem Einkommen und Vermögen, beschaffen können. Einkommen und Vermögen des nicht getrennt lebenden Ehegatten oder Lebenspartners, die dessen notwendigen Lebensunterhalt übersteigen, sind zu berücksichtigen. Die Leistungen der Grundsicherung im Alter und bei Erwerbsminderung gehen der Hilfe zum Lebensunterhalt nach dem Dritten Kapitel vor.

(3) Hilfen zur Gesundheit, Eingliederungshilfe für behinderte Menschen, Hilfe zur Pflege, Hilfe zur Überwindung besonderer sozialer Schwierigkeiten und Hilfen in anderen Lebenslagen werden nach dem Fünften bis Neunten Kapitel dieses Buches geleistet, soweit den Leistungsberechtigten, ihren nicht getrennt lebenden Ehegatten oder Lebenspartnern und, wenn sie minderjährig und unverheiratet sind, auch ihren Eltern oder einem Elternteil die Aufbringung der Mittel aus dem Einkommen und Vermögen nach den Vorschriften des Elften Kapitels dieses Buches nicht zuzumuten ist.

(4) Lebt eine Person bei ihren Eltern oder einem Elternteil und ist sie schwanger oder betreut ihr leibliches Kind bis zur Vollendung des sechsten Lebensjahres, werden Einkommen und Vermögen der Eltern oder des Elternteils nicht berücksichtigt.

(5) Ist den in den Absätzen 1 bis 3 genannten Personen die Aufbringung der Mittel aus dem Einkommen und Vermögen im Sinne der Absätze 1 und 2 möglich oder im Sinne des Absatzes 3 zuzumuten und sind Leistungen erbracht worden, haben sie dem Träger der Sozialhilfe die Aufwendungen in diesem Umfang zu ersetzen. Mehrere Verpflichtete haften als Gesamtschuldner.

(6) Der Anspruch der Berechtigten auf Leistungen für Einrichtungen oder auf Pflegegeld steht, soweit die Leistung den Berechtigten erbracht worden wäre, nach ihrem Tode demjenigen zu, der die Leistung erbracht oder die Pflege geleistet hat.

In der Vorschrift werden die bisher auf verschiedene Stellen im Bundessozialhilfegesetz verteilten Regelungen, wer Leistungsberechtigter ist, zusammengefasst. Mit Absatz 1 wird im Wesentlichen inhaltsgleich die Regelung des bisherigen § 11 Abs. 1 Satz 1 und 2 des Bundessozialhilfegesetzes übertragen. Der neue Hinweis auf die gemeinsame Berücksichtigung von Einkommen und Vermögen folgt der Änderung in § 9 Abs. 1 und bewirkt, dass künftig einheitlich die Leistungsberechnung für diese Familien in der Regel gemeinsam erfolgt und die Leistungsberechnung nur dann für einzelne Familienmitglieder durchgeführt wird, wenn zum Beispiel minderjährigen Kindern ausreichend eigenes Einkommen und Vermögen zur Verfügung steht. Die Praxis ist bisher insoweit unterschiedlich verfahren. Lebenspartner im Sinne des Satzes 2 sind Personen, die gemäß dem Lebenspartnerschaftsgesetz eine Lebenspartnerschaft begründet haben.

Absatz 2 überträgt inhaltsgleich den bisherigen § 28 Abs. 1 Satz 1 des Bundessozialhilfegesetzes, Absatz 3 den bisherigen § 11 Abs. 1 Satz 3 des Bundessozialhilfegesetzes, Absatz 4 den bisherigen § 11 Abs. 2 und den bisherigen § 29 des Bundessozialhilfegesetzes und Absatz 5 den bisherigen § 28 Abs. 2 des Bundessozialhilfegesetzes.

Im Unterschied zur Regelung der bisherigen § 11 Abs. 1 Satz 2 und § 28 Abs. 1 Satz 1 des Bundessozialhilfegesetzes werden die Lebenspartner gemäß dem Lebenspartnerschaftsgesetz, die nicht getrennt leben, in die Bedürftigkeitsprüfung einbezogen, welche die Träger der Sozialhilfe im Rahmen der Hilfe nach dem Dritten bis Achten Kapitel durchzuführen haben. Die Ausdehnung der Prüfung auf das Einkommen und Vermögen der eingetragenen Lebenspartner von Hilfesuchenden trägt dem Umstand Rechnung, dass Lebenspartner nach § 5 des Lebenspartnerschaftsgesetzes einander Fürsorge und Unterstützung, insbesondere angemessenen Unterhalt, zu leisten haben. Der Nachrang der Sozialhilfe erfordert es, auch von Lebenspartnern, die eine solche Unterhaltspflicht kraft Gesetzes trifft, zu verlangen, dass sie wie nicht getrennt lebende Ehegatten für einander vorrangig ihr Einkommen und Vermögen einsetzen.

Zum Verhältnis der Anspruchsberechtigungen nach dem 2. und 12. Buch des Sozialgesetzbuches

---

Leitsatz (redaktionell) (LSG Hamburg, Beschluss vom 22.03.2005, Az.: L 3 B 46/05 ER SO)

Zur Anspruchsberechtigung nach den Büchern 2 und 12 des Sozialgesetzbuches.

Aus den Gründen:

„... *Das Sozialgericht hat den Erlass der begehrten einstweiligen Anordnung nach § 86b Abs. 2 SGG zu Recht abgelehnt. Der Antragsteller hat auch nach der Überzeugung des Senats nicht mit der im sozialhilferechtlichen Eilverfahren notwendigen hohen Wahrscheinlichkeit im Sinne des § 920 Abs. 2 Zivilprozessordnung i.V.m. § 86b Abs. 2 Satz 4 SGG glaubhaft gemacht, dass ihm der mit dem Antrag geltend gemachte Anspruch auf Leistungen der Sozialhilfe nach dem am 1. Januar 2005 in Kraft getretenen Sozialgesetzbuch Zwölftes Buch – Sozialhilfe – (SGB XII) zusteht. Nach dem Kenntnisstand des vorliegenden Eilverfahrens kann er weder Hilfe zum Lebensunterhalt nach den §§ 27 ff. SGB XII (a) noch Leistungen der Grundsicherung bei voller Erwerbsminderung nach den §§ 41 ff. SGB XII (b) beanspruchen. Vielmehr* hat ihn die Antragsgegnerin zu Recht darauf verwiesen, zunächst bei der Beigeladenen um Leistungen nach dem Sozialgesetzbuch Zweites Buch – Grundsicherung für Arbeitsuchende – (SGB II) nachzusuchen. Dem Beschwerdevorbringen sind keine (neuen) Gesichtspunkte zu entnehmen, die eine andere Entscheidung in der Sache rechtfertigen würden.

1) Nach §§ 8, 19 SGB XII erhalten Sozialhilfe in der Gestalt der Hilfe zum Lebensunterhalt diejenigen Personen, die ihren notwendigen Lebensunterhalt nicht oder nicht ausreichend aus eigenen Kräften und Mitteln beschaffen können. Die Leistungen der Sozialhilfe sind nach der zum 1. Januar 2005 wirksam gewordenen Neuordnung der sozialen Sicherungssysteme als ein gegenüber der Grundsicherung für Arbeitsuchende des SGB II insgesamt grundsätzlich nachrangiges Leistungssystem zu begreifen. Dies folgt aus § 21 SGB XII, wonach Leistungen für den Lebensunterhalt nicht erhält, wer als Erwerbsfähiger in eigener Person oder als Angehöriger dem Grunde nach leistungsberechtigt nach dem SGB II ist (vgl. Voelzke in Hauck/Noftz, SGB XII, § 21, RdNr. 4, 7). So liegt es bei dem Antragsteller. Zwar macht er geltend, nicht erwerbsfähig im Sinne des § 8 SGB II, d.h. außerstande zu sein, unter den üblichen Bedingungen des Arbeitsmarktes mindestens drei Stunden täglich einer Erwerbstätigkeit nachzugehen, jedoch ist gerade dies zwischen den Beteiligten streitig und lässt sich auch in dem vorliegenden Eilverfahren nicht abschließend klären. Insoweit kann sich der Antragsteller zum Beleg der behaupteten vollen Erwerbsunfähigkeit nicht mit Erfolg darauf berufen, dass ihm im Jahre 1986 wegen einer schizophrenen Psychose die Fahrerlaubnis entzogen wurde. Er kann sich ferner auch nicht mit Erfolg auf den bis zum 31. Dezember 2004 erfolgten Bezug von Leistungen nach dem Bundessozialhilfegesetz berufen. Beide Umstände mögen Zweifel an der Erwerbsfähigkeit wecken, sie schließen diese jedoch nicht (vollen Umfanges) aus. Weder die Straßenverkehrsbehörde noch der Träger der Sozialhilfe haben in der Vergangenheit Feststellungen im Sinne des § 8 SGB II getroffen. Aktuelle ärztliche Unterlagen, denen Anhaltspunkte für ein aufgehobenes Leistungsvermögen zu entnehmen wären, liegen ebenfalls nicht vor. Demgegenüber legen Umfang und Inhalt der im gerichtlichen Verfahren eingereichten und von dem Antragsteller nach aufwändigen Recherchen in öffentlich zugänglichen Bibliotheken selbst gefertigten Schriftsätze nahe, dass dieser in der Lage ist, mehrere Stunden am Tag konzentriert zu arbeiten. Bei dieser Sachlage ist dem Antragsteller zuzumuten, die ihm verbliebene Arbeitskraft zu verwerten und sich, solange er keine Beschäftigung gefunden hat, zunächst an den Träger der Grundsicherung für Arbeitsuchende zu wenden, dort um Leistungen nachzusuchen und so seine Hilfebedürftigkeit abzuwenden. Denn im Falle der Konkurrenz von Leistungen nach dem SGB II und dem SGB XII obliegt nach § 44a Satz 1 SGB II die Feststellung der Erwerbsfähigkeit nach dem Willen des Gesetzgebers allein dem Träger der Grundsicherung für Arbeitsuchende und der Hilfebedürftige erhält nach § 44a Satz 3 SGB II bis zur Klärung des Grades der Erwerbsminderung vorläufige Leistungen nach dem SGB II, die sowohl von der Agentur für Arbeit als auch von den kommunalen Träger zu erbringen sind und zu deren Bewilligung nach § 44b SGB II die Beigeladene verpflichtet ist. Dieser Umstand schließt den Bezug von Hilfe zum Lebensunterhalt auch dann aus, wenn der Hilfebedürftige sich weigert, den nach § 37 Abs. 1 SGB II für den Bezug der Leistungen der Grundsicherung für Arbeitsuchende erforderlichen Antrag zu stellen. Denn es kann nicht in der Hand des Hilfeempfängers liegen, durch Verweigerung der Mitwirkung im Verfahren das Eintreten eines anderen Sozialleistungsträgers zu erzwingen (vgl. auch § 2 SGB XII – Nachrang der Sozialhilfe). Das von dem Antragsteller für sich reklamierte Wahlrecht besteht nach dem Willen des Gesetzgebers nicht. Der Senat vermag auch

nicht zu erkennen, dass die angewandten Vorschriften verfassungswidrig sind, weil langjährige Bezieher von Sozialhilfe aufgrund der Neuregelung gezwungen sind, nunmehr eine Überprüfung ihrer Leistungsfähigkeit durchführen zu lassen.

2) Aus dem Vorstehenden folgt, dass der Antragsteller Leistungen der Grundsicherung bei dauerhafter voller Erwerbsminderung nach §§ 41 ff. SGB XII ebenso wenig in Anspruch nehmen kann. Dem steht in gleicher Weise entgegen, dass der Antragsteller nach dem Kenntnisstand des Eilverfahrens (jedenfalls noch teilweise) erwerbsfähig im Sinne des § 8 SGB II ist und in zumutbarer Weise durch die Inanspruchnahme von Leistungen der Grundsicherung für Arbeitsuchende seine Bedürftigkeit überwinden kann.

3) Auch das Vorbringen der Beigeladenen im Beschwerdeverfahren rechtfertigt eine andere Entscheidung nicht. Allerdings weist diese zutreffend darauf hin, dass die Antragsgegnerin zunächst in eigener Zuständigkeit zu prüfen hat, ob in der Person des Antragstellers die Voraussetzungen für die Gewährung von Leistungen nach dem SGB XII vorliegen. Sie weist ferner zu Recht darauf hin, dass es nicht ausreicht, wenn die Antragsgegnerin sich insoweit lediglich auf das Fehlen von Feststellungen zur Erwerbsfähigkeit durch einen Rentenversicherungsträger nach § 45 Abs. 1 SGB XII beruft. Die Antragsgegnerin wird eigene Feststellungen im Widerspruchsverfahren nachzuholen haben. Nach dem gegenwärtigen Stande des Verfahrens erweist es sich aber – wie dargelegt – unabhängig von dem Fehlen eigener Feststellungen der Antragsgegnerin nicht als wahrscheinlich, dass dem Antragsteller die Erwerbsfähigkeit fehlt. Dies rechtfertigt die Entscheidung der Antragsgegnerin und verbietet es, ihr im Eilverfahren eine vorläufige Verpflichtung zur Leistung aufzuerlegen." ...

Leitsatz (redaktionell) (LSG Hamburg, Beschluss vom 28.01.2005, Az.: L 3 B 16/05 ER SO)

Die Leistungen der Sozialhilfe sind nach der zum 01.01.2005 wirksam gewordenen Neuordnung der sozialen Sicherungssysteme als ein gegenüber der Grundsicherung für Arbeitsuchende des SGB 2 insgesamt grundsätzlich nachrangiges Leistungssystem zu begreifen. Ist der Hilfebedürftige dem Grunde nach leistungsberechtigt nach dem SGB 2, ist es ihm grundsätzlich zuzumuten, sich zunächst an den Träger der Grundsicherung für Arbeitsuchende zu wenden, dort um Leistungen nachzusuchen und so seine Hilfebedürftigkeit abzuwenden.

Aus den Gründen:

„... Die statthafte und zulässige, insbesondere fristgerecht eingelegte Beschwerde (§§ 172, 173 Sozialgerichtsgesetz – SGG -), der das Sozialgericht nicht abgeholfen hat (§ 174 SGG), ist nicht begründet. Das Sozialgericht hat den Erlass der begehrten einstweiligen Anordnung nach § 86b Abs. 2 SGG zu Recht abgelehnt.

Der Antragsteller, der bis zum 31. Dezember 2004 Hilfe zum Lebensunterhalt nach §§ 11 ff. des Bundessozialhilfegesetzes bezogen hat und der mit seiner Ehefrau in Haushaltsgemeinschaft lebt, hat nicht im Sinne des § 920 Abs. 2 Zivilprozessordnung i.V.m. § 86b Abs. 2 Satz 4 SGG glaubhaft gemacht, dass ihm der mit dem An-

trag geltend gemachte Anspruch auf Hilfe zum Lebensunterhalt nach den §§ 27 ff. des am 1. Januar 2005 in Kraft getretenen Sozialgesetzbuches Zwölftes Buch – Sozialhilfe – (SGB XII) zusteht. Nach dem Kenntnisstand des vorliegenden Eilverfahrens hat ihn vielmehr die Antragsgegnerin zu Recht darauf verwiesen, zunächst bei der Beigeladenen um Leistungen nach dem Sozialgesetzbuch Zweites Buch – Grundsicherung für Arbeitsuchende – (SGB II) nachzusuchen.

Nach §§ 8, 19 SGB XII erhalten Sozialhilfe in der Gestalt der Hilfe zum Lebensunterhalt diejenigen Personen, die ihren notwendigen Lebensunterhalt nicht oder nicht ausreichend aus eigenen Kräften und Mitteln beschaffen können. Die Leistungen der Sozialhilfe sind nach der zum 1. Januar 2005 wirksam gewordenen Neuordnung der sozialen Sicherungssysteme als ein gegenüber der Grundsicherung für Arbeitsuchende des SGB II insgesamt grundsätzlich nachrangiges Leistungssystem zu begreifen. Dies folgt aus § 21 SGB XII, wonach Leistungen für den Lebensunterhalt nicht erhält, wer in eigener Person oder als Angehöriger dem Grunde nach leistungsberechtigt nach dem SGB II ist (vgl. Voelzke in Hauck/Noftz, SGB XII, § 21, RdNr. 4, 7). So liegt es bei dem Antragsteller. Zwar macht er – ebenso wie seine Ehefrau in dem Verfahren S 50 SO 2/05 ER – geltend, nicht erwerbsfähig im Sinne des § 8 SGB II, d.h. außerstande zu sein, unter den üblichen Bedingungen des Arbeitsmarktes mindestens drei Stunden täglich einer Erwerbstätigkeit nachzugehen, jedoch ist gerade dies zwischen den Beteiligten streitig und lässt sich auch in dem vorliegenden Eilverfahren nicht abschließend klären. Bei dieser Sachlage ist dem Antragsteller zuzumuten, sich zunächst an den Träger der Grundsicherung für Arbeitsuchende zu wenden, dort um Leistungen nachzusuchen und so seine Hilfebedürftigkeit abzuwenden. Denn im Falle der Konkurrenz von Leistungen nach dem SGB II und dem SGB XII obliegt die Feststellung der Erwerbsfähigkeit nach dem Willen des Gesetzgebers allein dem Träger der Grundsicherung für Arbeitsuchende und der Hilfebedürftige erhält bis zur Klärung des Grades der Erwerbsminderung vorläufige Leistungen nach dem SGB II. Dies folgt im Hinblick auf die Beigeladene aus §§ 44a, 44b SGB II. Dieser Umstand schließt den Bezug von Hilfe zum Lebensunterhalt auch dann aus, wenn der Hilfebedürftige sich weigert, den nach § 37 Abs. 1 SGB II für den Bezug der Leistungen der Grundsicherung für Arbeitsuchende erforderlichen Antrag zu stellen, den der Antragsteller ebenso wie dessen Ehefrau eigenem Vorbringen zufolge jedoch mittlerweile nachgeholt hat. Denn es kann nicht in der Hand des Hilfeempfängers liegen, durch Verweigerung der Mitwirkung im Verfahren das Eintreten eines anderen Sozialleistungsträgers zu erzwingen.

Dem Beschwerdevorbringen sind keine (neuen) Gesichtspunkte zu entnehmen, die eine andere Entscheidung in der Sache rechtfertigen würden."

Zur Feststellung der Bedürftigkeit

Leitsatz (redaktionell) (BVerwG , Urteil vom 08.02.1973, Az.: V C 106/72)

Ist jedoch die tatsächliche Lage des Hilfesuchenden maßgebend, so kommt es letztlich nicht darauf an, ob die Sozialhilfebehörde ausreichende Geldmittel zur Verfügung gestellt hat, sondern darauf, ob der bestehende Bedarf im entscheidungserheblichen Zeitpunkt tatsächlich befriedigt war.

Aus den Gründen:

„... Die Klägerin hat bei dem Beklagten um eine Bekleidungsbeihilfe nach dem Bundessozialhilfegesetz – BSHG – nachgesucht. Bewilligt worden sind ihr 44,00 DM zur Beschaffung von einem Paar Winterschuhe und zwei Garnituren Unterwäsche. Dagegen ist die Bitte um Beihilfe für einen Wintermantel, ein Winterkleid und eine Strickjacke abgelehnt worden, und zwar auch im Widerspruchsverfahren.

Das Verwaltungsgericht hat den Beklagten zur Beihilfe für einen Wintermantel verpflichtet, im Übrigen aber die Klage abgewiesen.

Das Berufungsgericht hat die Berufung zurückgewiesen. Die Bitte der Klägerin um einen Wintermantel habe sich erledigt. Insoweit sei die Berufung unzulässig. Im Übrigen sei die Berufung unbegründet.

Gegen das Urteil des Berufungsgerichts richtet sich die vom Bundesverwaltungsgericht zugelassene Revision der Klägerin, mit der sie ihr Begehren um Bewilligung einer Bekleidungsbeihilfe weiterverfolgt.

Der Beklagte bittet um Zurückweisung der Revision.

Die Revision der Klägerin führt zur Zurückverweisung der Sache an das Berufungsgericht.

Wie sich aus dem Revisionsantrag der Klägerin ergibt, verfolgt sie ihr Begehren auf Bewilligung einer Bekleidungsbeihilfe weiter. Dagegen ist nicht im Streit das vom Berufungsgericht vorsorglich abgehandelte Begehren um Bewilligung einer Weihnachts- und Heizkostenbeihilfe.

Sinnvollerweise kann sich das Begehren der Klägerin im Revisionsverfahren auch nicht auf die Bewilligung einer Bekleidungsbeihilfe für einen Wintermantel richten; denn insoweit ist ihrem Begehren bereits Rechnung getragen. Der Klarstellung halber war deshalb das Berufungsurteil, soweit es die Berufung – wegen Erledigung des Begehrens der Klägerin – als unzulässig verworfen hat, zu bestätigen.

Die Klägerin beanstandet, dass das Berufungsgericht über ihren Antrag ohne Beweisaufnahme und in ihrer Abwesenheit entschieden habe. In dieser Beanstandung liegt eine schlüssige Verfahrensrüge. Zwar hat das Berufungsgericht die Möglichkeit einer Beweisaufnahme nicht schlechthin verneint. Indessen hat es jedenfalls die Vernehmung der Klägerin als Beweismöglichkeit nicht ins Auge gefasst.

Hat die Klägerin schlüssig einen Verfahrensmangel gerügt, so ist das Urteil des Berufungsgerichts in der Sache nachzuprüfen, wenn die Voraussetzungen des § 132 Abs. 2 Nrn. 1 und 2 VwGO vorliegen (§ 137 Abs. 3 VwGO). Das ist der Fall. Das Be-

rufungsgericht ist insoweit von einer Entscheidung des Bundesverwaltungsgerichts abgewichen, als es zum Ausgangspunkt seiner Nachprüfung nicht die tatsächliche Lage der Klägerin im entscheidungserheblichen Zeitpunkt genommen hat (z.B. BVerwGE 21, 208 (211)). Dies gilt hinsichtlich der begehrten Beihilfe für ein Paar Winterschuhe und für Leibwäsche.

Das Berufungsgericht meint, die Behörde habe der Klägerin 44,00 DM an Beihilfe bewilligt. Hiervon habe die Klägerin die benötigten Bekleidungsstücke beschaffen können. Die Klägerin könne nicht damit gehört werden, dass sie den Betrag bestimmungswidrig für die Anschaffung eines Paares Halbschuhe verwandt habe.

Ist jedoch die tatsächliche Lage des Hilfesuchenden maßgebend, so kommt es letztlich nicht darauf an, ob die Sozialhilfebehörde ausreichende Geldmittel zur Verfügung gestellt hat, sondern darauf, ob der bestehende Bedarf im entscheidungserheblichen Zeitpunkt tatsächlich befriedigt war. Hierfür mag die Tatsache, dass die erstentscheidende Behörde einen Geldbetrag zur Verfügung gestellt hat, nicht ohne Bedeutung sein. Steht jedoch fest, dass der Hilfesuchende das Geld tatsächlich nicht zur Befriedigung eines vorhandenen Bedarfs verwendet hat, so ist es bedeutungslos, ob ein zur Verfügung gestellter Betrag an sich ausreichend gewesen wäre, den vorhandenen Bedarf zu befriedigen. Namentlich gilt das auch für Fälle unwirtschaftlichen Verhaltens. Notfalls hat die (Widerspruchs-)Behörde nachzubewilligen oder durch Sachleistung die Bedarfsbefriedigung sicherzustellen. Dies hat das Berufungsgericht verkannt und nicht nachgeprüft, ob die Klägerin ein Paar Winterschuhe und Leibwäsche benötigte. Das angefochtene Urteil war deshalb insoweit aufzuheben und die Sache zur weiteren Aufklärung an das Berufungsgericht zurückzuverweisen. Der Hinweis des Berufungsgerichts, die Klägerin müsse auch Teilbeträge ihres Renteneinkommens zur Bedarfsbefriedigung verwenden, kann die Zurückverweisung nicht hindern; denn dieser Hinweis ist unsubstantiiert und lässt deshalb nicht erkennen, welche Mittel der Klägerin zur Befriedigung ihres laufenden und einmaligen Bedarfs zur Verfügung standen. Ob er nicht auch im Widerspruch steht mit der an anderer Stelle gemachten Bemerkung, die Klägerin habe die Kleidungsstücke nicht aus ihrem Renteneinkommen beschaffen können, mag auf sich beruhen.

Zurückzuverweisen ist die Sache aber auch im Übrigen. Das Berufungsgericht führt aus, der Bekleidungsbedarf der Klägerin sei bereits Anfang 1969 befriedigt worden. Infolgedessen sei davon auszugehen, dass er auch noch Ende 1969 befriedigt gewesen sei. Notfalls hätte die Klägerin die Anfang 1969 beschafften Kleidungsstücke vorlegen müssen, um deren Beschaffenheit überprüfen zu können. Eine derartige Prüfung sei wegen Zeitablaufs nicht mehr möglich. Mit diesem Hinweis hat das Berufungsgericht erkennbar die bestehenden Beweismöglichkeiten nicht in ausreichendem Maße ausgeschöpft. Es hätte nach Lage der Dinge die Klägerin hören können und müssen. Das hat die Klägerin mit der Revision ausreichend gerügt. Auch insoweit ist die Sache deshalb zur weiteren Sachaufklärung an das Berufungsgericht zurückzuverweisen. Auch insoweit kann der Hinweis des Berufungsgerichts auf bestehende Selbsthilfemöglichkeiten mangels ausreichender Substantiierung die Rückverweisung nicht hindern." ...

Leitsatz (redaktionell) (BVerwG, Urteil vom 04.02.1988, Az.: 5 C 89/85)

Maßgeblich ist im Rahmen der Sozialhilfe die tatsächliche, gegenwärtige Lage des Hilfebedürftigen zum Zeitpunkt des Bekanntwerdens der Hilfebedürftigkeit.

Aus den Gründen:

„... Die im Juni 1977 geschiedene Klägerin wohnte mit ihren beiden Söhnen ursprünglich im Bereich des Landkreises K., der am Rechtsstreit als Beigeladener beteiligt ist. Schon dort bezog die Familie Hilfe zum Lebensunterhalt. Im November 1977 zog sie in den Bereich der Stadt K., des beklagten Trägers der Sozialhilfe. Auch diese gewährte Hilfe zum Lebensunterhalt, die Kosten für die zentrale Beheizung der Unterkunft und der Warmwasserversorgung einschließend. Für diese Kosten waren im Jahre 1983 Vorauszahlungen von DM 112 monatlich zu entrichten. Anfang April 1984 zog die Familie in den Bereich des Beigeladenen zurück. Dieser lehnte es aber nunmehr ab, Hilfe zum Lebensunterhalt zu gewähren, weil er in dem Zusammenleben der Klägerin mit ihrem geschiedenen Ehemann eine eheähnliche Gemeinschaft im Sinne des § 122 BSHG sah.

Nachdem der Klägerin im Oktober 1984 die Abrechnung des früheren Vermieters über die für das Jahr 1983 (Abrechnungsperiode) zu zahlenden Heizungs- und Warmwasserkosten zugegangen war, beantragte sie bei der Beklagten, den in dieser Abrechnung ausgewiesenen Nachzahlungsbetrag von 565,39 DM zu übernehmen. Die Beklagte lehnte den Antrag – auch im Widerspruchsverfahren – ab, weil sie nach dem Wegzug der Klägerin für die Leistung von Sozialhilfe nicht mehr örtlich zuständig sei.

Die hierauf erhobene Verpflichtungsklage hat das Verwaltungsgericht aus demselben Grund abgewiesen. Dagegen hat der Verwaltungsgerichtshof auf die Berufung der Klägerin die Beklagte verpflichtet, der Klägerin den genannten Betrag zu gewähren. Er hält die Beklagte für örtlich zuständig, den Hilfefall zu regeln; denn für die Bestimmung der örtlichen Zuständigkeit komme es auf den tatsächlichen Aufenthalt der Klägerin während des Jahres 1983 an, nicht auf denjenigen bei der Antragstellung im Oktober 1984, weil der reale Bedarf in jener Zeit entstanden sei; auf den schuldrechtlichen Aspekt der Fälligkeit der Vermieterforderung sei nicht abzustellen. Diese Betrachtungsweise sei mit § 5 BSHG vereinbar; denn dem Träger der Sozialhilfe, der laufende Hilfe zu den Kosten der Unterkunft einschließlich einer Nebenkostenpauschale gewähre, sei bekannt, dass der tatsächliche Bedarf von den Vorauszahlungen nach oben oder nach unten abweichen könne. Bei den periodisch abgerechneten Nebenkosten handele es sich deshalb nicht um einen Bedarf, der erst im Zeitpunkt der Abrechnung neu entstehe, sondern um den in der Abrechnungsperiode bereits entstandenen Bedarf, der entsprechend seiner durch den Abrechnungsmodus geprägten Art durch Hilfe zu den Vorauszahlungen und zur Schlusszahlung zu decken sei. Für den Träger der Sozialhilfe, in dessen Bereich der Hilfeempfänger verzogen sei, stelle sich die Nachforderung des Vermieters als eine Schuld aus einem inzwischen tatsächlich gedeckten Bedarf dar. Konsequenterweise sei – was die Feststellung der Hilfebedürftigkeit angehe – auf die Verhältnisse im damaligen Hilfezeitraum abzustellen. Dass die Klägerin 1983 hilfebedürftig gewesen sei, stehe außer Frage. Mit der Revision erstrebt die Beklagte, dass die erstinstanzliche Entscheidung wie-

derhergestellt wird. Sie ist der Ansicht, dass der sozialhilferechtlich relevante Bedarf erst mit dem Zugang der Heizkostenabrechnung entstehe, so dass es – was die Feststellung einer Notlage angehe – auf die wirtschaftlichen Verhältnisse des Hilfesuchenden in diesem Zeitpunkt ankomme.

Die Klägerin hält das angefochtene Urteil für richtig; es stehe im Einklang mit der Regelung im Bundessozialhilfegesetz über das Einsetzen der Sozialhilfe.

Der sich am Verfahren beteiligende Oberbundesanwalt beim Bundesverwaltungsgericht pflichtet der Auffassung des Berufungsgerichts bei.

Entscheidungsgründe

Die Revision ist zulässig. Die Beklagte hat für dieses Rechtsmittel insbesondere ein Rechtsschutzbedürfnis. Zwar könnte sie von dem Beigeladenen verlangen, ihr die 565,39 DM zu erstatten, würde sie diesen Betrag, den der Klägerin zu gewähren der Verwaltungsgerichtshof sie verpflichtet hat, zahlen; denn aufgrund des Schiedsspruchs der Zentralen Spruchstelle für Fürsorgestreitigkeiten vom 3. Februar 1983 ist der Beigeladene verpflichtet, der Beklagten die Kosten zu erstatten, die dieser durch die Leistung von Sozialhilfe an die Klägerin und deren Angehörige vom 3. November 1977 an entstanden sind und weiterhin entstehen werden; und angesichts des Verpflichtungsausspruchs des Verwaltungsgerichtshofs könnte der Beigeladene nicht einwenden, die Leistung wäre rechtswidrig, so dass die aus dem Schiedsspruch folgende Verpflichtung nicht bestehen würde. Jedoch kann der Beklagten mit Rücksicht auf die uneinheitliche Rechtsprechung von Oberverwaltungsgerichten zu der den Rechtsstreit kennzeichnenden Rechtsfrage – gerade aus diesem Grund hat das Berufungsgericht die Revision zugelassen – das rechtliche Interesse daran nicht abgesprochen werden, eine höchstrichterliche Entscheidung herbeizuführen, zumal da der aufgrund des erwähnten Schiedsspruchs zur Erstattung verpflichtete Beigeladene eine solche höchstrichterliche Entscheidung mittels eines eigenen Rechtsmittels mangels einer Beschwer durch das angefochtene Urteil hätte nicht erreichen können.

Die Revision ist auch begründet. Das Berufungsgericht hätte die Berufung der Klägerin gegen den Gerichtsbescheid des Verwaltungsgerichts vom 16. Juli 1985 zurückweisen müssen; denn das Verwaltungsgericht hat die Klage zu Recht mit der Begründung abgewiesen, dass nach § 97 Abs. 1 Satz 1 des Bundessozialhilfegesetzes (BSHG) in der Fassung der Bekanntmachung vom 24. Mai 1983 (BGBl. I S. 613) nicht die Beklagte örtlich zuständig war, den aufgrund der Antragstellung der Klägerin im Oktober 1984 entstandenen Hilfefall zu regeln; die Beklagte ist mithin für das mit der Klage geltend gemachte Begehren nicht passivlegitimiert. Nach dieser Vorschrift richtet sich die örtliche Zuständigkeit eines Trägers der Sozialhilfe nach dem tatsächlichen Aufenthalt des Hilfesuchenden. Daraus ergibt sich allerdings noch nicht ohne weiteres, auf welchen Zeitpunkt dabei abzustellen ist. Er ergibt sich jedoch aus dem das Sozialhilferecht prägenden und vom Bundesverwaltungsgericht in ständiger Rechtsprechung hervorgehobenen Grundsatz, dass die Sozialhilfe dazu dient, eine gegenwärtige Notlage zu beheben (z.B. Urteil vom 19. Juni 1980 <BVerwGE 60, 236> und Urteil vom 9. Februar 1984 <BVerwGE 69, 5>), wobei „Gegenwart" den Zeitpunkt des Bekanntwerdens der Notlage – ggf. durch eine Antragstellung des Hilfesuchenden – bei dem Träger der Sozialhilfe bedeutet (vgl. Bundesverwaltungsgericht, Urteil vom 13. Januar 1983 <BVerwGE 66, 335>). Hiermit nicht zu vereinbaren ist die Ansicht des Verwaltungsgerichtshofs und des Oberverwaltungsgerichts für *das Land Nordrhein-Westfalen (siehe dessen Urteil vom 17. Oktober 1986 <NDV 1987, 234>), für die Feststellung der örtlichen Zuständigkeit nach § 97 Abs. 1 Satz 1 BSHG werde die „Gegenwärtigkeit" des tatsächlichen Aufenthalts des Hilfesuchenden ungeachtet des von diesem inzwischen vollzogenen Ortswechsels danach bestimmt, ob dem Träger der Sozialhilfe, in dessen Bereich der Hilfesuchende sich zuvor tatsächlich aufgehalten hatte, die Notlage, die bei Zugrundelegung der vom Verwaltungsgerichtshof im Weiteren vertretenen Auffassung eine solche in der Vergangenheit war, schon damals bekannt war; und dieses Bekanntsein folgert der Verwaltungsgerichtshof zum einen aus dem während der vergangenen Heizperiode vorhanden gewesenen realen Bedarf an Heizung und zum anderen aus dem bekannten Umstand, dass bei Vorauszahlungen auf Heizungskosten der Bedarf tatsächlich höher sein kann als die Summe der vom Träger der Sozialhilfe übernommenen Vorauszahlungsbeträge. Maßgeblicher Grund für diese Ansicht ist die Befürchtung des Verwaltungsgerichtshofs, dass andernfalls überhaupt kein Hilfeanspruch mehr bestehen könnte, weil der Träger der Sozialhilfe, in dessen Bereich der Hilfesuchende sich im Zeitpunkt der vom früheren Vermieter gegen ihn geltend gemachten Nachforderung gegenwärtig tatsächlich aufhält, die Hilfegewährung unter Berufung auf § 5 BSHG ablehnen dürfte.*

Diese Befürchtung ist bei richtigem Verständnis des „Bedarfs" sowie der vom Mieter zu leistenden Vorauszahlungen und der von ihm etwa zu leistenden Nachzahlung unbegründet. Vielmehr würde gerade die vom Verwaltungsgerichtshof vertretene Auffassung befürchten lassen müssen, dass einerseits einer bestehenden tatsächlichen Hilfebedürftigkeit u. U. nicht abgeholfen werden könnte und dass andererseits Sozialhilfe noch zu leisten wäre, obwohl Hilfebedürftigkeit nicht mehr besteht. Bei alledem handelt es sich übrigens nicht um eine auf den Fall des Wechsels des tatsächlichen Aufenthaltes beschränkte, also nur die Anwendung des § 97 Abs. 1 Satz 1 BSHG betreffende Problematik. Im Hinblick auf den das Sozialhilferecht prägenden Grundsatz, dass für die Vergangenheit Hilfe nicht zu gewähren ist, ist sie auch bei unveränderter örtlicher Zuständigkeit des in der Vergangenheit einmal tätig gewordenen Trägers der Sozialhilfe von Bedeutung.

Im Einzelnen: Der Träger der Sozialhilfe kann die notwendige Wärme nicht in natura bereitstellen, namentlich dann nicht, wenn der Hilfesuchende eine zentralbeheizte Unterkunft bewohnt. Der „Bedarf" besteht daher gerade in diesem Fall darin, dass der Träger der Sozialhilfe dem Hilfesuchenden Geldmittel zur Verfügung stellt, die dieser benötigt, um die Lieferung der Wärme durch den Vermieter bezahlen zu können (vgl. auch § 3 Abs. 2 der Verordnung zur Durchführung des § 22 BSHG vom 20. Juli 1962 <BGBl. I S. 515>). Da sich im Vorhinein weder die in der kalten Jahreszeit zum Zwecke ausreichender Erwärmung der Unterkunft erforderliche Wärmemenge noch der dafür erforderliche Kostenaufwand feststellen lassen, beschränken sich die Berechtigung des Vermieters und die Verpflichtung des Mieters auf die Forderung bzw. Zahlung von Vorausleistungen (vgl. dazu § 4 Abs. 1 Satz 1 des Gesetzes zur Regelung der Miethöhe = Art. 3 des Zweiten Wohnraumkündigungsschutzgesetzes vom 18. Dezember 1974 <BGBl. I S. 3603>), und zwar sogar während der Monate, in denen eine Beheizung der Unterkunft tatsächlich nicht erforderlich ist. Das bestätigt, dass auch aus der Sicht des Hilfesuchenden der sozialhilferechtliche Bedarf in der Übernahme der von der Jahreszeit unabhängig regelmäßig zu leistenden Geldbeträge besteht, nicht aber in dem realen Bedarf an Wärme. Dieser Umstand und der weitere Umstand, dass in den jeweiligen Zeitpunkten der Leistung der Vorauszahlungen ungewiss ist, ob diese zu niedrig oder zu hoch bemessen sind, zwingen dazu, die „Ge-

genwärtigkeit" der Bedarfslage nach dem jeweiligen Zeitpunkt des Entstehens und der Fälligkeit der Vorauszahlungen einerseits und der Nachzahlung andererseits zu beurteilen. Der Anspruch des Vermieters auf Nachzahlung von Kosten der Beheizung kann erst entstehen (und fällig werden), wenn er sich am Ende der vereinbarten Rechnungsperiode anhand der dann bekannten Daten feststellen lässt. Diese Betrachtung wird dadurch bestätigt, dass im umgekehrten Fall – die Vorauszahlungen haben sich im Nachhinein als zu hoch bemessen erwiesen – die Forderung des Mieters auf Erstattung erst mit der Feststellung der tatsächlichen Kosten entstehen (fällig werden) kann; es handelt sich nicht um auf die Monate der Vorauszahlungen rückwirkend verteilte Zuvielzahlungen mit der Folge, dass sich im Fall einer Übernahme der zu hohen Vorausleistungen auf die Heizkosten durch den Träger der Sozialhilfe die Hilfegewährung rückwirkend als zum Teil rechtswidrig herausstellt. Eine gegenteilige Betrachtung wäre auch mit der im Urteil des Bundesverwaltungsgerichts vom 21. Juni 1979 (BVerwGE 58, 146) vertretenen Auffassung nicht zu vereinbaren. Auf der Grundlage der vorstehend dargelegten Rechtsauffassung erledigt sich das vom Verwaltungsgerichtshof angeführte, besonders vom Oberverwaltungsgericht für das Land Nordrhein-Westfalen (a.a.O.) bei seiner Auseinandersetzung mit der vom Oberverwaltungsgericht Rheinland-Pfalz in dessen Urteil vom 21. Dezember 1978 (FEVS 28, 210) vertretenen, anders lautenden Ansicht betonte Argument, der Hilfesuchende fordere mit dem Begehren, dass der Nachzahlungsbetrag übernommen werden solle, Hilfe für die Vergangenheit oder – anders gewendet – die Übernahme einer Schuld. Als unbegründet erweist sich ferner die Befürchtung des Verwaltungsgerichtshofs, es könnte – folgte man seiner Ansicht nicht – überhaupt kein Hilfeanspruch mehr bestehen. Schließlich kommt es nicht auf die mit dem Urteil des Bundesverwaltungsgerichts vom 13. Januar 1983 (BVerwGE 66, 335) nicht vereinbare Erwägung des Oberverwaltungsgerichts Rheinland-Pfalz in dessen soeben erwähntem Urteil an, dass bei einem Ortswechsel des Hilfeempfängers der „neue" Träger der Sozialhilfe sich die Betreuung durch den „alten" Träger der Sozialhilfe zurechnen lassen müsse. Letztlich ist die Befürchtung des Oberbundesanwalts nicht begründet, die Wirksamkeit der Hilfe könnte beeinträchtigt werden. Gerade weil – besteht in dem Zeitpunkt, in dem ein Nachzahlungsbetrag entsteht und fällig wird, Hilfebedürftigkeit – der Träger der Sozialhilfe, in dessen Bereich sich der hilfebedürftige Schuldner des Nachzahlungsbetrages nunmehr tatsächlich aufhält, Hilfe leisten muss (vorausgesetzt, diese Hilfebedürftigkeit wird insbesondere durch Antragstellung bekannt), braucht der frühere Vermieter nicht um sein Geld zu bangen.

Dieser Fall könnte aber eintreten, pflichtete man den Überlegungen des Berufungsgerichts zur Hilfebedürftigkeit und zum für sie maßgeblichen Beurteilungszeitpunkt bei; denn der Verwaltungsgerichtshof müsste auf der Grundlage seiner Ansicht, für die Hilfebedürftigkeit sei auf die „damaligen Verhältnisse" abzustellen, „konsequenterweise" denjenigen „leer ausgehen" lassen, der früher (Verwaltungsgerichtshof: nach den „damaligen Verhältnissen") mindestens zeitweise in der Lage gewesen war, die Heizungskosten – sowohl die Vorauszahlungen als auch einen Nachzahlungsbetrag, wäre er damals schon bekannt gewesen – mit eigenen Mitteln zu bezahlen, aber gerade gegenwärtig, da er den Nachzahlungsbetrag bezahlen soll, hierzu mangels ausreichender Mittel außerstande ist. Hiervon abgesehen würde es in einem solchen Fall auf der Grundlage der Ansicht des Verwaltungsgerichtshofs an einem Anknüpfungspunkt für das Tätigwerden des „alten" Trägers der Sozialhilfe fehlen. Umgekehrt würde – legte man die Auffassung des Berufungsgerichts zugrunde – ein Mieter ungerechtfertigt begünstigt werden, der zwar hilfebedürftig war, als er im Rahmen seines (wegen Wechsels der Wohnung in der Gegenwart nicht mehr beste-

henden) Mietverhältnisses Vorauszahlungen auf die ihrer Höhe nach noch nicht endgültig feststehenden Kosten der Beheizung zu leisten hatte, der aber in dem Zeitpunkt, in dem der (frühere) Vermieter eine nunmehr erst festgestellte Nachzahlung fordert, nicht mehr hilfebedürftig ist, weil er z.b. inzwischen (wieder) ausreichendes Einkommen erzielt. Während jener Mieter gegenwärtig der Hilfe bedarf, bedarf dieser Mieter ihrer nicht. All dem lässt sich nicht entgegenhalten: Hätten Vermieter und Mieter die Vorauszahlungsbeträge zufällig gerade in der Höhe vereinbart, dass ihre Summe der am Ende festgestellten Gesamtschuld an Heizungskosten entsprochen hätte, oder hätten sie die Vorauszahlungen sogar zu hoch vereinbart, dann hätte der Träger der Sozialhilfe damals diese Beträge in dieser Höhe übernommen, also müsse er – seien die Vorauszahlungen zu gering bemessen gewesen, so dass er damals weniger zu übernehmen brauchte – auch den Nachzahlungsbetrag übernehmen. Bei dieser Überlegung wird übersehen, dass es im Sozialhilferecht auf die tatsächliche Lage des Hilfesuchenden ankommt, nicht auf Gegebenheiten, die hätten sein können (vgl. dazu das Urteil des Bundesverwaltungsgerichts vom 20. Oktober 1981 – BVerwG 5 C 16.80 – <Buchholz 436.0 § 120 BSHG Nr. 3 S. 5 f. = FEVS 31, 45>). Die tatsächliche Lage wird aber durch das Entstehen von Zahlungsverpflichtungen des Mieters zu unterschiedlichen Zeitpunkten bestimmt. Bei zu gering bemessenen Vorauszahlungen hat der Mieter (Hilfesuchende) tatsächlich nur diese zu leisten. Dementsprechend besteht – mangelt es ihm an ausreichenden eigenen Mitteln – nur insoweit Hilfebedürftigkeit. Nicht anders verhält es sich mit der Forderung, Heizungskosten nachzuzahlen. Sie ist erst im Zeitpunkt ihres Entstehens und ihrer Geltendmachung eine Tatsache. Der Träger der Sozialhilfe braucht Mittel zu ihrer Erfüllung nur zur Verfügung zu stellen, wenn der Mieter in diesem Zeitpunkt („gegenwärtig") tatsächlich hilfebedürftig ist. Welcher Träger der Sozialhilfe dies ist, richtet sich nach dem tatsächlichen Aufenthalt des Hilfesuchenden zu diesem Zeitpunkt (§ 97 Abs. 1 Satz 1 BSHG). Allein auf diese Weise werden der mit dieser Vorschrift verfolgte Sinn und Zweck erreicht: Den Hilfefall sollte der ortsnahe Träger der Sozialhilfe regeln. Das betrifft vornehmlich die Feststellungen zu den persönlichen und wirtschaftlichen Verhältnissen des Hilfesuchenden. Der „ferne" Träger der Sozialhilfe könnte dies nur unter Inanspruchnahme der Amtshilfe des Trägers tun, in dessen Bereich der Hilfesuchende sich gegenwärtig tatsächlich aufhält.

Da sich die Klage bereits wegen mangelnder Passivlegitimation der Beklagten als unbegründet erweist, kommt es auf den weiteren die Begründetheit der Klage betreffenden Aspekt, ob die Klägerin für die Geltendmachung des (vermeintlichen) Anspruchs allein aktivlegitimiert ist, nicht mehr an (vgl. dazu das Urteil des Bundesverwaltungsgerichts vom 22. August 1985 <BVerwGE 72, 88>). Ebensowenig ist vor Belang, dass der (vermeintliche) Anspruch der Klägerin aus anderen Gründen mindestens teilweise unbegründet sein könnte; zum einen deshalb, weil die Nachzahlungsforderung des früheren Vermieters Kosten des Warmwasserverbrauchs einschließt, und zum anderen deshalb, weil die Klägerin die Kosten der Beheizung ohnehin nicht allein zu tragen brauchte; denn auch schon während des Jahres 1983 wohnte der geschiedene Ehemann der Klägerin in der Wohnung, die die Familie damals in K. bewohnte; und er hatte ein Viertel der Gesamtkosten (Miete und Vorauszahlungen auf die Heizkosten) zu tragen, ein Umstand, den die Beklagte bei der Festsetzung der Hilfe zum Lebensunterhalt für die Klägerin und ihre Kinder berücksichtigt hatte." ...

Leitsatz (redaktionell) (BVerwG, Urteil vom 27.01.1971, Az.: V C 74/70)

Die Ermöglichung der Bedarfsdeckung, zu der der Träger der Sozialhilfe verpflichtet ist, umfasst nicht die unmittelbare, eigene Bereitstellung der Mittel zur Bedarfsdeckung.

Aus den Gründen:

„Die Parteien sind sich darüber einig, dass die Voraussetzungen des § 121 BSHG, soweit es nicht um die Wahrung der Anmeldefrist geht, gegeben sind. Hierbei handelt es sich nicht lediglich um eine für das Gericht unverbindliche Rechtsmeinung, sondern um eine für die Parteien verbindliche Vereinbarung des Inhalts, dass die Kosten der Krankenhausbehandlung dann erstattet werden sollen, wenn sie durch die Klägerin innerhalb angemessener Frist bei dem Beklagten geltend gemacht worden sind.

§ 121 BSHG bestimmt:

„Hat jemand in einem Eilfall einem anderen Hilfe gewährt, die der Träger der Sozialhilfe bei rechtzeitiger Kenntnis nach diesem Gesetz gewährt haben würde, sind ihm auf Antrag die Aufwendungen in gebotenem Umfange zu erstatten, wenn er sie nicht auf Grund rechtlicher oder sittlicher Pflicht selbst zu tragen hat. Dies gilt nur, wenn er den Antrag innerhalb angemessener Frist stellt."

Diese Regelung stellt nichts anderes als den Niederschlag von Grundsätzen dar, die bereits vor dem Inkrafttreten des Bundessozialhilfegesetzes teils durch landesrechtliche Vorschriften (z.B. Art. 26 des Bayerischen Fürsorgegesetzes), teils durch die Rechtsprechung (siehe dazu z.B. RGZ 150, 81; 150, 243; auch BAH 66, 27; 92, 6) herausgebildet worden waren. Diese wiederum sind der bürgerlich-rechtlichen Rechtsfigur der Geschäftsführung ohne Auftrag verwandt. Ebenso wie dort aber die Verpflichtung zum Aufwendungsersatz durch nachträgliche Genehmigung der Geschäftsführung herbeigeführt werden kann (§ 684 Satz 2 BGB), kann auch die Erstattungspflicht für den Fall der Nothilfe im Sozialhilferecht durch eine nachträgliche Erklärung des Trägers der Sozialhilfe herbeigeführt werden. Es ist auch sonst aus dem Bundessozialhilfegesetz nicht erkennbar, dass der Sozialhilfeträger nicht sollte durch eine nachträgliche Erklärung die Leistungen des Nothelfers als eigene übernehmen können.

Der Träger der Sozialhilfe ist nicht selbst zur Gewährung der Hilfe (in einem Krankenhaus) verpflichtet. Er hat sie lediglich sicherzustellen (dazu Schellhorn, Anstaltsfürsorge, S. 6). Hieraus folgt die grundsätzliche Befugnis, für die Aufgaben der Sozialhilfe Dritte heranzuziehen, und zwar unbeschadet der fortbestehenden Verantwortlichkeit des Trägers der Sozialhilfe für die Erfüllung der sich aus dem Bundessozialhilfegesetz ergebenden Verpflichtungen und ohne Rücksicht auf die Frage, ob sich das Verhältnis des Hilfesuchenden zum herangezogenen Dritten nach privatem oder öffentlichem Recht bestimmt. Das Bundessozialhilfegesetz sagt das zwar, lässt man § 93 BSHG außer Betracht, nicht ausdrücklich. Es beschäftigt sich in seinem § 10 lediglich mit dem eigenen oder übertragenen Wirkungskreis der Träger der freien Wohlfahrtpflege. Indessen ergibt sich die Zulässigkeit der Regelungen der geschilderten Art schon aus der Tatsache, dass das Gesetz die Anstaltshilfe zulässt, ohne die Sozialhilfeträger zu verpflichten, Anstalten selbst zu unterhalten.

Aus alledem folgt, dass der Beklagte verpflichtet ist, der Klägerin die erstatteten Kosten zu ersetzen, wenn diese sie innerhalb angemessener Frist angemeldet hat. Hieran würde sich auch nichts ändern, wenn unzweifelhaft kein Eilfall vorgelegen hätte. Die Träger der Sozialhilfe sind nämlich auch dann befugt, die Gewährung von Sozialhilfe durch Dritte zu vereinbaren, wenn es sich nicht um einen Eilfall handelt.

Bereits unter der Geltung des Rechts vor Inkrafttreten des Bundessozialhilfegesetzes konnte der Träger der Fürsorge die Gewährung von Krankenversorgung dadurch regeln, dass er im Einzelnen Falle vor Aufnahme der Behandlung im Wege der Kostenzusicherung die Bereitschaft zur Übernahme der Kosten erklärte. Daneben gab es unter dem früheren Recht auch allgemeine Vereinbarungen der Träger der Fürsorge mit den Krankenanstalten, auf Grund derer die Krankenanstalten berechtigt waren, hilfsbedürftigen Personen Hilfe zu leisten, allerdings mit der Auflage, hierüber alsbald an den Träger der Fürsorge Mitteilung zu machen. Die Zulässigkeit derartiger, für den einzelnen Fall oder allgemein getroffenen Vereinbarungen auch unter dem Bundessozialhilfegesetz folgt aus den oben angestellten Überlegungen. Fraglich sein könnte allenfalls, ob es sich bei den aus den getroffenen Vereinbarungen ergebenden Verpflichtungen um solche des bürgerlichen oder des öffentlichen Rechts handelt. Dass für das Verhältnis des Krankenhauses zum Träger der Sozialhilfe das öffentliche Recht gilt, folgt aus § 121 BSHG. Wenn dort die Hilfeleistung im Eilfall einen öffentlich-rechtlichen Erstattungsanspruch auslöst, ohne dass es eines Tätigwerdens des Trägers der Sozialhilfe bedürfte, so muss das erst recht für die kraft Vereinbarung entstandenen Ansprüche gelten; denn der Eilfall weist insoweit nur dadurch Besonderheiten auf, dass das Gesetz wegen der Eilbedürftigkeit von der Billigung der getroffenen Maßnahmen absieht. Die Billigung ist sonach der Grundtatbestand für den öffentlich-rechtlichen Erstattungsanspruch, sowohl für den nach § 121 BSHG als auch für den kraft Vereinbarung entstandenen.

Hiernach waren die Parteien auch dann, wenn ein Eilfall nicht vorgelegen haben sollte, in der Lage, die Frage der Erstattung im Wege einer Vereinbarung zu erledigen. Schon hieraus ergibt sich, dass der Beklagte der Klägerin nicht seine Verfügungen vom 20. März 1935 und vom 16. Juli 1956, durch die er die Krankenhäuser seines Bezirks ermächtigt hat, in bestimmten Fällen Fürsorge zu gewähren, entgegenhalten kann. Nach den oben gemachten Darlegungen kann es sich bei diesen Verfügungen nicht um – unabdingbare – Rechtssätze handeln, sondern lediglich um eine Verpflichtung, im gegebenen Falle Erstattung zu leisten. Dann war der Beklagte aber auch in der Lage, im vorliegenden Falle von den beiden Verfügungen abzuweichen und Erstattung für den Fall zu versprechen, dass die Anmeldung innerhalb einer angemessenen Frist erfolgt ist.

Schließlich spielt im vorliegenden Falle auch nicht die Regelung des § 3 Fürsorgerechtsvereinbarung in der jetzigen Fassung eine Rolle. Die Klägerin wird nicht durch die allein die Träger der Sozialhilfe untereinander bindende Vorschrift berührt. Es bleibt nach alledem zu prüfen, ob die Klägerin den Erstattungsanspruch innerhalb angemessener Frist angemeldet hat. Unter diesem Begriff verstehen die Parteien, wie sich aus dem Gesamtzusammenhang ihrer Erklärungen ergibt, nichts anderes als die Frist des § 121 BSHG. Wenn § 121 BSHG von einer angemessenen Frist zur Anmeldung der Ersatzansprüche spricht, so geht er ersichtlich davon aus, dass es eine feste Frist für alle Fälle nicht gibt. Kommt es auf den Einzelfall an, so fragt es sich, für wen die Frist angemessen sein soll. Nach Auffassung des Gerichts müssen die Belange und Möglichkeiten beider unmittelbar Beteiligten, also des Hilfeleistenden und des Trägers der Sozialhilfe, mit in Betracht gezogen werden. Auf der Seite des Hilfe-

leistenden ist das gesetzlich anerkannte Interesse an einer Entschädigung für die geleistete Hilfe ebenso in Rechnung zu stellen wie die sich an den Verhältnissen des Einzelfalles ausrichtende Verpflichtung, sorgsam die Interessen desjenigen zu wahren, der für die Kosten der Hilfe erstattungspflichtig sein könnte. Der Träger der Sozialhilfe hat seinerseits ein berechtigtes Interesse daran, alsbald über den Hilfsfall unterrichtet zu werden, um die in einem Hilfsfall notwendigen Vorkehrungen treffen zu können. Hierzu zählt nicht ohne weiteres die Aufklärung des Sachverhalts; denn nach der Regelung des § 121 BSHG muss im Streitfall der Hilfesuchende beweisen, dass die tatsächlichen Voraussetzungen für ein Eingreifen der Sozialhilfe vorlagen. Die Gefährdung der Sachverhaltsaufklärung kann mithin insoweit eine Verkürzung der angemessenen Frist nicht rechtfertigen. Wohl kann auf Seiten des Trägers der Sozialhilfe für die Bestimmung der Frist die Frage einer anderweitigen Ersatzmöglichkeit eine Rolle spielen.

Im vorliegenden Fall steht Folgendes unter den Parteien fest: Die Patientin befand sich vom 4. September bis zum 13. Oktober 1964 im Krankenhaus. Bei der Aufnahme hatte sie angegeben, sie sei privat gegen Krankheit versichert, die Kosten seien gedeckt. Nach zwei vergeblichen Vorschussanforderungen im September 1964 erteilte die Klägerin der Patientin unter dem 19. November 1964 Rechnung. Hierauf zahlte die Patientin am 11. Dezember 1964 den (Teil-)Betrag, den sie von ihrer Privatversicherung erhalten hatte. Am 22. Februar 1965 mahnte die Klägerin den Restbetrag an. Darauf teilte die Patientin am 26. Februar 1965 mit, sie sei zur Begleichung der Restforderung nicht in der Lage, weil sie seit 2. Februar 1965 Sozialhilfe erhalte. Die Klägerin wandte sich daraufhin unter dem 1. März 1965 zunächst an die Stadt H und – nachdem diese unter dem 12. März 1965 auf ihre Unzuständigkeit hingewiesen hatte – am 18. März 1965 an den Beklagten. Unter den gegebenen Verhältnissen hat die Klägerin ihre Erstattungsforderung innerhalb angemessener Frist geltend gemacht. Sie konnte zunächst davon ausgehen, dass die Patientin die Krankenhauskosten selbst zahlen könne und werde. Sie war nicht verpflichtet, alsbald die Zahlungsfähigkeit und -willigkeit der Patientin nachzuprüfen. Zwar wird in vielen Krankenhäusern – so wie im vorliegenden Falle – von den Privatpatienten ein Kostenvorschuss verlangt. Indessen kann es der Klägerin nicht als mangelnde Sorgfalt bei der Regelung der Kostenfrage zugerechnet werden, dass sie nicht alsbald nach ihren erfolglosen Versuchen, einen Kostenvorschuss zu erhalten, zu Zwangsmaßnahmen geschritten ist. Da der Krankenhausaufenthalt nur von kurzer Dauer war und die entstandenen Kosten sich deshalb in verhältnismäßig engen Grenzen hielten, konnte die Klägerin mit einer abschließenden Regelung zuwarten. Auch nachdem auf die Rechnung nur ein Teilbetrag eingegangen war, bestand keine Veranlassung, alsbald mit Zwangsmaßnahmen gegen die Patientin vorzugehen. Es liegt nach Lage des Einzelfalles noch im Rahmen einer sorgsamen Geschäftsabwicklung, wenn die Klägerin erst auf die Mitteilung der Patientin vom 26. Februar 1965 hin tätig geworden ist. Hierbei mag zwar auf der einen Seite ins Gewicht fallen, dass ein sorgsamer Krankenhausverwalter seine Interessen und die womöglich beteiligter Dritter durch zügige Abwicklung der Zahlungsgeschäfte wahren wird, dass er aber ebenso Bedacht auf die erfahrungsgemäß mit einem Krankenhausaufenthalt verbundenen vielfältigen Schwierigkeiten der Patienten nehmen muss.

Es ist auch nicht ersichtlich, dass durch die Handlungsweise der Klägerin berechtigte Interessen des Beklagten verletzt worden wären. Nach den oben gemachten Darlegungen sind sich die Parteien darüber einig, dass die Voraussetzungen für die Gewährung von Sozialhilfe an die Patientin vorgelegen haben. Ein Interesse des Be-

klagten an der Aufklärung der Umstände der Krankenhausbehandlung kann also nicht berührt sein." ...

Bemerkung zur Übertragbarkeit der Rechtsprechung auf das neue Recht des SGB XII:

Die vorstehenden Entscheidungen werden ohne weiteres auf das neue Recht übertragbar sein, da, soweit die Entscheidungen neueren Datums nicht ohnehin zu § 19 SGB XII ergingen, die Grundsätze zur Bedarfsfeststellung nicht verändert werden sollten.

§ 20 SGB XII   Eheähnliche Gemeinschaft

Personen, die in eheähnlicher Gemeinschaft leben, dürfen hinsichtlich der Voraussetzungen sowie des Umfangs der Sozialhilfe nicht besser gestellt werden als Ehegatten. § 36 gilt entsprechend.

Die Regelung überträgt inhaltsgleich den bisherigen § 122 des Bundessozialhilfegesetzes.

Zur Gleichstellung nichtehelicher Lebensgemeinschaften im Sozialhilferecht

---

Leitsatz (redaktionell) (BVerwG, Urteil vom 27.02.1963, Az.: V C 105/61)

Lebt ein Hilfsbedürftiger in eheähnlicher Gemeinschaft, so beeinflusst dies seine Hilfsbedürftigkeit nur im Falle tatsächlicher Unterhaltsgewährung.

Sind beide Partner einer eheähnlichen Gemeinschaft hilfsbedürftig, so sind sie fürsorgerechtlich wie ein Ehepaar zu behandeln.

Aus den Gründen:

„... *Die Klägerin, die unter Verzicht auf Unterhalt geschieden worden ist, erhält seit 19. Februar 1951 vom Wohlfahrtsamt der Stadt N. laufend Fürsorgeunterstützung. Sie hat zwei unehelich geborene, minderjährige Kinder und ist seit 1955 wegen eines Leberleidens erwerbsunfähig. Vom 1. August 1954 bis 3. Juli 1955 kürzte das Wohlfahrtsamt die Fürsorgeunterstützung mit der Begründung, die Klägerin lebe mit B., dem Erzeuger eines ihrer Kinder, in ihrer im Dachgeschoß befindlichen, aus einer Stube von etwa 16 qm und einer Kammer von etwa 4 qm bestehenden Wohnung in eheähnlicher Gemeinschaft zusammen. Ein derartiges Zusammenleben nahm das Wohlfahrtsamt auch in der Zeit vom 12. Oktober 1955 bis 30. September 1956 an und berechnete die Fürsorgeunterstützung nach den Richtsätzen für B. als Haushaltsvorstand und für die Klägerin als Haushaltsangehörige, wobei es von dem Bedarfssatz zunächst die Sperralfu, später die Alfu des B. abzog. Nachdem das Arbeitsamt mit Wirkung vom 30. September 1956 B. die Arbeitslosenhilfe entzogen und dieser ebenfalls Fürsorgeunterstützung beantragt hatte, setzte das Wohlfahrtsamt ab 1. Oktober 1956 die Fürsorgeunterstützung für B., die Klägerin und eines ihrer in der Hausgemeinschaft lebenden Kinder wie für ein Ehepaar mit Kind fest. Da B. die Klägerin und das Kind betreute, den Haushalt führte, Kohlen und Wasser holte und sämtliche Einkäufe tätigte, legte es dabei für ihn den Richtsatz eines Haushaltsvor-*

standes und für die Klägerin den Richtsatz einer erwachsenen Haushaltsangehörigen zugrunde.

Nach erfolglosem Einspruch gegen den Bescheid, der die Unterstützung ab 1. August 1954 festsetzte, wandte sich die Klägerin ab Januar 1956 mehrfach schriftlich und mündlich gegen die Berechnungsart der Unterstützung. Mit Schreiben vom 23. August 1956 ließ sie durch B. bei dem Beklagten Beschwerde über das Wohlfahrtsamt einlegen, in der sie u.a. rügte, dass die Unterstützung seit August 1955 zu Unrecht unter Annahme einer eheähnlichen Lebensgemeinschaft festgesetzt worden sei. Der Beklagte erwirkte eine Erhöhung der Pflegezulage der Klägerin und die Gewährung eines Mehrbedarfszuschlages. Als die Klägerin daraufhin noch ausstehende Zahlungen in Höhe von 529,00 DM forderte, wies der Beklagte durch Bescheid vom 18. Dezember 1956 die Beschwerde zurück, wobei er u.a. auch die Festsetzung der Unterstützung ab 1. Oktober 1956 mit dem Hinweis auf das Bestehen einer eheähnlichen Gemeinschaft rechtfertigte.

Mit der Klage machte die Klägerin geltend, das Wohlfahrtsamt habe ihr vom 19. Februar 1951 bis April 1957 zu wenig Fürsorgeunterstützung gezahlt, und beantragte, den Beklagten zu verurteilen, an sie 3.082,01 DM nebst 4 % Zinsen seit Klageerhebung zu zahlen, hilfsweise, den Beklagten für verpflichtet zu erklären, ihr ab 1. Oktober 1954 den Richtsatz für Haushaltungsvorstände zu gewähren und die entgegenstehenden Bescheide des Beklagten bzw. der Stadt N. aufzuheben.

Im Verwaltungsstreitverfahren ließ der Beklagte die Leistungen an die Klägerin vom 19. Februar 1951 bis 28. Februar 1957 durch das Wohlfahrtsamt nachprüfen und trat zunächst der Klage mit dem Vorbringen entgegen, dass die Klägerin auf Grund dieser Nachprüfung keine Nachforderungen an das Wohlfahrtsamt habe. Später überreichte er nochmals eine Aufstellung der vom 19. Februar 1951 bis 31. März 1958 für die Klägerin festgesetzten und ihr geleisteten Unterstützungen, berief sich aber darauf, dass die bis zum 29. Februar 1956 ergangenen Bescheide unanfechtbar geworden seien.

Das Landesverwaltungsgericht Schleswig hat durch Urteil vom 28. April 1958 die Klage abgewiesen. Auf die Berufung der Klägerin hat das Oberverwaltungsgericht für die Länder Niedersachsen und Schleswig-Holstein durch Urteil vom 30. März 1960 diese Entscheidung geändert, die für die Zeit vom 13. Februar 1956 bis 30. September 1956 ergangenen Bescheide des Wohlfahrtsamts teilweise aufgehoben und den Beklagten verpflichtet, die Stadt N. anzuweisen, die Fürsorgeunterstützung der Klägerin für diese Zeit neu festzusetzen; hinsichtlich der weitergehenden Ansprüche der Klägerin hat es die Klage abgewiesen. Zur Begründung hat das Berufungsgericht u.a. ausgeführt:

1) Soweit sich die Klage auf Unterstützungsrückstände aus der Zeit von 1951 bis 12. Februar 1956 beziehe, sei sie unbegründet, weil die Klägerin die in dieser Zeit erlassenen, mit ordnungsgemäßer Rechtsmittelbelehrung versehenen Verwaltungsbescheide nicht rechtzeitig angefochten habe. Da die Klägerin außerdem im Verwaltungsverfahren Zahlungen nur für die Zeit vom 1. August 1955 an in beschränkter Höhe verlangt habe, sei die Klage hinsichtlich der darüber hinausgehenden Ansprüche mangels eines Verwaltungsvorverfahrens unzulässig.

2) Zulässig und begründet sei das Klagebegehren, die Fürsorgeunterstützung für die Zeit vom 13. Februar 1956 bis 30. September 1956 zu berechnen, ohne B. und die von ihm bezogene Alfu zu berücksichtigen. Die Klägerin und B. hätten während die-

ser Zeit zwar in einer Haushaltsgemeinschaft nach der Art von Eheleuten oder Verwandten zusammengelebt, die Klägerin sei aber trotzdem hilfsbedürftig gewesen, weil B. sie nicht tatsächlich unterstützt habe. Der Klägerin habe daher der Bedarfssatz ohne Abzug der Alfu des B. zugestanden. Da B. in dieser Zeit Zahlungen vom Arbeitsamt erhalten habe und selbst nicht hilfsbedürftig gewesen sei, habe das Wohlfahrtsamt der Klägerin den Fürsorgerichtsatz eines Haushaltsvorstandes zubilligen müssen. Wegen der mit B. bestehenden Haushaltsgemeinschaft sei allerdings dieser Richtsatz um 1/3 der Differenz zu dem Richtsatz für eine haushaltsangehörige Erwachsene zu kürzen gewesen; insoweit könne davon ausgegangen werden, dass B. durch Geld- oder Naturalzuwendungen zu den Generalunkosten des Haushalts beigetragen habe.

3) Die Festsetzung der Fürsorgeunterstützung für die Zeit ab 1. Oktober 1956 sei nicht zu beanstanden, weil von diesem Zeitpunkt an auch B. hilfsbedürftig gewesen sei. Das Wohlfahrtsamt habe die Unterstützung nunmehr so berechnen dürfen, wie wenn die Klägerin und B. verheiratet gewesen wären. Beide hätten weiter in einem Haushalt, wenn nicht in eheähnlicher, so doch in verwandtschaftsähnlicher Weise zusammengelebt. Es habe auch kein Anlass bestanden, die Differenz zwischen dem Richtsatz für einen haushaltsangehörigen Erwachsenen und dem für den Haushaltsvorstand unter der Klägerin und B. aufzuteilen.

Mit der zugelassenen Revision begehrt die Klägerin,

wegen Versäumung der Revisionsfrist Wiedereinsetzung in den vorigen Stand zu gewähren und unter Abänderung des Berufungsurteils nach dem Klagantrag zu erkennen, hilfsweise, unter Aufhebung des Berufungsurteils die Sache zur weiteren Verhandlung und Entscheidung an das Oberverwaltungsgericht zurückzuverweisen.

Sie rügt die Verletzung formellen und materiellen Rechts. Das Berufungsgericht habe das Begehren auf Nachzahlung von Unterstützungsrückstände für die Zeit von 1951 bis 12. Februar 1956 zu Unrecht als unzulässig behandelt. Die Festsetzung der Unterstützung für sie und B. gemeinsam ab 1. Oktober 1956 sei verfassungswidrig, weil bevölkerungspolitische Erwägungen dem Grundgesetz widersprächen. Es sei nicht einzusehen, weshalb das Wohlfahrtsamt B. als Haushaltsvorstand und sie nur als Haushaltsangehörige behandele; hierin liege eine gegen Art. 3 GG verstoßende Bevorzugung des männlichen Geschlechts. Aus der Tatsache, dass B. Fürsorgeunterstützung empfangen und mit ihr weiter in einem Haushalt gelebt habe, lasse sich nicht schließen, dass sich sein Verhältnis zu ihr nach dem 1. Oktober 1956 geändert habe.

Der Beklagte hat Anschlussrevision eingelegt, mit der er beantragt, die Revision der Klägerin und ihre Berufung gegen das Urteil des Landesverwaltungsgerichts Schleswig vom 28. April 1958 in vollem Umfange zurückzuweisen, hilfsweise,

das angefochtene Urteil aufzuheben, soweit es die Entscheidung des Landesverwaltungsgerichts abändere, und die Sache zur anderweitigen Verhandlung und Entscheidung an das Oberverwaltungsgericht zurückzuverweisen.

Er greift das Berufungsurteil an, soweit es den Ansprüchen der Klägerin für die Zeit vom 13. Februar 1956 bis 30. September 1956 stattgegeben hat. In einem eheähnlichen Verhältnis lebende Personen seien fürsorgerechtlich als Eheleute zu behandeln; denn es sei davon auszugehen, dass die Frau ihren notwendigen Lebensbedarf tatsächlich erhalte. Die Wohn- und Wirtschaftsgemeinschaft zwischen der Klägerin und B. rechtfertige die Einbeziehung des B. in die Berechnung der Unterstützung und

die volle Anrechnung seiner Alfu. Es könne nicht darauf ankommen, ob B. die Kläge-
rin mit Geld unterstützt habe. Eine den Gründen des angefochtenen Urteils entspre-
chende Berechnung der Fürsorgeunterstützung verstoße gegen Art. 3 und 6 GG.

Die Klägerin hat hierzu beantragt, die Anschlussrevision zurückzuweisen.

Der Oberbundesanwalt hat sich am Verfahren beteiligt. Er trägt vor, eine eheähnliche
Lebensgemeinschaft sei im Fürsorgerecht erst dann anzunehmen, wenn zur Wohn-
gemeinschaft noch eine Haushalts- und Versorgungsgemeinschaft in der Form hin-
zutrete, dass der Mann die Frau ernähren wolle und die Frau als Gegenleistung hier-
für den gemeinsamen Haushalt führe oder auch ein eigenes Einkommen beisteuere.
Im vorliegenden Verfahren habe sich nicht ergeben, dass sich die Form der Lebens-
gemeinschaft zwischen der Klägerin und B. geändert habe, als auch B. hilfsbedürftig
geworden sei. Demnach sei die Forderung der Klägerin berechtigt, ab 1. Oktober
1956 fürsorgerechtlich als Haushaltsvorstand behandelt zu werden.

Die Beteiligten haben sich mit einer Entscheidung ohne mündliche Verhandlung ein-
verstanden erklärt.

Entscheidungsgründe

1) Die zulässige Revision der Klägerin hatte teilweise Erfolg.

Der Klägerin war wegen der Versäumung der Revisionsfrist und der Revisionsbe-
gründungsfrist Wiedereinsetzung in den vorigen Stand zu gewähren (§ 60 VwGO).
Das Bundesverwaltungsgericht hat bereits durch Urteil vom 12. April 1956 – BVerwG III
C 147.55 – (NJW 1956 S. 1731 = Buchholz BVerwG 427.2 § 4 FG Nr. 7) in Anlehnung
an BGHZ 16, 1 entschieden, dass der „arme" Beteiligte, der ein Rechtsmittel einlegt,
Anspruch auf Wiedereinsetzung in den vorigen Stand hat, wenn er, was hier der Fall
ist, ein Armenrechtsgesuch bis zum Ablauf der Rechtsmittelfrist eingereicht hat. Nach-
dem über das Armenrechtsgesuch der Klägerin für das Revisionsverfahren erst nach
Ablauf der Revisionsfrist und der Revisionsbegründungsfrist entschieden worden ist,
war die Klägerin ohne ihr Verschulden verhindert, diese Fristen einzuhalten.

Das Begehren der Klägerin auf Gewährung angeblich zu wenig geleisteter Fürsorge-
unterstützung richtet sich gemäß § 195 Abs. 6 Nr. 5 VwGO nach den Vorschriften der
MRVO Nr. 165. Es stellt eine Klage auf Vornahme eines beantragten Verwaltungsak-
tes dar (§ 24 MRVO Nr. 165). Zwar ist behauptet worden, dass Klagen auf Zahlung
von Fürsorgeunterstützung nicht unter diese Vorschrift fielen, weil die Fürsorgeunter-
stützung nicht rechtsnotwendig durch einen Verwaltungsakt erbracht zu werden
brauche, und dass demzufolge auch eine Entscheidung, durch die ein Antrag auf
Zahlung von Fürsorgeunterstützung abgelehnt werde, keine Ablehnung eines bean-
tragten Verwaltungsaktes, sondern die Ablehnung gegenständlicher Leistungen dar-
stelle. Das Bundesverwaltungsgericht ist dieser Auffassung jedoch schon im Urteil
vom 21. März 1956 – BVerwG V C 13.54 (BVerwGE 3, 212) entgegengetreten. Der
Fürsorgebescheid ist eine zur Regelung eines Einzelfalles auf dem Gebiet des öffent-
lichen Rechts getroffene Maßnahme und damit ein Verwaltungsakt im Sinne des § 25
MRVO Nr. 165. Denn die Tätigkeit der Verwaltungsbehörde erschöpft sich hierbei
nicht in der Zahlung des Geldbetrages. Sie enthält vielmehr zugleich die Entschei-
dung über das Vorliegen und den Umfang der Hilfsbedürftigkeit, welche die Voraus-
setzung für die Anordnung der Unterstützungszahlung bildet. Ob, wie die Klägerin
meint, die Auszahlung des Unterstützungsbetrages für sich allein einen Verwaltungs-
akt darstellen kann, braucht hier nicht erörtert zu werden; denn die Unterstützungs-

zahlungen an die Klägerin erfolgten alle auf Grund von Berechnungsbescheiden des Wohlfahrtsamtes. Einer verwaltungsgerichtlichen Entscheidung über die von der Klägerin erhobenen Fürsorgeansprüche steht auch die Voraussetzung des § 24 MRVO Nr. 165 nicht entgegen, dass eine Klage auf Vornahme eines beantragten Verwaltungsaktes nur darauf gestützt werden kann, dass der Kläger einen Rechtsanspruch auf die Vornahme habe. Seit dem Urteil des Bundesverwaltungsgerichts vom 24. Juni 1954 – BVerwG V C 78.54 – (BVerwGE 1, 159) unterliegt es keinem Zweifel mehr, dass Bedürftigen ein Rechtsanspruch auf Fürsorge zusteht.

a) Dem Berufungsgericht kann nicht gefolgt werden, soweit es das Klagebegehren für die Zeit vom 19. Februar 1951 bis 12. Februar 1956 als unzulässig abgewiesen hat, weil die Klägerin vor Klageerhebung keinen Rechtsbehelf eingelegt habe. Das Fehlen des Vorverfahrens rechtfertigt angesichts der besonderen Umstände des vorliegenden Falles diese Beurteilung nicht. Das in § 44 MRVO Nr. 165 angeordnete Vorverfahren sollte zum Vorteil des Klageberechtigten und zur Entlastung der Verwaltungsgerichte der Verwaltungsbehörde Gelegenheit geben, ihre Entscheidungen nochmals zu überprüfen (BVerwG Urteil vom 13. Dezember 1956 – BVerwG I C 36.56 – <BVerwGE 4, 203>). In Sonderfällen kann jedoch, wie das Bundesverwaltungsgericht in ständiger Rechtsprechung dargelegt hat, das Einspruch- oder Beschwerdeverfahren aus Gründen der Prozessökonomie dadurch entbehrlich werden, dass der Beklagte sich auf die Klage einlässt und deren Abweisung beantragt (BVerwG Urteil vom 3. Dezember 1954 – BVerwG II C 100.53 – <BVerwGE 1, 247>, Urteil vom 26. März 1955 – BVerwG I C 80.54 –, Urteil vom 15. September 1955 – BVerwG V C 26.54 –, Urteil vom 29. Mai 1956 – BVerwG V C 252.54 – <DVBl. 1956 S. 579>, Urteil vom 24. Januar 1957 – BVerwG I C 227.54 –, Urteil vom 6. März 1959 – BVerwG VII C 71.57 – <DVBl. 1959 S. 777>, Urteil vom 18. Dezember 1959 – BVerwG VII C 95.57 – <NJW 1960 S. 883>, Urteil vom 11. Mai 1960 – BVerwG V C 125.58 -). Hierfür bietet der vorliegende Streitfall ein Beispiel. Der Beklagte ließ nach Erhebung der Klage die Festsetzung und Erfüllung der Fürsorgeansprüche der Klägerin vom 19. Februar 1951 ab in vollem Umfange nachprüfen, wobei zu dem Vorbringen der Klägerin im Einzelnen sachlich Stellung genommen wurde, und trat zunächst der Klage mit der Begründung entgegen, dass diese materielle Nachprüfung keine weiteren Fürsorgeansprüche der Klägerin ergeben habe. In diesem Falle muss die Klage zugleich als Beschwerde und die Einlassung des Beklagten als der fehlende Beschwerdebescheid angesehen werden. Damit entfällt auch die Möglichkeit, die vorher etwa eingetretene Unanfechtbarkeit der bis zum 12. Februar 1956 erlassenen Bescheide des Wohlfahrtsamtes zu beachten. Genausowenig wie das Wohlfahrtsamt verpflichtet war, auf einen wiederholten, bereits unanfechtbar beschiedenen Antrag der Klägerin bei Gleichbleiben der rechtlichen Verhältnisse eine neue Sachentscheidung zu treffen, brauchte der Beklagte bei verspäteter Einlegung eines Rechtsbehelfs die Sache noch materiell zu prüfen. Tat er dies trotzdem, so ist gegen seine Entscheidung der Klageweg eröffnet, auch wenn durch den Bescheid die früheren Verwaltungsakte formell nicht aufgehoben wurden (BVerwG Urteil vom 26. August 1959 – BVerwG V C 144.56 <DVBl. 1960 S. 107>, Urteil vom 12. Mai 1960 – BVerwG III C 83.58 – <DVBl. 1960 S. 727 = DÖV 1960 S. 953>). Unter diesen Umständen ist es rechtlich belanglos, dass der Beklagte im späteren Verlauf des Verwaltungsstreitverfahrens ausdrücklich geltend gemacht hat, die bis zum 29. Februar 1956 ergangenen Unterstützungsfestsetzungen seien rechtskräftig geworden; denn hierdurch konnte sein früheres Verhalten nicht mehr rückgängig gemacht werden. Im Übrigen erscheint es auch zweifelhaft, ob alle Bescheide des Wohlfahrtsamtes bis zum 12. Februar 1956 mit ordnungsgemäßer Rechtsmittelbelehrung versehen waren

und deshalb unanfechtbar geworden sind. Der Einspruchsbescheid des Wohl-
fahrtsamtes vom 1. Oktober 1954 schrieb beispielsweise als Rechtsmittel die Be-
schwerde zu dem Beklagten vor. Demgegenüber hat aber das Bundesverwaltungs-
gericht im Urteil vom 21. März 1956 – BVerwG V C 13.54 – (BVerwGE 3, 212)
eingehend dargelegt, dass das in Fürsorgesachen nach § 20 Abs. 7 der Preußischen
Ausführungsverordnung zur Verordnung über die Fürsorgepflicht vom 30. Mai 1932
(GS S. 207) vorgesehene, dem Einspruchsverfahren nachfolgende Beschwerdever-
fahren keine Klagevoraussetzung im Sinne der MRVO Nr. 165 bildet.

Das angefochtene Urteil muss demnach aufgehoben werden, soweit es über das
Klagebegehren für den Zeitraum vom 19. Februar 1951 bis 12. Februar 1956 er-
kennt. Die Sache ist insoweit zurückzuverweisen, um dem Berufungsgericht Gele-
genheit zu geben, über die von der Klägerin für diesen Zeitraum behaupteten weite-
ren Fürsorgeansprüche materiell zu entscheiden.

Sollten diese Ansprüche berechtigt sein, so könnte die Klägerin auch die Nachzah-
lung der noch ausstehenden Leistungen verlangen. Wie das Bundesverwaltungsge-
richt bereits in den Urteilen vom 3. April 1957 – BVerwG V C 94.56/V C 152.54 (BVer-
wGE 5, 27) und vom 21. Juni 1958 – BVerwG V C 100.55 ausgeführt hat, kann es
dem Hilfsbedürftigen nicht verweigert werden, seine Ansprüche für eine vergangene
Zeit durchzusetzen. Der Hilfsbedürftige hat ein subjektives öffentliches Recht auf Un-
terstützung, das, wenn es erst einmal geltend gemacht worden ist, nicht mangels An-
erkennung durch die Behörde sogleich wieder untergehen kann. Andernfalls wäre
es der Behörde möglich, durch Bestreiten ihrer Fürsorgepflichten den Beginn der Zah-
lung auf Jahre hinauszuschieben. Die Behörde würde dadurch für die in Streit befind-
lichen Zeiten auch gegen ihre Pflicht nach § 2 Abs. 1 der Reichsgrundsätze über Vo-
raussetzung, Art und Maß der öffentlichen Fürsorge i.d.F. vom 1. August 1931
(RGBl. I S. 441) – RGr. – verstoßen, wonach die Fürsorge rechtzeitig einsetzen muss
und nicht einmal von einem Antrag abhängig ist.

b) Soweit das angefochtene Urteil das Klagebegehren für die Zeit ab 1. Oktober 1956
abgewiesen hat, ist die Revision unbegründet. Das Oberverwaltungsgericht ist inso-
weit davon ausgegangen, dass in diesem Zeitraum sowohl die Klägerin als auch B.
im Sinne des Fürsorgerechts hilfsbedürftig waren und in einem Haushalt, wenn nicht
in eheähnlicher, so doch in verwandtschaftsähnlicher Weise zusammenlebten. Der
daraus gezogenen Folgerung, dass das Wohlfahrtsamt die Fürsorgeunterstützung
ab 1. Oktober 1956 so berechnen durfte, wie wenn die Klägerin und B. verheiratet ge-
wesen wären, ist im Ergebnis zuzustimmen. Eine nur verwandtschaftsähnliche Ver-
bindung der hilfsbedürftigen Klägerin mit dem hilfsbedürftigen B. hätte es allerdings
nicht gerechtfertigt, beiden Fürsorge wie einem Ehepaar zu gewähren. Wenn beide
Personen auch gemeinsam in einem Haushalt lebten, so bildeten sie doch keine Fa-
miliennotgemeinschaft im Sinne des Fürsorgerechts. Denn es ist üblich, mit diesem
Begriff nur Haushaltsangehörige zu erfassen, die durch Verwandtschaft oder Schwä-
gerschaft verbunden sind (VGH Bremen Urteil vom 17. April 1956 <FES 2, 309>;
Jehle in ZfF 1955 S. 50; Jehle, Handkommentar zum Fürsorgerecht 3. Auflage
S. 129; vgl. auch § 16 BSHG). Derartige blutsmäßige oder rechtliche Bande bestan-
den zwischen der Klägerin und B. aber nicht. Zwar mögen auch in menschlichen Ver-
bindungen außerhalb der Familiengemeinschaft gegenseitige Beziehungen denkbar
sein, die zu einem engeren Zusammenhalt führen können als familiäre Bindungen;
allein solche tatsächlichen Verhältnisse erfasst das Fürsorgerecht mit Ausnahme der
eheähnlichen Gemeinschaft nicht. Die Art des Zusammenlebens der Klägerin mit B.
erweist sich aber gerade auch für die Zeit ab Oktober 1956 als eheähnliches Verhält-

nis. Maßgebend für die Annahme einer eheähnlichen Gemeinschaft ist das Bestehen einer Wohn- und Wirtschaftsgemeinschaft zwischen einem Mann und einer Frau. Entscheidend ist also nicht, ob innere Bindungen oder Verpflichtungen zur Unterhaltsgewährung oder zur gemeinsamen Lebensführung bestehen, auch nicht, ob die beiden Partner durch geschlechtliche Beziehungen miteinander verbunden sind, sondern allein der Umstand, dass wie in einer echten Ehe „aus einem Topf" gewirtschaftet wird (vgl. Gottschick, BSHG Anm. 2 zu § 122; Knopp-Biederbick, BSHG Anm. 2 zu § 122). Eine derartige Wohn- und Wirtschaftsgemeinschaft hat das Berufungsgericht bei der Klägerin und B. auch ab 1. Oktober 1956 tatsächlich festgestellt. Daran ist das Revisionsgericht gebunden (§ 137 Abs. 2 VwGO), da zulässige und begründete Rügen insoweit nicht vorgebracht worden sind.

Es ist daher auch nicht zu beanstanden, dass das Wohlfahrtsamt die Unterstützung für die Klägerin und B., die ab 1. Oktober 1956 beide hilfsbedürftig waren, in diesem Zeitraum wie für ein Ehepaar berechnet hat. Der hierbei angewandte Grundsatz, dass die Unterstützung für zwei hilfsbedürftige Personen, die in eheähnlicher Gemeinschaft leben, nach den Richtsätzen für Eheleute zu bemessen ist, war in Rechtsprechung und Literatur seit langem unumstritten (BAH Entscheidung vom 31. März 1936 in BAH Bd. 89 S. 115 <118>; Jehle, Handkommentar zum Fürsorgerecht 3. Auflage S. 125; Jehle in ZfF 1955 S. 67) und ist neuerdings in § 122 Satz 1 des Bundessozialhilfegesetzes vom 30. Juni 1961 (BGBl. I S. 815) sogar ausdrücklich festgelegt worden. Entgegen der Auffassung der Revision verstößt dieser Grundsatz auch nicht gegen das Grundgesetz. Zu der gleichlautenden Regelung für die Gewährung von Unterstützung aus der Arbeitslosenhilfe (§ 149 Abs. 5 AVAVG) hat dies das Bundesverfassungsgericht mit Beschluss vom 16. Dezember 1958 (BVerfGE 9, 20) eingehend dargelegt. Es besteht kein sachlich einleuchtender Grund, Personen, die in eheähnlicher Gemeinschaft leben, hinsichtlich der Voraussetzungen sowie des Umfanges der Fürsorge besser zu stellen als Ehegatten. Es widerspräche im Gegenteil dem Gedanken des sozialen Rechtsstaates, wenn Mittel der Allgemeinheit, die zur Hilfe für deren bedürftige Mitglieder bestimmt sind, in Fällen in Anspruch genommen werden könnten, in denen wirkliche Bedürftigkeit nicht vorliegt.

Das Wohlfahrtsamt durfte bei der Berechnung der Richtsätze in diesem Fall die Klägerin auch auf den Satz einer haushaltsangehörigen Erwachsenen beschränken und B allein den Satz eines Haushaltsvorstandes zubilligen. Die Klägerin hat zwar zutreffend darauf hingewiesen, dass die rein schematische Festlegung des Richtsatzes eines Haushaltsvorstandes für den Ehemann oder den männlichen Partner einer eheähnlichen Gemeinschaft und die rein schematische Behandlung der Frau als Haushaltsangehörige dem in Art. 3 Abs. 2 GG normierten Grundsatz der Gleichberechtigung von Mann und Frau widerspricht. Als rechtens kann es heute nur angesehen werden, den Richtsatz des Haushaltsvorstandes dem Haushaltsmitglied zuzuweisen, das tatsächlich die Lasten und Generalunkosten des Haushalts wie Licht, Heizung, bestreitet. Beteiligen sich beide Eheleute oder beide Partner der eheähnlichen Gemeinschaft an diesen Lasten und Generalunkosten, so ist die Differenz zwischen den Richtsätzen für den Haushaltsvorstand und für einen Haushaltsangehörigen je nach der Höhe ihrer Beteiligung unter den Partnern aufzuteilen. Trägt ein Partner die Lasten und Generalunkosten des Haushalts nicht allein und lässt sich auch ein bestimmtes Beteiligungsverhältnis nicht feststellen, so ist schließlich jedem Partner die Hälfte der Differenz zwischen den Richtsätzen zu bewilligen. Nach den im vorliegenden Fall getroffenen tatsächlichen Feststellungen hat B. die Lasten des Haushalts aber voll getragen. Er hat die Klägerin und das im Haushalt lebende Kind betreut, hat den Haushalt geführt, die Geschäfte besorgt, Kohlen und Wasser geholt und sämtliche Einkäufe getätigt. Ihm ist daher für den Zeitraum ab 1. Oktober 1956 mit Recht der volle Richtsatz eines Haushaltsvorstandes zugebilligt worden.

Die Revision muss aus diesen Gründen zurückgewiesen werden, soweit sie die Entscheidung des Oberverwaltungsgerichts für die Zeit ab Oktober 1956 angreift.

2) Die zulässige Anschlussrevision des Beklagten ist unbegründet.

Nach den Darlegungen des Berufungsgerichts lebte die hilfsbedürftige Klägerin in der Zeit vom 13. Februar 1956 bis 30. September 1956 mit B. in einer Weise zusammen, die der Art des Zusammenlebens von Eheleuten oder von Verwandten, die für längere Zeit eine Haushaltsgemeinschaft eingehen, nahekam, ohne dass B., der damals nicht hilfsbedürftig war, sie tatsächlich unterstützte. Das Oberverwaltungsgericht hat hierbei allerdings das Bestehen einer eheähnlichen Gemeinschaft zwischen der Klägerin und B. nach seinen eigenen tatsächlichen Feststellungen zu Unrecht in Frage gestellt; seine Erkenntnis, dass die Klägerin in dem umstrittenen Zeitraum nicht wie eine Ehefrau zu unterstützen gewesen sei, deckt sich jedoch mit den im Fürsorgerecht seit langem herrschenden Grundsätzen und ist nicht zu beanstanden. Besteht zwischen einer hilfsbedürftigen und einer nicht hilfsbedürftigen Person eine eheähnliche Gemeinschaft, so darf die Fürsorgebehörde zwar von der Vermutung ausgehen, dass der Hilfesuchende Leistungen zum Lebensunterhalt insoweit erhält, wie dies nach dem Einkommen des Partners der Gemeinschaft erwartet werden kann (BAH Entscheidung vom 19. September 1936 <BAH Bd. 90 S. 103>; Bayer. VGH, Urteil vom 15. Dezember 1954 <FES 1, 159>; OVG Münster, Bescheid vom 20. Februar 1953 <FES 3, 116>; OVG Lüneburg, Urteil vom 7. April 1954 <FES 2, 54>; OVG Münster, Urteil vom 19. Juli 1955 <FES 3, 124> und Beschluss vom 17. Januar 1956 <DÖV 1956 S. 502 = FES 3, 126>; VGH Bremen a.a.O.; Jehle, Handkommentar z. Fürsorgerecht 3. Aufl. S. 125 ff., 130 ff.; Jehle in ZfF 1955 S. 50; vgl. jetzt auch §§ 16, 122 BSHG). Diese Vermutung gilt jedoch nur, soweit ihr die tatsächlichen Verhältnisse nicht entgegenstehen. Stellt sich heraus, dass der Hilfesuchende von dem Partner den notwendigen Lebensbedarf nicht erhält, gleichgültig, ob der Partner nicht leisten kann oder nicht leisten will, so ist die Behörde zur Gewährung der Fürsorge verpflichtet. Die Hilfsbedürftigkeit wird nicht schon dadurch ausgeschlossen, dass der nicht hilfsbedürftige Partner den Unterhalt kraft rechtlicher oder sittlicher Verpflichtung eigentlich leisten müsste, sondern erst dadurch, dass der Partner ausreichenden Unterhalt tatsächlich gewährt (BAH Entscheidungen vom 6. Mai 1932 <BAH Bd. 81, 24>, vom 30. November 1934 <BAH Bd. 86, 82> und vom 24. Oktober 1938 <BAH Bd. 94, 217>; Hamb.OVG, Urteil vom 22. Januar 1951 <Verw.Rechtspr. 3, 606>; OVG Lüneburg, Urteile vom 14. März 1951 <DVBl. 1952 S. 505 = FES 1, 81 = ZfF 1952 S. 115>, vom 30. Januar 1952 <FES 1, 241 = ZfF 1952 S. 209> und vom 10. Juni 1953 <AS 6, 496 = FES 1, 115>; OVG Berlin, Urteil vom 2. Februar 1954 <FES 3, 161>; OVG Münster, Urteil vom 19. Juli 1955 <FES 3, 124>; Hamb. OVG, Urteil vom 5. Oktober 1955 <FES 2, 56>; VGH Bremen a.a.O.; OVG Berlin, Urteil vom 28. Januar 1957 <NJW 1957 S. 1046 = JZ 1957 S. 674 = FES 3, 54>; Jehle a.a.O.). Diese Auffassung hat auch bereits das Bundesverwaltungsgericht in den Beschlüssen vom 22. Februar 1962 – BVerwG V B 42.62 – und vom 26. März 1962 – BVerwG V B 53.62 – zum Ausdruck gebracht. Sie ergibt sich für den im vorliegenden Fall zur Entscheidung stehenden Zeitraum eindeutig aus § 5 RGr. Demnach war hilfsbedürftig, wer den notwendigen Lebensbedarf nicht oder nicht ausreichend aus eigenen Kräften und Mitteln beschaffen konnte und ihn auch nicht von anderer Seite erhielt. Soweit B. der Klägerin Zuschüsse tatsächlich geleistet hat, hat das angefoch-

tene Urteil deren Anrechnung vorgesehen. Entgegen der Auffassung des Beklagten widerspricht diese Bemessung der Unterstützung für die Klägerin auch nicht dem Grundgesetz. Die Klägerin wird hierdurch im Sinne des Art. 3 GG weder besser noch schlechter als eine Ehefrau in gleicher Lage gestellt; denn auch bei einer Ehefrau verringert sich die Hilfsbedürftigkeit nicht schon dadurch, dass ihr der Ehemann Unterhalt gewähren müsste, sondern nur insoweit, wie er ihr den Unterhalt tatsächlich gewährt (OVG Lüneburg, Urteil vom 14. März 1951 <DVBl. 1952 S. 505 = FES 1, 81 = ZfF 1952 S. 115>; Hamb. OVG, Urteil vom 5. Oktober 1955 <FES 2, 56>; Jehle, Handkommentar z. Fürsorgerecht S. 122). Wenn Hilfsbedürftigkeit besteht, so muss die Fürsorgebehörde Hilfe leisten. Ebenso ist der Bestimmung des Art. 6 GG Rechnung getragen. Die Entscheidung des Oberverwaltungsgerichts entspricht der Tendenz dieser Vorschrift, eheähnliche Gemeinschaften hinsichtlich der materiellen Grundlagen gegenüber rechten Ehen nicht zu begünstigen (OVG Münster, Urteil vom 19. Juli 1955 <FES 3, 124>; Jehle a.a.O., S. 126; vgl. BVerfGE 9, 20). Eheähnliche Gemeinschaften durch Entziehung der materiellen Grundlage zu bekämpfen und die Auflösung solcher Verhältnisse zu erzwingen, ist nicht Sache der Fürsorgebehörde (Hamb.OVG in FES 2, 56; Jehle a.a.O., S. 126; a.A. Pfahler in ZfF 1952 S. 204). Die Fürsorge darf nicht als moralisches Druckmittel benutzt werden, um einen Zweck zu erreichen, der sonst nur mit anderen Mitteln oder gar nicht erreichbar wäre." ...

Leitsatz (redaktionell) (BVerwG, Urteil vom 20.01.1977, Az.: V C 62/75)

Für die Annahme einer eheähnlichen Gemeinschaft im Sinne des BSHG § 122 S 1 reicht eine Wohngemeinschaft ohne Intimbeziehungen aus. Solche Beziehungen können jedoch ein gewichtiges Indiz für das Bestehen einer eheähnlichen Gemeinschaft im Sinne jener Vorschrift darstellen.

Aus den Gründen:

„... Der 51 Jahre alte Kläger – heimatloser Ausländer – erhielt von der Beklagten Leistungen der Sozialhilfe, da er arbeitsunfähig war und Krankengeld nicht mehr gezahlt wurde. Der von November 1971 an gewährten Hilfe zum Lebensunterhalt legte die Beklagte zunächst den Regelsatz für einen Alleinstehenden zugrunde. Vom 1. April 1972 an gewährte sie die Hilfe nur noch in Höhe des Regelsatzes für einen über 21 Jahre alten Haushaltsangehörigen; denn sie war zu der Überzeugung gelangt, dass der Kläger mit seiner Verlobten, die aus ihrer Berufstätigkeit Einkommen erzielte, in einer eheähnlichen Gemeinschaft im Sinne einer Wohngemeinschaft und Wirtschaftsgemeinschaft lebe. Der Widerspruch und die Klage des Klägers gegen die Kürzung der Regelsatzhilfe hatten keinen Erfolg. Dagegen hat der Verwaltungsgerichtshof die Beklagte verpflichtet, dem Kläger für die Zeit vom 1. April 1972 bis zum 31. Mai 1973 unter Anrechnung der erbrachten Leistungen laufende Hilfe zum Lebensunterhalt unter Zugrundelegung des jeweils geltenden Regelsatzes für einen Alleinstehenden zu gewähren. Das Berufungsgericht führt im Wesentlichen aus: Bei der Anwendung des § 122 BSHG, auf den die Beklagte die Kürzung der Sozialhilfe stütze, sei ein strenger Maßstab anzulegen, weil die Bestimmung für Wohngemeinschaften und Wirtschaftsgemeinschaften zwischen Personen desselben Geschlechts nicht gelte und daher im Hinblick auf das Gleichbehandlungsgebot (Art 3 GG) gewissen Bedenken begegnen könnte. Daher sei eine restriktive Auslegung und Anwendung der Vorschrift geboten. Nur dort, wo eindeutig eine umfassende gemein-

schaftliche Wirtschaftsführung (einschließlich der damit notwendig verbundenen Planung) zwischen unverheirateten Partnern verschiedenen Geschlechts festgestellt werden könne, erscheine die Begrenzung der Sozialhilfe auf den für Ehegatten vorgesehenen Umfang gerechtfertigt. In Anwendung dieser Rechtsgrundsätze lasse sich eine eheähnliche Gemeinschaft des Klägers mit seiner Verlobten nicht feststellen. Das Verlöbnis und die Geburt eines Kindes im Jahre 1974 hätten außer Betracht zu bleiben; denn für die Anwendung des § 122 BSHG komme es nicht auf geschlechtliche Beziehungen der Partner, sondern allein darauf an, ob sie in einer Wohngemeinschaft und Wirtschaftsgemeinschaft lebten, d.h. aus einem Topf wirtschafteten. Eine Wohngemeinschaft lasse sich nicht feststellen. Der Kläger wohne als Untermieter im zweiten Obergeschoss und zahle Miete an seine Verlobte. Ebensowenig lasse sich feststellen, dass der Kläger mit seiner Verlobten in einer Wirtschaftsgemeinschaft verbunden sei. Die „Partner" hätten getrennte Kassen; jeder schaffe den Lebensbedarf für sich an.

Die Beklagte hat die vom Berufungsgericht zugelassene Revision eingelegt. Mit ihr erstrebt sie die Wiederherstellung des klagabweisenden Urteils erster Instanz. Der Kläger tritt der Revision entgegen.

Entscheidungsgründe

Die Revision führt zur Zurückverweisung der Sache in die Vorinstanz (§ 144 Abs. 3 Nr. 2 VwGO).

Dem Kläger, der nicht Deutscher im Sinne des Art 116 Abs. 1 des Grundgesetzes ist, sich aber (auch) vom 1. April 1972 bis zum 31. Mai 1973 im Geltungsbereich des Bundessozialhilfegesetzes aufgehalten hat, ist Hilfe zum Lebensunterhalt nach Maßgabe des Abschnitts 2 des Gesetzes zu gewähren (§ 120 Abs. 1 Satz 1 Halbsatz 1 BSHG). Dabei darf er hinsichtlich der Voraussetzungen sowie des Umfangs der Hilfe nicht besser gestellt werden als ein Ehegatte, wenn er während der genannten Zeit mit seiner Verlobten in „eheähnlicher Gemeinschaft" gelebt hat (§ 122 Satz 1 BSHG).

Eine „eheähnliche Gemeinschaft" ist nach der Rechtsprechung des Bundesverwaltungsgerichts anzunehmen, wenn zwischen einem Mann und einer Frau eine Wohngemeinschaft und Wirtschaftsgemeinschaft besteht. Darauf, ob innere Bindungen oder Verpflichtungen zur Unterhaltsgewährung oder zur gemeinsamen Lebensführung bestehen, kommt es ebensowenig an wie darauf, ob die Partner durch geschlechtliche Beziehungen miteinander verbunden sind. Entscheidend ist, ob – wie in einer echten Ehe – „aus einem Topf gewirtschaftet wird" (BVerwGE 15, 306 (312); vgl auch BVerfGE 9, 20 und Landessozialgericht Niedersachsen, Urteil vom 9. Juni 1959 (FEVS 5, 158) zu § 149 Abs. 5 AVAVG in der Fassung vom 3. April 1957 (BGBl I S 321)).

Zu Unrecht meint das Berufungsgericht, Bedenken, die es aus Gründen des verfassungsrechtlichen Gebots der Gleichbehandlung (Art 3 Abs. 1 GG) gegen den auf das Zusammenleben von Personen verschiedenen Geschlechts beschränkten Geltungswillen der Regelung des § 122 Satz 1 BSHG hegt, dadurch ausräumen zu können, dass es diese Vorschrift restriktiv auslegt und anwendet. § 122 Satz 1 BSHG ist verfassungsrechtlich unbedenklich, so dass eine solche restriktive Auslegung und Anwendung nicht geboten ist. Dies folgt aus den Erwägungen des Bundesverfassungsgerichts zur verfassungsmäßigen Unbedenklichkeit des § 149 Abs. 5 AVAVG in der Fassung vom 3. April 1957, worin geregelt war, dass bei der Beurteilung der Bedürftigkeit eines Arbeitslosen Einkommen und Vermögen einer Person, mit der der Ar-

beitslose in eheähnlicher Gemeinschaft lebt, in gleicher Weise zu berücksichtigen ist wie das Einkommen und Vermögen eines Ehegatten. Diese Erwägungen haben nämlich in gleicher Weise für § 122 Satz 1 BSHG zu gelten; denn die Arbeitslosenhilfe war – jedenfalls damals – unter dem Blickwinkel der Bedürftigkeit als der Fürsorge verwandt anzusehen (BVerfGE 9, 20 (23, 35)). Für das Sozialhilferecht gilt in ganz besonderem Maße, dass es auf die Bedürftigkeit des Hilfesuchenden ankommt und dass für deren Beurteilung nicht möglicherweise bestehende Rechtsansprüche, sondern die tatsächlichen wirtschaftlichen Verhältnisse maßgebend sind. Ebenso gilt, dass das „Wirtschaften aus einem Topf" in vom Verwaltungsgerichtshof erwähnten Wirtschafts-(Haushalts-)Gemeinschaften anderer Art nicht unberücksichtigt bleibt. Soweit Verwandte oder Verschwägerte die Wirtschafts-Gemeinschaft (Haushalts-Gemeinschaft) bilden, wird widerleglich vermutet, dass der Hilfesuchende die Leistungen zum Lebensunterhalt erhält, wenn dies nach dem Einkommen und Vermögen des anderen Teils erwartet werden kann (§ 16 Satz 1 BSHG). Erhält ein sonst mit einem Dritten in Wirtschafts-(Haushalts-)Gemeinschaft lebender Hilfesuchender die Leistungen, die notwendig sind, seinen Lebensunterhalt zu decken, dann ist er nicht hilfsbedürftig (§ 2 Abs. 1 BSHG). Daraus folgt, dass auch dann, wenn es den § 122 Satz 1 BSHG nicht gäbe, im Einzelfall geprüft werden müsste, ob es mit Rücksicht auf das Leben in einer eheähnlichen Gemeinschaft an der Bedürftigkeit des Hilfesuchenden fehlt (vgl BVerfGE 9, 20 (31)). Im Rahmen dessen stellt § 122 Satz 1 BSHG – wie ehemals § 149 Abs. 5 AVAVG – eine typisierende Regelung für die Bedürftigkeitsprüfung dar, die praktischen Erfordernissen der Verwaltung entgegenkommt. Die Berechtigung hierfür ergibt sich daraus, dass eheähnliche Gemeinschaften in weit stärkerem Maße eine typische Erscheinung des sozialen Lebens sind als etwa Haushaltsgemeinschaften von Geschwistern oder von befreundeten Personen gleichen Geschlechts. Wenn der Gesetzgeber mit den Regelungen in § 11 Abs. 1 Satz 2 Halbsatz 1 BSHG, § 22 BSHG in Verbindung mit § 2 der Regelsatzverordnung, § 28 und § 79 Abs. 1 BSHG für die Haushaltsgemeinschaft von Ehegatten in besonderer Weise auf die Bedarfsgemeinschaft abgestellt hat (und hat abstellen dürfen), dann liegt es nahe, den erfahrungsgemäß nicht selten vorkommenden Typ der eheähnlichen Haushaltsgemeinschaft einer gleichen Regelung zu unterwerfen. „Dass die Partner einer solchen Gemeinschaft einander gesetzlich nicht zur Unterhaltsleistung verpflichtet sind, steht dem nicht entgegen, denn nicht die gesetzliche Unterhaltspflicht gibt für das hier geregelte Lebensverhältnis das wesentliche Vergleichselement ab, sondern – wie oben dargelegt – die Erfahrungstatsache, dass in einer eheähnlichen Gemeinschaft wie in einer echten Ehe „aus einem Topf" gewirtschaftet wird" (BVerfGE 9, 20 (32)).

Darf aus diesen Gründen § 122 Satz 1 BSHG nicht restriktiv ausgelegt und angewendet werden, dann können für die Annahme einer eheähnlichen Gemeinschaft im Sinne einer Wohngemeinschaft und Wirtschaftsgemeinschaft nicht die Anforderungen gestellt werden, die der Verwaltungsgerichtshof von seinem nicht zu billigenden Rechtsstandpunkt aus gestellt hat. Die Annahme einer Wirtschaftsgemeinschaft setzt nicht etwa voraus, dass nur eine gemeinsame Kasse besteht, dass die der Befriedigung jeglichen Lebensbedarfs dienenden Güter nur gemeinsam und aufgrund gemeinsamer Planung angeschafft werden, dass jede Ausgabe nur gemeinsam bestritten wird, dass der eine Partner über ein etwa bestehendes Konto des anderen Partners verfügen darf; denn auch in einer Ehe gibt es viele Angelegenheiten, die jeder Partner für sich erledigt. Ebensowenig spricht gegen eine Wirtschaftsgemeinschaft, dass Mieter der Wohnung im Außenverhältnis nur der eine Partner ist und dementsprechend die Miete entrichtet, während der andere Partner seinen Beitrag im Innenverhältnis leistet. Was die Wohngemeinschaft angeht, so kommt es auch in einer Ehe vor, dass jedem Partner ein Raum zu seiner ausschließlichen Benutzung vorbehalten ist.

Aber nicht nur dies wird der Verwaltungsgerichtshof bei seiner erneuten, von restriktiver Rechtsauslegung und Rechtsanwendung freizuhaltenden Würdigung seiner tatsächlichen Feststellungen zu beachten haben, sondern auch, dass es sich bei den Partnern um Verlobte handelt, die schon zur damaligen Zeit ernsthaft beabsichtigt hatten, die Ehe miteinander einzugehen, und aus deren Verbindung (später) ein Kind hervorgegangen ist. Die Berücksichtigung dieser Umstände steht nicht im Widerspruch zu der angeführten Rechtsprechung des Bundesverfassungsgerichts und des Bundesverwaltungsgerichts. An der Auffassung, dass es für die Annahme einer eheähnlichen Gemeinschaft im Sinne des § 122 Satz 1 BSHG nicht darauf ankommt, ob die Partner wie Eheleute im Sinne einer Geschlechtsgemeinschaft zusammenleben, ist zwar festzuhalten. Gerade weil es für die Gewährung von Sozialhilfe (Hilfe zum Lebensunterhalt) nur auf die Frage ankommt, ob die für die Führung eines menschenwürdigen Lebens notwendigen Mittel vorhanden sind, reicht es aus, dass eine Wohngemeinschaft und Wirtschaftsgemeinschaft besteht. Es brauchen keine inneren Bindungen zu bestehen; auf Intimbeziehungen kommt es dabei nicht an. Das ist ein „Weniger" gegenüber immerhin denkbaren Anforderungen an eine „eheähnliche Gemeinschaft". Jedoch besagt das nicht – wie der Verwaltungsgerichtshof offenbar meint –, dass derartige die inneren Beziehungen der Partner betreffenden Umstände völlig belanglos sind. Sie können zwar nicht die zur Wohngemeinschaft und Wirtschaftsgemeinschaft notwendig zu treffenden tatsächlichen Feststellungen ersetzen. Sie können aber ein gewichtiges Indiz für das Bestehen einer eheähnlichen Gemeinschaft im Sinne des § 122 Satz 1 BSHG darstellen (so mit Recht auch Gottschick/ Giese, Das Bundessozialhilfegesetz, 5. Aufl, § 122 RdNr. 2, S 508).

Für die umfassende Tatsachenwürdigung sind solche Umstände potentiell etwa auch in dem Sinne bedeutsam, dass Zweifel an der Glaubwürdigkeit der Partner der Gemeinschaft – sie kämpfen von der Sache her gemeinsam um die höhere Sozialhilfe – angebracht sein können; dies vor allem dann, wenn einerseits sie – in zunehmender Erkenntnis dessen, worauf es ankommt – bei Fortschreiten des Verfahrens mehr und mehr die absolute Trennung von Wohnen und Wirtschaften behaupten und wenn andererseits Bekundungen sachkundiger Dritter vorliegen, die sich in einem frühen Stadium des Verfahrens mit der Feststellung der entscheidungserheblichen tatsächlichen Umstände befasst haben.

Führt die Revision der Beklagten schon aus diesen Gründen dazu, dass das Urteil des Berufungsgerichts aufgehoben und dass die Sache zur anderweitigen Verhandlung und Entscheidung an den Verwaltungsgerichtshof zurückverwiesen werden muss, dann kommt es auf die von der Beklagten außerdem erhobene Rüge, das Berufungsgericht habe dadurch gegen Verfahrensrecht verstoßen, dass es den Zeugen N unbeeidigt gelassen habe (§ 98 VwGO – nicht § 173 VwGO – in Verbindung mit § 391 ZPO), nicht an. Dessen ungeachtet sei zu der Rüge bemerkt: Die Beeidigung eines Zeugen ist auch unter den Voraussetzungen des § 391 ZPO kein „Muss". Sie steht vielmehr im freien richterlichen Ermessen des Prozessgerichts (Bundesverwaltungsgericht, Urteil vom 8. Februar 1961 – BVerwG VI C 55.59 – Buchholz 310 § 98 VwGO Nr. 1; Bundesgerichtshof, Urteil vom 24. November 1951 – NJW 1952, 384). Dies deshalb, weil es darauf ankommt, ob das Gericht die Beeidigung für geboten erachtet. Das richterliche Ermessen, dem die Beeidigung überantwortet ist, lässt es zu, von der Beeidigung selbst dann abzusehen, wenn die Aussage des Zeugen Bedeu-

tung hat. Die revisionsgerichtliche Prüfung ist darauf beschränkt, ob das Gericht von den Grenzen seines Ermessens eine irrige Auffassung gehabt hat oder sich der Grenzen überhaupt nicht bewusst gewesen ist."

Bemerkung zur Übertragbarkeit der Rechtsprechung auf das neue Recht des SGB XII:

Die Übertragbarkeit der zuletzt genannten Entscheidung des Bundesverwaltungsgerichts zum beschränkten Geltungsbereich der Vorschrift des § 20 SGB XII begegnet nicht unerheblichen Besenken unter verfassungsrechtlichem Gesichtspunkt. Dies zeigen neuere Entscheidungen zum SGB XII:

Leitsatz (redaktionell) (SG Düsseldorf, Beschluss vom 22. Februar 2005, Az: S 35 SO 23/05 ER)

Die Beschränkung der Parallelbehandlung von Ehegatten und Partnern nichtehelicher Lebensgemeinschaften in der Sozialhilfe unter gleichzeitiger Besserbehandlung nichtehelicher Partner homosexueller nichtehelicher Gemeinschaften verstößt gegen den Gleichbehandlungsgrundsazu des Grundgesetzes (Art. 3 GG).

Aus den Gründen:

„... Die Antragsteller bezogen schon unter dem Bundessozialhilfegesetz Hilfe zum Lebensunterhalt.

Mit Bescheid vom 13.12.2004 hat die Antragsgegnerin die Weiterzahlung von Sozialhilfe abgelehnt. Einen Antrag auf Gewährung von Leistungen nach dem SGB II wurde mit Bescheid vom 13.12.2004 ebenfalls abgelehnt. Zur Begründung führte die Antragsgegnerin aus, die Antragstellerin zu 1.) lebe in einer Bedarfsgemeinschaft mit Herrn L., dem Vater der Antragstellerin zu 3.). Die Antragsgegnerin gehe davon aus, dass Herr L. den Unterhalt der Bedarfsgemeinschaft sicherstellen könne.

Gegen den Bescheid hat die Antragstellerin Widerspruch und inzwischen Klage unter dem Aktenzeichen Sozialgericht Düsseldorf S 00 SO 00/00 erhoben.

Die Antragstellerin zu 1.) bestreitet mit Herrn L. in einer eheähnlichen Gemeinschaft zusammenzuleben. Da die Antragsteller derzeit überhaupt keine Leistungen erhielten, sei eine Eilentscheidung angezeigt.

Die Antragsteller haben im Erörterungstermin vom 00.00.0000 beantragt,

die Antragsgegnerin zu verpflichten, auf den Antrag der Antragsteller Leistungen nach dem SGB II – nach Maßgabe der gesetzlichen Vorschriften – zu bewilligen.

Die Antragsgegnerin hat beantragt, den Antrag abzulehnen.

Das Gericht hat Herrn L. als Zeugen vernommen. Der Zeuge hat im Wesentlichen ausgeführt, er führe einen eigenen Haushalt auf der Cstraße in N. Ein friedliches Zusammenleben mit der Antragstellerin sei auf Dauer nicht möglich.

Wegen der weiteren Einzelheiten des Sach- und Streitstandes wird auf die zu den Gerichtsakten gereichten Schriftsätze der Beteiligten Bezug genommen.

Entscheidungsgründe

Gemäß § 86b Abs. 2 Satz 2 Sozialgerichtsgesetz – SGG – kann das Gericht der Hauptsache auf Antrag eine einstweilige Anordnung zur Regelung eines vorläufigen Zustandes in Bezug auf ein streitiges Rechtsverhältnis erlassen, wenn eine solche Regelung zur Abwendung wesentlicher Nachteile nötig erscheint.

Der insoweit zulässige Antrag hat in der Sache Erfolg.

Die Antragsteller haben zunächst einen Anordnungsgrund glaubhaft gemacht, indem sie vorgetragen haben, dass sie derzeit keine Leistungen beziehen. Im Übrigen ist auch ein Anordnungsanspruch glaubhaft gemacht worden. Die Antragsteller haben nämlich offensichtlich – mindestens dem Grunde nach – Anspruch auf Leistungen nach dem SGB II.

1) Insoweit verkennt die Antragsgegnerin zunächst grundlegend die Bedingungen, unter denen sie Leistungen nach dem SGB II ablehnen kann. Jedenfalls ist das Zusammenleben in einer Bedarfsgemeinschaft kein Grund Leistungen abzulehnen. Leistungen könnten nach dem Gesetzeswortlaut allenfalls dann abgelehnt werden, wenn die Antragstellerin tatsächlich in einer Bedarfsgemeinschaft mit Herrn L lebt und wenn Herr L über ein so hohes eigenes Einkommen verfügt, dass dadurch Leistungen nach dem SGB II ausgeschlossen werden. Ob Letzteres der Fall ist, hat die Antragsgegnerin aber gar nicht ermittelt, so dass eine tragfähige Begründung für die Ablehnung von Leistungen nach dem SGB II nicht vorliegt.

2) Unabhängig davon geht das Gericht – nach Vernehmung des Zeugen L. – davon aus, dass eine nicht eheähnliche Lebensgemeinschaft zwischen den Beteiligten nicht besteht. So hat der Zeuge bekundet, ein Zusammenleben mit der Antragstellerin zu 1) würde auf Dauer nicht gut gehen. Eine Einstandsgemeinschaft, so wie sie das Bundesverfassungsgericht für nicht eheähnliche Lebensgemeinschaften fordert, hat der Zeuge jedenfalls nicht bestätigt (siehe hierzu Bundesverfassungsgericht, Beschluss vom 20. September 2004, Aktenzeichen: 1 BvR 1962/04).

3) Aber selbst wenn die Antragstellerin zu 1). und Herr L eine nichteheliche Lebensgemeinschaft im Sinne der Rechtsprechung des Bundesverfassungsgerichts bilden sollten, besteht vorliegend kein Anlass, den Antragstellern Leistungen nach dem SGB II zu versagen. Das Gericht hat nämlich erhebliche verfassungsrechtliche Bedenken gegen die Heranziehung von nichtehelichen Lebensgemeinschaften im Rahmen des SGB II.

Das Bundesverfassungsgericht hat – insbesondere auch zeitlich nach seiner Entscheidung zum Partnerschaftsgesetz – in ständiger Rechtsprechung immer wieder und gerade auch zur Vorschrift des § 7 Abs. 3 Nr. 3 SGB II klargestellt, dass „nichteheliche Lebensgemeinschaft" immer nur die Gemeinschaft zwischen einem Mann und einer Frau sein kann.

Das BVerfG führt in seinem Beschluss vom 02.09.2004, Az.: 1 BvR 1962/04 hierzu im Leitsatz aus:

Mitglied einer Bedarfsgemeinschaft ist – unter anderem – nach SGB 2 § 7 Abs. 3 Nr. 3 Satz 1 Nr. 3b, wer mit einem erwerbsfähigen Hilfebedürftigen „in eheähnlicher Gemeinschaft lebt". Dies ist allein die Lebensgemeinschaft eines Mannes und einer Frau, die auf Dauer angelegt ist, daneben keine weitere Lebensgemeinschaft gleicher Art zulässt und sich durch innere Bindungen auszeichnet, die ein gegenseitiges Einstehen der Partner füreinander begründen, also über die Beziehungen in einer rei-

nen Haushalts- und Wirtschaftsgemeinschaft hinausgehen (vgl BVerfG, 17. November 1992, 1 BvL 8/87, BVerfGE 87, 234 (264)).

Der Begriff „Ehe" ist nach dieser Rechtsprechung – ebenso wie der Begriff „eheähnlich" – einer Auslegung nicht zugänglich (BVerfG a.a.O.) Folgerichtig wird in den Arbeitsanweisungen der Bundesagentur für Arbeit zu § 7 SGB II auch klargestellt, dass – abgesehen vom Lebenspartner – nur die Verbindung eines Mannes und einer Frau die Voraussetzungen des § 7 Abs. 3 Nr. 3b SGB II erfüllen kann.

Da § 7 SGB II vorsieht, dass zur Bedarfsgemeinschaft neben Ehepartnern und Lebenspartnern nach dem Lebenspartnerschaftsgesetz (LPartEDiskrG) nur noch die „nichteheliche Lebensgemeinschaft" zählt, werden zum gegenseitigen Unterhalt – außerhalb von Ehe und „Homoehe" – nur Bedarfsgemeinschaften herangezogen, wenn sie aus einem (nicht miteinander verwandten) Mann und einer Frau bestehen. Nicht herangezogen werden andere Personen, auch wenn sie ansonsten die Definition der Bedarfsgemeinschaft im Sinne des SGB II erfüllen. Hierzu zählen z.B. homosexuelle Paare, die nicht in einer eingetragenen Lebenspartnerschaft („Homoehe") leben. Ob also außerhalb von Ehe und „Homoehe" eine Bedarfsgemeinschaft besteht, wird damit nicht an die Frage geknüpft, ob von den Partnern ein gegenseitiges Einstehen gefordert werden kann, so wie es das Bundesverfassungsgericht fordert (BVerfG a.a.O.), sondern wird von einer bestimmten sexuellen Ausrichtung der Partner abhängig gemacht. Von allen erdenklichen Bedarfsgemeinschaften wird lediglich die „nichteheliche Lebensgemeinschaft" zwischen einem Mann und einer Frau als Bedarfsgemeinschaft im Sinne des SGB II herangezogen.

Insbesondere im Verhältnis der nichtehelichen Lebensgemeinschaft (zwischen einem Mann und einer Frau) und dem gleichartigen Verhältnis zweier homosexueller Partner dürfte diese Regelung einen Verstoß gegen das Gleichheitsgebot (Art. 3 Grundgesetz) darstellen.

Zwar hat das Bundesverfassungsgericht in seiner Entscheidung vom 17.11.1992 (Az.: 1 BvL 8/87 – www.juris.de) zu § 137 Abs. 2a des Arbeitsförderungsgesetzes – in der seinerzeit geltenden Fassung – entschieden, dass ein Verstoß gegen Art. 3 GG nicht darin liegt, dass eheähnliche Lebensgemeinschaften nach dieser Vorschrift schlechter gestellt sind als die Gemeinschaften gleichgeschlechtlicher Partner. Das Bundesverfassungsgericht hat dies jedoch damals damit begründet, dass sich nur die nichteheliche Lebensgemeinschaft als „sozialer Typus deutlich herausgebildet" habe (BVerfG a.a.O.). Das BVerfG hat in der Entscheidung deutlich darauf abgestellt, dass das Zusammenleben von Homosexuellen nur deshalb nicht mit dem Zusammenleben von Heterosexuellen verglichen – und damit gleichgestellt – werden konnte, weil zum Zeitpunkt der Entscheidung (1992) das Zusammenleben von Homosexuellen noch keinen Zugang zur Rechtsordnung gefunden hatte, rechtlich also völlig belanglos und damit kein „sozialer Typus" war.

Gerade mit dieser – damals eine Verfassungswidrigkeit ablehnenden – Begründung des Bundesverfassungsgerichts muss jedoch heute geschlossen werden, dass eine Ungleichbehandlung zumindest im Verhältnis von heterosexuellen und homosexuellen (nicht „verheirateten") Paaren im Lichte des Art. 3 GG unzulässig ist.

a) Zum einen hat sich in der sozialen Wirklichkeit der BRD – seit der oben zitierten Entscheidung des Bundesverfassungsgerichts – vieles dahingehend geändert, dass sich nun auch homosexuelle Lebensgemeinschaften als „sozialer Typus" in o.g. Sinne herausgebildet haben. Dies erkennt man schon daran, dass sich Politiker,

Künstler und andere hochrangige Personen des öffentlichen Lebens inzwischen in so großer Zahl zu einer homosexuellen Partnerschaft bekennen, dass diesbezüglich kaum noch von einer sozial völlig atypischen Lebensform gesprochen werden kann. Auch hat sich die gesellschaftliche Betrachtung der Bindung zwischen homosexuellen Partnern geändert. Nach einer Studie von Buba/Vaskovic unterscheiden sich gleichgeschlechtliche Paare in ihren Erwartungen an die Partnerschaft, deren Dauerhaftigkeit, ihre gegenseitige Unterstützungsbereitschaft und an das Einstehen füreinander nicht wesentlich von denen verschiedengeschlechtlicher Paare (Buba/Vaskovic, Benachteiligung gleichgeschlechtlich orientierter Personen und Paare, Studie im Auftrag des Bundesministeriums der Justiz, 2000, S. 75 ff, 117; siehe hierzu auch BVerfG, Urteil vom 17.07, 2002, Az: 1/01, 1 BvF 2/01).

b) Zum anderen – und in diesem Zusammenhang weitaus gewichtiger – hat aber – zeitlich nach der Entscheidung des Bundesverfassungsgerichts – der Gesetzgeber in zahlreichen Gesetzen gerade zum Ausdruck gebracht, dass das Zusammenleben von Homosexuellen als (auch) „sozial typisch" zu verstehen ist. So können Homosexuelle auch Kinder adoptieren, sie dürfen nicht diskriminiert werden und sie können eingetragene Partnerschaften nach dem „Lebenspartnerschaftsgesetz" eingehen. Gerade mit diesem „Gesetz zur Beendigung der Diskriminierung gleichgeschlechtlicher Gemeinschaften" hat der Gesetzgeber deutlich gemacht, dass gleichgeschlechtliche Partner nicht anders zu behandeln sind als verschiedengeschlechtliche Partner. Noch weiter will der Gesetzgeber schon in Kürze bei der Umsetzung bestehender europarechtlicher Regelungen in deutsches Recht gehen, wenn jegliche Diskriminierung wegen einer sexuellen Neigung untersagt werden soll und wenn – wie politisch angekündigt – die „Homoehe" der Ehe weitestgehend rechtlich angeglichen werden soll.

Der Gleichheitsgrundsatz des Art. 3 GG verbietet es aber, dass eine Gruppe von Normadressaten (heterosexuelle nicht verheiratete Paare) im Vergleich zu anderen Normadressaten (homosexuelle nicht „verheiratete" Paare) anders behandelt wird, obwohl zwischen beiden Gruppen keine Unterschiede von solcher Art und solchem Gewicht bestehen, dass sie eine Ungleichbehandlung rechtfertigen können (BVerfG a.a.O. ; BverfGE 55, 72, 88). Dass die hier zu vergleichenden Normadressaten (heterosexuell/homosexuell) gleich zu behandeln sind, hat das Bundesverfassungsgericht schon in seiner Entscheidung vom 17.07.2002 (BVerfG a.a.O.) deutlich zum Ausdruck gebracht. Das BVerfG hat in der vorgenannten Entscheidung nämlich ausdrücklich als verfassungswidrig und Verstoß gegen Art. 3 GG gerügt, dass das seinerzeit noch geltende Bundessozialhilfegesetz bei der Bedürftigkeitsprüfung die Anrechnung von Einkommen des (homosexuellen) Lebenspartners nicht vorsah. Mit der Rüge hat es den Gesetzgeber aufgefordert, „im Sozialhilferecht daraus die entsprechenden rechtlichen Konsequenzen" zu ziehen (BVerfG a.a.O.). Dieser Aufforderung ist der Gesetzgeber aber nur insoweit nachgekommen, als er den (eingetragenen) Lebenspartner in § 7 SGB II nunmehr der Bedarfsgemeinschaft zurechnet. Das aber ist im Hinblick auf Art. 3 GG nicht ausreichend, denn wenn das Bundesverfassungsgericht schon darauf hinweist, dass Ehe und „Homoehe" im Sozialhilferecht gleich zu behandeln sind, dann muss selbstverständlich auch die Gemeinschaft von nur zusammenlebenden Heterosexuellen genauso behandelt werden wie die gleichartige Gemeinschaft von Homosexuellen.

Vor dem Hintergrund dieser Rechtsauffassung der 00. Kammer des SG Düsseldorf werden die Antragsteller in einem Hauptsacheverfahren wahrscheinlich obsiegen, mit der Folge, dass die begehrte Anordnung in ihrem Sinne zu ergehen hatte.

Zur Vermeidung einer Vorwegnahme der Hauptsache hat das Gericht die zu zahlenden Leistungen auf 80 % begrenzt."

Leitsatz (redaktionell) (SG Dortmund, Beschluss vom 31.03.2005, Az.: S 31 AS 82/05 ER)

Es liegt kein Verstoß gegen den Gleichheitssatz vor, weil im Sozialhilferecht homosexuelle nichteheliche Paare anders behandelt werden als Ehegatten und heterosexuelle nichteheliche Partner.

Aus den Gründen:

„... Ein Verstoß gegen den Gleichbehandlungsgrundsatz in Art. 3 Grundgesetz (GG) kann die Kammer nicht erkennen. Genauso wenig wie Ehe und eingetragene Lebenspartnerschaft vom Gesetzgeber in allem identisch zu behandeln sind, muss das Pendant, nämlich heterosexuelle, eheähnliche Gemeinschaft und homosexuelle, einer eingetragenen Lebenspartnerschaft ähnliche Gemeinschaft, identisch geregelt werden. Überdies kann der Gesetzgeber von Verfassung wegen im Sozialversicherungsrecht Sachverhalte typisierend regeln. Heterosexuelle, eheähnliche Gemeinschaften haben sich seit langem als sozialer Typus herausgebildet. Die eingetragene Partnerschaft homosexueller Paare gibt es aber noch nicht so lange, dass davon ausgegangen werden könnte, dass sich schon der Typus der homosexuellen, einer eingetragenen Lebenspartnerschaft ähnlichen Gemeinschaft herausgebildet haben könnte.

Die Kammer hielt es darüber hinaus jedenfalls ohnehin nicht für verfassungsrechtlich geboten, bei eheähnlichen heterosexuellen Gemeinschaften von einer Einkommensanrechnung abzusehen, weil bei homosexuellen, einer eingetragenen Lebenspartnerschaft ähnlichen Gemeinschaften keine Einkommensanrechnung vorgesehen ist. Wenn beide Gruppen von einer Einkommensanrechnung ausgenommen würden, käme es zu einem Verstoß gegen Art. 6 GG, indem nur bei Eheleuten angerechnet würde. Die Lösung für den Gesetzgeber könnte dann nur darin bestehen, eine Einkommensanrechnung auch bei homosexuellen, einer eingetragenen Partnerschaft ähnlichen Gemeinschaften einzuführen.

Soweit der Antragsteller nunmehr erstmals geltend macht, die Antragsgegnerin rechne zu viel Einkommen an, fehlt es am Anordnungsgrund.

Es ist nicht glaubhaft, dass der Antragsteller seinen Lebensunterhalt nicht zumindest vorübergehend selbst oder mithilfe von Frau Q. sicherstellen kann. Es erscheint wenig glaubhaft, dass der Antragsteller die Zeit seit Ende des Arbeitslosengeldbezugs am 13. Januar 2005 ohne Einkünfte, Leistungen, Ersparnisse und Zuwendungen von Frau Q überbrückt haben will.

Der Antragsteller ist darauf zu verweisen, das Widerspruchsverfahren zu betreiben und das Seinige zu einer baldigen Widerspruchsentscheidung beizutragen.

Nach alledem konnte der Antrag keinen Erfolg haben." ...

Leitsatz (redaktionell) (Beschluss des LSG Sachsen vom 14.04.2005, Az.: L 3 B 30/05 AS/ER)

Die Anrechnung von Einkommen des eheähnlichen Lebensgefährten nach §§ 7, 9 SGB 2 verstößt nicht gegen Grundrechte der Betroffenen.

Aus den Gründen:

„Die Beteiligten streiten im Wege des einstweiligen Rechtsschutzes um die Gewährung von Arbeitslosengeld II (Alg II) und des damit verbundenen Schutzes in der Kranken- und Pflegeversicherung.

Der im Jahre 1964 geborene Antragsteller bezog bis zum 31.12.2004 Arbeitslosenhilfe und war als Leistungsbezieher kranken- und pflegeversichert.

Er beantragte am 10.12.2004 bei der Antragsgegnerin die Bewilligung von Alg II. Im Antrag gab er an, mit der Beigeladenen zu 1. in eheähnlicher Gemeinschaft zu leben. Er selbst habe ab dem 01.01.2005 keinerlei Einkommen mehr; er und die Beigeladene zu 1. verfügten auch über kein Vermögen von nennenswerter Höhe. Die Beigeladene zu 1. erziele einen Bruttoarbeitslohn in Höhe von monatlich € 1.025,00, was einem Nettolohn von € 786,70 entspreche. Darüber hinaus beziehe sie von der Bundesversicherungsanstalt für Angestellte (BfA) eine Witwenrente in Höhe von € 565,50. Für die gemeinsam bewohnte Wohnung sei als Mietzins € 350,00 zzgl. einer Miete für einen Pkw-Stellplatz zu zahlen. Zusätzlich seien je € 65,00 für Heiz- und Warmwasserkosten sowie für weitere Betriebskosten zu entrichten. Für den auf ihn zugelassenen Pkw zahle er vierteljährlich einen Haftpflichtversicherungsbeitrag in Höhe von € 126,89.

Mit Bescheid vom 16.12.2004 lehnte die Beschwerdegegnerin die Bewilligung von Alg II ab. Der Beschwerdeführer sei nach den von ihm nachgewiesenen Einkommensverhältnissen nicht hilfebedürftig, weil das Einkommen der Beigeladenen zu 1. aus Witwenrente und Lohn den Bedarf ihrer Bedarfsgemeinschaft übersteige.

Zum 01.01.2005 begründete der Beschwerdeführer bei der Beigeladenen zu 3. ein Versicherungsverhältnis als freiwilliges Mitglied in der Kranken- und Pflegeversicherung. Als monatliche Beiträge waren € 101,40 für die Krankenversicherung und € 13,68 für die Pflegeversicherung festgesetzt. Der Beschwerdeführer zahlte die Beiträge für die Monate Januar und Februar 2005 – auch nach Mahnung der Beigeladenen zu 3. mit Schreiben vom 07.03.2005 und 01.04.2005 unter Hinweis auf das drohende Ende der freiwilligen Versicherungen, dem Ausschluss aus der gesetzlichen Kranken- und Pflegeversicherung und der Möglichkeit der Bezuschussung durch den örtlichen Träger der Sozialhilfe – nicht.

Am 19.01.2005 legte der Beschwerdeführer Widerspruch gegen den Bescheid vom 16.12.2004 ein.

Am 24.01.2005 hat er beim Sozialgericht Leipzig den Erlass einer einstweiligen Anordnung mit dem Ziel der Gewährung von Alg II beantragt. Die Sache sei besonders dringlich, weil er das Ende der freiwilligen Kranken- und Pflegeversicherung zu gewärtigen habe. Er habe einen Anspruch auf Alg II. Die Ablehnung sei rechtswidrig, weil beim Bedarf nicht die Beiträge für die mittlerweile abgeschlossenen freiwilligen Versicherungen berücksichtigt worden seien. Diese könnten durch den von der Be-

schwerdegegnerin festgestellten Einkommensüberhang nicht gedeckt werden. Darüber hinaus seien vom Einkommen der Beigeladenen zu 1. die monatlichen Kreditraten in Höhe von € 484,00 abzuziehen. Die Kreditraten würden sofort vom Konto der Beigeladenen zu 1. abgebucht und flößen dieser nicht zu. Zur Sicherung habe sie den pfändbaren Teil ihrer Ansprüche auf Arbeitseinkommen und Sozialleistungen an die Darlehensgläubigerin abgetreten.

Mit Widerspruchsbescheid vom 31.01.2005 wies die Beschwerdegegnerin den Widerspruch des Beschwerdeführers als unbegründet zurück. Er habe keinen Anspruch auf Alg II. Denn der Bedarf könne durch Einkommen gedeckt werden. Der Bedarf bestehe aus der Regelleistung für beide in Höhe von insgesamt € 596,00 sowie den Aufwendungen für Unterkunft und Heizung in Höhe von € 486,24, also insgesamt € 1.064,24. Dem stehe ein Einkommen der Beigeladenen zu 1. in Höhe von € 1.108,36 gegenüber, so dass dieses – ohne die Beiträge zur Kranken- und Pflegeversicherung des Beschwerdeführers – den Bedarf um € 44,32 übersteige. Es komme für die Versicherung grundsätzlich ein Beitragszuschuss in Betracht, weil der Beschwerdeführer sich nicht über die Beigeladene zu 1. familienversichern könne. Rechtsgrundlage hierfür sei die entsprechende Anwendung des § 26 Abs. 2 Satz 1 Ziff. 2 des Zweiten Buches Sozialgesetzbuch (SGB II). Dieser könne aber nur für den Teil des Versicherungsbeitrages gewährt werden, der nicht durch das überschießende Einkommen in Höhe von € 44,32 abgedeckt sei. Der Zuschuss komme tatsächlich derzeit nicht in Betracht, weil der Beschwerdeführer den Abschluss der freiwilligen Versicherung bisher nicht nachgewiesen habe.

Mit Beschluss vom 08.02.2005 hat das Sozialgericht den Antrag des Beschwerdeführers auf Erlass der begehrten Anordnung zurückgewiesen. Zur Begründung hat es ausgeführt, dass die Klage in der Hauptsache keine Aussicht auf Erfolg habe. Das Gesetz sehe nicht vor, dass Schuldverpflichtungen aus privaten Darlehensverträgen vom Einkommen abzuziehen seien; dies gelte für alle Mitglieder der Bedarfsgemeinschaft. Das Einkommen fließe der Beigeladenen zu 1. auch zu, weil die Darlehensgläubigerin von der Abtretung noch keinen Gebrauch gemacht habe.

Am 09.02.2005 hat der Beschwerdeführer gegen die Ablehnung der Bewilligung von Alg II vor dem Sozialgericht Leipzig Klage erhoben, über die noch nicht entschieden ist.

Gegen die Ablehnung des Erlasses einer einstweiligen Anordnung hat der Beschwerdeführer am 15.02.2005 Beschwerde erhoben. Er ist der Ansicht, dass die von der Beigeladenen zu 1. zu leistenden monatlichen Kreditraten bei der Einkommensanrechnung zu berücksichtigen seien. Denn insoweit fließe ihr kein Einkommen zu. Die volle Anrechnung des Einkommens führe die Beigeladene zu 1. in die Privatinsolvenz. Dies sei ihr, die selbst keinen Anspruch auf Alg II geltend mache und keine zivilrechtliche Unterhaltsverpflichtung gegen den Beschwerdeführer habe, nicht zuzumuten. Darüber hinaus habe sich das Sozialgericht nicht mit der Bedarfserhöhung durch die Beiträge zur freiwilligen Kranken- und Pflegeversicherung auseinandergesetzt.

Mit Beschluss vom 16.02.2005 hat das Sozialgericht die Lebensgefährtin des Beschwerdeführers als Beigeladene zu 1. beigeladen. Am 07.03.2005 hat das Sozialgericht der Beschwerde nicht abgeholfen und die Sache dem Senat zur Entscheidung vorgelegt.

Der Berichterstatter hat die Sache mit den Beteiligten am 17.03.2005 in Leipzig erörtert.

Mit Beschluss vom 22.03.2005 hat der Senat die kreisfreie Stadt Leipzig als örtlichen Träger der Sozialhilfe als Beigeladene zu 2. beigeladen. Mit Beschluss vom 30.03.2005 hat der Senat die Esso Betriebskrankenkasse als die vom Beschwerdeführer gewählte Krankenkasse als Beigeladene zu 3. beigeladen.

Der Beschwerdeführer beantragt, den Beschluss des Sozialgerichts vom 08.02.2005 aufzuheben und die Beschwerdegegnerin im Rahmen des einstweiligen Rechtsschutzes zu verurteilen, ihm Alg II in gesetzlicher Höhe für die Zeit bis zum 30.06.2005 vorläufig zu zahlen.

Die Beschwerdegegnerin beantragt, die Beschwerde zurückzuweisen.

Sie ist nunmehr der Ansicht, dass sie die Beiträge zur freiwilligen Kranken- und Pflegeversicherung weder bedarfserhöhend noch im Wege des Zuschusses übernehmen müsse. Der Beschwerdeführer müsse auf die Hilfen zur Gesundheit des zuständigen Trägers der Sozialhilfe nach dem Fünften Kapitel des Zwölften Buches Sozialgesetzbuch (SGB XII) verwiesen werden.

Die Beigeladene zu 1. hat keinen Antrag gestellt. Sie hält die Ablehnung aus den Gründen, die der Beschwerdeführer vorgetragen hat, ebenfalls für rechtswidrig.

Die Beigeladene zu 2. hat ebenfalls keinen Antrag gestellt. Sie ist der Ansicht, dass dem Beschwerdeführer mangels Hilfebedürftigkeit keine Sozialhilfe zustehe.

Auch die Beigeladene zu 3. hat keinen Antrag gestellt. Sie meint, dass die Beigeladene zu 2. dem Beschwerdeführer Zuschüsse zur freiwilligen Kranken- und Pflegeversicherung gewähren solle.

Wegen weiterer Einzelheiten des Sach- und Streitstandes wird auf die Gerichtsakten beider Rechtszüge Bezug genommen.

Entscheidungsgründe

Die Beschwerde ist statthaft; sie ist auch form- und fristgerecht im Sinne der §§ 172, 173 des Sozialgerichtsgesetzes (SGG) erhoben.

1) Sie ist nur teilweise begründet.

Die Beschwerde gegen den Beschluss des Sozialgerichts war insoweit zurückzuweisen, als es gegen die Beschwerdegegnerin den Erlass einer einstweiligen Anordnung abgelehnt hat. Denn eine einstweilige Anordnung kann zur Regelung eines vorläufigen Zustandes in Bezug auf ein streitiges Rechtsverhältnis getroffen werden, wenn eine solche Regelung zur Abwendung wesentlicher Nachteile nötig erscheint, § 86b Abs. 2 Satz 2 SGG. Vorliegend ist der Erlass einer solchen Regelungsanordnung zwar statthaft, weil zwischen Beschwerdeführer und Beschwerdegegnerin noch kein Rechtsverhältnis besteht und damit eine Anordnung der aufschiebenden Wirkung der Klage oder eine Sicherungsanordnung ins Leere gehen würde.

Der Erlass einer einstweiligen Anordnung gegen die Beschwerdegegnerin war aber abzulehnen, weil dem Beschwerdeführer bei der gegebenen Sachlage kein Anspruch auf das begehrte Alg II zusteht. Denn die Regelungsanordnung erfordert neben einem Anordnungsgrund im Sinne einer besonderen Dringlichkeit der Entscheidung einen Anordnungsanspruch, also einen der Durchsetzung zugänglichen materi-

*ell-rechtlichen Anspruch des Antragstellers (Berlit, Vorläufiger gerichtlicher Rechts-
schutz im Leistungsrecht der Grundsicherung für Arbeitssuchende – Ein Überblick,
in: info also 2005, Seiten 3 ff., insbs. Seite 7).*

*a) Es besteht zwar ein Anordnungsgrund. Denn der Beschwerdeführer hat im An-
tragsverfahren glaubhaft gemacht, dass ihm durch ein Zuwarten auf die Entscheidung in der Hauptsache wesentliche Nachteile drohen. Nach derzeitigem Sachstand
ist er seit dem 15.04.2005 nicht mehr in der Kranken- und Pflegeversicherung versichert. Die freiwillige Krankenversicherung endet mit Ablauf des nächsten Zahltages,
wenn für zwei Monate die fälligen Beiträge trotz Hinweises auf die Folgen nicht entrichtet werden, § 191 Satz 1 Ziff. 3 des Fünften Buches Sozialgesetzbuch (SGB V).
Der Beschwerdeführer hat die Beiträge für Januar und Februar 2005 nicht entrichtet;
eine Mahnung, die den Erfordernissen des § 191 Satz 1 Ziff. 3, Satz 2 SGB V entspricht, liegt ebenfalls vor. Eines gesonderten Bescheides der Beigeladenen zu 3.
bedarf es hierzu nicht. Denn das Ende tritt bei Vorliegen der Voraussetzungen kraft
Gesetzes ein (Kasseler Kommentar, SGB V, § 191, Rz. 14). Gleiches gilt für die freiwillige Pflegeversicherung nach § 49 Abs. 3 Satz 2 des Elften Buches Sozialgesetzbuch (SGB XI).*

*Des Weiteren kann sich für ihn und die Beigeladene zu 1. die Gefahr der Eröffnung
eines Insolvenzverfahrens mit irreversiblen Nachteilen ergeben.*

*b) Gegen die Beschwerdegegnerin steht dem Beschwerdeführer aber kein Anord-
nungsanspruch zu, weil er nach der im Antragsverfahren gebotenen summarischen
Prüfung keinen Anspruch auf Alg II hat. Denn erwerbsfähige Hilfebedürftige erhalten
als Alg II Leistungen zur Sicherung des Lebensunterhaltes einschließlich der angemessenen Kosten für Unterkunft und Heizung, § 19 Satz 1 SGB II; erwerbsfähige
Hilfebedürftige im Sinne des SGB II sind Personen, die das 15. Lebensjahr vollendet
und das 65. Lebensjahr noch nicht vollendet haben, erwerbsfähig und hilfebedürftig
sind und ihren gewöhnlichen Aufenthalt in der Bundesrepublik Deutschland haben,
§ 7 Abs. 1 Satz 1 SGB II. Der Beschwerdeführer ist mittlerweile 41 Jahre alt, wohn-
haft in Leipzig und nach Aktenlage erwerbsfähig.*

*Er ist aber nicht hilfebedürftig im Sinne des § 7 Abs. 1 Satz 1 SGB II. Denn hilfebe-
dürftig ist, wer seinen Lebensunterhalt und den Lebensunterhalt der mit ihm in einer
Bedarfsgemeinschaft lebenden Personen nicht oder nicht ausreichend aus eigenen
Kräften und Mitteln, vor allem nicht aus dem zu berücksichtigenden Einkommen oder
Vermögen sichern kann und die erforderliche Hilfe nicht von anderen, insbesondere
von Angehörigen und Trägern anderer Sozialleistungen erhält, § 9 Abs. 1 SGB II. Es
ist somit dem Unterhaltsbedarf der Bedarfsgemeinschaft deren zu berücksichtigendes Einkommen gegenüberzustellen (Münder et al., Lehr- und Praxiskommentar zum
SGB II (im Folgenden: LPK), § 9, Rz. 12).*

*aa) Bei Personen, die in einer Bedarfsgemeinschaft leben, ist auch das Einkommen
oder Vermögen des Partners zu berücksichtigen, § 9 Abs. 2 Satz 1 SGB II. Der Bedarfsgemeinschaft gehören der erwerbsfähige Hilfsbedürftige und als dessen Partner
die Person, die mit ihm in eheähnlicher Gemeinschaft lebt, § 7 Abs. 3 Ziff. 1, 3 lit. b
SGB II. Das Einkommen der Beigeladenen zu 1. ist demnach von Gesetzes wegen
grundsätzlich anzurechnen. Diese Regelungslage ist von der Verwaltung und den
Gerichten zu beachten.*

*Die Einbeziehung von Partnen aus eheähnlichen Lebensgemeinschaften und die Au-
ßerachtlassung homosexueller eheähnlicher Lebensgemeinschaften verstößt nicht*

gegen den allgemeinen Gleichheitssatz des Art. 3 Abs. 1 des Grundgesetzes (GG). Zwar gebietet Art. 3 Abs. 1 GG eine Gleichbehandlung von wesentlich gleichen Sachverhalten und erlaubt eine Differenzierung nur aus sachlichen Gründen (Beschluss des Bundesverfassungsgerichts vom 07.10.1980, Az.: 1 BvL 50/79 u.a., abgedruckt in BVerfGE 55, Seiten 72 ff., insbs. Seiten 88 ff.). Die beiden zu vergleichenden Sachverhalte sind aber nicht wesentlich gleich (andere Ansicht: Sozialgericht Düsseldorf, Beschluss vom 16.02.2005, Az.: S 35 SO 28/05 ER, zu finden in JURIS). Denn insofern sind nicht jegliche Gemeinschaften heterosexueller und homosexueller Prägung zu vergleichen, weil der Gesetzgeber auch die Partner im Sinne des Lebenspartnerschaftsgesetzes zur Bedarfsgemeinschaft und damit zur Einkommensanrechnung herangezogen hat (§ 7 Abs. 3 Ziff. 3 lit. c SGB II, § 33b SGB I). Als Vergleichsgruppen sind daher nur die Mitglieder eheähnlicher und partnerschaftsähnlicher Lebensgemeinschaften heranzuziehen. Eine Gleichbehandlung dieser beiden Lebensgemeinschaften ist aber verfassungsrechtlich nicht geboten. Denn bei der Ordnung von Massenerscheinungen darf der Gesetzgeber generalisieren, typisieren und pauschalieren (Beschluss des Bundesverfassungsgerichts vom 08.10.1991, Az.: 1 BvL 50/86, abgedruckt in BVerfGE Bd. 84, Seiten 348 ff., insbs. Seite 359). Er darf bei bedürftigkeitsabhängigen Sozialleistungen, die auch vom Einkommen eines Partners abhängig gemacht werden, zwischen eheähnlicher und partnerschaftsähnlicher Gemeinschaft differenzieren, weil erstere in weitaus größerer Zahl vorkommt und sich als sozialer Typus deutlicher herausgebildet hat als letztere (Urteil des Bundesverfassungsgerichts vom 17.11.1992, Az.: 1 BvL 8/87, zu der schon im Recht der Arbeitslosenhilfe vorgenommenen Differenzierung, abgedruckt in BVerfGE Bd. 87, Seiten 234 ff., insbs. Seite 267). Hieran hat sich seit dieser Entscheidung des Bundesverfassungsgerichts nichts Grundlegendes geändert; insbesondere hat die partnerschaftsähnliche Lebensgemeinschaft noch keinen vergleichbaren sozialen Stellenwert wie die eheähnliche Lebensgemeinschaft (Anmerkung von Hänlein zum Beschluss des Sozialgerichts Düsseldorf vom 16.02.2005, zu finden in JURIS, Praxisreport Sozialrecht Nr. 9/2005); ansonsten bedürfte es keines „Gesetzes zur Umsetzung europäischer Antidiskriminierungsrichtlinien (Antidiskriminierungsgesetz)", dessen Benachteiligungsverbot wegen der geschlechtlichen Identität den Schutz Homosexueller bezweckt (vgl. BT-Drs. 15/4538, Seite 21).

Darüber hinaus würde die Gleichbehandlung von eheähnlicher und partnerschaftsähnlicher Lebensgemeinschaft im Sinne einer Anrechnungsfreiheit ebenfalls zu – noch schwerwiegenderen – verfassungsrechtlichen Friktionen führen. Besondere Einschränkungen der o.g. gesetzgeberischen Gestaltungsfreiheit können sich nämlich aus anderen Verfassungsnormen wie Art. 6 Abs. 1 GG (Schutz der Ehe und Familie) ergeben (Urteil des Bundesverfassungsgerichts vom 17.11.1992, aaO., insbs. Seite 256). Die durch das Grundgesetz besonders geschützte Ehe wäre in diesem Falle besonders benachteiligt, weil sie – neben der Lebenspartnerschaft – als einzige Lebensgemeinschaft zur vorrangigen Unterstützung des Arbeitsuchenden herangezogen würde (Anmerkung von Hänlein, aaO.).

bb) Der Bedarf von Beschwerdeführer und Beigeladener zu 1. kann durch das Einkommen dieser Bedarfsgemeinschaft gedeckt werden.

Den Bedarf hat die Beschwerdegegnerin korrekt mit € 1.064,24 beziffert. Denn dies ist die Summe aus den Regelleistungen für Beschwerdeführer und Beigeladene (je € 298,00, § 20 Abs. 3 Satz 1 SGB II), dem Mietzins (€ 350,00), den weiteren Betriebskosten (€ 65,00) und den Heiz- und Warmwasserkosten (€ 65,00 abzüglich der vom Regelsatz bereits erfassten Kosten der Warmwasserzubereitung, hier pauschaliert € 11,76).

Das zu berücksichtigende Einkommen dürfte allerdings auf € 1.100,41 festzusetzen sein; das ist die Summe aus dem Arbeitseinkommen der Beigeladenen zu 1. (€ 1.050,00) und ihrer Rente (€ 565,50) abzüglich der in §§ 11 Abs. 2, 30 SGB II und § 3 der Verordnung zur Berechnung von Einkommen sowie zur Nichtberücksichtigung von Einkommen und Vermögen beim Arbeitslosengeld II/Sozialgeld (Alg II-V) vorgesehenen Freibeträge und Abzüge (insgesamt € 515,09). Abweichend vom Widerspruchsbescheid ist dabei als Freibetrag bei Erwerbstätigkeit nach § 30 SGB II ein Betrag in Höhe von € 164,16 zu berücksichtigen (zur Berechnungsweise vgl. LPK, § 30, Rz. 7 ff.).

cc) Vom Einkommen sind nicht die monatlichen Kreditraten in Höhe von € 484,00 abzuziehen. Zu Recht hat das Sozialgericht ausgeführt, dass es hierfür keine gesetzliche Grundlage gibt. Insofern gilt auch in der Grundsicherung für Arbeitssuchende der Grundsatz des Sozialhilfe- und Arbeitslosenhilferechts, dass in aller Regel Tilgungsleistungen für Schulden nicht als einkommensmindernd berücksichtigt werden (zum Sozialhilferecht vgl. Urteil des Bundesverwaltungsgerichtes vom 02.06.1965, Az.: BVerwG V C 63.64, abgedruckt in BVerwGE Bd. 21, Seiten 208 ff., insbs. Seite 209; Schellhorn, Kommentar zum Bundessozialhilfegesetz (BSHG), § 76, Rz. 40; zum Arbeitslosenhilferecht vgl. Urteil des Bundessozialgerichts vom 26.10.2004, Az.: B 7 AL 2/04 R, abgedruckt in Breithaupt 94. Jg. (2005), Seiten 164 ff., insbs. Seiten 166 f.). Das Einkommen fließt der Beigeladenen zu 1. insoweit auch uneingemindert zu. Denn Zufluss ist die wertmäßige Vermehrung der geld- oder geldwerten Mittel, die dem Inhaber – wenn auch nur für einen Augenblick – endgültig zur Verfügung stehen und deshalb zur Bestreitung des Lebensunterhalts verwendet werden können (Schellhorn, aaO., § 88, Rz. 16; Urteil des Urteil des Bundesverwaltungsgerichtes vom 18.02.1999, Az.: BVerwG 5 C 35.97, abgedruckt in BVerwGE Bd. 108, Seiten 296 ff.; Urteil des Bundessozialgerichts vom 13.06.1985 , Az: 7 RAr 27/84, abgedruckt in BSGE Bd. 58, Seiten 160 ff.). Nur Vermögenszuflüsse, die von Anfang an mit einer entsprechenden Rückzahlungspflicht verbunden sind, fallen nach der gebotenen wirtschaftlichen Betrachtungsweise nicht unter den Einkommensbegriff (Urteil des Bundessozialgerichts vom 06.04.2000, Az: B 11 AL 31/99 R, abgedruckt Breithaupt 89. Jg. (2000), Seiten 883 ff., insbs. Seiten 884 f.). Über den Arbeitslohn und die Witwenrente kann die Beigeladene zu 1. zunächst einmal frei verfügen; sie kann sie zur Tilgung ihrer Schulden einsetzen, muss es aber nicht. Hieran ändert auch die zur Sicherung des Darlehensrückzahlungsanspruches erklärte Abtretung der Lohn- und Sozialleistungsansprüche an die Darlehensgläubigerin nichts. Denn eine Abtretung von Ansprüchen zur Tilgung von Schulden ist als freiwillige Disposition über die eigenen Mittel bei der Beurteilung der Hilfebedürftigkeit nicht zu berücksichtigen (vgl. zum insofern vergleichbaren § 2 Abs. 1 BSHG Urteil des Bundesverwaltungsgerichtes vom 13.01.1983, Az.: BVerwG 5 C 114.81, abgedruckt in BVerwGE Bd. 66, Seiten 342 ff., insbs. Seite 346).

dd) Der Bedarf ist auch nicht um den Schutz der Kranken- und Pflegeversicherung zu erweitern; einer Bewilligung von Alg II allein zur Vermeidung eines sog. infiniten Regresskreisels bedarf es – zumindest bei der vorliegenden Fallgestaltung – nicht. Der Beschwerdeführer ist vielmehr auf die Leistung der Beigeladenen zu 2. zu verweisen. Denn gemäß § 264 Abs. 2 Satz 1 SGB V wird die Krankenbehandlung von Empfängern von Leistungen nach dem Fünften bis Neunten Kapitel des Zwölften Buches Sozialgesetzbuch (SGB XII), die nicht versichert sind, von der gewählten Krankenkasse übernommen; die Aufwendungen, die der Krankenkasse durch die Übernahme dieser Krankenbehandlung entstehen, werden ihnen von den für die Hilfe zuständigen Sozialhilfeträgern erstattet, § 264 Abs. 7 Satz 1 SGB V. Der Beschwerdeführer ist – wie bereits ausgeführt – ab dem 15.04.2005 nicht mehr versichert. Er hat nach der gebotenen summarischen Prüfung einen sozialhilferechtlichen Anspruch auf Hilfe bei Krankheit. Der das Sozialhilferecht bestimmende Nachrangigkeitsgrundsatz des § 2 Abs. 1 SGB XII ist dadurch nicht verletzt, weil der Beschwerdeführer keine vorrangigen anderen Sozialleistungen erhält. Des Weiteren ist die Gewährung der Krankenhilfe auch nicht durch § 5 Abs. 2 SGB II oder § 21 Satz 1 SGB XII ausgeschlossen (zur anderen Ansicht vgl. den Beschluss des Sozialgerichts Saarbrücken vom 28.01.2005). Denn hiernach sind nur Leistungen nach dem Dritten Kapitel des SGB XII, also Hilfen zum Lebensunterhalt, ausgeschlossen; nicht berührt sind hingegen die Hilfen in besonderen Lebenslagen, zu denen auch die Krankenhilfe zählt (LPK, § 5, Rz. 50). Der Gewährung der Krankenhilfe steht auch nicht die Eigenleistungsfähigkeit des Beschwerdeführers und der Einsatzgemeinschaft entgegen. Weder der Beschwerdeführer noch die Beigeladene zu 1. verfügen über nennenswerte Vermögensgegenstände, deren Einsatz zumutbar im Sinne von § 90 Abs. 2, 3 Satz 2 SGB XII ist. Auch das Einkommen der Einsatzgemeinschaft erreicht die Einkommensgrenze nicht. Denn insofern gilt eine für die Einsatzgemeinschaft günstigere Einkommensgrenze als bei Hilfen zum Lebensunterhalt oder für das Alg II. Bei der Hilfe nach dem Fünften bis Neunten Kapitel des SGB XII ist der nachfragenden Person und der Person, die mit ihr in eheähnlicher Gemeinschaft lebt, die Aufbringung der Mittel nicht zuzumuten, wenn ihr monatliches Einkommen zusammen eine Einkommensgrenze nicht übersteigt, die sich ergibt aus einem Grundbetrag in Höhe des zweifachen Eckregelsatzes, den Kosten der Unterkunft und einem Familienzuschlag in Höhe des auf volle Euro aufgerundeten Betrages von 70 v. H. des Eckregelsatzes für die Person, die mit ihr in eheähnlicher Gemeinschaft lebt, § 85 Abs. 1 in Verbindung mit § 20 Satz 1 SGB XII. Der Eckregelsatz bestimmt sich nach dem Ort, an dem der Leistungsberechtigte seine Leistung erhält, § 85 Abs. 3 Satz 1 SGB XII. Im Freistaat Sachsen beträgt der Eckregelsatz € 331,00, § 1 Abs. 1 der Verordnung der Sächsischen Staatsregierung über die Festsetzung der Regelsätze nach § 28 Abs. 2 SGB XII vom 28.02.2005 (GVBl. Seite 2); folglich beträgt der zweifache Eckregelsatz € 662,00. Die Kosten der Unterkunft betragen – ohne Heizkosten (vgl. hierzu Grube/Wahrendorf, Kommentar zum SGB XIII, § 85, Rz. 14) – € 415,00. Der Familienzuschlag beträgt € 232,00 denn dies ist der aufgerundete Betrag von € 231,70 als 70 v. H. von € 331,00. Hiernach ist die Einkommensgrenze auf € 1.309,00 als Summe aus zweifachem Eckregelsatz, Kosten der Unterkunft und Familienzuschlag zu bestimmen.

Dem steht ein zu berücksichtigendes Einkommen im Sinne des § 82 Abs. 1 und 2 SGB XII in Höhe von € 1.304,70 gegenüber. Denn dies ist die Summe aus dem Arbeitseinkommen der Beigeladenen zu 1. (€ 1.050,00) und ihrer Rente (€ 565,50) abzüglich der in § 82 Abs. 2 Ziff. 1 bis 4 SGB XII in Verbindung mit § 3 Abs. 1, 3 bis 5 der Verordnung zur Durchführung des § 82 SGB XII vorgesehenen Freibeträge und Abzüge (insgesamt € 310,80). Dem Anspruch auf Erbringung der Krankenbehandlung kann schließlich auch nicht entgegengehalten werden, dass der Beschwerdeführer tatsächlich deswegen keine Krankenhilfe beanspruchen könnte, weil er von der Beigeladenen zu 3. Krankenbehandlungen erhält. Denn aus Sinn und Zweck der Vorschrift, insbesondere dem Auffangcharakter der Krankenhilfe nach § 48 SGB XII, ergibt sich, dass auch derjenige Leistungsempfänger im Sinne des § 264 Abs. 2 SGB V ist, der ausschließlich Hilfen bei Krankheit beanspruchen kann, die ihm aber wegen des Vorrangs der Versicherung nach § 264 Abs. 2 SGB V tatsächlich nicht gewährt werden müssen (Grube/Wahrendorf, aaO., § 48, Rz. 15).

2) Die Beschwerde hat deshalb nur dahingehend Erfolg, als die Beigeladene zu 3. zu verpflichten war, vorläufig die Krankenbehandlung des Beschwerdeführers gegen Kostenerstattung durch die Beigeladene zu 2. zu gewährleisten. Anordnungsgrund und Anordnungsanspruch ergeben sich aus den obigen Ausführungen. Die vorläufige Verpflichtung war gemäß des Antrages des Beschwerdeführers und in Anlehnung an die halbjährlichen Bewilligungsabschnitte des Alg II (vgl. § 41 Abs. 1 Satz 4 SGB II) auf die Zeit bis zum 30.06.2005 zu beschränken.

3) Die Kostenentscheidung beruht auf der entsprechenden Anwendung des § 193 SGG. Demnach entspricht es billigem Ermessen, der Beschwerdegegnerin die Erstattung der hälftigen außergerichtlichen Kosten des Beschwerdeführers aufzuerlegen. Denn der Beschwerdeführer hat mit einem seiner beiden Vorbringen (Gewährleistung des Krankenversicherungsschutzes) faktisch Erfolg. Die Übernahme der Krankenbehandlung nach § 264 Abs. 2 SGB V entspricht – weil ohne Leistungseinschränkungen gewährt – dem Leistungskatalog der gesetzlichen Krankenversicherung. Dieser Kostenanteil war auch der Beschwerdegegnerin aufzuerlegen, weil diese das Verfahren zumindest teilweise dadurch veranlasst hat, dass sie – entgegen den ihr nach den §§ 14 ff. SGB I obliegenden Beratungspflichten – den Beschwerdeführer nach der Ablehnung der Leistung nicht an den zuständigen Leistungsträger, die Beigeladene zu 2., verwiesen hat.

Eine weitere Kostenerstattung zugunsten des Beschwerdeführers erscheint angesichts des Unterliegens mit der anderen Begründung (Berücksichtigung der Tilgungsleistungen) nicht billig. Die Kostenerstattung der Beigeladenen zu 2. und zu 3. scheidet wegen § 193 Abs. 4 SGG aus. Eine Kostenerstattung der Beigeladenen zu 1. entspricht nicht billigem Ermessen, weil sie am Verfahren nur untergeordnet beteiligt und zudem mit ihren Begehren (keine Anrechnung ihres Einkommens; Abzug ihrer Tilgungsleistungen) nicht erfolgreich war." ...

§ 21 SGB XII   Sonderregelung für Leistungsberechtigte nach dem Zweiten Buch

Personen, die nach dem Zweiten Buch als Erwerbsfähige oder als Angehörige dem Grunde nach leistungsberechtigt sind, erhalten keine Leistungen für den Lebensunterhalt mit Ausnahme von Leistungen nach § 34, soweit sie nicht nach § 22 Abs. 5 des Zweiten Buches zu übernehmen sind. Bestehen über die Zuständigkeit zwischen den zuständigen Leistungsträgern unterschiedliche Auffassungen, so findet § 45 des Zweiten Buches Anwendung.

Die Vorschrift korrespondiert mit § 5 Abs. 2, § 7 Abs. 4 und § 45 des Zweiten Buches. Zur Vermeidung von Schnittstellen und im Hinblick auf das zwischen beiden Büchern abgestimmte Leistungsniveau werden in Satz 1 ergänzende Leistungen der Hilfe zum Lebensunterhalt ausgeschlossen. Die Regelung setzt nicht voraus, dass jemand tatsächlich Leistungen des anderen Sozialleistungsträgers erhält oder voll erhält, sondern knüpft an die Eigenschaft als Erwerbsfähige oder deren im Zweiten Buch näher bezeichneten Angehörigen an. Die definierten Ausnahmen von dieser eindeutigen Abgrenzung beziehen sich auf Leistungen, die wegen der erforderlichen Ortsnähe oder des Zusammenhangs mit anderen kommunalen Aufgaben und Leistungen sachgerecht vom Träger der Sozialhilfe erbracht werden können. Für besondere Fälle, in denen die Leistungsträger ihre Zuständigkeiten unterschiedlich beurteilen, schließt sich Satz 2 der Regelung über die Einigungsstelle in § 45 des Zweiten Buches an. Damit soll sichergestellt werden, dass solche unterschiedliche Auffassungen schnell und möglichst einvernehmlich bereinigt werden können.

Das Verhältnis zu den Leistungen nach dem SGB II

Leitsatz (redaktionell) (LSG Hamburg, Beschluss vom 28.01.2005, Az.: L 3 B 16/05 ER SO)

Die Leistungen der Sozialhilfe sind nach der zum 01.01.2005 wirksam gewordenen Neuordnung der sozialen Sicherungssysteme als ein gegenüber der Grundsicherung für Arbeitsuchende des SGB II nachrangiges Leistungssystem zu verstehen.

Aus den Gründen:

„... Die statthafte und zulässige, insbesondere fristgerecht eingelegte Beschwerde (§§ 172, 173 Sozialgerichtsgesetz – SGG –), der das Sozialgericht nicht abgeholfen hat (§ 174 SGG), ist nicht begründet. Das Sozialgericht hat den Erlass der begehrten einstweiligen Anordnung nach § 86b Abs. 2 SGG zu Recht abgelehnt.

Der Antragsteller, der bis zum 31. Dezember 2004 Hilfe zum Lebensunterhalt nach §§ 11 ff. des Bundessozialhilfegesetzes bezogen hat und der mit seiner Ehefrau in Haushaltsgemeinschaft lebt, hat nicht im Sinne des § 920 Abs. 2 Zivilprozessordnung i.V.m. § 86b Abs. 2 Satz 4 SGG glaubhaft gemacht, dass ihm der mit dem Antrag geltend gemachte Anspruch auf Hilfe zum Lebensunterhalt nach den §§ 27 ff. des am 1. Januar 2005 in Kraft getretenen Sozialgesetzbuches Zwölftes Buch – Sozialhilfe – (SGB XII) zusteht. Nach dem Kenntnisstand des vorliegenden Eilverfahrens hat ihn vielmehr die Antragsgegnerin zu Recht darauf verwiesen, zunächst bei der Beigeladenen um Leistungen nach dem Sozialgesetzbuch Zweites Buch – Grundsicherung für Arbeitsuchende – (SGB II) nachzusuchen.

Nach §§ 8, 19 SGB XII erhalten Sozialhilfe in der Gestalt der Hilfe zum Lebensunterhalt diejenigen Personen, die ihren notwendigen Lebensunterhalt nicht oder nicht ausreichend aus eigenen Kräften und Mitteln beschaffen können. Die Leistungen der Sozialhilfe sind nach der zum 1. Januar 2005 wirksam gewordenen Neuordnung der sozialen Sicherungssysteme als ein gegenüber der Grundsicherung für Arbeitsuchende des SGB II insgesamt grundsätzlich nachrangiges Leistungssystem zu begreifen. Dies folgt aus § 21 SGB XII, wonach Leistungen für den Lebensunterhalt nicht erhält, wer in eigener Person oder als Angehöriger dem Grunde nach leistungsberechtigt nach dem SGB II ist (vgl. Voelzke in Hauck/Noftz, SGB XII, § 21, RdNr. 4, 7). So liegt es bei dem Antragsteller. Zwar macht er – ebenso wie seine Ehefrau in dem Verfahren S 50 SO 2/05 ER – geltend, nicht erwerbsfähig im Sinne des § 8 SGB II, d.h. außerstande zu sein, unter den üblichen Bedingungen des Arbeitsmarktes mindestens drei Stunden täglich einer Erwerbstätigkeit nachzugehen, jedoch ist gerade dies zwischen den Beteiligten streitig und lässt sich auch in dem vorliegenden Eilverfahren nicht abschließend klären. Bei dieser Sachlage ist dem Antragsteller zuzumuten, sich zunächst an den Träger der Grundsicherung für Arbeitsuchende zu wenden, dort um Leistungen nachzusuchen und so seine Hilfebedürftigkeit abzuwenden. Denn im Falle der Konkurrenz von Leistungen nach dem SGB II und dem

SGB XII obliegt die Feststellung der Erwerbsfähigkeit nach dem Willen des Gesetzgebers allein dem Träger der Grundsicherung für Arbeitsuchende und der Hilfebedürftige erhält bis zur Klärung des Grades der Erwerbsminderung vorläufige Leistungen nach dem SGB II. Dies folgt im Hinblick auf die Beigeladene aus §§ 44a, 44b SGB II. Dieser Umstand schließt den Bezug von Hilfe zum Lebensunterhalt auch dann aus, wenn der Hilfebedürftige sich weigert, den nach § 37 Abs. 1 SGB II für den Bezug der Leistungen der Grundsicherung für Arbeitsuchende erforderlichen Antrag zu stellen, den der Antragsteller ebenso wie dessen Ehefrau eigenem Vorbringen zufolge jedoch mittlerweile nachgeholt hat. Denn es kann nicht in der Hand des Hilfeempfängers liegen, durch Verweigerung der Mitwirkung im Verfahren das Eintreten eines anderen Sozialleistungsträgers zu erzwingen.

Dem Beschwerdevorbringen sind keine (neuen) Gesichtspunkte zu entnehmen, die eine andere Entscheidung in der Sache rechtfertigen würden." ...

Leitsatz (redaktionell) (LSG Baden-Württemberg, Beschluss vom 11.06.2005, Az.: L 7 SO 1840/05 ER-B)

Nach § 21 Satz 1 SGB XII erhalten Personen, die nach dem SGB II leistungsberechtigt sind, – vom Ausnahmefall des § 34 SGB XII abgesehen – keine Leistungen für den Lebensunterhalt nach dem SGB XII; eine entsprechende Ausschlussregelung ist in § 5 Abs. 2 Satz 1 SGB II vorgesehen.

Aus den Gründen:

„*... Die unter Beachtung der Vorschrift des § 173 des Sozialgerichtsgesetzes (SGG) form- und fristgerecht eingelegte Beschwerde, der das Sozialgericht (SG) Stuttgart nicht abgeholfen hat, ist zulässig; sie ist jedoch nicht begründet.*

Nach § 86b Abs. 2 Satz 1 des Sozialgerichtsgesetzes (SGG) kann das Gericht der Hauptsache, soweit nicht ein Fall des Abs. 1 a.a.O. vorliegt, eine einstweilige Anordnung in Bezug auf den Streitgegenstand treffen, wenn die Gefahr besteht, dass durch eine Veränderung des bestehenden Zustands die Verwirklichung eines Rechts des Antragstellers vereitelt oder wesentlich erschwert werden könnte. Einstweilige Anordnungen sind auch zur Regelung eines vorläufigen Zustands in Bezug auf ein streitiges Rechtsverhältnis zulässig, wenn eine solche Regelung zur Abwendung wesentlicher Nachteile nötig erscheint (Satz 2 a.a.O.).

Vorliegend kommt, da die Voraussetzungen des § 86b Abs. 1 SGG ersichtlich nicht gegeben sind und es auch nicht um die Sicherung eines bereits bestehenden Rechtszustands geht (Sicherungsanordnung (Abs. 2 Satz 1 a.a.O.)), nur eine Regelungsanordnung nach § 86b Abs. 2 Satz 2 SGG in Betracht (vgl. dazu Meyer-Ladewig, SGG, 7. Auflage, § 86b RdNrn. 25 ff.; Kopp/Schenke, Verwaltungsgerichtsordnung (VwGO), 13. Auflage, § 123 RdNrn. 7 ff.). Es kann im hier zu entscheidenden Fall offen bleiben, ob in den Verfahren betreffend Leistungen zur Sicherung des Lebensunterhaltes nach dem Zweiten Sozialgesetzbuch (SGB II) oder dem Zwölften Buch Sozialgesetzbuch (SGB XII) ein grundsätzliches Verbot der Vorwegnahme der Hauptsache besteht, was die Bewilligung von Leistungen verbietet; denn auch in einem solchen Fall kann der Hauptsache ausnahmsweise vorgegriffen werden, wenn anders effektiver Rechtsschutz nicht zu erreichen ist und ein Zuwarten in der Haupt-

sache unzumutbar wäre (vgl. Bundesverwaltungsgericht (BVerwG) BVerwGE 63, 110, 111; Landessozialgericht Berlin Breithaupt 1989, 614, 616; Meyer-Ladewig, a.a.O. RdNr. 31; Kopp/Schenke, a.a.O., RdNrn. 13 ff.; zu den Zweifeln an der Existenz eines generellen Verbots – gerade in Angelegenheiten der Sozialhilfe – vgl. Funke-Kaiser in Bader, VwGO, 2. Auflage, § 123 RdNr. 58). Erforderlich ist jedenfalls die Dringlichkeit der erstrebten vorläufigen Regelung (Anordnungsgrund). Des Weiteren setzt der Erlass einer einstweiligen Anordnung grundsätzlich voraus, dass bei der im Verfahren gebotenen summarischen Prüfung ein Erfolg in der Hauptsache mit hoher Wahrscheinlichkeit zu erwarten ist (Anordnungsanspruch; vgl. Kopp/Schenke, a.a.O., RdNr. 14; Schoch in Schmidt-Aßmann/Pietzner, § 123 RdNr. 66). Die Voraussetzungen des Anordnungsanspruchs und Anordnungsgrundes sind glaubhaft zu machen (§ 86b Abs. 2 Satz 4 SGG i.V.m. § 920 Abs. 2 der Zivilprozessordnung).

Im vorliegenden Verfahren des einstweiligen Rechtsschutzes ist nicht weiter darauf einzugehen, dass die Antragsgegnerin über das am 24. Januar 2005 beim Bezirksrathaus M. eingegangene, als Antrag auf Leistungen der Sozialhilfe nach §§ 8, 19 SGB XII aufzufassende Schreiben des Antragstellers vom 18. Januar 2005 überhaupt noch keine förmliche Verwaltungsentscheidung getroffen hat. Denn bereits der Anordnungsanspruch ist – wie das SG Stuttgart im Ergebnis zutreffend erkannt hat – nicht ausreichend glaubhaft gemacht.

Nach § 21 Satz 1 SGB XII erhalten Personen, die nach dem SGB II leistungsberechtigt sind, – vom Ausnahmefall des § 34 SGB XII abgesehen – keine Leistungen für den Lebensunterhalt nach dem SGB XII; eine entsprechende Ausschlussregelung ist in § 5 Abs. 2 Satz 1 SGB II vorgesehen. Leistungen nach dem SGB II erhalten gemäß § 7 Abs. 1 Satz 1 Personen, die u.a. das 15. Lebensjahr vollendet und das 65. Lebensjahr noch nicht vollendet haben, erwerbsfähig sind und hilfebedürftig sind. Nach der gesetzlichen Definition in § 8 Abs. 1 SGB II ist erwerbsfähig, wer nicht wegen Krankheit oder Behinderung auf absehbare Zeit außerstande ist, unter den üblichen Bedingungen des allgemeinen Arbeitsmarktes mindestens drei Stunden täglich erwerbsfähig zu sein. Dass der Antragsteller, der das 65. Lebensjahr erst mit Ablauf des XX.XX.2005 vollendet, weniger als drei Stunden leistungsfähig ist, vermag der Senat bei der im Verfahren gebotenen summarischen Prüfung auch unter Würdigung von dessen Vorbringen mangels aussagekräftiger ärztlicher Unterlagen, zu deren Einreichung er bereits durch das SG Stuttgart aufgefordert worden war, nicht zu bejahen. Aber selbst wenn die Darstellung des Antragstellers zuträfe, dass er voll erwerbsgemindert sei, könnte er bis zur zweifelsfreien Klärung seiner Erwerbsfähigkeit Leistungen nach dem SGB XII nicht verlangen, denn auch dann wären nach § 44a Satz 3 SGB II einstweilen Leistungen der Grundsicherung für Arbeitsuchende nach dem SGB II zu erbringen. Zu diesen Leistungen gehört das Arbeitslosengeld II, mithin die Leistungen zur Sicherung des Lebensunterhalts einschließlich der Kosten für Unterkunft und Heizung (vgl. § 19 SGB II); im Rahmen des Leistungsbezugs besteht im Übrigen grundsätzlich Versicherungspflicht zur gesetzlichen Krankenversicherung (vgl. § 5 Abs. 1 Nr. 2a des Fünften Buches Sozialgesetzbuch).

Den für Leistungen der Grundsicherung für Arbeitsuchende erforderlichen Antrag (§ 37 Abs. 1 SGB II) hat der Antragsteller indessen trotz wiederholter Aufforderungen seitens des JobCenters Stuttgart – Zweigstelle Möhringen – sowie gerichtlicher Hinweise des SG und des Senats nicht gestellt. Dass er das nicht getan hat, begründet indes keine Zuständigkeit der Antragsgegnerin (vgl. nochmals § 21 Satz 1 SGB XII). Es liegt darüber hinaus nicht in der Hand des Hilfebedürftigen, durch Verweigerung der Mitwirkung (vgl. hierzu § 60 des Ersten Buches Sozialgesetzbuch) das Eintreten des Trägers der Sozialhilfe zu erzwingen (so auch SG Hamburg, Beschluss vom 16. März 2005 – S 53 SO 84/05 ER – (veröffentlicht in JURIS) unter Hinweis auf den Beschluss des Landessozialgerichts Hamburg vom 28. Januar 2005 – L 3 B 16/05 ER SO –).

Darüber hinaus mangelt es hier auch am Anordnungsgrund. Der Antragsteller bezieht jedenfalls seit 1. Januar 2005 – nach seiner Behauptung schon seit 28. Oktober 2004 – keine Hilfe zum Lebensunterhalt mehr, ist jedoch nach seinem eigenen Eingeständnis weiterhin aushilfsweise als Auslieferungsfahrer für Apotheken bei einer monatlichen Vergütung von zumindest € 100,00 tätig. Dennoch kommt er seinen Mitwirkungspflichten nicht nach, obwohl er seit Monaten ohne Leistungen zur Sicherung des Existenzminimums dasteht und er mittlerweile auch mit einer Räumungsklage überzogen wurde. Eine die Dringlichkeit einstweiligen Rechtsschutzes gebietende Notlage lässt sich unter diesen Umständen nicht begründen; es kann nicht Aufgabe der Gerichte sein, das auszugleichen, wozu der Antragsteller aus eigenem Zutun trotz Zumutbarkeit nicht bereit ist." ...

Leitsatz (redaktionell) (LSG Hamburg, Beschluss vom 05.07.2005, Az.: L 5 B 159/05 ER AS)

Wie das Sozialgericht im angefochtenen Beschluss, auf den verwiesen werden kann (§ 153 Abs. 2 SGG analog) zutreffend ausgeführt hat, scheidet § 27 Abs. 3 S. 1 Sozialgesetzbuch, Zwölftes Buch – Sozialhilfe – (SGB XII) als Anspruchsgrundlage für die begehrte Leistung aus, weil der Antragsteller von Leistungen nach § 27 SGB XII gemäß § 21 S. 1 SGB XII und § 5 Abs. 2 (SGB II) ausgeschlossen ist. Nach diesen Vorschriften erhalten u.a. Personen, die nach dem SGB II als Erwerbsfähige dem Grunde nach leistungsberechtigt sind, grundsätzlich keine Leistungen für den Lebensunterhalt nach dem SGB XII und schließt ein Anspruch auf Leistungen zur Sicherung des Lebensunterhalts nach dem SGB II in der Regel Leistungen nach dem Dritten Kapitel des SGB XII, in dem auch § 27 SGB XII enthalten ist, aus.

Aus den Gründen:

„Die statthafte und zulässige, insbesondere fristgerecht eingelegte Beschwerde (§§ 172 und 173 des Sozialgerichtsgesetzes – SGG –), der das Sozialgericht nicht abgeholfen hat (§ 174 SGG), ist nicht begründet.

Das Sozialgericht hat es zu Recht abgelehnt, die Antragsgegnerin im Wege der einstweiligen Anordnung zu verpflichten, die Kosten für eine Haushaltshilfe vorläufig zu übernehmen.

Der Antragsteller hat nicht, was Voraussetzung wäre, glaubhaft machen können, einen Anspruch auf die begehrte Leistung zu besitzen (§ 86b Abs. 2 S. 2 und 4 SGG i.V.m. §§ 920 Abs. 2, 294 Zivilprozessordnung – ZPO –). Die hier gebotene summarische Überprüfung ergibt, dass kein Leistungsanspruch nach den Vorschriften des Sozialgesetzbuchs, Zweites Buch – Grundsicherung für Arbeitsuchende – (SGB II) gegeben ist.

Wie das Sozialgericht im angefochtenen Beschluss, auf den verwiesen werden kann (§ 153 Abs. 2 SGG analog) zutreffend ausgeführt hat, scheidet § 27 Abs. 3 S. 1 Sozi-

algesetzbuch, Zwölftes Buch – Sozialhilfe – (SGB XII) als Anspruchsgrundlage für die begehrte Leistung aus, weil der Antragsteller von Leistungen nach § 27 SGB XII gemäß § 21 S. 1 SGB XII und § 5 Abs. 2 (SGB II) ausgeschlossen ist. Nach diesen Vorschriften erhalten u.a. Personen, die nach dem SGB II als Erwerbsfähige dem Grunde nach leistungsberechtigt sind, grundsätzlich keine Leistungen für den Lebensunterhalt nach dem SGB XII und schließt ein Anspruch auf Leistungen zur Sicherung des Lebensunterhalts nach dem SGB II in der Regel Leistungen nach dem Dritten Kapitel des SGB XII, in dem auch § 27 SGB XII enthalten ist, aus. Der Antragsteller ist nach dem Kenntnisstand im vorliegenden Eilverfahren auch nicht offenbar erwerbsunfähig, d.h. wegen Krankheit oder Behinderung auf absehbare Zeit außerstande, unter den üblichen Bedingungen des allgemeinen Arbeitsmarktes mindestens drei Stunden täglich erwerbstätig zu sein (§ 8 Abs. 1 SGB II). Er leidet zwar ausweislich der vorgelegten gutachterlichen Stellungnahme des Amtes für Gesundheit vom 19. April 2004 als Folge einer strahlenbedingten Schädigung des Rückenmarks an einem so genannten teilweisen Querschnittssyndrom und ist nach dem vorgelegten Feststellungsbescheid gemäß § 69 Sozialgesetzbuch, Neuntes Buch – Rehabilitation und Teilhabe behinderter Menschen – vom 14. November 2003 nicht nur zu 100 % schwerbehindert, sondern erfüllt auch die gesundheitlichen Merkmale G (erhebliche Gehbehinderung), aG (außergewöhnliche Gehbehinderung) und B (Notwendigkeit ständiger Begleitung). Der Antragsteller ist jedoch trotz dieser erheblichen gesundheitlichen Beeinträchtigungen Student der Universität H. mit der Fächerkombination Politik, Informatik und Journalistik und in der Lage, den Anforderungen des Studiums zu genügen. Damit ist gleichzeitig die Annahme berechtigt, dass er einer Erwerbstätigkeit in dem erforderlichen Ausmaß nachgehen könnte.

Entgegen der von ihm vertretenen Auffassung kann die im SGB II fehlende Regelung des § 27 Abs. 3 S. 1 SGB XII nicht im Wege einer Analogie angewandt werden. Denn es ist keine Gesetzeslücke vorhanden, die durch eine entsprechende Anwendung auszufüllen wäre. Nach ständiger Rechtsprechung des Bundessozialgerichts (BSG) ist der Richter zur Ausfüllung einer Gesetzeslücke dort berufen, wo das Gesetz mit Absicht schweigt, weil es der Rechtsprechung überlassen wollte, das Recht zu finden, oder das Schweigen des Gesetzes auf einem Versehen oder darauf beruht, dass sich der nicht geregelte Tatbestand erst nach Erlass des Gesetzes durch eine Veränderung der Lebensverhältnisse ergeben hat. Die analoge Anwendung des Gesetzes auf gesetzlich nicht umfasste Sachverhalte ist dann geboten, wenn auch der nicht geregelte Fall nach der Regelungsabsicht des Gesetzgebers wegen der Gleichheit der zugrunde liegenden Interessenlage hätte einbezogen werden müssen (BSG, Urt. v. 28. April 2004 – B 2 U 20/03 R –, NZS 2005, S. 216 ff., 218 m.w.N.). Diese Voraussetzungen liegen nicht vor. Insbesondere ist nicht zu erkennen, dass das Schweigen des Gesetzes zur Übernahme der Kosten einer von einem erwerbsfähigen behinderten Hilfebedürftigen benötigten Haushaltshilfe auf einem gesetzgeberischen Versehen beruht. Hiergegen spricht schon, dass der Gesetzgeber den Fall des erwerbsfähigen behinderten Hilfebedürftigen gesehen hat, wie § 21 Abs. 4 und 5 SGB II belegen. Dass im SGB II keine dem § 27 Abs. 3 SGB XII bzw. bei Anspruch auf laufende Hilfe dem § 28 Abs. 1 S. 2 SGB XII entsprechenden Regelungen geschaffen wurden, dürfte daher auf einer bewussten Entscheidung des Gesetzgebers beruhen. Er ist offenkundig davon ausgegangen, dass ein erwerbsfähiger behinderter Hilfebedürftiger in der Lage sein wird, seinen Haushalt zu führen, und hat deshalb keinen Anspruch auf Haushaltshilfe im System SGB II vorgesehen.

*Dies besagt allerdings nicht, dass der Antragsteller nicht einen Anspruch auf Über-
nahme der Kosten der von ihm benötigten Haushaltshilfe in Anwendung des § 70
SGB XII, der weder durch § 21 S. 1 SGB XII noch § 5 Abs. 2 SGB II ausgeschlossen
ist, haben könnte (so auch der 3. Senat des LSG Hamburg in seinem Beschluss vom
21. April 2005 – L 3 B 70/05 ER SO –, der in dem von ihm entschiedenen Fall zu einer
Ablehnung gekommen war, weil die tatsächlichen Voraussetzungen für eine Gefährdung des Haushalts nicht glaubhaft gemacht waren). Ob vorliegend diese Voraussetzungen zu bejahen sind, wird in dem laufenden Verfahren gegen den Sozialhilfeträger zu klären sein.*

Das Verhältnis zum Anspruch nach dem BAföG

Leitsatz (redaktionell) (LSG Sachsen-Anhalt, Beschluss vom 15.04.2005,
Az.: L 2 B 7/05 AS ER).

Ein Studierender, der nach einem Studienwechsel keine Leistungen mehr
nach dem BAföG erhält, ist grundsätzlich von Leistungen zur Sicherung des
Lebensunterhaltes gem § 7 Abs. 5 S 1 SGB 2 ausgeschlossen.

Aus den Gründen:

*„... Der Beschwerdeführer begehrt im Wege des einstweiligen Rechtsschutzes Leis-
tungen der Grundsicherung für Arbeitsuchende.*

*Der ... 1976 geborene ledige Beschwerdeführer ist seit Oktober 1999 Student der Po-
litikwissenschaft an der Universität L.. Im Oktober 1997 hatte er zunächst ein Diplom-
studium der Ökonomie aufgenommen, welches er 1999 aus gesundheitlichen Gründen abbrach, ohne dass dies vom Studentenwerk als unabweisbarer Grund
anerkannt wurde. Bis Ende 2004 erhielt er ein Stipendium der von-Arnim'schen-Fa-
milienstiftung in Form eines teilrückzahlbaren Darlehens. Leistungen nach dem Bundesausbildungsförderungsgesetz (BAföG) bezieht er nicht. Am 8. November 2004
stellte er einen Antrag auf Leistungen zur Sicherung des Lebensunterhaltes nach
dem Zweiten Buch des Sozialgesetzbuches – Grundsicherung für Arbeitsuchende
(SGB II). In dem Antrag gab der Beschwerdeführer an, dass er mietfrei bei seinen Eltern wohne, über Einkommen nicht verfüge und für die Fahrt zum Studienort monatlich 169,20 EUR aufwende (12 Fahrten zu 14,10 EUR).*

*Mit Bescheid vom 25. November 2004 lehnte die Beschwerdegegnerin den Leis-
tungsantrag ab. Zur Begründung führte sie aus, dass die Ausbildung des Antragstellers im Rahmen des BAföG dem Grunde nach förderungsfähig sei und daher Leistungen zur Sicherung des Lebensunterhaltes ausschieden. Hiergegen legte der
Beschwerdeführer am 3. Dezember 2004 Widerspruch ein. Er erhalte keine Leistungen nach dem BAföG, da er hierauf keinen Anspruch nach dem Studienwechsel
habe. Seine Eltern, die ihn bisher finanziell unterstützten, könnten dies ab dem 1. Januar 2005 nicht mehr leisten, da sie nun Arbeitslosengeld II-Empfänger seien. Er
arbeite zurzeit an seiner Diplomarbeit und sehe sich nun gezwungen, kurz vor Beendigung das Studium abzubrechen, um als ungelernte Arbeitskraft seinen Lebensunterhalt zu sichern. Da er aus gesundheitlichen Gründen nicht jeden Beruf ausüben
dürfe, werde er zukünftig als langfristiger Leistungsempfänger statt als Leistungsträger der Gesellschaft erhalten bleiben. Mit Schreiben vom 16. Dezember 2004 legte er*

den Bescheid des Studentenwerks L. vom 16. Juni 2000 über die Ablehnung von Leistungen nach dem BAföG vor und bat, den Vorgang noch einmal zu überprüfen. Zur Begründung des ablehnenden Bescheides führte das Studentenwerk aus, dass bei einem Abbruch oder Wechsel nach Beginn des 4. Fachsemesters eine Ausbildungsförderung nur noch erfolge, wenn unabweisbare Gründe für den Abbruch oder den Wechsel bestanden hätten. Die Universität L. bescheinigte dem Beschwerdeführer am 27. Januar 2005, dass er sich am 13. Mai 2004 zur Abschlussprüfung im Diplomstudiengang Politikwissenschaft angemeldet habe und bei ordnungsgemäßen Verlauf des Abschlussverfahrens sein Studium bis Ende September 2005 abschließen werde. Mit Bescheid vom 14. Februar 2005 lehnte die Beschwerdegegnerin nach nochmaliger Überprüfung ihres Bescheides die Gewährung von Leistungen ab. Die Überprüfung habe ergeben, dass der Bescheid nicht zu beanstanden sei, da das Recht weder unrichtig angewandt noch von einem falschen Sachverhalt ausgegangen worden sei. Das Studium des Beschwerdeführers sei grundsätzlich nach dem BAföG förderungsfähig. Die Ausnahmevorschrift nach § 7 Abs. 6 SGB II werde nicht wirksam. Leistungen nach dem SGB II seien nicht zu gewähren. Es bestünde die Möglichkeit, einen Antrag auf Leistungen nach dem Sozialgesetzbuch – Zwölftes Buch – Sozialhilfe (SGB XII) zu stellen. Am 8. März 2005 erhob der Prozessbevollmächtigte des Beschwerdeführers vorsorglich Widerspruch gegen den Bescheid vom 14. Februar 2005 und verwies darauf, dass noch kein Widerspruchsbescheid erlassen worden sei.

Der Beschwerdeführer hat am 9. März 2005 einen Antrag auf Erlass einer einstweiligen Anordnung beim Sozialgericht Dessau gestellt. Er sei auf die begehrte Leistung dringend angewiesen, da er ab dem 1. Januar 2005 keine Einkünfte habe und seine Eltern ihn nicht unterstützen könnten. Damit er wenigstens seine Krankenversicherung und seine Fahrtkosten bezahlen könne, erhalte er zurzeit monatlich 150,00 EUR von seiner Großmutter. Den Rest der notwendigen Ausgaben bestreite er aus seinem Konto, welches mit 274,00 EUR im Soll stehe. Weitere Konten wiesen einen Stand von 4,60 EUR im Haben bzw. 16,00 EUR im Soll auf. Die Regelung, wonach die Leistung von BAföG bei einem Studienwechsel ohne unabweisbaren Grund ab dem Beginn des vierten Fachsemesters ausgeschlossen sei, stehe im ersten Abschnitt des BAföG, der die Förderungsfähigkeit einer Ausbildung im Allgemeinen beschreibe. Fehle es schon nach diesem Abschnitt an einem Leistungsanspruch, bedeute dies seines Erachtens, dass ein Anspruch dem Grunde nach nicht bestehe. Zur weiteren Glaubhaftmachung hat er eine Versicherung an Eides statt zu den Angaben im Schriftsatz beigefügt. Ausweislich des eingereichten Bescheides über die Bewilligung von Leistungen zur Sicherung des Lebensunterhaltes nach dem SGB II erhalten seine Eltern monatlich 758,99 EUR für die Bedarfsgemeinschaft bestehend aus seiner Mutter, seinem Vater und seiner 14-jährigen Schwester. Die Antragsgegnerin hat darauf verwiesen, dass eine besondere Härte nicht vorliege, da außergewöhnliche schwerwiegende atypische und möglichst nicht selbst verschuldete Umstände, die einen zügigen Ausbildungsdurchlauf verhinderten oder die sonstige Notlage hervorgerufen hätten, nicht vorlägen.

Mit Beschluss vom 17. März 2005 hat das Sozialgericht Dessau den Antrag des Beschwerdeführers zurückgewiesen. Er habe einen Anspruch auf Leistungen nach dem SGB II nicht glaubhaft gemacht. Sein Studium sei dem Grunde nach förderungsfähig. Hieran ändere sich auch nichts dadurch, dass er keine Leistungen nach dem BAföG erhalte. Die Vorschriften des BAföG hätten einen abschließenden Charakter für Fälle, in denen der Bedarf des Hilfesuchenden an Lebensunterhalt und Ausbildungs-

kosten durch die Ausbildung hervorgerufen werde. Der Gesetzgeber sehe in § 17 Abs. 3 BAföG für die Fälle eines Studienwechsels sowie die Überschreitung der Förderungshöchstdauer die Gewährung von Bankdarlehen vor. Diese Regelungen seien als abschließend zu betrachten. Eine besondere Härte liege nicht vor, da solche Umstände nicht ersichtlich oder vom Antragsteller vorgetragen worden seien.

Gegen diesen Beschluss hat der Beschwerdeführer am 22. März 2005 Beschwerde eingelegt. Das Sozialgericht habe den Begriff der Förderungsfähigkeit verkannt. Der Hinweis auf § 17 Abs. 3 BAföG führe nicht weiter, da Anspruchsvoraussetzung hierfür auch ein Fachrichtungswechsel vor Abschluss des dritten Fachsemesters oder das Vorliegen eines unabweisbaren Grundes sei. Er verweist auf die Regelung im Wohngeldgesetz. Auf der Homepage des Deutschen Studentenwerks zur Erläuterung des Wohngeldgesetzes sei der Fall des Fachrichtungswechsels ausdrücklich als ein solcher, der eine Förderungsfähigkeit dem Grunde nach ausschließe, genannt. Der Antragsteller hat seinen Darlehensvertrag mit der von Arnim'schen Stiftung eingereicht, wonach das ihm gewährte Darlehen spätestens ab dem 1. Januar 2005 in drei gleichen Jahresraten von 600,00 EUR zurückzuzahlen ist.

Der Beschwerdeführer beantragt, den Beschluss des Sozialgerichts Dessau vom 17. März 2005 aufzuheben und die Beschwerdegegnerin zu verurteilen, ihm ab dem 1. März 2005 Grundsicherung für Arbeitsuchende in gesetzlicher Höhe und Laufzeit vorläufig bis zu einer endgültigen Entscheidung zu gewähren.

Die Beschwerdegegnerin beantragt, die Beschwerde zurückzuweisen.

Sie ist der Ansicht, das Sozialgericht habe das Vorliegen einer besonderen Härte zu Recht verneint. Die Voraussetzungen für eine akute Phase oder einen unmittelbar bevorstehenden Abschluss der Ausbildung seien nicht erfüllt, da das Studium noch mindestens ein halbes Jahr dauere.

Das Sozialgericht Dessau hat der Beschwerde mit Verfügung vom 7. April 2005 nicht abgeholfen.

Für die weiteren Einzelheiten wird auf die Verwaltungsakte der Beschwerdegegnerin und die Gerichtsakten verwiesen.

II.

Die Beschwerde ist zulässig. Sie ist insbesondere form- und fristgerecht beim Landessozialgericht Sachsen-Anhalt eingelegt worden (§§ 172, 173 des Sozialgerichtsgesetzes – SGG). Das Sozialgericht hat der Beschwerde nicht abgeholfen.

Die Beschwerde ist überwiegend begründet. Das Sozialgericht hat zu Unrecht den Erlass einer einstweiligen Anordnung zur Regelung eines vorläufigen Zustandes abgelehnt. Dem Kläger ist im Wege eines Darlehens vorläufig Grundsicherung für Arbeitsuchende in Höhe von 331,00 EUR bis zu einer Entscheidung in der Hauptsache zu gewähren.

Nach § 86b Abs. 2 SGG kann das Gericht der Hauptsache auf Antrag eine einstweilige Anordnung in Bezug auf den Streitgegenstand treffen, wenn die Gefahr besteht, dass durch die Veränderung des gegenwärtigen Zustandes die Verwirklichung eines Rechts des Antragstellers vereitelt oder wesentlich erschwert werden könnte. Einstweilige Anordnungen sind auch zur Regelung eines vorläufigen Zustands in Bezug auf ein streitiges Rechtsverhältnis zulässig, wenn eine solche Regelung zur Abwendung wesentlicher Nachteile nötig erscheint. Ein solcher Antrag ist nach § 86b Abs. 3

SGG vor Klageerhebung in der Hauptsache zulässig. Die gesetzlichen Voraussetzungen für den Erlass einer einstweiligen Anordnung liegen hier vor.

Dem Beschwerdeführer drohen ohne die vorläufige Regelung wesentliche Nachteile. Die besondere Eilbedürftigkeit, die den Anordnungsgrund kennzeichnet, liegt vor, wenn dem Antragsteller unter Berücksichtigung auch der widerstreitenden öffentlichen Belange ein Abwarten bis zur Entscheidung in der Hauptsache nicht zuzumuten ist. Hier besteht bei einem unrechtmäßigen Vorenthalten von Grundsicherungsleistungen die akute Gefahr, dass der Beschwerdeführer in wirtschaftliche und existenzielle Not gerät bzw. sein vor dem Abschluss stehendes Studium abbrechen muss. Er selbst verfügt über keine weiteren finanziellen Mittel, um seine Lebensführung in der Examenszeit sicherzustellen. Er kann nicht durch seine Familie entsprechend unterstützt werden. Seine Eltern und seine Schwester erhalten nur Leistungen der Grundsicherung für Arbeitsuchende in Höhe von 758,99 EUR und können ihn daher über das freie Wohnrecht hinaus nicht finanzieren. Er hat auch keine Ansprüche gegen andere Träger, die er leichter durchsetzen kann. Das Amt für Ausbildungsförderung hat einen Anspruch des Beschwerdeführers auf Ausbildungsförderung abgelehnt. Es besteht auch kein paralleler Anspruch auf eine Ausbildungsförderung als Darlehen gem. § 17 Abs. 3 Satz 1 Nr. 2 i.V.m. § 18c BAföG. Voraussetzung für einen Darlehensanspruch nach dem BAföG ist, dass eine geförderte Ausbildung absolviert wird, bei der die Förderungshöchstdauer überschritten wird. Die Förderung mittels Darlehen im BAföG ergänzt nur für die Zeiten des Überschreitens der Förderungshöchstdauer die schon bestehende Förderung nach § 7 Abs. 3 BAföG (vgl. BVerwG, Urteil vom 6. April 2000 – 5 C 24/99 – NVwZ 2000, 927). Im Übrigen hat der Beschwerdeführer auch keinen Anspruch nach dem SGB XII, auf welchen die Beschwerdegegnerin ihn im Bescheid vom 18. Februar 2005 verwies. Gem. § 21 Satz 1 SGB XII erhalten Personen, die nach dem II. Buch als Erwerbsfähige dem Grunde nach leistungsberechtigt sind, keine Leistungen für den Lebensunterhalt nach diesem Gesetz.

Der Beschwerdeführer hat auch den erforderlichen Anordnungsanspruch glaubhaft gemacht. Die tatbestandlichen Voraussetzungen einer Leistung zur Sicherung des Lebensunterhaltes als Darlehen gem. § 7 Abs. 5 Satz 2 SGB II sind gegeben. Danach können in Härtefällen Leistungen zur Sicherung des Lebensunterhaltes als Darlehen geleistet werden. Es handelt sich um eine Härteklausel, um den Leistungsausschluss nach Satz 1 abzumildern. So haben nach Satz 1 Auszubildende, deren Ausbildung im Rahmen u.a. des BAföG dem Grunde nach förderungsfähig ist, keinen Anspruch auf Leistungen zur Sicherung des Lebensunterhaltes. Die Frage, ob dies auch für einen Bedarf gilt, der in den nicht ausbildungsgeprägten besonderen Umständen der Person liegt, kann hier dahinstehen. Der Beschwerdeführer ist ein solcher Auszubildender, dessen Ausbildung dem Grunde nach förderungsfähig ist. Zur Bedeutung und Reichweite einer „dem Grunde nach förderungsfähigen Ausbildung" können die Erläuterungen und Entscheidungen zur wortgleichen Vorschrift in § 26 Abs. 1 BSHG herangezogen werden. Die Sozialhilfe sollte keine verdeckte Ausbildungsförderung auf einer „zweiten Ebene" sein, insofern schied Sozialhilfe aus, wenn das BAföG eine Ausbildung überhaupt – unter welchen Voraussetzungen auch immer – als förderungsfähig ansah (vgl. BVerwG, Beschluss vom 13. Mai 1993 – 5 B 82/92 – MDR 1994, 418). Die speziellen Fördervoraussetzungen lege allein das BAföG fest. Hierzu zähle auch § 7 Abs. 3 BAföG, wonach bei einem Studienwechsel nur unter besonderen Voraussetzungen eine Förderung stattfindet. Diese Begründung greift auch für das SGB II. Eine weitere Ausbildung in einer grundsätzlich förde-

rungsfähigen Ausbildung ist nur nach den eng geregelten Voraussetzungen nach § 7 Abs. 2 und 3 BAföG mit einer Ausbildungsförderung zu unterstützen. Erhält der Auszubildende keine Leistungen nach dem BAföG, entspricht dies der Wertung des Gesetzgebers, in welchen Fällen er eine Förderung für notwendig hält. Dem steht die von dem Beschwerdeführer dargestellte andere Auslegung des Leistungsausschlusses wegen einer dem Grunde nach förderungsfähigen Ausbildung nach dem BAföG im Wohngeldgesetz (WoGG) nicht entgegen. Es trifft zwar zu, dass sich der Leistungsausschluss von § 41 Abs. 3 WoGG für Berechtigte, denen Leistungen zur Förderung der Ausbildung nach dem BAföG dem Grunde nach zustehen, nicht auf die Fälle von Studienwechslern ohne BaföG-Zahlung bezieht. So besteht nach der Allgemeinen Verwaltungsvorschrift zur Durchführung des Wohngeldgesetzes 2002 vom 13. Dezember 2000 i.d.F. vom 5. November 2001 Ziffer 41.31 bei einem Fachrichtungswechsel ohne wichtigen Grund im Sinne von § 41 Abs. 3 WoGG kein Anspruch auf BAföG dem Grunde nach. Diese unterschiedliche Auslegung hängt jedoch von den unterschiedlichen Zwecken des Leistungsausschlusses für Studenten bei den Leistungen nach dem SGB II und dem WoGG ab. Die Leistung nach dem SGB II sichert wie die Ausbildungsförderung den gesamten Lebensunterhalt einschließlich der angemessenen Kosten für Unterkunft und Heizung. Insoweit besteht die Gefahr einer vom Gesetzgeber nicht gewollten Ersatzfinanzierung des Studiums. Demgegenüber bietet das WoGG nur eine spezielle Förderung für angemessenen Wohnraum, die noch kein vom Staat finanziertes Studium ermöglicht. Für alle Bezieher niedriger Einkommen, die keine andere Förderung erhalten können, soll ein angemessener Wohnraum ermöglicht werden. Deshalb soll hier der Ausschluss hauptsächlich dann greifen, wenn der Student die BAföG-Leistungen tatsächlich erhält oder nur deshalb nicht erhält, weil er den Antrag nicht gestellt hat oder sein Einkommen zu hoch ist (vgl. Stadler/Gutekunst/Forster/Wolf, WoGG § 41 RdNr. 10).

Der Kläger hat einen besonderen Härtefall glaubhaft gemacht. Eine besondere Härte besteht nur dann, wenn die Folgen des Anspruchsausschlusses über das Maß hinausgehen, das regelmäßig mit der Versagung von Hilfe zum Lebensunterhalt für eine Ausbildung verbunden und vom Gesetzgeber in Kauf genommen worden ist. Hilfebedürftige, die eine solche Ausbildung betreiben und nach den dafür vorgesehenen Leistungsgesetzen nicht (mehr) gefördert werden, sind in der Regel gehalten, von der Ausbildung ganz oder vorübergehend Abstand zu nehmen, um für die Dauer der Hilfebedürftigkeit den Ausschluss von der Hilfe zum Lebensunterhalt abzuwenden (vgl. zu § 26 BSHG BVerwG, Urteil vom 14. Oktober 1993 – 5 C 16/91 – BVerwGE 94, 224) Ein besonderer Härtefall liegt erst dann vor, wenn im Einzelfall Umstände hinzutreten, die auch im Hinblick auf den Gesetzeszweck, die Grundsicherung von den finanziellen Lasten der Ausbildungsförderung freizuhalten, den Ausschluss übermäßig hart erscheinen lassen. Diese Umstände ergeben sich hier aus der unmittelbar bevorstehenden Abschlussprüfung und der bereits begonnenen Diplomarbeit. Ein Ausbildungsabbruch in der akuten Phase des Abschlussexamens stellt einen Anwendungsfall für die Härteklausel dar und ist nicht mehr zumutbar (vgl. Hessischer VGH, Urteil vom 10. Dezember 1991 – 9 UE 3241/88 – NVwZ-RR 1992, 636 m.w.N.). Dies erkennt die Beschwerdegegnerin auch grundsätzlich an, hält jedoch einen Studienabschluss erst in fünf Monaten nicht für ausreichend. Der Senat ist der Auffassung, dass schon der Beginn der Diplomarbeit in der Abschlussphase eine solche Härte darstellt. Gerade in der Examensphase ist es nicht möglich, durch Nebentätigkeiten nebenbei den Unterhalt zu verdienen. In dieser Phase ist der Student zeitlich umfassend in Anspruch genommen. Es widerspricht auch dem Zweck des SGB II, wenn der Hilfebedürftige, der nach einem mehrjährige Studium kurz vor einem qualifizierten Ausbildungsabschluss steht, mit dem er bessere Chancen hat, sich selbst zu unterhalten, diese Ausbildung aufgeben soll, um sein Auskommen zu sichern. Nach § 1 Abs. 1 Satz 1 SGB II soll die Grundsicherung für Arbeitsuchende gerade die Eigenverantwortung von erwerbsfähigen Hilfebedürftigen stärken und dazu beitragen, dass sie ihren Lebensunterhalt aus eigenen Mitteln und Kräften bestreiten können. Dabei ist auch zu berücksichtigen, dass die Leistung als Darlehen gewährt wird. Der erwerbsfähige Hilfebedürftige soll lediglich in die Lage versetzt werden, zunächst seine Ausbildung abzuschließen, anschließend muss er dann die Leistung zurückzahlen.

Einer einstweiligen Anordnung steht nicht entgegen, dass es sich um eine Leistung handelt, bei der die Beschwerdegegnerin ein Ermessen ausüben kann. Bei dem Vorliegen eines Härtefalles ist die Hilfeleistung indiziert, das heißt, sie kann nur in Ausnahmefällen abgelehnt werden (vgl. Brühl in LPK-SGB II § 7 RdNr. 75; Hess. VGH, Urteil vom 10. Dezember 1991 – a.a.O.). Die mögliche Verwaltungsentscheidung hat sich hier auf eine Leistungsgewährung verdichtet. Eine Verurteilung allein zu einer ermessensfehlerfreien Entscheidung würde die Rechtsschutzgewährung verzögern und daher zu Rechtsschutzdefiziten führen, die bei einer wahrscheinlich positiven Entscheidung nicht hinnehmbar sind. Während die Ermessensvorschrift bei § 26 Abs. 1 BSHG insoweit eine eigenständige Bedeutung hatte, als die Behörde zwischen einer Beihilfe und einem Darlehen entscheiden konnte, kann nach dem SGB II von vornherein nur ein Darlehen gewährt werden. Insofern ist der Prüfungsumfang des Leistungsträgers im Rahmen des Ermessens bei der Leistungsgewährung ohnehin sehr gering.

Die übrigen Voraussetzungen nach §§ 7 ff. SGB II für die Gewährung der Regelleistung zur Sicherung des Lebensunterhaltes sind glaubhaft gemacht. Der erwerbsfähige Beschwerdeführer verfügt weder über ein anrechenbares Vermögen noch ein anrechenbares Einkommen. Der Zuschuss der Großmutter sollte nur den Engpass bis zur Bewilligung der Hilfeleistung ausgleichen und kann daher nicht als Einkommen angesehen werden. Im Wege der Sicherungsanordnung ist der Betrag nicht zu kürzen, da es sich um die Sicherung des Existenzminimums handelt. Es kann auch für die Zeit ab Antragstellung und damit für die Vergangenheit eine Anordnung getroffen werden, da ein besonderer Nachholbedarf besteht. Der Beschwerdeführer bestritt seinen Lebensunterhalt durch Überziehen seines Kontos." ...

Bemerkung zur Übertragbarkeit der Rechtsprechung auf das neue Recht des SGB XII:

Die vorstehenden Entscheidungen sind ohne weiteres auf das neue Recht übertragbar.

§ 22 SGB XII   Sonderregelungen für Auszubildende

(1) Auszubildende, deren Ausbildung im Rahmen des Bundesausbildungsförderungsgesetzes oder der §§ 60 bis 62 des Dritten Buches dem Grunde nach förderungsfähig ist, haben keinen Anspruch auf Hilfe zum Lebensunterhalt. In besonderen Härtefällen kann Hilfe zum Lebensunterhalt als Beihilfe oder als Darlehen geleistet werden.

(2) Absatz 1 findet keine Anwendung auf Auszubildende,

1. die auf Grund von § 2 Abs. 1a des Bundesausbildungsförderungsgesetzes keinen Anspruch auf Ausbildungsförderung oder auf Grund von § 64 Abs. 1 des Dritten Buches keinen Anspruch auf Berufsausbildungsbeihilfe haben oder
2. deren Bedarf sich nach § 12 Abs. 1 Nr. 1 des Bundesausbildungsförderungsgesetzes oder nach § 66 Abs. 1 Satz 1 des Dritten Buches bemisst.

Die Regelung überträgt inhaltsgleich den bisherigen § 26 des Bundessozialhilfegesetzes.

Zum Verhältnis der Ansprüche auf Ausbildungsförderung und Sozialhilfe

Leitsatz (redaktionell) (Bundesverfassungsgericht, Beschluss vom 27.05.2005, Az.: 1 BvR 964/05)

Nach § 22 Abs. 1 Satz 1 des Zwölften Buchs Sozialgesetzbuch (SGB XII) vom 27. Dezember 2003 (BGBl I S. 3022) erhalten Auszubildende, deren Ausbildung im Rahmen des Bundesausbildungsförderungsgesetzes dem Grunde nach förderungsfähig ist, grundsätzlich keine Leistungen der Sozialhilfe. Nur in besonderen Härtefällen kann nach § 22 Abs. 1 Satz 2 SGB XII Hilfe zum Lebensunterhalt geleistet werden.

Aus den Gründen:

„Die Verfassungsbeschwerde betrifft die Übernahme von Studiengebühren und Semesterbeiträgen durch den Sozialhilfeträger.

1) Nach § 22 Abs. 1 Satz 1 des Zwölften Buchs Sozialgesetzbuch (SGB XII) vom 27. Dezember 2003 (BGBl I S. 3022) erhalten Auszubildende, deren Ausbildung im Rahmen des Bundesausbildungsförderungsgesetzes dem Grunde nach förderungsfähig ist, grundsätzlich keine Leistungen der Sozialhilfe. Nur in besonderen Härtefällen kann nach § 22 Abs. 1 Satz 2 SGB XII Hilfe zum Lebensunterhalt geleistet werden. Für erwerbsfähige Hilfebedürftige enthält § 7 Abs. 5 des Zweiten Buchs Sozialgesetzbuch (SGB II) eine gleich lautende Vorschrift. Eine entsprechende Regelung hatte bereits § 26 des bis 2004 geltenden Bundessozialhilfegesetzes (BSHG) enthalten.

2) Der Beschwerdeführer ist Student, aber seit längerer Zeit studierunfähig erkrankt. Seine Immatrikulation hat er aufrechterhalten, um nach seiner Genesung das bereits begonnene Examen beenden zu können. Seit Januar 2005 gewährt ihm der Träger der Sozialhilfe nach § 22 Abs. 1 Satz 2 SGB XII Hilfe zum Lebensunterhalt. Den Antrag des Beschwerdeführers, ihm auch den Semesterbeitrag von 762,12 € zu gewähren, um eine Exmatrikulation zu verhindern, lehnte der Sozialhilfeträger jedoch ab. Hiergegen legte der Beschwerdeführer Widerspruch ein. Daneben begehrte er Eilrechtsschutz.

Das Sozialgericht wies den Antrag zurück. Auch wenn eine besondere Härte nach § 22 Abs. 1 Satz 2 SGB XII vorliege, sei nur der notwendige Lebensunterhalt zu gewähren, nicht aber Mittel für einen Semesterbeitrag. Hierfür bestehe auch kein Anlass, da der Beschwerdeführer nach den vorliegenden Attesten sein Studium in nächster Zeit nicht fortsetzen könne. Das Landessozialgericht wies die Beschwerde zurück. Dieser Beschluss ging dem Beschwerdeführer am 11. März 2005 zu.

Er erhob daraufhin eine Anhörungsrüge nach § 178a Sozialgerichtsgesetz (SGG) in der Fassung des Gesetzes über die Rechtsbehelfe bei Verletzung des Anspruchs auf rechtliches Gehör vom 9. Dezember 2004 (BGBl I S. 3220). Diese wies das Landessozialgericht mit Beschluss vom 5. April 2005, dem Beschwerdeführer zugestellt am 7. April 2005, als unbegründet zurück.

Aus anderen Mitteln, unter anderem einer Überzahlung an Sozialhilfeleistungen, konnte der Beschwerdeführer den Beitrag für das Sommersemester 2005 aufbringen.

3) In seiner am 6. Mai 2005 eingegangenen Verfassungsbeschwerde rügt der Beschwerdeführer die Verletzung mehrerer Grundrechte, darunter des Anspruchs auf rechtliches Gehör. Einen Antrag auf Erlass einer einstweiligen Anordnung hat der Beschwerdeführer wieder zurückgenommen. ...

4) Die Verfassungsbeschwerde ist nach § 93a Abs. 2 BVerfGG nicht zur Entscheidung anzunehmen. Sie hat keine Aussicht auf Erfolg, denn sie ist unzulässig.

a) Soweit der Beschwerdeführer eine Verletzung seines Rechts auf rechtliches Gehör aus Art. 103 Abs. 1 GG rügt, genügt seine Verfassungsbeschwerde nicht den Anforderungen der § 23 Abs. 1 Satz 2, § 92 BVerfGG an eine substanziierte Begründung. Der Beschwerdeführer hat insoweit lediglich auf den Inhalt seiner Anhörungsrüge nach § 178a SGG verwiesen. Zu allen dort genannten Punkten hat das Landessozialgericht aber in seinem Beschluss vom 5. April 2005 Stellung genommen. Mit diesen Ausführungen setzt sich der Beschwerdeführer nicht auseinander. Außerdem trägt der Beschwerdeführer nicht ausreichend vor, inwieweit die angegriffenen Entscheidungen gerade auf der angeblichen Gehörsverletzung beruhten. Hierzu hätte der Beschwerdeführer unter anderem ausführen müssen, was er im Ausgangsverfahren noch vorgetragen hätte, wenn ihn das Landessozialgericht vorab auf seine Rechtsansicht hingewiesen hätte, und warum dieser Vortrag zu einer anderen Entscheidung hätte führen können.

b) Im Übrigen ist die Verfassungsbeschwerde nach § 90 Abs. 2 Satz 1 BVerfGG unzulässig.

aa) In der Regel muss ein Beschwerdeführer nach dem Grundsatz der Subsidiarität der Verfassungsbeschwerde nach einem Eilrechtsverfahren auch den Hauptsacherechtsweg beschreiten (vgl. BVerfGE 86, 15 <22>). Eine Verfassungsbeschwerde gegen Eilentscheidungen ist nur dann zulässig, wenn ein Beschwerdeführer gerade eine Grundrechtsverletzung durch die Versagung des einstweiligen Rechtsschutzes geltend macht und das Hauptsacheverfahren keine ausreichenden Möglichkeiten bietet, der Grundrechtsverletzung abzuhelfen (vgl. BVerfGE 104, 65 <71>; stRspr). Dies ist unter anderem der Fall, wenn er eine Verletzung des Art. 19 Abs. 4 GG im Eilverfahren rügt (vgl. BVerfGE 59, 63 <84>). Daneben kann die Beschreitung und Erschöpfung des Hautsacherechtswegs auch entsprechend § 90 Abs. 2 Satz 2 BVerfGG unzumutbar sein (vgl. BVerfGE 86, 46 <49>).

bb) Eine Ausnahme vom Gebot der Rechtswegerschöpfung liegt hier nicht vor.

Der Beschwerdeführer greift lediglich sozialgerichtliche Eilentscheidungen an. Zwar rügt er auch eine Verletzung des Art. 19 Abs. 4 GG durch die Versagung des Eilrechtsschutzes. Seine Ausführungen hierzu betreffen jedoch allein die Auslegung der einschlägigen Regelungen des SGB XII, also Fragen des materiellen Rechts und damit nicht die Versagung einstweiligen Rechtsschutzes. Dies gilt auch für die übrigen geltend gemachten Grundrechtsverletzungen.

Eine Verweisung auf den Hauptsacherechtsweg ist auch geeignet, die geltend gemachte Beschwer völlig zu beseitigen, und sie ist dem Beschwerdeführer zumutbar. Den Beitrag für das laufende Semester, um den allein es im Ausgangsverfahren ging, konnte der Beschwerdeführer aus anderen Mitteln aufbringen und seine Exmatrikulation dadurch abwenden. Hierdurch ist ihm nur eine einmalige finanzielle Belastung entstanden, die auch nachträglich noch ausgeglichen werden kann; sie kann sich während eines Hauptsacheverfahrens nicht erhöhen, weil der notwendige Lebensunterhalt des Beschwerdeführers durch laufende Leistungen gedeckt ist. Dies hätte selbst dann gegolten, wenn der Sozialhilfeträger wegen der Überzahlung, aus der der Beschwerdeführer den Semesterbeitrag bestritten hat, die Leistungen trotz des § 51 Abs. 2 SGB I für einen der Folgemonate einmalig gekürzt hätte.

5) Von einer weiteren Begründung wird nach § 93d Abs. 1 Satz 3 BVerfGG abgesehen.

Diese Entscheidung ist unanfechtbar.

Leitsatz (redaktionell) (Bundesverwaltungsgericht, Urteil vom 07.06.1989, Az.: 5 C 3/86)

Zur Fassung einer „Umschulung" unter den Begriff der „Ausbildung".

Aus den Gründen:

„... Der 1951 geborene Kläger war, nachdem er im April 1982 eine Ausbildung zum Lehrer abgeschlossen hatte, arbeitslos. Er bezog zunächst Arbeitslosenhilfe; mit ihr bestritt er den Lebensunterhalt für sich und seine Familienangehörigen. Vom 22. September 1982 an unterzog er sich einer vom Arbeitsamt geförderten, auf ein Jahr angelegten Umschulungsmaßnahme zum EDV-Organisator. Infolgedessen wurde die Leistung von Arbeitslosenhilfe eingestellt. Unterhaltsgeld erhielt der Kläger jedoch nicht, da er nicht alle Voraussetzungen für dessen Gewährung erfüllte. Daher beantragte er bei dem Sozialamt der Beklagten am 23. September 1982, Hilfe zum Lebensunterhalt zu gewähren. Die Beklagte lehnte das mit der Begründung ab, der Kläger habe nach § 26 Satz 1 BSHG keinen Anspruch auf diese Hilfe, weil er eine Ausbildung im Rahmen des Arbeitsförderungsgesetzes erhalte, die dem Grunde nach förderungsfähig sei; auch liege ein besonderer Härtefall nicht vor.

Auf die schließlich erhobene Klage hat das Verwaltungsgericht die Beklagte verpflichtet, dem Kläger für die Zeit seiner am 22. September 1982 begonnenen Umschulung, längstens aber bis zum Erlass des Widerspruchsbescheides (16. Dezember 1983), Hilfe zum Lebensunterhalt als Zuschuss zu gewähren. Es hat ausgeführt: § 26 Satz 1 BSHG stehe dem Anspruch des Klägers nicht entgegen, weil die berufliche Bildungsmaßnahme des Klägers von dem Regelungsgehalt dieser Vorschrift nicht erfasst werde. Im Arbeitsförderungsgesetz werde innerhalb der Förderung der beruflichen Bildung nach beruflicher Ausbildung, Fortbildung und Umschulung unterschieden. Nur die erstere werde durch den Ausschlusstatbestand des § 26 Satz 1 BSHG erfasst. Vom Anspruch auf die Hilfe zum Lebensunterhalt sei der Kläger auch nicht nach § 25 BSHG ausgeschlossen. Mit Rücksicht auf die Teilnahme an der Umschulungsmaßnahme sei es ihm nicht zuzumuten gewesen, eine anderweite Arbeit aufzunehmen. Schließlich stehe der Grundsatz des Nachrangs der Sozialhilfe dem Bezug der Hilfe zum Lebensunterhalt nicht entgegen, etwa mit der Begründung, dass der Kläger weiterhin Arbeitslosenhilfe bezöge, hätte er die Umschulungsmaßnahme nicht begonnen; denn dem Kläger sei es darum gegangen, sich mittels der Umschulung selbst zu helfen und für die weitere Zukunft von der Sozialhilfe unabhängig zu werden. Das entspreche dem in § 1 Abs. 2 Satz 2 BSHG ausgedrückten Leitgedanken des Sozialhilferechts.

Mit der unter Übergehung der Berufungsinstanz eingelegten Revision erstrebt die Beklagte weiterhin die Abweisung der Klage. Sie tritt vor allem der Auffassung des Verwaltungsgerichts zur Auslegung des in § 26 Satz 1 BSHG verwendeten Begriffs „Ausbildung" entgegen. Sie meint, dass hierzu auch die berufliche Umschulung gehöre; das ergebe nicht nur der Wortsinn, sondern auch der Sinn und Zweck der Ausschlussvorschrift, namentlich bei einem Vergleich mit der Ausbildung nach dem Bundesausbildungsförderungsgesetz. Hilfe zum Lebensunterhalt könne dem Kläger – so führt die Beklagte weiter aus – auch nicht nach § 26 Satz 2 BSHG gewährt werden, weil kein besonderer Härtefall vorliege; es handele sich um einen Fall zunehmender Akademikerarbeitslosigkeit, die besonders Lehrer betreffe. Abhilfe in diesen Fällen habe der Gesetzgeber zu schaffen.

Der Kläger tritt der Revision entgegen. Er macht sich die Auffassung des Verwaltungsgerichts zu Eigen. Er betont, dass mit „Ausbildung" eine meist in jugendlichem Alter zu durchlaufende Erstausbildung gemeint sei. Er weist auf die nachträglich unternommenen, aber gescheiterten Bemühungen hin, in § 26 Satz 1 BSHG die Maßnahmen der Fortbildung und Umschulung besonders aufzuführen.

Der sich am Verfahren beteiligende Oberbundesanwalt beim Bundesverwaltungsgericht tritt der Ansicht des Verwaltungsgerichts bei; denn die gebotene enge Auslegung des § 26 BSHG als einer leistungsausschließenden Regelung lasse es mit Rücksicht auf die Eigenheiten des Arbeitsförderungsgesetzes nicht zu, eine Umschulung als Ausbildung zu begreifen. Die Befürchtungen der Beklagten, dass die Träger der Sozialhilfe selbst sinnlose Umschulungsmaßnahmen finanzieren müssten, brauchten nicht einzutreten, weil die Verpflichtung zur Prüfung, ob der Hilfesuchende gehalten sei, seine Hilfebedürftigkeit durch eigene Arbeit zu beheben, unverändert bestehe.

Entscheidungsgründe

Die nach § 134 Abs. 1 VwGO zulässige Revision ist unbegründet, so dass sie zurückzuweisen ist (§ 144 Abs. 2 VwGO). Das Urteil des Verwaltungsgerichts verletzt nicht Bundesrecht. Das Verwaltungsgericht hat insbesondere § 26 Satz 1 BSHG, neu eingefügt durch Artikel 21 Nr. 8 des Zweiten Gesetzes zur Verbesserung der Haushaltsstruktur (2. Haushaltsstrukturgesetz – 2. HStruktG) vom 22. Dezember 1981 (BGBl. I S. 1523 <1533>), zutreffend ausgelegt.

Nach den tatsächlichen, das Bundesverwaltungsgericht bindenden Feststellungen im angefochtenen Urteil (vgl. § 137 Abs. 2 und § 134 Abs. 3 Satz 1 VwGO) ist bei der Entscheidung über die Revision davon auszugehen, dass der Kläger während der Zeit der Teilnahme an der Umschulungsmaßnahme seinen notwendigen Lebensunterhalt weder aus Einkommen noch aus Vermögen bestreiten konnte (vgl. § 11 Abs. 1 Satz 1 BSHG). Von dem sich hieraus ergebenden Anspruch auf die Hilfe zum Lebensunterhalt war der Kläger weder aus Gründen des Nachrangs der Sozialhilfe (s. § 2 Abs. 1 BSHG) – nachfolgend 1. – noch nach § 25 Abs. 1 BSHG – nachfolgend 2. – noch nach § 26 Satz 1 BSHG – nachfolgend 3. – ausgeschlossen.

1) Beizupflichten ist dem Verwaltungsgericht zunächst darin, dass die Beklagte den Kläger nicht auf die Selbsthilfe in Gestalt des Einsatzes der Arbeitskraft zur Beschaffung des Lebensunterhalts (s. § 18 Abs. 1 BSHG) verweisen durfte. Durch die Teilnahme an der Maßnahme der Umschulung hatte der Kläger seine Arbeitskraft eingesetzt. Da er hierdurch Einkommen nicht erzielt hatte, kann nur gefragt werden, ob er sie „falsch" eingesetzt hatte mit der Folge, dass dies ihm sozialhilferechtlich zum Nachteil gereichen musste. Das war nicht der Fall; denn dem Kläger stand ein „sonstiger wichtiger Grund" (s. § 18 Abs. 3 Satz 1 BSHG) zur Seite, seine Arbeitskraft so – wie geschehen – einzusetzen. Aus der damaligen Sicht – auf sie kommt es an – sprachen alle Umstände dafür, an der vom Arbeitsamt durchgeführten – also sinnvollen – Maßnahme der Umschulung teilzunehmen. Der Kläger hatte über längere Zeit hinweg keine Anstellung in dem Beruf erhalten, zu dem er sich ausgebildet hatte. Das beruhte auf der allgemein bekannten Arbeitslosigkeit einer Vielzahl von Lehrern. Er selbst trachtete daher danach, künftig eine andere berufliche Tätigkeit ausüben zu können, die ihm ein Einkommen ermöglichen würde, mit dem er den Lebensunterhalt für sich (und seine Familienangehörigen) bestreiten konnte. Er handelte also so, wie es nach § 1 Abs. 2 Satz 2 BSHG von einem Hilfesuchenden gerade erwartet wird. Dazu lässt sich mit dem Verwaltungsgericht ergänzend auf § 25 Abs. 2 Nr. 3 BSHG hinweisen. In einem Umkehrschluss lässt sich argumentieren: Gerade die Teilnahme an einer Maßnahme zur beruflichen Ausbildung, Fortbildung oder Umschulung sichert den Anspruch auf die uneingeschränkte Hilfe zum Lebensunterhalt.

Eine andere Beurteilung ist nicht aus dem Grunde geboten, dass der Kläger für die Zeit der Teilnahme an der Maßnahme der Umschulung das in einem solchen Fall regelmäßig zu gewährende Unterhaltsgeld deshalb nicht erhalten konnte, weil er – wie nicht umstritten ist – die hierfür in § 46 Abs. 1 des Arbeitsförderungsgesetzes (AFG) bestimmten besonderen Voraussetzungen nicht erfüllte. Dadurch wurde das „Gebot" zur Selbsthilfe nicht berührt.

Aus alledem folgt zugleich, dass die Leistung des Trägers einer anderen Sozialleistung (hier: Arbeitslosenhilfe), die gegenüber der Hilfe zum Lebensunterhalt vorrangig gewesen wäre, nicht in Betracht zu ziehen ist. Die Arbeitslosenhilfe wurde dem Kläger gerade deshalb nicht gewährt, weil er an der Maßnahme zur Umschulung teilnahm, infolgedessen der Arbeitsvermittlung nicht mehr zur Verfügung stand und damit eine der Voraussetzungen für den Bezug von Arbeitslosenhilfe nicht mehr erfüllte (s. § 134 Abs. 1 Nr. 1 AFG).

2) Dass der Kläger nach § 25 Abs. 1 BSHG vom Rechtsanspruch auf die Hilfe zum Lebensunterhalt hätte ausgeschlossen sein können, hat die Beklagte – zu Recht – selbst zu keiner Zeit erwogen.

3) Auch darin ist der Ansicht des Verwaltungsgerichts zu folgen, dass der Kläger nicht nach § 26 Satz 1 BSHG vom Anspruch auf die Hilfe zum Lebensunterhalt ausgeschlossen war. Mit Rücksicht auf den dem Rechtsstreit zugrunde liegenden Sachverhalt einerseits und einschränkender Rechtsprechung von Oberverwaltungsgerichten zur Auslegung dieser Vorschrift andererseits (s. den Beschluss des Oberverwaltungsgerichts für die Länder Niedersachsen und Schleswig-Holstein vom 1. August 1983 – 4 B 127/83 – <FEVS 33, 152> und den Beschluss des Oberverwaltungsgerichts für das Land Nordrhein-Westfalen vom 11. April 1985 – 8 B 2460/84 – <FEVS 35, 34>) ist die Entscheidung allerdings nur für eine Fallgestaltung erforderlich, bei der es um eine „echte" Umschulung geht, nicht aber für eine solche, bei der diese Umschulung möglicherweise den Charakter einer ersten Berufsausbildung hat.

*Eine solche besaß der Kläger in der Gestalt der Ausbildung zum Lehrer, als er be-
gann, sich umschulen zu lassen.*

*Entgegen der Ansicht der Beklagten lässt sich aus der Verwendung des Wortes
„Ausbildung" und dessen Inhalt (Sinn) im Allgemeinen Sprachgebrauch nicht herleiten, auch eine Umschulung, wie sie hier in Frage steht, werde durch § 26 Satz 1
BSHG erfasst; denn der Ausschluss vom Anspruch auf die Hilfe zum Lebensunterhalt
soll nur für eine Ausbildung gelten, die entweder im Rahmen des Bundesausbildungsförderungsgesetzes oder im Rahmen des Arbeitsförderungsgesetzes dem
Grunde nach förderungsfähig ist. Daher muss der Begriff „Ausbildung" aus der Sicht
des einen oder des anderen Gesetzes interpretiert werden, wie es das Verwaltungsgericht auch getan hat.*

*Im Arbeitsförderungsgesetz werden aber berufliche Ausbildung (§§ 40 f.), berufliche
Fortbildung (§§ 41 ff.) und berufliche Umschulung (§§ 47 f.) unterschieden und unter
dem Oberbegriff „berufliche Bildung" zusammengefasst. Dass es sich hierbei nicht
um Stufen e i n e r Ausbildung oder um eine mehrphasige Ausbildung, sondern um
deutlich voneinander abgegrenzte Maßnahmen beruflicher Bildung handelt, die sich
konzeptionell, begrifflich und inhaltlich unterscheiden, macht das eine ständige
Rechtsprechung bestätigende Urteil des Bundessozialgerichts vom 27. Januar 1977
– 7/12/7 RAr 42/74 – (SozR 4100 § 40 AFG Nr. 12 = FEVS 26, 82) deutlich.*

*Eine Gliederung der Berufsbildung in Berufsausbildung, berufliche Fortbildung und
berufliche Umschulung findet sich auch im Berufsbildungsgesetz vom 14. August
1969 (BGBl. I S. 1112). In dessen § 1 Abs. 2 bis 4 werden die Inhalte der drei Spar-
ten der Berufsbildung beschrieben; die berufliche Umschulung soll zu einer anderen
beruflichen Tätigkeit befähigen. Diese Unterscheidung war (und ist) schließlich dem
Bundessozialhilfegesetz selbst nicht fremd; denn schon nach § 25 Abs. 2 BSHG in
seiner ursprünglichen Fassung vom 30. Juni 1961 (BGBl. I S. 815) berechtigte die
Weigerung des Hilfeempfängers, an einer Maßnahme zur beruflichen Ausbildung,
Fortbildung oder Umschulung teilzunehmen, ohne für dieses Verhalten einen wichtigen Grund zu haben, den Träger der Sozialhilfe, die Hilfe zum Lebensunterhalt auf
das zum Lebensunterhalt Unerlässliche einzuschränken. Hieran hat sich bis in die
Gegenwart nichts geändert (s. § 25 Abs. 2 Nr. 3 BSHG). Ferner wurden und werden
in § 40 Abs. 1 Nr. 4 und 5 BSHG als Maßnahme der Eingliederungshilfe die Ausbildung für einen angemessenen Beruf, die Fortbildung in einem früheren oder in einem
diesem verwandten Beruf und die Umschulung für einen angemessenen Beruf oder
eine sonstige angemessene Tätigkeit bezeichnet.*

*All das galt also bereits, als erstmals im Jahre 1975 durch Artikel 22 Nr. 1 Buchstabe
b des Gesetzes zur Verbesserung der Haushaltsstruktur vom 18. Dezember 1975
(BGBl. I S. 3091 <3104>) dem bis zum 31. Dezember 1981 geltenden § 31 BSHG
der Absatz 4 des Inhalts angefügt wurde, dass Ausbildungshilfe u.a. dann nicht gewährt wird, wenn die Ausbildung im Rahmen des Arbeitsförderungsgesetzes dem
Grunde nach förderungsfähig ist, und als mit Wirkung vom 1. Januar 1982 durch Artikel 21 Nrn. 8 und 10 2. HStruktG einerseits die §§ 31 ff. BSHG aufgehoben wurden
und andererseits – gleichsam den aufgehobenen § 31 Abs. 4 BSHG ersetzend (s.
dazu das Urteil des Senats vom 17. Januar 1985 – BVerwGE 71, 12 <16 f.>) – dem
Bundessozialhilfegesetz der § 26 (neu) eingefügt wurde; beides mit dem Ziel, die Sozialhilfe (ursprünglich in der Gestalt der Ausbildungshilfe, später in der Gestalt der
Hilfe zum Lebensunterhalt) von Kosten zu befreien, die mit der Finanzierung von
Ausbildungen verbunden sind. Angesichts dessen hätte es einer ausdrücklichen und*

eindeutigen gesetzlichen Verlautbarung bedurft, nach der auch Personen, die sich im Rahmen des Arbeitsförderungsgesetzes einer dem Grunde nach förderungsfähigen Umschulung unterziehen, im Regelfall von der Leistung von Hilfe zum Lebensunterhalt ausgeschlossen sein sollen.

Der in dieser Richtung – allerdings unter der Bezeichnung „Klarstellung" – unternommene Versuch der Bundesregierung (s. BT-Drucks. 10/335, S. 36), nämlich § 26 Satz 1 BSHG dahin zu fassen, dass die Wörter „Auszubildende, deren Ausbildung" durch die Wörter „Personen, deren Ausbildung, Fortbildung oder Umschulung" ersetzt werden, ist jedoch gescheitert (s. BT-Drucks. 10/690, S. 85 und 10/691, S. 33). Dabei hat sich der Ausschuss für Jugend, Familie und Gesundheit für die Beibehaltung der bisherigen Fassung des Gesetzes ausgesprochen, um Personen, die an Fortbildungs- oder Umschulungsmaßnahmen teilnehmen, Hilfe zum Lebensunterhalt dann gewähren zu können, wenn die Leistungen nach dem Arbeitsförderungsgesetz im Einzelfall den notwendigen Lebensunterhalt nicht oder nicht in ausreichendem Maße decken.

Lässt sich hiernach schon vom Wortlaut des § 26 Satz 1 BSHG her „Ausbildung im Rahmen des Arbeitsförderungsgesetzes" nicht im Sinne der Auffassung der Beklagten auslegen, so darüber hinaus auch nicht vom Sinn und Zweck dieser Vorschrift her, insbesondere nicht aus Gründen der Gleichbehandlung von Auszubildenden, deren Ausbildung im Rahmen des Bundesausbildungsförderungsgesetzes (BAföG) dem Grunde nach förderungsfähig ist, und von Auszubildenden, deren Ausbildung im Rahmen des Arbeitsförderungsgesetzes dem Grunde nach förderungsfähig ist. Entgegen der von Schellhorn (in Schellhorn/Jirasek/Seipp, Kommentar zum Bundessozialhilfegesetz, 13. Auflage 1988, § 26 RdNrn. 14 ff.) vertretenen Auffassung, auf die sich die Beklagte beruft, lassen sich die „weitere Ausbildung" im Sinne des § 7 Abs. 2 BAföG und die Umschulung nach § 47 AFG nicht ohne weiteres miteinander vergleichen und gleichsetzen, wie auch im Gutachten des Deutschen Vereins für öffentliche und private Fürsorge vom 9. Juli 1987 (NDV 1987, 332) zu Recht ausgeführt wird.

Siehe ferner aus der Rechtsprechung (außer den schon genannten Entscheidungen des Oberverwaltungsgerichts für die Länder Niedersachsen und Schleswig-Holstein und des Oberverwaltungsgerichts für das Land Nordrhein-Westfalen) den Beschluss des Verwaltungsgerichtshofs Baden-Württemberg vom 18. Mai 1983 – 6 S 775/83 – (FEVS 33, 74), den Beschluss des Oberverwaltungsgerichts Berlin vom 22. Juni 1984 – 6 S 83/84 – (FEVS 35, 60) und den Beschluss des Hessischen Verwaltungsgerichtshofs vom 27. September 1984 – 9 TG 2292/84 –, mit dem dieses Gericht seine im Beschluss vom 23. März 1983 – IX TG 141/82 – (FEVS 32, 454) vertretene gegenteilige Auffassung aufgegeben hat; und aus dem Schrifttum: Giese (in Gottschick/Giese, Bundessozialhilfegesetz, Kommentar, 9. Auflage 1985, § 26 RdNr. 4.2; Kasten/Rapsch, ZfS 1986, 73 ff.; Knorr, DöV 1983, 16 <18>; Krahmer, ZfSH/ SGB 1984, 61 <63>; Mergler in Mergler/Zink, Bundessozialhilfegesetz, Loseblatt-Kommentar, Stand Juli 1988, § 26 RdNr. 10a; Oestreicher/Schelter/Kunz, Bundessozialhilfegesetz, Loseblatt-Kommentar, Stand 15. Dezember 1988, § 26 RdNrn. 5 und 6; Schulte/Trenk-Hinterberger, Bundessozialhilfegesetz, 2. Auflage 1988, § 26 Erläuterung 4.

„Weitere Ausbildung" im Sinne des § 7 Abs. 2 BAföG und Umschulung unterscheiden sich ihrem Wesen nach. Anliegen jeder Ausbildungsförderung ist die Förderung einer der Neigung, Eignung und Leistung entsprechenden Ausbildung (§ 1 BAföG). Die Förderung hängt also nicht davon ab, ob der Auszubildende, selbst wenn er die Aus-

bildung mit Erfolg beendet und damit die Qualifikation für eine Berufsausübung erlangt, entsprechend nutzen will und kann. Die berufliche Bildung – und das gilt in besonderem Maße für die Umschulung, deren Zweck darin besteht, den Übergang in eine andere berufliche Tätigkeit zu ermöglichen (s. § 47 Abs. 1 AFG) – ist dagegen mit dem Blick auf die in § 2 AFG umschriebenen Ziele aller Maßnahmen nach diesem Gesetz an den Erfordernissen des Arbeitsmarktes orientiert, wie sich aus § 36 Nr. 3 AFG ergibt. Von demjenigen, der die Förderung in Anspruch nimmt, wird von vornherein erwartet, dass er beabsichtigt, eine Beitragspflicht begründende Beschäftigung im Geltungsbereich des Gesetzes aufzunehmen oder fortzusetzen (Nummer 1 des § 36 AFG). Vor diesem Hintergrund erhält der das Sozialhilferecht prägende, in § 1 Abs. 2 Satz 2 BSHG ausgedrückte Grundsatz, dass die Sozialhilfe Hilfe zur Selbsthilfe ist, für das Verständnis des § 26 Satz 1 BSHG seine besondere Bedeutung.

Die von der Beklagten in anderem Zusammenhang geäußerte Befürchtung hinsichtlich nicht zu begrenzender Auswirkungen finanzieller Art zu Lasten der Träger der Sozialhilfe bei einer Förderung von Umschulungsmaßnahmen mittels Hilfe zum Lebensunterhalt erscheint unbegründet. Da es nur um die Gewährung von Hilfe zum Lebensunterhalt während der Teilnahme an einer von der Arbeitsverwaltung geförderten Maßnahme einer (hier nur in Betracht zu ziehenden) „echten" Umschulung gehen kann, schließt dies die Inanspruchnahme öffentlicher Mittel für eine sinnlose Umschulung aus. Eine sinnvolle Umschulung entspricht dagegen dem Grundsatz des § 1 Abs. 2 Satz 2 BSHG; sie kann gerade für die Zukunft zu einer Entlastung der Sozialhilfe führen.

Nach alledem kommt es darauf, ob in der Person des Klägers ein besonderer Härtefall vorgelegen hatte, aufgrund dessen nach dem Satz 2 des § 26 BSHG die Hilfe zum Lebensunterhalt mindestens hätte gewährt werden können, nicht an."

Leitsatz (redaktionell) (OVG Saarlouis, Beschluss vom 28.08.2001, Az.: 3 W 9/01)

Wenn man in den vom Gesetz gewollten Ausschlussfällen, also in allen, als prinzipiell gesetzlich gewollte Härte keine „besondere" Härte anerkennen wollte, so bliebe für die Anwendung der Ausnahmevorschrift praktisch kein Raum. Aus der Sicht des Senats ist diese Betrachtung zu eng. Sie berücksichtigt nicht genug die Sondersituation von Auszubildenden mit besonderen Belastungen und lässt ein wesentliches Ziel des BSHG, Bedürftigen Hilfe zu einer Selbsthilfefähigung zu leisten, außer Acht. Wenngleich es kein Einzelfall mehr ist, dass eine Studentin – noch seltener ein Student – neben dem Studium ein Kleinkind zu erziehen hat, so ist der Regelfall eines Auszubildenden doch immer noch der eines jungen belastbaren Menschen ohne einengende persönliche Verpflichtungen. Solche Auszubildende sind durchaus in der Lage, wenn sie für ihr Studium nicht oder nicht mehr Ausbildungsförderung erhalten, ihren Lebensunterhalt selbst zu bestreiten.

Aus den Gründen:

„Die 1974 geborene Antragstellerin russischer Staatsangehörigkeit absolvierte in Russland nach der 10-jährigen allgemeinbildenden Schule ein 5-jähriges pädagogi-

sches Studium für Deutsch und Englisch und war dann 8 Monate bei einer deutschen Wirtschaftsprüfungsgesellschaft in Moskau als Dolmetscherin beschäftigt. Im April 1998 heiratete sie einen Deutschen, wohnte sodann in Beckingen und nahm im Wintersemester 1998 ein rechtswissenschaftliches Studium an der Universität des Saarlandes auf. Im Oktober 1999 kam ihr Sohn Alexander zur Welt. Nach Trennung von ihrem Ehemann zog sie am 01.07.2000 nach Saarbrücken um. Im Sommersemester 2000 war sie vom Studium beurlaubt und setzte es dann fort. Da ihr Ehemann die gerichtlich für sie und ihren Sohn festgesetzten Unterhaltsleistungen (für sie ursprünglich ab 01.06.2000 monatlich 1.899,00 DM, später auf Grund geänderter Einkommensverhältnisse herabgesetzt auf 984,90 DM) nicht zahlte, gewährte der Antragsgegner ihrem Sohn Hilfe zum Lebensunterhalt; für sie lehnte er die Hilfe gestützt auf § 26 BSHG wegen des Studiums ab, erkannte aber im Rahmen der Hilfegewährung an den Sohn einen Mehrbedarfszuschlag für Alleinerziehende zu. Zum 01.12.2000 stellte er die Hilfe ein, da mittlerweile ein Teil des Unterhaltsrückstands im Wege der Vollstreckung realisiert worden war. Hiergegen legte die Antragstellerin Widerspruch ein.

Am 05.03.2001 beantragten die Antragstellerin und ihr Sohn den Erlass einer einstweiligen Anordnung auf Hilfe zum Lebensunterhalt und machten glaubhaft, dass der auf den Unterhaltsrückstand erhaltene Teilbetrag für Darlehnsrückzahlungen und Hausrat verbraucht sei und laufende Unterhaltsleistungen ausblieben. Das Verwaltungsgericht erließ daraufhin eine einstweilige Anordnung auf Gewährung von Hilfe zum Lebensunterhalt für die Antragstellerin und ihren Sohn ab dem 05.03.2001 in gesetzlicher Höhe (Beschluss vom 29.03.2001 – 4 F 26/01 –). Auf Grund eines auf die Ausschlussvorschrift des § 26 BSHG gestützten Abänderungsantrags des Antragsgegners, der sich abgesehen vom Mehrbedarfszuschlag für Alleinerziehende gegen die Gewährung von Hilfe zum Lebensunterhalt für die Antragstellerin richtete, änderte das Verwaltungsgericht durch Beschluss vom 21.05.2001 – 4 F 45/01 – die einstweilige Anordnung ab und hob mit Ausnahme des Mehrbedarfszuschlags für Alleinerziehende die Verpflichtung des Antragsgegners zur Gewährung von Hilfe zum Lebensunterhalt für die Antragstellerin auf. In dem Beschluss ist ausgeführt, dass das Studium der Antragstellerin, mittlerweile im 5. Fachsemester, dem Grunde nach nach dem BAföG förderungsfähig sei und damit die Ausschlussvorschrift des § 26 BSHG eingreife. Ein besonderer Härtefall liege nicht vor; die Antragstellerin befinde sich noch nicht im Endstadium der Ausbildung und der Umstand, dass sie alleinerziehende Mutter sei, begründe keinen Sonderfall.

Über einen BAföG-Antrag, den die Antragstellerin gestützt auf die seit 01.04.2000 geltende Fassung des § 8 Abs. 1 Nr. 7 als ausländische Ehegattin einen Deutschen gestellt hat, ist noch nicht entschieden.

Im vorliegenden von der Antragstellerin betriebenen und vom Senat zugelassenen Beschwerdeverfahren streiten die Beteiligten um die Anwendbarkeit des § 26 BSHG und bejahendenfalls um die Frage des Vorliegens einer besonderen Härte i.S. des § 26 Abs. 1 Satz 2 BSHG.

II.

Die Beschwerde, mit der die Antragstellerin die Aufhebung des Abänderungsbeschlusses und Wiederherstellung der ursprünglichen Entscheidung des Verwaltungsgerichts begehrt, ist nach Maßgabe des Beschlusstenors überwiegend begründet. Zwar findet auch aus der Sicht des Senats § 26 BSHG auf die Antragstellerin als Stu-

dierende Anwendung mit der Folge, dass ungeachtet der Alleinerziehung eines Kleinkindes kein ausbildungsunabhängiger Bedarf auf Hilfe zum Lebensunterhalt anerkannt werden kann, jedoch ist das Vorliegen eines besonderen Härtefalls gemäß § 26 Abs. 1 Satz 2 BSHG zu bejahen.

Auszugehen ist davon, dass die Antragstellerin wegen des eidesstattlich versicherten weiteren Ausbleibens von Unterhaltszahlungen ihres getrennt lebenden Ehemanns bis auf das sozialhilferechtlich nicht anzurechnende Erziehungsgeld, das Ende Oktober 2001 ausläuft, den – unstreitig – ausbildungsunabhängigen Mehrbedarfszuschlag für Alleinerziehende und einen Wohngeldanspruch derzeit einkommenslos ist. Da ihr als alleinerziehender Mutter eines Kleinkinds keine Arbeitsaufnahme zur Bestreitung ihres Lebensunterhalts zugemutet wird (18 Abs. 3 Satz 2 BSHG), hätte sie normalerweise, wovon das Verwaltungsgericht beim ursprünglichen Beschluss ausging, einen Anspruch auf Hilfe zum Lebensunterhalt. Soweit die Antragstellerin sich in erster Linie darauf stützt, dass dieser Bedarf unabhängig von ihrem Studium vorhanden sei und sie dementsprechend einen Hilfeanspruch habe, steht dem auch aus der Sicht des Senats die Sonderreglung des § 26 Abs. 1 BSHG entgegen. Diese Vorschrift schließt für Auszubildende, die eine im Rahmen des BAföG dem Grunde nach förderungsfähige Ausbildung absolvieren, was bei einem Hochschulstudium stets zutrifft, den Anspruch auf Hilfe zum Lebensunterhalt aus und ermöglicht nur in besonderen Härtefällen die Gewährung von Hilfe zu Lebensunterhalt als Zuschuss oder als Darlehen. Diese Sonderreglung, der die Antragstellerin als Studentin unterfällt, lässt nach der Rechtsprechung des BVerwG für eine kausale Betrachtungsweise, ob der Hilfebedarf allein oder überwiegend durch das Betreiben einer Ausbildung oder (auch) durch andere Umstände verursacht wird, keinen Raum.

BVerwG, Urt.v. 14.10.1993 – 5 C 16.91 – FEVS 44, 269 m.w.N. = DVBl. 1994, 428 = Buchholz 436.0 § 26 BSHG Nr. 11

Nach dieser kausalitätsunabhängigen Betrachtung kommt die Ausschlussvorschrift des § 26 Abs. 1 Satz 1 BSHG grundsätzlich auch dann zum Zuge, wenn ohne die Ausbildung ein Bedarf zum Lebensunterhalt anzuerkennen wäre, wie bei Auszubildenden, die selbst bei Abbruch der Ausbildung z.B. wegen Alleinerziehung eines Kindes oder Krankheit nicht imstande wären, ihren Lebensunterhalt durch Erwerbstätigkeit zu bestreiten. Trotz der Kritik, die in der Literatur gegen diese Auffassung geäußert wurde, vgl. insbesondere Felix, NVwZ 1995, 245 ff., ist ihr zuzustimmen. Zu bedenken ist, dass die Ausschlussvorschrift, solange sich ein Auszubildender tatsächlich in einer von ihr erfassten Ausbildung befindet, ihrem Wortlaut nach eindeutig eingreift. Auch entspricht es dem durch diese Vorschrift geregelten Rangverhältnis der Leistungsgesetze, wonach der Gesetzgeber von einer im Grundsatz abschließenden Förderung von Ausbildungen außerhalb des BSHG ausgeht, vgl. zum Zweck des § 26 Abs. 1 BSHG eingehend auch BVerwG, B.v. 18.07.1994 – 5 B 25.94 – Buchholz 436.0 § 26 BSHG Nr. 13, den Bedarf, soweit er dem Grunde nach von diesen Fördermöglichkeiten erfasst wird, als immer ausbildungsbedingt zu fingieren und damit aus dem BSHG auszuklammern. Eine kausalitätsabhängige Betrachtung würde entgegen diesem Regelungskonzept zur Anerkennung zweier nebeneinander bestehender Bedarfslagen führen und die klare Strukturierung des Verhältnisses der Leistungsgesetze aufweichen. Vor allem hätte sie zur Folge, dass Studierende bei Anerkennung eines ausbildungsunabhängigen Bedarfs auf Hilfe zum Lebensunterhalt, die grundsätzlich als Zuschuss geleistet wird, besser gestellt wären als bei Förderung nach dem BAföG, die soweit als sie darlehnsweise erfolgt, ungünstiger ist. Dieses systemwidrige Ergebnis wird bei einer kausalitätsunabhängi-

gen Betrachtung vermieden. Zur Erzielung sachgerechter Ergebnisse reicht es aus, dass § 26 Abs. 1 Satz 2 BSHG die Möglichkeit zur Gewährung von Hilfe zum Lebensunterhalt in besonderen Härtefällen eröffnet, die anders als die reguläre Hilfe auch darlehnsweise gewährt werden kann und so eine – quasi im System bleibende – Angleichung der Sozialhilfeleistung an die Ausbildungsförderung zulässt.

Damit kommt es vorliegend entscheidend darauf an, ob ein besonderer Härtefall i.S. des § 26 Abs. 1 Satz 2 BSHG gegeben ist.

Das BVerwG zieht den Anwendungsbereich dieser Vorschrift sehr eng. Als Ausnahme vom Regeltatbestand in § 26 Abs. 1 Satz 1 sei die Reichweite von Satz 2 aus der Gegenüberstellung zu Satz 1 zu bestimmen. Eine besondere Härte im Sinne von Satz 2 bestehe deshalb nur, wenn die Folgen des Anspruchsausschlusses über das Maß hinausgingen, das regelmäßig mit der Versagung von Hilfe zum Lebensunterhalt für eine Ausbildung verbunden und vom Gesetzgeber in Kauf genommen worden sei. Hilfebedürftige in einer Ausbildung der in Satz 1 genannten Art, die nicht (mehr) gefördert würden, seien in der Regel gehalten, von der Ausbildung ganz oder vorübergehend Abstand zu nehmen, um für die Dauer der Hilfebedürftigkeit den Ausschluss von der Hilfe zum Lebensunterhalt abzuwenden. Das sei, wenn als hart empfunden, als vom Gesetzgeber gewollte Folge eines mehrstufigen Sozialleistungssystems grundsätzlich hinzunehmen. Ein „besonderer Härtefall" im Sinne von Satz 2 liege erst vor, wenn im Einzelfall Umstände hinzuträten, die einen Ausschluss von der Ausbildungsförderung durch (Sozial-)Hilfe zum Lebensunterhalt auch mit Rücksicht auf den Gesetzeszweck, die Sozialhilfe von den finanziellen Lasten einer Ausbildungsförderung freizuhalten, als übermäßig hart, d.h. als unzumutbar oder in hohem Maße unbillig erscheinen ließen. BVerwG Urt. v. 14.10.1993 – 5 C 16.91 – a.a.O. Eine solche übermäßige Härte sieht das BVerwG weder darin, dass während des Mutterschutzes keine Erwerbstätigkeit möglich ist noch darin, dass bei Alleinerziehung eines Kleinkindes eine Erwerbstätigkeit nicht zugemutet wird. Der Ausschlusstatbestand in § 26 Abs. 1 Satz 1 BSHG ergreife nach seinem Regelungsziel auch diese Fälle. Ein vom Gesetz gerade gewollter Ausschluss von der Förderung der Ausbildung mittels Sozialhilfe könne keine besondere Härte begründen. Es müssten zusätzliche Härtegesichtspunkte hinzutreten. Ob solche für die Endphase einer Ausbildung anzunehmen seien, wurde offen gelassen (BVerwG Urt. v. 14.10.1993 – 5 C 16.91 – a.a.O. zum Schwangerschafts- bzw. Mutterschutzfall; BVerwG B.v. 08.08.1989 – 5 B 43.89 – Buchholz 436.0 § 26 BSHG Nr. 6 zum Fall der Alleinerziehenden eines Kleinkinds). Die Rechtsprechung der Obergerichte ist uneinheitlich, sie folgt überwiegend der strengen Linie des BVerwG.

Das OVG Bremen (B.v. 21.08.1987, FEVS 37, 183) hält es für zweifelhaft, ob bei Alleinerziehung eines Kleinkindes eine besondere Härte zu bejahen sei, erkennt aber an, dass es zweifellos einen Nachteil bedeute, wenn eine Alleinerziehende neben dem Studium ihr Kleinkind betreue und anders als andere Studierende kein Geld verdienen könne. Im konkreten Fall, in dem die Studentin, die einen nach BAföG nicht anerkannten Fachrichtungswechsel vorgenommen hatte, ihr Studium mit einem Praktikum im Umfang von 40 Wochenstunden fortsetzen wollte, hat es einen Hilfebedarf verneint, da der Antragstellerin eine Erwerbstätigkeit zumutbar sei, wenn sie ihr Kind 40 Stunden in der Woche anderweitig betreuen lasse.

Nach Auffassung des OVG Hamburg (B.v. 07.11.1996, FEVS 47, 497) stellt die Situation eines alleinerziehenden Auszubildenden regelmäßig keinen besonderen Härtefall i.S. des § 26 Abs. 1 Satz 2 BSHG dar. In der Entscheidung wird darauf hingewie-

sen, dass die zusätzliche Belastung durch die Sorge für ein Kind abschließend durch die besonderen Regelungen des BAföG (§§ 15 Abs. 3, 48 Abs. 2) berücksichtigt werde, ferner und zwar gestützt auf die zitierte Entscheidung des OVG Bremen darauf, dass der Auszubildende während der Zeit in der er sein Kind betreuen lasse, einer Erwerbstätigkeit nachgehen könne.

Nach dem Hessischen VGH (B.v. 04.06.1992, FEVS 43, 74) kann zwar ein besonderer Härtefall vor allem dann in Betracht kommen, wenn die Ausbildung für die Hilfebedürftigkeit nicht ursächlich ist, und er will dies dann bejahen, wenn einem Auszubildenden auch bei Abbruch seiner Ausbildung Hilfe zum Lebensunterhalt zu gewähren wäre, weil er aus gesundheitlichen Gründen nicht zu einer Erwerbstätigkeit in der Lage ist. In dem Umstand, dass eine Auszubildende Alleinerziehende eines Kleinkindes ist, sieht er jedoch auch unter Berücksichtigung des § 18 Abs. 3 Satz 2 BSHG i.d.R. noch keinen besonderen Härtefall, denn es sei kein Sonderfall, dass Auszubildende mit Kindern eine Ausbildung betreiben (Hess VGH B.v. 15.06.1992, FEVS 44, 36).

Der VGH Baden-Württemberg (Urt. v. 30.06.1995, FEVS 46,372) bejaht einen besonderen Härtefall bei dauernder Behinderung, die anders als bei einer vorübergehenden Erwerbsunmöglichkeit (wie z.B. bei Krankheit, Kinderbetreuung oder Schwangerschaft) bei Abbruch der Ausbildung zu einem längerfristigen oder dauernden Angewiesensein auf Hilfe zum Lebensunterhalt führen würde.

Das OVG Lüneburg (B.v. 29.09.1995, FEVS 46, 422) vertritt in Auseinandersetzung mit der Rechtsprechung des BVerwG weiterhin seine bisherige Auffassung, dass die auf dauernder Krankheit, Behinderung oder auf fortgeschrittener Schwangerschaft beruhende Unmöglichkeit, nach Abbruch oder Unterbrechung der Ausbildung den Lebensunterhalt durch Arbeit zu verdienen, oder die Betreuung eines Kindes unter 3 Jahren die Annahme eines besonderen Härtefalls rechtfertigen können. Es hält die Begründung des BVerwG, die konkrete Lebenssachverhalte, in denen die Härtevorschrift überhaupt noch zum Zuge kommen könne, vermissen lasse, für nicht überzeugend. Nach seiner Meinung kann es eine besondere Härte i.S. des § 26 Abs. 1 Satz 2 BSHG auch sein, wenn eine Auszubildende mit einem Kind unter 3 Jahren nach § 18 Abs. 3 BSHG nicht zur Erwerbstätigkeit verpflichtet ist. Die Verweigerung von Hilfe zum Lebensunterhalt sei in diesem Fall allein Mittel zu dem Zweck, den Abbruch der Ausbildung herbeizuführen. § 26 BSHG habe aber nicht allein oder in erster Linie diesen Zweck, sondern den, den Nachrang der Sozialhilfe durch Verweisung auf Selbsthilfe (Einsatz der Arbeitskraft) zu verwirklichen. Sei dieses Ziel nicht zu erreichen, liege ein besonderer Härtefall vor, der die Gewährung von Hilfe zum Lebensunterhalt rechtfertige.

Der Senat, der bisher keinen einschlägigen Fall zu entscheiden hatte, stimmt der Auffassung des OVG Lüneburg zu.

Die Rechtsprechung des BVerwG, die Fälle von Auszubildenden betraf, die wegen Überschreitens der Förderungshöchstdauer keine Ausbildungsförderung mehr erhielten, beruht maßgeblich auf dem Gedanken, dass die Sozialhilfe keine (versteckte) Ausbildungsförderung auf einer „zweiten Ebene" sein solle. Sie will vermeiden, dass das BAföG über das BSHG umgangen wird. Wenngleich es danach richtig ist, dass der Ausschlustatbestand des § 26 Abs. 1 Satz 1 BSHG alle Fälle erfasst, die abstrakt unter das BAföG fallen unabhängig davon, ob die Auszubildenden bei Abbruch der Ausbildung hilfebedürftig wären, so ist doch die Schlussfolgerung des BVerwG, dass ein vom Sinn und Zweck des Gesetzes her gewollter Ausschluss von der Förderung der Ausbildung mittels Sozialhilfe (Hilfe zum Lebensunterhalt) keine besondere Härte begründen könne, problematisch. Wenn man in den vom Gesetz gewollten Ausschlussfällen, also in allen, als prinzipiell gesetzlich gewollte Härte keine „besondere" Härte anerkennen wollte, so bliebe für die Anwendung der Ausnahmevorschrift praktisch kein Raum. Aus der Sicht des Senats ist diese Betrachtung zu eng. Sie berücksichtigt nicht genug die Sondersituation von Auszubildenden mit besonderen Belastungen und lässt ein wesentliches Ziel des BSHG, Bedürftigen Hilfe zu einer Selbsthilfebefähigung zu leisten, außer Acht. Wenngleich es kein Einzelfall mehr ist, dass eine Studentin – noch seltener ein Student – neben dem Studium ein Kleinkind zu erziehen hat, so ist der Regelfall eines Auszubildenden doch immer noch der eines jungen belastbaren Menschen ohne einengende persönliche Verpflichtungen. Solche Auszubildende sind durchaus in der Lage, wenn sie für ihr Studium nicht oder nicht mehr Ausbildungsförderung erhalten, ihren Lebensunterhalt selbst zu bestreiten. Sie sind nicht gezwungen, ihr Studium aufzugeben, sondern können es, wenn auch unter erschwerten Bedingungen als – früher – sog. Werkstudenten fortsetzen, indem sie entweder zeitweilig voll erwerbstätig sind und Rücklagen bilden oder das Studium durch Ferien- und Nebentätigkeiten finanzieren. Bei solchen Studenten wäre es in der Tat eine Umgehung des Regelungszusammenhangs von BAföG und BSHG, wenn ihr – weiteres – Studium über das BSHG finanziert würde. Sofern der Auszubildende keine Arbeit zur Finanzierung des Studiums finden sollte und dieses – vorübergehend – aufgeben müsste mit der Folge eines Anspruchs auf Hilfe zum Lebensunterhalt, trifft ihn die Selbsthilfeverpflichtung nach Maßgabe der §§ 18, 19 BSHG mit dem danach bestehenden Instrumentarium einer Arbeitsbeschaffung. Auch dies bleibt im System der Leistungsgesetze. Eine Selbsthilfemöglichkeit, die zu erreichen und zu stärken zu den Prinzipien des Sozialhilferechts gehört, hat die Studentin, die ein Kleinkind allein betreut, nicht. Ein Studium, das normalerweise anders als im o.a. Fall des OVG Bremen nur kurzzeitige Fremdbetreuungen des Kindes erforderlich macht, lässt sich durchaus neben der Kindererziehung ohne Vernachlässigung des Kindes bewerkstelligen, wobei schon dies Belastungen mit sich bringt, für die nach §§ 15 Abs. 3 Nr. 5, 48 Abs. 2 BAföG ein Ausgleich bei der Förderungshöchstdauer bzw. den Leistungsnachweisen vorgesehen ist. Aber Studium, alleinige Kindererziehung und Erwerbstätigkeit lassen sich nicht mehr „unter einen Hut" bringen. Eine solche Studentin ist gegenüber dem Regelfall in einem offensichtlichen Nachteil, sie ist faktisch zu einer Aufgabe des Studiums gezwungen. Anders als der Auszubildende, der frei von einer Kindererziehung seine weitere Ausbildung über eine Erwerbstätigkeit aus eigenen Kräften fortsetzen kann, ist ihr diese Chance verschlossen. Dieser Nachteil wird auch nicht behoben durch die im BAföG vorgesehene Berücksichtigung der Sondersituation von Schwangeren und Alleinerziehenden bei der Förderungshöchstdauer bzw. den Leistungsnachweisen. Dadurch soll die durch eine solche Sondersituation gegebenen Erschwerung der Studienbedingungen ausgeglichen werden und es sollte bei nicht zu engherziger Anwendung dieser Vorschriften auch kaum noch zu einer ursächlich auf Schwangerschaft und Kindererziehung beruhenden Überschreitung der Förderungshöchstdauer mit Förderungsausschluss kommen. Diese Vorschriften gleichen indes ihrem Sinn nach nicht den hier beschriebenen Nachteil der Alleinerziehenden gegenüber dem Auszubildenden aus, dem bei – gleich aus welchem Grunde – fehlender Ausbildungsförderung die Möglichkeit verbleibt, die Ausbildung im Wege der Selbsthilfe fortzusetzen. Die mittellose Alleinerziehende hat eine solche Möglichkeit nicht. Sie ist ohne Anwendung des § 26 Abs. 1 Satz 2 BSHG zur Aufgabe des Studiums gezwungen, um Hilfe zum Lebensunterhalt zu erhalten, ohne dass dabei der Selbsthilfegrundsatz zum Zuge kommen könnte, denn hiervon stellt sie das BSHG nach Maßgabe des § 18

Abs. 3 gerade frei. Die im o.a. Beschluss des BVerwG vom 08.08.1989 enthaltene Bemerkung, diese Freistellung von der Verpflichtung zur Selbsthilfe berücksichtige, dass die ernstgenommene Kindererziehung die Arbeitskraft des/der Hilfesuchenden voll in Anspruch nehme, entspricht dem Leitbild der sich ausschließlich der Kindererziehung widmenden Mutter, greift aber in Anbetracht der Lebenswirklichkeit, wie sie sich für die Alleinerziehenden darstellt, die sich nicht ausschließlich der Kindererziehung widmen wollen, zu kurz. Ein Studium lässt sich auch ohne umfangreiche Fremdbetreuung durchaus – wenn auch erschwert – mit der Alleinerziehung eines Kindes ohne dessen Vernachlässigung vereinbaren und es ist geboten, ein solches längerfristig auf Selbsthilfe gerichtetes Ausbildungsbestreben Alleinerziehender nicht zu erschweren, sondern zu fördern.

Bei der dargestellten nachteiligen Situation Alleinerziehender mit Kleinkind trifft es sie härter als die große Mehrzahl der Auszubildenden, wenn sie nicht oder nicht mehr Ausbildungsförderung erhalten. Diese unverkennbare Verstärkung der Härte rechtfertigt es, im Grundsatz die Ausnahmevorschrift des § 26 Abs. 1 Satz 2 BSHG anzuwenden. Deren prinzipielle Nichtanwendung schneidet dagegen den Alleinerziehenden Ausbildungschancen ab, die sie ohne das Kind noch hätten und führt dazu, dass die öffentliche Hand eher noch mehr als bei der im Rahmen des § 26 Abs. 1 Satz 2 BSHG möglichen nur darlehnsweisen Hilfeleistung belastet wird, ohne die Hilfeempfängerin auf eine Selbsthilfemöglichkeit verweisen zu können. Dieses Ergebnis läuft der allgemein als notwendig anerkannten Forderung nach Verbesserung der Situation Alleinerziehender durch Vermeidung der aus der Kindererziehung resultierenden Nachteile zuwider ohne den geringsten erkennbaren Nutzeffekt für die Allgemeinheit. Es lässt sich aus der prinzipiellen Erwägung heraus, dass das BSHG keine versteckte Ausbildungsförderung auf einer „zweiten Ebene" sein soll, aus Sicht des Senats nicht rechtfertigen. Er teilt deshalb die beschriebenen Auffassung des OVG Lüneburg, die in der Kommentarliteratur von Brühl BSHG, Lehr- und Praxiskommentar, 5. Aufl. § 26 RdNrn. 26, 28 für sogar verfassungsrechtlich geboten gehalten wird.

Die hier vertretene Auffassung führt zu dem Ergebnis, dass bei Auszubildenden, die wie der hier behandelte Fall der Alleinerziehenden mangels Selbsthilfemöglichkeit gezwungen wären, die Ausbildung abzubrechen, nur um Hilfe zum Lebensunterhalt zu erhalten, ein besonderer Härtefall nicht prinzipiell zu verneinen ist, sondern er umgekehrt regelmäßig anzuerkennen ist, sofern nicht besondere Gründe vorliegen, die gegen eine besondere Härte sprechen. Solche können sich daraus ergeben, dass dem Selbsthilfegrundsatz bzw. dem Gedanken der Förderung der Selbsthilfe, wie er der vorliegenden Auslegung des § 26 Abs. 1 Satz 2 zugrunde liegt, auch ohne Anwendung der Ausnahmevorschrift Rechnung getragen ist. Hierbei kann der Grund für den Ausschluss von der Ausbildungsförderung eine Rolle spielen, so z.B. bei der ausgeschlossenen Förderung einer weiteren Ausbildung, wenn die bereits vorhandene eine tragfähige Grundlage für eine Existenzsicherung bietet, oder bei einem Ausschluss nach bereits angemessen verlängerter Ausbildungshöchstdauer, wenn auch bei großzügigem Maßstab eine positive Prognose für einen erfolgreichen Ausbildungsabschluss ausscheidet. In solchen Fällen besteht Anlass zur Prüfung, ob eine Anwendung der Ausnahmevorschrift noch aus Gründen der Förderung des Selbsthilfestrebens geboten oder der Auszubildende auch ohne die weitere Ausbildung bereits ausreichend zur Selbsthilfe befähigt ist bzw. bei nicht mehr zu erwartendem erfolgreichen Ausbildungsabschluss er vernünftigerweise die Ausbildung abbricht, um sich – unterstützt etwa auch durch das Instrumentarium der Hilfe zur Arbeit – auf die Suche nach anderen Existenzmöglichkeiten zu begeben. Die Einzelfälle be-

dürfen vorliegend keiner weiteren Betrachtung. Im Fall der Antragstellerin liegen nach bisherigem Aufklärungsstand keine Gründe vor, die gegen eine Anwendung der Ausnahmevorschrift sprächen. Die Antragstellerin hat zwar eine Ausbildung in Ruß-land als Lehrerin absolviert, diese wird jedoch hier – wie sie gestützt auf eine Erkun-digung beim zuständigen Ministerium glaubhaft vorträgt – nicht anerkannt. Es ist zwar vorstellbar, dass sie ihre Sprachkenntnisse auch ohne Übersetzerdiplom für Übersetzertätigkeiten oder evtl. Kurse einsetzen könnte, aber zu einer dauerhaften Sicherung ihres Lebensunterhalts ausreichende Arbeitsmöglichkeiten sind fraglich und auch vom Antragsgegner nicht konkret aufgezeigt. Nach der Auffassung des Se-nats greift deshalb die Ausnahmevorschrift des § 26 Abs. 1 Satz 2 BSHG vorliegend ein.

Über diese schon vom Grundsatz her befürwortete Anwendbarkeit der Ausnahme-vorschrift des § 26 Abs. 1 Satz 2 BSHG auf alleinerziehende Auszubildende mit einem Kleinkind hinaus weist der vorliegende Fall aber auch Besonderheiten im Sinne kumulativer Härtegesichtspunkte auf, die ihn als einen atypischen Einzelfall ausweisen, bei dem selbst ausgehend von der engen Auffassung des BVerwG eine besondere Härte bejaht werden könnte. Die Antragstellerin konnte, als sie ihr Stu-dium im Inland aufnahm, bei den damaligen Einkommenverhältnissen ihres Ehe-manns, so wie sie sich aus dem ursprünglichen Unterhaltstitel ergeben, damit rech-nen, ihr Studium ohne öffentliche Mittel finanzieren zu können. Finanziell wäre sie hierzu auch noch weiter in der Lage, wenn ihr getrennt lebender Ehemann seiner Un-terhaltsverpflichtung nachkäme. Es ist zwar damit zu rechnen, dass ihr Antrag nach BAföG negativ ausgehen wird, aber sie verfehlt die Förderungsvoraussetzungen nach dem BAföG nur knapp. Die russische Lehrerausbildung der Antragstellerin würde einer Förderung nach BAföG nicht notwendig entgegenstehen. Zwar wird Aus-bildungsförderung im Grundsatz nur für einen berufsqualifizierenden Abschluss ge-leistet und ist nach § 7 Abs. 1 Satz 2 BAföG ein Ausbildungsabschluss auch dann be-rufsqualifizierend, wenn er im Ausland erworben wurde und dort zur Berufsausübung befähigt. Nach ständiger Rechtsprechung des BVerwG ist § 7 Abs. 1 Satz 2 BAföG jedoch entsprechend dem gesetzgeberischen Willen einschränkend auszulegen und betrifft danach nur die Auszubildenden, die sich bei offener Möglichkeit einer Ausbil-dung im Inland für eine berufsbildende Ausbildung im Ausland „entschieden haben", nicht aber diejenigen, bei denen eine solche freiwillige Entscheidung für eine Ausbil-dung im Ausland nicht vorliegt (BVerwG Urt.v.31.10.1996 – 5 C 21.95 – FEVS 47, 292, best. und fortgeführt im U.v. 17.04.1997 – 5 C 5/96 – DVBl. 1997, 1436 = Buch-holz 436.36 § 7 BAföG Nr. 166).

Diese Rechtsprechung, die zu Vertriebenen entwickelt wurde, die vor ihrer Aussied-lung Ausbildungsabschlüsse im Herkunftsland erworben haben, wird ihrem Sinn nach auch auf die Ausländer zu übertragen sein, die als Ehegatten Deutscher gemäß § 8 Abs. 1 Nr. 7 BAföG in der seit dem 01.04.2000 geltenden Fassung in den Bereich der nach BAföG Anspruchsberechtigten einbezogen wurden. Hierzu würde auf Grund ihrer Ehe mit einem Deutschen auch die Antragstellerin gehören. Jedoch ent-hält § 11 Abs. 2 Satz BAföG eine Legaldefinition dahingehend, dass Ehegatte im Sinne dieses Gesetzes der nicht dauernd getrennt lebende Ehegatte ist, sofern die-ses Gesetz nichts anderes bestimmt. Eine solche anderweitige Bestimmung enthält § 8 Abs. 1 Nr. 7 BAföG nicht, so dass die Antragstellerin wegen des Getrenntlebens von ihren Ehemann auch als alleinerziehende Mutter aus der Privilegierung heraus-fällt. Da sie jedoch ein Kind mit einer von seinem Vater abgeleiteten deutschen Staatsangehörigkeit hat, besteht ungeachtet des Getrenntlebens eine familiäre Bin-

dung, die an die vom Gesetzgeber gesehene Privilegierungswürdigkeit der Ehegat-
tenbindung durchaus heranreicht, sich aber dennoch bei dem Wortlaut des § 8
Abs. 1 Nr. 7 BAföG schwerlich im Wege der Auslegung in dessen Geltungsbereich
einbeziehen lassen dürfte. Fallbezogen führen also das System des BSHG und das
des BAföG zu einer kumulativen Benachteiligung der alleinerziehenden Mutter. Da
die Antragstellerin bei rechtmäßigem Verhalten ihres getrennt lebenden Ehemanns
ohne weiteres ihr Studium ohne öffentliche Mittel durchführen könnte und außerdem
die wahrscheinliche Ablehnung ihres BAföG-Antrags auf einer singulären Fallgestaltung beruht, die das BAföG nicht in den Blick nimmt, ihm aber tendenziell nicht zuwider läuft, liegen Umstände vor, die die Antragstellerin besonders hart treffen, wenn
sie ihr Studium nicht fortsetzen könnte. Insbesondere die nur knappe Verfehlung der
Förderungsmöglichkeit nach BAföG spricht dafür, dass es vorliegend auch bei Anlegung eines strengen Maßstabes hinnehmbar ist, wenn anstelle des BAföG eine Ausbildungsförderung über die Ausnahmevorschrift des § 26 Abs. 1 Satz 2 BSHG erfolgt. Bei dem nach allem zu bejahenden besonderen Härtefall kann nach dieser
Vorschrift Hilfe zum Lebensunterhalt als Darlehen oder als Zuschuss gewährt werden. Die Vorschrift eröffnet also eine Ermessensentscheidung der Behörde, die sich
auf die Form der Hilfegewährung bezieht und auch darauf, ob überhaupt eine Hilfegewährung erfolgt. Eine solche Ermessensentscheidung hat der Antragsgegner bisher nicht getroffen. Hinsichtlich der Entscheidung, ob eine Hilfegewährung erfolgt,
besteht allerdings kaum ein Spielraum, wenn es um den vollen und nicht nur um
einen geringfügigen Unterhaltsbedarf geht, dessen Nichtdeckung nicht den Abbruch
der Ausbildung bedingen würde. Von dem Vorliegen eines besonderen Härtefalls
wird der Antragsgegner bei Beachtung der Rechtsauffassung des Senats – vorbehaltlich des Bekanntwerdens weiterer vom Senat nicht gesehener Fallumstände –
auszugehen haben. Bei der Form der Hilfegewährung liegt die Gewährung eines
Darlehens nahe. Da § 26 Abs. Satz 2 die gegenüber § 15b BSHG speziellere Norm
ist (OVG Lüneburg, Urt. v. 10.11.1997, FEVS 48, 469), ist die Darlehnsgewährung
nicht von einer voraussichtlich nur kurzfristigen Bedarfsdauer abhängig. Für ein Darlehen spricht, dass auch die Förderung nach BAföG für ein Hochschulstudium teilweise und – bei einer weiteren Ausbildung – vollständig in Darlehnsform erfolgt. Ferner spricht für ein Darlehen auch der Gesichtspunkt, dass die Antragstellerin nur
wegen der ausbleibenden Unterhaltsleistung ihres getrennt lebenden Ehemanns bedürftig ist und es nicht auszuschließen ist, dass sich der Unterhaltsanspruch doch
noch – sei es im Wege der Vollstreckung – sei es unter dem Druck des nach Vortrag
der Antragstellerin laufenden Unterhaltsentziehungsverfahrens – durchsetzen lässt.
Unter diesem Gesichtspunkt könnte der Antragsgegner die Darlehnsgewährung an
eine Verpflichtung dergestalt koppeln, dass für die Zeit ab Darlehnsgewährung ein-
gehende Unterhaltsleistungen abzüglich Verfahrenskosten primär für die Darlehns-
rückzahlung zu verwenden sind. Hinsichtlich des Beginns der Darlehensgewährung
wird eine Rückwirkung auf den Zeitpunkt der Antragstellung, von dem der ursprüngliche Beschluss des Verwaltungsgerichts ausging, nur insoweit in Betracht kommen,
als bei der Antragstellerin nachweislich Rückstände in zum Lebensunterhalt gehörenden Bedarfsbereichen aufgelaufen sind bzw. sie diese mit Privatdarlehen überbrückt hat, die ihr mit Blick auf eine Rückzahlung bei Erfolg des vorliegenden Verfahrens gewährt wurden. Hinsichtlich der Zukunft kann der Antragsgegner die
Bedarfssituation unter Kontrolle halten und insbesondere, wenn das Kind der Antragstellerin 3 Jahre ist, in Abwägung eines Leistungsnachweises mit Prognose für den
Studienabschluss einerseits und andrerseits konkret vorhandener Teilarbeitsmöglich-

keiten der Antragstellerin eine neue Entscheidung über eine weitere Darlehnsgewährung treffen." ...

Leitsatz (OVG Lüneburg, Urteil vom 26.06.2002, Az.: 4 LB 35/02)

1. Der Senat hält – gegen BVerwGE 94, 224 – an seiner Rechtsprechung (FEVS 46, 422) fest, dass ein besonderer Härtefall im Sinne des § 26 Abs. 1 Satz 2 BSHG, der ausnahmsweise die Gewährung von Hilfe zum Lebensunterhalt an eine Auszubildende rechtfertigt, dann gegeben ist, wenn sie ein Kind unter drei Jahren allein betreut (so jetzt auch OVG Saarlouis, FEVS 53, 326).

2. Selbst wenn man dieser Auffassung nicht folgt, darf der Träger der Sozialhilfe den (dann rechtswidrigen) Bescheid über die Gewährung von Hilfe zum Lebensunterhalt für die Auszubildende nicht mit der Begründung zurücknehmen, sie habe grob fahrlässig in wesentlicher Beziehung unvollständige Angaben gemacht, indem sie ihre Immatrikulation nicht angegeben habe. Denn die Auszubildende, die ihren Lebensunterhalt bisher neben der Ausbildung durch Arbeit beschafft hat, die Erwerbstätigkeit nach der Geburt ihres Kindes aufgibt und deshalb meint, nicht die Immatrikulation, sondern die Notwendigkeit der Betreuung ihres Kindes sei für den Eintritt ihrer Hilfebedürftigkeit wesentlich, verletzt durch die Nichtangabe der Immatrikulation die erforderliche Sorgfalt jedenfalls nicht in besonders schwerem Maße, weil sie sich in der Laiensphäre genau das vorstellt, was die Hilfegewährung nach Auffassung zweier Oberverwaltungsgerichte rechtmäßig macht.

Aus den Gründen:

„Die Klägerin wendet sich gegen die Rücknahme der Bewilligung von Hilfe zum Lebensunterhalt für die Zeit vom März bis Dezember 1997 und gegen die Rückforderung der gezahlten Hilfe in Höhe von 8.196,05 DM. Wegen der weiteren Einzelheiten des Sachverhalts wird auf den Tatbestand des Urteils des Verwaltungsgerichts Hannover – Berichterstatter der 7. Kammer – vom 3. Juli 2001 Bezug genommen und das Folgende ergänzt:

Die am 25. September 1955 geborene Klägerin ist Mutter zweier Kinder (das erste ist 1987, das zweite 1997 geboren), für deren Pflege und Erziehung sie allein sorgt. Sie hatte vor der Geburt ihres ersten Kindes eine Ausbildung zur Erzieherin und ein Fachhochschulstudium der Sozialpädagogik mit dem Diplom abgeschlossen. Von September 1987 bis April 1998 erhielt sie von der für den Beklagten handelnden Stadt H. laufende und einmalige Leistungen zum Lebensunterhalt. Danach beschaffte sie den Lebensunterhalt für sich und ihr Kind durch Arbeit. Im Jahre 1991 begann sie an der Universität {B.} das Studium im Diplomstudiengang Sozialwissenschaften. Ausbildungsförderung erhielt sie nicht. Sie beschaffte den Lebensunterhalt für sich und ihr Kind weiterhin durch Arbeit neben dem Studium. Aus Anlass der Geburt ihres zweiten Kindes beantragte sie für die Zeit nach Wegfall des Mutterschaftsgeldes ab 1. März 1997 Hilfe zum Lebensunterhalt für sich und die Kinder. Die Stadt H. gewährte die Hilfe. Nachdem sie im Februar 1998 erfahren hatte, dass die Klägerin an der Universität {B.} immatrikuliert war, nahm sie die Bescheide über die Ge-

währung der Hilfe für die Klägerin u.a. für die Zeit von März bis Dezember 1997 zurück und forderte Erstattung der Leistungen. Den Widerspruchsbescheid der Klägerin wies der Beklagte zurück. Daraufhin hat die Klägerin Klage erhoben.

Durch das genannte Urteil hat das Verwaltungsgericht die Klage abgewiesen und zur Begründung ausgeführt: Gemäß § 45 Abs. 1 und 2 Satz 3 Nr. 2 SGB X habe der Beklagte ohne Rechtsverstoß die Bewilligung der der Klägerin gewährten Hilfe zum Lebensunterhalt für den Zeitraum März bis Dezember 1997 zurückgenommen. Denn die Bewilligung von Hilfe zum Lebensunterhalt in diesem Zeitraum sei rechtswidrig im Sinne des § 45 Abs. 2 Satz 1 SGB X gewesen, weil die Klägerin in dieser Zeit gemäß § 26 Abs. 1 BSHG keinen Anspruch auf Hilfe zum Lebensunterhalt gehabt habe. Ihre Ausbildung (im Studiengang Sozialwissenschaften an der Universität {B.}) sei – unstreitig – im Rahmen des Bundesausbildungsförderungsgesetzes dem Grunde nach förderungsfähig gewesen. Ein Härtefall im Sinne des § 26 Abs. 1 Satz 2 BSHG sei nicht ersichtlich. Ein Fall einer „pro-forma-Immatrikulation" im Sinne der Rechtsprechung des Senats (Beschl. v. 29.09.1995 – 4 M 5332/95 –, FEVS 46, 422, 423) sei nicht gegeben gewesen; vielmehr habe die Klägerin nach Überzeugung des Gerichts ihr Studium in der streitigen Zeit fortgesetzt und sich auf die Prüfungen vorbereitet. Eine besondere Härte im Sinne des § 26 Abs. 1 Satz 2 BSHG begründe auch nicht der Umstand, dass die Klägerin seinerzeit ihr (kurz zuvor geborenes) Kleinkind betreut habe und ihr deshalb nach § 18 Abs. 3 BSHG eine Arbeit nicht habe zugemutet werden können. Denn der der letzteren Regelung zugrunde liegende familienpolitische Zweck sei mit dem durch § 26 Abs. 1 BSHG verfolgten Zweck nicht vergleichbar. Das Vertrauen der Klägerin in den Bestand der Bewilligung der Hilfe durch den Beklagten sei gemäß § 45 Abs. 2 Satz 3 Nr. 2 SGB X nicht schutzwürdig, weil die Klägerin ihr Studium sowohl bei der Antragstellung im Jahre 1997 als auch in der Folgezeit verschwiegen habe. Die Rücknahme der Bewilligung sei auch innerhalb der Jahresfrist des § 45 Abs. 4 Satz 2 SGB X erfolgt, die Rückforderung der zu Unrecht erbrachten Leistungen finde ihre Rechtsgrundlage in § 50 SGB X. ... Dem Anspruch der Klägerin auf die ihr in der Zeit vom 1. März bis 31. Dezember 1997 gewährten Leistungen zum Lebensunterhalt stand die Sonderregelung für Auszubildende in § 26 Abs. 1 BSHG nicht entgegen. Danach haben Auszubildende, deren Ausbildung im Rahmen des Bundesausbildungsförderungsgesetzes dem Grunde nach förderungsfähig ist, keinen Anspruch auf Hilfe zum Lebensunterhalt. Zwar war die Klägerin in der genannten Zeit an der Universität {B.} (weiterhin) immatrikuliert; dieses Studium war auch im Rahmen des Bundesausbildungsförderungsgesetzes dem Grunde nach förderungsfähig. In ihrer Situation war aber ein besonderer Härtefall im Sinne des § 26 Abs. 1 Satz 2 BSGH gegeben, in dem Hilfe zum Lebensunterhalt (als Beihilfe oder als Darlehen) gewährt werden kann, so dass ihr die Hilfe nicht rechtswidrig gewährt wurde.

Der Senat hat entgegen der Rechtsprechung des Bundesverwaltungsgerichts (Urt. v. 14.10.1993 – BVerwG 5 C 16.91 –, BVerwGE 94, 224) für die – hier einschlägige – Gruppe von Fällen, in denen die Hilfesuchende gehindert ist, sich durch Arbeitsaufnahme selbst zu helfen, weil sie für die Betreuung und Erziehung eines Kindes unter drei Jahren allein verantwortlich ist (vgl. dazu auch § 18 Abs. 3 Satz 2 BSHG), in ständiger Rechtsprechung (Nachweise im Urteil vom 25.06.1998 – 4 L 7006/96 – und im Beschluss vom 29.09.1995 – 4 M 5332/95 –, FEVS 46, 422) einen besonderen Härtefall im Sinne des § 26 Abs. 1 Satz 2 BSHG angenommen. An dieser Auffassung, der sich das OVG Saarlouis (Beschluss vom 28.08.2001 – 3 W 9/01 – FEVS 53, 326) angeschlossen hat, hält der Senat auch in diesem Fall fest.

Es bedarf deshalb hier einer Entscheidung nicht, ob bei der Klägerin ein besonderer Härtefall im Sinne des § 26 Abs. 1 Satz 2 BSHG auch deshalb anzunehmen war, weil sie an der Universität {B.} nur „pro forma" immatrikuliert war, ihr Studium also wegen der Kindererziehung in dem hier maßgeblichen Zeitraum nicht betrieb." ...

Leitsatz (redaktionell) (BVerwG, Beschluss vom 24.06.1986, Az.: 5 B 8/86)

Ein anderes Verständnis des § 26 Satz 1 BSHG in dem Sinne, dass ein den allgemeinen (notwendigen) Lebensunterhalt betreffender Bedarf stets dann nicht ausbildungsgeprägt sei, wenn Hilfebedürftigkeit auch bestünde, würde eine Ausbildung im Sinne der in dieser Vorschrift genannten Art nicht betrieben werden, würde besonders in einer Zeit angespannter Arbeitsmarktlage, die Grund für ein Ausweichen in Ausbildungen der genannten Art ist, zu einer allgemeinen Ausbildungsförderung mit Mitteln der Sozialhilfe führen und damit das mit der Einfügung des § 26 BSHG (anstelle des gleichzeitig außer Kraft gesetzten § 31 Abs. 4 BSHG) verfolgte Anliegen vereiteln.

Aus den Gründen:

„1) Die Rechtssache hat nicht grundsätzliche Bedeutung (vgl. § 132 Abs. 2 Nr. 1 VwGO). Die hierzu vom Kläger (allein) aufgeworfene Rechtsfrage, ob § 26 Satz 1 des Bundessozialhilfegesetzes (BSHG) – eingefügt durch Art. 21 Nr. 8 des Zweiten Gesetzes zur Verbesserung der Haushaltsstruktur (2. Haushaltsstrukturgesetz) vom 22. Dezember 1981 (BGBl. I S. 1523 (1534)) – auf Asylbewerber anzuwenden ist, die keine Arbeitserlaubnis erhalten und deswegen nicht arbeiten dürfen, ist nicht klärungsbedürftig in dem Sinne, dass sie im Interesse der Wahrung der Einheitlichkeit der Rechtsprechung oder einer bedeutsamen Fortentwicklung des Rechts höchstrichterlich entschieden werden müsste. Aus § 26 Satz 1 BSHG in Verbindung mit der Rechtsprechung des Bundesverwaltungsgerichts zu dieser Vorschrift (s. insbesondere das Urteil vom 17. Januar 1985 – BVerwGE 71, 12 –) ergibt sich ohne weiteres, dass ein Hilfesuchender von der Gewährung von Hilfe zum Lebensunterhalt, mittels deren der gewöhnliche Bedarf zur Sicherstellung des allgemeinen Lebensunterhalts gedeckt werden soll, auch dann ausgeschlossen ist, wenn es ihm im Zeitpunkt der Aufnahme einer Ausbildung, die im Rahmen des Bundesausbildungsförderungsgesetzes oder des Arbeitsförderungsgesetzes dem Grunde nach förderungsfähig ist, oder während des Betreibens einer solchen Ausbildung aus einem Rechtsgrund oder mangels einer Arbeitsgelegenheit nicht möglich ist, eine Arbeit aufzunehmen, vermöge deren die Inanspruchnahme von Sozialhilfe entbehrlich werden könnte. Dieser Umstand ändert nichts daran, dass auch in diesem Fall der Bedarf ausbildungsgeprägt im Sinne der Rechtsprechung des Bundesverwaltungsgerichts ist: Der Hilfesuchende betreibt eine der genannten Ausbildungen und benötigt deshalb in einem unmittelbaren Sinne Hilfe zum Lebensunterhalt; der Hilfesuchende begehrt sie, um die Ausbildung betreiben zu können, die er – wovon ausgegangen werden muss – begonnen hat, mit dem Ziel, sie bis zum (erfolgreichen) Abschluss durchzuführen. Ein anderes Verständnis des § 26 Satz 1 BSHG in dem Sinne, dass ein den allgemeinen (notwendigen) Lebensunterhalt betreffender Bedarf stets dann nicht ausbildungsgeprägt sei, wenn Hilfebedürftigkeit auch bestünde, würde eine Ausbildung im Sinne der in dieser Vorschrift genannten Art nicht betrieben werden, würde besonders in einer Zeit angespannter Arbeitsmarktlage, die Grund für ein Aus-

weichen in Ausbildungen der genannten Art ist, zu einer allgemeinen Ausbildungsförderung mit Mitteln der Sozialhilfe führen und damit das mit der Einfügung des § 26 BSHG (anstelle des gleichzeitig außer Kraft gesetzten § 31 Abs. 4 BSHG) verfolgte Anliegen vereiteln. Ein Hilfesuchender – und das kann jeder sein, nicht nur ein Asyl nachsuchender Ausländer –, der eine Ausbildung der genannten Art aufnimmt und betreibt mit dem Ziel, sie auch (erfolgreich) abzuschließen, begibt sich hierdurch der Möglichkeit, jederzeit – „täglich" – jede sich bietende Gelegenheit nutzen zu können, sich seinen Lebensunterhalt selbst zu verdienen, um öffentliche Hilfe überflüssig zu machen. Er würde das Verlangen nach Abbruch der Ausbildung – böte sich die erwähnte Gelegenheit – als geradezu sinnlos ablehnen, namentlich dann, wenn er in der Ausbildung fortgeschritten ist. Das widerspräche dem Grundanliegen des Sozialhilferechts, dass Sozialhilfe nämlich nicht eine wirtschaftliche Dauerleistung darstellt, sondern Hilfe in einer durch die Umstände der jeweiligen Gegenwart geprägten Notlage ist (BVerwGE 25, 307 (309): Der Sozialhilfefall wird gleichsam täglich erneut regelungsbedürftig).

2) Die Revision ist auch nicht nach § 132 Abs. 2 Nr. 2 VwGO zuzulassen. Entgegen der Ansicht des Klägers weicht das Berufungsurteil nicht von der Entscheidung des Bundesverwaltungsgerichts vom 17. Januar 1985 (a.a.O.) ab; es steht mit dieser Entscheidung gerade in Einklang, wie sich bereits aus den vorstehenden Ausführungen ergibt. Das Bundesverwaltungsgericht hat vom in § 26 Satz 1 BSHG bestimmten Ausschluss von der Hilfe zum Lebensunterhalt nur den Bedarf ausgenommen, der seine Ursache in Umständen hat, die herkömmlicherweise mit der Ausbildung nichts zu tun haben. Konkret ging es um den Mehrbedarf, der wegen krankheitsbedingter kostenaufwendigerer Ernährung entstanden war (vgl. § 23 Abs. 4 Nr. 2 BSHG). Ausdrücklich hat das Bundesverwaltungsgericht festgestellt, dass Sozialhilferecht gebe nicht die Grundlage dafür her, durch Sicherstellung des allgemeinen Lebensunterhalts das Betreiben einer dem Grunde nach (im Rahmen des Bundesausbildungsförderungsgesetzes und des Arbeitsförderungsgesetzes) förderungsfähigen Ausbildung zu ermöglichen. Gerade das aber erstrebt der Kläger."

Zum Verhältnis von Ausbildungsförderung und Leistungen nach dem AsylbLG

Leitsatz (redaktionell) (SG Berlin, Beschluss vom 14.03.2005, Az.: S 38 A Y 13/05 ER)

Die Ausschlussnorm des § 22 SGB XII, die nach ständiger obergerichtlicher Rechtsprechung die Gewährung des sogenannten ausbildungsgeprägten Bedarfes ausschließt, ist im Rahmen des § 2 AsylbLG anwendbar.

Aus den Gründen:

„... Die Antragstellerin hat das Vorliegen eines Anordnungsanspruchs nicht mit der hohen Wahrscheinlichkeit glaubhaft gemacht, die eine Vorwegnahme der Hauptsache rechtfertigen würde, § 86b Abs. 2 Satz 4 SGG i.V.m. § 920 Abs. 2 ZPO.

Gemäß § 1 Abs. 1 AsylbLG sind unter anderem leistungsberechtigt nach dem AsylbLG Ausländer, die sich tatsächlich im Bundesgebiet aufhalten und eine Duldung besitzen. Nach § 2 Abs. 1 AsylbLG ist dabei abweichend von den §§ 3 bis 7 AsylbLG das Zwölfte Buch Sozialgesetzbuch auf diejenigen Leistungsberechtigten entspre-

chend anzuwenden, die über eine Dauer von insgesamt 36 Monaten Leistungen nach § 3 AsylbLG erhalten haben und die Dauer des Aufenthaltes nicht rechtsmissbräuchlich selbst beeinflusst haben. Gemäß § 22 Abs. 1 Satz 1 SGB XII haben Auszubildende, deren Ausbildung im Rahmen des Bundesausbildungsförderungsgesetzes dem Grunde nach förderungsfähig ist, keinen Anspruch auf Hilfe zum Lebensunterhalt. Nach Satz 2 der Vorschrift kann Hilfe zum Lebensunterhalt in besonderen Härtefällen als Beihilfe oder Darlehen geleistet werden.

Die Ausschlussnorm des § 22 SGB XII, die nach ständiger obergerichtlicher Rechtsprechung die Gewährung des sogenannten ausbildungsgeprägten Bedarfes ausschließt, ist im Rahmen des § 2 AsylbLG anwendbar (ständige Rechtsprechung, vgl. zur wortgleichen Vorgängernorm des § 26 BSHG etwa BVerwG, Beschluss vom 24. Juni 1986 – 5 B 8/86 –; OVG des Saarlandes, Beschluss vom 23. September 1988 – 1 W 380/88 –, FEVS 38, 116; OVG Münster, Urteil vom 25. Juli 1985, InfAuslR 1986, 286, 287; VG Aachen, Beschluss vom 28. April 2000 – 2 L 1428/99 – InfAuslR 2000, 351 ff.).

Die Antragstellerin hat demnach keinen Anspruch auf die geltend gemachten Leistungen nach dem Asylbewerberleistungsgesetz. Zwar unterfällt sie als sich im Bundesgebiet tatsächlich aufhaltende Ausländerin, die über eine Duldung verfügt, dem personalen Anwendungsbereich des § 1 Abs. 1 AsylbLG und hat auch über eine Dauer von insgesamt 36 Monaten bereits Leistungen nach § 3 AsylbLG erhalten. Ihr Leistungsanspruch ist jedoch gemäß § 2 Abs. 1 Satz 1 AsylbLG i.V.m. § 22 Abs. 1 Satz 1 SGB XII ausgeschlossen, da die von ihr absolvierte Ausbildung dem Grunde nach nach dem Bundesausbildungsförderungsgesetz förderungsfähig ist. Hierbei kommt es nämlich allein darauf an, ob die Ausbildung abstrakt – mithin unabhängig von in der Person des Auszubildenden liegenden Ausschlussgründen, zu denen auch die Erfordernisse des § 8 BAföG zählen – förderungsfähig ist (OVG des Saarlandes, a.a.O.; OVG Bremen, Beschluss vom 2. Februar 1984, FEVS 33, 147, 148; Hess. VGH, Beschlüsse vom 18. April 1983, FEVS 32, 450, 452 und vom 15. November 1983, FEVS 33, 139, 141).

Die Antragstellerin betreibt seit dem 19. August 2002 am Oberstufenzentrum Bürowirtschaft und Dienstleistungen eine Vollzeitausbildung zur Bürokauffrau. Diese Ausbildung ist im Rahmen des Bundesausbildungsförderungsgesetzes dem Grunde nach förderungsfähig. Dennoch kann die Antragstellerin keine Förderung nach dem BAföG erhalten. Sie erfüllt nämlich nicht die persönlichen Förderungsvoraussetzungen des § 8 BAföG (vgl. auch Bescheinigung des Bezirksamtes Lichtenberg von Berlin – Amt für Ausbildungsförderung – vom 18. November 2004).

Der Anwendung des § 22 SGB XII auf die Antragstellerin steht auch nicht entgegen, dass die Antragstellerin auch ohne ihre Ausbildung ihren Lebensunterhalt nicht sichern könnte, weil ihr durch ausländerbehördliche Anordnung jede selbstständige oder vergleichbare unselbstständige Erwerbstätigkeit untersagt ist. Das Bundesverwaltungsgericht hat bereits vielfach entschieden, dass ein Hilfesuchender von der Gewährung von Hilfe zum Lebensunterhalt, mittels deren der gewöhnliche Bedarf zur Sicherstellung des allgemeinen Lebensunterhaltes gedeckt werden soll, auch dann ausgeschlossen ist, wenn es ihm im Zeitpunkt der Aufnahme einer Ausbildung, die im Rahmen des Bundesausbildungsförderungsgesetzes förderungsfähig ist oder während des Betreibens einer solchen Ausbildung aus einem Rechtsgrund oder mangels einer Arbeitsgelegenheit nicht möglich ist, eine Arbeit aufzunehmen, vermöge deren die Inanspruchnahme von Sozialhilfe entbehrlich werden könnte (BVerwG, Be-

schluss vom 24. Juni 1986 – 5 B 8/86 –). Dieser Umstand ändert nichts daran, dass auch in diesem Fall der Bedarf ausbildungsgeprägt im Sinne der Rechtsprechung des Bundesverwaltungsgerichts ist: Der Hilfesuchende betreibt eine der genannten Ausbildungen und benötigt deshalb in einem unmittelbaren Sinne Hilfe zum Lebensunterhalt; der Hilfesuchende begehrt sie, um die Ausbildung betreiben zu können, die er – wovon ausgegangen werden muss – begonnen hat, mit dem Ziel, sie bis zum (erfolgreichen) Abschluss fortzusetzen (BVerwG, a.a.O.).

Ausgehend von dieser Gesetzesauslegung, die sich die beschließende Kammer zu Eigen macht, ist ein Bedarf für den Lebensunterhalt eines Auszubildenden nicht bereits dann nicht mehr ausbildungsgeprägt, wenn er auch im Falle der Aufgabe der Ausbildung bestünde, sondern lediglich dann, wenn er durch besondere Umstände – wie beispielsweise Krankheit oder Unglücksfall – bedingt ist, die mit der Ausbildung nichts zu tun haben und von gewöhnlichen Gegebenheiten abweichen, es sich also um einen herkömmlicherweise nicht im Zusammenhang mit der Ausbildung stehenden Sonderbedarf handelt (OVG des Saarlandes, Beschluss vom 23. September 1988 – 1 W 380/88 –; OVG Münster, Beschluss vom 11.04.1985, FEVS 35, 34; OVG Lüneburg, Beschlüsse vom 28.07.1986, InfAuslR 1987, 55 und vom 21.05.1987, InfAuslR 1987, 245). Danach ist der bei der Antragstellerin gegebene Bedarf ausbildungsgeprägt, weil es sich nicht um einen Sonderbedarf in dem oben umschriebenen Sinne handelt, sondern um einen Bedarf, der einem Auszubildenden in aller Regel erwächst.

Trotz der somit vorliegend eingreifenden Regelung des § 22 Abs. 1 Satz 1 SGB XII könnte der Antragstellerin allerdings dann Hilfe zum Lebensunterhalt gewährt werden, wenn es sich um einen besonderen Härtefall im Sinne des § 22 Abs. 1 Satz 2 SGB XII handeln würde. So liegt der Fall hier jedoch nicht. § 22 Abs. 1 Satz 2 SGB XII macht die Gewährung von Hilfe zum Lebensunterhalt an Personen, die einer im Rahmen des BAföG dem Grunde nach förderungsfähigen Ausbildung nachgehen, davon abhängig, dass ein besonderer Härtefall vorliegt. Dieser unbestimmte Rechtsbegriff, der in vollem Umfang der gerichtlichen Überprüfung unterliegt (OVG Münster, Urteile vom 25.07.1985, a.a.O., S. 288, und vom 14.11.1985, a.a.O., S. 222), ist nicht bereits dann erfüllt, wenn für den Auszubildenden in dem Ausschluss der Hilfe zum Lebensunterhalt und dem damit verbundenen mittelbaren Zwang, die Ausbildung abzubrechen, eine Härte liegt. Anderenfalls bliebe außer Betracht, dass der Gesetzgeber in § 22 Abs. 1 Satz 2 SGB XII nicht allein von einem Härtefall, sondern von einem besonderen Härtefall spricht. Durch diese Verstärkung wird nämlich zum Ausdruck gebracht, dass ein außergewöhnlicher Ausnahmefall gegeben sein muss (OVG Münster, Urteile vom 25.07.1985, a.a.O., S. 289, und vom 14.11.1985, a.a.O., S. 222). Von daher ist es nicht möglich, § 22 Abs. 1 Satz 2 SGB XII auf alle in Ausbildung befindlichen oder studierenden Leistungsempfänger nach dem AsylbLG anzuwenden, denen – wie regelmäßig – eine selbstständige oder vergleichbare unselbstständige Erwerbstätigkeit ausländerbehördlich untersagt ist. Damit würde nämlich eine ganze Gruppe von Auszubildenden beziehungsweise Studierenden dem Grundsatz des § 22 Abs. 1 Satz 1 SGB XII entzogen und für einen zahlenmäßig nicht unerheblichen Personenkreis eine Ausbildungsförderung auf einer „zweiten Ebene", nämlich der der Sozialhilfe, gewährt. Das wäre durch die systematisch als Ausnahmebestimmung nach den Regeln der Methodenlehre einschränkend auszudeutende Regelung des § 22 Abs. 1 Satz 2 SGB XII (OVG des Saarlandes, Beschluss vom 29.01.1986 – 1 W 1556/86 – FEVS 36, 302) nicht mehr gedeckt und liefe der allgemeinen Zielrichtung des Satzes 1 dieser Norm (zur Vorgängernorm vgl.

BVerwG, Urteil vom 12.02.1981, BVerwGE 61, 352 (359)) zuwider. Im Weiteren kann für die Auslegung des § 22 Abs. 1 Satz 2 SGB XII nicht entscheidend darauf abgestellt werden, dass es deswegen sinnvoll sei, Leistungsempfängern nach dem Asyl-bLG, denen jede Erwerbstätigkeit untersagt ist, während des Bezugs von Hilfe zum Lebensunterhalt eine Ausbildung zu ermöglichen, weil nach Abschluss einer besonderen Ausbildung eine größere Chance bestehe, qualifizierte Arbeit zu finden und dadurch von Sozialhilfe unabhängig zu werden. Dies würde nämlich nur zu einer Verfestigung des Aufenthalts führen, bevor überhaupt ein endgültiges Bleiberecht feststeht.

Der Antrag auf Bewilligung von Prozesskostenhilfe war abzulehnen, da der Antrag auf Gewährung einstweiligen Rechtsschutzes keine hinreichende Aussicht auf Erfolg hat, § 73 Satz 1 SGG i.V.m. § 114 ZPO." ...

Bemerkung zur Übertragbarkeit der älteren Rechtsprechung auf das neue Recht des SGB XII:

Die aufgeführte Rechtsprechung zu § 26 BSHG a.F. wird uneingeschränkt auf das neue Recht übertragbar sein, da insoweit keine Änderungen ersichtlich sind.

§ 23 SGB XII   Sozialhilfe für Ausländerinnen und Ausländer

(1) Ausländern, die sich im Inland tatsächlich aufhalten, ist Hilfe zum Lebensunterhalt, Hilfe bei Krankheit, Hilfe bei Schwangerschaft und Mutterschaft sowie Hilfe zur Pflege nach diesem Buch zu leisten. Die Vorschriften des Vierten Kapitels bleiben unberührt. Im Übrigen kann Sozialhilfe geleistet werden, soweit dies im Einzelfall gerechtfertigt ist. Die Einschränkungen nach Satz 1 gelten nicht für Ausländer, die im Besitz einer Niederlassungserlaubnis oder eines befristeten Aufenthaltstitels sind und sich voraussichtlich dauerhaft im Bundesgebiet aufhalten. Rechtsvorschriften, nach denen außer den in Satz 1 genannten Leistungen auch sonstige Sozialhilfe zu leisten ist oder geleistet werden soll, bleiben unberührt.

(2) Leistungsberechtigte nach erhalten keine Leistungen der Sozialhilfe.

(3) Ausländer, die eingereist sind, um Sozialhilfe zu erlangen, haben keinen Anspruch auf Sozialhilfe. Sind sie zum Zweck einer Behandlung oder Linderung einer Krankheit eingereist, soll Hilfe bei Krankheit insoweit nur zur Behebung eines akut lebensbedrohlichen Zustandes oder für eine unaufschiebbare und unabweisbar gebotene Behandlung einer schweren oder ansteckenden Erkrankung geleistet werden.

(4) Ausländer, denen Sozialhilfe geleistet wird, sind auf für sie zutreffende Rückführungs- und Weiterwanderungsprogramme hinzuweisen; in geeigneten Fällen ist auf eine Inanspruchnahme solcher Programme hinzuwirken.

(5) In den Teilen des Bundesgebiets, in denen sich Ausländer einer ausländerrechtlichen räumlichen Beschränkung zuwider aufhalten, darf der für den tatsächlichen Aufenthaltsort zuständige Träger der Sozialhilfe nur die nach den Umständen unabweisbar gebotene Leistung erbringen. Das Gleiche gilt für Ausländer, die einen räumlich nicht beschränkten Aufenthaltstitel nach den §§ 23, 23a, 24 Abs. 1 oder § 25 Abs. 3 bis 5 des Aufenthaltsgesetzes besitzen, wenn sie sich außerhalb des Landes aufhalten, in dem der Aufenthaltstitel erstmals erteilt worden ist. Satz 2 findet keine Anwendung, wenn der Ausländer im Bundesgebiet die Rechtsstellung eines ausländischen Flüchtlings genießt oder der Wechsel in ein anderes Land zur Wahrnehmung

der Rechte zum Schutz der Ehe und Familie nach oder aus vergleichbar wichtigen Gründen gerechtfertigt ist.

Die Regelung überträgt im Wesentlichen inhaltsgleich den bisherigen § 120 des Bundessozialhilfegesetzes. Die Änderungen in Absatz 5 Satz 2 und 3 greifen auf Wunsch der Länder eine Regelung auf, die entsprechend bereits im Entwurf des Zuwanderungsgesetzes als Änderung des Bundessozialhilfegesetzes vorgesehen war. Sie dienen der gleichmäßigen Lastenverteilung unter den Ländern und Gemeinden bei Sozialhilfebedürftigkeit von in ihrem Zuständigkeitsbereich aufhältigen Ausländern. Neben einer ausdrücklichen räumlichen Beschränkung, die einen Eingriff in die Freizügigkeit darstellt, ist die Gewährung von reduzierten Leistungen der Sozialhilfe auch bei Inhabern einer Aufenthaltsbefugnis erforderlich, um den Anstieg von Sozialhilfekosten in Gebieten, die eine höhere Konzentration von Ausländern aufweisen, zu vermeiden. Diese Einschränkung gilt nicht für Asylberechtigte oder Personen, die Flüchtlinge im Sinne der Genfer Flüchtlingskonvention sind, da hier der Eingriff in die Freizügigkeit nicht mit der Genfer Flüchtlingskonvention in Einklang zu bringen ist.

Einreise zum Zwecke der Erlangung von Sozialhilfe (§ 23 Abs. 3 SGB XII)

Leitsatz (redaktionell) (BVerwG, Urteil vom 20.10.1981, Az.: 5 C 16/80)

Das Oberverwaltungsgericht ist von dem ihm bei seiner Entscheidung noch nicht bekannten Urteil des Bundesverwaltungsgerichts in BVerwGE 59, 73 abgewichen. Dort ist zum Tatbestandsmerkmal „um Sozialhilfe zu erlangen" ausgeführt: Es sei einerseits nicht auf ein „unlauteres Verhalten" eingeschränkt, andererseits nicht so weitgehend zu verstehen, dass es bereits mit fahrlässigem Verhalten bei der Einschätzung der Hilfebedürftigkeit und der Möglichkeit, sich selbst helfen zu können, erfüllt sei. „Erforderlich, aber auch ausreichend ist, dass nach den objektiven Umständen von einem Wissen und Wollen mindestens im Sinne eines bedingten Vorsatzes ausgegangen werden kann, der für den Entschluss zur Einreise von prägender Bedeutung gewesen sein muss. Dabei setzt Wissen und Wollen nicht Kenntnis des deutschen Sozialhilferechts mit seinen vielfältigen Möglichkeiten voraus (S. 77)."

Aus den Gründen:

„... Die 1963 geborene Klägerin, iranische Staatsangehörige, leidet von Geburt an an mittelgradigem Schwachsinn bei Mikrozephalie und radialer Dysplasie. Sie, ihre Eltern und ihre 1965 geborene Schwester wohnten in Teheran. Im September 1967 war sie in der Bundesrepublik Deutschland in der Universitäts-Kinderklinik und -Poliklinik der Stadt H. eingehend untersucht worden. Von November 1967 bis März 1968 hielt sich die ganze Familie in H. auf. Im Dezember 1968 reiste die Familie erneut in die Bundesrepublik Deutschland ein und bezog in H. eine zuvor gekaufte Eigentumswohnung. Der Vater der Klägerin, ein im iranischen Justizministerium beschäftigter Jurist, gab im Antrag auf Erteilung der Aufenthaltserlaubnis als Zweck des Aufenthaltes unter anderem an, dass er Heilung für sein krankes Kind suche. Schon vorher hatte er sich mit der Gesundheitsbehörde in H. wegen einer „geeigneten Förderung" der Klägerin in Verbindung gesetzt; bei dem Landessozialamt hatte er sich um einen Heimplatz in H. bemüht. Im April 1969 besuchte die Klägerin in H. für kurze Zeit eine

private pädagogische Tagesschule. Die Kosten hierfür trugen ihre Eltern. Alsbald bemühte sich der Vater um Aufnahme der Klägerin in ein im Bereich des beklagten überörtlichen Trägers der Sozialhilfe gelegenes Heim eines privaten Trägers, der jedoch die Aufnahme von der Übernahme der hierdurch entstehenden Kosten durch das Landessozialamt der Stadt H. abhängig machte. Dieses lehnte eine Kostenübernahme aber ab.

Im Februar 1972 wurde die Klägerin doch noch in das erwähnte Heim aufgenommen. Grundlage hierfür war ein zwischen ihren Eltern als Selbstzahlern und dem Heimträger geschlossener Pflegevertrag. Ihm zufolge verpflichteten sich die Eltern, die Unterbringungskosten auf der Grundlage der jeweils von der Arbeits- und Sozialbehörde der Stadt H. genehmigten Kostensätze zu zahlen. Um die Einhaltung der Zahlungsverpflichtung sicherzustellen, verpflichtete sich der Vater, die selbstschuldnerische Bürgschaft einer iranischen Bank, die in H. eine Filiale unterhält und bei der der Vater als Rechtsberater tätig war, beizubringen. Vereinbart wurde außerdem, dass der Bürge die Rechnung monatlich unmittelbar dem Heim gegenüber reguliert. Eine entsprechende selbstschuldnerische Bürgschaft wurde zunächst für zwei Jahre erklärt, zugleich die Bereitschaft, die Gültigkeitsdauer der Bürgschaft zu verlängern.

Ungeachtet dessen beantragte die Klägerin im März 1972 die Übernahme der (anfangs 38,70 DM täglich betragenden) Kosten der Heimunterbringung durch den Träger der Sozialhilfe. Der beklagte überörtliche Träger der Sozialhilfe lehnte dies ab, weil ein Ausländer keinen Anspruch auf Eingliederungshilfe habe, Hilfegewährung auch im Ermessenswege nicht in Betracht komme, die Klägerin einer vollstationären Unterbringung nicht bedürfe und im Hinblick auf die Bürgschaft der iranischen Bank nicht hilfebedürftig sei. Die anschließend von der Klägerin erhobene Klage hatte keinen Erfolg. Im Vorprozess, in dem es um Hilfegewährung für die Zeit von Februar 1972 bis April 1976 ging, vertrat das Berufungsgericht die Ansicht, dass die Klägerin mit Rücksicht auf ihre Vermögensverhältnisse und die ihrer Eltern keinen Anspruch auf Hilfe zur Pflege habe und dementsprechend auch Eingliederungshilfe nicht erhalten könne. Dazu führte es im Wesentlichen aus: Sowohl das der Klägerin gehörende, in Teheran gelegene Hausgrundstück, dessen Verkehrswert der Vater mit umgerechnet 50.000 bis 60.000 DM geschätzt habe, als auch die vom Vater 1975 erworbene neue Eigentumswohnung, deren Verkehrswert 212.500,00 DM betrage, seien insbesondere weder nach § 88 Abs. 2 Nr. 7 noch nach § 88 Abs. 3 BSHG zu schonendes Vermögen. Bei seinem Einsatz könnten die bis zum 14. April 1976 entstandenen Heimpflegekosten auf jeden Fall bestritten werden.

Im September 1976 beantragte die Klägerin die Übernahme der Heimpflegekosten für die Folgezeit. Der Beklagte lehnte auch diesen Antrag ab; denn die Klägerin sei vom Anspruch auf Sozialhilfe ausgeschlossen, weil ihr Vater von Anfang an beabsichtigt gehabt habe, sie auf Kosten der Sozialhilfe in einem Heim in der Bundesrepublik Deutschland unterzubringen. Die hierauf erhobene Klage hat das Verwaltungsgericht abgewiesen. Auch im Berufungsverfahren – in ihm hat der Beklagte in der mündlichen Verhandlung am 28. November 1979 die Gewährung von Sozialhilfe bis zu diesem Tag abgelehnt – hat die Klägerin keinen Erfolg gehabt. Das Oberverwaltungsgericht ist der Ansicht, dass der Klägerin auch für den Folgezeitraum Sozialhilfe nicht gewährt werden könne, weil durch Verwertung des nach wie vor vorhandenen Vermögens in Gestalt eigenen Grundbesitzes und der Eigentumswohnung der Eltern der Bedarf gedeckt werden könne.

Mit der Revision verfolgt die Klägerin ihr Klagebegehren weiter. Sie führt im Wesentlichen aus: Die Immobilien stellten kein zum Zwecke der Deckung des sozialhilferechtlichen Bedarfs geeignetes verwertbares Vermögen dar. Das Hausgrundstück in Teheran sei wegen der dort herrschenden Verhältnisse wirtschaftlich nicht verwertbar. Die Eigentumswohnung in H. sei mit Grundpfandrechten zur Sicherung der Darlehen belastet, die zum Zwecke des Erwerbs der Wohnung aufgenommen worden seien. Ein Überschuss, der bei Veräußerung der Wohnung erzielt werden würde, müsste sofort an diejenigen Gläubiger, nämlich an Verwandte, ausgezahlt werden, die die Mittel für die Finanzierung des Heimaufenthaltes in früheren Jahren darlehensweise zur Verfügung gestellt hätten. Darauf, dass diese Forderungen nicht durch Grundpfandrechte gesichert worden seien, komme es nicht an. Entscheidend sei, welches Ergebnis eine Saldierung der Vermögenswerte und der Verbindlichkeiten zeitige. Darüber hinaus widerspräche die Veräußerung der den übrigen Familienangehörigen als Unterkunft dienenden Eigentumswohnung vernünftiger Wirtschaftsführung, weil in H. keine Wohnung zu erhalten sein dürfte, deren Mietzins sehr viel unter der Annuität der Eigentumswohnung läge.

Entscheidungsgründe

Die zulässige Revision ist unbegründet, so dass sie zurückzuweisen ist (§ 144 Abs. 2 VwGO).

Wenngleich – wie noch darzulegen sein wird – die Gründe, aus denen das Oberverwaltungsgericht die Berufung der Klägerin gegen das klagabweisende Urteil des Verwaltungsgerichts zurückgewiesen hat, revisionsgerichtlich nicht zu beanstanden sind, so bedürfen doch die Ausführungen des Berufungsgerichts zur Anwendung des § 120 Abs. 1 Satz 1 Halbsatz 2 BSHG der Korrektur, ohne dass die Revision schon aus diesem Rechtsgrund zurückgewiesen werden kann, weil es dem Bundesverwaltungsgericht verwehrt ist, unter diesem rechtlichen Aspekt unter Umständen noch notwendige weitere tatsächliche Feststellungen zu treffen und eine Tatsachenwürdigung vorzunehmen.

Der in dieser Vorschrift für die Ausschließung des Ausländers vom Anspruch auf Sozialhilfe normierte Grund – ihn darf der Träger der Sozialhilfe auch hinsichtlich Leistungen berücksichtigen, deren Gewährung in seinem Ermessen steht – ist von größerer Tragweite als das Verweisen der Klägerin auf die Selbsthilfe, die die Gewährung von Sozialhilfe wegen ihres Nachrangs (§ 2 BSHG) ausschließt; denn in Gestalt des Einsatzes von Vermögen ihrer Eltern endet die Selbsthilfemöglichkeit mit dem Eintritt ihrer Volljährigkeit (vgl. § 28 BSHG). Im Übrigen scheidet dieser Versagungsgrund dann aus, wenn Vermögen, dessen Einsatz der Klägerin und ihren Eltern abverlangt wird, zur Bedarfsdeckung verwertet sein sollte.

Das Oberverwaltungsgericht ist von dem ihm bei seiner Entscheidung noch nicht bekannten Urteil des Bundesverwaltungsgerichts in BVerwGE 59, 73 abgewichen. Dort ist zum Tatbestandsmerkmal „um Sozialhilfe zu erlangen" ausgeführt: Es sei einerseits nicht auf ein „unlauteres Verhalten" eingeschränkt, andererseits nicht so weitgehend zu verstehen, dass es bereits mit fahrlässigem Verhalten bei der Einschätzung der Hilfebedürftigkeit und der Möglichkeit, sich selbst helfen zu können, erfüllt sei. „Erforderlich, aber auch ausreichend ist, dass nach den objektiven Umständen von einem Wissen und Wollen mindestens im Sinne eines bedingten Vorsatzes ausgegangen werden kann, der für den Entschluss zur Einreise von prägender Bedeutung gewesen sein muss. Dabei setzt Wissen und Wollen nicht Kenntnis des deutschen Sozialhilferechts mit seinen vielfältigen Möglichkeiten voraus (S. 77)."

Hiermit nicht in Einklang stehen die Ausführungen des Berufungsgerichts, dass es an dem erforderlichen finalen Zusammenhang zwischen Einreise und der Inanspruchnahme von Sozialhilfe fehle, wenn der Ausländer, der aus einem anderen Grund eingereist sei, seine etwaige Abhängigkeit von Sozialhilfe lediglich im Sinne eines dolus eventualis billigend in Kauf nehme. Die Begründung für diese (abweichende) Auffassung, eine andere Auslegung des § 120 BSHG hätte ausländerfeindliche Tendenz und liefe dem erkennbaren Zweck dieser Vorschrift zuwider, überzeugt nicht. Ein Staat kann nicht schon deshalb der Ausländerfeindlichkeit geziehen werden, weil er die aus dem Steueraufkommen für Hilfen in Notlagen zur Verfügung gestellten Mittel so weit wie möglich seinen Staatsangehörigen vorbehält. Die Bundesrepublik Deutschland muss zum Schutz der Leistungsfähigkeit ihrer Sozialleistungsträger, die im öffentlichen Interesse erhalten werden muss, notwendigerweise Schranken aufrichten. § 120 Abs. 1 Satz 1 Halbsatz 1 und Satz 2 BSHG enthält ohnehin zugunsten von Ausländern großzügige Regelungen. Eine darüber hinausgehende Leistungspflicht zugunsten von Ausländern lässt sich nur auf der Grundlage von bilateralen Abkommen, wie sie zwischen der Bundesrepublik Deutschland einerseits und Österreich und der Schweiz andererseits bestehen, oder aufgrund multilateraler Abkommen wie dem Europäischen Fürsorgeabkommen rechtfertigen. Derartige Abkommen verbürgen aber die Gegenseitigkeit.

Bei einer hiernach gebotenen anderen Rechtsanwendung kann eine Würdigung umfassender tatsächlicher Feststellungen zu einem anderen Ergebnis führen, insbesondere angesichts dessen, dass der sorgeberechtigte Vater der Klägerin, auf dessen „Absicht" abzustellen wäre (BVerwGE 59, 73 (76)), bei der maßgeblichen Aufenthaltnahme im Dezember 1968 aufgrund der eingehenden Epikrise vom 28. September 1967 um die schwere Behinderung der Klägerin und die Notwendigkeit einer voraussichtlich kostspieligen Behandlung gewußt hat, dass er ausdrücklich erklärt hat, in der Bundesrepublik Deutschland Heilung für sein krankes Kind zu suchen, dass er sich schon vor der maßgeblichen Aufenthaltnahme im Dezember 1968 um eine Heimunterbringung der Klägerin, jedenfalls um eine „geeignete Förderung" intensiv bemüht hat, dass ihm die Einrichtung „Sozialhilfe" bekanntgewesen ist (denn er hat gegenüber der Ausländerbehörde erklärt, solche nicht in Anspruch nehmen zu wollen, dies möglicherweise im Hinblick auf § 10 Abs. 1 Nr. 10 des Ausländergesetzes), dass er seine eigenen finanziellen und wirtschaftlichen Verhältnisse gekannt hat, für deren Bewertung nicht außer Acht gelassen werden könnte, dass er sich bereits vor der maßgeblichen Aufenthaltnahme mit dem Kauf der ersten Eigentumswohnung finanziell engagiert hatte.

Unter dem die Gewährung von Sozialhilfe ausschließenden Aspekt ihres Nachrangs kam die Ablehnung des Hilfebegehrens vornehmlich aus dem – vom Beklagten auch angeführten – Grund in Betracht, dass der sozialhilferechtlich relevante Bedarf der Klägerin, der in der Notwendigkeit ihrer Heimunterbringung – sei es zur Pflege, sei es als Maßnahme zur Eingliederung – bestanden und der sich in den Monat für Monat aufzuwendenden Heimpflegekosten niedergeschlagen hat, tatsächlich anderweit gedeckt worden ist, nämlich durch Zahlungen, die der Bürge anstelle der Eltern geleistet hat, die sich hierzu im Pflegevertrag als Selbstzahler verpflichtet hatten. Hierdurch wäre zutreffendenfalls der Tatbestand erfüllt, dass die Klägerin die erforderliche Hilfe von einem andern erhalten hat (§ 2 Abs. 1 2. Alternative BSHG), weil der tatsächlichen Leistung eine rechtliche Verpflichtung zugrunde gelegen hat (vgl. dazu das Ur-

teil des Bundesverwaltungsgerichts vom 4. September 1980 – BVerwG 5 C 55.79 –
FEVS 29, 45; ZfSH 1981, 23).

An dieser Überlegung würde der Umstand allein nichts ändern, dass die Erfüllung der
sich aus dem Pflegevertrag ergebenden rechtlichen Verpflichtung vom Jahre 1976
an (oder in dessen Verlauf) nicht mehr verbürgt war, wie dem im ersten Rechtszug
vorgelegten Schreiben der iranischen Bank, des Bürgen, vom 27. Juli 1976 entnom-
men werden könnte. Diese Überlegung würde in gleicher Weise zu gelten haben,
wenn von da an ein anderer Dritter die Zahlungen geleistet und damit die im Pflege-
vertrag übernommene Verpflichtung erfüllt hätte, etwa die Deutsch-Iranische Han-
delsbank, für die der Vater der Klägerin ebenfalls tätig geworden ist, oder die Eltern
der Klägerin selbst, nachdem sie sich die hierfür erforderlichen Mittel durch eine an-
derweite Aufnahme von Darlehen, z.B. bei Verwandten und Freunden, beschafft hat-
ten; so der wiederholte Vortrag der Klägerin im Rechtsstreit.

Da das Berufungsgericht dieser Frage aber nicht nachgegangen ist und infolgedes-
sen im Einzelnen tatsächliche Feststellungen nicht getroffen und nicht gewürdigt hat,
muss sie bei der Entscheidung über die Revision offenbleiben; denn dem Revisions-
gericht ist es verwehrt, hierzu Tatsachen festzustellen und zu würdigen.

Zurückzuweisen ist die Revision auf jeden Fall aus den Gründen, auf die das Beru-
fungsgericht seine Entscheidung gestützt hat und die – wie bereits eingangs bemerkt
worden ist – revisionsgerichtlich nicht zu beanstanden sind. Sozialhilfe dient dazu,
einer tatsächlich bestehenden Hilfebedürftigkeit (Notlage) abzuhelfen. An einer sol-
chen fehlt es, wenn der Hilfesuchende (oder – wenn er minderjährig und unverheira-
tet ist – seine Eltern) tatsächlich Einkommen hat (haben) oder Vermögen besitzt (be-
sitzen), dessen Einsatz ihm (ihnen) nach den Einzelregelungen im Abschnitt 4 des
Bundessozialhilfegesetzes zuzumuten ist (§§ 2, 11 Abs. 1 Satz 1, 28 BSHG). Daher
kommt es nicht darauf an, ob Vermögen schon bei früherer Gelegenheit hätte einge-
setzt werden können (müssen) und nicht mehr vorhanden wäre, wenn es bei dieser
Gelegenheit zu einer Bedarfsdeckung eingesetzt worden wäre. Beizupflichten ist
auch der Ansicht des Berufungsgerichts, dass etwas anderes dann gilt, wenn der Hil-
fesuchende und der Träger der Sozialhilfe darüber streiten, ob mit Rücksicht auf vor-
handenes Vermögen Hilfebedürftigkeit besteht, und wenn es – seine Einsetzbarkeit
angenommen – nicht ausreichen würde, die Hilfebedürftigkeit des Hilfesuchenden
während des gesamten streitigen Zeitraums, für den Hilfe beansprucht wird, zu behe-
ben. Es braucht nicht näher dargelegt zu werden, dass in diesem Fall dem für den ge-
samten streitigen Zeitraum ermittelten Bedarf der Wert des für einsetzbar angesehe-
nen verwertbaren Vermögens gegenüberzustellen ist mit der Folge, dass Sozialhilfe
insoweit zu gewähren ist, als ein sozialhilferechtlich relevanter Bedarf ungedeckt
bleibt. Entgegen der Ansicht der Klägerin ist es nicht unverständlich, dass das Beru-
fungsgericht aus diesen rechtlichen Erwägungen keinen ihr günstigen Schluss gezo-
gen hat. Die Klägerin vernachlässigt ersichtlich, dass das Oberverwaltungsgericht
seine Überlegungen – zu Recht – auf einen gesamten streitigen Zeitraum bezogen
hat. Gerade hierauf kommt es aber für die Entscheidung über das in diesem Rechts-
streit verfolgte Begehren an. Die Klägerin und der Beklagte haben zunächst um eine
Hilfegewährung für die Zeit von Februar 1972 bis April 1976 gestritten. Dieser Streit
ist mit dem Eintritt der Rechtskraft des im Vorprozess ergangenen Urteils des Beru-
fungsgerichts abgeschlossen worden mit dem Ergebnis, dass die Klägerin während
dieses Zeitraums insgesamt nicht hilfebedürftig gewesen ist, weil ihr sozialhilferecht-
lich relevanter Bedarf durch Verwertung eigenen Vermögens und Vermögens ihrer
Eltern hätte gedeckt werden können. Da die Klägerin und ihre Eltern diese Verwer-

310

tung nicht vorgenommen haben, stehen diese Vermögenswerte unverändert tatsächlich für eine Bedarfsdeckung während eines neu begonnenen Bedarfszeitraums zur Verfügung, hinsichtlich dessen bisher noch kein Streit bestanden hatte. Zu fragen ist daher wiederum nur, ob bei Verwertung dieses Vermögens (seine noch zu erörternde Verwertbarkeit unterstellt) der in diesem Bedarfszeitraum entstehende Bedarf (ganz oder mindestens teilweise) gedeckt werden konnte.

Auch die Klägerin will offenbar nicht leugnen, dass das ihr gehörende Hausgrundstück in Teheran und die ihrem Vater gehörende Eigentumswohnung in H. Gegenstände sind, die als Vermögen im Sinne des § 88 Abs. 1 BSHG zu begreifen sind. Dass es sich bei diesen Immobilien um verwertbares Vermögen handelt, davon hat das Bundesverwaltungsgericht auszugehen. Der Vortrag der Klägerin in der Revisionsbegründung, das Hausgrundstück in Teheran sei infolge der dort nach der Revolution herrschenden Verhältnisse unveräußerbar, kann in der Revisionsinstanz als Tatsachenvortrag nicht berücksichtigt werden. Im Übrigen liegen der Annahme der Verwertbarkeit das Bundesverwaltungsgericht bindende tatsächliche Feststellungen des Berufungsgerichts zugrunde, hinsichtlich der die Klägerin zulässige und begründete Revisionsgründe nicht vorgebracht hat (vgl. § 137 Abs. 2 VwGO). Hiernach würde im Falle einer Veräußerung der Eigentumswohnung nach Abzug der Tilgungsbeträge für die aus dem Erwerb der Wohnung herrührenden und durch Grundpfandrechte gesicherten Darlehensforderungen ein Erlös übrigbleiben, der ausreichen würde, den streitbefangenen Bedarf zu decken. Das Oberverwaltungsgericht hat weiter festgestellt, dass der Vater der Klägerin über diesen Erlös nicht bereits rechtsverbindlich zugunsten seiner Gläubiger, insbesondere derjenigen, die nach dem Vortrag der Klägerin Darlehen zur Finanzierung des Heimaufenthaltes während des ersten Bedarfszeitraums gewährt haben, verfügt hat; er hat weder Grundpfandrechte eingeräumt noch einen (verbleibenden) Veräußerungserlös voraus abgetreten. Auch ist nicht erwiesen, dass die Gläubiger den Erlös im Wege des Arrestes in Anspruch nehmen würden. Die rechtliche Würdigung des Oberverwaltungsgerichts (vgl. § 108 Abs. 1 Satz 1 VwGO), dass der Vater der Klägerin über den Erlös frei verfügen, also den streitbefangenen Bedarf der Klägerin decken könne, ist revisionsgerichtlich nicht zu beanstanden. Die Denkgesetze sind nicht verletzt und gegen anerkannte Erfahrungssätze und Auslegungsgrundsätze ist nicht verstoßen. Der im Laufe des Rechtsstreits wiederholte Vortrag der Klägerin, Freunde und Verwandte (die Angaben hierzu sind nicht einheitlich) hätten Darlehensbeträge zur Verfügung gestellt, die als Verbindlichkeiten dem Vermögenswert im Sinne einer Saldierung gegenübergestellt werden müssten, reicht nicht aus, die wiedergegebenen tatsächlichen, für das Bundesverwaltungsgericht verbindlichen Feststellungen und deren Würdigung durch das Berufungsgericht zu erschüttern. Einen Mangel des Verfahrens in Gestalt unzureichender Sachaufklärung in diesem Zusammenhang hat die Klägerin nicht gerügt, insbesondere nicht Tatsachen bezeichnet, die den Mangel ergeben (vgl. § 139 Abs. 2 Satz 2 VwGO). Auch aus dem von der Klägerin erörterten Grund vernünftiger Wirtschaftsführung ist die Annahme des Oberverwaltungsgerichts, die Eigentumswohnung in H. sei verwertbares Vermögen, revisionsgerichtlich nicht zu beanstanden. Die Klägerin hat hierzu im Berufungsverfahren lediglich allgemein bemerkt, dass bei Veräußerung der Eigentumswohnung in H. kaum eine Wohnung zu erhalten sein dürfte, die bezüglich ihrer Mietbelastung sehr viel unter der Annuität der Eigentumswohnung liegen würde; denn selbst bei einem sich auf dem Niveau der Annuität bewegenden Mietaufwand lässt sich die Verwertbarkeit der Eigentumswohnung nicht in Frage stellen, weil gerade der bei einer Veräußerung erzielte (Rest-) Erlös zur Deckung des Bedarfs der Klägerin zur Verfügung stünde, ohne dass die übrigen Famili-

enmitglieder ihren Unterkunftsbedarf betreffend schlechtergestellt wären. Dass das Oberverwaltungsgericht in dieser Richtung eine notwendige Aufklärung unterlassen hat, hat die Klägerin überdies nicht entsprechend den Anforderungen (vgl. § 139 Abs. 2 Satz 2 VwGO) gerügt.

Schließlich ist aufgrund das Bundesverwaltungsgericht bindender tatsächlicher Feststellungen des Berufungsgerichts davon auszugehen, dass die Immobilien nicht geschütztes Vermögen im Sinne des § 88 Abs. 2 Nr. 7 und Abs. 3 BSHG sind und dass auch die Voraussetzungen für eine darlehensweise Hilfegewährung nach § 89 BSHG nicht vorliegen. Auch insoweit hat die Klägerin zulässige und begründete Revisionsgründe nicht vorgebracht."

Die nach den Umständen unabweisbar gebotene Hilfe im Sinne des § 23 Absatz 5 Satz 1 SGB XII

Leitsatz (redaktionell) (BVerwG, Urteil vom 26.09.1991, Az.: 5 C 61/88)

Nach dem Gesetzeszweck, der der Änderung des § 120 Abs. 2 BSHG zugrunde liegt, die Dynamik der öffentlichen Ausgaben zu begrenzen (vgl. BVerwGE 71, 139 <149>), ist es sozialhilferechtlich unbedenklich, mit einer Kürzung von Sozialhilfemitteln eine weitere Einsparung von Sozialhilfemitteln anzustreben, die einträte, wenn der Hilfeempfänger seiner Ausreisepflicht nachkäme. Dass der geduldete Ausländer ausländerrechtlich nicht zur Ausreise gezwungen wird, hindert nicht, mit der Einschränkung der Sozialhilfe auf seine Ausreise und damit auf den Wegfall der Sozialhilfe hinzuwirken.

Aus den Gründen:

„Der Kläger ist srilankischer Staatsangehöriger tamilischer Volkszugehörigkeit. Er ist verheiratet und hat fünf Kinder. Er reiste Ende 1983 ohne seine Familie nach Deutschland ein und beantragte Asyl. Nach rechtskräftiger Ablehnung des Asylantrags (3. Dezember 1986) duldete das Landratsamt Würzburg als die für den Kläger zuständige Ausländerbehörde seinen weiteren Aufenthalt. Nach seinem Auszug aus der Gemeinschaftsunterkunft für Asylbewerber wohnte der Kläger im Kloster O. für monatlich 100,00 DM einschließlich aller Nebenkosten (20,00 DM Heizung und 10,00 DM Strom).

Der Beklagte bewilligte dem Kläger durch Bescheid vom 16. April 1987 Hilfe zum Lebensunterhalt ab dem 14. April 1987. Er legte den um 20 vom Hundert gekürzten Regelsatz für den Haushaltsvorstand zugrunde (304,00 DM statt 380,00 DM). Als Wohnbedarf setzte er eine Miete von 70,00 DM und für die Heizkosten einen Betrag von 16,67 DM monatlich an. Von der Miete von 100,00 DM berücksichtigte er also nicht den auf die Stromkosten entfallenden Anteil (10,00 DM). Von den Heizungskosten zog er einen auf 1/6 geschätzten Anteil für Warmwasser ab.

Den hiergegen eingelegten Widerspruch wies der Beigeladene mit folgender Begründung zurück: Da der weitere Aufenthalt des Klägers im Bundesgebiet lediglich geduldet werde, sei sein Aufenthalt nur vorübergehender Natur. Ein gesellschaftliches Integrationsinteresse bestehe somit nicht. Der Beklagte sei daher nicht verpflichtet, die Teilnahme des Klägers am kulturellen und gesellschaftlichen Leben zu ermöglichen.

Dies entspreche auch dem Ziel des § 120 Abs. 2 Satz 4 des Bundessozialhilfegesetzes – BSHG –, die mit dem immer stärker werdenden Zustrom von Asylbewerbern verbundene Kostenflut mit dem Sozialstaatsprinzip in Einklang zu bringen. Die standardisierten Regelsätze könnten im Einzelfall unterschritten werden, wenn ein typisierter Bedarf nicht vorliege. Der Regelsatz umfasse Bedarfsgruppen, die beim Kläger nicht oder nicht in vollem Umfang gegeben seien. Für seinen Bedarf an Hausrat und Wäsche von geringem Anschaffungswert würden Sachleistungen gewährt. Ihm könnten bei den Bedarfspositionen „Teilnahme am kulturellen Leben" und „sonstige persönliche Bedürfnisse" gewisse Einschränkungen zugemutet werden.

Das Verwaltungsgericht hat der vom Kläger erhobenen Klage stattgegeben und den Beklagten durch das angefochtene Urteil verpflichtet, dem Kläger ab dem 14. April 1987 bis zum 15. Juli 1988 laufende Hilfe zum Lebensunterhalt ohne Kürzung des Regelsatzes zu gewähren. Zur Begründung hat es ausgeführt:

Der Kläger habe Anspruch auf laufende Hilfe zum Lebensunterhalt ohne Kürzung des Regelsatzes. Er gehöre zwar zu den Personen, bei denen nach § 120 Abs. 2 Satz 4 BSHG die Sozialhilfe auf das zum Lebensunterhalt Unerlässliche eingeschränkt werden könne. Mit der Rechtsprechung des Bundesverwaltungsgerichts (BVerwGE 71, 139) sei aber davon auszugehen, dass § 120 Abs. 2 Satz 4 BSHG nicht erlaube, die Hilfe im Regelfall auf das zum Lebensunterhalt Unerlässliche einzuschränken und sie nur ausnahmsweise ungekürzt zu gewähren. Deshalb müsse im Einzelfall konkret und individuell dargelegt werden, welche Gründe die Kürzung rechtfertigen sollten. Werde der fragliche Regelsatz dadurch aufgelöst, dass auf den ihm zugrunde liegenden Warenkorb zurückgegriffen werde, werde dagegen nicht der Einzelfall, sondern würden doch wieder alle Fälle der einschlägigen Gruppe der Asylbewerber entschieden. Die Bestandteile des sogenannten Warenkorbs bildeten lediglich Rechnungsgrößen, die der Ermittlung des Gesamtbedarfs zugrunde lägen. Der Hilfeempfänger sei grundsätzlich nicht gehalten, den Regelsatz für die im Warenkorb vorausgesetzten Zwecke einzusetzen; zumindest in beschränktem Umfang dürfe er umschichten. Einzelfallbezogen habe der Beigeladene die Kürzung des Regelsatzes letztlich nicht begründet. Individuell sei allein die Begründung für die Kürzung des Wohnbedarfs. Diese Kürzung beruhe jedoch nicht auf § 120 Abs. 2 Satz 4 BSHG.

Gegen dieses Urteil hat der Beklagte unter Übergehung der Berufungsinstanz mit Zustimmung des Klägers die vom Verwaltungsgericht zugelassene Revision eingelegt, mit der er die Abweisung der Klage erreichen will. Der Beklagte rügt die Verletzung des § 120 Abs. 2 Satz 4 BSHG. Das Verwaltungsgericht habe die Ermessensentscheidung zur Kürzung der Sozialhilfe zu Unrecht als fehlerhaft beurteilt. Eine unzulässige Umkehrung des Regel-Ausnahme-Verhältnisses finde sich im Widerspruchsbescheid nicht.

Der Kläger verteidigt das angefochtene Urteil. Eine Kürzung sei nur aus individuellen Gründen zulässig, woran es hier fehle.

Der Beigeladene, die Landesanwaltschaft Bayern als Vertreterin des öffentlichen Interesses und der Oberbundesanwalt beim Bundesverwaltungsgericht unterstützen die Revision des Beklagten mit im Wesentlichen folgenden Gründen: Nach der Rechtsprechung des Bundesverwaltungsgerichts erfordere die Einschränkung der Hilfe zum Lebensunterhalt jedenfalls eine Begründung im Einzelfall. Die Anforderungen an diese Einzelfallbegründung dürften nicht so bestimmt werden, dass die Kürzungsmöglichkeit nur in wenigen besonders gelagerten Fällen gerechtfertigt bleibe, denn es widerspreche der Zielsetzung des § 120 Abs. 2 BSHG, wenn der Anwendungsbereich zu stark eingeschränkt werde. Die Regelsätze seien nichts anderes als eine Abkehr vom Individualisierungsprinzip des § 3 Abs. 1 BSHG, indem sie auf der Grundlage eines Bedarfsmengenschemas den notwendigen Lebensunterhalt nach einem objektiven Maßstab typisierend bestimmten. Lasse nun § 120 Abs. 2 Satz 4 BSHG bei einem bestimmten Personenkreis eine Kürzung des Regelsatzes zu, so erscheine es durchaus systemgerecht, die Kürzung auch mit Regelargumenten zu begründen.

Entscheidungsgründe

Die Revision des Beklagten ist begründet. Das angefochtene Urteil verletzt Bundesrecht (§ 137 Abs. 1 Nr. 1 VwGO).

Zutreffend ist das Verwaltungsgericht allerdings mit der Rechtsprechung des Senats (BVerwGE 71, 139) von der Grundsatz-Ausnahme-Systematik in § 120 Abs. 2 des Bundessozialhilfegesetzes – BSHG – in der Fassung der Bekanntmachung vom 20. Januar 1987 (BGBl. I S. 401, ber. 494) ausgegangen. Nach § 120 Abs. 1 Satz 1 Halbsatz 1 und Abs. 2 Satz 1 BSHG ist asylsuchenden Ausländern und zur Ausreise verpflichteten Ausländern Hilfe zum Lebensunterhalt zu gewähren. Nach § 120 Abs. 2 Satz 4 BSHG kann die Hilfe auf das zum Lebensunterhalt Unerlässliche eingeschränkt werden.

Zu § 120 Abs. 2 BSHG in der Fassung der Bekanntmachung vom 24. Mai 1983 (BGBl. I S. 613) hat der Senat entschieden (BVerwGE 71, 139 <146 ff.>), dass § 120 Abs. 1 Satz 1 Halbsatz 1 und Abs. 2 Satz 1 BSHG F. 1983 mit dem Anspruch auf Hilfe zum Lebensunterhalt die Grundsatzregelung sei und im Verhältnis dazu die Einschränkbarkeit der laufenden Geldleistungen nach § 120 Abs. 2 Satz 3 BSHG F. 1983 die Ausnahme. Allein der Umstand, dass der Hilfesuchende ein asylsuchender Ausländer ist, rechtfertige eine Kürzung der Sozialhilfe nicht; denn gerade auf diesen Umstand gründe sich nach § 120 Abs. 2 Satz 1 Halbsatz 1 BSHG der Anspruch auf ungekürzte Hilfe zum Lebensunterhalt.

Die Neufassung des § 120 Abs. 2 BSHG durch Art. 26 des Haushaltbegleitgesetzes 1984 vom 22. Dezember 1983 (BGBl. I S. 1532) hat das Grundsatz-Ausnahme-Verhältnis nicht verändert. Der neue Satz 3 regelt lediglich die Form der Hilfeleistung; er lässt Leistungspflicht und Leistungsumfang unverändert. Der neue Satz 4 fasst zwar den Kürzungsgegenstand (bisher: laufende Geldleistungen) weiter (jetzt: die Hilfe zum Lebensunterhalt), belässt aber die Kürzungsmöglichkeit als Ausnahme. Schließlich erweitert die Neufassung den Anwendungsbereich des Absatzes 2 insgesamt über die asylsuchenden Ausländer hinaus auch auf zur Ausreise verpflichtete Ausländer (vgl. § 120 Abs. 2 Satz 1 Nrn. 2 und 3 BSHG). Auch dies wirkt sich jedoch nicht auf das Grundsatz-Ausnahme-Verhältnis innerhalb des Absatzes 2 aus.

Die im Revisionsverfahren gegen das vom Senat herausgestellte Grundsatz-Ausnahme-Verhältnis angeführten Argumente überzeugen nicht. Dabei verkennt der Senat weder die finanzpolitische Bedeutung einer generellen Kürzungsmöglichkeit noch die Schwierigkeit eines individuellen Verwaltungsvollzugs. Wie der Senat aber bereits in der Entscheidung BVerwGE 71, 139 (149) ausgeführt hat, kann das Sparziel des Gesetzes nur im Rahmen eben dieser gesetzlichen Regelung erreicht werden. Aus dem Grundsatz-Ausnahme-Verhältnis folgt aber, dass ein Tatbestandsmerkmal, das den Grundsatzfall begründet – in § 120 Abs. 2 BSHG: asylsuchende

Ausländer (Nr. 1) und zur Ausreise verpflichtete Ausländer (Nrn. 2 und 3) – allein nicht zur Rechtfertigung einer Ausnahme ausreicht (BVerwGE 71, 139 <148>).

Allerdings kann dem Grundsatz-Ausnahme-Verhältnis über diese Begrenzung hinaus nicht entnommen werden, als Ansatz für mögliche Ausnahmen seien alle generellen Kriterien ausgeschlossen. Ausgeschlossen sind alle diejenigen, die typischerweise mit dem Tatbestandsmerkmal des asylsuchenden Ausländers oder des zur Ausreise verpflichteten Ausländers verbunden sind, z.b. Kriterium des nicht auf eine bestimmte Zeit gesicherten Aufenthaltsrechts bzw. der Ausreisepflicht. Generelle Kriterien aber, die asylsuchende Ausländer und zur Ausreise verpflichtete Ausländer nicht typischerweise erfüllen, können als Ausnahmen auch generell berücksichtigt werden, ohne das Grundsatz-Ausnahme-Verhältnis umzukehren, das für die asylsuchenden Ausländer und die zur Ausreise verpflichteten Ausländer allgemein gilt. So bleibt das Grundsatz-Ausnahme-Verhältnis für alle zur Ausreise verpflichteten Ausländer gewahrt, wenn ein Leistungsträger die Einschränkung der Hilfe auf das zum Lebensunterhalt Unerlässliche grundsätzlich für alle diejenigen festlegt, die wegen einer mit Freiheitsstrafe bedrohten Straftat ausgewiesen sind. Die in dem Urteil BVerwGE 71, 139 (148) dargelegte Unzulässigkeit von Regelrichtlinien betrifft demnach solche, die das Grundsatz-Ausnahme-Verhältnis umkehren würden, nicht aber solche, die die Grundsatz-Ausnahme-Systematik unberührt lassen und an Regelkriterien ansetzen, die die asylsuchenden Ausländer oder zur Ausreise verpflichteten Ausländer nicht typischerweise, sondern nur in einzelnen Untergruppierungen betreffen. Auch die Feststellung des Senats im Leitsatz der Entscheidung BVerwGE 71, 139 (140), dass die Einschränkung auf das zum Lebensunterhalt Unerlässliche im Wege des Ermessens nur unter Berücksichtigung der Umstände des Einzelfalls angeordnet werden könne, ist dahin zu verstehen, dass sich der Ausnahmefall durch Besonderheiten vom Regelfall des asylsuchenden Ausländers oder des zur Ausreise verpflichteten Ausländers unterscheidet.

Allerdings ist noch für jedes Kürzungskriterium, gleich ob Regel- oder Einzelkriterium, zu prüfen, ob es die Kürzung im Rahmen der Zielsetzung des Sozialhilferechts rechtfertigt. Nach dem Gesetzeszweck, der der Änderung des § 120 Abs. 2 BSHG zugrunde liegt, die Dynamik der öffentlichen Ausgaben zu begrenzen (vgl. BVerwGE 71, 139 <149>), ist es sozialhilferechtlich unbedenklich, mit einer Kürzung von Sozialhilfemitteln eine weitere Einsparung von Sozialhilfemitteln anzustreben, die einträte, wenn der Hilfeempfänger seiner Ausreisepflicht nachkäme. Dass der geduldete Ausländer ausländerrechtlich nicht zur Ausreise gezwungen wird, hindert nicht, mit der Einschränkung der Sozialhilfe auf seine Ausreise und damit auf den Wegfall der Sozialhilfe hinzuwirken.

Zu Unrecht ist das Verwaltungsgericht der Auffassung, die für die Kürzung angeführten Gründe rechtfertigten diese nicht.

Wenn das Verwaltungsgericht rügt, zur Kürzung dürfe nicht auf einzelne Bedarfspositionen des Warenkorbes durchgegriffen werden, so liegt dem die zutreffende Sicht zugrunde, dass der Warenkorb mit den einzelnen Bedarfspositionen nur ein mögliches Bedarfsmengenschema ist, das den Hilfeempfänger nicht bindet, den dort angenommenen Bedarf als seinen eigenen zu übernehmen und diesem Schema entsprechend zu decken. Denn dem Warenkorb kommt für die Bemessung des Regelsatzes nur eine beispielhafte Funktion zu. Das schließt aber nicht aus, dass auf ihn auch zur Ausgestaltung und Bewertung einzelner Bedarfsgruppen oder Bedarfspositionen zurückgegriffen werden kann. Das kommt insbesondere dann in Betracht, wenn über Leistungen abweichend von Regelsatzleistungen zu entscheiden ist (vgl. z.B. § 22 Abs. 1 Satz 2, § 120 Abs. 2 Sätze 3 und 4 BSHG). Stellt sich die Frage nach einzelnen Bedarfsgruppen oder -positionen und ihrer Bewertung, so ist zu beachten, dass der Warenkorb nur ein (neben anderen) mögliches Bedarfsmengenschema ist. Der Durchgriff auf den Warenkorb steht deshalb unter dem Vorbehalt, dass der Sozialhilfeträger oder Hilfeempfänger nicht konkret einen anderen Bedarf darlegt, der einem anderen vom Regelsatz ebenfalls gedeckten Bedarfsmengenschema entspricht. Der Kläger hat keine vom Warenkorb abweichenden Bedarfsgruppen oder -positionen angeführt, vielmehr geltend gemacht, die ihm im Widerspruchsbescheid abgesprochenen oder nur zum Teil belassenen Bedarfspositionen nach dem Warenkorb stünden ihm in vollem Umfang zu. In diesem Fall ist es unbedenklich, den Bedarf nach dem Bedarfsmengenschema des Warenkorbes zu bestimmen und zu bewerten.

Während im Bescheid des Beklagten vom 16. April 1987 die Kürzung der Regelsatzleistung um 20 vom Hundert (von 380,00 DM auf 304,00 DM = 76,00 DM) noch allgemein damit begründet war, dass der Kläger aus einem fremden Land und Kulturkreis komme und nicht einen bestimmten, bei deutschen Hilfeempfängern ohne weiteres zu bejahenden Bedarf habe, sind im Widerspruchsbescheid viele einzelne Kürzungsgründe aufgeführt. Zunächst stellt der Widerspruchsbescheid zutreffend fest, dass § 22 Abs. 1 Satz 2 BSHG vorschreibt, laufende Leistungen abweichend von den Regelsätzen zu bemessen, soweit dies nach den Besonderheiten des Einzelfalles geboten ist, dass aber – der hier einschlägige – § 120 Abs. 2 Satz 4 BSHG eine Einschränkungsmöglichkeit ohne diese enge Voraussetzung eröffnet. Die anschließend angeführten Gründe für die Kürzung der Sozialhilfe um monatlich 76,00 DM lassen einen Rechtsfehler der Ermessensentscheidung nach § 120 Abs. 2 Satz 4 BSHG nicht erkennen.

Zu Recht konnte bei der Kürzung berücksichtigt werden, dass der Kläger statt eines nach dem Warenkorb bemessenen Energiebedarfes von 51,44 DM tatsächlich nur einen solchen in Höhe von 13,33 DM (= 10,00 DM Strom und 3,33 DM Warmwasser) hatte (Differenz: 38,11 DM). Nach den Feststellungen im Widerspruchsbescheid werden ihm für Hausrat mit geringem Anschaffungswert (nach dem Warenkorb bemessen: 5,58 DM) und für Bekleidung von geringem Anschaffungswert (nach dem Warenkorb bemessen: 5,73 DM) Sachleistungen gewährt (§ 120 Abs. 2 Satz 3 BSHG). Einzelfallbezogen, nämlich unter Hinweis auf die Möglichkeit, eine Tageszeitung im Kloster zu lesen, wird die Position Tageszeitung (bemessen mit 17,16 DM) für unnötig gehalten. Ebenfalls auf den Kläger bezogen, der im Kloster baden und ohne Kosten Sport treiben könne, wird die Notwendigkeit zweier Badekarten im Monat (5,69 DM) bestritten. Unter Hinweis auf den Lebensstandard des Klägers (er ist Vater von fünf Kindern) in seiner Heimat Sri Lanka wird eine Reduzierung des Kinobesuchs von einmal monatlich auf einige wenige Male im Jahr für gerechtfertigt gehalten (monatliche Einsparung bei vier- statt zwölfmal: 4,66 DM). Diese Bewertungen sind rechtlich nicht zu beanstanden. Zusammen führen diese Positionen zu einer möglichen Kürzung von 76,00 DM. Deshalb ist hier nicht zu entscheiden, inwieweit ein Bedarf an sozialer Integration unter Hinweis auf die Ausreisepflicht abgelehnt werden darf. Die weiteren Kürzungspositionen (Überweisungskosten, Telefongebühren, Bahnfahrt und Busfahrt) bedürfen im Einzelnen keiner Erörterung. Berücksichtigt man, dass bezogen auf den Kläger und seinen Wohnort Z. grundsätzlich nur einige Fahrten nach W. in Betracht kommen, sind die nach dem Warenkorb bemessenen monatlichen Kosten für Bus und Bahn ebenfalls nicht in vollem Umfang erforderlich.

*Der Kürzungsbetrag in Höhe von 76,00 DM ist demnach von den im Widerspruchs-
bescheid genannten, rechtlich bedenkenfreien Gründen für eine Kürzung gedeckt.*

*Da der Kläger seinerseits nicht dargetan hat, dass er andere vom Beklagten nicht be-
rücksichtigte Bedarfskosten habe, ist die Kürzungsentscheidung, wie sie im Widerspruchsbescheid begründet ist, nicht zu beanstanden."*

Leitsatz (redaktionell) (BVerwG, Urteil vom 26. September 1991, Az: 5 C
49/87)

Es ist im Einzelfall zu entscheiden, ob asylsuchenden Ausländern im Rahmen
der Hilfe Sachleistungen zu gewähren sind.

Aus den Gründen:

*„... Der 1966 geborene Kläger ist Asylbewerber pakistanischer Staatsangehörigkeit.
Seit Oktober 1985 war er in einer Gemeinschaftsunterkunft für Asylbewerber in K. untergebracht. Der Beklagte gewährte dem Kläger Sozialhilfe. Durch Bescheid vom 16.
Juni 1986 setzte er ab dem 15. März 1986 die laufende Hilfe zum Lebensunterhalt
nach dem damals geltenden Regelsatz für Haushaltsangehörige vom Beginn des
22. Lebensjahres an auf monatlich 302,00 DM fest; davon sollten dem Kläger monatlich 64,00 DM bar ausgezahlt werden, weil er als Bewohner einer Gemeinschaftsunterkunft die Hilfe im Übrigen, einschließlich des erhöhten Bedarfs eines Haushaltsvorstandes, in Form von Sachleistungen erhalte.*

*Auf die nach erfolglosem Widerspruch erhobene Klage mit dem Antrag, den Beklag-
ten zu verpflichten, dem Kläger den ungekürzten Regelsatz der Sozialhilfe nach den
Sätzen eines Haushaltsvorstandes zu gewähren, hat das Verwaltungsgericht den
Bescheid des Beklagten vom 16. Juni 1986 und den Widerspruchsbescheid aufgehoben, soweit dem Kläger ein Barbetrag von nicht mehr als 64,00 DM monatlich bewilligt worden ist, und den Beklagten verpflichtet, dem Kläger über die gezahlten
64,00 DM hinaus bis zum 30. Juni 1986 weitere 56,00 DM monatlich sowie ab 1. Juli
1986 weitere 58,50 DM monatlich zu bewilligen. Das Oberverwaltungsgericht hat die
Berufung des Beklagten mit folgender Begründung zurückgewiesen:*

*Für einen erwachsenen, alleinstehenden Asylbewerber, der – wie der Kläger – in
einer Gemeinschaftsunterkunft untergebracht sei und verpflegt werde, sei die durch
Sachleistungen nicht gedeckte Bedarfsgruppe „persönliche Bedürfnisse des täglichen Lebens" nach dem Warenkorbmodell 1985 dem Regelsatz für einen Alleinstehenden zu entnehmen. Der niedrigere Regelsatz für einen Haushaltsangehörigen
könne nicht zugrunde gelegt werden, weil der Kläger in der Gemeinschaftsunterkunft
keinem Haushalt angehöre. Entscheidendes Merkmal einer jeden Haushaltsgemeinschaft sei die gemeinsame Wirtschaftsführung. Daran fehle es, wenn den Bewohnern
einer Gemeinschaftsunterkunft die Wirtschaftsführung vollständig oder doch im Wesentlichen abgenommen werde. Das Fehlen eines eigenen Haushalts und damit ver-
bundener Generalunkosten ändere an dem Status als Alleinstehender nichts. Im
Warenkorbmodell 1985 sei der Umfang dessen, was den Alleinstehenden/Haushalts-
vorständen einerseits und Heimbewohnern im Sinne von § 21 Abs. 3 Satz 1 des Bundessozialhilfegesetzes – BSHG – andererseits für die persönlichen Bedürfnisse des
täglichen Lebens zugebilligt werde, einander angeglichen worden; aus dieser Vor-*

schrift gehe auch hervor, dass der Gesetzgeber Heimbewohner grundsätzlich nicht wie Haushaltsangehörige mit entsprechend geringeren persönlichen Bedürfnissen behandelt wissen wolle. Nach dem Warenkorbmodell 1985, das der Regelsatzfestsetzung zugrunde liege, entfalle auf den Teilwarenkorb „persönliche Bedürfnisse des täglichen Lebens" ein Gesamtbetrag von 120,00 DM. Dieser Bedarf werde hier auch nicht teilweise durch Sachleistungen gedeckt und sei deshalb durch Geldleistungen zu befriedigen. Vollständig durch die Sachleistungen gedeckt seien hier (nur) die Bedarfsgruppen „Ernährung" und „hauswirtschaftliche Bedürfnisse". Wie der Bedarf an „persönlichen Bedürfnissen des täglichen Lebens" durch Sachleistungen abgegolten werden könne, bleibe offen, solange sich der Hilfesuchende nicht auf eine bestimmte Art der Befriedigung seiner Bedürfnisse festgelegt habe. Die in dem diesbezüglichen Teilwarenkorb enthaltenen Dinge seien nur Beispiele, der Hilfesuchende werde durch sie bei der Befriedigung persönlicher Bedürfnisse nicht eingeschränkt.

Gegen dieses Urteil richtet sich die Revision des Beklagten. Er rügt die Verletzung des § 120 Abs. 2 BSHG und des § 2 Abs. 1 und 3 Nr. 5 der Regelsatzverordnung.

Der Kläger verteidigt das angefochtene Urteil.

Der Schleswig-Holsteinische Vertreter des öffentlichen Interesses unterstützt die Revision des Beklagten.

Die Revision ist begründet. Das angefochtene Urteil verletzt Bundesrecht (§ 137 Abs. 1 Nr. 1 VwGO).

Das Berufungsgericht geht zwar zu Recht davon aus, dass der Kläger als asylsuchender Ausländer nach § 120 Abs. 2 Satz 1 Nr. 1 des Bundessozialhilfegesetzes – BSHG – in der Fassung des Art. 26 des Haushaltbegleitgesetzes 1984 vom 22. Dezember 1983 (BGBl. I S. 1532) einen Anspruch auf Hilfe zum Lebensunterhalt hat und diese Hilfe nicht nach § 120 Abs. 2 Satz 4 BSHG auf das zum Lebensunterhalt Unerlässliche eingeschränkt worden ist. Es meint aber zu Unrecht, der Kläger könne die Sozialhilfe für seine persönlichen Bedürfnisse des täglichen Lebens ganz als Geldleistung verlangen. Die dem zugrunde liegende Vorstellung, dass der Bedarf an „persönlichen Bedürfnissen" nicht durch Sachleistungen abgegolten werden könne, solange sich der Hilfesuchende nicht auf eine bestimmte Art der Befriedigung seiner Bedürfnisse festgelegt habe, ist mit § 120 Abs. 2 Satz 3 BSHG nicht vereinbar. Danach soll die Hilfe asylsuchenden Ausländern, soweit dies möglich ist, als Sachleistung gewährt werden. Wegen dieses Vorrangs der Sachleistung kann aus der Pflicht zur Leistung eines Barbetrags in Höhe von mindestens 30 v.H. des Regelsatzes eines Haushaltsvorstandes an Hilfeempfänger in Heimen nach § 21 Abs. 3 Satz 2 BSHG keine entsprechende Geldleistungspflicht im Rahmen der Hilfe zum Lebensunterhalt nach § 120 Abs. 2 BSHG abgeleitet werden. Entscheidet sich die Behörde nach § 120 Abs. 2 Satz 3 BSHG für Sachleistungen, wie es der Beklagte hier getan hat, sind laufende Geldleistungen nach Regelsätzen ausgeschlossen. Soweit für Bedarfsgruppen oder -gegenstände Sachleistungen gewährt werden, sind Geldleistungen für den restlichen Bedarf insoweit abweichend von den Regelsätzen zu bemessen. Die im angefochtenen Urteil erörterte Unterscheidung zwischen Haushaltsvorstand/Alleinstehendem und Haushaltsangehörigem ist für die Bedarfsgruppe der „persönlichen Bedürfnisse" im Streitfall nicht entscheidend.

Dem § 120 Abs. 2 Satz 3 BSHG, der die Pflicht zur Sachleistung als gebundenes Ermessen („soll") für die Hilfe zum Lebensunterhalt insgesamt, also ohne Einschränkung auf bestimmte Bedarfsgruppen (siehe dazu § 12 Abs. 1 BSHG) festlegt, kann

nicht entnommen werden, dass er für die Bedarfsgruppe der persönlichen Bedürf-
nisse des täglichen Lebens insgesamt nicht gelten sollte. Sachleistungen auf die per-
sönlichen Bedürfnisse des täglichen Lebens sind auch nicht, wie das Berufungsge-
richt meint, deshalb gänzlich ausgeschlossen, weil sich der Kläger nicht auf eine
bestimmte Art der Befriedigung seiner Bedürfnisse festgelegt habe. Wenn § 120
Abs. 2 Satz 3 BSHG bestimmt, dass die Hilfe, soweit dies möglich ist, als Sachleis-
tung gewährt werden soll, liegt es nicht im Belieben des Klägers, mögliche Sachleis-
tungen dadurch zu verhindern, dass er seine persönlichen Bedürfnisse überhaupt
nicht bezeichnet. Zwar wird vom Kläger nicht verlangt, dass er alle seine persönli-
chen Bedürfnisse bis ins Einzelne offen- und auf Dauer gleichbleibend festlegt. Aber
eine Erklärung zu gewissen Bedarfspositionen, z.B. solchen, die immer wiederkeh-
ren, ist möglich und zumutbar.

Im Streitfall erscheint es unbedenklich, dass der Beklagte auf im Warenkorb aufge-
führte Bedarfspositionen zurückgegriffen hat, wobei – wie sich aus den vorangehen-
den Ausführungen ergibt – nicht zwischen Haushaltsvorstand/Alleinstehendem und
Haushaltsangehörigem zu unterscheiden ist. Da dem Warenkorb für die Bemessung
des Regelsatzes nur eine beispielhafte Funktion zukommt, steht der Durchgriff auf
den Warenkorb allerdings unter dem Vorbehalt, dass der Hilfeempfänger nicht kon-
kret einen anderen Bedarf darlegt, der einem anderen vom Regelsatz ebenfalls ge-
deckten Bedarfsmengenschema entspricht. Das hat der Kläger nicht getan. Daraus
kann er keinen Anspruch auf Geldleistungen herleiten, die dem Teilwarenkorb „per-
sönlicher Bedarf" 1985 oder einer ähnlich weiten Bemessungsgrundlage entspre-
chen. Ein Hilfesuchender wird nicht zum Objekt staatlicher Zuteilung gemacht und in
seiner Menschenwürde verletzt, wenn er aus den im Warenkorb „persönlicher Be-
darf" 1985 genannten Positionen oder auf seine Angaben zu seinen besonderen per-
sönlichen Bedürfnissen hin aus diesen Positionen gewisse, z.B. immer wiederkeh-
rende Teile, als Sachleistung erhält, zumal dann, wenn ihm – wie im vorliegenden
Falle – ein Barbetrag verbleibt. In welchem Umfange dieser Bedarf als Sachleistung
gedeckt werden kann, unterliegt der Entscheidung im Einzelfall.

Da Sachleistungen im Bereich der persönlichen Bedürfnisse des täglichen Lebens
nicht ausgeschlossen sind, ist das angefochtene Urteil aufzuheben. Das Bundesver-
waltungsgericht kann aber in der Sache nicht durchentscheiden, weil nicht feststeht,
ob die vom Beklagten angebotenen Sachleistungen die persönlichen Bedürfnisse
des Klägers in geeignetem Umfang decken. Das wird das Berufungsgericht, ausge-
hend vom persönlichen Bedarf des Klägers und der grundsätzlichen Verpflichtung
des Beklagten zu Sachleistungen, im Tatsächlichen noch festzustellen haben."

Bemerkung zur Übertragbarkeit der Rechtsprechung auf das neue Recht des SGB XII:

Die zuvor genannten Entscheidungen zum alten Recht des Bundessozialhilfegesetzes werden auf die neue Regelung übertragbar sein, die Rechtsprechung zu § 120
Abs. 2 , letzter Satz BSHG kann auf § 23 Absatz 5 Satz 1 SGB XII übertragen werden.

§ 24 SGB XII   Sozialhilfe für Deutsche im Ausland

**(1) Deutsche, die ihren gewöhnlichen Aufenthalt im Ausland haben, erhalten keine
Leistungen. Hiervon kann im Einzelfall nur abgewichen werden, soweit dies wegen**

einer außergewöhnlichen Notlage unabweisbar ist und zugleich nachgewiesen wird, dass eine Rückkehr in das Inland aus folgenden Gründen nicht möglich ist:

1. Pflege und Erziehung eines Kindes, das aus rechtlichen Gründen im Ausland bleiben muss,
2. längerfristige stationäre Betreuung in einer Einrichtung oder Schwere der Pflegebedürftigkeit oder
3. hoheitliche Gewalt.

(2) Leistungen werden nicht erbracht, soweit sie von dem hierzu verpflichteten Aufenthaltsland oder von anderen erbracht werden oder zu erwarten sind.

(3) Art und Maß der Leistungserbringung sowie der Einsatz des Einkommens und des Vermögens richten sich nach den besonderen Verhältnissen im Aufenthaltsland.

(4) Die Leistungen sind abweichend von § 18 zu beantragen. Für die Leistungen zuständig ist der überörtliche Träger der Sozialhilfe, in dessen Bereich die antragstellende Person geboren ist. Liegt der Geburtsort im Ausland oder ist er nicht zu ermitteln, wird der örtlich zuständige Träger von einer Schiedsstelle bestimmt. § 108 Abs. 1 Satz 2 gilt entsprechend.

(5) Leben Ehegatten oder Lebenspartner, Verwandte und Verschwägerte bei Einsetzen der Sozialhilfe zusammen, richtet sich die örtliche Zuständigkeit nach der ältesten Person von ihnen, die im Inland geboren ist. Ist keine dieser Personen im Inland geboren, ist ein gemeinsamer örtlich zuständiger Träger nach Absatz 4 zu bestimmen. Die Zuständigkeit bleibt bestehen, solange eine der Personen nach Satz 1 der Sozialhilfe bedarf.

(6) Die Träger der Sozialhilfe arbeiten mit den deutschen Dienststellen im Ausland zusammen.

In dieser Vorschrift werden die bisherigen zwei Vorschriften des Bundessozialhilfegesetzes zur Leistung von Sozialhilfe für Deutsche im Ausland zusammengefasst. Die Absätze 1 bis 8 übertragen dabei im Wesentlichen inhaltsgleich den bisherigen § 119 des Bundessozialhilfegesetzes sowie Absatz 9 des bisherigen § 147b des Bundessozialhilfegesetzes. Die Verordnungsermächtigung des bisherigen § 119 Abs. 7 Satz 2 des Bundessozialhilfegesetzes wird in Angleichung an die Systematik des Sozialgesetzbuchs an das Ende des Kapitels gestellt. Die Ausdehnung des Regelungsinhalts des Absatzes 6 auf den Lebenspartner im Sinne des Lebenspartnerschaftsgesetzes betrifft die örtliche Zuständigkeit des Trägers der Sozialhilfe bei der Erbringung von Sozialhilfe im Ausland. Die beim Zusammenleben von Ehegatten, Verwandten und Verschwägerten von dem Lebensalter des Ältesten abhängige örtliche Zuständigkeit richtet sich auf Grund der Änderung auch nach dem Alter der Lebenspartner, die zusammenleben.

Form und Ausmaß der Hilfe nach den örtlichen Gegebenheiten im Ausland

---

Leitsatz (OVG Lüneburg, Beschluss vom 13. Oktober 1988, Az: 4 B 270/88)

Anknüpfungspunkt dafür, wie der Begriff der notwendigen Lebensbedürfnisse im Sinne des § 119 Abs. 4 BSHG auszufüllen ist, muss immer der notwendige Lebensunterhalt sein, wie er für im Inland lebende Sozialhilfeempfänger festgelegt ist; denn es ist anzunehmen, dass sich der notwendige Lebensunterhalt eines im Inland lebenden Deutschen, wie er insbesondere in den sogenannten Warenkörben zum Ausdruck kommt, in der Regel nicht wesentlich von demjenigen eines im Ausland lebenden Deutschen unterscheidet.

Aus den Gründen:

„Die zulässige Beschwerde ist nicht begründet. Die Antragsteller haben nicht glaubhaft gemacht, dass ihnen der sogenannte Anordnungsanspruch im Sinne des § 123 Abs. 1 Satz 2 VwGO zusteht.

Nach § 119 Abs. 1 Satz 1 BSHG soll Deutschen, die ihren gewöhnlichen Aufenthalt im Ausland haben und im Ausland der Hilfe bedürfen, u.a. Hilfe zum Lebensunterhalt gewährt werden. Nach § 119 Abs. 2 Nr. 2 BSHG kann ausländischen Familienangehörigen von Deutschen, wenn sie mit diesen in Haushaltsgemeinschaft leben, Sozialhilfe gewährt werden, soweit es im Einzelfall der Billigkeit entspricht. Nach § 119 Abs. 4 BSHG richten sich Art, Form und Maß der Hilfe sowie der Einsatz des Einkommens und des Vermögens nach den besonderen Verhältnissen im Aufenthaltsland unter Berücksichtigung der notwendigen Lebensbedürfnisse eines dort lebenden Deutschen. Die Auslegung der zuletzt genannten Vorschrift und ihre Anwendung im Einzelfall ist nicht einfach. Der Gesetzgeber will offenbar entweder den Lebensstandard im Aufenthaltsland (welcher Bevölkerungsschichten?) oder die Lebenshaltungskosten (in Bezug auf welche Bedürfnisse?) berücksichtigt wissen; schwierig ist oft auch die „notwendigen Lebensbedürfnisse" eines in einem bestimmten Aufenthaltsland lebenden Deutschen festzustellen. Jedenfalls aber muss nach Ansicht des Senats Anknüpfungspunkt dafür, wie der Begriff der notwendigen Lebensbedürfnisse in diesem Sinne auszufüllen ist, immer der notwendige Lebensunterhalt sein, wie er für im Inland lebende Sozialhilfeempfänger festgelegt ist; denn es ist anzunehmen, dass sich der notwendige Lebensunterhalt eines im Inland lebenden Deutschen, wie er insbesondere in den sogenannten Warenkörben zum Ausdruck kommt, in der Regel nicht wesentlich von demjenigen eines im Ausland lebenden Deutschen unterscheidet.

Deshalb erscheint es im Einzelfall – und so auch hier – zunächst gerechtfertigt zu prüfen, ob der im Ausland lebende Hilfesuchende nach den für das Inland geltenden Maßstäben seinen Lebensunterhalt selbst decken kann. Im Anschluss daran muss geprüft werden, ob „die besonderen Verhältnisse im Aufenthaltsland" oder „besondere Lebensbedürfnisse eines dort lebenden Deutschen" eine Modifizierung der Maßstäbe erfordern.

Geht man demgemäß hier von dem Bedarf und Einkommen des Antragstellers zu 1) aus, wie sie nach den Abschnitten 2 des Bundessozialhilfegesetzes – Hilfe zum Lebensunterhalt – und 4 – Einsatz des Einkommens und Vermögens – bei der Prüfung

eines geltend gemachten Anspruches auf laufende Hilfe zum Lebensunterhalt zu er-
mitteln sind, und bezieht man darüber hinaus den Bedarf der Antragstellerin zu 2) ein,
indem man unterstellt, dass das der Billigkeit entspricht, so ergibt sich folgendes Bild:

Bedarf:

Regelsatz für einen Haushaltsvorstand	*400,00 DM*
Mehrbedarfszuschlag wegen Alters (§ 23 Abs. 1 Nr. 1 BSHG)	*80,00 DM*
Regelsatz für einen Haushaltsangehörigen vom Beginn des 22. Lebensjahres an	*320,00 DM*
Unterkunftskosten (2/3 der Zinsen, Kosten für Straßenreinigung und Wasser, umgerechnet auf DM)	*139,16 DM*
Kühlung (2/3 der Kosten, umgerechnet auf DM)	*28,66 DM*
	967,82 DM

Einkommen:

Rente des Antragstellers zu 1) derzeit	*1.062,96 DM*
davon wohl abzusetzen (§ 76 Abs. 2 BSHG):	
Unfallversicherung	*25,50 DM*
Überweisungsgebühren 1	*0,58 DM*
Steuern	*35,00 DM*
	991,88 DM

Das Einkommen des Antragstellers zu 1) übersteigt hiernach seinen und den Bedarf
der Antragstellerin zu 2). Dies gilt auch dann, wenn man wegen des vom Antragstel-
ler zu 1) angegebenen Kursverfalls des Baht um 3 v.H. die Unterkunftskosten etwas
höher ansetzt.

Bei Anlegung des oben genannten Maßstabes können die Kosten, die die Antragstel-
ler für das Kraftfahrzeug der Antragstellerin zu 2) aufwenden müssen, weder beim
Bedarf noch beim Einkommen berücksichtigt werden. Denn solche Kosten gehören
nicht zum notwendigen Lebensunterhalt im Sinne des § 12 BSHG und sind in der
Regel auch nicht nach § 76 Abs. 2 Nr. 3 BSHG vom Einkommen abzusetzen. Wenn
der Antragsteller zu 1) demgegenüber geltend macht, er als Körperbehinderter sei
auf das Kraftfahrzeug angewiesen, so überzeugt das nicht. Die von ihm angegebe-
nen gesundheitlichen Beeinträchtigungen (chronisch überdehntes und arthritisches
Fußgelenk, Gehörschäden, Bandscheibenschäden) lassen die Benutzung öffentli-
cher Verkehrsmittel grundsätzlich zu. Es ist nicht überwiegend wahrscheinlich, dass
die Verkehrsverhältnisse an seinem Wohnort eine andere Bewertung gebieten. Es
mag zwar sein, dass ihm – wie er vorträgt – längeres Stehen in für Europäer zu nied-
rigen Gängen von Bussen schwerfällt. Da er aber nicht darauf angewiesen ist, zu be-
stimmten, insbesondere Hauptverkehrszeiten zu fahren, dürfte es ihm möglich sein,
auch einen Sitzplatz zu finden, wenn er sich zeitlich entsprechend einrichtet (jeden-
falls hat er Gründe, die dieser Annahme entgegenstehen, nicht mitgeteilt). Demge-
mäß benötigt er das Kraftfahrzeug auch nicht, um – wie es nach seinem Vortrag häu-
figer erforderlich ist – ins Krankenhaus gelangen zu können. Schließlich können sich
die Antragsteller nicht mit Erfolg darauf berufen, dass sie den „Haushaltsbedarf eines
dort lebenden Deutschen" nur in Geschäften einkaufen könnten, die im Durchschnitt

mindestens 10 km von ihrem Haus entfernt lägen und deshalb nur mit eigenem Kraftfahrzeug zu erreichen seien. Insbesondere ist nicht einzusehen, warum nicht mindestens die Antragstellerin zu 2) die Geschäfte mit öffentlichen Verkehrsmitteln oder mit einem Fahrrad aufsuchen könnte. (Wäre das nicht möglich, müsste immer noch geprüft werden, ob es dem Antragsteller zu 1) nicht auch bei Berücksichtigung der Bedürfnisse eines Deutschen zuzumuten wäre, in näher gelegenen Geschäften einzukaufen).

Nach alledem steht den Antragstellern zu 1) und 2) nach den Maßstäben der Abschnitte 2 und 4 des Bundessozialhilfegesetzes laufende Hilfe zum Lebensunterhalt nicht zu. Es fragt sich daher, ob ihr Bedarf nach den Merkmalen des § 119 Abs. 4 BSHG über jenem Regelbedarf liegt. Das ist jedoch nicht überwiegend wahrscheinlich. Insbesondere liegen die durchschnittlichen Kosten für die Ernährung bei Zugrundelegung des amtlichen Wechselkurses offenbar nicht über den vergleichbaren Kosten im Bundesgebiet. Das wird auch von den Antragstellern nicht behauptet. Mit dem von ihnen eingereichten „Warenkorb" (vgl. Schriftsatz v. 14. Juni 1988) wollen sie nur beweisen, dass die Kosten in Bangkok nicht geringer seien.

Den Antragstellern zu 1) und 2) steht auch keine Beihilfe für Hausrat und Möbel zu. Diesem Anspruch steht entgegen, dass die Antragstellerin zu 2) Eigentümerin eines etwa drei Jahre alten Kraftfahrzeuges mit einem Anschaffungspreis von – umgerechnet – ca. 17.000,00 DM ist. Dieses Kraftfahrzeug stellt verwertbares Vermögen im Sinne des § 88 BSHG dar. Dass die Antragsteller auf dieses Kraftfahrzeug – nach sozialhilferechtlichen Maßstäben – nicht angewiesen sind, wurde bereits ausgeführt. Die Verwertung des Kraftfahrzeuges würde daher auch keine Härte für die Antragsteller im Sinne des § 88 Abs. 3 BSHG darstellen.

Was schließlich die Antragstellerin zu 3) anbelangt, die mit dem Antragsteller zu 1) nicht verwandt ist und lediglich die thailändische Staatsangehörigkeit besitzt, so entspricht es nicht der Billigkeit (vgl. § 119 Abs. 2 BSHG), ihr Sozialhilfe zu gewähren, zumal ihre Mutter Vermögen in Gestalt des Hauses und des Kraftfahrzeuges besitzt (das gilt unabhängig davon, ob die Antragstellerin zu 3) nach dortigem Recht noch schulpflichtig ist oder nicht und die behaupteten Mehrausgaben für den Schulbesuch zwingend entstehen oder nicht).

Die vorstehenden Ausführungen beziehen sich lediglich auf den gegenwärtigen Zeitpunkt und die nahe Zukunft. Soweit die Antragsteller für zurückliegende Zeiträume Ansprüche geltend machen, muss ihr Antrag auf Erlass einer einstweiligen Anordnung schon deshalb scheitern, weil insoweit kein Anordnungsgrund (Notwendigkeit einer vorläufigen Regelung) vorliegt. Den Antragstellern ist es insoweit vielmehr zuzumuten, ihre Ansprüche im Widerspruchs- bzw. Klageverfahren zu verfolgen. Diese Überlegungen entsprechen der ständigen Rechtsprechung des Senats. Danach ist es nicht Aufgabe des vorläufigen Rechtsschutzes, das Hauptsacheverfahren (Widerspruchs- bzw. Klageverfahren) zu ersetzen. Er kommt daher nur in Betracht, wenn zum Zeitpunkt der Gerichtsentscheidung (noch) existenzsichernde Maßnahmen notwendig sind; sollte in der Vergangenheit eine Notlage bestanden haben, ließe sich an ihr nachträglich nichts mehr ändern."

Leitsatz (redaktionell) (VGH Baden-Württemberg, Urteil vom 14. Februar 1990, Az: 6 S 1797/88)

Ist eine wesentliche Behinderung dafür ursächlich, dass der Hilfesuchende bis auf weiteres nicht im Inland leben und dort keine Schule besuchen kann, dann steht einer Hilfe im Ausland nach § 40 Abs. 1 Nr. 3 und § 119 Abs. 1 S 2 BSHG nicht entgegen, dass das von ihm besuchte Internat keine behindertenspezifischen Maßnahmen bereitstellt.

Aus den Gründen:

„Der 1973 in H. geborene Kläger, der später mit seinen Eltern nach B. zog, leidet seit seinem vierten Lebensjahr an Asthma; seit April 1984 wurde er mehrfach – teils ambulant, teils stationär – in der ...klinik D. in der Schweiz behandelt. Im Bericht dieser Klinik vom 12.07.1985 heißt es wörtlich:

Seit dem 4. Lebensjahr asthmatische Symptomatik, seither insgesamt gesehen progredientes obstruktives Atemwegsleiden. Vor allem in den letzten 2 Jahren annähernd keine vollständig beschwerdefreien Intervalle mehr, mehr oder weniger ständig ausgeprägte Atemwegsverschleimung, Husten, Belastungs- und zeitweise ausgeprägte Ruhedyspnoe. In der gezielten Allergieanamnese Hinweise auf Pollen als exogene Allergene, vor allem jedoch ausgeprägte infektabhängige Komponente sowie unspezifische Hyperreagibilität der Atemwege ...

Während des Herbstes und Winterhalbjahres 1984/85 insgesamt unbefriedigender Verlauf mit weiterhin hartnäckiger Atemwegsverschleimung, Husten, Belastungsdyspnoe, vor allem bei Atemwegsinfekten auch ausgeprägter Ruhedyspnoe.

Im April 1985 akute Verschlechterung der respiratorischen Verhältnisse mit Notwendigkeit einer kurzfristigen systemischen Corticoidtherapie ...

Der bisherige Krankheitsverlauf kann in keiner Weise befriedigen, das Ziel einer langfristigen Stabilisierung der Atemwege mit nachhaltiger Verbesserung der Lungenfunktion und der körperlichen Leistungsfähigkeit ist in den letzten Jahren nicht erreicht worden.

Sollte auch unter ... geänderten Behandlungsmaßnahmen zu Hause in den kommenden Monaten keine wesentliche Besserung der respiratorischen Situation erzielt werden können, so sind unserer Ansicht nach wesentlich weitergehende therapeutische Maßnahmen einschließlich heilklimatischer Aufenthalte zu erwägen, um die Entwicklung eines sich weiterhin allmählich verschlechternden chronisch-obstruktiven Atemwegsleidens mit zunehmend irreversiblen Lungenfunktionsverlusten unter allen Umständen zu vermeiden.

In einer Bescheinigung vom 30.08.1985 führte die Klinik wörtlich aus:

... ist zur langfristigen Stabilisierung der Atemwegssituation ein langfristiger Aufenthalt des Kindes unter regelmäßiger ärztlicher ambulanter Betreuung im günstigen keim- und allergenarmen Hochgebirge für zunächst 1 Jahr dringend notwendig. Dabei ist das Kind angesichts seines Alters auf die gleichzeitige Anwesenheit der Mutter als Begleitperson angewiesen.

In Bescheinigungen vom 11.08. und vom 11.12.1986 führte das Gesundheitsamt des Landkreises H. aus, für den Kläger sei ein Aufenthalt im Gebirge (über 1500 m Höhe) dringend erforderlich; einen mit D. vergleichbaren klimatherapeutischen Ort gebe es in der Bundesrepublik Deutschland nicht. Laut Abhilfebescheid des Versorgungsamts H. vom 03.11.1986 ist der Kläger wegen Asthma bronchiale und wegen Ekzems schwerbehindert; der Grad der Behinderung beträgt 90 v. H.

Bereits seit Sommer 1985 hält sich der Kläger ständig in D. auf. In einem Bescheid der DAK vom 10.06.1986 heißt es, der Kläger, seine Schwester und seine Mutter hätten ihren Wohnsitz „vorübergehend" nach D. verlegt, und in einem Schreiben des Oberkreisdirektors des Landkreises H. vom 11.12.1986 wird ausgeführt, der Kläger und seine Mutter befänden sich „seit längerem" in D.; nach Angaben des Vaters des Klägers sei nicht damit zu rechnen, dass er vor Ostern 1987 besuchsweise nach Hause kommen könne. Seit August 1986 besucht der Kläger die ... Mittelschule in D., in deren Internat er lebt; die monatlichen Kosten belaufen sich laut Rechnung vom 08.12.1986 auf etwa 2.700 Franken (etwas mehr als 3.000,00 DM).

Am 10.09.1986 beantragte der Vater des Klägers beim Landkreis H. erstmals Übernahme dieser Kosten im Wege der Eingliederungshilfe. Diesen Antrag lehnte der Landkreis mit undatiertem Bescheid ab, weil die Internatskosten „nicht im Rahmen einer Eingliederungshilfemaßnahme" anfielen und weil weder der Landkreis noch das Landessozialamt Niedersachsen für die begehrte Hilfe örtlich zuständig seien. Hiergegen erhob der Kläger Widerspruch; das Landessozialamt Niedersachsen gab den Vorgang mit Schreiben vom 28.07.1987 an den beklagten Landeswohlfahrtsverband Baden ab, der nach §§ 119 Abs. 5, 146 BSHG in der vorliegenden Sache zuständiger Träger der Sozialhilfe sei.

Mit Bescheid vom 27.08.1987 bejahte der Beklagte seine Zuständigkeit, lehnte jedoch den Antrag in der Sache ab. Zur Begründung führte er aus, zwar zähle der Kläger zu dem von § 39 BSHG erfassten Personenkreis; indessen handle es sich bei bloßem Aufenthalt asthmakranker junger Menschen in günstigem Klima – in diesem Zusammenhang verwies der Beklagte auf eine Entscheidung des OVG Lüneburg vom 25.02.1981 – nicht um eine Maßnahme der Eingliederungshilfe, zumal in dem Internat, das der Kläger besuche, keine spezifischen Eingliederungsmaßnahmen angeboten und durchgeführt würden. Gewährung von Hilfe zum Lebensunterhalt komme nicht in Betracht, weil sie im vorliegenden Falle Bestandteil der abgelehnten Hilfe in besonderen Lebenslagen sei.

Hiergegen erhob der Kläger am 03.09.1987 Widerspruch, den der Beklagte nach Anhörung sozial erfahrener Personen mit Widerspruchsbescheid vom 09.12.1987 zurückwies.

Am 29.12.1987 hat der Kläger beim Verwaltungsgericht Karlsruhe Klage erhoben, mit der er beantragt hat, den Beklagten zu verpflichten, die Kosten seiner Unterbringung im Internat der ... Mittelschule ab August 1986 zu übernehmen, und die entgegenstehenden Bescheide des Beklagten aufzuheben.

Mit Urteil vom 22.03.1988 hat das Verwaltungsgericht die Klage abgewiesen. Zur Begründung hat es ausgeführt, es spreche viel dafür, dass der Kläger an einer wesentlichen Behinderung leide, die nicht nur vorübergehender Natur sei. Zweifelhaft sei aber schon die örtliche Zuständigkeit des Beklagten; handle es sich nicht um Sozialhilfe für Deutsche im Ausland, sondern um eine Eingliederungsmaßnahme, die lediglich im Ausland erfolgen solle, dann bleibe es bei der grundsätzlichen örtlichen Zu-

ständigkeit nach § 97 BSHG; § 119 Abs. 5 BSHG finde keine Anwendung. Im Übrigen könne die Klage auch in der Sache keinen Erfolg haben. Um erweiterte Hilfe im Sinne von § 43 BSHG handle es sich nicht, weil das Internat, das der Kläger besuche, keine Ziele der Eingliederungshilfe verfolge. § 40 Abs. 1 Nr. 1 BSHG sei schon begrifflich nicht einschlägig, und aus § 40 Abs. 1 Nr. 3 BSHG könne der Kläger gleichfalls nichts für sich herleiten, weil er nicht lernbehindert sei, so dass seine Unterbringung im Internat aus schulischen Gründen nicht geboten sei.

Gegen dieses ihm am 05.04.1988 zugestellte Urteil hat der Kläger am 28.04.1988 Berufung eingelegt, mit der er sein Begehren weiterverfolgt. Er schildert erneut eingehend den bisherigen Krankheitsverlauf; das Krankheitsbild habe sich bis heute nicht geändert. Seit Sommer 1985 halte er sich ständig in D. auf; seine Eltern besuche er nur wenige Male im Jahr, wobei die Aufenthalte nicht länger als 14 Tage dauern dürften. In D. sei er wegen der Höhenluft weitgehend beschwerdefrei, so dass er sogar am Sportunterricht teilnehmen könne. Da er mithin in der Bundesrepublik Deutschland keine Schule besuchen könne, habe er Anspruch auf Hilfe zu einer angemessenen Schulbildung nach § 40 Abs. 1 Nr. 3 BSHG. Da seine Mutter die Familie, insbesondere die Schwester des Klägers, versorgen müsse, könne sie nicht ständig in der Schweiz leben. Deshalb sei er auf den Besuch eines Internats angewiesen. Insbesondere sei undenkbar, dass er in D. in einer Wohnung oder in einer Pension lebe; notwendig sei eine Einrichtung, die geeignet sei, das Elternhaus während des Schulbesuchs so gut wie möglich zu ersetzen. Zwar werde nicht verkannt, dass die Gewährung der Hilfe im Ermessen der Behörde stehe. Zumindest bestehe jedoch Anspruch auf teilweise Übernahme der Internatskosten.

Der Kläger beantragt, das Urteil des Verwaltungsgerichts Karlsruhe vom 22.03.1988 zu ändern, den Bescheid des Beklagten vom 27.08.1987 und dessen Widerspruchsbescheid vom 09.12.1987 aufzuheben und den Beklagten zu verpflichten, über seinen Antrag, die Kosten seiner Unterbringung im Internat der ... Mittelschule in D. für die Zeit von Juli 1987 bis Dezember 1987 zu übernehmen, unter Beachtung der Rechtsauffassung des Gerichts erneut zu entscheiden.

Der Beklagte beantragt, die Berufung des Klägers zurückzuweisen.

Er verteidigt das angefochtene Urteil.

Dem Senat liegen die zur Sache gehörenden Akten des Landeswohlfahrtsverbandes Baden und des Verwaltungsgerichts Karlsruhe vor.

Entscheidungsgründe

Die Berufung des Klägers ist begründet, denn das Verwaltungsgericht hat die Klage, soweit sie noch Gegenstand des Berufungsverfahrens ist, zu Unrecht abgewiesen. Der Kläger hat Anspruch auf Neubescheidung seines Hilfebegehrens für die Zeit von Juli 1987 bis Dezember 1987.

1) Der beklagte Landeswohlfahrtsverband Baden ist richtiger Anspruchsgegner; seine Zuständigkeit folgt aus § 119 Abs. 5 BSHG. § 146 BSHG ist nicht einschlägig, denn er bezieht sich allein auf hilfebedürftige schweizerische Staatsangehörige, die sich in der Bundesrepublik Deutschland aufhalten (vgl. Art. 1 der Deutsch-Schweizerischen Fürsorgevereinbarung, abgedr. bei Knopp/Fichtner, BSHG, 6. Aufl. 1988, S. 598).

Der Kläger ist in H., mithin im Bezirk des beklagten überörtlichen Trägers der Sozial-hilfe geboren (§ 119 Abs. 5 S. 2 BSHG), und er hatte im streitigen Zeitraum seinen gewöhnlichen Aufenthalt im Ausland (§ 119 Abs. 1 S. 1 BSHG). Nach § 30 Abs. 3 S. 2 SGB I hat jemand seinen gewöhnlichen Aufenthalt dort, wo er sich unter Um-ständen aufhält, die erkennen lassen, dass er an diesem Ort oder in diesem Gebiet nicht nur vorübergehend verweilt; diese Begriffsbestimmung ist jedenfalls im Grund-satz auch auf § 119 Abs. 1 S. 1 BSHG zu übertragen (vgl. – zum Begriff des gewöhn-lichen Aufenthaltsorts im Sinne von § 11 S. 1 JWG – BVerwG Buchholz 436.51 § 11 JWG Nr. 2). Hat jemand den Willen oder die Absicht, einen Ort bis auf weiteres – also nicht nur vorübergehend oder besuchsweise – zum Mittelpunkt seiner Lebensbezie-hungen zu machen (subjektive Seite), und verwirklicht er dies auch tatsächlich (ob-jektive Seite), dann begründet er dort seinen gewöhnlichen Aufenthalt (vgl. etwa Knopp/Fichtner, a.a.O., § 103 RdNr. 12). Der Senat ist überzeugt, dass der Kläger seit Sommer 1985 sowohl subjektiv als auch objektiv nicht nur vorübergehend in D. verweilt. Bereits im Urteil vom 28.09.1973 – VI 675/73 – hat der Senat ausgespro-chen, eine blinde Schülerin, die eine Realschule für Blinde besuche und – außer während der Schulferien – in einem mit der Schule verbundenen Schülerheim wohne, habe ihren gewöhnlichen Aufenthalt am Schulort; hierbei hat der Senat auch die Definition des Begriffs „gewöhnlicher Aufenthalt" in § 14 Abs. 1 S. 1 des Steuer-anpassungsgesetzes berücksichtigt, an die der erst später in Kraft getretene § 30 Abs. 3 S. 2 SGB I anknüpft (vgl. Grüner, Sozialgesetzbuch Bd. I, Stand 1989, § 30 SGB I, S. 4 f.). Dort hat der Senat darauf abgestellt, dass die Schülerin während der längsten Zeit des Jahres am Schulort wohne und arbeite; im Verhältnis zur Ferienzeit überwiege die Schulzeit bei weitem. Diese Erwägungen sind auch auf den vorliegen-den Fall zu übertragen.

Allerdings hat das BVerwG a.a.O. – im Einzelfall waren diese Ausführungen freilich nicht entscheidungserheblich – die Auffassung vertreten, ein Jugendlicher aus einer „normalen" Familie, der überwiegend in einem Internat erzogen werde, behalte „zu-meist" seinen gewöhnlichen Aufenthalt am Wohnort seiner Eltern bei. Diese Auffas-sung begegnet erheblichen Zweifeln; es spricht viel dafür, dass das BVerwG den Rechtsbegriff des „gewöhnlichen Aufenthalts" allzusehr von den tatsächlichen Ver-hältnissen ablöst. Jedenfalls wird auch in der Literatur ein vorübergehender Aufent-halt, der die Begründung eines gewöhnlichen Aufenthalts ausschließt, nur dann an-genommen, wenn er „zeitlich unbedeutend" oder „nur kurz befristet" ist (vgl. Schellhorn/Jirasek/Seipp, BSHG, 13. Aufl. 1988, § 103 RdNr. 45; Knopp/Fichtner, a.a.O., § 103 RdNr. 18). Hinzu kommt, dass sich die „Anspruchsdichte" dann, wenn der Hilfesuchende seinen gewöhnlichen Aufenthalt im Ausland hat, wesentlich verrin-gern kann: § 119 Abs. 1 S. 2 BSHG bestimmt, dass die Gewährung aller Hilfen, die nicht in § 119 Abs. 1 S. 1 erwähnt sind, im Ermessen des Trägers der Sozialhilfe steht. Im vorliegenden Falle könnte jedoch auch dann nichts anderes gelten, wenn man der Auffassung des Bundesverwaltungsgerichts im Grundsatz folgte. Denn auch dann bliebe noch Raum für die Berücksichtigung besonderer tatsächlicher Um-stände, aus denen sich im Einzelfall ergeben kann, ein Internatsschüler habe seinen gewöhnlichen Aufenthalt am Schulort. Derartige besondere Umstände liegen hier vor. Zum einen hatte sich der Gesundheitszustand des Klägers in den Jahren bis 1985 stetig verschlechtert, und eine Besserung in dem Sinne, dass er sich wieder an seinem Heimatort aufhalten könnte, war und ist nicht abzusehen. Die Notwendigkeit ständigen Aufenthalts in der alpinen Höhenluft bestand mithin objektiv fort; dem ent-spricht, dass es sowohl objektiv als auch aus der subjektiven Sicht des Klägers und seiner Eltern keine Alternative zu einem Daueraufenthalt in D. gab. Zum Zweiten hat unstreitig eine objektive Verfestigung des Aufenthalts des Klägers in D. insoweit statt-gefunden, als seine Mutter zumindest für die Anfangszeit mit ihm dorthin gezogen war. Mithin hatte der Kläger seinen gewöhnlichen Aufenthalt auch bei Berücksichti-gung der Auffassung des BVerwG nicht an seinem Heimatort, sondern in D. und somit im Ausland.

Die Bedenken des Verwaltungsgerichts, das sich hierfür auf ein Urteil des Senats vom 20.10.1971 – VI 183/70 – beruft, vermag der Senat nicht zu teilen; der dortige Sachverhalt ist mit dem vorliegenden Fall in keiner Weise vergleichbar. Dort ging es um ein in der Nähe von Lörrach wohnendes schwerbehindertes Kind, das für zweimal vier Wochen im Kinderspital von Basel stationär behandelt worden war und Über-nahme der hierbei entstandenen Kosten als Eingliederungshilfe begehrt hatte. Dass bei dieser Sachlage der gewöhnliche Aufenthalt des Kindes auch für die Zeit seines tatsächlichen Aufenthalts in der Schweiz in der Bundesrepublik Deutschland verblie-ben war, bedarf keiner näheren Erörterung.

2) In der Sache muss das Bescheidungsbegehren Erfolg haben. Nach § 119 Abs. 1 BSHG soll Deutschen, die – wie der Kläger – ihren gewöhnlichen Aufenthalt im Aus-land haben und im Ausland der Hilfe bedürfen, vorbehaltlich der Regelung in Abs. 2 Nr. 1 Hilfe zum Lebensunterhalt, Krankenhilfe und Hilfe für werdende Mütter und Wöchnerinnen gewährt werden (Abs. 1 S. 1); sonstige Sozialhilfe kann ihnen ge-währt werden, wenn die besondere Lage des Einzelfalls dies rechtfertigt (Abs. 1 S. 2). Im Falle des Klägers geht es nicht um die in § 119 Abs. 1 S. 1 BSHG benann-ten Arten der Hilfe, sondern um Eingliederungshilfe und somit um „sonstige" Hilfe im Sinne von § 119 Abs. 1 S. 2. Insoweit hat das Verwaltungsgericht zutreffend ausge-führt, dass Hilfe nach § 40 Abs. 1 Nr. 1 BSHG ausscheidet; es geht dem Kläger er-kennbar nicht um „ambulante oder stationäre Behandlung" oder um „sonstige ärztli-che oder ärztlich verordnete Maßnahmen". Die Vorschrift des § 43 BSHG über die „erweiterte Hilfe" enthält entgegen der Auffassung des Verwaltungsgerichts keine Anspruchsgrundlage für die Bewilligung der Hilfe als solcher, sondern eine nach ihrer Stellung im Gesetz verfehlte Sonderregelung über die Anrechnung von Einkommen und Vermögen. Vielmehr kann es allein um Hilfe zu einer angemessenen Schulbil-dung im Sinne von § 40 Abs. 1 Nr. 3 BSHG gehen. Deren Voraussetzungen liegen hier vor.

Der Kläger war nach Überzeugung des Senats im streitigen Zeitraum wesentlich be-hindert im Sinne von § 39 Abs. 1 S. 1 BSHG; die im Tatbestand dieses Urteils wört-lich wiedergegebenen Berichte der ...klinik D. vom 12.07.1985 und vom 30.08.1985 rechtfertigen ohne weiteres den Schluss, dass sein körperliches Leistungsvermögen infolge Erkrankung in erheblichem Umfang eingeschränkt war (vgl. § 1 Nr. 3 der VO zu § 47). Diese Berichte, die eingehend begründet und in sich schlüssig sind, werden inhaltlich bestätigt durch die Bescheinigungen des Gesundheitsamts vom 11.08. und vom 11.12.1986 und durch den Abhilfebescheid des Versorgungsamts H. vom 03.11.1986; sie erweisen sich als hinreichende Entscheidungsgrundlage, so dass der Senat – im Rahmen seiner Verpflichtung zur Sachaufklärung (§ 86 Abs. 1 VwGO) – keinen Anlass sieht, der Anregung des Beklagten zu entsprechen, zur Frage der Not-wendigkeit des Aufenthalts des Klägers in der Schule in D. ein medizinisches Gut-achten einzuholen.

Der Besuch des Internats, um dessen Kosten es geht, dient einer angemessenen Schulbildung, wie sie § 40 Abs. 1 Nr. Nr. 3 BSHG sicherstellen will; er hält sich insbe-sondere auch im Rahmen der in § 39 Abs. 3 BSHG abschließend umschriebenen

Aufgaben der Eingliederungshilfe. Diese soll unter anderem eine vorhandene Behinderung oder deren Folgen beseitigen oder mildern und den Behinderten in die Gesellschaft eingliedern helfen; hierzu gehört vor allem auch, ihm die Ausübung eines angemessenen Berufs zu ermöglichen. Aufgrund des festgestellten Sachverhalts ist der Senat überzeugt, dass der körperlich wesentlich behinderte Kläger auf absehbare Zeit ohne schwerwiegende Gefahren für seine Gesundheit nicht in der Lage war, sich längere Zeit in der Bundesrepublik Deutschland aufzuhalten; er war vielmehr darauf angewiesen, ständig in einer Höhe von mehr als 1500 m zu leben. Unstreitig liegt es so, dass es in der Bundesrepublik Deutschland keinen über 1500 m hoch gelegenen Ort gibt, an dem sich eine Mittelschule befindet. Dann aber kann kein Zweifel bestehen, dass die Behinderung des Klägers ursächlich dafür war, dass er an seinem Heimatort oder sonst in der Bundesrepublik Deutschland keine angemessene Schule besuchen konnte. Bei dieser Sachlage gebietet es der Zweck der Eingliederungshilfe im Sinne von § 40 Abs. 1 Nr. 3 BSHG, dem Kläger jedenfalls im Grundsatz die Möglichkeit zu geben, die Folgen dieser Lage zu beseitigen. Konnte dies nur in einem Internat erfolgen, dann ist der Umstand, dass der Internatsbesuch nicht wegen einer Lernbehinderung erfolgt, rechtlich ebenso unerheblich wie die – unstreitige – Tatsache, dass das vom Kläger besuchte Internat keine behindertenspezifischen Maßnahmen bereitstellt. Weder § 39 Abs. 3 BSHG noch § 12 Nr. 3 der VO zu § 47 BSHG (der eine Konkretisierung des § 40 Abs. 1 Nr. 3 BSHG enthält) stellen einen solchen Zusammenhang her; die gegenteilige Auffassung des Beklagten und des Verwaltungsgerichts verfehlt den Zweck der geltend gemachten Form von Eingliederungshilfe. Aus dem Urteil des OVG Lüneburg vom 25.02.1981 (4 OVG A 145/79) lässt sich nichts anderes herleiten, denn das dortige Klagebegehren wurde unter dem Gesichtspunkt des § 40 Abs. 1 Nr. 3 BSHG allein deshalb abgelehnt, weil andere Gymnasien in tatsächlicher Hinsicht nicht als für den Kläger ungeeignet bezeichnet werden konnten; dass Hilfe der hier begehrten Art von vornherein nicht unter § 40 Abs. 1 Nr. 3 BSHG fallen könne, ist in diesem Urteil nicht ausgesprochen.

Lagen mithin beim Kläger im maßgeblichen Zeitraum die persönlichen Voraussetzungen für die Bewilligung „sonstiger" Hilfe im Sinne von § 119 Abs. 1 S. 2 BSHG vor, dann stand die Entscheidung über die Hilfe im Ermessen des Beklagten. § 23 der VO zu § 47 BSHG ist im vorliegenden Fall nicht einschlägig, denn diese Vorschrift, die erkennbar der ursprünglichen Fassung des § 3 Abs. 2 BSHG nachgebildet ist, setzt voraus, dass die Eingliederungsmaßnahme sowohl im Inland als auch im Ausland erfolgen kann; beim Kläger besteht jedoch eine solche Alternative gerade nicht. Maßgeblich ist mithin allein § 119 Abs. 1 S. 2 BSHG. Diese Vorschrift eröffnet ungeteiltes Ermessen; der Nebensatz „wenn die besondere Lage des Einzelfalles dies rechtfertigt" enthält keine tatbestandliche Voraussetzung der Hilfegewährung, sondern eine zusätzliche Umschreibung des Ermessensrahmens. Der Beklagte hat das Hilfebegehren aus Rechtsgründen abgelehnt und somit bislang keinerlei Ermessenserwägungen angestellt; mithin ist er schon deshalb zu verpflichten, über den Antrag des Klägers unter Beachtung der Rechtsauffassung des Gerichts erneut zu entscheiden (§ 113 Abs. 4 S. 2 VwGO).

Bei der erneuten Prüfung wird der Beklagte davon auszugehen haben, dass in die Ermessensausübung grundsätzlich alle Gesichtspunkte eingehen können, die sich im Hinblick auf den Zweck des § 119 BSHG als sachgerecht darstellen. In diesem Zusammenhang wird insbesondere zu erwägen sein, dass die Eltern des Klägers – der Vater ist praktischer Arzt – typischerweise über nicht unerhebliches Einkommen, möglicherweise auch über erhebliches Vermögen verfügen werden; der Beklagte wird sich hierüber ein umfassendes Bild zu verschaffen und sorgfältig abzuwägen haben, ob und inwieweit es den Eltern des Klägers zugemutet werden kann, die – ganz erheblichen (monatlich etwa 3.000,00 DM, jährlich etwa 36.000,00 DM) – Kosten des Internatsbesuchs teilweise, möglicherweise auch ganz zu tragen. Weiter wird zu prüfen sein, ob sich die Höhe etwa zu bewilligender Hilfe nicht auch deshalb vermindern kann, weil dem Kläger – dies wäre näher aufzuklären – möglicherweise weniger kostenaufwendige Möglichkeiten zur Verfügung stehen. Zwar wird man den Kläger kaum auf ein privates Zimmer oder Appartement verweisen können, nachdem er im streitigen Zeitraum erst etwa 14 Jahre alt war. Zu prüfen wäre jedoch möglicherweise, ob es nicht kostengünstigere Möglichkeiten der Internatsunterbringung (möglicherweise auch in öffentlichen Schulen) gibt. "

Bemerkung zur Übertragbarkeit der Rechtsprechung auf das neue Recht des SGB XII:

Wenngleich mit dem SGB XII hier eine schärfere Regelung beabsichtigt war („Forida-Rolf-Affaire"), so wird diese Rechtsprechung jedenfalls übertragbar sein.

§ 25 SGB XII   Erstattung von Aufwendungen Anderer

Hat jemand in einem Eilfall einem anderen Leistungen erbracht, die bei rechtzeitigem Einsetzen von Sozialhilfe nicht zu erbringen gewesen wären, sind ihm die Aufwendungen in gebotenem Umfang zu erstatten, wenn er sie nicht auf Grund rechtlicher oder sittlicher Pflicht selbst zu tragen hat. Dies gilt nur, wenn die Erstattung innerhalb angemessener Frist beim zuständigen Träger der Sozialhilfe beantragt wird.

Die Regelung überträgt inhaltsgleich den bisherigen § 121 des Bundessozialhilfegesetzes.

Zu den Voraussetzungen des Vorliegens eines Eilfalles

Leitsatz (redaktionell) (BVerwG, Urteil vom 31.05.2001, Az.: 5 C 20/00)

Ein Eilfall im Sinne der Regelung des § 121 BSHG liegt vor, wenn die Benachrichtigung des Sozialamtes wegen Eilbedürftigkeit und Unvorhersehbarkeit unterbleibt.

Aus den Gründen:

„Das klagende Universitätsklinikum begehrt von der Beklagten gemäß § 121 BSHG den Ersatz von Aufwendungen für die stationäre Behandlung eines Diplomatenkindes in der Kinderklinik vom 14. bis zum 26. Oktober 1991.

Das am 19. Juli 1990 in den Vereinigten Arabischen Emiraten geborene Kind J. wurde am 14. Oktober 1991 als Notfall in der Kinderklinik des Klägers aufgenommen. Der Vater des Kindes zahlte einen Vorschuss in Höhe von 2.000 DM auf die zu erwartenden Pflegekosten und schloss einen schriftlichen Aufnahmevertrag, in welchem er angab, Staatsangehöriger der Demokratischen Republik Somalia zu sein und als Diplomat seines Heimatlandes in den Vereinigten Arabischen Emiraten zu ar-

beiten. *Sein Pass enthielt ein „Diplomatisches Visum" des Deutschen Generalkonsulats in Dubai für den Aufenthalt in der Bundesrepublik Deutschland.*

Mit einem an die Familie des Kindes auf der Station der Kinderklinik gerichteten Schreiben vom Oktober 1991 wies die Kasse der Klinik darauf hin, dass der bisher eingezahlte Betrag verbraucht sei, und bat um sofortige Zahlung eines weiteren Vorschusses in Höhe von 4.700 DM. Zahlungen darauf erfolgten nicht. Das Kind wurde am 26. Oktober 1991 aus der Kinderklinik entlassen und verstarb am 6. November 1991.

Mit Rechnung vom 4. November 1991 forderte der Kläger von Herrn I. für die stationäre Behandlung seines Kindes in der Zeit vom 14. bis zum 26. Oktober 1991 einen Betrag in Höhe von 4.112,47 DM, wobei er von den Gesamtbehandlungskosten in Höhe von 6.112,47 DM die Vorauszahlung von 2.000 DM in Abzug brachte. Die Rechnung blieb unbeglichen; eine weitere Zahlungsaufforderung vom 13. Februar 1992 blieb ebenso erfolglos wie eine zusätzliche Mahnung vom 12. Mai 1992. Nachdem der Kläger im Juni 1992 in Erfahrung gebracht hatte, dass die Familie I. bereits am 24. Oktober 1991 einen Asylantrag gestellt hatte und der Gemeinde W. zugewiesen worden war, stellte er mit Schreiben vom 19. Juni 1992 bei der Beklagten einen Antrag auf Übernahme der noch offenen Behandlungskosten aus Sozialhilfemitteln. Die Beklagte lehnte den Antrag ab (Bescheid vom 22. August 1994) und wies den dagegen erhobenen Widerspruch zurück (Widerspruchsbescheid vom 10. März 1995). Der Antrag auf Kostenerstattung sei nicht innerhalb einer angemessenen Frist erfolgt und der Kläger habe es versäumt, von der Möglichkeit der Stellung eines vorsorglichen Sozialhilfeantrags Gebrauch zu machen.

Die hiergegen erhobene Klage auf Erstattung der Kosten der stationären Behandlung des Kindes in der Zeit vom 14. bis zum 26. Oktober 1991 in Höhe von 4.112,47 DM nebst Zinsen hatte vor dem Verwaltungsgericht keinen Erfolg; die Berufung des Klägers hat das Oberverwaltungsgericht zurückgewiesen, und zwar im Wesentlichen aus folgenden Gründen:

Die Voraussetzungen des als Anspruchsgrundlage allein in Betracht kommenden § 121 BSHG lägen nicht vollständig vor. Zwar habe der Kläger den Aufwendungsersatz innerhalb angemessener Frist beantragt, da bei dem Diplomatenstatus des Vaters des Kindes bei verständiger Würdigung eine Einschaltung des Sozialhilfeträgers erst mit der Kenntnisnahme von der Asylantragstellung durch die Familie in Betracht gekommen sei, doch sei die Hilfe nicht „in einem Eilfall" erfolgt. Das Vorliegen eines Eilfalles im Sinne von § 121 BSHG setze voraus, dass in einer plötzlich auftretenden Notlage nach den Besonderheiten des Einzelfalls durch den Nothelfer sofort geholfen werden müsse; dabei sei ausschlaggebend, dass der Nothelfer angesichts des ihm bekannten Sachverhalts bei objektiver Beurteilung berechtigterweise davon habe ausgehen können, sofort Hilfe leisten zu müssen, statt abzuwarten, bis die Notlage dem Sozialhilfeträger bekannt werde. Zu fragen sei, ob die Hilfe von der vorherigen Klärung der Kostenübernahme abhängig gemacht werden könne; sei dies zu verneinen, werde regelmäßig eine Hilfeleistung in einem Eilfall vorliegen. Hingegen sei eine sofortiges Handeln erfordernde plötzliche Notlage kein sozialhilferechtlicher Eilfall, wenn aus der (verständigen) Sicht des Nothelfers keine Unsicherheit darüber bestehe, dass die Kosten der erforderlichen Hilfeleistung getragen würden, ohne auf Sozialhilfemittel angewiesen zu sein. Fehle es an einer Kostenunsicherheit, komme von vornherein weder eine zumindest vorsorgliche Einschaltung des Sozialhilfeträgers noch überhaupt eine jedenfalls auch auf dessen Interesse Rücksicht nehmende

„Geschäftsführung ohne Auftrag" in Betracht; für eine Anwendung des § 121 BSHG bleibe dann kein Raum. Danach sei die medizinische Notaufnahme des Kindes am 14. Oktober 1991 keine Hilfeleistung in einem Eilfall gewesen. Mit Abschluss des Aufnahmevertrages und der vom Vater geleisteten Zahlung eines Vorschusses von 2.000 DM sei für den Kläger bei der Notaufnahme keine Kostenunsicherheit eingetreten. Zwar sei damit lediglich der Aufwand für die stationäre Behandlung in der Zeit vom 14. bis zum 17. Oktober 1991 abgedeckt gewesen, doch könne der Anspruch auf Erstattung der Aufwendungen für die stationäre Behandlung in der Zeit ab 18. Oktober 1991 ebenfalls nicht auf § 121 BSHG gestützt werden, weil es auch insoweit an einem Eilfall fehle. Der Kläger habe bei verständiger Würdigung der ihm bekannten Umstände auch für diesen Zeitraum vom Fortbestehen der ursprünglich gegebenen Kostensicherheit auszugehen gehabt; dafür sei maßgeblich, dass der Vater des Patienten durch die Vorlage seiner Ausweispapiere glaubhaft den Status eines Diplomaten vermittelt habe. In dieser Situation habe für den Kläger keine Veranlassung bestanden, die Übernahme der Kosten durch einen Träger der Sozialhilfe auch nur in Erwägung zu ziehen. Eine Sachlage, bei der die Zahlung eines Vorschusses das Vertrauen in die ordnungsgemäße Erfüllung eines abgeschlossenen Behandlungsvertrages begründe, unterfalle auch dann nicht dem Anwendungsbereich des § 121 BSHG, wenn dieses Vertrauen allein durch das Ausbleiben weiterer Zahlungen enttäuscht werde; andernfalls bestünde die Gefahr, dass der Sozialhilfeträger in die Rolle eines Ausfallbürgen gedrängt würde. Andere Anspruchsgrundlagen kämen im Hinblick auf die spezielle Ausgestaltung der Rechtsbeziehungen zwischen Nothelfern und Trägern der Sozialhilfe in § 121 BSHG nicht in Betracht.

Mit der Revision verfolgt der Kläger seinen Anspruch auf Erstattung der Kosten der stationären Behandlung weiter. Er rügt die Verletzung des § 121 BSHG. Für den Fall eines medizinischen Notfalles liege es in der Natur der Sache, dass der Nothelfer die Behandlung des Notfallpatienten unverzüglich aufnehmen müsse, ohne sich darum zu kümmern, wer für die Behandlungskosten aufkomme; insoweit könne die Frage nach der Kostensicherung kein Kriterium sein, welches bei einer medizinischen Notfallbehandlung zum Tragen komme. Jedenfalls im Fall einer medizinischen Notfallbehandlung entfalte auch eine zivilrechtliche Anspruchsberechtigung und selbst eine etwaige Teilzahlung für einen Behandlungsabschnitt keine Ausschlusswirkung gegenüber einem Anspruch aus § 121 BSHG. Für die Beurteilung der Frage, ob auf Seiten des Hilfeempfängers eine Sozialhilfeberechtigung vorliege, sei der Betrachtungsmaßstab heranzuziehen, den der zuständige Sozialhilfeträger bei Kenntnis des Notfalles zugrunde legen würde; insoweit komme es nur darauf an, ob im Zeitpunkt der Nothilfe bei objektiver Betrachtungsweise eine Sozialhilfeberechtigung vorgelegen habe.

Die Beklagte verteidigt das angefochtene Urteil. Sie meint, die Übernahme der Kosten sei nicht innerhalb einer angemessenen Frist im Sinne des § 121 BSHG beantragt worden.

Entscheidungsgründe

1) Das Rubrum musste berichtigt werden. Richtige(r) Kläger(in) ist nicht mehr die Rheinische F.-W.-Universität B., sondern das Universitätsklinikum B. als rechtsfähige Anstalt des öffentlichen Rechts. Dies ergibt sich aus der Verordnunung der Ministerin für Schule, Wissenschaft und Forschung des Landes Nordrhein-Westfalen über die Errichtung des Klinikums B. der Universität B. (Universitätsklinikum B.) als Anstalt des öffentlichen Rechts vom 1. Dezember 2000 (GV.NRW. S. 734), die während des *vorliegenden Rechtsstreits in Kraft getreten ist. Nach § 1 Abs. 2 der Verordnung tritt das Universitätsklinikum an die Stelle der bisherigen Medizinischen Einrichtungen der Universität (Satz 1); die dem Aufgabenbereich der Medizinischen Einrichtungen zuzurechnenden Rechte und Pflichten des Landes und der Universität gehen im Wege der Gesamtrechtsnachfolge auf das Universitätsklinikum über (Satz 2). Die gesetzlich angeordnete Gesamtrechtsnachfolge erfasst auch das vorliegende Prozessrechtsverhältnis und bewirkt einen gesetzlichen Parteiwechsel (§ 173 VwGO i.V.m. den entsprechend anwendbaren §§ 239 ff. ZPO), der keine Klageänderung im Sinne der §§ 91, 142 Abs. 1 Satz 1 VwGO darstellt und deshalb auch noch im Revisionsverfahren von Amts wegen zu berücksichtigen ist (vgl. BVerwGE 44, 148 <150> = Buchholz 310 § 173 VwGO Anh. § 239 ZPO Nr. 1 S. 2).*

2) Die Revision des Klägers ist zurückzuweisen. Das Berufungsgericht hat im Ergebnis zu Recht (§ 144 Abs. 4 VwGO) entschieden, dass der Kläger keinen Anspruch gegen die Beklagte auf Übernahme der noch offenen Kosten in Höhe von 4.112,47 DM für die stationäre Krankenhausbehandlung des Kindes J. in der Zeit vom 14. bis zum 26. Oktober 1991 hat.

Der hier als Anspruchsgrundlage allein in Betracht kommende § 121 BSHG setzt für einen Anspruch des Nothelfers auf Erstattung seiner Aufwendungen voraus, dass dieser „in einem Eilfall" einem anderen Hilfe gewährt hat, die „die der Träger der Sozialhilfe bei rechtzeitiger Kenntnis nach diesem Gesetz gewährt haben würde". Einen Eilfall im Sinne dieser Bestimmung hat die Vorinstanz im Ergebnis zu Recht, aber mit einer unzutreffenden Begründung unter maßgeblicher Berücksichtigung subjektiver Elemente – der Vorstellungen des Klägers über die bei ausländischen Diplomaten generell bzw. speziell beim Vater des aufgenommenen Kindes nach Zahlung der Vorschussleistung von 2.000,00 DM auf den Krankenhausvertrag zu erwartende Kostensicherheit – verneint. Der Gesetzeswortlaut ergibt jedoch keinen Anhaltspunkt dafür, dass ein Anspruch des Helfers auf Erstattung seiner Aufwendungen von seinen richtigen oder falschen Vorstellungen über die finanzielle Leistungsfähigkeit oder Bonität des Hilfeempfängers bzw. der für ihn handelnden Personen abhinge. Ein Eilfall im Sinne des § 121 Satz 1 BSHG setzt vielmehr voraus, dass nach den Umständen des Einzelfalls sofort geholfen werden muss und eine rechtzeitige Einschaltung des Sozialhilfeträgers nicht möglich ist; die Notwendigkeit sofortiger Hilfe lässt in der Regel keine Zeit, den zuständigen Sozialhilfeträger zu unterrichten und zunächst dessen Entschließung über eine Gewährung der erforderlichen Hilfe als Sozialhilfe abzuwarten (vgl. BVerwGE 59, 73, 75). Das Vorliegen einer Notfallsituation im medizinischen Sinne reicht danach für das Vorliegen eines Eilfalles im sozialhilferechtlichen Sinne nicht aus; vielmehr wird weiter vorausgesetzt, dass nach Lage der Dinge eine rechtzeitige Hilfe des Sozialhilfeträgers objektiv nicht zu erlangen gewesen wäre.

Eine solche Situation lag vorliegend in der Zeit von der Aufnahme des Kindes am 14. Oktober 1991 bis zu seiner Entlassung am 26. Oktober 1991 nicht vor. Bei der Krankenhausaufnahme am 14. Oktober 1991 – einem Montag – lag kein Eilfall im sozialhilferechtlichen Sinne vor, weil die ersten Kosten der Krankenhausunterbringung durch den geleisteten Vorschuss von 2.000 DM gedeckt waren. Die mit dem Verbrauch des Vorschusses am 18. Oktober 1991 bei fortbestehender Behandlungsbedürftigkeit eingetretene Kostenunsicherheit begründete einen Eilfall deshalb nicht, weil die medizinische und sozialhilferechtliche Hilfebedürftigkeit nicht plötzlich und unvorhersehbar eintrat, sondern voraussehbare Folge der bei Krankenhausaufnahme nur auf vier Tage und damit objektiv zu knapp bemessenen Vorschusssiche-

rung war. Dass ein über den Zeitraum von vier Tagen hinausgehender Verbleib des Kindes in der Klinik nicht vorherzusehen und erst infolge plötzlich eintretender Umstände erforderlich geworden wäre, hat die Vorinstanz nicht festgestellt und ist auch von den Beteiligten nicht vorgetragen worden; insoweit fehlt das den sozialhilferechtlichen Eilfall kennzeichnende Element der Unvorhersehbarkeit des Hilfebedarfs. Der vorhersehbar mit dem Verbrauch des Vorschusses eintretende Bedarf hätte in zumutbarer Weise durch eine höhere Vorschussanforderung bzw. – bei Unerbringlichkeit eines höheren Vorschusses – durch eine rechtzeitige Einschaltung des Sozialamtes über den nicht leistungsfähigen Vater des Kindes oder auch durch den Kläger selbst abgesichert werden können. Unterbleibt eine rechtzeitige Benachrichtigung des Sozialhilfeträgers nicht aus Gründen der Unvorhersehbarkeit und Eilbedürftigkeit der Hilfe, sondern infolge einer Fehleinschätzung der wirtschaftlichen Lage des Hilfeempfängers durch den Helfer, so schließt dies einen „Eilfall" aus.

Der Einwand der Revision, bei einem medizinischen Notfall könne der Nothelfer sich nicht vor Aufnahme der Behandlung darum kümmern, wer für die Behandlungskosten aufkomme, lässt unberücksichtigt, dass der Kläger selbst mit der Feststellung des Diplomatenstatus des Vaters des Notfallpatienten, dem Abschluss eines Aufnahmevertrages und der Entgegennahme eines Kostenvorschusses die für einen Klinikbetrieb im Eigeninteresse erforderlichen Feststellungen zu den Verhältnissen des Patienten im Ansatz getroffen, aber mit Blick auf die Vorschussbemessung nicht im gebotenen Umfang durchgeführt hat. Die Überprüfung der für die Kostensicherheit wesentlichen Umstände gehört, soweit nach den Umständen möglich, auch bei der Aufnahme von Notfallpatienten zu den Obliegenheiten eines ordnungsgemäßen Krankenhausbetriebes; das Irrtums- und Fehleinschätzungsrisiko insoweit wird dem Nothelfer durch § 121 BSHG nicht abgenommen. In seinem Urteil vom 28. März 1974 – BVerwG V C 27.73 – (BVerwGE 45, 131, 133 = Buchholz 436.0 § 121 BSHG Nr. 2 S. 5) hat der Senat mit Blick auf das Risiko des Nothelfers, „auf den Aufwendungen sitzen zu bleiben", die Notwendigkeit betont, gegebenenfalls selbst den Weg der Durchsetzung von Ansprüchen unmittelbar gegen den Hilfeempfänger zu gehen, da sonst die Besorgnis begründet sei, der Träger der Sozialhilfe könne in die Stellung eines Ausfallbürgen gedrängt werden; Entsprechendes gilt mit Blick auf das Risiko einer wegen des Status oder der vermeintlichen Bonität des Patienten bzw. seiner Angehörigen zu gering angesetzten Vorschussanforderung.

Fehlt es somit bereits an den Voraussetzungen eines Eilfalles im Sinne des § 121 Satz 1 BSHG, kommt es auf die weitere Frage, ob die Klägerin den Erstattungsanspruch innerhalb angemessener Frist (§ 121 Satz 2 BSHG) gestellt hat, nicht mehr an."

Leitsatz (BVerwG, Urteil vom 28.03.1974, Az.: 5 C 27.73)

Der Nothelfer trägt die materielle Beweislast dafür, dass ein Eilfall vorgelegen hat und dass der Sozialhilfeträger die vom Nothelfer gewährte Hilfe geleistet hätte, hätte er von dem Hilfefall rechtzeitig Kenntnis gehabt.

Aus den Gründen:

„Der Kläger, Träger der Universitäts-Kliniken in K., begehrt nach § 121 des Bundessozialhilfegesetzes in der Fassung vom 18. September 1969 (BGBl. I S. 1688) – BSHG –,

dass die Beklagte Kosten übernimmt, die durch die stationäre Behandlung von Patienten in den Kliniken entstanden sind, nachdem der Versuch, die Kosten von denjenigen Krankenversicherungsträgern, die die Patienten benannt hatten oder die auf Grund der Angabe über ein bestehendes Arbeitsverhältnis in Betracht gekommen waren, erstattet zu erhalten, fehlgeschlagen war. Die Beklagte lehnte die Erstattung der Kosten in den Fällen ab, in denen sich nach ihrer Meinung eine sozialhilferechtliche Hilfsbedürftigkeit für die Zeit des Klinikaufenthalts nicht habe feststellen lassen. Das Verwaltungsgericht hat die Klage abgewiesen. Das Oberverwaltungsgericht hat die Berufung zurückgewiesen. Es ist der Ansicht, dass die Erstattung von Aufwendungen eines Dritten (Nothelfers) bei Hilfeleistung in einem Eilfall an Stelle des Trägers der Sozialhilfe die Feststellung voraussetze, dieser hätte bei rechtzeitiger Kenntnis nach Maßgabe des Bundessozialhilfegesetzes Hilfe gewährt. Lasse sich der Sachverhalt nicht aufklären – das sei Sache des Sozialhilfeträgers unter Mitwirkung des Nothelfers –, so gehe dies zu Lasten des Nothelfers; denn er trage die materielle Beweislast (Feststellungslast) dafür, dass die tatsächlichen Voraussetzungen seines Anspruchs gegeben seien. Allerdings sei auch zu prüfen, ob der Träger der Sozialhilfe bei rechtzeitiger Kenntnis in Ausübung pflichtgemäßen Ermessens erweiterte Hilfe nach § 29 BSHG geleistet hätte. In den noch streitigen Fällen hat das Berufungsgericht den Sachverhalt dahin gewürdigt, dass die Hilfsbedürftigkeit während der Zeit der stationären Behandlung nicht festgestellt und dass auch nicht angenommen werden könne, dass die Beklagte nach § 29 BSHG Hilfe geleistet hätte. Es könne – so hat das Berufungsgericht weiter ausgeführt – auch nicht festgestellt werden, dass die Beklagte ihrer Ermittlungspflicht schuldhaft nicht nachgekommen sei.

Mit der Revision verfolgt der Kläger sein Erstattungsbegehren weiter. Er tritt der Rechtsauffassung des Berufungsgerichts zur Frage der Anwendbarkeit des § 29 BSHG in Fällen des § 121 BSHG bei. Die Ansicht des Oberverwaltungsgerichts, dass die Nichtaufklärbarkeit des Sachverhalts zur Frage der Hilfsbedürftigkeit zu Lasten des Nothelfers gehe, hält er für unvereinbar mit dem Sinn und dem Zweck der Erstattungsregelung, die Bereitschaft zur Hilfeleistung zu fördern. Der Nothelfer dürfe nicht mit dem Risiko der Nothilfe belastet werden.

Die Beklagte hält die Revision für unbegründet, weil das angefochtene Urteil das geltende Recht richtig angewendet habe. Sie meint, nur auf Grund einer Änderung des Gesetzes lasse sich in der Zukunft das vom Kläger missbilligte Ergebnis vermeiden.

Entscheidungsgründe

Die Revision ist nicht begründet; denn die auf den Erlass eines die Erstattung regelnden Verwaltungsakts gerichtete Verpflichtungsklage ist mit Recht in den Vorinstanzen ohne Erfolg geblieben.

Zu erstatten sind unter der Voraussetzung, dass der Nothelfer in einem Eilfall geholfen hat, die Aufwendungen für die Hilfen, die der Träger der Sozialhilfe nach dem Bundessozialhilfegesetz geleistet hätte, wäre er von Anfang an in der Lage gewesen zu prüfen und zu entscheiden, ob Sozialhilfe zu gewähren ist (Anknüpfung an § 5 BSHG). Damit sind in Bezug auf die Erstattung materiell alle Hilfearten, auch die Hilfen in besonderer Lebenslage, aber auch alle Formen der Hilfe (Muss-, Soll- oder Kannleistung) angesprochen. Formell besagt die Verweisung „nach diesem Gesetz", dass – wie das Oberverwaltungsgericht zutreffend ausgeführt hat – der vom Nothelfer um die Erstattung angegangene Träger der Sozialhilfe – wie jede Behörde vor Erlass eines Verwaltungsakts – den Sachverhalt von Amts wegen sorgfältig aufzuklä-

ren hat und dass er dabei den Antragsteller zur Mitwirkung heranziehen kann. Dies schließt ein, dass der Träger der Sozialhilfe sich nicht mit der bloßen Behauptung des Empfängers der Nothilfe, nicht hilfsbedürftig gewesen zu sein, zufriedengeben darf, wenn Anhaltspunkte für Zweifel an der Wahrhaftigkeit dieser Behauptung bestehen. Führt jedoch das sorgfältige Bemühen um Aufklärung letztlich zu keiner eindeutigen Feststellung der Hilfsbedürftigkeit für den Zeitpunkt, in dem die Nothilfe geleistet wurde, bleibt es bei einem non liquet, dann beantwortet sich die Frage danach, wer die Folgen dieser Unaufklärbarkeit zu tragen hat, nach dem materiellen Recht. Wer einen Anspruch geltend macht, zu dessen Lasten geht die Nichtaufklärbarkeit der diesen Anspruch begründenden Tatsachen, es sei denn, dass das materielle Recht eine andere Verteilung der Beweislast regelt. Das ist nach § 121 Satz 1 BSHG nicht der Fall (vgl. Urteil des Senats vom 27. Januar 1971 – BVerwG V C 74.70 – (BVerwGE 37, 133 (137) = FEVS 18, 121 (124))).

Infolgedessen trägt der Kläger die materielle Beweislast dafür, dass ein Eilfall vorgelegen hat und dass die Beklagte bei rechtzeitiger Kenntnis Hilfe gewährt haben würde. Das schließt ein, dass der Patient im Zeitpunkt der Aufnahme in das Krankenhaus und während des Zeitraums seines Verweilens dort hilfsbedürftig gewesen ist. Sozialhilfe erhält nur, wer sich nicht selbst helfen kann oder der, der die erforderliche Hilfe nicht von einem anderen erhält (§ 2 Abs. 1 BSHG). Muss der Träger der Sozialhilfe bei unmittelbarer Regelung des Falles Sozialhilfe nur leisten, wenn die Hilfsbedürftigkeit festgestellt ist, dann kann hinsichtlich dieser Voraussetzung für den Erstattungsanspruch des Nothelfers nichts anderes gelten (vorbehaltlich des § 29 Satz 1 BSHG).

Diese eindeutige gesetzliche Regelung schließt die Möglichkeit aus, annehmen zu können, der Erstattungsanspruch des Nothelfers sei in weiterem Umfang möglich als der Anspruch des Hilfeempfängers selbst bei unmittelbarer Geltendmachung der Hilfe. Dass hierdurch der Nothelfer mit einem gewissen Risiko belastet werden kann, indem er Gefahr läuft, auf den Aufwendungen „sitzenzubleiben", wenn sich später die Hilfsbedürftigkeit des Empfängers der Nothilfe nicht feststellen lässt, zwingt nicht zu einer anderen, dem Gesetz widersprechenden Betrachtung und Entscheidung. Der Auffassung des Klägers folgen hieße, das Risiko stets dem Sozialhilfeträger überbürden. Sie könnte – würde sie zum Rechtsgrundsatz erhoben – zur Folge haben, dass der Nothelfer die Hilfe allzu großzügig in der Gewissheit leistet, sich stets beim Sozialhilfeträger schadlos halten zu können, ohne den Weg der Durchsetzung seines Anspruchs unmittelbar gegen den Hilfeempfänger, notfalls vor dem Zivilgericht, gehen zu müssen. Die im Gutachten des Deutschen Vereins für öffentliche und private Fürsorge vom 2. Juli 1968 (NDV 1968, 255) geäußerte Besorgnis, der Träger der Sozialhilfe könnte in die Stellung eines Ausfallbürgen gedrängt werden, erscheint begründet.

Nach den tatsächlichen, vom Kläger mit zulässigen Rügen nicht angegriffenen, das Revisionsgericht daher bindenden tatsächlichen Feststellungen des Berufungsgerichts hat durch die – nach der tatrichterlichen Feststellung sorgfältigen – Ermittlungen des Beklagten in den drei streitigen Fällen nicht eindeutig geklärt werden können, dass die Patienten außerstande gewesen sind, die Kosten der stationären Behandlung zu tragen.

Zutreffend hat das Berufungsgericht daher auch die Möglichkeit der erweiterten Hilfe nach § 29 Satz 1 BSHG in die Erörterung einbezogen – auch sie ist eine Hilfe „nach diesem Gesetz" – und geprüft, ob die Beklagte auf Grund dieser Vorschrift bei recht-

zeitiger Kenntnis der Fälle für die Kosten der stationären Behandlung (vorerst) aufgekommen wäre. Mit Recht hat das Berufungsgericht dazu ausgeführt, dass die erweiterte Hilfe nach § 29 Satz 1 BSHG im pflichtgemäßen Ermessen des Trägers der Sozialhilfe steht. Zu berücksichtigen ist, dass diese Hilfe – wird sie geleistet – Ersatzansprüche auslöst (§ 29 Satz 2 BSHG), nicht nur gegen den Hilfeempfänger selbst, sondern auch gegen seinen nicht getrennt lebenden Ehegatten und bei einem minderjährigen, unverheirateten Hilfeempfänger gegen dessen Eltern. Daher wird die Hilfe mindestens nicht gegen den Willen des Hilfeempfängers geleistet werden dürfen; § 5 BSHG besagt nicht, dass Sozialhilfe aufgezwungen werden darf. Diese der erweiterten Hilfe eigenen Besonderheiten setzen der Anwendbarkeit des § 29 Satz 1 BSHG verhältnismäßig enge Grenzen.

Zu Unrecht legt der Kläger im Zusammenhang mit der Nothilfe § 29 Satz 1 BSHG eine Tragweite bei, die diese Vorschrift bei ihrer unmittelbaren Handhabung durch den Sozialhilfeträger nach dem oben Gesagten nicht hat, indem er meint, im Eilfall, bei Ungeklärtheit der Hilfsbedürftigkeit m ü s s e die Beklagte erweiterte Hilfe leisten, d.h. im Falle der Nothilfe seien unter diesem Aspekt Aufwendungen stets zu ersetzen. Begreift man unter dem „begründeten Fall" auch den Eilfall bei ungeklärter Hilfsbedürftigkeit, so folgt daraus nicht, dass in Fällen der Nothilfe die „Kannleistung" des Trägers der Sozialhilfe in eine „Mussleistung" umschlägt. Die Erstattung von Aufwendungen des Nothelfers ist davon abhängig, dass der Träger der Sozialhilfe in dem Eilfall, hätte er sich seiner von Anfang an annehmen können, die erweiterte Hilfe als Kannleistung nicht gegen den Willen des Patienten geleistet hätte. Ob dies der Fall ist, ist eine Frage der nachträglichen Würdigung der Umstände des Einzelfalles. Das Verwaltungsgericht trifft diese Entscheidung unter Beachtung der ihm durch § 114 VwGO gesetzten Grenzen nach seiner freien, aus dem Gesamtergebnis des Verfahrens gewonnenen Überzeugung (§ 108 Abs. 1 Satz 1 VwGO). Auch diesbezüglich hat der Kläger zulässige Revisionsrügen nicht erhoben."

Leitsatz (redaktionell) (OVG Nordrhein-Westfalen,
Urteil vom 29. November 2001, Az: 16 A 3477/00)

Der vom BVerwG angelegte Maßstab spricht danach dafür, dass der Nothelfer die Kostenfrage permanent unter Kontrolle zu halten hat oder sie zummindest anlässlich zeitlicher Einschnitte einer Klärung zuführen muss.

Aus den Gründen:

„T. erlitt am 07.03.1997 einen Herzinfarkt und wurde bis zum 27.03.1997 im Klinikum X. behandelt. Bereits am 30.03.1997 wurde er auf Grund eines akuten Angina-Pectoris-Anfalls wiederum als Notfall in das Klinikum X. aufgenommen, wo er einen Reinfarkt erlitt. Am 03.04.1997 wurde er in das Herzzentrum Y. verlegt und dort operiert. Am 07.04.1997 wurde er in das Klinikum X. zurückverlegt und dort bis zum 16.04.1997 stationär behandelt. Für diese Zeit lehnte das zuständige Sozialamt den Kostenübernahmeantrag des Klinikum X. ab. Klage und Berufung hatten keinen Erfolg.

Entscheidungsgründe

Der Kläger hat gegen den Beklagten keinen Anspruch auf Übernahme der Kosten für die stationäre Krankenhausbehandlung des Herrn T. in der Zeit ab 07.04.1997. Die

Voraussetzungen des als Rechtsgrundlage allein in Frage stehenden § 121 BSHG sind vorliegend nicht gegeben. Die Vorschrift gibt einem Dritten („jemand") als so genanntem Nothelfer einen strikten öffentlich-rechtlichen Aufwendungsersatzanspruch gegen den an sich für die Hilfegewährung zuständigen Träger der Sozialhilfe, um durch die Gewährleistung eines zahlungsfähigen Schuldners die Hilfsbereitschaft Dritter im Notfall zu erhalten und zu stärken (vgl. die Begründung zum Regierungsentwurf, BT-Drucks. III/1799 S. 61 zu § 114; BVerwG, Urteil vom 3.12.1992 – 5 C 32.89 –, FEVS 44, 89 (91) = NVwZ 1993, 995; Jehle, Die Hilfeleistung Dritter in Eilfällen (§ 121 BSHG), ZfSH 1963, 289; Fichtner, BSHG, § 121 RdNr. 1; Oestreicher/Schelter/Kunz/Decker, BSHG, Stand Juli 2001, § 121 RdNr. 1.) Nach ständiger Rechtsprechung der Sozialhilferechtssenate des angerufenen OVG setzt das Vorliegen eines Eilfalles im Sinne von § 121 BSHG voraus, dass in einer plötzlich auftretenden Notlage nach den Besonderheiten des Einzelfalles durch den Nothelfer sofort geholfen werden muss. Insoweit ist ausschlaggebend, dass der Nothelfer angesichts des ihm bekannten Sachverhalts bei objektiver Beurteilung berechtigterweise davon ausgehen kann, sofort Hilfe leisten zu müssen, statt abzuwarten, bis die Notlage dem Sozialhilfeträger bekannt wird oder gar die Frage der Kostentragung geklärt worden ist (vgl. OVG NRW, Urteile vom 16.05.2000 – 22 A 662/98 –, DVBl 2001, 577 = ZfSH/SGB 2001, 419, und – 22 A 1560/97 –, ZfSH/SGB 2001, 340; Beschluss vom 11.02.1999 – 16 A 5817/96 –; Urteile vom 31.10.1997 – 24 A 5466/95 –; vom 30.10.1997 – 8 A 5887/95 –, FEVS 48, 272 = NWVZ-RR 1998, 756 = ZfSH/SGB 1998, 268 = ZfS 1998, 245 = NWVBl 1998, 447, und vom 27.03.1990 – 8 A 327/88 –, FEVS 41, 76 = NVwZ 1990, 1097 = NDV 1990, 35). Gemessen daran bedarf es keiner näheren Ausführungen und ist auch zwischen den Beteiligten unstreitig, dass die Aufnahme des Patienten T. in das Klinikum X. am 30.3. 1997 auf Grund eines akuten Angina-Pectoris-Anfalls mit anschließendem Reinfarkt als Hilfeleistung in einem Eilfall anzusehen ist. In der Spruchpraxis der ehemaligen Sozialhilferechtssenate des angerufenen OVG ist hingegen die Frage, ob ein Eilfall bei der Aufnahme in ein Krankenhaus regelmäßig ohne weiteres auch die weitere stationäre Behandlung des Patienten bis zu seiner Entlassung umfasst, unterschiedlich beantwortet worden. (Bejahend: OVG NRW, Urteil vom 31.10.1997 – 24 A 5466/95 –; verneinend: OVG NRW, Urteil vom 30.10.1997 – 8 A 5887/95 –, a.a.O.) Nach der vom früheren 8. Senat vertretenen Auffassung dauert ein mit der Notaufnahme begonnener Eilfall im Sinne des § 121 Satz 1 BSHG nur an, solange es nicht möglich oder nicht zumutbar ist, den Träger der Sozialhilfe von der Notlage in Kenntnis zu setzen. Maßgeblich soll insoweit die Situation im jeweiligen für die Behördenentscheidung relevanten Leistungsabschnitt sein. Der 22. Senat des OVG NRW hat demgegenüber die Auffassung des früheren 24. Senats in dessen Urteil vom 22.09.1995 – 24 A 2777/92 – mit seinem Urteil vom 16.05. 2000 – 22 A 1560/ 97 –, a.a.O., verteidigt und darauf hingewiesen: Der Gesetzgeber habe die seinerzeit geltenden engen Fristvoraussetzungen aus den Ausführungsvorschriften der Länder nicht in § 121 BSHG übernommen. Auch aus dem Charakter des Sozialhilfe als Notlagenhilfe lasse sich eine derartige enge zeitliche Schranke nicht herleiten. Ferner reiche das für den Nothelfer gegebene Kostenrisiko wegen der bei ihm liegenden materiellen Beweislast aus, um ihn zu einer Antragstellung in angemessener Frist anzuhalten. Zusammenfassend heißt es a.a.O.: „Unter Würdigung dieser Gesichtspunkte ist die vom vormaligen 24. Senat vertretene Auffassung vorzugswürdig, nach der die gesundheitliche Situation bei der Aufnahme in das Krankenhaus auch für die Qualifizierung der weiteren stationären Behandlung maßgeblich ist. Erfordert die gesundheitliche Situation eine unverzügliche Behandlung, wird die vom Krankenhaus geleistete Hilfe so lange insgesamt in einem Eilfall geleistet, wie die stationäre

Krankenhausbehandlung zur Genesung, zur Besserung oder zur Linderung der Krankheitsfolgen erforderlich ist. Der in § 121 Satz 1 BSHG verwendete Begriff der Hilfe deckt sich inhaltlich mit der Hilfe, die der Träger der Sozialhilfe bei rechtzeitiger Kenntnis nach diesem Gesetz gewährt haben würde, hier der Krankenhilfe nach § 37 BSHG. Maßgeblich ist danach im Hinblick auf die Dauer der Krankenhausbehandlung, ob die ununterbrochene Fortführung der eingeleiteten ärztlichen Maßnahmen bis zum Ende der Krankenhausbehandlung in medizinischer Sicht erforderlich war, nicht hingegen, ob es dem Krankenhausträger möglich und zumutbar war, den Sozialhilfeträger noch vor einem möglichen Entlassungszeitraum von der Notlage in Kenntnis zu setzen (vgl. OVG NRW (24. Senat), Urteil vom 31.10.1997 – 24 A 5466/95 – und Urteil vom 22.09.1995 – 24 A 2777/93 –). Wenn die Notlage dem zuständigen und zur Hilfe verpflichteten Träger der Sozialhilfe nicht bekannt wird (vgl. dazu das Urteil des erkennenden Senats vom heutigen Tage – 22 A 2172/98 –), endet ein Eilfall im Sinne des § 121 Satz 1 BSHG bei der Krankenhausbehandlung mithin regelmäßig erst mit der Entlassung." Einem so weitgehenden Gesetzesverständnis, nach dem auch die vorübergehende Verlegung in eine Klinik mit besseren diagnostischen oder therapeutischen Behandlungsmöglichkeiten – wie hier das Herzzentrum Y. – keine Zäsur des einheitlichen Eilfalles darstellen würde (vgl. OVG NRW, Urteil vom 31.10.1997 – 24 A 5466/95), vermag der Senat in Ansehung der jüngsten Rechtsprechung des BVerwG im Urteil vom 31.05.2001 – 5 C 20.00 – indes nicht zu folgen. Danach soll das Vorliegen einer Notfallsituation im medizinischen Sinne für das Vorliegen eines Eilfalles im sozialhilferechtlichen Sinne gerade nicht ausreichen; vielmehr wird des Weiteren ausdrücklich vorausgesetzt, dass nach Lage der Dinge eine rechtzeitige Hilfe des Sozialhilfeträgers objektiv nicht zu erlangen gewesen wäre. Im konkreten Fall knüpft das BVerwG bezeichnenderweise an die Frage der Vorhersehbarkeit eines erst im Verlaufe eines Krankenhausaufenthaltes eingetretenen Hilfebedarfes an. Es betont, dass die Überprüfung der für die Kostensicherheit wesentlichen Umstände auch bei der Aufnahme von Notfallpatienten, soweit nach den Umständen möglich, zu den Obliegenheiten eines ordnungsgemäßen Krankenhausbetriebes gehört. Der vom BVerwG angelegte Maßstab spricht danach dafür, dass der Nothelfer die Kostenfrage permanent unter Kontrolle zu halten hat oder sie zumindest anlässlich zeitlicher Einschnitte einer Klärung zuführen muss. Vor diesem Hintergrund hat das VG hier zu Recht angenommen, dass bei der Rückverlegung des Patienten T. aus dem Herzzentrum Y. in das Klinikum X. kein Eilfall im Sinne von § 121 BSHG mehr vorgelegen hat. Dabei kommt es nach Maßgabe des oben zitierten Urteils des BVerwG nicht allein darauf an, ob es sich bei der Weiterbehandlung im Klinikum X. medizinisch um einen fortdauernden „Notfall" im Sinne einer unaufschiebbaren Maßnahme gehandelt hat (vgl. zu diesem Ansatz etwa VG Hannover, Urteil vom 19.07.1997 – 3 A 4659/95 –; ZfF 1999, 160). Maßgeblich ist vielmehr, dass sich nicht feststellen lässt, dass der Kläger den Beklagten nicht rechtzeitig über die Wiederaufnahme und Weiterbehandlung des Herrn T. im Klinikum X. unterrichten konnte. Der Kläger hat ausdrücklich eingeräumt, dass „zwischen dem Klinikum X. und dem Herzzentrum Y. eine Absprache und ständige Übung besteht, dass ein für besondere medizinische Maßnahmen in das Herzzentrum Y. verlegter Patient nach Durchführung dieser besonderen Behandlung unverzüglich von dem überweisenden Krankenhaus, also dem Klinikum X., wieder 'zurückgenommen' wird, um die geringen Kapazitäten des Herzzentrums nicht länger als unbedingt medizinisch notwendig in Anspruch zu nehmen." Auch der sachverständige Zeuge Dr. K. hat in seiner Vernehmung auf die Frage des Gerichts, ob dem Klinikum X. im Zeitpunkt der Verlegung des Patienten T. in das Herzzentrum am 04.04.1997 bereits bekannt war, dass der Patient nach durchgeführter PTCA-Behandlung in das Klinikum X. zurückverlegt werden würde, erklärt, dass „üblicherweise Patienten mit dieser Vorgeschichte zurückgenommen werden". War danach die alsbaldige Wiederaufnahme des Patienten bereits bei dessen Verlegung in das Herzzentrum Y. am 04.04.1997 voraussehbar, konnte eine Benachrichtigung der Sozialhilfebehörde schon im Voraus oder jedenfalls spätestens am Morgen des 07.04.1997 – etwa telefonisch oder per Telefax – erfolgen. Nach Angabe des Klägers ist dem Klinikum X. die normale Dauer einer PTCA-Behandlung im Herzzentrum Y. bekannt, so dass man die Rückverlegung bzw. deren Zeitpunkt einkalkuliert. Diese Kenntnisse ermöglichten auch die Information des zuständigen Sozialhilfeträgers. Aus dem internen Aufnahmeschein des Klinikums X. geht zudem hervor, dass diesem auch die Sozialhilfebedürftigkeit des Patienten T. durchaus bekannt war. Der Erklärung des Patienten vom 21.03.1997 ist zu entnehmen, dass die Kostenstelle des Klinikums X. schon bei seinem ersten Krankenhausaufenthalt dort an der Feststellung seiner Mittellosigkeit beteiligt war. Zählt die Benachrichtigung der in einem Eilfall nach § 97 Abs. 2 Satz 3 i.V.m. § 3 AG-BSHG NRW berufenen Sozialhilfebehörde zu bereiter Zeit mithin zu den Obliegenheiten eines ordnungsgemäßen Krankenhausbetriebes, kann sich ein Nothelfer auch nicht auf eine Überlastung des ärztlichen Personals mit derartigen – nicht zur eigentlichen Heilbehandlung zählenden – Aufgaben berufen, sondern hat durch entsprechende organisatorische Maßnahmen Vorsorge zu treffen."

Leitsatz (redaktionell) (OVG Nordrhein-Westfalen, Urteil vom 16.05.2000, Az.: 22 A 3435/98)

Das Vorliegen des Notfalles muss der Nothelfer beweisen.

Aus den Gründen:

„Der Beklagte (Oberbürgermeister einer kreisfreien Stadt) wird von der Universität als Trägerin ihrer medizinischen Einrichtungen auf Erstattung ihrer durch die stationäre Behandlung des jemenitischen Staatsangehörigen A. entstandenen Aufwendungen in Anspruch genommen. A., der später einen Sozialhilfeantrag stellte, hatte sich wegen der Folgen eines Autounfalls in die Klinik begeben. Klage und Berufung blieben erfolglos.

Entscheidungsgründe

Die Klägerin hat gegen den Beklagten keinen Anspruch auf Übernahme der noch offenen Pflegekosten in Höhe von 40. 257,42 DM für die stationäre Krankenhausbehandlung des Herrn A. Als Rechtsgrundlage kommt allein § 121 BSHG in Betracht, dessen Voraussetzungen jedoch nicht vorliegen. Wegen der ungeklärten Hilfebedürftigkeit von Herrn A. sind die Aufwendungen der Klägerin für seine stationäre Behandlung keine Hilfe im Sinne von § 121 BSHG, die der Träger der Sozialhilfe bei rechtzeitiger Kenntnis „nach diesem Gesetz" gewährt haben würde.

Formell besagt diese Verweisung auf das Bundessozialhilfegesetz, dass danach der vom Nothelfer um die Erstattung angegangene Träger der Sozialhilfe den Sachverhalt von Amts wegen sorgfältig aufzuklären hat und dass er dabei den Antragsteller zur Mitwirkung heranziehen kann. Dies schließt ein, dass der Träger der Sozialhilfe sich nicht mit der bloßen Behauptung des Empfängers der Nothilfe zufriedengeben darf, nicht hilfsbedürftig gewesen zu sein, wenn Anhaltspunkte für Zweifel an der Wahrhaftigkeit dieser Behauptung bestehen. Führt jedoch das sorgfältige Bemühen um Aufklärung letztlich zu keiner eindeutigen Feststellung der Hilfsbedürftigkeit für den Zeitpunkt, in dem die Nothilfe geleistet wurde, bleibt es also bei einem non liquet, dann beantwortet sich die Frage, wer die Folgen dieser Unaufklärbarkeit zu tragen hat, nach dem materiellen Recht. Die Nichtaufklärbarkeit der den Anspruch begründenden Tatsachen geht zu Lasten dessen, der einen Anspruch geltend macht, es sei denn, dass das materielle Recht eine andere Verteilung der Beweislast regelt. Das ist nach § 121 Satz 1 BSHG nicht der Fall (vgl. BVerwG, Urteile vom 27.01.1971 – V C 74.70 –, FEVS 18, 121, (124), und vom 28.03.1974, – V C 27.73 –, FEVS 22, 301, (302 f.)).

Infolgedessen trägt der Nothelfer die materielle Beweislast dafür, dass ein Eilfall vorgelegen hat und dass der Träger der Sozialhilfe bei rechtzeitiger Kenntnis Hilfe gewährt haben würde. Das schließt ein, dass ein Patient im Zeitpunkt der Aufnahme in ein Krankenhaus und während des Zeitraums seines Verweilens dort hilfsbedürftig gewesen ist. Sozialhilfe erhält nur, wer sich nicht selbst helfen kann, oder der, der die erforderliche Hilfe nicht von einem anderen erhält, vgl. § 2 Abs. 1 BSHG. Muss der Träger der Sozialhilfe bei unmittelbarer Regelung des Falles Sozialhilfe nur leisten, wenn die Hilfsbedürftigkeit festgestellt ist, dann kann hinsichtlich dieser Voraussetzung für den Erstattungsanspruch des Nothelfers – vorbehaltlich des § 29 Satz 1 BSHG – nichts anderes gelten (vgl. dazu BVerwG, Urteil vom 28.03.1974, a.a.O., S. 303; vgl. zu § 29 Satz 1 BSHG beim Aufwendungsersatz nach § 121 BSHG das Urteil des erkennenden Senats vom heutigen Tage – 22 A 1560/97 –).

Diese eindeutige gesetzliche Regelung schließt die Annahme aus, der Erstattungsanspruch des Nothelfers gehe über den Anspruch des Hilfeempfängers (bei unmittelbarer Geltendmachung der Hilfe) hinaus. Dass hierdurch der Nothelfer mit einem gewissen Risiko belastet wird, indem er Gefahr läuft, auf den Aufwendungen „sitzenzubleiben", wenn sich später die Hilfsbedürftigkeit des Empfängers der Nothilfe nicht feststellen lässt, zwingt nicht zu einer anderen Betrachtung und Entscheidung. Einer abweichenden Auffassung folgen hieße, das Risiko stets dem Sozialhilfeträger überbürden. Sie könnte – würde sie zum Rechtsgrundsatz erhoben – zur Folge haben, dass der Nothelfer die Hilfe allzu großzügig in der Gewissheit leistet, sich stets beim Sozialhilfeträger schadlos halten zu können, ohne den Weg der Durchsetzung seines Anspruchs unmittelbar gegen den Hilfeempfänger, notfalls vor dem Zivilgericht, gehen zu müssen. Die Besorgnis, der Träger der Sozialhilfe könnte in die Stellung eines Ausfallbürgen gedrängt werden, erscheint begründet (vgl. BVerwG, a.a.O., S. 303/304).

Abweichendes folgt nicht aus § 20 SGB X. Nach Absatz 1 dieser Vorschrift hat der Sozialhilfeträger den maßgeblichen Sachverhalt, zu dem beim Erstattungsanspruch nach § 121 BSHG die Feststellung der Hilfebedürftigkeit gehört, von Amts wegen zu erforschen. Dabei hat die Behörde alle für den Einzelfall bedeutsamen, auch die für die Beteiligten günstigen Umstände zu berücksichtigen, vgl. § 20 Abs. 2 SGB X.

Von der Intensität der behördlichen Sachverhaltserforschung im Verwaltungsverfahren kann im Einzelfall abhängen, ob ein Sachverhalt zweifelsfrei geklärt werden kann oder ob ein non liquet bleibt, das den Rückgriff auf die materielle Beweislast erforderlich macht. Aber auch in diesen Fällen ungenügender Sachverhaltsermittlung ändert sich die materielle Beweislast weder im Verwaltungsverfahren noch im Verwaltungsgerichtsverfahren. Das belegt die auch in Fällen der Untätigkeitsklage gemäß § 75

VwGO, also auch bei fehlender behördlicher Sachverhaltsermittlung, gleichbleibende materielle Beweislast. Die Unbeachtlichkeit des behördlichen Verhaltens bei der Sachverhaltsermittlung im Verwaltungsverfahren für die materielle Beweislast schließt allerdings nicht aus, dass das Gericht dieses Verhalten, wie anderes Verhalten eines Beteiligten auch, im Rahmen seiner Beweiswürdigung berücksichtigen kann (vgl. BVerwG, Beschluss vom 30.12.1996 – 5 B 202.95 –, dokumentiert in Juris).

Gemessen an diesen Grundsätzen ist ein Erstattungsanspruch der Klägerin nach § 121 BSHG nicht gegeben, weil die Hilfebedürftigkeit des Herrn A. sich in wirtschaftlicher Hinsicht mit den in Betracht kommenden Beweismitteln nicht feststellen lässt." ...

Leitsatz (redaktionell) (BVerwG, Urteil vom 27.01.1971, Az.: V C 74.70)

Zu der Frage der Angemessenheit der Frist zur Geltendmachung der Forderung.

Aus den Gründen:

„... Die Klägerin begehrt als Trägerin eines Krankenhauses von dem Beklagten die Erstattung von 600,50 DM als Restbetrag der Kosten, die durch die stationäre Behandlung einer hilfebedürftigen Patientin entstanden sind. Das Verwaltungsgericht hat der Klage stattgegeben, das Berufungsgericht hat sie abgewiesen, im Wesentlichen mit der Begründung, bei der Behandlung habe ein Eilfall im Sinne des § 121 des Bundessozialhilfegesetzes – BSHG – nicht vorgelegen.

Mit der vom Berufungsgericht zugelassenen Revision erstrebt die Klägerin die Wiederherstellung des verwaltungsgerichtlichen Urteils. Der Beklagte bittet um Zurückweisung der Revision. Der Oberbundesanwalt beim Bundesverwaltungsgericht beteiligt sich am Verfahren.

Entscheidungsgründe

Die Revision führt zur Wiederherstellung des verwaltungsgerichtlichen Urteils. Die Parteien sind sich darüber einig, dass die Voraussetzungen des § 121 BSHG, soweit es nicht um die Wahrung der Anmeldefrist geht, gegeben sind. Hierbei handelt es sich nicht lediglich um eine für das Gericht unverbindliche Rechtsmeinung, sondern um eine für die Parteien verbindliche Vereinbarung des Inhalts, dass die Kosten der Krankenhausbehandlung dann erstattet werden sollen, wenn sie durch die Klägerin innerhalb angemessener Frist bei dem Beklagten geltend gemacht worden sind. § 121 BSHG bestimmt:

„Hat jemand in einem Eilfall einem anderen Hilfe gewährt, die der Träger der Sozialhilfe bei rechtzeitiger Kenntnis nach diesem Gesetz gewährt haben würde, sind ihm auf Antrag die Aufwendungen in gebotenem Umfange zu erstatten, wenn er sie nicht auf Grund rechtlicher oder sittlicher Pflicht selbst zu tragen hat. Dies gilt nur, wenn er den Antrag innerhalb angemessener Frist stellt." Diese Regelung stellt nichts anderes als den Niederschlag von Grundsätzen dar, die bereits vor dem Inkrafttreten des Bundessozialhilfegesetzes teils durch landesrechtliche Vorschriften (z.B. Art. 26 des Bayerischen Fürsorgegesetzes), teils durch die Rechtsprechung (siehe dazu z.B. RGZ 150, 81; 150, 243; auch BAH 66, 27; 92, 6) herausgebildet worden waren. Diese

wiederum sind der bürgerlich-rechtlichen Rechtsfigur der Geschäftsführung ohne Auftrag verwandt. Ebenso wie dort aber die Verpflichtung zum Aufwendungsersatz durch nachträgliche Genehmigung der Geschäftsführung herbeigeführt werden kann (§ 684 Satz 2 BGB), kann auch die Erstattungspflicht für den Fall der Nothilfe im Sozialhilferecht durch eine nachträgliche Erklärung des Trägers der Sozialhilfe herbeigeführt werden. Es ist auch sonst aus dem Bundessozialhilfegesetz nicht erkennbar, dass der Sozialhilfeträger nicht sollte durch eine nachträgliche Erklärung die Leistungen des Nothelfers als eigene übernehmen können. Der Träger der Sozialhilfe ist nicht selbst zur Gewährung der Hilfe (in einem Krankenhaus) verpflichtet. Er hat sie lediglich sicherzustellen (dazu Schellhorn, Anstaltsfürsorge, S. 6). Hieraus folgt die grundsätzliche Befugnis, für die Aufgaben der Sozialhilfe Dritte heranzuziehen, und zwar unbeschadet der fortbestehenden Verantwortlichkeit des Trägers der Sozialhilfe für die Erfüllung der sich aus dem Bundessozialhilfegesetz ergebenden Verpflichtungen und ohne Rücksicht auf die Frage, ob sich das Verhältnis des Hilfesuchenden zum herangezogenen Dritten nach privatem oder öffentlichem Recht bestimmt. Das Bundessozialhilfegesetz sagt das zwar, lässt man § 93 BSHG außer Betracht, nicht ausdrücklich. Es beschäftigt sich in seinem § 10 lediglich mit dem eigenen oder übertragenen Wirkungskreis der Träger der freien Wohlfahrtspflege. Indessen ergibt sich die Zulässigkeit der Regelungen der geschilderten Art schon aus der Tatsache, dass das Gesetz die Anstaltshilfe zulässt, ohne die Sozialhilfeträger zu verpflichten, Anstalten selbst zu unterhalten. Aus alledem folgt, dass der Beklagte verpflichtet ist, der Klägerin die erstatteten Kosten zu ersetzen, wenn diese sie innerhalb angemessener Frist angemeldet hat. Hieran würde sich auch nichts ändern, wenn unzweifelhaft kein Eilfall vorgelegen hätte. Die Träger der Sozialhilfe sind nämlich auch dann befugt, die Gewährung von Sozialhilfe durch Dritte zu vereinbaren, wenn es sich nicht um einen Eilfall handelt. Bereits unter der Geltung des Rechts vor In-Kraft-Treten des Bundessozialhilfegesetzes konnte der Träger der Fürsorge die Gewährung von Krankenversorgung dadurch regeln, dass er im einzelnen Falle vor Aufnahme der Behandlung im Wege der Kostenzusicherung die Bereitschaft zur Übernahme der Kosten erklärte. Daneben gab es unter dem früheren Recht auch allgemeine Vereinbarungen der Träger der Fürsorge mit den Krankenanstalten, auf Grund derer die Krankenanstalten berechtigt waren, hilfsbedürftigen Personen Hilfe zu leisten, allerdings mit der Auflage, hierüber alsbald an den Träger der Fürsorge Mitteilung zu machen. Die Zulässigkeit derartiger, für den einzelnen Fall oder allgemein getroffenen Vereinbarungen auch unter dem Bundessozialhilfegesetz folgt aus den oben angestellten Überlegungen. Fraglich sein könnte allenfalls, ob es sich bei den aus den getroffenen Vereinbarungen ergebenden Verpflichtungen um solche des bürgerlichen oder des öffentlichen Rechts handelt. Dass für das Verhältnis des Krankenhauses zum Träger der Sozialhilfe das öffentliche Recht gilt, folgt aus § 121 BSHG. Wenn dort die Hilfeleistung im Eilfall einen öffentlich-rechtlichen Erstattungsanspruch auslöst, ohne dass es eines Tätigwerdens des Trägers der Sozialhilfe bedürfte, so muss das erst recht für die kraft Vereinbarung entstandenen Ansprüche gelten; denn der Eilfall weist insoweit nur dadurch Besonderheiten auf, dass das Gesetz wegen der Eilbedürftigkeit von der Billigung der getroffenen Maßnahmen absieht. Die Billigung ist sonach der Grundtatbestand für den öffentlich-rechtlichen Erstattungsanspruch, sowohl für den nach § 121 BSHG als auch für den kraft Vereinbarung entstandenen.

Hiernach waren die Parteien auch dann, wenn ein Eilfall nicht vorgelegen haben sollte, in der Lage, die Frage der Erstattung im Wege einer Vereinbarung zu erledigen.

Schon hieraus ergibt sich, dass der Beklagte der Klägerin nicht seine Verfügungen vom 20. März 1935 und vom 16. Juli 1956, durch die er die Krankenhäuser seines Bezirks ermächtigt hat, in bestimmten Fällen Fürsorge zu gewähren, entgegenhalten kann. Nach den oben gemachten Darlegungen kann es sich bei diesen Verfügungen nicht um – unabdingbare – Rechtssätze handeln, sondern lediglich um eine Verpflichtung, im gegebenen Falle Erstattung zu leisten. Dann war der Beklagte aber auch in der Lage, im vorliegenden Falle von den beiden Verfügungen abzuweichen und Erstattung für den Fall zu versprechen, dass die Anmeldung innerhalb einer angemessenen Frist erfolgt ist.

Schließlich spielt im vorliegenden Falle auch nicht die Regelung des § 3 Fürsorgerechtsvereinbarung in der jetzigen Fassung eine Rolle. Die Klägerin wird nicht durch die allein die Träger der Sozialhilfe untereinander bindende Vorschrift berührt. Es bleibt nach alledem zu prüfen, ob die Klägerin den Erstattungsanspruch innerhalb angemessener Frist angemeldet hat. Unter diesem Begriff verstehen die Parteien, wie sich aus dem Gesamtzusammenhang ihrer Erklärungen ergibt, nichts anderes als die Frist des § 121 BSHG.

Wenn § 121 BSHG von einer angemessenen Frist zur Anmeldung der Ersatzansprüche spricht, so geht er ersichtlich davon aus, dass es eine feste Frist für alle Fälle nicht gibt. Kommt es auf den Einzelfall an, so fragt es sich, für wen die Frist angemessen sein soll. Nach Auffassung des Gerichts müssen die Belange und Möglichkeiten beider unmittelbar Beteiligten, also des Hilfeleistenden und des Trägers der Sozialhilfe, mit in Betracht gezogen werden. Auf der Seite des Hilfeleistenden ist das gesetzlich anerkannte Interesse an einer Entschädigung für die geleistete Hilfe ebenso in Rechnung zu stellen wie die sich an den Verhältnissen des Einzelfalles ausrichtende Verpflichtung, sorgsam die Interessen desjenigen zu wahren, der für die Kosten der Hilfe erstattungspflichtig sein könnte. Der Träger der Sozialhilfe hat seinerseits ein berechtigtes Interesse daran, alsbald über den Hilfsfall unterrichtet zu werden, um die in einem Hilfsfall notwendigen Vorkehrungen treffen zu können. Hierzu zählt nicht ohne weiteres die Aufklärung des Sachverhalts; denn nach der Regelung des § 121 BSHG muss im Streitfall der Hilfesuchende beweisen, dass die tatsächlichen Voraussetzungen für ein Eingreifen der Sozialhilfe vorlagen. Die Gefährdung der Sachverhaltsaufklärung kann mithin insoweit eine Verkürzung der angemessenen Frist nicht rechtfertigen. Wohl kann auf Seiten des Trägers der Sozialhilfe für die Bestimmung der Frist die Frage einer anderweitigen Ersatzmöglichkeit eine Rolle spielen. Im vorliegenden Fall steht Folgendes unter den Parteien fest: Die Patientin befand sich vom 4. September bis zum 13. Oktober 1964 im Krankenhaus. Bei der Aufnahme hatte sie angegeben, sie sei privat gegen Krankheit versichert, die Kosten seien gedeckt. Nach zwei vergeblichen Vorschussanforderungen im September 1964 erteilte die Klägerin der Patientin unter dem 19. November 1964 Rechnung. Hierauf zahlte die Patientin am 11. Dezember 1964 den (Teil-)Betrag, den sie von ihrer Privatversicherung erhalten hatte. Am 22. Februar 1965 mahnte die Klägerin den Restbetrag an. Darauf teilte die Patientin am 26. Februar 1965 mit, sie sei zur Begleichung der Restforderung nicht in der Lage, weil sie seit 2. Februar 1965 Sozialhilfe erhalte. Die Klägerin wandte sich daraufhin unter dem 1. März 1965 zunächst an die Stadt H. und – nachdem diese unter dem 12. März 1965 auf ihre Unzuständigkeit hingewiesen hatte – am 18. März 1965 an den Beklagten. Unter den gegebenen Verhältnissen hat die Klägerin ihre Erstattungsforderung innerhalb angemessener Frist geltend gemacht. Sie konnte zunächst davon ausgehen, dass die Patientin die Krankenhauskosten selbst zahlen könne und werde. Sie war nicht verpflichtet, als-

bald die Zahlungsfähigkeit und -willigkeit der Patientin nachzuprüfen. Zwar wird in vielen Krankenhäusern – so wie im vorliegenden Falle – von den Privatpatienten ein Kostenvorschuss verlangt. Indessen kann es der Klägerin nicht als mangelnde Sorgfalt bei der Regelung der Kostenfrage zugerechnet werden, dass sie nicht alsbald nach ihren erfolglosen Versuchen, einen Kostenvorschuss zu erhalten, zu Zwangsmaßnahmen geschritten ist. Da der Krankenhausaufenthalt nur von kurzer Dauer war und die entstandenen Kosten sich deshalb in verhältnismäßig engen Grenzen hielten, konnte die Klägerin mit einer abschließenden Regelung zuwarten. Auch nachdem auf die Rechnung nur ein Teilbetrag eingegangen war, bestand keine Veranlassung, alsbald mit Zwangsmaßnahmen gegen die Patientin vorzugehen. Es liegt nach Lage des Einzelfalles noch im Rahmen einer sorgsamen Geschäftsabwicklung, wenn die Klägerin erst auf die Mitteilung der Patientin vom 26. Februar 1965 hin tätig geworden ist. Hierbei mag zwar auf der einen Seite ins Gewicht fallen, dass ein sorgsamer Krankenhausverwalter seine Interessen und die womöglich beteiligter Dritter durch zügige Abwicklung der Zahlungsgeschäfte wahren wird, dass er aber ebenso Bedacht auf die erfahrungsgemäß mit einem Krankenhausaufenthalt verbundenen vielfältigen Schwierigkeiten der Patienten nehmen muss.

Es ist auch nicht ersichtlich, dass durch die Handlungsweise der Klägerin berechtigte Interessen des Beklagten verletzt worden wären. Nach den oben gemachten Darlegungen sind sich die Parteien darüber einig, dass die Voraussetzungen für die Gewährung von Sozialhilfe an die Patientin vorgelegen haben. Ein Interesse des Beklagten an der Aufklärung der Umstände der Krankenhausbehandlung kann also nicht berührt sein.

Nach alledem ist die Klage begründet. Das Urteil des Verwaltungsgerichts ist wiederherzustellen."

Bemerkung zur Übertragbarkeit der Rechtsprechung auf das neue Recht des SGB XII:

Nicht zuletzt weil die Regelung, wie ausgeführt, der des alten Rechts entspricht, wird die Rechtsprechung zum Erstattungsanspruch des Nothelfers im Sozialhilferecht uneingeschränkt auf das neue Recht übertragbar sein.

§ 26 SGB XII   Einschränkung, Aufrechnung

(1) Die Leistung soll bis auf das zum Lebensunterhalt Unerlässliche eingeschränkt werden
1. bei Leistungsberechtigten, die nach Vollendung des 18. Lebensjahres ihr Einkommen oder Vermögen vermindert haben in der Absicht, die Voraussetzungen für die Gewährung oder Erhöhung der Leistung herbeizuführen,
2. bei Leistungsberechtigten, die trotz Belehrung ihr unwirtschaftliches Verhalten fortsetzen.

So weit wie möglich ist zu verhüten, dass die unterhaltsberechtigten Angehörigen oder andere mit ihnen in Haushaltsgemeinschaft lebende Leistungsberechtigte durch die Einschränkung der Leistung mitbetroffen werden.

(2) Die Leistung kann bis auf das jeweils Unerlässliche mit Ansprüchen des Trägers der Sozialhilfe gegen eine leistungsberechtigte Person aufgerechnet werden, wenn es sich um Ansprüche auf Erstattung zu Unrecht erbrachter Leistungen der Sozialhilfe handelt, die die leistungsberechtigte Person oder ihr Vertreter durch vorsätzlich

oder grob fahrlässig unrichtige oder unvollständige Angaben oder durch pflichtwidriges Unterlassen veranlasst hat, oder wenn es sich um Ansprüche auf Kostenersatz nach den §§ 103 und 104 handelt. **Die Aufrechnungsmöglichkeit wegen eines Anspruchs ist auf drei Jahre beschränkt; ein neuer Anspruch des Trägers der Sozialhilfe auf Erstattung oder auf Kostenersatz kann erneut aufgerechnet werden.**

(3) Eine Aufrechnung nach Absatz 2 kann auch erfolgen, wenn Leistungen für einen Bedarf übernommen werden, der durch vorangegangene Leistungen der Sozialhilfe an die leistungsberechtigte Person bereits gedeckt worden war.

(4) Eine Aufrechnung erfolgt nicht, soweit dadurch der Gesundheit dienende Leistungen gefährdet werden.

Mit Absatz 1 wird im Wesentlichen § 25 Abs. 2 Nr. 1 und 2 und Absatz 3 des bisherigen Bundessozialhilfegesetzes übertragen. In den Absätzen 2 bis 4 werden die bisherigen zwei Vorschriften des Bundessozialhilfegesetzes zur Frage der Aufrechnung von Ansprüchen zusammengefasst. Die Absätze 2 und 3 übertragen dabei im Wesentlichen inhaltsgleich den bisherigen § 25a Abs. 1 und 2 des Bundessozialhilfegesetzes sowie Absatz 4 den bisherigen § 29a des Bundessozialhilfegesetzes. Neu ist in Absatz 2 Satz 1 die Aufrechnungsmöglichkeit gegenüber den Vertretern der Leistungsempfänger, soweit diese nach den §§ 98 oder 99 zum Kostenersatz verpflichtet sind. Die bisherige Regelung setzte voraus, dass die Leistungsempfängerinnen und -empfänger die unrichtigen oder unvollständigen Angaben veranlasst haben. Danach war zumindest in Teilen der Praxis zweifelhaft, ob die Vorschrift auch dann anwendbar war, wenn nicht die Leistungsempfänger selbst, insbesondere ein Kind oder ein Jugendlicher, die unrichtigen Angaben gemacht haben, sondern eine Vertreterin oder ein Vertreter, insbesondere ein Elternteil. Ein Ausschluss der Vertreter wäre aber nicht sachgerecht; der Gesetzgeber hat bereits an anderer Stelle im bisherigen Bundessozialhilfegesetz zum Ausdruck gebracht, dass neben den Leistungsempfängerinnen und -empfängern auch der für die Leistungsempfängerinnen und -empfänger Handelnde gesamtschuldnerisch in Anspruch genommen werden soll (bisheriger § 92a Abs. 4 Satz 2 des Bundessozialhilfegesetzes).

Aus diesem Grunde ist es geboten, die Aufrechnung nicht nur gegenüber den Leistungsempfängerinnen und -empfängern zuzulassen, sondern auch gegenüber denjenigen, die die rechtswidrige Bewilligung durch unrichtige Angaben veranlasst haben, jedoch selbst Leistungsberechtigte sind. Neu ist darüber hinaus die Möglichkeit der Aufrechnung in den Fällen, in denen zu Unrecht erbrachte Leistungen der Sozialhilfe durch pflichtwidriges Unterlassen der Leistungsempfängerinnen und -empfänger oder ihres Vertreters veranlasst worden sind. Nach dem bisher geltenden § 25a Abs. 1 Satz 1 des Bundessozialhilfegesetzes durfte mit Ansprüchen auf Erstattung zu Unrecht gewährter Leistungen der Sozialhilfe nur dann aufgerechnet werden, wenn ein Fall des § 45 Abs. 2 Satz 3 Nr. 2 des Zehnten Buches Sozialgesetzbuch vorliegt. Die Leistungsempfängerinnen und -empfänger mussten also die Leistung dadurch veranlasst haben, dass sie vorsätzlich oder grob fahrlässig unrichtige oder unvollständige Angaben gemacht haben. Nach der Rechtsprechung der Verwaltungsgerichte werden Angaben aber nur durch positives Tun „gemacht"; das pflichtwidrige Unterlassen einer Änderungsmitteilung im Sinne des § 60 Abs. 1 Nr. 2 des Ersten Buches Sozialgesetzbuch fiel nicht unter die Vorschrift des bisherigen § 25a des Bundessozialhilfegesetzes. Verlängert wurde gegenüber der bisherigen Regelung außerdem der Zeitrahmen für die Aufrechnung von zwei auf drei Jahre. Die zweijährige Frist nach der bisherigen Rechtslage für eine Aufrechnung mit Ansprüchen auf Erstattung oder auf Schadensersatz ist in der Praxis auf Kritik gestoßen, da diese kurze Frist wenig verwaltungsökonomisch sei.

Die Regelung über die Einschränkung der Leistungen bzw. die Aufrechnung mit den zustehenden Leistungen wurden hier neu zusammengefasst, ohne dass sich am bisherigen Regelungsgehalt wesentlich etwas geändert hätte.

Zu der möglichen Aufrechnung

Leitsatz (redaktionell) (Bay VGH, Beschluss vom 13.01.1997, Az.:12 CE 96/504)

§ 51 SGB I (SGB 1) und § 25a BSHG verleihen dem Sozialhilfeträger keine Befugnis, die Aufrechnung durch Verwaltungsakt zu erklären.

Aus den Gründen:

„... In dem Verfahren geht es im Wesentlichen um die Frage, ob die Antragsgegnerin gegenüber Ansprüchen der Antragstellerinnen auf laufende Hilfe zum Lebensunterhalt mit eigenen Ansprüchen gegen die Hilfeempfänger wegen zu Unrecht erbrachter Sozialhilfeleistungen aufrechnen kann.

1) Die 31-jährige Antragstellerin zu 1 ist die Mutter der am 1994 geborenen Antragstellerin zu 2 und einer im Jahre 1990 geborenen weiteren Tochter. Die Antragsgegnerin gewährt der Antragstellerin zu 1 seit August 1990 und der Antragstellerin zu 2 seit deren Geburt Sozialhilfe in Höhe des Regelsatzes und der anteiligen Unterkunftskosten.

Im Juni und Juli 1995 erhielt die Antragsgegnerin davon Kenntnis, dass die Antragstellerin zu 1 für die Antragstellerin zu 2 seit Januar 1995 Unterhalt in Höhe von monatlich 328,00 DM sowie Kindergeld in Höhe von monatlich 130,00 DM erhält.

2) Mit zwei Bescheiden vom 10. August 1995 nahm die Antragsgegnerin daraufhin zugunsten der Antragstellerinnen ergangene frühere Sozialhilfebescheide zurück (Nr. 1 der Bescheide), bewilligte die laufende Hilfe zum Lebensunterhalt und das pauschalierte Wohngeld für die Zeit ab 1. Januar 1995 in der Höhe neu (Nr. 2 der Bescheide) und setzte gemäß § 92a Abs. 4 BSHG den Gesamtbetrag der für den Zeitraum vom 1. Januar 1995 bis 31. August 1995 „zu erstattende(n)" Hilfe zum Lebensunterhalt auf insgesamt 2.887 DM fest; die auf die Antragstellerin zu 1 entfallende „Erstattungsleistung" bezifferte sie auf 233,65 DM, den Anteil der Antragstellerin zu 2 auf 2.653,35 DM (Nr. 3 der Bescheide). Von der Antragstellerin zu 1 forderte sie als „Erstattungsleistung" 233,65 DM, von der Antragstellerin zu 2 2.353,35 DM (Nr. 4 der Bescheide). Die Antragstellerin zu 1 habe entgegen ihrer Verpflichtung Einkommen der Antragstellerin zu 2 (Kindergeld, Unterhaltszahlungen) ihr, der Antragsgegnerin, nicht gemeldet, so dass es im Zeitraum von Januar bis August 1995 bei der Sozialhilfe zu Überzahlungen gekommen sei. Die ergangenen Sozialhilfebescheide beruhten auf Angaben, die die Antragstellerin zu 1 vorsätzlich oder grob fahrlässig in wesentlicher Beziehung unvollständig gemacht habe; sie seien daher rechtswidrig und gemäß § 45 Abs. 2 SGB X zurückzunehmen. Gemäß § 92a Abs. 4 BSHG seien die Antragstellerinnen verpflichtet, die von ihr zu Unrecht bezogenen Leistungen an das

Sozialamt zu erstatten. In den Gründen der Bescheide ist zur Rückzahlung des Überzahlungsbetrages jeweils Folgendes ausgeführt:

„Die Gesamtüberzahlung i. H. v. 2.887,00 DM wird Ihnen ab 09/95 in mtl. Raten von 200,00 DM von Ihrer laufenden Sozialhilfe einbehalten."

Für September und Oktober 1995 behielt die Antragsgegnerin zunächst jeweils 200,00 DM der den Antragstellerinnen gemeinsam bewilligten Hilfe zum Lebensunterhalt ein. Aufgrund einer von der Antragstellerin zu 1 am 29. September 1995 abgegebenen Erklärung, dass sie die von ihr verschuldete Überzahlung an Sozialhilfe in monatlichen Raten von 100,00 DM zurückzahlen werde, zahlte die Antragsgegnerin jeweils 100,00 DM an Hilfe zum Lebensunterhalt für die Monate September und Oktober 1995 nach.

Gegen die Bescheide legten die Antragstellerinnen Widersprüche ein, über die noch nicht entschieden ist. Am 9. Oktober 1995 beantragten sie beim Bayerischen Verwaltungsgericht München, die Antragsgegnerin im Wege der einstweiligen Anordnung zu verpflichten, ihnen die ab September 1995 bewilligte Hilfe zum Lebensunterhalt vorerst ungekürzt auszuzahlen sowie ihnen unter Beiordnung ihres Bevollmächtigten Prozesskostenhilfe zu gewähren.

3) Mit zwei Bescheiden vom 13. Oktober 1995 ordnete die Antragsgegnerin jeweils gemäß § 80 Abs. 2 Nr. 4 VwGO die sofortige Vollziehbarkeit der Nummern 1, 3 und 4 der Bescheide vom 10. August 1995 an (Nr. I der Bescheide). Ferner erklärte sie in Nr. II der Bescheide die Aufrechnung in Höhe von 200,00 DM monatlich mit der ab 1. November 1995 zu bewilligenden Hilfe zum Lebensunterhalt; auch hierfür ordnete sie den Sofortvollzug an (Nr. III der Bescheide).

Gegen diese Bescheide legten die Antragstellerinnen mit Schreiben vom 24. Oktober 1995 Widerspruch ein und beantragten am 27. Oktober 1995 beim Bayerischen Verwaltungsgericht München, die aufschiebende Wirkung ihrer Widersprüche vom 12. September 1995 und 24. Oktober 1994 (gemeint ist 1995) gegen die Bescheide der Antragsgegnerin vom 10. August 1995 und 13. Oktober 1995 wiederherzustellen sowie die Aufhebung der Vollziehung anzuordnen, soweit die Verwaltungsakte gemäß Nummern 1, 3 und 4 der Bescheide vom 10. August 1995 und der Nummern II der Bescheide vom 13. Oktober 1995 schon vollzogen sind.

Ferner beantragten sie auch für dieses Verfahren unter Beiordnung ihres Bevollmächtigten Prozesskostenhilfe.

4) Mit Beschluss vom 21. Dezember 1995 verband das Verwaltungsgericht die beiden Streitsachen zur gemeinsamen Entscheidung (Nr. I), stellte die aufschiebende Wirkung der Widersprüche wieder her (Nr. II) und verpflichtete die Antragsgegnerin, den Antragstellerinnen ab 1. November 1995 bis zur Entscheidung über die Widersprüche „einen Betrag von 100,00 DM" zu gewähren. Im Übrigen lehnte es die Anträge ab (Nr. III).

In den Beschlussgründen führte das Verwaltungsgericht aus, der Antrag auf Erlass einer einstweiligen Anordnung sei unzulässig, soweit er die Zeit vor dem 1. November 1995 betreffe, weil im Hinblick auf die Erklärung der Antragstellerin zu 1, freiwillig 100,00 DM monatlich zurückzubezahlen, insoweit das Rechtsschutzbedürfnis fehle. Im Übrigen seien die Anträge zulässig und begründet, weil die Voraussetzungen für die Anordnung der sofortigen Vollziehbarkeit gemäß § 80 Abs. 2 Nr. 4 VwGO nicht vorlägen. Die Antragsgegnerin habe hier weder ein besonderes öffentliches Inter-

esse dargelegt noch eine individuelle Interessenabwägung im Rahmen der Ermessensausübung vorgenommen. Bei ihrer Entscheidung habe sie die individuellen Belange der Antragstellerin zu 1, die als alleinerziehende Mutter von zwei kleinen Kindern voraussichtlich noch längere Zeit sozialhilfebedürftig bleibe, nicht genügend berücksichtigt. Sie habe auch nicht berücksichtigt, dass die Antragstellerin zu 1 sich freiwillig zur Rückzahlung in Höhe von 100,00 DM verpflichtet habe. Soweit überhaupt eine Interessenabwägung durchgeführt worden sei, sei sie deshalb fehlerhaft und ohne Bezug zum konkreten, hier vorliegenden Einzelfall. Etwas anderes gelte auch nicht, soweit die sofortige Vollziehbarkeit der Aufrechnungserklärung in Nr. III der Bescheide der Antragsgegnerin vom 13. Oktober 1995 erklärt worden sei. Die Antragsgegnerin nehme zur Begründung der Anordnung der sofortigen Vollziehbarkeit der Aufrechnung auf die übrige Begründung ihres Bescheides zum Ermessen Bezug. Nach § 25a BSHG sei die Aufrechnung bis auf das zum Lebensunterhalt Unerlässliche eine Ermessensentscheidung. Im Hinblick darauf sei die Kammer nach wie vor der Auffassung, dass es sich bei der Aufrechnung um einen Verwaltungsakt handele. Die sofortige Vollziehbarkeit dieses Verwaltungsaktes setze jedoch voraus, dass eine Ermessensausübung unter Abwägung der individuellen Interessen der Antragstellerin erfolgt sei. Diese fehle hier. Die Antragsgegnerin werde daher im Wege der einstweiligen Anordnung gemäß § 123 VwGO verpflichtet, ab 1. November 1995 den Antragstellerinnen 100,00 DM der gekürzten Sozialhilfe monatlich bis zum Erlass des Widerspruchsbescheides bzw. der Entscheidung im Hauptsacheverfahren auszuzahlen. Die Antragstellerinnen hätten insoweit sowohl einen Anordnungsgrund als auch einen Anordnungsanspruch glaubhaft gemacht. Die Rücknahme- und Rückforderungsbescheide vom 10. August 1995, mit denen in Nummer II die Aufrechnung erklärt worden sei, seien nicht bestandskräftig und aus den oben dargelegten Gründen nicht wirksam für sofort vollziehbar erklärt worden. Der Einbehalt der 200,00 DM sei damit rechtlich nicht zulässig. Im Hinblick darauf, dass die Antragstellerin zu 1 sich schriftlich verpflichtet habe, 100,00 DM monatlich zurückzubezahlen, sei dem Antrag nur stattzugeben, soweit es sich um die darüber hinausgehenden 100,00 DM monatlich handele. – Auf die Gründe des Beschlusses, der der Antragsgegnerin am 29. Januar 1996 zugestellt wurde, wird ergänzend Bezug genommen.

5) Am 8. Februar 1996 hat die Antragsgegnerin gegen den Beschluss Beschwerde eingelegt und beantragt, den Beschluss insoweit aufzuheben, als er die aufschiebende Wirkung der Widersprüche vom 12. September 1995 und vom 24. Oktober 1995 gegen ihre Bescheide vom 10. August 1995 und 13. Oktober 1995 wiederherstellt und sie verpflichtet wird, den Antragstellerinnen ab 1. November 1995 bis zur Entscheidung über die Widersprüche einen Betrag von 100,00 DM zu gewähren.

Sie ist der Auffassung, aufgrund der Bescheide vom 10. August 1995 und 13. Oktober 1995 sei ein Einbehalt von 200,00 DM ab 1. November 1995 rechtmäßig. Die Anordnung des Sofortvollzugs entspreche in beiden Fällen den gesetzlichen Anforderungen. Sofern der Verwaltungsgerichtshof seine bisherige Rechtsauffassung, die Aufrechnung dürfe nicht durch Verwaltungsakt erklärt werden, sondern sei eine rein rechtsgeschäftliche Erklärung, bestätigen sollte, sei diese Aufrechnung hier dennoch wirksam, weil sie jedenfalls konkludent jeweils durch Einbehalt von 200,00 DM erklärt worden sei. Außerdem liege dem streitgegenständlichen Verwaltungsakt der gleiche Erklärungsinhalt zugrunde. Diese Erklärung stehe selbstständig neben der Aufrechnung durch Verwaltungsakt und könne auch durch dessen Aufhebung nicht beseitigt werden.

Die Antragstellerinnen beantragen, die Beschwerde zurückzuweisen. Bei der Anordnung der sofortigen Vollziehung sei nicht nur ein besonderes öffentliches Interesse darzulegen, sondern darüber hinaus eine individuelle Interessenabwägung im Rahmen der Ermessensausübung vorzunehmen. Das sei hier nicht geschehen.

6) Nach einer von der Antragsgegnerin dem Senat im November 1996 vorgelegten Übersicht beziehen die Antragstellerinnen auch derzeit Hilfe zum Lebensunterhalt. Seit September 1995 hat die Antragsgegnerin von der den Antragstellerinnen bewilligten Sozialhilfe monatlich 100,00 DM einbehalten. Nach ihrer Berechnung ist noch eine Restforderung von 1.387 DM offen.

Zur Ergänzung des Sachverhalts wird ferner Bezug genommen auf die Gerichtsakten beider Instanzen und die vorgelegten Behördenakten.

Entscheidungsgründe

Der Antragsgegnerin geht es mit ihrer Beschwerde darum, die Aufhebung des Beschlusses des Verwaltungsgerichts vom 21. Dezember 1995 zu erreichen, soweit darin den Anträgen der Antragstellerinnen stattgegeben worden ist, und diese Anträge insgesamt abzulehnen.

Die Beschwerde gegen den im Verfahren gemäß § 80 Abs. 5 VwGO ergangenen verwaltungsgerichtlichen Beschluss (nachfolgend Teil A) hat lediglich insoweit Erfolg, als sie sich gegen die Wiederherstellung der aufschiebenden Wirkung der Widersprüche gegen die Rücknahme- und Rückforderungsbescheide (Nrn. 1, 3 und 4 der Bescheide vom 10. August 1995) richtet. Die in Nr. I der Bescheide vom 13. Oktober 1995 enthaltene Anordnung der sofortigen Vollziehung dieser Bescheide weist nur einen (behebbaren) formellen Mangel auf. Es hätte daher nach der Rechtsprechung des Senats ausgereicht, die Vollzugsanordnung aufzuheben, um zum Ausdruck zu bringen, dass die Antragsgegnerin durch den gerichtlichen Ausspruch insoweit nicht gehindert ist, erneut die sofortige Vollziehung anzuordnen. Die (weitergehenden) Anträge der Antragstellerinnen auf Wiederherstellung der aufschiebenden Wirkung ihrer Widersprüche waren deshalb im Übrigen abzulehnen (vgl. BayVGH vom 15.05.1985 BayVBl 1985, 535; a.A. BayVGH vom 12.03.1996 BayVBl 1996, 633). Der Beschluss des Verwaltungsgerichts war entsprechend zu ändern.

Die aufschiebende Wirkung der Widersprüche der Antragstellerinnen gegen die in Nr. II der Bescheide vom 13. Oktober 1995 erklärte Aufrechnung hat das Verwaltungsgericht im Ergebnis zu Recht wiederhergestellt, weil diese Bescheide materiell fehlerhaft sind.

Die Beschwerde der Antragsgegnerin gegen die vom Verwaltungsgericht erlassene einstweilige Anordnung bleibt schon deshalb erfolglos, weil die Antragsgegnerin insoweit materiell nicht beschwert ist (nachfolgend Teil B).

A.

Die Beschwerde der Antragsgegnerin gegen die Wiederherstellung der aufschiebenden Wirkung der Widersprüche (Nr. II des verwaltungsgerichtlichen Beschlusses) ist im Wesentlichen erfolglos.

I. Hinsichtlich der Rücknahme- und Rückforderungsbescheide vom 10. August 1995 leidet die Anordnung der sofortigen Vollziehung (Nrn. I der Bescheide vom 13. Okto-

ber 1995) an einem (behebbaren) formellen Mangel, weil die Begründung des Sofort-vollzugs insoweit den Anforderungen des § 80 Abs. 3 VwGO nicht genügt.

1) Die Antragsgegnerin hat die Anordnung der sofortigen Vollziehung der Bescheide vom 10. August 1995 – wie auch der in Nr. II der Bescheide vom 13. Oktober 1995 erklärten Aufrechnung – lediglich damit begründet, die Einführung des § 25a BSHG durch Art. 7 Nr. 12 des Gesetzes zur Umsetzung des Föderalen Konsolidierungspro-gramms – FKPG – vom 23. Juni 1993 (BGBl I S. 944) trage dem gesetzgeberischen Motiv Rechnung, missbräuchlichen oder auf sozialwidrige Weise veranlassten Bezug von Sozialhilfe zu korrigieren. Dieser Zweck werde aber auf unabsehbare Zeit er-schwert „bzw." vereitelt, wenn der der Aufrechnung zugrunde liegende Rückforde-rungsbescheid mit Widerspruch und Klage angefochten werde, weil diese Rechtsbe-helfe aufschiebende Wirkung hätten. Gleiches gelte für die in „Ziff. III" (gemeint ist die Nr. II) dieses Bescheides erklärte Aufrechnung. Nicht zu verkennen sei auch, dass die durch die sofortige Aufrechnung erfolgende Kürzung der Sozialhilfe abschre-ckend wirke und potentielle Nahahmer von einem ähnlichen sozialwidrigen Verhal-ten abzuhalten vermöge; durch die Anordnung der sofortigen Vollziehung werde also die Gefahr von Bezugnahmen ehestmöglich beseitigt.

Eine individuelle Einzelfallprüfung und Interessenabwägung durch die Antragsgeg-nerin wird aus diesen Ausführungen nicht erkennbar. Die von der Antragsgegnerin angeführten Gründe gelten vielmehr generell für die Fälle der Rückforderung von rechtswidrig gewährter Sozialhilfe (§§ 45, 50 SGB X, § 92a Abs. 4 BSHG) und der Aufrechnung gemäß § 25a Abs. 1 BSHG; sie sind für diese Fälle sachtypisch und ge-radezu wesensmäßig. Eine solche Begründung entspricht nicht mehr den Anfor-derungen des § 80 Abs. 3 VwGO (vgl. BayVGH vom 22.05.1987 BayVBl 1987, 560/ 561; Schmitt, Die Anordnung sofortiger Vollziehung, BayVBl 1977, 554; Kopp, VwGO, 10. Aufl. 1994, RdNr. 63 zu § 80). Ob ein anderer Maßstab anzulegen wäre, wenn der Fall eines sog. Massenverfahrens vorläge, kann offenbleiben. Zwar mag es sich bei der Bewilligung von Sozialhilfeleistungen um ein „Massenverfahren" han-deln; das Verwaltungsverfahren zur Rücknahme und Rückforderung rechtswidrig ge-währter Sozialhilfeleistungen stellt jedenfalls kein solches Verfahren dar.

2) Leidet die Anordnung der sofortigen Vollziehung der Rücknahme- und Rückforde-rungsbescheide – wie hier – an einem (behebbaren) formellen Mangel, so führt nach der ständigen Rechtsprechung des Senats das allein noch nicht zur Wiederherstel-lung der aufschiebenden Wirkung der Widersprüche, sondern nur zur Aufhebung der Vollzugsanordnung (BayVGH vom 15.05.1985 BayVBl 1985, 535; vom 18.03.1988 BayVBl 1988, 658/660). Materielle Mängel der Vollzugsanordnung gibt es nicht, weil gegen die Rechtmäßigkeit der Bescheide vom 10. August 1995 keine Bedenken be-stehen.

a) Die Rücknahme der zugunsten der Antragstellerinnen ergangenen früheren Sozi-alhilfebescheide (Nr. 1 der Bescheide vom 10. August 1995) findet ihre Rechtsgrund-lage in § 45 SGB X. Das Vertrauen der Antragstellerinnen auf den Bestand dieser Sozialhilfebescheide ist nicht schutzwürdig, weil die Antragstellerin zu 1 wußte oder zumindest infolge grober Fahrlässigkeit nicht wußte, dass die Hilfegewährung der Höhe nach rechtswidrig war (vgl. § 45 Abs. 2 Satz 3 Nr. 3 SGB X). Die Antragstellerin zu 2 muss sich das Verhalten ihrer Mutter jedenfalls in entsprechender Anwendung von § 166 Abs. 1, § 278 BGB zurechnen lassen (vgl. BVerwG vom 30.04.1992 FEVS 43, 441/444; Kopp, VwVfG, 6. Aufl. 1996, RdNrn. 69 und 71 zu § 48; Heinrichs, in: Palandt, BGB, 56. Aufl. 1997, RdNr. 2 zu § 166). Anhaltspunkte dafür, dass die An-

tragsgegnerin ihr Ermessen fehlerhaft ausgeübt hat, gibt es ebenfalls nicht. Dass die Rücknahme eine Ermessensentscheidung darstellt (vgl. BVerwGE 78, 101/105; BayVGH FEVS 43, 404), hat die Antragsgegnerin, wie sich aus den Gründen ihrer Bescheide ergibt, erkannt.

b) Gegen die Rechtmäßigkeit der Rückforderung, hier in Form der Heranziehung zum Kostenersatz (Nrn. 3 und 4 der Bescheide vom 10. August 1995), bestehen ebenfalls keine Bedenken.

Gegenüber der Antragstellerin zu 2 kommt zwar ein Kostenersatzanspruch nach § 92a Abs. 4 BSHG möglicherweise nicht in Betracht; es verbleibt aber jedenfalls ein Erstattungsanspruch nach § 50 Abs. 1 SGB X. Der die Antragstellerin zu 2 betreffende Bescheid ist auch hinsichtlich der Höhe des Erstattungsverlangens noch hinreichend bestimmt. Dabei legt der Senat den sich aus Nr. 4 des Bescheidstenors ergebenden Betrag von 2.353,35 DM zugrunde, auch wenn in Nr. 3 des Bescheidstenors die Erstattungsforderung mit 2.653,35 DM angegeben und in der Berechnung, die diesem Bescheid als Anlage beigegeben war, ebenfalls ein Gesamtbetrag von 2.653,35 DM genannt ist. Zwar will die Antragsgegnerin wohl den gesamten Überzahlungsbetrag – und damit von der Antragstellerin zu 2 insgesamt 2.653,35 DM – zurückfordern. Solange sie aber den Bescheidstenor insoweit nicht berichtigt (vgl. § 38 SGB X), kann sie von ihr keinen höheren Betrag als 2.353,35 DM zurückfordern, weil auch die Ausführungen in den Bescheidsgründen zur Höhe des Erstattungsbetrages widersprüchlich sind: Die Antragsgegnerin führt aus, „Ihnen", also der Antragstellerin zu 1, sei in der Zeit von Januar bis August 1995 insgesamt „2.353,35 DM" und „Ihrer Tochter R. in der Zeit vom 01/95 bis 08/95 insgesamt 2.653,35 zu viel Sozialhilfe" bezahlt worden. Andererseits verpflichtet sie die Antragstellerin zu 2 dazu, die „von Ihnen zu Unrecht bezogenen Leistungen in Höhe von 2.353,35 DM an das Sozialamt zu erstatten".

II. Ob bei der Anordnung des Sofortvollzugs der Aufrechnung (Nrn. III der Bescheide vom 13. Oktober 1995) den Anforderungen des § 80 Abs. 3 VwGO dadurch Rechnung getragen wird, dass die in Nrn. II dieser Bescheide erklärte Aufrechnung in den Bescheidsgründen einzelfallbezogen begründet wird, kann dahingestellt bleiben. Die Anordnung des Sofortvollzugs ist insoweit jedenfalls materiell fehlerhaft. Die Widersprüche der Antragstellerinnen gegen die Nrn. II der Bescheide vom 13. Oktober 1995 haben Aussicht auf Erfolg, weil eine Aufrechnung auch in den von § 25a Abs. 1 BSHG erfassten Fällen nicht durch Verwaltungsakt erklärt werden darf. Das Interesse der Antragstellerinnen, vorläufig die Sozialhilfe in voller Höhe ausbezahlt zu erhalten, überwiegt daher das öffentliche Interesse am Vollzug der Aufrechnung bereits vor rechtskräftigem Abschluss des Hauptsacheverfahrens. An der sofortigen Vollziehung eines (voraussichtlich) rechtswidrigen Verwaltungsaktes besteht kein besonderes öffentliches Interesse im Sinne des § 80 Abs. 2 Nr. 4 VwGO.

1) Die Antragsgegnerin hat in den Nrn. II der Bescheide vom 13. Oktober 1995 die Aufrechnung durch einen Verwaltungsakt im Sinne des § 31 SGB X erklärt. Sie hat die Aufrechnung in den Bescheidsgründen im Einzelnen begründet (vgl. § 35 Abs. 1 SGB X). Die Bescheide enthalten eine Rechtsbehelfsbelehrung über die Möglichkeit der Widerspruchseinlegung und der Erhebung einer Untätigkeitsklage (vgl. § 36 SGB X), und die Antragsgegnerin hat in den Nrn. III ihrer Bescheide ausdrücklich die sofortige Vollziehung der Aufrechnung gemäß § 80 Abs. 2 Nr. 4 VwGO angeordnet; eine solche Anordnung kommt wesensmäßig nur bei Verwaltungsakten in Betracht. Die Antragstellerinnen als Adressaten der Aufrechnungserklärung haben diese Er-

klärung auch als Verwaltungsakt betrachtet (vgl. BVerwGE 41, 305 = BayVBl 1973, 301) und demzufolge die Rechtsbehelfe ergriffen, die gegen für sofort vollziehbar erklärte Verwaltungsakte gegeben sind.

2) Die Antragsgegnerin ist – nach der gegenwärtigen Rechtslage – zu einer Aufrechnung durch Verwaltungsakt nicht befugt. Das hat der Verwaltungsgerichtshof mit Urteil vom 6. Juli 1995 (BayVBl 1996, 660) für die Rechtslage vor dem In-Kraft-Treten des § 25 a BSHG entschieden. Das In-Kraft-Treten des § 25a BSHG am 27. Juni 1993 hat an dieser Rechtslage nichts geändert.

a) Einigkeit besteht in Rechtsprechung und Literatur darüber, dass im öffentlichen Recht eine Aufrechnung grundsätzlich zulässig ist. Begründet wird das damit, dass die das Rechtsinstitut der Aufrechnung regelnden Bestimmungen der §§ 387 ff. BGB im öffentlichen Recht generell oder aufgrund einer Verweisung (vgl. § 226 Abs. 1 AO 1977) zumindest analog anwendbar sind (vgl. BayVGH a.a.O. S. 661). Nach der heute wohl ganz herrschenden Meinung in Rechtsprechung und Literatur ist eine behördliche Aufrechnung materiell kein Verwaltungsakt, weil (auch) die (behördliche) Aufrechnungserklärung ihrem aus den §§ 387 ff. BGB abgeleiteten Rechtscharakter nach eine (einseitige) rechtsgeschäftliche Willenserklärung auf gleichgeordneter rechtlicher Ebene darstellt und keine Regelung im Sinne von § 31 Satz 1 SGB X enthält (vgl. die Darstellung des Meinungsstandes bei Hartmann, Die Aufrechnung im Verwaltungsrecht, Dissertation, Mannheim 1995, S. 119 ff.; BVerwGE 66, 218; BVerwG vom 13.06.1985 DVBl 1986, 146; BFH vom 02.07.1987 BFHE 149, 482 = NVwZ 1987, 1118 und BFHE 178, 306 = NJW 1996, 215; Stelkens/Bonk/Sachs, VwVfG, 4. Aufl. 1993, § 44 RdNr. 19; Maurer, Allgemeines Verwaltungsrecht, 10. Aufl. 1995, § 9 RdNr. 10; neuerdings Detterbeck, DÖV 1996, 889/891).

Ist eine Aufrechnungserklärung im öffentlichen Recht also ihrer Natur nach kein Verwaltungsakt, sondern eine öffentlich-rechtliche Willenserklärung, so bedürfte es einer besonderen Rechtfertigung dafür, weshalb sie in einem Einzelfall – wie hier – gleichwohl in der Rechtsform des Verwaltungsakts erklärt werden kann, gegebenenfalls sogar erklärt werden muss. Grundsätzlich ist dabei davon auszugehen, dass die nahezu einmütige materielle Beurteilung einer Aufrechnungserklärung im öffentlichen Recht als (bloße) Willenserklärung auch der Gesetzgebung zugrunde liegt, wenn dort die Möglichkeit der Aufrechnung für besondere Gebiete in der Sache besonders ausgestaltet wird. Weder der Wortlaut des § 51 SGB I noch derjenige des § 25a BSHG enthält irgendeinen konkreten Hinweis auf einen gesetzgeberischen Willen, für die Aufrechnung ausnahmsweise die Rechtsform des Verwaltungsaktes vorzusehen. Auch die Motive geben keinerlei Anhaltspunkte für eine derartige Absicht im Gesetzgebungsverfahren (vgl. BT-Drs. 12/4401 S. 81/82). Es ist aber unerlässlich, dass eine gesetzliche Regelung die Behörde ermächtigt, die Aufrechnung in der Rechtsform des Verwaltungsakts zu erklären (BVerfG vom 14.08.1996 NJW 1996, 3146).

b) Gegen die im Urteil des Verwaltungsgerichtshofes vom 6. Juli 1995 vertretene Rechtsauffassung ist eingewandt worden, sie verkürze den Rechtsschutz des Leistungsberechtigten, indem sie den Rechtsbehelfen die aufschiebende Wirkung nehme (vgl. Lehr- und Praxiskommentar zum BSHG, 4. Aufl. 1994, RdNr. 2 zu § 25a BSHG). Zu diesem Einwand hat sich der Verwaltungsgerichtshof schon in seinem Urteil vom 6. Juli 1995 (a.a.O. S. 662) geäußert. Dem ist nichts hinzuzufügen.

c) Ferner ist eingewandt worden, § 25a BSHG stelle weitere Zulässigkeitserfordernisse auf, die u.a. auch eine Ermessensausübung voraussetzten. Diese erfolge „klassischerweise und sachgerecht" durch Verwaltungsakt (vgl. Nr. 2.4 Buchst. b des

AMRdS vom 08.07.1996 Az. IV 2/7101/9/95). Auch das Verwaltungsgericht, das an seiner von der Rechtsprechung des Senats abweichenden Meinung festhält, sieht in § 25a BSHG eine als Ermessensbestimmung ausgestaltete Befugnisnorm für den Erlass eines Verwaltungsaktes; es vertritt ferner die Auffassung, zur Ausübung eines bloßen schuldrechtlichen Gestaltungsrechts hätte es keiner ausdrücklichen gesetzlichen Regelung wie der des § 25a BSHG bedurft (vgl. Beschluss vom 25.08.1995 Az. M 15 S 95.2973). Außerdem meint es, eine auf § 25a BSHG gestützte Aufrechnung könne nur „hoheitlich", d.h. nur durch Verwaltungsakt, erklärt werden; für eine rechtsgeschäftliche Aufrechnung auf einer gleichgeordneten rechtlichen Ebene sei kein Raum mehr (vgl. Nichtabhilfebeschluss vom 18.09.1995 Az. M 15 S 95.2973). Das Bundessozialgericht vertritt die Auffassung, dass dann, wenn die Behörde über die Auszahlung einer Sozialleistung durch Verwaltungsakt entscheiden dürfe, diese Entscheidungsbefugnis das Recht umschließe, auf gleichem Wege das Erlöschen des Anspruchs auf diese Sozialleistung durch Aufrechnung mit einer Gegenforderung zu bewirken. Die Behörde dürfe in derartigen Fällen die Aufrechnung rechtsgestaltend im Verfügungssatz des „Leistungsbescheides" (richtig wohl: Bewilligungsbescheides) erklären (BSG, Urteil vom 27.03.1996 Az. 14 Reg 10/95, S. 6 der Urteilsgründe). Die Befugnis, die Aufrechnung im Wege des Verwaltungsaktes zu erklären, wird schließlich auch aus § 24 Abs. 2 Nr. 7 SGB X abgeleitet (vgl. z.B. Günther, JuS 1996, 445/447). Nach dieser durch das Gesetz vom 13. Juni 1994 (BGBl I S. 1229) eingeführten Vorschrift kann von der grundsätzlich erforderlichen Anhörung (vgl. § 24 Abs. 1 SGB X) abgesehen werden, wenn gegen Ansprüche oder mit Ansprüchen von weniger als 100,00 DM aufgerechnet oder verrechnet werden soll.

Auch diese Einwendungen überzeugen nicht.

aa) Die Meinung, der Gesetzgeber habe § 25a BSHG als Ermessensbestimmung ausgestaltet, beruft sich vor allem auf den Wortlaut dieser Vorschrift; durch die Verwendung des Wortes „kann" und die Aufnahme weiterer Zulässigkeitserfordernisse ergebe sich zwingend der Verwaltungsaktscharakter einer auf § 25a BSHG gestützten Aufrechnungserklärung.

Dieser Auffassung folgt der Senat nicht. Der Gesetzgeber verwendet das Wort „kann" nicht nur, um auszudrücken, dass ein Handeln der Behörde in deren Ermessen liegt, sondern auch im Sinne einer bloßen Ermächtigung zum Handeln oder eines rechtlichen Dürfens wie etwa bei § 387 BGB oder bei § 59 SGB X. Gerade wenn man darauf abstellt, dass die Aufrechnungserklärung ihrem Wesen nach eine einseitige empfangsbedürftige Willenserklärung ist, liegt es nahe, bei der Auslegung des § 25a BSHG andere Vorschriften, die ebenfalls Voraussetzungen für die Zulässigkeit solcher verwaltungsrechtlicher Willenserklärungen enthalten, vergleichend heranzuziehen. Bei § 59 SGB X vertritt auch die sozialrechtliche Literatur trotz der Verwendung des Wortes „kann" nicht die Auffassung, die Vorschrift ermächtige für die Abgabe einer Anpassungs- oder Kündigungserklärung zum Erlass eines Verwaltungsakts (Engelmann in Schroeder/Printzen, SGB X, 3. Aufl. 1996, RdNrn. 7 und 8 zu § 59; ebenso wohl Giese/Krahmer, RdNr. 5.3 zu § 59 SGB X; vgl. auch Kopp, VwVfG, 6. Aufl. 1996, RdNr. 22 zu § 60, der jedoch in diesen Fällen wegen des „verwaltungsaktsähnlichen" Charakters dieser Erklärungen die Bestimmungen über Verwaltungsakte „zum Teil sinngemäß-analog" anwenden will). Gegen die Annahme, der Gesetzgeber habe mit der Einführung des § 25a BSHG durch das Gesetz zur Umsetzung des Föderalen Konsolidierungsprogramms – FKPG – vom 23. Juni 1993 (BGBl I S. 944) die Verwaltung zur Aufrechnung durch Erlass eines Ermessensverwaltungsaktes ermächtigen wollen, spricht auch ein Vergleich mit § 25 Abs. 2 BSHG, der durch das FKPG in eine Soll-Bestimmung umgewandelt worden ist (vgl. Senatsurteil vom 06.07.1995 a.a.O. S. 662).

Selbst wenn man unterstellt, dass § 25a BSHG der Behörde ein Ermessen im verwaltungsrechtlichen Sinn, also im Sinne einer Wahlmöglichkeit auf der Rechtsfolgeseite der Norm, einräumt, ergibt sich daraus im Übrigen noch nicht, dass die Aufrechnung durch Verwaltungsakt zu erklären ist. Ermessen gibt es auch im Zusammenhang mit einem Handeln, das keinen Verwaltungsaktscharakter hat. Wie Kopp (VwVfG, 6. Aufl. 1996, § 40 RdNr. 3) zu § 40 VwVfG ausführt, gilt diese Vorschrift sowohl für Ermessensentscheidungen (Verwaltungsakte) als auch für sonstige Ermessenshandlungen im Bereich des materiellen Rechts und des Verfahrensrechts (ebenso Knack, VwVfG, 5. Aufl. 1996, RdNrn. 1 und 7 zu § 40; Giehl, Verwaltungsverfahrensrecht in Bayern, Stand 01.07.1995, Erl. III 1b zu Art. 40 BayVwVfG; einschränkend wohl Stelkens/Bonk/Sachs, VwVfG, 4. Aufl. 1993, RdNr. 27 zu § 40, der die Grundsätze des § 40 VwVfG auf Verwaltungshandeln, das keinen Verwaltungsaktscharakter hat, aber jedenfalls entsprechend anwenden will). Auch die verfahrensrechtlichen Vorschriften des SGB X räumen der Behörde vielfach ein Ermessen ein, ohne dass die Ermessenshandlung ein Verwaltungsakt ist: So bedient sich nach § 21 Abs. 1 Satz 1 SGB X (ebenso § 26 Abs. 1 Satz 1 VwVfG) die Behörde der Beweismittel, die sie nach pflichtgemäßem Ermessen zur Ermittlung des Sachverhalts für erforderlich hält. Gemäß § 24 Abs. 2 SGB X (ebenso § 28 Abs. 2 VwVfG) kann sie unter bestimmten Voraussetzungen von der Anhörung absehen. Die Berichtigung des Verwaltungsakts (§ 38 SGB X, § 42 VwVfG) steht ebenfalls im Ermessen der Behörde, ohne selbst Verwaltungsakt zu sein (vgl. Stelkens/Bonk/Sachs a.a.O. § 42 RdNrn. 22, 29). Entsprechendes gilt auch für Vorschriften aus anderen Rechtsbereichen. Art. 109 Abs. 2 GO verwendet den Begriff des „Verwaltungsermessens" in einem sehr weiten Sinn (vgl. Prandl/Zimmermann/Büchner, Kommunalrecht in Bayern, Stand Mai 1996, Art. 109 GO Anm. 10). Die Herausgabe von Akten an einen Rechtsanwalt liegt nach § 100 Abs. 2 Satz 3 VwGO im Ermessen des Vorsitzenden.

Nach alledem fordert daher das Wort „kann" in § 25a BSHG – wie auch in § 51 SGB I – nicht den Erlass eines Ermessensverwaltungsaktes, sondern begründet lediglich das (eingeschränkte) Aufrechnungsrecht. Es hat in diesen Vorschriften keine andere Bedeutung als in § 387 BGB (vgl. BayVGH vom 06.07.1995 BayVBl 1996, 660/662).

bb) Die Auffassung, zur Ausübung eines bloßen schuldrechtlichen Gestaltungsrechts hätte es keiner ausdrücklichen gesetzlichen Regelung wie der des § 25a BSHG bedurft (vgl. VG München, Beschluss vom 25.08.1995 Az. M. 15 S 95. 2973, Beschlussabdruck S. 7) verkennt, dass die Behörde gegenüber Ansprüchen auf Zahlung von Sozialhilfe im Grundsatz nicht aufrechnen darf. Nach der Neufassung des § 51 SGB I durch Art. II § 28 Nr. 4 des Gesetzes vom 18. August 1980 (BGBl I S. 1469) folgt dieses grundsätzliche Verbot aus § 51 Abs. 2 SGB I in Verbindung mit § 394 BGB und § 4 Abs. 1 Satz 2 BSHG. § 51 Abs. 2 SGB I berechtigt seinem eindeutigen Wortlaut nach einen Sozialleistungsträger nicht dazu, die Aufrechnungsgrenze in Fällen zu Unrecht erbrachter Sozialleistungen, die der Hilfeempfänger durch unrichtige oder unvollständige Angaben veranlasst hat, auf das zum Leben Unerlässliche und damit niedriger als die Regelsatzleistungen und Mehrbedarfszuschläge nach den §§ 11 ff. BSHG festzusetzen. Für eine Heranziehung des in § 25 Abs. 2 BSHG enthaltenen Rechtsgedankens ist kein Raum (so ausdrücklich BVerwG vom 6.11.1995 Buchholz 435.11 Nr. 2 zu § 51 SGB I; a.A. noch BayVGH vom 26.11.1993 FEVS 42, 405/410). Solange daher ein Hilfeempfänger noch laufende Hilfe zum Lebensunterhalt nach dem Bundessozialhilfegesetz bezieht, war deshalb – vor In-Kraft-Treten des § 25a BSHG – auch im Falle eines Erstattungsanspruchs des Sozialhilfeträgers gemäß § 50 SGB X eine Aufrechnung grundsätzlich ausgeschlossen (vgl. BVerwGE 60, 240/242), unabhängig davon, ob die behördliche Aufrechnung im Wege des Verwaltungsakts oder einer öffentlich-rechtlichen Willenserklärung erklärt wurde. Durch die Einfügung des § 25 a BSHG hat der Gesetzgeber – als Ausnahme von diesem generellen Aufrechnungsverbot – auch bei fortdauerndem Bezug von laufender Hilfe zum Lebensunterhalt in besonders gelagerten Fällen eine Aufrechnungsmöglichkeit geschaffen.

cc) Die Auffassung des Verwaltungsgerichts, eine auf § 25a BSHG gestützte Aufrechnung könne nur „hoheitlich", d.h. nur durch Verwaltungsakt, erklärt werden, für eine rechtsgeschäftliche Aufrechnung auf einer gleichgeordneten rechtlichen Ebene sei kein Raum mehr (vgl. Nichtabhilfebeschluss vom 18.09.1995 Az. M 15 S 95.2973), findet weder im Gesetz selbst noch in den Gesetzesmaterialien eine Stütze. Es gibt auch keine Besonderheiten des öffentlichen Rechts, die es gebieten oder wenigstens nahelegen würden, für den beschränkten Anwendungsbereich des § 25a BSHG die Aufrechnung abweichend von den allgemeinen Grundsätzen der §§ 387 ff. BGB hoheitlich zu regeln. Es gibt insbesondere keinen dem Bundessozialhilfegesetz gleichsam vorgegebenen Pfändungs- und Schuldnerschutz, in den „eingegriffen" würde. Das Bundessozialhilfegesetz regelt vielmehr eigenständig, in welchem Umfang Ansprüche auf Auszahlung der Hilfe gepfändet werden können (§ 4 Abs. 1 Satz 2) und in welchem Umfang die Aufrechnung gegen solche Ansprüche möglich ist (§ 25a).

dd) Das Bundessozialgericht (a.a.O.) stützt seine – im Übrigen für das Sozialhilferecht ausdrücklich nicht für maßgeblich erklärte – Auffassung, die Behörde könne durch Verwaltungsakt aufrechnen, auf die Erwägung, dass die Befugnis der Behörde, über die „Auszahlung einer Sozialleistung durch Verwaltungsakt (zu) entscheiden", das Recht umschließe, „auf gleichem Wege das Erlöschen des Anspruchs auf die Sozialleistungen durch Aufrechnung mit einer Gegenforderung zu bewirken". Dem folgt der Verwaltungsgerichtshof nicht. Es trifft schon nicht zu, dass die Behörde über die „Auszahlung der Sozialleistung" durch Verwaltungsakt entscheidet. Jedenfalls im Recht der Sozialhilfe entscheidet die Behörde durch Verwaltungsakt regelmäßig nur über die Bewilligung der Sozialhilfe, nicht über die Auszahlung. So ist es auch im Fall der Antragstellerinnen gewesen. Unzutreffend ist ferner, dass die Aufrechnung den Anspruch auf die Sozialleistung zum Erlöschen bringe. Rechnet die Behörde auf, so erlischt nicht der Anspruch auf Bewilligung der Sozialhilfe nach Maßgabe der §§ 11 ff. BSHG, sondern nur der Anspruch auf die Auszahlung der Hilfe. Die Aufrechnung mit einer Gegenforderung ist also nicht die „Kehrseite" der Bewilligung; deren Kehrseite ist ihre Rücknahme oder ihr Widerruf (vgl. dazu BVerwG vom 11.02.1983 DVBl 1983, 810).

ee) Auch aus § 24 Abs. 2 Nr. 7 SGB X lässt sich keine Kompetenz des Sozialhilfeträgers zur Aufrechnung durch Verwaltungsakt ableiten. § 24 SGB X stellt eine allgemeine verfahrensrechtliche Norm dar; sie setzt daher eine materiell-rechtliche Norm voraus, die den Sozialleistungsträger zu einer Aufrechnung durch Verwaltungsakt ermächtigt. Für das Sozialhilferecht gibt es eine solche materielle Befugnisnorm – wie dargelegt – nicht. Ob das auch für andere Sozialleistungsbereiche gilt, kann dahingestellt bleiben. Angesichts des Umstands, dass der Gesetzgeber im SGB X für Sozialleistungsbereiche mit sehr unterschiedlichen Strukturen (vgl. die Aufstellung in Art. II § 1 SGB – AT) gemeinsame verfahrensrechtliche Regelungen schaffen wollte, mag es durchaus sein, dass es in einzelnen Sozialleistungsbereichen eine (spezielle) Er-

mächtigungsgrundlage gibt, die Aufrechnung durch Verwaltungsakt zu erklären (vgl. z.B. Humborg in Rothe/Blanke, Stand März 1996, RdNrn. 2 und 7.1 zu § 19, der für das Ausbildungsförderungsrecht zwar nicht in § 19 BAföG, aber in § 50 BAföG eine solche Befugnisform sieht; a.A. hierzu Ehlers, JuS 1990, 777/778).

d) Nach alledem hält der Senat an seiner Ansicht fest, dass weder § 51 SGB I noch § 25a Abs. 1 Satz 1 BSHG eine Befugnisnorm darstellen, die Aufrechnung in der Rechtsform des Verwaltungsakts zu erklären.

Die aufschiebende Wirkung der Widersprüche gegen die durch Verwaltungsakt erklärte Aufrechnung (Nr. II der Bescheide vom 13.10.95) war daher wiederherzustellen und die Beschwerde der Antragsgegnerin gegen die entsprechende Entscheidung des Verwaltungsgerichts insoweit zurückzuweisen.

B.

Soweit das Verwaltungsgericht in Nr. III des Beschlusstenors die Antragsgegnerin – unter Ablehnung der Anträge im Übrigen – durch Erlass einer einstweiligen Anordnung verpflichtet hat, „den Antragstellerinnen ab 01.11.1995 bis zur Entscheidung über die Widersprüche einen Betrag von 100,00 DM zu gewähren", ist der Entscheidungstenor missverständlich und auslegungsbedürftig.

Das Verwaltungsgericht hat das Begehren der Antragstellerinnen dahingehend ausgelegt, dass sie die Verpflichtung der Antragsgegnerin begehren, ihnen die ab 1. September 1995 bewilligte Hilfe zum Lebensunterhalt vorerst ungekürzt auszuzahlen. Das Verwaltungsgericht ist, wie sich aus den Gründen seiner Entscheidung ergibt, ferner davon ausgegangen, dass die Antragsgegnerin den Antragstellerinnen für die Monate September und Oktober 1995 jeweils 100,00 DM des ursprünglich einbehaltenen Betrages von monatlich 200,00 DM nachbezahlt hatte. Die Antragstellerinnen erhielten also zum maßgeblichen Zeitpunkt der Entscheidung des Verwaltungsgerichts nur noch monatlich 100,00 DM weniger als die ihnen nach den Berechnungen der Antragsgegnerin zustehende Sozialhilfe.

Der Entscheidungstenor könnte – nimmt man ihn wörtlich – so verstanden werden, dass die Antragsgegnerin verpflichtet werden sollte, den Antragstellerinnen für einen beschränkten Zeitraum auch die zur vollen Sozialhilfe noch fehlenden 100,00 DM monatlich auszuzahlen. Eine solche Verpflichtung wollte das Verwaltungsgericht aber nicht aussprechen. Vielmehr bestand nach seiner in den Beschlussgründen klar zum Ausdruck kommenden Auffassung für eine Verpflichtung der Antragsgegnerin, die Hilfe zum Lebensunterhalt vorerst ungekürzt zu zahlen, schon kein Anordnungsgrund, weil sich die Antragstellerin zu 1 mit dem Einbehalt von 100,00 DM monatlich schriftlich einverstanden erklärt hatte. Aus diesem Grund hat das Verwaltungsgericht die Anträge auf Erlass einer einstweiligen Anordnung „insoweit" auch abgelehnt.

Bei diesem rechtlichen und tatsächlichen Ausgangspunkt wäre es aber geboten gewesen, die Anträge auf Erlass einer einstweiligen Anordnung wegen fehlenden Rechtsschutzbedürfnisses in vollem Umfang abzulehnen: Die Antragstellerinnen hatten sich mit einem Einbehalt von 100,00 DM monatlich schriftlich einverstanden erklärt, die Antragsgegnerin hatte zum Zeitpunkt der Entscheidung des Gerichts keinen höheren Betrag als 100,00 DM monatlich einbehalten; sie hat auch in der Folgezeit lediglich 100,00 DM monatlich einbehalten. Für die auf Zahlung der ungekürzten Hilfe zum Lebensunterhalt gerichteten Anträge der Antragstellerinnen gab es daher zum Zeitpunkt der Entscheidung des Verwaltungsgerichts kein Rechtsschutzbedürfnis mehr.

Ein solches folgt auch nicht daraus, dass die Antragsgegnerin mit Bescheiden vom 13. Oktober 1995 in der Form eines Verwaltungsaktes unter Anordnung der soforti-gen Vollziehung neuerlich die Aufrechnung in Höhe von 200,00 DM monatlich erklärt hatte. Das Verwaltungsgericht hat in Nr. II des Bescheidtenors die aufschiebende Wirkung der Widersprüche gegen diese Aufrechnung wiederhergestellt. Es konnte daher davon ausgehen, dass die Antragsgegnerin als Behörde die aufschiebende Wirkung beachten und vorerst aus diesen Verwaltungsakten keine für die Antragstel-lerinnen nachteiligen Rechtsfolgen ableiten würde.

Letztlich kommt daher die in Nr. III des Beschlusstenors ausgesprochene Verpflich-tung einer Ablehnung der Anträge der Antragstellerinnen auf Erlass einer einstweili-gen Anordnung gleich. So wurde sie von den Verfahrensbeteiligten auch verstanden und praktiziert: Die Antragsgegnerin hat nach der Entscheidung des Verwaltungsge-richts (weiter) monatlich 100,00 DM der sich für die Antragstellerinnen ergebenden Sozialhilfe einbehalten, ohne dass die Antragstellerinnen im Beschwerdeverfahren unter Berufung auf den Tenor des verwaltungsgerichtlichen Beschlusses irgendwel-che Einwände erhoben hätten.

Zur Klarstellung war Nr. III des Beschlusstenors der verwaltungsgerichtlichen Ent-scheidung daher zu ändern. Durch die missverständliche Fassung ist die Antrags-gegnerin zwar formell beschwert. Ihre Beschwer erschöpft sich jedoch darin, die Klar-stellung des Beschlusstenors fordern zu können.

Es kann daher offenbleiben, ob die Antragsgegnerin – wie sie vorträgt – noch eine Grundlage für die Aufrechnung eines Betrages von mehr als 100,00 DM monatlich hat, nachdem sie sich mit dem Angebot der Antragstellerinnen, eine Aufrechnung von 100,00 DM monatlich hinzunehmen, durch Nachzahlung von jeweils 100,00 DM für die Monate September und Oktober 1995 einverstanden erklärt hat. Nicht mehr entscheidungserheblich ist auch, ob der Umstand, dass es wegen der aufschieben-den Wirkung der Widersprüche der Antragstellerinnen gegen die Bescheide der An-tragsgegnerin vom 10. August 1995 und 13. Oktober 1995 gegenwärtig an den Vor-aussetzungen für eine Vollziehung oder Vollstreckung dieser Bescheide fehlt, auch einer Erfüllung und Befriedigung der Gegenforderung im Wege der Aufrechnung ent-gegensteht (vgl. hierzu BVerwGE 66, 218/221 und DVBl 1986, 146; andererseits neuerdings BFH 178, 306 = BB 1995, 2358, der – unter Zugrundelegung eines weiten Begriffs der Vollziehung – die Aufrechnung als unzulässiges Gebrauchmachen vom Regelungsinhalt eines Verwaltungsaktes ansieht mit der Folge, dass nicht aufge-rechnet werden darf, solange die Rückforderungsbescheide nicht unanfechtbar sind oder deren sofortige Vollziehung angeordnet ist). ..."

Leitsatz (redaktionell) (BayVGH, Urteil vom 05.11.91, Az.: 12 B 91.219)

Eine Aufrechnung bis auf das Existenzminimum ist zulässig, wenn der Betref-fende Einkommen verschwiegen hat, um in den Genuss einer Leistung zu kommen.

Aus den Gründen:

"...1. Die Kläger sind miteinander verheiratet. Der Kläger wurde im Jahre ... geboren, seine Ehefrau im Jahre .... Der Kläger bezieht seit 1984 eine Altersrente.

a) Die Kläger bewohnten ab November 1984 eine Drei-Zimmer-Wohnung zu einem Mietpreis von monatlich 850,00 DM ohne Garagenmiete und Nebenkosten. Der Beklagte gewährte den Klägern ab 10. Juni 1985 laufende Hilfe zum Lebensunterhalt und kam für die Unterkunftskosten bis zum Auszug aus der Wohnung Ende August 1985 auf.

Zum 1. September 1985 mieteten die Kläger eine Drei-Zimmer-Wohnung in ... für monatlich 700,00 DM Grundmiete und 100,00 DM Nebenkosten. Der Mietvertrag war ohne Zustimmung des Beklagten geschlossen worden. Der Beklagte teilte den Klägern mit, der Mietpreis solle höchstens etwa 550,00 DM zuzüglich Nebenkosten betragen und nannte den Klägern Zwei-Zimmer-Wohnungen im Landkreis in dieser Preislage. Ungeachtet dessen bezogen die Kläger die Wohnung und zahlten für September 1985 die Miete. Der Beklagte kam ab Oktober 1985 für die Unterkunftskosten auf und übernahm nach einem Widerspruch der Kläger und einem Antrag auf einstweilige Anordnung auch die Miete für September und die Umzugskosten.

Nachdem die Vermieterin der Wohnung in ... den Mietvertrag am 2. Mai 1988 gekündigt hatte, schlossen die Kläger am 31. Oktober 1988 einen Mietvertrag über ihre jetzige Zweieinhalb-Zimmer-Wohnung in ... mit 67 qm Wohnfläche. Das Mietverhältnis begann am 15. Januar 1989. Der Mietzins betrug monatlich 850,00 DM und Nebenkosten. Von diesem Mietvertrag gaben die Kläger dem Beklagten am 4. November 1988 Kenntnis. Der Beklagte teilte den Klägern dazu mit Schreiben vom 7. November 1988 mit, falls die Kläger keine preisgünstigere Wohnung fänden, werde lediglich der Mietzins in Höhe von monatlich 700,00 DM übernommen. Am 1. Dezember 1988 vereinbarten der Kläger und der Leiter des Sozialamtes des Beklagten u.a., dass die Kläger in die gemietete Wohnung einziehen könnten, doch seien die entstandenen Mehrkosten von monatlich 150,00 DM aus dem Mehrbedarfszuschlag vom Kläger zu tragen.

b) Der Kläger gab am 10. März 1986 gegenüber dem für ihn zuständigen Sachbearbeiter des Landratsamtes ausweislich eines Aktenvermerks an, er habe derzeit keine nennenswerten Einkünfte aus selbstständiger Tätigkeit durch Beratung von Kunden der Versicherungsgesellschaft. Diese Einkünfte würden durch die dabei anfallenden Unkosten verbraucht. Mit Schreiben vom 28. März 1986 teilte er dem Beklagten mit, das Reisegewerbe habe er rein vorsorglich angemeldet. Es sei zu keiner ausgeübten Tätigkeit gekommen. Er ziehe seine freiberufliche Tätigkeit ab sofort altersbedingt und aus gesundheitlichen Gründen wieder zurück.

Am 21. Dezember 1988 legte der Kläger Bescheinigungen über seine Provisionseinnahmen im Jahre 1987 in Höhe von brutto 11.643 DM und für elf Monate des Jahres 1988 in Höhe von brutto 15.807 DM vor. Mit Schreiben an die Firma vom 12. Januar 1989 oder zum 3. Februar 1989 beendete der Kläger diese Tätigkeit.

2. a) Der Beklagte gewährte den Klägern ab 1. Juli 1988 laufende Hilfe zum Lebensunterhalt von monatlich 1.370,00 DM.

Mit Bescheid vom 2. Januar 1989, geändert durch Bescheide vom 15. Februar 1989 und vom 22. Februar 1989, setzte der Beklagte die den Klägern monatlich zu gewährende laufende Hilfe zum Lebensunterhalt ab 1. Februar 1989 auf 1.287,00 DM fest; dabei wurde der Unterkunftsbedarf lediglich mit monatlich 700,00 DM anerkannt. Auf Grund der Erhöhung der Regelsätze und der Rente des Klägers bewilligte der Beklagte den Klägern mit Bescheid vom 14. Juni 1989 ab 1. Juli 1989 eine monatliche Sozialhilfe von 1.301,00 DM; aus denselben Gründen änderte der Beklagte mit Be-

scheid vom 11. Juni 1990 die laufende Hilfe zum Lebensunterhalt ab 1. Juli 1990 erneut.

b) Auf Grund der Provisionseinnahmen des Klägers nahm der Beklagte mit Bescheid vom 26. Januar 1989 die gegenüber dem Kläger erlassenen Bescheide über die Gewährung laufender Hilfe zum Lebensunterhalt für die Zeit vom 1. Januar 1987 bis 30. November 1988 gemäß § 45 Abs. 2 Satz 3 Nr. 2 SGB X zurück und forderte er Erstattung eines Betrags in Höhe von 6.762,62 DM. Nr.4 des Bescheides verfügte, solange der Kläger weiterhin Anspruch auf laufende Hilfe zum Lebensunterhalt habe, erfolge die Erstattung durch 30%-ige Kürzung seines Regelsatzes sowie des Mehrbedarfszuschlages nach § 23 Abs. 1 Nr. 1 BSHG. Die Kürzung errechnete der Beklagte zum 1. Februar 1989 mit monatlich 145,44 DM. Zu diesem Bescheid legte der Beklagte mit Schreiben vom 6. Februar 1989 die Höhe der Erstattungsforderung im Einzelnen dar; unterm 2. März 1989 ergänzte der Beklagte den Bescheid mit Ermessenserwägungen ohne Darlegungen zur Dauer der Kürzung.

c) Die Regierung von ... wies die Widersprüche der Kläger gegen den Bescheid vom 2. Januar 1989 mit Widerspruchsbescheid vom 14. September 1989 und den Widerspruch des Klägers gegen den Bescheid vom 26. Januar 1989 mit Widerspruchsbescheid vom 12. September 1989 zurück. Hierauf wird verwiesen.

Die Kläger erhoben daraufhin zum Bayer. Verwaltungsgericht München Klagen gegen den Beklagten und stellten in der mündlichen Verhandlung folgende Anträge:

1. Unter Abänderung der Bescheide des Landratsamtes vom 02.01.1989 sowie 26.01.1989 in der Fassung vom 06.02.1989 und 02.03.1989 und des Widerspruchsbescheides der Regierung von ... vom 12.09.1989 wird der Beklagte verpflichtet, den Klägern ungekürzte Sozialhilfeleistungen zu zahlen. Hilfsweise wird beantragt, die Kläger unter Beachtung der Rechtsauffassung des Gerichts zu bescheiden. 2. Unter Abänderung der Bescheide des Landratsamtes vom 02.01.1989, 22.02.1989 sowie 14.06.1989 und 11.06.1990 und des Widerspruchsbescheides der Regierung von ... vom 14.09.1989 wird der Beklagte verurteilt, bei den Klägern Unterkunftskosten in Höhe von 850,00 DM monatlich zu berücksichtigen.

Das Verwaltungsgericht entschied mit Urteil vom 28. November 1991 wie folgt:

I. Der Bescheid des Beklagten vom 02.01.1989 und der Bescheid vom 26.01.1989 in der Fassung vom 06.02. und 02.03.1989 und der hierzu ergangene Widerspruchsbescheid vom 12.09.1989 werden insoweit aufgehoben, als mit ihnen die Erstattungsforderung gegen laufende Hilfe zum Lebensunterhalt aufgerechnet wird.

II. Im Übrigen wird die Klage abgewiesen.

Das Verwaltungsgericht legte in den Entscheidungsgründen zur Übernahme höherer Unterkunftskosten näher dar, gegen die Bescheide vom 14. Juni 1989 und 11. Juli 1990 seien Widersprüche nicht eingelegt worden. Für die Zeit vom 1. Februar 1989 bis 30. Juni 1989 sei die Klage unbegründet, denn für die Kläger sei eine Wohnung von 60 qm mit zwei Wohnräumen statt wie gemietet rund 70 qm mit zweieinhalb Wohnräumen ausreichend; damit wäre eine Miete von monatlich nur 700,00 DM angemessen. Nach Auffassung des Gerichts wäre für diesen Preis eine für die Kläger angemessene Wohnung in annehmbarer Lage im Bereich des Beklagten zu finden gewesen. Hinsichtlich des Bescheides vom 26. Januar 1989 habe der Beklagte die früheren Sozialhilfebescheide zu Recht aufgehoben und den Erstattungsanspruch auf 6.762,62 DM festgesetzt. Allerdings sei die in Nr. 4 verfügte Aufrechnung des Er-

stattungsbetrages mit laufender Hilfe zum Lebensunterhalt gemäß § 51 Abs. 2 SGB I rechtswidrig und aufzuheben. Auch wenn jemand Sozialhilfeleistungen erschlichen habe, sei die Aufrechnung nach § 51 Abs. 2 SGB I in entsprechender Anwendung von § 25 Abs. 2 BSHG nicht möglich.

Die Kläger und der Beklagte legten gegen das Urteil Berufung ein.

a) Die Kläger beantragen:

I. Das Urteil des Bayerischen Verwaltungsgerichts München vom 28.11.1990 Az: M 18 K 89.4075 wird aufgehoben, soweit es die Klage vom 16.10.1989 abweist.

II. Der Beklagte wird unter Abänderung der Bescheide vom 02.01.1989, 26.01.1989 in der Fassung vom 06.02.1989 und 02.03.1989 und des Widerspruchsbescheides der Regierung von ... vom 12.09.1989 verurteilt, den Klägern ungekürzte Sozialhilfeleistungen zu zahlen.

III. Der Beklagte wird unter Abänderung der Bescheide vom 02.01.1989, 22.02.1989, 14.06.1989 und 11.06.1989 und des Widerspruchsbescheides der Regierung von ... vom 14.09.1991 verurteilt, bei der laufenden Hilfe zum Lebensunterhalt für die Kläger monatlich Unterhaltskosten in Höhe von DM 850,00 zu berücksichtigen.

Die Kläger machen zur Begründung geltend:

Soweit der Beklagte die Bewilligung von Sozialhilfe rückwirkend zurückgenommen und Erstattung gefordert habe, habe der Kläger im Verfahren auf Erlass einer einstweiligen Anordnung durch das Verwaltungsgericht Az. M 18 E 89.235 unterm 18. Januar 1988 (wohl 1989) eine eidesstattliche Versicherung vorgelegt (Akt III des Beklagten Bl.109), wonach er, der Kläger, zwei namentlich genannten Bediensteten des Beklagten seit Beginn des Leistungsbezugs mitgeteilt habe, dass er sporadisch Nebeneinkünfte in Höhe von durchschnittlich monatlich 200,00 DM beziehe. Diese Bezüge seien zeitweise bei der Bemessung der Sozialhilfe berücksichtigt worden; er, der Kläger, sei vom Beklagten bis zum 1. Dezember 1988 nicht aufgefordert worden, diese Nebeneinnahmen nachzuweisen. Sein, des Klägers, Vertrauen auf die Rechtmäßigkeit der erbrachten Leistungen sei daher schutzwürdig.

Die Klagen seien auch insoweit zulässig, als sie laufende Leistungen zum Lebensunterhalt für die Zeit nach dem 30. Juni 1989 beträfen, denn eines Vorverfahrens gegen die Bescheide vom 14. Juni 1989 und vom 11. Juli 1990 habe es nicht bedurft; diese Bescheide hätten die laufende Hilfe Lebensunterhalt nur den geänderten Regelsätzen und den neuen Rentenbeträgen angepaßt.

Die Klagen seien zudem hinsichtlich des Unterkunftsaufwandes begründet, denn sie, die Kläger, hätten sich vor Abschluss des Mietvertrags in Kenntnis des bis dahin anerkannten Unterkunftsaufwandes von monatlich 700,00 DM um die Beschaffung preiswerten Wohnraumes nachhaltig bemüht. Es sei ihnen bis heute trotz mindestens sechs namentlich benannten Maklern und intensiver eigenen Bemühungen nicht gelungen, eine Zwei-Zimmer-Wohnung im Bereich des Beklagten in der Preisklasse zwischen 700,00 DM und 800,00 DM zu finden. Dabei sei zu berücksichtigen, dass es ihnen wegen des Gesundheitszustandes des Klägers und wegen ihres Alters nicht zugemutet werden könne, eine weit abgelegene, auf dem Land befindliche Wohnung zu mieten.

b) Der Beklagte beantragt, das verwaltungsgerichtliche Urteil aufzuheben, soweit es den Klagen stattgegeben hat.

Er trägt vor, die Aufrechnung sei im Falle arglistigen Erschleichens von Sozialhilfe, wie sie hier vorliege, zulässig. Auf das Gutachten des Deutschen Vereins für öffentliche und private Fürsorge vom 10. September 1980 (NDV 1980, 382) werde Bezug genommen. § 51 Abs. 2 SGB I, der übrigens auf die Sozialhilfe nicht anwendbar sei, schütze nicht primär den Leistungsberechtigten, sondern den Sozialhilfeträger. Dadurch solle vor allem vermieden werden, dass sich andere Sozialleistungsträger zu Lasten des Sozialhilfeträgers schadlos halten könnten. Sofern man § 394 BGB i.V.m. § 4 Abs. 1 Satz 2 BSHG grundsätzlich für anwendbar halte, sei die Aufrechnung einer Rückforderung von Sozialhilfe, die auf Grund arglistigen Erschleichens entstanden sei, vergleichbar mit der Aufrechnung eines Schadensersatzanspruchs wegen vorsätzlicher unerlaubter Handlung und deshalb nach Treu und Glauben grundsätzlich möglich. Allerdings müsse das Existenzminimum belassen werden. Das sei hier der Fall.

Die Parteien waren mit einer Entscheidung ohne mündliche Verhandlung einverstanden.

Entscheidungsgründe

Die zulässigen Berufungen der Kläger sind unbegründet, die zulässige Berufung des Beklagten ist teilweise begründet.

1) Gegenstand der Klagen und der Berufungen sind der beide Kläger betreffende Bescheid des Beklagten vom 2. Januar 1989 – mit Änderungen vom 15. und 22. Februar 1989 – und der nur gegenüber dem Kläger erlassene Bescheid vom 26. Januar 1989 sowie die dazu ergangenen Widerspruchsbescheide der Regierung von … vom September 1989. Hingegen können die laufende Hilfe für den Lebensunterhalt ab 1. Juli 1989 und 1. Juli 1990 neu festzusetzenden Bescheide des Beklagten vom 14. Juni 1989 und 11. Juni 1990 in die gerichtliche Überprüfung nicht einbezogen werden; gegen diese Bescheide musste selbstständig Widerspruch und bei dessen Erfolglosigkeit Klage erhoben werden, mögen auch die Berechnungsgrundlagen der Bescheide mit jenen des angefochtenen Bescheides vom 2. Januar 1989 übereinstimmen. Streitgegenstand der dem Kläger zu gewährenden laufenden Hilfe zum Lebensunterhalt ist daher nur der Zeitraum vom 1. Februar 1989 bis zum 30. Juni 1989.

2) Der Beklagte hat mit Bescheid vom 2. Januar 1989 ab 1. Februar 1989 zu Recht den Unterkunftsbedarf der Kläger nur mit monatlich 700,00 DM anerkannt. § 3 Abs. 1 Satz 2 RegelsatzV ist im Allgemeinen dann nicht anzuwenden, wenn ein Hilfesuchender eine Wohnung anmietet, hinsichtlich deren Miete er von vornherein weiß, dass er sie nicht aus eigenen Mitteln werde bestreiten können (vgl. hierzu auch BVerwGE 75, 168/172 = NDV 1987, 198); in diesem Fall sind nur die Mietkosten zu übernehmen, die einen „angemessenen Umfang" im Sinne des § 3 Abs. 1 Satz 2 RegelsatzV nicht übersteigen. Die Kläger wußten im Zusammenhang mit der Miete der Wohnung in … im Jahre 1985, dass sie sich vor Anmietung einer neuen Wohnung mit dem Beklagten, der im Rahmen der Sozialhilfe Unterkunftskosten in die Bedarfsberechnung für die Kläger einbezog, in Verbindung setzten mussten. Sie wußten auch, dass der Beklagte zunächst nur eine Zwei-Zimmer-Wohnung und einen Mietpreis von monatlich nur 550,00 DM für angemessen erachtete, dass er den Klägern Wohnungen in dieser Größe und Preislage zum Bezug benannte und schließlich bereit war, für diese Wohnung monatlich 700,00 DM als Grundmiete anzuerkennen. Nachdem den Klägern dieses Mietverhältnis bereits im Mai 1988 gekündigt worden war, schlossen sie gleichwohl erst am 31. Oktober 1988 ohne vorherige Zustimmung des

*Beklagten den Mietvertrag über ihre jetzige Wohnung mit einer Grundmiete von mo-
natlich 850,00 DM ab. Nach Aktenlage muss davon ausgegangen werden, dass die
Kläger zwischen Mai und Oktober 1988 mit dem Beklagten wegen einer anderen
Wohnung zum Preis von monatlich 700,00 DM nicht in Verbindung getreten sind. Der
Senat geht mit dem Verwaltungsgericht davon aus, dass eine für die Kläger angemessene Zwei- oder Zweieinhalb-Zimmer-Wohnung in zumutbarer Lage zum Preis
von monatlich 700,00 DM zuzüglich Nebenkosten insbesondere mithilfe des Beklagten für die Kläger hätte gefunden werden können. Den Klägern war es möglich und
zumutbar, eine solche preisgünstigere angemessene Wohnung zu mieten. Das hat
der Kläger nach dem Aktenvermerk des Beklagten vom 1. Dezember 1988 letztlich
selbst eingeräumt. Der Beklagte war im Hinblick hierauf befugt, im Rahmen der Berechnung der laufenden Hilfe zum Lebensunterhalt als Grundmiete lediglich einen
monatlichen Betrag von 700,00 DM anzuerkennen.*

*3) Der Beklagte war auch gemäß § 45 Abs. 2 Satz 3 Nr. 2 und § 50 Abs. 1 Satz 1
SGB X befugt, die Bewilligung der dem Kläger gewährten laufenden Hilfe zum Lebensunterhalt für die Zeit vom 1. Januar 1987 bis 30. November 1988 zurückzunehmen und eine Erstattungsforderung in Höhe von 6.762,62 DM geltend zu machen.
Die Höhe der Erstattungsforderung hat der Beklagte dem Kläger mit Schreiben vom
6. Februar 1989 im Einzelnen dargelegt, das Rücknahmeermessen hat er mit Schreiben vom 2. März 1989 näher begründet. Rücknahme, Erstattungsforderung und Ermessensgebrauch sind rechtlich nicht zu beanstanden. Der Kläger wußte, dass Arbeitseinkommen für die Bemessung seiner laufenden Hilfe zum Lebensunterhalt von
Bedeutung war. So hat der Beklagte etwa ein vom Kläger für Juli 1985 angegebenes
Einkommen aus einer Vertretertätigkeit bei Bemessung der laufenden Hilfe zum Lebensunterhalt unverzüglich berücksichtigt und dem Kläger aufgegeben, weiteres Arbeitseinkommen nachzuweisen (vgl. Akt I des Beklagten Bl. 67, 72a, 76b, 74). Der
Kläger hat gleichwohl Provisionseinnahmen in den Jahren 1987 und 1988 in Höhe
von brutto rund eintausend Deutsche Mark monatlich verschwiegen. Der Kläger
wußte, dass Arbeitseinkommen seinen sozialhilferechtlich anzuerkennenden Bedarf
für die Gewährung laufender Hilfe zum Lebensunterhalt minderte. Er handelte vorsätzlich, um eine solche Verminderung seiner Hilfe zum Lebensunterhalt zu vermeiden. Sein Vorbringen, insbesondere in seiner eidesstattlichen Versicherung vom
18. Januar 1989, ist nicht geeignet, den Kläger vom Vorwurf des vorsätzlichen Ver-
schweigens von Einkommen, um die ihm bewilligte laufende Hilfe zum Lebensunterhalt unvermindert zu erhalten, zu entlasten. Diese Angaben entsprechen nach Lage
der Akten, wie sie auch in der Stellungnahme des Beklagten vom 1. Februar 1989 gegenüber dem Bayer. Verwaltungsgericht München im Verfahren M 18 E 89.234 (Akt
IV des Beklagten Bl. 118 ff.) auf den Seiten 3 und 4 dargestellt wird, nicht den tatsächlichen Verhältnissen. Der Kläger hat durch sein vorsätzliches Verschweigen seiner nicht unerheblichen Provisionseinnahmen laufende Hilfe zum Lebensunterhalt
arglistig erschlichen.*

*4) Nummer 4 des Bescheides des Beklagten vom 26. Januar 1989 hat das Verwal-
tungsgericht aufgehoben. Es ist umstritten, ob der Sozialhilfeträger seinen Anspruch
auf Erstattung arglistig erschlichener laufender Hilfe zum Lebensunterhalt gegenüber
einem Anspruch des Hilfsbedürftigen auf solche Hilfe aufrechnen kann (offen gelassen in BVerwGE 60, 240/243; bejahend Tz. 4.04 Abs. 4 der Sozialhilferichtlinien vom
15. September 1989, AllMBl 1989, 822; Deutscher Verein für öffentliche und private
Fürsorge, Gutachten vom 10. September 1980, NDV 1980, 382; Schellhorn/Jirasek/
Seipp, BSHG, 13. Aufl. 1988, RdNr. 56 zu § 4; verneinend OVG Lüneburg FEVS 36,*

464 und Lehr- und Praxiskommentar zum BSHG, 1985, RdNr. 13 zu § 92). Der Senat teilt die Auffassung der Sozialhilferichtlinien. Es kann dahinstehen, ob das grundsätzliche Aufrechnungsverbot seine Rechtsgrundlage in § 4 Abs. 1 Satz 2 BSHG in Verbindung mit § 394 Satz 1 BGB hat (so BVerwGE 60, 240/242 f.) oder in § 51 Abs. 2 SGB I. In beiden Fällen gilt das Gebot, dass der Erstattungspflichtige durch die Aufrechnung nicht hilfsbedürftig im Sinne der Vorschriften des Bundessozialhilfegesetzes über die Hilfe zum Lebensunterhalt werden darf. Hilfsbedürftig in diesem Sinne ist zwar bei einem Anspruch auf laufende Hilfe zum Lebensunterhalt grundsätzlich der, der den Regelbedarf nach § 22 Abs. 1 Satz 1 BSHG und einen etwaigen Mehrbedarf nach den §§ 24, 24 BSHG zu beanspruchen hat. Sowohl der Regelbedarf (§ 22 Abs. 1 Satz 2 BSHG) und in bestimmten Ausnahmefällen auch der Mehrbedarf können jedoch aufgrund der Besonderheiten des Einzelfalles abweichend von den Regelsätzen bemessen werden. Vor allem erlaubt § 25 Abs. 2 Nr. 1 BSHG eine Einschränkung der Hilfe bis auf das zum Lebensunterhalt Unerlässliche – diese Grenze ist nach der Verwaltungspraxis bei einer Kürzung von Regelsatz und Mehrbedarfszuschlag um 30 v.H. erreicht (vgl. Tz. 25.02 Abs. 1 SHR) – wenn ein Hilfesuchender sein Einkommen oder Vermögen vermindert in der Absicht, Hilfe zum Lebensunterhalt zu erhalten. Hat der Hilfesuchende sein Einkommen oder Vermögen zwar nicht vermindert, solches aber nach Erhalt laufender Hilfe zum Lebensunterhalt in der Absicht verschwiegen, die Hilfe wie bisher ungeschmälert weiter zu erhalten, so liegen Umstände vor, die es unter Heranziehung des in § 25 Abs. 2 BSHG enthaltenen Rechtsgedankens rechtfertigen, das die Hilfe zum Lebensunterhalt sichernde gesetzliche Aufrechnungsverbot auf das zum Lebensunterhalt Unerlässliche zu beschränken. § 51 Abs. 2 SGB I stellt zwar – wie § 54 Abs. 3 Nr. 2 SGB I – sicher, dass sich ein Leistungsträger letztlich nicht auf Kosten eines Sozialhilfeträgers durch Aufrechnung befriedigen darf (vgl. BT-Drs. 8/2034 S. 42); dem Hilfebedürftigen soll durch die Aufrechnung kein Anspruch auf laufende Hilfe zum Lebensunterhalt erwachsen. Dieser Wille des Gesetzgebers bedarf nach Treu und Glauben einer Modifizierung dann, wenn ein Sozialhilfeempfänger dem Sozialhilfeträger vorsätzlich auf den Bedarf anrechenbares Einkommen oder Vermögen verschwiegen hat, um die ihm bewilligte Hilfe ungekürzt weiter zu erhalten, und der Sozialhilfeträger nunmehr seinen Erstattungsanspruch gegen den Anspruch des Hilfebedürftigen auf laufende Hilfe zum Lebensunterhalt aufrechnet. In diesem Fall kann in Anwendung des Rechtsgedankens von § 25 Abs. 2 BSHG die dem Hilfsbedürftigen trotz Aufrechnung verbleibende laufende Hilfe zum Lebensunterhalt auf das zum Lebensunterhalt Unerlässliche beschränkt werden. Auch im bürgerlichen Recht tritt das Aufrechnungsverbot des § 394 Satz 1 BGB zurück, wenn Treu und Glauben dies erfordern (vgl. Palandt, BGB, 50. Aufl. 1991, RdNr. 2 zu § 394). Der Senat hält die Heranziehung des Grundsatzes von Treu und Glauben allerdings, wie erwähnt, nur insoweit für rechtlich vertretbar, dass im Falle arglistigen Erschleichens von Sozialhilfe dem Hilfsbedürftigen die zum Leben unerlässliche laufende Hilfe zum Lebensunterhalt verbleiben muss. Diese sowohl mit § 394 Satz 1 BGB als auch mit § 51 Abs. 2 SGB I zu vereinbarende Gesetzesauslegung erlaubt es dem Sozialhilfeträger – wie der vorliegende Fall zeigt –, bei Weitergewährung laufender Hilfe zum Lebensunterhalt wenigstens in geringen Raten begrenzt und teilweise eine Tilgung der auf arglistigem Verhalten beruhenden Überzahlung an Sozialhilfe vom Hilfsbedürftigen zu erreichen.

Die Anwendung dieser Rechtsgrundsätze auf den vorliegenden Fall führt zu einer Abänderung des verwaltungsgerichtlichen Urteils. Der Kläger hat, wie dargelegt, seine nicht unerheblichen Provisionseinnahmen in den Jahren 1987 und 1988 vorsätzlich verschwiegen, um die ihm bewilligte laufende Hilfe zum Lebensunterhalt un-

gekürzt zu erhalten. Die Voraussetzungen für eine Aufrechnung der Erstattungsforderung des Beklagten mit der dem Kläger gewährten laufenden Hilfe zum Lebensunterhalt bis zu dem für den Lebensunterhalt Unerlässlichen liegen vor. Diese Grenze hat der Beklagte bei einer 30%igen Kürzung des Regelsatzes und des Mehrbedarfszuschlags nach § 23 Abs. 1 Nr. 1 BSHG erreicht. Das ergibt nach der Berechnung des Beklagten vom 1. Februar 1981 eine Kürzung um monatlich 145,44 DM. Beide Kläger zusammen haben jedoch tatsächliche Mietaufwendungen in Höhe von monatlich 150,00 DM, für welche der Beklagte – wie dargelegt zu Recht – nicht aufkommt. Somit stehen dem Kläger bei Aufrechnung in der vorgenommenen Höhe monatlich 145,44 DM sowie ein Mietanteil von monatlich 75,00 DM nicht zur Verfügung. Die Aufrechnung würde also dem Kläger weniger als das für seinen Lebensunterhalt Unerlässliche belassen. Diesem insoweit bestehenden Aufrechnungsverbot war in der Entscheidung des Senats Rechnung zu tragen. Solange bei der Bedarfsberechnung für den Kläger tatsächlich anfallender Unterkunftsbedarf in Höhe von monatlich 75,00 DM unberücksichtigt bleibt, kommt insoweit eine Aufrechnung nicht in Betracht." ...

Leitsatz (redaktionell) (Bay VGH, Urteil vom 06.07.1995, Az.: 12 B 93.1804)

Auf der Grundlage des § 15 Abs. 1 SGB I kann nicht die Aufrechnung per Verwaltungsakt erklärt werden.

Aus den Gründen:

„... 1) Der Beklagte hat die Aufrechnung in Form eines Verwaltungsaktes erklärt. Es ist zwar anerkannt, dass allein die äußere Form einer Äußerung der Verwaltung nicht die Rechtsnatur eines Verwaltungsaktes verleiht. Hat sich aber die Behörde auf ihre hoheitlichen Befugnisse berufen, liegt ein materieller Verwaltungsakt vor. So liegen die Dinge hier.

Der Beklagte hat mit Bescheid vom 8. Juli 1991 frühere, Sozialhilfe gewährende Bescheide aus den Jahren 1985, 1986, 1988, 1989 und 1990 aufgehoben und die Erstattung der zu Unrecht gewährten Sozialhilfeleistungen in Höhe von insgesamt 23.352,29 DM gefordert (vgl. die Nummern 1 bis 3 des Bescheides). In den Nummern 4 bis 9 sind weitere Anordnungen getroffen, insbesondere ist in der Nummer 5 festgesetzt, dass die Erstattung auch in Form der hiermit erklärten Aufrechnung durchzuführen sei. Damit ist eine Entscheidung gefällt, die der Beklagte zur Regelung eines Einzelfalles auf dem Gebiet des öffentlichen Rechts getroffen hat und die auf unmittelbare Rechtswirkung nach außen gerichtet ist (vgl. § 31 Abs. 1 Satz 1 SGB X). Die getroffene Maßnahme ist unter Nummer 4 der Gründe des Bescheides begründet (vgl. § 35 Abs. 1 SGB X) und der Bescheid ist mit einer Rechtsbehelfsbelehrung über die Möglichkeit der Widerspruchseinlegung und der Erhebung einer Untätigkeitsklage versehen (vgl. § 36 SGB X). Insbesondere hat der Beklagte in Nummer 7 des Bescheides die sofortige Vollziehung der „Nrn. 1, 3 und 5 dieses Bescheides" gemäß § 80 Abs. 2 Nr. 4 VwGO angeordnet. Eine solche Anordnung der sofortigen Vollziehung kommt wesensmäßig nur bei Verwaltungsakten in Betracht. Das ergibt sich unmittelbar aus dem Wortlaut dieser Bestimmung und außerdem aus dem Sachzusammenhang, in dem § 80 Abs. 2 VwGO steht (vgl. § 80 Abs. 1, § 42 Abs. 1, § 68 Abs. 1 Satz 1 VwGO). Damit hat der Beklagte objektiv auch in Nummer 5 seines Bescheides – wie auch im Übrigen bewusst und gewollt – in der Rechtsform des Verwaltungsaktes gehandelt (vgl. Kopp, VwVfG, 5. Auflage 1991, § 35 RdNrn. 6 und 7).

2) Der Beklagte hat für die im Wege des Verwaltungsakts erlassene Aufrechnungserklärung keine Ermächtigungsgrundlage, und zwar weder in § 51 SGB I noch in den §§ 387 ff. BGB. Die durch Art. 7 Nr. 12 des Gesetzes zur Umsetzung des Föderalen Konsolidierungsprogramms – FKPG – vom 23. Juni 1993 (BGBl I S. 944) neu geschaffene Vorschrift des § 25a BSHG kommt als Befugnisnorm ohnehin nicht in Betracht, weil diese Bestimmung erst am 27. Juni 1993 in Kraft getreten ist (Art. 43 Abs. 1 FKPG) und daher nicht Rechtsgrundlage für einen vorher erlassenen Verwaltungsakt sein kann.

a) Die das Rechtsinstitut der Aufrechnung regelnden Vorschriften der §§ 387 ff. BGB sind auch im öffentlichen Recht anwendbar. Hierüber besteht in Rechtsprechung und Literatur Einigkeit (vgl. BVerwGE 66, 218; Glose in DÖV 1990, 146; Münchener Kommentar, Bürgerliches Gesetzbuch, Band 2, 3. Auflage 1994, RdNr. 2 zu § 387, Pietzner, VerwArch 1982, 453).

b) Dagegen ist umstritten, ob die Behörden befugt sind, die Aufrechnung im öffentlichen Recht durch Verwaltungsakt zu erklären.

aa) Das Bundesverwaltungsgericht hat entschieden, dass die Aufrechnung nach den Maßstäben des allgemeinen Verwaltungsrechts nicht durch einen Verwaltungsakt im Sinne des § 42 Abs. 1 VwGO sowie des § 35 VwVfG erklärt werden könne. Sie sei eine Handlung, die der Erfüllung der eigenen Verbindlichkeit diene und dabei gleichzeitig die Befriedigung der eigenen Forderung bewirke. Die Erklärung werde ohne Rücksicht darauf, ob sie der Bürger oder die Behörde ausspreche und ob mit einer privatrechtlichen gegen eine öffentlich-rechtliche oder mit einer öffentlich-rechtlichen gegen eine öffentlich-rechtliche Forderung aufgerechnet werde, nicht aus einer hoheitlichen Position heraus abgegeben; vielmehr sei sie einer Willenserklärung vergleichbar, mit der auf einer gleichgeordneten rechtlichen Ebene ein öffentlich-rechtlicher Vertrag geschlossen werde (BVerwG a.a.O.). Pietzner erklärt a.a.O. die Wirkung der Aufrechnung nicht als einseitige Maßnahme, sondern als Zugriff auf eine fremde Forderung unter Aufopferung der eigenen. Die Aufrechnung sei als Recht auf Gegenseitigkeit gewährt, „Opfer und Gegenopfer halten sich die Waage". Im Wesentlichen mit diesen Erwägungen wird auch vom Bundesfinanzhof und im Schrifttum die Auffassung vertreten, dass die Aufrechnung seitens einer Behörde rechtmäßig nicht durch Verwaltungsakt erklärt werden könne (BFH NVwZ 1987, 1118; Stelkens/Bonk/ Sachs, Verwaltungsverfahrensgesetz, 4. Auflage 1993, RdNr. 19 zu § 44; Ehlers, NVwZ 1983, 446; Glose a.a.O.). Stelkens/Bonk/Sachs verweisen a.a.O. darauf, dass die Rechtsnatur der Aufrechnung als Verwaltungsakt „heute durchwegs verneint" werde. Diese Bewertung des Meinungsstandes erweist sich insoweit als richtig, als es um Aufrechnungsfälle geht, die ausschließlich nach den §§ 387 ff. BGB (analog) zu beurteilen sind, weil diese Bestimmungen aufgrund ihrer generellen Anwendbarkeit im öffentlichen Recht oder aufgrund einer Verweisung (vgl. § 226 Abs. 1 AO) allein maßgeblich sind.

bb) Damit ist die Rechtsnatur der Aufrechnung noch nicht abschließend in jenen Fällen geklärt, in denen sie (auch) spezialgesetzlich geregelt ist (z.B. § 84 Abs. 2 BBG, § 51 Abs. 2 BRRG, § 51 Abs. 2 BeamtVG, § 51 SGB I, § 25a BSHG). Soweit man in diesen Fällen einen Unterschied zu den nicht spezialgesetzlich geregelten Aufrechnungsfällen anerkennen möchte (vgl. hierzu Senatsbeschluss vom 26.11.1993 Az.

12 CE 93.3058; andeutungsweise BFH a.a.O.; ausdrücklich, wenn auch im Ergebnis der Beurteilung nicht differenzierend, Ehlers a.a.O.), wäre es zu den Ausführungen unter aa) jedenfalls kein zwingender Widerspruch, wenn man die Aufrechnung im Falle des § 51 SGB I mit dem Bundessozialgericht (BSG SozR Nr. 8 zu § 51 SGB I; BSGE 67, 143 m.w.N. der dortigen Rechtsprechung) und mit der sozialrechtlichen Literatur (Giese, SGB I und X, Stand September 1994, RdNr. 6.2 zu § 51; Hauck/Haines, SGB I, Stand 1. Januar 1995, RdNrn. 3 und 5 zu § 51; Wannagat, Sozialgesetzbuch, Stand Juni 1992, RdNr. 10 zu § 51 SGB AT und RdNr. 31 zu § 31 SGB X; Krahmer, ZfF 1993, 229; Schmitt, Sozialgesetzbuch, Stand 1981, § 51 SGB AT B I 2; Burdenski/v. Maydell/Schellhorn, Gemeinschaftskommentar zum Sozialgesetzbuch – Allgemeiner Teil, 2. Auflage 1981, RdNr. 57 zu § 51) als Verwaltungsakt klassifiziert und diese Auffassung als herrschende Meinung darstellt (vgl. zu der sozialhilferechtlichen Aufrechnungsnorm des § 25a BSHG: Lehr- und Praxiskommentar zum Bundessozialhilfegesetz, 4. Auflage 1994, RdNr. 2 zu § 25a).

cc) Die spezialgesetzliche Regelung des § 51 SGB I rechtfertigt es aber nicht, sie als Befugnisnorm für eine hoheitliche Aufrechnungserklärung anzusehen.

aaa) Die Überlegung des Bundessozialgerichts, dass die Aufrechnungserklärung im Sozialrecht regelmäßig mit der Abänderung eines eine Dauerleistung gewährenden Verwaltungsaktes verbunden sei, trifft im Sozialhilferecht so nicht zu. Denn die Sozialhilfe wird jeweils nur nach dem aktuellen Bedarf und gerade nicht im Wege einer (etwa rentenähnlichen) Dauerleistung gewährt. Im Übrigen bleibt die durch den Verwaltungsakt festgesetzte „Dauerleistung" nach Grund und Höhe durch die Aufrechnungserklärung unberührt. Zur Minderung des Auszahlungsbetrages bedarf es keines hoheitlichen Eingriffs; vielmehr wird sie durch die rechtsgeschäftliche Erklärung begründet. Insbesondere handelt es sich dabei nicht um eine Maßnahme nach § 48 SGB X. Diese Bestimmung regelt diejenigen Fälle, in denen der soziale Anspruch sich zugunsten des Betroffenen ändert, sich mindert, wegfällt oder zum Ruhen kommt; sie betrifft nicht die Begleichung eines Anspruchs durch Aufrechnung.

bbb) Der Lehr- und Praxiskommentar zum BSHG macht a.a.O. geltend, dass die vom Bundesverwaltungsgericht vertretene Auffassung, es handle sich bei der Aufrechnung bloß um eine rechtsgeschäftliche Erklärung, den Leistungsträger der bei schriftlichen Verwaltungsakten notwendigen Begründungspflicht enthebe und den Rechtsschutz des Leistungsberechtigten auf die Leistungsklage verkürze, während im Falle des Widerspruchs und der Anfechtungsklage die aufschiebende Wirkung gegeben sei. Diese Überlegungen sind für eine rechtliche Einordnung der Aufrechnung wenig hilfreich. Denn es erweist sich als zu kurz gegriffen, den (angeblichen) Wegfall des Begründungserfordernisses nach § 35 SGB X als nicht gangbar darzustellen, während es doch gilt, erst nach überzeugender Darlegung, dass ein Verwaltungsakt inmitten steht, dessen Notwendigkeiten in Form und Ausgestaltung einzufordern. Nicht einleuchtend ist es weiterhin, dass die Leistungsklage und der im Sozialhilferecht besonders ausgeprägte Rechtsschutz des § 123 VwGO gegenüber der Anfechtungsklage und dem einstweiligen Rechtsschutz nach § 80 Abs. 5 bis 7 VwGO weniger wirksam seien. Insoweit ist darüber hinaus auch festzuhalten, dass nicht vom (erwünschten) Rechtsschutzsystem auf die Rechtsnatur des Verwaltungshandelns geschlossen werden darf, sondern diese die zu beschreitenden Rechtsschutzwege vorzeichnet.

ccc) Von größerem Gewicht ist demgegenüber der Einwand, § 51 SGB I sei eine als Ermessensbestimmung ausgestaltete Befugnisnorm, die dem Leistungsträger unter den dort jeweils genannten Voraussetzungen nach pflichtgemäßer Ermessensbetätigung zur Aufrechnung berechtigen würde. Dennoch erweist sich diese Sicht als nicht tragfähig. Hierfür wäre es nämlich Voraussetzung, dass die spezialgesetzliche Bestimmung die Verwaltung zur Ausübung hoheitlicher Befugnisse, hier zur Erklärung der Aufrechnung mit der dem Verwaltungsakt eigentümlichen Bindungskraft ermächtigen wollte. Das ist aber gerade nicht der Fall. § 51 SGB I BSHG setzt das privatrechtliche Institut der Aufrechnung voraus. Er verleiht dem Leistungsträger keine hoheitlichen Befugnisse, sondern schränkt die Möglichkeiten der Aufrechnung wegen der sachtypischen Schutzwürdigkeit der Empfänger von Sozialleistungen in starkem Maße ein (vgl. Ehlers, a.a.O.; Pietzner a.a.O.).

Dabei ist nicht zu übersehen, dass auch in dem solchermaßen eingeschränkten Bereich des Verwaltungshandelns mit der Abgabe der Aufrechnungserklärung durch die Behörde denknotwendig auch immer die Entscheidung verbunden ist, ob von der Aufrechnungsmöglichkeit Gebrauch gemacht wird oder nicht. Ein solcher behördlicher Entscheidungsvorgang indiziert aber nicht schon einen Verwaltungsakt, vielmehr liegt er bereits auch in der ontologischen Struktur jeder rechtlich determinierten Behördenhandlung (vgl. Gloser a.a.O. und BVerwG NJW 1988, 87/88). Das Wort „kann" gebietet daher keine Ermessensausübung, sondern verweist nur auf das (sozialrechtlich eingeschränkte) Aufrechnungsrecht nach §§ 387 ff. BGB. Es hat in § 51 SGB I keine andere Bedeutung als in § 387 BGB.

Auch die Funktion des Verwaltungsakts spricht dagegen, in § 51 SGB I eine Befugnis zum Erlass eines Verwaltungsakts zu sehen. Die besonderen verfahrensrechtlichen Voraussetzungen für den Erlass eines Verwaltungsakts (§§ 8 ff. SGB X) sind nur das Spiegelbild seiner Rechtsfolgen. Der die Aufrechnung verfügende Verwaltungsakt würde eine gegebenenfalls in Bestandskraft erwachsende und dann im Grundsatz von § 51 SBG I und den §§ 387 ff. BGB unabhängige Rechtsgestaltung bewirken. Dagegen gestaltet die rechtsgeschäftliche Aufrechnung die Rechte der Beteiligten stets nur nach Maßgabe der oben genannten Vorschriften (vgl. Senatsbeschluss vom 31.05.1995 Az. 12 CE 94.3906). Die weitergehenden Wirkungen des Verwaltungsakts sind mit der den Sozialleistungsempfänger schützenden Bedeutung des § 51 SGB I nicht zu vereinbaren.

Schließlich gebietet auch nicht der materielle Schutz des Aufrechnungsadressaten, dem Sozialleistungsträger bei der Aufrechnung eine nur in der Form des Verwaltungsakts zu treffende Ermessensentscheidung (vgl. § 35 Abs. 1 Satz 3 SGB X) abzufordern, in die die Interessen des Aufrechnungsadressaten als eine gewichtige Abwägungsmasse Eingang finden müssten. Denn der Schutzzweck des § 51 Abs. 1 SGB I ist dadurch gewährleistet, dass bei der Aufrechnung mit einmaligen Geldleistungen wegen des Billigkeitsgebotes in § 54 Abs. 2 SGB I ohnehin eine am Einzelfall orientierte Rechtsentscheidung zu treffen ist, und dass bei der Aufrechnung mit laufenden Leistungen gemäß § 54 Abs. 4 SGB I die umfassenden Schutzvorschriften der §§ 850 ff. ZPO greifen. Weiterhin begrenzt § 52 Abs. 2 SGB I die Aufrechnung mit Ansprüchen auf Erstattung zu Unrecht erbrachter Sozialleistungen und mit Beitragsansprüchen nach dem Allgemeinen Teil des Sozialgesetzbuches gegen Ansprüche auf laufende Geldleistungen grundsätzlich bis zu deren Hälfte und verbietet darüber hinaus, dass der Leistungsberechtigte hilfebedürftig im Sinne der Vorschriften des Bundessozialhilfegesetzes über die Hilfe zum Lebensunterhalt wird.

ddd) Auch ein Blick auf die nunmehrige sozialhilferechtliche Aufrechnungsvorschrift des § 25a BSHG und ihr Vergleich mit § 25 BSHG sind geeignet, den hier eingenom-

menen Standpunkt zu stützen. So ist zu bedenken, dass nur ein besonders verwerfliches Verhalten des Sozialhilfeempfängers, nämlich die vorsätzliche Erschleichung oder die grob fahrlässige Veranlassung von Sozialhilfeleistungen die Aufrechnungsmöglichkeiten des Sozialhilfeträgers gegenüber § 51 SGB I dahingehend erweitert, dass der Sozialhilfeträger die Hilfe bis auf das zum Lebensunterhalt Unerlässliche – gemäß § 25a Abs. 1 Satz 2 BSHG zeitlich begrenzt – aufrechnen kann. Dabei legt es ein Vergleich mit den Bestimmungen des § 25 Abs. 2 BSHG nahe, dass der Gesetzgeber im Falle des § 25a Abs. 1 BSHG nicht durch eine Ermessensnorm für den Leistungsempfänger eine günstigere Regelung schaffen wollte. § 25 Abs. 2 BSHG bietet eine Grundlage dafür, dass die Hilfe bis auf das zum Lebensunterhalt Unerlässliche eingeschränkt wird. Seine Anwendung hat damit für den Hilfeempfänger wirtschaftlich dasselbe Ergebnis wie die Aufrechnung nach § 25a Abs. 1 Satz 1 BSHG. § 25 Abs. 2 BSHG ist als Sollbestimmung ausgestaltet und sieht damit die dargelegte Rechtsfolge als Regelfall in Fällen vor, die im Sozialhilferecht typischerweise auftreten (vgl. § 25 Abs. 2 Nrn. 1 bis 3 BSHG) und in ihrer Verwerflichkeit nicht von so schwerem Gewicht sind, wie die eine Aufrechnung ermöglichenden Fallgestaltungen des § 25a Abs. 1 Satz 1 BSHG. Es ist daher nicht davon auszugehen, dass § 25a Abs. 1 Satz 1 BSHG über das Ermessen einen gegenüber § 25 Abs. 2 BSHG weiteren Schutz des Hilfeempfängers festlegen wollte.

c) Nach alledem steht fest, dass die Aufrechnungserklärung auch in den Fällen des § 51 SGB I (und des § 25a BSHG) keinen Verwaltungsakt darstellt (im Ergebnis ebenso VGH Baden-Württemberg VBlBW 1991, 386). Die mit Verwaltungsakt vom 8. Juli 1991 erklärte Aufrechnung ist rechtswidrig, weil die Aufrechnung der Behörde mit einer öffentlich-rechtlichen Gegenforderung durch eine verwaltungsrechtliche Willenserklärung herbeigeführt werden muss (vgl. BFH a.a.O.; Ehlers a.a.O.; VGH Baden-Württemberg a.a.O.). Die im angegriffenen Verwaltungsakt vom 8. Juli 1991 erklärte Aufrechnung enthält im Übrigen – ohne dass es hierauf noch ankommt – keine rechtsgeschäftliche Aufrechnung, und die durch Verwaltungsakt verfügte Aufrechnung kann auch nicht in eine rechtsgeschäftliche Aufrechnung umgedeutet werden (vgl. hierzu ausführlich Senatsbeschluss vom 31.05.1995 Az. a.a.O.). Der im Berufungsverfahren vom Beklagten gestellte Antrag hat die Aufrechnungserklärung vom 8. Juli 1991 nur eingeschränkt, sie aber nicht aufgehoben und durch eine rechtsgeschäftliche Erklärung ersetzt." ...

Leitsatz (redaktionell) (Bay VGH, Beschluss vom 5. August 1996, Az: 12 CS 95.3195)

Die Aufrechnungserklärung der Antragsgegnerin vom 17. Juli 1995 ist kein Verwaltungsakt, weil es sich dabei nicht um eine hoheitliche Maßnahme im Sinne des mit Art. 35 Satz 1 BayVwVfG wörtlich übereinstimmenden § 31 Satz 1 SGB X handelt. Das Tatbestandsmerkmal „hoheitlich" ist nur erfüllt, wenn die Behörde eine einseitige, mit der Bekanntgabe verbindliche, der Bestandskraft fähige und gegebenenfalls auch vollstreckbare Regelung treffen will und dieser Wille der Behörde für den Betroffenen auch hinreichend deutlich erkennbar ist.

Aus den Gründen:

„...1) Die Zulässigkeit der Beschwerde scheitert entgegen der Ansicht des Verwaltungsgerichts und der Landesanwaltschaft Bayern als Vertreter des öffentlichen Interesses nicht an § 146 Abs. 4, § 132 Abs. 2 Satz 1 Nr. 1 VwGO. Die Berufung im Verfahren zur Hauptsache bedürfte nicht der Zulassung. Es geht dem Antragsteller um monatlich 30,00 DM für die Zeit, die benötigt wird, um damit das gewährte Darlehen von 480,22 DM zu tilgen. Das sind 16 Monate. Mithin handelt es sich um einen Fall des § 131 Abs. 2 Satz 2 VwGO (vgl. z.B. auch Senatsbeschluss vom 17.12.1993 Nr. 12 CE 93.2594).

2) Die Beschwerde ist auch begründet, weil nicht nur der Antrag des Antragstellers auf Wiederherstellung der aufschiebenden Wirkung seines Widerspruchs gegen die Aufrechnungserklärung der Antragsgegnerin vom 17. Juli 1995 (§ 80 Abs. 5 VwGO), sondern auch sein Antrag auf Feststellung der aufschiebenden Wirkung des Widerspruchs (§ 80 Abs. 5 VwGO analog, vgl. Kopp, VwGO, 10. Aufl. 1994, § 80 RdNr. 88b) wegen mangelnden Rechtsschutzbedürfnisses unzulässig ist.

Für einen Antrag auf Feststellung der aufschiebenden Wirkung eines Widerspruchs analog § 80 Abs. 5 VwGO ist ein Rechtsschutzbedürfnis nur dann anzuerkennen, wenn ein Widerspruch eingelegt worden ist und sich dieser Widerspruch gegen einen Verwaltungsakt richtet. Liegt nämlich objektiv ein belastender Verwaltungsakt nicht vor, kann der Widerspruch nach § 80 Abs. 1 VwGO keine aufschiebende Wirkung haben (vgl. Kopp, a.a.O., § 80 RdNr. 29) und das Gericht auch keine entsprechende Feststellung treffen. Das ergibt sich aus dem Wesen der in § 80 Abs. 1 Satz 1 VwGO erwähnten Anfechtungsklage (vgl. § 42 Abs. 1 VwGO) und auch aus § 80 Abs. 1 Satz 2, Abs. 2 VwGO.

a) Es ist schon zweifelhaft, ob der Antragsteller gegen die Aufrechnungserklärung vom 17. Juli 1995 Widerspruch eingelegt hat. Ein Widerspruchsschreiben befindet sich nicht bei den dem Senat vorliegenden Akten. Das Verwaltungsgericht hat offenbar den Schriftsatz des Antragstellers vom 4. August 1995 als Widerspruch gewertet. In diesem an das Verwaltungsgericht gerichteten Schriftsatz führt aber der Antragsteller lediglich aus, dass es sich bei der Aufrechnung um einen belastenden Verwaltungsakt handele, gegen den der Widerspruch gegeben sei.

b) Der Senat hält es nicht für geboten, nach dem Verbleib eines Widerspruchsschreibens zu forschen. Selbst wenn man nämlich zugunsten des Antragstellers unterstellt, dass es ein solches gibt und dass dieses innerhalb eines Monats nach Zustellung des Bescheides vom 17. Juli 1995 bei der Antragsgegnerin oder bei der Regierung von Oberbayern eingegangen ist (vgl. § 70 Abs. 1 VwGO), ist der Feststellungsantrag analog § 80 Abs. 5 VwGO unzulässig, weil sich der Widerspruch nicht gegen einen Verwaltungsakt richten würde und folglich nach § 80 Abs. 1 VwGO keine aufschiebende Wirkung haben kann.

Die Aufrechnungserklärung der Antragsgegnerin vom 17. Juli 1995 ist kein Verwaltungsakt, weil es sich dabei nicht um eine hoheitliche Maßnahme im Sinne des mit Art. 35 Satz 1 BayVwVfG wörtlich übereinstimmenden § 31 Satz 1 SGB X handelt. Das Tatbestandsmerkmal „hoheitlich" ist nur erfüllt, wenn die Behörde eine einseitige, mit der Bekanntgabe verbindliche, der Bestandskraft fähige und gegebenenfalls auch vollstreckbare Regelung treffen will und dieser Wille der Behörde für den Betroffenen auch hinreichend deutlich erkennbar ist (vgl. BVerwG vom 12.01.1973 BayVBl 1973, 301; Kopp, VwVfG, 6. Aufl. 1996, § 35 RdNr. 4). Daran fehlt es hier. Die An-

tragsgegnerin hat die Aufrechnung nicht im eigentlichen Bescheid vom 17. Juli 1995, sondern – nach der diesem Bescheid beigefügten Rechtsbehelfsbelehrung – in einem „Anhang" zu dem Bescheid erklärt. Sie wollte damit zum Ausdruck bringen, dass es sich bei der Aufrechnungserklärung nicht um eine hoheitliche Regelung mit Verwaltungsaktcharakter handeln sollte, sondern nur um die Ausübung eines schuldrechtlichen Gestaltungsrechts nach §§ 387 ff. BGB (analog) im Sinne der Rechtsprechung des Bundesverwaltungsgerichts (vgl. BVerwGE 66, 218/220). Dieser Wille war für den Antragsteller auch hinreichend deutlich erkennbar, zumal der „Anhang" mit dem Hinweis endet, dass diese Erklärung keinen mit Widerspruch anfechtbaren Verwaltungsakt darstelle.

Das Verwaltungsgericht ist wohl der Auffassung, die Antragsgegnerin dürfe nach § 25a BSHG in rechtmäßiger Weise nur durch Verwaltungsakt aufrechnen. Aus seiner Sicht hätte das Verwaltungsgericht möglicherweise die Aufrechnungserklärung der Antragsgegnerin vom 17. Juli 1995 als unwirksam ansehen dürfen. Keinesfalls war es jedoch befugt, die Erklärung gegen den erkennbaren Willen der Antragsgegnerin deshalb als Verwaltungsakt zu qualifizieren, weil aus seiner Sicht eine andere Handlungsform als die des Verwaltungsaktes rechtswidrig ist.

c) Der Senat ist noch der Frage nachgegangen, ob das Verwaltungsgericht den unzulässigen Antrag nach § 80 Abs. 5 VwGO und den ebenfalls unzulässigen Antrag auf Feststellung der aufschiebenden Wirkung des Widerspruchs in einen Antrag auf Erlass einer einstweiligen Anordnung (§ 123 VwGO) hätte umdeuten müssen, gerichtet auf die Verpflichtung der Antragsgegnerin, die Hilfe zum Lebensunterhalt ohne die Kürzung um monatlich 30,00 DM auszuzahlen. Ein solcher Antrag nach § 123 VwGO wäre für den Antragsteller zwar der richtige Weg gewesen, um im Verfahren des vorläufigen Rechtsschutzes sein Ziel zu erreichen. Der Antragsteller hat es jedoch trotz des Hinweises der Antragsgegnerin in deren Schriftsatz vom 27. Juli 1995 unter dem 4. August 1995 ausdrücklich abgelehnt, diesen zu Weg zu gehen. Er hat die Auffassung vertreten, dass es sich bei der Aufrechnung „zweifelsfrei" um einen belastenden Verwaltungsakt handele, gegen den der Widerspruch gegeben sei; dieser Widerspruch habe aufschiebende Wirkung. Unter diesen Umständen war für eine Umdeutung des Antrags nach § 80 Abs. 5 VwGO in einen solchen nach § 123 VwGO kein Raum. Mit der Rechtslage im Einklang stand nur die Ablehnung des Antrags des Antragstellers auf vorläufigen Rechtsschutz in vollem Umfang." ...

Bemerkung zur Übertragbarkeit der Rechtsprechung auf das neue Recht des SGB XII:

Diese Entscheidungen werden ohne „Abstriche" auf das neue Recht übertragbar sein.

§ 27 SGB XII   Notwendiger Lebensunterhalt

(1) Der notwendige Lebensunterhalt umfasst insbesondere Ernährung, Unterkunft, Kleidung, Körperpflege, Hausrat, Heizung und persönliche Bedürfnisse des täglichen Lebens. Zu den persönlichen Bedürfnissen des täglichen Lebens gehören in vertretbarem Umfang auch Beziehungen zur Umwelt und eine Teilnahme am kulturellen Leben.

(2) Bei Kindern und Jugendlichen umfasst der notwendige Lebensunterhalt auch den besonderen, insbesondere den durch ihre Entwicklung und ihr Heranwachsen bedingten Bedarf.

(3) Hilfe zum Lebensunterhalt kann auch Personen geleistet werden, die ein für den notwendigen Lebensunterhalt ausreichendes Einkommen oder Vermögen haben, jedoch einzelne für ihren Lebensunterhalt erforderliche Tätigkeiten nicht verrichten können. Von den Leistungsberechtigten kann ein angemessener Kostenbeitrag verlangt werden.

In dieser Vorschrift werden die verschiedenen Regelungen des Bundessozialhilfegesetzes zum notwendigen Lebensunterhalt zusammengefasst. Die Absätze 1 und 2 übertragen dabei inhaltsgleich den bisherigen § 12 sowie Absatz 3 den bisherigen § 11 Abs. 3 des Bundessozialhilfegesetzes.

Die überholte Rechtsprechung zum notwendigen Lebensunterhalt im Einzelnen

Hier ist anzumerken, dass die einzelfallbezogene Rechtsprechung zum notwendigen Lebensunterhalt nicht mehr übertragbar ist auf das neue Recht des SGB XII, da die Pauschalierung als Prinzip Einzug in das Sozialhilferecht genommen hat und die vielfältigen „Ergänzungen", die das alte Recht zum Lebensunterhalt vorgesehen hatte, nunmehr entfallen sind.

Einige Entscheidungen zum alten Recht werden jedoch weiterhin übertragbar sein.

Wohnraumkosten

Leitsatz (redaktionell) (VGH Bayern, Beschluss vom 29.04.1999, Az.: 12 CE 98.2658)

Ein Hilfesuchender, der die Übernahme einer an sich (abstrakt) unangemessen hohen Miete für eine bereits bezogene Wohnung begehrt, muss dem Sozialhilfeträger deshalb substantiiert darlegen, dass eine andere bedarfsgerechte, kostengünstigere Unterkunft im Bedarfszeitraum auf dem örtlichen Wohnungsmarkt nicht vorhanden bzw. trotz ernsthafter und intensiver Bemühungen nicht auffindbar oder eine vorhandene Unterkunft ihm nicht zugänglich ist.

Aus den Gründen:

„1) Die 45 Jahre alte Antragstellerin bezieht seit Jahren von der Antragsgegnerin Leistungen der Hilfe zum Lebensunterhalt nach dem Bundessozialhilfegesetz (BSHG). Zum 1. Februar 1998 mietete sie in der D-Straße 5 im Bereich der Antragsgegnerin eine Zwei-Zimmer-Wohnung zu einer monatlichen Grundmiete von 400,00 DM; die monatlichen Abschlagszahlungen auf die Kosten für Heizung und Warmwasser betrugen 60,00 DM und auf die übrigen Betriebskosten 40,00 DM. Diese Wohnung gab die Antragstellerin zum Ende des Monats Juli 1998 auf; sie begründet das damit, dass sie die ständigen Streitgespräche mit ihrer nebenan wohnenden Tochter nicht mehr ausgehalten habe. Sie sei krank und brauche viel Ruhe (vgl. Behördenakt Bl. 257).

Schon am 10. Juni 1998 hatte die Antragstellerin zum 1. Juli 1998 einen Mietvertrag über eine etwa 40 qm große Zwei-Zimmer-Wohnung im Anwesen A 6a im Bereich der Antragsgegnerin abgeschlossen. Die monatliche Grundmiete beträgt 480,00 DM; auf die Betriebskosten sind monatlich 80,00 DM vorauszuzahlen.

Mit Bescheid vom 12. August 1998 gewährte die Antragsgegnerin der Antragstellerin für den Monat August 1998 laufende Hilfe zum Lebensunterhalt in Höhe von 21,00 DM, wobei sie einen Bedarf von 900,24 DM anerkannte und diesem Bedarf die Erwerbsunfähigkeitsrente der Klägerin in Höhe von 879,76 DM gegenüberstellte. Die Übernahme der Mietkosten lehnte sie ab, weil diese sozialhilferechtlich unangemessen hoch seien. Für eine alleinstehende Person seien derzeit Mietkosten in Höhe von 360,00 DM Kaltmiete zuzüglich der angemessenen Nebenkosten sozialhilferechtlich angemessen. Die neu angemietete Wohnung koste jedoch derzeit 480,00 DM an Kaltmiete. Auch unter Berücksichtigung der Möglichkeit der Anerkennung einer Teilmiete (Bestreitung der Mehrkosten in Höhe von 120,00 DM aus dem Mehrbedarf für Erwerbsunfähigkeit) könne sie, die Antragsgegnerin, die Mietkosten nicht anerkennen, weil der Mehrbedarf der Antragstellerin derzeit monatlich nur 104,60 DM betrage und somit die Differenz auch nicht aus dem Mehrbedarf bestritten werden könne.

Unter dem 17. August 1998 teilte die Antragstellerin der Antragsgegnerin mit, dass sie noch einmal die Übernahme der Miete beantrage. Wie aus den der Antragsgegnerin bekannten Unterlagen ersichtlich sei, könne sie aus gesundheitlichen Gründen weder arbeiten noch erneut umziehen. Falls die Antragsgegnerin trotz des ihrem Schreiben beiliegenden ärztlichen Attestes nicht zur Übernahme der Miete bereit sei, bitte sie um eine „schriftliche Absage".

2) Am 24. August 1998 beantragte die Antragstellerin zur Niederschrift des Verwaltungsgerichts Augsburg, die Antragsgegnerin durch einstweilige Anordnung zu verpflichten, die monatlichen Mietkosten in Höhe von 560,00 DM zu übernehmen.

Zur Begründung führte sie aus, dass es sich bei ihrem Schreiben vom 17. August 1998 um einen Widerspruch gegen den ablehnenden Bescheid vom 12. August 1998 gehandelt habe. Sie habe ihre alte Wohnung aus familiären Gründen aufgeben müssen. Den Mietvertrag für die neue Wohnung habe sie abgeschlossen, ohne vorher das Sozialamt zu informieren. Sie habe nicht gewußt, dass die vorherige Zustimmung des Sozialamtes erforderlich sei. Eine billigere Wohnung habe sie trotz umfangreicher Suche nicht gefunden.

Die Antragsgegnerin beantragte, den Antrag auf vorläufigen Rechtsschutz abzulehnen.

Zur Begründung führte sie aus, dass die Unterkunftskosten der Antragstellerin unangemessen hoch seien. Die Durchschnittskaltmiete in Augsburg bei Neuverträgen betrage 9,00 DM pro qm. Sie, die Antragsgegnerin, sehe daher bei einer alleinstehenden Person folgende Grundmiete als angemessen an: 40 qm x 9,00 DM/qm = 360,00 DM. Der Bayerische Verwaltungsgerichtshof habe zwar in verschiedenen Entscheidungen darauf hingewiesen, dass die Höchstwohnungsflächen nach der Bekanntmachung des Bayer. Staatsministeriums des Innern zum Wohnungsbindungsgesetz vom 14. August 1992 (AllMBl S. 752) – bei einem Alleinstehenden 45 qm – als angemessen angesehen werden könnten. Der Hilfeempfänger habe jedoch keinen Anspruch darauf, diese Höchstwohnungsfläche voll auszuschöpfen. Sie, die Antragsgegnerin, habe ein neues System zur Beurteilung der Angemessenheit entwickelt, das dem Hilfeempfänger bessere Dispositionsmöglichkeiten bei der Auswahl seiner Wohnung biete. Lege er primär Wert auf eine möglichst große Wohnfläche, so habe er Abstriche im Quadratmeterpreis hinzunehmen. Umgekehrt habe er eine geringere Wohnfläche einzuplanen, wenn er gesteigerten Wert auf eine besser ausgestattete Wohnung lege. In beiden Fällen dürften jedoch bestimmte Flächen nicht über- bzw.

unterschritten werden, um im einen Fall die Betriebskosten im angemessenen Rahmen zu halten und im anderen Fall eine Überbelegung zu vermeiden.

Mit Beschluss vom 28. August 1998 verpflichtete das Verwaltungsgericht die Antragsgegnerin durch einstweilige Anordnung, der Antragstellerin für die Monate August und September 1998 laufende Hilfe zum Lebensunterhalt unter zusätzlicher Berücksichtigung einer Grundmiete von monatlich 400,00 DM und einer Nebenkostenvorauszahlung von monatlich 80,00 DM vorläufig zu gewähren. Im Übrigen – d.h. hinsichtlich einer den Betrag von 400,00 DM übersteigenden Grundmiete und in Bezug auf die Zeit nach Ablauf des Monats August 1998 – lehnte das Verwaltungsgericht den Eilantrag ab. Auf den Beschluss wird verwiesen. Das Verwaltungsgericht legte näher dar, dass die sich aus der Bekanntmachung vom 14. August 1992 (AllMBl S. 752) ergebende fiktive Wohnungsgröße von 45 qm mit der Durchschnittsmiete von 9,00 DM/qm zu multiplizieren sei (45 x 9 = 405,00 DM). Den Betrag, der sich aus dem Unterschied zwischen den tatsächlichen Netto-Mietkosten von 480,00 DM und der als angemessen anzuerkennenden Grundmiete von 400,00 DM ergebe, könne die Antragstellerin aus ihrem Mehrbedarfszuschlag wegen Erwerbsunfähigkeit in Höhe von 104,60 DM vollkommen decken. Hinsichtlich der Betriebskostenvorauszahlung von monatlich 80,00 DM sei nach Aktenlage davon auszugehen, dass dieser Betrag derzeit angemessen sei, nachdem sich die Abschlagszahlung der Antragstellerin auf die Betriebskosten in ihrer früheren Wohnung auf insgesamt 100,00 DM belaufen habe.

3) Die Antragsgegnerin wendet sich mit der vom Senat zugelassenen Beschwerde gegen die einstweilige Anordnung im Beschluss des Verwaltungsgerichts vom 28. August 1998. Sie beantragt sinngemäß, die einstweilige Anordnung aufzuheben und den Antrag auf vorläufigen Rechtsschutz in vollem Umfang abzulehnen, hilfsweise, in Abänderung der einstweiligen Anordnung die von ihr, der Antragsgegnerin, vorläufig zu übernehmende Grundmiete auf 360,00 DM festzusetzen.

Zur Begründung führt sie aus, die Antragstellerin könne die Übernahme einer Grundmiete von 400,00 DM schon allein deshalb nicht beanspruchen, weil sie nicht glaubhaft gemacht habe, dass sie bereit und in der Lage sei, den Unterschied zwischen angemessener und tatsächlicher Miete dauerhaft aus dem Mehrbedarf wegen Erwerbsunfähigkeit zu bestreiten (vgl. BayVGH vom 17.09.1997 FEVS 48, 163 = BayVBl 1998, 83). Im Übrigen hätte das Verwaltungsgericht nur eine Grundmiete von 360,00 DM als angemessen anerkennen dürfen. Man dürfe der Antragstellerin die Durchschnittsmiete von 9,00 DM/qm nur dann zugestehen, wenn man diese mit der tatsächlichen Wohnungsgröße von 40 qm multipliziere. Es gehe nicht an, der Antragstellerin die die tatsächliche Wohnungsgröße übersteigende fiktive Wohnungsgröße von 45 qm zuzubilligen und gleichzeitig die Durchschnittsmiete von 9,00 DM/qm. Lege man der Berechnung – wie es das Verwaltungsgericht getan habe – die fiktive Wohnungsgröße von 45 zugrunde, so dürfe man beim Mietpreis nicht von der Durchschnittsmiete ausgehen, sondern müsse auf die im unteren Bereich der für vergleichbare Wohnungen in Augsburg marktüblichen Wohnungsmieten abstellen (BVerwG vom 17.11.1994 BVerwGE 97, 110/113 = FEVS 45, 363 = NDV 1995, 298). Diese würden hier jedenfalls unter einer Durchschnittsmiete von 9,00 DM/qm liegen.

Die Antragstellerin hat sich zu der Beschwerde nicht geäußert.

Entscheidungsgründe

Die Beschwerde der Antragsgegnerin ist zulässig, aber weder mit dem Haupt- noch mit dem Hilfsantrag begründet.

1) Dass der Zeitraum, für den das Verwaltungsgericht die Antragsgegnerin zur vorläufigen Hilfegewährung verpflichtet hat, bereits verstrichen ist, und dass die Antragsgegnerin der einstweiligen Anordnung im Beschuss vom 28. August 1998 pflichtgemäß nachgekommen ist, steht der Zulässigkeit der Beschwerde der Antragsgegnerin nicht entgegen (vgl. Senatsbeschlüsse vom 13.12.1993 NVwZ-RR 1994, 399; vom 11.01.1995 BayVBl 1995, 116; vom 22.05.1998 BayVBl 1999, 50).

2) Die Beschwerde ist nicht begründet, weil die einstweilige Anordnung des Verwaltungsgerichts jedenfalls im Ergebnis nicht zu beanstanden ist.

a) Ihren Hauptantrag begründet die Antragsgegnerin damit, dass ein auf die Übernahme von Kosten der Unterkunft gerichteter Anordnungsanspruch der Antragstellerin – in welcher Höhe auch immer – schon deshalb zu verneinen sei, weil die Antragstellerin nicht glaubhaft gemacht habe, dass sie bereit und in der Lage sei, den Unterschied zwischen den vom Verwaltungsgericht als angemessen erachteten und den tatsächlichen Kosten der Unterkunft dauerhaft aus ihrem Mehrbedarfszuschlag wegen Erwerbsunfähigkeit zu bestreiten. Diese Begründung ist nicht stichhaltig. Selbst wenn man nämlich annehmen würde, dass es an einer solchen Glaubhaftmachung fehlt, würde das dem Anordnungsanspruch nicht entgegenstehen. Nach dem Urteil des Bundesverwaltungsgerichts vom 1. Oktober 1998 (FEVS 49, 145 = NJW 1999, 1126) muss der Sozialhilfeträger Aufwendungen für eine neue Unterkunft jedenfalls in angemessener Höhe übernehmen – ohne Rücksicht darauf, ob der Hilfesuchende bereit und in der Lage ist, den vorerwähnten Differenzbetrag aus „freien Mitteln" dauerhaft aufzubringen. Der Verwaltungsgerichtshof hält in Anbetracht des Grundsatzcharakters dieses Urteils an seiner bisherigen Auffassung, die er ganz überwiegend in Verfahren auf vorläufigen Rechtsschutz vertreten hat (vgl. insbesondere Beschluss vom 17.09.1997 FEVS 48, 163 = BayVBl 1998, 83), nicht mehr fest und folgt dem Urteil des Bundesverwaltungsgerichts.

b) Nach dem vorerwähnten Urteil des Bundesverwaltungsgerichts hängt die Verpflichtung des Sozialhilfeträgers zur Übernahme der angemessenen Kosten für eine neue Unterkunft nicht davon ab, dass der Hilfesuchende dem Sozialhilfeträger die für den Wohnbedarf maßgeblichen Umstände vor Abschluss des Vertrages über die neue Unterkunft mitgeteilt hat. Insoweit hat das Bundesverwaltungsgericht die bisherige Rechtsprechung des Verwaltungsgerichtshofes (vgl. Senatsbeschluss vom 17.09.1997 a.a.O) bestätigt. Soweit also der Anordnungsanspruch der Antragstellerin auf die vorläufige Übernahme der angemessenen Unterkunftskosten gerichtet ist, scheitert er auch nicht daran, dass die Antragstellerin ihre jetzige Wohnung angemietet hat, ohne die Antragsgegnerin hiervon in Kenntnis zu setzen.

c) Die Beschwerde der Antragsgegnerin kann auch mit ihrem Hilfsantrag keinen Erfolg haben.

aa) Dass das Verwaltungsgericht eine Grundmiete von 400,00 DM als „angemessen" angesehen hat, begegnet zumindest im Ergebnis keinen Bedenken.

aaa) Obwohl § 3 Abs. 1 Satz 1 RSV bestimmt, dass laufende Leistungen für die Unterkunft in Höhe der tatsächlichen Aufwendungen gewährt werden, ergibt sich aus den Sätzen 2 und 3 des Absatzes 1 dieses Paragrafen, dass grundsätzlich nur ein Anspruch auf Übernahme der „angemessenen" Kosten der Unterkunft besteht (vgl. BVerwGE 92,1). Liegen, wie hier, Anhaltspunkte dafür vor, dass die tatsächlichen Aufwendungen das Maß des Angemessenen überschreiten, so ist eine Angemessenheitsprüfung vorzunehmen. Dabei ist nach der Rechtsprechung des Bundesver-

waltungsgerichts (insbesondere BVerwG vom 30.05.1996 BVerwGE 101, 194 = FEVS 47, 97 = BayVBl 1997, 314 = NJW 1996, 3427) zunächst zu ermitteln, welcher Kostenaufwand für die Unterkunft sozialhilferechtlich an sich (abstrakt) angemessen wäre. Dabei sind grundsätzlich zwei Faktoren zu berücksichtigen, nämlich die Wohnfläche und der Quadratmeterpreis. Die Wohnfläche ist in der Regel dann (abstrakt) angemessen, wenn ihre qm-Zahl den in der Bekanntmachung des Bayer. Staatsministeriums des Innern zum Wohnungsbindungsgesetz vom 14. August 1992 (AllMBl S. 752) enthaltenen Angaben entspricht (BVerwG vom 17.11.1994, BVerwGE 97, 110 = FEVS 45, 363 = NDV 1995, 298 = BayVBl 1995, 405 = NVwZ 1995, 1104; Hofmann in LPK-BSHG, 5. Aufl. 1998, RdNr. 29 zu § 12). Danach ist Alleinstehenden eine Wohnfläche von 45 qm zuzubilligen (vgl. Nr. 5.7.1 der vorerwähnten IMBek). Wann der Quadratmeterpreis (abstrakt) angemessen ist, ist umstritten. Während in der Kommentarliteratur die Auffassung vertreten wird, dass es auf den örtlichen Durchschnitt aller gezahlten Mietpreise ankomme, der anhand des örtlichen Mietpreisspiegels oder der Immobilienanzeigen der örtlichen Presse zu ermitteln sei (so Hofmann in LPK-BSHG a.a.O. RdNrn. 23, 24), meint das Bundesverwaltungsgericht (BVerwG vom 17.11.1994 a.a.O.; vom 30.05.1996 a.a.O.), der Sozialhilfeträger dürfe nicht auf den jeweiligen Durchschnitt aller gezahlten Mietpreise abstellen, sondern müsse der Berechnung die im unteren Bereich der für vergleichbare Wohnungen am Wohnort des Hilfeempfängers marktüblichen Wohnungsmieten zugrunde legen. Der Verwaltungsgerichtshof folgt der Auffassung des Bundesverwaltungsgerichts (so auch schon BayVGH vom 17.09.1997 a.a.O.). Danach hätte das Verwaltungsgericht die (abstrakt) angemessene Wohnfläche von 45 qm nicht mit der Durchschnittsmiete von 9,00 DM/qm multiplizieren dürfen (dass die Durchschnittsmiete im Bereich der Antragsgegnerin tatsächlich 9,00 DM/qm beträgt, ergibt sich insbesondere aus dem von der Antragsgegnerin im Zulassungsverfahren vorgelegten „Deutschen Mietspiegel" nach dem Stand vom Frühjahr 1998), sondern es hätte bei der Berechnung, „welcher Kostenaufwand für die Unterkunft sozialhilferechtlich an sich (abstrakt) angemessen wäre" (vgl. BVerwG vom 30.05.1996 a.a.O.), von einem Quadratmeterpreis im „unteren Bereich" im Sinne der Urteile des Bundesverwaltungsgerichts vom 17. November 1994 (a.a.O.) und vom 30. Mai 1996 (a.a.O.) ausgehen müssen.

Für die Frage, ob die Kosten der Unterkunft (abstrakt) angemessen sind, kommt es allein auf das Produkt von angemessener Wohnfläche und angemessenem Quadratmeterpreis im Sinne der vorstehend dargestellten Berechnung an. Die Vergrößerung eines der beiden Faktoren ist daher grundsätzlich unschädlich, wenn sich der andere Faktor entsprechend verkleinert, so dass das Produkt dasselbe bleibt. Bewohnt also der Hilfesuchende eine Unterkunft, die hinsichtlich der Wohnfläche noch deutlich unter einer angemessenen Wohnfläche liegt, so kann von der Angemessenheit im Einzelfall auch dann ausgegangen werden, wenn hierdurch bei Betrachtung des Gesamtaufwandes der Mietpreis pro Quadratmeter „unangemessen" hoch wird. Liegt in diesen Fällen der Gesamtaufwand im Rahmen eines angemessenen Mietpreises, so sind die Kosten voll anzuerkennen (vgl. BayVGH vom 15.10.1993 FEVS 45, 159; vom 22.02.1996 Nr. 12 CE 3022; zustimmend Eichhorn/Fergen, Praxis der Sozialhilfe, 3. Aufl. 1998, S. 274).

bbb) Lassen sich hiernach die Bedenken der Antragsgegnerin gegen die Auffassung des Verwaltungsgerichts, dass zur Berechnung des abstrakt angemessenen Kostenaufwands die fiktive Wohnfläche von 45 qm mit der Durchschnittsmiete von 9,00 DM/qm zu multiplizieren sei, nicht von der Hand weisen, so besteht gleichwohl kein Anlass, entsprechend dem Hilfsantrag der Antragsgegnerin die vorläufig zu überneh-

mende Grundmiete in Abänderung der einstweiligen Anordnung vom 28. August 1998 auf 360,00 DM oder auf einen Betrag zwischen 360,00 DM und 400,00 DM festzusetzen. Das ergibt sich insbesondere aus dem Urteil des Bundesverwaltungsgerichts vom 30. Mai 1996 (a.a.O.), dessen Entscheidungsgründe auszugsweise wie folgt lauten:

„Die Angemessenheit der Unterkunftskosten, die nach § 3 Abs. 1 Satz 1 RSV zu übernehmen sind, bestimmt sich nach dem Bedarf des (der) Hilfsbedürftigen. Hierfür kommt es auf die Besonderheiten des Einzelfalles an, vor allem auf die Person des Hilfsbedürftigen, die Art des Bedarfs und die örtlichen Verhältnisse (§ 3 Abs. 1 BSHG). ... Erscheinen dem Sozialhilfeträger die Unterkunftskosten im Einzelfall zu hoch, darf er die Angemessenheitsprüfung nicht darauf beschränken, ausgehend vom Bedarf des Hilfsbedürftigen mit Blick auf die örtlichen Verhältnisse zu bestimmen, welcher Kostenaufwand für die Unterkunft sozialhilferechtlich an sich (abstrakt) angemessen wäre. Da der Hilfebedürftige einen Anspruch auf die Deckung seines Unterkunftsbedarfs hat, muss sich die Angemessenheitsprüfung in einem solchen Fall auch auf die Frage erstrecken, ob dem Hilfeempfänger im Bedarfszeitraum eine andere bedarfsgerechte, kostengünstigere Wohnung konkret verfügbar und zugänglich ist. Besteht eine derartige Unterkunftsalternative nicht, ist also die vom Hilfebedürftigen bewohnte Unterkunft die in dem maßgeblichen räumlichen Umkreis und Bedarfszeitraum einzig verfügbare, sind die Aufwendungen für diese Wohnung aus sozialhilferechtlicher Sicht angemessen und deshalb gemäß §§ 11, 12 BSHG, § 3 Abs. 1 Satz 1 RSV vom Sozialhilfeträger (zunächst) zu übernehmen.

Ein Hilfesuchender, der die Übernahme einer an sich (abstrakt) unangemessen hohen Miete für eine bereits bezogene Wohnung begehrt, muss dem Sozialhilfeträger deshalb substantiiert darlegen, dass eine andere bedarfsgerechte, kostengünstigere Unterkunft im Bedarfszeitraum auf dem örtlichen Wohnungsmarkt nicht vorhanden bzw. trotz ernsthafter und intensiver Bemühungen nicht auffindbar oder eine vorhandene Unterkunft ihm nicht zugänglich ist. Die Anforderungen an einen solchen Nachweis werden durch die Verhältnisse des örtlichen Wohnungsmarktes entscheidend mitbestimmt und dürfen je nach der Marktlage nicht überspannt werden, auch wenn das Fehlen einer kostenangemessenen Unterkunftsalternative wohl die Ausnahme sein dürfte. Dem Sozialhilfeträger bleibt es unbenommen, dem Hilfesuchenden eine Unterkunft, deren Mietzins angemessen ist und die vom Hilfesuchenden angemietet werden kann, zu benennen. ..."

In seinem Urteil vom 1. Oktober 1998 (FEVS 49, 150 = NJW 1999, 1127) hat das Bundesverwaltungsgericht diese Grundsätze bestätigt. Es gibt keine hinreichenden Anhaltspunkte dafür, dass es der Antragstellerin möglich gewesen wäre, im Bedarfszeitraum im Bereich der Antragsgegnerin eine Wohnung zu einem Mietpreis von weniger als monatlich 400,00 DM (Grundmiete) anzumieten. In der Begründung ihres Antrags auf vorläufigen Rechtsschutz vom 24. August 1998 hat die Antragstellerin u.a. geltend gemacht, dass sie trotz umfangreicher Suche keine billigere Wohnung gefunden habe. Das hat sie zwar nicht belegt, aber es kann davon ausgegangen werden, dass es für einen Alleinstehenden in einer Großstadt wie Augsburg sehr schwierig ist, eine Wohnung zu finden, deren Grundmiete unter 400,00 DM liegt. Die Antragsgegnerin hat, soweit ersichtlich, der Antragstellerin keine Unterkunft zu einem Mietzins von weniger als 400,00 DM (Grundmiete) benannt. Auch hat sie weder in der Begründung ihres Zulassungsantrags noch in der Begründung ihrer Beschwerde zu der Frage Stellung genommen, ob der Antragstellerin im Bedarfszeitraum in Augsburg eine andere bedarfsgerechte Wohnung zu einem monatlichen Mietpreis von we-

niger als 400,00 DM konkret verfügbar und zugänglich war. Dieser Frage jedoch hätte die Antragsgegnerin nach der Rechtsprechung des Bundesverwaltungsgerichts nachgehen müssen.

bb) Selbst wenn man davon ausgehen würde, dass eine Grundmiete von 400,00 DM das Maß des sozialhilferechtlich Angemessenen übersteigt, müsste die Beschwerde der Antragsgegnerin mit ihrem Hilfsantrag erfolglos bleiben. Nach § 3 Abs. 1 Satz 2 RSV sind nämlich auch unangemessene Aufwendungen für die Unterkunft so lange als Bedarf anzuerkennen, als es dem Hilfesuchenden nicht möglich oder nicht zumutbar ist, durch einen Wohnungswechsel die Aufwendungen zu senken. Das Verwaltungsgericht hat die Antragsgegnerin zur vorläufigen Übernahme einer Grundmiete von 400,00 DM nur für die Monate August und September 1998 verpflichtet. Es ist überwiegend wahrscheinlich (vgl. § 23 Abs. 1 Satz 2 SGB X), dass es der Antragstellerin in diesem kurzen Zeitraum nicht möglich und nicht zumutbar war, die Aufwendungen für die Unterkunft durch einen Wohnungswechsel auf einen Betrag unter 400,00 DM (Grundmiete) zu senken. Ein rascher Wohnungswechsel war der Antragstellerin möglicherweise auch aus gesundheitlichen Gründen nicht zumutbar. Zur Begründung ihres Eilantrags hat die Antragstellerin u.a. angegeben, dass sie auf ärztliche Versorgung angewiesen sei, weil sie einen künstlichen Blasenausgang habe, krebskrank sei, einen Bandscheibenvorfall habe und unter Depressionen leide." ...

Bemerkung zur Übertragbarkeit der Rechtsprechung auf das neue Recht des SGB XII:

Die vorstehend genannte Entscheidung wird auch auf die neue Rechtslage übertragbar sein im Rahmen von Entscheidungen gemäß § 29 SGB XII wegen der Übernahme der Kosten für angemessenen Wohnraum.

Schulbedarf

Leitsatz (redaktionell) (BVerwG, Urteil vom 29.10.1997, Az.: 5 C 34/95)

Für den Schulbedarf (hier Schulmaterialien) können nach pflichtgemäßem Ermessen laufende oder einmalige Leistungen gewährt werden.

Aus den Gründen:

„Die Kläger, die vom Beklagten laufende Hilfe zum Lebensunterhalt erhielten, beantragten für das Schuljahr 1993/94 als einmalige Leistungen Beihilfen für vom Klassenlehrer als nötig bestätigte Schulmaterialien, und zwar die Klägerin zum Besuch der 7. Hauptschulklasse für Arbeitsblattblock, Rechenhefte, Schreibhefte, Oktavhefte, Geodreieck, Zirkel, Schere, Radiergummi, Anspitzer, Bleistifte, Buntstifte, Füller, Malkasten, Zeichenblock, Klebstoff und Pinsel, der Kläger zum Besuch der 8. Hauptschulklasse für Block mit Unterlegblatt, Rechenhefte, Schreibhefte, Millimeterpapier, Oktavhefte, Lineal, Geodreieck, Zirkel, Radiergummi, Taschenrechner, Malkasten, Zeichenblock, Schere und Klebstoff.

Der Beklagte gewährte den Klägern eine Beihilfe von je 20,00 DM und dem Kläger noch eine weitere Beihilfe in Höhe von 20,00 DM für den Kauf eines Taschenrechners.

Nach erfolglosem Widerspruch haben die Kläger Klage auf höhere Beihilfen erhoben, die Klägerin in Höhe von weiteren 25,00 DM, der Kläger in Höhe von weiteren 20,00 DM. Das Verwaltungsgericht hat die Klage abgewiesen, das Berufungsgericht die dagegen gerichtete Berufung zurückgewiesen, im Wesentlichen mit folgender Begründung:

Einmalige Leistungen könnten für den Schulbedarf nur insoweit beansprucht werden, als dieser Bedarf nicht Regelbedarf und deshalb nicht durch Regelsatzleistungen abgegolten sei. Der in § 12 Abs. 2 BSHG gesondert erwähnte wachstumsbedingte besondere Bedarf der Kinder und Jugendlichen gehöre nicht zu den in § 12 Abs. 1 BSHG genannten persönlichen Bedürfnissen des täglichen Lebens. Für einen solchen besonderen, etwa durch den Aufstieg in eine höhere Klasse erstmals entstehenden Bedarf (z.B. Zirkel, Taschenrechner, Formelsammlung) seien einmalige Leistungen zu gewähren. Hingegen gehöre der Bedarf an Ersatz für verbrauchte Materialien (z.B. Stifte, Radiergummi, Füllerpatronen, Schreibblocks) zu den persönlichen Bedürfnissen des täglichen Lebens, der aus den Regelsatzleistungen zu decken sei. Bei den von den Klägern benötigten Gegenständen handele es sich nicht offensichtlich um Dinge, die wegen neuer Unterrichtsinhalte erstmals erforderlich geworden seien. Soweit einzelne erforderliche Gegenstände nicht als geringwertige Verbrauchsmaterialien angesehen werden könnten, sei ihre Beschaffung mit den gewährten einmaligen Leistungen möglich gewesen.

Mit der vom Berufungsgericht zugelassenen Revision verfolgen die Kläger ihr Klagebegehren weiter; sie rügen die Verletzung von §§ 11, 12, 21 BSHG und § 1 Regelsatzverordnung.

Der Beklagte beantragt, die Revision zurückzuweisen.

Der Oberbundesanwalt beim Bundesverwaltungsgericht unterstützt die Rechtsauffassung des Berufungsgerichts und weist auf § 4 des Entwurfs einer Verordnung zur Durchführung des § 21 Abs. 1a des Bundessozialhilfegesetzes aus dem Bundesministerium für Gesundheit – Stand 10. Oktober 1994 – hin.

Die Beteiligten haben ihr Einverständnis mit einer Entscheidung ohne mündliche Verhandlung erklärt.

Entscheidungsgründe

Die Beteiligten streiten darüber, ob den Klägern einmalige Beihilfen zur Beschaffung von Schulmaterialien über die bereits erhaltenen je 20,00 DM hinaus zustehen, der Klägerin in Höhe von 25,00 DM und dem Kläger in Höhe von 20,00 DM.

Das Berufungsgericht hat bindend festgestellt, dass die Kläger unstreitig hilfebedürftig sind, es hat zutreffend den Bedarf an Schulmaterialien dem notwendigen Lebensunterhalt zugeordnet (BVerwGE 101, 34) und es ist zu Recht davon ausgegangen, dass ein Anspruch auf eine einmalige Leistung für Schulbedarf nur dann besteht, wenn dieser Bedarf nicht Regelbedarf ist. Denn ein Regelbedarf wäre, wie im Berufungsurteil ausgeführt, aus den laufenden Leistungen nach Regelsätzen zu decken (BVerwGE 87, 212; 91, 156).

Zu Unrecht aber vertritt das Berufungsgericht die Auffassung, dass der Bedarf an den streitgegenständlichen Schulmaterialien zu den persönlichen Bedürfnissen des täglichen Lebens nach § 1 Abs. 1 Regelsatzverordnung und damit zum Regelbedarf gehöre.

Soweit das Berufungsgericht dabei davon ausgeht, dass der in § 12 Abs. 2 BSHG er-wähnte besondere Bedarf von Kindern und Jugendlichen deshalb nicht der Bedarfs-gruppe der persönlichen Bedürfnisse des täglichen Lebens unterfalle, weil diese Be-darfsgruppe bereits in § 12 Abs. 1 BSHG genannt sei, ist der Senat dem schon entgegengetreten (BVerwGE 101, 34 <36> unter Hinweis auf BVerwGE 92, 6 <8>).

Soweit das Berufungsgericht beim Schulbedarf zwischen einem in seiner Art teil-weise gleichbleibenden und einem teilweise sich verändernden Bedarf, Lern- und Ar-beitsmittel zu beschaffen, unterscheidet und unter Hinweis auf die sich typischer-weise aus der Entwicklung von Kindern und Jugendlichen ergebenden Bedürfnisse als besonderen Bedarf im Sinne des § 12 Abs. 2 BSHG wohl nur den mit einer neuen Entwicklungsstufe verbundenen Bedarf sieht, versteht es § 12 Abs. 2 BSHG zu eng. § 12 Abs. 2 BSHG benennt als besonderen Bedarf bei Kindern und Jugendlichen vor allem den durch das Wachstum (Gesetzesfassung vom 23. Juli 1996 <BGBl I S. 1088>: ihre Entwicklung und ihr Heranwachsen) bedingten Bedarf. Damit ist aber ein während einer Entwicklungsstufe gleichbleibender Bedarf nicht als besonderer Bedarf nach § 12 Abs. 2 BSHG ausgeschlossen. Wie der auf einer Entwicklungsstufe gleichbleibende, im Vergleich aber zu Erwachsenen höhere Ernährungsbedarf eines Jugendlichen ein besonderer Bedarf im Sinne des § 12 Abs. 2 BSHG sein kann, so kann das auch ein für ein oder mehrere Schuljahre gleichbleibender, aber Erwachse-nen grundsätzlich nicht entstehender Schulbedarf sein.

Entscheidend begründet das Berufungsgericht seine Zuordnung des streitgegen-ständlichen Schulbedarfs zu den persönlichen Bedürfnissen des täglichen Lebens damit, dass dieser Bedarf der Schüler insbesondere ein solcher an Ersatz für ver-brauchte Materialien (Stifte, Radiergummi, Füllerpatronen, Schreibblöcke und der-gleichen) sei, dass der Bedarf insoweit nicht durch die Entwicklung der Schüler ge-prägt sei und sich nicht grundsätzlich von einem entsprechenden Bedarf eines Erwachsenen unterscheide. Das überzeugt nicht.

Für die Frage, ob der Bedarf an Schulmaterialien zum Regelbedarf gehört, ist ent-scheidend, ob dieser Bedarf einer der in § 1 Abs. 1 Regelsatzverordnung genannten Bedarfsgruppe oder einem dort genannten Bedarfsposten zugeordnet werden kann (BVerwGE 87, 212; 91, 156; 92, 6; 95, 145; 97, 376).

Die Bedarfsgruppe der persönlichen Bedürfnisse des täglichen Lebens ist eine in § 12 Abs. 1 BSHG wie in § 1 Abs. 1 Regelsatzverordnung genannte Bedarfsgruppe. Die persönlichen Bedürfnisse des täglichen Lebens gehören zum notwendigen Le-bensunterhalt, sind aber nicht der der Hilfe zum Lebensunterhalt insgesamt zugrunde liegende Bedarf des Hilfesuchenden. Der Aufgabe der Sozialhilfe entsprechend, dem Empfänger der Hilfe die Führung eines Lebens zu ermöglichen, das der Würde des Menschen entspricht (§ 1 Abs. 2 Satz 1 BSHG), setzt die Hilfe zum Lebensunterhalt zwar ihrem Wesen nach einen auf die Person des Hilfesuchenden bezogenen Bedarf voraus; aber auch der Bedarf an Ernährung, Unterkunft, Kleidung usw. ist ein auf die Person des Hilfesuchenden bezogener Bedarf. Mit der Bedarfsgruppe der „persönli-chen Bedürfnisse des täglichen Lebens" muss folglich ein besonderer persönlicher Bedarf bezeichnet sein.

Die persönlichen Bedürfnisse des täglichen Lebens sind auch nicht der der Hilfe zum Lebensunterhalt zugrunde liegende Bedarf des Hilfesuchenden, der sich nicht einer der zuvor genannten Bedarfsgruppen zuordnen lässt. Mit den persönlichen Bedürf-nissen des täglichen Lebens hat § 12 Abs. 1 BSHG nicht eine Auffangbedarfsgruppe geschaffen, sondern eine neben anderen wichtige Bedarfsgruppe besonders be-

zeichnet. Indem § 12 Abs. 1 BSHG bestimmt, dass der notwendige Lebensunterhalt „besonders" Ernährung, Unterkunft ... und persönliche Bedürfnisse des täglichen Lebens umfasst, wird klargestellt, dass die in § 12 Abs. 1 BSHG genannten Bedarfsgruppen den Bedarf des notwendigen Lebensunterhalts nicht vollständig erfassen. Auch aus der eigenständigen Bezeichnung einzelner, weiterer Bedarfsposten in § 1 Abs. 1 Satz 2 Regelsatzverordnung wird deutlich, dass die Bedarfsgruppe der persönlichen Bedürfnisse des täglichen Lebens keine Auffangbedarfsgruppe ist.

Der Gehalt der selbstständigen Bedarfsgruppe der persönlichen Bedürfnisse des täglichen Lebens kann maßgeblich nicht dadurch bestimmt werden, dass sich die persönlichen Bedürfnisse dem Wortlaut nach auf solche des täglichen Lebens beziehen, während die übrigen in § 12 Abs. 1 BSHG und § 1 Abs. 1 Regelsatzverordnung genannten Bedarfsgruppen in ihren Bezeichnungen nicht besonders zum Ausdruck bringen, dass es sich um Bedürfnisse des täglichen Lebens handelt. Zum einen hat die Beschränkung in § 12 Abs. 1 BSHG und § 1 Abs. 1 Regelsatzverordnung auf persönliche Bedürfnisse des täglichen Lebens jedenfalls nicht die Bedeutung, dass darunter nur solche Bedürfnisse fallen, die (mehr oder weniger) täglich zu Ausgaben führen (BVerwGE 87, 212 <215>). Zum anderen sind auch die Bedürfnisse aus den anderen Bedarfsgruppen, z.B. Ernährung, ihrem Wesen nach Bedürfnisse des täglichen Lebens, ohne dass darauf in der Bezeichnung der Bedarfsgruppe hingewiesen sein müsste.

Während die übrigen in § 12 Abs. 1 BSHG und § 1 Abs. 1 Regelsatzverordnung genannten Bedarfsgruppen und -posten Bedürfnisse erfassen, die dem Hilfebedürftigen weitgehend vorgegeben sind und ihm nur einen relativ geringen Spielraum lassen – der Hilfebedürftige muss essen, er muss sich kleiden –, zielt die Bedarfsgruppe der persönlichen Bedürfnisse des täglichen Lebens dahin, dem Hilfebedürftigen – wenngleich auch nur, der beschränkten Sozialhilfekapazität entsprechend, in bescheidenem Ausmaß – eine freie, selbstbestimmte und -gestaltete, eben „persönliche" Lebensführung zu ermöglichen. Zu den persönlichen Bedürfnissen des täglichen Lebens heißt es in der Entwurfsbegründung zu § 12 BSHG, die Aufgabe der Sozialhilfe, dem Hilfeempfänger die Führung eines menschenwürdigen Lebens zu ermöglichen (§ 1 Abs. 2 BSHG), fordere, dass ihm in vertretbarem Umfange auch Mittel zur Verfügung stehen, mit denen er seine private Lebenssphäre gestalten und auch soziale Kontakte aufnehmen und erhalten kann (BTDrucks 3/1799 S. 40).

Die Besonderheit bei der Bedarfsgruppe der persönlichen Bedürfnisse des täglichen Lebens besteht mithin darin, dass diese Bedarfsgruppe einerseits einen Teilbereich des notwendigen Lebensunterhalts und damit einen notwendigen Bedarf (§ 1 Abs. 2 Satz 1 BSHG) beschreibt, dass diese Bedarfsgruppe aber andererseits gerade die persönlichen Bedürfnisse, also solche Bedürfnisse erfasst, die im Einzelnen nicht notwendig entstehen, sondern von der freien, selbstbestimmten Lebensführung der jeweiligen Person abhängen. Demgemäß gehören nach § 12 Abs. 1 Satz 2 BSHG in vertretbarem Umfange auch Beziehungen zur Umwelt und eine Teilnahme am kulturellen Leben, also freies, nicht notwendiges Verhalten, zu den persönlichen Bedürfnissen des täglichen Lebens. Auch hat der Senat Spielzeug für Kinder den persönlichen Bedürfnissen des täglichen Lebens zugeordnet und dabei das Spielen als freie, nicht notwendige Betätigung bezeichnet (BVerwGE 87, 212 <214>).

Da die „persönlichen" Bedürfnisse des täglichen Lebens ihrem Wesen nach solche aus freier, selbstbestimmter und -gestalteter, eben „persönlicher" Lebensführung sind, können ihnen nicht solche Bedürfnisse zugeordnet werden, die einem Hilfe-

empfänger von seinem Willen unabhängig entstehen. Demnach unterfällt der Schulbedarf der Kläger nicht den persönlichen Bedürfnissen des täglichen Lebens im Sinne des § 12 Abs. 1 BSHG. Die Kläger waren noch schulpflichtig und deswegen auf die Schulmaterialien notwendig angewiesen. Der Bedarf an Schulmaterialien stand nicht zu ihrer Disposition.

Dem Ergebnis, dass der streitgegenständliche Bedarf an Schulmaterialien nicht zu den persönlichen Bedürfnissen des täglichen Lebens gehört, steht nicht entgegen, dass das systematische Verzeichnis für die Einkommens- und Verbrauchsstichprobe 1983 (s. dazu NDV 1990, 157 f.) u.a. Schulhefte, Mal- und Zeichenpapier, Bleistifte, Kugelschreiber, Batterien und Bastelartikel als regelsatzrelevant berücksichtigte Positionen aufführt. Denn zum einen sind die genannten Positionen von Schulheften bis zu Bastelartikeln nicht nur oder jedenfalls nicht in erster Linie für die Schule zu verwendende Materialien; und zum anderen kann aus der Zuordnung einer Position in dem Systematischen Verzeichnis für die Einkommens- und Verbrauchsstichprobe nicht eine Zuordnung zu einer bestimmten sozialhilferechtlichen Bedarfsgruppe abgeleitet werden. Ausgangspunkt für die Bestimmung des regelsatzrelevanten Bedarfs sind die in § 1 Abs. 1 Regelsatzverordnung genannten Bedarfsgruppen und -posten. Nach ihnen bemisst sich, welche Positionen aus der Einkommens- und Verbrauchsstichprobe für die Festsetzung der Regelsätze von Interesse sind und als regelsatzrelevant in ein systematisches Verzeichnis für die Einkommens- und Verbrauchsstichprobe aufgenommen werden können, nicht umgekehrt.

Schließlich ergibt sich nicht aus § 21 Abs. 1a Nr. 3 BSHG, dass der Bedarf an Schulmaterialien zum Regelbedarf nach § 1 Abs. 1 Regelsatzverordnung gehört und damit aus den nach Regelsätzen bemessenen laufenden Leistungen zu decken ist. § 21 Abs. 1a Nr. 3 BSHG bestimmt positiv, dass einmalige Leistungen zur Beschaffung von besonderen Lernmitteln für Schüler gewährt werden, d.h. zu gewähren sind. Das erlaubt aber nicht den Gegenschluss, andere Leistungen für Schüler seien als laufende Leistungen oder sogar als laufende Leistungen nach Regelsätzen zu gewähren. Da § 21 Abs. 1a Nr. 3 BSHG eine verbindliche Festlegung auf einmalige Leistungen nur in Bezug auf die Beschaffung von besonderen Lernmitteln für Schüler bestimmt, verbleibt es für andere Leistungen an Schüler beim Grundsatz nach § 21 Abs. 1 BSHG, dass Hilfe zum Lebensunterhalt durch laufende und einmalige Leistungen gewährt werden kann und die Wahl grundsätzlich nach pflichtgemäßem Ermessen zu treffen ist.

Bei der Frage, ob Schulbedarf durch laufende oder einmalige Leistungen zu gewähren ist, ist, zwar nicht hier, aber gegebenenfalls in anderen Fällen, zu berücksichtigen, ob außer dem Bedarf an Schulmaterialien noch anderer Schulbedarf anfällt. In Betracht kommt z.B. ein möglicher Bedarf an Fahrtkosten, der dann entsteht, wenn der Schüler für den Schulweg auf Verkehrsmittel angewiesen ist und keine andere Stelle Kosten dafür übernimmt. In dem vom Oberbundesanwalt vorgelegten Entwurf – Stand 10. Oktober 1994 – wie in dem in info also 1997, 36 veröffentlichten Entwurf – Stand 31. Januar 1997 – einer Verordnung zur Durchführung des § 21 Abs. 1a des Bundessozialhilfegesetzes aus dem Bundesministerium für Gesundheit sind auch einmalige Leistungen für die Durchführung von Nachhilfeunterricht vorgesehen. In Bezug auf den Bedarf an Lernmitteln knüpfen die genannten Entwürfe in § 4 Abs. 1 nicht wie das Gesetz in § 21 Abs. 1a Nr. 3 BSHG an den Bedarf an „besonderen Lernmitteln" an, sondern an einen „besonderen Bedarf an Lernmitteln, der über den laufenden Bedarf hinausgeht", und nennen dafür beispielhaft: „insbesondere bei der Einschulung, zu Beginn des Schuljahres und beim Wechsel der Schulform". Aller-

dings geht die Begründung zu § 4 des in info also 1997, 36 (42) veröffentlichten Entwurfs zu Unrecht davon aus, dass der laufende Schulbedarf, insbesondere Hefte, Bleistifte, Füllerpatronen usw., vom Regelsatz umfasst sei.

Da der Beklagte den Klägern für ihren Bedarf an Schulmaterialien keine laufenden Leistungen gewährte, stehen ihnen dafür einmalige Leistungen zu. Ob sie einen über die bereits gewährten Beihilfen hinausgehenden Bedarf hatten, ist vom Berufungsgericht noch zu ermitteln. Deshalb ist die Sache zurückzuverweisen."

Bemerkung zur Übertragbarkeit der Rechtsprechung auf das neue Recht des SGB XII:

Einmalige Bedarfe für Schulzwecke können nach dem neuen Recht lediglich gemäß § 31 Abs. 1 Nr. 3 SGB XIII (mehrtägige Klassenfahrten) übernommen werden oder uU über die „Erstausstattungsregelung" gemäß § 31 Abs. 1 Nr. 1 SGB XII. Ansonsten ist jeglicher Bedarf über den jeweiligen Regelsatz nach § 28 SGB XII erfasst. Diese Rechtsprechung ist daher nicht übertragbar.

Sparen

Leitsatz (redaktionell) (BVerwG, Urteil vom 09.01.1974, Az.: v C 6.73)

Über die Möglichkeit Ersparnisse zu bilden und Geld anteilig nicht für den notwendigen Lebensunterhalt auszugeben.

Bemerkung zur Übertragbarkeit der Rechtsprechung auf das neue Recht des SGB XII:

Diese Entscheidung, nach der es für zulässig erachtet worden war, als Sozialhilfeempfänger Geld vom Regelsatz anzusparen, solange durch das Sparen nicht neue Bedarfssituationen geschaffen wurden, ist mehr denn je aktuell im neuen Recht, dass der neue Regelsatz im Verständnis der Pauschalierung besehen einen Anteil von ca. 50 € enthält, welcher anzusparen ist für Ersatzbeschaffungen und einmalige anderweitige ausgaben.

Nachhilfeunterricht

Leitsatz (redaktionell) (VGH Hessen, Beschluss vom 17.04.1986, Az.: 9 TG 1283/84)

Die Kosten des Nachhilfeunterrichts sind als zusätzliche, einmalige und wiederkehrende Kosten im Rahmen der Sozialhilfe zu übernehmen, sofern erforderlich und angemessen.

Privatschulkosten

Leitsatz (redaktionell) (OVG Lüneburg, Urteil vom 31.01.1990, Az: 4 A 128/88)

Der Sozialhilfeanspruch erfasst nicht die Kosten des Privatschulbesuchs.

Bemerkung zur Übertragbarkeit der Rechtsprechung auf das neue Recht des SGB XII:

Diese Rechtsprechung ist auf das neue Recht nicht übertragbar, da die Nachhilfekosten aus dem neuen, erhöhten Regelsatz bestritten werden müssen. Dies ergibt sich aus dem Grundsatz der Pauschalierung im neuen Recht. Gleiches gilt für die Kosten des Privatschulbesuchs.

Die aktuellen Entscheidungen

Leitsatz (redaktionell) (Landessozialgericht Hamburg 5. Senat, Beschluss vom 5. Juli 2005, Az: L 5 B 159/05 ER AS)

Die Regelung des § 27 Abs. 3 Satz 1 SGB XII über die Kostenübernahme für Kosten einzelner Tätigkeiten bei ansonsten ausreichendem Einkommen ist nur im Recht des SGB XII anwendbar.

Aus den Gründen:

„... Das Sozialgericht hat es zu Recht abgelehnt, die Antragsgegnerin im Wege der einstweiligen Anordnung zu verpflichten, die Kosten für eine Haushaltshilfe vorläufig zu übernehmen.

Der Antragsteller hat nicht, was Voraussetzung wäre, glaubhaft machen können, einen Anspruch auf die begehrte Leistung zu besitzen (§ 86b Abs. 2 S. 2 und 4 SGG i.V.m. §§ 920 Abs. 2, 294 Zivilprozessordnung – ZPO –). Die hier gebotene summarische Überprüfung ergibt, dass kein Leistungsanspruch nach den Vorschriften des Sozialgesetzbuchs, Zweites Buch – Grundsicherung für Arbeitsuchende – (SGB II) gegeben ist.

Wie das Sozialgericht im angefochtenen Beschluss, auf den verwiesen werden kann (§ 153 Abs. 2 SGG analog), zutreffend ausgeführt hat, scheidet § 27 Abs. 3 S. 1 Sozialgesetzbuch, Zwölftes Buch – Sozialhilfe – (SGB XII) als Anspruchsgrundlage für die begehrte Leistung aus, weil der Antragsteller von Leistungen nach § 27 SGB XII gemäß § 21 S. 1 SGB XII und § 5 Abs. 2 (SGB II) ausgeschlossen ist. Nach diesen Vorschriften erhalten u.a. Personen, die nach dem SGB II als Erwerbsfähige dem Grunde nach leistungsberechtigt sind, grundsätzlich keine Leistungen für den Lebensunterhalt nach dem SGB XII und schließt ein Anspruch auf Leistungen zur Sicherung des Lebensunterhalts nach dem SGB II in der Regel Leistungen nach dem Dritten Kapitel des SGB XII, in dem auch § 27 SGB XII enthalten ist, aus. Der Antragsteller ist nach dem Kenntnisstand im vorliegenden Eilverfahren auch nicht offenbar* *erwerbsunfähig, d.h. wegen Krankheit oder Behinderung auf absehbare Zeit außerstande, unter den üblichen Bedingungen des allgemeinen Arbeitsmarktes mindestens drei Stunden täglich erwerbstätig zu sein (§ 8 Abs. 1 SGB II). Er leidet zwar ausweislich der vorgelegten gutachterlichen Stellungnahme des Amtes für Gesundheit vom 19. April 2004 als Folge einer strahlenbedingten Schädigung des Rückenmarks an einem so genannten teilweisen Querschnittssyndrom und ist nach dem vorgelegten Feststellungsbescheid gemäß § 69 Sozialgesetzbuch, Neuntes Buch – Rehabilitation und Teilhabe behinderter Menschen – vom 14. November 2003 nicht nur zu 100 % schwerbehindert, sondern erfüllt auch die gesundheitlichen Merkmale G (erhebliche Gehbehinderung), aG (außergewöhnliche Gehbehinderung) und B (Notwendigkeit ständiger Begleitung). Der Antragsteller ist jedoch trotz dieser erheblichen gesundheitlichen Beeinträchtigungen Student der Universität H. mit der Fächerkombination Politik, Informatik und Journalistik und in der Lage, den Anforderungen des Studiums zu genügen. Damit ist gleichzeitig die Annahme berechtigt, dass er einer Erwerbstätigkeit in dem erforderlichen Ausmaß nachgehen könnte.*

Entgegen der von ihm vertretenen Auffassung kann die im SGB II fehlende Regelung des § 27 Abs. 3 S. 1 SGB XII nicht im Wege einer Analogie angewandt werden. Denn es ist keine Gesetzeslücke vorhanden, die durch eine entsprechende Anwendung auszufüllen wäre. Nach ständiger Rechtsprechung des Bundessozialgerichts (BSG) ist der Richter zur Ausfüllung einer Gesetzeslücke dort berufen, wo das Gesetz mit Absicht schweigt, weil es der Rechtsprechung überlassen wollte, das Recht zu finden, oder das Schweigen des Gesetzes auf einem Versehen oder darauf beruht, dass sich der nicht geregelte Tatbestand erst nach Erlass des Gesetzes durch eine Veränderung der Lebensverhältnisse ergeben hat. Die analoge Anwendung des Gesetzes auf gesetzlich nicht umfasste Sachverhalte ist dann geboten, wenn auch der nicht geregelte Fall nach der Regelungsabsicht des Gesetzgebers wegen der Gleichheit der zugrunde liegenden Interessenlage hätte einbezogen werden müssen (BSG, Urt. v. 28. April 2004 – B 2 U 20/03 R –, NZS 2005, S. 216 ff., 218 m.w.N.). Diese Voraussetzungen liegen nicht vor. Insbesondere ist nicht zu erkennen, dass das Schweigen des Gesetzes zur Übernahme der Kosten einer von einem erwerbsfähigen behinderten Hilfebedürftigen benötigten Haushaltshilfe auf einem gesetzgeberischen Versehen beruht. Hiergegen spricht schon, dass der Gesetzgeber den Fall des erwerbsfähigen behinderten Hilfebedürftigen gesehen hat, wie § 21 Abs. 4 und 5 SGB II belegen. Dass im SGB II keine dem § 27 Abs. 3 SGB XII bzw. bei Anspruch auf laufende Hilfe dem § 28 Abs. 1 S. 2 SGB XII entsprechenden Regelungen geschaffen wurden, dürfte daher auf einer bewussten Entscheidung des Gesetzgebers beruhen. Er ist offenkundig davon ausgegangen, dass ein erwerbsfähiger behinderter Hilfebedürftiger in der Lage sein wird, seinen Haushalt zu führen, und hat deshalb keinen Anspruch auf Haushaltshilfe im System SGB II vorgesehen.

Dies besagt allerdings nicht, dass der Antragsteller nicht einen Anspruch auf Übernahme der Kosten der von ihm benötigten Haushaltshilfe in Anwendung des § 70 SGB XII, der weder durch § 21 S. 1 SGB XII noch § 5 Abs. 2 SGB II ausgeschlossen ist, haben könnte (so auch der 3. Senat des LSG Hamburg in seinem Beschluss vom 21. April 2005 – L 3 B 70/05 ER SO –, der in dem von ihm entschiedenen Fall zu einer Ablehnung gekommen war, weil die tatsächlichen Voraussetzungen für eine Gefährdung des Haushalts nicht glaubhaft gemacht waren). Ob vorliegend diese Voraussetzungen zu bejahen sind, wird in dem laufenden Verfahren gegen den Sozialhilfeträger zu klären sein." ...

Leitsatz (redaktionell) (VGH Bayern, Beschluss vom 19.05.2005, Az.: 12 C 05/288)

Nach § 12 Abs. 1 Satz 1 BSHG (nunmehr § 27 Abs. 1 Satz 1 SGB XII) umfasst der notwendige Lebensunterhalt auch die Kosten der Unterkunft. Die Nichtbezahlung der Miete durch die Antragstellerinnen für die Monate August, Oktober und Dezember 2002 änderte nichts an dem in dieser Zeit fortbestehenden Hilfebedarf für die Unterkunft. Die Antragstellerinnen haben diesen Bedarf auch gedeckt, weil sie die fragliche Wohnung auch in diesen Monaten tatsächlich bewohnten.

Aus den Gründen:

„Die Antragstellerinnen wenden sich gegen die sofortige Vollziehung eines Bescheids, mit dem der Antragsgegner die Bewilligung von Sozialhilfe teilweise zurückgenommen hat und von ihnen Geldleistungen der Sozialhilfe in Höhe von 1.232,25 Euro zurückfordert.

1) Die Antragstellerinnen erhielten vom Antragsgegner ab dem 8. November 2001 (Antragstellerin zu 1) bzw. dem 17. April 2002 (Geburt der Antragstellerin zu 2) laufende Hilfe zum Lebensunterhalt durch Regelsatzleistungen und Übernahme der angemessenen Unterkunftskosten. Nachdem dem Antragsgegner am 3. März 2004 durch die ehemalige Vermieterin der Antragstellerin zu 1 mitgeteilt worden war, dass diese lediglich von Januar 2002 bis Mai 2002 und im November 2002 für die damals bewohnte Mietwohnung Miete gezahlt hatte, obgleich der Antragsgegner auch für die übrigen Monate im Jahre 2002 die Kosten der Unterkunft der Antragstellerin zu 1 ausbezahlt hatte, nahm er nach vorheriger Anhörung mit für sofort vollziehbar erklärtem Bescheid vom 20. Juli 2004 den Bewilligungsbescheid vom 13. August 2002 für den Hilfezeitraum 1. August 2002 bis 31. Oktober 2002 und Dezember 2002 zurück, berechnete die Hilfeleistungen für diese Zeiträume unter Außerachtlassung von Mietkosten neu und forderte die Erstattung zu Unrecht gewährter Sozialhilfe in Höhe von 1.232,25 Euro zurück. Zur Begründung wurde im Wesentlichen darauf verwiesen, dass bei Kenntnis der tatsächlichen Verhältnisse der Antragstellerin zu 1 nur eine weit geringere Sozialhilfe gezahlt worden wäre, weil ohne Berücksichtigung von Unterkunftskosten die monatliche Hilfe erheblich geringer gewesen wäre. Der Bescheid vom 13. August 2002 sei daher rechtswidrig und könne gemäß § 45 Abs. 1 SGB X auch mit Wirkung für die Vergangenheit zurückgenommen werden.

2) Hiergegen erhoben die Antragstellerinnen am 18. August 2004 beim Verwaltungsgericht Ansbach Klage und beantragten gleichzeitig, die aufschiebende Wirkung der Klagen wieder herzustellen.

Weiterhin beantragten sie, ihnen für das Klage- und Eilverfahren Prozesskostenhilfe zu bewilligen.

Das Verwaltungsgericht Ansbach lehnte mit Beschluss vom 23. Dezember 2004 den Antrag auf Wiederherstellung der aufschiebenden Wirkung der Klagen und auf Bewilligung von Prozesskostenhilfe und Beiordnung eines Rechtsanwaltes für Klage- und Eilantrag ab. Der zulässige Antrag gemäß § 80 Abs. 5 VwGO sei unbegründet. Das Vollzugsinteresse des Antragsgegners überwiege das Aussetzungsinteresse der Antragstellerinnen, weil alles dafür spreche, dass der Rücknahme- und Erstattungsbe-

scheid vom 20. Juli 2004 rechtmäßig sei. Auf die Gründe des angefochtenen Bescheides wurde Bezug genommen. Die Anordnung der sofortigen Vollziehung sei gemäß § 80 Abs. 3 VwGO nicht nur formelhaft, sondern hinreichend individualisiert begründet worden. Die Hilfebewilligung für die strittigen Zeiträume sei rechtswidrig erfolgt. Wer bewilligte und ausbezahlte Hilfeleistungen zweckwidrig einsetze bzw. unwirtschaftlich handele, bewirke damit, dass der ursprüngliche Bewilligungsbescheid als rechtswidrig ergangen anzusehen sei, weil die Hilfeleistungen für einen aus sozialhilferechtlichen Gründen nicht zu befriedigenden Bedarf erfolgt seien. Die Antragstellerinnen müssten sich diesen selbst herbeigeführten Umstand zurechnen lassen. Dies gelte unbeschadet des sozialhilferechtlichen Grundsatzes, dass trotz zweckwidrigen Verbrauchs der Hilfeleistungen der ursprünglich sozialhilferechtlich zu befriedigende Bedarf nach wie vor bestehen könne und der Sozialhilfeträger unter Umständen verpflichtet sei, diesen Bedarf „nochmals" zu decken. Aus diesem Grundsatz folge aber nicht, dass die „fiktiven" Unterkunftskosten bei der Frage der Rechtmäßigkeit der Bewilligung für den nicht zu deckenden Bedarf zu berücksichtigen seien. Vielmehr sei insoweit von einer „neuen" Bedarfslage auszugehen, die lediglich unter eingeschränkten Voraussetzungen eine erneute Hilfebewilligung bedinge. Nach § 45 SGB X sei der Antragsgegner deshalb berechtigt gewesen, im Ermessenswege über die Rücknahme und die geforderte Erstattung zu entscheiden.

Der Antrag auf Bewilligung von Prozesskostenhilfe sei mangels hinreichender Erfolgsaussichten ebenfalls abzulehnen.

3) Gegen diesen Beschluss richten sich die Beschwerden der Antragstellerinnen. Sie tragen vor, dass die bewilligte und ausbezahlte Hilfeleistung nicht zweckwidrig eingesetzt worden sei. Sie hätten aufgrund des rechtswidrigen Verhaltens des Antragsgegners nicht über genügend Mittel zur Deckung ihres Unterhalts verfügt, so dass sie sozialhilfebedürftig gewesen seien. Es gebe keinen Rechtsgrundsatz, dass Sozialhilfeempfänger die an sie ausgezahlte Hilfe in einer bestimmten Art und Weise zu verbrauchen hätten. Insofern mangle es an einem Grund für die Zurücknahme des angefochtenen Bescheides.

Die Antragstellerinnen beantragen sinngemäß, den Beschluss des Verwaltungsgerichts Ansbach vom 23. Dezember 2004 aufzuheben, die aufschiebende Wirkung der Klagen wiederherzustellen und ihnen Prozesskostenhilfe unter Beiordnung von Rechtsanwalt B., Erlangen, für das Klage- und Antragsverfahren vor dem Verwaltungsgericht und für das Beschwerdeverfahren zu gewähren.

Der Antragsgegner beantragt, die Beschwerde zurückzuweisen und den Antrag auf Bewilligung von Prozesskostenhilfe unter Anwaltsbeiordnung für das Beschwerdeverfahren abzulehnen.

II.

1) Den Antragstellerinnen ist für das Beschwerdeverfahren 12 CE 05.287 Prozesskostenhilfe zu gewähren und Rechtsanwalt B., Erlangen, beizuordnen, weil ihre Beschwerden aus den unter Nr. 2 dargelegten Gründen hinreichende Aussicht auf Erfolg bieten und die wirtschaftlichen Voraussetzungen für die Gewährung von Prozesskostenhilfe vorliegen (§ 166 VwGO, §§ 114, 115 ZPO).

2) Die zulässigen Beschwerden gegen die Versagung von vorläufigem Rechtsschutz sind begründet, weil an der Rechtmäßigkeit des Rücknahme- und Erstattungsbescheids des Antragsgegners vom 20. Juli 2004 ernstliche Zweifel bestehen. Nach

§ 45 Abs. 1 SGB X darf ein Verwaltungsakt, der ein Recht oder einen rechtlich erheblichen Vorteil begründet oder bestätigt hatte (begünstigender Verwaltungsakt), soweit er rechtswidrig ist, unter den Einschränkungen der Absätze 2 bis 4 ganz oder teilweise mit Wirkung für die Zukunft oder für die Vergangenheit zurückgenommen werden. Der Bewilligungsbescheid des Antragsgegners vom 13. August 2002 war jedoch nicht deshalb rechtswidrig, weil die Antragstellerin zu 1 die ihr gewährten Hilfeleistungen für die Unterkunft in Höhe von monatlich 410,75 Euro für die Monate August, Oktober und Dezember 2002 nicht an ihre Vermieterin weitergegeben hat. Nach § 12 Abs. 1 Satz 1 BSHG (nunmehr § 27 Abs. 1 Satz 1 SGB XII) umfasst der notwendige Lebensunterhalt auch die Kosten der Unterkunft. Die Nichtbezahlung der Miete durch die Antragstellerinnen für die Monate August, Oktober und Dezember 2002 änderte nichts an dem in dieser Zeit fortbestehenden Hilfebedarf für die Unterkunft. Die Antragstellerinnen haben diesen Bedarf auch gedeckt, weil sie die fragliche Wohnung auch in diesen Monaten tatsächlich bewohnten. Sie hatten insofern auch Aufwendungen, weil die Antragstellerin zu 1 nach dem Mietvertrag zur Bezahlung der Miete verpflichtet ist (vgl. BVerwGE 100, 136/139). Da der Bewilligungsbescheid vom 13. August 2002 jedenfalls aus diesen Gründen auch bezüglich der Hilfegewährung für die Unterkunftskosten in dem fraglichen Zeitraum nicht rechtswidrig war, durfte er nicht nach § 45 Abs. 1 SGB X zurückgenommen werden. Im Übrigen hätte das Verwaltungsgericht bei seiner Argumentation, der Bescheid über die Bewilligung der Übernahme der Unterkunftskosten sei infolge der Nichtbezahlung der Miete an die Vermieterin rechtswidrig geworden im Sinne des § 45 SGB X, bedenken müssen, dass die Anwendung dieser Vorschrift voraussetzt, dass der zurückgenommene Verwaltungsakt bereits bei seinem Erlass rechtswidrig gewesen ist (vgl. Wiesner in Wulfen/Wiesner, SGB X, 4. Aufl. 2001, RdNr. 10 zu § 45; Rothkegel/Grieger in Rothkegel, Sozialhilferecht, 1. Aufl. 2005, S. 678; sog. „ursprüngliche Rechtswidrigkeit"). Die aufschiebende Wirkung der gegen den Rücknahmebescheid vom 20. Juli 2004 erhobenen Klagen ist deshalb nach § 80 Abs. 5 Satz 1 VwGO wiederherzustellen.

3) Den Antragstellerinnen ist unter Abänderung des Beschlusses des Verwaltungsgerichts Ansbach vom 23. Dezember 2004 auch für das Verfahren auf Gewährung von vorläufigem Rechtsschutz und das Klageverfahren vor dem Verwaltungsgericht Prozesskostenhilfe zu bewilligen und Rechtsanwalt B., Erlangen, beizuordnen, weil die von den Antragstellerinnen eingelegten Rechtsbehelfe im hierfür maßgeblichen Zeitpunkt der Bewilligungsreife hinreichende Erfolgsaussicht boten, wie oben unter Nr. 2 dargelegt wurde, und auch die wirtschaftlichen Voraussetzungen für die Gewährung von Prozesskostenhilfe bei ihnen vorliegen (§ 166 VwGO, §§ 114, 115 ZPO)." ...

§ 28 SGB XII   Regelbedarf, Inhalt der Regelsätze

(1) Der gesamte Bedarf des notwendigen Lebensunterhalts außerhalb von Einrichtungen mit Ausnahme von Leistungen für Unterkunft und Heizung und der Sonderbedarfe nach den §§ 30 bis 34 wird nach Regelsätzen erbracht. Die Bedarfe werden abweichend festgelegt, wenn im Einzelfall ein Bedarf ganz oder teilweise anderweitig gedeckt ist oder unabweisbar seiner Höhe nach erheblich von einem durchschnittlichen Bedarf abweicht.

(2) Die Landesregierungen setzen durch Rechtsverordnung erstmals zum 1. Januar 2005 und dann zum 1. Juli eines jeden Jahres die Höhe der monatlichen Regelsätze im Rahmen der Rechtsverordnung nach § 40 fest. Sie können dabei die Träger der Sozialhilfe ermächtigen, auf der Grundlage von in der Rechtsverordnung festgeleg-

ten Mindestregelsätzen regionale Regelsätze zu bestimmen. Die Regelsätze für den Haushaltsvorstand (Eckregelsätze) in den Ländern Brandenburg, Mecklenburg-Vorpommern, Sachsen, Sachsen-Anhalt und Thüringen dürfen bis zur Festsetzung im Jahre 2010 nicht mehr als 14,00 Euro unter dem durchschnittlichen Eckregelsatz in den anderen Ländern festgesetzt werden.

(3) Die Regelsätze werden so bemessen, dass der Bedarf nach Absatz 1 dadurch gedeckt werden kann. Die Regelsatzbemessung berücksichtigt Stand und Entwicklung von Nettoeinkommen, Verbraucherverhalten und Lebenshaltungskosten. Grundlage sind die tatsächlichen, statistisch ermittelten Verbrauchsausgaben von Haushalten in unteren Einkommensgruppen. Datengrundlage ist die Einkommens- und Verbrauchsstichprobe. Die Bemessung wird überprüft und gegebenenfalls weiterentwickelt, sobald die Ergebnisse einer neuen Einkommens- und Verbrauchsstichprobe vorliegen.

(4) Die Regelsatzbemessung gewährleistet, dass bei Haushaltsgemeinschaften von Ehepaaren mit drei Kindern die Regelsätze zusammen mit Durchschnittsbeträgen der Leistungen nach den §§ 29 und 31 und unter Berücksichtigung eines durchschnittlich abzusetzenden Betrages nach § 82 Abs. 3 unter den erzielten monatlichen durchschnittlichen Nettoarbeitsentgelten unterer Lohn- und Gehaltsgruppen einschließlich anteiliger einmaliger Zahlungen zuzüglich Kindergeld und Wohngeld in einer entsprechenden Haushaltsgemeinschaft mit einer alleinverdienenden vollzeitbeschäftigten Person bleiben.

(5) Wird jemand in einer anderen Familie oder bei anderen Personen als bei seinen Eltern oder einem Elternteil untergebracht, so wird in der Regel der notwendige Lebensunterhalt abweichend von den Regelsätzen in Höhe der tatsächlichen Kosten der Unterbringung bemessen, sofern die Kosten einen angemessenen Umfang nicht übersteigen.

§ 28 enthält gegenüber dem bisherigen § 22 des Bundessozialhilfegesetzes eine neue Konzeption für die Regelsätze. Das bisherige Recht im Bundessozialhilfegesetz geht von der systematischen Unterteilung der Hilfe zum Lebensunterhalt in laufende und einmalige Leistungen aus. Während der überwiegende Teil der laufenden Leistungen (für Ernährung, hauswirtschaftlichen Bedarf usw.) nach monatlichen Regelsätzen gewährt wird, sind die einmaligen Leistungen (für Bekleidung, Wäsche, Schuhe, Hausrat, besondere Anlässe usw.) einzeln zu beantragen und zu bewilligen. Infolge des damit verbundenen erheblichen Verwaltungsaufwands ist die Praxis schon seit längerem dazu übergegangen, insbesondere für Bekleidung Pauschalen festzulegen und in monatlichen Teilbeträgen auszuzahlen, was allerdings nur auf freiwilliger Basis möglich ist. Mit dem Siebten Gesetz zur Änderung des Bundessozialhilfegesetzes vom 25. Juni 1999 (BGBl. I S. 1442) wurde die Experimentierklausel des § 10a in das Bundessozialhilfegesetz aufgenommen. Mit dieser zeitlich befristeten Regelung sollte den Trägern der Sozialhilfe die Möglichkeit gegeben werden, die Durchführbarkeit und die Auswirkungen weiterer Pauschalierungen in der Sozialhilfe zu erproben. Ziel war es, durch weitere Pauschalen neben einer Verwaltungsvereinfachung die Dispositionsfreiheit und Selbstständigkeit bei den Hilfeempfängern zu stärken. Zwischenergebnisse von Modellvorhaben auf der Grundlage dieser Experimentierklausel haben gezeigt, dass sich der überwiegende Teil der einmaligen Leistungen pauschalieren und mit dem Regelsatz in einer Gesamtpauschale zusammenfassen lässt. Dem soll nun durch die neue Regelung des § 28 Rechnung getragen werden.

Absatz 1 regelt den Grundsatz für die Neukonzeption der Regelsätze. Diese umfassen nach Satz 1 künftig pauschal den gesamten Bedarf für den notwendigen Lebensunterhalt außerhalb von Einrichtungen mit Ausnahmen, die definiert sind. Über den bisherigen Umfang hinaus werden also auch Leistungen für Haushaltsgeräte, Kleidung usw. in den Regelsatz einbezogen. Damit wird neben einer Verwaltungsvereinfachung auch die Selbstverantwortung des Leistungsberechtigten gestärkt, da es ihm künftig obliegt, einen Teil der monatlichen Leistungen anzusparen, um bei entstehendem Bedarf auch größere Anschaffungen zu tätigen. Nicht in den Regelsatz einbezogen werden zum einen die Leistungen für Miete und Heizung, weil die regionalen Unterschiede so gravierend sind, dass eine bundeseinheitliche Pauschalierung überwiegend entweder zu einer Überdeckung oder Unterdeckung des Bedarfs führen würde. Zum anderen werden Mehrbedarfe, Erstausstattungen für Wohnung und Kleidung, Beiträge zu den Sozialversicherungen sowie Bedarfe in Sonderfällen ebenfalls nicht in den Regelsatz einbezogen, da es nicht gerechtfertigt wäre, Leistungen für Bedarfe zu erbringen, die bei vielen bzw. dem überwiegenden Teil der Leistungsberechtigten überhaupt nicht entstehen. Weiterhin ausgenommen werden Leistungen für mehrtägige Klassenfahrten, da von Sozialämtern, die Modellprojekte durchführen, die Gefahr der Nichtteilnahme gesehen wird.

Absatz 1 Satz 2 stellt klar, dass alle pauschalierbaren Leistungen in einem monatlich auszuzahlenden Gesamtbetrag zusammengefasst werden. Absatz 1 Satz 3 entspricht im Wesentlichen dem bisherigen § 22 Abs. 1 Satz 2 des Bundessozialhilfegesetzes, konkretisiert jedoch das Merkmal der abweichenden Bemessung der Regelsätze. Ein Bedarf ist z.B. anderweitig gedeckt, wenn der Leistungsberechtigte einzelne Leistungen von dritter Seite erhält, zum Beispiel unentgeltliches Essen. Ein nachweisbar seiner Höhe nach erheblich von einem durchschnittlichen Bedarf abweichender Bedarf liegt beispielsweise vor, wenn der Leistungsberechtigte teurere Unter- oder Übergrößen tragen muss.

Absatz 2 Satz 1 und 2 übernehmen den bisherigen § 22 Abs. 2 des Bundessozialhilfegesetzes. Satz 3 schließt für eine Übergangszeit eine reine Absenkung des neuen Regelsatzes gegenüber den bisherigen Leistungen des Regelsatzes zuzüglich der einmaligen Leistungen in den neuen Ländern aus, da sich aus der noch heranzuziehenden Einkommens- und Verbrauchsstichprobe aus dem Jahre 1998 Werte ergeben könnten, die auf Grund inzwischen gewandelter Lebensverhältnisse nicht gerechtfertigt wären.

Die Absätze 3 und 4 entsprechen – mit redaktionellen Änderungen auf Grund der Eingliederung des Bundessozialhilfegesetzes in das Sozialgesetzbuch – den bisherigen § 22 Abs. 3 und 4 des Bundessozialhilfegesetzes. Die Bundesregierung wird die weitere Entwicklung des Lohnabstandsgebots gemäß Absatz 4 untersuchen.

Die Ermächtigung zum Erlass einer entsprechenden Rechtsverordnung wird in Angleichung an die Systematik des Sozialgesetzbuches an das Ende des Kapitels gestellt.

Absatz 5 übernimmt die Regelung des bisherigen § 3 Abs. 3 der Regelsatzverordnung, der nunmehr aus systematischen Gründen im Zusammenhang mit der Neukonzeption im Gesetz angesiedelt wird.

Bemerkung zur Übertragbarkeit der Rechtsprechung zu § 22 BSHG a. F. auf das neue Recht des SGB XII:

Im neuen SGB XII wird bis auf wenige Ausnahmen, ganz in Abkehr vom Recht des Bundessozialhilfegesetzes bis auf wenige Ausnahmen (§§ 30 bis 34 SGB XII) der gesamte notwendige Lebensbedarf außerhalb von Einrichtungen durch die Regelsätze erbracht. Die früher im BSHG enthaltenen „einmaligen Leistungen" wurden durch die Regelsätze überholt, wie sie im Wege der Pauschalierung einbezogen wurden.

Aus diesem Grunde ist die gesamte bisher ergangene Rechtsprechung zu den einmaligen Leistungen überholt, weil nicht mehr aktuell.

Eine Ausnahme bildet hier lediglich die Regelung des neuen § 28 Abs. 1 Satz 2 SGB XII, die der des alten § 22 Abs. 1 Satz 2 BSHG entspricht. Entgegen dem Trend der Pauschalierung soll durch die Regelung des § 28 Abs. 1 Satz 2 SGB XII Einzelfallgerechtigkeit hergestellt werden. Diese kann auch dazu führen, dass im Einzelfall der Regelsatz nicht erhöht, vielmehr herabgesetzt wird, so bei Erhalt unentgeltlicher Kost (BT-Drucks. 15/1514, S. 59).

Einzelfälle zur Regelung des § 22 Abs. 1 Satz 2 BSHG a.f. (zu § 28 Abs. 1 Satz 2 SGB XII)

Allgemein

Leitsatz (redaktionell) (BVerwG, Urteil vom 15. Dezember 1994, Az.: 5 C 55/92)

Der Regelsatz für den Haushaltsvorstand und den Alleinstehenden umfasst auch den typischerweise gesteigerten Ernährungsbedarf einer siebzehnjährigen (hier: alleinstehenden) Hilfeempfängerin.

Arzt- und Arzneimittelkosten

Leitsatz (redaktionell) (VG Hannover, Beschluss vom 15.01.2004, Az.: 7 B 59/04)

Zuzahlungen bei Arzneimitteln und Entrichtung von Praxisgebühren rechtfertigen keine Regelsatzerhöhung im Sinne der Regelung des § 22 Abs. 1 Satz 2 BSHG, sind vielmehr im Regelsatz enthalten.

Leitsatz (redaktionell) (OVG Münster, Beschluss vom 9. November 2000, Az: 22 A 351/99)

Kosten für Haushaltsenergie sind aus dem Regelsatz zu bestreiten.

Aus den Gründen:

„... Das VG wies die Klage der Klägerin mit dem sinngemäßen Antrag, den Beklagten zu verpflichten, ihr die Differenz zwischen der bisher in Höhe von 140,00 DM zweimonatlich zu zahlenden Stromkostenabschlagszahlung und der ab dem 15.08.1997 in Höhe von 292,00 DM zwei-monatlich zu zahlenden Stromkostenabschlagszahlung zu gewähren und ihr 456,00 DM zur Abdeckung eines Stromkostenrückstandes als Zuschuss zu gewähren, durch den angefochtenen Gerichtsbescheid ab.

Der dagegen gerichtete Antrag auf Zulassung der Berufung blieb erfolglos.

Entscheidungsgründe

Die von der Klägerin geltend gemachten ernstlichen Zweifel an der Richtigkeit der angefochtenen Entscheidung (§ 124 Abs. 2 Nr. 1 VwGO) liegen nicht vor.

Nach § 1 Abs. 1 S. 1 der RegelsatzVO vom 20.07.1962 – BGBl. I S. 515 – in der hier maßgeblichen Fassung, die die Verordnung durch die Änderungsverordnung vom 07.10. 1991 – BGBl. I S. 1971 – erhalten hat, sind die Aufwendungen für Haushaltsenergie Bestandteil des im Regelsatz zusammengefassten Monatsbedarfs (OVG NRW, Urteil vom 28.04.1999 – 24 A 4785/97 –, FEVS 51, 89; BVerwG, Beschluss vom 14.01.1998 – 6 B 92.97 –). Der Monatsbedarf eines Hilfeempfängers ist nach dem so genannten Statistikmodell ermittelt worden. Dieses geht von der Annahme aus, dass die statistisch ermittelten Lebens- und Verbrauchsgewohnheiten von Alleinstehenden und Mehrpersonenhaushalten in unteren Einkommensgruppen eine die notwendigen Bedürfnisse deckende, der Würde des Menschen entsprechende Lebensführung gewährleisten. Ansatz des Statistikmodells ist im Gegensatz zum früheren so genannten Warenkorbmodell nicht ein idealtypisch zusammengesetztes Bedarfsmengenschema, das sich an einem konkreten Bedarf orientiert und Verbrauchsarten und -mengen für verschiedene Teilbereiche des notwendigen Lebensunterhalts festsetzt. Nach dem Statistikmodell werden vielmehr Durchschnittswerte ungeachtet der realen Lebensgestaltung für ausreichend angesehen, um auf diese Weise eine der Entwicklung der Einkommen und des Verbrauchsverhaltens unterer Einkommensgruppen angepasste Entwicklung der Regelsätze sicherzustellen. Ausgangspunkt für die Bemessung der Regelsätze ist nicht mehr ein konkreter Bedarf selbst, sondern das Konsumverhalten bestimmter Einkommensgruppen, aus dem auf die Bemessung des laufenden notwendigen Lebensunterhalts geschlossen wird. Das Statistikmodell beruht auf einer Vielzahl aussagekräftiger statistischer Erhebungen. Es wurden im großen Rahmen alle Einnahmen und Ausgaben der ausgewählten privaten Haushalte erhoben. Um die Energie- und insbesondere Stromnachfrage von Haushalten zu ermitteln, wurden ca. 70.000 Haushalte befragt (vgl. zu allem OVG NRW, Urteile vom 22.09.1995 – 24 A 3493/92, 24 A 1824/93, 24 A 440/93 und 24 A 1416/93 – sowie BVerwG, Urteile vom 5.12.1996 – 5 C 51.95 –, BVerwGE 102, 274 und – 5 C 49.95 –, ZfS 1997, 338).

*Von daher ist es grundsätzlich nicht möglich, einem im Einzelfall wegen des Ver-
brauchsverhaltens des Hilfe Suchenden erhöhten Bedarf etwa – wie vorliegend – an
Haushaltsenergie durch eine Erhöhung der Regelsätze oder gar durch Einzelbewilli-
gungen Rechnung zu tragen. Ob der Hilfeempfänger viel oder wenig Energie verbraucht, obliegt seiner freien Entscheidung. Der Regelsatz steht ihm insgesamt zur
Befriedigung seiner notwendigen Bedürfnisse zur Verfügung. Ob er Ausgaben an
einer Stelle stark einschränkt zu Gunsten höherer Ausgaben für andere Bedürfnisse,
kann er selbst bestimmen. Eine Erhöhung des Regelsatzes kommt nach § 22 Abs. 1
S. 2 BSHG nur dann in Betracht, wenn eine abweichende Regelung durch die Besonderheit des Einzelfalls geboten ist. Davon kann jedoch hinsichtlich des Energieverbrauchs nur ausgegangen werden, wenn Umstände vorliegen, die einen besonders
hohen Energieverbrauch zwingend notwendig machen. Daran fehlt es hier.*

*Der Energieverbrauch der Klägerin erreicht bereits nicht ein außerordentliches Maß.
Im Zuge der Ermittlungen für die neue Bemessung der Regelsätze nach dem Statistikmodell wurde für eine dreiköpfige Familie ein Verbrauch von 4.416 Kilowattstunden
im Jahr festgestellt (vgl. Schellhorn, Neues Bedarfsbemessungssystem für die Regelsätze der Sozialhilfe: Ableitung der Regelsätze für sonstige Haushaltsangehörige,
NDV 1989, 157). Daran gemessen weicht der aus den Akten ersichtliche Verbrauch
der fünfköpfigen Familie der Klägerin von August 1996 bis Juni 1997, der Anlass für
die Erhöhung der Pauschale war, mit 5.980 Kilowattstunden von dem der Regelsatzbemessung zugrunde liegenden Verbrauchswert nicht wesentlich ab. Die starke Erhöhung der Abschläge hat vielmehr ihre Ursache in der erheblich zu niedrigen Abschlagszahlung für das erste Jahr. Darüber hinaus beruhte der Stromverbrauch der
Klägerin nach ihren eigenen Angaben weitgehend darauf, dass sie das Wohnzimmer
ständig mit insgesamt 900 Watt ausgeleuchtet hat. Eine Notwendigkeit dafür ist auch
unter Berücksichtigung dessen, dass die Dachgeschosswohnung durch Tageslicht
nur unzureichend ausgeleuchtet war, nicht zu erkennen. Wenn die Klägerin sich zum
Beispiel nicht mit einer einzelnen Lampe begnügte, um zu lesen, war das ihre freie
Entscheidung. Aus ihrer Sicht erforderliche zusätzliche Mittel für die Herstellung „nor-
maler Helligkeitsverhältnisse" hätte die Klägerin dann an anderer Stelle einsparen
müssen.*

*Hiervon ausgehend war der Beklagte weder verpflichtet, die Regelsatzleistungen
wegen erhöhten Energieverbrauchs zu erhöhen, noch war er verpflichtet, den zur Abdeckung des Stromkostenrückstandes erforderlichen Betrag als Zuschuss zu gewähren. Es ist ermessensfehlerfrei, wenn in einem derartigen Fall die Behörde ihr Ermessen dahin ausübt, dass sie den zur Aufrechterhaltung der Stromversorgung
erforderlichen Betrag lediglich als Darlehen gewährt."*

Bordellbesuche etc.

Leitsatz (redaktionell) (VG Ansbach, Urteil vom 05.03.2004,
Az.: AN 4 K 04.00052)

Bordellbesuche, Ausleihen von Pornofilmen etc. muss vom Regelsatz bestritten werden.

Aus den Gründen:

Der Kläger, ein arbeitsloser Kfz-Mechaniker, erhält seit Jahren vom Beklagten laufende Hilfe zum Lebensunterhalt und besonderen Mietzuschuss in der jeweils gesetzlich gebotenen Höhe. Er ist mit einer thailändischen Staatsangehörigen verheiratet. Seine Ehefrau ist Anfang des Jahres 2002 nach Thailand zurückgekehrt und hat dort den gemeinsamen Sohn geboren. Seitdem lebt seine Ehefrau und das Kind bei ihren Verwandten in Thailand in nicht näher bekannten wirtschaftlichen Verhältnissen.

Mitte des Jahres 2002 hat der Kläger für seine Ehefrau und das Kind beantragt, die Bundesrepublik Deutschland im Wege einer einstweiligen Anordnung zu verpflichten, für beide die Rückreisekosten in die Bundesrepublik Deutschland zu übernehmen. Dieses Verfahren hat das Gericht nach vorheriger Anhörung der Beteiligten mit Beschluss vom 16. August 2002, Az. AN 4 E 02.01150, zuständigkeitshalber an das Verwaltungsgericht Berlin verwiesen. Nach Aussage des Klägers ist über das dort unter dem Az. VG 14 A 78.02 geführte Verfahren bis heute noch nicht entschieden worden.

Mit Schreiben vom 2. September 2003 und 10. Oktober 2003 hat der Kläger nach seinen eigenen Angaben beim Beklagten beantragt, ihm die Kosten zur Befriedigung seiner im Einzelnen benannten sexuellen Bedürfnisse zu bewilligen bzw. zu erstatten. Nach Angaben des Beklagten sind diese Schreiben dem Beklagten erst nach Klageerhebung bekannt geworden.

II.

Mit am 12. Januar 2004 bei Gericht zur Niederschrift gegebenen Erklärung hat der Kläger Klage erhoben und in der Fassung der in der mündlichen Verhandlung gestellten Anträge beantragt:

1) Den Beklagten wegen grob vorsätzlicher Untätigkeit im Amt zu einem Ordnungsgeld in Höhe 5.000,00 EUR, ersatzweise zu einer dreimonatigen Ordnungshaftstrafe zu verurteilen.

2) Der Antragsgegner wird zur sofortigen Auszahlung gemäß dem Antrag vom September 2003 in den Punkten 1 bis 3 an den Kläger ebenfalls unter Androhung eines Ordnungsgeldes in Höhe von 25.000,00 EUR, ersatzweise zu einer sechsmonatigen Ordnungshaftstrafe verurteilt. Die Zahlung an den Kläger hat der Beklagte dem Gericht bis spätestens zum 20. Januar 2004 nachzuweisen.

Im Einzelnen:

a) ihm monatlich vier Besuche im Freudenhaus zur Wiederherstellung seines psychischen sowie seelischen Gleichgewichtes zu bewilligen. Pro Besuch sind ca. 100,00 EUR für die Dame sowie 25,00 EUR für die Fahrt nach ... und zurück zu bezahlen.

b) für seine erhöhten Sexbedürfnisse die Übernahme der Kosten für die Videothek bzw. bezüglich der Leihgebühren von Pornofilmen von mindestens acht Stück pro Monat sowie die An- und Abfahrten zur Videothek nach ... 4 x 20 km à 0,30 EUR, sowie die Kosten für das Happy Weekend Magazin seit September 2003, erscheint zweimal pro Monat, zum Verkaufspreis von 11,65 EUR, also 23,30 EUR pro Monat.

c) die Kostenübernahme von Kondomen und Zewa-Wichsboxen für das Betrachten der Filme.

3) Der Beklagte hat die Kosten des Verfahrens sowie die Auslagen des Klägers in Höhe von 23,00 EUR für Zeitaufwand, Fahrtkosten, Parkgebühren zu bezahlen. Dies ergebe sich aus dem Zeugenentschädigungsgesetz und BGB.

Zur Begründung hat er unter Wiederholung seiner bei Klageerhebung abgegebenen Erklärungen im Wesentlichen darauf verwiesen, dass er wegen der Weigerung der Behörden, die Rückführungskosten u.a. für seine Ehefrau bisher zu übernehmen, unter sexuellen Entzugserscheinungen leide, seine Ehe aber nicht gefährden wolle und daher auf die Erfüllung seiner unter oben genannten Ziffern 2. a) bis c) genannten Bedürfnisse zur Beseitigung seiner physischen und psychischen Probleme zwingend angewiesen sei.

Der Beklagte hat beantragt, die Klage abzuweisen.

Der Beklagte habe mit Bescheid vom 29. Januar 2004 den erst mit Klageerhebung bekannt gewordenen Antrag des Klägers vom 2. September 2003 abgelehnt. Eine sozialhilferechtliche Anspruchsgrundlage hinsichtlich der geltend gemachten Begehren sei nicht ersichtlich.

In der mündlichen Verhandlung hat der Kläger seine Begehren weiter verfolgt. Der Beklagte und die Vertreterin der Widerspruchsbehörde haben sich mit einer Entscheidung ohne vorherige Durchführung eines Widerspruchsverfahrens einverstanden erklärt.

Hinsichtlich der weiteren Einzelheiten wird auf den Inhalt der vorgelegten Behördenakten und der Gerichtsakten sowie auf die zum Verfahren beigezogenen Gerichtsakten AN 4 K 04.00053, AN 4 E 04.00054 und AN 4 E 02.01150 Bezug genommen.

Entscheidungsgründe

Unter Zurückstellung erheblicher Bedenken hat das Gericht unter Berücksichtigung des gesamten Klagebegehrens, der Einverständniserklärung des Beklagten und der Widerspruchsbehörde und im Hinblick auf die Prozessökonomie die Klage, soweit sie eine Verpflichtung des Beklagten zum Ziel hat, als sogenannte Untätigkeitsklage gemäß § 75 VwGO als noch zulässig erachtet.

In sachlicher Hinsicht ist diese Klage aber unter allen denkbaren rechtlichen Gesichtspunkten zweifelsfrei insgesamt unbegründet.

Die geltend gemachten Begehren, soweit sie sich auf die sexuellen Bedürfnisse des Klägers beziehen, sind Kosten der allgemeinen Lebensführung und folglich insoweit insgesamt von der vom Beklagten dem Kläger bewilligten Hilfe zum Lebensunterhalt in Höhe des jeweiligen Regelsatzes für einen Haushaltsvorstand umfasst bzw. aus diesem zu bestreiten. Ein sozialhilferechtlich anerkennungsfähiger „Sonderbedarf" bzw. ein Anspruch auf Beihilfe im Einzelfall ist nicht ersichtlich. Ein Anspruch auf gesonderte Übernahme der geltend gemachten Kosten durch Gewährung einer zusätzlichen Beihilfe würde nur dann bestehen, wenn der geltend gemachte Bedarf nicht ein Regelbedarf wäre und deshalb nicht durch die Regelsatzleistungen abgegolten ist. Regelbedarf ist der ohne Besonderheiten des Einzelfalles (§ 22 Abs. 1 Satz 2 BSHG) bei vielen Hilfempfängern (zu deren Einteilung in Gruppen vgl. § 2 Regelsatzverordnung) gleichermaßen bestehende, nicht nur einmalige Bedarf nach § 1 Abs. 1 Regelsatzverordnung. Die Abgrenzung, was vom Gegenstand und vom Wert her zum Regelbedarf gehört, hat der Normgeber in § 22 BSHG in Verbindung mit § 1 Regelsatzverordnung festgelegt (BVerwG, Urteil vom 13.12.1990 – FEVS 41, 221). Dazu gehören zweifelsfrei auch die Kosten zur Befriedigung der jeweiligen persönlichen sexuellen Bedürfnisse. Die mit der Leistung von Regelsätzen beabsichtigte Klarheit und Gleichheit der Sozialhilfegewährung gebietet, dass Sozialhilfeleistungen für den Regelbedarf von den nach § 1 Abs. 2 Regelsatzverordnung möglichen Ausnahmen abgesehen ausschließlich nach Regelsätzen zu bemessen sind. Damit scheiden einmalige Leistungen zur Deckung von Regelbedarf aus. Dies gilt auch dann, wenn die Regelsatzleistung den Regelbedarf nicht ausreichend berücksichtigt haben sollte. Soweit ein Regelsatz als unzureichend erkannt wird, dürfen die darauf beruhenden unzureichenden Regelsatzleistungen nicht durch einmalige Leistungen ergänzt werden (BVerwG, Urteil vom 13.12.1990, a.a.O.). Der Kläger kann sich letztlich auch nicht auf einen „Sonderbedarf" wegen des Aufenthaltes seiner Ehefrau in Thailand berufen. Insoweit bleibt lediglich noch darauf zu verweisen, dass die Frage der Rückführung seiner Familienangehörigen bzw. die entsprechende Kostentragung nicht Gegenstand des vorliegenden Rechtsstreites war, der Kläger und seine Familienangehörigen vielmehr hierzu das Verfahren vor dem VG Berlin weiterbetreiben müssen und im Übrigen schon auf Grund des Zeitablaufes bei diesbezüglicher Antragstellung Mitte des Jahres 2002 und bisher offenkundig fehlender Entscheidungsreife in diesem Verfahren mehr als fraglich erscheint, ob seinen Familienangehörigen überhaupt an einer Rückkehr zum Kläger gelegen ist. Die geltend gemachten „Entzugserscheinungen" sind daher allein dem persönlichen Lebensbereich des Klägers zuzurechnen und stellen mithin keinen sozialhilferechtlich zu bewältigenden „Sonderbedarf" dar.

Hinsichtlich des vom Kläger mit der Klage noch verfolgten Feststellungsbegehrens „Untätigkeit des Beklagten" bleibt lediglich anzumerken, dass diese Untätigkeit durch nichts belegt ist und eher alles dafür spricht, dass das Begehren des Klägers dem Beklagten tatsächlich erst nach Klageerhebung bekannt geworden ist. Im Übrigen fehlt es aber auch an einem entsprechenden und für einen etwaigen Erfolg des Klagebegehrens vorausgesetzten Feststellungsinteresse, denn die Frage einer Untätigkeit im Amt ist vom Gericht regelmäßig nur im Rahmen der Zulässigkeit des dahinter stehenden Hauptbegehrens im Rahmen einer Anfechtungs- oder, wie vorliegend, einer Verpflichtungsklage zu beurteilen. Wie ausgeführt, ist das Gericht im Einverständnis mit der Beklagtenseite aber von einer noch zulässigen Untätigkeitsklage im Sinne des § 75 VwGO bezüglich des Hauptbegehrens ausgegangen. Ein darüber hinausgehender Feststellungsanspruch ist mithin nicht ersichtlich, weshalb auch die übrigen damit zusammenhängenden Klagebegehren (Ordnungsgeld etc.) unbehelflich sind...".

Leitsatz (redaktionell) (VG Osnabrück, Urteil vom 09.12.1999, Az: 6 A 271/98)

Im Vorliegenden könnte die Klägerin kostenloses Kantinenessen der Behindertenwerkstatt in Anspruch nehmen und dadurch ihren Ernährungsbedarf insoweit ohne Inanspruchnahme der Sozialhilfe decken.

Aus den Gründen:

Die am ... geborene Klägerin erhält seit dem 01.04.1998 laufende Hilfe zum Lebens-
unterhalt. Dabei wurde der Regelsatz für Haushaltungsvorstände in Höhe von seiner-
zeit 539,00 DM gemäß Bescheid der ... vom ... um 20 % (=107,80 DM) „bis auf weite-
res" gekürzt, weil die Klägerin als Mitarbeiterin der Behindertenwerkstatt ... das
arbeitstägliche Mittagessen in der Kantine der Werkstatt einnahm. Unter Berücksich-
tigung ihres Arbeitseinkommens ergab sich ein Hilfebetrag in Höhe von monatlich
499,81 DM.

Mit Schreiben vom 21.04.1998 – beim Sozialamt eingegangen am 06.05.1998 – be-
antragte die Klägerin, von der Kürzung des Regelsatzes künftig abzusehen. Zur Be-
gründung gab sie an, dass sie ab sofort an dem Mittagessen in der Kantine nicht
mehr teilnehme, weil sie sich abends lieber selber etwas koche. Sie legte dazu eine
Bescheinigung der Behindertenwerkstatt vor, nach der sie ab 01.05.1998 nicht mehr
am Mittagessen in der Einrichtung teilnahm.

Unter dem 03.06.1998 erging auf Grund einer Neuberechnung (Berücksichtigung
einer Hausratsversicherung) für den Zeitraum ab 01.04.1998 ein erneuter Bescheid,
mit dem die Hilfe zum Lebensunterhalt auf monatlich 506,23 DM festgesetzt wurde.
Den Antrag auf Aufhebung der Kürzung des Regelsatzes lehnte die ... mit der Be-
gründung ab, dass das Mittagessen tatsächlich aus persönlichen Gründen nicht ein-
genommen werde und somit weiterhin eine entsprechende häusliche Ersparnis vor-
liege.

Die Klägerin legte dagegen mit der Begründung Widerspruch ein, dass sie für die Zu-
bereitung ihres Mittagessens auch einkaufen müsse und insofern keine häusliche Er-
sparnis habe.

Der Beklagte wies den Widerspruch nach Beratung der Angelegenheit mit sozial er-
fahrenen Personen gemäß § 114 Abs. 2 BSHG durch Bescheid vom 20.08.1998 mit
folgender Begründung zurück: Gemäß § 2 Abs. 1 BSHG erhalte Sozialhilfe nicht, wer
sich selbst helfen könne oder die erforderliche Hilfe von anderen, besonders von An-
gehörigen oder von Trägern anderer Sozialleistungen erhalte. Laufende Leistungen
zum Lebensunterhalt würden gemäß § 22 Abs. 1 BSHG nach Regelsätzen gewährt.
Sie seien abweichend von den Regelsätzen zu bemessen, soweit dies nach den Be-
sonderheiten des Einzelfalles geboten sei. In der Beschützenden Werkstatt, in der
die Klägerin tätig sei, werde täglich ein Mittagessen angeboten. Diese Besonderheit
sei bei den Regelsatzleistungen zu bedenken. Nach der Rechtsprechung des OVG
Lüneburg sei eine Kürzung des maßgeblichen Regelsatzes um 20 % angemessen.
Zwar sei die Entscheidung der Klägerin, zu welcher Tageszeit sie ihre Hauptmahlzeit
einnehmen wolle, zu respektieren. Dies könne jedoch nicht dazu führen, dass höhere
Sozialleistungen erbracht würden. Sozialhilfe sei nach der Rechtsprechung des
BVerwG nicht zu gewähren, wenn ein Hilfesuchender ausdrücklich erkläre, einen ihm
zustehenden Anspruch nicht durchsetzen zu wollen, obwohl ihm dies zugemutet wer-
den könne. Der Klägerin sei durchaus zuzumuten, an den Mittagessen der Beschüt-
zenden Werkstatt ..., die nach Umfang und Qualität durchaus einer gesunden Ernäh-
rung entsprächen, teilzunehmen.

Die Klägerin hat dagegen am 21.09.1998 Klage erhoben, zu deren Begründung sie
vorträgt: Die Kürzung sei sowohl dem Grunde als auch, was hilfsweise geltend ge-
macht werde, der Höhe nach ungerechtfertigt. – Der Beklagte könne sie nicht darauf
verweisen, an den Mahlzeiten in der Behindertenwerkstatt teilzunehmen und da-

durch Sachleistungen Dritter entgegenzunehmen. Sie habe jedoch einen Anspruch auf Geldleistungen und sei nicht verpflichtet, sich Sachleistungen Dritter anrechnen zu lassen. Es bestehe keine Verpflichtung für sie, angebotene Mahlzeiten entgegenzunehmen bzw. Mittagsmahlzeiten einzunehmen, wenn sie dies nicht wünsche, sondern stattdessen ihre Hauptmahlzeiten zu anderen Tageszeiten einnehmen wolle. Die gegenteilige Ansicht des Beklagten widerspreche dem Grundsatz des § 1 Abs. 2 BSHG. Es entspreche der Würde des Menschen, selbst und unbeeinflusst zu bestimmen, wann und wo er seine Mahlzeiten einnehme. Dahinter habe die Verpflichtung zur Selbsthilfe zurückzustehen. § 22 Abs. 1 Satz 2 BSHG beinhalte im Übrigen keine sozialpädagogische Maßnahme, wie dies etwa bei § 25 BSHG der Fall sei. Durch die Kürzung des Regelsatzes sei sie gezwungen, entgegen ihrem Willen und ihrer Gewohnheit zumindest hin und wieder Hauptmahlzeiten mittags statt abends einzunehmen. Das angebotene Essen finde zudem nicht immer ihren Geschmack. – Unabhängig davon sei die Kürzung eine unzumutbare Härte für sie. Sie habe verschiedene Schulden, die sie zu bedienen habe und für die sie den vollen Betrag der Sozialhilfe benötige. Für eine Mietkaution, die noch in Höhe von 590,00 DM offen sei, müsse sie monatlich 50,00 DM zurückzahlen. Für die Anschaffung von Möbeln sowie eines Fernsehers seien monatliche Raten von 80,00 bzw. 36,00 DM aufzubringen. Diese monatlichen Belastungen seien aus einem anzuerkennenden individuellen Bedarf entstanden und nach dem Grundsatz der Individualisierung gemäß § 3 Abs. 1 BSHG bei der Hilfegewährung zu berücksichtigen. – Sie arbeite in der Kantine der berufsbildenden Schulen .... Die dort angebotenen Mittagsmahlzeiten entfielen in den Ferienzeiten. Diese Zeiten, für die eine Kürzung nicht begründbar sei, seien in den angefochtenen Bescheiden nicht berücksichtigt. – Ferner sei bei ihrem Bedarf unberücksichtigt geblieben, dass sie als Schwerbehinderte mit dem Merkzeichen G anerkannt sei. – Bei Hilfen in besonderen Lebenslagen gemäß § 28 BSHG würden Eigenleistungen nur nach den tatsächlichen Gegebenheiten berechnet. Dies führe dazu, dass bei Teilnahme an Mahlzeiten, wenn diese als Leistungen Dritter angerechnet würden, geringere Beträge berechnet würden als der Pauschalabzug in ihrem Falle. Eine solche Bevorzugung sei sachlich nicht gerechtfertigt.

Die Klägerin beantragt,

a) den Bescheid der ... vom ... bezüglich der Kürzung des Regelsatzes für die Zukunft in vollem Umfang und für die Vergangenheit insoweit aufzuheben, als damit der Regelsatz auch insoweit gekürzt worden sei, als sie an der Kantinenverpflegung der Beschützenden Werkstatt S. nicht teilgenommen habe;

b) den Bescheid der ... vom ..., soweit damit ihr Antrag auf Auszahlung des ungekürzten Regelsatzes abgelehnt worden sei, sowie den Widerspruchsbescheid des Beklagten vom ... aufzuheben und

c) den Beklagten zu verpflichten, ihr mit Wirkung für die Zukunft laufende Hilfe zum Lebensunterhalt ohne Kürzung des Regelsatzes zu gewähren.

Der Beklagte beantragt im Wesentlichen aus den Gründen des Widerspruchsbescheides, die Klage abzuweisen.

Ergänzend macht er geltend: Die Sozialhilfe diene nicht dazu, einen Hilfesuchenden von seinen Schuldverbindlichkeiten zu entlasten. Ein etwaiger Anspruch auf einmalige Beihilfe hätte vor Behebung der Notlage mit dem zuständigen Sachbearbeiter geklärt werden müssen. Auch § 3 Abs. 1 Satz 1 BSHG könne eine möglicherweise versäumte Antragstellung nicht heilen. – Da nicht vorhersehbar sei, wann und wie lange ein Hilfeempfänger eine Einrichtung zur teilstationären Betreuung in Ferienzeiten nicht besuche, sei dies entsprechend nachzuweisen. Bei Vorlage einer entsprechenden Bescheinigung werde für diese Zeiten Sozialhilfe nachbewilligt. – Der behinderungsbedingte Mehrbedarf gemäß § 23 Abs. 1 Ziff. 2 BSHG sei durch Bescheid vom 04.09.1998 mit Wirkung ab Antragstellung nachbewilligt worden.

Wegen des weiteren Sachverhalts wird auf die Gerichtsakten sowie die beigezogenen Verwaltungsvorgänge Bezug genommen.

Die Parteien haben sich mit einer Entscheidung durch den Einzelrichter einverstanden erklärt (§ 87a Abs. 2 VwGO).

Entscheidungsgründe

Die Klage ist begründet.

Bei dem angefochtenen Bescheid der ... vom 07.04.1998 handelt es sich hinsichtlich der damit ausgesprochenen Kürzung des Regelsatzes um einen Dauerverwaltungsakt. Dies folgt daraus, dass sich sein Regelungsgehalt insoweit nicht auf den Monat April 1998 als aktuellen Bewilligungszeitraum beschränkt, sondern in die Zukunft wirkt (vgl. LPK-BSHG, 5. Aufl., Anhang III Rz. 52). Im Bescheid kommt dies in der Weise zum Ausdruck, dass die Kürzung bis auf weiteres gelten soll. Damit ist im Sinne der Ablehnung eines begünstigenden Verwaltungsaktes unter der Voraussetzung fortbestehender Hilfebedürftigkeit im Übrigen geregelt, dass die Hilfegewährung (auch) in Zukunft nur mit entsprechender Kürzung des Regelsatzes gewährt, in Höhe des Kürzungssatzes also abgelehnt werde. Demzufolge handelt es sich vorliegend um eine Verpflichtungsklage, die auf den Erlass eines die Kürzung betreffenden Aufhebungsbescheides gerichtet ist. Dabei hat die Klägerin, soweit es um den vergangenen Kürzungszeitraum geht, zulässigerweise lediglich die teilweise Aufhebung der Bescheide vom 07.04. und 03.06.1998 nach Maßgabe ihrer Teilnahme an der Gemeinschaftsverpflegung beantragt, während die Bezifferung dieses Betrages einem gesonderten Verwaltungsverfahren vorbehalten bleiben soll. Dies beinhaltet die Verpflichtung des Beklagten dem Grunde nach, laufende Hilfe in entsprechender Höhe nachzubewilligen. Darüber ist – wegen der Beschränkung des Antrages – nicht durch Zwischen-, sondern durch Endurteil zu entscheiden (vgl. dazu Schoch/ Schmidt-Aßmann/Pietzner, VwGO, Stand: März 1999, § 111 Rz. 5).

Die Klägerin hat einen Anspruch darauf, dass ihr laufende Hilfe zum Lebensunterhalt grundsätzlich ohne Kürzung des Regelsatzes für Alleinstehende gewährt wird.

Gemäß § 11 Abs. 1 BSHG ist Hilfe zum Lebensunterhalt demjenigen zu gewähren, der seinen notwendigen Lebensunterhalt nicht oder nicht ausreichend aus eigenen Mitteln, vor allem aus seinem Einkommen und Vermögen, beschaffen kann. Dabei gehört zum notwendigen Lebensunterhalt besonders Ernährung, Unterkunft, Kleidung, Körperpflege, Hausrat, Heizung und persönliche Bedürfnisse des täglichen Lebens (§ 12 BSHG). Unter den Parteien besteht Einvernehmen darüber, dass bei der Klägerin dem Grunde nach Bedürftigkeit in diesem Sinne gegeben ist.

Gemäß § 21 Abs. 1 BSHG kann Hilfe zum Lebensunterhalt durch laufende und einmalige Leistungen gewährt werden. Laufende Leistungen, um die es hier geht, werden gemäß § 22 Abs. 1 Satz 1 BSHG grundsätzlich nach Regelsätzen gewährt, können jedoch abweichend davon bemessen werden, wenn dies nach der Besonderheit des Einzelfalles geboten ist (Satz 2). Damit wird dem Individualisierungsgrundsatz des § 3 BSHG Rechnung getragen. In erster Linie dient die Vorschrift des § 22 Abs. 1

Satz 2 BSHG dazu, durch Regelsatzerhöhung einem laufenden Bedarf Rechnung zu tragen, der bei der generalisierenden Bemessung der Regelsatzleistungen nicht berücksichtigt wurde und wegen seiner Einzelfallabhängigkeit auch nicht berücksichtigt werden konnte. Darüber hinaus wird unter entsprechenden Voraussetzungen überwiegend auch eine Regelsatzsenkung für zulässig gehalten (vgl. BVerwG, U. v. 16.01.1986 – 5 C 72/84 – FEVS 35, 271 = NVwZ 1986, 380; –.12.1994 – 5 C 55/92 – FEVS 45, 401; Schellhorn/Jirasek/Seipp, BSHG, 15.Aufl., § 22 Rz. 13; Mergler/Zink, BSHG, 4. Aufl., Stand: April 1999, § 22 Rz. 16 ff.; ferner BVerwG, B. v. 30.12.1996 – 5 B 47/96 – FEVS 47, 337; abl. LPK-BSHG, 5. Aufl., § 22 Rz. 20).

Der Beklagte leitet bei der Klägerin besondere Umstände für eine Kürzung des Regelsatzes daraus her, dass diese ihre Mittagsmahlzeit an den Wochentagen Montag bis Freitag außerhalb der Ferienzeit kostenlos in der von den Gemeinnützigen Werkstätten des Osnabrücker Landes GmbH betriebenen Kantine einnehmen könne. Ob auch für eine solche Fallgestaltung die Regelung des § 22 Abs. 1 Satz 2 BSHG einschlägig ist, erscheint zweifelhaft, weil nicht einem ausnahmsweise niedrigeren Ernährungsbedarf, als er dem betreffenden Regelsatzanteil entspricht, Rechnung getragen werden soll. Diese Frage kann hier jedoch offen bleiben, weil auch unter Berücksichtigung dieser Besonderheit keine von den Regelsätzen abweichende Bemessung der laufenden Leistungen im Sinne des Gesetzes geboten ist.

Bei der Klägerin geht es darum, inwieweit ihr Ernährungsbedarf durch Leistungen Dritter gedeckt ist bzw. gedeckt werden kann. Soweit ein Hilfesuchender anderweitige Leistungen erhält, die zur Deckung des sozialhilferechtlichen Bedarfs geeignet und bestimmt sind, handelt es sich um geldwerte Einkünfte im Sinne des § 76 Abs. 1 BSHG, welche gemäß § 11 BSHG auf den (vorhandenen) Bedarf anzurechnen sind (vgl. LPK-BSHG, § 76 Rz. 4 f.; Schellhorn/Jirasek/Seipp, aaO, § 76 Rz. 10). Nimmt dagegen ein Hilfesuchender die Möglichkeit, Leistungen von Dritten zu erhalten, nicht in Anspruch, so ist dies nicht mehr eine Frage der Anrechnung von Einkommen, weil immer nur tatsächliche Zuflüsse angerechnet werden können (vgl. LPK-BSHG, § 76 Rz. 12; Schellhorn/Jirasek/Seipp, aaO, § 76 Rz. 11). Vielmehr ist der allgemeine Nachranggrundsatz gemäß § 2 Abs. 1 BSHG betroffen. Danach erhält keine Sozialhilfe, wer sich selbst helfen kann oder die erforderliche Hilfe von anderen, besonders von Angehörigen oder von Trägern anderer Sozialleistungen erhält.

Im Vorliegenden könnte die Klägerin kostenloses Kantinenessen der Behindertenwerkstatt in Anspruch nehmen und dadurch ihren Ernährungsbedarf insoweit ohne Inanspruchnahme der Sozialhilfe decken. Ob dies eine Möglichkeit der Selbsthilfe darstellt, auf die sie von Rechts wegen verwiesen werden kann, hängt davon ab, inwieweit es ihr zuzumuten ist, davon Gebrauch zu machen. Um die Auszahlung des ungekürzten Regelsatzes beanspruchen zu können, bedürfte die Klägerin für die Nichtinanspruchnahme des Kantinenessens eines Rechtfertigungsgrundes, welcher bei Abwägung mit dem vom Träger der Sozialhilfe wahrzunehmenden öffentlichen Interesses an einem sparsamen Umgang mit allgemeinen Steuermitteln den Vorrang verdient (vgl. BVerwG, U. v. 05.05.1983 5 C 112/881 – NJW 1983, 2954 <2955 f.>). – Gemäß § 4 Abs. 2 BSHG ist über Form und Maß der Sozialhilfe nach pflichtgemäßem Ermessen zu entscheiden. Dieses Ermessen ist durch die bereits angesprochene Regelung des § 3 BSHG gebunden. Danach richten sich Art, Form und Maß der Sozialhilfe insbesondere nach der Person des Hilfeempfängers und der Art des Bedarfs (Abs. 1) sowie den sich auf die Gestaltung der Hilfe richtenden Wünschen des Hilfeempfängers, denen entsprochen werden soll, soweit sie angemessen sind (Abs. 2). In diesem Zusammenhang fällt der Grundsatz des § 1 Abs. 2 Satz 1 BSHG maßgeblich ins

Gewicht, wonach dem Empfänger von Sozialhilfe ermöglicht werden soll, ein Leben zu führen, das der Würde des Menschen entspricht. Dazu gehört, dass einem erwachsenen Menschen die Möglichkeit gelassen wird, im Rahmen der ihm nach dem Gesetz zustehenden Mittel seine Bedarfsdeckung frei zu gestalten. Diesem Erfordernis wird im Regelfall dadurch entsprochen, dass die laufende Hilfe zum Lebensunterhalt in Form von Geld gewährt, also im Ganzen ausgezahlt wird (vgl. BVerwG, U.v. 16.01.1986 – 5 C 72/84 – FEVS 35, 271 = NVwZ 1986, 380).

Eine Abwägung nach den vorstehenden Grundsätzen ergibt im vorliegenden Falle, dass den privaten Belangen der Klägerin gegenüber dem öffentlichen Interesse der Vorrang gebührt. Zwar würden öffentliche Mittel eingespart, wenn die Klägerin ihre arbeitstägliche Mittagsmahlzeit kostenlos in der Kantine der Beschützenden Werkstatt einnähme. Dem stehen jedoch angemessene, nicht mit unverhältnismäßigen Mehrkosten verbundene Wünsche der Klägerin im Sinne des § 3 Abs. 2 Sätze 1 und 3 BSHG gegenüber. Mit Rücksicht darauf, dass sich die beanspruchte Hilfe auf die Gewährung des (ungekürzten) Regelsatzes beschränkt, wie er üblicherweise zur Auszahlung gelangt, bedeutet es einen unverhältnismäßigen Eingriff in die Lebensführung der Klägerin, wenn diese darauf verwiesen wird, ihren täglichen Ernährungsbedarfs zu einem Teil durch Entgegennahme als Sachleistung zu decken. Damit wird ihr nicht nur die Möglichkeit vorenthalten, über die Art und Weise, in der sie ihre tägliche Hauptmahlzeit zu sich nehmen will, frei zu entscheiden, sondern zugleich in die dem Sozialhilfeempfänger grundsätzlich zuzubilligende Dispositionsfreiheit eingegriffen, sich durch besondere Sparsamkeit in bestimmten Bereichen der Lebensführung (zusätzlichen) Spielraum für andere Bedürfnisse zu erschließen. Der Klägerin ist danach nicht verwehrt, einen Teil des Regelsatzes bei entsprechender Einschränkung ihres Ernährungsbedarfs für die Abzahlung bestimmter Anschaffungen zu verwenden.

Im Falle der Klägerin kommt hinzu, dass für sie als Schwerbehinderte die Möglichkeiten, ein selbstbestimmtes Leben zu führen, nicht unerheblich eingeschränkt sind. Vor diesem Hintergrund gewinnt die eigene Vorsorge für den täglichen Ernährungsbedarf zusätzliches Gewicht. Die Möglichkeit, sich in diesem Bereich eigenverantwortlich zu entfalten und dadurch den Tagesablauf zu strukturieren, würde nicht unmaßgeblich eingeschränkt, wenn die Klägerin auf Grund der Kürzung der Hilfeleistung gezwungen wäre, die Mittagsmahlzeit in der Kantine der Beschützenden Werkstatt einzunehmen. Damit erhält die Gewährung des ungekürzten Regelsatzes zugleich einen unmittelbaren Bezug zur Schwerbehindertenfürsorge als einer sozialstaatlichen Aufgabe und damit zu dem allgemeinen Sozialstaatsgrundsatz, welcher bei der Anwendung einfacher Gesetze als Auslegungsrichtlinie zu beachten ist (vgl. Leibholz/ Rinck/Hesselberger, Grundgesetz, 7. Aufl., Stand: Juni 1999, Art. 20 Rz. 271 u. 293).

Da die Klägerin beabsichtigt, sich zukünftig in vollem Umfang selbst zu verpflegen, ist ihr die laufende Hilfe zum Lebensunterhalt in Zukunft ungekürzt auszuzahlen. Dem trägt der auf die Zukunft gerichtete Verpflichtungsausspruch Rechnung. Sollten sich diesbezüglich Änderungen in der Lebensführung ergeben, die sich auf die Hilfebedürftigkeit auswirken, hätte die Klägerin dies gemäß § 60 Abs. 1 SGB I dem Sozialhilfeträger mitzuteilen.

Demgegenüber hat die Klägerin die vorgenommene Kürzung für die Vergangenheit insoweit hinzunehmen, als sie tatsächlich am Mittagessen in der Kantine der Beschützenden Werkstatt ... teilgenommen hat, weil es sich in diesem Umfang – wie ausgeführt – um anrechnungspflichtige Sacheinkünfte handelt, für deren Bewertung die in der Rechtsprechung des OVG Lüneburg (vgl. U. v. 08.09.1987 – 4 A 2/87 –

FEVS 39, 108) entwickelten Grundsätze gelten. Demzufolge war der Bescheid der Stadt ... vom 07.04.1998 – wie beantragt – (nur) insoweit aufzuheben, als die Kürzung darüber hinausgegangen ist." ...

§ 29 SGB XII   Unterkunft und Heizung

(1) Leistungen für die Unterkunft werden in Höhe der tatsächlichen Aufwendungen erbracht. Übersteigen die Aufwendungen für die Unterkunft den der Besonderheit des Einzelfalles angemessenen Umfang, sind sie insoweit als Bedarf der Personen, deren Einkommen und Vermögen nach § 19 Abs. 1 zu berücksichtigen sind, anzuerkennen. Satz 2 gilt solange, als es diesen Personen nicht möglich oder nicht zuzumuten ist, durch einen Wohnungswechsel, durch Vermieten oder auf andere Weise die Aufwendungen zu senken, in der Regel jedoch längstens für sechs Monate. Vor Abschluss eines Vertrages über eine neue Unterkunft haben Leistungsberechtigte den dort zuständigen Träger der Sozialhilfe über die nach den Sätzen 2 und 3 maßgeblichen Umstände in Kenntnis zu setzen. Sind die Aufwendungen für die neue Unterkunft unangemessen hoch, ist der Träger der Sozialhilfe nur zur Übernahme angemessener Aufwendungen verpflichtet, es sei denn, er hat den darüber hinausgehenden Aufwendungen vorher zugestimmt. Leistungen für die Unterkunft sollen an den Vermieter oder andere Empfangsberechtigte gezahlt werden, wenn die zweckentsprechende Verwendung durch die Leistungsberechtigten nicht sichergestellt ist; die Leistungsberechtigten sind hiervon schriftlich zu unterrichten. Wohnungsbeschaffungskosten, Mietkautionen und Umzugskosten können bei vorheriger Zustimmung übernommen werden. Eine Zustimmung soll erteilt werden, wenn der Umzug durch den Träger der Sozialhilfe veranlasst wird oder aus anderen Gründen notwendig ist und wenn ohne die Zustimmung eine Unterkunft in einem angemessenen Zeitraum nicht gefunden werden kann.

(2) Der Träger der Sozialhilfe kann für seinen Bereich die Leistungen für die Unterkunft durch eine monatliche Pauschale abgelten, wenn auf dem örtlichen Wohnungsmarkt hinreichend angemessener freier Wohnraum verfügbar und in Einzelfällen die Pauschalierung nicht unzumutbar ist. Bei der Bemessung der Pauschale sind die tatsächlichen Gegebenheiten des örtlichen Wohnungsmarkts, der örtliche Mietspiegel sowie die familiären Verhältnisse der Leistungsberechtigten zu berücksichtigen. Absatz 1 Satz 2 gilt entsprechend.

(3) Leistungen für Heizung werden in tatsächlicher Höhe erbracht, soweit sie angemessen sind. Die Leistungen können durch eine monatliche Pauschale abgegolten werden. Bei der Bemessung der Pauschale sind die persönlichen und familiären Verhältnisse, die Größe und Beschaffenheit der Wohnung, die vorhandenen Heizmöglichkeiten und die örtlichen Gegebenheiten zu berücksichtigen.

Im Zusammenhang mit der Neukonzeption der Hilfe zum Lebensunterhalt ist die Regelung des bisherigen § 3 Abs. 1 und 2 der Regelsatzverordnung aus systematischen Gründen im Gesetz anzusiedeln.

Absatz 1 entspricht dem bisherigen § 3 Abs. 1 der Regelsatzverordnung.

Abweichend von der bisherigen Regelung sind unangemessen hohe Kosten der Unterkunft in der Regel jedoch längstens 6 Monate zu gewähren. Satz 4 ist dem bisherigen § 15a Abs. 1 des Bundessozialhilfegesetzes entnommen.

Bei den übrigen Änderungen handelt es sich um redaktionelle Änderungen auf Grund der Einordnung des Bundessozialhilfegesetzes in das Sozialgesetzbuch.

Absatz 2 ermächtigt die Träger der Sozialhilfe, für ihren Bereich die Kosten der Unterkunft zu pauschalieren. Wenn auch bundeseinheitliche Pauschalen für Miete und Heizung wegen der regional unterschiedlichen Kosten nicht in Betracht kommen, hat sich in den Modellvorhaben gleichwohl gezeigt, dass erfolgte örtliche Pauschalierungen sowohl bei den Trägern der Sozialhilfe als auch bei den Leistungsberechtigten auf Zustimmung gestoßen sind und eine Abschaffung als Rückschritt angesehen würde. Die Träger der Sozialhilfe können künftig eigenständig entscheiden, ob sie eine verbindliche Pauschalierung einführen bzw. beibehalten oder nicht. Im Hinblick auf die Verbindlichkeit ist es notwendig, die Pauschalierung an die Voraussetzung zu knüpfen, dass der Wohnungsmarkt für Umzüge in bezahlbaren angemessenen Wohnraum auch tatsächlich offen ist. Die weitere Voraussetzung, wonach die Pauschalierung im Einzelfall zumutbar sein muss, berücksichtigt insbesondere den Umstand, dass alte und behinderte Menschen auf eine verlässliche Nachbarschaftshilfe verzichten müssten oder sie sich in einer neuen Umgebung nicht mehr zurechtfinden würden. Dass die Träger der Sozialhilfe bei einer Pauschalierung örtliche Wohnungsbaugesellschaften einbinden, wird als selbstverständlich vorausgesetzt und bedarf daher keiner ausdrücklichen Regelung.

Absatz 2 Satz 2 regelt die Bemessung der Pauschalen. Im Hinblick auf den Grundsatz der Bedarfsdeckung ist erforderlich, dass sie detailliert an Hand von Feststellungen am Wohnungsmarkt erfolgen müssen, insbesondere unter Berücksichtigung des örtlichen Mietspiegels. Im Hinblick auf die Anzahl der Familienmitglieder und die dadurch erforderliche Größe der Wohnung werden auch Differenzierungen notwendig sein. Da es unbillig wäre, Leistungsberechtigten mit höheren Wohnungskosten unmittelbar nach Einführung nur noch die niedrigere Pauschale zu leisten, enthält Absatz 2 Satz 3 eine Übergangsregelung, wonach bisherige höhere Leistungen für die Wohnung in der Regel noch für maximal 6 Monate zu erbringen sind.

Absatz 3 regelt die Leistungen für Heizung. Satz 1 entspricht der bisherigen Regelung in § 3 Abs. 2 der Regelsatzverordnung.

Satz 2 lässt die Pauschalierung durch die Träger der Sozialhilfe zu. Satz 3 stellt sicher, dass die Bemessung der Pauschale nach bedarfsdeckenden Kriterien erfolgt. Der Faktor „Größe oder Beschaffenheit der Wohnung" wird zwar wesentlich die Leistungen für Heizung bestimmen. Bemessungskriterien können aber insbesondere auch die Klimalage des Wohnortes und die Energieart sowie ein alters- oder gesundheitsbedingter höherer Wärmebedarf sein.

Kosten der Unterkunft

Im Wege der Regelung des § 29 SGB XII sind vom Sozialhilfeträger die Kosten der Unterkunft zu übernehmen. Eine wichtige Rolle spielt hierbei die Frage der „Angemessenheit" der Kosten bzw. im Vorfeld dessen die Frage der Angemessenheit der Wohnung als solcher.

Grundsätzlich

Leitsatz (redaktionell) (BVerwG 5. Senat, Urteil vom 30. Mai 1996, Az.: 5 C 4/95)

1. Ein Hilfesuchender, der ohne Notwendigkeit in eine sozialhilferechtlich unangemessen teure Wohnung umgezogen ist, kann nach § 29 SGB XII die Übernahme der Unterkunftskosten weder in voller Höhe noch teilweise in Höhe solcher Aufwendungen verlangen, die für eine angemessen teure Wohnung aufzubringen wären (wie BVerwGE 92, 1).

2. Ein Hilfesuchender, der ohne Notwendigkeit eine aus sozialhilferechtlicher Sicht an sich (abstrakt) zu teure Wohnung bezieht, kann nach § 29 SGB XII die Übernahme seiner tatsächlichen Unterkunftskosten nur beanspruchen, wenn und solange für ihn keine bedarfsgerechte kostengünstigere Unterkunftsalternative verfügbar ist (Fortführung von BVerwGE 92, 1).

Aus den Gründen:

„ ... Die Klägerin, die sich von ihrem Ehemann getrennt hatte, und ihr 1986 geborener Sohn, der Kläger, bewohnten seit Februar 1993 eine mindestens 80 qm große Drei- (oder Vier-)Zimmer-Wohnung in H., deren Miete monatlich 800,00 DM zuzüglich einer Nebenkostenpauschale von monatlich 200,00 DM betrug. Am 5. März 1993 beantragte die Klägerin für sich und ihren Sohn bei dem Beklagten laufende Hilfe zum Lebensunterhalt. Nach ihren Angaben erhielt sie neben einem Erwerbseinkommen (rd. 800,00 DM) Kindergeld (70,00 DM) und Leistungen nach dem Unterhaltsvorschussgesetz (256,00 DM). Der Beklagte lehnte den Antrag ab und wies den dagegen erhobenen Widerspruch zurück (Widerspruchsbescheid vom 2. September 1993), da das Einkommen der Kläger zur Bedarfsdeckung ausreiche. Die Kosten der Unterkunft seien bei der Bedarfsberechnung nicht zu berücksichtigen, da sie unangemessen hoch seien und die Kläger ihre bisherige Wohnung aufgegeben hätten, ohne hierzu gezwungen gewesen zu sein. Auch sei für die Kläger bereits beim Einzug in die neue, unangemessen teure Wohnung erkennbar gewesen, dass ihre eigenen Mittel zur Deckung der Mietaufwendungen nicht ausreichen würden. Mit ihrer daraufhin erhobenen Klage haben die Kläger die Verpflichtung des Beklagten zur Gewährung von (ergänzender) Hilfe zum Lebensunterhalt unter Berücksichtigung ihrer Unterkunftskosten in voller Höhe begehrt. Das Verwaltungsgericht hat den Beklagten unter Aufhebung seiner Bescheide verpflichtet, den Klägern Hilfe zum Lebensunterhalt unter Berücksichtigung von Kosten der Unterkunft in Höhe von 700,00 DM monatlich zu gewähren, und die Klage im Übrigen abgewiesen. Dies hat es im Wesentlichen wie folgt begründet: Ein Anspruch der Kläger auf Berücksichtigung der gesamten Unterkunftskosten (1.000,00 DM) bestehe nicht. Denn diese Kosten seien unangemessen hoch. Die Voraussetzungen, unter denen nach § 3 Abs. 1 Satz 2 RegelsatzVO unangemessen hohe Unterkunftskosten vom Sozialhilfeträger zu übernehmen seien, lägen nicht vor. Bei der Berechnung der Hilfe zum Lebensunterhalt für die Kläger sei aber der angemessene Teil der Unterkunftskosten zu berücksichtigen. Mit dem Verwaltungsgerichtshof Baden-Württemberg (Beschluss vom 14. Juni 1994 – 6 S 1171/94 –) sei entgegen dem Bundesverwaltungsgericht (BVerwGE 92, 1) davon auszugehen, dass ein Hilfeempfänger, der ohne Notwendigkeit in eine sozial-

hilferechtlich zu große und teure Wohnung umziehe, die Übernahme der für eine angemessene Unterkunft aufzubringenden Kosten verlangen könne. Angemessen sei im Fall der Kläger eine Wohnung bis zu 60 qm (oder zwei Wohnräumen) mit einem Quadratmeterpreis von bis zu 10,00 DM/qm, also ein monatlicher Mietzins von 600,00 DM, zuzüglich Nebenkosten in Höhe von monatlich 100,00 DM. Gegen dieses Urteil hat der Beklagte mit Zustimmung der Kläger die vom Verwaltungsgericht zugelassene Revision eingelegt; er beantragt, das Urteil aufzuheben und die Klage abzuweisen, und rügt die Verletzung von § 3 Abs. 1 RegelsatzVO. Die Kläger treten der Revision entgegen. Der Oberbundesanwalt beim Bundesverwaltungsgericht stützt die Ansicht des Beklagten.

Entscheidungsgründe: Die nach § 134 VwGO zulässige Revision des Beklagten ist begründet. Die Ansicht des Verwaltungsgerichts, der Beklagte sei verpflichtet, den Klägern ergänzende Hilfe zum Lebensunterhalt zu gewähren und dabei von den unangemessen hohen Unterkunftskosten einen als angemessen angesehenen Teilbetrag von 700,00 DM monatlich als Bedarf zu berücksichtigen, verletzt Bundesrecht (§ 137 Abs. 1 Nr. 1 VwGO). Da eine abschließende Entscheidung des Rechtsstreits noch tatsächliche Feststellungen erfordert, die zu treffen dem Revisionsgericht verwehrt ist (§ 137 Abs. 2 VwGO), muss die Sache zur weiteren Sachaufklärung an das Verwaltungsgericht zurückverwiesen werden (§ 144 Abs. 3 Satz 1 Nr. 2 VwGO). Ob die Kläger für den streitgegenständlichen Zeitraum (März bis September 1993) Anspruch auf Hilfe zum Lebensunterhalt haben, beurteilt sich nach §§ 11, 12 BSHG in der Fassung der Bekanntmachung vom 10. Januar 1991 (BGBl I S. 94) und § 3 Abs. 1 RegelsatzVO vom 20. Juli 1962 (BGBl I S. 515) und hängt – darüber sind sich auch die Beteiligten einig – allein davon ab, ob und ggf. in welcher Höhe die Aufwendungen für die seit Februar 1993 bewohnte Wohnung in H. sozialhilferechtlich als Bedarf der Kläger anzuerkennen und deshalb bei der Bedarfsberechnung zu berücksichtigen sind. Bei der Beantwortung dieser Frage ist zunächst davon auszugehen, dass das Verwaltungsgericht die Aufwendungen für die Wohnung der Kläger gemessen an den Verwaltungsvorschriften seines Bundeslandes zu § 5 Abs. 2 Wohnungsbindungsgesetz über die Angemessenheit von Wohnungsgrößen im sozialen Wohnungsbau, die für einen Haushalt mit zwei Familienmitgliedern bis zu 60 qm Wohnfläche oder zwei Wohnräume für (noch) angemessen halten (vgl. Nr. 6.6.1 WoBindG-VwV 1991 <GABl 1991 S. 1145>), aus sozialhilferechtlicher Sicht zu Recht als unangemessen hoch angesehen hat. Das steht in Einklang mit der Rechtsprechung des Bundesverwaltungsgerichts (vgl. BVerwGE 92, 1 <3>; 97, 110 <112 f.>) und ist revisionsgerichtlich nicht zu beanstanden. Entgegen der Ansicht des Verwaltungsgerichts können die Kläger vom Beklagten jedoch nicht die teilweise Berücksichtigung ihrer Unterkunftskosten in Höhe solcher Aufwendungen verlangen, die für eine im Hinblick auf ihren Wohnbedarf und den örtlichen Wohnungsmarkt an sich angemessene Unterkunft aufzubringen wären und von der Vorinstanz hier auf eine Monatsmiete von 600,00 DM zuzüglich 100,00 DM Nebenkosten begrenzt worden sind. Insbesondere ist § 3 Abs. 1 RegelsatzVO keine Rechtsgrundlage für die Gewährung eines solchen bloßen Unterkunftskostenzuschusses (BVerwGE 92, 1 <5>). § 11 Abs. 1 Satz 1 und § 12 Abs. 1 Satz 1 BSHG, an die § 3 Abs. 1 Satz 1 RegelsatzVO anknüpft, begründen eine Verpflichtung zur Übernahme laufender Leistungen für die Unterkunft grundsätzlich nur in Bezug auf eine sozialhilferechtlich angemessene Unterkunft. Das entspricht der ständigen Rechtsprechung des Senats (vgl. BVerwGE 72, 88 <89 f.>; 75, 168 <170>; 92, 1 <3>; 97, 110 <111 f.>) und ergibt sich sowohl im Rückschluss aus § 3 Abs. 1 Satz 2 RegelsatzVO (vgl. BVerwGE 92, 1 <3>) als auch und vor allem aus dem der Verordnungstätigkeit der in § 22 Abs. 2 BSHG genannten

Organe vorgegebenen Grundsatz, dass mit Sozialhilfeleistungen nach §§ 11, 12 BSHG nur der „notwendige" Lebensunterhalt sicherzustellen ist (vgl. BVerwGE 72, 88 <89>; 75, 168 <170>; 97, 110 <112>). Die Ausrichtung des Anspruchs aus § 12 Abs. 1 Satz 1 BSHG, § 3 Abs. 1 Satz 1 RegelsatzVO auf den notwendigen Lebensunterhalt wirkt nicht nur anspruchsbegrenzend, sondern auch anspruchsgestaltend: Die Hilfeleistung ist so zu bemessen, dass der Hilfebedürftige seinen notwendigen Bedarf tatsächlich in vollem Umfang befriedigen kann (vgl. BVerwGE 92, 336 <337>; 94, 211 <213>; s. ferner BVerwGE 97, 53 <57 f.>). Für die Übernahme von Kosten der Unterkunft folgt hieraus zweierlei. Einerseits ist der Sozialhilfeträger nach §§ 11, 12 BSHG, § 3 Abs. 1 Satz 1 RegelsatzVO verpflichtet, die tatsächlichen Kosten für eine Unterkunft, die im Sinne des sozialhilferechtlich Notwendigen angemessen ist, in voller Höhe zu übernehmen. Der Anspruch des Hilfesuchenden beschränkt sich also nicht auf einen bloßen Anteil der tatsächlichen Unterkunftskosten, der nicht ausreicht, den Unterkunftsbedarf zu decken. Nach dem sozialhilferechtlichen Bedarfsdeckungsgrundsatz darf kein ungedeckter Bedarfsrest hinsichtlich der Unterkunftskosten übrigbleiben. Ist dem Hilfesuchenden andererseits (nur) das zu gewähren, was er aus sozialhilferechtlicher Sicht benötigt, schließt der Sozialhilfeanspruch die Übernahme unangemessen hoher Unterkunftskosten aus, es sei denn, die Ausnahmeregelung in § 3 Abs. 1 Satz 2 RegelsatzVO greift ein. Entgegen der Ansicht des Verwaltungsgerichts ist der Sozialhilfeträger daher berechtigt, einen Hilfesuchenden, der die Übernahme unangemessen hoher Unterkunftskosten begehrt, auf den Bezug einer geeigneten kostenangemessenen Unterkunft zu verweisen. Die darin liegende Beschränkung des Hilfeanspruchs ist im sozialhilferechtlichen Bedarfsdeckungsgrundsatz angelegt, sie läuft ihm nicht zuwider. Das angefochtene Urteil stellt sich auch nicht aus anderen Gründen im Ergebnis als richtig dar (vgl. § 144 Abs. 4 VwGO). Zwar könnte Rechtsgrund für die vom Verwaltungsgericht ausgesprochene Verpflichtung des Beklagten, den Klägern Hilfe zum Lebensunterhalt unter Berücksichtigung eines Unterkunftskostenanteils in Höhe von 700,00 DM monatlich zu gewähren, auch ein weitergehender, die gesamten Unterkunftskosten umfassender Anspruch der Kläger sein. Auf der Grundlage der tatsächlichen Feststellungen des Verwaltungsgerichts lässt sich aber nicht entscheiden, ob den Klägern ein solcher Anspruch zusteht.

Nach den tatsächlichen, für das Revisionsgericht bindenden (§ 137 Abs. 2 VwGO) Feststellungen der Vorinstanz scheidet § 3 Abs. 1 Satz 2 RegelsatzVO als Rechtsgrundlage für einen Anspruch der Kläger auf Übernahme ihrer Unterkunftskosten in voller Höhe aus. Nach dieser Vorschrift sind die Aufwendungen für die Unterkunft, die den der Besonderheit des Einzelfalles angemessenen Umfang übersteigen, solange als Bedarf des (der) Hilfesuchenden anzuerkennen, als es diesen Personen nicht möglich oder nicht zuzumuten ist, durch einen Wohnungswechsel, durch Vermieten oder auf andere Weise die Aufwendungen zu senken. Nach der Rechtsprechung des Bundesverwaltungsgerichts greift diese Vorschrift dann nicht ein, wenn derjenige, der im Zeitpunkt des Wohnungswechsels Hilfe zum Lebensunterhalt nicht bezieht – das traf damals auf die Kläger zu –, eine Wohnung mietet, hinsichtlich deren Miete er von vornherein weiß, dass er sie nicht aus eigenen Mitteln wird bestreiten können, dass er also ihretwegen auf Sozialhilfe angewiesen sein wird, es sei denn, dass die Miete dieser über das Maß des Notwendigen hinausgehenden Unterkunft unter den besonderen Umständen unausweichlich war (BVerwGE 75, 168 <172>, ebenso Urteil vom 30. Mai 1996 – BVerwG 5 C 14.95 – <zur Veröffentlichung in der amtlichen Sammlung bestimmt>). Ein solcher Fall liegt hier aber nicht vor. Das Verwaltungsgericht hat sich durch Bezugnahme (§ 117 Abs. 5 VwGO) die Feststellungen des Be-

klagten im Widerspruchsbescheid zu Eigen gemacht, die Kläger hätten ihre bisherige Wohnung in H. aufgegeben, ohne hierzu gezwungen gewesen zu sein, und beim Einzug in die neue Wohnung sei für sie bereits erkennbar gewesen, dass ihre eigenen Mittel zur Deckung der Mietaufwendungen nicht ausreichen würden.

Nicht von vornherein auszuschließen ist hingegen, dass den Klägern für den streitbefangenen Zeitraum nach § 12 Abs. 1 Satz 1 BSHG, § 3 Abs. 1 Satz 1 RegelsatzVO ein Anspruch auf Übernahme der gesamten Kosten der seit Februar 1993 bewohnten Wohnung in H. zusteht. Voraussetzung für einen solchen Anspruch ist – wie bereits dargelegt – die Angemessenheit der Unterkunftskosten, die nach dem Bedarf des (der) Hilfebedürftigen zu bestimmen ist. Hierfür kommt es auf die Besonderheiten des Einzelfalles an, vor allem auf die Person des Hilfebedürftigen, die Art seines Bedarfs und die örtlichen Verhältnisse (§ 3 Abs. 1 BSHG). Bei der Beurteilung der Angemessenheit der Mietaufwendungen für eine in Aussicht genommene oder bereits bewohnte Unterkunft sind die örtlichen Verhältnisse zunächst insoweit maßgeblich, als auf die im unteren Bereich der für vergleichbare Wohnungen am Wohnort des Hilfebedürftigen marktüblichen Wohnungsmieten abzustellen und auf dieser tatsächlichen Grundlage die sozialhilferechtlich maßgebliche Mietpreisspanne zu ermitteln ist (vgl. BVerwGE 97, 110 <113> m.w.N.). Erscheinen dem Sozialhilfeträger die Unterkunftskosten im Einzelfall als zu hoch, darf er die Angemessenheitsprüfung nicht darauf beschränken, ausgehend vom Bedarf des Hilfebedürftigen mit Blick auf die örtlichen Verhältnisse zu bestimmen, welcher Kostenaufwand für die Unterkunft sozialhilferechtlich an sich (abstrakt) angemessen wäre. Da der Hilfebedürftige einen Anspruch auf die Deckung seines Unterkunftsbedarfs hat, muss sich die Angemessenheitsprüfung in einem solchen Fall auch auf die Frage erstrecken, ob dem Hilfeempfänger im Bedarfszeitraum eine andere bedarfsgerechte, kostengünstigere Wohnung konkret verfügbar und zugänglich ist. Besteht eine derartige Unterkunftsalternative nicht, ist also die vom Hilfebedürftigen bewohnte Unterkunft die in dem maßgeblichen räumlichen Umkreis und Bedarfszeitraum einzig verfügbare, sind die Aufwendungen für diese Wohnung aus sozialhilferechtlicher Sicht angemessen und deshalb gemäß §§ 11, 12 BSHG, § 3 Abs. 1 Satz 1 RegelsatzVO vom Sozialhilfeträger (zunächst) zu übernehmen. Ein Hilfesuchender, der die Übernahme einer an sich (abstrakt) unangemessen hohen Miete für eine bereits bezogene Wohnung begehrt, muss dem Sozialhilfeträger deshalb substantiiert darlegen, dass eine andere bedarfsgerechte, kostengünstigere Unterkunft im Bedarfszeitraum auf dem örtlichen Wohnungsmarkt nicht vorhanden bzw. trotz ernsthafter und intensiver Bemühungen nicht auffindbar oder eine vorhandene Unterkunft ihm nicht zugänglich ist. Die Anforderungen an einen solchen Nachweis werden durch die Verhältnisse des örtlichen Wohnungsmarktes entscheidend mitbestimmt und dürfen je nach der Marktlage nicht überspannt werden, auch wenn das Fehlen einer kostenangemessenen Unterkunftsalternative wohl die Ausnahme sein dürfte. Dem Sozialhilfeträger bleibt es unbenommen, dem Hilfesuchenden eine Unterkunft, deren Mietzins angemessen ist und die vom Hilfesuchenden angemietet werden kann, zu benennen. Die Unterkunftsalternative – eine kostengünstigere und zugängliche Wohnung genügt – kann in nach Ausstattung, Zuschnitt, Wohnfläche und Lage einfachem Wohnraum bestehen. Reine Obdachlosenquartiere (Notunterkünfte) scheiden als Wohnungsalternative aus. Ein Hilfeempfänger, der ohne Notwendigkeit seine bisherige (angemessen teure) Wohnung aufgibt und in eine unangemessen teure Wohnung umzieht, handelt daher auf eigenes Risiko und muss damit rechnen, dass ihm mit Blick auf die örtlichen Verhältnisse im Bedarfszeitraum hinsichtlich der Aufwendungen für die neue Wohnung von Anfang an anspruchsvernichtend entgegengehalten wird, er habe eine angemessen *große und teure Wohnung anmieten können (vgl. BVerwGE 92, 1 <5 f.>; s. auch BVerwGE 97, 110 <115> zum Mehrkostenvorbehalt in § 3 Abs. 2 BSHG). Ist eine Unterkunftsalternative im Bedarfszeitraum verfügbar, besteht nach §§ 11, 12 BSHG, § 3 Abs. 1 Satz 1 RegelsatzVO auch für eine Übergangszeit, etwa bis zur Anmietung einer kostenangemessenen Wohnung oder bis zum Einzug in diese, kein Anspruch auf Übernahme (oder rechnerische Berücksichtigung) der Aufwendungen für die unangemessen teure Unterkunft. Der Hilfesuchende ist auf die kostenangemessene Alternative zu verweisen. Dieses Risiko läuft auch derjenige, der – wie die Kläger – im Zeitpunkt des Wohnungswechsels Hilfe zum Lebensunterhalt (noch) nicht erhält, die neue, zu teure Unterkunft jedoch in Kenntnis des Umstandes angemietet hat, dass er die Miete nicht aus eigenen Mitteln wird bestreiten können. Die Übernahme von Mietschulden ist grundsätzlich nicht Aufgabe des Sozialhilfeträgers (vgl. BVerwGE 92, 1 <4 f.> m.w.N.). Unannehmlichkeiten, Belastungen oder Nachteile, die mit einem erneuten Wohnungswechsel und einer damit verbundenen Aufgabe des sozialen Umfelds einhergehen, können einen Anspruch auf Übernahme unangemessen hoher Unterkunftskosten auf der Grundlage von § 3 Abs. 1 Satz 1 RegelsatzVO nicht begründen. Zumutbarkeitserwägungen dieser Art sind nur bei Anwendung von § 3 Abs. 1 Satz 2 RegelsatzVO zu berücksichtigen (vgl. hierzu Urteil vom 30. Mai 1996 – BVerwG 5 C 14.95 –).*

Das Verwaltungsgericht hat – von seinem Rechtsstandpunkt aus folgerichtig – nicht festgestellt, ob die von den Klägern seit Februar 1993 bewohnte Wohnung in H. in den Bedarfsmonaten, die hier im Streit sind, die einzig verfügbare und den Klägern zugängliche Wohnung in H. und Umgebung war. Dies mag unwahrscheinlich sein, kann vom Revisionsgericht jedoch nicht ausgeschlossen werden. Das nötigt zur Zurückverweisung an das Verwaltungsgericht."

Maßstab

Leitsatz (redaktionell) (LSG Baden-Württemberg, Urteil vom 15.06.2005, Az.: L 7 SO 1594/05 ER-B)

Quadratmeter-Miete nach dem Preisspiegel für Immobilien des Verbandes Deutscher Makler bei einfachen bis mittleren Wohnungen ist maßgeblich für die Angemessenheit des Wohnraumes.

Aus den Gründen:

„Hinsichtlich des vom Antragsteller geltend gemachten zu sichernden Rechts wird ergänzend jedoch auf Folgendes hingewiesen: Umstritten sind beim derzeitigen Sachstand allein die Kosten der Unterkunft, während der Bescheid vom 15. Dezember 2004 vom Antragsteller bereits im Widerspruchsverfahren nicht angegriffen wurde, soweit es den Regelbedarf (§ 42 Satz 1 Nr. 1 SGB XII), die Mehrbedarfe (§ 42 Satz 1 Nr. 3 SGB XII) und die Heizungskosten (§ 42 Satz 1 Nr. 2 SGB XII) betrifft, ferner der Antragsgegner den Grundsicherungsleistungen als Einkommen (§ 82 Abs. 1 SGB XII) die von der Landesversicherungsanstalt Baden-Württemberg gezahlte Rente wegen Erwerbsunfähigkeit (ab 1. April 2004 € 557,16) gegenübergestellt und außerdem den Regelsatz um € 34,00 bereinigt hat. Mit seinem Begehren auf volle Übernahme der Aufwendungen für die Unterkunft vermag der Antragsteller indessen

beim gegenwärtigen Erkenntnisstand schon mangels Angemessenheit der tatsächlich gezahlten Miete (€ 587,99 (einschließlich Nebenkosten) laut Mietvertrag vom 25. Oktober 1999, abzüglich € 21,00 (Heizung), € 17,77 (Warmwasser) und € 35,79 (Garage) = € 513,43) mit überwiegender Wahrscheinlichkeit im Hauptsacheverfahren nicht durchzudringen, wobei der Antragsgegner im vorgenannten Bescheid ohnehin schon Mietkosten (ohne Heizung) von € 330,00 anerkannt hat (vgl. aber zum sozialhilferechtlichen Bedarfsdeckungsgrundsatz BVerwGE 101, 194 ff; BVerwG Buchholz 436.0 § 12 BSHG Nr. 49), von denen auf den Antragsteller nach Abzug der Mietanteile seiner – Leistungen nach dem SGB II beziehenden Ehefrau – € 165,00 entfallen (zur Kopfteil-Methode BVerwGE 79, 17 ff.). Insoweit ist noch nicht einmal berücksichtigt, dass ausweislich der Darstellung des Antragsgegners (vgl. Widerspruchsbescheid vom 31. Januar 2005) die Quadratmeter-Miete in Gö. nach dem Preisspiegel für Immobilien des Verbandes Deutscher Makler bei einfachen bis mittleren Wohnungen bei € 4,40 bis € 5,60 liegt und der Antragsgegner darüber hinaus auch die Auffassung vertritt, dass die vom Antragsteller gemeinsam mit seiner Ehefrau bewohnte Wohnung von etwa 65 m² anstelle der zugebilligten 60 m² unangemessen groß sei (vgl. hierzu BVerwGE 97, 110, 112 f.). Zwar hat der Antragsteller – was unter den Beteiligten auch nicht umstritten ist – auf der Grundlage des § 41 Abs. 1 und 2 SGB XII Anspruch auf Leistungen der Grundsicherung, mithin auch auf die angemessenen tatsächlichen Aufwendungen für die Unterkunft (§ 42 Satz 1 Nr. 2 i.V.m. § 29 SGB XII). Die Wohnung im S.weg in Gö. erscheint aber bereits abstrakt nicht angemessen im Sinne des § 29 Abs. 1 Satz 1 SGB XII. Denn nach der im vorliegenden Verfahren des einstweiligen Rechtsschutzes als Orientierungshilfe heranzuziehenden Tabelle zu § 8 des Wohngeldgesetzes (in der ab 1. Januar 2005 geltenden Fassung des Gesetzes vom 24. Dezember 2003 (BGBl. I S. 2954); vgl. dazu BVerwG NJW 2005, 310 f.) ergibt sich bei zwei Familienmitgliedern – bei der für die Stadt Gö. geltenden Mietstufe III – für ab 1. Januar 1966 bis 31. Dezember 1991 bezugsfertig gewordenen Wohnraum aus der vorletzten Spalte ein Wert von € 330,00. Mit Blick auf den vom Antragsgegner vorgelegten Auszug aus der örtlichen Tageszeitung „NWZ – Gö. Kreisnachrichten" vom 2. Februar 2005 sind zudem Unterkunftsalternativen durchaus gegeben (vgl. hierzu BVerwGE 101, 194, 197 f. BVerwG NJW 2005, 310, 311); dem hat der Antragsteller nichts Substanziiertes entgegengesetzt. Ebenso fehlt es an der Glaubhaftmachung dazu, dass ihm – selbst in Anbetracht der vorhandenen gesundheitlichen Beeinträchtigungen – nach den Umständen des Einzelfalls ein objektiv möglicher Wechsel subjektiv nicht zuzumuten wäre, zumal der Antragsgegner angeboten hat, den Umzug für ihn mithilfe gemeinnützig beschäftigter Mitarbeiter durchzuführen. Die vom Antragsgegner im Bescheid vom 12. Mai 2004 eingeräumte Übergangszeit von fünf Monaten (vgl. dazu jetzt § 29 Abs. 1 Sätze 2 und 3 SGB XII) ist bereits seit langem überschritten, wobei hinzukommt, dass die übeteuerte Miete schon von Anfang an Streitpunkt unter den Beteiligten war (vgl. nur die Bescheide vom 24. Juli, 30. September und 28. Oktober 2003 sowie die gegen die beiden letztgenannten Bescheide eingelegten Widersprüche)." ...

Leitsatz (redaktionell) (VGH Hessen, Beschluss vom 23. März 1990, Az.: 9 TG 3385/89)

Als Anhaltspunkt für den angemessenen – sozialhilferechtlichen – Flächenbedarf kann § 39 des Zweiten Wohnungsbaugesetzes herangezogen werden.

Aus den Gründen:

„Die Antragsteller haben bis zu ihrem Umzug nach B. am 1. September 1988 in das jetzt von ihnen bewohnte Haus in F. gewohnt und erhielten dort Leistungen nach dem Bundessozialhilfegesetz. Der Antragsteller zu 1) hatte am 4. August 1988 für 10 Jahre einen Mietvertrag über ein Haus in B. zu einem monatlichen Mietpreis von 1.800,00 DM und ab 1. September 1989 zu 2.000,00 DM abgeschlossen. Alle Nebenkosten haben nach diesem Vertrag die Antragsteller zu tragen.

Die Antragstellerin zu 2) stellte am 9. September 1988 für sich, ihren Ehemann und für 6 der insgesamt 8 Kinder – die Antragsteller zu 3 bis 8 – einen Antrag auf Gewährung von Sozialhilfe beim Antragsgegner. Der älteste Sohn und eine Tochter leben nicht mehr im Haushalt der Eltern.

Bei ihrer Vorsprache auf dem Sozialamt des Antragsgegners am 13. September 1988 erklärte die Antragstellerin zu 2), das Haus habe eine Wohnfläche von 270 qm. Aus der der Wohngeldstelle vorgelegten Vermietererklärung geht hervor, dass die Wohnfläche 280 qm betrage und das 1972 bezugsfertig gewordene Haus 10 Räume einschließlich Küche habe.

Mit Bescheid vom 27. Februar 1989 lehnte es der Antragsgegner unter Hinweis auf die Wohngeldtabelle nach dem Wohngeldgesetz ab, einen 1.065,00 DM übersteigenden monatlichen Unterkunftsbedarf anzuerkennen. Das Haus sei ohne vorherige Einschaltung des Sozialhilfeträgers gemietet worden. Die Aufwendungen für die Unterkunft seien unangemessen hoch. Gleichwohl bestehe Bereitschaft, den angemessenen Teil der Unterkunftskosten sowie die anfallenden Nebenkosten zu übernehmen, obwohl in dem in der Wohngeldtabelle ausgewiesenen Betrag auch die Nebenkosten – außer den Heizungskosten – enthalten seien. Über den gegen diesen Bescheid eingelegten Widerspruch ist noch nicht entschieden.

Am 25. September 1989 beantragten die Antragsteller beim Verwaltungsgericht in Frankfurt am Main den Erlass einer einstweiligen Anordnung, mit der dem Antragsgegner aufgegeben werden sollte, die nach dem Mietvertrag zu zahlende Miete als sozialhilferechtlichen Unterkunftsbedarf zu berücksichtigen. Das Haus habe eine Wohnfläche von 210 qm. Der Mietzins hierfür sei nicht unangemessen hoch, wenn man sich nach dem Mietspiegel für B. und dem maßgeblichen Tabellenwert von 8,19 DM/qm richte. Das Sozialamt der Stadt Frankfurt am Main habe eine Quadratmeter-Miete von 15,00 DM/Monat akzeptiert. Eine preisgünstigere Wohnung sei nicht erhältlich. Da der auf dem Girokonto eingeräumte Überziehungskredit ausgeschöpft sei, könne die laufende Miete nicht mehr bezahlt werden. Es bestehe nunmehr die Gefahr der Kündigung und Zwangsräumung.

Der Antragsgegner ist dem Antrag entgegengetreten und hat seine Auffassung bekräftigt, dass die angemessenen Aufwendungen für die Unterkunft nicht über dem von ihm anerkannten Betrag von 1.065,00 DM lägen. Die Wohnflächenangabe der Antragsteller mit 210 qm treffe nicht zu. Für einen Haushalt mit acht Personen sei eine Wohnfläche von etwa 130 qm angemessen. Berücksichtige man den maßgeblichen Mietspiegel, so komme man nach einem im Mietspiegel vorgesehenen Zuschlag von 25 % auf die Durchschnittsmiete für Großwohnungen von 7,31 DM/qm und Monat und damit auf einen monatlichen Mietzins von 950,30 DM. Nach § 8 des Wohngeldgesetzes belaufe sich die Höchstmiete für den Haushalt der Antragsteller unter Zugrundelegung der Mietstufe II auf 1.000,00 DM/Monat. Bei dem mit

1.065,00 DM/Monat errechneten und anerkannten Betrag sei man irrtümlich davon ausgegangen, das Haus der Antragsteller sei erst 1983 bezugsfertig geworden.

Es bestehe auch keine Verpflichtung, vorübergehend den tatsächlichen Mietzins zu übernehmen, weil die Antragsteller vor der Anmietung von Sozialhilfe gelebt und sie das Haus ohne Rücksprache mit dem Sozialamt gemietet hätten. Es sei den Antragstellern bewusst gewesen, dass das Sozialamt für ein derart großes Haus die vertraglich vereinbarte Monatsmiete nicht übernehmen würde. Zudem sei unklar, wer die Kosten für Umzug, Makler und die Kaution von 5.700,00 DM getragen habe.

Mit Beschluss vom 11. Oktober 1989 hat das Verwaltungsgericht den Antrag auf den Erlass einer einstweiligen Anordnung mit der Begründung abgelehnt, dass sowohl die Größe des angemieteten Hauses auch unter Berücksichtigung einer achtköpfigen Familie unverhältnismäßig sei wie auch die Höhe des Mietpreises. Bei einer anzurechnenden Wohnfläche von 130 qm und dem von den Antragstellern selbst als angemessen bezeichneten Quadratmeterpreis von 8,19 DM ergebe sich ein anzuerkennender Unterkunftsbedarf von 1.065,00 DM pro Monat. Dieser Betrag decke sich auch mit dem Höchstbetrag, bis zu dem nach dem Wohngeldgesetz Mietaufwendungen für eine achtköpfige Familie anerkannt werden könnten. – Bei Ermittlung dieses Betrages ist das Verwaltungsgericht vom Tabellenwert Baujahr 1983 und Mietstufe II ausgegangen.

Da die Antragsteller zunächst den Mietvertrag abgeschlossen, die Maklerkosten und die Kaution aus ihren Mitteln aufgebracht hätten, ohne sich vorher mit dem Antragsgegner in Verbindung gesetzt zu haben, bestehe auch nicht die Möglichkeit, für eine vorübergehende Zeit gegen den Antragsgegner einen Anspruch auf Zahlung des tatsächlichen Mietaufwandes zu begründen.

Gegen den den Antragstellern am 16. Oktober 1989 zugestellten Beschluss haben diese am 19. Oktober 1989 Beschwerde eingelegt, der das Verwaltungsgericht nicht abgeholfen hat.

Die Antragsteller wehren sich gegen die Feststellung in dem angefochtenen Beschluss, ihnen stünde lediglich eine Wohnfläche von 130 qm zu. Ihre frühere ... Sechszimmerwohnung habe eine Größe von ca. 200 qm gehabt, wobei der Mietzins monatlich 1.500,00 DM betragen habe. Da die gegenwärtige Unterkunft etwa gleich groß sei, bestehe ein gewisser Vertrauensschutz dahingehend, dass auch nach dem Umzug eine Miete in der bisher geleisteten Höhe vom Sozialamt anzuerkennen sei. Es sei nicht ersichtlich, dass die Frage des angemessenen Wohnraums im Landkreis H. anders zu beurteilen sei als im Gebiet der Stadt F. Eine preiswertere Unterkunft sei nicht zu beschaffen gewesen; auch der Antragsgegner hätte etwas Preisgünstigeres nicht nachweisen können.

Die Antragsteller beantragen, dem Antragsgegner im Wege einer einstweiligen Anordnung aufzugeben, ihnen rückwirkend seit dem 9. September 1988 die Aufwendungen für ihre Unterkunft in Höhe von monatlich 1.500,00 DM als sozialhilferechtlichen Bedarf anzuerkennen.

Der Antragsgegner beantragt, die Beschwerde zurückzuweisen.

Er hält die Gründe des angefochtenen Beschlusses für zutreffend und meint, er brauche sich nicht eine etwa bestehende ständige Praxis anderer Sozialhilfeträger zurechnen zu lassen. Er sei daher nicht an die Verwaltungspraxis der Stadt F. gebunden, die nach der Wohngeldverordnung in die Mietstufe V eingeordnet sei.

411

Das Sozialamt versuche stets, Hilfebedürftigen, die sich um eine Wohnung innerhalb des Landkreises bemühten, eine Unterkunft zu einem angemessenen Mietpreis nachzuweisen. Wenn die Antragsteller das Sozialamt nicht mit einem auf 10 Jahre abgeschlossenen Mietvertrag vor vollendete Tatsachen gestellt hätten, hätten Häuser mit einer Wohnfläche von 130 bis 140 qm zu einem angemessenen Mietpreis nachgewiesen werden können. Das von den Antragstellern jetzt bewohnte Haus mit einer Wohnfläche von 280 qm übersteige ihren Bedarf.

Dem Senat hat die einschlägige Behördenakte – Bände 1 und 2 – vorgelegen. Auf ihren Inhalt wird ergänzend Bezug genommen.

II.

Die zulässige Beschwerde ist nur in dem im Beschlussausspruch wiedergegebenen Umfang begründet.

Die Antragsteller haben den Beschluss des Verwaltungsgerichts vom 11. Oktober 1989 angefochten, mit dem der Antrag auf den Erlass einer einstweiligen Anordnung abgelehnt worden ist, dem Antragsgegner aufzugeben, einen Unterkunftsbedarf von monatlich 2.000,00 DM (Kaltmiete) im Rahmen der Hilfe zum Lebensunterhalt anzuerkennen, weil nicht glaubhaft gemacht worden sei, dass ein Anspruch auf Berücksichtigung eines Wohnbedarfs über den von dem Antragsgegner anerkannten Unterkunftsbedarf von monatlich 1.065,00 DM (Kaltmiete) hinaus bestehe. Mit der Beschwerde wird der Antrag auf den Erlass einer einstweiligen Anordnung nur noch hinsichtlich eines monatlichen Betrags von 1.500,00 DM weiterverfolgt.

Das Verwaltungsgericht hat in dem angefochtenen Beschluss zutreffend dargelegt, dass die Größe des vom Antragsteller zu 1. durch Mietvertrag vom 4. August 1988 für seine achtköpfige Familie angemieteten Einfamilienwohnhauses unangemessen ist. Nicht aufgeklärt zu werden braucht in diesem Zusammenhang, wie groß die Wohnfläche des 1972 bezugsfertig gewordenen Hauses mit 10 Räumen (einschließlich Küche) ist, die von der Antragstellerin zu 2. bei der erstmaligen Vorsprache beim Sozialamt des Antragsgegners nach dem Zuzug in den M.-Kreis am 13. September 1988 mit 270 qm angegeben, im Wohngeldverfahren mit 280 qm berücksichtigt und im vorliegenden Verfahren mit 210 qm beziffert worden ist.

Laufende Leistungen für die Unterkunft werden nach § 12 BSHG i.V.m. § 3 Abs. 1 der Regelsatzverordnung in Höhe der tatsächlichen Aufwendungen gewährt, soweit sie nicht unangemessen sind. Was in diesem Zusammenhang angemessen ist, beurteilt sich nach der Größe der Wohnung bezogen auf die Zahl der Haushaltsangehörigen und nach der Höhe der zu entrichtenden Miete. Es bestehen mit dem Verwaltungsgericht in dem angefochtenen Beschluss keine Bedenken, als Anhaltspunkt für den angemessenen Flächenbedarf einer Familie § 39 des Zweiten Wohnungsbaugesetzes heranzuziehen, wonach eine Wohnung von 90 qm zu einer angemessenen Unterbringung eines Haushalts bis zu vier Personen erforderlich ist und eine angemessene Erhöhung des Flächenbedarfs vorzunehmen ist, wenn der Haushalt aus mehr als vier Personen besteht (§ 39 Abs. 1 Nr. 4 und Abs. 2 Nr. 1 des Zweiten Wohnungsbaugesetzes). Legt man für jedes weitere Haushaltsmitglied jeweils 10 qm Wohnfläche als angemessene Erhöhung des Flächenbedarfs zugrunde, beläuft sich die für eine angemessene Unterbringung erforderliche Wohnfläche vorliegend auf 130 qm. Wenn man unter Berücksichtigung der Besonderheiten des Einzelfalles davon ausgeht, dass auch die auswärts untergebrachte behinderte Tochter Kornelia sich hin und wieder im Haushalt der Antragsteller aufhält (vgl. Blatt 259 BA), so rechtfertigt es sich, eine Wohnfläche von 140 qm als angemessen anzuerkennen.

Auch der erkennende Senat hält die Heranziehung des örtlichen Mietpreisspiegels zur Beurteilung der Angemessenheit des Mietpreises im vorliegenden Fall für gerechtfertigt (vgl. auch Lehr- und Praxiskommentar, BSHG, 2. Aufl RdNr. 17 zu § 12). Nach dem bis Ende 1989 geltenden Mietpreisspiegel ist für Gebäude, die bis 1980 entstanden sind, ein Mietpreis von 5,85 DM/qm für eine Wohnung von mehr als 85 qm ausgewiesen. Wenn der höchstmögliche Satz von 25 % aufgeschlagen wird, beträgt die hiernach errechnete Monatsmiete 1.023,75 DM, ein Betrag, der unter dem von dem Antragsgegner zugebilligten Unterkunftsbedarf von 1.065,00 DM/ Monat liegt.

Ab 1. Januar 1990 ist der neue Mietpreisspiegel maßgebend, wonach sich der entsprechende Tabellenwert auf 6,40 DM/qm beläuft, was bei 25%igem Zuschlag einer Monatsmiete von 1.120,00 DM entspricht. Dieser Betrag liegt über der vom Antragsgegner als angemessen anerkannten Monatsmiete. Letztlich kann aber unentschieden bleiben, ob eine derart berechnete Monatsmiete vorliegend angemessen ist oder ob wegen der Besonderheiten des Einzelfalles Aufwendungen für die Unterkunft in einem größeren Umfang als aufgrund des Mietpreisspiegels errechnet anzuerkennen wären. Auch wenn man davon ausginge, dass eine Angemessenheit etwa in der Mitte zwischen der nach dem Mietpreisspiegel errechneten und der vertraglich vereinbarten Miete läge, würde noch immer eine erhebliche Diskrepanz zu dem tatsächlichen Aufwand für die Unterkunft bestehen. Der notwendige Unterkunftsbedarf der Antragsteller wird deutlich überstiegen.

Die Antragsteller können angesichts der Differenz zwischen angemessener Miete und tatsächlicher Miete auch nicht verlangen, dass der Antragsgegner den Teil der Unterkunftskosten im Rahmen der Sozialhilfe übernimmt, der im Sinne von § 3 Abs. 1 der Regelsatzverordnung noch als angemessen anzuerkennen wäre. Es ist dann, wenn ein Hilfesuchender eine Wohnung innehat, die einen unangemessen hohen Aufwand erfordert, zu prüfen, ob mit der Übernahme eines Teilbetrages in Höhe der angemessenen Unterkunftskosten die Unterkunft gesichert werden kann. Dies folgt daraus, dass es nicht Aufgabe der Sozialhilfe sein darf, ein unwirtschaftliches Verhalten des Hilfesuchenden zu fördern, das zu einer immer stärkeren Verschuldung des Hilfesuchenden führt (Beschluss des Senats vom 25. Februar 1988, 9 TG 60/88, vgl. zur Problematik auch BVerwG, Urteil vom 27. November 1986 – 5 C 2.85 – BVerwGE 75, 168, 173 und Hamburgisches OVG, Beschluss vom 8. Februar 1983 – FEVS 32, 441).

Die gegenwärtigen Kosten für die Unterkunft der Antragsteller in Höhe von monatlich 2.000,00 DM überschreiten die noch als angemessen anzuerkennenden Kosten in solchem Umfang, dass mit einer Übernahme des angemessenen Teils der Unterkunftskosten die Unterkunft der Antragsteller nicht gesichert werden kann. Es würden vielmehr – entgegen dem Zweck der Sozialhilfe – ein unwirtschaftliches Verhalten und eine weitere Verschuldung der Antragsteller gefördert.

Die Antragsteller können sich zur Begründung ihres geltend gemachten Anspruchs nicht darauf berufen, dass der früher für sie zuständig gewesene Sozialhilfeträger – die Stadt F. – einen Unterkunftsbedarf von 1.500,00 DM/Monat berücksichtigt hat. Die Tatsache, dass das Sozialamt der Stadt F. bis zum Umzug der Antragsteller nach B. für sie einen sozialhilferechtlichen Unterkunftsbedarf von 1.500,00 DM/Monat anerkannt hat, entfaltet für den Antragsgegner keine Bindungswirkung. Im Übrigen steht nicht fest, seit wann die Haushaltsgemeinschaft nur noch aus acht Personen besteht, da im Haushalt der Antragsteller zunächst acht Kinder und zwei Erwachsene gelebt haben. Darüber hinaus ist die Angemessenheit des sozialhilferechtlichen Unterkunftsbedarfs wegen des auch nach dem Wohngeldgesetz für F. berücksichtigten höheren Mietpreisniveaus anders zu beurteilen als am gegenwärtigen Wohnort der Antragsteller.

Auch auf § 3 Abs. 1 Satz 2 der Regelsatzverordnung können sich die Antragsteller nicht berufen, soweit Mietzahlungen für die Vergangenheit übernommen werden sollen. Hiernach sind die den angemessenen Umfang übersteigenden Aufwendungen so lange anzuerkennen, als es nicht möglich oder zumutbar ist, unter anderem durch Wohnungswechsel die Aufwendungen zu senken. Auf diese Vorschrift können sich die Antragsteller für die Vergangenheit schon deswegen nicht berufen, weil sie seit September 1988 wissen, dass sich der Antragsgegner weigert, den tatsächlichen Aufwand für die Unterkunft anzuerkennen, und sie nicht glaubhaft gemacht haben, dass es bisher nicht möglich oder zumutbar gewesen wäre, sich um eine Unterkunft mit einem angemessenen Aufwand zu bemühen oder durch Vermieten oder auf andere Weise die Aufwendungen zu senken. Die Behauptung, eine preisgünstigere Wohnung nicht finden zu können, ist nicht näher substantiiert oder gar belegt worden. Das finanzielle Risiko, sich nicht vor Vertragsabschluss über die Höhe der vom Sozialamt des Antragsgegners im Rahmen der Sozialhilfe zu übernehmenden Mietkosten informiert zu haben, haben grundsätzlich die Hilfsbedürftigen und nicht der Sozialhilfeträger zu tragen.

Angesichts des in jüngster Zeit immer fühlbarer gewordenen Engpasses auf dem Wohnungsmarkt hält der Senat es allerdings für geboten, dem Antragsgegner durch Erlass einer einstweiligen Anordnung aufzugeben, für eine kurze Zeit die Unterkunftskosten in der mit der Beschwerde geltend gemachten Höhe als sozialhilferechtlichen Bedarf anzuerkennen. Dabei wird der Senat von der Überlegung geleitet, dass die Antragsteller zu dem Kreis der Hilfsbedürftigen zählen, bei denen besondere soziale Schwierigkeiten der Teilnahme am Leben in der Gemeinschaft entgegenstehen (§ 72 Abs. 1 BSHG). Diesen Personen ist Hilfe zur Überwindung der Schwierigkeiten zu gewähren, wenn sie aus eigener Kraft hierzu nicht fähig sind.

Allein die Tatsache, dass die Familie der Antragsteller aus acht Kindern und zwei Erwachsenen besteht, wobei sich derzeit noch sechs Kinder im gemeinsamen Haushalt befinden und wenigstens ein Kind (möglicherweise auch zwei Kinder) schwerbehindert ist, lässt nach allgemeiner Erfahrung erwarten, dass die Suche nach einer neuen Unterkunft mit großen Schwierigkeiten verbunden ist. Die Antragsteller, die schon längere Zeit sozialhilfebedürftig sind, hätten zwar wissen müssen, dass ein Unterkunftsbedarf nur in angemessener Höhe anzuerkennen ist, so dass ihnen der Vorwurf nicht erspart bleibt, sich vor Anmietung des Hauses nicht mit dem nunmehr zuständigen Sozialhilfeträger wegen der Angemessenheit der Miete in Verbindung gesetzt zu haben. Da aber der Antragsgegner selbst dargelegt hat, er hätte, wenn sich die Antragsteller nur rechtzeitig an ihn gewandt hätten, bei der Besorgung einer für die achtköpfige Familie der Antragsteller geeigneten Unterkunft zu einem angemessenen Mietpreis behilflich sein können, soll ihm nunmehr innerhalb der nächsten drei Monte im Sinne des § 72 Abs. 2 BSHG hierzu Gelegenheit gegeben werden. Die Antragsteller gehen offenbar selbst davon aus, dass sie wenigstens für eine kurze Zeit auch ohne Zuerkennung des zunächst geltend gemachten sozialhilferechtlichen Unterkunftsbedarfs von 2.000,00 DM/Monat ihre gegenwärtige Wohnung werden halten können, ohne dass die Gefahr der Kündigung und Zwangsräumung droht.

Daher war für die Dauer von drei Monaten die Verpflichtung der Antragsgegnerin auszusprechen, den Unterkunftsbedarf in der mit der Beschwerde geltend gemachten Höhe anzuerkennen. Der Senat geht davon aus, dass nach Ablauf dieser Zeit, insbesondere durch die Bemühungen des Antragsgegners, den Antragstellern eine andere Unterkunft zu einem angemessenen Mietpreis zur Verfügung stehen wird."

Kosten technischer Einrichtungen

Leitsatz (redaktionell) (BVerwG, Urteil vom 28.11.2001, Az.: 5 C 9/01)

Kosten für Anschluss an technische Einrichtungen – Breitbandkabelanschluss – gehören entweder zu den persönlichen Bedürfnissen oder zu den Wohnungskosten, je nachdem, ob sie als Mietnebenkosten vereinbart werden.

Aus den Gründen:

„*Die Beteiligten streiten darüber, ob der Beklagte verpflichtet war, die Grundgebühr für die Nutzung des Breitbandkabelanschlusses in der von der Klägerin früher bewohnten Wohnung in K. im Monat Oktober 1996 aus Sozialhilfemitteln zu übernehmen.*

Die von der Klägerin im Januar 1994 angemietete Wohnung war wie die gesamte Wohnanlage an das Breitbandkabelnetz der Deutschen Telekom angeschlossen. Die hierfür vom Vermieter zu entrichtende monatliche Grundgebühr hatte die Klägerin gemäß § 3 des Mietvertrages als umlagefähige Betriebskosten zu tragen.

Im März 1996 beantragte die Klägerin beim Beklagten die Übernahme der von ihrem Vermieter für das Jahr 1995 geltend gemachten Nebenkostennachzahlung, u.a. 109,92 DM Grundgebühr für den Kabelanschluss. Dies lehnte der Beklagte zunächst ab, übernahm aber auf den Widerspruch der Klägerin mit Abhilfebescheid vom 25. September 1996 den dem Vermieter zustehenden Nachzahlungsbetrag für die Kabelgebühren 1995.

Mit Bescheid vom 9. September 1996 hatte der Beklagte die der Klägerin für den Monat Oktober 1996 zustehende laufende Hilfe zum Lebensunterhalt ohne Berücksichtigung der vom Vermieter für 1996 mit rund 12,12 DM (ausgehend von 145,48 DM Jahresgebühr) monatlich kalkulierten Grundgebühr für den Kabelanschluss berechnet. Die nach erfolglosem Widerspruch erhobene Klage auf Verpflichtung des Beklagten zur Übernahme der Kabelgebühren für Oktober 1996 in Höhe von 12,12 DM hat das Verwaltungsgericht abgewiesen: Die Empfangsmöglichkeiten, die ein Kabelanschluss biete, seien eine besondere Annehmlichkeit, die zur Aufrechterhaltung der Beziehung zur Umwelt und zur Teilnahme am kulturellen Leben nicht erforderlich sei. Selbst wenn aufgrund des Einzelfalls das Vorhalten eines Kabelanschlusses als notwendig anzusehen wäre, würden die Kosten für einen Kabelanschluss zur Bedarfsgruppe der persönlichen Bedürfnisse des täglichen Lebens gehören und grundsätzlich aus den Regelsatzleistungen zu decken sein. Dass es der Klägerin nicht möglich wäre, die Anschlussgebühren für das Kabelfernsehen aus den Regelsatzleistungen durch interne Umschichtungen zu erwirtschaften, sei nicht ersichtlich. Die Klägerin habe auch keinen durch schutzwürdiges Vertrauen begründe-

ten Anspruch auf weitere Übernahme der Kabelanschlussgebühren durch den Beklagten.

Die Berufung der Klägerin hatte Erfolg. Der Verwaltungsgerichtshof hat sein Urteil im Wesentlichen wie folgt begründet:

Das Verwaltungsgericht habe zu Unrecht die laufenden Kosten für die Nutzung des Breitbandkabelanschlusses im Fall der Klägerin der Bedarfsgruppe der persönlichen Bedürfnisse des täglichen Lebens zugeordnet. Diese Kosten gehörten im konkreten Fall vielmehr zu den grundsätzlich vom Sozialhilfeträger zu übernehmenden laufenden Unterkunftskosten (§ 3 Abs. 1 Satz 1 RegelsatzVO). Hierunter fielen neben der so genannten Kaltmiete alle Aufwendungen, die erforderlich seien, um dem Hilfesuchenden eine sozialhilferechtlich angemessene Wohnung zu beschaffen, zu erhalten bzw. deren Nutzung zu ermöglichen, also die üblichen mit der Unterkunft verbundenen Mietnebenkosten, zu deren Übernahme sich der Mieter regelmäßig durch Vertrag verpflichte. Durch Art. 2 Nr. 7d der Verordnung zur Änderung wohnungsrechtlicher Vorschriften vom 5. April 1984 (BGBl I S. 546) seien auch die Kosten des Betriebs der mit einem Breitbandkabelnetz verbundenen Verteilanlage, zu denen die hier in Rede stehenden monatlichen Grundgebühren für die Nutzung von Breitbandanschlüssen gehörten, in den Kreis der umlagefähigen Betriebskosten aufgenommen worden (vgl. Nr. 15b der Anlage 3 zu § 27 der Zweiten BerechnungsVO). Dies rechtfertige allein jedoch noch nicht, die Kosten für die Nutzung des Breitbandkabelanschlusses zu den tatsächlichen Aufwendungen i.S. von § 3 Abs. 1 Satz 1 RegelsatzVO zu zählen. Richtig sei zwar, dass es schon seit den achtziger Jahren im Geschosswohnungsbau zunehmend üblich geworden sei, Wohnungen mit kostenpflichtigen Kabelfernsehanschlüssen auszustatten. Statistisch seien bundesweit im Jahre 1997 auch bereits zwischen 58 und 75 % der Haushalte an das Kabelnetz angeschlossen gewesen (vgl. das Statistische Jahrbuch 1998 für die BRD, S. 329). Zu bedenken sei jedoch, dass es technisch möglich sei, den Breitbandkabelanschluss einer Wohnung an das Kabelnetz durch den Einbau einer Filter- oder Sperrdose zu blockieren. Auch schlössen es die Vertragsbedingungen der Telekom für die Überlassung von Kabelanschlüssen nicht aus, aus einer Vielzahl angemeldeter Wohnungen (Wohneinheiten) einzelne abzumelden. Die Kosten für die Nutzung des Breitbandkabelanschlusses könnten nach alledem nur unter der Voraussetzung zu den tatsächlichen Aufwendungen für die Unterkunft i.S. des § 3 Abs. 1 Satz 1 RegelsatzVO gerechnet werden, dass es dem um Sozialhilfe Nachsuchenden nicht möglich sei, die Übernahme dieser Betriebsnebenkosten vertraglich auszuschließen, und er ohne Übernahme dieser Betriebsnebenkosten die bei Berücksichtigung sämtlicher Kosten als sozialhilferechtlich angemessen anzusehende Wohnung auch nicht anmieten bzw. weiter bewohnen könne. Dem könne nicht entgegengehalten werden, dass es dem um Sozialhilfe Nachsuchenden ja freistehe, auch eine kostenangemessene Wohnung ohne Breitbandkabelanschluss zu mieten. Für Sozialhilfeempfänger sei es schon schwer genug, auf dem allgemeinen Wohnungsmarkt eine geeignete, nicht zu teure Unterkunft zu finden; wegen der ihnen zur Verfügung stehenden beschränkten Mittel stünden sie oftmals vor kaum überwindlichen Schwierigkeiten. In Anbetracht dieser Situation und auch im Hinblick darauf, dass die Zahl der an das Kabelnetz angeschlossenen Wohnungen in den letzten Jahren erheblich gestiegen sei und noch weiter zunehme, erwiese es sich für die Wohnungssuche von Sozialhilfeempfängern jedoch als unzumutbar erschwerend, wenn man sie letztlich faktisch dadurch auf das doch begrenzte Wohnungsmarktsegment der Wohnungen ohne Breitbandkabelanschluss verweise, dass man ihnen die Übernahme der hierfür aufgrund des Mietvertrags entstehenden Kosten auch für den Fall verweigerte, dass die Wohnung insgesamt, d.h. auch unter Berücksichtigung dieser Nebenkosten, sozialhilferechtlich gesehen angemessen sei. Dadurch errichtete man eine zusätzliche, den Zielen des Sozialhilferechts nicht dienliche Schranke. Es müsse nach alledem entgegen der vom Verwaltungsgericht vertretenen Ansicht davon ausgegangen werden, dass die mit der Nutzung des Breitbandkabelanschlusses verbundenen Kosten im Fall der Klägerin zu den tatsächlichen Aufwendungen für die Unterkunft i.S. von § 3 Abs. 1 Satz 1 RegelsatzVO gehörten; denn die Klägerin habe, wie der Beklagte nicht in Abrede gestellt habe, die Wohnung in K., deren sozialhilferechtliche Angemessenheit auch bei Berücksichtigung sämtlicher Nebenkosten außer Frage stehe, nur unter der Bedingung anmieten können, dass sie auch die laufenden Kosten für die Nutzung des Breitbandkabelanschlusses übernehme, und sie sei auch in der Folgezeit nicht in der Lage gewesen, die Herausnahme der von ihr bewohnten Unterkunft aus der Verteilung der Breitbandkabelnutzungskosten gegen den Vermieter zu erwirken. Den Beklagten treffe hiernach die Verpflichtung, die von der Klägerin noch geltend gemachten Breitbandkabelnutzungskosten für Oktober 1996 zu übernehmen.

Gegen dieses Urteil richtet sich die Revision des Beklagten, mit der er die Wiederherstellung des erstinstanzlichen Urteils erstrebt. Er rügt Verletzung des § 12 Abs. 1 BSHG und des § 3 Abs. 1 Satz 1 RegelsatzVO. Kosten des Kabelfernsehens gehörten mangels Zwangsläufigkeit nicht zu den Kosten der Unterkunft, sondern seien aus dem Regelsatz aufzubringen.

Die Klägerin verteidigt das angefochtene Urteil.

Die Beteiligten haben übereinstimmend auf mündliche Verhandlung verzichtet.

Entscheidungsgründe

Die Revision des Beklagten, über die das Bundesverwaltungsgericht gemäß § 141 Satz 1 i.V.m. § 125 Abs. 1 Satz 1 und § 101 Abs. 2 VwGO ohne mündliche Verhandlung entscheiden kann, ist nicht begründet, so dass sie zurückzuweisen ist (§ 144 Abs. 2 VwGO). Das ursprünglich in der Form der Verpflichtungsklage erhobene Klagebegehren auf Übernahme der Kabelanschlussgebühren hat die Klägerin in der Revisionsinstanz mit Rücksicht darauf, dass der Beklagte mit Bescheid vom 13. Juni 1997 die gesamten Kabelanschlussgebühren für das Jahr 1996 übernommen hat, umgestellt auf einen Fortsetzungsfeststellungsantrag entsprechend § 113 Abs. 1 Satz 4 VwGO. Darin liegt keine in der Revisionsinstanz unzulässige Klageänderung i.S. des § 142 VwGO, sondern nur eine Beschränkung des bisherigen Verpflichtungsbegehrens ohne Veränderung des Klagegrundes (vgl. BVerwG, Urteile vom 12. September 1989 – BVerwG 1 C 40.88 – <Buchholz 310 § 113 VwGO Nr. 206> und vom 20. April 1994 – BVerwG 11 C 60.92 – <Buchholz 442.16 § 15 StVZO Nr. 4>). Diese Umstellung war zulässig, da sich das Verpflichtungsbegehren der Klägerin durch die nachträgliche Übernahme der Kabelanschlussgebühren erledigt hatte, die Klägerin aber in Anbetracht der noch unentschiedenen Widerspruchsverfahren für April und Mai 1997 ein berechtigtes Interesse an der Feststellung der Verpflichtung des Beklagten zur Übernahme der Kabelanschlussgebühren hat. Der Reduzierung des Klagebegehrens war durch Anpassung des berufungsgerichtlichen Tenors Rechnung zu tragen.

Die Ansicht des Verwaltungsgerichtshofs, der Beklagte sei verpflichtet, die der Klägerin für Oktober 1996 entstandenen Kabelanschlussgebühren als Kosten der Unterkunft nach § 3 Abs. 1 Satz 1 RegelsatzVO zu übernehmen, verletzt Bundesrecht

(§ 137 Abs. 1 Nr. 1 VwGO) nicht. Der Verwaltungsgerichtshof hat die laufenden Kosten für den Kabelanschluss im Streitfall nicht – wie das Verwaltungsgericht – der Bedarfsgruppe der persönlichen Bedürfnisse des täglichen Lebens, sondern der Unterkunft (§ 12 Abs. 1 Satz 1 BSHG) zugeordnet, für die nach § 3 Abs. 1 Satz 1 RegelsatzVO laufende Leistungen in Höhe der tatsächlichen Aufwendungen zu gewähren sind, weil die Kabelanschlussgebühren im konkreten Fall nicht zur Disposition der Klägerin gestanden hätten. Das ist aus der Sicht des Bundesrechts nicht zu beanstanden.

Zwar kann Fernsehen nach der neueren Rechtsprechung des erkennenden Senats (vgl. BVerwGE 95, 145 <146> = Buchholz 436.0 § 12 BSHG Nr. 25; BVerwGE 106, 99 <102> = Buchholz 436.0 § 12 BSHG Nr. 40) als akustisch-visuelles Medium zur Information, Bildung und Unterhaltung, das dem Einzelnen ermöglicht, seine Umwelt zu erfahren und am kulturellen Leben teilzuhaben, ein persönliches Bedürfnis des täglichen Lebens (§ 12 Abs. 1 Satz 2 BSHG) sein. Kosten für den Anschluss an technische Einrichtungen – wie hier das Breitbandkabelnetz –, die den Fernsehempfang ermöglichen, sind deshalb in der Regel der Bedarfsgruppe der persönlichen Bedürfnisse des täglichen Lebens zuzuordnen und sind dann folglich aus den Regelsatzleistungen zu decken (vgl. BVerwGE 95, 145 <146> = Buchholz 436.0 § 12 BSHG Nr. 21).

Ausnahmen resultieren aber daraus, dass die „persönlichen" Bedürfnisse des täglichen Lebens ihrem Wesen nach solche aus freier, selbstbestimmter und -gestalteter, eben „persönlicher" Lebensführung sind und deshalb die Zuordnung zur Bedarfsgruppe der persönlichen Bedürfnisse des täglichen Lebens ihre Grenze dort findet, wo Bedürfnisse in Rede stehen, die einem Hilfeempfänger von seinem Willen unabhängig entstehen (vgl. BVerwGE 105, 281 <288> = Buchholz 436.0 § 21 BSHG Nr. 12 = NJW 1999, 738). Stehen also Kabelanschlussgebühren nicht zur Disposition des Hilfeempfängers, kann er sie also nicht im Einvernehmen mit dem Vermieter nach einer Kabelanschlusssperre als Mietnebenkosten ausschließen, so gehören sie nicht zu den persönlichen Bedürfnissen des Hilfeempfängers, sondern sind Kosten der Unterkunft (vgl. BVerwGE 100, 136 <138> = Buchholz 436.0 § 12 BSHG Nr. 33). Das tritt am deutlichsten hervor, wenn der Hilfeempfänger kein Fernsehgerät besitzt und auch kein persönliches Bedürfnis nach Fernsehen verspürt, gleichwohl aber eine bestimmte Wohnung nur anmieten bzw. weiterbewohnen kann, wenn er sich zur Zahlung der vom Vermieter verlangten Kabelanschlussgebühren verpflichtet. Nicht anders zu bewerten ist aber auch der Fall, dass der Hilfeempfänger Fernsehgerät und Antenne besitzt und nach den örtlichen Empfangsbedingungen auf den Kabelanschluss nicht angewiesen ist, gleichwohl aber die Kabelanschlussgebühren übernehmen muss, wenn er die Unterkunft erhalten oder behalten will. Im einen wie im anderen Fall stellen sich die Kabelanschlussgebühren als Aufwendungen dar, die dem Hilfeempfänger für Gewinnung oder Erhalt dieser Unterkunft zwangsläufig erwachsen, unabhängig davon, ob die Bereithaltung des Kabelanschlusses und die daraus folgende Möglichkeit der Kabelbenutzung seinem Willen und seinem persönlichen Bedürfnis entspricht, und die deshalb nach § 12 Abs. 1 Satz 1 BSHG und § 3 Abs. 1 Satz 1 RegelsatzVO vom Sozialhilfeträger als tatsächliche Aufwendungen für die Unterkunft zu übernehmen sind.

Zwangsläufig in diesem Sinne erwachsen – entgegen der Auffassung des Beklagten – dem Hilfeempfänger Kabelanschlussgebühren auch dann, wenn für ihn im Zuständigkeitsbereich seines örtlichen Trägers der Sozialhilfe eine bedarfsgerechte, sozialhilferechtlich angemessene Unterkunftsalternative ohne Kabelanschlussgebühren-

last verfügbar sein sollte. Denn Kabelanschlussgebühren, die vom Vermieter zwingend verlangt werden, stellen einen unausweichlichen Nebenkostenfaktor der konkreten Wohnung dar und dürfen deshalb aus den sozialhilferechtlich anzuerkennenden Unterkunftskosten nicht herausgerechnet werden. Ob der Hilfebedürftige diese Wohnung anmieten darf oder sich auf eine andere Wohnung verweisen lassen muss, bestimmt sich vielmehr nach den allgemeinen Grundsätzen über die sozialhilferechtliche Angemessenheit der Unterkunftskosten unter Berücksichtigung des Wunschrechts des Hilfebedürftigen nach § 3 Abs. 2 Satz 1 und 3 BSHG (vgl. BVerwGE 97, 110 <112 ff.> = Buchholz 436.0 § 12 BSHG Nr. 28).

Dass die Kosten der von der Klägerin angemieteten Unterkunft (trotz der Kabelanschlussgebühren) den Rahmen des sozialhilferechtlich Angemessenen nicht überstiegen, hat der Beklagte dadurch anerkannt, dass er den ihm vor Vertragsschluss vorgelegten Mietvertrag hinsichtlich der Höhe der Unterkunftskosten nicht beanstandet hat. Dementsprechend ist auch das Berufungsgericht in seinem Urteil davon ausgegangen, zwischen den Beteiligten sei unstreitig, die von der Klägerin früher in K. bewohnte Wohnung sei insgesamt, d.h. auch unter Berücksichtigung dieser Nebenkosten, sozialhilferechtlich gesehen angemessen gewesen (vgl. Urteilsabdruck S. 12)." ...

Renovierungskosten

Leitsatz (redaktionell) (BVerwG, Urteil vom 30.04.1992, Az.: 5 C 26/88)

Schönheitsreparaturen gehören zu den Unterkunftskosten.

Aus den Gründen:

„Die Klägerin erhält vom Beklagten seit September 1984 (erneut) ergänzende Hilfe zum Lebensunterhalt. Sie bewohnte seinerzeit allein eine 63 qm große Wohnung mit drei Räumen. Der Beklagte forderte die Klägerin auf, die seiner Meinung nach unangemessen hohen Unterkunftskosten zu senken, z.B. durch Untervermietung oder Umzug in eine preisgünstigere Wohnung.

Nachdem die Klägerin zum 1. August 1986 eine kleinere Wohnung gemietet hatte, beantragte sie mit Schreiben vom 9. Juli 1986, beim Beklagten eingegangen am 14. Juli 1986, die Kosten der Renovierung ihrer bisherigen und ihrer neuen Wohnung aus Mitteln der Sozialhilfe zu übernehmen. Sie legte eine Bescheinigung eines Malerbetriebs vom 13. Juni 1986 über ihren Auftrag, die frühere Wohnung zu einem Pauschalpreis von 1.075,00 DM zu renovieren, vor, nicht aber das von ihr und der Vermieterin dieser Wohnung unter dem 16. Juni 1986 unterzeichnete vorläufige Abnahmeprotokoll, nach dem in Küche und Bad die Decken zu streichen und in Schlafzimmer, Küche und Bad die Tapeten zu entfernen waren. Nach den Feststellungen des Verwaltungsgerichts begann die Klägerin am 16. Juli 1986 mit ihrem Auszug aus der früheren Wohnung und der Malerbetrieb am 17. Juli 1986 mit der Renovierung dieser Wohnung. Bei der Endabnahme der Wohnung am 30. Juli 1986 waren die Arbeiten, die in dem vorläufigen Abnahmeprotokoll vom 16. Juni 1986 aufgeführt waren, erledigt. Nach ihren Angaben hat die Klägerin dem Malerbetrieb für Schönheitsreparaturen in der bisherigen Wohnung bis Ende 1986 einen Betrag von

1.075,00 DM in unregelmäßigen Raten gezahlt, wobei sie sich das Geld zum Teil anderweit geliehen und noch nicht zurückgezahlt habe.

Durch Bescheid vom 27. August 1986 lehnte der Beklagte die Übernahme der Renovierungskosten für die bisherige Wohnung ab.

Der nach erfolglosem Widerspruch (Widerspruchsbescheid vom 19. Februar 1987) erhobenen Klage der Klägerin, den Beklagten zu verpflichten, ihr für die Renovierung der früheren Wohnung – Streichen der Decke in Küche und Bad, Entfernen der Tapete in Küche, Bad und Schlafzimmer – 350,00 DM zu gewähren, hat das Verwaltungsgericht stattgegeben, im Wesentlichen aus folgenden Gründen:

Nach § 12 Abs. 1 Satz 1 BSHG umfasse der notwendige Lebensunterhalt u.a. auch die Kosten der Unterkunft. Neben den laufenden Unterkunftskosten könnten hierzu auch Aufwendungen für angemessene und notwendige Schönheitsreparaturen zählen. Die Klägerin sei nach ihrem Mietvertrag zur Durchführung von Schönheitsreparaturen und zur Kostentragung verpflichtet gewesen. Das vorläufige Abnahmeprotokoll vom 16. Juni 1986 spreche auch für eine Renovierungsbedürftigkeit der Wohnung. Für das Streichen der Decken in Küche und Bad sowie das Entfernen der Tapeten in Küche, Bad und Schlafzimmer seien Kosten in Höhe von 350,00 DM entstanden. Die Klägerin habe den Renovierungsbedarf auch rechtzeitig, nämlich noch vor ihrem Auszug und vor Durchführung der Renovierungsarbeiten, beim Beklagten geltend gemacht. Dem Begehren der Klägerin stehe nicht entgegen, dass sie ihren gegenständlichen Bedarf noch vor Abschluss des Vorverfahrens gedeckt habe, indem sie die Wohnungsrenovierung habe durchführen lassen. § 5 BSHG stelle sicher, dass für das Vorhandensein einer Notlage nicht erst der Zeitpunkt der behördlichen Entscheidung, sondern schon die behördliche Kenntnis davon ausschlaggebend sei. Die Renovierungsarbeiten seien durch den Umzug bedingt gewesen und sozialhilferechtlich erforderlich. Denn die Klägerin habe die Wohnung dem Wunsch des Beklagten entsprechend gewechselt.

Gegen dieses Urteil hat der Beklagte unter Übergehung der Berufungsinstanz mit Zustimmung der Klägerin die vom Verwaltungsgericht zugelassene Revision eingelegt, mit der er die Abweisung der Klage erreichen will. Der Beklagte rügt die Verletzung des § 12 Abs. 1 Satz 1 BSHG. Die Kosten der Schlussrenovierung seien wegen des Auszugs keine notwendigen Unterkunftskosten. Die Erfüllung von Schuldverpflichtungen sei nicht Aufgabe der Sozialhilfe.

Die Klägerin verteidigt das angefochtene Urteil.

Entscheidungsgründe

Die nach § 134 VwGO zulässige Revision des Beklagten ist begründet. In der Sache selbst (§ 144 Abs. 3 Satz 1 Nr. 1 VwGO) ist die Klage abzuweisen.

Zwar ist das Verwaltungsgericht zutreffend der Auffassung, die noch streitigen Kosten für Schönheitsreparaturen in der alten Wohnung gehörten zum notwendigen Lebensunterhalt im Sinne des § 12 Abs. 1 BSHG und die Klägerin begehre mit der Geltendmachung dieses Renovierungsbedarfs nicht nur die Übernahme einer Verbindlichkeit gegenüber der Vermieterin dieser Wohnung. Denn zu den Kosten der Unterkunft gehören nicht nur der Mietzins, sondern auch die Aufwendungen für Schönheitsreparaturen, wenn zu ihnen, wie hier – auch für die Auszugsrenovierung – vom Verwaltungsgericht bindend festgestellt, nach dem Mietvertrag der Mieter verpflichtet ist. Während bei turnusmäßiger Renovierung der Renovierungsbedarf mit der Zeit des Bewohnens ständig anwächst und als zu deckender Bedarf erst im Zeitpunkt der turnusgemäßen Renovierung eintritt, ist die Auszugsrenovierung ein Bedarf, der mit dem Auszug entsteht. Die Auszugsrenovierung kann allerdings nur dann als sozialhilferechtlicher Bedarf anerkannt werden, wenn der Auszug sozialhilferechtlich gerechtfertigt ist. Das ist hier der Fall, denn der Auszug entsprach dem Wunsch des Beklagten, der die bisherigen Unterkunftskosten für unangemessen hoch hielt.

Jedoch verletzt die weitere Ansicht des Verwaltungsgerichts Bundesrecht, die Klägerin könne eine Hilfe zu ihren Aufwendungen für die Schönheitsreparaturen beanspruchen, obwohl sie die Renovierungsarbeiten zwar nach Kenntnis des Beklagten von ihrem Bedarf, aber noch vor einer Entscheidung des Beklagten über ihren Antrag habe ausführen lassen. Zu Unrecht meint das Verwaltungsgericht, § 5 BSHG wolle zugunsten des Hilfesuchenden auch die Notlage berücksichtigen, die nach der behördlichen Kenntnis davon, aber vor der mehr oder weniger späteren Entscheidung des Sozialhilfeträgers wegfällt. Diese Bestimmung regelt, wann Sozialhilfe einsetzt; sie schreibt nicht einen einmal entstandenen Bedarf als fortbestehend fest. Nach Wesen, Sinn und Zweck der Sozialhilfe als Hilfe in gegenwärtiger Not ist Sozialhilfe nach Wegfall der Notlage grundsätzlich ausgeschlossen. Ausnahmen hiervon kommen in Eilfällen um der Effektivität der gesetzlichen Gewährung des Rechtsanspruchs des Bürgers auf Fürsorgeleistungen willen (BVerwGE 26, 217 <220>) und bei Einlegung von Rechtsbehelfen um der Effektivität des Rechtsschutzes auf Sozialhilfe willen (vgl. BVerwGE 40, 343 <346>; 58, 68 <74>) in Betracht.

Im Zeitpunkt der (letzten) Behördenentscheidung als der für die gerichtliche Überprüfung einer sozialhilferechtlichen Entscheidung grundsätzlich maßgeblichen Sach- und Rechtslage bestand kein Renovierungsbedarf mehr. Als der Beklagte die Übernahme der Renovierung mit Bescheid vom 27. August 1986 ablehnte und am 19. Februar 1987 den Widerspruch dagegen zurückwies, war die Renovierung – wie sich aus dem Abnahmeprotokoll vom 30. Juli 1986 ergibt – bereits abgeschlossen. Nach den verbindlichen Feststellungen des Verwaltungsgerichts hatte der beauftragte Malerbetrieb am 17. Juli 1986 mit den Renovierungsarbeiten begonnen. Von den anerkannten Ausnahmen der Bedarfsdeckung nach Einlegung eines Rechtsbehelfs oder im Eilfall (BVerwGE a.a.O.) kommt hier nur letztere in Betracht. Im Interesse effektiver Rechtsdurchsetzung wird dem Hilfsbedürftigen die Bedarfsdeckung dann nicht als den Sozialhilfeanspruch vernichtend entgegengehalten, wenn der vorliegende Bedarf ein Abwarten bis zur Hilfeentscheidung des Sozialhilfeträgers nicht (mehr) zuließ. Das bemisst sich nach den Umständen des Einzelfalls, wobei die Bewertung zu berücksichtigen hat, dass derjenige, der Hilfe begehrt, diese grundsätzlich so rechtzeitig zu beantragen (bzw. davon Kenntnis zu geben) hat, dass die Hilfe vom Sozialhilfeträger rechtzeitig gewährt werden kann. Hier hatte die Klägerin von dem jetzt allein noch streitigen Renovierungsbedarf (nach dem vorläufigen Abnahmeprotokoll vom 16. Juni 1986: Deckenstreichen in Küche und Bad sowie Tapetenentfernen in Schlafzimmer, Küche und Bad) im Wert von (jetzt unstreitig) 350,00 DM bereits am 16. Juni 1986 Kenntnis. Dagegen beantragte sie die Übernahme der Auszugsrenovierung erst mit Schreiben vom 9. Juli 1986, das beim Beklagten am 14. Juli 1986 einging, obwohl sie wußte, dass die Auszugsrenovierung bis Ende Juli 1986 abgeschlossen sein sollte. Zudem beantragte sie nicht die Kostenübernahme lediglich für die von der Vermieterin laut vorläufigem Abnahmeprotokoll vom 16. Juni 1986 verlangte Renovierung. Sie legte damals auch nicht das vorläufige Abnahmeprotokoll vom 16. Juni 1986 zum Nachweis des Renovierungsbedarfs vor; vielmehr beantragte sie viel weitergehend unter Vorlage der Bescheinigung eines Malerbetriebs vom 13.

Juni 1986 über einen wesentlich höheren Instandsetzungsauftrag, nämlich in Höhe von 1.075,00 DM, die Übernahme dieser höheren Renovierungskosten. Dass dafür kein Bedarf bestand, ergibt sich daraus, dass die Vermieterin im vorläufigen Abnahmeprotokoll nur eine Renovierung in Höhe von (jetzt unstreitig) 350 DM verlangt hatte und vorher keine Renovierungsarbeiten ausgeführt worden waren (Beginn der Renovierung: 17. Juli 1986).

Selbst unter der Zeitvorgabe, die Renovierung bis Ende Juli 1986 abzuschließen, war eine Entscheidung auf den von der Klägerin erst am 14. Juli 1986 bei dem Beklagten eingegangenen Antrag nicht so eilig, dass der Beklagte für eine effektive Hilfe sofort hätte entscheiden müssen. Nur wenige Tage nach Antragseingang, nämlich bereits am 17. Juli 1986, hatte die Klägerin ohne Rückfrage bei dem Beklagten den Malerbetrieb mit der Durchführung der Renovierungsarbeiten beginnen lassen. Soweit es um den aus sozialhilferechtlicher Sicht notwendigen Umfang dieser Arbeiten ging, war jedoch ein so zeitiger Arbeitsbeginn für einen rechtzeitigen Abschluss bis Ende Juli 1986 nicht erforderlich. Die Klägerin hätte zunächst noch eine Entscheidung des Beklagten abwarten können, bevor sie die Renovierung durchführen ließ. Aus diesem Grunde besteht ein Sozialhilfeanspruch der Klägerin auf die vom Verwaltungsgericht zugesprochenen Renovierungskosten in Höhe von 350,00 DM nicht."

Breitbandkabelanschluss

Leitsatz (redaktionell) (VGH Baden-Württemberg, Urteil vom 16. Februar 2001, Az: 7 S 2253/99)

Ausgehend hiervon gehören zu den Kosten der Unterkunft unstreitig nicht nur die sogenannte Kaltmiete, sondern auch die üblichen mit der Unterkunft verbundenen Mietnebenkosten, zu deren Übernahme sich der Mieter regelmäßig durch Vertrag verpflichtet.

Aus den Gründen:

„Mit Einverständnis der Beteiligten entscheidet der Senat ohne mündliche Verhandlung (§§ 101 Abs. 2, 125 Abs. 1 VwGO).

Die Berufung der Klägerin ist zulässig und auch begründet. Zu Unrecht hat das Verwaltungsgericht ihre Klage insgesamt abgewiesen. Der Klägerin steht gegen den Beklagten ein Anspruch auf Übernahme der nunmehr von ihr nur noch geltend gemachten Kosten für den Breibandkabelanschluss für Oktober 1996 zu.

Nach § 11 Abs. 1 Satz 1 BSHG wird Hilfe zum Lebensunterhalt dem gewährt, der seinen notwendigen Lebensunterhalt nicht oder nicht ausreichend aus eigenen Kräften oder Mitteln beschaffen kann. § 12 Abs. 1 BSHG bestimmt im Einzelnen, was zum „notwendigen Lebensunterhalt" gehört und nennt unter anderem die Unterkunft und „in vertretbarem Umfang auch Beziehungen zur Umwelt und eine Teilnahme am kulturellen Leben".

Das Verwaltungsgericht hat die laufenden Kosten für die Nutzung des Breitbandkabelanschlusses im Fall der Klägerin der Bedarfsgruppe der persönlichen Bedürfnisse des täglichen Lebens zugeordnet. Dem kann sich der Senat nicht anschließen. Diese Kosten gehören im konkreten Fall vielmehr zu den grundsätzlich vom Sozialhilfeträ-

ger zu übernehmenden laufenden Unterhaltskosten. Folgende Erwägungen sind dabei für den Senat maßgebend:

Da es sich bei den Kosten der Unterkunft um laufende Kosten, auf Seiten des Trägers der Sozialhilfe um laufende Leistungen handelt, werden sie, wie § 22 Abs. 1 BSHG bestimmt, nach § 3 RegelsatzVO aufgebracht. Nach § 3 Abs. 1 Satz 1 RegelsatzVO werden laufende Leistungen für die Unterkunft in Höhe der tatsächlichen Aufwendungen gewährt. Was unter tatsächlichen Aufwendungen zu verstehen ist, wird weder im Gesetz noch in der Regelsatzverordnung näher erläutert. In diesem Zusammenhang kann nicht auf § 7 der Verordnung zur Durchführung des § 76 BSHG vom 28.11.1962 (BGBl I S. 692), geändert durch Verordnung vom 23.11.1976 (BGBl I S. 3234), verwiesen werden; denn diese Vorschrift befasst sich mit der näheren Bestimmung des Einkommens des Hilfesuchenden, nicht jedoch mit dem Aufwand für die Unterkunft, der in § 3 RegelsatzVO erfasst werden soll. Ebensowenig hilft ein Rückgriff auf § 79 BSHG weiter; denn der dort verwendete Begriff der Kosten der Unterkunft ist ebenfalls nicht erläutert, ganz abgesehen davon, dass sich diese Vorschrift nicht mit dem tatsächlichen Unterkunftsbedarf des Hilfesuchenden, sondern mit der Einkommensgrenze beschäftigt.

Der Begriff der tatsächlichen Aufwendungen muss unter den gegebenen Umständen mit Blick auf die allgemeinen Grundsätze des Sozialhilferechts ausgelegt werden. Die Sozialhilfe knüpft regelmäßig an die tatsächlich bestehende Notlage an. Aus diesem Grunde sind auch die Hilfen des Gesetzes so eingerichtet, dass der tatsächlich bestehenden Notlage des Hilfesuchenden begegnet werden kann. Von maßgeblicher Bedeutung für die Beantwortung der Frage, welche Kosten im Einzelfall zu den tatsächlichen Aufwendungen im Sinne von § 3 Abs. 1 Satz 1 RegelsatzVO zu rechnen sind, ist daher allein die sozialhilferechtliche Notwendigkeit der mit der Unterkunft verbundenen Aufwendungen. Hieraus ergibt sich: Sind die Aufwendungen erforderlich, um dem Hilfesuchenden eine sozialhilferechtlich angemessene Wohnung zu beschaffen, zu erhalten bzw. deren Nutzung zu ermöglichen, so fallen sie grundsätzlich unter den Begriff der tatsächlichen Aufwendungen im Sinne von § 3 Abs. 1 Satz 1 RegelsatzVO (vgl. BVerwG, Urt. v. 12.12.1995 – 5 C 28.93 –, BVerwGE 100, 136 = NDV-RD 1996, 21).

Ausgehend hiervon gehören zu den Kosten der Unterkunft unstreitig nicht nur die so genannte Kaltmiete, sondern auch die üblichen mit der Unterkunft verbundenen Mietnebenkosten, zu deren Übernahme sich der Mieter regelmäßig durch Vertrag verpflichtet (vgl. die amtliche Begründung zum Entwurf der RegelsatzVO – zu § 3 –, BR-Drucks. 159/62). Im Wesentlichen sind das Aufwendungen für die nach § 27 Abs. 1 der Zweiten Berechnungsverordnung (II. BV) auf den Mieter umlagefähigen Betriebskosten wie Müllabfuhr- und Entwässerungsgebühren, Kosten für die Gemeinschaftsbeleuchtung, die Gemeinschaftsantenne, die Gebäude-, Fußweg- und Schornsteinreinigung, Zuschläge für Einbaumöbel, Umlagen für Hausverwaltung, Zählergebühren etc..

Durch Art. 2 Nr. 7d der Verordnung zur Änderung wohnungsrechtlicher Vorschriften vom 05.04.1984 (BGBl I S. 546) wurden auch die Kosten des Betriebs der mit einem Breitbandkabelnetz verbundenen Verteilanlage, zu denen die hier in Rede stehenden monatlichen Grundgebühren für die Nutzung von Breitbandanschlüssen gehören, in den Kreis der umlagefähigen Betriebskosten aufgenommen (vgl. Nr. 15b der Anlage 3 zu § 27 II.BV). Entgegen der offenbar von Großmann/Richter in Buchsbaum/Heise, WoGG, § 32 RdNr. 5, vertretenen Ansicht rechtfertigte dies allein jedoch noch nicht, die Kosten für die Nutzung des Breitbandkabelanschlusses zu den tatsächlichen Aufwendungen i.S.v. § 3 Abs. 1Satz 1 RegelsatzVO zu zählen. Richtig ist zwar, dass es schon seit den achtziger Jahren im Geschosswohnungsbau zunehmend üblich geworden ist, Wohnungen mit kostenpflichtigen Kabelfernsehanschlüssen auszustatten. Statistisch waren bundesweit im Jahre 1997 auch bereits zwischen 58 und 75 % der Haushalte an das Kabelnetz angeschlossen (vgl. das Statistische Jahrbuch 1998 für die BRD, S. 329). Zu bedenken ist jedoch, dass es technisch möglich ist, den Breitbandkabelanschluss einer Wohnung an das Kabelnetz durch den Einbau einer Filter- oder Sperrdose zu blockieren. Auch schließen es die Vertragsbedingungen der Telekom für die Überlassung von Kabelanschlüssen nicht aus, aus einer Vielzahl angemeldeter Wohnungen (Wohneinheiten) einzelne abzumelden. Die Kosten für die Nutzung des Breitbandkabelanschlusses können nach alledem nur unter der Voraussetzung zu den tatsächlichen Aufwendungen für die Unterkunft i.S.d. § 3 Abs. 1 Satz 1 RegelsatzVO gerechnet werden, dass es dem um Sozialhilfe Nachsuchenden nicht möglich ist, die Übernahme dieser Betriebsnebenkosten vertraglich auszuschließen und er ohne Übernahme dieser Betriebsnebenkosten die bei Berücksichtigung sämtlicher Kosten als sozialhilferechtlich angemessen anzusehende Wohnung auch nicht anmieten bzw. weiter bewohnen kann (so auch Wenzel in Fichtner, BSHG, § 12 RdNr. 23).

Dem kann auch nicht entgegengehalten werden, dass es dem um Sozialhilfe Nachsuchenden ja frei stehe, auch eine kostenangemessene Wohnung ohne Breitbandkabelanschluss zu mieten. Für Sozialhilfeempfänger ist es schon schwer genug, auf dem allgemeinen Wohnungsmarkt eine geeignete, nicht zu teure Unterkunft zu finden; wegen der ihnen zur Verfügung stehenden beschränkten Mittel stehen sie oftmals vor kaum überwindlichen Schwierigkeiten. In Anbetracht dieser Situation und auch im Hinblick darauf, dass die Zahl der an das Kabelnetz angeschlossenen Wohnungen in den letzten Jahren erheblich gestiegen ist und noch weiter zunimmt, erwiese es sich für die Wohnungssuche von Sozialhilfeempfängern jedoch als unzumutbar erschwerend, wenn man sie letztlich faktisch dadurch auf das doch begrenzte Wohnungsmarktsegment der Wohnungen ohne Breitbandkabelanschluss verwiese, dass man ihnen die Übernahme der hierfür aufgrund des Mietvertrags entstehenden Kosten auch für den Fall verweigerte, dass die Wohnung insgesamt, d.h. auch unter Berücksichtigung dieser Nebenkosten, sozialhilferechtlich gesehen angemessen ist. Dadurch errichtete man eine zusätzliche, den Zielen des Sozialhilferechts nicht dienliche Schranke.

Es muss nach alledem entgegen der vom Verwaltungsgericht vertretenen Ansicht davon ausgegangen werden, dass die mit der Nutzung des Breitbandkabelanschlusses verbundenen Kosten im Fall der Klägerin zu den tatsächlichen Aufwendungen für die Unterkunft i.S.v. § 3 Abs. 1 Satz 1 RegelsatzVO gehören; denn die Klägerin konnte, wie der Beklagte nicht in Abrede gestellt hat, die Wohnung in Kernen, deren sozialhilferechtliche Angemessenheit auch bei Berücksichtigung sämtlicher Nebenkosten außer Frage steht, nur unter der Bedingung anmieten, dass sie auch die laufenden Kosten für die Nutzung des Breitbandkabelanschlusses übernimmt, und sie war auch in der Folgezeit nicht in der Lage, die Herausnahme der von ihr bewohnten Unterkunft aus der Verteilung der Breitbandkabelnutzungskosten gegen den Vermieter zu erwirken. Den Beklagten trifft hiernach die Verpflichtung, die von der Klägerin noch geltend gemachten Breitbandkabelnutzungskosten für Oktober 1996 zu übernehmen." ...

Maklercourtage

Leitsatz (redaktionell) (OVG Hamburg, Beschluss vom 18. August 1993, Az.: Bs IV 164/93)

Maklerkosten sind dann nicht zu übernehmen, wenn die in Aussicht genommene Wohnung unangemessen teuer ist.

Aus den Gründen:

„Die zulässige Beschwerde ist unbegründet. Zu Recht hat das Verwaltungsgericht den Antrag auf Erlass einer einstweiligen Anordnung abgelehnt, mit dem die Antragstellerin die Verpflichtung der Antragsgegnerin begehrt, die Mietkaution und die Maklercourtage in Höhe von insgesamt 10.449,00 DM für die noch anzumietende Wohnung F. straße, Hamburg, aus Mitteln der Sozialhilfe zu übernehmen. Die Antragstellerin hat einen Anspruch auf diese Hilfe nicht glaubhaft gemacht (§ 123 Abs. 1 und 3 VwGO i.V.m. § 920 Abs. 2 ZPO).

Die Antragstellerin kann die Übernahme der Mietkaution und der Maklercourtage nicht nach §§ 11 Abs. 1, 12 Abs. 1 BSHG beanspruchen. Zwar umfasst der notwendige Lebensunterhalt u.a. die Unterkunft (§ 12 Abs. 1 BSHG), und hierzu zählen auch die zur Beschaffung der Unterkunft notwendigen Kosten (vgl. VGH Mannheim, Urteil vom 26.05.1971, FEVS Bd. 18 S. 421; LPK-BSHG, 3. Aufl. 1990, § 12 RdNr. 33, m.w.N.). Das kann im Einzelfall auch für die Mietkaution und die Maklercourtage gelten, soweit etwa eine Wohnung sonst nicht oder nicht in zumutbarer Zeit gefunden werden kann. Die evtl. für die Anschaffung einer Unterkunft anfallenden Kosten sind jedoch dann nicht notwendig, wenn die Anmietung gerade dieser, die geltend gemachten Kosten verursachenden Wohnung ihrerseits nicht als sozialhilferechtlich notwendig anzusehen ist. Das ist jedenfalls dann der Fall, wenn die in Aussicht genommene Wohnung sozialhilferechtlich unangemessen groß und/oder teuer ist (vgl. auch VGH Kassel, Beschl. vom 28.01.1988, FEVS Bd. 37 S. 414). Denn eine Verpflichtung zur Übernahme der Kosten der Unterkunft besteht nach § 12 Abs. 1 Satz 1, 22 Abs. 1 und 2 Halbsatz 2 BSHG i.V.m. § 3 Abs. 1 Satz 1 Regelsatzverordnung grundsätzlich nur in Bezug auf eine sozialhilferechtlich angemessene Unterkunft (BVerwG, Urt. vom 21.01.1993 – BVerwG 5 C 3.91 –). Der Träger der Sozialhilfe ist nach den genannten Vorschriften nicht verpflichtet, den Einzug in eine sozialhilferechtlich unangemessen große bzw. teure Wohnung durch Übernahme der Mietkaution und der Maklercourtage zu ermöglichen. Selbst wenn der Anspruchsteller die sozialhilferechtlich unangemessen hohen Kosten der Unterkunft zunächst aus eigenen Mitteln selbst tragen könnte – was hier von der Antragstellerin zwar behauptet wird, ihr aber bezüglich ihrer bisherigen Wohnung mit annähernd gleich hoher Miete in der Vergangenheit nicht gelungen ist –, müsste der Träger der Sozialhilfe bei später eintretender Hilfsbedürftigkeit auf eine Senkung der Unterkunftskosten insbesondere durch Umzug in eine billigere Wohnung drängen. Dann würde sich die Übernahme der Kosten der Anmietung als eine sinnlose Maßnahme darstellen (vgl. VGH Kassel, Beschl. vom 28.01.1988, a.a.O., S. 417). Eine andere Beurteilung ist auch nicht im Hinblick auf die von der Antragstellerin vorgebrachte Möglichkeit der Kostensenkung durch Untervermietung geboten. Konkrete und nachprüfbare Angaben, insbesondere zu der Person des möglichen Untermieters, hat die Antragstellerin inso-

weit nicht gemacht. Im Übrigen könnte ein Untermietverhältnis auch von dem Untermieter wieder kurzfristig gelöst werden, und die Antragstellerin hätte dann wieder die volle Miete allein zu tragen.

Die von der Antragstellerin in Aussicht genommene Wohnung F. straße ist sozialhilferechtlich unangemessen groß und teuer. Nach den Angaben der Antragstellerin hat die Wohnung drei Zimmer und ist ca. 78 qm groß. Das übersteigt den sozialhilferechtlich anzuerkennenden Unterkunftsbedarf der Antragstellerin, die in der Wohnung nur mit ihrer 1987 geborenen Tochter zusammenleben will. Vielmehr ist – in Anlehnung an die Voraussetzungen für den Erhalt einer Bescheinigung über die Wohnberechtigung im öffentlich geförderten sozialen Wohnungsbau – die Wohnungsgröße dann sozialhilferechtlich ausreichend, wenn sie es ermöglicht, dass auf jedes Familienmitglied ein Wohnraum ausreichender Größe entfällt (§ 5 Abs. 2 Satz 2 WoBindG). Sonderbedarfe, die ausnahmsweise die Anmietung einer Wohnung mit drei Räumen gebieten könnten (vgl. dazu § 5 Abs. 2 Satz 4 WoBindG), hat die Antragstellerin nicht vorgetragen und sind auch sonst nicht zu erkennen.

Die in Aussicht genommene Wohnung ist zudem unangemessen teuer. Nach den vorgelegten Unterlagen soll die Warmmiete monatlich 1.620,00 DM, d.h. annähernd 21,00 DM pro qm, betragen. Diese unangemessen hohe Miete beruht nicht nur auf der – gerichtsbekannten – Knappheit an Wohnraum in Hamburg, sondern vor allem auch auf der Lage der Wohnung im Stadtteil Eppendorf, bei dem es sich um eine besonders gesuchte Wohnlage handelt. In anderen, weniger „beliebten" Stadtteilen dürfte für die Antragstellerin die Möglichkeit bestehen, nach entsprechenden Bemühungen eine wesentlich billigere Wohnung anzumieten.

Dass ansonsten keine Umstände vorliegen, die – ausnahmsweise – die Anmietung der von der Antragstellerin in Aussicht genommenen Wohnung sozialhilferechtlich gebieten und die Antragsgegnerin deshalb zur Übernahme der Mietkaution und der Maklercourtage verpflichten könnten, hat das Verwaltungsgericht mit zutreffenden Erwägungen, auf die gemäß § 122 Abs. 2 Satz 3 VwGO Bezug genommen wird, in dem angefochtenen Beschluss dargelegt. Auch die Beschwerde belegt nicht, dass die Einschulung der Tochter der Antragstellerin, die unmittelbar bevorsteht, ernsthaft gefährdet oder ihre sonstige schulische Entwicklung nachhaltig beeinträchtigt würde, wenn der Einzug in die Wohnung F. straße unterbleibt und die Antragstellerin und ihre Tochter gegebenenfalls zunächst von der Antragsgegnerin anderweitig untergebracht werden müssen. Eine solche Unterbringung dürfte angesichts der Einkommensverhältnisse der Antragstellerin – ihr stehen monatlich Einnahmen von ca. 3.000,00 DM zur Verfügung – nur vorübergehend notwendig sein."

Ofenheizung

Leitsatz (redaktionell) (OVG Hamburg, Beschluss vom 16. Januar 1990, Az.: Bs IV 256/89)

Wohnungen der unteren Ausstattungskategorie (z.B. mit Ofenheizung) genügen regelmäßig den sozialhilferechtlichen Anforderungen an die Deckung des notwendigen Unterkunftsbedarfs iS von § 29 SGB XII.

Aus den Gründen:

„Der Antragsteller bezieht laufende Hilfe zum Lebensunterhalt. Er bewohnt eine ofenbeheizte Wohnung, für die eine Miete in Höhe von 293,40 DM zu entrichten ist. Er beantragte bei der Antragsgegnerin, ihm eine entsprechende Mietübernahmeerklärung auszustellen, damit er eine zentralbeheizte Wohnung anmieten könne. Er benötige eine solche Wohnung aus gesundheitlichen Gründen. Die Antragsgegnerin entsprach diesem Begehren nicht, da der Antragsteller ausreichend mit Wohnraum versorgt sei. Die Anmietung einer zentralbeheizten Wohnung werde abgelehnt. Das Verwaltungsgericht hat den Antrag auf Erlass einer einstweiligen Anordnung ebenfalls abgelehnt: Der Wunsch des Antragstellers, eine zentralbeheizte Wohnung zu beziehen, könne unter gewissen Umständen im Grundsatz zu akzeptieren sein. Da der Antragsteller indes noch keine konkrete Wohnung, die anzumieten sei, benennen könne, lasse sich sein allgemein geäußerter Umzugswunsch rechtlich nicht abschließend beurteilen. Mit der Beschwerde weist der Antragsteller darauf hin, dass er überhaupt nur dann eine Chance habe, eine Wohnung angedient zu bekommen, wenn er schon bei der Wohnungssuche im Besitz einer entsprechenden Mietübernahmeerklärung der Antragsgegnerin sei.

Entscheidungsgründe

Die zulässige Beschwerde bleibt ohne Erfolg.

Zwar könnte der Antragsteller die Ausstellung einer Mietübernahmeerklärung beanspruchen, sofern sein notwendiger Unterkunftsbedarf gegenwärtig nicht gedeckt wäre. Davon kann indes nach Lage der Dinge nicht ausgegangen werden (dazu unter 1). Dennoch kann die Antragsgegnerin nicht von vornherein die Übernahme von Aufwendungen für eine teurere (andere) Wohnung ablehnen, da ein Umzugswunsch des Antragstellers unter den Voraussetzungen des § 3 Abs. 2 BSHG berücksichtigungsfähig sein kann (dazu unter 2). Der Antragsteller kann indes auch dann, wenn sein Umzugswunsch zu akzeptieren wäre, nicht verlangen, dass die Antragsgegnerin ihm den Weg zur Anmietung einer anderen Wohnung durch Ausstellung einer pauschalen Mietübernahmeerklärung ebnet. Die dem Antragsteller nach § 3 Abs. 2 BSHG zustehende Gestaltungsfreiheit muss er aus eigenen Kräften wahrnehmen (dazu unter 3). Der somit verbleibende Streit über die allgemeine Frage, ob der Antragsteller im Grundsatz umziehen dürfte, lässt sich durch eine insoweit allenfalls in Betracht kommende feststellende einstweilige Anordnung nicht klären (dazu unter 4).

1) Der Antragsteller hat einen Anspruch auf Aushändigung der begehrten Mietübernahmeerklärung nicht glaubhaft gemacht (§ 123 Abs. 1 und 3 VwGO, § 920 Abs. 2 ZPO). Zwar kann eine solche Erklärung regelmäßig als Form der persönlichen Hilfe nach § 8 Abs. 1 BSHG beansprucht werden, sofern der Hilfesuchende zur Deckung seines Unterkunftsbedarfs eine neue Wohnung benötigt (vgl. OVG Hamburg, Beschl. v. 25.09.1987 – OVG Bs I 115/87 –, Beschl. v. 16.10.1986 – OVG Bs I 125/86 –). Dies kann hier indes nicht angenommen werden. Der notwendige Unterkunftsbedarf (§ 12 Abs. 1 Satz 1 BSHG) des Antragstellers dürfte in seiner jetzigen Wohnung ausreichend gedeckt sein. Auch Wohnungen der unteren Ausstattungskategorie genügen regelmäßig den sozialhilferechtlichen Anforderungen an die Bedarfsdeckung (OVG Hamburg, Urt. v. 20.06.1988 – OVG Bf I 98/87 –; Beschl. v. 17.03.1988 – OVG Bs I 27/88 –). Der Antragsteller hat nicht glaubhaft machen können, dass bei ihm Besonderheiten des Einzelfalles (§ 3 Abs. 1 BSHG) – namentlich gesundheitliche Gründe –

vorliegen, die zu einer anderen Beurteilung nötigten. Das Attest von Dr. F. vom 2. Januar 1989 gibt lediglich das subjektive Befinden des Antragstellers wieder. Es vermag nicht zu belegen, dass der Antragsteller aus medizinischen Gründen auf eine andere Wohnung angewiesen ist. Diese Aussagekraft kommt dem Attest schon deshalb nicht zu, weil der Arzt nicht festgestellt hat, dass die Wohnung tatsächlich zu kalt ist. Im Übrigen behauptet der Antragsteller auch lediglich, er könne sich wegen seiner Ausbildung nicht ausreichend um die Beheizung der Wohnung kümmern. Dies dürfte ihm indes möglich und zumutbar sein. Es ist nicht ersichtlich, warum die Wohnung nicht morgens entsprechend eingeheizt werden kann, so dass sie bei Heimkehr des Antragstellers noch eine erträgliche Temperatur hat, die sich dann leicht in kürzerer Zeit erhöhen lassen dürfte. Ein technisches Problem bzw. Mangel an Heizmaterial hat der Antragsteller insoweit nicht geltend gemacht. Seine Ausbildungssituation ändert an dieser Beurteilung nichts. Auch wenn das Beheizen einer Wohnung einige Zeit kostet und Mühe macht, muss er wie zahlreiche andere Auszubildende in der Lage sein, seine schulischen Arbeiten daneben zu erledigen.

2) Der Umstand, dass der Unterkunftsbedarf des Antragstellers gegenwärtig ausreichend gedeckt sein dürfte, steht der Berücksichtigung eines Umzugswunsches des Antragstellers allerdings – entgegen der Ansicht der Antragsgegnerin – nicht von vornherein entgegen. Zu Recht hat das Verwaltungsgericht ausgeführt, dass insoweit anhand von § 3 Abs. 2 BSHG beurteilt werden muss, ob der Umzugswunsch angemessen (Satz 1) und ob seine Erfüllung mit unverhältnismäßigen Mehrkosten verbunden ist (Satz 3). Der Wunsch, anstelle einer ofen- eine zentralbeheizte Wohnung zu bewohnen, dürfte grundsätzlich nicht unangemessen sein. Höhere Aufwendungen für die Miete einer entsprechenden neuen Wohnung verursachen nicht zwangsläufig unverhältnismäßige Mehrkosten, denn Mehrkosten sind – wie sich aus § 3 Abs. 2 Satz 3 BSHG ergibt – zu akzeptieren, sofern sie nicht „unverhältnismäßig" sind. Das Merkmal der Unverhältnismäßigkeit verlangt – wie das Verwaltungsgericht ebenfalls zu Recht ausgeführt hat – eine Bewertung des Umzugswunsches und eine Abwägung der gegenseitigen Interessen. Insoweit hat die Antragsgegnerin eine entsprechende Ermessensentscheidung zu treffen.

Auf § 3 Abs. 1 RegelsatzVO kann der Antragsteller sein Begehren auf Übernahme einer bis zu 410,00 DM hohen Miete nicht stützen. Diese Bestimmung setzt voraus, dass die betreffende Wohnung unter Berücksichtigung des Wunschrechtes notwendig im Sinne des § 12 Abs. 1 BSHG ist. Die Vorschrift besagt lediglich, dass gegebenenfalls – nämlich, wenn die Wohnung notwendig ist – die Aufwendungen in tatsächlicher Höhe zu übernehmen sind; sie legt somit nicht das Maß der Hilfe für die Unterkunft im Sinne einer pauschalierten Leistungszusage fest.

3) Auch wenn der Wunsch des Antragstellers, eine zentralbeheizte Wohnung anzumieten, nach § 3 Abs. 2 BSHG zu berücksichtigen sein sollte, sofern er denn eine entsprechende Wohnung findet, heißt dies nicht, dass die Antragsgegnerin in einer Art Vorwirkung auf die dann möglicherweise zu gewährende Hilfe für die neue Unterkunft jetzt schon verpflichtet ist, dem Antragsteller die Anmietung einer beliebigen neuen Wohnung mit einer Miete von einer bis zu 410,00 DM auch zu ermöglichen. Dem Wunschrecht des Antragstellers nach einer bestimmten Gestaltung der Hilfe entspricht nicht eine rechtliche Verpflichtung des Trägers der Sozialhilfe, die tatsächlichen Voraussetzungen für die Ausübung des Wunschrechtes erst zu schaffen. Das Wunschrecht des § 3 Abs. 2 BSHG gibt dem Hilfesuchenden die Möglichkeit auf die Gestaltung der Hilfe einzuwirken und seine Vorstellungen zur Geltung zu bringen; es verleiht indes keinen Anspruch auf Schaffung alternativer Hilfegestaltungen durch den Sozialhilfeträger. Der Antragsteller, dessen Unterkunftsbedarf – wie dargelegt – gegenwärtig ausreichend gedeckt sein dürfte, kann mithin gegenwärtig nicht beanspruchen, dass ihm die Antragsgegnerin in Form der begehrten pauschalen Mietübernahmeerklärung die Chance eröffnet, sein im Grundsatz zwar bestehendes Wunschrecht in Bezug auf den Unterkunftsbedarf auch tatsächlich verwirklichen zu können. Falls der Antragsteller indes der Antragsgegnerin eine bestimmte zur Anmietung angebotene Wohnung in Zukunft benennen sollte, müsste die Antragsgegnerin zur Realisierung des Wunschrechts die erbetene Mietübernahmeerklärung ausstellen, sofern dem Wunsch nach § 3 Abs. 2 BSHG nach Maßgabe der unter 2) dargelegten Grundsätze zu entsprechen ist.

4) Der Antragsteller kann schließlich auch nicht eine Feststellung darüber erstreiten, dass die Antragsgegnerin die Miete einer neuen Wohnung bis zu einer bestimmten Mietobergrenze übernehmen muss. Zwar sind feststellende einstweilige Anordnungen zulässig; die Feststellung muss indes ein konkretes streitiges Rechtsverhältnis betreffen. Das ist hier nicht der Fall. Die bisherigen Ausführungen haben gezeigt, dass die Maßgeblichkeit eines Umzugswunsches nur aufgrund der Würdigung aller Umstände, die zum betreffenden Zeitpunkt vorliegen, beurteilt werden kann. Auch darauf hat das Verwaltungsgericht schon zutreffend hingewiesen. Eine rechtliche Beurteilung des Umzugswunsches würde sich daher z.Zt. zwangsläufig auf eine abstrakte Aussage über die insoweit zu beachtenden rechtlichen Maßstäbe beschränken müssen. Dafür besteht indes kein Rechtsschutzbedürfnis, zumal insoweit die einschlägigen Gesichtspunkte schon in diesem Beschluss erwähnt worden sind." ...

Eigenheim

Leitsatz (redaktionell) (VGH Baden-Württemberg, Urteil vom 21.03.1996, Az.: 6 S 1342/93)

Wenn die Kosten für ein Eigenheim unangemessen hoch sind, muss wenigstens ein Teil im Rahmen der Angemessenheit gezahlt werden über § 29 SGB XII.

Aus den Gründen:

„Der Kläger begehrt laufende Hilfe zum Lebensunterhalt für die Monate August 1991 bis einschließlich April 1992 sowie eine Heizkostenbeihilfe in Höhe von 1.750,39 DM.

Der 1958 geborene Kläger war mit der 1962 geborenen D., geb. ..., verheiratet. Der Ehe entstammen drei Kinder, nämlich die am 01.02.1985 geborene ... und die am 11.08.1988 geborenen Zwillinge ... und .... Der Kläger ist zusammen mit seiner früheren Ehefrau Eigentümer eines Einfamilienhauses in ..., das eine Wohnfläche von ca. 150 qm aufweist und seit dem im Juli 1991 erfolgten endgültigen Auszug seiner früheren Ehefrau und der gemeinsamen Kinder allein vom Kläger bewohnt wird.

Der Kläger bezog aus seiner Tätigkeit als Service-Ingenieur bei der Firma ... in B. folgende monatliche Bruttoeinkommen: August 1991 7.630,66 DM, September 1991 6.037,44 DM, Oktober 1991 4.942,33 DM, November 1991 10.734,80 DM, Dezember 1991 6.309,00 DM, Januar 1992 5.821,23 DM, Februar 1992 6.426,53 DM, März 1992 2.036,55 DM und April 1992 6.738,09 DM. Im Zeitraum vom 26.02.1992 bis

15.03.1993 erhielt der Kläger von der ... Krankengeld in Höhe von 2.584,00 DM brutto.

Der Kläger kam im Jahr 1991 seinen Unterhaltsverpflichtungen gegenüber seiner früheren Ehefrau und den gemeinsamen Kindern nicht mehr nach. Infolgedessen wurden aufgrund von Vollstreckungsmaßnahmen seiner Ehefrau vom Augustgehalt 3.204,01 DM, vom Septembergehalt 2.712,29 DM, vom Oktobergehalt 1.995,59 DM, vom Novembergehalt 4.999,09 DM und vom Dezembergehalt 2.359,02 DM gepfändet. In der Folgezeit zahlte der Kläger entsprechend einem Urteil des Amtsgerichts Tübingen vom 27.09.1991 zur Vermeidung weiterer Zwangsvollstreckungsmaßnahmen an seine frühere Ehefrau und die gemeinsamen drei Kinder jeweils einen Betrag von 1.964,00 DM an Unterhaltsleistungen.

Am 02.08.1991 beantragte der Kläger beim Beklagten laufende Hilfe zum Lebensunterhalt; zugleich bat er darum, von ihm beglichene Kosten für Heizöl in Höhe von 1.750,39 DM nachträglich im Wege der Gewährung von Sozialhilfe zu übernehmen.

Mit Bescheid vom 18.05.1992 lehnte der Beklagte den Antrag des Klägers auf laufende Hilfe zum Lebensunterhalt ab. Zur Begründung führte er aus, der Kläger habe für den Zeitraum August 1991 bis einschließlich April 1992 laufende Hilfe zum Lebensunterhalt beantragt. Er habe jedoch in diesem Zeitraum ein zu berücksichtigendes Einkommen zwischen monatlich 2.094,00 und 3.816,00 DM erzielt. Die Unterhaltsverpflichtungen des Klägers hätten dabei nicht berücksichtigt werden können, da man ansonsten seiner Ehefrau und seinen Kindern, für die ein anderer Sozialhilfeträger zuständig sei, Sozialhilfe gewähren würde. Etwas anderes gelte nur für die Monate, in denen der Unterhalt aus seinem Arbeitseinkommen gepfändet worden sei. Der sozialhilferechtliche Bedarf des Klägers liege bei monatlich 1.948,50 DM. Sein Einkommen übersteige aber diesen Bedarf, so dass kein Anspruch auf laufende Hilfe zum Lebensunterhalt bestehe. Auch dem Antrag auf Gewährung einer einmaligen Beihilfe für Heizöl könne nicht entsprochen werden. Abgesehen davon, dass es sich hierbei um Schulden handele, die nach § 5 BSHG im Rahmen der Sozialhilfe nicht übernommen werden könnten, bestehe insoweit auch kein konkreter sozialhilferechtlicher Bedarf. Die Kosten für die Erwärmung des Warmwassers sei nach § 1 Abs. 1 der Verordnung zur Durchführung des § 22 BSHG in den Regelsätzen enthalten und könnten infolgedessen nicht zusätzlich über eine einmalige Beihilfe gewährt werden.

Dieser Bescheid, der dem Kläger durch einfachen Brief zugestellt wurde, ist dem Kläger, wie aus dem darauf befindlichen vom Kläger angebrachten Eingangsstempel hervorgeht, am 19. Mai 1992 zugegangen.

Anlässlich eines am 24.06.1992 mit dem für ihn zuständigen Sachbearbeiter geführten Telefongesprächs teilte der Kläger mit, dass er gegen den Bescheid des Beklagten vom 18.05.1992 schriftlich Widerspruch erhoben habe. Hierauf wurde ihm mitgeteilt, dass ein solcher Widerspruch bislang beim Beklagten nicht eingegangen sei. Am 26.06.1992 ging beim Beklagten ein handschriftlich als „Zweitschrift" gekennzeichnetes, auf den 03.06.1992 datiertes Schreiben ein, das den Betreff „Widerspruch, Ihr Schreiben vom 18.05.1992" enthielt. In diesem Schreiben machte der Kläger geltend, dass er nicht in der Lage sei, seinen Lebensunterhalt aus eigenem Einkommen zu bestreiten. Er habe im Jahre 1991 monatlich ein Minus von 600,00 DM gehabt.

Der Beklagte wies den Kläger mit Schreiben vom 14.07.1992 darauf hin, dass der Eingang des Originalwiderspruchsschreibens vom 03.06.1992 nicht habe festgestellt werden können und beabsichtigt sei, den durch Übersendung der Zweitfertigung seines Widerspruchsschreibens am 26.06.1992 erhobenen Widerspruch wegen Verfristung als unzulässig abzulehnen. Hierauf beantragte der Kläger mit am 28.07.1992 eingegangenem Schreiben vom 24.07.1992 vorsorglich die Wiedereinsetzung in den vorigen Stand. Zur Begründung führte er aus, er habe aufgrund von Nachforschungen feststellen können, dass eine Abschrift seines Widerspruchsschreibens bei seinem früheren Anwalt vor dem Ablauf der Rechtsbehelfsfrist eingegangen sei. Damals sei er öfter in Tübingen gewesen und habe der Einfachheit halber die Post selbst verteilt. Seine Freundin habe ihn dabei mehrfach begleitet. Parallel zu seinem Widerspruchsschreiben laufende Schreiben seien angekommen. Hierzu gehöre ein Schreiben, das dazu geführt habe, dass er sich von seinem Anwalt getrennt habe. Auf diesem gebe es jedoch keinen Eingangsstempel.

Mit Widerspruchsbescheid vom 27.11.1992 wies der Beklagte den Widerspruch des Klägers als unzulässig zurück. Zur Begründung führte der Beklagte aus, der mit einer ordnungsgemäßen Rechtsmittelbelehrung versehene Bescheid vom 18.05.1992 sei am selben Tag zur Post gegeben worden. Damit gelte er nach § 37 Abs. 2 SGB X mit dem dritten Tag nach der Aufgabe zur Post, mithin am 21.05.1992, als bekanntgegeben. Der Widerspruch des Klägers sei mithin unzulässig, da die Monatsfrist des § 58 VwGO überschritten sei. Dem Antrag des Klägers auf Wiedereinsetzung in den vorigen Stand habe nicht stattgegeben werden können, da der Kläger nicht den Nachweis habe erbringen können, dass er ohne sein Verschulden an der Einhaltung der Monatsfrist gehindert gewesen sei. Der vom Kläger erhobene Widerspruch hätte darüber hinaus auch als unbegründet abgewiesen werden müssen. Bei einem monatlichen Bedarf von 1.948,50 DM sei beim Kläger für den maßgeblichen Zeitraum vom 01.08.1991 bis 30.04.1992 ein zu berücksichtigendes Einkommen in Höhe von monatlich 2.094,00 DM bis 3.816,00 DM festgestellt worden. Der Kläger sei zweifellos Forderungen von verschiedenen Seiten ausgesetzt gewesen. Er habe für die getrenntlebende Ehefrau und die Kinder monatlich 1.964,00 DM an Unterhaltsleistungen zu erbringen gehabt und sei aufgrund des Kaufs des gemeinsamen Einfamilienhauses sehr verschuldet gewesen. Diese Forderungen könnten allerdings nicht im Rahmen der Sozialhilfe berücksichtigt werden. Hilfe zum Lebensunterhalt werde grundsätzlich nicht geleistet, um Unterhaltsansprüche anderer Personen zu befriedigen. Dies gelte jedenfalls so lange, als diese Ansprüche nicht vom Arbeitseinkommen gepfändet würden. Die Zinsaufwendungen für das vom Kläger bewohnte Eigenheim hätten nur in angemessener Höhe bei den Unterkunftskosten berücksichtigt werden können. Darüber hinausgehende Belastungen, Tilgungsbeiträge und sonstige Schulden stellten keinen Bedarf dar. Auch für die Heizölkosten habe kein sozialhilferechtlicher Bedarf bestanden. Aus § 5 BSHG sei der Grundsatz entwickelt worden, dass Schulden, vor allem jedoch bereits bezahlte Rechnungen, nicht im Rahmen der Sozialhilfe übernommen werden könnten. Der Widerspruchsbescheid wurde dem Kläger am 01.12.1992 zugestellt.

Am 29.12.1992 hat der Kläger beim Verwaltungsgericht Sigmaringen Klage erhoben mit dem Antrag, ihm hinsichtlich der versäumten Widerspruchsfrist Wiedereinsetzung in den vorigen Stand zu gewähren, den Bescheid des Beklagten vom 18.05.1992 sowie dessen Widerspruchsbescheid vom 27.11.1992 aufzuheben und den Beklagten zu verpflichten, ihm für den Bewilligungszeitraum 8.91 bis 4.92 laufende Hilfe zum Lebensunterhalt sowie 1.750,39 DM als Heizstoffbeihilfe zu gewähren. Zur Be-

gründung hat der Kläger ausgeführt, er habe seinen Widerspruch fristgerecht erhoben. Dies könne Frau ... bezeugen, die beim Einwerfen der Briefe zugegen gewesen sei. Sein Antrag sei durch Schlamperei circa ein dreiviertel Jahr nicht bearbeitet worden. Im Vorfeld der Entscheidung sei er von Mitarbeitern mit dem Hinweis zu Zahlungshandlungen bewegt worden, dass er alles wieder erstattet bekomme. Er sei zahlungsunfähig und habe dies auch schon seiner Bank mitgeteilt. Private Kreditmöglichkeiten seien erschöpft. Er müsse im Moment für insgesamt circa 600.000,00 DM geradestehen.

Der Beklagte ist der Klage entgegengetreten und hat zur Begründung auf seinen Widerspruchsbescheid vom 27.11.1992 verwiesen.

Mit Urteil vom 21.04.1993 hat das Verwaltungsgericht die Klage abgewiesen. Zur Begründung hat es ausgeführt, offenbleiben könne die Frage, ob der Bescheid des Landratsamts Tübingen vom 18.05.1992 wegen Versäumung der Widerspruchsfrist bestandskräftig geworden sei. Die Klage sei jedenfalls nicht begründet. Der Kläger habe keinen Anspruch auf die geltend gemachte Hilfe zum Lebensunterhalt bzw. die begehrte Brennstoffbeihilfe. Sämtliche Ansprüche des Klägers nach dem Bundessozialhilfegesetz scheiterten daran, dass er im streitigen Bewilligungszeitraum nicht nur ein teilweise erheblich über seinem Bedarf von monatlich 1.948,50 DM liegendes Arbeitseinkommen erzielt habe, sondern darüber hinaus zusammen mit seiner früheren Ehefrau über ein Grundvermögen im Wert von circa 500.000,00 DM verfüge. Dass es sich hierbei um verwertbares Vermögen handele, welches nach dem Bundessozialhilfegesetz grundsätzlich einzusetzen sei, bedürfe keiner näheren Ausführungen. Es seien auch keine Anhaltspunkte dafür ersichtlich, dass es sich dabei um Schonvermögen im Sinne von § 88 Abs. 2 Nr. 7 BSHG handele.

Gegen das ihm am 30.04.1993 zugestellte Urteil hat der Kläger am 28.05.1993 Berufung eingelegt zu deren Begründung er vorträgt, das von ihm bewohnte Haus stelle kein verwertbares Vermögen dar. In einem Zwangsversteigerungsverfahren, das zur Aufhebung der Miteigentumsgemeinschaft eingeleitet worden sei, sei aufgrund der Tatsache, dass die Schulden den Schätzwert des Hauses um mindestens 200.000,00 DM überstiegen, kein Gebot abgegeben worden. Hierauf sei das Zwangsversteigerungsverfahren vom Amtsgericht Tübingen gemäß § 77 ZVG eingestellt worden. Ihm habe zu keinem Zeitpunkt ein positives Einkommen zur Verfügung gestanden, da er sämtliche Verbindlichkeiten gegenüber den Gläubigern allein bediene. Es sei für ihn auch nicht nachvollziehbar, aus welchem Grunde Unterhaltszahlungen nur dann angerechnet werden könnten, wenn sie gepfändet würden.

Der Kläger beantragt, das Urteil des Verwaltungsgerichts Sigmaringen vom 21.04.1993 – 3 K 1920/92 – zu ändern, den Bescheid des Beklagten vom 18.05.1992 und dessen Widerspruchsbescheid vom 27.11.1992 aufzuheben und den Beklagten zu verpflichten, ihm für die Zeit vom 01.08.1991 bis 30.04.1992 laufende Hilfe zum Lebensunterhalt in gesetzlich zustehender Höhe sowie Heizstoffbeihilfe in Höhe von 1.750,39 DM zu gewähren; hilfsweise, das Urteil des Verwaltungsgerichts Sigmaringen vom 21.04.1993 – 3 K 1920/92 – zu ändern, den Bescheid des Beklagten vom 18.05.1992 sowie dessen Widerspruchsbescheid vom 27.11.1992 aufzuheben und den Beklagten zu verpflichten, ihm für die Zeit vom 01.08.1991 bis 30.04.1992 darlehensweise laufende Hilfe zum Lebensunterhalt sowie 1.750,39 DM als Brennstoffbeihilfe zu gewähren.

Der Beklagte beantragt, die Berufung zurückzuweisen.

Er verweist zur Begründung auf die angefochtenen Bescheide vom 18.05.1992 und vom 27.11.1992 und führt ergänzend aus, der Kläger versuche noch immer, sein hochbelastetes Einfamilienhaus, das er zurzeit allein oder eventuell noch mit seiner Freundin bewohne, finanziell zu halten. Für die damit einhergehenden Belastungen sei für die Sozialhilfe nur in einem geringen Umfang Raum. Die Zusatzaufwendungen für das Hausgrundstück könnten nur im Rahmen der angemessenen Unterkunftskosten anerkannt werden. Unterhaltsansprüche von Angehörigen könnten in der Sozialhilfe nicht als Bedarf anerkannt werden. Unterhaltsleistungen könnten nämlich nur dann unter Umständen vom Einkommen abgesetzt werden, wenn sie Pfändungen vom Arbeitslohn erfolgt seien. So liege es im Falle des Klägers jedoch nicht.

Dem Senat liegen die den Kläger betreffenden Sozialhilfeakten des Beklagten und die Akten des Verwaltungsgerichts Sigmaringen vor.

Entscheidungsgründe

Der Senat entscheidet im Einverständnis der Beteiligten ohne mündliche Verhandlung (§ 125 Abs. 1 Satz 1, § 101 Abs. 2 VwGO).

Die Berufung ist zulässig, jedoch nicht begründet.

Offenbleiben kann, ob der Berufung des Klägers nicht bereits schon deshalb der Erfolg versagt bleiben muss, weil er möglicherweise schuldhaft die einmonatige Widerspruchsfrist des § 70 VwGO versäumt hat. Ungeachtet einer etwaigen Bestandskraft des Bescheides des Beklagten vom 18.05.1992 kann der Kläger mit seinem Begehren nicht durchdringen, da er keinen Anspruch auf die geltend gemachten Leistungen hat.

Streitgegenstand des vorliegenden Verwaltungsrechtsstreits ist zunächst das Begehren des Klägers auf Gewährung laufender Hilfe zum Lebensunterhalt für die Zeit vom 01.08.1991 bis zum 30.04.1992. Für diesen Zeitraum ist der damalige sozialhilferechtliche Bedarf des Klägers seinem damaligen einsatzfähigen Einkommen und Vermögen gegenüberzustellen (§ 11 BSHG). Dabei bestimmt sich der sozialhilferechtliche Bedarf des Klägers an laufenden Leistungen zum Lebensunterhalt nicht etwa nach seinen eigenen Vorstellungen, sondern normativ nach den Bedürfnissen, die in den einschlägigen Vorschriften des BSHG als Bedarf anerkannt sind.

Der monatliche Bedarf des Klägers setzte sich im Klagezeitraum aus dem Regelsatz in Höhe von 475,00 DM, der Mehrbedarfszulage für Erwerbstätige in Höhe von 237,50 DM und aus den Kosten der Unterkunft zusammen. „Kosten der Unterkunft" sind – bewohnt der Hilfesuchende wie im vorliegenden Fall ein Eigenheim (Haus oder Eigentumswohnung) – die Aufwendungen, die er als mit dem Eigentum unmittelbar verbundene Lasten zu tragen hat. Das sind im Grundsatz die Lasten, die nach § 7 Abs. 2 der Verordnung zur Durchführung des § 76 BSHG vom 28.11.1962 (BGBl. I S. 692) i.d.F. der Verordnung vom 23.11.1976 (BGBl. I S. 3234) – DVO – bei der Berechnung der Einkünfte aus Vermietung und Verpachtung abzusetzen sind (vgl. Gottschick/Giese, Das Bundessozialhilfegesetz, Komm., 9. Aufl., § 79 RdNr. 7.3; LPK-BSHG, 4. Aufl., § 12 RdNr. 34). Sie sind jedoch dann nicht in ihrer tatsächlichen Höhe ungeschmälert zu berücksichtigen, wenn sie den der Besonderheit des Einzelfalles angemessenen Umfang übersteigen. Das kann seinen Grund entweder darin haben, dass das Eigenheim nach seiner Größe, Zahl der Zimmer, Wohnfläche und seiner Ausstattung sowie ggf. die Größe des dazugehörenden Grundstücks – bezogen auf die persönlichen Verhältnisse des Hilfebedürftigen und der in die Betrachtung einzubeziehenden Angehörigen im Sinne des § 28 BSHG – mit Auswirkung auf die mit der Unterhaltung eines solchen Eigenheims und Grundstücks verbundenen Lasten unangemessen sind, oder darin, dass sich zwar das Eigenheim im Sinne der soeben genannten Kriterien als angemessen ansehen lässt, dass aber die hiermit verbundenen Lasten deshalb unangemessen sind, weil der Hilfebedürftige (oder seine Eltern) das Eigenheim zu unangemessenen Bedingungen erworben haben (vgl. BVerwG, Urt. v. 07.05.1987 – 5 C 36.85 – BVerwGE 77, 232 = FEVS 36, 397; Knopp/Fichtner, BSHG, 7. Aufl., § 12 RdNr. 7). Vom Vorliegen der erstgenannten Voraussetzung ist der Beklagte in Anbetracht der Tatsache, dass der Kläger das Hausgrundstück ... in ..., das nach Aktenlage eine Wohnfläche von 150 qm aufweist, seit Mitte Juli 1991 allein bewohnt, und angesichts des Umstandes, dass sich die mit dem Haus unmittelbar verbundenen Lasten nach der von ihm im Berufungsverfahren vorgelegten Aufstellung (S. 75 der Senatsakten) monatlich auf mehr als 2.500,00 DM belaufen, zu Recht ausgegangen. Der Umstand, dass die vom Kläger für seine Unterkunft getragenen Kosten unangemessen sind, führt jedoch nicht dazu, dass eine Kostenübernahme völlig abgelehnt werden darf. Es liegt nämlich kein Grund vor, Hilfesuchende, die in einem eigenen Haus wohnen, bei Bemessung ihrer Unterkunftskosten schlechter zu stellen als Mieter einer Wohnung, die für eine den Familienverhältnissen des Hilfesuchenden entsprechende vergleichbare Mietwohnung eine den örtlichen Verhältnissen angemessene Miete zu zahlen haben. Dies bedeutet, dass der Sozialhilfeträger zumindest die auf ein angemessenes Maß reduzierten Kosten zu übernehmen hat, wobei als Maßstab eine den Familienverhältnissen des Hilfesuchenden entsprechende angemessene Wohnungsmiete zu dienen hat (vgl. Knopp/Fichtner, BSHG, 7. Aufl., § 12 RdNr. 7). In welcher Höhe die Unterkunftskosten für eine den Familienverhältnissen des Hilfesuchenden entsprechende Wohnung als angemessen angesehen werden können, muss unter Berücksichtigung der Mietpreissituation an dessen Wohnort ermittelt werden. Anhaltspunkte für die als sozialhilferechtlicher Bedarf anzuerkennende Wohnfläche bieten nach der ständigen Rechtsprechung des Senats die den sozialen Wohnungsbau betreffenden Vorschriften. Gemäß § 5 Abs. 2 Satz 2 des Wohnungsbindungsgesetzes i.d.F. des Änderungsgesetzes vom 17.05.1990 (BGBl. I S. 934) ist die Wohnungsgröße in der Regel angemessen, wenn sie es ermöglicht, dass auf jedes Familienmitglied ein Wohnraum mit ausreichender Größe entfällt. Nach den Durchführungsbestimmungen der Länder ist für eine Person eine Gesamtwohnfläche von 40 bis 45 qm überwiegend als angemessen festgelegt (vgl. LPK-BSHG, 4. Aufl., § 12 RdNr. 30). Anhaltspunkte für einen zusätzlichen Wohnbedarf bestehen im Fall des Klägers nicht, zumal die Wohnflächengröße von 45 qm für einen Alleinstehenden schon großzügig bemessen ist. Insbesondere hat der Kläger nicht dargetan, dass er im Hinblick auf seine Angestelltentätigkeit bei der Firma ... auf ein zusätzliches Arbeitszimmer angewiesen ist. Zur Ermittlung des angemessenen Quadratmeter-Mietpreises kann nicht auf einen Mietspiegel des Wohnortes des Klägers zurückgegriffen werden, da ein solcher Mietspiegel nicht existiert. Dagegen ist ein gewichtiger Anhaltspunkt für die angemessene Miethöhe der Preisspiegel des Verbands Deutscher Makler für Immobilien in Baden-Württemberg des Jahres 1993, aus dem sich verwertbare Hinweise über das tatsächliche Mietpreisniveau ergeben, da dieser die seinerzeitige Marktlage zuverlässig wiedergibt. Danach betrug in Tübingen die Netto-(Kalt)Miete für Wohnungen in einfacher und mittlerer Lage 9,00 bis 12,00 DM pro Quadratmeter. Dieses Mietpreisniveau ist für den vorliegend maßgeblichen Zeitraum August 1991 bis April 1992 herunterzurechnen, was bei einem Abschlag von 5 % ein Mietpreisniveau von 8,55 bis 11,40 DM/qm für 1991/1992 ergibt. Im Hinblick darauf, dass der Kläger nur eine Un-

terkunft von mittlerer Qualität im unteren Bereich zu beanspruchen berechtigt ist und dass der Kläger nicht in Tübingen, sondern 10 km südwestlich in einer durchaus ländlichen Gegend wohnt, erachtet der Senat einen Quadratmeterpreis von allenfalls 10,00 DM als angemessen, was bei 45 qm eine Netto-(Kalt)Miete von 450,00 DM ergibt. Die Heizkosten schätzt der Senat in Anlehnung an § 6 Abs. 1 Nr. 1 WoGV auf 72,00 DM (45 x 1,60 DM), die sonstigen Nebenkosten auf 100,00 DM, so dass sich ein angemessener Unterkunftsbetrag in Höhe von 622,00 DM ergibt, also ein Betrag, der in etwa dem von der Beklagten zugrunde gelegten um 10 Prozent erhöhten Höchstbetrag des § 8 WoGG zuzüglich angemessener Heizkosten entspricht. Der Kläger dürfte von der Beklagten nur dann nicht auf die objektiv angemessene Miethöhe von 622,00 DM verwiesen werden, wenn er für diesen Betrag bis zum 01.08.1991 keine Wohnung gefunden hätte (vgl. § 3 Abs. 1 Satz 2 RegelsatzVO). Hiervon kann jedoch nicht ausgegangen werden. Der Kläger hat sich auch niemals darum bemüht, seine Unterkunftskosten durch Vermietung seines Hauses sowie durch Anmietung einer billigeren Wohnung zu senken. Deshalb muss die Unklarheit darüber, ob er eine günstigere Wohnung hätte anmieten können, jedenfalls zu seinen Lasten gehen. Als angemessene Kosten der Unterkunft können daher im Fall des Klägers lediglich 622,00 DM übernommen werden. Die von ihm zu entrichtenden Krankenversicherungsbeiträge sind nach § 76 Abs. 2 Nr. 3 BSHG in angemessener Höhe vom anrechnungsfähigen Einkommen abzuziehen; einen Antrag auf unmittelbare Übernahme der Krankenversicherungsbeiträge nach § 13 Abs. 2 BSHG hat der Kläger nämlich nicht gestellt. Der sozialhilferechtliche Bedarf des Klägers betrug somit im Klagezeitraum 1.334,50 DM.

Über „verwertbares Vermögen" im Sinne von § 88 Abs. 1 BSHG, das der Bewilligung von Sozialhilfe entgegensteht, verfügte der Kläger entgegen der vom Beklagten und auch vom Verwaltungsgericht vertretenen Ansicht nicht, insbesondere konnte er das zur Hälfte in seinem Miteigentum stehende Hausgrundstück in ... wohl nicht zur Bedarfsdeckung verwerten; denn das Grundstück ist so überschuldet, dass bei einer Zwangsversteigerung am 18.05.1994 kein Gebot abgegeben wurde (vgl. S. 57 und 59 der Senatsakten).

Der Kläger ist jedoch in der Lage gewesen, seinen Bedarf, soweit ihn das Bundessozialhilfegesetz als lebensnotwendig anerkennt, im Klagezeitraum aus eigenen Mitteln zu decken, so dass ihm gemäß § 11 BSHG kein Anspruch auf Hilfe zum Lebensunterhalt zusteht.

Im August 1991 bezog der Kläger aus nichtselbstständiger Arbeit einen Bruttoarbeitslohn von 7.630,66 DM. Hiervon sind 52,00 DM, d.h. der Anteil, den der Arbeitgeber des Klägers nach dem 5. Vermögensbildungsgesetz als vermögenswirksame Leistungen erbracht hat, abzuziehen, da sie dem Kläger tatsächlich nicht zur Verfügung standen (vgl. LPK-BSHG, a.a.O., § 76 RdNr. 15). Somit verbleibt ein Bruttogehalt von 7.578,66 DM. Von diesem Brutto-Einkommen sind die Beträge nach § 76 Abs. 2 BSHG abzuziehen. Im Einzelnen sind dies die Lohnsteuer, der Solidaritätszuschlag, die Beiträge zur Rentenversicherung und Arbeitslosenversicherung sowie der Krankenversicherungsbeitrag. Nicht absetzbar sind indes die Beiträge zur Unfallversicherung in Höhe von 55,50 DM, die der Kläger zugunsten seiner Kinder und seiner Ehefrau abgeschlossen hatte. Vom Einkommen können Unfallversicherungsbeiträge nur dann abgesetzt werden, wenn diese Beiträge nach Grund (und Höhe) angemessen sind (vgl. § 76 Abs. 2 Nr. 3 BSHG). Ob eine Unfallversicherung einen vertretbaren Umfang hat bzw. ob die Beiträge dafür dem Grunde nach angemessen sind, beurteilt sich nach dem Einzelfall, da man nicht sagen kann, dass eine Unfall-

versicherung zum heute allgemein üblichen „Standard" einer Familie gehört (vgl. Urt. des Senats v. 24.05.1989 – 6 S 284/89 –). Besondere Gründe, dass gerade für die Kinder des Klägers sowie seine Ehefrau eine Unfallversicherung notwendig gewesen wäre, sind weder ersichtlich noch vom Kläger geltend gemacht worden. Nicht abzugsfähig sind auch die monatlichen Beiträge zur Lebensversicherung in Höhe von 288,00 DM sowie die Aufwendungen für die Gebäudebrandversicherung; hierbei handelt es sich der Sache nach nämlich um Aufwendungen, die der Kläger als mit dem Eigentum an seinem Hause in Ammerbuch unmittelbar verbundene Lasten zu tragen hat und die mithin letztlich „Kosten der Unterkunft" darstellen. Die Kosten für die Unterkunft des Klägers sind jedoch bereits bei seinem sozialhilferechtlichen Bedarf berücksichtigt worden, so dass es zu einer Doppelleistung des Sozialhilfeträgers führen würde, falls man die obengenannten Aufwendungen für die Lebensversicherung sowie für die Gebäudebrandversicherung einkommensmindernd absetzen dürfte.

Einkommensmindernd berücksichtigt werden können indes nach § 76 Abs. 2 Nr. 4 BSHG die mit der Erzielung des Einkommens verbundenen notwendigen Ausgaben. Für Fahrten zwischen Wohnung und Arbeitsstätte mit dem eigenen Kraftfahrzeug werden die abzusetzenden Beträge durch § 3 Abs. 6 DVO pauschaliert. Die einfache Entfernung zwischen Wohnung und Arbeitsstätte des Klägers beträgt 20 km, so dass sich ein absetzbarer Betrag von 200,00 DM für Fahrten zwischen Wohnung und Arbeitsstätte ergibt. Bei den Arbeitsmitteln muss der Kläger auf die Pauschale von 10,00 DM verwiesen werden (vgl. § 3 Abs. 5 DVO), da er höhere Aufwendungen nicht nachgewiesen hat.

Die nach § 76 Abs. 2 BSHG vorzunehmenden Abzüge belaufen sich damit im Monat August auf:

Lohnsteuer	*523,33 DM*
Solidaritätszuschlag	*39,24 DM*
Beiträge zur Rentenversicherung	*575,25 DM*
Beiträge zur Arbeitslosenversicherung	*221,00 DM*
Krankenversicherung	*512,00 DM*
Werbungskosten	*210,00 DM*
Summe	*2.080,82 DM*

Damit beläuft sich das anrechenbare Einkommen des Klägers im Monat August auf 5.497,84 DM. Von dieser Summe stand ihm jedoch von vornherein ein Betrag von 3.204,01 DM nicht zur Verfügung, da seine Ehefrau seinen Arbeitslohn insoweit zur Erfüllung von Unterhaltsansprüchen gepfändet hatte. Die Pfändung von Einkommen zur Erfüllung von Unterhaltsansprüchen mindert nicht das anrechenbare Einkommen im Sinne des § 76 BSHG. Sie kann jedoch die tatsächliche Lage des Einkommensbeziehers in dem Sinne beeinflussen, dass er nicht in der Lage ist, seinen notwendigen Unterhalt aus eigenen Mitteln zu beschaffen (vgl. BVerwG, Urt. v. 15.12.1977 – V C 35.77 – FEVS 26, 99; HessVGH, Urt. v. 24.01.1986 – IX OE 88/82 – FEVS 35, 447 und Urt. des erk. Senats v. 30.03.1984 – 6 S 2904/83 –). Setzt man indes auch noch diesen Betrag von dem oben errechneten Einkommen im Hinblick darauf ab, dass es bei gepfändeten Einkommen an der tatsächlichen Verfügbarkeit, d.h. an bereiten Mitteln fehlt, so verbleibt ein einsetzbares Einkommen in Höhe von 2.293,83 DM. Der

Monatsbedarf des Klägers belief sich im August 1991 wie ausgeführt auf 1.334,50 DM und lag deshalb 959,33 DM unter dem einsetzbaren Einkommen.

In den Monaten September 1991 bis Februar 1992 ergeben sich, wenn man entsprechend den vorstehenden Ausführungen das einsetzbare Einkommen des Klägers berechnet und im September 1991 noch den Betrag für die Haftpflichtversicherung in Höhe von 78,00 DM einkommensmindernd abzieht, folgende einsetzbare Einkommen: September 1991 1.988,26 DM; Oktober 1991 1.842,00 DM; November 1991 121,81 DM; Dezember 1991 218,26 DM; Januar 1992 1.458,64 DM und Februar 1992 1.549,55 DM. Auch in diesem Zeitraum überstieg das einzusetzende Einkommen mithin jeweils den Bedarf von 1.334,50 DM.

Im März 1992 wurde dem Kläger von seinem Arbeitgeber laut Bankbeleg ein Gehalt von 1.998,50 DM überwiesen. Das Märzgehalt des Klägers lag deshalb weit unter seinem durchschnittlichen Monatsgehalt, weil er im Februar 1992 einen Verkehrsunfall erlitten hatte. Er erhielt jedoch für den Zeitraum vom 26. Februar bis 15. März 1992 von der ... ein Krankengeld in Höhe von netto 2.273,92 DM. Dieses Krankengeld ist nach § 76 Abs. 1 BSHG als Einkommen anzurechnen. Dem steht auch nicht § 77 Abs. 1 BSHG entgegen, wonach Leistungen, die aufgrund öffentlich-rechtlicher Vorschriften zu einem ausdrücklich genannten Zweck gewährt werden, nur insoweit als Einkommen zu berücksichtigen sind, als die Sozialhilfe im Einzelfall demselben Zweck dient. Denn Leistungen „zu einem ausdrücklich genannten Zweck" können nicht solche Leistungen sein, die allgemein der Bestreitung des Lebensunterhalts dienen (vgl. etwa Schellhorn/Jirasek/Seipp, BSHG, 14. Aufl., § 77 RdNr. 13). Beim Krankengeld, das nach einem Arbeitsunfall oder wegen Berufskrankheit gewährt wird, ist jedoch gerade dies der Fall (vgl. Beschl. des Senats v. 21.05.1990 – 6 S 889/ 90 –). Der Berücksichtigung des Krankengelds steht auch nicht entgegen, dass es dem Kläger erst im April 1992 ausgezahlt wurde. Allerdings beseitigt ein rückwirkender Zufluss von Mitteln, die als Einkommen anzusehen sind, nicht nachträglich eine Hilfebedürftigkeit im Sinne des Bundessozialhilfegesetzes, für die rechtzeitig Hilfe gewährt worden ist, so dass diese Hilfe nicht nachträglich rechtswidrig wird (vgl. BVerwG, Urt. v. 21.06.1979 – 5 C 47.78 – FEVS 27, 397). Dieser Grundsatz kann indessen dann nicht gelten, wenn ein Hilfesuchender für einen in der Vergangenheit liegenden Zeitraum Hilfe begehrt und ihm für diesen vergangenen Zeitraum – wenn auch nachträglich – Mittel zugeflossen sind, die als Einkommen anzusehen sind. Denn der genannte Grundsatz ist entwickelt worden, weil es auf die tatsächliche Lage des Hilfesuchenden ankommt und nicht darauf, ob ihm Dritte leistungsverpflichtet sind. Ist also zu prüfen, ob dem Hilfeempfänger für einen vergangenen Zeitraum Sozialhilfe zu bewilligen ist, so muss ein nachträglicher Zufluss von Mitteln, zumindest wenn er noch im Widerspruchsverfahren erfolgt ist, berücksichtigt werden; denn bei dieser Konstellation ist nicht zunächst zu Recht Hilfe geleistet worden, die der tatsächlichen Lage des Hilfesuchenden Rechnung trug. Auch der Grundsatz der Effektivität des Rechtsschutzes verlangt nicht, dass nachträglich eingetretene Ereignisse ausgeblendet werden (so auch LPK-BSHG, a.a.O., § 76 RdNr. 10). Dem Kläger stand hiernach für den Monat März 1992 nach Abzug von Steuern und Beiträgen zur Rentenversicherung und Arbeitslosenversicherung ein Einkommen in Höhe von 4.272,42 DM zur Verfügung. Ihm verblieb nach Abzug des Krankenkassenbeitrags in Höhe von 250,13 DM, der mit der Erzielung der Einkünfte aus nichtselbstständiger Arbeit verbundenen Ausgaben in Höhe von 210,00 DM und nach Abzug der zur Abwendung von Zwangsvollstreckungsmaßnahmen gezahlten Unterhaltsbeiträge in

Höhe von 1.964,00 DM ein einzusetzendes Einkommen von 1.744,29 DM. Damit überstieg das Einkommen im März 1992 den Bedarf um 409,79 DM.

Auch im April lag das einsetzbare Einkommen mit 1.614,47 DM um 279,87 DM über dem sozialhilferechtlichen Bedarf von 1.334,50 DM. Dem Kläger kann hiernach laufende Hilfe zum Lebensunterhalt für den Zeitraum von August 1991 bis April 1992 nicht zugebilligt werden, da das einzusetzende Einkommen im streitigen Zeitraum stets höher war als der laufende Bedarf.

Dem Kläger steht ferner auch kein Anspruch auf Übernahme der Kosten für die Beschaffung von Heizöl zu. Sozialhilfe ist Hilfe in einer gegenwärtigen Notlage. Das verbietet es in der Regel, Hilfe für die Vergangenheit zu gewähren (BVerwG, Urt. v. 30.04.1992 – 5 C 12.87 –, BVerwGE 90, 154 m.w.N.). Das ergibt sich auch aus § 5 BSHG. Nach dieser Vorschrift setzt die Sozialhilfe ein, sobald dem Sozialhilfeträger bekannt wird, dass die Voraussetzungen für die Gewährung vorliegen. Das schließt grundsätzlich eine Sozialhilfeleistung für Notlagen aus, die dem Träger erst nachträglich mitgeteilt oder sonst bekannt werden (vgl. BVerwG, Urt. v. 30.04.1992, a.a.O.). Damit scheidet eine Erstattung der bereits vor Antragstellung vom Kläger beglichenen Kosten für die Beschaffung von Heizöl aus.

Mit seinem Hauptantrag kann der Kläger hiernach nicht durchdringen."

Wohnungsverschaffungsverpflichtung

Leitsatz (redaktionell) (VGH Hessen, Beschluss vom 31.08.1983, Az.: 9 TG 4/83)

BSHG § 23 Abs. 3 Satz 1 SGB XII, wonach ein Ausländer, der sich in den Geltungsbereich dieses Gesetzes begeben hat, um Sozialhilfe zu erlangen, keinen Anspruch auf diese Hilfe hat, findet auf einen zunächst ausgewanderten, aber mit den Lebensverhältnissen im Auswanderungsland nicht zufriedenen und deswegen nach kurzer Zeit in das Bundesgebiet zurückgekehrten Asylberechtigten grundsätzlich keine Anwendung. Dies folgt aus dem Abkommen über die Rechtsstellung der Flüchtlinge vom 28. Juli 1951 Art. 23 (Gesetz vom 1. September 1953, BGBl II S. 559), wonach einem Asylberechtigten auf dem Gebiet der öffentlichen Fürsorge die gleiche Behandlung wie einem deutschen Staatsangehörigen zu gewähren ist.

Leitsatz (redaktionell) (VGH Baden-Württemberg, Urteil vom 15. April 1992, Az.: 6 S 2470/90)

Es besteht nach dem SGB XII kein Anspruch auf Zuweisung einer Wohnung.

Aus den Gründen:

„Die Kläger, die aus Rumänien stammen, erhalten von der Beklagten seit längerem Hilfe zum Lebensunterhalt. Seit Dezember 1985 waren sie mit ihrem 1968 geborenen

Sohn im Obdachlosenheim der Beklagten untergebracht. Gegen diese Unterkunft erhoben sie in zahlreichen Schreiben an die Beklagte und an andere Stellen Einwände.

Mit Bescheiden vom 11.01.1989 entzog das Sozial- und Jugendamt der Beklagten den Klägern und ihrem Sohn die Unterkunft in der ... mit Wirkung vom 22.12.1988 und wies ihnen eine Unterkunft im Teilbereich des Städtischen Obdachlosenheimes, Haus zweites Obergeschoss (Dachgeschoss) zu. Zur Begründung führte die Beklagte aus, die bisherige Unterkunft der Kläger werde für einen anderen Zweck benötigt. Da die Kläger selbst immer wieder den Wunsch geäußert hätten, eine andere Unterkunft zu erhalten, sei es sinnvoll und auch im öffentlichen Interesse, ihnen eine Unterkunft im Haus zuzuweisen. Dem Wunsch der Kläger, die im ersten Obergeschoss liegende Wohnung zu bekommen, könne nicht entsprochen werden.

Die den Klägern zugewiesene neue Unterkunft besteht nach einem Aktenvermerk eines Sozialarbeiters der Beklagten vom 22.02.1989 aus drei Räumen, einer kleinen Küche, Toilette und einer Wohndiele mit einer Gesamtgröße von 56,7 qm. Die Beklagte erhebt für die Wohnung eine Nutzungsgebühr, die im Rahmen der Sozialhilfe übernommen wird.

Am 08.02.1989 erhoben die Kläger Widerspruch und brachten vor, zwar seien die hygienischen Verhältnisse in der ... besser als in der ..., jedoch funktioniere die Heizung in zwei Zimmern nicht; der Boiler in der Küche sei zu klein. Anderes warmes und heißes Wasser gebe es nicht. Zum Duschen müssten sie in den Keller gehen, wo es zu allen Jahreszeiten kalt und unhygienisch sei. Auch sei die Unterkunft für drei kranke Personen zu klein. Sie beantragten daher eine andere „bescheiden-behagliche Wohnung".

Die Beklagte wies den Widerspruch mit Bescheid vom 07.06.1989 nach Anhörung sozial erfahrener Personen als unbegründet zurück. Sie führte aus, die Zuweisung einer anderen Wohnung sei nicht möglich. Die den Klägern zur Verfügung gestellte gemeindeeigene Notunterkunft gewährleiste ein Unterkommen einfacher Art, sie biete Raum für die notwendigsten Lebensbedürfnisse. Die an eine Normalwohnung zu stellenden Anforderungen bezüglich Lage, Größe, Einrichtung und sonstiger Verhältnisse brauchten nicht erfüllt zu sein. Die Unterkunft in der ... entspreche bei weitem den Mindestanforderungen in den Empfehlungen für das Obdachlosenwesen in Baden-Württemberg. Die in der Widerspruchsbegründung angeführten Mängel seien inzwischen beseitigt worden. Es sei auch zumutbar, die Dusche im Keller mitzubenutzen, da in der Unterkunft selbst keine Dusche installiert werden könne und da es auch heute noch Wohnungen ohne eigenes Bad oder Dusche gebe. Es stehe den Klägern selbstverständlich jederzeit frei, sich eine andere Wohnung zu suchen.

Am 04.07.1989 haben die Kläger beim Verwaltungsgericht Freiburg Klage erhoben. Das Verwaltungsgericht hat ihrem Vorbringen den Antrag entnommen, die Bescheide der Beklagten vom 11.01.1989 und 07.06.1989 aufzuheben und die Beklagte zu verpflichten, ihnen eine neue Wohnung zuzuweisen. Sie haben noch vorgetragen, sie hätten gern eine ruhige Wohnung mit vier Zimmern. Sie seien krank; mit ihren Nachbarn kämen sie nicht aus. Ihre Wohnverhältnisse seien unmenschlich. Der Linoleumfußboden sei alt, die Türen hätten verschiedene Defekte, besonders an den Klinken und Schlössern. Der Boiler in der Küche sei zu klein. Auch die Räume seien für drei Personen zu klein und zu niedrig. Die Dusche im Keller sei primitiv.

Die Beklagte hat Klagabweisung beantragt und sich auf ihren Widerspruchsbescheid bezogen.

Durch Gerichtsbescheid vom 25.09.1990 hat das Verwaltungsgericht die Klage ab-
gewiesen. In den Entscheidungsgründen wird ausgeführt, es könne offenbleiben, ob
einem Hilfesuchenden überhaupt ein Anspruch auf Zuweisung einer Wohnung statt
einer Obdachlosenunterkunft zustehen könne. Die Kläger hätten jedenfalls deshalb
keinen Anspruch auf eine Wohnung, weil zurzeit bei der Beklagten mehrere tausend
Haushalte in der Wohnungssucherliste für akute Wohnungsnotfälle geführt würden
und die Kläger eine Unterkunft bewohnten, die die Anforderungen an eine Notunter-
kunft bei weitem übertreffe. Die Wohnung sei für drei Personen offensichtlich groß
genug. Es gebe keine Anhaltspunkte dafür, dass die Ausstattung der Wohnung nicht
die Mindestanforderungen an eine menschenwürdige Obdachlosenunterkunft erfülle.
Die Beklagte habe während des Verwaltungsverfahrens unstreitig verschiedene
Mängel beseitigt. Auch die anderen von den Klägern gerügten Mängel führten nicht
zu der Annahme, die Wohnung sei unzumutbar. Gegen diesen ihnen am 02.10.1990
zugestellten Gerichtsbescheid haben die Kläger am 30.10.1990 Berufung eingelegt.
Sie tragen ergänzend vor, ihre Wohnung sei nicht renoviert oder repariert worden.
Die Mitbenutzung der Dusche sei unzumutbar, da ihre Nachbarn gefährliche Haut-
krankheiten hätten.

Die Kläger beantragen sinngemäß den Gerichtsbescheid des Verwaltungsgerichts
Freiburg vom 25.09.1990 – 4 K 1205/90 – zu ändern, die Beklagte zu verpflichten,
ihnen eine ruhige Wohnung mit vier Zimmern zuzuweisen sowie die Bescheide der
Beklagten vom 11.01.1989 und 07.06.1989 aufzuheben, soweit sie dem entgegen-
stehen.

Die Beklagte beantragt, die Berufung zurückzuweisen.

Sie hält den Gerichtsbescheid des Verwaltungsgerichts für zutreffend.

Dem Senat liegen die zur Sache gehörenden Akten der Beklagten und des Verwal-
tungsgerichts Freiburg vor.

Entscheidungsgründe

Die Berufung ist zulässig, aber nicht begründet. Das Verwaltungsgericht hat die
Klage zu Recht abgewiesen, denn die Kläger haben gegen die Beklagte keinen
Rechtsanspruch auf Zuweisung einer Wohnung.

Da die Kläger nicht obdachlos sind, ist die Beklagte als Ortspolizeibehörde (vgl.
§§ 60 Abs. 1, 62 Abs. 4, 66 Abs. 2 PolG n.F.) nicht verpflichtet, den Klägern eine
Wohnung oder sonstige Unterkunft zuzuweisen. Sie ist hierzu aber auch nicht als zu-
ständige Trägerin der Sozialhilfe verpflichtet. Zwar gehört die Gewährung und Siche-
rung einer Unterkunft auf Dauer, soweit ein Sozialhilfebedürftiger sich nicht selbst
helfen kann und die Hilfe auch nicht von anderen erhält, grundsätzlich zum Aufga-
benbereich des zuständigen Trägers der Sozialhilfe (vgl. Beschluss des erkennen-
den Gerichtshofs vom 30.10.1986 – 1 S 2857/86 –, DÖV 1987, 256; Huttner, Die Un-
terbringung Obdachloser, RdNr. 56; Mussmann, Allgemeines Polizeirecht in Baden-
Württemberg, 2. Aufl., RdNr. 158). Jedoch lässt sich dem BSHG und anderen Vor-
schriften des Sozialhilferechts kein Rechtsanspruch gegen einen Sozialhilfeträger
auf Zuweisung einer Wohnung entnehmen (vgl. bereits Urteil des Senats vom
01.08.1990 – 6 S 3105/89 – und Huttner a.a.O. RdNr. 64).

Schon aus der allgemeinen Überlegung heraus, dass die Sozialhilfeträger in der
Regel gar nicht Eigentümer einer nennenswerten Zahl von Wohnungen sind und
nach der Rechtsordnung der Bundesrepublik Deutschland auch nicht sein können,

folgt, dass sie nicht verpflichtet sein können, den Sozialhilfesuchenden Wohnungen zur Verfügung zu stellen. Vielmehr kann es nur ihre Aufgabe sein, den Hilfesuchenden bei der Beschaffung und Erhaltung von Wohnungen behilflich zu sein und gegebenenfalls für Kosten der Unterkunft finanziell einzutreten.

Bestätigt wird dies durch die einschlägigen Vorschriften des Sozialhilferechts. Zwar bestimmt § 12 Abs. 1 Satz 1 BSHG, dass der notwendige Lebensunterhalt auch die Unterkunft umfasst. Jedoch ergibt sich aus § 22 BSHG i.V.m. § 3 Abs. 1 RegelsatzVO, dass laufende Leistungen für die Unterkunft gewährt werden; zur Beschaffung einer solchen Unterkunft verpflichtet die Vorschrift damit nicht. Aus § 72 Abs. 2 BSHG können die Kläger gleichfalls keinen Anspruch herleiten, denn zu den Maßnahmen bei der Beschaffung einer Wohnung zählt nicht die Beschaffung als solche. Auch aus der in § 1 Abs. 2 Satz 1 BSHG genannten Aufgabe der Sozialhilfe, dem Empfänger der Hilfe die Führung eines Lebens zu ermöglichen, das der Würde des Menschen entspricht, können die Kläger ihr Begehren nicht herleiten. Im Übrigen wohnen sie bereits in einer Unterkunft, die zumutbar und daher nicht menschenunwürdig ist. Dies hat das Verwaltungsgericht zutreffend dargelegt; der Senat verweist daher insoweit auf den angefochtenen Gerichtsbescheid (vgl. § 130b VwGO; vgl. zu den Anforderungen an eine menschenwürdige Unterbringung auch Trockels, BWVPr. 1989, 145, 148). Ergänzend ist dazu noch auszuführen, dass die Unterkunft selbst dann nicht unzumutbar wäre, wenn es zuträfe, dass die Kläger die Dusche im Keller aus gesundheitlichen bzw. hygienischen Gründen nicht benutzen könnten oder wollten. Die Beklagte führt im Widerspruchsbescheid nämlich zu Recht aus, dass es auch heute noch zahlreiche Wohnungen ohne Bad oder Dusche gibt. Die Kläger und ihr erwachsener Sohn können sich auch in der Unterkunft selbst waschen, so dass sie auf die Dusche im Keller nicht angewiesen sind."

Leitsatz (redaktionell) (OVG Münster, Beschluss vom 4. März 1992, Az.: 9 B 3839/91)

Obdachlose haben nach dem SGB XII grundsätzlich Anspruch auf eine Unterbringung, nach der ihnen eine Unterkunft ganztägig nicht nur zum Schutz gegen die Witterung, sondern auch sonst als geschützte Sphäre zur Verfügung steht.

Aus den Gründen:

„Der Antragsteller ist obdachlos. Auf seinen Antrag, ihm eine Unterkunft zur Verfügung zu stellen, verwies ihn der Antragsgegner auf eine städtische Einrichtung, in der für Obdachlose die Möglichkeit zur Übernachtung, jedoch keine Gelegenheit zum Aufenthalt am Tage besteht, und im Übrigen auf die Möglichkeit, sich tagsüber in der Bahnhofshalle, der Bahnhofsgaststätte, in Leseräumen der Bibliothek und in anderen geschützten, allgemein zugänglichen Räumen sowie bei kirchlichen bzw. caritativen Stellen aufzuhalten. Die daraufhin vom Antragsteller beantragte einstweilige Anordnung, den Antragsgegner zu verpflichten, ihm eine Unterkunft zur Verfügung zu stellen, in der er, der Antragsteller, sich auch tagsüber aufhalten könne, hatte beim VG und (im Wesentlichen) auch in der vom Antragsgegner eingelegten Beschwerde beim OVG NW Erfolg.

Entscheidungsgründe

Die zulässige Beschwerde ist nur insoweit begründet, als der Antragsgegner auch über den 31. 3. 1992 hinaus verpflichtet worden ist, dem Antragsteller für die Dauer seiner Obdachlosigkeit eine geeignete Unterkunft zur Verfügung zu stellen, in der dieser sich auch tagsüber aufhalten kann; im Übrigen ist sie zurückzuweisen.

Nach § 123 Abs. 1 VwGO kann das Gericht auf Antrag auch schon vor Klageerhebung eine einstweilige Anordnung in Bezug auf den Streitgegenstand treffen, wenn die Gefahr besteht, dass durch eine Veränderung des bestehenden Zustandes die Verwirklichung eines Rechts des Antragstellers vereitelt oder wesentlich erschwert werden könnte; einstweilige Anordnungen sind ferner zur Regelung eines vorläufigen Zustandes in Bezug auf ein streitiges Rechtsverhältnis zulässig, wenn diese Regelung, vor allem bei dauernden Rechtsverhältnissen, um wesentliche Nachteile abzuwenden oder drohende Gewalt zu verhindern oder aus anderen Gründen nötig erscheint. Der für eine solche Anordnung erforderliche Anordnungsanspruch und Anordnungsgrund sind vom Antragsteller darzulegen und glaubhaft zu machen (§ 123 Abs. 3 VwGO, § 920 Abs. 1 und 2, § 294 ZPO).

Die Voraussetzungen der genannten Vorschriften sind vorliegend erfüllt.

Der Antragsteller hat dargelegt, dass er nicht in der Lage ist, sich aus eigenen Kräften mit einer Unterkunft zu versorgen, und sich nur gelegentlich in der gemeinsamen Wohnung seiner Mutter und seines Stiefvaters aufhalten dürfe. Dies hat er durch die Vorlage von Versicherungen an Eides statt belegt. Auch vom Antragsgegner wird das nicht ernsthaft in Zweifel gezogen. Der Antragsteller hat damit glaubhaft gemacht, dass ihm gegen den Antragsgegner ein (bei fehlerfreier Ermessensausübung) aus § 14 Abs. 1 OBG NW abzuleitender Anspruch auf Zuweisung einer Unterkunft zusteht, die den Maßstäben der Unterbringung von Obdachlosen genügt (Anordnungsanspruch). Inhalt dieses Anspruches ist entgegen der Auffassung des Antragsgegners die Bereitstellung einer Unterkunft, in der sich der Antragsteller nicht nur zum Zwecke der Übernachtung, sondern auch an den übrigen Stunden des Tages aufhalten kann. Dies ergibt sich im Einzelnen aus Folgendem:

Nach ständiger Rechtsprechung des Senats ist die zuständige Behörde bei bestehender Obdachlosigkeit nicht verpflichtet, dem Obdachlosen eine Unterkunft zur Verfügung zu stellen, die den Anforderungen an eine wohnungsmäßige Versorgung entspricht. Es reicht aus, eine Unterkunft bereitzuhalten, die vorübergehend Schutz vor den Unbilden des Wetters bietet und Raum für die notwendigsten Lebensbedürfnisse lässt (vgl. z.B. Beschlüsse v. 05.12. 988 – 9 B 3423/88 – und 20.07. 989 – 9 B 2145/89). Dabei müssen die Obdachlosen im Verhältnis zur Versorgung mit einer Wohnung weitgehende Einschränkungen hinnehmen. Insbesondere ist Einzelpersonen – wie hier dem Antragsteller – auch eine Unterbringung in Sammelunterkünften mit Schlaf- und Tagesräumen für mehrere Personen zumutbar und besteht – vorbehaltlich besonderer, im Einzelfall zu berücksichtigender, hier indessen nicht ersichtlicher Umstände – kein Anspruch auf Versorgung mit einem Raum, der dem Betreffenden für sich allein zur Verfügung steht. Die Grenze zumutbarer Einschränkungen liegt dort, wo die Anforderungen an eine menschenwürdige Unterbringung nicht eingehalten sind.

Unter Berücksichtigung dieser Grenze sind obdachlose Personen regelmäßig so unterzubringen, dass sie die Möglichkeit haben, sich in der Unterkunft ganztägig aufzuhalten. Dieser Anforderung muss die Unterbringung schon deshalb entsprechen, weil den Obdachlosen nicht nur nachts, sondern auch tagsüber Schutz vor der Witterung zu bieten ist. Im Übrigen fordert die Menschenwürde, dass dem Obdachlosen auch ungeachtet der Witterungsverhältnisse durch Zuweisung einer bestimmten Unterkunft nicht nur zeitweise, sondern den ganzen Tag über eine geschützte Sphäre geboten wird.

Eine diesen Anforderungen entsprechende Unterbringung schließt grundsätzlich nicht aus, dass die Räumlichkeiten, die für die Übernachtung und einen Aufenthalt am Tage zur Verfügung gestellt werden, räumlich voneinander getrennt sind. Ferner ist zulässig, dass sich die für die Obdachlosenunterbringung zuständige Behörde mit caritativen Organisationen, die Einrichtungen für die Unterbringung Obdachloser unterhalten, darüber verständigt, dass die eine Stelle die Versorgung mit Übernachtungsmöglichkeiten übernimmt und die andere Stelle die für den Aufenthalt am Tage erforderlichen Räume bereithält. Die verschiedenen Einrichtungen müssen dann aber in einer dem Obdachlosen noch zumutbaren räumlichen Entfernung voneinander liegen; zudem muss durch spezielle Regelung zwischen caritativer Stelle und zuständiger Behörde oder sonst sichergestellt sein, dass dem Obdachlosen die Einrichtungen der caritativen Stelle gerade wegen seiner Obdachlosigkeit offenstehen. Es würde elementaren Grundsätzen der Achtung der Menschenwürde nach Art. 1 Abs. 1 GG, denen bei Anwendung des § 14 Abs. 1 OBG NW Rechnung zu tragen ist, zuwiderlaufen, Personen, die ohne Unterkunft und nicht in der Lage sind, sich aus eigenem Bemühen eine solche zu verschaffen, anstelle einer Unterbringung durch die zuständige Behörde auf das Wohlwollen dritter Personen oder Stellen zu verweisen.

Die vorstehenden Grundsätze gelten unbeschadet der Befugnis der für die Beseitigung von Obdachlosigkeit zuständigen Behörde, aus Zweckmäßigkeits- und Kostengründen für den Personenkreis sogenannter nicht sesshafter Personen Einrichtungen vorzuhalten, die ausschließlich Übernachtungszwecken dienen. Die Berechtigung der Behörde, obdachlose Personen ausschließlich auf eine solche Übernachtungsmöglichkeit zu verweisen, findet ihre Grenze aber an dem berechtigten Anliegen des Obdachlosen – hier des Antragstellers –, auch tagsüber mit einer Unterkunft versorgt zu sein. Letztlich liegt es auch im (sozial-)staatlichen Interesse, den Kreis nicht sesshafter Personen zu verkleinern, was zunächst voraussetzt, dass den Betreffenden eine Unterkunft ganztägig zur Verfügung steht.

Die Unterbringung des Antragstellers durch den Antragsgegner in der zugewiesenen Übernachtungsstelle genügt den dargestellten Maßstäben nicht.

Die Unterkunft ist in den Monaten Oktober-April von 19.00 bis 8.00 Uhr und in den Monaten Mai-September von 21.00 bis 8.00 Uhr geöffnet. Sie bietet damit zwar innerhalb der genannten, nicht aber auch während der übrigen Tageszeit ein Obdach. Eine hinreichende Unterkunft wird tagsüber auch nicht durch andere Stellen sichergestellt. Die kirchlichen Stellen, auf die der Antragsgegner verweist, bieten in erster Linie nur die Versorgung mit Essen, jedenfalls aber keine ständig tagsüber zum Zwecke der Unterbringung obdachloser Personen offenstehenden Aufenthaltsräume an. Dass der Antragsteller zum Zwecke der Beseitigung seiner Obdachlosigkeit nicht auf die Bahnhofshalle, die Bahnhofsgaststätte, Leseräume der Zentralbibliothek, den Vorraum des Sportzentrums R. sowie auf sonstige Gaststätten und Cafés verwiesen werden kann, bedarf keiner weiteren Darlegung.

Das Vorbringen des Antragsgegners, es sei mit unverhältnismäßigen Kosten verbunden, die Übernachtungsstelle An der Kirche 34 ganztags geöffnet zu halten, zudem gebe es bei ganztägiger Öffnung Schwierigkeiten mit der Nachbarschaft, da sich die

Übernachtungsstelle in einem reinen Wohngebiet befinde, rechtfertigt keine andere Beurteilung. Diese Umstände betreffen ausschließlich die Frage, ob die betreffende Übernachtungsstelle – auch mit Rücksicht auf ihre Umgebung – für eine ganztägige Unterbringung obdachloser Personen in Betracht kommt, sind indessen nicht geeignet, den dem Antragsteller zustehenden Unterbringungsanspruch zu mindern oder zu begrenzen.

Der Antragsteller hat hiernach nicht nur den Anordnungsanspruch, sondern auch einen Anordnungsgrund glaubhaft gemacht. Es ist ihm jedenfalls in der jetzigen Jahreszeit nicht zuzumuten, zur Beseitigung seiner Obdachlosigkeit auch nur vorübergehend und bis zur Entscheidung über eine gegen den Antragsgegner angestrengte Klage auf Bereitstellung eines geeigneten Obdachs auf die vom Antragsgegner angeführten Aufenthaltsmöglichkeiten während des Tages verwiesen zu werden.

Die somit zu treffende einstweilige Anordnung ist in dem aus dem Tenor ersichtlichen Umfang allerdings zeitlich zu begrenzen. Sinn des einstweiligen Anordnungsverfahrens ist nämlich nicht, dem zur Durchsetzung des streitigen Anspruches durchzuführenden Klageverfahren vorzugreifen oder dieses Verfahren zu ersetzen. Hinzu kommt, dass es in erster Linie Sache des Antragstellers ist, sich ständig weiter selbst um eine Unterkunft zu bemühen – möglicherweise unter Inanspruchnahme behördlicher Hilfe –. Weiter ist es auch mit Rücksicht auf den Sinn einstweiliger Anordnungen sachgerecht, nur eine zeitlich befristete Anordnung auszusprechen (vgl. Beschl. des Senats v. 21.11. 991 – 9 B 2368/91). Hinsichtlich der Dauer der Frist erscheint der Zeitraum zwischen Erlass der Beschwerdeentscheidung und dem 31.03.1992 als angemessen. Die zurückliegende Zeit ist nicht zu berücksichtigen, da es für die Beurteilung der Sach- und Rechtslage auf den Zeitpunkt des Erlasses der Beschwerdeentscheidung ankommt und danach – wie dargelegt – die Obdachlosigkeit des Antragstellers noch fortdauert. Bei Ablauf der vom Senat gesetzten Frist ist vom Antragsgegner erneut zu prüfen, ob dem Antragsteller noch Obdachlosigkeit droht."

Bemerkung zur Übertragbarkeit der Rechtsprechung auf das neue Recht des SGB XII:

Die vorstehenden Entscheidungen werden auf das neue Recht übertragbar sein, zumal auch im nunmehr gültigen Recht der Begriff der „Angemessenheit" der Unterkunftskosten verwendet wird und in dieser Hinsicht keine Veränderungen beabsichtigt sind.

§ 30 SGB XII   Mehrbedarf

(1) Für Personen, die
1. das 65. Lebensjahr vollendet haben oder
2. unter 65 Jahren und voll erwerbsgemindert nach dem Sechsten Buch sind, und einen Ausweis nach § 69 Abs. 5 des Neunten Buches mit dem Merkzeichen G besitzen, wird ein Mehrbedarf von 17 vom Hundert des maßgebenden Regelsatzes anerkannt, soweit nicht im Einzelfall ein abweichender Bedarf besteht.

(2) Für werdende Mütter nach der 12. Schwangerschaftswoche wird ein Mehrbedarf von 17 vom Hundert des maßgebenden Regelsatzes anerkannt, soweit nicht im Einzelfall ein abweichender Bedarf besteht.

(3) Für Personen, die mit einem oder mehreren minderjährigen Kindern zusammenleben und allein für deren Pflege und Erziehung sorgen, ist, soweit kein abweichender Bedarf besteht, ein Mehrbedarf anzuerkennen

1. in Höhe von 36 vom Hundert des Eckregelsatzes für ein Kind unter sieben Jahren oder für zwei oder drei Kinder unter sechzehn Jahren, oder

2. in Höhe von 12 vom Hundert des Eckregelsatzes für jedes Kind, wenn die Voraussetzungen nach Nummer 1 nicht vorliegen, höchstens jedoch in Höhe von 60 vom Hundert des Eckregelsatzes.

(4) Für behinderte Menschen, die das 15. Lebensjahr vollendet haben und denen Eingliederungshilfe nach § 54 Abs. 1 Satz 1 Nr. 1 bis 3 geleistet wird, wird ein Mehrbedarf von 35 vom Hundert des maßgebenden Regelsatzes anerkannt, soweit nicht im Einzelfall ein abweichender Bedarf besteht. Satz 1 kann auch nach Beendigung der in § 54 Abs. 1 Satz 1 Nr. 1 bis 3 genannten Leistungen während einer angemessenen Übergangszeit, insbesondere einer Einarbeitungszeit, angewendet werden. Absatz 1 Nr. 2 ist daneben nicht anzuwenden.

(5) Für Kranke, Genesende, behinderte Menschen oder von einer Krankheit oder von einer Behinderung bedrohte Menschen, die einer kostenaufwändigen Ernährung bedürfen, wird ein Mehrbedarf in angemessener Höhe anerkannt.

(6) Die Summe des insgesamt anzuerkennenden Mehrbedarfs darf die Höhe des maßgebenden Regelsatzes nicht übersteigen.

Die Vorschrift überträgt im Wesentlichen inhaltsgleich die Regelungen des bisherigen § 23 des Bundessozialhilfegesetzes.

Absatz 1 Satz 1 entspricht dabei dem bisherigen § 23 Abs. 1 Satz 1 des Bundessozialhilfegesetzes sowie die Absätze 2 bis 6 dem bisherigen § 23 Abs. 2 bis 6 des Bundessozialhilfegesetzes.

Die Besitzstandsregelung des bisherigen § 23 Abs. 1 Satz 2 des Bundessozialhilfegesetzes wird nicht übernommen, um die bestehende Ungleichbehandlung mit dem Gesetz über eine bedarfsorientierte Grundsicherung im Alter und bei Erwerbsminderung und mit den neuen Bundesländern zu beseitigen. Bei der Absenkung der Prozentsätze handelt es sich lediglich um eine Folgeänderung auf Grund der Neukonzeption der Regelsätze, die künftig alle pauschalierbaren Leistungen der Hilfe zum Lebensunterhalt umfassen, sodass ein höherer Bezugsbetrag gegeben ist. Die tatsächliche Höhe der Leistungen ist im Wesentlichen unverändert geblieben.

Rechtsprechung zu den einzelnen Mehrbedarfstatbeständen

Abweichender Bedarf

Leitsatz (redaktionell) (OVG Münster, Urteil vom 20. März 1991, Az: 8 A 2093/88)

Der Mehrbedarfszuschlag nach § 30 SGB XII kann im Einzelfall wegen abweichenden Bedarfs 20 vom Hundert des maßgebenden Regelsatzes nicht nur überschreiten, sondern auch unterschreiten.

Eine Kürzung des Mehrbedarfszuschlags nach § 30 Abs. 1 Nr. 1 SGB XII kommt in Betracht, wenn die altersbedingten Erschwernisse in der Lebensführung des Hilfesuchenden teilweise durch die Gewährung einer Beihilfe für eine Haushaltskraft ausgeglichen sind.

Aus den Gründen:

„... Der Kläger, der seit Jahren in der sozialhilferechtlichen Betreuung des Beklagten stand, hatte bei dem Beklagten u.a. Hilfe zur Pflege nach dem Bundessozialhilfegesetz beantragt. Der Beklagte war zu dem Ergebnis gekommen, dass beim Kläger eine schwere Hilflosigkeit vorliege. Er hatte deshalb ein Pflegegeld gemäß § 69 Abs. 4 Satz 1, 1. Halbsatz BSHG in Höhe von monatlich 290,00 DM bewilligt.

Mit Schreiben vom 29.11.1987 beantragte der Kläger die Übernahme der Kosten einer Haushaltshilfe. Auf diesen Antrag teilte der Beklagte dem Kläger durch Bescheid vom 11.01.1988 mit, im Rahmen des § 22 BSHG werde ein Sonderbedarf zur Abgeltung der Kosten der Haushaltshilfe mit monatlich 628,24 DM bewilligt. Er gehe davon aus, dass der Einsatz einer Haushaltshilfe in einem Zeitraum von mindestens 2 Stunden täglich = monatlich 60,67 Stunden erforderlich sei. Ausgehend von dem zurzeit gültigen Stundensatz, den die Verbände der Freien Wohlfahrtspflege ihren nebenamtlichen Kräften zahlten – dieser betrage 10,80 DM –, ergebe sich ein monatlicher Betrag in Höhe von 655,24 DM. Allerdings müssten Personen, die das 65. Lebensjahr vollendet hätten, sich die bereits im pauschalierten Mehrbedarf (Alter) für Dienstleistungen enthaltenen Anteile anrechnen lassen. Ein Drittel des jeweiligen pauschalierten Mehrbedarfs diene der Abgeltung von Aufwendungen für Dienstleistungen fremder Personen. Danach sei ein Betrag von 27,00 DM (1/3 von 81,00 DM) in Abzug zu bringen.

Widerspruch, Klage und Berufung blieben ohne Erfolg.

Entscheidungsgründe

Dem Kläger steht ein Anspruch auf Übernahme der Kosten für eine Haushaltshilfe, der über den ihm zuerkannten Betrag hinausginge, nicht zu.

Ob die streitige Hilfegewährung im vorliegenden Fall als Hilfe zum Lebensunterhalt gemäß §§ 11 ff. BSHG einzuordnen ist, ob sie – wovon der Beklagte ausgegangen ist – im Wege einer von den Regelsätzen abweichenden Bemessung der laufenden Leistungen zum Lebensunterhalt gemäß § 22 Abs. 1 Satz 2 BSHG erfolgen konnte oder ob die begehrte Hilfegewährung als Hilfe in besonderen Lebenslagen, etwa in

Gestalt der in § 70 BSHG vorgesehenen „Hilfe zur Weiterführung des Haushalts", zu charakterisieren ist, mag dahinstehen. Jedenfalls ist bei den genannten Hilfearten eine Verpflichtung des Sozialhilfeträgers zur Hilfegewährung jeweils begrenzt auf einen angemessenen, d.h. zur Erreichung des in § 1 Abs. 2 Satz 1 BSHG normierten Ziels der Sozialhilfe, dem Hilfeempfänger ein menschenwürdiges Leben zu ermöglichen, notwendigen Umfang.

Vgl. in diesem Zusammenhang BVerwG, Urteile vom 11.11.1970 – V C 32.70 –, FEVS 18, 86, und vom 09.06.1971 – V C 84.70 –, FEVS 18, 372; OVG NW, Urteil vom 20.02.1986 – 8 A 1019/84 –.

Gemessen hieran ist gegen die vom Beklagten in Ansatz gebrachte Zeitspanne von täglich zwei Stunden zur Bewältigung der beim Kläger anfallenden hauswirtschaftlichen Verrichtungen nichts zu erinnern; der vom Beklagten zuerkannte Bedarf an hauswirtschaftlichen Tätigkeiten in einem Umfang von täglich zwei Stunden war ausreichend bemessen, um ein menschenwürdiges Leben des Klägers zu gewährleisten.

Von den Verrichtungen, die der Kläger zeitlich mit täglich vier Stunden bemessen sehen will, sind zunächst diejenigen Verrichtungen auszunehmen, die unmittelbar der Wartung und Pflege der Person des Kranken dienten und denen der Beklagte in nicht zu beanstandender Weise durch Gewährung eines Pflegegeldes gemäß § 69 Abs. 4 Satz 1, 1. Halbsatz BSHG in Höhe von monatlich 290,00 DM Rechnung getragen hat.

Außer Betracht zu bleiben hat auch die vom Kläger in der Berufungsschrift hervorgehobene Gartenpflege, welche keinen Bedarf an hauswirtschaftlichen Verrichtungen zu begründen vermochte.

Schließlich kann es bei der Bemessung des (ein menschenwürdiges Leben des Klägers ermöglichenden) zeitlichen Umfangs für die anfallenden hauswirtschaftlichen Verrichtungen von vornherein keine Rolle spielen, dass der Kläger seiner Haushaltshilfe täglich auf seine Kosten ein Frühstück dargereicht haben will; denn Gegenstand des vorliegenden Verfahrens ist nur das vom Beklagten zu berücksichtigende, sich an der erforderlichen Stundenzahl für hauswirtschaftliche Verrichtungen orientierende Entgelt für eine Haushaltskraft, nicht aber etwa der Aufwand für eine (vermeintlich notwendige) Beköstigung der Haushaltshilfe.

Der nach Maßgabe der vorstehenden Erwägungen überhaupt berücksichtigungsfähige Bedarf an hauswirtschaftlichen Verrichtungen war mit (tag-)täglich zwei Stunden ausreichend bemessen. Insofern ist maßgeblich darauf abzustellen, dass der Kläger in dem hier in Rede stehenden Zeitraum allein lebte; von daher hielten sich die von der Haushaltskraft zu bewältigenden Aufgaben mit dem Ziel, den Kläger ausreichend zu beköstigen, das anfallende Geschirr zu spülen, für das Waschen, Bügeln und Ausbessern der Wäsche zu sorgen und die damalige Wohnung des Klägers zu säubern – diese Wohnung wies eine Wohnfläche von 50 qm auf – in Grenzen (wird ausgeführt).

Unter Berücksichtigung des – nicht mehr streitigen – Stundensatzes von 10,80 DM ist der Beklagte daher zutreffend von einem Bedarf in Höhe von 655,24 DM ausgegangen.

Bei der Bemessung der Hilfe hat der Beklagte im Ergebnis zu Recht ein Drittel des Zuschlags nach § 23 Abs. 1 Nr. 1 BSHG abgezogen.

Ein solcher Abzug konnte allerdings – ungeachtet der bereits oben aufgeworfenen Frage, ob die begehrte Hilfeleistung überhaupt als eine von den Regelsätzen abweichende Bemessung der laufenden Leistungen zum Lebensunterhalt angesehen werden kann – entgegen der Auffassung des Beklagten nicht in der Weise erfolgen, dass der Bedarf an einer Haushaltshilfe deshalb teilweise gekürzt wurde, weil der Hilfesuchende zugleich einen Mehrbedarfszuschlag gemäß § 23 Abs. 1 Nr. 1 BSHG erhielt. Dem steht entgegen, dass der Mehrbedarfszuschlag nach § 23 Abs. 1 Nr. 1 BSHG keinen spezifischen Bedarfsposten für eine Haushaltskraft beinhaltet. Dies hat zur Folge, dass ein solcher (nicht existierender spezifischer) Bedarfsposten auf einen – von den Regelsätzen abweichenden (zusätzlichen) – Bedarf eines Hilfeempfängers an einer Haushaltshilfe auch nicht angerechnet werden kann.

Vgl. dazu VG Hannover, Urteil vom 02.06.1987 – 3 VG A 385/86 –, ZfF 1987, 251.

Der vom Beklagten vorgenommene Abzug ist aber vorliegend auf der Grundlage des § 23 Abs. 1 letzter Halbsatz BSHG gerechtfertigt. Ein Mehrbedarf in Höhe von 20 vom Hundert des maßgebenden Regelsatzes ist nach dieser Bestimmung nur dann anzuerkennen, soweit nicht im Einzelfall ein abweichender Bedarf besteht. Schon nach dem Wortlaut der Vorschrift kann danach im Einzelfall in Bezug auf den Mehrbedarfszuschlag eine abweichende Bemessung in Betracht kommen, und zwar sowohl „nach oben" als auch „nach unten". Dieses Ergebnis wird bestätigt durch die Entstehungsgeschichte der Norm; denn mit der durch Art. 21 Nr. 7 des 2. Haushaltsstrukturgesetzes vom 22.12.1981 (BGBl I 1523) bedingten Neufassung der Vorschrift wurde die bis dahin geltende Formulierung „soweit nicht im Einzelfall ein höherer Bedarf besteht" durch die Worte „soweit nicht im Einzelfalle ein abweichender Bedarf besteht" ersetzt.

Vgl. dazu auch Gottschick/Giese, BSHG, Kommentar, 9. Aufl., § 23 RdNr. 1; Knopp/ Fichtner, BSHG, Kommentar, 5. Aufl., § 23 RdNr. 6a; Schellhorn/Jirasek/Seipp, BSHG, Kommentar, 13. Aufl., § 23 RdNr. 19.

Vorliegend war die oben zuletzt genannte Alternative für eine vom Regelfall abweichende Bemessung des Mehrbedarfszuschlags gegeben. Ein Unterschreiten des Zuschlags nach § 23 Abs. 1 Nr. 1 BSHG war wegen der Besonderheiten des Einzelfalles geboten, weil der altersbedingte Mehrbedarf des Klägers teilweise bereits anderweitig, nämlich durch die Gewährung von Leistungen für eine Haushaltshilfe, befriedigt war.

Der gesetzliche Mehrbedarf für ältere Personen soll einen zusätzlichen Bedarf umfassen, der regelmäßig infolge des Alters entsteht. Dieser zusätzliche Bedarf erwächst vor allem aus der verminderten Leistungsfähigkeit und Beweglichkeit älterer Personen sowie aus der damit im Zusammenhang stehenden geminderten Geschicklichkeit bei den Verrichtungen des täglichen Lebens.

Vgl. Kleinere Schriften des Deutschen Vereins für öffentliche und private Fürsorge, Heft 55, 1976, Seite 12, RdNr. 9.

Ausgehend von diesen Grundsätzen vermochte die dem Kläger vom Beklagten gewährte Übernahme von Aufwendungen für eine Haushaltskraft jedenfalls einen Teil der Erschwernisse aufzufangen, denen der Kläger in dem hier interessierenden Zeitraum infolge seines Alters unterworfen war (wird ausgeführt).

Der Senat bemisst unter Würdigung der dem Kläger nach Maßgabe der vorstehenden Erwägungen zuteil gewordenen Erleichterungen in Bezug auf seine durch sein

Alter hervorgerufenen Erschwernisse den Umfang, in dem der altersbedingte Mehrbedarf des Klägers bereits anderweitig durch die Gewährung von Leistungen für eine Haushaltshilfe befriedigt war, in entsprechender Anwendung des § 287 ZPO mit 30 v.H. des Mehrbedarfszuschlags nach § 23 Abs. 1 Nr. 1 BSHG. Im Ergebnis ist mithin die Höhe der vom Beklagten gewährten Hilfe nicht zu beanstanden."

Menschen mit Behinderung

Leitsatz (redaktionell) (Bundesverwaltungsgericht, Urteil vom 24.06.1976, Az.: v c 39/74)

Einkommen, welches der Hilfeempfänger unter Raubbau an seiner Gesundheit erzielt, ist nicht aus diesem Grunde bei der Bemessung der Sozialhilfe von der Anrechnung auszunehmen.

Aus den Gründen:

„Der 75 Jahre alte und erwerbsunfähige Kläger erhält seit Jahren Leistungen der Sozialhilfe, vor allem laufende Hilfe zum Lebensunterhalt. Er erzielte (und erzielt) aus selbstständiger Tätigkeit und gelegentlicher unselbstständiger Arbeit Einkommen. Der Beklagte anerkannte daher einen Mehrbedarf nach § 23 Abs. 3 BSHG. Zur Ermittlung der angemessenen Höhe wandte er im Jahre 1964 erlassene Ausführungsvorschriften für die Gewährung von Hilfe zum Lebensunterhalt (AV) an. Den so berechneten Mehrbedarf setzte er in die Bedarfsrechnung ein. Die Sozialhilfe ermittelte er durch Gegenüberstellung von sozialhilferechtlichem Bedarf und (bereinigtem) Einkommen. Diesbezügliche Bescheide – die Monate Juni 1971 bis März 1972 betreffend – focht der Kläger an mit dem Ziel, dass sein Erwerbseinkommen sich auf die Höhe der Sozialhilfe nicht nachteilig auswirken solle, indem der Mehrbedarf bis zu der in den Ausführungsvorschriften vorgesehenen Höchstgrenze von 100,00 DM anerkannt werde und darüber hinausgehendes Einkommen anrechnungsfrei bleibe. Die wegen dieses Begehrens (und wegen weiterer, später für erledigt erklärter Ansprüche) erhobene Klage hat das Verwaltungsgericht abgewiesen. Das Oberverwaltungsgericht hat auf die Berufung des Klägers den Beklagten verpflichtet, den Kläger hinsichtlich der Hilfe zum Lebensunterhalt unter Beachtung der Rechtsauffassung des Gerichts neu zu bescheiden. Es hält die schematische Berechnung des nach § 23 Abs. 3 BSHG anzuerkennenden Mehrbedarfs anhand der Ausführungsvorschriften des Beklagten für rechtswidrig, weil insbesondere die dort vorgesehene Höchstgrenze von 100,00 DM den Besonderheiten des Falles des Klägers nicht gerecht werden könne. Einen Anhalt für eine im Fall des Klägers nicht unangemessene Berechnung sieht das Oberverwaltungsgericht in Empfehlungen des Deutschen Vereins für öffentliche und private Fürsorge aus dem Jahre 1965, die den vom 1. April 1973 an geltenden Ausführungsvorschriften des Beklagten zugrunde liegen. Das Oberverwaltungsgericht hält es darüber hinaus dann für möglich, das Erwerbseinkommen des Klägers völlig anrechnungsfrei zu lassen, wenn es unter Raubbau an der Gesundheit erzielt worden sei. Seine Ansicht stützt es auf Rechtsprechung des Bundesverwaltungsgerichts zum Lastenausgleichsgesetz.

Außerdem hat das Oberverwaltungsgericht auf erst im Berufungsrechtszug erhobene Klage den Beklagten verpflichtet, „von der Auflage abzusehen, der Kläger habe

*auch eine nur vorübergehende Abwesenheit aus dem Haushalt unverzüglich anzu-
geben". Dabei handelt es sich um einen von mehreren Hinweisen, die auf der Rückseite des Bescheides vom 14. Juni 1971 abgedruckt sind und auch sonst Bescheiden
angefügt werden und um deren Beachtung gebeten wird. Das Berufungsgericht
meint, dass der Beklagte mit diesem Hinweis gegenüber dem Kläger das Übermaß-
verbot verletzt habe; denn er habe in der Vergangenheit bei der Ermittlung seines Bedarfs stets mitgewirkt.*

*Der Beklagte hat die vom Oberverwaltungsgericht zugelassene Revision eingelegt.
Er erstrebt die Abweisung der Klage. Der Kläger tritt der Revision entgegen.*

Entscheidungsgründe

*Die zulässige Revision ist begründet. Das Oberverwaltungsgericht hat den Beklagten
zu Unrecht zur Neuberechnung der Hilfe zum Lebensunterhalt verpflichtet (nachfolgend 1), und der vom Oberverwaltungsgericht als „Auflage" gewertete Hinweis war
nicht geeignet, den Kläger in seinen Rechten zu verletzen (nachfolgend 2).*

*1) Die Klage gegen die Berechnung und Festsetzung der dem Kläger zu gewähren-
den Hilfe zum Lebensunterhalt hat das Verwaltungsgericht zu Recht abgewiesen.
Gerichtlicher Kontrolle unterliegt in diesem Rechtsstreit die Regelung des Hilfefalles
nur für den Zeitraum, der durch die behördlichen Bescheide erfasst ist (ständige
Rechtsprechung des Bundesverwaltungsgerichts). Das ist der Zeitraum von Juni
1971 bis März 1972. Soweit der Kläger in diesem Rahmen überhaupt beschwert sein
kann – zum Teil hat der Beklagte Überzahlungen an Sozialhilfe, die er unter Berücksichtigung des Einkommens des Klägers nachträglich errechnet hat, in Ausgabe belassen, zum Teil haben die Berechnungen des Beklagten anrechenbare Einkom-
mensteile nicht ergeben –, wird er durch die Bescheide in seinen Rechten nicht
verletzt. Es kann nicht festgestellt werden, dass der Beklagte den bei Erwerbstätigkeit des Hilfeempfängers anzuerkennenden Mehrbedarf im Widerspruch zu § 23
Abs. 3 BSHG der Höhe nach unangemessen berechnet hat.*

*a) Zu Unrecht hält das Oberverwaltungsgericht es für geboten, Einkommen – ganz
gleich, in welcher Höhe es erzielt wird – von einer Anrechnung schlechthin auszunehmen, wenn es unter Raubbau an der Gesundheit erzielt wird. Der Hinweis auf Rechts-
sprechung des Bundesverwaltungsgerichts zum Lastenausgleichsgesetz (vgl. BVerwGE 2, 335) trägt diese Auffassung aus zwei Gründen nicht. Zum einen:
„Arbeitsverdienst, den der Berechtigte während des Bezugs von Kriegsschadenrente
erzielt, bleibt auch dann nicht außer Ansatz, wenn er unter Raubbau an der Gesundheit
erzielt worden ist." Das hat das Bundesverwaltungsgericht am 2. Dezember 1964
(BVerwG IV C 139.64 (ZLA 1965, 72)) entschieden, nachdem frühere Rechtsprechung
des Bundesverwaltungsgerichts (Urteil vom 29. September 1959 – BVerwG III C
133.58 – (Buchholz 427.3 § 267 LAG Nr. 43)) dazu geführt hatte, § 267 Abs. 2 Nr. 3
LAG einen Satz des Inhalts anzufügen, dass Einkünfte nicht angerechnet werden,
die bis zu dem Zeitpunkt, in dem über die Zuerkennung der Unterhaltshilfe entschieden wird, unter nachhaltiger Schädigung der Gesundheit erzielt worden sind (§ 1
Nr. 16 Buchst. c des 17. ÄndG LAG vom 4. August 1964 (BGBl. I S. 585)). Zum anderen hat die Sozialhilfe nach ausdrücklicher gesetzlicher Regelung Nachrang. Wer
sich selbst hilft (oder selbst helfen kann), benötigt keine Sozialhilfe (§§ 2 Abs. 1 und
11 Abs. 1 Satz 1 BSHG). Soweit das Gesetz Ausnahmen zulässt, sind diesbezügliche Vorschriften eng auszulegen. Das hat auch für § 23 Abs. 3 BSHG zu gelten, mit
dem der Sache nach mittelbar dadurch Anrechnungsfreiheit von Einkommen gere-*

gelt wird, dass bei der Gegenüberstellung von sozialhilferechtlichem Bedarf und anrechenbarem Einkommen auf der „Bedarfsseite" ein Betrag anzusetzen ist, der gleich dem erzielten Erwerbseinkommen sein kann – wenn es geringfügig ist –, der aber stets einen Teil dieses Erwerbseinkommens ausmacht. Auf diese Weise bleibt das Erwerbseinkommen ganz oder teilweise anrechnungsfrei. Die am Nachranggrundsatz auszurichtende enge Auslegung des § 23 Abs. 3 BSHG verbietet es, diese Vorschrift ausdehnend dahin auszulegen, dass – erzielt eine Person trotz beschränkten Leistungsvermögens, ja sogar unter Raubbau an ihrer Gesundheit Einkommen – stets ein Mehrbedarf anzuerkennen sei, der der Höhe nach gleich dem erzielten Einkommen sei. Hiergegen spricht auch der weitere, vom Oberbundesanwalt mit Recht hervorgehobene Grund, dass es nicht Aufgabe der Sozialhilfe ist, zur Selbstschädigung des Hilfeempfängers beizutragen. Dies träte ein, wenn durch völlige Anrechnungsfreiheit des unter Raubbau an der Gesundheit erzielten Einkommens der Anreiz geschaffen würde, in dieser Weise Einkommen zu erzielen (während Einkommen aus einer leistungsangepaßten Tätigkeit – übersteigt es gewisse Grenzen – zum Teil angerechnet wird). Eine Folge dessen wäre, dass alsbald höhere Aufwendungen an Sozialhilfe notwendig werden könnten, insbesondere in Gestalt von Krankenhilfe. Die Anrechnung des unter Raubbau an der Gesundheit erzielten Einkommens wie jeden anderen Einkommens auch erscheint als das beste Mittel, im Interesse des Hilfeempfängers eine die Gesundheit schädigende Erwerbstätigkeit zu unterbinden.

b) Die Anerkennung des Mehrbedarfs während des hier maßgeblichen Zeitraums ist seiner Höhe nach nicht zu beanstanden. Zu Unrecht meint das Berufungsgericht, dass die Ausführungsvorschriften 1964, insbesondere deren Nr. 18, mit § 23 Abs. 3 BSHG nicht zu vereinbaren seien. Derartige Ausführungsvorschriften waren und sind notwendig, um die Gleichbehandlung der Hilfesuchenden bei der Anwendung des Gesetzes – „in angemessener Höhe" – sicherzustellen. Dies ist nur in der Weise möglich, dass für den Regelfall „Regelsätze" bestimmt werden und dass die Möglichkeit besteht, Besonderheiten des Einzelfalles zu berücksichtigen. Eine solche Konzeption liegt auch dem Gesetz zugrunde (siehe insbesondere § 22 Abs. 1 BSHG; vgl. aber auch § 23 Abs. 1 und 2 und § 24 Abs. 1 BSHG). Dementsprechend liegt auch den Empfehlungen des Deutschen Vereins für öffentliche und private Fürsorge (NDV 1965, 27), anhand deren das Berufungsgericht die Anerkennung des Mehrbedarfs ausrichten will, ein „Schema" zugrunde.

Das (ursprüngliche) „Schema" des Beklagten, das die Berücksichtigung der Besonderheiten des Einzelfalles ausdrücklich zuließ (Nr. 1 AV 1964), war nicht deshalb unbrauchbar, verfehlte nicht aus dem Grund Sinn und Zweck des § 23 Abs. 3 BSHG, dass als Sockel- und Höchstbetrag absolute Beträge – 50,00 DM bzw. 100,00 DM – vorgesehen waren, während die Ausführungsvorschriften 1973 dadurch dynamisiert sind, dass ein Drittel bzw. zwei Drittel des Regelsatzes eines Haushaltsvorstandes zugrunde zu legen sind. Die Nr. 18 Abs. 1 AV 1964 mit ihren festen Beträgen hat während ihrer Geltungsdauer über viele Jahre hinweg zugunsten erwerbstätiger Hilfeempfänger zur Anerkennung eines höheren Mehrbedarfs geführt, als dies bei der Anwendung der in den Empfehlungen des Deutschen Vereins für öffentliche und private Fürsorge festgelegten Vom-Hundert-Sätze möglich gewesen wäre. Darauf weist der Beklagte mit Recht hin. Erst vom 1. Juni 1971 an – zu diesem Zeitpunkt wurde der Regelsatz des Haushaltsvorstandes im Land Berlin auf 180,00 DM angehoben – trat ein „Umschlag" ein. Dies nötigte aber nicht dazu, sofort ein anderes „Schema" einzuführen. Das Anliegen, das mit dem Erlass notwendiger Ausführungsvorschriften verfolgt wird, besteht nicht nur in der Gewährleistung der Gleichbehandlung, sondern *auch in der Stetigkeit der Handhabung. Nicht jede geringfügige Veränderung der Verhältnisse erzwingt – gewissermaßen Tag für Tag – eine Anpassung der Normen. Die Frage, ob das Festhalten an einem absoluten Sockel- und Höchstbetrag dem Sinn und Zweck des § 23 Abs. 3 BSHG noch gerecht werden konnte, stellte sich erst, als inflationsbedingt die Regelsätze in kürzeren Zeitabständen stärker als in den Jahren zuvor angehoben werden mussten (jeweils für den Haushaltsvorstand – 01.01.1973: 205,00 DM; 01.01.1974: 225,00 DM; 01.06.1974: 242,00 DM). Dem hat der Beklagte aber gerade Rechnung getragen, indem er vom 1. April 1973 an zu der vom Deutschen Verein für öffentliche und private Fürsorge empfohlenen Bemessung im Regelfall übergegangen ist. Das rechtfertigt aber nicht die Ansicht, die Handhabung in früherer Zeit habe gegen das Gesetz verstoßen, sie sei dem Sinn und Zweck der Mehrbedarfsregelung nicht gerecht geworden.*

„Besonderheiten des Einzelfalles", deren Berücksichtigung in Nr. 1 AV 1964 geboten war, sind nicht dargetan worden. Die Feststellungen des Berufungsgerichts können eine solche Annahme nicht tragen. Alter und Gesundheitszustand des Klägers sind die Umstände, vermöge deren das Tatbestandsmerkmal „beschränktes Leistungsvermögen" in § 23 Abs. 3 Halbsatz 2 BSHG erfüllt wird. Darin liegen keine Besonderheiten. Mit dem Hinweis darauf, dass der Kläger sonst Leistungen der Sozialhilfe, z.B. für einen Bekleidungsbedarf, nicht in Anspruch genommen habe, kann nicht kompensiert werden. Der Kläger hätte um diese Leistungen nachsuchen können (vgl. § 21 Abs. 1 BSHG). Es ist nicht zu erkennen, dass der Beklagte sie ihm – wenn der Bedarf bestanden hätte – verweigert hätte. Auch die beabsichtigt gewesene Brasilienreise rechtfertigte es nicht, den Mehrbedarfszuschlag nach § 23 Abs. 3 BSHG höher anzusetzen. Auch hierbei würde es sich um einen besonderen, außerhalb des Sinns und Zwecks des Mehrbedarfs nach § 23 Abs. 3 BSHG liegenden Bedarf handeln.

2) Der Hinweis „Die vorübergehende Abwesenheit aus dem Haushalt (auch Krankenhausaufenthalt) ist uns ebenfalls unverzüglich anzuzeigen", verletzt den Kläger nicht in seinen Rechten.

Mit diesem von der Behörde ausdrücklich so bezeichneten „Hinweis", der ebenso wie die weiteren Hinweise auf der Rückseite des Bescheides vom 14. Juni 1971 allgemein gefasst ist und auch sonst formularmäßig gegeben wird, hat der Beklagte § 115 Abs. 2 Satz 1 BSHG (siehe jetzt § 60 des Sozialgesetzbuchs – Allgemeiner Teil – vom 11. Dezember 1975 (BGBl. I S. 3015)) erläutert, nicht jedoch potentiell verbindlich konkretisiert und damit eine Maßnahme zur Regelung eines Einzelfalles auf dem Gebiet des öffentlichen Rechts getroffen. Dieser Hinweis ist also kein Verwaltungsakt; mit ihm hat der Beklagte auch nicht eine „Auflage" im Rechtssinne erlassen.

Entfällt damit die Anfechtbarkeit des fraglichen Hinweises, so hatte jedenfalls gerade der Kläger auch keinen Anlass, das Gericht etwa mit einer Unterlassungsklage oder mit einer Feststellungsklage anzurufen, um sich gegen vermeintliche Rechtswidrigkeit (Übermaß) jener Aufforderung zur Wehr zu setzen; denn er ist – das ergeben die vom Oberverwaltungsgericht zum Gegenstand der mündlichen Verhandlung gemachten Sozialhilfeakten – mündlich und wiederholt auch schriftlich über die Bedeutung und die Tragweite dieses Hinweises aufgeklärt worden, nämlich dahin, dass Hinweise auf die Verpflichtungen allgemein gehalten werden müssen, da sie an alle Hilfeempfänger gerichtet sind, gleichgültig, ob die eine oder andere Verpflichtung überhaupt für den Einzelnen zutreffend ist; ferner, dass unter „vorübergehender Abwesenheit vom Haushalt" nicht die stundenweise Abwesenheit gemeint ist, wie sie z.B. zum Einholen und zu persönlichen Besuchen erforderlich ist, sondern Abwesenheit für mehrere Tage, Wochen oder Monate, wie z.B. Krankenhausaufenthalte oder Reisen. Das Oberverwaltungsgericht hätte daher die (erst) im Berufungsverfahren erhobene Klage abweisen müssen."

Anmerkung zur Übertragbarkeit der Rechtsprechung auf das neue Recht des SGB XII:

Die vorstehende Rechtsprechung wird auf das neue Recht übertragbar sein, da insoweit sowohl hinsichtlich der Abweichung als auch betreffend die „Raubbauproblematik" nichts anderes gelten wird.

§ 31 SGB XII   Einmalige Bedarfe

(1) Leistungen für
1. Erstausstattungen für die Wohnung einschließlich Haushaltsgeräten,
2. Erstausstattungen für Bekleidung einschließlich bei Schwangerschaft und Geburt sowie
3. mehrtägige Klassenfahrten im Rahmen der schulrechtlichen Bestimmungen werden gesondert erbracht.

(2) Leistungen nach Absatz 1 werden auch erbracht, wenn die Leistungsberechtigten keine Regelsatzleistungen benötigen, den Bedarf jedoch aus eigenen Kräften und Mitteln nicht voll decken können. In diesem Falle kann das Einkommen berücksichtigt werden, das sie innerhalb eines Zeitraums von bis zu sechs Monaten nach Ablauf des Monats erwerben, in dem über die Leistung entschieden worden ist.

(3) Die Leistungen nach Absatz 1 Nr. 1 und 2 können als Pauschalbeträge erbracht werden. Bei der Bemessung der Pauschalbeträge sind geeignete Angaben über die erforderlichen Aufwendungen und nachvollziehbare Erfahrungswerte zu berücksichtigen.

Die Vorschrift regelt diejenigen bisherigen einmaligen Leistungen im Sinne des bisherigen § 21 Abs. 1a des Bundessozialhilfegesetzes, die nicht in den Regelsatz einbezogen werden. Absatz 1 enthält eine abschließende Aufzählung der entsprechenden Bedarfe. Erstausstattungen für die Wohnung kommen z.B. nach einem Wohnungsbrand oder bei Erstanmietung nach einer Haft in Betracht, Erstausstattungen für Kleidung neben den im Gesetz genannten Ereignissen wie Schwangerschaft und Geburt insbesondere bei Gesamtverlust oder neuem Bedarf auf Grund außergewöhnlicher Umstände. Im Zusammenhang mit dem besonderen Bedarf für Schüler sind nur Leistungen für mehrtägige Schulfahrten im Rahmen der schulrechtlichen Bestimmungen vom Regelsatz ausgenommen. Der Bedarf für alle sonstigen schulischen Veranstaltungen wird dagegen von den Regelsätzen abgedeckt. Die bisherigen Leistungen für besondere Aufwendungen im Zusammenhang mit dem Weihnachtsfest werden wegen des Zusammenhangs mit dem Zweiten Buch und der Grundsicherung nicht mehr einmalig erbracht, sie sind nunmehr in dem Regelsatz enthalten.

Absatz 2 überträgt inhaltsgleich den bisherigen § 21 Abs. 2 des Bundessozialhilfegesetzes.

Absatz 3 Satz 1 ermächtigt die Träger der Sozialhilfe, die Leistungen für die Erstausstattungen für Wohnung und Kleidung zu pauschalieren, und konkretisiert die Ermittlung des Pauschalbetrages. Die Regelung entspricht der Rechtsprechung des Bundesverwaltungsgerichts zu den einmaligen Leistungen, wonach Pauschalierungen nur zulässig sind, wenn die Pauschalen zumindest auf „ausreichenden Erfahrungswerten" beruhen. Für mehrtägige Klassenfahrten sind dagegen keine Pauschalen vorgesehen. Da die Regelung nur Klassenfahrten im Rahmen der schulrechtlichen Bestimmungen umfasst, sollen die tatsächlichen Kosten übernommen werden, um eine Teilnahme zu gewährleisten.

Damit wird auch dem Gesichtspunkt Rechnung getragen, dass Schulfahrten ein wichtiger Bestandteil der Erziehung durch die Schulen sind.

Leitsatz (redaktionell) (LSG Hessen, Urteil vom 02.05.2005, Az.: L 9 AS 38/05 ER)

Leistungen für mehrtägige Klassenfahrten sind im Rahmen der schuldrechtlichen Bestimmungen gemäß § 31 Abs. 1 Nr. 3 SGB XII in tatsächlicher Höhe zu erbringen. Eine Pauschalierung oder Festlegung einer Obergrenze ist nicht zulässig.

Aus den Gründen:

„... Die Antragsteller begehren im Wege des vorläufigen Rechtsschutzes von der Antragsgegnerin die Übernahme der Kosten für eine Klassenfahrt des Antragstellers zu 1).

Der Antragsteller zu 1) ist 1989 geboren und lebt zusammen mit seinem Vater, A. St., und der Antragstellerin zu 2) in einer Wohnung.

Unter dem 8. Oktober 2004 beantragte der Vater des Antragstellers zu 1) für sich und die Antragsteller Leistungen nach dem SGB II bei der Antragsgegnerin. Diese lehnte mit bestandskräftigem Bescheid vom 14. Dezember 2004 Leistungen ab, da das Einkommen den Bedarf überschreite.

Mit Schreiben vom 20. Januar 2005 beantragte der Vater des Antragstellers zu 1) für diesen die Übernahme der Kosten für eine Klassenfahrt nach Sylt in Höhe von 250,00 EUR. Ausweislich der beigefügten Teilnahmeerklärung unternähmen sämtliche 8. Klassen der Gesamtschule F-Stadt in der Zeit vom 4. bis zum 12. Juli 2005 eine Klassenfahrt nach Sylt, deren Kosten sich nach einer vorläufigen Abrechnung auf 250,00 EUR belaufen würden. Mit Schreiben vom 14. Februar 2005 bescheinigte die Gesamtschule F-Stadt, dass die Teilnahme an der Klassenfahrt für die Integration in die Klassengemeinschaft wünschenswert sei.

Mit Bescheid vom 31. März 2005 lehnte die Antragsgegnerin die Übernahme der Kosten für die Klassenfahrt mit der Begründung ab, unter Berücksichtigung der wirtschaftlichen Verhältnisse könnten die Kosten aus dem Einkommen der Bedarfsgemeinschaft in vollem Umfang gedeckt werden.

Mit Schreiben vom 11. April 2005 legte der Antragsteller zu 1) durch seinen Vater Widerspruch gegen den Bescheid ein. Das Gesamteinkommen des Drei-Personen-Haushalts erreiche gerade das Existenzminimum, zusätzliche Beträge z.B. für eine Klassenfahrt könnten nicht angespart werden.

Mit Widerspruchsbescheid vom 3. Mai 2005 wies die Antragsgegnerin den Widerspruch unter Bezugnahme auf das Einkommen der Bedarfsgemeinschaft als unbegründet zurück.

Am 3. Juni 2005 haben die Antragsteller beim Sozialgericht Kassel Klage erhoben und um vorläufigen Rechtsschutz nachgesucht. Über die Klage (S 21 AS 154/05) wurde bisher nicht entschieden. Zur Begründung des Eilantrages haben die Antragsteller ausgeführt, die Anrechnung des Einkommens der Antragstellerin zu 2) auf den Bedarf des Antragstellers zu 1) und auf den seines Vaters sei unzulässig. Zum einen sei das Einkommen der eheähnlichen Lebensgefährtin bereits deshalb nicht zu berücksichtigen, weil insoweit ein Verstoß gegen den Gleichheitsgrundsatz des Art. 3 GG vorliege. Selbst wenn man davon ausginge, dass die Einkommensanrechnung der Leistungen nach dem BAföG verfassungskonform sei, dürfe das Einkommen der Antragstellerin zu 2) deshalb nicht herangezogen werden, da es eine zweckgebundene Leistung nach § 11 Abs. Nr. 1a SGB II sei. Die Antragsgegnerin hat ausgeführt, bei der Entscheidung über die Gewährung einer einmaligen Beihilfe für eine mehrtägige Klassenfahrt sei das überschießende Einkommen für einen Zeitraum von bis zu sechs Monaten nach Ablauf des Monats zu berücksichtigen, in dem über die Leistung entschieden worden sei. Zwar sei eine Pauschalierung nicht zulässig, jedoch seien grundsätzlich für den vorliegenden Fall nicht mehr als 150,00 EUR zu zahlen, da von der Stadtverordnetenversammlung der Stadt K. die Obergrenze für eine mehrtägige Klassenfahrt der 8. Klasse mit 150,00 EUR festgelegt sei. Im Übrigen ergebe sich aus der Bedarfsberechnung, dass das Einkommen den Bedarf übersteige. Außerdem habe der Antragsteller zu 1) seit Januar 2005 Zeit gehabt, Geld anzusparen, da er zu diesem Zeitpunkt den Termin für die Klassenfahrt gewusst habe. Im Übrigen sei bei der Planung einer Klassenfahrt zwischen Lehrern und Eltern abzustimmen, welche finanzielle Belastung der Eltern zu berücksichtigen sei. Die Lehrerschaft habe darauf zu achten, dass kein Kind aus finanziellen Gründen von der Teilnahme an einer Klassenfahrt ausgeschlossen werde. Deshalb müssten sich die von den Eltern aufzubringenden Gesamtkosten auch an den finanziellen Möglichkeiten der Eltern und Schüler orientieren. Mit Beschluss vom 21. Juni 2005 verpflichtete das Sozialgericht Kassel die Antragsgegnerin im Wege der einstweiligen Anordnung, dem Antragsteller zu 1) – D. – die Kosten für die Klassenfahrt seines Sohnes A. in Höhe von 250,00 EUR vorläufig zu übernehmen. Im Übrigen lehnte das Sozialgericht den Antrag auf Erlass einer einstweiligen Anordnung ab. Zur Begründung führte das Sozialgericht aus, der Antrag des Antragstellers zu 1) – D. – sei dahingehend auszulegen, dass er als Bevollmächtigter für seinen Sohn entsprechend § 38 SGB II den vorliegenden Antrag stelle. Insoweit sei es unschädlich, dass lediglich der Antragsteller zu 1) diesen Antrag gestellt habe. Der so auszulegende Antrag auf Erlass einer einstweiligen Anordnung des Antragstellers zu 1) sei auch zulässig. Der Antrag der Antragstellerin zu 2) gerichtet auf Leistungen an den Antragsteller zu 1) sei hingegen mangels Rechtsschutzbedürfnisses unzulässig. Der Antrag des Antragstellers zu 1) sei auch begründet. Es bestehe sowohl ein Anordnungsanspruch als auch ein Anordnungsgrund. Bereits in der Rechtsprechung zum Bundessozialhilfegesetz (BSHG) habe Einigkeit bestanden, dass mehrtägige Klassenfahrten, sofern sie sich im Rahmen der schulrechtlichen Bestimmungen halten, zu übernehmen seien, sofern die übrigen Leistungsvoraussetzungen vorlägen. Dies habe im Grundsatz auch für die Bestimmung des § 23 Abs. 3 Nr. 3 SGB II zu gelten. Der Antragsteller zu 1) habe auch glaubhaft gemacht, dass er nicht in der Lage sei, aus eigenen Kräften und Mitteln den Bedarf für die mehrtägige Klassenfahrt in Höhe von 250,00 EUR aufzubringen. Die von der Antragsgegnerin durchgeführte Bedarfsberechnung erweise sich als nicht zutreffend. Die Berechnung sei schon rechnerisch nicht nachvollziehbar. Im Übrigen habe die Antragstellerin zu 2) ihr Einkommen und Vermögen nicht umfassend zur Sicherung des Lebensunterhaltes des Antragstellers zu 1) einzusetzen. Weder § 9 Abs. 2 SGB II noch § 9 Abs. 5 SGB II ließen eine derartige Anrechnung zu. Auf den Bedarf des Antragstellers zu 1) sei daher nur das Einkommen seines Vaters anzurechnen. Danach bestehe kein Einkommensüberhang, so dass sich eine Verpflichtung der Antragsgegnerin zur Leistung in voller Höhe ergebe. Soweit sich die Antragsgegnerin darauf berufe, die Stadtverordnetenversammlung habe für mehrtägige Klassenfahrten Obergrenzen festgesetzt, sei eine derartige Festlegung, die einer Pauschalierung gleichkomme, mit dem Gesetzeswortlaut nicht vereinbar. Schließlich sei auch nicht ersichtlich, dass der Antragsteller zu 1) einen Zuschuss seitens der Schule erhalten könnte.

Der Beschluss des Sozialgerichts wurde den Antragstellern am 23. Juni 2005 und der Antragsgegnerin am 22. Juni 2005 zugestellt.

Die Antragsgegnerin hat am 12. Juli 2005 Beschwerde erhoben. Zur Begründung hat sie ausgeführt, dass Hessische Kultusministerium habe mit Erlass vom 15. September 2003 (Wandererlass) Näheres zu Schulwanderungen und Schulfahrten bestimmt und in den hierzu ergangenen Verwaltungsvorschriften näher geregelt. Bei der Planung von mehrtägigen Veranstaltungen habe der Lehrer/die Lehrerin auch darauf zu achten, dass niemand aus finanziellen Gründen von der Teilnahme ausgeschlossen werde. Die von den Eltern aufzubringenden Gesamtkosten (Fahrtkosten, Unterkunft, Verpflegung und Nebenkosten) sollten bei Inlandsfahrten höchstens 150,00 EUR je Schülerin oder Schüler betragen. Dies erfordere, dass die Eltern über eine geplante Klassenfahrt und deren Kosten frühzeitig informiert werden müssten. Insbesondere müsse eine Klärung stattfinden, welche Kosten die Eltern zu tragen in der Lage seien. Im so genannten Wandererlass werde ein längerfristiges Ansparen empfohlen. Sofern dies mit den Eltern vereinbart worden sei, dürften die Gesamtkosten bei Inlandsfahrten 300 EUR nicht übersteigen. Grundsätzlich habe aber die Schule bzw. der Lehrkörper darauf zu achten, dass die von den Eltern aufzubringenden Gesamtkosten sich nicht nur an den zulässigen Höchstgrenzen (300,00 EUR je Kind), sondern vorrangig an den finanziellen Möglichkeiten der Eltern orientierten. Die Stadtverordnetenversammlung der Stadt K. habe in Wahrnehmung ihrer Zuständigkeit nach § 6 SGB II für die Beihilfen für Klassenfahrten Obergrenzen festgelegt. Die Obergrenze für eine mehrtägige Klassenfahrt der 8. Klasse betrage demnach 150,00 EUR. Dabei handele es sich keinesfalls – wie das SG in seinem Beschluss irrtümlich feststelle – um eine Pauschale, sondern um eine Obergrenze, d.h. es würden nur die tatsächlichen Kosten bis maximal zur Höhe dieser Obergrenze berücksichtigt. Bei der Bemessung der Obergrenzen habe die Stadtverordnetenversammlung das Einkommensniveau von vergleichbaren Geringverdienern berücksichtigt, die keine Leistungen nach dem SGB II beziehen würden und die Kosten für Klassenfahrten selbst tragen und ggf. vorher ansparen müssten. Dabei sei vorausgesetzt worden, dass vergleichbare Geringverdiener ihre Interessen bzgl. des Kostenrahmens bei der Planung von Klassenfahrten selbstverständlich geltend machten. Es läge durchaus in der Eigenverantwortung eines Antragstellers, der die Kosten nicht aufbringen könne, sich bevor er diesen Kosten zustimme, beim Träger der Leistungen, die er nach seiner Zusage in Anspruch nehmen wolle, zu informieren, welche Beträge üblicherweise von dem Leistungsträger gezahlt würden.

Die Antragstellerin zu 2) hat am 21. Juli 2005 Beschwerde gegen die Ablehnung des Erlasses einer Einstweiligen Anordnung eingelegt. Zur Begründung haben die Be-

vollmächtigten ausgeführt, entgegen der Auffassung des Sozialgerichts sei auch das Rechtsschutzbedürfnis der Antragstellerin zu 2) evident gegeben. Aus dem Antrag auf Erlass einer einstweiligen Anordnung gehe eindeutig hervor, dass die Antragstellerin zu 2) das Ziel verfolgt habe, vom angerufenen Gericht klarstellen zu lassen, dass ihr Einkommen aus BAföG-Leistungen bei der Berechnung der Bedürftigkeit hinsichtlich des Antragstellers zu 1) und seines Vaters nicht herangezogen werden dürfe. Die Einbeziehung der Antragstellerin zu 2) in eine so genannte Bedarfsgemeinschaft betreffe ihre Rechte unmittelbar. Die Argumentation des Antrages auf Erlass der einstweiligen Anordnung sei eindeutig (auch) auf die Ziele gerichtet, gerichtlich klarstellen zu lassen, dass die Bestimmungen der §§ 7 Abs. 3 und 9 Abs. 2 Satz 3 SGB II verfassungswidrig seien, BAföG-Leistungen als zweckgebundene Leistungen nach § 11 Abs. 3 Nr. 1a SGB II nicht als Einkommen zu berücksichtigen seien und schließlich die Antragstellerin zu 2) kein überschießendes Einkommen habe, das in der so genannten Bedarfsgemeinschaft Berücksichtigung finden könne.

Die Antragstellerin zu 2) beantragt, den Beschluss des Sozialgerichts Kassel vom 21. Juni 2005 dahin abzuändern, dass die Antragsgegnerin die notwendigen außergerichtlichen Kosten auch der Antragstellerin zu 2) zu tragen habe.

Die Antragsgegnerin beantragt sinngemäß, den Beschluss des Sozialgerichts Kassel vom 21. Juni 2005 aufzuheben, den Antrag auf Erlass einer einstweiligen Anordnung abzulehnen und die Beschwerde der Antragstellerin zu 2) zurückzuweisen.

Das Sozialgericht hat den Beschwerden nicht abgeholfen (Verfügungen vom 12. Juli 2005 und vom 21. Juli 2005).

Wegen des Sach- und Streitstandes im Übrigen wird auf den Inhalt der Gerichtsakte sowie auf den der beigezogenen Verwaltungsvorgänge ergänzend Bezug genommen.

Entscheidungsgründe

Das Rubrum war von Amts wegen dahingehend zu ändern, dass als Antragsteller zu 1) der minderjährige A. aufzunehmen war. Der Anspruch auf Leistungen für mehrtägige Klassenfahrten nach § 23 Abs. 3 Nr. 3 SGB II kann nämlich nur dem Hilfebedürftigen selbst, hier also dem minderjährigen Schüler, zustehen. Davon ist auch das Sozialgericht ausgegangen (Seite 8 des Beschlusses). Da der Antragsteller zu 1) handlungs- und prozessfähig ist (vgl. §§ 7 Abs. 1 Satz 1 Nr. 1 SGB II, 36 Abs. 1 SGB I, § 71 Abs. 2 SGG), liegt kein Fall der gesetzlichen Vertretung (durch den Vater) vor.

Die Beschwerden sind unbegründet.

Zu Recht hat das Sozialgericht den Antrag der Antragstellerin zu 2) als unzulässig abgelehnt und außergerichtliche Kosten insoweit als nicht erstattungsfähig angesehen.

Die Antragstellerin zu 2) konnte durch die Entscheidung der Antragsgegnerin, den Antrag des Antragstellers zu 1) auf Bewilligung einer einmaligen Beihilfe für eine Klassenfahrt abzulehnen, nicht beschwert sein (vgl. § 54 Abs. 2 SGG). Zutreffend hat das Sozialgericht angenommen, dass der Antragstellerin zu 2) unter keinem rechtlichen Gesichtspunkt ein Anspruch auf Bewilligung der Beihilfe an den Antragsteller zu 1) zustehen kann. Auch aus dem Beschwerdevorbringen der Antragstellerin zu 2) ergibt sich kein derartiger Anspruch. Die Frage, ob das Einkommen der Antragstellerin zu 2) auf den Bedarf des Vaters des Antragstellers zu 1) angerechnet werden darf, ist für das vorliegende Verfahren von vornherein nicht entscheidungserheblich. Die Frage, ob das Einkommen der Antragstellerin zu 2) auf den Bedarf des Antragstellers zu 1) anzurechnen ist, ist zwar entscheidungserheblich für die Frage, ob und ggf. in welchem Umfang der Antragsteller zu 1) Anspruch auf die begehrten Leistungen hat, die Antragstellerin zu 2) wird jedoch durch eine Anrechnung ihres Einkommens auf den Bedarf des Antragstellers zu 1) nicht unmittelbar beschwert. Rechtsschutz kann insoweit nur dadurch gewährt werden, dass der Antragsteller zu 1) die Bewilligung weiterer Leistungen geltend macht. Es ist nicht erkennbar, inwieweit die Antragstellerin zu 2) in ihren Rechten verletzt sein könnte. Insbesondere ist die Antragstellerin zu 2) durch die Entscheidung der Antragsgegnerin nicht verpflichtet worden, aufgrund ihres Einkommens Zahlungen an den Antragsteller zu 1) zu leisten.

Auch die Beschwerde der Antragsgegnerin ist unbegründet. Zu Recht hat das Sozialgericht die Antragsgegnerin verpflichtet, die Kosten für die Klassenfahrt des Antragstellers zu 1) in Höhe von 250 EUR vorläufig zu übernehmen. Zur Begründung nimmt der Senat auf die Gründe des Beschlusses des Sozialgerichts Bezug (entsprechend § 153 Abs. 2 SGG).

Ergänzend ist darauf hinzuweisen, dass der Senat bereits entschieden hat, dass das Einkommen des Partners einer eheähnlichen Gemeinschaft nicht auf den Bedarf der Kinder des anderen Partners angerechnet werden darf. § 9 Abs. 2 S. 2 SGB II ermöglicht bei minderjährigen unverheirateten Kindern nur die Berücksichtigung des Einkommens und Vermögens der Eltern oder des Elternteils, nicht dagegen des Partners, der mit dem Elternteil in eheähnlicher Gemeinschaft lebt. Die Vermutung des § 9 Abs. 5 SGB II, dass Hilfebedürftige, die mit anderen Personen in Haushaltsgemeinschaft leben, von diesen unterhalten werden, erstreckt sich nur auf Verwandte und Verschwägerte, nicht dagegen auf andere Personen. Die Vorschrift kann nicht entsprechend §§ 122 S. 2, 16 BSHG, 36 SGB XII erweiternd ausgelegt werden (Beschluss vom 23. August 2005 – L 9 AS 34/05 ER).

Soweit sich die Antragsgegnerin auf die von der Stadtverordnetenversammlung der Stadt K. festgelegte Obergrenze für mehrtägige Klassenfahrten der 8. Klasse in Höhe von 150,00 EUR beruft, spricht schon vieles für die Auffassung des Sozialgerichts, dass diese so genannte „Obergrenze" eine Pauschale darstellt, die zumindest wie eine Pauschale wirkt. Der Unterschied besteht lediglich darin, dass bei einer Pauschale keine Prüfung der tatsächlichen Höhe der Kosten stattfindet. Demgegenüber wird eine Leistung bei einer festgelegten Obergrenze stets in tatsächlicher Höhe bis zur Obergrenze erbracht. Ist eine Obergrenze – wie hier – so ausgestaltet, dass mit dem Betrag eine mehrtägige Klassenfahrt regelmäßig nicht bestritten werden kann, wirkt die Obergrenze wie eine Pauschale. Eine Pauschale ist aber, wie sich aus § 23 Abs. 3 Satz 5 SGB II ergibt, bei Leistungen für mehrtägige Klassenfahrten (§ 23 Abs. 3 Satz 1 Nr. 3 SGB II) nicht zulässig. Selbst wenn man hier mit der Antragsgegnerin eine Begrenzung der Leistungen durch eine Obergrenze für zulässig halten wollte, müsste eine derartige Obergrenze mit dem Bedarfsdeckungsgrundsatz, der auch auf das Leistungssystem des SGB II anzuwenden ist (vgl. Begründung des Entwurfs eines Vierten Gesetzes für moderne Dienstleistungen am Arbeitsmarkt BT-Drs. 15/1516, S. 46; Brünner in: LPK-SGB II, § 20 RdNr. 22 m.w.N.), vereinbar sein. Von einer derartigen Vereinbarkeit kann jedenfalls nach der summarischen Prüfung im Eilverfahren hier nicht ausgegangen werden. Es ist nicht ersichtlich, dass der Bedarf eines Schülers der 8. Klasse für eine achttägige Klassenfahrt nach Sylt durch Zahlung lediglich eines Betrages von 150,00 EUR gedeckt werden könnte. Dagegen spricht schon die von der Schule des Antragstellers zu 1) vorgelegte Abrechnung einer gleichartigen Klassenfahrt im Jahre 2004, bei der Ausgaben in Höhe von 226,50 EUR je Schüler entstanden sind. Schließlich spricht auch die Gesetzesbegründung der wortgleichen Bestimmung des § 31 Abs. 1 Nr. 3 SGB XII gegen die Zulässigkeit einer Begrenzung der Leistungen durch Festlegung einer Obergrenze. Danach seien für Klassenfahrten keine Pauschalen vorgesehen. Da die Regelung nur Klassenfahrten im Rahmen der schulrechtlichen Bestimmungen umfasse, sollen die tatsächlichen Kosten übernommen werden, um eine Teilnahme zu gewährleisten. Damit werde auch dem Gesichtspunkt Rechnung getragen, dass Schulfahrten ein wichtiger Bestandteil der Erziehung durch die Schulen seien (BT-Drs. 15/1514, S. 60).

Der Antragsteller zu 1) konnte auch nicht darauf verwiesen werden, er hätte seit Januar 2005 Kosten für die Klassenfahrt ansparen müssen. Es erscheint schon fraglich, ob das Einkommen des Antragstellers zu 1) und seines Vaters ausgereicht hätte, um die Kosten der Reise ganz oder teilweise anzusparen. Allerdings kommt es darauf nicht an, wenn – wie hier – gegenwärtiger Bedarf besteht und finanzielle Mittel zur Deckung des Bedarfs nicht vorhanden sind.

Schließlich ist auch nicht ersichtlich, dass der Antragsteller zu 1) und sein Vater mit einer gewissen Erfolgsaussicht auf die Elternschaft und die Lehrkräfte der Schule dahingehend hätten einwirken können, eine Klassenfahrt durchzuführen, deren Kosten die von der Antragsgegnerin zugestandenen Leistungen (150 EUR) nicht übersteigen." ...

§ 32 SGB XII Beiträge für die Kranken- und Pflegeversicherung

(1) Für Weiterversicherte im Sinne des § 9 Abs. 1 Nr. 1 des Fünften Buches oder des § 6 Abs. 1 Nr. 1 des Zweiten Gesetzes über die Krankenversicherung der Landwirte sowie für Rentenantragsteller, die nach § 189 des Fünften Buches als Mitglied einer Krankenkasse gelten, werden die Krankenversicherungsbeiträge übernommen, soweit die genannten Personen die Voraussetzungen des § 19 Abs. 1 erfüllen. § 82 Abs. 2 Nr. 2 und 3 ist insoweit nicht anzuwenden.

(2) In sonstigen Fällen können Beiträge für eine freiwillige Krankenversicherung übernommen werden, soweit sie angemessen sind. Zur Aufrechterhaltung einer freiwilligen Krankenversicherung werden solche Beiträge übernommen, wenn Hilfe zum Lebensunterhalt voraussichtlich nur für kurze Dauer zu leisten ist. § 82 Abs. 2 Nr. 3 ist insoweit nicht anzuwenden.

(3) Soweit nach den Absätzen 1 und 2 Krankenversicherungsbeiträge übernommen werden, werden auch die damit zusammenhängenden Beiträge zur Pflegeversicherung übernommen.

Die Vorschrift überträgt im Wesentlichen inhaltsgleich den bisherigen § 13 des Bundessozialhilfegesetzes. Erweitert wird Absatz 1 um die inhaltsgleiche Vorschrift zur Weiterversicherung sowie zur Versicherung von Rentenantragstellern nach dem Zweiten Gesetz über die Krankenversicherung der Landwirte, das neben dem Fünften Buch ebenfalls Vorschriften zur gesetzlichen Krankenversicherung enthält.

Leitsatz (redaktionell) (BSG, Urteil vom 11.12.1986, Az.: 12 RK 52/84)

§ 32 SGB XII begründet keine Beitragspflicht des Sozialhilfeträgers gegenüber dem Träger der Krankenversicherung.

Aus den Gründen:

„ ... Auch im Gesetzgebungsverfahren ist ausdrücklich betont worden, dass es sich bei der Verpflichtung des Sozialhilfeträgers nach § 13 BSHG um eine fürsorgerechtliche Angelegenheit, d.h. um eine Verpflichtung gegenüber dem Hilfsbedürftigen, handelt (BR-Drucks 53/60 = BT-Drucks III/1799 S 69). Es heißt dort: „Nach § 315a RVO sind Rentenantragsteller unter bestimmten Voraussetzungen ... versicherungspflichtig ... Ein beträchtlicher Teil dieses Personenkreises ist hilfsbedürftig iS des vorliegenden Gesetzes oder wird es durch die Beitragszahlung (im Durchschnitt etwa 20 vH aller Rentenantragsteller, deren Rente endgültig abgelehnt wird). Die Krankenkassen haben diesem Personenkreis alle Leistungen zu gewähren, ohne dafür Beiträge zu erhalten. Die Fürsorgeverbände haben bisher eine Übernahme der Beiträge oftmals abgelehnt. Es ist daher notwendig, die Übernahme der Beiträge durch den Träger der Sozialhilfe verbindlich vorzusehen. Es handelt sich hier nicht um eine sozialversicherungsrechtliche, sondern um eine fürsorgerechtliche Angelegenheit, die im Sozialhilfegesetz zu regeln ist." Deutlich sprechen ferner die Materialien zum 3. BSHG-Änderungsgesetz vom 25. März 1974 (BGBl I 777), durch das auch § 13 BSHG geändert wurde, gegen einen unmittelbaren Anspruch der Krankenkassen. Es heißt dort (BT-Drucks 7/308, S 10), dass dem Sozialhilfeempfänger die Aufrechter-

haltung des Versicherungsschutzes durch freiwillige Weiterversicherung ermöglicht werden soll (s. ergänzend BT-Drucks 7/1511, S 2). Schließlich sprechen die Konsequenzen, die sich aus der Auffassung der Klägerin ergeben würden, gegen eine unmittelbare Beitragsschuld des Sozialhilfeträgers gegenüber dem Versicherungsträger. Über den Anspruch des einzelnen Antragstellers auf Sozialhilfe entscheidet der Sozialhilfeträger und bei Anfechtung seiner Entscheidung das Verwaltungsgericht. Hätte nun die Krankenkasse gegen den Sozialhilfeträger einen unmittelbaren Anspruch auf Zahlung der Beiträge, so müsste sie bei ihrer Entscheidung über die Beitragszahlungspflicht des Sozialhilfeträgers (uU durch Bescheid) auch die sozialhilferechtlichen Voraussetzungen als Vorfrage prüfen. Diese Entscheidung wäre dann beim Sozialgericht anzufechten. Auf diese Weise könnte es zu widersprechenden Entscheidungen zweier Verwaltungsträger und zweier Gerichtszweige kommen, für die eine ausreichende sachliche Rechtfertigung nicht ersichtlich ist. Es könnte lediglich erwogen werden, ob die Krankenkasse als Einzugsstelle gegenüber dem Sozialhilfeträger tätig werden kann, wenn dieser seine Pflicht zur Beitragsübernahme bereits anerkannt hat. Dieser Fall liegt aber hier nicht vor. Für den hier zu entscheidenden Fall muss deshalb daran festgehalten werden, dass Beitragsschuldner der Kasse gegenüber nur der Versicherte ist und die Kasse diesem gegenüber den Umfang der Beitragspflicht festzustellen und die Beiträge anzufordern hat. Der Sozialhilfeträger hat dann seinerseits darüber zu entscheiden, ob er die vom Hilfebedürftigen geschuldeten Sozialversicherungsbeiträge zu übernehmen hat (oder gem § 13 Abs. 2 BSHG übernimmt). Die Entscheidung der Kasse ist von den Sozialgerichten, die Entscheidung des Sozialhilfeträgers von den allgemeinen Verwaltungsgerichten zu überprüfen." ...

33 SGB XII   Beiträge für die Vorsorge

Um die Voraussetzungen eines Anspruchs auf eine angemessene Alterssicherung oder auf ein angemessenes Sterbegeld zu erfüllen, können die erforderlichen Kosten übernommen werden.

Die Vorschrift überträgt inhaltsgleich den bisherigen § 14 des Bundessozialhilfegesetzes. Die Änderung der Überschrift und des Wortlauts ist rein redaktioneller Natur.

Angemessenheit der Alterssicherung

Leitsatz (OVG Saarland, Urteil vom 27.07.1989, Az.: 1 R 200/87)

1. Angemessen ist eine Alterssicherung durch einen Anspruch auf Altersru-
hegeld erst dann, wenn sie dazu führt, dass dem Hilfesuchenden ab Eintritt des Versicherungsfalles durch das ihm dann zustehende Altersruhe-
geld allein oder in Verbindung mit sonstigen Einnahmen jedenfalls Mittel in
einer Höhe zur Verfügung stehen, die der Höhe des für ihn maßgeblichen
Leistungssatzes der Sozialhilfe zuzüglich der um das Wohngeld verminderten Unterkunftskosten entsprechen und es ihm so ermöglichen, unabhängig von laufender Hilfe zum Lebensunterhalt zu leben.

2. Ist der Hilfesuchende noch jung und weder berufs- noch erwerbsunfähig,
so ist die Frage, ob er auch ohne die begehrte Hilfe im Alter über eine angemessene Versorgung verfügen wird, auf der Grundlage einer Prognose
zu beurteilen, bei der die im Beurteilungszeitraum bekannten allgemeinen
und individuellen Gegebenheiten zu berücksichtigen sind und die sich an
den typischen Erwartungen hinsichtlich des gewöhnlichen Lebensverlaufs
unter Außerachtlassung ungewöhnlicher, aus dem Rahmen fallender Ereignisse zu orientieren hat.

**Bemerkung zur Übertragbarkeit der Rechtsprechung auf das neue Recht des
SGB XII:**

Die vorstehende Entscheidung ist auch auf das neue Recht übertragbar.

§ 34 SGB XII   Hilfe zum Lebensunterhalt in Sonderfällen

**(1) Schulden können nur übernommen werden, wenn dies zur Sicherung der Unter-
kunft oder zur Behebung einer vergleichbaren Notlage gerechtfertigt ist. Sie sollen
übernommen werden, wenn dies gerechtfertigt und notwendig ist und sonst Wohnungslosigkeit einzutreten droht. Geldleistungen können als Beihilfe oder als Darlehen erbracht werden.**

**(2) Geht bei einem Gericht eine Klage auf Räumung von Wohnraum im Falle der Kün-
digung des Mietverhältnisses nach § 543 Abs. 1, 2 Satz 1 Nr. 3 in Verbindung mit
§ 569 Abs. 3 des Bürgerlichen Gesetzbuches ein, teilt das Gericht dem zuständigen
örtlichen Träger der Sozialhilfe oder der von diesem beauftragten Stelle zur Wahrnehmung der in Absatz 1 bestimmten Aufgaben unverzüglich**

1. den Tag des Eingangs der Klage,

2. die Namen und die Anschriften der Parteien,

3. die Höhe der monatlich zu entrichtenden Miete,

**4. die Höhe des geltend gemachten Mietrückstandes und der geltend gemachten
Entschädigung und**

**5. den Termin zur mündlichen Verhandlung, sofern dieser bereits bestimmt ist, mit.
Außerdem kann der Tag der Rechtshängigkeit mitgeteilt werden. Die Übermittlung
unterbleibt, wenn die Nichtzahlung der Miete nach dem Inhalt der Klageschrift of-
fensichtlich nicht auf Zahlungsunfähigkeit des Mieters beruht. Die übermittelten
Daten dürfen auch für entsprechende Zwecke der Kriegsopferfürsorge nach dem
Bundesversorgungsgesetz verwendet werden.**

Die Vorschrift überträgt inhaltsgleich den bisherigen § 15a des Bundessozialhilfege-setzes. Die Änderung in Absatz 1 Satz 1 dient der Verständlichkeit; eine inhaltliche Änderung tritt dadurch nicht ein. Absatz 1 Satz 3 des bisherigen § 15a des Bundes-sozialhilfegesetzes ist nunmehr in § 30 Abs. 1 eingestellt.

Vergleichbare Notlagen

Leitsatz (redaktionell) (VGH Baden-Württemberg, Urteil vom 13.01.1993, AZ.: 6 S 2619/91)

Bei einer „vergleichbaren Notlage" im Sinne des § 34 SGB XII handelt es sich nicht um jedwede Notlage aus jedwedem Lebensbereich, sondern nur um eine solche, die sich ihrem Inhalt und Wesen nach mit der Gefährdung der Unterkunft vergleichen lässt, mag sie sich auch nicht unmittelbar auf die Un-terkunft selbst beziehen. Sie muss den vorhandenen gegenständlichen Exis-tenzbereich des Hilfebedürftigen betreffen.

Spielschulden

Leitsatz (redaktionell) (OVG Hamburg, Beschluss vom 05.04.1984, Az.: Bs I 15/84)

Es besteht kein Anspruch auf Übernahme von Spielschulden über § 34 SGB XII.

Schuldenübernahme

Leitsatz (redaktionell) (OVG Münster, Beschluss vom 09.05.1985, Az.: 8 B 2185/84)

§ 34 SGB XII stellt für die Übernahme von Schulden aus einem Elektrizitäts-lieferungsvertrag im Regelfalle die nach SGB 1 § 31 notwendige Ermächti-gungsgrundlage dar, wenn die Belieferung des Haushaltes eines Hilfesu-chenden mit elektrischer Energie wegen der rückständigen Zahlungen auf Dauer eingestellt wird.

Übernahme Unterkunftskosten

Leitsatz (redaktionell) (VGH Hessen, Beschluss vom 25.07.2003, Az.: 11 TP 631/03)

Ein Sozialhilfeempfänger kann gegenüber einem Vermieter oder anderen Empfangsberechtigten kein Recht darauf geltend machen, dass dieser die Entgegennahme der Zahlung von Unterkunftskosten gemäß § 34 SGB XII unterlässt.

Bemerkung zur Übertragbarkeit der Rechtsprechung auf das neue Recht des SGB XII:

Die vorstehend genannten Entscheidungen sind auf das neue Recht ohne weiteres übertragbar.

§ 35 SGB XII   Notwendiger Lebensunterhalt in Einrichtungen

(1) Der notwendige Lebensunterhalt in Einrichtungen umfasst den darin erbrachten sowie in stationären Einrichtungen zusätzlich den weiteren notwendigen Lebensunterhalt. Der notwendige Lebensunterhalt in Einrichtungen entspricht dem Umfang der Leistungen der Grundsicherung nach § 42 Satz 1 Nr. 1 bis 3.

(2) Der weitere notwendige Lebensunterhalt umfasst insbesondere Kleidung und einen angemessenen Barbetrag zur persönlichen Verfügung; § 31 Abs. 2 Satz 2 ist nicht anzuwenden. Leistungsberechtigte, die das 18. Lebensjahr vollendet haben, erhalten einen Barbetrag in Höhe von mindestens 26 vom Hundert des Eckregelsatzes. Für Leistungsberechtigte, die das 18. Lebensjahr noch nicht vollendet haben, setzen die zuständigen Landesbehörden oder die von ihnen bestimmten Stellen für die in ihrem Bereich bestehenden Einrichtungen die Höhe des Barbetrages fest. Der Barbetrag wird gemindert, soweit dessen bestimmungsgemäße Verwendung durch oder für den Leistungsberechtigten nicht möglich ist.

(3) Der Träger der Sozialhilfe übernimmt für Leistungsberechtigte nach Absatz 2 Satz 2 die jeweils von ihnen bis zur Belastungsgrenze (§ 62 des Fünften Buches) zu leistenden Zuzahlungen in Form eines ergänzenden Darlehens (§ 37), sofern der Leistungsberechtigte nicht widerspricht. Die Auszahlung der für das ganze Kalenderjahr zu leistenden Zuzahlungen erfolgt unmittelbar an die zuständige Krankenkasse zum 1. Januar oder bei Aufnahme in eine stationäre Einrichtung. Der Träger der Sozialhilfe teilt der zuständigen Krankenkasse spätestens bis zum 1. November des Vorjahres die Leistungsberechtigten nach Absatz 2 Satz 2 mit, soweit diese der Darlehensgewährung nach Satz 1 für das laufende oder ein vorangegangenes Kalenderjahr nicht widersprochen haben.

(4) In den Fällen des Absatzes 3 Satz 3 erteilt die Krankenkasse über den Träger der Sozialhilfe die in § 62 Abs. 1 Satz 1 des Fünften Buches genannte Bescheinigung jeweils bis zum 1. Januar oder bei Aufnahme in eine stationäre Einrichtung und teilt dem Träger der Sozialhilfe die Höhe der vom Leistungsberechtigten zu leistenden Zuzahlungen mit; Veränderungen im Laufe eines Kalenderjahres sind unverzüglich mitzuteilen.

(5) Zum 1. Januar 2005 erteilt die Krankenkasse die in § 62 Abs. 1 Satz 1 des Fünften Buches genannte Bescheinigung abweichend von Absatz 4 unmittelbar an die Leistungsberechtigten nach Absatz 2 Satz 2; der Träger der Sozialhilfe teilt der zuständigen Krankenkasse diese Leistungsberechtigten spätestens bis zum 1. Januar 2005 mit.

Die Vorschrift wird neu eingefügt. Sie entspricht jedoch im Wesentlichen dem geltenden Recht. Der Grundsatz des Absatzes 1 ergab sich bisher nur indirekt aus dem bisherigen § 21 und dem jetzt entfallenden § 27 Abs. 3 des Bundessozialhilfegesetzes und wird jetzt zur besseren Klarheit und Verständlichkeit des Gesetzes ausformuliert. Auf Grund von Deutscher Bundestag – 15. Wahlperiode – 61 – Drucksache 15/1514 § 92 Abs. 4 bleibt auch die bisherige Zuständigkeit der überörtlichen Träger der Sozialhilfe für die Hilfe zum Lebensunterhalt in Einrichtungen unberührt.

Absatz 2 übernimmt im Grundsatz den bisherigen § 21 Abs. 3 des Bundessozialhilfegesetzes. Bei der Ergänzung in Satz 1 handelt es sich um eine Folgeänderung auf Grund der Neukonzeption der Regelsätze, die künftig auch die überwiegenden bisherigen einmaligen Leistungen umfassen. Dadurch entstehen auch höhere Bezugsgrößen für die Prozentsätze, so dass diese zu mindern waren, aber zu denselben Beträgen führen wie bisher. Der nicht bedarfsbezogene Zusatzbetrag zum Barbetrag entfällt, um eine Ungleichbehandlung von Leistungsberechtigten in und außerhalb von Einrichtungen zu beenden. Dies ist zusammen mit anderen gesetzlichen Maßnahmen erforderlich, um den Grundsatz „ambulant vor stationär" auch in der Praxis durchzusetzen.

Leitsatz (redaktionell) (BVerwG, Urteil vom 22.03.1990, Az.: 5 C 58/86)

Wird Hilfe in besonderen Lebenslagen in einer Einrichtung gewährt, umfasst sie den in der Einrichtung gewährten Lebensunterhalt nur insoweit, als dieser zu jener einen funktionalen Bezug hat.

Leitsatz (redaktionell) (BVerwG, Beschluss vom 24.01.1984, Az.: 5 B 142/83)

Es ist zumutbar, in Sammelunterkünften die Gewährung von Taschengeld von der täglichen Meldung abhängig zu machen.

Bemerkung zur Übertragbarkeit der Rechtsprechung auf das neue Recht des SGB XII:

Diese vorstehenden Entscheidungen werden uneingeschränkt auf das neue Recht übertragbar sein.

§ 36 SGB XII   Vermutung der Bedarfsdeckung

Lebt eine Person, die Sozialhilfe beansprucht (nachfragende Person), gemeinsam mit anderen Personen in einer Wohnung oder in einer entsprechenden anderen Unterkunft, so wird vermutet, dass sie gemeinsam wirtschaften (Haushaltsgemeinschaft) und dass sie von ihnen Leistungen zum Lebensunterhalt erhält, soweit dies nach

**ihrem Einkommen und Vermögen erwartet werden kann. Soweit nicht gemeinsam ge-
wirtschaftet wird oder die nachfragende Person von den Mitgliedern der Haushaltsgemeinschaft keine ausreichenden Leistungen zum Lebensunterhalt erhält, ist ihr
Hilfe zum Lebensunterhalt zu gewähren. Satz 1 gilt nicht für nachfragende Personen,**

**1. die schwanger sind oder ihr leibliches Kind bis zur Vollendung seines 6. Lebens-
jahres betreuen und mit ihren Eltern oder einem Elternteil zusammenleben, oder**

**2. die im Sinne des § 53 behindert oder im Sinne des § 61 pflegebedürftig sind und
von in Satz 1 genannten Personen betreut werden; dies gilt auch, wenn die genannten Voraussetzungen einzutreten drohen und das gemeinsame Wohnen im
Wesentlichen zu dem Zweck der Sicherstellung der Hilfe und Versorgung erfolgt.**

Die Vorschrift überträgt im Wesentlichen den bisherigen § 16 des Bundessozialhilfegesetzes. Die widerlegbare gesetzliche Vermutung, dass in einem Haushalt zusam-
menwohnende Angehörige (Verwandte, Verschwägerte) sich in Notlagen gegenseitig helfen, soll in Erweiterung des bisherigen § 16 des Bundessozialhilfegesetzes
künftig für alle Haushaltsgemeinschaften gelten. Satz 1 enthält daher die doppelte
Vermutung, dass

– Wohngemeinschaften auch Haushaltsgemeinschaften sind und

– in ihnen notfalls gegenseitig Leistungen zum Lebensunterhalt erbracht werden,
  wenn dies auf Grund des Einkommens und Vermögens zu erwarten ist.

Die Regelung knüpft an dem objektiven Sachverhalt des „gemeinsamen Wohnens"
an. Der Begriff „Wohnung" meint Wohnraum im Sinne des Wohngeldgesetzes, der
darüber hinaus entsprechend der üblichen Zweckbestimmung einer Wohnung nach
außen in gewisser Weise abgeschlossen ist. Der umfassende Begriff „Unterkunft" ist
§ 28 Abs. 1 entnommen. Eine „entsprechende andere Unterkunft" ist also eine, die
wie eine Wohnung nach außen in gewisser Weise abgeschlossen ist. Zusammen mit
dem erweiterten Satz 2 stellt die Regelung eine Beweislastumkehr für die weiteren
Voraussetzungen „gemeinsames Wirtschaften" und „Leistungserbringung" dar, die
von Personen einer Wohngemeinschaft eher widerlegbar als vom Träger der Sozialhilfe beweisbar sind. Ob und wann die Vermutung als widerlegt angesehen werden
kann, ist nach den gesamten Umständen des Einzelfalles zu entscheiden. Im Regelfall wird eine Glaubhaftmachung oder zweifelsfreie Versicherung ausreichen. Mit der
Änderung wird der Tatsache Rechnung getragen, dass sich zunehmend Wohngemeinschaften gebildet haben, in denen nicht verwandte oder verschwägerte Personen die Vorteile einer gemeinsamen Haushaltsführung nutzen und sich auch in Notlagen beistehen. Das Bedarfsdeckungsprinzip (§ 9 Abs. 1), das Leistungen für – wie
auch immer – schon gedeckten Bedarf ausschließt, wird dadurch auch für Gemeinschaften, die ähnlich Familien gemeinsam wirtschaften, handhabbarer und durchset-
zungsfähiger. Insbesondere gilt dies für eheähnliche Gemeinschaften, für die der bisherige § 16 des Bundessozialhilfegesetzes nur eingeschränkt anwendbar war. Eine
weitere Vereinfachung ist, dass Personen, bei denen die Vermutung nach § 37 in Betracht kommt, nach § 112 auskunftspflichtig werden. Nach Satz 3 soll die Vermutung
bei Minderjährigen, bei Schwangeren, bei Frauen, die ihr leibliches Kind bis zur Vollendung seines 6. Lebensjahres betreuen sowie bei zu betreuenden Personen nicht
greifen.

Durch die Einbeziehung von Frauen, die schwanger sind oder ihr leibliches Kind bis
zur Vollendung seines 6. Lebensjahres betreuen und dem Haushalt der Eltern ange-
hören, in die Ausnahmeregelung des Satzes 3 wird eine bisher im Bundessozialhilfegesetz enthaltene Lücke beim Schutz dieses Personenkreises geschlossen. So
wurde schon bisher das Einkommen und Vermögen der Eltern nach der Grundent-

scheidung des bisherigen § 11 Abs. 1 Satz 3 des Bundessozialhilfegesetzes nicht berücksichtigt. Dieser Schutz war jedoch bisher bei einem Vorgehen des Trägers der Sozialhilfe nach dem bisherigen § 16 des Bundessozialhilfegesetzes nicht gewährleistet. Die Schutzwirkung von § 19 Abs. 3 und § 89 Abs. 1 Satz 3 könnte daher ohne eine Anpassung durch § 37 ins Leere laufen.

Als zu betreuende Personen werden behinderte Menschen nach § 48 Abs. 1 und pflegebedürftige Menschen nach § 56 sowie Personen genannt, die – wie in § 28 Abs. 3 – einzelne für ihren Lebensunterhalt erforderliche Tätigkeiten, z.B. Kochen, sich Waschen usw., nicht verrichten können. Dadurch soll eine persönliche Leistung, die innerhalb der Wohngemeinschaft erbracht wird, honoriert und gleichzeitig einem „Abschieben" in stationäre Unterbringung entgegengewirkt werden. Es sollen auch Wohngemeinschaften nicht in die Regelung einbezogen werden, die zur gegenseitigen Hilfe und Unterstützung gebildet werden, wie dies z.B. bei alten Menschen zunehmend der Fall ist. Dies dient auch der Entlastung öffentlicher Hilfen. Wird jedoch in solchen Fällen der Lebensunterhalt tatsächlich mit gedeckt, entfallen auf Grund des Bedarfsdeckungsprinzips Leistungen der Sozialhilfe; für minderjährige unverheiratete Kinder gilt gegenüber ihren Eltern weiterhin § 19 Abs. 1.

Wohngeldbezug

Leitsatz (redaktionell) (BVerwG, Urteil vom 17.01.1980, Az.: 5 C 48/87)

Dass die Familie der Tochter ihr Einkommen uU hätte dadurch erhöhen können, dass sie Wohngeld in Anspruch genommen hätte, zählt im Rahmen der Regelung nicht, es kommt auf den tatsächlichen Bezug an.

Pflegeperson

Leitsatz (redaktionell) (OVG Lüneburg, Urteil vom 27.10.1989, Az.: 4 A 144/88)

Das „Babygeld" wird zu einem ausdrücklich genannten Zweck gewährt, und die Sozialhilfe dient nicht demselben Zweck.

Bemerkung zur Übertragbarkeit der Rechtsprechung auf das neue Recht des SGB XII:

Die Entscheidungen werden auf die Regelung des § 36 SGB XII übertragbar sein.

§ 37 SGB XII   Ergänzende Darlehen

(1) Kann im Einzelfall ein von den Regelsätzen umfasster und nach den Umständen unabweisbar gebotener Bedarf auf keine andere Weise gedeckt werden, sollen auf Antrag hierfür notwendige Leistungen als Darlehen erbracht werden.

(2) Bei Empfängern von Hilfe zum Lebensunterhalt kann die Rückzahlung des Darlehens in monatlichen Teilbeträgen in Höhe von bis zu 5 vom Hundert des Eckregelsatzes von der Leistung einbehalten werden. Die Rückzahlung von Darlehen nach § 35 Abs. 3 erfolgt in gleichen Teilbeträgen über das ganze Kalenderjahr.

Infolge der weitreichenden Einbeziehung aller Leistungen der Hilfe zum Lebensunterhalt in den monatlich auszuzahlenden Regelsatz kann die Situation entstehen, dass ein notwendiger Bedarf tatsächlich nicht gedeckt werden kann. Ein derartiger Fall liegt beispielsweise vor, wenn mehrere größere Anschaffungen erforderlich sind und eine Neubeschaffung mangels ausreichender Ansparungen nicht möglich ist. In diesen Fällen sollen die Träger der Sozialhilfe die Möglichkeit haben, darlehensweise Leistungen zu erbringen. Absatz 1 lässt dies jedoch nur in sehr engem Rahmen zu. Zum einen muss es sich um einen unabweisbar gebotenen Bedarf handeln. Der Hinweis „auf keine andere Weise" bringt zum Ausdruck, dass die Leistungsberechtigten vorrangig auf eine andere Bedarfsdeckung, etwa aus dem Schonvermögen oder von dritter Seite, verwiesen werden sollen, z.B. auf Gebrauchtwarenlager und Kleiderkammern.

Absatz 2 regelt nur, dass und wie die Rückzahlungsraten während des Bezuges von Hilfe zum Lebensunterhalt einbehalten werden können. Die Rückzahlung des Darlehens selber wird, wie auch in anderen vergleichbaren Vorschriften, nicht geregelt.

§ 38 SGB XII   Darlehen bei vorübergehender Notlage

(1) Sind Leistungen nach den §§ 28, 29, 30, 32, 33 und der Barbetrag nach § 35 Abs. 2 voraussichtlich nur für kurze Dauer zu erbringen, können Geldleistungen als Darlehen gewährt werden. Darlehen an Mitglieder von Haushaltsgemeinschaften im Sinne des § 19 Abs. 1 Satz 2 können an einzelne Mitglieder oder an mehrere gemeinsam vergeben werden.

(2) Die Regelung des § 105 Abs. 2 findet entsprechende Anwendung.

Die Vorschrift überträgt in Absatz 1 inhaltsgleich den bisherigen § 15b des Bundessozialhilfegesetzes.

Absatz 2 ist eine Folgeregelung des Wegfalls des Wohngeldes für Leistungsberechtigte der Sozialhilfe gemäß Artikel 26 des Vierten Gesetzes für moderne Dienstleistungen am Arbeitsmarkt. Die Folgeänderung soll bewirken, dass dadurch die Leistungsberechtigten rechtlich und tatsächlich nicht schlechter gestellt werden als nach geltendem Recht. Der Satz von 56 % orientiert sich am tatsächlichen Subventionssatz des geltenden besonderen Mietzuschusses auf der Basis der empirischen Werte der Wohngeldstatistik 2001. Der durchschnittliche Subventionssatz ergibt sich durch Teilung des durchschnittlichen Wohngeldanspruchs durch die durchschnittlich berücksichtigungsfähige Miete.

Leitsatz (redaktionell) (VGH Baden-Württemberg, Urteil vom 22.01.1992, Az.: 6 S 3004/90)

Voraussetzungen der nach § 38 SGB XII zu treffenden Ermessensentscheidung ist, dass mit hoher Wahrscheinlichkeit angenommen werden kann, der Sozialhilfeempfänger werde in einem Zeitraum von weniger als sechs Monaten in der Lage sein, sowohl seinen Lebensunterhalt selbst zu bestreiten als auch in absehbarer Zeit das Darlehen ganz oder in Raten zurückzuzahlen.

Leitsatz (redaktionell) (VG Darmstadt, Urteil vom 17.07.1999, Az.: 6 E 162/ 99 (4))

Wenn erkennbar ist, dass es sich um einen länger anhaltenden Bezugszeitraum handeln wird, so ist der Darlehensanspruch gemäß § 38 SGB XII in einen auf laufende Hilfe umzuwandeln.

Bemerkung zur Übertragbarkeit der Rechtsprechung auf das neue Recht des SGB XII:

Die vorstehend angeführte Rechtsprechung wird auf die Neuregelung des § 38 SGB XII übertragbar sein. Es sind keine Gründe dafür ersichtlich, dass insoweit Abstriche zu machen wären.

39 SGB XII   Einschränkung der Leistung

(1) Lehnen Leistungsberechtigte entgegen ihrer Verpflichtung die Aufnahme einer Tätigkeit oder die Teilnahme an einer erforderlichen Vorbereitung ab, vermindert sich der maßgebende Regelsatz in einer ersten Stufe um bis zu 25 vom Hundert, bei wiederholter Ablehnung in weiteren Stufen um jeweils bis zu 25 vom Hundert. Die Leistungsberechtigten sind vorher entsprechend zu belehren.

(2) § 26 Abs. 1 Satz 2 findet Anwendung.

Die Vorschrift überträgt im Wesentlichen inhaltsgleich den bisherigen § 25 Abs. 1 und 3 des Bundessozialhilfegesetzes.

Absatz 1 übernimmt dabei im Grundsatz die bisher in § 25 Abs. 1 des Bundessozialhilfegesetzes geregelte Absenkung der Leistung bei Verweigerung zumutbarer Arbeit. Trotz fehlender Erwerbsfähigkeit im Sinne des Zweiten Buches können manche Leistungsberechtigte wie z.B. vollerwerbsgeminderte Zeitrentner bis zu drei Stunden täglich noch einer eingeschränkten Erwerbstätigkeit nachgehen. Ihrer Pflicht aus § 11 zur Annahme eines darauf abzielenden Unterstützungsangebots entspricht es, den Regelsatz bei Ablehnung solcher Angebote in Stufen abzusenken. Die in Einzelfällen schwer nachweisbare Voraussetzung der Verweigerung zumutbarer Arbeit wurde durch die objektive Voraussetzung der Ablehnung eines solchen Angebots ersetzt. Gegenüber der vergleichbaren Leistungsabsenkung nach dem Zweiten Buch wurden etwas geringfügigere Minderungsstufen festgelegt, um die Verhältnismäßigkeit gegenüber der geringeren Erwerbsmöglichkeit zu wahren.

Absatz 2 überträgt über den Verweis auf § 26 Abs. 1 Satz 2 den bisherigen § 25 Abs. 3 des Bundessozialhilfegesetzes.

Leitsatz (redaktionell) (OVG Hamburg, Urteil vom 29. August 1990, Az.: Bs IV 326/90).

Wer um Hilfe zum Lebensunterhalt nachsucht, muss – gleichsam täglich – darum bemüht sein, seinen Lebensunterhalt durch eigene Erwerbstätigkeit zu decken (§ 2 Abs. 1 SGB XII). Dabei ist ihm im Grundsatz jede Tätigkeit, die seine körperlichen und geistigen Fähigkeiten nicht übersteigt, zumutbar.

Leitsatz (BVerwG, Urteil vom 27.08.1969, Az.: V C 100/68)

Zur Kürzung der ergänzenden Hilfe zum Lebensunterhalt im Rahmen der Kriegsopferfürsorge bei Arbeitsscheu.

Aus den Gründen:

„... *Verfahrensfehlerfrei ist zwar festgestellt, dass der Kläger in körperlicher Beziehung imstande ist, eine Erwerbstätigkeit aufzunehmen und damit der bestehenden Notlage abzuhelfen. Indessen hat das Berufungsgericht nach Auffassung des Senats nicht im erforderlichen Maße berücksichtigt, dass auch seelische Fehlhaltungen die Aufnahme einer Erwerbstätigkeit unzumutbar machen können und dass in derartigen Fällen die Entziehung oder Kürzung der Hilfe nach § 25 BSHG ausgeschlossen ist, wenn die Fehlhaltung mit den Mitteln der Entziehung oder Kürzung der Hilfe nicht korrigiert werden kann (BVerwGE 29, 99). Hieraus folgt zwar nicht ohne weiteres die Notwendigkeit, in jedem Einzelfall vor Kürzung oder Entziehung der Hilfe zum Lebensunterhalt auch Beweise über den seelischen Gesundheitszustand zu erheben. Notwendig sind Feststellungen in dieser Richtung jedoch dann, wenn die Umstände des einzelnen Falles auf eine mögliche seelische Fehlhaltung hindeuten, wie hier.*" ...

Leitsatz (redaktionell) (BVerwG, Urteil vom 23.02.1979, Az.: 5 C 114/78)

Die Regelung über die Verpflichtung zu zumutbarer Arbeitsleistung verstößt nicht gegen internationale Übereinkommen gegen Zwangsarbeit.

Aus den Gründen:

„... *Eine klärungsbedürftige Rechtsfrage ergibt sich nicht daraus, dass der Kläger unter Hinweis auf das Gesetz betreffend das Übereinkommen Nr. 29 der Internationalen Arbeitsorganisationen vom 28. Juni 1930 über Zwangs- oder Pflichtarbeit vom 1. Juni 1956 (BGBl. II S. 640) – in Kraft getreten am 13. Juni 1957 (siehe die Bekanntmachung vom 16. November 1957 (BGBl. II S. 1694)) – geltend macht, die Beklagte verpflichte ihn zur Zwangsarbeit, wenn sie die Leistung von Hilfe zum Lebens-*

unterhalt davon abhängig mache, dass er gemeinnützige Arbeit im Sinne des § 19 Abs. 2 BSHG verrichte. Der Kläger sieht also anscheinend darin eine Rechtsfrage von grundsätzlicher Bedeutung, dass die Regelungen über gemeinnützige Arbeit (§ 19 Abs. 2 BSHG) und über den Verlust des Anspruchs auf Sozialhilfe bei Weigerung, zumutbare Arbeit zu leisten (§ 25 Abs. 1 BSHG), als solche (generell) mit dem erwähnten Übereinkommen nicht vereinbar seien. Dies trifft schon im Ansatz offenkundig deshalb nicht zu, weil nach Art. 2 Abs. 1 des genannten Übereinkommens als „Zwangs- oder Pflichtarbeit" jede Art von Arbeit oder Dienstleistung gilt, die von einer Person unter Androhung irgendeiner Strafe verlangt wird und für die sie sich nicht freiwillig zur Verfügung gestellt hat.

Die Bundesrepublik Deutschland hat die Durchführung des Übereinkommens durch Art. 12 Abs. 2 und 3 GG verwirklicht; im Verhältnis zu diesen über den Vorschriften des Bundessozialhilfegesetzes stehenden Verfassungsnormen hat das Übereinkommen keine weiterreichende Bedeutung. Durch BVerwGE 11, 252 ist aber geklärt, dass gegen die erwähnten Verfassungsnormen nicht verstoßen wird, wenn die Leistung von Sozialhilfe von der Leistung zumutbarer Arbeit seitens des Hilfesuchenden abhängig gemacht werden darf. Zwar ist diese Entscheidung noch in Anwendung des § 19 der Verordnung über die Fürsorgepflicht vom 13. Februar 1924 ergangen. Das dort Gesagte hat aber ohne weiteres für die Nachfolgevorschriften des Bundessozialhilfegesetzes zu gelten. Auch sie widerstreiten weder dem Verbot des Arbeitszwanges (Art. 12 Abs. 2 Satz 1 GG) noch dem der Zwangsarbeit (Art. 12 Abs. 3 GG); denn auch sie sind nicht auf die Erzwingung einer Arbeit oder die Leistung von Zwangsarbeit gerichtet, sondern überlassen es dem Betroffenen, ob er ihm angebotene gemeinnützige (zusätzliche) Arbeiten leisten will. Auch § 25 Abs. 1 BSHG regelt nur die Folge, die sich aus der Ablehnung solcher angebotenen Arbeit ergeben kann. Diese Folge besteht in dem Verlust des Rechtsanspruchs auf die Hilfe zum Lebensunterhalt, ohne dass der Hilfesuchende aus der Betreuung des Trägers der Sozialhilfe entlassen ist. § 25 BSHG ist überdies – was der Kläger offenbar übersieht – keine Sanktionsnorm, sondern im Gesamtsystem der Sozialhilfe eine der vielfältigen Hilfenormen, deren Sinn und Zweck es ist, den Hilfeempfänger (Hilfesuchenden) letzten Endes von der Sozialhilfe unabhängig zu machen (vgl. § 1 Abs. 2 Satz 2 BSHG). Auch dies ist in der Rechtsprechung des Bundesverwaltungsgerichts geklärt (siehe besonders BVerwGE 29, 99 (104/105)). Soweit die Anwendung dieser Vorschrift einen „Zwang" bewirkt, ist dieser kein anderer als derjenige, der von dem das Sozialhilferecht beherrschenden Grundsatz des Nachrangs der Sozialhilfe (§ 2 Abs. 1 BSHG) allgemein ausgeht und der sich auch in einem anderen Sozialleistungsbereich vergleichbar ausgedrückt findet, nämlich in § 100 Abs. 1 in Verbindung mit § 103 Abs. 1 Satz 1 des Arbeitsförderungsgesetzes vom 25. Juni 1969 (BGBl. I S. 582). Danach ist für den Anspruch auf Arbeitslosengeld unter anderem Voraussetzung, dass der Arbeitslose zur Verfügung steht; das bedeutet, dass er bereit ist, jede zumutbare Beschäftigung anzunehmen, die er ausüben kann. Jedermann muss nach Maßgabe seiner Kräfte wenigstens dann zur Beschaffung seines notwendigen Lebensunterhalts arbeiten, wenn er andernfalls der Allgemeinheit zur Last fiele. Die Inanspruchnahme der Freiheit ohne jene Rücksichtnahme auf die Gemeinschaft wäre ein Missbrauch, der wegen der Sozialbindung der Grundrechte keinen Grundrechtsschutz genösse (Bachof in Bettermann/Nipperdey/Scheuner, Die Grundrechte, Bd. III/1, S. 155)." ...

Bemerkung zur Übertragbarkeit der Rechtsprechung auf das neue Recht des SGB XII:

Die vorstehenden Entscheidungen zum Verbot der Zwangsarbeit, zur Möglichkeit der Korrektur von „Fehlhaltungen und zum Bemühtsein des Hilfesuchenden sind uneingeschränkt auf die neuen Regelungen übertragbar.

§ 40 SGB XII Verordnungsermächtigung

Das Bundesministerium für Gesundheit und Soziale Sicherung erlässt im Einvernehmen mit dem Bundesministerium der Finanzen und dem Bundesministerium für Wirtschaft und Arbeit durch Rechtsverordnung mit Zustimmung des Bundesrates Vorschriften über Inhalt, Bemessung und Aufbau der Regelsätze nach § 28 sowie ihre Fortschreibung.

Die Vorschrift überträgt im Wesentlichen den bisherigen § 22 Abs. 5 Satz 1 des Bundessozialhilfegesetzes. Infolge des Organisationserlasses vom 22. Oktober 2002 (BGBl. I S. 4206) ist jedoch nunmehr das Bundesministerium für Gesundheit und Soziale Sicherung für den Erlass der Rechtsverordnung zuständig. Da insbesondere die Bemessung und Fortschreibung der Regelsätze das Referenzsystem für Leistungen nach dem Zweiten Buch darstellen, wird in die Ermächtigung aufgenommen, dass auch das Einvernehmen mit dem Bundesministerium für Wirtschaft und Arbeit herzustellen ist. Der bisherige Satz 2 ist durch die Übernahme der Regelungen des § 3 der Regelsatzverordnung obsolet geworden. Die erforderliche Neufassung der Regelsatzverordnung wird in einem gesonderten Verfahren erlassen.

§ 41 SGB XII Leistungsberechtigte

(1) Zur Sicherung des Lebensunterhaltes im Alter und bei dauerhafter Erwerbsminderung können Personen mit gewöhnlichem Aufenthalt im Inland, die
1. das 65. Lebensjahr vollendet haben oder
2. das 18. Lebensjahr vollendet haben, unabhängig von der jeweiligen Arbeitsmarktlage voll erwerbsgemindert im Sinne des § 43 Abs. 2 des Sechsten Buches sind und bei denen unwahrscheinlich ist, dass die volle Erwerbsminderung behoben werden kann, auf Antrag die Leistungen der Grundsicherung im Alter und bei Erwerbsminderung nach diesem Kapitel erhalten.

(2) Anspruch auf Leistungen haben Leistungsberechtigte nach Absatz 1, soweit sie ihren Lebensunterhalt nicht aus ihrem Einkommen und Vermögen gemäß §§ 82 bis 84 und 90 beschaffen können.

(3) Keinen Anspruch auf Leistungen nach diesem Kapitel haben Personen, die in den letzten zehn Jahren ihre Bedürftigkeit vorsätzlich oder grob fahrlässig herbeigeführt haben.

Das am 01.01.2002 bereits als Bundesgesetz in kraft getretene „Gesetz über eine bedarfsorientierte Grundsicherung im Alter und bei Erwerbsminderung (GSiG)" wurde gemäß Artikel 68 Abs. 1 Nr. 5 des Gesetzes zur Einordnung des Sozialhilferechts in das Sozialgesetzbuch vom 27.12.2003 am 01.01.2005 aufgehoben und unter anderer Bezeichnung damit in das SGB XII als dessen viertes Kapitel integriert. Für die §§ 41 bis 46 SGB XII gibt es keine eigene Begründung. Es wird nachfolgend die amtliche Begründung zum GSiG wiedergegeben.

Zu § 1 GSiG

Der Zweck des Gesetzes besteht darin, für alte und für dauerhaft voll erwerbsgemin-
derte Menschen eine eigenständige soziale Leistung vorzusehen, die den grundlegenden Bedarf für den Lebensunterhalt sicherstellt. Diese Leistung ist bedarfsorien-
tiert, greift also nur dann, wenn das eigene Einkommen und Vermögen der
Leistungsberechtigten nicht ausreicht, um den Grundbedarf abzudecken. Durch
diese Leistung soll im Regelfall die Notwendigkeit für die Gewährung von Sozialhilfe
vermieden werden. Alter und dauerhaft volle Erwerbsminderung stellen Umstände
dar, in denen Bürgerinnen und Bürger, die keine ausreichenden Rentenansprüche
erworben haben und über keine weiteren Mittel verfügen, nicht in der Lage sind, sich
selbst zu helfen. Der bisherige Weg, diese Menschen auf die Sozialhilfe zu verweisen, stellt keine adäquate Lösung dar. Aufgabe der Sozialhilfe ist es, in Einzelfällen
bei vorübergehender Notlage nachrangig den notwendigen Lebensunterhalt sicherzustellen und Hilfen zur Überwindung zu gewähren. Außerdem hält beispielsweise
die Furcht vor dem Unterhaltsrückgriff auf die Kinder vor allem ältere Menschen oftmals vom Gang zum Sozialamt ab. Eine dem sozialen Gedanken verpflichtete Lösung muss hier einen gesamtgesellschaftlichen Ansatz wählen, der eine würdige und
unabhängige Existenz sichert. Deutscher Bundestag – 14. Wahlperiode – 49 –
Drucksache 14/5150.

Die durch dieses Gesetz eingeführte bedarfsorientierte Grundsicherung erfüllt diese
Anforderungen:

Die Leistung ist abhängig von der Bedürftigkeit, wobei nur das Einkommen und Vermögen des Anspruchsberechtigten und seines nicht getrennt von ihm lebenden Ehegatten oder Partners einer eheähnlichen Gemeinschaft berücksichtigt werden dürfen.

Die Leistung wird so bemessen, dass sie im Wesentlichen der Hilfe zum Lebensunterhalt nach dem Bundessozialhilfegesetz entspricht.

Die Leistungen werden ortsnah, teilweise pauschaliert und möglichst unbürokratisch
abgewickelt.

Die Finanzierung erfolgt aus Steuermitteln, wobei der Bund den Ländern die schätz-
baren Mehrkosten aufgrund dieses Gesetzes ausgleicht (vgl. Änderung des Wohngeldgesetzes).

Die Leistung wird auf Antrag und auf eine bestimmte Dauer gewährt.

Antragsberechtigt sind Personen, die das 65. Lebensjahr vollendet haben, oder Personen, die das 18. Lebensjahr vollendet haben und nach Maßgabe des § 43 Abs. 2
SGB VI dauerhaft voll erwerbsgemindert sind. Dieser in die bedarfsabhängige
Grundsicherung einbezogene Personenkreis hebt sich von anderen dadurch ab,
dass er auf Dauer nicht in der Lage ist, seine Arbeitskraft zum Erwerb des Lebensunterhalts einzusetzen. Es ist eine bedarfsorientierte Leistung, die auf die persönlichen
Lebensverhältnisse abstellt und deshalb ebenso wie die Sozialhilfe nur Personen mit
gewöhnlichem Aufenthalt in der Bundesrepublik Deutschland zugute kommen soll.
Weitere Voraussetzungen bestehen für die Antragsberechtigung nicht. Insbesondere
wird der Bezug einer Rente wegen Alters oder Erwerbsminderung nicht vorausgesetzt.

Zu § 2 GSiG

Zu Absatz 1

Die Voraussetzung für den Anspruch auf Leistungen der bedarfsorientierten Grundsicherung ist das Unvermögen, den Lebensunterhalt aus eigenem Einkommen und verwertbarem Vermögen beschaffen zu können. Insoweit unterscheidet sich die Leistung von einer Rente und ist insoweit der Sozialhilfe vergleichbar, als auf deren Vorschriften bezüglich der Ermittlung sowie des Einsatzes von Einkommen und Vermögen Bezug genommen wird (§ 3 Abs. 2). Außer dem eigenen Einkommen und Vermögen der antragsberechtigten Person ist nur noch dasjenige des nicht getrennt lebenden Ehegatten oder Partners einer eheähnlichen Gemeinschaft zu berücksichtigen. Bei der Ermittlung des Anspruches ist in diesem Fall der den nach Maßgabe des § 3 Abs. 1 zu ermittelnden Eigenbedarf überschießende Betrag in die Berechnung einzustellen. Unterhaltsansprüche gegenüber Eltern und Kindern von Grundsicherungsberechtigten gehören aufgrund der Zielsetzung dieses Gesetzes nicht zum verwertbaren Einkommen und Vermögen. Die Vermutung entsprechend § 16 des Bundessozialhilfegesetzes, dass der Antragsberechtigte von Verwandten und Verschwägerten, die mit ihm in Haushaltsgemeinschaft leben, Leistungen zum Lebensunterhalt erhält, soll auch hier gelten, um nicht erforderliche Leistungen zu vermeiden.

Zu Absatz 2

Von dem Personenkreis, der dem Grunde nach anspruchsberechtigt ist, werden diejenigen ausgenommen, die nach § 1 Asylbewerberleistungsgesetz leistungsberechtigt sind. Hierbei handelt es sich um Personen, die ausländischer Staatsangehörigkeit sind und über keinen gesicherten Aufenthaltsstatus verfügen, wie etwa Asylbewerber oder Ausländer, die nur über eine Duldung verfügen. Weiter sind von einem Anspruch diejenigen Personen ausgeschlossen, die die Voraussetzungen für eine Leistungsgewährung grob schuldhaft herbeigeführt haben. Auf diese Weise soll eine missbräuchliche Inanspruchnahme der Leistungen verhindert werden. Hierunter fallen beispielsweise solche Personen, die ihr Vermögen verschleudert oder dieses ohne Rücksicht auf die Notwendigkeit der Bildung von Rücklagen für das Alter verschenkt haben. Der Anspruch ist immer dann ausgeschlossen, wenn die antragsberechtigte Person vorsätzlich oder wenigstens grob fahrlässig gehandelt hat.

Aus der aktuellen Rechtsprechung

Leitsatz (redaktionell) (OVG Sachsen, Urteil vom 25.01.2005, Az.: 4 B 580/04)

Zur Berücksichtigung des für den Grundsicherungsberechtigten gezahlten Kindergeldes als dessen Einkommen: Nach der Rechtsprechung des Bundesverwaltungsgerichts ist Kindergeld auch nach der Neufassung des Bundeskindergeldgesetzes Einkommen im Sinne von §§ 76, 77 BSHG, weil es sich um eine mit der Hilfe zum Lebensunterhalt zweckidentische Leistung handelt (BVerwG, Urt. v. 21.06.2001 BVerwGE 114, 339). Das Kindergeld ist, vorbehaltlich einer besonderen rechtlichen Zuordnung, sozialhilferechtlich Einkommen dessen, an den es ausgezahlt wird, in der Regel also des Kindergeldberechtigten im Sinn von § 62, 64 EStG (vgl. BVerwG, Urt. v. 17.12.2003, NJW 2004, 2541-2542 m.w.N.). Das nicht an das minderjährige Kind selbst, sondern an einen Elternteil ausgezahlte Kindergeld ist darum nicht Einkommen des Kindes, sondern des das Kindergeld erhaltenden Elternteils.

Leitsatz (redaktionell) (Saarländisches Oberlandesgericht Saarbrücken 1. Senat für Familiensachen, Urteil vom 24. Juni 2004, Az.: 6 UF 77/03)

Daraus folgt, dass die Beklagte im Streitfall vorrangig Leistungen nach dem Grundsicherungsgesetz in Anspruch zu nehmen hat. Dabei wird mangels gegenteiligen Sachvortrags davon ausgegangen, dass der Kläger – und dessen Schwester – die Einkommensgrenze von 100.000 EUR nicht überschreiten, und damit zu den „privilegierten Verwandten" gehören, die nach der Zielsetzung des Grundsicherungsgesetzes gerade nicht zu Unterhaltszahlungen herangezogen werden sollen, weil das Gesetz versteckter und verschämter Altersarmut abhelfen und dem Umstand entgegenwirken will, dass vor allem ältere Menschen keine Sozialhilfeansprüche geltend gemacht hätten, um ihre Kinder nicht der Gefahr eines Unterhaltsrückgriffs auszusetzen (vgl. BGH, FamRZ 2002, 1698; Wendl/Pauling).

Leitsatz (redaktionell) (Brandenburgisches Oberlandesgericht 2. Senat für Familiensachen, Urteil vom 11. März 2004, Az: 10 UF 176/03)

Das, was ein behinderter Mensch im Arbeitsbereich einer Behindertenwerkstatt erzielt, ist unterhaltsrechtlich anrechenbares Arbeitseinkommen.

Leitsatz (redaktionell) (OLG Hamm 11. Senat für Familiensachen, Beschluss vom 30. Januar 2004, Az: 11 WF 207/03)

Nimmt ein volljähriges, erwerbsunfähiges Kind seinen Vater auf Unterhalt in Anspruch, so sind die nach den §§ 41 ff. SGB XII möglichen Leistungen auch dann fiktiv auf seinen Bedarf anzurechnen, wenn diese Leistungen noch nicht beantragt sind.

Leitsatz (redaktionell) (Oberverwaltungsgericht Rheinland-Pfalz 12. Senat, Beschluss vom 4. April 2003, Az.: 12 B 10469/03)

Auch Leistungen nach den §§ 41 ff. SGB XII können durch eine einstweilige Anordnung nach § 123 Abs. 1 Satz 2 VwGO nur im Umfang des zum Lebensunterhalt Unerlässlichen bewilligt werden.

Bemerkung zur Übertragbarkeit der Rechtsprechung auf das neue Recht des SGB XII:

Die vorstehenden Entscheidungen werden auf das neue Recht uneingeschränkt übertragbar sein, da sich aus der Eingliederung des GSiGs in das SGB XII insoweit keine Einschränkungen ergeben.

§ 42 SGB XII   Umfang der Leistungen

Die Leistungen der Grundsicherung im Alter und bei Erwerbsminderung umfassen:
1. **den für den Leistungsberechtigten maßgebenden Regelsatz nach § 28,**
2. **die angemessenen tatsächlichen Aufwendungen für Unterkunft und Heizung entsprechend § 29, bei Leistungen in einer stationären oder teilstationären Einrichtung sind als Kosten für Unterkunft und Heizung Beträge in Höhe der durchschnittlichen angemessenen tatsächlichen Aufwendungen für die Warmmiete eines Einpersonenhaushalts im Bereich des nach § 98 zuständigen Trägers der Sozialhilfe zugrunde zu legen,**
3. **die Mehrbedarfe entsprechend § 30 sowie die einmaligen Bedarfe entsprechend § 31,**
4. **die Übernahme von Kranken- und Pflegeversicherungsbeiträgen entsprechend § 32,**
5. **Hilfe zum Lebensunterhalt in Sonderfällen nach § 34.**

Reichen die Leistungen nach Satz 1 nicht aus, um diesen Bedarf des Leistungsberechtigten zu decken, können weitere Leistungen als ergänzende Darlehen entsprechend § 37 erbracht werden.

Zu § 3

Zu Absatz 1

Die Grundsicherung ist ihrem Umfang nach so konzipiert, dass weitgehend ein ergänzender Bedarf an Sozialhilfe nicht entstehen soll. Von daher sind die wesentlichen Gegenstände der Hilfe zum Lebensunterhalt aufgeführt. Das Gesetz sieht unter dem Gesichtspunkt der Verwaltungsvereinfachung eine nur beschränkt individuelle Bedarfsermittlung vor.

Im Einzelnen:

1. Der laufende und einmalige Bedarf für den Lebensunterhalt wird an den Regelsätzen nach Abschnitt 2 des Bundessozialhilfegesetzes orientiert. Der einmalige Bedarf wird durch eine laufend ausgezahlte Pauschale erfasst, die als Bruchteil des Eckregelsatzes bemessen ist. Die Festlegung dieser Pauschale auf 15 vom Hundert des Eckregelsatzes stützt sich zwar auf grobe Durchschnittswerte der Sozialhilfeausgaben, bildet aber bewusst nicht die differenzierten einmaligen Leistungen der Sozialhilfe ab, zumal genauere Erkenntnisse, wie sie mit der Experimentierklausel des § 101a des Bundessozialhilfegesetzes gewonnen werden sollen, noch nicht vorliegen. Sofern im Einzelfall ein darüber hinausgehender Bedarf vorhanden ist, ist im Rahmen der Sozialhilfe nach § 21 Abs. 2 des Bundessozialhilfegesetzes zu verfahren.

2. Die Kosten für Unterkunft und Heizung werden wie in der Sozialhilfe in tatsächlicher Höhe berücksichtigt, allerdings nur, soweit sie angemessen sind. Bis zu welcher Höhe dies der Fall ist, wird in Anlehnung an die Praxis des örtlichen Trägers der Sozialhilfe am Wohnort des Antragstellers zu bestimmen sein. Bei stationärer Unterbringung kann nur eine fiktive Berechnung auf der Grundlage der durchschnittlichen Aufwendungen des örtlichen Trägers der Sozialhilfe für einen entsprechenden Haushalt erfolgen.

3. Die Aufwendungen für Kranken- und Pflegeversicherung sind in derselben Weise wie nach § 13 des Bundessozialhilfegesetzes zu berücksichtigen.

4. Der gesetzlich im Rahmen des § 23 Abs. 1 Bundessozialhilfegesetz typisierte Mehrbedarf für Personen, die gehbehindert sowie älter als 65 Jahre oder erwerbsgemindert sind, kann tatbestandsmäßig nur bei Personen auftreten, die zugleich leistungsberechtigt nach diesem Gesetz sind. Um auch von daher den Gang zum Sozialamt zu ersparen, ist dieser Bedarf in die Leistungen der Grundsicherung einbezogen. Die Feststellung der Anspruchsvoraussetzungen insoweit erfordert nur geringfügigen zusätzlichen Aufwand, da bei Vorliegen der Anspruchsvoraussetzungen im Übrigen die Vorlage des Schwerbehindertenausweises genügt. Die spezifisch sozialhilferechtliche Einzelfallregelung und die auf eine frühere Fassung des Bundessozialhilfegesetzes beruhende Übergangsregelung sind nicht übernommen worden.

5. Im Hinblick auf die persönlichen Voraussetzungen der Antragsberechtigten ist davon auszugehen, dass diese häufig eine besondere Beratung und Unterstützung bei der Realisierung ihrer Ansprüche benötigen. Das Gesetz hebt dies hervor, weil sich dies nicht nur in den ohnehin im Rahmen der §§ 13 ff. des Ersten Buches Sozialgesetzbuch beschriebenen Diensten erschöpfen soll. So ist das Verhältnis von Amtsermittlungsprinzip und Mitwirkungsverpflichtung dynamisch, d.h. die Pflicht zur Amtsermittlung beginnt da, wo die Mitwirkungspflicht endet. Für den hier betroffenen Personenkreis sollte es aber selbstverständlich sein, dass möglichst viele der Anspruchsvoraussetzungen von Amts wegen geklärt und die Mitwirkungspflichten erleichtert werden. Darüber hinaus wird auch davon ausgegangen, dass durch örtliche organisatorische Maßnahmen gewährleistet werden kann, dass auch andere für die Betroffenen in Betracht kommende soziale Leistungen wie z.B. Wohngeld oder Rundfunkgebührenbefreiung an der Stelle erbracht werden können, die auch mit der Bearbeitung der Leistungen der Grundsicherung betraut ist.

Zu Absatz 2

Das Gesetz verzichtet auf eine eigenständige Definition von Einkommen und Vermögen und verweist insoweit auf die entsprechenden Regelungen des Bundessozialhilfegesetzes.

Dies ist zum einen deswegen sinnvoll, weil das nach den Maßstäben der Sozialhilfe bemessene sozioökonomische Existenzminimum letztlich auch den Sockel definiert, auf den die Grundsicherung aufbaut und den es als der Sozialhilfe vorgelagertes System nicht unterschreiten darf. Zum anderen handelt es sich bei der Ermittlung von Einkommen und Vermögen um ein zwar nicht einfaches, aber in der kommunalen Praxis bekanntes und angewandtes System, dessen Zweifelsfragen auch in der Rechtsprechung und der Literatur weitgehend abgeklärt sind.

Aus der Rechtsprechung

Leitsatz (redaktionell) (BVerwG, Urteil vom 21. September 2005, Az.: B 12 P 6/04 R)

Personen, die Leistungen nach dem Gesetz über eine bedarfsorientierte Grundsicherung im Alter und bei Erwerbsminderung (GSiG) erhalten, sind von der Sozialen Pflegeversicherung nach dem SGB XI ausgeschlossen.

Leitsatz (redaktionell) (OVG Niedersachsen, Urteil vom 30. September 2004, Az.: 12 LC 144/04)

Bei einem volljährigen Kinde, das behindert ist und bei seinen Eltern lebt, ist das den Eltern zweckgebunden gewährte Kindergeld nicht anzurechnen.

Leitsatz (redaktionell) (VG Braunschweig, Urteil vom 22. Januar 2004, Az.: 3 A 356/03)

Die Gewährung von Kosten für Unterkunft durch die Eltern oder andere Verwandte ist auf die nach dem SGB XII gewährten Leistungen für Unterkunft anzurechnen, da insoweit kein Bedarf besteht.

Leitsatz (redaktionell) (VG Karlsruhe, Beschluss vom 10. Oktober 2003, Az.: 5 K 2580/03)

Auch ein Gefangener in einer Strafvollzugsanstalt kann is des § 1 GSiG antragsberechtigt sein und Leistungen erhalten. Allerdings sind die Modalitäten des Vollzugs zu beachten, so dass im Einzelnen Abstriche vorzunehmen sind.

Leitsatz (redaktionell) (OVG Hamburg, Beschluss vom 9. Mai 2003, Az.: 4 Bs 134/03)

Leistungen der Grundsicherung umfassen nach § 3 Abs. 1 Nr. 2 GSiG die tatsächlichen Aufwendungen für die Unterkunft und Heizung in dem Umfang, in dem die Kosten auch angemessen sind, ggf. also auch nur einen Teil der Kosten. Allerdings ist die Vorschrift nicht im Sinne eines gänzlichen Entfallens des Anspruchs bei insgesamt unangemessenen Kosten zu verstehen.

Bemerkung zur Übertragbarkeit der Rechtsprechung auf das neue Recht des SGB XII:

Die vorstehenden Entscheidungen werden auf das neue Recht uneingeschränkt übertragbar sein, zumal sich aus der Einordnung des GSiGs in das SGB XII keine Abweichungen ergeben.

§ 43 SGB XII Besonderheiten bei Vermögenseinsatz und Unterhaltsansprüchen

(1) Einkommen und Vermögen des nicht getrennt lebenden Ehegatten oder Lebenspartners sowie des Partners einer eheähnlichen Gemeinschaft, die dessen notwendigen Lebensunterhalt nach diesem Buch übersteigen, sind nach den §§ 19 und 20 Satz 1 zu berücksichtigen; § 36 Satz 1 ist nicht anzuwenden.

(2) Unterhaltsansprüche der Leistungsberechtigten gegenüber ihren Kindern und Eltern bleiben unberücksichtigt, sofern deren jährliches Gesamteinkommen im Sinne des § 16 des Vierten Buches unter einem Betrag von 100.000,00 Euro liegt. Es wird vermutet, dass das Einkommen der Unterhaltspflichtigen nach Satz 1 die dort genannte Grenze nicht überschreitet. Zur Widerlegung der Vermutung nach Satz 2 kann der zuständige Träger der Sozialhilfe von den Leistungsberechtigten Angaben verlangen, die Rückschlüsse auf die Einkommensverhältnisse der Unterhaltspflichtigen nach Satz 1 zulassen. Liegen im Einzelfall hinreichende Anhaltspunkte für ein Überschreiten der in Satz 1 genannten Einkommensgrenze vor, sind die Kinder oder Eltern der Leistungsberechtigten gegenüber dem Träger der Sozialhilfe verpflichtet, über ihre Einkommensverhältnisse Auskunft zu geben, soweit die Durchführung dieses Buches es erfordert. Die Pflicht zur Auskunft umfasst die Verpflichtung, auf Verlangen des Trägers der Sozialhilfe Beweisurkunden vorzulegen oder ihrer Vorlage zuzustimmen. Leistungsberechtigte haben keinen Anspruch auf Leistungen der be-

479

darfsorientierten Grundsicherung, wenn die nach Satz 2 geltende Vermutung nach Satz 4 und 5 widerlegt ist.

Zu § 2

Zu Absatz 1

Die Voraussetzung für den Anspruch auf Leistungen der bedarfsorientierten Grundsicherung ist das Unvermögen, den Lebensunterhalt aus eigenem Einkommen und verwertbarem Vermögen beschaffen zu können. Insoweit unterscheidet sich die Leistung von einer Rente und ist insoweit der Sozialhilfe vergleichbar, als auf deren Vorschriften bezüglich der Ermittlung sowie des Einsatzes von Einkommen und Vermögen Bezug genommen wird (§ 3 Abs. 2). Außer dem eigenen Einkommen und Vermögen der antragsberechtigten Person ist nur noch dasjenige des nicht getrennt lebenden Ehegatten oder Partners einer eheähnlichen Gemeinschaft zu berücksichtigen. Bei der Ermittlung des Anspruches ist in diesem Fall der den nach Maßgabe des § 3 Abs. 1 zu ermittelnden Eigenbedarf überschießende Betrag in die Berechnung einzustellen. Unterhaltsansprüche gegenüber Eltern und Kindern von Grundsicherungsberechtigten gehören aufgrund der Zielsetzung dieses Gesetzes nicht zum verwertbaren Einkommen und Vermögen. Die Vermutung entsprechend § 16 des Bundessozialhilfegesetzes, dass der Antragsberechtigte von Verwandten und Verschwägerten, die mit ihm in Haushaltsgemeinschaft leben, Leistungen zum Lebensunterhalt erhält, soll auch hier gelten, um nicht erforderliche Leistungen zu vermeiden.

Zu Absatz 2

Von dem Personenkreis, der dem Grunde nach anspruchsberechtigt ist, werden diejenigen ausgenommen, die nach § 1 Asylbewerberleistungsgesetz leistungsberechtigt sind. Hierbei handelt es sich um Personen, die ausländischer Staatsangehörigkeit sind und über keinen gesicherten Aufenthaltsstatus verfügen, wie etwa Asylbewerber oder Ausländer, die nur über eine Duldung verfügen. Weiter sind von einem Anspruch diejenigen Personen ausgeschlossen, die die Voraussetzungen für eine Leistungsgewährung grob schuldhaft herbeigeführt haben. Auf diese Weise soll eine missbräuchliche Inanspruchnahme der Leistungen verhindert werden. Hierunter fallen beispielsweise solche Personen, die ihr Vermögen verschleudert oder dieses ohne Rücksicht auf die Notwendigkeit der Bildung von Rücklagen für das Alter verschenkt haben. Der Anspruch ist immer dann ausgeschlossen, wenn die antragsberechtigte Person vorsätzlich oder wenigstens grob fahrlässig gehandelt hat.

Rechtsprechung zum Einkommensbegriff

Leitsatz (redaktionell) (VGH Baden-Württemberg, Beschluss vom 19. Oktober 2005, Az.: 12 S 1558/05)

Zum Einkommen des Grundsicherungsberechtigten gehören alle tatsächlich an ihn erbrachten Unterhaltszahlungen.

Leitsatz (redaktionell) (Bundesverwaltungsgericht, Urteil vom 28. April 2005, Az.: 5 C 28/04)

An die Eltern gezahltes Kindergeld ist nicht im Sinne von § 3 Abs. 2 GSiG einzusetzendes Einkommen des Kindes.

Leitsatz (redaktionell) (VG Arnsberg, Urteil vom 24. Juni 2004, Az.: 5 K 4677/03)

Die sozialhilferechtlichen Grundsätze über die Anrechnung von Unterhaltsleistungen Angehöriger als Einkommen gelten gleichermaßen für die grundsicherungsrechtliche Anrechnung tatsächlich geleisteter Unterhaltszahlungen von Kindern an ihre Eltern.

Leitsatz (redaktionell) (Niedersächsisches Oberverwaltungsgericht 12. Senat, Urteil vom 30. September 2004, Az: 12 LB 259/04)

Einkommen und Vermögen des selbst nicht hilfebedürftigen (einsatzpflichtigen) Ehepartners ist gemäß § 2 Abs. 1 Satz 2 GSiG nur berücksichtigungsfähig, wenn es über den Betrag hinausgeht, den dieser selbst benötigt, um seinen eigenen notwendigen Lebensunterhalt abzudecken.

Leitsatz (redaktionell) (Bayerischer Verwaltungsgerichtshof München 12. Senat, Urteil vom 5. Februar 2004, Az: 12 BV 03.3282)

Zutreffend geht das Verwaltungsgericht davon aus, dass Kindergeld Einkommen auch im Sinne des Grundsicherungsgesetzes ist.

Aus den Gründen:

„... *Zutreffend geht das Verwaltungsgericht davon aus, dass Kindergeld Einkommen auch im Sinne des Grundsicherungsgesetzes ist. Nach der Rechtsprechung des Bundesverwaltungsgerichts ist Kindergeld auch nach der Neufassung des Bundeskindergeldgesetzes Einkommen im Sinne von §§ 76, 77 BSHG, weil es sich um eine mit der Hilfe zum Lebensunterhalt zweckidentische Leistung handelt (BVerwG vom 21.06.2001 BVerwGE 114, 339). Weil die bedarfsorientierte Grundsicherung in § 3 Abs. 1 GSiG ausdrücklich auf den Regelsatz der Sozialhilfe Bezug nimmt und Absatz 2 der Vorschrift diesbezüglich auf die §§ 76 bis 88 BSHG verweist, ist Kindergeld auch im Rahmen des Grundsicherungsgesetzes als Einkommen zu berücksichtigen. Das ist zwischen den Beteiligten an sich auch nicht streitig. Die Beklagte meint aber, das der Mutter des Klägers gewährte Kindergeld sei als Einkommen des Klägers zu berücksichtigen. Diese Auffassung trifft nicht zu. Nach der Rechtsprechung des Bun-*

481

desverwaltungsgerichts ist Kindergeld, das nicht unmittelbar an das Kind ausgezahlt wird, auch insoweit, als es als Familientransferleistung nach § 31 Abs. 2 Einkommensteuergesetz gewährt wird, Einkommen im Sinne von §§ 76, 77 BSHG des kindergeldberechtigten Elternteils. Einkommen des Kindes kann es danach nur dadurch werden, dass der Kindergeldberechtigte das Kindergeld oder Teile dessen durch einen weiteren Zuwendungsakt an das Kind zweckorientiert weitergibt. Dafür genügt es nicht, dass es dem Kind durch das „Wirtschaften aus einem Topf" zugute kommt. Erforderlich ist vielmehr, dass durch den Zuwendungsakt der notwendige Lebensbedarf des Kindes gerade mit Rücksicht auf das für das Kind gewährte Kindergeld gedeckt wird. Das Kind muss den weitergegebenen Betrag zur Abdeckung seines Bedarfs benötigen (vgl. BVerwG vom 07.02.1980 BVerwGE 60, 7 = FEVS 28, 177; vgl. auch OVG Hamburg vom 03.04.2002 FEVS 54, 77 = NDV-RD 2002, 63 = NVwZ-RR 2002, 756). Daran fehlt es hier. Es wird auch von der Beklagten nicht bestritten, dass der Kläger und seine Mutter aus einem Topf wirtschaften. Zwar mag diese Wirtschaftsweise bewirken, dass dem Kläger auch anteiliges Kindergeld letztlich zugewendet wird. Jedoch erlaubt eine solche durch das Gesetz nicht verbotene und mit dem der Sozialleistung immanenten Zweck durchaus zu vereinbarende Wirtschaftsweise nicht die Feststellung, dass durch die Befriedigung des notwendigen Lebensbedarfs dem Kläger gerade anteiliges Kindergeld zugewendet worden ist; jedenfalls ist das nicht mit der Bestimmtheit möglich, die nach Art und zeitlicher Zurechenbarkeit bei der Feststellung von anrechenbarem Einkommen in entsprechender Anwendung der Vorschriften des Abschnittes 4 des Bundessozialhilfegesetzes zu fordern ist (vgl. BVerwG, a.a.O.). Die Feststellung, dass das den jeweils Anspruchsberechtigten gewährte Kindergeld an das Kind weitergereicht, ihm also zugewendet wird, lässt sich nicht durch eine „Vermutung der Vorteilszuwendung" ersetzen (vgl. BVerwG, a.a.O.). Die Zuwendung an das Kind kann auch nicht gemäß § 16 BSHG vermutet werden. Eine derartige Regelung war zunächst im Entwurf des Grundsicherungsgesetzes vorgesehen (vgl. BT-Drs. 14/5150, S. 49), ist aber nicht in das Gesetz übernommen worden. Es liegt keine Gesetzeslücke vor, die durch eine entsprechende Anwendung des § 16 BSHG geschlossen werden könnte. Der Gesetzgeber hätte eine diesbezügliche Regelung in das Grundsicherungsgesetz hineinschreiben müssen, wie das z.B. bei der der Einsatzgemeinschaft im Sinne des § 11 Abs. 1 Satz 2 BSHG nachgebildeten Vorschrift des § 2 Abs. 1 Satz 2 GSiG der Fall ist. Im Übrigen gehen auch die vorläufigen Vollzugshinweise des Bayerischen Ministeriums für Arbeit und Sozialordnung, Familie, Frauen und Gesundheit, jedenfalls in ihrer Fassung vom 22. Januar 2003 in Nummer II.2.1.4 davon aus, dass Kindergeld Einkommen des Bezugsberechtigten und nicht des Kindes ist (so auch OVG SH vom 08.01.2004 Az. 2 MB 168/03). Der in § 3 Abs. 2 GSiG vorgeschriebenen Anwendung der §§ 76 ff. BSHG ist generell zu entnehmen, dass der Grundsicherungsberechtigte hinsichtlich des berücksichtigungsfähigen Einkommens nicht besser, aber auch nicht schlechter gestellt sein soll als bei der Hilfe zum Lebensunterhalt. Die vorgenannte Rechtsprechung ist somit ohne weiteres auf die Grundsicherung übertragbar. Dass diese Rechtsprechung minderjährige Kinder betrifft, ist unerheblich. Selbst die Beklagte hat nicht vorgetragen, warum es einen Unterschied machen sollte, ob ein minderjähriges oder ein volljähriges Kind in der Hausgemeinschaft lebt. Ein Grund ist auch nicht ersichtlich. Das Kindergeld fließt den kindergeldberechtigten Eltern unabhängig davon zu, ob ihr Kind minderjährig oder volljährig ist. Allerdings gilt das auch für den Fall, dass die kindergeldberechtigten Eltern selbst Leistungen der Grundsicherung geltend machen (vgl. im Übrigen auch Kunkel, ZFSH/SGB 2003, 323/328)." ...

Bemerkung zur Übertragbarkeit der Rechtsprechung auf das neue Recht des SGB XII:

Die vorangestellten Entscheidungen werden ohne Einschränkung auf das neue Recht des SGB XII übertragbar sein, zumal die Regelung des früheren Grundsicherungsgesetzes vollständig in das SB XII integriert wurde.

§ 44 SGB XII   Besondere Verfahrensregelungen

(1) Die Leistung wird in der Regel für zwölf Kalendermonate bewilligt. Bei der Erstbewilligung oder bei einer Änderung der Leistung beginnt der Bewilligungszeitraum am Ersten des Monats, in dem der Antrag gestellt worden ist oder die Voraussetzungen für die Änderung eingetreten und mitgeteilt worden sind. Führt eine Änderung nicht zu einer Begünstigung des Berechtigten, so beginnt der neue Bewilligungszeitraum am Ersten des Folgemonats.

(2) Eine Leistungsabsprache nach § 12 kann im Einzelfall stattfinden.

Zu § 6

Die Leistung nach diesem Gesetz wird in Monatsbeträgen festgesetzt und zeitabschnittsweise bewilligt. Da es sich um eine bedarfsabhängige Sozialleistung handelt, muss in regelmäßigen Abständen geprüft werden, ob die Voraussetzungen für deren Gewährung unverändert vorliegen. Der Zeitabschnitt entspricht den Daten der Rentenanpassung, die mit der Neufestsetzung der Regelsätze der Sozialhilfe identisch sind, so dass es schon deswegen einer Änderung des Leistungsbescheides über die bedarfsorientierte Grundsicherung zu diesem Zeitpunkt bedarf. Bei der erstmaligen Bewilligung beginnt der Bewilligungszeitraum mit dem Monat, in dem der Antrag gestellt worden ist.

Treten Veränderungen in den Verhältnissen ein, die für die Gewährung bzw. Höhe der Leistung erheblich sind, hat die Person, der Leistungen nach diesem Gesetz bewilligt sind, diese gemäß § 60 Abs. 1 Nr. 2 des Ersten Buches Sozialgesetzbuch dem Träger der Grundsicherung unverzüglich mitzuteilen. Eine hieraus resultierende Veränderung des Anspruches zugunsten der Berechtigten soll dazu führen, dass mit dem Ersten des Monats ein neuer Bewilligungszeitraum beginnt, in dem die Veränderung eingetreten und mitgeteilt worden ist. Anderenfalls beginnt der neue Bewilligungszeitraum mit dem Ersten des Folgemonats nach Eintritt der Veränderung.

Leitsatz (redaktionell) (VG Karlsruhe 5. Kammer,
Urteil vom 15. März 2005, Az.: 5 K 4713/03)

Nach § 6 Satz 1 GSiG in der für den hier betroffenen Leistungszeitraum maßgeblichen Fassung des Gesetzes über eine bedarfsorientierte Grundsicherung im Alter und bei Erwerbsminderung vom 26.06.2001 (BGBl. I S. 1310) wird die Grundsicherungsleistung in der Regel für den Zeitraum vom 1. Juli bis zum 30. Juni des folgenden Jahres bewilligt. Eine Ausnahme von dieser Regel enthält § 6 Satz 2 GSiG, allerdings nur für den Beginn der Leistung. Nach dieser Vorschrift beginnt der Bewilligungszeitraum bei der Erstbewilligung oder bei einer Änderung der Leistung am Ersten des Monats, in dem der Antrag gestellt worden ist oder die Voraussetzungen für die Änderungen eingetreten und mitgeteilt worden sind.

Bemerkung zur Übertragbarkeit der Rechtsprechung auf das neue Recht des SGB XII:

Die gezeigte Rechtsprechung wird ohne Einschränkung auf das neue Recht übertragbar sein, zumal das bisherige Grundsicherungsgesetz lediglich in das SGB XII integriert wurde.

§ 45 SGB XII Feststellung der dauerhaften vollen Erwerbsminderung

(1) Der zuständige Träger der Sozialhilfe ersucht den nach § 109a Abs. 2 des Sechsten Buches zuständigen Träger der Rentenversicherung, die medizinischen Voraussetzungen des § 41 Abs. 1 Nr. 2 zu prüfen, wenn es auf Grund der Angaben und Nachweise des Leistungsberechtigten als wahrscheinlich erscheint, dass diese erfüllt sind und das zu berücksichtigende Einkommen und Vermögen nicht ausreicht, um den Lebensunterhalt vollständig zu decken. Die Entscheidung des Trägers der Rentenversicherung ist für den ersuchenden Träger der Sozialhilfe bindend. Ein Ersuchen findet nicht statt, wenn

1. ein Träger der Rentenversicherung bereits die Voraussetzungen des § 41 Abs. 1 Nr. 2 im Rahmen eines Antrags auf eine Rente wegen Erwerbsminderung festgestellt hat oder
2. der Fachausschuss einer Werkstatt für behinderte Menschen über die Aufnahme in eine Werkstatt oder Einrichtung eine Stellungnahme abgegeben hat (§§ 2 und 3 der Werkstättenverordnung) und der Leistungsberechtigte kraft Gesetzes nach § 43 Abs. 2 Satz 3 Nr. 1 des Sechsten Buches als voll erwerbsgemindert gilt.

Die kommunalen Spitzenverbände und die Deutsche Rentenversicherung Bund können Vereinbarungen über das Verfahren schließen.

(2) Die Träger der Sozialhilfe erstatten den Trägern der Rentenversicherung die Kosten und Auslagen nach § 109a Abs. 2 des Sechsten Buches, die auf Grund des Ersuchens nach Absatz 1 entstehen. Die kommunalen Spitzenverbände und die Deutsche Rentenversicherung Bund können Vereinbarungen über die Zahlung von Pauschalbeträgen schließen. Eine Kostenerstattung nach dem Zweiten Abschnitt des Dreizehnten Kapitels findet nicht statt.

Zu § 5

Um sicherzustellen, dass der begünstigte Personenkreis umfassend informiert und die Inanspruchnahme der Leistungen der Grundsicherung erleichtert wird, sieht das Gesetz verschiedene Verfahrensschritte vor. Diese verknüpfen Erkenntnisse und Kompetenzen mehrerer Sozialleistungsträger mit einer Verpflichtung, zur Unterstützung der Leistungsberechtigten und ihrer Ansprüche tätig zu werden. Der Klarheit halber sind die entsprechenden Aufgaben des Rentenversicherungsträgers in § 109a des Sechsten Buches Sozialgesetzbuch verankert.

Zu Absatz 1

Die Rentenversicherungsträger haben ab In-Kraft-Treten dieses Gesetzes (Artikel 24) eine allgemeine Informationspflicht gegenüber den Rentenbeziehern, für die sie zuständig sind. Ihre Verpflichtung verdichtet sich zu einer Handlungsverpflichtung gegenüber einzelnen Rentenbeziehern, wenn die Renteneinkünfte einen Schwellenwert unterschreiten, der als Obergrenze für einen Bedarf an Grundsicherung angesehen werden kann. Dieser Betrag wird mit dem Grundbetrag nach § 81 Abs. 1 des Bundessozialhilfegesetzes festgelegt. Wird er unterschritten, hat der Rentenversicherungsträger dem betreffenden Rentenbezieher über die Information hinaus auch noch ein Antragsformular für die Grundsicherung zu übermitteln. Wird ein derartiger Antrag bei ihm sodann eingereicht, leitet er ihn an den zuständigen Träger der Grundsicherung weiter. Gleichzeitig teilt er diesem die Höhe der von ihm geleisteten Rente mit und ob die Voraussetzungen des § 1 erfüllt sind. In Fällen, in denen wegen der Höhe der Rente ein Anspruch auf Leistungen der Grundsicherung offenkundig nicht besteht, verbleibt es bei der Verpflichtung zur Weiterleitung des Antrages gemäß § 16 Abs. 2 des Erstes Buches Sozialgesetzbuch. Auf Anfrage von nicht rentenberechtigten Personen haben die Rentenversicherungsträger ebenfalls zu informieren und zu beraten.

Zu Absatz 2

Um die Antragsberechtigung und die Anspruchshöhe feststellen zu können, ist der Träger der Grundsicherung regelmäßig auf die Amtshilfe der Rentenversicherungsträger angewiesen. Dies trifft vor allem für die Antragsberechtigung nach § 1 Nr. 2, aber auch für die Höhe der gezahlten Rente zu. Einer besonderen Regelung bedürfen die Fälle, in denen die Voraussetzungen der Antragsberechtigung nach § 1 Nr. 2 wegen des Fehlens von Rentenansprüchen nicht von einem Rentenversicherungsträger festgestellt worden sind. Hier wird die Verpflichtung des nach § 109a Abs. 2 Satz 2 des Sechsten Buches Sozialgesetzbuch zuständigen Rentenversicherungsträgers gesetzlich festgeschrieben, auf Anforderung und auf Kosten des zuständigen Trägers der Grundsicherung die notwendigen Feststellungen zu treffen. Da es sich hierbei nur um einen unselbstständigen Verfahrensschritt in dem Verwaltungsverfahren handelt, das zur Entscheidung über den Antrag auf Grundsicherung durchgeführt wird, können die vorgenannten Feststellungen nur über die Entscheidung in der Sache angegriffen und gegebenenfalls gerichtlich angefochten werden (§ 44a VwGO).

Zu Absatz 3

Ähnlich wie die Rentenversicherungsträger werden auch die Träger der Sozialhilfe besonders verpflichtet, in Betracht kommende Hilfeempfängerinnen und -empfänger auf die Leistungen nach diesem Gesetz hinzuweisen und die Antragstellung durch die Übermittlung eines Antragsformulars zu erleichtern.

Leitsatz (redaktionell) (LSG Hamburg, Beschluss vom 22. März 2005, Az.: L 3 B 46/05 ER SO)

Aus § 21 SGB XII folgt, dass Leistungen für den Lebensunterhalt nicht erhält, wer als Erwerbsfähiger in eigener Person oder als Angehöriger dem Grunde nach leistungsberechtigt nach dem SGB II ist.

Leitsatz (redaktionell) (VG Lüneburg 6. Kammer, Beschluss vom 2. Juli 2003, Az: 6 B 120/03)

Nach § 5 Abs. 2 des Gesetzes über eine bedarfsorientierte Grundsicherung im Alter und bei Erwerbsminderung vom 26. Juni 2001 (BGBl. I 1310, 1335, abgekürzt: GSiG) prüft der nach § 109a Abs. 2 Satz 2 des Sechsten Buches Sozialgesetzbuch zuständige Rentenversicherungsträger auf Ersuchen und auf Kosten des zuständigen Trägers der Grundsicherung, in dessen Bereich der Antragsteller seinen gewöhnlichen Aufenthalt hat, ob die Voraussetzungen des § 1 Nr. 2 vorliegen, wenn bei Personen, die das 18. Lebensjahr vollendet haben, kein Anspruch auf eine Rente wegen Erwerbsminderung besteht.

Leitsatz (VG Göttingen 2. Kammer, Beschluss vom 20. Mai 2003, Az.: 2 B 194/03)

1. Liegt ein aussagekräftiges fachärztliches Attest über die Arbeitsunfähigkeit eines Sozialhilfebeziehers vor, das inhaltlich nicht schlüssig angegriffen wird, begründet das während der Arbeitsunfähigkeitsdauer unternommene selbstständige Bemühen um einen Arbeitsplatz auf dem freien Arbeitsmarkt nicht notwendig Zweifel an den Aussagen des Attestes, die eine Mitwirkungspflicht des Sozialhilfebeziehers, sich einer amtsärztlichen Untersuchung zu unterziehen, zur Folge hätte.

2. Der Sozialhilfe-/Grundsicherungsträger ist gemäß § 5 Abs. 2 S 1 GSiG nicht befugt, eine amtsärztliche Untersuchung mit dem Ziel zu verlangen, festzustellen, ob die Anspruchsvoraussetzungen nach § 1 Nr. 2 GSiG vorliegen. Die Prüfungskompetenz liegt insoweit bei den Rentenversicherungsträgern.

Bemerkung zur Übertragbarkeit der Rechtsprechung auf das neue Recht des SGB XII:

Die vorgenannten Entscheidungen werden ohne Einschränkung auf das neue Recht übertragen werden können, da das bisherige Grundsicherungsgesetz (GSiG) vollständig in das SBG XII integriert wurde.

§ 46 SGB XII Zusammenarbeit mit den Trägern der Rentenversicherung

Der zuständige Träger der Rentenversicherung informiert und berät leistungsberechtigte Personen nach § 41, die rentenberechtigt sind, über die Leistungsvoraussetzungen und über das Verfahren nach diesem Kapitel. Personen, die nicht rentenberechtigt sind, werden auf Anfrage beraten und informiert. Liegt eine Rente unter dem 27fachen Betrag des aktuellen Rentenwertes nach den §§ 68 und 255c des Sechsten Buches, ist der Information zusätzlich ein Antragsformular beizufügen. Der Träger der Rentenversicherung übersendet einen eingegangenen Antrag mit einer Mitteilung über die Höhe der monatlichen Rente und über das Vorliegen der Voraussetzungen der Leistungsberechtigung an den zuständigen Träger der Sozialhilfe. Eine Verpflichtung des Trägers der Rentenversicherung nach Satz 1 besteht nicht, wenn eine Inanspruchnahme von Leistungen nach diesem Kapitel wegen der Höhe der gezahlten Rente sowie der im Rentenverfahren zu ermittelnden weiteren Einkommen nicht in Betracht kommt.

Zu § 7

Für die effektive Durchführung des Gesetzes ist eine enge Zusammenarbeit der Träger der Grundsicherung mit den Rentenversicherungsträgern erforderlich. Auch im Hinblick auf den notwendigen Austausch von Sozialdaten ist eine bereichsspezifische gesetzliche Grundlage vonnöten. Die Verpflichtung zur Unterstützung der Antragsberechtigten bei der Antragstellung wird besonders hervorgehoben.

§ 47 SGB XII Vorbeugende Gesundheitshilfe

Zur Verhütung und Früherkennung von Krankheiten werden die medizinischen Vorsorgeleistungen und Untersuchungen erbracht. Andere Leistungen werden nur erbracht, wenn ohne diese nach ärztlichem Urteil eine Erkrankung oder ein sonstiger Gesundheitsschaden einzutreten droht.

Die vorbeugende Gesundheitshilfe wurde bisher im Bundessozialhilfegesetz zusammen mit der Hilfe bei Krankheit in einer Vorschrift (§ 37) geregelt. Um die besondere Bedeutung der vorbeugenden Gesundheitshilfe zu betonen, wird diese Hilfeform der Hilfen zur Gesundheit nunmehr in einer eigenen Vorschrift an den Anfang des vierten Kapitels gestellt, ohne dass damit inhaltliche Änderungen verbunden sind.

§ 48 SGB XII Hilfe bei Krankheit

Um eine Krankheit zu erkennen, zu heilen, ihre Verschlimmerung zu verhüten oder Krankheitsbeschwerden zu lindern, werden Leistungen zur Krankenbehandlung entsprechend dem Dritten Kapitel Fünften Abschnitt Ersten Titel des Fünften Buches erbracht. Die Regelungen zur Krankenbehandlung nach § 264 des Fünften Buches gehen den Leistungen der Hilfe bei Krankheit nach Satz 1 vor.

Durch die Aufsplittung des bisherigen § 37 des Bundessozialhilfegesetzes wird die Hilfe bei Krankheit ebenfalls in einer eigenen Vorschrift geregelt.

§ 49 SGB XII   Hilfe zur Familienplanung

Zur Familienplanung werden die ärztliche Beratung, die erforderliche Untersuchung und die Verordnung der empfängnisregelnden Mittel geleistet. Die Kosten für empfängnisverhütende Mittel werden übernommen, wenn diese ärztlich verordnet worden sind.

Die Vorschrift überträgt inhaltsgleich den bisherigen § 36 des Bundessozialhilfegesetzes.

§ 50 SGB XII Hilfe bei Schwangerschaft und Mutterschaft

Bei Schwangerschaft und Mutterschaft werden
1. ärztliche Behandlung und Betreuung sowie Hebammenhilfe,
2. Versorgung mit Arznei-, Verband- und Heilmitteln,
3. Pflege in einer stationären Einrichtung und
4. häusliche Pflegeleistungen nach § 65 Abs. 1

geleistet.

Die Vorschrift überträgt inhaltsgleich den bisherigen § 36b des Bundessozialhilfegesetzes.

§ 51 SGB XII   Hilfe bei Sterilisation

Bei einer durch Krankheit erforderlichen Sterilisation werden die ärztliche Untersuchung, Beratung und Begutachtung, die ärztliche Behandlung, die Versorgung mit Arznei-, Verband- und Heilmitteln sowie die Krankenhauspflege geleistet.

Die Vorschrift überträgt inhaltsgleich den bisherigen § 36a des Bundessozialhilfegesetzes.

§ 52 SGB XII   Leistungserbringung, Vergütung

(1) Die Hilfen nach den §§ 47 bis 51 entsprechen den Leistungen der gesetzlichen Krankenversicherung. Soweit Krankenkassen in ihrer Satzung Umfang und Inhalt der Leistungen bestimmen können, entscheidet der Träger der Sozialhilfe über Umfang und Inhalt der Hilfen nach pflichtgemäßem Ermessen.

(2) Leistungsberechtigte haben die freie Wahl unter den Ärzten und Zahnärzten sowie den Krankenhäusern entsprechend den Bestimmungen der gesetzlichen Krankenversicherung. Hilfen werden nur in dem durch Anwendung des § 65a des Fünften Buches erzielbaren geringsten Umfang geleistet.

(3) Bei Erbringung von Leistungen nach den §§ 47 bis 51 sind die für die gesetzlichen Krankenkassen nach dem Vierten Kapitel des Fünften Buches geltenden Regelungen mit Ausnahme des Dritten Titels des Zweiten Abschnitts anzuwenden. Ärzte, Psychotherapeuten im Sinne des § 28 Abs. 3 Satz 1 des Fünften Buches und Zahnärzte haben für ihre Leistungen Anspruch auf die Vergütung, welche die Ortskrankenkasse, in deren Bereich der Arzt, Psychotherapeut oder der Zahnarzt niedergelassen ist, für ihre Mitglieder zahlt. Die sich aus den §§ 294 , 295 , 300 bis 302 des Fünften Buches für die Leistungserbringer ergebenden Verpflichtungen gelten auch für die Abrechnung von Leistungen nach diesem Kapitel mit dem Träger der Sozialhilfe. Die Vereinbarungen nach § 303 Abs. 1 sowie § 304 des Fünften Buches gelten für den Träger der Sozialhilfe entsprechend.

(4) Leistungsberechtigten, die nicht in der gesetzlichen Krankenversicherung versichert sind, wird unter den Voraussetzungen von § 39a Satz 1 des Fünften Buches zu stationärer und teilstationärer Versorgung in Hospizen der von den gesetzlichen Krankenkassen entsprechend § 39a Satz 3 des Fünften Buches zu zahlende Zuschuss geleistet.

(5) Für Leistungen zur medizinischen Rehabilitation nach § 54 Abs. 1 Satz 1 gelten die Absätze 2 und 3 entsprechend.

Die Vorschrift überträgt inhaltsgleich den bisherigen § 38 des Bundessozialhilfegesetzes.

Die Rechtsprechung zu den Hilfen zur Gesundheit (§§ 47 bis 52 SGB II)

Leitsatz (redaktionell) (VG Gelsenkirchen 2. Kammer, Beschluss vom 16. März 2004, Az.: 2 L 575/04)

§ 36 Satz 2 BSHG ist eine ergänzende Sonderregelung zugunsten derjenigen, die das 20. Lebensjahr vollendet haben, wenn diese auf eine Empfängnisverhütung zwingend angewiesen, aber nicht in der Lage sind die Kosten aus dem gewährten Regelsatz zu bezahlen.

Leitsatz (redaktionell) (VG Hannover 7. Kammer, Beschluss vom 15. Januar 2004, Az.: 7 B 59/04)

Die Antragstellerin hat keinen Anspruch auf Übernahme der Zuzahlungen nach dem SGB V im Wege einer einmaligen Beihilfe. Ein Anspruch auf gesonderte Übernahme der Zuzahlungen durch Gewährung einer einmaligen Beihilfe besteht nur insoweit, als der Bedarf nicht ein Regelbedarf ist und deshalb nicht durch Regelsatzleistungen abgegolten ist.

Leitsatz (BVerwG 5. Senat, Urteil vom 19. Mai 1994, Az.: 5 C 5/92)

Hilfe zur Familienplanung (§ 37b BSHG) umfasst die Übernahme der Kosten für empfängnisregelnde Mittel nur, wenn diese ärztlich verordnet worden sind. Das Erfordernis einer ärztlichen Verordnung kann nicht nachträglich erfüllt werden.

Leitsatz (Hamburgisches Oberverwaltungsgericht 4. Senat,
Urteil vom 21. Dezember 1990, Az.: Bf IV 8/90)

1. Aus § 36 Abs. 1 BSHG kann ein Anspruch auf Hilfe für die Beschaffung von Kondomen zur Aidsvorsorge nicht hergeleitet werden. Die Vermeidung der Gefahr einer Aidserkrankung beim ungeschützten Geschlechtsverkehr ist keine Angelegenheit der vorbeugenden Gesundheitshilfe als einer Hilfe in besonderen Lebenslagen.

2. Die Übernahme entsprechender Kosten zur Schwangerschaftsverhütung als Hilfe zur Familienplanung kommt nicht in Betracht, wenn es an der gemäß § 37b S 2 Nr. 2 BSHG erforderlichen ärztlichen Verordnung fehlt.

3. Kosten für – ärztlich nicht verordnete – Kondome zu den genannten Zwecken zählen vielmehr zu den allgemeinen Aufwendungen für das Sexualleben als einem Grundbedürfnis des menschlichen Daseins. Sie sind daher nach dem System der Hilfen nach dem BSHG der Hilfe zum Lebensunterhalt zuzuordnen und, weil sie grundsätzlich regelmäßig anfallen können, aus der Regelsatzhilfe zu decken.

Leitsatz (Hamburgisches Oberverwaltungsgericht 4. Senat,
Urteil vom 20. Oktober 1989, Az.: Bf IV 52/89)

1. Eine Erholungsreise zählt nicht zum notwendigen Lebensunterhalt nach § 12 Abs. 1 BSHG.

2. Die Krankenversorgung von Mitgliedern der gesetzlichen Krankenversicherung ist umfassend und abschließend sozialversicherungsrechtlich geregelt, so dass für ein Eingreifen der Sozialhilfe regelmäßig kein Raum ist.

3. Der Umfang des sozialhilferechtlichen Bedarfs an Leistungen zur Krankenversorgung bestimmt sich wegen der Verweisung auf die versicherungsrechtlichen Vorschriften (§§ 36 Abs. 2 S 2, 37 Abs. 2 S 2 BSHG) nach den Vorschriften der gesetzlichen Krankenversicherung.

4. Leistungen der medizinischen Rehabilitation nach § 40 Abs. 1 Nr. 1 BSHG kommen grundsätzlich nur für Personen in Betracht, die nicht Mitglied einer gesetzlichen Krankenversicherung sind.

Andere Personen müssen vorrangig die Leistungen der medizinischen Rehabilitation nach dem Sozialgesetzbuch V in Anspruch nehmen.

Leitsatz (BVerwG 5. Senat, Urteil vom 23. Juni 1988, Az.: 5 C 27/86)

In welcher Höhe vorbeugende Gesundheitshilfe in Gestalt der Übernahme der Kosten für eine Erholungskur zu gewähren ist, richtet sich nach den Vorschriften des Bundessozialhilfegesetzes über den Einsatz des Einkommens und Vermögens. Der dem Hilfesuchenden von einem Träger der gesetzlichen Krankenversicherung gewährte Zuschuss mindert aus Gründen des Nachrangs die zu gewährende Sozialhilfe, begrenzt diese aber nicht auf den Zuschussbetrag.

Leitsatz (Oberverwaltungsgericht für das Land Nordrhein-Westfalen 16. Senat, Beschluss vom 25. Januar 2005, Az.: 16 B 2219/04)

1. Dem Erfordernis, im Rahmen der Beschwerde in Verfahren des vorläufigen Rechtsschutzes die Gründe darzulegen, aus denen die angefochtene Entscheidung abzuändern oder aufzuheben ist, und sich mit der angefochtenen Entscheidung auseinanderzusetzen (§ 146 Abs. 4 Satz 3 VwGO), wird nur dann entsprochen, wenn die Begründung jedenfalls ein Mindestmaß an argumentativer Befassung mit den tragenden Erwägungen der angefochtenen Entscheidung erkennen lässt. Es genügt nicht, lediglich apodiktisch der im angefochtenen Beschluss eingehend begründeten Rechtsauffassung des VG entgegenzutreten.

2. Zur Möglichkeit, den Sozialhilfeträger auf Gewährung von Krankenhilfe in Anspruch zu nehmen, nachdem die gemäß § 264 SGB V (SGB 5) leistungsverpflichtete Krankenkasse die Kostenübernahme mit der Begründung abgelehnt hat, die Wirksamkeit der beabsichtigten Behandlung sei nicht hinreichend wissenschaftlich abgesichert.

Leitsatz (SG Leipzig 8. Kammer, Urteil vom 16. Dezember 2004, Az.: S 8 KR 540/04)

Kosten für nicht verschreibungspflichtige Arzneimittel, die nach der Ausnahmeliste des Gemeinsamen Bundesausschusses in den Arzneimittelrichtlinien nicht ausnahmsweise verordnet werden dürfen, sind auch nicht im Wege einer gerichtlichen Einzelfallentscheidung von den gesetzlichen Krankenkassen zu erstatten bzw. zu übernehmen. Die Entscheidung des Gemeinsamen Bundesausschusses ist insoweit bindend.

Leitsatz (redaktionell) (VG Wiesbaden 2. Kammer,
Urteil vom 12. November 2004, Az.: 2 E 1259/02)

Letztlich steht im Vordergrund die individuelle Förderung und Betreuung der
behinderten Menschen.

Aus den Gründen:

„... *Die Klage ist zulässig und begründet.*

Statthafte Klageart ist die Verpflichtungsklage. Das Schreiben ohne Rechtsmittelbelehrung vom 02. November 2001 hat die Rechtsqualität eines Verwaltungsaktes. Es enthält eine Regelung, nämlich die Kostentragung für das Wechseln der Trachealkanüle. Es handelt sich dabei aber nicht um einen Dauerverwaltungsakt, auch wenn die medizinische Behandlungspflege ohne zeitliche Einschränkung gewährt wurde. Denn Leistungen nach dem BSHG sind keine (rentengleichen) Dauerleistungen, sondern Hilfen in einer bestimmten Notsituation. Auch Leistungen für einen längeren Zeitraum werden nach ständiger Rechtsprechung des Bundesverwaltungsgerichts grundsätzlich nur für die nächstliegende Zeit bewilligt. Eine Einstellung der gewährten Hilfe ist damit kein Widerruf, keine Rücknahme oder Aufhebung eines fortwirkenden Verwaltungsakts, sondern die Versagung der weiteren Bewilligung (vgl. BVerwG, Urteil vom 26. September 1991 – 5 C 14/87 – FEVS 43, 1 ff.). Entgegen der Auffassung des Beklagten findet daher § 48 SGB X keine Anwendung.

Die von dem Beklagten in dem angefochtenen Bescheid vom 4. September 2001 in Gestalt des Widerspruchsbescheides vom 13. Mai 2002 ausgesprochene Versagung der Weiterbewilligung der Kosten für den Wechsel der Trachealkanüle erweist sich als rechtswidrig und verletzt die Klägerin in ihren Rechten (§ 113 Abs. 1 Satz 1 VwGO). Die Klägerin hat einen Anspruch auf Kostenübernahme. Gemäß §§ 28 Abs. 1 Satz 2, 27 Abs. 1 Nr. 1 SGB V i.V.m. §§ 37 Abs. 1, 28 Abs. 1 BSHG wird Krankenhilfe in Form der ärztlichen Behandlung gewährt, soweit einem Hilfesuchenden die Aufbringung der Mittel aus eigenem Einkommen und Vermögen nach den §§ 76 ff. BSHG, die den Einsatz des Einkommens und Vermögens regeln, nicht zuzumuten ist. Dem entsprechend übernahm der Beklagte vom Zeitpunkt der Kehlkopfoperation bis zum 30. September 2001 die der Klägerin entstandenen Kosten für den täglichen Wechsel der Trachealkanüle als medizinische Behandlungspflege. Der Beklagte ist jedoch auch für den streitgegenständlichen Zeitraum ab dem 01. Oktober 2001 bis zum 12. März 2003 als verpflichtet anzusehen, die Kosten für den täglichen Wechsel der Trachealkanüle zu übernehmen.

Dies ergibt sich aus Folgendem:

Der zwischen dem Kläger und der Beigeladenen am 17. November 2000 geschlossenen Vereinbarung nach § 93 Abs. 2 i.V.m. §§ 93 a ff. BSHG ist in ihrem § 4 (Leistungsangebot der Einrichtung) nicht zu entnehmen, dass nunmehr die Beigeladene als verpflichtet anzusehen ist, durch das Personal seiner Einrichtung die Trachealkanüle täglich wechseln zu lassen und damit für die Kosten aufzukommen. In § 4 Abs. 1b) Nr. 7 ist zwar unter anderem als Leistungsangebot der Beigeladenen die Gesundheitsförderung und -erhaltung, insbesondere das Ausführen ärztlicher oder therapeutischer Verordnungen erwähnt. Auch handelt es sich bei den vorzunehmenden Wechseln der Trachealkanüle um die Ausführung einer ärztlichen Verordnung, da sie medizinisch indiziert ist. Ob diese Tätigkeit von der Leistungsvereinbarung mitumfasst ist, ist aber auf der Grundlage des Vertrages unter Beachtung des Zweckes der Einrichtung zu ermitteln.

Danach ist zunächst davon auszugehen, dass es sich bei der von der Beigeladenen betriebenen Einrichtung, dem ..., um eine Wohneinrichtung für Menschen mit geistiger Behinderung und nicht um eine Pflegeeinrichtung im Sinne von § 71 Abs. 2 SGB XI handelt, zu deren Auftrag eine bedarfsgerechte und gleichmäßige, dem allgemeinen Stand medizinisch-pflegerischer Erkenntnisse entsprechende pflegerische Versorgung gehört (§ 69 Satz 1 SGB XI). Bei den untergebrachten Personen handelt es sich nach § 3 der Vereinbarung um den Personenkreis des § 39 Abs. 1 Satz 1 und Abs. 2 BSHG mit einer geistigen Behinderung. Die Einrichtung ... betreut folglich erwachsene Menschen mit geistiger Behinderung der Hilfebedarfsgruppen von 1 (sehr geringer Hilfebedarf) bis 5 (sehr hoher Hilfebedarf), die wesentlich in ihrer Fähigkeit, an der Gesellschaft teilzuhaben, eingeschränkt oder von einer solchen wesentlichen Behinderung bedroht sind. Dem in § 4 der Vereinbarung beschriebenen Leistungsangebot der Einrichtung ist zu entnehmen, dass neben der gewährten Unterkunft und Verpflegung unter „Maßnahme Wohnen" insbesondere Beratung, Betreuung, Pflege, Unterstützung, Begleitung, Anleitung und Förderung bei der alltäglichen Lebensführung, der individuellen Basisversorgung, der Gestaltung sozialer Beziehungen, der Teilnahme am kulturellen und gesellschaftlichen Leben, der Kommunikation und Orientierung, der emotionalen und psychischen Entwicklung, der Gesundheitsförderung sowie -erhaltung und sozialpädagogische Angebote gewährt wird. Letztlich steht im Vordergrund die individuelle Förderung und Betreuung der behinderten Menschen.

Hingegen sind rein allgemeinmedizinisch indizierte Behandlungen, soweit sie nur von medizinisch und nicht lediglich pflegerisch geschultem Personal geleistet werden dürfen, nicht in dem Leistungsangebot der Einrichtung enthalten. Der Beklagte konnte bei der Vereinbarung folglich nicht davon ausgehen, dass der Beigeladene medizinisch geschultes Personal – wie für das Wechseln der Trachealkanüle erforderlich – vorhält. Es ist für das Gericht ohne Einholung eines Gutachtens ohne weiteres ersichtlich, dass der Wechsel einer Trachealkanüle nur von medizinisch geschultem Personal vorgenommen werden darf, da es sich um eine medizinisch indizierte Tätigkeit handelt, die zwar nicht zwingend von einem Arzt, aber doch zumindest von entsprechend geschultem Personal durchzuführen ist. Da der Beigeladene nicht als verpflichtet anzusehen ist, medizinisches Personal bzw. Hilfspersonal vorzuhalten, durfte der Beklagte nicht davon ausgehen, dass in § 7 der Vereinbarung die Vergütung für derartige Leistungen enthalten ist. Der Beklagte durfte ferner auf Grund von § 4 Abs. 3 der Vereinbarung nicht davon ausgehen, dass der Beigeladene verpflichtet ist, auf seine Kosten erforderliche Leistungen, die er nicht selbst erbringen kann, durch Dritte erbringen zu lassen, denn § 4 Abs. 3 der Vereinbarung bezieht sich ausschließlich auf dessen Absatz 2. Lediglich ergänzend weist das Gericht darauf hin, dass das Wechseln der Trachealkanüle nicht nur einer erforderlichen Anleitung bzw. Einweisung bedarf, sondern der insoweit Tätige auch über die insoweit verbundenen Risiken und die Folgen für den Fall fehlerhaften Handelns aufgeklärt werden muss. In Ansehung dieser Voraussetzungen folgt bereits aus dem Umstand, dass die Beigeladene den Wechsel nicht durch eigenes Personal durchführen lässt, dass eine entsprechende Einweisung und Risikoaufklärung (noch) nicht erfolgt ist.

Der Klage ist daher stattzugeben." ...

Leitsatz (Oberverwaltungsgericht für das Land Brandenburg 4. Senat,
Urteil vom 4. November 2004, Az.: 4 A 167/02)

1. Zu den tatbestandlichen Voraussetzungen der Erstattung von Aufwendungen des Nothelfers nach § 121 BSHG.

2. Zur Frage der Passivlegitimation für den Aufwendungserstattungsanspruch des Nothelfers.

Aus den Gründen:

„... *Würde bei einem (medizinischen) Eilfall i. S. v. § 121 BSHG auch bei Kenntnis des gewöhnlichen Aufenthaltsortes des Hilfesuchenden stets ein Eilfall i. S. d. § 97 Abs. 2 Satz 3, 2. Alt. BSHG vorliegen, so bedeutete dies eine generelle „Zuständigkeitsprivilegierung" für den Nothelfer. Der Nothelfer könnte dann seinen Erstattungsanspruch gem. § 121 BSHG stets gegenüber dem Sozialhilfeträger des tatsächlichen Aufenthaltsortes des Hilfesuchenden geltend machen, welche Regelung dann in § 121 BSHG selbst zu erwarten gewesen wäre. Für diese „Zuständigkeitsprivilegierung" besteht jedoch gar kein Bedürfnis, wenn der gewöhnliche Aufenthalt des Hilfesuchenden bekannt ist. Auch liefe eine solche generelle Zuständigkeitsänderung der mit der Novellierung der Zuständigkeitsregeln im Jahre 1993 verfolgten Intention des Gesetzgebers zuwider, die Zahl der Erstattungsfälle zu vermindern (vgl. BT-Drs. 12/ 4401, S. 84). Der Zuständigkeitseintritt des Sozialhilfeträgers des tatsächlichen Aufenthalts nach § 97 Abs. 2 Satz 3 BSHG löst stets einen Erstattungsanspruch dieses Sozialhilfeträgers nach § 103 Abs. 1 BSHG und damit einen erheblichen Verwaltungsaufwand aus. Zur Verminderung dieser Verwaltungskosten wollte der Gesetzgeber die Zahl der Erstattungsfälle jedoch auf das unumgängliche Minimum reduzieren."* ...

Leitsatz (redaktionell) (VG Stuttgart 7. Kammer,
Beschluss vom 6. September 2004, Az.: 7 K 3055/04)

Das Gericht ist vorläufig der Auffassung, dass die Verweisung des § 37 Abs. 1 S. 2 BSHG auf die – vorrangigen – Regelungen des § 264 SGB V nicht nur für nicht krankenversicherte Hilfeempfänger gilt, sondern in einem umfassenderen Sinne zu verstehen ist.

Leitsatz (VG Neustadt, Beschluss vom 31. August 2004,
Az.: 4 L 2124/04.NW)

1. Sozialhilfeempfänger haben gegenüber dem Träger der Sozialhilfe keinen Anspruch auf Bewilligung von Krankenhilfe nach § 37 Abs. 1 BSHG für Fahrtkosten, die ihnen aus Anlass einer ambulanten ärztlichen Behandlung entstanden sind.

2. In Betracht kommt aber die Gewährung einer einmaligen Beihilfe nach § 21 Abs. 1 BSHG, wenn der Sozialhilfeempfänger im Kalenderjahr den Eigenanteil an den Kosten seiner gesundheitlichen Versorgung bereits aus der ihm bewilligten Hilfe zum Lebensunterhalt bis zur Belastungsgrenze nach § 62 Abs. 1 Satz 2 SGB V aufgebracht hat, er ferner keinen Anspruch auf Fahrtkostenerstattung gegen die Krankenkasse nach § 60 Abs. 1 Satz 3 SGB V i.V.m. § 8 der Krankentransportrichtlinien des Gemeinsamen Bundesausschusses (KrTRL) hat und schließlich die Fahrtkosten medizinisch notwendig sind.

3. Im vorläufigen Rechtsschutzverfahren scheidet die Verpflichtung des Trägers der Sozialhilfe zur Bewilligung einer einmaligen Beihilfe regelmäßig aus, wenn die Fahrtkosten in zumutbarer Weise vorläufig anderweitig gedeckt werden können.

Leitsatz (redaktionell) (VG Potsdam 7. Kammer,
Beschluss vom 27. Juli 2004, Az.: 7 L 643/04)

Aufgrund der mit dem GMG eingetretenen Änderungen, insbesondere auch des Leistungsrahmens der Krankenhilfe, ergibt sich, dass ein Anspruch auf die begehrte Sehhilfe bereits wegen des in § 37 Abs. 1 Satz 1 BSHG vorgesehenen Verweises auf die Leistungsvorschriften der §§ 27 ff. SGB V entfällt.

Leitsatz (Niedersächsisches Oberverwaltungsgericht 4. Senat,
Beschluss vom 13. August 2004, Az: 4 ME 224/04)

Aufgrund der am 01.01.2004 in Kraft getretenen Änderungen des BSHG ist eine Übernahme der Kosten für die Beschaffung einer Brille im Rahmen der Krankenhilfe nicht mehr möglich. Der Hilfeempfänger kann aber Anspruch auf die Gewährung einer einmaligen Leistung (Beihilfe) hierfür im Rahmen der Hilfe zum Lebensunterhalt haben.

Leitsatz (Niedersächsisches Oberverwaltungsgericht 12. Senat, Beschluss vom 9. März 2004, Az: 12 ME 64/04)

Mit der Änderung der §§ 37, 38 BSHG sowie von § 1 Abs. 1 Satz 2 der Regelsatzverordnung durch das Gesetz zur Modernisierung der gesetzlichen Krankenversicherung – GMG – vom 14. November 2003 (BGBl I S 2190 ff.) sind Praxisgebühr sowie Zuzahlungen für Arznei-, Verbandmittel und Fahrtkosten Bestandteil der Regelsatzleistungen geworden. Die Gewährung einmaliger Beihilfen für diesen Bedarf – auch auf der Grundlage der §§ 11, 21 BSHG – scheidet aus.

Bemerkung zur Übertragbarkeit der Rechtsprechung auf das neue Recht des SGB XII:

Mit Gesetz vom 14.11.2003 erfolgte die Einführung der Übernahme der Krankenbehandlung für Empfänger von Sozialhilfe durch die gesetzlichen Krankenkassen (GKV-Modernisierungsgesetz). Damit ist der Anspruch auf Hilfen zur Gesundheit für weite Teile nicht mehr relevant. Hiervon ausgeschlossen sind Sozialhilfeempfänger, die voraussichtlich nicht mindestens einen Monat ununterbrochen Hilfe zum Lebensunterhalt beziehen und Personen, die im Rahmen dieser Hilfe nur Beratung und Unterstützung oder die Kosten für eine angemessene Alterssicherung erhalten.

Für diesen (kleinen) Personenkreis bleibt auch die Rechtsprechung zu den Vorschriften des BSHGs aktuell und gültig.

§ 53 SGB XII   Leistungsberechtigte und Aufgabe

(1) Personen, die durch eine Behinderung im Sinne von § 2 Abs. 1 Satz 1 des Neunten Buches wesentlich in ihrer Fähigkeit, an der Gesellschaft teilzuhaben, eingeschränkt oder von einer solchen wesentlichen Behinderung bedroht sind, erhalten Leistungen der Eingliederungshilfe, wenn und solange nach der Besonderheit des Einzelfalles, insbesondere nach Art oder Schwere der Behinderung, Aussicht besteht, dass die Aufgabe der Eingliederungshilfe erfüllt werden kann. Personen mit einer anderen körperlichen, geistigen oder seelischen Behinderung können Leistungen der Eingliederungshilfe erhalten.

(2) Von einer Behinderung bedroht sind Personen, bei denen der Eintritt der Behinderung nach fachlicher Erkenntnis mit hoher Wahrscheinlichkeit zu erwarten ist. Dies gilt für Personen, für die vorbeugende Gesundheitshilfe und Hilfe bei Krankheit nach den §§ 47 und 48 erforderlich ist, nur, wenn auch bei Durchführung dieser Leistungen eine Behinderung einzutreten droht.

(3) Besondere Aufgabe der Eingliederungshilfe ist es, eine drohende Behinderung zu verhüten oder eine Behinderung oder deren Folgen zu beseitigen oder zu mildern und die behinderten Menschen in die Gesellschaft einzugliedern. Hierzu gehört insbesondere, den behinderten Menschen die Teilnahme am Leben in der Gemeinschaft zu ermöglichen oder zu erleichtern, ihnen die Ausübung eines angemessenen Berufs oder einer sonstigen angemessenen Tätigkeit zu ermöglichen oder sie so weit wie möglich unabhängig von Pflege zu machen.

(4) Für die Leistungen zur Teilhabe gelten die Vorschriften des Neunten Buches , soweit sich aus diesem Buch und den auf Grund dieses Buches erlassenen Rechtsverordnungen nichts Abweichendes ergibt. Die Zuständigkeit und die Voraussetzungen für die Leistungen zur Teilhabe richten sich nach diesem Buch.

Die Vorschrift überträgt inhaltsgleich den bisherigen § 39 des Bundessozialhilfegesetzes. Der bisherige Absatz 5 wird gestrichen, da die Nachrangregelung bereits in § 2 enthalten ist

§ 54 SGB XII   Leistungen der Eingliederungshilfe

(1) Leistungen der Eingliederungshilfe sind neben den Leistungen nach den §§ 26, 33, 41 und 55 des Neunten Buches insbesondere
1. Hilfen zu einer angemessenen Schulbildung, insbesondere im Rahmen der allgemeinen Schulpflicht und zum Besuch weiterführender Schulen einschließlich der Vorbereitung hierzu; die Bestimmungen über die Ermöglichung der Schulbildung im Rahmen der allgemeinen Schulpflicht bleiben unberührt,
2. Hilfe zur schulischen Ausbildung für einen angemessenen Beruf einschließlich des Besuchs einer Hochschule,
3. Hilfe zur Ausbildung für eine sonstige angemessene Tätigkeit,
4. Hilfe in vergleichbaren sonstigen Beschäftigungsstätten nach § 56,
5. nachgehende Hilfe zur Sicherung der Wirksamkeit der ärztlichen und ärztlich verordneten Leistungen und zur Sicherung der Teilhabe der behinderten Menschen am Arbeitsleben.

Die Leistungen zur medizinischen Rehabilitation und zur Teilhabe am Arbeitsleben entsprechen jeweils den Rehabilitationsleistungen der gesetzlichen Krankenversicherung oder der Bundesagentur für Arbeit.

(2) Erhalten behinderte oder von einer Behinderung bedrohte Menschen in einer stationären Einrichtung Leistungen der Eingliederungshilfe, können ihnen oder ihren Angehörigen zum gegenseitigen Besuch Beihilfen geleistet werden, soweit es im Einzelfall erforderlich ist.

Die Vorschrift überträgt im Wesentlichen inhaltsgleich den bisherigen § 40 des Bundessozialhilfegesetzes. Der bisherige Absatz 1 Satz 1 Nr. 2 wird gestrichen; die Regelung ist entbehrlich, da die dort angesprochenen Leistungen bereits in den Leistungen nach den im Gesetz genannten Regelungen des Neunten Buches enthalten sind.

§ 55 SGB XII   Sonderregelung für behinderte Menschen in Einrichtungen

Werden Leistungen der Eingliederungshilfe für behinderte Menschen in einer vollstationären Einrichtung der Hilfe für behinderte Menschen im Sinne des § 43a des Elften Buches erbracht, umfasst die Leistung auch die Pflegeleistungen in der Einrichtung. Stellt der Träger der Einrichtung fest, dass der behinderte Mensch so pflegebedürftig ist, dass die Pflege in der Einrichtung nicht sichergestellt werden kann, vereinbaren der Träger der Sozialhilfe und die zuständige Pflegekasse mit dem Einrichtungsträger, dass die Leistung in einer anderen Einrichtung erbracht wird; dabei ist angemessenen Wünschen des behinderten Menschen Rechnung zu tragen.

Die Vorschrift überträgt inhaltsgleich den bisherigen § 40a des Bundessozialhilfegesetzes.

§ 56 SGB XII   Hilfe in einer sonstigen Beschäftigungsstätte

Hilfe in einer den anerkannten Werkstätten für behinderte Menschen nach § 41 des Neunten Buches vergleichbaren sonstigen Beschäftigungsstätte kann geleistet werden.

Die Vorschrift überträgt inhaltsgleich den bisherigen § 41 des Bundessozialhilfegesetzes.

§ 57 SGB XII   Trägerübergreifendes Persönliches Budget

Leistungsberechtigte nach § 53 können auf Antrag Leistungen der Eingliederungshilfe auch als Teil eines trägerübergreifenden Persönlichen Budgets erhalten. § 17 Abs. 2 bis 4 des Neunten Buches in Verbindung mit der Budgetverordnung und § 159 des Neunten Buches sind insoweit anzuwenden.

Mit der Regelung wird behinderten Menschen nach § 48 die Teilnahme an dem trägerübergreifenden Persönlichen Budget, zentral geregelt in § 17 Abs. 2 bis 4 des Neunten Buches, eröffnet. Näheres, u. a. über die Zusammenarbeit und das Verfahren zwischen den am Persönlichen Budget beteiligten Leistungsträgern, regelt die Budgetverordnung. Budgetfähige Leistungen der Eingliederungshilfe für behinderte Menschen können entsprechend der Definition in § 17 Abs. 2 des Neunten Buches die Leistungen zur Teilhabe am Leben in der Gemeinschaft sein, die regelmäßig wiederkehrende und sich auf alltägliche regiefähige Bedarfe beziehen. Für die Träger der Sozialhilfe bedeutet die weitere Ausgestaltung des Persönlichen Budgets neben der Stärkung der Selbstbestimmung und Eigenverantwortlichkeit behinderter Menschen und eine mit dem Persönlichen Budget verbundene Reduzierung des Verwaltungsaufwandes auch die Möglichkeit, wirksam den ansteigenden Kosten in der Eingliederungshilfe entgegenzuwirken. Im Übrigen wird auf die Begründung zu Artikel 8 verwiesen.

§ 58 SGB XII   Gesamtplan

(1) Der Träger der Sozialhilfe stellt so frühzeitig wie möglich einen Gesamtplan zur Durchführung der einzelnen Leistungen auf.

(2) Bei der Aufstellung des Gesamtplans und der Durchführung der Leistungen wirkt der Träger der Sozialhilfe mit dem behinderten Menschen und den sonst im Einzelfall Beteiligten, insbesondere mit dem behandelnden Arzt, dem Gesundheitsamt, dem Landesarzt, dem Jugendamt und den Dienststellen der Bundesagentur für Arbeit, zusammen.

Die Vorschrift überträgt inhaltsgleich den bisherigen § 46 des Bundessozialhilfegesetzes.

§ 59 SGB XII   Aufgaben des Gesundheitsamtes

Das Gesundheitsamt oder die durch Landesrecht bestimmte Stelle hat die Aufgabe,
1. behinderte Menschen oder Personensorgeberechtigte über die nach Art und Schwere der Behinderung geeigneten ärztlichen und sonstigen Leistungen der Eingliederungshilfe im Benehmen mit dem behandelnden Arzt auch während und nach der Durchführung von Heilmaßnahmen und Leistungen der Eingliederungshilfe zu beraten; die Beratung ist mit Zustimmung des behinderten Menschen oder des Personensorgeberechtigten im Benehmen mit den an der Durchführung der

Leistungen der Eingliederungshilfe beteiligten Stellen oder Personen vorzuneh-men. **Steht der behinderte Mensch schon in ärztlicher Behandlung, setzt sich das Gesundheitsamt mit dem behandelnden Arzt in Verbindung. Bei der Beratung ist ein amtliches Merkblatt auszuhändigen. Für die Beratung sind im Benehmen mit den Landesärzten die erforderlichen Sprechtage durchzuführen,**

2. **mit Zustimmung des behinderten Menschen oder des Personensorgeberechtigten mit der gemeinsamen Servicestelle nach den §§ 22 und 23 des Neunten Buches den Rehabilitationsbedarf abzuklären und die für die Leistungen der Eingliede-rungshilfe notwendige Vorbereitung abzustimmen und**

3. **die Unterlagen auszuwerten und sie zur Planung der erforderlichen Einrichtungen und zur weiteren wissenschaftlichen Auswertung nach näherer Bestimmung der zuständigen obersten Landesbehörde weiterzuleiten. Bei der Weiterleitung der Unterlagen sind die Namen der behinderten Menschen und der Personensorgebe-rechtigten nicht anzugeben.**

Die Vorschrift überträgt im Wesentlichen in Nummer 1 und 3 inhaltsgleich den bishe-rigen § 126 des Bundessozialhilfegesetzes. Nummer 2 stellt das Verhältnis von Ge-sundheitsamt und Servicestellen klar. Das Gesundheitsamt hat jetzt zusammen mit der gemeinsamen Servicestelle den Rehabilitationsbedarf abzuklären und die für die Leistungen der Eingliederungshilfe notwendige Vorbereitung im Interesse des behin-derten Menschen abzustimmen.

§ 60 SGB XII   Verordnungsermächtigung

Die Bundesregierung kann durch Rechtsverordnung mit Zustimmung des Bundesra-tes Bestimmungen über die Abgrenzung des leistungsberechtigten Personenkreises der behinderten Menschen, über Art und Umfang der Leistungen der Eingliederungs-hilfe sowie über das Zusammenwirken mit anderen Stellen, die den Leistungen der Eingliederungshilfe entsprechende Leistungen durchführen, erlassen.

Die Vorschrift überträgt inhaltsgleich den bisherigen § 47 des Bundessozialhilfege-setzes.

Die Rechtsprechung zur Eingliederungshilfe für behinderte Menschen (§§ 53 bis 60 SGB II)

Die Träger der Sozialhilfe sind nach dem SGB IX Rehabilitationsträger wie auch die anderen Träger der sieben Sozialleistungsbereiche. Dies sind die Krankenversiche-rung, die Rentenversicherung, die Unfallversicherung, die Kriegsopferfürsorge, die Arbeitsförderung, die Jugend- und Sozialhilfe. Gemäß § 5 SGB IX werden von den Sozialämtern Leistungen zur medizinischen Rehabilitation, Leistungen zur Teilhabe am Arbeitsleben und Leistungen zur Teilhabe am Leben in der Gemeinschaft er-bracht. Gemäß § 7 SGB IX gelten für die Leistungen zur Teilhabe die Vorschriften des SGB IX, soweit sich aus dem SGB XII nichts Abweichendes ergibt.

Nachrang der Eingliederungshilfe

Leitsatz (redaktionell) (BVerwG 5. Senat, Urteil vom 9. Juni 1971, Az.: V C 56.70)

Wohl gilt auch im Verhältnis zwischen gesetzlicher Krankenversicherung und Sozialhilfe der allgemeine sozialhilferechtliche Grundsatz, dass Sozialhilfe nicht schon dann ausscheidet, wenn der Hilfesuchende Anspruch auf die begehrte Leistung gegen Dritte hat, sondern erst dann, wenn er sie auch tatsächlich erhält.

Aus den Gründen:

„... Die Leistungen der Eingliederungshilfe (und ebenso der Krankenhilfe – § 37 BSHG –) und die der gesetzlichen Krankenversicherung weichen freilich, was die Krankenhausbehandlung anlangt, voneinander ab. Die Wahl zwischen verschiedenen Krankenhäusern kann in der gesetzlichen Krankenversicherung mit Rücksicht auf die Bestimmungen des § 184 Abs. 5 in Verbindung mit § 371 der Reichsversicherungsordnung beschränkt sein, während eine derartige Beschränkung im Rahmen der Sozialhilfe nicht ohne weiteres Platz greift. Indessen ist zu beachten, dass der mögliche Beschränkung in der Krankenhausbehandlung nach der Reichsversicherungsordnung womöglich stärker ein entwickelter Rechtsanspruch auf die Leistungen der Krankenkasse im Übrigen gegenübersteht, während die Eingliederungshilfe im Rahmen der Sozialhilfe im Ermessen des Sozialhilfeträgers (§ 4 BSHG) ihre Schranke findet. Das mag aber auf sich beruhen. Auf die Einzelheiten in der Krankenversorgung nach den beiden gesetzlichen Systemen kann es entscheidend nicht ankommen. Entscheidend ist vielmehr, dass die Krankenversorgung nach der Reichsversicherungsordnung im Ganzen so ausgestaltet ist, dass für ein Eingreifen der Sozialhilfe regelmäßig kein Platz ist.

Wohl gilt auch im Verhältnis zwischen gesetzlicher Krankenversicherung und Sozialhilfe der allgemeine sozialhilferechtliche Grundsatz, dass Sozialhilfe nicht schon dann ausscheidet, wenn der Hilfesuchende Anspruch auf die begehrte Leistung gegen Dritte hat, sondern erst dann, wenn er sie auch tatsächlich erhält. Mit Rücksicht darauf kann ein Eingreifen der Sozialhilfe auch bei krankenversicherten Personen dann in Betracht kommen, wenn die gesetzliche Krankenversicherung, aus welchen Gründen auch immer, tatsächlich nicht leistet. Im vorliegenden Falle hat sich die Krankenkasse ihrer Leistungspflicht nicht gänzlich entzogen. Nichts liegt dafür vor, dass sie die Krankenhauskosten nicht übernommen hätte, hätte sich der Kläger an seinem damaligen Wohnort behandeln lassen. Sie hat sich lediglich geweigert, die Mehrkosten zu übernehmen, die durch den Aufenthalt in einem auswärtigen Krankenhaus entstanden sind. Derartige Mehrkosten brauchen indessen im Allgemeinen nicht im Wege der Sozialhilfe übernommen zu werden. Reicht die gesetzliche Krankenversorgung regelmäßig aus, um eine ordnungsgemäße Krankenversorgung sicherzustellen, so kann der Träger der Sozialhilfe die Übernahme von Mehrkosten ablehnen, die durch einen auswärtigen Krankenhausaufenthalt entstehen. Diese Regel muss jedoch eine Durchbrechung erfahren, wenn der Träger der Krankenversicherung – unbeschadet bestehender Verpflichtungen – die Übernahme der Mehrkosten für eine auswärtige Unterbringung aber ablehnt, obwohl erst durch die auswärtige

Unterbringung eine ausreichende Behandlung gewährleistet werden kann. Das kann etwa der Fall sein bei Erkrankungen, die die Aufnahme in Spezialkrankenhäuser erfordern. Das kann auch der Fall sein, wenn bei plötzlichen Erkrankungen die sofortige Einweisung in ein auswärtiges Krankenhaus erforderlich wird. Schließlich ist auch die Notwendigkeit einer auswärtigen Unterbringung dann nicht zu verneinen, wenn der Kranke erst im Verlaufe einer Behandlung wirtschaftlich außerstande gesetzt wird, die Behandlungsmehrkosten zu tragen, die ihm durch die Reichsversicherungsordnung gewährleistete Krankenversorgung jedoch nicht in Anspruch nehmen kann, weil er aus medizinischen Gründen das zuständige Krankenhaus nicht aufsuchen kann. Zusammengefasst: Im Einzelfall kann die Verweisung auf die gesetzliche Krankenversicherung dazu führen, dass eine ausreichende Krankenversorgung nicht mehr gewährleistet ist und deshalb die Sozialhilfe eingreifen muss. Ob ein derartiger Fall hier vorliegt, ist jedoch aus den bisher getroffenen Feststellungen nicht ausreichend zu erkennen." ...

Verhältnis zum Bereich Schule

Leitsatz (Bayerischer Verwaltungsgerichtshof München 12. Senat, Urteil vom 6. Juli 2005, Az.: 12 B 02.2188)

Nach bayerischem Landesrecht haben behinderte Kinder keinen Anspruch gegen die Schulverwaltung auf die Bereitstellung eines Integrationshelfers für den Besuch einer Förderschule. Ein Erstattungsanspruch des Sozialhilfeträgers, der diese Kosten im Rahmen der Eingliederungshilfe übernommen hat, scheidet daher aus.

Leitsatz (redaktionell) (BVerwG 5. Senat, Urteil vom 30. April 1992, Az.: 5 C 1/88)

Behinderte Schüler können unter bestimmten Voraussetzungen im Rahmen der Sozialhilfe Hausunterricht auch über das Ende ihrer allgemeinen Schulpflicht hinaus im Einzelfall beanspruchen.

Verhältnis zu Leistungen der Berufsausbildungsförderung

Leitsatz (BVerwG 5. Senat, Urteil vom 9. Oktober 1973, Az.: V C 15.73)

1. Der besondere Aufwand, der durch den Besuch eines blinden Schülers in einer auswärtigen (Heim-)Schule für Blinde und Sehbehinderte entsteht, steht nicht in unmittelbarem Zusammenhang mit der Ausbildung iS des AföG § 10 Abs. 5.

2. Die Ausbildungsförderung gehört zu den Sachgebieten der allgemeinen öffentlichen Fürsorge. Für eine Streitigkeit um Ausbildungsförderung besteht daher Gerichtskostenfreiheit.

Verhältnis zur Jugendhilfe

Leitsatz (redaktionell) (BVerwG 5. Senat, Urteil vom 6. Februar 1986, Az.: 5 C 23/85)

Erhält ein Minderjähriger in einer Notlage, die Hilfe zur Erziehung erfordert, diese Hilfe umfassend vom Träger der Jugendhilfe, dann besteht aus demselben Anlass kein Anspruch auf Sozialhilfe (hier: Eingliederungshilfe); diese ist nachrangig.

Leitsatz (BVerwG 5. Senat, Urteil vom 27. Juni 1991, Az.: 5 C 4/87)

Zum Verhältnis von Eingliederungshilfe (hier: für ein seelisch behindertes Kind) und Jugendhilfe unter der Geltung des Jugendwohlfahrtsgesetzes.

Aus den Gründen:

„... *Eine vorrangige Leistungsverpflichtung des Trägers der Jugendhilfe – für den hier im Streit befindlichen Zeitraum noch auf der Grundlage des Gesetzes für Jugendwohlfahrt (Jugendwohlfahrtsgesetz – JWG) in der Fassung der Bekanntmachung vom 25. April 1977 (BGBl. I S. 633, ber. S. 795) – besteht nicht. Der Senat hat – ebenfalls noch unter der Geltung des Jugendwohlfahrtsgesetzes – entschieden, dass in dem engen Rahmen, in dem ein überörtlicher Träger der Sozialhilfe auf der Grundlage des § 100 BSHG Hilfe zu leisten hat, ein Ausweichen auf die Jugendhilfe nicht vorstellbar sei (Urteil vom 19. Juni 1984 – BVerwG 5 C 125.83 – <Buchholz 436.0 § 39 BSHG Nr. 3, S. 8 f. = NDV 1985, 266/267>). Zwar ist – wie der Senat ebenfalls schon entschieden hat – die Sozialhilfe nachrangig, wenn in einer Notlage, die Hilfe zur Erziehung erfordert, diese Hilfe umfassend und endgültig vom Träger der Jugendhilfe gewährt wird (Urteil vom 6. Februar 1986 – BVerwG 5 C 23.85 – <Buchholz 436.0 § 39 BSHG Nr. 6>). In diesem Fall ist der Hilfesuchende nicht (mehr) hilfebedürftig im*

Sinne des § 2 Abs. 1 BSHG (BVerwG, Urteil vom 6. Februar 1986, a.a.O. S. 18) und besteht deshalb aus demselben Anlass kein Anspruch auf Sozialhilfe. Ein solcher Fall liegt hier aber nicht vor. Zu Recht hat das Berufungsgericht die Voraussetzungen des § 2 Abs. 1 BSHG verneint. Anders als in dem dem Urteil des erkennenden Senats vom 6. Februar 1986 zugrunde liegenden Rechtsstreit hat das Berufungsgericht hier ausgeführt und damit in tatsächlicher Hinsicht festgestellt, die ärztliche Beurteilung des Klägers schließe es aus, bei ihm lediglich von einem erzieherischen Defizit zu sprechen. Die vom Kläger bereits in dem (ausgesetzten) Widerspruchsverfahren gegen den Bescheid des Kreisjugendamtes beanstandete Zuordnung der ihm zu gewährenden Hilfe als Hilfe zur Erziehung (§§ 5, 6 JWG) durch jene Behörde bedeutete ferner nicht, dass der Beklagte – wie in dem vom Senat entschiedenen Fall – „sich (des Klägers) angenommen", der Kläger „die erforderliche und geeignete Hilfe im Gewande der Jugendhilfe tatsächlich erhalten" hat. Die Zuordnung zur Jugendhilfe durch jenen Bescheid änderte hier folglich nichts daran, dass der Kläger in Bezug auf Leistungen der Sozialhilfe hilfebedürftig blieb, wobei die Frage, ob Hilfebedürftigkeit in Bezug auf Maßnahmen der Sozialhilfe trotz Einkommens oder Vermögens besteht, sich insoweit ausschließlich nach den Bestimmungen des Bundessozialhilfegesetzes und der zu diesem Gesetz ergangenen Rechtsverordnungen richtet. Gemäß § 43 Abs. 2 BSHG steht aber das Grundvermögen der Mutter des Klägers einem Anspruch auf Eingliederungshilfe für den hier in Rede stehenden Bedarf nicht entgegen.

Diese Beurteilung des rechtlichen Verhältnisses von Eingliederungshilfe und Jugendhilfe wird durch die Regelungen des Gesetzes zur Neuordnung des Kinder- und Jugendhilferechts (Kinder- und Jugendhilfegesetz – KJHG) vom 26. Juni 1990 (BGBl. I S. 1163) bestätigt. In § 10 Abs. 2 des als Art. 1 dieses Gesetzes verkündeten Achten Buches Sozialgesetzbuch (SGB VIII) ist bestimmt, dass die Leistungen nach diesem Buch Leistungen nach dem Bundessozialhilfegesetz vorgehen (Satz 1), dass jedoch, soweit junge Menschen wegen einer körperlichen oder geistigen wesentlichen Behinderung oder weil sie von einer solchen Behinderung bedroht sind, Maßnahmen der Eingliederungshilfe nach dem Bundessozialhilfegesetz bedürfen, diese Leistungen vorgehen (Satz 2 Halbsatz 1). Mit dieser Bestimmung hat der Gesetzgeber das Verhältnis von Eingliederungshilfe und Jugendhilfe zwar nur für die Fälle der Hilfebedürftigkeit wegen körperlicher oder geistiger Behinderung in dem hier entschiedenen Sinne nunmehr ausdrücklich normiert, Leistungen an seelisch behinderte junge Menschen dagegen der Jugendhilfe zugeordnet (und hierbei die bisherigen Unterschiede zwischen Jugend- und Sozialhilfe in der finanziellen Belastung der Eltern im Wesentlichen aufgehoben, vgl. die Begründung zum Gesetzentwurf der Bundesregierung vom 1. Dezember 1989, BT-Drucks. 11/5948, S. 53). Dass der Gesetzgeber diese Zuordnung, durch die Forderungen der Sozialhilfepraxis Rechnung getragen wurde (vgl. die amtliche Begründung a.a.O.), vorgenommen hat, zeigt aber, dass auch er das Verhältnis von Jugend- und Sozialhilfe, wie es vor dem In-Kraft-Treten des Kinder- und Jugendhilfegesetzes, also unter der Geltung des Jugendwohlfahrtsgesetzes, bestanden hat, in dem hier entschiedenen Sinne beurteilt hat. Ebenso lässt die Stellungnahme des Bundesrats (BT-Drucks. 11/5948, S. 131) erkennen, dass der Gesetzgeber von dem „Übergang der Zuständigkeit vom überörtlichen oder örtlichen Träger der Sozialhilfe auf den örtlichen Träger der Jugendhilfe" als Folge der gesetzlichen Neuregelung in Verbindung mit den „notwendigen landesinternen Maßnahmen" ausgegangen ist. Dementsprechend bestimmt die Übergangsvorschrift des Art. 11 Abs. 1 KJHG, dass abweichend u.a. von § 10 Abs. 2 Satz 2 SGB VIII bis zum 31. Dezember 1994 für junge Menschen, die, weil sie seelisch wesentlich behindert oder von einer solchen Behinderung bedroht sind, Maßnahmen der Eingliederungshilfe bedürfen, die Leistungen der Eingliederungshilfe nach dem Bundessozialhilfegesetz vorgehen." ...

Zum Umfang der Schulbildung im Sinne von § 54 Abs. 1 Nr. 1 SGB XII

Leitsatz (redaktionell) (Niedersächsisches Oberverwaltungsgericht 12. Senat, Beschluss vom 19. April 2004, Az.: 12 ME 78/04)

Nicht beizutreten vermag der Senat jedoch der Einschätzung des Verwaltungsgerichts, bei der von dem Antragsteller begehrten Autismustherapie handele es sich um eine Leistung zur Teilnahme am Leben in der Gemeinschaft im Sinne der §§ 40 Abs. 1, Satz 1 Nr. 8 BSHG, 55 SGB IX und nicht um eine Hilfe zu einer angemessenen Schulbildung im Sinne der §§ 40 Abs. 1 Satz 1 Nr. 4, 43 Abs. 2 Satz 1 Nr. 2 BSHG, 12 Nr. 1 Eingliederungshilfe-Verordnung.

Leitsatz (redaktionell) (OVG Lüneburg 13. Senat, Beschluss vom 18. Mai 2000, Az.: 13 L 549/00)

Mag die vorliegend in Rede stehende „Unterrichtshelferin" einem solchen auch nahe kommen, so handelt es sich bei ihr aber jedenfalls um eine schulfremde Person, die § 112 Abs. 1 NSchG nicht unterfällt und deren Zulassung, soweit es um eine pädagogische Betreuung geht, vom Senat nicht anerkannt ist. Mag für eine im Rahmen von § 41 Abs. 1 Nr. 3 BSHG tätige Person auch anderes gelten, so kann sich daraus aber nicht ein Anspruch darauf ergeben, die aus ihrer Tätigkeit entstehenden Kosten – entgegen § 113 Abs. 1 NSchG – ersetzt zu verlangen. Das bedarf nicht erst einer Klärung in einem Berufungsverfahren.

Leitsatz (redaktionell) (BVerwG 5. Senat, Urteil vom 16. Januar 1986, Az.: 5 C 36/84)

Selbst wenn aus schulischer Sicht sporadisch erteilter Nachhilfeunterricht – hier: 7 1/2 Stunden in zwei Monaten – für erforderlich und geeignet gehalten wird, muss unter dem Aspekt der Wechselwirkung von Behinderung und der zu ihrer Beseitigung oder Milderung ergriffenen Maßnahme gefragt werden, ob eine Behinderung wesentlich sein kann, wenn bereits eine einfache Maßnahme wie ein Nachhilfeunterricht, der für viele Kinder zum Schulalltag gehört, ausreicht, ihre Folgen zu beseitigen.

Kostenfolge der Eingliederungshilfe

Leitsatz (redaktionell) (BVerwG 5. Senat, Urteil vom 24. August 1972, Az.: V C 49.72)

Das Grundgesetz verbietet in seinem Art. 7 nicht die Heranziehung zu einem Kostenbeitrag, jedenfalls soweit er sich der Höhe nach auf die bei auswärtiger Unterbringung gemachten Ersparnisse beschränkt. Art. 3 GG könnte mit seinem Bevorzugungsverbot eher für eine Heranziehung in Höhe der gemachten Ersparnisse sprechen als gegen sie. Jedenfalls verbietet Art. 3 GG nicht die Belastung der Eltern von Kindern, die Eingliederungshilfe beziehen, mit einem Kostenbeitrag nach Maßgabe ihrer durch die Vorschriften des Bundessozialhilfegesetzes näher umschriebenen sozialen Leistungsfähigkeit (dazu auch Urteil vom 26. Januar 1966 (BVerwGE 23, 149 (155))).

Bemerkung zur Übertragbarkeit der Rechtsprechung auf das neue Recht des SGB XII :

Die Eingliederungshilfe wurde in das neue Recht der Sozialhilfe integriert, an der Gültigkeit der Rechtsprechung für diesen Bereich hat sich nichts geändert.

Hilfe zur Pflege

Zur sozialen Absicherung besteht für den Eintritt der Pflegebedürftigkeit über das Pflegeversicherungsgesetz (Sozialgesetzbuch, Elftes Buch) ein ausreichender Versicherungsschutz für die meisten Fälle eintretender Pflegeversicherung. Dies geschieht nach dem Grundsatz „Pflegeversicherung folgt Krankenversicherung" über die Krankenkassen.

Hilfe zur Pflege nach dem SGB XII tritt daher nur dann ein, wenn es sich um Nichtversicherte handelt, die die fünfjährige Wartezeit nicht erfüllen bzw. wenn der Pflegebedarf unterhalb der Pflegestufe 1 liegt, da der Mindestpflegebedarf, welcher im Sinne der Regelungen des SGB XI definiert ist, erreicht werden muss.

Darüber hinaus kann der Pflegebedarf durch die „gedeckelten" Leistungen der Pflegeversicherung nicht abgedeckt sein oder der Pflegebedarf erreicht nicht die notwendige Mindestdauer von sechs Monaten.

§ 61 SGB XII   Leistungsberechtigte und Leistungen

(1) Personen, die wegen einer körperlichen, geistigen oder seelischen Krankheit oder Behinderung für die gewöhnlichen und regelmäßig wiederkehrenden Verrichtungen im Ablauf des täglichen Lebens auf Dauer, voraussichtlich für mindestens sechs Monate, in erheblichem oder höherem Maße der Hilfe bedürfen, ist Hilfe zur Pflege zu leisten. Hilfe zur Pflege ist auch Kranken und behinderten Menschen zu leisten, die voraussichtlich für weniger als sechs Monate der Pflege bedürfen oder einen geringeren Bedarf als nach Satz 1 haben oder die der Hilfe für andere Verrichtungen als nach Absatz 5 bedürfen; für Leistungen für eine stationäre oder teilstationäre Einrichtung gilt dies nur, wenn es nach der Besonderheit des Einzelfalles erforderlich

ist, insbesondere ambulante oder teilstationäre Leistungen nicht zumutbar sind oder nicht ausreichen.

(2) Die Hilfe zur Pflege umfasst häusliche Pflege, Hilfsmittel, teilstationäre Pflege, Kurzzeitpflege und stationäre Pflege. Der Inhalt der Leistungen nach Satz 1 bestimmt sich nach den Regelungen der Pflegeversicherung für die in § 28 Abs. 1 Nr. 1, 5 bis 8 des Elften Buches aufgeführten Leistungen; § 28 Abs. 4 des Elften Buches gilt entsprechend. Die Hilfe zur Pflege kann auf Antrag auch als Teil eines trägerübergreifenden Persönlichen Budgets erbracht werden. § 17 Abs. 2 bis 4 des Neunten Buches in Verbindung mit der Budgetverordnung und § 159 des Neunten Buches sind insoweit anzuwenden.

(3) Krankheiten oder Behinderungen im Sinne des Absatzes 1 sind:
1. Verluste, Lähmungen oder andere Funktionsstörungen am Stütz- und Bewegungsapparat,
2. Funktionsstörungen der inneren Organe oder der Sinnesorgane,
3. Störungen des Zentralnervensystems wie Antriebs-, Gedächtnis- oder Orientierungsstörungen sowie endogene Psychosen, Neurosen oder geistige Behinderungen,
4. andere Krankheiten oder Behinderungen, infolge derer Personen pflegebedürftig im Sinne des Absatzes 1 sind.

(4) Der Bedarf des Absatzes 1 besteht in der Unterstützung, in der teilweisen oder vollständigen Übernahme der Verrichtungen im Ablauf des täglichen Lebens oder in Beaufsichtigung oder Anleitung mit dem Ziel der eigenständigen Übernahme dieser Verrichtungen.

(5) Gewöhnliche und regelmäßig wiederkehrende Verrichtungen im Sinne des Absatzes 1 sind:
1. im Bereich der Körperpflege das Waschen, Duschen, Baden, die Zahnpflege, das Kämmen, Rasieren, die Darm- und Blasenentleerung,
2. im Bereich der Ernährung das mundgerechte Zubereiten oder die Aufnahme der Nahrung,
3. im Bereich der Mobilität das selbstständige Aufstehen und Zu-Bett-Gehen, An- und Auskleiden, Gehen, Stehen, Treppensteigen oder das Verlassen und Wiederaufsuchen der Wohnung,
4. im Bereich der hauswirtschaftlichen Versorgung das Einkaufen, Kochen, Reinigen der Wohnung, Spülen, Wechseln und Waschen der Wäsche und Kleidung und das Beheizen.

(6) Die Verordnung nach § 16 des Elften Buches, die Richtlinien der Pflegekassen nach § 17 des Elften Buches, die Verordnung nach § 30 des Elften Buches, die Rahmenverträge und Bundesempfehlungen über die pflegerische Versorgung nach § 75 des Elften Buches und die Vereinbarungen über die Qualitätssicherung nach § 80 des Elften Buches finden zur näheren Bestimmung des Begriffs der Pflegebedürftigkeit, des Inhalts der Pflegeleistung, der Unterkunft und Verpflegung und zur Abgrenzung, Höhe und Anpassung der Pflegegelder nach § 64 entsprechende Anwendung.

Die Vorschrift überträgt im Wesentlichen inhaltsgleich den bisherigen § 68 des Bundessozialhilfegesetzes. Gemäß Absatz 2 Satz 3 kann die Hilfe zur Pflege auf Antrag als Persönliches Budget erbracht werden. Mit der Einführung der neuen Sätze 3 und 4 wird auch Pflegebedürftigen nach Absatz 1 die Teilnahme an dem trägerüber-

greifenden Persönlichen Budget nach § 17 Abs. 2 bis 4 des Neunten Buches eröffnet. Im Übrigen wird auf die Begründung zu Artikel 8 verwiesen.

§ 62 SGB XII   Bindung an die Entscheidung der Pflegekasse

Die Entscheidung der Pflegekasse über das Ausmaß der Pflegebedürftigkeit nach
dem Elften Buch ist auch der Entscheidung im Rahmen der Hilfe zur Pflege zugrunde
zu legen, soweit sie auf Tatsachen beruht, die bei beiden Entscheidungen zu berücksichtigen sind.

Die Vorschrift überträgt inhaltsgleich den bisherigen § 68a des Bundessozialhilfegesetzes.

§ 63 SGB XII   Häusliche Pflege

Reicht im Fall des § 61 Abs. 1 häusliche Pflege aus, soll der Träger der Sozialhilfe
darauf hinwirken, dass die Pflege einschließlich der hauswirtschaftlichen Versorgung durch Personen, die dem Pflegebedürftigen nahe stehen, oder als Nachbarschaftshilfe übernommen wird. Das Nähere regeln die §§ 64 bis 66. In einer stationären oder teilstationären Einrichtung erhalten Pflegebedürftige keine Leistungen zur
häuslichen Pflege.

Die Vorschrift überträgt inhaltsgleich den bisherigen § 69 des Bundessozialhilfegesetzes.

§ 64 SGB XII   Pflegegeld

(1) Pflegebedürftige, die bei der Körperpflege, der Ernährung oder der Mobilität für
wenigstens zwei Verrichtungen aus einem oder mehreren Bereichen mindestens einmal täglich der Hilfe bedürfen und zusätzlich mehrfach in der Woche Hilfe bei der
hauswirtschaftlichen Versorgung benötigen (erheblich Pflegebedürftige), erhalten
ein Pflegegeld in Höhe des Betrages nach § 37 Abs. 1 Satz 3 Nr. 1 des Elften Buches.

(2) Pflegebedürftige, die bei der Körperpflege, der Ernährung oder der Mobilität für
mehrere Verrichtungen mindestens dreimal täglich zu verschiedenen Tageszeiten
der Hilfe bedürfen und zusätzlich mehrfach in der Woche Hilfe bei der hauswirtschaftlichen Versorgung benötigen (Schwerpflegebedürftige), erhalten ein Pflegegeld in
Höhe des Betrages nach § 37 Abs. 1 Satz 3 Nr. 2 des Elften Buches.

(3) Pflegebedürftige, die bei der Körperpflege, der Ernährung oder der Mobilität für
mehrere Verrichtungen täglich rund um die Uhr, auch nachts, der Hilfe bedürfen und
zusätzlich mehrfach in der Woche Hilfe bei der hauswirtschaftlichen Versorgung benötigen (Schwerstpflegebedürftige), erhalten ein Pflegegeld in Höhe des Betrages
nach § 37 Abs. 1 Satz 3 Nr. 3 des Elften Buches.

(4) Bei pflegebedürftigen Kindern ist der infolge Krankheit oder Behinderung gegenüber einem gesunden gleichaltrigen Kind zusätzliche Pflegebedarf maßgebend.

(5) Der Anspruch auf das Pflegegeld setzt voraus, dass der Pflegebedürftige und die
Sorgeberechtigten bei pflegebedürftigen Kindern mit dem Pflegegeld dessen Umfang
entsprechend die erforderliche Pflege in geeigneter Weise selbst sicherstellen. Besteht der Anspruch nicht für den vollen Kalendermonat, ist der Geldbetrag entsprechend zu kürzen. Bei der Kürzung ist der Kalendermonat mit 30 Tagen anzusetzen.
Das Pflegegeld wird bis zum Ende des Kalendermonats geleistet, in dem der Pflege-

bedürftige gestorben ist. Stellt die Pflegekasse ihre Leistungen nach § 37 Abs. 6 des Elften Buches ganz oder teilweise ein, entfällt die Leistungspflicht nach den Absätzen 1 bis 4.

Die Vorschrift überträgt inhaltsgleich den bisherigen § 69a des Bundessozialhilfegesetzes.

65 SGB XII   Andere Leistungen

(1) Pflegebedürftigen im Sinne des § 61 Abs. 1 sind die angemessenen Aufwendungen der Pflegeperson zu erstatten; auch können angemessene Beihilfen geleistet sowie Beiträge der Pflegeperson für eine angemessene Alterssicherung übernommen werden, wenn diese nicht anderweitig sichergestellt ist. Ist neben oder an Stelle der Pflege nach § 63 Satz 1 die Heranziehung einer besonderen Pflegekraft erforderlich oder eine Beratung oder zeitweilige Entlastung der Pflegeperson geboten, sind die angemessenen Kosten zu übernehmen.

(2) Pflegebedürftigen, die Pflegegeld nach § 64 erhalten, sind zusätzlich die Aufwendungen für die Beiträge einer Pflegeperson oder einer besonderen Pflegekraft für eine angemessene Alterssicherung zu erstatten, wenn diese nicht anderweitig sichergestellt ist.

Die Vorschrift überträgt inhaltsgleich den bisherigen § 69b des Bundessozialhilfegesetzes.

§ 66 SGB XII   Leistungskonkurrenz

(1) Leistungen nach § 64 und § 65 Abs. 2 werden nicht erbracht, soweit Pflegebedürftige gleichartige Leistungen nach anderen Rechtsvorschriften erhalten. Auf das Pflegegeld sind Leistungen nach § 72 oder gleichartige Leistungen nach anderen Rechtsvorschriften mit 70 vom Hundert, Pflegegelder nach dem Elften Buch jedoch in dem Umfang, in dem sie geleistet werden, anzurechnen.

(2) Die Leistungen nach § 65 werden neben den Leistungen nach § 64 erbracht. Werden Leistungen nach § 65 Abs. 1 oder gleichartige Leistungen nach anderen Rechtsvorschriften erbracht, kann das Pflegegeld um bis zu zwei Drittel gekürzt werden.

(3) Bei teilstationärer Betreuung von Pflegebedürftigen oder einer vergleichbaren nicht nach diesem Buch durchgeführten Maßnahme kann das Pflegegeld nach § 64 angemessen gekürzt werden.

(4) Leistungen nach § 65 Abs. 1 werden insoweit nicht erbracht, als Pflegebedürftige in der Lage sind, zweckentsprechende Leistungen nach anderen Rechtsvorschriften in Anspruch zu nehmen. Stellen die Pflegebedürftigen ihre Pflege durch von ihnen beschäftigte besondere Pflegekräfte sicher, können sie nicht auf die Inanspruchnahme von Sachleistungen nach dem Elften Buch verwiesen werden. In diesen Fällen ist ein nach dem Elften Buch geleistetes Pflegegeld vorrangig auf die Leistung nach § 65 Abs. 1 anzurechnen.

Die Vorschrift überträgt im Wesentlichen inhaltsgleich den bisherigen § 69c des Bundessozialhilfegesetzes. Über die bisherige Regelung hinaus wird in Absatz 3 die Möglichkeit, dass das Pflegegeld bei teilstationärer Betreuung der Pflegebedürftigen nach § 59 angemessen gekürzt werden kann, ausgedehnt auf vergleichbare (teilstationäre) Betreuungen des Pflegebedürftigen, die nach anderen Rechtsvorschriften finanziert werden (z.B. Beihilfe). Maßgeblich hierfür ist die Erwägung, dass sowohl bei der vom Träger der Sozialhilfe als auch der von einem anderen Träger finanzierten teilstationären Betreuung die Pflegeperson in gleicher Weise für die Dauer der teilstationären Betreuung von ihrer pflegerischen Tätigkeit entlastet wird. Die Kürzungsmöglichkeit steht im pflichtgemäßen Ermessen des Trägers der Sozialhilfe. Entsprechend dem Individualisierungsgrundsatz in der Sozialhilfe sind bei der Kürzungsregelung wegen teilstationärer Betreuung sämtliche Umstände des Einzelfalls zu berücksichtigen. Hierbei wird es neben der Dauer der teilstationären Betreuung auch auf die Feststellung ankommen, ob und inwieweit die Pflegeperson durch die teilstationäre Betreuung von ihrer pflegerischen Tätigkeit tatsächlich entlastet wird.

Die Rechtsprechung zu der Hilfe zur Pflege (§§ 61 bis 66 SGB II)

Begriff der Pflegebedürftigkeit

Leitsatz (redaktionell) (BVerwG 5. Senat, Urteil vom 11. April 1983, Az.: 5 C 60/82)

„... Zum anderen lassen sich Pflegebedürftigkeit und Hilflosigkeit im Sinne des § 69 Abs. 3 Satz 1 BSHG nicht ausschließlich unter medizinischen Aspekten beurteilen. Schon im Urteil vom 22. August 1974 – BVerwG 5 C 52.73 – (FEVS 23, 45; ZfSH 1976, 50) hat der Senat ausgeführt: „Ob für die gewöhnlich und regelmäßig wiederkehrenden Verrichtungen im Ablauf des täglichen Lebens einer Person Wartung und Pflege in einem erheblichen Umfang dauernd erforderlich sind, hängt davon ab, in welchem Umfang die physischen oder/und psychischen Kräfte als Folge körperlicher oder/und geistiger Krankheit oder infolge des Alterns gemindert sind. Das ist eine nicht schematisierend zu beantwortende Frage der Umstände des Einzelfalles und damit eine Frage der Würdigung diesbezüglicher tatsächlicher Feststellungen.

Dazu wird es regelmäßig eines Gutachtens (einer gutachtlichen Stellungnahme) eines Arztes bedürfen. Darüber hinaus kommen Feststellungen des Sozialhilfeträgers durch seinen fürsorgerischen Dienst an Ort und Stelle in Betracht. Auch sonstige Umstände sind zu berücksichtigen." ...

Leitsatz (redaktionell) (BVerwG 5. Senat, Urteil vom 17. August 1988, Az.: 5 C 65/85)

Der Träger der Sozialhilfe ist bei der Entscheidung darüber, ob nach § 69 Abs. 3 Satz 1 und Abs. 4 Satz 1 Halbsatz 1 BSHG Hilfe zur Pflege in Gestalt des (einfachen) pauschalierten Pflegegeldes zu gewähren ist, an die Eintragung des gesundheitlichen Merkmals „H" im vom Versorgungsamt ausgestellten Ausweis nicht gebunden.

Leitsatz (redaktionell) (BVerwG 3. Senat, Urteil vom 17. April 1986, Az.: 3 C 24/85)

Nach dem Urteil vom 17. April 1962 – BVerwG 3 C 246.60 – (ZLA 1962, 317) wohnt dem Begriff „Wartung und Pflege" ein einheitlicher Sinngehalt inne. Beide Begriffe ergänzen sich, so dass zur „Wartung und Pflege" eine bloße Überwachung ebenso zu rechnen ist wie die Ausführung der im Zuge der Überwachung als erforderlich erkannten Betreuungsmaßnahmen. Auf diese Rechtsprechung stützt sich die seither überwiegend vertretene Auffassung, dass „Wartung und Pflege" nicht nur Hilfeleistungen an einer Person einschließt, sondern auch Hilfeleistungen für eine Person umfasst (vgl. dazu BVerwG 3 C 246.60 (a.a.O.); BVerwG 5 C 104.68 (Buchholz 427.3 § 267 Nr. 71)). Mit den Hilfeleistungen für eine Person werden jedoch nicht alle Hilfeleistungen angesprochen, die einer Person zuteil werden. Vielmehr ist in diesem Zusammenhang „Wartung und Pflege" allein dahin zu verstehen, dass eine persönliche Beaufsichtigung und Betreuung des Gebrechlichen (z.B. von Geisteskranken vor Gefährdung oder Selbstgefährdung) notwendig ist, insofern also eine personenbezogene Hilfeleistung erfolgen muss. Für die im vorliegenden Verfahren bisher aufgeworfene und vom Verwaltungsgericht im Sinne des Klägers positiv beantwortete Frage, ob dazu auch Maßnahmen zur Reinhaltung und Weiterführung des Haushaltes genügen, um Hilflosigkeit annehmen zu können, ergibt sich aus dieser Rechtsprechung nichts.

Abgrenzung bei lang andauernden Krankenhausaufenthalten

Leitsatz (redaktionell) (BSG 8. Senat, Urteil vom 20. März 1984, Az.: 8 RK 28/83)

Nach § 184 Abs. 1 erster Halbsatz RVO wird Krankenhauspflege zeitlich unbegrenzt gewährt, wenn die Aufnahme in ein Krankenhaus erforderlich ist, um die Krankheit zu erkennen oder zu behandeln oder Krankheitsbeschwerden zu lindern. Nach der ständigen Rechtsprechung des Bundessozialgerichts (BSG) kommt es bei der Frage, ob eine Krankenhauspflege notwendig ist, auf die medizinische Notwendigkeit an. Diese Voraussetzungen sind nicht nur dann erfüllt, wenn eine Heilung oder Besserung zu erwarten ist, sondern auch dann, wenn die Behandlung eine Verschlimmerung verhüten, das Leben verlängern oder Krankheitsbeschwerden lindern soll. Krankenhauspflege ist aber nur dann erforderlich, wenn die medizinische Versorgung des Kranken nur mithilfe der besonderen Mittel eines Krankenhauses durchgeführt werden kann, also eine ambulante Behandlung nicht ausreicht (so etwa BSGE 47, 83; SozR 2200, § 184 Nr. 11). Wird eine Anstaltspflege jedoch nur noch um ihrer selbst Willen durchgeführt, bedarf der Versicherte also nur noch der Pflege, nicht aber medizinischer Behandlung mit den Mitteln eines Krankenhauses, so sind die Voraussetzungen der Krankenhauspflege im Sinne von § 184 RVO nicht erfüllt (so schon BSGE 28, 199 = SozR Nrn 21 und 30 zu § 184 RVO; SozR 2200 § 184 Nr. 15).

Kraftfahrzeug als Hilfsmittel

Leitsatz (BVerwG 5. Senat, Urteil vom 27. Oktober 1977, Az.: V C 15.77)

1. Ein Kraftfahrzeug ist im Rahmen der Maßnahmen der Eingliederungshilfe ein Hilfsmittel für den Behinderten; es soll ihm unmittelbar dienen.

2. Eingliederungshilfe für Behinderte und Hilfe zur Pflege schließen sich nicht von vornherein gegenseitig aus.

3. Ein Kraftfahrzeug ist typischerweise ein der Eingliederung eines Behinderten dienendes Hilfsmittel; im Rahmen der Hilfe zur Pflege ist es ein atypisches Hilfsmittel.

4. Der überörtliche Träger der Sozialhilfe ist sachlich zuständig für die Entscheidung darüber, ob im Rahmen der Hilfe zur Pflege ein „größeres Hilfsmittel" (hier: Kraftfahrzeug) zur Verfügung gestellt werden soll, wenn der Hilfesuchende zum Personenkreis der Behinderten gehört und das Hilfsmittel in erster Linie im Rahmen der Maßnahmen der Eingliederungshilfe begehrt wird.

5. Der örtliche Träger der Sozialhilfe ist sachlich zuständig für die Gewährung von Hilfe zur Pflege in Gestalt einer „angemessenen Beihilfe", und zwar auch dann, wenn der Pflegebedürftige zugleich Behinderter ist.

Telefonanschluss

Leitsatz (redaktionell) (Hamburgisches Oberverwaltungsgericht 1. Senat, Urteil vom 30. Oktober 1987, Az.: Bf I 6/87)

Eine Telefonhilfe nach § 68 Abs. 2 BSHG kann neben dem Pflegegeld nach § 69 Abs. 3 BSHG gewährt werden.

Häusliche Pflege

Leitsatz (redaktionell) (BVerwG 5. Senat, Urteil vom 22. Juni 1978, Az.: V C 31.77)

Nach der bestehenden Rechtslage sind solche Bedenken jedoch nicht zu beachten. Pflegebedürftige, bei denen häusliche Wartung und Pflege ausreicht (§ 69 Abs. 1 BSHG), haben zusätzlich zu einem ihnen in § 69 Abs. 3 Satz 1 BSHG unter den dort geregelten Voraussetzungen eingeräumten Anspruch auf Pflegegeld gemäß Satz 2 dieser Vorschrift den Anspruch auf Erstattung der Aufwendungen für die Beiträge ihres Betreuers für eine angemessene Alterssicherung. Das gilt nach dieser Vorschrift nicht nur dann, wenn der Betreuer eine bezahlte „Pflegekraft" ist, sondern auch dann, wenn der Pflegebedürftige durch eine „Pflegeperson" gewartet und gepflegt wird, insbesondere also durch eine ihm „nahestehende Person" (vgl. § 69 Abs. 2 BSHG). Es würde weder nach dem allgemeinen Sprachgebrauch einleuchten noch ließe es sich aus dem Wortlaut des Gesetzes rechtfertigen, wollte man von dem Gesetzesbegriff der dem Pflegebedürftigen „nahestehenden Person" gerade die ihn typischerweise als Hausgenossen betreuenden nächsten Angehörigen (hier die Eltern) nicht als umfasst erachten. Es entspricht, soweit ersichtlich, der Übung der Sozialhilfeträger, auch dem von seinen Eltern betreuten Pflegebedürftigen beim Vorliegen der sonstigen Voraussetzungen Pflegegeld zu gewähren; das Gesetz schreibt aber in § 69 Abs. 3 Satz 2 die Beitragserstattung als Zusatzleistung zum Pflegegeld vor, ohne diesen Anspruch an zusätzliche Voraussetzungen zu knüpfen. Es erscheint auch sinnvoll, dass der Gesetzgeber sich die Aufgabe gestellt hat, durch die streitigen materiellen Maßnahmen die Bereitschaft gerade auch von Eltern besonders stark behinderter Kinder zu der in § 69 BSHG ohnehin als grundsätzlich wünschenswert anerkannten Weitergewährung häuslicher Betreuung zu stärken und damit zugleich einer Heimunterbringung (und den hiermit verbundenen besonders hohen Kosten) entgegenzuwirken.

Leitsatz (redaktionell) (BVerwG 5. Senat, Beschluss vom 12. Oktober 1981, Az.: 5 B 79/81)

Was den in der angeführten Rechtsprechung des Bundesverwaltungsgerichts herausgestellten Zweck des pauschalierten Pflegegeldes angeht – für die Leistungen nach § 69 Abs. 2 Satz 2 BSHG gilt nichts anderes –, so ist offensichtlich, dass zur Erhaltung der Pflegebereitschaft der Pflegeperson nicht an kostspielige Geschenke gedacht ist; denn das würde dem Charakter der Unentgeltlichkeit der Pflege widersprechen. Gedacht ist ersichtlich an die Erstattung von Aufwendungen in einem angemessenen Umfang, die einer Pflegeperson im Allgemeinen im Zusammenhang mit ihrer Pflegetätigkeit erwachsen können (z.B. Fahrgeld, Mehraufwand für Ernährung o. dgl.), sowie an ein gelegentliches Geld- oder sonstiges Geschenk (siehe das bereits erwähnte Urteil vom 22. August 1974).

Leitsatz (BVerwG 5. Senat, Urteil vom 20. November 1984, Az.: 5 C 17/84)

Eine Wohngemeinschaft und Wirtschaftsgemeinschaft zwischen einem Mann und einer Frau, die nicht Ehegatten sind, ist auch dann eine eheähnliche Gemeinschaft im Sinne des BSHG § 122 Satz 1, wenn der eine Partner pflegebedürftig im Sinne des BSHG § 69 Abs. 3 Satz 1 ist, der andere Partner die erforderliche häusliche Wartung und Pflege übernimmt und diese Umstände das Zusammenleben der Partner prägen.

Leitsatz (redaktionell) (BVerwG 5. Senat, Urteil vom 11. April 1983, Az.: 5 C 60/82)

Auch das (pauschalierte) Pflegegeld ist keine rentengleiche wirtschaftliche Dauerleistung mit Versorgungscharakter, sondern als Sozialhilfe Hilfe in einer gegenwärtigen Notlage (Urteil des Senats vom 14. Juli 1977 – BVerwG 5 C 23.76 – (FEVS 26, 1; ZfSH 1978, 115)).

Kinder

Leitsatz (redaktionell) (BVerwG 5. Senat, Urteil vom 17. August 1988, Az.: 5 C 65/85)

1. Das Bundesverwaltungsgericht hat wiederholt entschieden, dass die Pflegebedürftigkeit und die Hilfebedürftigkeit im Sinne dieser Vorschrift nicht ausschließlich nach medizinischen Kriterien zu beurteilen sind. Über die ärztliche Begutachtung hinaus kommen u.a. Feststellungen des Trägers der Sozialhilfe durch seinen fürsorgerischen Dienst an Ort und Stelle in Betracht; neben der medizinischen Beurteilung des Gesundheitszustandes erscheinen Feststellungen (durch Vernehmung von Zeugen) dazu, wie der Hilfesuchende tatsächlich mit den den Alltag bestimmenden Verrichtungen fertig wird, nicht minder bedeutsam.

2. Das besagt: Seit dem 1. April 1974 darf nach der Vollendung des ersten Lebensjahres des Hilfesuchenden die Gewährung des pauschalierten Pflegegeldes nicht mit der ausschließlichen oder jedenfalls ausschlaggebenden Begründung abgelehnt werden, die Hilfebedürftigkeit (Pflegebedürftigkeit) habe unbeschadet des Vorhandenseins von Krankheit oder Behinderung (siehe § 68 Abs. 1 BSHG) ihren (wesentlichen) Grund in der bei einem Kleinkind bestehenden alters- und entwicklungsbedingten „natürlichen" Hilflosigkeit.

Heimdialyse

Leitsatz (OVG Münster, Urteil vom 22. August 1985, Az.: 8 A 1946/83)

Die Hilfestellung einer Betreuungsperson bei der Durchführung der Heimdialyse einer Nierenkranken beinhaltet keine Wartung und Pflege bei den gewöhnlichen und regelmäßig wiederkehrenden Verrichtungen des täglichen Lebens.

Geistige Behinderung

Leitsatz (Oberverwaltungsgericht für das Land Nordrhein-Westfalen 24. Senat, Urteil vom 13. Mai 1991, Az.: 24 A 1195/88)

1. Eine die Zahlung eines Pflegegeldes rechtfertigende Hilflosigkeit im Sinne von § 69 Abs. 3 S 1 BSHG kann bei geistigen Gebrechen (hier: Mongolismus/Trisomie 21) vorliegen, wenn der Betroffene ohne wesentliche fremde Hilfe zur Erledigung der personenbezogenen Verrichtungen des täglichen Lebens zwar körperlich fähig ist, er aber diese Fähigkeit wegen der geistigen Behinderung nicht steuern kann und zur Führung eines menschenwürdigen Lebens oder zum Ausschluss einer Selbst- oder Fremdgefährdung auf ununterbrochene Kontrolle sowie ständige Beaufsichtigung und erhöhte Einsatzbereitschaft einer Hilfsperson angewiesen ist. Voraussetzung ist dabei, dass – soweit es um die alltäglichen Verrichtungen geht – die Überwachung und Anleitung bei der eigenen Durchführung der personenbezogenen Verrichtungen erforderlich werden und eine Intensität und Dauerhaftigkeit erreichen, dass eine Vergleichbarkeit mit den z.B. bei einem schwer Körperbehinderten gebotenen Hilfestellungen gegeben ist.

2. Ein Anspruch auf Pflegegeldgewährung besteht nicht in den Fällen, in denen die lebenserhaltenden, personenbezogenen Verrichtungen unmittelbar an der zu pflegenden Person nur einen geringen Umfang erreichen und der „Pflegeaufwand" im Wesentlichen in einer psychischen und zeitlichen Belastung der Pflegeperson besteht.

3. Die in Anwendung behördlicher Richtlinien vorgenommene generelle Kürzung der gemäß § 69 Abs. 2 S 2, 2. Halbsatz BSHG gewährten Pflegebeihilfe um einen feststehenden Vomhundertsatz des Pflegegeldes für den Fall der Pflege durch Verwandte ersten Grades (Eltern, volljähriger Kinder) ist jedenfalls dann rechtswidrig, wenn die Pflegebeziehung zwischen Hilfesuchenden und Pflegeperson von Besonderheiten gekennzeichnet ist, welche die Gewährung von Wartung und Pflege nicht mehr als Selbstverständlichkeit im Rahmen gesetzlicher oder sittlicher Pflichtenstellung qualifizieren lassen (im Anschluss an OVG NW, Urteil vom 10.08.1988 – 17 A 1483/86 –, FEVS 38, 290).

Pflegeaufwand

Leitsatz (BVerwG 5. Senat, Urteil vom 22. August 1974, Az.: V C 52.73)

Der Anspruch auf Pflegegeld wegen Notwendigkeit von Wartung und Pflege in „erheblichem" Umfange hängt nicht davon ab, dass die von dem Pflegebedürftigen benötigte Hilfe bei den gewöhnlichen und regelmäßig wiederkehrenden Verrichtungen einen wirtschaftlich messbaren Wert hat, der ein Pflegegeld von 100,00 DM (150,00 DM) monatlich als angemessenen Ausgleich für den Pflegeaufwand rechtfertigt.

Bemerkung zur Übertragbarkeit der Rechtsprechung auf das neue Recht des SGB XII

Die vorstehenden Entscheidungen werden ohne weiteres auf das neue Recht übertragbar sein, zumal die Regelungen des BSHG hier übernommen worden sind.

§ 67 SGB XII   Leistungsberechtigte

Personen, bei denen besondere Lebensverhältnisse mit sozialen Schwierigkeiten verbunden sind, sind Leistungen zur Überwindung dieser Schwierigkeiten zu erbringen, wenn sie aus eigener Kraft hierzu nicht fähig sind. Soweit der Bedarf durch Leistungen nach anderen Vorschriften dieses Buches oder des Achten Buches gedeckt wird, gehen diese der Leistung nach Satz 1 vor.

Die Vorschrift überträgt inhaltsgleich den bisherigen § 72 Abs. 1 des Bundessozialhilfegesetzes.

§ 68 SGB XII   Umfang der Leistungen

(1) Die Leistungen umfassen alle Maßnahmen, die notwendig sind, um die Schwierigkeiten abzuwenden, zu beseitigen, zu mildern oder ihre Verschlimmerung zu verhüten, insbesondere Beratung und persönliche Betreuung für die Leistungsberechtigten und ihre Angehörigen, Hilfen zur Ausbildung, Erlangung und Sicherung eines Arbeitsplatzes sowie Maßnahmen bei der Erhaltung und Beschaffung einer Wohnung. Zur Durchführung der erforderlichen Maßnahmen ist in geeigneten Fällen ein Gesamtplan zu erstellen.

(2) Die Leistung wird ohne Rücksicht auf Einkommen und Vermögen erbracht, soweit im Einzelfall Dienstleistungen erforderlich sind. Einkommen und Vermögen der in § 19 Abs. 3 genannten Personen ist nicht zu berücksichtigen und von der Inanspruchnahme nach bürgerlichem Recht Unterhaltspflichtiger abzusehen, soweit dies den Erfolg der Hilfe gefährden würde.

(3) Die Träger der Sozialhilfe sollen mit den Vereinigungen, die sich die gleichen Aufgaben zum Ziel gesetzt haben, und mit den sonst beteiligten Stellen zusammenarbeiten und darauf hinwirken, dass sich die Sozialhilfe und die Tätigkeit dieser Vereinigungen und Stellen wirksam ergänzen.

Die Vorschrift überträgt inhaltsgleich den bisherigen § 72 Abs. 2 bis 4 des Bundessozialhilfegesetzes.

§ 69 SGB XII   Verordnungsermächtigung

Das Bundesministerium für Gesundheit und Soziale Sicherung kann durch Rechtsverordnung mit Zustimmung des Bundesrates Bestimmungen über die Abgrenzung des Personenkreises nach § 67 sowie über Art und Umfang der Maßnahmen nach § 68 Abs. 1 erlassen.

Die Vorschrift überträgt inhaltsgleich den bisherigen § 72 Abs. 5 des Bundessozialhilfegesetzes.

Die Rechtsprechung zur Hilfe zur Überwindung besonderer sozialer Schwierigkeiten (§§ 67-69)

Mit diesen Regelungen soll ein zusätzliches Hilfeangebot im Rahmen der Sozialhilfe erbracht werden für Personen, die den Anforderungen der heutigen Gesellschaft so nicht gewachsen sind.

Der Begriff der „besonderen sozialen Schwierigkeiten"

Leitsatz (redaktionell) (Oberverwaltungsgericht der Freien Hansestadt Bremen 2. Senat, Beschluss vom 9. September 1986, Az.: 2 BA 1/86)

Das Bestehen von Arbeitslosigkeit, Schulden und der Bezug von Sozialhilfe allein rechtfertigen noch nicht die Bejahung der Voraussetzung des Bestehens besonderer sozialer Schwierigkeiten.

Leitsatz (redaktionell) (Hamburgisches Oberverwaltungsgericht 4. Senat, Beschluss vom 25. Juli 1991, Az.: Bs IV 178/91)

Ziel der Maßnahmen der Hilfe gemäß § 72 BSHG ist die Überwindung der bestehenden sozialen Schwierigkeiten bei der Teilnahme am Leben in der Gemeinschaft. Deshalb können solche Maßnahmen grundsätzlich nicht auf Dauer angelegt sein.

Leitsatz (Thüringer Oberverwaltungsgericht 3. Senat, Beschluss vom 25. Juli 2003, Az.: 3 EO 851/02)

Zur Glaubhaftmachung der tatsächlichen Voraussetzungen für einen Anspruch auf Übernahme der (stationären) Betreuungs- und Unterbringungskosten nach § 72 BSHG bedarf es einer entsprechenden Stellungnahme gegebenenfalls auch vorläufiger Art einer sachverständigen Stelle oder Person wie etwa des Amtsarztes, des sozialpsychiatrischen Dienstes oder eines Facharztes für Psychiatrie und Neurologie.

Leitsatz (Oberverwaltungsgericht für das Land Schleswig-Holstein 2. Senat, Urteil vom 26. September 2001, Az.: 2 L 49/01)

Zur Heranziehbarkeit des § 72 BSHG iVm der DVO zu § 72 BSHG 1976 (BSHG § 72 DV § 72 F: 9. Juni 1976) bei der Finanzierung „ambulant betreuten Wohnens" eines Haftentlassenen.

Aus den Gründen:

„... Nach § 1 Abs. 1 Satz 1 DVO sind Personen im Sinne des § 72 Abs. 1 Satz 1 BSHG Hilfesuchende, deren besondere Lebensverhältnisse zu sozialen Schwierigkeiten, vor allem in der Familie, in der Nachbarschaft oder am Arbeitsplatz führen, so dass eine Teilnahme am Leben in der Gemeinschaft nicht möglich oder erheblich beeinträchtigt ist, und die diese Schwierigkeiten aus eigenen Kräften und Mitteln nicht überwinden können. Besondere Lebensverhältnisse können gemäß § 1 Abs. 2 Satz 1 Nr. 4 in Verbindung mit § 5 DVO vor allem bei Personen bestehen, die aus einer richterlich angeordneten Freiheitsentziehung in ungesicherte Lebensverhältnisse entlassen werden oder entlassen worden sind.

Entgegen der Auffassung der Beklagten gehört der Kläger dem vorgenannten Personenkreis an. Der Kläger befand sich für über 3 ½ Jahre in Strafhaft. Bereits zu Beginn dieser Zeit brach seine Familie den Kontakt zu ihm ab und verhinderte auch den Kontakt zu weiteren Verwandten. Bezugspersonen waren lediglich ebenfalls straffällig Gewordene. Damit fehlte es dem Kläger an einer wesentlichen Voraussetzung für ein „normales" Leben, nämlich der Möglichkeit einer individuellen Gestaltung zwischenmenschlicher Beziehungen (vgl. dazu LPK-BSHG, 4. Auflage, § 72 RdNr. 9). Zudem war der Kläger arbeits- und wohnungslos. Dies sind zwei weitere Gesichtspunkte, die die Lebenssituation des Klägers von einer „normalen" unterschieden und zu einer „besonderen" im Sinne von § 1 DVO machten. Das Fehlen dieser elementaren Voraussetzungen führte zu sozialen Schwierigkeiten, welche die Teilnahme des Klägers am Leben in der Gemeinschaft beeinträchtigten. Diese Schwierigkeiten waren entgegen der Auffassung der Beklagten auch gravierend. Angesichts seiner erheblichen Vorstrafen, denen zudem vermögensrechtliche Straftaten zugrunde lagen, konnte der Kläger nicht auf einen schnellen Erfolg bei der Arbeitsplatzsuche hoffen. Eine Rückkehr in seinen ehemals ausgeübten Beruf kam nicht in Betracht.

Wenn die Beklagte unter Hinweis auf den Umstand, dass der Kläger nach der Haftentlassung diverse Anträge stellte und sich um eine Wohnung kümmerte, meint, dieser sei nicht unfähig zur Teilnahme am Leben in der Gemeinschaft, so vermag dies nicht zu überzeugen. Zwar ist der Beklagten zuzugeben, dass die genannten Gesichtspunkte für die Gesamtbeurteilung von Bedeutung sind. Jedoch ist zu berücksichtigen, dass der Kläger bereits vor seiner Haftentlassung mehrfach von dem Sozialpädagogen S.-M. in der JVA aufgesucht worden war und zudem mit der Stadtmission am 10. April 1997 einen Unterbringungsvertrag abgeschlossen hatte, der eine Betreuung einschloss. Es ist daher mangels gegenteiliger Anhaltspunkte entsprechend dem klägerischen Vortrag davon auszugehen, dass die Stadtmission den Kläger auf diese Möglichkeiten hingewiesen und insoweit im Vorfeld entscheidend unterstützt hat.

Eine erhebliche Beeinträchtigung der Teilnahme am Leben in der Gemeinschaft, die für § 72 BSHG nach § 1 Abs. 1 DVO ausreichend ist, kann dem Kläger daher nicht abgesprochen werden. Diese Beeinträchtigung beruhte auch auf der Inhaftierung, da sie eine weitere Kontaktaufnahme bzw. Aussöhnung mit der Familie verhinderte und der Kläger durch sie arbeits- und wohnungslos blieb. Auf die Probleme des Klägers im Umgang mit Geld kommt es, wie die Beklagte zutreffend festgestellt hat, mangels kausaler Verknüpfung mit der Inhaftierung insoweit nicht an, sondern ist erst für die Frage der Unfähigkeit zur Überwindung der sozialen Schwierigkeiten von Bedeutung." ...

Leitsatz (VG Göttingen 2. Kammer, Urteil vom 11. Oktober 2000, Az.: 2 A 2161/99)

Hilfe nach § 72 BSHG umfasst Fahrtkosten zwischen dem Wohnsitz des Hilfeempfängers und der Betreuungseinrichtung für Nichtsesshafte. Eine Verweisung auf den im Regelsatz zur Hilfe zum Lebensunterhalt enthaltenen Fahrtkostenanteil ist nicht zulässig.

Leitsatz (Oberverwaltungsgericht für das Land Nordrhein-Westfalen 16. Senat, Urteil vom 20. März 2000, Az.: 16 A 3189/99)

Auf die Übernahme der Kosten für den Aufenthalt in einem Frauenhaus kann bei einem durch Fehlleistungen des Verstandes und des Gemütes der Betroffenen geprägten Trennungskonflikt ein sozialhilferechtlicher Anspruch nach § 27 Abs. 1 Nr. 11, § 72 BSHG bestehen.

Leitsatz (redaktionell) (OVG Lüneburg 4. Senat, Beschluss vom 16. Januar 1992, Az.: 4 M 2288/91)

Wer seit dem Verlust seiner eigenen Wohnung jahrelang nur noch in Pensionen, Hotels oder Notquartieren (z.B. Jugendherbergen) Unterkunft gefunden hat und zum Kreis der in § 72 BSHG beschriebenen Personen zählt, hat jedenfalls Anspruch darauf, dass ihm der Träger der Sozialhilfe persönliche Hilfe bei der Beschaffung einer eigenen Wohnung gewährt.

Leitsatz (Hamburgisches Oberverwaltungsgericht 4. Senat, Beschluss vom 27. März 1990, Az.: Bs IV 57/90)

Zum Sozialhilfeanspruch einer heroinsüchtigen Hilfesuchenden, die der Prostitution nachgeht, insbesondere zur Behandlung des für den Eigenkonsum benötigten Teils der Einkünfte.

Aus den Gründen:

„*... Die Antragstellerin gehört als junge drogenabhängige Prostituierte zu den Personen, bei denen besondere soziale Schwierigkeiten der Teilnahme am Leben in der Gemeinschaft entgegenstehen (vgl. Schellhorn-Jirasek-Seipp § 72 RdNr. 19, 42; Schulte/Trenk-Hinterberger, BSHG, 2. Aufl. 1988, § 72 Anm. 3; Mergler-Zink § 72 RdNr. 28). Sie kann zurzeit bereits deshalb kein „normales" Leben in der Gemeinschaft führen, weil sie aufgrund ihrer Sucht außerstande ist, eine Arbeit oder eine Ausbildung aufzunehmen. Sie dürfte gegenwärtig auch außerstande sein, diese Schwierigkeiten aus eigener Kraft zu überwinden. Sie hat deshalb – soweit andere Hilfen nicht vorgehen (§ 72 Abs. 1 Satz 2 BSHG) – Anspruch auf Hilfe zur Überwindung besonderer sozialer Schwierigkeiten. Es ist jedoch nicht ersichtlich, dass die Übernahme von Miet- und Heizungsschulden notwendig ist, um die Schwierigkeiten der Antragstellerin zu beseitigen, zu mildern oder deren Verschlimmerung zu verhüten (§ 72 Abs. 2 BSHG). Soweit das Verwaltungsgericht den Erhalt der Wohnung als stabilisierenden Faktor bezeichnet, ist festzuhalten, dass eine Stabilisierung des gegenwärtigen Lebenswandels der Antragstellerin keine Hilfe in diesem Sinne darstellt und kein erster Schritt auf dem Wege zu einer Besserung ist. Im Gegenteil, die Übernahme der Schulden könnte den zur Aufnahme einer unangenehmen Therapie möglicherweise erforderlichen, gegenwärtig offenbar nicht in ausreichendem Maße vorhandenen Leidensdruck mindern (vgl. in diesem Zusammenhang OVG Hamburg, Beschl. v. 05.04.1984, FEVS Bd. 34 S. 318, 321 für die Übernahme von Spielschulden). Ob die Erhaltung der derzeitigen Wohnung im Rahmen einer Therapie oder unter dem Gesichtspunkt der Nachsorge für den Erfolg einer Therapie notwendig ist oder ob nicht beispielsweise ein betreutes Wohnen in einer Wohngemeinschaft vorzuziehen wäre, kann dahinstehen. Ob und wann sich die Antragstellerin aus ihrem gegenwärtigen Milieu lösen und ein Therapieangebot annehmen wird, ist völlig ungewiss. Gegenwärtig steht nicht einmal fest, dass die Antragstellerin bereit ist, auf – bisher allerdings fehlende – Beratungsangebote der Antragsgegnerin einzugehen, und sich ansprechen und führen lassen würde."* ...

Leitsatz (Hessischer Verwaltungsgerichtshof 9. Senat,
Beschluss vom 23. März 1990, Az.: 9 TG 3385/89)

1. Als Anhaltspunkt für den angemessenen – sozialhilferechtlichen – Flächenbedarf kann § 39 des Zweiten Wohnungsbaugesetzes herangezogen werden, wonach eine Wohnung von 90 qm zu einer angemessenen Unterbringung eines Haushalts bis zu 4 Personen erforderlich ist. Für jedes weitere Haushaltsmitglied ist die Erhöhung des Flächenbedarfs um jeweils 10 qm angemessen.

2. Gegen die Heranziehung des örtlichen Mietpreisspiegels zur Beurteilung der Angemessenheit des Mietpreises im Sinne von § 3 Abs. 1 der Regelsatzverordnung bestehen grundsätzlich keine Bedenken.

3. Wenn ein Hilfesuchender eine Wohnung innehat, die einen unangemessen hohen Aufwand erfordert, ist zu prüfen, ob mit der Übernahme eines Teilbetrags in Höhe der angemessenen Unterkunftskosten die Unterkunft gesichert werden kann (Hinweis auf BVerwG, Urteil vom 27. November 1986, BVerwGE 75, 168, 173).

4. Die den angemessenen Umfang übersteigenden Aufwendungen so lange anzuerkennen, als es nicht möglich oder zumutbar ist, ua durch Wohnungswechsel die Aufwendungen zu senken, kann der Hilfesuchende nicht verlangen, der sich nicht vor Vertragsabschluss über die Höhe der vom Sozialhilfeträger im Rahmen der Sozialhilfe zu übernehmenden Mietkosten informiert hat.

5. Bei einer achtköpfigen Familie lässt sich nach allgemeiner Erfahrung erwarten, dass die Suche nach einer neuen Unterkunft mit großen Schwierigkeiten verbunden ist, so dass es gerechtfertigt erscheint, diese Familie zu dem Kreis der Hilfebedürftigen im Sinne von § 72 BSHG zu zählen, bei denen besondere Schwierigkeiten der Teilnahme am Leben in der Gemeinschaft entgegenstehen, so dass der Sozialhilfeträger verpflichtet sein kann, für eine kurze Zeit den geltend gemachten Unterkunftsbedarf zu übernehmen und den Hilfebedürftigen bei der Besorgung einer für sie geeigneten Unterkunft zu einem angemessenen Mietpreis behilflich zu sein.

Leitsatz (OVG Lüneburg 4. Senat, Urteil vom 14. Februar 1990,
Az.: 4 A 77/88)

Nichtsesshafte sind nicht Personen, die ihren Beruf „im Umherziehenden ausüben" und die aus der Berufstätigkeit ihren notwendigen Lebensunterhalt im Sinne des Abschnittes 2 des Bundessozialhilfegesetzes bestreiten können.

Aus den Gründen:

„... Der am 7. Juli 1956 geborene Kläger erhielt die Ausbildung zum Kraftfahrzeugmechaniker und arbeitete nach Schluss der Ausbildung in seinem erlernten Beruf.

Von Ende 1977 bis September 1981 war er als „Zeitschriftenwerber" im Geltungsbereich des Bundessozialhilfegesetzes tätig. Vom 1. Oktober 1981 bis zum 20. Oktober 1981 wohnte er in dem Diakonieheim „J" in B., vom 20. Oktober 1981 bis zum 10. März 1982 in dem B-Heim in W., in der Zeit vom 10. März 1982 bis zum 20. April 1982 in den Diakonischen Heimen in K.; vom 20. April 1982 bis zum 28. Juni 1982 hielt er sich in der Justizvollzugsanstalt G. auf, danach bis zum 2. Dezember 1983 in K.; in der Zeit vom 2. Dezember 1983 bis zum 24. Februar 1984 unterzog er sich einer „Alkohol-Rehabilitationsmaßnahme" und wohnte im Anschluss an diese Zeit bis zum 4. Januar 1985 in den Diakonischen Heimen in K. Ab dem 9. August 1984 fand er Arbeit in G. und zog am 4. Januar 1985 in eine eigene Wohnung um.

Der Beklagte bewilligte dem Kläger mit Bescheid vom 12. Dezember 1984 Hilfe zur Überwindung besonderer sozialer Schwierigkeiten nach § 72 BSHG. Am 9. Januar 1985 beantragte der Kläger, die Kosten für seine nachgehende Betreuung zu übernehmen. Der Beigeladene lehnte diesen Antrag im Auftrage des Beklagten mit Bescheid vom 18. März 1985 ab, weil der Kläger nicht zum Kreis der „Nichtsesshaften" zähle. Den Widerspruch wies der Beklagte mit Widerspruchsbescheid vom 3. Dezember 1986 zurück.

Die Klage hat das Verwaltungsgericht mit Urteil vom 25. Februar 1988 – dem Beigeladenen zugestellt am 22. März 1988 – abgewiesen, weil der Kläger nicht zum Kreis der Nichtsesshaften zähle. Mit seiner Berufung vom 11. April 1988 wendet sich der Beigeladene gegen das Urteil und macht geltend:

Der Kläger habe zum Kreis der Nichtsesshaften gezählt. Er sei als Zeitschriftenwerber ohne sichere Lebensgrundlage unstet herumgezogen und sei seit Oktober 1981 als „Einrichtungswanderer" anzusehen.

Er beantragt, seinen Bescheid vom 18. März 1985 und den Widerspruchsbescheid des Beklagten vom 3. Dezember 1986 aufzuheben und den Beklagten zu verpflichten, dem Kläger zur Überwindung sozialer Schwierigkeiten Hilfe durch Übernahme der Kosten nachgehender Betreuung durch die Diakonischen Heime in K. für die Zeit vom 5. Januar 1985 bis zum 28. Februar 1986 gemäß § 72 BSHG und § 3 AG BSHG zu gewähren.

Der Beklagte beantragt, die Klage abzuweisen.

Der Kläger stellt keinen Berufungsantrag.

Wegen der weiteren Einzelheiten und des Vorbringens der Beteiligten wird auf die Gerichtsakten und die Verwaltungsvorgänge verwiesen.

Entscheidungsgründe

Die Berufung ist nicht begründet. Das Verwaltungsgericht hat es aufgrund der §§ 72 BSHG, 4 der VO zur Durchführung des § 72 BSHG und 3 Nds. AG BSHG zu Recht abgelehnt, den Beklagten zu verpflichten, dem Kläger die begehrte Hilfe zu gewähren. Der Kläger zählte nämlich nicht zum Kreis der Nichtsesshaften.

Nach § 1 Abs. 2 Satz 1 Nr. 3 der Durchführungsverordnung können besondere Lebensverhältnisse vor allem bei Nichtsesshaften bestehen. Nichtsesshaft in diesem Sinne sind nach § 4 der Durchführungsverordnung Personen, die ohne gesicherte wirtschaftliche Lebensgrundlage umherziehen oder die sich zur Vorbereitung auf eine Teilnahme am Leben in der Gemeinschaft oder zur dauernden persönlichen Betreuung in einer Einrichtung für Nichtsesshafte aufhalten. Nach der Begründung zu § 4 der

Durchführungsverordnung (BT-Drucks. 258/76) ist „dem Nichtsesshaften eine unstete Lebensführung ohne wirtschaftliche Sicherung eigentümlich, die ihre Ursachen in der Struktur seiner Persönlichkeit haben oder die durch besondere Lebensumstände ausgelöst worden sein kann; nicht selten trifft beides zusammen. Als Nichtsesshafte sind diese Personen auch dann noch anzusprechen, wenn sie das Umherziehen ganz oder doch für längere Zeit aufgegeben haben und sich in einer Nichtsesshaften-Einrichtung befinden, dort aber noch nicht voll und auf Dauer an eine selbstständige Lebensführung in der Gemeinschaft gewöhnt werden konnten". Anknüpfend an seine ständige Rechtsprechung (Beschl. v. 26. Sept. 1984, ZfF 85, 63) hat der Senat auch erwogen (Urt. v. 9. Nov. 1988 – 4 OVG A 67/86 –), ob die zweite Alternative des § 4 der Durchführungsverordnung auch dann erfüllt ist, wenn die in einer Einrichtung für Nichtsesshafte betreute Person noch nicht umhergezogen ist, aber unmittelbar davorgestanden hat und in einer Einrichtung für Nichtsesshafte mit dem Ziel betreut wird zu verhindern, dass er (erstmals) bindungslos und ohne gesicherte wirtschaftliche Lebensgrundlage umherzieht. Nicht zu diesem Personenkreis zählt nach der Rechtsprechung des Senates (Urt. v. 11. Okt. 1989 – 4 OVG A 70/88 –) derjenige, der umherzieht, weil er seinen Beruf „im Umherziehen ausübt". Solche Personen haben nämlich eine „gesicherte wirtschaftliche Lebensgrundlage" im Sinne von § 4 Durchführungsverordnung. Das gilt auch dann, wenn aus der Erwerbstätigkeit nur ein solches Einkommen erzielt wird, dass Hilfe zum Lebensunterhalt nicht in Anspruch genommen werden muss. Nach der Begründung zu § 4 der Durchführungsverordnung sind nämlich die Struktur der Persönlichkeit des Umherziehenden oder besondere Lebensumstände final für die „unstete Lebensführung (ohne wirtschaftliche Sicherung)", nicht aber die beruflichen Tätigkeiten. Damit beschreibt § 4 der Durchführungsverordnung eine Person, die unstet umherzieht und mangels Einkommens Hilfe zum Lebensunterhalt erhalten müsste, wenn sie um diese Hilfe nachsuchte. Die Personen, die ihren notwendigen Lebensunterhalt im Sinne des 2. Abschnittes des Bundessozialhilfegesetzes aus eigenen Mitteln und Kräften bestreiten können, zählen nicht zu den Nichtsesshaften im Sinne von § 4 der Durchführungsverordnung. Das durch den Wortlaut und die Entstehungsgeschichte der Vorschrift begründete Ergebnis wird noch dadurch gestützt, dass bei einer gegenteiligen Auffassung der Kreis der Nichtsesshaften nicht mehr mit hinreichender Sicherheit abzugrenzen wäre. Alle Personen, die ihren Beruf „im Umherziehen ausüben", wie Schausteller und Handlungsreisende, wären dann nichtsesshaft im Sinne von § 4 der Durchführungsverordnung, wenn und so lange sie neben dem Bestreiten ihres Lebensunterhalts nicht auch Vorsorge für Krankheit und Alter treffen und finanzieren. Eine solche Auslegung würde auch dem Ziel der Verordnung zur Durchführung des § 72 BSHG widersprechen, die es bezweckt, diesen Personenkreis möglichst genau zu bestimmen.

Nach diesen Maßstäben rechnete der Kläger bis zum Oktober 1981 nicht zu den „Nichtsesshaften". Dazu hat das Verwaltungsgericht das Erforderliche gesagt. Seine Überlegungen teilt der Senat und verweist deshalb auf sie (Art. 2 § 6 EntlG). Die Erwägungen des Beigeladenen überzeugen den Senat nicht. Der Beigeladene meint, weil der Kläger seine Tätigkeit als „Drücker" in einer „Werbekolonne" ausgeübt, in ständiger Abhängigkeit ... von seinem Arbeitgeber gelebt habe und nicht sozialversichert gewesen sei, habe er nicht eine „gesicherte wirtschaftliche Lebensgrundlage" gehabt. Nach dem Gesagten versteht aber § 4 Durchführungsverordnung unter einer gesicherten wirtschaftlichen Lebensgrundlage nicht das von dem Beigeladenen Gemeinte. Vielmehr hatte der Kläger in dem maßgebenden Zeitraum aufgrund ... seines ... Einkommens (er hat darauf in der mündlichen Verhandlung vor dem Senat hingewiesen) eine gesicherte wirtschaftliche Lebensgrundlage. Auch hat der Senat nicht feststellen können, dass die Tätigkeit des Klägers in der „Werbekolonne" ihrer Art nach rechtswidrig gewesen ist (diese Feststellung ist unabhängig davon zu treffen, dass der Kläger nach seinen Angaben in der mündlichen Verhandlung wegen unlauteren Wettbewerbs bei seiner Tätigkeit als „Drücker" bestraft worden ist).

Schließlich haben Kläger und Beigeladener nicht bewiesen, dass der Kläger nach der Beendigung seiner Tätigkeit als „Drücker" unmittelbar davorgestanden hat, nichtsesshaft zu werden. Nach dem Geschehensablauf, wie er sich nach dem Ergebnis der mündlichen Verhandlung vor dem Senat darstellt, ist nicht erwiesen, dass beim Kläger die ernste Gefahr bestand, dass er bindungslos und ohne wirtschaftliche Lebensgrundlage umherziehen werde. Nach dem Verlassen des Quartiers in B. hat er allerdings nach seinen Angaben in der mündlichen Verhandlung vier Tage „unter Brücken" genächtigt. Nach seinem Bericht stand aber in dieser Zeit im Vordergrund seine Ratlosigkeit, wie er sich selbst helfen sollte. Dagegen hat er auch in dieser Zeit nach seinem Bericht in der mündlichen Verhandlung nicht erwogen, ein unstetes Leben zu führen und ohne eine gesicherte Lebensgrundlage umherzuziehen. Infolgedessen hat er sich auch sofort, nachdem er den Rat eines Bekannten erhalten hatte, in das Diakonieheim begeben. Aus diesem Grunde braucht der Senat nicht zu entscheiden, ob es nach dem Sinn und dem Zweck der Vorschrift des § 4 der Durchführungsverordnung für deren Anwendung ausreicht, dass jemand, der noch nicht umhergezogen ist, aber unmittelbar davorgestanden hat, in einer Einrichtung für Nichtsesshafte mit dem Ziel betreut wird zu verhindern, dass er (erstmals) bindungslos und ohne gesicherte wirtschaftliche Lebensgrundlage umherzieht."

Bemerkung zur Übertragbarkeit der Rechtsprechung auf das neue Recht des SGB XII:

Die vorstehend aufgezeigte Rechtsprechung zu den Hilfen in besonderen sozialen Schwierigkeiten wird auf das neue Recht ohne Einschränkungen übertragbar sein, da insoweit auch keine Änderungen vorgenommen worden sind.

§ 70 SGB XII   Hilfe zur Weiterführung des Haushalts

(1) Personen mit eigenem Haushalt sollen Leistungen zur Weiterführung des Haushalts erhalten, wenn keiner der Haushaltsangehörigen den Haushalt führen kann und die Weiterführung des Haushalts geboten ist. Die Leistungen sollen in der Regel nur vorübergehend erbracht werden. Satz 2 gilt nicht, wenn durch die Leistungen die Unterbringung in einer stationären Einrichtung vermieden oder aufgeschoben werden kann.

(2) Die Leistungen umfassen die persönliche Betreuung von Haushaltsangehörigen sowie die sonstige zur Weiterführung des Haushalts erforderliche Tätigkeit.

(3) § 65 Abs. 1 findet entsprechende Anwendung.

(4) Die Leistungen können auch durch Übernahme der angemessenen Kosten für eine vorübergehende anderweitige Unterbringung von Haushaltsangehörigen erbracht werden, wenn diese Unterbringung in besonderen Fällen neben oder statt der Weiterführung des Haushalts geboten ist.

Die Vorschrift überträgt in den Absätzen 1 bis 3 inhaltsgleich den bisherigen § 70 des Bundessozialhilfegesetzes und in Absatz 4 den bisherigen § 71 des Bundessozialhilfegesetzes.

§ 71 SGB XII   Altenhilfe

(1) Alten Menschen soll außer den Leistungen nach den übrigen Bestimmungen dieses Buches Altenhilfe gewährt werden. Die Altenhilfe soll dazu beitragen, Schwierigkeiten, die durch das Alter entstehen, zu verhüten, zu überwinden oder zu mildern und alten Menschen die Möglichkeit zu erhalten, am Leben in der Gemeinschaft teilzunehmen.

(2) Als Leistungen der Altenhilfe kommen insbesondein Betracht:
1. Leistungen zu einer Betätigung und zum gesellschaftlichen Engagement, wenn sie vom alten Menschen gewünscht wird,
2. Leistungen bei der Beschaffung und zur Erhaltung einer Wohnung, die den Bedürfnissen des alten Menschen entspricht,
3. Beratung und Unterstützung in allen Fragen der Aufnahme in eine Einrichtung, die der Betreuung alter Menschen dient, insbesondere bei der Beschaffung eines geeigneten Heimplatzes,
4. Beratung und Unterstützung in allen Fragen der Inanspruchnahme altersgerechter Dienste,
5. Leistungen zum Besuch von Veranstaltungen oder Einrichtungen, die der Geselligkeit, der Unterhaltung, der Bildung oder den kulturellen Bedürfnissen alter Menschen dienen,
6. Leistungen, die alten Menschen die Verbindung mit nahe stehenden Personen ermöglichen.

(3) Leistungen nach Absatz 1 sollen auch erbracht werden, wenn sie der Vorbereitung auf das Alter dienen.

(4) Altenhilfe soll ohne Rücksicht auf vorhandenes Einkommen oder Vermögen geleistet werden, soweit im Einzelfall Beratung und Unterstützung erforderlich sind.

Die Vorschrift überträgt im Wesentlichen inhaltsgleich den bisherigen § 75 des Bundessozialhilfegesetzes. Die redaktionelle Umstellung der Nummer 1 an den Beginn der Aufzählung soll ihre gewachsene Bedeutung herausstellen. Ihre Ergänzung stellt klar, dass die Förderung des gesellschaftlichen Engagements auch für alte Menschen eine besondere Bedeutung haben kann.

§ 72 SGB XII   Blindenhilfe

(1) Blinden Menschen wird zum Ausgleich der durch die Blindheit bedingten Mehraufwendungen Blindenhilfe gewährt, soweit sie keine gleichartigen Leistungen nach anderen Rechtsvorschriften erhalten. Auf die Blindenhilfe sind Leistungen bei häuslicher Pflege nach dem Elften Buch, auch soweit es sich um Sachleistungen handelt, mit 70 vom Hundert des Pflegegeldes der Pflegestufe I und bei Pflegebedürftigen der Pflegestufen II und III mit 50 vom Hundert des Pflegegeldes der Pflegestufe II, höchstens jedoch mit 50 vom Hundert des Betrages nach Absatz 2, anzurechnen. Satz 2 gilt sinngemäß für Leistungen nach dem Elften Buch aus einer privaten Pflegeversicherung und nach beamtenrechtlichen Vorschriften. § 39 ist entsprechend anzuwenden.

(2) Die Blindenhilfe beträgt bis 30. Juni 2004 für blinde Menschen nach Vollendung des 18. Lebensjahres 585,00 Euro monatlich, für blinde Menschen, die das 18. Lebensjahr noch nicht vollendet haben, beträgt sie 293,00 Euro monatlich. Sie verändert sich jeweils zu dem Zeitpunkt und in dem Umfang, wie sich der aktuelle Rentenwert in der gesetzlichen Rentenversicherung verändert.

(3) Lebt der blinde Mensch in einer stationären Einrichtung und werden die Kosten des Aufenthalts ganz oder teilweise aus Mitteln öffentlich-rechtlicher Leistungsträger getragen, so verringert sich die Blindenhilfe nach Absatz 2 um die aus diesen Mitteln getragenen Kosten, höchstens jedoch um 50 vom Hundert der Beträge nach Absatz 2. Satz 1 gilt vom ersten Tage des zweiten Monats an, der auf den Eintritt in die Einrichtung folgt, für jeden vollen Kalendermonat des Aufenthalts in der Einrichtung. Für jeden vollen Tag vorübergehender Abwesenheit von der Einrichtung wird die Blindenhilfe in Höhe von je einem Dreißigstel des Betrages nach Absatz 2 gewährt, wenn die vorübergehende Abwesenheit länger als sechs volle zusammenhängende Tage dauert; der Betrag nach Satz 1 wird im gleichen Verhältnis gekürzt.

(4) Neben der Blindenhilfe wird Hilfe zur Pflege wegen Blindheit (§§ 61 und 63) außerhalb von stationären Einrichtungen sowie ein Barbetrag (§ 35 Abs. 2) nicht gewährt. Neben Absatz 1 ist § 30 Abs. 1 Nr. 2 nur anzuwenden, wenn der blinde Mensch nicht allein wegen Blindheit voll erwerbsgemindert ist. Die Sätze 1 und 2 gelten entsprechend für blinde Menschen, die nicht Blindenhilfe, sondern gleichartige Leistungen nach anderen Rechtsvorschriften erhalten.

(5) Blinden Menschen stehen Personen gleich, deren beidäugige Gesamtsehschärfe nicht mehr als ein Fünfzigstel beträgt oder bei denen dem Schweregrad dieser Sehschärfe gleichzuachtende, nicht nur vorübergehende Störungen des Sehvermögens vorliegen.

Die Vorschrift überträgt im Wesentlichen inhaltsgleich den bisherigen § 67 des Bundessozialhilfegesetzes. Mit der Ergänzung des Absatzes 1 wird entsprechend eines Vorschlags einer Arbeitsgruppe der Bundesarbeitsgemeinschaft der Überörtlichen Sozialhilfeträger und des Deutschen Blinden- und Sehbehindertenverbandes e.V. eine gestaffelte Kürzungsvorgabe eingeführt und die bisherige Ermessensausübung, die im Übrigen mit einem hohen Verwaltungsaufwand verbunden war, abgelöst und gleichzeitig eine bundeseinheitliche Regelung eingeführt. Weiterhin werden zur Klarstellung die privat- und beamtenrechtlichen Regelleistungen mit einbezogen. Nicht übernommen wird der bisherige § 67 Abs. 4 des Bundessozialhilfegesetzes, da Erwerbsfähige in den Regelungsbereich der neuen Leistung Arbeitslosengeld II übergehen. Stattdessen wird durch Absatz 1 Satz 4 klargestellt, dass in entsprechender Anwendung des § 40 die Blindenhilfe gekürzt werden kann. Darüber hinaus wird der

Regelungsinhalt des bisherigen Absatzes 6 des Bundessozialhilfegesetzes in Absatz 2 übernommen.

§ 73 SGB XII   Hilfe in sonstigen Lebenslagen

Leistungen können auch in sonstigen Lebenslagen erbracht werden, wenn sie den Einsatz öffentlicher Mittel rechtfertigen. Geldleistungen können als Beihilfe oder als Darlehen erbracht werden.

Die Vorschrift überträgt inhaltsgleich den bisherigen § 27 Abs. 2 des Bundessozialhilfegesetzes.

§ 74 SGB XII   Bestattungskosten

Die erforderlichen Kosten einer Bestattung werden übernommen, soweit den hierzu Verpflichteten nicht zugemutet werden kann, die Kosten zu tragen.

Die Vorschrift überträgt inhaltsgleich den bisherigen § 15 des Bundessozialhilfegesetzes.

Die Rechtsprechung zur Hilfe in anderen Lebenslagen (§§ 70-74 SGB II)

Leitsatz (Hamburgisches Oberverwaltungsgericht 4. Senat, Beschluss vom 1. Oktober 2003, Az:: 4 Bs 330/03)

Erhält ein Pflegebedürftiger von der Pflegeversicherung gemäß § 36 Abs. 1 und 3 SGB 11 Pflegesachleistungen als häusliche Pflegehilfe für die Grundpflege und die hauswirtschaftliche Versorgung – die gemäß §§ 36 Abs. 2, 14 Abs. 4 Nr. 4 SGB 11 auch das Reinigen der Wohnung umfasst –, kann er daneben wegen behaupteter nicht ausreichender Wohnungsreinigung durch den Pflegedienst zusätzliche Leistungen für die Entlohnung einer selbst beschafften Wohnungsreinigungskraft vom Träger der Sozialhilfe weder als Hilfe zur Fortführung des Haushalts (§ 70 Abs. 1 BSHG) noch als – ergänzende – Hilfe zur Pflege gemäß §§ 68, 69, 69b BSHG beanspruchen.

Leitsatz (Hamburgisches Oberverwaltungsgericht 4. Senat,
Beschluss vom 19. März 1996, Az: Bs IV 266/95)

1. Hat nach dem In-Kraft-Treten des durch das Pflege-Verrichtungsgesetz
(PflegeVG) eingeführten SGB XI (SGB 11) der pflegeversicherte Pflegebedürftige bei seiner Pflegekasse sich für das pauschalierte Pflegegeld für
selbst beschaffte Pflegehilfen gem § 37 SGB XI (SGB 11) – anstelle der
bei häuslicher Pflege grundsätzlich vorgesehenen Pflegesachleistung
(§ 36 SGB XI (SGB 11)) – entschieden, kann er nach den gesetzlichen
Bewilligungsvoraussetzungen und der Rechtsnatur des Pflegegeldes nicht
daneben vom Träger der Sozialhilfe die Übernahme von Kosten für die
Heranziehung einer besonderen Pflegekraft gemäß § 69b Abs. 1 S 2
BSHG nF beanspruchen.

2. Nach der Änderung der §§ 68 ff. BSHG durch das PflegeVG, wonach nunmehr die Hilfe zur Pflege auch die hauswirtschaftliche Versorgung umfasst
(vgl. z.B. § 68 Abs. 4 Nr. 4 BSHG), sind Leistungen zur Weiterführung des
Haushalts gemäß § 70 BSHG ausgeschlossen, wenn die Unfähigkeit zur
Führung des Haushalts bei der dafür in Betracht kommenden Person auf
einer Krankheit oder Behinderung iS von § 68 BSHG beruht.

Leitsatz (OVG Lüneburg 4. Senat, Beschluss vom 28. Dezember 1993,
Az.: 4 M 2984/93)

Zum Umfang der Hilfe zur Führung des Haushalts einer Familie mit fünf Kindern.

Aus den Gründen:

*„... Die Antragsteller begehren Leistungen für eine Haushaltshilfe von vier Stunden je
Werktag. Die Antragsteller haben fünf Kinder. Im Juni 1986 wurde ihr Sohn L., im
September 1987 die Tochter I. geboren. Am 14.08.1991 brachte die Antragstellerin
Drillinge zur Welt. Zunächst erhielten die Antragsteller von der Innungs-Kranken-
kasse Leistungen zur Finanzierung einer Haushaltshilfe für (bis zu) acht Stunden je
Werktag. Danach gewährte der Antragsgegner Sozialhilfe zur Weiterführung des
Haushaltes, und zwar für vier Monate für acht Stunden je Werktag (Montag bis Frei-
tag), für drei Monate für sechs Stunden und für weitere neun Monate für vier Stunden
werktäglich. Ende Januar 1993 beantragte die Antragstellerin die Kosten einer Haushaltshilfe weiter zu übernehmen. Nach Einholung einer Stellungnahme seines Gesundheitsamtes lehnte der Antragsgegner den Antrag mit folgender Begründung ab:
Nach der allein in Betracht kommenden gesetzlichen Grundlage (§ 70 BSHG) solle
die Haushaltshilfe nur vorübergehend, d. h. nur für einen Zeitraum von bis zu sechs
Monaten, gewährt werden. Die Antragsteller hätten die Hilfe indes bereits 16 Monate
lang erhalten. Eine weitere Hilfe sei auch deshalb nicht veranlasst, weil die Drillinge
die früher vorhanden gewesenen Entwicklungsdefizite mittlerweile ausgeglichen hätten und altersentsprechend entwickelt seien. Da überdies die beiden älteren Kinder
vormittags Schule und Kindergarten besuchten, sei es den Antragstellern möglich*

und zuzumuten, die mit der Erziehung der Kinder verbundenen Schwierigkeiten mit eigenen Kräften zu meistern. Das Verwaltungsgericht hat den Antragsgegner im Wege der einstweiligen Anordnung verpflichtet, den Antrag der Antragsteller für die Zeit ab dem 01.10.1993 unter Beachtung der Rechtsauffassung der Kammer neu zu bescheiden. Es hat zur Begründung im Wesentlichen ausgeführt: Die Antragsteller könnten Hilfe in einer gesetzlich unbenannten besonderen Lebenslage beanspruchen. Denn die ständige Gegenwart der Drillinge erschwere außerordentlich die Erledigung der Aufgaben, die (wie insbesondere die Unterstützung des ältesten Sohnes bei den Hausaufgaben) innerhalb oder (wie insbesondere das Aufsuchen von Arzt, Bank oder Post) außerhalb des Hauses durchgeführt werden müssten. Ungenutzte Selbsthilfemöglichkeiten bestünden nach dem gegenwärtigen Stand des Vortrags nur zum Teil. Eine tägliche Nutzung des familieneigenen Kraftfahrzeuges durch die Antragstellerin würde nur einige Wege verkürzen, jedoch nichts an der Notwendigkeit ändern können, die Drillinge ständig zu betreuen. Durch Umorganisation der Einkäufe sowie der Wege zu Schule und Kindergarten lasse sich allerdings so viel an Zeit einsparen, dass die Antragsteller nach Schätzung der Kammer mit einer Hilfe von wöchentlich sechs Stunden auskommen könnten. Die zulässige Beschwerde des Antragsgegners ist zum Teil begründet. Daraus folgt, dass die Beschwerde der Antragsteller nicht begründet ist. Die Antragsteller haben einen Anspruch auf eine Haushaltshilfe von insgesamt fünf Stunden je Woche glaubhaft gemacht. Anspruchsgrundlage können nur die §§ 3 Abs. 1, 11 Abs. 1, 12 und 22 Abs. 1 Satz 2 BSHG sein.

Hilfe in besonderen Lebenslagen in Form von Hilfe zur Weiterführung des Haushaltes nach § 70 BSHG können die Antragsteller nicht (mehr) beanspruchen, da diese nach Abs. 1 Satz 2 der zitierten Vorschrift in der Regel nur vorübergehend gewährt werden soll und der danach maßgebliche Zeitraum (längst) abgelaufen ist. Vorübergehend ist die Hilfe selbst bei großzügiger Bemessung nur dann, wenn die Leistungsdauer sechs Monate nicht überschreitet (Urteil des Senats vom 28.03.1979; FEVS Bd. 29 S. 113 [116]). Mehrere Jahre jedenfalls können schon nach dem Wortsinn nicht mehr als nur vorübergehend angesehen werden. Das gilt selbst dann, wenn sich das Ende des Zeitraumes, für den Hilfe begehrt wird, abstrakt mehr oder minder genau bestimmen lässt. Daher ist nicht mehr nur „vorübergehend", sondern allenfalls (was vom Gesetz so aber gerade nicht bestimmt wird) „absehbar" eine Hilfe, die bis zum Heranwachsen der Kinder oder auch – wie hier – bis zum Eintritt des sogenannten Kindergartenalters begehrt wird (so zutreffend Mergler/Zink, BSHG, § 70 RdNr. 26, gegen OVG Berlin, NDV 1967 S. 184 rechte Spalte oben). Ein Fall, der es ausnahmsweise gestattete, die Hilfe nach § 70 BSHG länger als nur vorübergehend zu gewähren („soll" im Sinne des § 70 Abs. 1 Satz 2 BSHG ist „muss" nur im Regelfall), liegt nicht vor. Dessen Annahme kommt nur in Betracht, wenn andernfalls eine erheblich einschneidendere Maßnahme, wie etwa ein Heimaufenthalt der Mutter, erforderlich würde und wenn außerdem absehbar wäre, dass die Familie nach dem weiteren Zeitraum, der über den nur „vorübergehenden" hinausgeht, selbst Abhilfe schaffen kann (LPK-BSHG, 3. Auflage, § 70 RdNr. 9; Mergler/Zink, a.a.O., RdNr. 27; vgl. auch Schellhorn/ Jirasek/Seipp, BSHG, 14. Auflage, § 70 RdNr. 7). Hier fehlt es schon an Ersterem. Es ist – auch durch das Attest des Herrn Dr. G. vom 16.08.1993 – nicht glaubhaft gemacht, dass die Antragstellerin zu 1 ohne die begehrte Hilfe in absehbarer Zeit infolge der Inanspruchnahme durch die Arbeiten im Haushalt gesundheitlich so in Mitleidenschaft gezogen sein würde, dass eine solch einschneidende Maßnahme erforderlich würde. Nach diesem Attest mag es zwar wahrscheinlich sein, dass sich einige der darin aufgelisteten gesundheitlichen Defizite, soweit sie nicht (wie beispielsweise Eisenmangel) durch medikamentöse Gaben behoben werden können, bei fortdauernder häuslicher Belastung nicht so schnell, wie dies ohne sie möglich wäre, würden beheben lassen. Das ist indes nicht mit einem Zustand gleichzusetzen, der bei fortdauernden ungünstigen äußeren Verhältnissen ernstlich und alsbald erwarten lässt, dass sich eine Krise einstellt, die stationär behandelt werden muss. Im Übrigen ist dieses Attest zu unsubstantiiert gehalten, als dass sich die von den Antragstellern daraus gezogene Folgerung darauf stützen ließe. Das wäre nur dann in Betracht gekommen, wenn dieses Attest ins Einzelne gehend dargestellt hätte, weshalb der Gesundheitszustand der Antragstellerin zu 1 gerade bis Ende des Jahres 1993 eine Haushaltshilfe von vier Stunden werktäglich fordert, ab Beginn des Jahres 1994 eine solche indes (überhaupt) nicht mehr erforderlich sei. Auf § 27 Abs. 2 Satz 1 BSHG lässt sich der Anspruch entgegen der Auffassung des Verwaltungsgerichts nicht stützen. Diese Vorschrift kann nur dann die Grundlage einer Hilfe sein, wenn der Hilfesuchende nicht in einer der in § 27 Abs. 1 Nr. 1 bis 12, §§ 30 ff. BSHG bezeichneten („benannten") besonderen Lebenslage ist. § 27 Abs. 2 BSHG eröffnet dem Hilfesuchenden nicht die Möglichkeit, im Ergebnis die Hilfe zu erlangen, die eine der in §§ 30 ff. BSHG enthaltenen Bestimmungen für seine konkrete besondere Lebenslage gewährleistet, im konkreten Fall aber deshalb nicht gewährt werden darf, weil eine der in der speziellen Vorschrift aufgestellten Voraussetzungen nicht erfüllt ist. Wird die Bedarfslage („an sich") von einer dieser Vorschriften erfasst, schließt der Grundsatz der Spezialität einen Rückgriff auf § 27 Abs. 2 BSHG auch (und gerade) dann aus; wenn diese Vorschrift die Hilfe in diesem konkreten Fall einschränkt oder – wie hier wegen § 70 Abs. 1 Satz 2 BSHG – ausschließt (BVerwGE Bd. 29 S. 235 [236 f.] = FEVS Bd. 15 S. 321 [322 f.1).

Ansprüche nach den §§ 36 ff. BSHG bestehen nicht, da die begehrte Hilfe im Leistungskatalog des § 36 BSHG nicht genannt ist und die Antragstellerin zu 1 – wie dargelegt – nicht hinreichend glaubhaft gemacht hat, bei ihr sei bereits ein Krankheitszustand im Sinne des § 37 BSHG eingetreten.

Art. 1 KJHG (in der Fassung der Bekanntmachung der Neufassung vom 03.05.1993, BGBl. I S. 637) bietet eine Grundlage für das Antragsbegehren gleichfalls nicht. Die Antragstellerin zu 1 ist nicht im Sinne des Art. 1 § 20 KJHG für die Wahrnehmung der Betreuung ihrer Kinder ausgefallen. Art. 1 § 23 KJHG stützt das Begehr nicht; denn die Antragstellerin zu 1 will den ältesten Sohn L. bei der Erledigung der Hausaufgaben selbst überwachen und anleiten. Die anderen Kinder, namentlich die Drillinge, sollen derweil nicht zur Förderung ihrer Entwicklung betreut, sondern – gleichsam flankierend – nur beaufsichtigt werden.

Leistungen für eine Haushaltshilfe könnten daher nur auf der Grundlage der §§ 3 Abs. 1, 11 Abs. 1,12 und 22 Abs. 1 Satz 2 BSHG im Rahmen von (ergänzender) laufender Hilfe zum Lebensunterhalt gewährt werden. Gründe der Spezialität anderer Vorschriften stehen einer Anwendung dieser Bestimmungen nicht entgegen. Dies gilt auch im Hinblick auf § 23 Abs. 2 BSHG. Diese Spezialvorschrift regelt nur einen Ausschnitt aus dem Bereich der Kinderbetreuung, in dem typischerweise (wegen Alleinerziehung) ein Mehrbedarf besteht. Sie entfaltet indes nicht Sperrwirkung für die Fälle, in denen Kinder auf andere Weise, namentlich (wie hier) durch beide Elternteile, betreut werden. Angesichts der Vielgestaltigkeit der dabei möglichen Konstellationen entzieht sich dies einer § 23 Abs. 2 BSHG vergleichbaren Typisierung. Hilfen können insoweit daher nur nach Maßgabe allgemeiner, hier in Gestalt der §§ 3 Abs. 1, 11 Abs. 1,12 und 22 Abs. 1 Satz 2 BSHG bestehender Vorschriften gewährt werden.

Der danach maßgebliche notwendige Lebensunterhalt umfasst nicht nur das physiologisch Notwendige, sondern den gesamten zu einem menschenwürdigen Leben erforderlichen Bedarf. Bei dessen Ermittlung sind die herrschenden Lebensgewohnheiten und Erfahrungen zu berücksichtigen, wobei hinsichtlich des Maßstabes darauf Bedacht zu nehmen ist, was sich Personen, deren Einkommen dem im Geltungsbereich der jeweiligen Regelsätze erzielten durchschnittlichen Netto-Arbeitsentgelt unterer Lohngruppen zuzüglich Kinder- und Wohngeld entspricht, aus ihren bescheidenen Mitteln üblicherweise leisten können.

Eine Verletzung des Sozialstaatsprinzips sowie des Grundrechts aus Art. 6 Abs. 1 GG liegt darin entgegen der Annahme der Antragsteller nicht. Denn das Sozialstaatsprinzip verpflichtet den zu seiner Ausfüllung und Konkretisierung in erster Linie berufenen Gesetzgeber nicht, Bedürftigen mehr als den (nur) notwendigen Lebensunterhalt sicherzustellen. Kennzeichen der grundrechtlich geschützten Ehe ist eine auf Dauer angelegte Lebensgemeinschaft, die sich u. a. durch innere Bindungen auszeichnet, die ein gegenseitiges Einstehen der Partner füreinander begründen, also über die Beziehungen in einer reinen Haushalts- und Wirtschaftsgemeinschaft hinausgehen (BVerfGE Bd. 87 S. 234 [264] mit weiteren Nachweisen). Ganz abgesehen von der schwierigen Frage, inwieweit Grundrechte (nicht nur eine Abwehrposition, sondern sogar) Leistungsansprüche zu vermitteln vermögen, kann Art. 6 Abs. 1 GG hier nicht zum Vorteil der Antragsteller eingreifen, wenn sie gerade auf die gegenseitige Einstandspflicht von Eheleuten verwiesen werden. Dieselben Erwägungen gelten im Hinblick auf den Begriff der Familie im Sinne des Art. 6 Abs. 1 GG. Eine danach vorgenommene Prüfung ergibt, dass die Antragsteller den Anspruch nur teilweise glaubhaft gemacht haben. Für die reinen Haushaltstätigkeiten können sie Hilfe nicht beanspruchen. Es ist ihnen zum einen zuzumuten, sich – was die Ordnung im Haushalt sowie den Zustand des Gartens anbetrifft – mit einem geringeren Standard zu begnügen, der noch immer im Sinne der zitierten Grundsätze ein menschenwürdiges Wohnen ermöglicht. Zum anderen bestehen im Hinblick auf das Wäschewaschen Möglichkeiten, Zeit dadurch einzusparen, dass das Zusammenlegen und Bügeln der Wäsche in die Abendstunden verlegt und/oder ein Teil der Wäsche an Wochenenden gewaschen wird sowie der Antragsteller zu 2 sich stärker, als es bisher offenbar der Fall ist, an der Erledigung dieser Aufgaben beteiligt.

Keine ins Gewicht fallenden Selbsthilfemöglichkeiten bestehen dagegen im Hinblick auf den Einkauf. Zwar liegt der vom Antragsgegner unterbreitete Vorschlag nahe, der Antragsteller zu 2 könne sämtliche Einkäufe bei der Rückkehr von der Arbeit erledigen und so mit einem Aufwand von etwa einer dreiviertel Stunde je Werktag seiner Ehefrau einen Zeitgewinn von täglich etwa zwei Stunden verschaffen. Die dieser Idealvorstellung zugrunde liegende Annahme, der tägliche Einkauf lasse sich vollständig und erschöpfend planen und durchführen, ist indes nicht realistisch. Nahezu täglich wird sich die Notwendigkeit herausstellen, sogleich das eine oder andere Benötigte, das man zu kaufen vergaß oder das – unvorhergesehen – plötzlich gebraucht wird, einzukaufen. Die beschriebenen Möglichkeiten, den täglichen Zeitaufwand durch Umschichtung der Arbeiten in die Abendstunden und das Wochenende sowie durch Absenkung des „häuslichen Standards" an Ordnung, Sauberkeit und Gartenpflege zu mindern, und den Antragsteller zu 2 verstärkt zur Mitarbeit heranzuziehen, gestatten es den Antragstellern, alle „reinen Haushaltstätigkeiten", soweit sie im Sinne der zitierten Grundsätze als notwendig angesehen werden können, ohne Hilfe Dritter zu erledigen. Die Notwendigkeit, werktäglich weitere ins Gewicht fallende Arbeiten vorzunehmen, ist nicht glaubhaft gemacht. Das gilt namentlich im Hinblick auf die Erledi-

gung von Bank- und Postangelegenheiten, die das Verwaltungsgericht mit in den Vordergrund gestellt hat. Diese lassen sich entweder auf schriftlichem Wege oder durch Gebrauch der zahlreichen Automaten, mithin ohne die Notwendigkeit erledigen, einen Schalter aufzusuchen. Beides beansprucht daher nicht notwendig einen (Zeit-)Aufwand an Werktagen. Ausreichende Anhaltspunkte für die Annahme, die Durchführung der bezeichneten Arbeiten werde die Drillinge in unzumutbarer Weise belasten und in die Gefahr von Gesundheitsschädigungen bringen, liegen nicht vor. Die Antragsteller haben dies am Ende des Schriftsatzes vom 18.08.1993 nur unsubstantiiert behauptet und entsprechende ärztliche Bescheinigungen, die die wiederholten, gegenteiligen Einschätzungen der Ärztinnen im Gesundheitsamt des Antragsgegners widerlegen, nicht vorgelegt. Die Antragsteller haben indes die Notwendigkeit glaubhaft gemacht, der Antragstellerin zu 1 für die Zeit eine Kraft zur Beaufsichtigung der übrigen Kinder zur Seite zu stellen, in der sie ihren ältesten Sohn L. u. a. bei der Erledigung der Hausaufgaben betreut/betreuen muss. Insbesondere aus der Stellungnahme der Grundschule ergibt sich, dass dieser zur Kompensation der Defizite, die die Ankunft der Drillinge und der damit verbundene Abzug an elterlichen Zuwendungen mit sich gebracht haben, der verstärkten Hinwendung der Eltern, namentlich der Antragstellerin zu 1, bedarf. Diese verstärkten Aufwendungen sind sowohl zur psychischen Stabilisierung des Jungen als auch dazu erforderlich, ihm bei den Hausaufgaben zu helfen und dem Entstehen von Schuldefiziten vorzubeugen. Dies muss in einer Atmosphäre der Ruhe und vollständigen Hinwendung der Mutter an ihren ältesten Sohn geschehen. Es liegt auf der Hand, dass sich diese Atmosphäre nicht einstellen kann, wenn die Aufmerksamkeit der Antragstellerin zu 1 durch die Drillinge beansprucht wird und die akustischen Lebensäußerungen dieser drei Kinder die „Hausaufgabenstunde" begleiten. Die Einschaltung der Tochter I. kann nachhaltige Selbsthilfe insoweit nicht schaffen. Sie mag zwar mit den Drillingen schon selbstständig spielen können. Trotz ihres Alters von nunmehr sechs Jahren kann jedoch nicht angenommen werden, sie werde die drei während der gesamten für die Betreuung des L. erforderlichen Zeit allein beaufsichtigen und Störungen von ihrem älteren Bruder vollständig abhalten können.

Der Senat schätzt den hiernach erforderlichen Zeitaufwand auf eine Stunde je Werktag (Montag bis Freitag). Das ist nach allgemeiner Lebenserfahrung, die hier in Ermangelung anderer im Verfahren des einstweiligen Rechtsschutzes alsbald zu erlangender Kenntnisse die Grundlage bilden muss, in etwa die Zeit, die für die Erledigung von Hausaufgaben benötigt wird. Dieser Zeitraum ist den Antragstellern für jeden Werktag zuzubilligen, obgleich es durchaus wahrscheinlich ist, dass Sohn L. nur viermal je Woche Hausaufgaben zu erledigen hat. Die weitere Stunde braucht die Antragstellerin zu 1 zum einen dazu, ihrem Sohn L. die über die Hausaufgabenbetreuung hinaus erforderlichen Zuwendungen zu geben. Zum anderen gestattet es diese „Pufferstände", eventuell notwendige Arztbesuche durchzuführen. Der Entscheidungsausspruch gestattet es den Antragstellern, den Einsatz der Hilfskraft nach ihren jeweiligen Bedürfnissen zu steuern.

Gegen die Höhe des Stundensatzes bestehen durchgreifende Bedenken nicht, zumal der Antragsgegner diesen Stundensatz auch der früher gewährten Hilfe zugrunde gelegt hat.

Der Senat beanstandet nicht, dass das Verwaltungsgericht die Leistungen erst ab dem 01.10.1993 zugebilligt hat. Soweit der Antragsgegner für die Monate Oktober bis Dezember 1993 vorläufige Leistungen noch nicht erbracht hat, der einstweiligen Anordnung also nicht nachgekommen ist, darf er die Leistung davon abhängig machen, *dass die Antragsteller belegen, dass sie in dieser Zeit tatsächlich Aufwendungen bis zu der genannten Höhe gehabt haben. Ab Januar 1994 sind die Leistungen im Voraus zu erbringen und die Aufwendungen auf Verlangen des Antragsgegners nachträglich zu belegen. Der Senat begrenzt den Leistungszeitraum bis zum letzten Tag des Schuljahres 1993/94. Der dritte Geburtstag der Drillinge fällt in die Zeit der großen Ferien. In diesen bestehen die beschriebenen Notwendigkeiten nicht. Daher entfallen sie (schon) mit dem ersten Ferientag. Angesichts der glaubhaft gemachten Einkommens- und Vermögensverhältnisse der Antragsteller sowie der Zahl der zu unterhaltenden Kinder bedarf es näherer Darlegung nicht, dass die Antragsteller im Sinne der beschriebenen Vorschriften bedürftig sind. Dasselbe gilt angesichts der Dringlichkeit des Bedarfs im Hinblick auf die Notwendigkeit einer einstweiligen Regelung (§ 123 Abs. 1 Satz 2 VwGO). Der Senat sieht Anlass, den Antragsgegner darauf hinzuweisen, dass dieser Beschluss es ihm nicht erlaubt, die vorläufigen Leistungen von der Vorlage weiterer Unterlagen abhängig zu machen: Sollten sich die Einkommens- und Vermögensverhältnisse der Antragsteller derart ändern, dass Hilfe zum Lebensunterhalt nicht mehr gewährt werden kann, und sollten die Antragsteller gleichwohl auf Erfüllung der einstweiligen Anordnung bestehen, kann der Antragsgegner beim Verwaltungsgericht eine Änderung dieses Beschlusses beantragen."*

Leitsatz (Verwaltungsgerichtshof Baden-Württemberg 6. Senat, Urteil vom 7. März 1990, Az.: 6 S 1429/89)

Wirtschaftliche Hilfe zu den Kosten der Betreuung eines Kleinkindes während einer kurzfristigen (hier: eintägigen) Abwesenheit der Mutter ist nach §§ 70, 71 BSHG, nicht nach §§ 5, 6 JWG zu leisten. Sie steht der Mutter zu.

Die Rechtsprechung zur Altenhilfe

Leitsatz (redaktionell) (BVerwG 5. Senat, Urteil vom 13. Dezember 1979, Az.: V C 39.76)

Schönheitsreparaturen gehören nicht zu den Leistungen im Sinne der Regelung des § 75 Abs. 2 Nr. 2 SGB XII. Diese sind aus dem Regelsatz zu bestreiten.

Leitsatz (redaktionell) (Oberverwaltungsgericht für das Land Schleswig-Holstein 3. Senat, Urteil vom 25. Februar 2005, Az.: 3 LB 5/04)

Es kann sich im Einzelfall ein Anspruch auf Rundfunkgebührenbefreiung aus der Regelung des § 71 Abs. 2 Nr. 5 SGB XII ergeben.

Die Rechtsprechung zur Blindenhilfe

Leitsatz (redaktionell) (BVerwG 5. Senat,
Urteil vom 16. Dezember 2004, Az.: 5 C 25/04)

Für Blindenhilfe ist immer der Träger zuständig, in dessen Bereich der Antragsteller seinen gewöhnlichen Aufenthalt im Zeitpunkt der Aufnahme in ein Heim hat.

Leitsatz (redaktionell) (BVerwG 5. Senat,
Urteil vom 14. November 2002, Az.: 5 C 37/01)

Es besteht kein Anspruch auf Erstattung für den Bund, wenn er nach dem BVG Blindengeld gewährt.

Leitsatz (BSG 7. Senat, Urteil vom 5. Dezember 2001,
Az.: B 7/1 SF 1/00 R)

Zur Kürzung von Landesblindengeld nach dem Niedersächsischen Gesetz über das Landesblindengeld bei Aufenthalt in einem Berufsförderungswerk zwecks blindentechnischer Grundrehabilitation.

Aus den Gründen:

„... *Nach § 1 Abs. 1 LBliGG erhalten Zivilblinde, die ihren gewöhnlichen Aufenthalt im Lande Niedersachsen haben, Landesblindengeld (Blindengeld) zum Ausgleich der durch die Blindheit bedingten Mehraufwendungen. Blinde, die sich in Anstalten, Heimen oder gleichartigen Einrichtungen im Geltungsbereich des GG aufhalten, erhalten das Blindengeld, wenn sie im Zeitpunkt der Aufnahme in die Einrichtung ihren gewöhnlichen Aufenthalt im Lande Niedersachsen hatten. Gemäß § 2 Abs. 1 LBliGG wird das Blindengeld in Höhe der Blindenhilfe nach § 67 Abs. 2 und Abs. 6 BSHG gewährt. § 2 Abs. 2 Satz 1 LBliGG lautet: Befindet sich der Blinde in einer Anstalt, einem Heim oder einer gleichartigen Einrichtung und werden die Kosten des Aufenthalts ganz oder teilweise aus Mitteln öffentlich-rechtlicher Leistungsträger getragen, so verringert sich das Landesblindengeld nach Abs. 1 um die aus diesen Mitteln getragenen Kosten, höchstens jedoch um 50 v.H. der Beträge nach Abs. 1. Hinsichtlich der Revisibilität (§ 162 SGG) dieser landesrechtlichen Normen bestehen aufgrund der Ausführungen in dem angefochtenen Urteil, die sich die Revisionsführerin zu Eigen gemacht hat, keine Bedenken (vgl. hierzu auch BSG SozR 3-5920 § 1 Nr. 1).*

Vorliegend war die Klägerin vom 30. September 1993 bis Ende 1996 auf Kosten der BfA im Bfw Düren zwecks blindentechnischer Grundrehabilitation in einem – wie die Klägerin angegeben hat – der Ausbildungsstätte angegliederten Wohnheim untergebracht. Ob es sich bei dem Bfw Düren um eine Einrichtung iS des § 2 Abs. 2 Satz 1

LBliGG gehandelt hat, lässt sich diesem Gesetz – mangels näherer Bestimmung des Einrichtungsbegriffs – nicht unmittelbar entnehmen. Die Bedeutung dieses Begriffs lässt sich jedoch aus dem mit der Zahlung von Blindengeld verfolgten gesetzgeberischen Zweck erschließen, ohne dass es eines Rückgriffs auf entsprechende Bestimmungen des BSHG, insbesondere § 67 Abs. 3 iVm § 97 Abs. 4 BSHG bedarf (vgl. hierzu grundlegend VGH Baden-Württemberg, Urteil vom 6. April 2000 – 7 S 1967/98 – = FEVS 52, 159; Urteil vom 5. März 1975VI 547/74= FEVS 23, 431, beide zu § 2 Abs. 2 Blindenhilfegesetz Baden-Württemberg; ebenso BVerwGE 27, 270 = FEVS 15, 210, 212). Die Gewährung von Landesblindengeld hat nach § 1 Abs. 1 Satz 1 des Niedersächsischen LBliGG den Sinn, dem Blinden einen Ausgleich für die durch die Blindheit bedingten Mehraufwendungen zu bieten. Von blindheitsbedingten Mehraufwendungen können Blinde entlastet sein, die in einer Anstalt, einem Heim oder einer gleichartigen Einrichtung untergebracht sind, sofern dort eine die Mehraufwendungen mindernde Betreuung in nicht unerheblichem Umfang gewährt wird; in diesem Fall kann nach der Vorstellung des Gesetzgebers, der insoweit Doppelleistungen vermeiden will, eine Kürzung des Blindengeldes gerechtfertigt sein (vgl. hierzu etwa BT-Drucks 7/308 vom 13. März 1973, S. 15 zu § 67 BSHG). Entscheidend ist mithin, ob die in der Einrichtung gewährte Betreuung zu einer erheblichen Entlastung der Blinden von blindheitsbedingten Mehraufwendungen führt. Bei der Frage, ob der Blinde blindheitsbedingte Mehraufwendungen erspart, ist das LSG von einem zu stark an ökonomischen Bedürfnissen orientierten Begriff ausgegangen. Wie das Bundesverwaltungsgericht (BVerwG) mehrfach entschieden hat, soll mit der Blindenhilfe/dem Blindengeld nicht so sehr ein wirtschaftlicher Bedarf gesteuert werden, sondern das Blindengeld dient vornehmlich als Mittel zur Befriedigung laufender blindheitsspezifischer, auch immaterieller Bedürfnisse des Blinden. Mit der Zahlung des Blindengeldes beabsichtigt der Gesetzgeber, dem Blinden die Möglichkeit zu eröffnen, sich trotz Blindheit mit seiner Umgebung vertraut zu machen, mit eigenen Mitteln Kontakt zur Umwelt zu pflegen und am kulturellen Leben teilzunehmen (vgl. BVerwGE 32, 89, 91 f.). Das Blindengeld dient demgegenüber nicht, jedenfalls nicht vorrangig – wovon offensichtlich das LSG ausgegangen ist – der Deckung des gewöhnlichen Lebensunterhalts (so ausdrücklich BVerwGE 51, 281, 287). Deshalb kann die bloße Gewährung von Unterkunft und Verpflegung (hier: Unterkunft mit Zimmerreinigung, Vollverpflegung) allein nicht ausreichen, um von einer blindheitsbedingte Mehraufwendungen mindernden Betreuung in einem erheblichen Umfang auszugehen. Welcher blindenspezifische Mehraufwand insoweit zu berücksichtigen ist, lässt sich zwar nicht verbindlich und abschließend umschreiben (BVerwGE 27, 270, 273). Jedoch wird es sich im Allgemeinen – wie ausgeführt – um solche Aufwendungen handeln, die Blinden etwa durch Kontaktpflege, die Teilnahme am kulturellen und sozialen Leben, aber auch durch Teilnahme am Arbeitsleben speziell aufgrund ihrer Blindheit (so BVerwGE 32, 89, 91) entstehen. Die in der Einrichtung gewährten Betreuungsleistungen müssen sich demnach auf mehrere dieser Lebensbereiche beziehen. Dabei ist nicht erforderlich, dass die Betreuung in der Einrichtung alle Lebensbereiche abdeckt bzw „rund um die Uhr" erfolgt. Denn eine Kürzung des Blindengeldes um höchstens 50 % ist – aus dem Gedanken der Vermeidung einer Doppelversorgung – bereits dann gerechtfertigt, wenn ein nicht unerheblicher Teil der blindenspezifischen Mehraufwendungen durch die Unterbringung in der Einrichtung abgedeckt wird. Eine bezüglich des Blindengeldes rechtserhebliche Ersparnis durch einen Aufenthalt in einer Einrichtung kann also nur dort eintreten, wo der Aufenthalt in der Einrichtung regelmäßig Leistungen einschließt, die auf eine entsprechende Betreuung der Blinden im sozialen und kulturellen Lebensbereich zugeschnitten sind.

Mithin wäre es erforderlich gewesen, im Einzelnen festzustellen, welche Betreuungsleistungen für die im Bfw Düren untergebrachten Blinden regelmäßig angeboten worden sind. Solche Feststellungen sind auch nicht deshalb entbehrlich, weil im Blick auf den Einrichtungsbegriff des BSHG, insbesondere § 67 Abs. 3 und § 97 Abs. 4 BSHG, die Ersparnis von blindheitsbedingten Mehraufwendungen pauschal unterstellt werden kann, sofern die Unterbringung im Zusammenhang mit einer Eingliederungsmaßnahme iS der §§ 39 ff. BSHG erfolgt ist (so jedoch Bayerischer VGH, Urteil vom 25. Oktober 1979, FEVS 28, 152 zu § 67 BSHG). Ob der Gesetzgeber des BSHG im Rahmen des § 67 Abs. 3 BSHG unterstellt, bei einer Unterbringung in einer Einrichtung mit gleichzeitiger Durchführung einer Eingliederungsmaßnahme, die in einem funktionalen Zusammenhang mit der Unterbringung steht, könne regelmäßig ohne weitere Ermittlung der tatsächlichen Umstände davon ausgegangen werden, ein Teil der notwendigen pflegerischen Betreuung werde übernommen, so dass dem Blinden insoweit typisierend geringere blindheitsbedingte Mehraufwendungen entstehen als er sie außerhalb der Einrichtung hätte (so auch Schellhorn/Jirasek/Seipp, BSHG, 15. Aufl 1997, RdNr. 29 zu § 67 BSHG), kann letztlich offenbleiben. Denn zunächst verweist § 2 Abs. 2 LBliGG nicht ausdrücklich auf den Einrichtungsbegriff des BSHG und ein solcher Rückgriff auf die Begriffsbestimmungen des BSHG für die jeweiligen Landesblindengesetze wird von Teilen der verwaltungsgerichtlichen Rechtsprechung generell für unzulässig gehalten (vgl OVG Nordrhein-Westfalen, Urteil vom 30. Juli 1992 – 8 A 1001/90 –; VGH Baden-Württemberg, Urteil vom 6. April 2000 – 7 S 1967/98 – FEVS 52, 199 mwN), so dass ein so weitgehender Bezug auf § 97 Abs. 4 BSHG zumindest eingehender Begründung bedürfte. Doch selbst in der zu § 67 BSHG ergangenen Entscheidung, auf die das LSG im Hinblick auf § 67 Abs. 3 i.V.m. § 97 Abs. 4 BSHG Bezug genommen hat (Bayerischer VGH, FEVS 28, 152, 157), werden umfassende Feststellungen zur tatsächlichen Betreuung des Blinden in der Einrichtung getroffen und gerade nicht im Hinblick auf eine in § 97 Abs. 4 BSHG enthaltene Unterstellung des Gesetzgebers – was naheläge – auf solche Feststellungen verzichtet. Folglich durfte das LSG – auch von seinem eigenen Rechtsstandpunkt her – nicht die Ersparnis von blindheitsbedingten Mehraufwendungen ohne weitere Ermittlungen unterstellen, nur weil in Düren auch und zeitgleich eine Maßnahme der Eingliederungshilfe iS der §§ 39 ff. BSHG durchgeführt wurde. Dementsprechend hat der VGH Baden-Württemberg in dem vom Beklagten selbst angeführten Urteil zum Bfw Düren vom 6. April 2000 (a.a.O.) im Einzelnen festgestellt, dass dem dortigen Kläger neben der zur beruflichen Bildung dienenden Maßnahme eine Vielzahl zusätzlicher Leistungen angeboten wurden, u.a. Berufsfindung und Arbeitserprobung, Beratungs- und Informationsgespräche, Vorführung von technischen Hilfsmitteln für Blinde und Sehbehinderte, psychologische und augenärztliche Betreuung, ferner Angebote an Freizeitgestaltung wie Kegeln, Schwimmen, Wanderungen, Teilnahme an kulturellen und sportlichen Veranstaltungen u.Ä. Entsprechende Feststellungen wird das LSG im Einzelnen nachzuholen und insbesondere zu ermitteln haben, ob und gegebenenfalls welche Betreuungsleistungen außerhalb der eigentlichen Unterrichtszeiten regelmäßig angeboten worden sind. Bisher hat das LSG sich – insoweit seine Ausführungen lediglich ergänzend – auf die Feststellung beschränkt, den Blinden habe eine Punktschriftbibliothek und eine Tagesstation mit Sozialarbeitern zur Verfügung gestanden, die jedoch wohl nur in geringfügigem Umfang Betreuungsangebote hinsichtlich Freizeitgestaltung u.Ä. gemacht hätten. Hierbei wird das LSG auch das Vorbringen der Klägerin zu berücksichtigen haben, dass die Einrichtung in Düren regelmäßig für alle Blinden am gesamten Wochenende geschlossen gewesen sei. Allein dieser Umstand könnte da-

gegen sprechen, dass bei den in der Einrichtung untergebrachten Blinden ein erheblicher Entlastungseffekt eingetreten ist.

Bei den zu treffenden Feststellungen kommt es im Übrigen nicht darauf an, welche blindenspezifischen Betreuungsangebote speziell der Klägerin gemacht worden sind und ob diese die Angebote angenommen hat. Zu Recht hat das LSG darauf hingewiesen, dass das Blindengeld ohne Rücksicht auf einen im Einzelfall nachzuweisenden oder nachweisbaren Bedarf pauschal bezahlt wird (vgl. auch BVerwGE 32, 89, 91 und BVerwGE 51, 281, 287). Dementsprechend kommt es auch bei der Kürzung des Blindengeldes nicht auf eine individuelle Betrachtung, sondern darauf an, ob in dem jeweiligen Heim generell bzw. regelmäßig ein entsprechendes Betreuungsangebot zur Verfügung stand. Zu Recht hat das LSG im Übrigen auch entschieden, dass § 2 Abs. 2 LBliGG dem Beklagten kein Ermessen einräumt, soweit eine Einrichtung i.S. des § 2 Abs. 2 Satz 1 LBliGG vorliegt.

Bei seinen weiteren Sachverhaltsfeststellungen wird das LSG auch zu berücksichtigen haben, dass hier insgesamt ein Zeitraum von 24 Monaten streitig ist. Nach § 2 Abs. 2 Satz 3 LBliGG wird für jeden vollen Tag vorübergehender Abwesenheit von der Einrichtung das Blindengeld in Höhe von je einem Dreißigstel des Betrags nach Abs. 1 gewährt, wenn die vorübergehende Abwesenheit länger als sechs volle zusammenhängende Tage dauert. Da die Klägerin vorgetragen hat, die blindentechnische Grundrehabilitation sei für längere Ferienzeiten unterbrochen worden, könnte insofern zumindest eine Erhöhung des – gekürzten – Blindengeldes nach § 2 Abs. 2 Satz 3 LBliGG in Betracht kommen." ...

Leitsatz (redaktionell) (Verwaltungsgerichtshof Baden-Württemberg 7. Senat, Urteil vom 6. April 2000, Az.: 7 S 1967/98)

Sofern einem Blinden in einer Anstalt, einem Heim oder einer gleichartigen Einrichtung eine die Mehraufwendungen oder Benachteiligungen Blinder mindernde Betreuung in nicht unerheblichem Umfang gewährt wird, kann eine Kürzung der Blindenhilfe nach § 2 Abs. 2 LBHG (BliHiG BW) erfolgen.

Leitsatz (redaktionell) (VG Bremen 7. Kammer, Urteil vom 22. Oktober 1999, Az.: 7 K 1645/97)

Wegen der Kongruenz von Blindenhilfe und Leistungen zur häuslichen Pflege erfolgt eine dem Blindheitsgrad entsprechende Anrechnung im Rahmen des § 67 Abs. 1 Satz 2 BSHG.

Leitsatz (redaktionell) (Verwaltungsgerichtshof Baden-Württemberg 6. Senat, Beschluss vom 18. Juni 1990, Az.: 6 S 316/90)

Die Feststellung „blind" (Merkzeichen „Bl") in einem Schwerbehindertenausweis ist für andere Behörden verbindlich.

Leitsatz (redaktionell) (Verwaltungsgerichtshof Baden-Württemberg 6. Senat, Urteil vom 9. April 1987, Az.: 6 S 2779/86)

Wird die Landesblindenhilfe, die ein in einem Heim untergebrachter mehrfach behinderter Blinder erhält, bereits aus anderen Rechtsgründen auf 50 % des vollen Satzes gekürzt, ist eine weitere Kürzung wegen Finanzierung des Heimaufenthalts aus öffentlichen Mitteln nicht mehr zulässig.

Leitsatz (redaktionell) (Hessischer Verwaltungsgerichtshof 9. Senat, Urteil vom 13. Dezember 1983, Az.: IX OE 115/81)

Der Anspruch auf Blindenhilfe wird während des Vollzuges einer Freiheitsstrafe gekürzt.

Leitsatz (Verwaltungsgerichtshof Baden-Württemberg 6. Senat, Urteil vom 8. September 1982, Az.: 6 S 843/81)

Der Senat hält an seiner Rechtsprechung (Festhaltung VGH Mannheim, 26. November 1980, 6 S 1007/80) fest, dass sich im Landesblindenhilfegesetz keine Rechtsgrundlage dafür findet, den Anspruch eines Mehrfachbehinderten je nach dem Grad der anderen nicht blindheitsbedingten Behinderungen abgestuft zu kürzen.

Etwas anderes gilt nur, soweit eine bestimmungsgemäße Verwendung der Landesblindenhilfe wegen der anderen nicht blindheitsbedingten Behinderungen überhaupt nicht in Betracht kommt, wegen derer die Behörde ihr Ermessen noch nicht ausgeübt hat.

Leitsatz (redaktionell) (Oberverwaltungsgericht für das Land Nordrhein-Westfalen 8. Senat, Urteil vom 20. Dezember 1979, Az.: VIII A 2000/76)

Bei der Beurteilung der Sehschärfe auf dem besseren Auge ist die Sehschärfe ohne Korrektur durch Gläser zugrunde zu legen, wenn das Tragen von Augengläsern auf Dauer nicht möglich ist.

Die Rechtsprechung zur Hilfe in sonstigen Lebenslagen

Leitsatz (redaktionell) (VG München 15. Kammer, Beschluss vom 11. November 1999, Az.: M 15 E 99.4014)

Aus § 73 SGB XII kann sich ein Anspruch auf Übernahme der im Insolvenzverfahren anfallenden Kosten ergeben.

Leitsatz (redaktionell) (Oberverwaltungsgericht des Saarlandes 8. Senat, Beschluss vom 6. August 1997, Az.: 8 Y 9/97)

Vielmehr ist zu dem Zwecke, einer armen Partei die Rechtsverfolgung oder Rechtsverteidigung zu ermöglichen, das Institut der Prozesskostenhilfe geschaffen, das eine spezialgesetzlich geregelte Einrichtung der Sozialhilfe im Bereich der Rechtspflege darstellt, und zwar sowohl im Verhältnis zu den §§ 11, 12 BSHG (Hilfe zum Lebensunterhalt) als auch gegenüber § 27 II BSHG (Hilfe in besonderen Lebenslagen).

Leitsatz (Bayerischer Verwaltungsgerichtshof München 23. Senat, Urteil vom 13. Januar 1967, Az.: 23 III 66)

1. Da eine Ausbildungshilfe zum Hochschulbesuch erheblich über dem Durchschnitt liegende Fähigkeiten und Leistungen voraussetzt und in solchen Fällen andere Förderungen beansprucht werden können, ist im Allgemeinen kein Raum für die Bewilligung einer Ausbildungshilfe nach dem Bundessozialhilfegesetz.

2. Bei Hochschulbesuch kann es dem Auszubildenden im Rahmen des Möglichen zugemutet werden, durch Ferienarbeit zum Aufbringen der Mittel für seinen Lebensunterhalt beizutragen.

3. § 27 Abs. 2 BSHG ist nicht anwendbar, wenn eine besondere Lebenslage der in § 27 Abs. 1 aufgeführten Art vorliegt.

Die Rechtsprechung zum Anspruch auf Übernahme von Bestattungskosten

---

Leitsatz (redaktionell) (Bayerischer Verwaltungsgerichtshof München 12. Senat, Urteil vom 27. Oktober 2005, Az.: 12 B 03.75)

Beerdigungskosten werden durch Sozialhilfeträger nur bei Leistungsunfähigkeit des Unterhaltsverpflichteten übernommen.

Aus den Gründen:

„... *Nach § 15 BSHG sind die Kosten einer Bestattung zu übernehmen, soweit dem hierzu Verpflichteten nicht zugemutet werden kann, die Kosten zu tragen. Die Klägerin ist Inhaberin des Anspruches aus § 15 BSHG, weil sie in Erfüllung ihrer öffentlich-rechtlichen Bestattungspflicht nach § 15 BSHG i.V.m. § 1 Abs. 1 Satz 2 Nr. 1a der Bestattungsverordnung Zahlungsverpflichtungen gegenüber dem Bestattungsunternehmen, dem Unternehmer, der das Grabmal errichtet, und in Bezug auf die Friedhofsgebühren eingegangen ist. Sie kann auch von keinem ihrer Söhne Ersatz der Bestattungskosten verlangen (vgl. BVerwGE 114, 57). Da der Verstorbene kein Vermögen hinterlassen hat, ist ein Rückgriff auf die Miterben nicht erfolgversprechend, weil diese ihre Haftung nach § 1990 Abs. 1 BGB auf den Wert des Nachlasses beschränken können. Der Klägerin steht auch kein Aufwendungsersatzanspruch nach § 1615 Abs. 2 BGB zu, der den Unterhaltsverpflichteten mit den Kosten der Beerdigung belastet. Ungeachtet der ukrainischen Staatsangehörigkeit der Familie findet nach Art. 4 Abs. 1 des Haager Übereinkommens über das auf Unterhaltspflichten anwendbare Recht vom 2. Oktober 1973 (BGBl 1986 II S. 837) wegen des gewöhnlichen Aufenthalts des Verstorbenen in der Bundesrepublik deutsches Unterhaltsrecht Anwendung. Allerdings sind beide Söhne mangels Leistungsfähigkeit nicht verpflichtet, die Bestattungskosten zu übernehmen. Die Verpflichtung nach § 1615 Abs. 2 BGB setzt wie jede Unterhaltspflicht nach § 1603 Abs. 1 BGB die Leistungsfähigkeit des Unterhaltsschuldners voraus. Daher scheidet ein Anspruch gegen den in Deutschland lebenden Sohn der Klägerin von vornherein aus, der Hilfe zum Lebensunterhalt nach dem Sozialhilferecht bezieht. Aber auch der in Österreich lebende Sohn ist ohne Gefährdung seines eigenen, angemessenen Unterhalts nicht in der Lage, Unterhalt für den verstorbenen Vater zu zahlen. Da das Einkommen dieses Sohnes, der verheiratet ist und eine Tochter hat, auch unter Berücksichtigung des Einkommens seiner Ehefrau den Mindestselbstbehalt nicht übersteigt (vgl. Abschnitt D der Düsseldorfer Tabelle vom 01.07.1999, FamRZ 1999, 766), könnte sich seine Leistungsfähigkeit allenfalls unter Berücksichtigung des ihm zustehenden Spargut-habens ergeben. Grundsätzlich sind Kinder ihren Eltern gegenüber verpflichtet, nicht nur die Erträge ihres Vermögens, sondern auch das Vermögen selbst einzusetzen (vgl. BGHZ 152, 217). Allerdings hat der Gesetzgeber den Elternunterhalt gegenüber dem Kindesunterhalt nachrangig eingestuft und mit § 1603 Abs. 1 BGB sichergestellt, dass dem Kind ein angemessener, d.h. seinen Lebensumständen entsprechender, eigener Unterhalt verbleibt (vgl. BVerfG vom 07.06.2005 NJW 2005, 1927). Da es keine allgemeine Billigkeitsgrenze für den Einsatz des eigenen Vermögens gibt, hängt die Zumutbarkeit der Pflicht zur Verwertung des Vermögens von den wirtschaftlichen Umständen des Einzelfalls ab (vgl. OLG Karlsruhe vom 27.03.2003 NJW 2004, 296). Dabei richtet sich die Zumutbarkeit nicht nach den Regelungen des Vermögenseinsatzes im Sozialhilferecht (s. § 88 BSHG), sondern allein nach den Krite-*

rien des § 1603 BGB. Anders als bei Unterhaltspflichten im Zusammenhang mit der Unterbringung der Eltern in Heimen oder ähnlichen Einrichtungen, bei der die Höhe des Unterhaltsbedarfs in der Regel nicht absehbar ist und einen erheblichen Umfang annehmen kann, sind im vorliegenden Fall die Bestattungskosten bekannt und überschaubar. Gleichwohl kann angesichts des geringen Vermögens vom Sohn nicht verlangt werden, dass er zwei Drittel dieses Vermögens einsetzt, um die Bestattungskosten seines Vaters zu decken. Der Einsatz eines Vermögens von weniger als 10.000,00 Euro dient vorrangig der Absicherung unvorhersehbarer Ausgaben der eigenen Familie.

Da die Klägerin unstreitig über kein ausreichendes Einkommen und Vermögen verfügt, ist es ihr nach § 15 BSHG nicht zuzumuten, die Kosten der Bestattung selbst zu tragen, gegen deren Höhe der Beklagte keine Einwendungen erhoben hat. ...".

Leitsatz (redaktionell) (Niedersächsisches Oberverwaltungsgericht 8. Senat, Beschluss vom 13. Juli 2005, Az.: 8 PA 37/05)

Es besteht keine Verpflichtung, aus Gründen der Kostenverursachung eine Leiche verbrennen zu lassen.

Leitsatz (redaktionell) (VG Hannover 7. Kammer, Urteil vom 23. April 2004, Az.: 7 A 4014/03)

Der Wunsch nach Übernahme der Kosten einer jüdischen Bestattung – mangels eines fehlenden Angebotes auf dem städtischen Friedhof eben auf dem Friedhof der Jüdischen Gemeinde – ist angemessen i.S.d. Vorschrift.

Leitsatz (redaktionell) (BVerwG 5. Senat, Urteil vom 29. Januar 2004, Az.: 5 C 2/03)

Ein Krankenhausträger kann regelmäßig nach § 15 BSHG die Übernahme der Kosten für die Bestattung von Patienten verlangen.

Leitsatz (redaktionell) (Oberverwaltungsgericht Rheinland-Pfalz 12. Senat, Beschluss vom 24. März 2003, Az.: 12 A 10302/03)

Der Einsatz eines Guthabens aus einem Bestattungsvorsorgevertrag ist nicht als Härte anzusehen.

Leitsatz (redaktionell) (BVerwG 5. Senat, Urteil vom 13. März 2003, Az.: 5 C 2/02)

Anspruch auf Kostenübernahme gemäß § 15 BSHG hat derjenige, welcher die Kosten trägt.

Aus den Gründen:

„... Der Berufungsbeschluss steht mit Bundesrecht im Einklang, so dass die Revision zurückzuweisen ist (§ 144 Abs. 2 VwGO). Das Oberverwaltungsgericht hat zu Recht einen Anspruch der Klägerin auf Leistung nach § 15 BSHG für die Bestattung der Verstorbenen L. B. verneint.

Ein Anspruch auf Übernahme der erforderlichen Kosten einer Bestattung nach § 15 BSHG gegen den nach § 97 Abs. 3 BSHG örtlich zuständigen Sozialhilfeträger setzt voraus, dass dem „hierzu Verpflichteten" nicht zugemutet werden kann, die Kosten zu tragen. In Übereinstimmung mit der ständigen Rechtsprechung des Bundesverwaltungsgerichts ist das Berufungsgericht davon ausgegangen, dass Träger des Anspruchs aus § 15 BSHG derjenige ist, der verpflichtet ist, die Bestattungskosten zu tragen (vgl. zuletzt Urteile des Senats vom 5. Juni 1997 – BVerwG 5 C 13.96 – <BVerwGE 105, 51, 54>, vom 22. Februar 2001 – BVerwG 5 C 8.00 – <BVerwGE 114, 57>) und vom 30. Mai 2002 – BVerwG 5 C 14.01 – <BVerwGE 116, 287>).

Die Verpflichtung, die Kosten einer Bestattung zu tragen, wird in § 15 BSHG nicht näher umschrieben oder definiert, sondern als anderweitig begründet vorausgesetzt. Sie kann, wie zuletzt in dem Urteil des Bundesverwaltungsgerichts vom 30. Mai 2002 – BVerwG 5 C 14.01 – (a.a.O. S. 289) festgestellt worden ist, insbesondere erbrechtlich (§ 1968 BGB) oder unterhaltsrechtlich (§ 1615 BGB) begründet sein, aber auch aus landesrechtlichen Bestattungspflichten herrühren (vgl. dazu Urteil vom 22. Februar 2001 – BVerwG 5 C 8.00 – <a.a.O. S. 58 f.>). Alle diese Gesichtspunkte greifen – wie unter den Beteiligten nicht streitig ist – im vorliegenden Fall nicht ein.

Rechtlich zutreffend hat die Vorinstanz das Telefongespräch der Klägerin mit dem Betreuer der Verstorbenen, in welchem dieser der Klägerin die Verpflichtung übertragen haben soll, für eine würdige Bestattung der Toten zu sorgen, in diesem Zusammenhang als rechtlich unerheblich angesehen. Dies folgt zum einen daraus, dass nicht ersichtlich ist, wie durch ein solches Telefongespräch eine Rechtspflicht des Betreuers zur Durchführung der Bestattung auf die Klägerin übergeleitet worden sein sollte; zum anderen ist „Verpflichteter" im Sinne des § 15 BSHG, wie der Senat in seinem Urteil vom 30. Mai 2002 (a.a.O. S. 290) dargelegt hat, nicht schon, wer als Bestattungsberechtigter oder -verpflichteter in Durchführung einer Bestattung Kostenverpflichtungen eingeht, sondern nur, wer der Kostenlast von vornherein nicht ausweichen kann, weil sie ihn rechtlich notwendig trifft. Dies folgt daraus, dass § 15 BSHG, der schon dem Wortlaut nach einen „Verpflichteten" voraussetzt, im rechtlichen Ansatz eine sozialhilferechtliche Unterstützung nicht des Verstorbenen, sondern des Kostenpflichtigen beinhaltet (vgl. BVerwG, Urteil vom 5. Juni 1997, a.a.O. S. 54); die Notwendigkeit eingegangener Kostenverpflichtungen als Voraussetzung des sozialhilferechtlichen Bedarfs ist daher von seiner Person her zu beurteilen. Dies schließt es aus, die aus sittlicher Verpflichtung freiwillig übernommene Durchführung einer Bestattung mit Blick auf den Kostenübernahmeanspruch aus § 15 BSHG als

„Verpflichtung" im Sinne einer – sozialhilferechtlich notwendigen – Kostenverpflichtung zu bewerten. Nach diesen Grundsätzen konnte die Klägerin durch ein Gespräch mit dem Betreuer der Verstorbenen nicht Kostenverpflichtete im Sinne des § 15 BSHG werden, mag sie sich darin auch zur Durchführung der Bestattung bereit erklärt haben.

Auch aus dem Urteil des Bundesverwaltungsgerichts vom 5. Juni 1997, welches den Anspruch auf Übernahme der Bestattungskosten als „sozialhilferechtlichen Anspruch eigener Art" kennzeichnet, „dessen Bedarfsstruktur sich wesentlich von derjenigen sonstiger Leistungen zum Lebensunterhalt und insbesondere der einmaligen Leistungen unterscheidet" (a.a.O. S. 52), lässt sich nichts Gegenteiliges herleiten. Unter Hinweis auf die Gesetzesbegründung heißt es dort (a.a.O. S. 54 unter Hinweis auf BTDrucks 3/1799, S. 40), der Gesetzgeber sei, wie bereits der Wortlaut nahe lege, von einer vorgegebenen rechtlichen Kostenverpflichtung ausgegangen. Die vom Bundesverwaltungsgericht in diesem Urteil festgestellte Abweichung von der Regelstruktur sozialhilferechtlicher Ansprüche (a.a.O. S. 54) liegt in der Besonderheit des hier gesetzlich anerkannten sozialhilferechtlichen Bedarfs, der sich ausnahmsweise auf die Übernahme einer Verbindlichkeit bezieht. Auf das Prinzip der Notwendigkeit des Bedarfs sollte damit, wie der Senat bereits in dem Urteil vom 30. Mai 2002 dargelegt hat (a.a.O. S. 290), nicht verzichtet werden. An einer solchen im Vorhinein bestehenden Kostenverpflichtung, die der Klägerin die eingegangene Bestattungskostenlast als rechtlich notwendig zuweist, fehlt es hier. Daran vermag die von der Klägerin empfundene sittliche Verpflichtung zur Bestattung ihrer „Stiefschwiegermutter" nichts zu ändern."

Leitsatz (redaktionell) (BVerwG 5. Senat, Urteil vom 30. Mai 2002, Az.: 5 C 14/01)

Ein Heimträger, der aufgrund Heimvertrages zur Bestattung eines Heiminsassen berechtigt ist, den insoweit aber weder eine landesrechtliche Bestattungspflicht noch eine vertragliche Kostenverpflichtung trifft, ist nicht „Verpflichteter" im Sinne des § 15 BSHG.

Leitsatz (redaktionell) (BVerwG 5. Senat, Urteil vom 22. Februar 2001, Az.: 5 C 8/00)

Wer in Erfüllung einer öffentlich-rechtlichen Bestattungspflicht eine Bestattung veranlasst, kann Verpflichteter im Sinne des § 15 BSHG sein.

Leitsatz (redaktionell) (OVG Lüneburg 4. Senat, Beschluss vom 27. Juli 2000, Az:: 4 L 2110/00)

Recht und Pflicht, für die Bestattung zu sorgen, können auch privatrechtlich geregelt werden.

Aus den Gründen:

„... Nach § 15 BSHG hat der Träger der Sozialhilfe die erforderlichen Kosten einer Bestattung zu übernehmen, soweit den hierzu Verpflichteten nicht zugemutet werden kann, die Kosten zu tragen. In erster Linie ist der Erbe verpflichtet, die Kosten der standesgemäßen Beerdigung des Erblassers zu tragen (§ 1968 BGB). Erben der verstorbenen Heimbewohnerin G. sind nicht bekannt. Es liegen auch nicht die Voraussetzungen der §§ 1964 bis 1966 BGB für die Annahme vor, dass der Fiskus gesetzlicher Erbe geworden ist. Nachrangig nach dem Erben hat der Unterhaltsverpflichtete die Kosten der Beerdigung des verstorbenen Unterhaltsberechtigten zu tragen (§§ 1615 Abs. 2, 1360a Abs. 3, 1615 m BGB). Auch Unterhaltsverpflichtete sind hier nicht bekannt.

Unabhängig von der Stellung als Erbe oder Unterhaltsverpflichteter kann der nach öffentlichem Recht Bestattungspflichtige verpflichtet sein, die Kosten der Bestattung zu tragen (OVG NRW, Urt. v. 14.03.2000 – 22 A 3975/99 –). In Niedersachsen fehlt es – im Gegensatz zu § 2 Abs. 1 der nordrhein-westfälischen Verordnung über das Leichenwesen vom 07.08.1980, GV NW S. 756, sowie ähnlichen Regelungen in anderen Bundesländern, s. die Hinweise bei Gaedke, Handbuch des Friedhofs- und Bestattungsrechts, 7. Aufl. 1997, S. 117 Fn. 10 – an einer öffentlich-rechtlichen Regelung der Bestattungspflicht. § 2 des niedersächsischen Gesetzes über das Leichenwesen vom 29.03.1963 (GVBl. S. 142) regelt nur, wer die Leichenschau unverzüglich zu veranlassen hat (z.B. der Leiter eines Pflegeheims beim Tode eines Heimbewohners). Die niedersächsische Verordnung über die Bestattung von Leichen vom 29.10.1964 (GVBl. S 183) spricht nur von demjenigen, „der für die Bestattung sorgt", und enthält sich einer Bestimmung über die Bestattungspflichtigen. Aber selbst wenn es eine dem § 2 Abs. 1 der nordrhein-westfälischen Verordnung über das Leichenwesen vergleichbare Vorschrift gäbe, träfe den Heimträger nicht eine öffentlich-rechtliche Pflicht, für die Bestattung eines verstorbenen Heimbewohners zu sorgen, da in jener Vorschrift nur Angehörige des Verstorbenen – in bestimmter Reihenfolge – genannt sind.

Recht und Pflicht, für die Bestattung zu sorgen, können auch privatrechtlich geregelt werden. Träger des Rechts, Art und Ort der Bestattung zu bestimmen, ist derjenige, den der Verstorbene zu Lebzeiten mit der Wahrnehmung der sog. Totenfürsorge beauftragt hat (Palandt, BGB, 59. Aufl. 2000, Einl. vor § 1922 RdNr. 9 und 10). Dieser muss nicht zum Kreis der an sich (gewohnheitsrechtlich) dazu berufenen Angehörigen zählen, sondern kann auch ein Dritter sein (Palandt, a.a.O.). Bestattungspflicht und Kostentragungspflicht können dann auseinanderfallen. Hat ein anderer (Bestattungsberechtigter) die Bestattung veranlasst, so kann er von dem Kostentragungspflichtigen (Erben, Unterhaltsverpflichteten) Ersatz der aufgewendeten oder Übernahme der kraft Rechtsgeschäfts geschuldeten Kosten verlangen, soweit sie nicht durch Leistungen anderer (z.B. einer Sterbegeldversicherung) gedeckt sind (Gaedke, a.a.O.). Ebenso kann der Bestattungsberechtigte den Anspruch auf Übernahme der erforderlichen Kosten der Bestattung durch den Sozialhilfeträger nach § 15 BSHG geltend machen. Bestattungsberechtigter kann kraft Vereinbarung im Heimvertrag auch der Heimträger sein, der dann ebenfalls den Anspruch aus § 15 BSHG geltend machen kann. Hat also ein bedürftiger Heimbewohner im Heimvertrag vereinbart, dass im Falle seines Todes der Heimträger für die Beisetzung sorgen soll, wenn Angehörige nicht rechtzeitig erreicht werden können, hat der Heimträger, der in einem solchen Fall die Beisetzung veranlasst, Anspruch gegen den Sozialhilfeträger auf Übernahme der erforderlichen, durch Leistungen anderer nicht gedeckten Kosten der Bestattung (so im Ergebnis Urteil des Senats vom 14.08.1991 – 4 L 146/90 – und Beschluss des 12. Senats des Niedersächsischen Oberverwaltungsgerichts vom 08.05.1998 – 12 L 108/98 –, FEVS 49, 263). Nur diese Auslegung wird der vom Bundesverwaltungsgericht (Urt. v. 05.06.1997 – BVerwG 5 C 13.96 –, BVerwGE 105, 51 = DÖV 1997, 1010 = DVBl. 1997, 1443 = NDV-RD 1997, 129 = FEVS 48, 1 = ZfSH/ SGB 1998, 47) hervorgehobenen besonderen rechtlichen Qualität des § 15 BSHG als einer eigenständigen und speziellen Kosten- und Schuldübernahmeanordnung gerecht, die eine fürsorgerechtliche Verantwortung für eine würdige Bestattung Hilfebedürftiger begründet. Mit diesem besonderen Charakter der Norm verträgt es sich ebenfalls nicht, wenn der Sozialhilfeträger – wie hier die Beklagte – auf eine angeblich vorrangige Bestattungspflicht der örtlich zuständigen Ordnungsbehörde verweist; denn § 15 BSHG sieht einen solchen Vorrang gerade nicht vor, sondern nimmt den Sozialhilfeträger in die Pflicht, dem es seinerseits unbenommen bleibt, die aus seiner Sicht örtlich zuständige Ordnungsbehörde in Anspruch zu nehmen (12. Senat, a.a.O., S. 267).

Hier ist also der Kläger berechtigt, gegenüber der nach den §§ 93 Abs. 3, 100 Abs. 2 BSHG, 3 Abs. 2 Nds. AGBSHG örtlich und sachlich zuständigen Beklagten den Anspruch auf Übernahme von Bestattungskosten nach § 15 BSHG geltend zu machen. Denn er hat in dem im Heimvertrag geregelten Fall die Beisetzung der verstorbenen Heimbewohnerin G. veranlasst und dafür Kosten aufgewandt, die nicht durch Leistungen anderer gedeckt sind. Ihm ist als Heimträger auch nicht zuzumuten, diese Kosten ganz oder teilweise selbst zu tragen, da es an Anhaltspunkten dafür fehlt, diese Kosten könnten in dem nach Maßgabe des § 93 BSHG bemessenen Entgelt für die Heimbetreuung enthalten gewesen sein (so der 12. Senat in dem von ihm entschiedenen, ähnlich gelagerten Fall, a.a.O.). Aus § 3 des Heimvertrages, wonach in Anspruch genommene und erforderlich werdende Sonderleistungen, z.B. für Bestattungen, gesondert berechnet werden, soweit keine Erstattung seitens einer Krankenkasse oder des Kostenträgers erfolgt, ergibt sich vielmehr, dass solche Aufwendungen des Heimträgers nicht mit dem Heimentgelt abgegolten gewesen sind. Etwas anderes folgt auch nicht daraus, dass der Kläger einen einrichtungseigenen Friedhof vorhält (12. Senat, a.a.O., S. 269).

Zu den im Sinne des § 15 BSHG erforderlichen Kosten einer Bestattung gehören die ortsüblichen Aufwendungen für eine einfache, aber würdige Bestattung (vgl. Senat, Urt. v. 10.03.1999 – 4 L 2846/98 – m.w.N.). Die Beklagte geht ausweislich ihres Vermerks vom 25. Juli 1997 (Bl. 492 Beiakte B) davon aus, dass die Kostenansätze für Sarg, Einsargen, Benutzung der Kühlzelle, Träger für die Beerdigung nach ihren Richtlinien in Höhe von 3.946,00 DM dem Grunde nach anzuerkennen sind. Hinsichtlich der ungekürzt zu berücksichtigenden Positionen sieht der Senat deshalb von weitergehenden Ausführungen ab. Soweit die Beklagte Kürzungen für angezeigt erachtet (Träger für die Beerdigung anstatt 280,00 DM nur 235,00 DM und Erledigung aller Formalitäten nur 80,00 DM statt in Rechnung gestellter 97,00 DM), beruhen diese darauf, dass die Beklagte mit Bestattungsunternehmen in ihrem Zuständigkeitsbereich Regelungen getroffen hat, die sicherstellen, dass der insoweit anzuerkennende Bedarf mit diesem Betrag gedeckt werden kann. Die Bestattung der Verstorbenen hat jedoch außerhalb des örtlichen Zuständigkeitsbereichs der Beklagten stattgefunden. Anhaltspunkte dafür, dass die zur Deckung des dem Grunde nach anerkannten Bedarfs in Ansatz gebrachten (geringfügig höheren) Beträge nicht mehr als erforderliche Kosten anzusehen sein sollten, hat der Senat nicht. Zu den eigentlichen Kosten der Bestattung gehören die Kosten der Überführung, für die der beauf-

tragte Unternehmer 327,57 DM in Rechnung gestellt hat. Auch die Höhe der geltend gemachten Kosten ist danach insgesamt nicht zu beanstanden. Die Klage bleibt indes erfolglos, soweit der Kläger die Verpflichtung der Beklagten weiter verfolgt, ihm 4 % Zinsen für die Zeit vor Klagerhebung am 8. Februar 1999 zu gewähren. Er gründet diesen Anspruch offensichtlich auf den Gesichtspunkt des Verzuges. Verzugszinsen als Folge der Nichterfüllung öffentlich-rechtlicher Geldleistungen sind indes nur auf im Einzelfall einschlägige spezielle Regelungen zu stützen, die bürgerlich-rechtlichen Bestimmungen über Verzugszinsen in den §§ 288, 284 BGB sind nicht generell entsprechend anwendbar (vgl. BVerwG, Urt. v. 24.09.1987 – 2 C 3.84 –, DVBl. 1988, 347; Urt. v. 22.0.1990 – 2 C 33.87 –, ZBR 1990, 265). Erfolgreich ist das Verzinsungsbegehren lediglich insoweit, als ein Anspruch auf Prozesszinsen geltend gemacht wird. Die Regelung des § 291 BGB, nach der ein Schuldner eine Geldschuld vom Eintritt der Rechtshängigkeit an zu verzinsen hat, auch wenn er nicht in Verzug ist, ist im öffentlichen Recht entsprechend anzuwenden, wenn das einschlägige Fachrecht eine andere Regelung nicht enthält. Sie greift nicht nur bei Klagen auf eine Geldleistung ein, sondern auch bei Verpflichtungsklagen auf Erlass eines auf eine Geldleistung gerichteten Verwaltungsakts (BVerwG, Urt. v. 27.10.1998 – 1 C 38.97 –, BVerwGE 107, 304 = NJW 1999, 1201 = Buchholz 437.1 BetrAVG Nr. 15). Da der Kläger nur mit einem Teil des geltend gemachten Zinsanspruchs unterliegt, können die Kosten des Verfahrens der Beklagten gemäß § 155 Abs. 1 Satz 3 VwGO insgesamt aufgegeben werden. Die Gerichtskostenfreiheit ergibt sich aus § 188 Satz 2 VwGO. Die Entscheidung über die vorläufige Vollstreckbarkeit beruht auf § 167 VwGO i.V.m. § 708 Nr. 10 ZPO." ...

Leitsatz (redaktionell) (OVG Lüneburg 4. Senat, Beschluss vom 23. Juni 1998, Az.: 4 L 1821/98)

In der Rechtsprechung des Senats ist geklärt, dass zu den erforderlichen Kosten im Sinne des § 15 BSHG bei einer Erdbestattung auch die Aufwendungen für die Erstbepflanzung des Grabes (Urt. d. Sen. v. 14.09.1994 – 4 L 970/93 – m.w.N.) und für das Aufstellen eines einfachen Denkmals (Holzkreuzes) gehören.

Aus den Gründen:

„... Soweit durch das angefochtene Urteil dem Begehren der Klägerin, die Beklagte zur Übernahme der Kosten für die Graberstanlage in Höhe von 231,27 DM und für ein einfaches Grabmal in Höhe von maximal 1.200,00 DM zu verpflichten, stattgegeben worden ist, kommt der Rechtssache die von der Beklagten geltend gemachte grundsätzliche Bedeutung nicht zu. In der Rechtsprechung des Senats ist geklärt, dass zu den erforderlichen Kosten im Sinne des § 15 BSHG bei einer Erdbestattung auch die Aufwendungen für die Erstbepflanzung des Grabes (Urt. d. Sen. v. 14.09.1994 – 4 L 970/93 – m.w.N.) und für das Aufstellen eines einfachen Denkmals (Holzkreuzes) gehören (Beschl. d. Sen. v. 04.03.1998 – 4 O 5592/95 -; vgl. auch Urt. d. VGH Bad.-Württ. v. 19.12.1990 – 6 S 1639/90 –, FEVS 41, 279). Der weiter von der Beklagten als grundsätzlich klärungsbedürftig bezeichnete Begriff der Zumutbarkeit im Sinne von § 15 BSHG entzieht sich einer über den Einzelfall hinausgehenden Bestimmung, weil seine Ausfüllung maßgeblich von den Umständen des Einzelfalles abhängt. Das angefochtene Urteil weicht aber im Sinne des § 124 Abs. 2 Nr. 4 VwGO

von dem genannten Beschluss des Senats vom 4. März 1998 – 4 O 5592/95 – ab. Denn dieser Entscheidung liegt die Überzeugung des Senats zugrunde, dass für das erstmalige Herrichten einer Grabstätte einschließlich des Anbringens eines einfachen Denkmals, beispielsweise eines einfachen Holzkreuzes, Aufwendungen von 200,00 DM bis 300,00 DM erforderlich sind." ...

Leitsatz (redaktionell) (Oberverwaltungsgericht für das Land Nordrhein-Westfalen 8. Senat, Urteil vom 20. März 1991, Az.: 8 A 287/89)

Bei Beisetzungen im Ausland besteht keine örtliche Zuständigkeit eines inländischen Trägers der Sozialhilfe zur Übernahme von Bestattungskosten.

Aus den Gründen:

„... *Gemäß § 15 BSHG sind die erforderlichen Kosten einer Bestattung zu übernehmen, soweit dem hierzu Verpflichteten nicht zugemutet werden kann, die Kosten zu tragen. Nach Maßgabe des § 97 Abs. 1 Satz 2, 1. Halbsatz BSHG – ein Fall des § 97 Abs. 1 Satz 2, 2. Halbsatz BSHG iVm § 100 Abs. 2 BSHG ist hier ersichtlich nicht gegeben – ist in den Fällen des § 15 örtlich zuständig der Träger, in dessen Bereich der Bestattungsort liegt. Hiernach scheitert ein Anspruch des Klägers gegen den Beklagten daran, dass letzterer zur Gewährung der begehrten Hilfe nicht nach § 97 Abs. 1 Satz 2, 1. Halbsatz BSHG örtlich zuständig war. § 97 Abs. 1 Satz 2, 1. Halbsatz BSHG setzt nämlich voraus, dass der Bestattungsort im Zuständigkeitsbereich eines inländischen Sozialhilfeträgers liegt; die Bestimmung greift daher bei der Überführung eines im Inland Verstorbenen ins Ausland nicht ein. Vgl. OVG Hamburg, Urteil vom 28.04.1989 – Bf IV 56/89 –, FEVS 39, 144, 145. Dieses Ergebnis entspricht dem eindeutigen Wortlaut der Vorschrift, der, indem er an die örtliche Zuständigkeit eines Sozialhilfeträgers anknüpft, ersichtlich nur die im Geltungsbereich des Bundessozialhilfegesetzes liegenden Träger der Sozialhilfe in Bezug nimmt und in Bezug nehmen kann. Denn unabhängig davon, dass der Bundesgesetzgeber einseitig keinerlei Verpflichtungen ausländischer Behörden zu begründen vermag, besteht im Falle der Bestattung eines Verstorbenen im Ausland kein sozialhilferechtlicher Bedarf, den im Inland zu decken Veranlassung bestünde. Besteht keine örtliche Zuständigkeit des Beklagten nach § 97 Abs. 1 Satz 2, 1. Halbsatz BSHG, so verbietet sich die Annahme, der Beklagte könne nach § 97 Abs. 1 Satz 1 BSHG örtlich zuständig sein. Denn § 97 Abs. 1 Satz 2, 1. Halbsatz BSHG ist gegenüber Satz 1 der Vorschrift lex specialis. Auch dies folgt schon aus dem Wortlaut der Norm. Mit den Worten „In den Fällen des § 15" bringt das Gesetz zum Ausdruck, dass eine die allgemeine Bestimmung des § 97 Abs. 1 Satz 1 BSHG verdrängende gesetzliche Regelung der örtlichen Zuständigkeit in Bestattungsfällen schlechthin getroffen wird. Dieses Ergebnis wird bestätigt durch die Entstehungsgeschichte der Vorschrift. § 97 Abs. 1 Satz 2 wurde in das Bundessozialhilfegesetz eingefügt durch das Zweite Gesetz zur Änderung des BSHG vom 14.08.1969, BGBl I 1153. Die Ergänzung beruhte, wie sich aus der Begründung zum Entwurf dieses Gesetzes ergibt, vgl. BT-Drucks. V/3495, zu Nr. 32 (§ 97), Seite 17, auf Vorschlägen aus der Praxis. Mit ihr sollte eine lange während Unsicherheit über den örtlich zuständigen Träger der Sozialhilfe in Bestattungsfällen beseitigt werden. Vgl. Gottschick/Giese, BSHG, 9. Aufl., § 97 RdNr. 6; Oestreicher/Schelter/Kunz, BSHG, Kommentar, Stand: 20.03.1990, § 97 RdNr. 5; Schellhorn/Jirasek/ Seipp, BSHG, Kommentar, 13. Aufl., § 97 RdNr. 26.*

Ist danach § 97 Abs. 1 Satz 2, 1. Halbsatz BSHG als eine vom Gesetzgeber bewusst in das Gesetz aufgenommene Sonderregelung mit Klarstellungsfunktion zu verstehen, so bleibt in einem Fall wie dem vorliegenden, in dem (auch) Streit über die örtliche Zuständigkeit eines Trägers der Sozialhilfe zur Übernahme von Bestattungskosten besteht, für die allgemeine Regelung des § 97 Abs. 1 Satz 1 BSHG kein Raum." ...

Bemerkung zur Übertragbarkeit der Rechtsprechung auf das neue Recht des SGB XII:

Die vorstehend zu den Regelungen der §§ 70 bis 73 SGB XII aufgezeigte Rechtsprechung ist auf das neue Recht übertragbar, zumal es sich bei der Umsetzung des neuen Rechts in der Regel um redaktionelle Änderungen handelt.

Einrichtungen

Das zehnte Kapitel des SGB XII, des Buches des Sozialgesetzbuches, welches das Recht der Sozialhilfe beinhaltet, umfasst die Regelungen im Zusammenhang mit der Bereitstellung der Hilfeleistungen nach diesem Gesetzbuch durch Dritte, also andere als den Sozialhilfeträger. Die Durchführung der Hilfen ist schließlich nur möglich, wenn die Hilfe in geeigneten Einrichtungen, wie Heimen zur Verfügung steht. Mit den Einrichtungsträgern schließt dann der Sozialhilfeträger für die Inanspruchnahme der Einrichtungen Vereinbarungen. Diese Tätigkeit der Träger ist in dem Zehnten Kapitel geregelt.

§ 75 SGB XII   Einrichtungen und Dienste

(1) Einrichtungen sind stationäre und teilstationäre Einrichtungen im Sinne von § 13. Die §§ 75 bis 80 finden auch für Dienste Anwendung, soweit nichts Abweichendes bestimmt ist.

(2) Zur Erfüllung der Aufgaben der Sozialhilfe sollen die Träger der Sozialhilfe eigene Einrichtungen nicht neu schaffen, soweit geeignete Einrichtungen anderer Träger vorhanden sind, ausgebaut oder geschaffen werden können. Vereinbarungen nach Absatz 3 sind nur mit Trägern von Einrichtungen abzuschließen, die insbesondere unter Berücksichtigung ihrer Leistungsfähigkeit und der Sicherstellung der Grundsätze des § 9 Abs. 1 zur Erbringung der Leistungen geeignet sind. Sind Einrichtungen vorhanden, die in gleichem Maße geeignet sind, hat der Träger der Sozialhilfe Vereinbarungen vorrangig mit Trägern abzuschließen, deren Vergütung bei vergleichbarem Inhalt, Umfang und Qualität der Leistung nicht höher ist als die anderer Träger.

(3) Wird die Leistung von einer Einrichtung erbracht, ist der Träger der Sozialhilfe zur Übernahme der Vergütung für die Leistung nur verpflichtet, wenn mit dem Träger der Einrichtung oder seinem Verband eine Vereinbarung über
1. Inhalt, Umfang und Qualität der Leistungen (Leistungsvereinbarung),
2. die Vergütung, die sich aus Pauschalen und Beträgen für einzelne Leistungsbereiche zusammensetzt (Vergütungsvereinbarung) und
3. die Prüfung der Wirtschaftlichkeit und Qualität der Leistungen (Prüfungsvereinbarung) besteht. Die Vereinbarungen müssen den Grundsätzen der Wirtschaftlichkeit, Sparsamkeit und Leistungsfähigkeit entsprechen. Der Träger der Sozialhilfe kann die Wirtschaftlichkeit und Qualität der Leistung prüfen.

(4) Ist eine der in Absatz 3 genannten Vereinbarungen nicht abgeschlossen, darf der Träger der Sozialhilfe Leistungen durch diese Einrichtung nur erbringen, wenn dies nach der Besonderheit des Einzelfalls geboten ist. Hierzu hat der Träger der Einrichtung ein Leistungsangebot vorzulegen, das die Voraussetzung des § 76 erfüllt, und sich schriftlich zu verpflichten, Leistungen entsprechend diesem Angebot zu erbringen. Vergütungen dürfen nur bis zu der Höhe übernommen werden, wie sie der Träger der Sozialhilfe am Ort der Unterbringung oder in seiner nächsten Umgebung für vergleichbare Leistungen nach den nach Absatz 3 abgeschlossenen Vereinbarungen mit anderen Einrichtungen trägt. Für die Prüfung der Wirtschaftlichkeit und Qualität der Leistungen gelten die Vereinbarungsinhalte des Trägers der Sozialhilfe mit vergleichbaren Einrichtungen entsprechend. Der Träger der Sozialhilfe hat die Einrichtung über Inhalt und Umfang dieser Prüfung zu unterrichten. Absatz 5 gilt entsprechend.

(5) Bei zugelassenen Pflegeeinrichtungen im Sinne des § 72 des Elften Buches richten sich Art, Inhalt, Umfang und Vergütung der ambulanten und teilstationären Pflegeleistungen sowie der Leistungen der Kurzzeitpflege und der vollstationären Pflegeleistungen sowie der Leistungen bei Unterkunft und Verpflegung und der Zusatzleistungen in Pflegeheimen nach den Vorschriften des Achten Kapitels des Elften Buches , soweit nicht nach § 61 weiter gehende Leistungen zu erbringen sind. Satz 1 gilt nicht, soweit Vereinbarungen nach dem Achten Kapitel des Elften Buches nicht im Einvernehmen mit dem Träger der Sozialhilfe getroffen worden sind. Der Träger der Sozialhilfe ist zur Übernahme gesondert berechneter Investitionskosten nach § 82 Abs. 4 des Elften Buches nur verpflichtet, wenn hierüber entsprechende Vereinbarungen nach dem Zehnten Kapitel getroffen worden sind.

Die Vorschrift überträgt inhaltsgleich die Absätze 1 bis 3 und 7 des bisherigen § 93 des Bundessozialhilfegesetzes. Darüber hinaus wird in Absatz 1 klargestellt, was unter dem Begriff der „Einrichtungen" im Sinne des Neunten Kapitels zu verstehen ist.

Absatz 2 überträgt im Wesentlichen inhaltsgleich den bisherigen § 93 Abs. 1 des Bundessozialhilfegesetzes. Satz 3 stellt dabei das Verhältnis des Trägers der Sozialhilfe zu anderen Trägern von Einrichtungen eindeutig klar. Der Wortlaut lässt keinen Auslegungsspielraum mehr zu.

Absatz 3, der im Wesentlichen den bisherigen § 93 Abs. 2 des Bundessozialhilfegesetzes überträgt, stellt in Satz 2 klar, dass im Rahmen der Vereinbarungen auch die Finanzsituation der öffentlichen Haushalte angemessen mit zu berücksichtigen ist. Das Wort „angemessen" ist ein unbestimmter Rechtsbegriff, der der gerichtlichen Nachprüfung unterliegt. Durch Satz 3 wird klargestellt, dass der Träger der Sozialhilfe ein uneingeschränktes Prüfungsrecht hinsichtlich der Wirtschaftlichkeit und der Qualität der Leistungen hat. Absatz 5 überträgt im Wesentlichen den bisherigen § 93 Abs. 7 des Bundessozialhilfegesetzes.

§ 76 SGB XII   Inhalt der Vereinbarungen

(1) Die Vereinbarung über die Leistung muss die wesentlichen Leistungsmerkmale festlegen, mindestens jedoch die betriebsnotwendigen Anlagen der Einrichtung, den von ihr zu betreuenden Personenkreis, Art, Ziel und Qualität der Leistung, Qualifikation des Personals sowie die erforderliche sächliche und personelle Ausstattung. In die Vereinbarung ist die Verpflichtung der Einrichtung aufzunehmen, im Rahmen des vereinbarten Leistungsangebotes Leistungsberechtigte aufzunehmen und zu be-

treuen. Die Leistungen müssen ausreichend, zweckmäßig und wirtschaftlich sein und dürfen das Maß des Notwendigen nicht überschreiten.

(2) Vergütungen für die Leistungen nach Absatz 1 bestehen mindestens aus den Pauschalen für Unterkunft und Verpflegung (Grundpauschale) und für die Maßnahmen (Maßnahmepauschale) sowie aus einem Betrag für betriebsnotwendige Anlagen einschließlich ihrer Ausstattung (Investitionsbetrag). Förderungen aus öffentlichen Mitteln sind anzurechnen. Die Maßnahmepauschale wird nach Gruppen für Leistungsberechtigte mit vergleichbarem Bedarf kalkuliert. Einer verlangten Erhöhung der Vergütung auf Grund von Investitionsmaßnahmen braucht der Träger der Sozialhilfe nur zuzustimmen, wenn er der Maßnahme zuvor zugestimmt hat.

(3) Die Träger der Sozialhilfe vereinbaren mit dem Träger der Einrichtung Grundsätze und Maßstäbe für die Wirtschaftlichkeit und die Qualitätssicherung der Leistungen sowie für den Inhalt und das Verfahren zur Durchführung von Wirtschaftlichkeits- und Qualitätsprüfungen. Das Ergebnis der Prüfung ist festzuhalten und in geeigneter Form auch den Leistungsberechtigten der Einrichtung zugänglich zu machen. Die Träger der Sozialhilfe haben mit den Heimaufsichtsbehörden und dem Medizinischen Dienst der Krankenversicherung zusammenzuarbeiten, um Doppelprüfungen möglichst zu vermeiden.

Die Vorschrift überträgt im Wesentlichen inhaltsgleich den bisherigen § 93a des Bundessozialhilfegesetzes. Absatz 3 Satz 3 regelt dabei die notwendige Abstimmung und Zusammenarbeit der Heimaufsichtsbehörden und des Medizinischen Dienstes der Krankenversicherung im Interesse der Einrichtungen. Die ausdrückliche Erwähnung der Doppelprüfungen greift ein Problem der Praxis auf.

§ 77 SGB XII   Abschluss von Vereinbarungen

(1) Die Vereinbarungen nach § 75 Abs. 3 sind vor Beginn der jeweiligen Wirtschaftsperiode für einen zukünftigen Zeitraum (Vereinbarungszeitraum) abzuschließen; nachträgliche Ausgleiche sind nicht zulässig. Kommt eine Vereinbarung nach § 76 Abs. 2 innerhalb von sechs Wochen nicht zustande, nachdem eine Partei schriftlich zu Verhandlungen aufgefordert hat, entscheidet die Schiedsstelle nach § 80 auf Antrag einer Partei unverzüglich über die Gegenstände, über die keine Einigung erreicht werden konnte. Gegen die Entscheidung ist der Rechtsweg zu den Sozialgerichten gegeben. Die Klage richtet sich gegen eine der beiden Vertragsparteien, nicht gegen die Schiedsstelle. Einer Nachprüfung der Entscheidung in einem Vorverfahren bedarf es nicht.

(2) Vereinbarungen und Schiedsstellenentscheidungen treten zu dem darin bestimmten Zeitpunkt in Kraft. Wird ein Zeitpunkt nicht bestimmt, werden Vereinbarungen mit dem Tag ihres Abschlusses, Festsetzungen der Schiedsstelle mit dem Tag wirksam, an dem der Antrag bei der Schiedsstelle eingegangen ist. Ein jeweils vor diesen Zeitpunkt zurückwirkendes Vereinbaren oder Festsetzen von Vergütungen ist nicht zulässig. Nach Ablauf des Vereinbarungszeitraums gelten die vereinbarten oder festgesetzten Vergütungen bis zum In-Kraft-Treten neuer Vergütungen weiter.

(3) Bei unvorhersehbaren wesentlichen Veränderungen der Annahmen, die der Vereinbarung oder Entscheidung über die Vergütung zugrunde lagen, sind die Vergütungen auf Verlangen einer Vertragspartei für den laufenden Vereinbarungszeitraum neu zu verhandeln. Die Absätze 1 und 2 gelten entsprechend.

Die Vorschrift überträgt weitgehend den bisherigen § 93b des Bundessozialhilfegesetzes. In Absatz 1 Satz 2 wird der Forderung der Praxis Rechnung getragen, die Schiedsstellenfähigkeit auf die Leistungsvereinbarung zu erstrecken. Damit wird vermieden, dass der Abschluss einer Vergütungsvereinbarung, die den Abschluss einer Leistungsvereinbarung voraussetzt, von einer Partei verhindert werden kann. Im Übrigen erleichtert die Schiedsstellenfähigkeit der Leistungsvereinbarung die Möglichkeit, im Rahmen des Persönlichen Budgets neue Dienste zu gewinnen.

§ 78 SGB XII   Außerordentliche Kündigung der Vereinbarungen

Ist wegen einer groben Verletzung der gesetzlichen oder vertraglichen Verpflichtungen gegenüber den Leistungsberechtigten und deren Kostenträgern durch die Einrichtung ein Festhalten an den Vereinbarungen nicht zumutbar, kann der Träger der Sozialhilfe die Vereinbarungen nach § 75 Abs. 3 ohne Einhaltung einer Kündigungsfrist kündigen. Das gilt insbesondere dann, wenn in der Prüfung nach § 76 Abs. 3 oder auf andere Weise festgestellt wird, dass Leistungsberechtigte infolge der Pflichtverletzung zu Schaden kommen, gravierende Mängel bei der Leistungserbringung vorhanden sind, dem Träger der Einrichtung nach dem Heimgesetz die Betriebserlaubnis entzogen oder der Betrieb der Einrichtung untersagt wird oder die Einrichtung nicht erbrachte Leistungen gegenüber den Kostenträgern abrechnet. Die Kündigung bedarf der Schriftform. § 59 des Zehnten Buches bleibt unberührt.

Die Vorschrift überträgt inhaltsgleich den bisherigen § 93c des Bundessozialhilfegesetzes.

§ 79 SGB XII   Rahmenverträge

(1) Die überörtlichen Träger der Sozialhilfe und die kommunalen Spitzenverbände auf Landesebene schließen mit den Vereinigungen der Träger der Einrichtungen auf Landesebene gemeinsam und einheitlich Rahmenverträge zu den Vereinbarungen nach § 75 Abs. 3 und § 76 Abs. 2 über

1. die nähere Abgrenzung der den Vergütungspauschalen und -beträgen nach § 75 Abs. 3 zugrunde zu legenden Kostenarten und -bestandteile sowie die Zusammensetzung der Investitionsbeträge nach § 76 Abs. 2 ,

2. den Inhalt und die Kriterien für die Ermittlung und Zusammensetzung der Maßnahmepauschalen, die Merkmale für die Bildung von Gruppen mit vergleichbarem Bedarf nach § 76 Abs. 2 sowie die Zahl dieser zu bildenden Gruppen,

3. die Zuordnung der Kostenarten und -bestandteile nach § 41 des Neunten Buches und

4. den Inhalt und das Verfahren zur Durchführung von Wirtschaftlichkeits- und Qualitätsprüfung nach § 75 Abs. 3 ab. Für Einrichtungen, die einer Kirche oder Religionsgemeinschaft des öffentlichen Rechts oder einem sonstigen freigemeinnützigen Träger zuzuordnen sind, können die Rahmenverträge auch von der Kirche oder Religionsgemeinschaft oder von dem Wohlfahrtsverband abgeschlossen werden, dem die Einrichtung angehört. In den Rahmenverträgen sollen die Merkmale und Besonderheiten der jeweiligen Leistungen nach dem Fünften bis Neunten Kapitel berücksichtigt werden.

(2) Die Bundesarbeitsgemeinschaft der überörtlichen Träger der Sozialhilfe, die Bundesvereinigung der kommunalen Spitzenverbände und die Vereinigungen der Träger

der Einrichtungen auf Bundesebene vereinbaren gemeinsam und einheitlich Empfehlungen zum Inhalt der Verträge nach Absatz 1.

In Anlehnung an den bisherigen § 93d des Bundessozialhilfegesetzes wird die Vorschrift über den Abschluss von Rahmenverträgen neu geregelt. Absatz 1 regelt den
Abschluss von Rahmenverträgen zwischen den Trägern der Sozialhilfe und den
Kommunalen Spitzenverbänden auf Landesebene mit den Vereinigungen der Träger
der Einrichtungen über die abschließend genannten Gegenstände.

Absatz 2 überträgt inhaltsgleich den bisherigen § 93d Abs. 3 des Bundessozialhilfegesetzes.

§ 80 SGB XII   Schiedsstelle

(1) Für jedes Land oder für Teile eines Landes wird bei der zuständigen Landesbehörde eine Schiedsstelle gebildet.

(2) Die Schiedsstelle besteht aus Vertretern der Träger der Einrichtungen und Vertretern der örtlichen und überörtlichen Träger der Sozialhilfe in gleicher Zahl sowie
einem unparteiischen Vorsitzenden. Die Vertreter der Einrichtungen und deren Stellvertreter werden von den Vereinigungen der Träger der Einrichtungen, die Vertreter
der Träger der Sozialhilfe und deren Stellvertreter werden von diesen bestellt. Bei der
Bestellung der Vertreter der Einrichtungen ist die Trägervielfalt zu beachten. Der Vorsitzende und sein Stellvertreter werden von den beteiligten Organisationen gemeinsam bestellt. Kommt eine Einigung nicht zustande, werden sie durch Los bestimmt.
Soweit beteiligte Organisationen keinen Vertreter bestellen oder im Verfahren nach
Satz 3 keine Kandidaten für das Amt des Vorsitzenden und des Stellvertreters benennen, bestellt die zuständige Landesbehörde auf Antrag einer der beteiligten Organisationen die Vertreter und benennt die Kandidaten.

(3) Die Mitglieder der Schiedsstelle führen ihr Amt als Ehrenamt. Sie sind an Weisungen nicht gebunden. Jedes Mitglied hat eine Stimme. Die Entscheidungen werden mit
der Mehrheit der Mitglieder getroffen. Ergibt sich keine Mehrheit, gibt die Stimme des
Vorsitzenden den Ausschlag.

Die Vorschrift überträgt inhaltsgleich den bisherigen § 94 des Bundessozialhilfegesetzes. Die Verordnungsermächtigung des bisherigen Absatzes 4 wurde in Angleichung an die Systematik des Sozialgesetzbuches an das Ende des Kapitels gestellt.

§ 81 SGB XII   Verordnungsermächtigungen

(1) Kommen die Verträge nach § 79 Abs. 1 innerhalb von sechs Monaten nicht zustande, nachdem die Landesregierung schriftlich dazu aufgefordert hat, können die
Landesregierungen durch Rechtsverordnung Vorschriften stattdessen erlassen.

(2) Die Landesregierungen werden ermächtigt, durch Rechtsverordnung das Nähere
über die Zahl, die Bestellung, die Amtsdauer und Amtsführung, die Erstattung der
baren Auslagen und die Entschädigung für Zeitaufwand der Mitglieder der Schiedsstelle nach § 80, die Rechtsaufsicht, die Geschäftsführung, das Verfahren, die Erhebung und die Höhe der Gebühren sowie über die Verteilung der Kosten zu bestimmen.

Die Verordnungsermächtigung des zuständigen Bundesministeriums gemäß dem
bisherigen § 93d Abs. 1 des Bundessozialhilfegesetzes wurde gestrichen. Stattdessen werden die jeweiligen Landesregierungen ermächtigt, durch Rechtsverordnung

Regelungen über die Rahmenverträge zu treffen, wenn die Verträge und damit notwendige Klärungen nicht innerhalb von sechs Monaten, nachdem die jeweilige Landesregierung dazu aufgefordert hat, vereinbart werden. Darüber hinaus wird die Verordnungsermächtigung des bisherigen § 94 Abs. 4 des Bundessozialhilfegesetzes in Abs. 2 übertragen.

Die Rechtsprechung zu den Vereinbarungen mit Einrichtungen als Leistungserbringer (§§ 75 bis 81 SGB XII)

Begriff Einrichtung

Leitsatz (redaktionell) (Verwaltungsgerichtshof Baden-Württemberg 12. Senat, Urteil vom 31. Juli 2003, Az.: 12 S 631/03)

Der Begriff der Einrichtung ist im Sozialrecht nicht gesetzlich definiert. Bei einer engen Auslegung könnte man darunter Institutionen verstehen, die, wie etwa Heime oder Anstalten, voll- oder zumindest teilstationäre Leistungen erbringen. Eine derart einschränkende Interpretation ist nach dem Wortlaut aber nicht zwingend geboten. So ist der Begriff der Einrichtung in § 100 Abs. 1 BSHG etwa vom Bundesverwaltungsgericht funktional verstanden worden als ein für Hilfen nach dieser Vorschrift in einer besonderen Organisationsform unter verantwortlicher Leitung zusammengefasster Bestand an persönlichen und sächlichen Mitteln, der auf eine gewisse Dauer angelegt und für einen größeren, wechselnden Personenkreis bestimmt ist

---

Weitergeltung/In-Kraft-Treten von Vereinbarungen

Leitsatz (redaktionell) (Bayerischer Verwaltungsgerichtshof München 12. Senat, Beschluss vom 12. September 2005, Az.: 12 CE 05.1725)

Die faktische Weiterführung der Leistungen durch die Antragstellerin ändert nichts daran, dass wirksame Leistungsvereinbarungen fehlen. Abgesehen davon, dass konkludente Vereinbarungen dem zwingenden Schriftformerfordernis des § 56 SGB X widersprechen, hat der Antragsgegner durch seine Kündigung deutlich gemacht, dass er die bisherigen Vereinbarungen nicht fortführen will, sondern neue Leistungs- und Vergütungsvereinbarungen anstrebt. Angesichts der fünf Monate vor Ablauf des Vertrags erfolgten Kündigung, auf deren Wirksamkeit es wegen der Begrenzung des Vereinbarungszeitraumes auf das Jahr 2004 nicht ankommt, können auch allgemeine Erwägungen des Vertrauensschutzes eine Fortführung der Vergütungsvereinbarungen nicht begründen.

Leitsatz (redaktionell) (Bayerischer Verwaltungsgerichtshof München 12. Senat, Urteil vom 23. März 2005, Az.: 12 B 01.1916)

Dass diese Vereinbarungen nur aufgrund einer gerichtlichen einstweiligen Anordnung geschlossen wurden und eine Einigung über die endgültige Höhe der Vergütung noch aussteht, ändert nichts daran, dass zwischen der Klägerin und dem zuständigen Sozialhilfeträger Vergütungsvereinbarungen bestehen, die die Anwendung von § 93 Abs. 3 BSHG F.1999 ausschließen.

Leitsatz (redaktionell) (Bayerischer Verwaltungsgerichtshof München 12. Senat, Urteil vom 25. Oktober 2005, Az.: 12 B 02.2295)

§ 93b Abs. 2 Satz 3 BSHG erklärt ein rückwirkendes In-Kraft-Treten von Vereinbarungen oder Festsetzungen ohne Einschränkung für unzulässig.

Aus den Gründen:

„... *Auch eine so verstandene Klage hätte aber keinen Erfolg, weil die Vergütungsvereinbarung vom 1. Juni/4. Juli 2001, auf die die Klägerin ihren Anspruch stützt, nichtig ist, soweit sie für die Zeit vom 1. Januar 2001 bis 3. Juli 2001 abgeschlossen wurde. Insoweit verstößt sie gegen Gesetzesrecht (§ 58 Abs. 1 SGB X, § 134 BGB entsprechend). In seinem Urteil vom 27. April 2005 Az. 12 B 02.2580 u.a., hat der Senat ausgeführt:*

„*§ 93b Abs. 2 Satz 3 BSHG erklärt ein rückwirkendes In-Kraft-Treten von Vereinbarungen oder Festsetzungen ohne Einschränkung für unzulässig. Damit ergibt sich aus § 93b Abs. 2 Sätze 1 und 3 BSHG eine grundsätzliche Beschränkung des Beginns einer neuen Vereinbarung mit ihrem Abschluss. Zwar obliegt es nach Satz 1 in erster Linie den Vereinbarungsparteien, den Zeitpunkt des In-Kraft-Tretens zu bestimmen. Die Regelung ist aber im Zusammenhang mit dem in Absatz 1 Satz 1 der Vorschrift festgelegten Prinzip des prospektiven Pflegesatzes zu sehen. Diese umfassende Prospektivität der Vereinbarungen wird durch Satz 3 sichergestellt, da hiernach auch durch die Vereinbarung selbst ein rückwirkendes In-Kraft-Treten der Vereinbarungen nicht möglich ist. Das gilt nach herrschender Meinung (vgl. stellvertretend Münder in LPK-BSHG, 6. Aufl. 2003, RdNr. 24 zu § 93b) generell, d.h. sowohl für die Variante des Satzes 1 wie die des Satzes 2. Die Meinung des Klägers, § 93b Abs. 2 Satz 3 BSHG beziehe sich nur auf dessen Satz 2, ist schon vom Wortlaut der Vorschrift nicht gedeckt und wird abweichend von der herrschenden Meinung nur noch von Fichtner (in Fichtner, BSHG, 1999, RdNr. 8 zu § 93b) vertreten. Satz 3 nennt u.a. gerade auch ein (zurückwirkendes) Vereinbaren und bezieht sich damit auf den Fall des Satzes 1, nämlich dass ein bestimmter Zeitpunkt des In-Kraft-Tretens vereinbart wird. Bezüglich dieser Alternative kann er sich auf Satz 2 überhaupt nicht beziehen, weil in diesem Falle ein Zeitpunkt ja gerade nicht bestimmt ist. Auch die von den Klägern herangezogene Entscheidung des Bundessozialgerichts vom 14. Dezember 2000 (FEVS 52, 390) stützt ihre Auffassung nicht. Das Gericht hat darin nur festgestellt, dass das gesetzliche Verbot rückwirkender Vergütungsvereinbarungen die Schiedsstelle nicht hindere, gemäß § 93b Abs. 2 Satz 2 BSHG im*

Schiedsspruch als Zeitpunkt seines Wirksamwerdens den Antragseingang bei der Schiedsstelle festzusetzen.

Das Rückwirkungsverbot des § 93b Abs. 2 Satz 3 BSHG ist umfassend, d.h. die Parteien dürfen rückwirkende Vereinbarungen auch nicht für Zeiträume treffen, hinsichtlich derer zwar eine Vereinbarung nicht (mehr) bestand, die aber durch Verhandlungen ausgefüllt waren (vgl. Grube/Wahrendorf, SGB XII, Stand: 2005, RdNr. 10 zum wortgleichen § 77 Abs. 2 Satz 3 SGB XII). Den Klägern ist zwar zuzugeben, dass die Verfahrensdauer lang sein kann und die Einrichtungsträger die Dauer des Verfahrens nur sehr bedingt beeinflussen können. Diese können aber einem Hinauszögern des Wirksamwerdens der Vereinbarung dadurch begegnen, dass sie eben rechtzeitig die Schiedsstelle anrufen."

Hieran hält der Senat auch für vorliegenden Fall fest." ...

Gerichtliche Überprüfbarkeit von Schiedsstellenvereinbarungen

---

Leitsatz (redaktionell) (Niedersächsisches Oberverwaltungsgericht 4. Senat, Urteil vom 24. August 2005, Az.: 4 L 811/99)

Diese Aufgabenstellung bedingt es – so hat das Bundesverwaltungsgericht weiter ausgeführt –, dass der Schiedsstelle ein gerichtlich nur eingeschränkt überprüfbarer Entscheidungsspielraum zusteht, dessen Grenzen von der Funktion und von der rechtlichen Einordnung der Schiedsstellenentscheidung abhängt. Die gesetzlich vorgesehene Möglichkeit, die auf der Grundlage des § 93 Abs. 3 Satz 2 BSHG Fassung 1994 ergangene Schiedsstellenentscheidung verwaltungsgerichtlich überprüfen zu lassen, führt daher nicht zu einer vollinhaltlichen, sondern nur zu einer Überprüfung mit eingeschränkter „Kontrolldichte".

Leitsatz (redaktionell) (Oberverwaltungsgericht des Landes Sachsen-Anhalt 3. Senat, Beschluss vom 10. Juni 2005, Az.: 3 M 416/04)

Die Schiedsstelle trifft so gesehen eine Entscheidung über die Kalkulationsgrundlagen der Einrichtung, die einen Vergleich voraussetzt. Die Schiedsstelle kann einen Vergleich mit den Entgelten verschiedener Einrichtungen für vergleichbare Leistungen vornehmen (externer Vergleich). In Betracht kommt aber auch eine gesonderte Überprüfung interner Pflegesatzkalkulationen nach den Grundsätzen einer sparsamen und wirtschaftlichen Betriebsführung (interner Vergleich).

Kündigung Leistungsvereinbarung

Leitsatz (redaktionell) (VG Hannover 7. Kammer, Urteil vom 6. Juli 2004, Az.: 7 A 673/04)

Sozialhilfe- und Einrichtungsträger stehen nicht in einem Subordinationsverhältnis zueinander. Vor einer Kündigung einer Leistungsvereinbarung aus Gründen der Vereinheitlichung muss eine Änderungskündigung oder ein Anpassungsverlangen in Erwägung gezogen werden.

Leitsatz (redaktionell) (Schleswig-Holsteinisches Verwaltungsgericht 10. Kammer, Beschluss vom 26. Mai 2003, Az.: 10 B 102/03)

Die Kündigung ist auch inhaltlich nicht zu beanstanden. Nach § 93c BSHG kann der Träger der Sozialhilfe die Vereinbarung nach § 93 Abs. 2 BSHG ohne Einhaltung einer Kündigungsfrist kündigen, wenn die Einrichtung ihre gesetzlichen oder vertraglichen Verpflichtungen gegenüber den Leistungsempfängern und deren Kostenträgern derart gröblich verletzt, dass ein Festhalten an der Vereinbarungen nicht zuzumuten ist. Das gilt insbesondere dann, wenn in der Prüfung nach § 93a Abs. 3 BSHG oder auf andere Weise festgestellt wird, dass Leistungsempfänger infolge der Pflichtverletzung zu Schaden kommen, gravierende Mängel bei der Leistungserbringung vorhanden sind, dem Träger der Einrichtung nach dem Heimgesetz die Betriebserlaubnis entzogen oder der Betrieb der Einrichtung untersagt wird oder die Einrichtung nicht erbrachte Leistungen gegenüber dem Kostenträger abrechnet.

Vergaberecht

Leitsatz (redaktionell) (Vergabekammer bei der Bezirksregierung Münster, Beschluss vom 28. Mai 2004, Az.: VK 10/04)

Vereinbarungen im Sinne von § 76 SGB XII sind ausschreibungspflichtig.

Trennung von Vereinbarung und Leistungsverpflichtung

Leitsatz (redaktionell) (VG Karlsruhe 5. Kammer, Urteil vom 11. November 2003, Az.: 5 K 3104/00)

Zwar sehen §§ 82 ff. SGB XI kein einheitliches Entgeltsystem mit durchgängigem Vereinbarungszwang vor. Vereinbarungen zwischen dem Träger eines Pflegeheims und öffentlichen Leistungsträgern werden nur über den Pflegesatz (§ 84 SGB XI) und das Entgelt für Unterkunft und Verpflegung abgeschlossen (§§ 85 Abs. 1, 87 Satz 1 SGB XI). Die gesonderte Berechnung der in diesen Entgelten nicht berücksichtigungsfähigen (vgl. § 82 Abs. 2 SGB XI) Investitionsaufwendungen i. S. des § 82 Abs. 3 und 4 SGB XI unterliegt dagegen keinem Vereinbarungszwang und die Zuschläge für zusätzliche (Komfort-)Leistungen (§ 88 SGB XI) werden nur zwischen dem Träger des Pflegeheims und den Pflegebedürftigen vereinbart. § 93 Abs. 7 Satz 1 BSHG verweist für die „Vergütung" der dort genannten Leistungen jedoch nicht nur auf die einem Vereinbarungszwang zwischen Heimträger und öffentlichen Leistungsträgern unterliegenden Entgelte nach §§ 82 ff. SGB XI, sondern umfassend auf a l l e „Vorschriften des Achten Kapitels des Elften Buches Sozialgesetzbuch".

Leitsatz (redaktionell) (BVerwG 5. Senat, Beschluss vom 26. Oktober 2004, Az.: 5 B 50/04)

Der Bedarfsdeckungsgrundsatz gilt auch dort, wo der Träger der Sozialhilfe sich zur Erfüllung seiner Hilfeverpflichtung Dritter bedient bzw. Hilfe durch Übernahme der Kosten leistet, die dem Hilfebedürftigen infolge Inanspruchnahme der Dienste eines Dritten, z.B. einer Einrichtung im Rahmen stationärer Hilfe, entstehen. Auch dies ist im Gesetz zum Ausdruck gelangt, wenn § 93a Abs. 1 Satz 3 BSHG bestimmt, dass „die Leistungen (der Einrichtung) ... ausreichend ... sein (müssen)", und vom erkennenden Senat dahingehend präzisiert worden, dass „auf der Grundlage der zwischen den Trägern der Sozialhilfe und den Einrichtungsträgern ... zustande gekommenen Vereinbarungen die von den Hilfesuchenden benötigten Sozialhilfeleistungen so erbracht werden können, dass den Anforderungen von § 1 Abs. 2, § 3 Abs. 1 und § 4 Abs. 2 BSHG genügt ist" (BVerwGE 108, 47 <53>). Daraus folgt, dass die zwischen Sozialhilfeträgern und Dritten getroffenen Vereinbarungen über die Erbringung von Leistungen zur Deckung sozialhilferechtlich anzuerkennenden Hilfebedarfs den Hilfeanspruch des Leistungsberechtigten nicht berühren.

Preisvereinbarungen

Leitsatz (redaktionell) (BSG 3. Senat, Urteil vom 14. Dezember 2000, Az.: B 3 P 19/00 R)

Der Gesetzgeber des SGB XI hat die Sicherstellung einer ausreichenden und wirtschaftlichen Versorgung der Versicherten mit Pflegeeinrichtungen in erster Linie von einem funktionierenden Wettbewerb unter den Pflegeeinrichtungen erwartet. Die Kassen haben den Wettbewerb durch die Führung von Preisvergleichslisten noch zu fördern (§ 72 Abs. 5 Satz 1 SGB XI). Allerdings ist dieser Grundsatz im Gesetz nicht konsequent durchgehalten (vgl. dazu Rothgang, BKK 2000, 151 ff.). So bedeutet die Regelung, dass der Grundsatz der Beitragsstabilität zu beachten ist, eine Einschränkung des Verhandlungsspielraums der Pflegekassen (§ 70 SGB XI). Andererseits wird die Verhandlungsposition der Kassen dadurch gestärkt, dass sie gemeinsam und einheitlich im Sinne eines Nachfragekartells auftreten und die Pflegesatzvereinbarung abschließen (§ 85 Abs. 1 und 2 SGB XI).

Bemerkung zur Übertragbarkeit der Rechtsprechung auf das neue Recht des SGB XII:

Die vorstehend geschilderten Entscheidungen sind ohne Einschränkungen auf das neue Recht übertragbar, da insoweit keine Änderungen vorgenommen wurden.

§ 82 SGB XII   Begriff des Einkommens

(1) Zum Einkommen gehören alle Einkünfte in Geld oder Geldeswert mit Ausnahme der Leistungen nach diesem Buch, der Grundrente nach dem Bundesversorgungsgesetz und nach den Gesetzen, die eine entsprechende Anwendung des Bundesversorgungsgesetzes vorsehen und der Renten oder Beihilfen nach dem Bundesentschädigungsgesetz für Schaden an Leben sowie an Körper oder Gesundheit, bis zur Höhe der vergleichbaren Grundrente nach dem Bundesversorgungsgesetz. Bei Minderjährigen ist das Kindergeld dem jeweiligen Kind als Einkommen zuzurechnen, soweit es bei diesem zur Deckung des notwendigen Lebensunterhaltes benötigt wird.

(2) Von dem Einkommen sind abzusetzen
1. auf das Einkommen entrichtete Steuern,
2. Pflichtbeiträge zur Sozialversicherung einschließlich der Beiträge zur Arbeitsförderung,
3. Beiträge zu öffentlichen oder privaten Versicherungen oder ähnlichen Einrichtungen, soweit diese Beiträge gesetzlich vorgeschrieben oder nach Grund und Höhe angemessen sind, sowie geförderte Altersvorsorgebeiträge nach § 82 des Einkommensteuergesetzes, soweit sie den Mindesteigenbeitrag nach § 86 des Einkommensteuergesetzes nicht überschreiten,
4. die mit der Erzielung des Einkommens verbundenen notwendigen Ausgaben,
5. das Arbeitsförderungsgeld und Erhöhungsbeträge des Arbeitsentgelts im Sinne von § 43 Satz 4 des Neunten Buches .

(3) Bei der Hilfe zum Lebensunterhalt und Grundsicherung im Alter und bei Erwerbsminderung ist ferner ein Betrag in Höhe von 30 vom Hundert des Einkommens aus

selbstständiger und nichtselbstständiger Tätigkeit der Leistungsberechtigten abzusetzen. Abweichend von Satz 1 ist bei einer Beschäftigung in einer Werkstatt für behinderte Menschen von dem Entgelt ein Achtel des Eckregelsatzes zuzüglich 25 vom Hundert des diesen Betrag übersteigenden Entgelts abzusetzen. Im Übrigen kann in begründeten Fällen ein anderer als in Satz 1 festgelegter Betrag vom Einkommen abgesetzt werden.

(4) Lebt eine Person in einer teilstationären oder stationären Einrichtung, kann die Aufbringung der Mittel für Leistungen nach dem Dritten Kapitel von ihr verlangt werden, soweit Aufwendungen für den häuslichen Lebensunterhalt erspart werden. Darüber hinaus soll in angemessenem Umfang die Aufbringung der Mittel verlangt werden von Personen, die auf voraussichtlich längere Zeit der Pflege in einer Einrichtung bedürfen, solange sie nicht einen anderen überwiegend unterhalten.

Die Vorschrift knüpft an den bisherigen § 76 des Bundessozialhilfegesetzes an.

Absatz 1 überträgt dabei im Wesentlichen inhaltsgleich den bisherigen § 76 Abs. 1 des Bundessozialhilfegesetzes. Mit der Ergänzung des Satzes 1 wird klargestellt, dass auch Grundrenten (Beschädigten- und Hinterbliebenengrundrenten), die nach den Gesetzen gezahlt werden, die eine entsprechende Anwendung des Bundesversorgungsgesetzes vorsehen – beispielsweise das Opferentschädigungsgesetz oder das Infektionsschutzgesetz –, nicht als Einkommen gelten. Mit dem neuen Satz 2 wird die gegenwärtig unterschiedliche Anrechnungsregelung vereinheitlicht. Die Zurechnung des Kindergeldes beim minderjährigen Kind, das typischerweise in einem gemeinsam wirtschaftenden Familienhaushalt lebt, hat zum Ziel, die Sozialhilfebedürftigkeit möglichst vieler Kinder zu beseitigen. Absatz 2 überträgt im Wesentlichen inhaltsgleich den bisherigen § 76 Abs. 2 des Bundessozialhilfegesetzes. Nicht übernommen wurde der bisherige Absatz 2 Nr. 5 des Bundessozialhilfegesetzes, da die befristete Regelung an die Übergangsregelung des bisherigen § 22 Abs. 6 des Bundessozialhilfegesetzes geknüpft war. Durch die Neugestaltung des Regelsatzbemessungssystems ist der sachliche Grund für die Regelung entfallen. Neu aufgenommen wurde in Absatz 2 Nr. 5 das Arbeitsförderungsgeld nach § 43 des Neunten Buches. Damit werden in Privathaushalten wohnende Beschäftigte, die Hilfe zum Lebensunterhalt beziehen, den in einer vollstationären Einrichtung lebenden Beschäftigten gleichgestellt und damit die unterschiedliche Praxis beseitigt. In § 43 des Neunten Buches wurde zur Verbesserung der Entgeltsituation der Beschäftigten im Arbeitsbereich der Werkstatt für behinderte Menschen ein Arbeitsförderungsgeld eingeführt, das neben dem bisherigen Arbeitsentgelt gezahlt wird. Damit diese Leistung den Beschäftigten auch in vollem Umfang zugute kommt, regelte der bisherige § 85 Abs. 2 Satz 2 und 3 des Bundessozialhilfegesetzes die Freilassung des Arbeitsförderungsgeldes und der Erhöhungsbeträge im Sinne des § 43 Satz 4 des Neunten Buches. Bei Empfängern von Arbeitsförderungsgeld, die nicht in einer vollstationären Einrichtung leben, berücksichtigt ein Teil der Praxis das Arbeitsförderungsgeld zwar als Absetzbetrag nach dem bisherigen § 76 Abs. 2a Nr. 2 des Bundessozialhilfegesetzes.

Im Unterschied zum bisherigen § 76 Abs. 2a des Bundessozialhilfegesetzes kommt durch die Einführung der neuen Leistung Arbeitslosengeld II im Rahmen der Hilfe zum Lebensunterhalt eine Einkommensanrechnung nach Absatz 3 im Wesentlichen nur noch für Tätigkeiten von weniger als drei Stunden täglich in Betracht. Hierfür erscheint eine einfache und praktikable Anrechnung sinnvoll, die durch die vorgesehene prozentuale und insbesondere einheitliche Anrechnung erreicht wird. Zur Klarstellung, dass bei der Prüfung des anrechenbaren Einkommens auch die

Absetzbeträge für erwerbstätige Personen einbezogen werden müssen, wurde der Eingangssatz zu Absatz 3 gegenüber dem bisherigen Absatz 2a des § 76 des Bundessozialhilfegesetzes neu gefasst. In der Praxis wurde der Absetzbetrag teilweise nur anerkannt, wenn der Betroffene nach Prüfung des bisherigen § 76 Abs. 1 und 2 des Bundessozialhilfegesetzes bereits einen Bedarf auf Hilfe zum Lebensunterhalt hätte. Dies war nach der Systematik und der Zielsetzung des bisherigen § 76 des Bundessozialhilfegesetzes nicht gewollt. Gerade bei nachfragenden Personen, deren Einkommen nur geringfügig über dem Sozialhilfebedarf liegt, würde eine Nichtanrechnung des Absetzbetrages zu einem vom Bundesgesetzgeber nicht gewollten Sozialhilfeausschluss führen. Ob Hilfe zum Lebensunterhalt geleistet wird, ergibt sich aus § 19. Diese Regelung stellt u. a. auf die Einkommensberechnung des § 77 insgesamt ab, also auch auf dessen Absatz 3. Die bisherige Formulierung „Bei Personen, die Leistungen der Hilfe zum Lebensunterhalt erhalten …" bezieht sich demnach darauf, ob sie gemäß § 19 unter Einbeziehung sämtlicher Absätze des bisherigen § 76 des Bundessozialhilfegesetzes die Hilfe erhalten. Eine andere Rechtsauffassung hätte einer besonderen gesetzlichen Regelung bedurft. Für leistungsberechtigte Beschäftigte in Werkstätten für behinderte Menschen wurde die bisherige Regelung für stationär untergebrachte Beschäftigte übernommen, damit auch hier eine Gleichstellung von ambulant und stationär erfolgt. Satz 3 des Absatzes 3 ermöglicht es dem Träger der Sozialhilfe, in begründeten Fällen flexibel zu handeln, z.B. bei dem Erfordernis eines besonderen Anreizes oder beim Ferienjob eines Schülers. Die Verordnungsermächtigung des bisherigen § 76 Abs. 3 des Bundessozialhilfegesetzes wurde in Angleichung an die Systematik des Sozialgesetzbuches an das Ende des Kapitels gestellt.

§ 83 SGB XII   Nach Zweck und Inhalt bestimmte Leistungen

(1) Leistungen, die auf Grund öffentlich-rechtlicher Vorschriften zu einem ausdrücklich genannten Zweck erbracht werden, sind nur so weit als Einkommen zu berücksichtigen, als die Sozialhilfe im Einzelfall demselben Zweck dient.

(2) Eine Entschädigung, die wegen eines Schadens, der nicht Vermögensschaden ist, nach § 253 Abs. 2 des Bürgerlichen Gesetzbuches geleistet wird, ist nicht als Einkommen zu berücksichtigen.

Die Vorschrift überträgt im Wesentlichen inhaltsgleich den bisherigen § 77 des Bundessozialhilfegesetzes. Die Übergangsregelung des bisherigen § 77 Abs. 1 Satz 2 wird in das Fünfzehnte Kapitel übertragen.

§ 84 SGB XII   Zuwendungen

(1) Zuwendungen der freien Wohlfahrtspflege bleiben als Einkommen außer Betracht. Dies gilt nicht, soweit die Zuwendung die Lage der Leistungsberechtigten so günstig beeinflusst, dass daneben Sozialhilfe ungerechtfertigt wäre.

(2) Zuwendungen, die ein anderer erbringt, ohne hierzu eine rechtliche oder sittliche Pflicht zu haben, sollen als Einkommen außer Betracht bleiben, soweit ihre Berücksichtigung für die Leistungsberechtigten eine besondere Härte bedeuten würde.

Die Vorschrift überträgt inhaltsgleich den bisherigen § 78 des Bundessozialhilfegesetzes.

Die Rechtsprechung zum Einkommensbegriff

Eigenheimzulage

Leitsatz (redaktionell) (Landessozialgericht Niedersachsen-Bremen 8. Senat, Beschluss vom 25. April 2005, Az.: L 8 AS 39/05 ER)

Die Eigenheimzulage ist deshalb als zweckgebunden im Sinne des § 11 Abs. 3 Nr. 1 SGB II und somit als privilegiertes Einkommen anzusehen. Ihr ist eine bestimmte, erkennbar gebilligte Zweckrichtung zu eigen, die nicht in der Bestreitung des Lebensunterhaltes besteht. Die Zweckrichtung würde verfehlt, wenn der Empfänger die Leistung als Einkommen zur Bestreitung des Lebensunterhalts verwenden müsste und dadurch gehindert wäre, sie ihrer eigentlichen Zweckbestimmung zufließen zu lassen.

Kindergeld

Leitsatz (redaktionell) (BGH 12. Zivilsenat, Beschluss vom 26. Januar 2005, Az.: XII ZB 234/03)

Nach der Rechtsprechung des Bundesverwaltungsgerichts ist Kindergeld grundsätzlich sozialhilferechtlich anrechenbares Einkommen. Das gilt auch nach der steuerrechtlichen Regelung des Kindergeldes in §§ 61, 62 ff. EStG und nach dem Bundeskindergeldgesetz in der Fassung des Art. 2 Jahressteuergesetz 1996 vom 11. Oktober 1995 – BGBl. I 1250, 1378 – (BVerwGE 114, 339, 340 m.w.N.). Diese Beurteilung ist durch die seit dem 1. Januar 2000 vorgeschriebene Absetzung des Kinderfreibetrages vom Einkommen (§ 76 Abs. 2 Nr. 5 BSHG) bestätigt worden, durch die der Gesetzgeber zum Ausdruck gebracht hat, dass das Kindergeld grundsätzlich zum Einkommen gehören soll (vgl. Brühl in LPK-BSHG 6. Aufl. § 77 RdNr. 47).

Die gesetzgeberische Bewertung hat inzwischen in eingeschränktem Umfang eine Änderung erfahren. Nach § 82 Abs. 1 Satz 2 SGB XII ist bei Minderjährigen das Kindergeld dem jeweiligen Kind als Einkommen zuzurechnen, soweit es bei diesem zur Deckung des notwendigen Lebensunterhalts benötigt wird. Nur in Höhe des darüber hinausgehenden Betrages ist Kindergeld demzufolge Einkommen der Eltern, und zwar aus sozialhilferechtlicher Sicht, die mit der unterhaltsrechtlichen nicht deckungsgleich ist, desjenigen Anspruchsberechtigten, dem es gemäß §§ 64 EStG, 3 BKGG zufließt. Diese Zurechnung des Kindergeldes beim minderjährigen Kind, das typischerweise in einem gemeinsam wirtschaftenden Familienhaushalt lebt, hat zum Ziel, die Sozialhilfebedürftigkeit möglichst vieler Kinder zu beseitigen (vgl. BT-Drucks. 15/1514 S. 65).

Leitsatz (redaktionell) (OLG Hamm 4. Senat für Familiensachen, Beschluss vom 24. Februar 2005, Az.: 4 WF 5/05)

Nach ständiger Rechtsprechung des Senats ist das Kindergeld voll als Einkommen einzusetzen, also von dem Freibetrag des Kindes i.S.d. § 115 Abs. 1 Nr. 2 ZPO abzuziehen. Die Auffassung des Senats wird bestätigt durch die ab dem 01.01.2005 in Kraft getretene Neuregelung der §§ 82 Abs. 1 S. 1 SGB XII und § 11 Abs. 1 S. 3 SGB II, wonach das Kindergeld als Einkommen des Kindes gilt.

Leitsatz (redaktionell) (Sächsisches Oberverwaltungsgericht 4. Senat, Urteil vom 25. Januar 2005, Az.: 4 B 580/04)

1. Zur Berücksichtigung des für den Grundsicherungsberechtigten gezahlten Kindergeldes als dessen Einkommen.

2. Anders als das am 01.01.2005 in Kraft tretende SGB XII vom 27.12.2003 (BGBl. I S. 3022), nach dessen § 82 Abs. 1 Satz 2 bei Minderjährigen das Kindergeld dem jeweiligen Kind als Einkommen zuzurechnen ist, soweit es bei diesem zur Deckung des notwendigen Lebensunterhaltes benötigt wird, enthält das hier noch anzuwendende Bundessozialhilfegesetz keine besondere Regelung, wem Kindergeld als Einkommen zugeordnet ist.

Sterbequartalsvorschuss

> **Leitsatz (redaktionell)** (Oberverwaltungsgericht für das Land Nordrhein-Westfalen 16. Senat, Urteil vom 13. Februar 2004, Az.: 16 A 1160/02)
>
> Im Ausgangspunkt steht zunächst außer Frage, dass dem Verpflichteten i.S.v. § 15 BSHG – gleichsam als anspruchsspezifische Ausprägung des Nachranggrundsatzes – finanzielle Vorteile oder Ausgleichsansprüche, die aus dem Todesfall oder der (vorläufigen) Übernahme der Bestattungskosten erwachsen, anspruchsmindernd und gegebenenfalls anspruchsausschließend entgegenzuhalten sind. Insoweit ist – ohne dass die Beteiligten hierüber streiten – zu Recht das krankenversicherungsrechtliche Sterbegeld in Höhe von 2.100 DM, das dem Kläger nach dem Tod seiner Frau zugeflossen ist, von vornherein von den als angemessen angesehenen Bestattungskosten abgezogen worden. Da nichts dafür spricht, dass der Kläger im Erbgang nennenswerte wirtschaftliche Positionen erworben haben könnte, kommt es im Hinblick auf etwaige kompensierende finanzielle Leistungen des Weiteren allein darauf an, ob der ihm – offensichtlich auf der rechtlichen Grundlage des § 7 Abs. 1 und 2 der Postrentendienstverordnung (PostRDV) vom 28. Juli 1994, BGBl. I S. 1867 – gewährte Sterbequartalsvorschuss (die sog. Gnadenrente) gleichfalls den Anspruch gemäß § 15 BSHG ausschließt oder einschränkt. Das ist – im Sinne einer Anspruchbeschränkung – zu bejahen. Derartige Zuschüsse haben im Wesentlichen den Zweck, die Umstellung des hinterbliebenen Ehegatten auf die neuen Lebensverhältnisse finanziell zu erleichtern, insbesondere ihm die mit der letzten Krankheit des Verstorbenen und dem Todesfall verbundenen Aufwendungen zu einem Teil abzunehmen.

> **Leitsatz (**Oberverwaltungsgericht für das Land Nordrhein-Westfalen 12. Senat, Beschluss vom 16. Mai 2003, Az.: 12 A 5405/00)
>
> Bei der Anwendung des § 84 Abs. 1 BSHG ist auch zu prüfen, ob einem als besondere Belastung geltend gemachten Bedarf bereits durch die jeweilige Einkommensgrenze Rechnung getragen ist (hier: erhöhte Fahrtkosten bei der Einkommensgrenze nach §§ 79 Abs. 1, 81 Abs. 2 BSHG).

§ 85 SGB XII   Einkommensgrenze

(1) Bei der Hilfe nach dem Fünften bis Neunten Kapitel ist der nachfragenden Person und ihrem nicht getrennt lebenden Ehegatten oder Lebenspartner die Aufbringung der Mittel nicht zuzumuten, wenn während der Dauer des Bedarfs ihr monatliches Einkommen zusammen eine Einkommensgrenze nicht übersteigt, die sich ergibt aus

1. **einem Grundbetrag in Höhe des zweifachen Eckregelsatzes,**
2. **den Kosten der Unterkunft, soweit die Aufwendungen hierfür den der Besonderheit des Einzelfalles angemessenen Umfang nicht übersteigen und**
3. **einem Familienzuschlag in Höhe des auf volle Euro aufgerundeten Betrages von 70 vom Hundert des Eckregelsatzes für den nicht getrennt lebenden Ehegatten**

oder Lebenspartner und für jede Person, die von der nachfragenden Person, ihrem nicht getrennt lebenden Ehegatten oder Lebenspartner überwiegend unterhalten worden ist oder für die sie nach der Entscheidung über die Erbringung der Sozialhilfe unterhaltspflichtig werden.

(2) Ist die nachfragende Person minderjährig und unverheiratet, so ist ihr und ihren Eltern die Aufbringung der Mittel nicht zuzumuten, wenn während der Dauer des Bedarfs das monatliche Einkommen der nachfragenden Person und ihrer Eltern zusammen eine Einkommensgrenze nicht übersteigt, die sich ergibt aus
1. einem Grundbetrag in Höhe des zweifachen Eckregelsatzes,
2. den Kosten der Unterkunft, soweit die Aufwendungen hierfür den der Besonderheit des Einzelfalles angemessenen Umfang nicht übersteigen und
3. einem Familienzuschlag in Höhe des auf volle Euro aufgerundeten Betrages von 70 vom Hundert des Eckregelsatzes für einen Elternteil, wenn die Eltern zusammenleben, sowie für die nachfragende Person und für jede Person, die von den Eltern oder der nachfragenden Person überwiegend unterhalten worden ist oder für die sie nach der Entscheidung über die Erbringung der Sozialhilfe unterhaltspflichtig werden.

Leben die Eltern nicht zusammen, richtet sich die Einkommensgrenze nach dem Elternteil, bei dem die nachfragende Person lebt. Lebt sie bei keinem Elternteil, bestimmt sich die Einkommensgrenze nach Absatz 1.

(3) Der maßgebende Eckregelsatz bestimmt sich nach dem Ort, an dem der Leistungsberechtigte die Leistung erhält. Bei der Leistung in einer Einrichtung sowie bei Unterbringung in einer anderen Familie oder bei den in § 107 genannten anderen Personen bestimmt er sich nach dem gewöhnlichen Aufenthalt des Leistungsberechtigten oder, wenn im Falle des Absatzes 2 auch das Einkommen seiner Eltern oder eines Elternteils maßgebend ist, nach deren gewöhnlichem Aufenthalt. Ist ein gewöhnlicher Aufenthalt im Inland nicht vorhanden oder nicht zu ermitteln, ist Satz 1 anzuwenden.

Die Vorschrift überträgt im Wesentlichen inhaltsgleich den bisherigen § 79 Abs. 1 bis 3 des Bundessozialhilfegesetzes.

Die Grundbeträge in Absatz 1 Nr. 1 und Absatz 2 Nr. 1 werden infolge der Aufgabe der bisherigen drei gesonderten Einkommensfreibeträge jeweils auf das Zweifache des Eckregelsatzes erhöht, um dadurch im Hinblick auf die Ziele der Regelung einen angemessenen Ausgleich zu schaffen und eine Schlechterstellung des ambulanten gegenüber dem stationären Bereich zu vermeiden. Die Aufnahme der Lebenspartner im Sinne des Lebenspartnerschaftsgesetzes in den Absatz 1 ist eine Folgeänderung zur Änderung des § 19. Für Lebenspartner, die im Rahmen der Bedürftigkeitsprüfung bei der Hilfe nach dem Vierten bis Achten Kapitel ihr Einkommen wie Ehegatten vorrangig füreinander einzusetzen haben, werden durch die Änderung des bisherigen § 79 des Bundessozialhilfegesetzes die für Ehegatten geltenden Einkommensgrenzen festgelegt. Die Einbeziehung der Lebenspartner in Absatz 1 Nr. 3 stellt sicher, dass für die Lebenspartner auch in Bezug auf den als Freibetragskomponente anzurechnenden Familienzuschlag der Betrag gilt, der sich für einen Ehegatten auf 70 vom Hundert des Eckregelsatzes eines Haushaltsvorstandes beläuft.

§ 86 SGB XII   Abweichender Grundbetrag

Die Länder und, soweit landesrechtliche Vorschriften nicht entgegenstehen, auch die Träger der Sozialhilfe können für bestimmte Arten der Hilfe nach dem Fünften bis Neunten Kapitel der Einkommensgrenze einen höheren Grundbetrag zugrunde legen.

Die Vorschrift überträgt inhaltsgleich den bisherigen § 79 Abs. 4 des Bundessozialhilfegesetzes.

§ 87 SGB XII   Einsatz des Einkommens über der Einkommensgrenze

(1) Soweit das zu berücksichtigende Einkommen die Einkommensgrenze übersteigt, ist die Aufbringung der Mittel in angemessenem Umfang zuzumuten. Bei der Prüfung, welcher Umfang angemessen ist, sind insbesondere die Art des Bedarfs, die Art oder Schwere der Behinderung oder der Pflegebedürftigkeit, die Dauer und Höhe der erforderlichen Aufwendungen sowie besondere Belastungen der nachfragenden Person und ihrer unterhaltsberechtigten Angehörigen zu berücksichtigen. Bei schwerstpflegebedürftigen Menschen nach § 64 Abs. 3 und blinden Menschen nach § 72 ist ein Einsatz des Einkommens über der Einkommensgrenze in Höhe von mindestens 60 vom Hundert nicht zuzumuten.

(2) Verliert die nachfragende Person durch den Eintritt eines Bedarfsfalles ihr Einkommen ganz oder teilweise und ist ihr Bedarf nur von kurzer Dauer, so kann die Aufbringung der Mittel auch aus dem Einkommen verlangt werden, das sie innerhalb eines angemessenen Zeitraumes nach dem Wegfall des Bedarfs erwirbt und das die Einkommensgrenze übersteigt, jedoch nur insoweit, als ihr ohne den Verlust des Einkommens die Aufbringung der Mittel zuzumuten gewesen wäre.

(3) Bei einmaligen Leistungen zur Beschaffung von Bedarfsgegenständen, deren Gebrauch für mindestens ein Jahr bestimmt ist, kann die Aufbringung der Mittel nach Maßgabe des Absatzes 1 auch aus dem Einkommen verlangt werden, das die in § 19 Abs. 3 genannten Personen innerhalb eines Zeitraumes von bis zu drei Monaten nach Ablauf des Monats, in dem über die Leistung entschieden worden ist, erwerben.

Die Vorschrift überträgt inhaltsgleich den bisherigen § 84 des Bundessozialhilfegesetzes.

§ 88 SGB XII   Einsatz des Einkommens unter der Einkommensgrenze

(1) Die Aufbringung der Mittel kann, auch soweit das Einkommen unter der Einkommensgrenze liegt, verlangt werden,

1. **soweit von einem anderen Leistungen für einen besonderen Zweck erbracht werden, für den sonst Sozialhilfe zu leisten wäre,**
2. **wenn zur Deckung des Bedarfs nur geringfügige Mittel erforderlich sind,**
3. **soweit bei teilstationären oder stationären Leistungen**

Aufwendungen für den häuslichen Lebensunterhalt erspart werden. Darüber hinaus soll in angemessenem Umfang die Aufbringung der Mittel verlangt werden von Personen, die auf voraussichtlich längere Zeit der Pflege in einer Einrichtung bedürfen, solange sie nicht einen anderen überwiegend unterhalten.

(2) Bei einer stationären Leistung in einer stationären Einrichtung wird von dem Einkommen, das der Leistungsberechtigte aus einer entgeltlichen Beschäftigung erzielt, die Aufbringung der Mittel in Höhe von einem Achtel des Eckregelsatzes zuzüglich 25 vom Hundert des diesen Betrag übersteigenden Einkommens aus der Beschäftigung nicht verlangt. § 82 Abs. 3 ist nicht anzuwenden.

Die Vorschrift überträgt inhaltsgleich den bisherigen § 85 des Bundessozialhilfegesetzes. Als Folgeänderung zum neuen § 77 Abs. 2 Nr. 5 wurde der bisherige § 85 Abs. 2 Satz 2 und 3 des Bundessozialhilfegesetzes gestrichen.

§ 89 SGB XII   Einsatz des Einkommens bei mehrfachem Bedarf

(1) Wird im Einzelfall der Einsatz eines Teils des Einkommens zur Deckung eines bestimmten Bedarfs zugemutet oder verlangt, darf dieser Teil des Einkommens bei der Prüfung, inwieweit der Einsatz des Einkommens für einen anderen gleichzeitig bestehenden Bedarf zuzumuten ist oder verlangt werden kann, nicht berücksichtigt werden.

(2) Sind im Fall des Absatzes 1 für die Bedarfsfälle verschiedene Träger der Sozialhilfe zuständig, hat die Entscheidung über die Leistung für den zuerst eingetretenen Bedarf den Vorrang. Treten die Bedarfsfälle gleichzeitig ein, ist das über der Einkommensgrenze liegende Einkommen zu gleichen Teilen bei den Bedarfsfällen zu berücksichtigen.

Die Vorschrift überträgt inhaltsgleich die Absätze 1 und 3 des bisherigen § 87 des Bundessozialhilfegesetzes.

Die Rechtsprechung zu den Einkommensgrenzen für die Leistungen nach dem fünften bis neunten Kapitel (§§ 85 bis 89 SGB XII)

Zeitliche Kongruenz

Leitsatz (redaktionell) (Oberverwaltungsgericht für das Land Nordrhein-Westfalen 24. Senat, Urteil vom 27. Juni 1997, Az.: 24 A 4324/95)

Soweit die Ausnahmevorschriften des § 21 Abs. 2 Satz 2 BSHG und des § 84 Abs. 2 und 3 BSHG hinsichtlich des Einkommenseinsatzes auf längere Zeiträume als einen Kalendermonat abstellen, sind sie einer analogen Anwendung nicht zugänglich. Die geregelten Sachverhalte unterscheiden sich vom zur Entscheidung stehenden Fall der Klägerin in wesentlicher Hinsicht. Anders als in § 21 Abs. 2 Satz 2 BSHG und § 84 Abs. 3 BSHG geht es vorliegend nicht lediglich um einmalige Leistungen, sondern um einen grundsätzlich fortlaufenden Bedarf. Anders als in § 84 Abs. 2 BSHG vorausgesetzt hat die Klägerin durch den Eintritt des Bedarfsfalles ihr Einkommen nicht ganz oder teilweise verloren – ihre Renten werden von den Rententrägern während der Zeiten der Hilfe zur Pflege fortgezahlt – und ihr Bedarf ist auch nicht lediglich von kurzer Dauer. Im Übrigen betrifft § 84 Abs. 2 BSHG den Einsatz des Einkommens über der Einkommensgrenze, während es im Falle der Klägerin ganz überwiegend um einen Einsatz des Einkommens unter der Einkommengrenze geht, der in der Vorschrift des § 85 BSHG geregelt ist, die eine dem § 84 Abs. 2 BSHG entsprechende Regelung gerade nicht enthält.

Deckung des Bedarfs mit nur geringfügigen Mitteln (§ 88 Abs. 1 Nr. 2 SGB XII)

Leitsatz (BVerwG 5. Senat, Urteil vom 5. November 1969, Az.: V C 43.69)

1. Kosten des Hilfsmittels bei der Eingliederungshilfe sind auch die Kosten zu dessen Unterhaltung (hier: Futtergeld für Blinden-Führhund).

2. Zum Begriff der geringfügigen Mittel, deren Aufbringung von dem Hilfesuchenden selbst verlangt werden kann.

(redaktionell) Wenn § 85 Nr. 2 BSHG von dem Hilfesuchenden für den Fall den Einsatz eines Einkommens unter der Einkommensgrenze verlangt, dass zur Deckung des Bedarfs nur geringfügige Mittel erforderlich sind, so folgt er nach dem Zusammenhang der allgemeinen Überlegung, dass Bagatellfälle nicht zum Gegenstand staatlicher Maßnahmen gemacht werden sollten, was hier bedeuten will, dass der Hilfesuchende mit seinem Begehren zurückzuweisen ist, wenn der zur Beseitigung der Notlage notwendige Aufwand in einem unangemessenen Verhältnis zum Nutzen steht oder der Bedarf nach der allgemeinen Verkehrsanschauung so gering ist, dass er sich einer wirtschaftlichen Betrachtung entzieht.

Häusliche Ersparnis (§ 88 Abs. 1 Nr. 3 Satz 1 SGB XII)

Leitsatz (redaktionell) (BVerwG 5. Senat, Urteil vom 8. Februar 1977, Az.: V C 4.76)

Auf der Grundlage dessen scheitert die Heranziehung zum Kostenbeitrag zu den Aufwendungen für die Unterbringung der S. in einer Familienpflegestelle nicht daran, dass nach dem Wortlaut des von der entsprechenden Anwendung nicht ausgenommenen § 85 Nr. 3 Satz 1 BSHG die Aufbringung der Mittel verlangt werden kann, soweit bei der Hilfe in einer Anstalt, einem Heim oder einer gleichartigen Einrichtung (oder – seit dem 1. April 1974 auch – in einer Einrichtung zur teilstationären Betreuung) Aufwendungen für den häuslichen Lebensunterhalt erspart werden. Es braucht nicht entschieden zu werden, ob diese Aufzählung derart abschließend und ausschließlich ist, dass für den Bereich der Sozialhilfe bei einer dort als Form der Hilfe nicht typischen Unterbringung in einer Familie die Ersparnis von Aufwendungen für den häuslichen Lebensunterhalt von Rechts wegen allgemein vernachlässigt werden muss. Selbst wenn dies zuträfe, so würde dies für den Bereich der Jugendhilfe nicht zu gelten haben; denn § 85 Nr. 3 Satz 1 BSHG ist nicht seinem Wortlaut nach anzuwenden, sondern „entsprechend": geht es also im Rahmen der öffentlichen Jugendhilfe um den Einsatz des Einkommens, dann kommt es darauf an, den dieser Vorschrift zugrunde liegenden Sinn und Zweck eingebettet in die Zielsetzung des Jugendhilferechts sowie ausgerichtet an der Gesamtregelung des Jugendwohlfahrtsgesetzes und den hier typischen Formen der Hilfe fruchtbar zu machen. Auf der Grundlage dessen scheitert die Heranziehung zum Kostenbeitrag zu den Aufwendungen für die Unterbringung der S. in einer Familienpflegestelle nicht daran, dass nach dem Wortlaut des von der entsprechenden Anwendung nicht ausgenommenen § 85 Nr. 3 Satz 1 BSHG die Aufbringung der Mittel verlangt werden kann, soweit bei der Hilfe in einer Anstalt, einem Heim oder einer gleichartigen Einrichtung (oder – seit dem 1. April 1974 auch – in einer Einrichtung zur teilstationären Betreuung) Aufwendungen für den häuslichen Lebensunterhalt erspart werden. Es braucht nicht entschieden zu werden, ob diese Aufzählung derart abschließend und ausschließlich ist, dass für den Bereich der Sozialhilfe bei einer dort als Form der Hilfe nicht typischen Unterbringung in einer Familie die Ersparnis von Aufwendungen für den häuslichen Lebensunterhalt von Rechts wegen allgemein vernachlässigt werden muss. Selbst wenn dies zuträfe, so würde dies für den Bereich der Jugendhilfe nicht zu gelten haben; denn § 85 Nr. 3 Satz 1 BSHG ist nicht seinem Wortlaut nach anzuwenden, sondern „entsprechend": geht es also im Rahmen der öffentlichen Jugendhilfe um den Einsatz des Einkommens, dann kommt es darauf an, den dieser Vorschrift zugrunde liegenden Sinn und Zweck eingebettet in die Zielsetzung des Jugendhilferechts sowie ausgerichtet an der Gesamtregelung des Jugendwohlfahrtsgesetzes und den hier typischen Formen der Hilfe fruchtbar zu machen.

Leitsatz (redaktionell) (BVerwG 5. Senat, Urteil vom 29. September 1971, Az.: V C 115.70)

Denn auf die häuslichen Ersparnisse kann nur dann zurückgegriffen werden, wenn sie dadurch tatsächlich entstehen, dass ein Hilfeempfänger zunächst auch innerhalb der Haushaltsgemeinschaft gelebt hat, bevor ihm anderweitig Hilfe gewährt wird. Für eine bloß fiktive Haushaltsersparnis kommt § 85 Nr. 3 BSHG nicht in Betracht. Dem steht der Grundgedanke des Bundessozialhilfegesetzes entgegen, dass es auf die tatsächlichen Verhältnisse ankommt, und die Erfahrung, dass die Aufrechterhaltung wirtschaftlich angespannter Verhältnisse dieser Art nicht so unerträglich wirkt wie eine nachträgliche Einschränkung.

Einkommenseinsatz bei Dauerpflege (§ 88 Abs. 1 Nr. 3 Satz 2 SGB XII)

Leitsatz (redaktionell) (BVerwG 5. Senat, Urteil vom 25. November 1982, Az.: 5 C 13/82)

Wäre die Beschränkung auf die „Hilfe zur Pflege" gewollt, so müsste dies im Gesetz so zum Ausdruck kommen. Das ist nicht der Fall. Vielmehr ist – worauf der Oberbundesanwalt hinweist – der im Bundessozialhilfegesetz anderweit anzutreffende allgemeine Begriff „Pflege" verwendet. Auch vom Sinn und Zweck der Vorschrift her ist kein einleuchtender und überzeugender Grund dafür zu erkennen, die Anwendung der Vorschrift auf die Fälle der „Hilfe zur Pflege" zu beschränken, also die Empfänger von Krankenhilfe, Eingliederungshilfe und Tuberkulosehilfe ungleich besser zu behandeln.

Leitsatz (redaktionell) (Niedersächsisches Oberverwaltungsgericht 4. Senat, Urteil vom 14. Mai 1986, Az.: 4 A 116/82)

Hilfeempfängern in therapeutischen Wohngemeinschaften sollte bei allen Einkommensarten ein Freibetrag gelassen werden.

---

§ 90 SGB XII   Einzusetzendes Vermögen

(1) Einzusetzen ist das gesamte verwertbare Vermögen.

(2) Die Sozialhilfe darf nicht abhängig gemacht werden vom Einsatz oder von der Verwertung

1. eines Vermögens, das aus öffentlichen Mitteln zum Aufbau oder zur Sicherung einer Lebensgrundlage oder zur Gründung eines Hausstandes erbracht wird,

2. eines Kapitals einschließlich seiner Erträge, das der zusätzlichen Altersvorsorge im Sinne des § 10a oder des Abschnitts XI des Einkommensteuergesetzes dient und dessen Ansammlung staatlich gefördert wurde,

3. eines sonstigen Vermögens, solange es nachweislich zur baldigen Beschaffung oder Erhaltung eines Hausgrundstücks im Sinne der Nummer 8 bestimmt ist, soweit dieses Wohnzwecken behinderter (§ 53 Abs. 1 Satz 1 und § 72) oder pflegebedürftiger Menschen (§ 61) dient oder dienen soll und dieser Zweck durch den Einsatz oder die Verwertung des Vermögens gefährdet würde,

4. eines angemessenen Hausrats; dabei sind die bisherigen Lebensverhältnisse der nachfragenden Person zu berücksichtigen,

5. von Gegenständen, die zur Aufnahme oder Fortsetzung der Berufsausbildung oder der Erwerbstätigkeit unentbehrlich sind,

6. von Familien- und Erbstücken, deren Veräußerung für die nachfragende Person oder ihre Familie eine besondere Härte bedeuten würde,

7. von Gegenständen, die zur Befriedigung geistiger, insbesondere wissenschaftlicher oder künstlerischer Bedürfnisse dienen und deren Besitz nicht Luxus ist,

8. eines angemessenen Hausgrundstücks, das von der nachfragenden Person oder einer anderen in den § 19 Abs. 1 bis 3 genannten Person allein oder zusammen mit Angehörigen ganz oder teilweise bewohnt wird und nach ihrem Tod von ihren Angehörigen bewohnt werden soll. Die Angemessenheit bestimmt sich nach der Zahl der Bewohner, dem Wohnbedarf (zum Beispiel behinderter, blinder oder pflegebedürftiger Menschen), der Grundstücksgröße, der Hausgröße, dem Zuschnitt und der Ausstattung des Wohngebäudes sowie dem Wert des Grundstücks einschließlich des Wohngebäudes,

9. kleinerer Barbeträge oder sonstiger Geldwerte; dabei ist eine besondere Notlage der nachfragenden Person zu berücksichtigen.

(3) Die Sozialhilfe darf ferner nicht vom Einsatz oder von der Verwertung eines Vermögens abhängig gemacht werden, soweit dies für den, der das Vermögen einzusetzen hat, und für seine unterhaltsberechtigten Angehörigen eine Härte bedeuten würde. Dies ist bei der Leistung nach dem Fünften bis Neunten Kapitel insbesondere der Fall, soweit eine angemessene Lebensführung oder die Aufrechterhaltung einer angemessenen Alterssicherung wesentlich erschwert würde.

Die Vorschrift überträgt im Wesentlichen inhaltsgleich den bisherigen § 88 des Bundessozialhilfegesetzes. Die Verordnungsermächtigung des bisherigen § 88 Abs. 4 wurde in Angleichung an die Systematik des Sozialgesetzbuches an das Ende des Kapitels gestellt. Nicht übernommen wurde der bisherige § 88 Abs. 3 Satz 3 des Bundessozialhilfegesetzes, der dadurch obsolet geworden ist, dass mit Inkrafttreten des Neunten Buches die Prüfung der Bedürftigkeit bei einer Beschäftigung in einer Werkstatt für behinderte Menschen entfallen ist.

§ 91 SGB XII   Darlehen

Soweit nach § 90 für den Bedarf der nachfragenden Person Vermögen einzusetzen ist, jedoch der sofortige Verbrauch oder die sofortige Verwertung des Vermögens nicht möglich ist oder für die, die es einzusetzen hat, eine Härte bedeuten würde, soll die Sozialhilfe als Darlehen geleistet werden. Die Leistungserbringung kann davon abhängig gemacht werden, dass der Anspruch auf Rückzahlung dinglich oder in anderer Weise gesichert wird.

Die Vorschrift überträgt inhaltsgleich den bisherigen § 89 des Bundessozialhilfegesetzes.

Aktuelle Rechtsprechung zum Vermögenseinsatz

Begriff „Zuflusstheorie"

Leitsatz (BVerwG, Urteil vom 18. Februar 1999, Az.: 5 C 35/97)

Sozialhilferechtlich ist Einkommen alles das, was jemand in der Bedarfszeit wertmäßig dazu erhält, und Vermögen das, was er in der Bedarfszeit bereits hat. Dabei ist grundsätzlich vom tatsächlichen Zufluss auszugehen, es sei denn, rechtlich wird ein anderer Zufluss als maßgeblich bestimmt (normativer Zufluss) – Aufgabe der sog. Identitätstheorie. Danach ist hier eine Steuerererstattung Einkommen i.S. von § 76 Abs. 1 BSHG.

Angemessenes Hausgrundstück

Leitsatz (VG Köln 18. Kammer, Urteil vom 9. Dezember 1994, Az.: 18 K 458/92)

1. Bei einem Hausgrundstück mit einer Grundstücksgröße von 500 qm und einem Verkehrswert von 379.000,00 DM handelt es sich noch um ein angemessenes Hausgrundstück und damit um Schonvermögen i.S. von BSHG § 88 Abs. 2 Nr. 7 in der seit dem 01.01.1991 geltenden Fassung.

2. Mit der Neufassung des BSHG § 88 Abs. 2 Nr. 7 haben sich durch die Bezugnahme auf die Vorschriften des Zweiten Wohnungsbaugesetzes (WoBauG) und der hierdurch erfolgten Erhöhung der angemessenen Wohnflächen auch die bislang angenommenen Wertgrenzen deutlich nach oben verschoben.

Leitsatz (OVG Lüneburg 12. Senat, Urteil vom 12. Juni 1995, Az.: 12 L 2513/94)

§ 88 Abs. 2 Nr. 7 BSHG ist nicht dahingehend zu verstehen, dass – umfasst der Haushalt weniger als vier zu berücksichtigende Personen – die auf einen Haushalt mit vier Personen zugeschnittene Wohnfläche des § 39 Abs. 1 S 1 Nr. 1 II. WoBauG zugrunde zu legen ist. Vielmehr ist nach dem Grundsatz der Individualisierung nur die Wohnfläche zu berücksichtigen, die für den Bedarf der – jeweiligen – Bewohner angemessen ist.

Aus den Gründen:

„... Die Wohnfläche überschreitet entgegen der Ansicht der Klägerin die in § 88 Abs. 2 Nr. 7 BSHG genannten Grenzen eines angemessen Hausgrundstückes.

Dabei muss nach Auffassung des Senates der Betrachtung die gesamte Wohnfläche des Hauses, also die Wohnfläche der Dach- und der Erdgeschosswohnung, zugrunde gelegt werden. Die von der Rechtsprechung (s. BVerwG, Urt. v. 25.06.1992 – BVerwG – 5 C 19.89 –, BVerwGE 90, 252 (255); Hamburgisches OVG, Urt. v. 13.12.1985 – Bf I 9/85 –, FEVS 35, 229 (240); BayVGH, Urt. v. 06.10.1988 – Nr. 12 B 86.01533 –, ZfSH 1989, 192 = FEVS 38, 275 (279f); OVG für die Länder Niedersachsen und Schleswig-Holstein, Urt. v. 31.01.1991 – 14 L 62/89 – FEVS 41, 453 (456) – jeweils zu § 88 Abs. 2 Nr. 7 BSHG a. F.) zu Miteigentumsanteilen und zur Nutzung das Grundeigentum einschränkenden Dienstbarkeiten entwickelten Grundsätze rechtfertigen es entgegen der im angefochtenen Urteil vertretenen Auffassung nicht, nur die Wohnfläche der Dachgeschosswohnung, nicht aber die Gesamtwohnfläche zu betrachten. Die Berücksichtigung nur der Dachgeschosswohnung nach den soeben genannten Grundsätzen setzt nämlich voraus, dass das Nutzungsrechts des Hilfesuchenden rechtlich auf die von ihm genutzte Wohnung beschränkt werden kann. Beziehen sich aber das dem Hilfesuchenden (nach Sachenrecht) zustehende Recht ebenso wie das (dinglich gesicherte) Nutzungsrecht des Dritten auf das Gesamtobjekt, ohne dass der Miteigentumsanteil des Hilfesuchenden oder die Nutzungsrechte des Hilfesuchenden in Bezug auf eine konkrete Wohnung (unter Ausschluss des Rechts des Dritten) einer bestimmten Wohnung zugeordnet werden können, so ist für die Berücksichtigung der Wohnfläche – aber auch, wie an dieser Stelle bereits hervorzuheben ist, für die Größe des Hausgrundstückes und des Grundstückswertes (Verkehrswertes) – auf das Gesamtobjekt abzustellen (vgl. BVerwG, Urt. v. 25.06.1992, aaO, S. 254 f.; Hamburgisches OVG, aaO). Da sich hier aber sowohl das der Klägerin zustehende Erbbaurecht als auch das Nießbrauchrecht des Vaters auf das Gesamtobjekt beziehen, eine Differenzierung nach Wohnungen gerade nicht möglich ist, ergibt sich hieraus, dass für die Beurteilung der Angemessenheit im Sinn des § 88 Abs. 2 Nr.7 BSHG von der Gesamtfläche des Hauses, also von rd. 141 qm (Erdgeschosswohnung: 79 qm + Dachgeschosswohnung: 62,02 qm – nach den Bauunterlagen) auszugehen ist. Die Gesamtfläche von 141 qm ist zu dem sich aus § 88 Abs. 2 Nr. 7 Satz 3 BSHG i.V.m. § 39 des Zweiten Wohnungsbaugesetzes (II. WoBauG) ergebenden Werten in Beziehung zu setzen. Dabei ist hier für die Wohnungsgröße nach § 39 Abs. 1 Nr. 1 Satz 1 II. WoBauG eine Wohnfläche von allenfalls 110 qm zugrunde zu legen, die sich auf einen Dreipersonenhaushalt bezieht. Allerdings sind in § 39 Abs. 1 Satz 1 Nr. Nr. 1 II. WoBauG 130 qm genannt (Grenzwert). Dieser Wert, der sich auf einen Vierpersonenhaushalt bezieht (vgl. § 82 II. WoBauG), muss aber nach dem bei Anwendung des § 88 Abs. 2 Nr. 7 BSHG zu beachtenden Grundsatz (vgl. § 3 Abs. 1 BSHG) der Individualisierung (siehe dazu BVerwG, Urt. v. 17.10.1974 – BVerwG V C 50.73 –, BVerwGE 47, 103 (107 f.)) entsprechend vermindert werden, wenn die Wohnfläche von weniger als vier Personen genutzt wird (siehe auch: Klinger, NDV 1992, 123 (125); a.A. Brühl, in: Lehr- und Praxiskommentar zum BSHG, 4. Aufl. 1994 RdNr. 37 zu § 88 und wohl auch Wendt, NDV 1991, 93 (95)). Steht die Wohnfläche weniger als vier Personen zur Verfügung, so ist daher die Bezugsgröße von 130 qm (§ 39 Abs. 1 Satz 1 Nr. 1 II. WoBauG) in der Regel je Person um 20 qm (vgl. § 82 Abs. 3 Satz 1 II. WoBauG) zu vermindern (ebenso Klinger, a.a.O.); wenn auch die Neufassung des § 88 Abs. 2 Nr. 7 BSHG (6. Änderungsgesetz zum Bundessozialhilfegesetz, BGBl. I S. 2644) durch die Verweisung auf die §§ 39, 82, II. WoBauG den Umfang des geschützten Vermögens (Hausgrundstücks) erweitert hat (so BVerwG, Urt. v. 01.10.1992 – 5 C 28.89 –, NDV 1993, 236 (238)), erzwingt doch der Grundsatz der Individualisierung (vgl. § 3 Abs. 1

BSHG) eine Berücksichtigung nur des Wohnbedarfs der in dem Wohnhaus lebenden Personen (§ 88 Abs. 2 Nr. 7 Satz 1 BSHG)." ...

Leitsatz (redaktionell) (BVerwG 5. Senat, Urteil vom 19. Dezember 1997, Az.: 5 C 7/96)

Es stellt keine besondere Härte im Sinne der Regelung des § 88 Abs. 3 BSHG dar, wenn der Versicherungsnehmer, welcher Sozialhilfe beantragt hat, die Hälfte der erbrachten Eigenleistungen verliert, weil er die Lebensversicherung veräußern muss.

---

§ 92 SGB XII   Anrechnung bei behinderten Menschen

(1) Erfordert die Behinderung Leistungen für eine stationäre Einrichtung, für eine Tageseinrichtung für behinderte Menschen oder für ärztliche oder ärztlich verordnete Maßnahmen, sind die Leistungen hierfür auch dann in vollem Umfang zu erbringen, wenn den in § 19 Abs. 3 genannten Personen die Aufbringung der Mittel zu einem Teil zuzumuten ist. In Höhe dieses Teils haben sie zu den Kosten der erbrachten Leistungen beizutragen; mehrere Verpflichtete haften als Gesamtschuldner.

(2) Den in § 19 Abs. 3 genannten Personen ist die Aufbringung der Mittel nur für die Kosten des Lebensunterhalts zuzumuten
1. bei heilpädagogischen Maßnahmen für Kinder, die noch nicht eingeschult sind,
2. bei der Hilfe zu einer angemessenen Schulbildung einschließlich der Vorbereitung hierzu,
3. bei der Hilfe, die dem behinderten noch nicht eingeschulten Menschen die für ihn erreichbare Teilnahme am Leben in der Gemeinschaft ermöglichen soll,
4. bei der Hilfe zur schulischen Ausbildung für einen angemessenen Beruf oder zur Ausbildung für eine sonstige angemessene Tätigkeit, wenn die hierzu erforderlichen Leistungen in besonderen Einrichtungen für behinderte Menschen erbracht werden,
5. bei Leistungen zur medizinischen Rehabilitation (§ 26 des Neunten Buches),
6. bei Leistungen zur Teilhabe am Arbeitsleben (§ 33 des Neunten Buches),
7. bei Leistungen in anerkannten Werkstätten für behinderte Menschen nach § 41 des Neunten Buches und in vergleichbaren sonstigen Beschäftigungsstätten (§ 56),
8. bei Hilfen zum Erwerb praktischer Kenntnisse und Fähigkeiten, die erforderlich und geeignet sind, behinderten Menschen die für sie erreichbare Teilhabe am Arbeitsleben zu ermöglichen, soweit diese Hilfen in besonderen teilstationären Einrichtungen für behinderte Menschen erbracht werden.

Die in Satz 1 genannten Leistungen sind ohne Berücksichtigung von vorhandenem Vermögen zu erbringen. Die Kosten des in einer Einrichtung erbrachten Lebensunterhalts sind in den Fällen der Nummern 1 bis 6 nur in Höhe der für den häuslichen Lebensunterhalt ersparten Aufwendungen anzusetzen; dies gilt nicht für den Zeitraum, in dem gleichzeitig mit den Leistungen nach Satz 1 in der Einrichtung durchgeführte andere Leistungen überwiegen. Die Aufbringung der Mittel nach Satz 1 Nr. 7 und 8 ist aus dem Einkommen nicht zumutbar, wenn das Einkommen des behinderten Menschen insgesamt einen Betrag in Höhe des zweifachen Eckregelsatzes nicht übersteigt. **Die zuständigen Landesbehörden können Näheres über die Bemessung der für den häuslichen Lebensbedarf ersparten Aufwendungen und des Kostenbeitrags für das Mittagessen bestimmen.** Zum Ersatz der Kosten nach den §§ 103 und 104 ist insbesondere verpflichtet, wer sich in den Fällen der Nummern 5 und 6 vorsätzlich oder grob fahrlässig nicht oder nicht ausreichend versichert hat.

(3) Hat ein anderer als ein nach bürgerlichem Recht Unterhaltspflichtiger nach sonstigen Vorschriften Leistungen für denselben Zweck zu erbringen, dem die in Absatz 2 genannten Leistungen dienen, wird seine Verpflichtung durch Absatz 2 nicht berührt. Soweit er solche Leistungen erbringt, kann abweichend von Absatz 2 von den in § 19 Abs. 3 genannten Personen die Aufbringung der Mittel verlangt werden.

Die Vorschrift überträgt inhaltsgleich den bisherigen § 43 des Bundessozialhilfegesetzes. Mit der Einfügung eines neuen Satzes 2 in Absatz 2 wird klargestellt, dass die in Satz 1 genannten Leistungen ohne Rücksicht auf vorhandenes Vermögen zu gewähren sind. Den in § 19 genannten Personen wird die Aufbringung der Mittel nur für die Kosten des Lebensunterhalts zugemutet; Absatz 2 enthält hierfür nähere Regelungen. Der bisherige Absatz 2 Satz 5 wird gestrichen, da die in Absatz 2 Satz 1 genannten Leistungen nach Änderungen im Rahmen des Neunten Buches altersunabhängig gewährt werden.

Die Rechtsprechung zur eingeschränkten Anrechnung

Leitsatz (VG Stuttgart 8. Kammer, Urteil vom 2. Dezember 2004, Az.: 8 K 1300/04)

Die Kostenbeteiligung des Behinderten für das Mittagessen beim Besuch einer Einrichtung nach § 43 Abs. 2 S 1 Nr. 7 BSHG setzt neben der Wahrung der Einkommensuntergrenze des § 43 Abs. 2 S 3 BSHG voraus, dass der Eigenanteil auf den tatsächlich gewährten Lebensunterhalt beschränkt ist. Bei der Bemessung des Kostenbeitrags hat der zuständige Sozialhilfeträger jedenfalls auch in den Blick zu nehmen, welcher reale Kostenaufwand in den Werkstätten für Behinderte, die zu seinem Zuständigkeitsbereich gehören, mit der Zubereitung und Bereitstellung der Mahlzeit verbunden ist.

Leitsatz (redaktionell) (Niedersächsisches Oberverwaltungsgericht 4. Senat, Beschluss vom 28. April 2004, Az.: 4 LA 595/02)

Der Gewährung von Schmerzens- oder Erziehungsgeld liegt eine besondere Zweckbestimmung zugrunde. Diese fehlt bei Barbeträgen, die sich der Hilfeempfänger aus Leistungen der Sozialhilfe angespart hat. Die Anrechnung als Vermögen bedeutet keine Härte i.S.d. § 88 Abs. 3 BSHG.

Leitsatz (redaktionell) (OVG Lüneburg 4. Senat,
Urteil vom 17. Oktober 2001, Az.: 4 L 3963/00)

Da es auch nicht ersichtlich ist, dass der Kläger einen Dritten überwiegend
unterhält, liegen die Voraussetzungen des § 85 Abs. 1 Nr. 3 Satz 2 BSHG
vor, so dass nach dieser Vorschrift eine Heranziehung des Hilfeempfängers
in angemessenem Umfang erfolgen soll. Der Begriff „in angemessenem Umfang" ist ein unbestimmter Rechtsbegriff, der der Behörde keinen Beurtei-
lungsspielraum einräumt, vielmehr der uneingeschränkten verwaltungsgerichtlichen Überprüfung unterliegt (st. Rspr. d. BVerwG, vgl. BVerwG, Beschl.
v. 7. April 1995 – 5 B 36.94 – DVBl. 1995, S. 699-701 = FEVS 46, S. 8-12 =
NDV-RD 1996, S. 37 ff.; st. Rspr. d. Sen., vgl. zuletzt Urteile v. 14. März 2001
– 4 L 3632/00 –, – 4 L 3636/00 –, 4 L 3637/00). Da der vom Gesetzgeber gewählte Wortlaut „in angemessenem Umfang" keine eindeutige Auslegung zulässt, ist entscheidend auf den Regelungszusammenhang und – hieran anknüpfend – auf den Zweck der Regelung abzustellen.

Leitsatz (redaktionell) (Oberverwaltungsgericht für das Land Nordrhein-
Westfalen 16. Senat, Urteil vom 15. Juni 2000, Az.: 16 A 2975/98)

Ergeben besondere Umstände im Einzelfall nämlich, dass die Eltern die Kosten nicht nur vorschießen, sondern den Bedarf ohne Rücksicht auf das Verhalten des Sozialamtes endgültig decken wollten, steht der Gesichtspunkt der
Bedarfsdeckung der Geltendmachung eines Anspruchs auch in den Fällen
der Eingliederungshilfe für schulpflichtige Kinder anspruchsausschließend
entgegen.

Leitsatz (redaktionell) (Oberverwaltungsgericht für das Land Nordrhein-
Westfalen 8. Senat, Urteil vom 27. November 1997, Az.: 8 A 4279/95)

Durch eine Heranziehung zu einem Kostenbeitrag als Teilschuldner anstatt
einer gesetzlich möglichen Heranziehung als Gesamtschuldner werden die
Eltern nicht in ihren Rechten verletzt.

§ 93 SGB XII   Übergang von Ansprüchen

**(1) Hat eine leistungsberechtigte Person oder haben bei Gewährung von Hilfen nach
dem Fünften bis Neunten Kapitel auch ihre Eltern, ihr nicht getrennt lebender Ehegatte oder ihr Lebenspartner für die Zeit, für die Leistungen erbracht werden, einen
Anspruch gegen einen anderen, der kein Leistungsträger im Sinne des § 12 des Ersten Buches ist, kann der Träger der Sozialhilfe durch schriftliche Anzeige an den anderen bewirken, dass dieser Anspruch bis zur Höhe seiner Aufwendungen auf ihn
übergeht. Er kann den Übergang dieses Anspruchs auch wegen seiner Aufwendun-**

gen für diejenige Hilfe zum Lebensunterhalt bewirken, die er gleichzeitig mit den Leistungen für die in Satz 1 genannte leistungsberechtigte Person, deren nicht getrennt lebenden Ehegatten oder Lebenspartner und deren minderjährigen unverheirateten Kindern erbringt. Der Übergang des Anspruchs darf nur insoweit bewirkt werden, als bei rechtzeitiger Leistung des anderen entweder die Leistung nicht erbracht worden wäre oder in den Fällen des § 19 Abs. 5 und des § 92 Abs. 1 Aufwendungsersatz oder ein Kostenbeitrag zu leisten wäre. Der Übergang ist nicht dadurch ausgeschlossen, dass der Anspruch nicht übertragen, verpfändet oder gepfändet werden kann.

(2) Die schriftliche Anzeige bewirkt den Übergang des Anspruchs für die Zeit, für die der leistungsberechtigten Person die Leistung ohne Unterbrechung erbracht wird. Als Unterbrechung gilt ein Zeitraum von mehr als zwei Monaten.

(3) Widerspruch und Anfechtungsklage gegen den Verwaltungsakt, der den Übergang des Anspruchs bewirkt, haben keine aufschiebende Wirkung.

(4) Die §§ 115 und 116 des Zehnten Buches gehen der Regelung des Absatzes 1 vor.

Die Vorschrift überträgt im Wesentlichen inhaltsgleich den bisherigen § 90 des Bundessozialhilfegesetzes. Durch die Aufnahme des Lebenspartners im Sinne des Lebenspartnerschaftsgesetzes in Absatz 1 Satz 1 wird sichergestellt, dass gegen Dritte bestehende Ansprüche eines Lebenspartners, der von der leistungsberechtigten Person nicht getrennt lebt, für die Zeit der Gewährung von Hilfe nach dem Vierten bis Achten Kapitel wie Ansprüche der leistungsberechtigten Person, ihrer Eltern oder ihres Ehegatten auf den Träger der Sozialhilfe bis zur Höhe seiner Aufwendungen nach vorheriger Anzeige übergehen. Die Aufnahme des Lebenspartners im Sinne des Lebenspartnerschaftsgesetzes in Absatz 1 Satz 2 ist eine Folgeänderung zur Änderung in Satz 1. Der Anspruchsübergang erstreckt sich wie bei den Ansprüchen eines nicht getrennt lebenden Ehegatten auch bei Ansprüchen des Lebenspartners gegen Dritte auf Aufwendungen des Trägers der Sozialhilfe, die dieser für die gleichzeitig mit der Hilfe nach § 88 Abs. 1 erbrachte Hilfe zum Lebensunterhalt der leistungsberechtigten Person, ihres Ehegatten oder ihres Lebenspartners hat.

§ 94 SGB XII Übergang von Ansprüchen gegen einen nach bürgerlichem Recht Unterhaltspflichtigen

(1) Hat die leistungsberechtigte Person für die Zeit, für die Leistungen erbracht werden, nach bürgerlichem Recht einen Unterhaltsanspruch, geht dieser bis zur Höhe der geleisteten Aufwendungen zusammen mit dem unterhaltsrechtlichen Auskunftsanspruch auf den Träger der Sozialhilfe über. Der Übergang des Anspruchs ist ausgeschlossen, soweit der Unterhaltsanspruch durch laufende Zahlung erfüllt wird. Der Übergang des Anspruchs ist auch ausgeschlossen, wenn die unterhaltspflichtige Person zum Personenkreis des § 19 gehört oder die unterhaltspflichtige Person mit der leistungsberechtigten Person vom zweiten Grad an verwandt ist; der Übergang des Anspruchs des Leistungsberechtigten nach dem Vierten Kapitel gegenüber Eltern und Kindern ist ausgeschlossen. Gleiches gilt für Unterhaltsansprüche gegen Verwandte ersten Grades einer Person, die schwanger ist oder ihr leibliches Kind bis zur Vollendung seines sechsten Lebensjahres betreut. § 93 Abs. 4 gilt entsprechend. Für Leistungsempfänger nach dem Dritten Kapitel gilt für den Übergang des Anspruchs § 105 Abs. 2 entsprechend.

(2) Der Anspruch einer volljährigen unterhaltsberechtigten Person, die behindert im Sinne von § 53 oder pflegebedürftig im Sinne von § 61 ist, gegenüber ihren Eltern wegen Leistungen nach dem Sechsten und Siebten Kapitel geht nur in Höhe von bis zu 26,00 Euro, wegen Leistungen nach dem Dritten Kapitel nur in Höhe von bis zu 20,00 Euro monatlich über. Es wird vermutet, dass der Anspruch in Höhe der genannten Beträge übergeht und mehrere Unterhaltspflichtige zu gleichen Teilen haften; die Vermutung kann widerlegt werden. Die in Satz 1 genannten Beträge verändern sich zum gleichen Zeitpunkt und um denselben Vomhundertsatz, um den sich das Kindergeld verändert.

(3) Ansprüche nach Absatz 1 und 2 gehen nicht über, soweit

1. die unterhaltspflichtige Person Leistungsberechtigte nach dem Dritten Kapitel ist oder bei Erfüllung des Anspruchs würde oder

2. der Übergang des Anspruchs eine unbillige Härte bedeuten würde.

Der Träger der Sozialhilfe hat die Einschränkung des Übergangs nach Satz 1 zu berücksichtigen, wenn er von ihren Voraussetzungen durch vorgelegte Nachweise oder auf andere Weise Kenntnis hat.

(4) Für die Vergangenheit kann der Träger der Sozialhilfe den übergegangenen Unterhalt außer unter den Voraussetzungen des bürgerlichen Rechts nur von der Zeit an fordern, zu welcher er dem Unterhaltspflichtigen die Erbringung der Leistung schriftlich mitgeteilt hat. Wenn die Leistung voraussichtlich auf längere Zeit erbracht werden muss, kann der Träger der Sozialhilfe bis zur Höhe der bisherigen monatlichen Aufwendungen auch auf künftige Leistungen klagen.

(5) Der Träger der Sozialhilfe kann den auf ihn übergegangenen Unterhaltsanspruch im Einvernehmen mit der leistungsberechtigten Person auf diesen zur gerichtlichen Geltendmachung rückübertragen und sich den geltend gemachten Unterhaltsanspruch abtreten lassen. Kosten, mit denen die leistungsberechtigte Person dadurch selbst belastet wird, sind zu übernehmen. Über die Ansprüche nach den Absätzen 1 bis 4 ist im Zivilrechtsweg zu entscheiden.

Die Absätze 1, 4 und 5 übertragen inhaltsgleich die bisherigen Regelungen des § 91 Abs. 1, 4 und 5 des Bundessozialhilfegesetzes.

Absatz 2 enthält nur noch die Sonderregelungen für Unterhaltspflichtige von behinderten und pflegebedürftigen Menschen.

Die Neuregelung wurde dadurch notwendig, dass die Leistungen für den Lebensunterhalt nach Wegfall des bisherigen § 27 Abs. 3 des Bundessozialhilfegesetzes nicht mehr als Leistungen der Eingliederungshilfe für behinderte Menschen und der Hilfe zur Pflege gelten, sondern Leistungen der Hilfe zum Lebensunterhalt sind. Neben der bisher schon geltenden Pauschale von 26,00 Euro wird nunmehr der Unterhaltsübergang bei Leistungen der Hilfe zum Lebensunterhalt an Volljährige mit 20,00 Euro pauschaliert. Wenn beide Pauschalen zusammentreffen, wird mit insgesamt 46,00 Euro monatlich ein Unterhalt verlangt, der weniger als ein Drittel des Kindergeldes ausmacht. Hauptziel der Neuregelung ist die damit erreichte Gleichbehandlung bei ambulanter und stationärer Unterbringung, d.h. der Wegfall der Schlechterstellung der Unterhaltspflichtigen von ambulant lebenden behinderten oder pflegebedürftigen Menschen.

Durch Absatz 3 entfallen im Hinblick auf alle Unterhaltspflichtigen die bisherigen Doppelberechnungen. Neben den Fällen unbilliger Härte soll dann ein Ausschluss vom Unterhaltsübergang erfolgen, wenn eine Leistungsberechtigung nach dem Dritten Kapitel gegeben ist oder durch Heranziehung zu Unterhalt eintreten würde. Sofern der zuständige Träger der Sozialhilfe selbst keine eigene Kenntnis von solchen Umständen hat, muss die betroffene unterhaltspflichtige Person oder die leistungsberechtigte Person den Träger der Sozialhilfe in Kenntnis setzen. Dieses vereinfachte Verfahren entlastet die Unterhaltspflichtigen und den Träger der Sozialhilfe gleichermaßen und stellt eine deutliche Verwaltungsvereinfachung dar.

§ 95 SGB XII   Feststellung der Sozialleistungen

Der erstattungsberechtigte Träger der Sozialhilfe kann die Feststellung einer Sozialleistung betreiben sowie Rechtsmittel einlegen. Der Ablauf der Fristen, die ohne sein Verschulden verstrichen sind, wirkt nicht gegen ihn. Satz 2 gilt nicht für die Verfahrensfristen, soweit der Träger der Sozialhilfe das Verfahren selbst betreibt.

Die Vorschrift überträgt inhaltsgleich den bisherigen § 9a des Bundessozialhilfegesetzes.

Die Rechtsprechung zur Verpflichtung anderer (§§ 93 bis 95 SGB II)

Nach § 2 Abs. 2 Satz 1 SGB XII bleibt im Falle der Sozialhilfeleistung durch den Sozialhilfeträger eine anderweitig bestehende Verpflichtung von Sozialleistungsträgern, Unterhaltsverpflichteten oder anderen bestehen. Dann muss wegen der Sozialhilfeleistung der finanzielle Ausgleich zugunsten des Sozialhilfeträgers wiederhergestellt werden.

Hierzu dienen Erstattungsansprüche gegenüber anderen Sozialleistungsträgern (§§ 102 ff. SGB X), gesetzlicher Übergang von Ansprüchen gegenüber Schadensersatzpflichtigen (§§ 115 ff. SGB X) und die im SGB XII verankerten Instrumentarien des gesetzlichen Forderungsüberganges von Unterhaltsansprüchen (§ 94 SGB XII) und der Möglichkeit der Überleitung von Ansprüchen gegen andere Dritte (§ 93 SGB XII). Zu den beiden letztgenannten Instrumenten soll nachstehend die Rechtsprechung aufgezeigt werden.

Die Überleitung von Ansprüchen

Allgemein

Leitsatz (Verwaltungsgerichtshof Baden-Württemberg 6. Senat, Urteil vom 2. Februar 1983, Az: 6 S 2216/82)

Wegen laufender Leistungen der Sozialhilfe kann auch ein Anspruch auf eine einmalige Leistung übergeleitet werden, wenn der Hilfeempfänger im jeweiligen Zeitpunkt der Hilfegewährung berechtigt ist, den Anspruch gegen den Dritten geltend zu machen.

Leitsatz (BVerwG 5. Senat, Urteil vom 17. Mai 1973, Az.: V C 108.72)

Zu den förmlichen und sachlichen Voraussetzungen für die Überleitung von bürgerlich-rechtlichen Unterhaltsansprüchen zum Ersatz für geleistete Sozialhilfe.

Aus den Gründen:

„... Der Beigeladene, Sohn des Klägers, hat von dem Beklagten Tuberkulosehilfe nach dem Bundessozialhilfegesetz – BSHG – erhalten. Wegen der entstandenen Kosten leitete der Beklagte die Unterhaltsansprüche des Beigeladenen gegen den Kläger durch Bescheid vom 2. Mai 1968 auf sich über. Mit einer spezifizierten Aufstellung vom 6. August 1969 setzte der Beklagte den vom Kläger demnächst zu leistenden Unterhaltsbeitrag auf 1.333,73 DM fest. ... Der Kläger hat zu Recht sein Klagebegehren auf die Aufhebung der Überleitungsanzeige (mit dem hierzu ergangenen Widerspruchsbescheid) beschränkt. Das Schreiben des Beklagten vom 6. August 1969, in dem die Spezifikation der Kosten der Heilbehandlung erfolgt ist, kann nämlich nicht als ein selbstständiger Verwaltungsakt angesehen werden. Zwar ist in diesem Schreiben davon die Rede, dass der für die Heilbehandlung aufgewendete Betrag als Unterhaltsbeitrag festgesetzt werde. Indessen kann diese Festsetzung rechtlich nur die Bedeutung haben, die sich aus der Überleitung ergebenden Folgen für den bürgerlich-rechtlichen Unterhaltsanspruch gegen den Kläger näher zu umschreiben.

Das bei der Überleitung eingeschlagene Verfahren ist rechtlich nicht zu beanstanden.

Zwar sind im Widerspruchsverfahren gegen die Überleitungsanzeige sozial erfahrene Personen beteiligt worden, obwohl dies nach der Rechtsprechung des Bundesverwaltungsgerichts (siehe zuletzt BVerwGE 34, 219 (224)) nicht erforderlich war. Das ist jedoch unschädlich. § 114 Abs. 2 BSHG verpflichtet lediglich in den dort näher bezeichneten Fällen zur beratenden Beteiligung sozial erfahrener Personen, verbietet indessen deren Beteiligung in anderen Fällen nicht. Ob nach Landesrecht die Beteiligung möglich ist, bedarf keiner Entscheidung. Das bei der Überleitung eingeschlagene Verfahren leidet auch sonst nicht an einem Mangel. Die Überleitungsanzeige ist schriftlich abgefasst, bezeichnet den überzuleitenden Anspruch und – zusammen mit dem Widerspruchsbescheid – die Hilfe, wegen der die Überleitung erfolgt (BVerwGE 34, 219 (225)). Unschädlich ist der unzutreffende Hinweis darauf, dass Unterhaltszahlungen mit befreiender Wirkung nicht mehr an den Hilfeempfänger erfolgen könnten. Das Bundesverwaltungsgericht hat schon wiederholt darauf hingewiesen, dass durch die Überleitungsanzeige nicht das Recht des Unterhaltspflichtigen berührt wird, den Unterhalt künftig an den Unterhaltsberechtigten zu bewirken (zuletzt das vorerwähnte Urteil). Die Überleitungsanzeige lässt nämlich das Stammrecht auf Unterhalt unberührt und führt erst dann zum Übergang des übergeleiteten Anspruchs, wenn tatsächlich Hilfe gewährt worden ist (§ 90 Abs. 2 BSHG). Unzutreffend ist die Auffassung, der überzuleitende Anspruch müsse zahlenmäßig bestimmt sein. Das Interesse des Schuldners des überzuleitenden Anspruchs spricht zwar dafür, den Anspruch zu beziffern. Indessen hat das Gesetz das Interesse des Schuldners an der Klarstellung seiner Verbindlichkeiten für die Bestimmung der bei der Überleitung einzuhaltenden Förmlichkeiten nicht maßgebend sein lassen. Die

Frage nach den bei der Überleitungsanzeige einzuhaltenden Förmlichkeiten kann nicht in Verbindung gebracht werden mit der nach § 91 Abs. 2 BSHG möglichen Wahrungsanzeige. Diese Möglichkeit, den Schuldner gleichsam vorzuwarnen und später mit einer spezifizierten Überleitungsanzeige an ihn heranzutreten, ist lediglich für die Überleitung von Unterhaltsansprüchen vorgesehen. Die Förmlichkeiten der Überleitungsanzeige müssen aber für alle Fälle dieselben sein, also auch für die Überleitung von Ansprüchen, die nicht auf die Leistung von Unterhalt gerichtet sind.

Das Gesetz lässt die Überleitung für den Fall der Hilfeleistung zu (§ 90 Abs. 1 BSHG). Wirkung der Überleitung ist der Übergang des Anspruchs für die Zeit, für die dem Hilfeempfänger Hilfe geleistet worden ist (§ 90 Abs. 2 BSHG). Hängt aber der Übergang des Anspruchs nicht allein von der Überleitungsanzeige, sondern daneben von der tatsächlichen, im Zeitpunkt der Herausgabe der Überleitungsanzeige nicht notwendig bestimmbaren Hilfeleistung ab, so muss nach dem System der gesetzlichen Regelung davon ausgegangen werden, dass die Überleitungsanzeige selbst den Umfang der geleisteten Hilfe nicht notwendigerweise beziffern muss.

Die Überleitungsanzeige leidet im vorliegenden Falle auch nicht daran, dass sie keine Erwägungen darüber enthält, ob die Inanspruchnahme des Klägers eine Härte im Sinne des § 91 Abs. 3 BSHG bedeutet (BVerwGE 34, 260 (262)).

Die Überleitung ist auch in sachlich-rechtlicher Beziehung nicht zu beanstanden, soweit es sich nicht um die Kosten der Heilbehandlung für das IV. Quartal 1967 handelt. Der rechtliche Bestand der Überleitung hängt im Allgemeinen nicht davon ab, ob die Hilfe zu Recht gewährt worden ist, dies jedenfalls dann nicht, wenn – wie hier – die Hilfe als Sozialhilfe gewährt worden ist. Das Bundesverwaltungsgericht hat zwar in seiner in BVerwGE 29, 229 (233 f.) veröffentlichten Entscheidung auf Bedenken hingewiesen, die sich ergeben könnten, wäre die Überleitung auch dann rechtens, wenn die Hilfe zu Unrecht geleistet worden ist. Indessen kam es nach Lage der Dinge auf die Beantwortung der aufgeworfenen Frage nicht an. Anders im vorliegenden Falle: Hilfe ist hier teilweise zu Unrecht gewährt worden. Das gilt zumindest für die Übernahme der Kosten, die die Studenten-Krankenversorgung zunächst beglichen hatte. Das Bundesverwaltungsgericht hat schon früher entschieden, dass ein Erstattungsanspruch gegen den Träger der Sozialhilfe nicht entsteht, wenn ein Versicherungsträger in der irrtümlichen Annahme seiner Leistungspflicht (vor-)geleistet hat (BVerwGE 32, 279). Unter diesen Umständen ist es für die Entscheidung des vorliegenden Rechtsstreits erheblich, ob eine Überleitung auch insoweit zulässig ist, als die Hilfe zu Unrecht geleistet worden ist.

Vorweg sind dabei die Fälle auszuschließen, in denen der Träger der Sozialhilfe die Hilfe, wegen der er übergeleitet hat, nicht als Sozialhilfe erbracht hat. Nichts liegt dafür vor, dass im vorliegenden Falle etwa die Erstattung der Kosten der Studenten-Krankenversorgung oder anderer Kosten in Kenntnis der Tatsache erfolgt wäre, dass es sich nicht um erstattungsfähige Kosten der Sozialhilfe handelt.

Das Bundessozialhilfegesetz macht nach seinem Wortlaut die Überleitung nicht davon abhängig, dass die Hilfe zu Recht geleistet worden ist. Es spricht in § 90 Abs. 1 BSHG von den Aufwendungen des Trägers der Sozialhilfe, in § 90 Abs. 2 BSHG von der dem Hilfeempfänger geleisteten Hilfe.

Das Bundessozialhilfegesetz knüpft mit seiner Regelung über die Überleitung freilich nicht an eine feststehende Auffassung in Rechtsprechung und Schrifttum an. Unter der Geltung der Verordnung über die Fürsorgepflicht war umstritten, ob die Überlei-

tung voraussetze, dass Hilfe zu Recht geleistet worden ist (dafür z.B. Anita Rosenberg, Die Ersatzansprüche der Fürsorgeverbände gegen den Unterstützten und Dritte, Berlin 1932, S. 13, und Baath-Kneip-Langlotz, Fürsorgepflicht, 13. Aufl., Berlin 1942, Anm. 1 zu § 21a der Verordnung über die Fürsorgepflicht; dagegen: W. Kraegeloh, Handbuch des fürsorgerechtlichen Erstattungsrechts, Staßfurt 1933, S. 92 f., mit Rechtsprechungsnachweisen).

Infolgedessen ist der dem Wortlaut des Gesetzes entnommene Inhalt an dem Sinn der Regelung zu messen; denn es ist zuzugeben, dass der Wortlaut des Gesetzes allein auch eine Auslegung dahin gestatten würde, dass es für die Rechtmäßigkeit der Überleitung – u.a. – auf die Rechtmäßigkeit der gewährten Hilfe ankommt.

Der Sinn der Überleitung liegt in der Wiederherstellung des vom Gesetz gewollten Nachrangverhältnisses zwischen den Leistungen der Sozialhilfe und den Leistungen Drittverpflichteter. Das Bedürfnis nach Wiederherstellung des Nachrangverhältnisses besteht aber schon dann, wenn die Hilfe als Sozialhilfe geleistet worden ist, unabhängig davon, ob zu Recht oder zu Unrecht. Hierdurch werden auch die Belange des Drittverpflichteten nicht in unzulässiger Weise verkürzt.

Durch den mit der Überleitung einhergehenden Gläubigerwechsel als solchen werden schutzwerte Belange des Drittverpflichteten nicht berührt. Soweit das Bundessozialhilfegesetz dem Drittverpflichteten einen besonderen Schutz angedeihen lässt, bleibt dieser auch dann erhalten, wenn die Überleitung wegen solcher Hilfeleistungen erfolgt, die zu Unrecht als Sozialhilfe gewährt worden sind. Das gilt sowohl für die Schutzvorschrift des § 90 Abs. 1 Satz 3 als auch des § 91 BSHG.

Letztlich wird auch das Risiko einer unrechtmäßigen Gewährung der Sozialhilfe nicht unzulässigerweise auf den Drittverpflichteten überwälzt. Regelmäßig wird sich der Hilfeempfänger gegenüber dem Sozialhilfeträger nicht auf Vertrauensschutz berufen können, wenn ihm aus demselben Anlass, aus dem ihm Hilfe gewährt worden ist, ein realisierbarer Anspruch gegen einen Dritten zusteht. Im Übrigen erscheint es nicht unbillig, wenn der Drittverpflichtete durch das fehlerhafte Vorgehen des Sozialhilfeträgers keinen Vorteil zieht.

Es kann jedoch nicht übersehen werden, dass die Überleitung von bürgerlich-rechtlichen Unterhaltsansprüchen zu einer Erweiterung bestehender Verpflichtungen führen kann. So erweitert § 91 Abs. 2 BSHG die Verpflichtung zur Leistung von Unterhalt für die Vergangenheit für den Fall, dass die Gewährung der Sozialhilfe unverzüglich mitgeteilt worden ist. Indessen kann aus dieser Tatsache allein nicht geschlossen werden, dass die Überleitung nur dann rechtens ist, wenn die Sozialhilfe zu Recht gewährt worden ist; denn die Verpflichtung, auch für die Vergangenheit Unterhalt zu gewähren, ist Folge, nicht Voraussetzung der Überleitung. Hiernach kommt es im vorliegenden Falle nicht darauf an, ob der Beklagte zu Recht Sozialhilfe geleistet hat. Entscheidungserheblich ist jedoch die Frage, ob die sozialhilferechtlichen Voraussetzungen für die Überleitung gegenüber dem Kläger vorliegen.

Wie das Bundesverwaltungsgericht schon früher entschieden hat, kommt es für die Rechtmäßigkeit der Überleitung nicht auf das Bestehen der übergeleiteten Forderung an (BVerwGE 34, 219 (220 f.)). Ob etwas anderes zu gelten hat, wenn der übergeleitete Anspruch offensichtlich nicht besteht, kann auch im vorliegenden Falle auf sich beruhen. Das Berufungsgericht weist zutreffend darauf hin, dass gegen den Verzicht des Beigeladenen auf Unterhalt Bedenken bestehen und deshalb der übergeleitete Anspruch nicht offensichtlich nicht besteht.

Das Berufungsgericht geht offenbar davon aus, dass § 91 Abs. 1 BSHG der Überleitung nicht im Wege steht. Der Kläger hat insoweit Tatsachen, die zu einer von dem Berufungsurteil abweichenden Beurteilung Veranlassung geben könnten, nicht vorgetragen. Dasselbe gilt im Ergebnis hinsichtlich der Schutzvorschrift des § 90 Abs. 1 Satz 3 BSHG. Etwaige Zuwendungen des Klägers wegen der Erkrankung hätten auch unterhalb der Einkommensgrenze eingesetzt werden müssen (§ 85 Nr. 1 BSHG). Ebensowenig kann sich der Kläger auf das Vorliegen einer der Überleitung entgegenstehenden Härte im Sinne des § 91 Abs. 3 BSHG berufen. Auch insoweit fehlt es an ausreichenden tatsächlichen Anhaltspunkten für das Vorliegen der gesetzlichen Tatbestandsmerkmale.

Nicht eingegangen zu werden braucht auf die Auffassung, die §§ 28 und 29 BSHG enthielten eine den Aufwendungsersatz abschließende und die Überleitung verdrängende Regelung. Da der Beigeladene im Zeitpunkt der Hilfegewährung volljährig war, schied die Zusammenfassung des Klägers mit dem Beigeladenen zu einer Bedarfsgemeinschaft im Sinne des § 28 BSHG und damit die Möglichkeit einer Heranziehung des Klägers im Wege des Kostenersatzes nach § 29 BSHG von vornherein aus. Es ist aber nicht ersichtlich, dass die §§ 28, 29 BSHG die Überleitung auch gegenüber solchen Personen ausschließen sollten, die im Wege des Kostenersatzes nicht in Anspruch genommen werden können. Auf die in BVerwGE 38, 205 (207) angeschnittene Frage des Verhältnisses von Ersatzanspruch und Überleitung braucht deshalb hier nicht eingegangen zu werden.

Der Überleitung steht auch nicht die Tatsache entgegen, dass die Tuberkulosehilfe nicht nur im Interesse des Erkrankten, sondern auch zum Schutze der Öffentlichkeit gewährt wird. Die Vorschriften über die Überleitung sind dazu bestimmt, das vom Gesetz gewollte Nachrangverhältnis wiederherzustellen. Die Überleitung wegen der Gewährung von Leistungen der Tuberkulosehilfe könnte unter diesen Umständen nur dann ausgeschlossen sein, wenn die Nachrangvorschriften im Rahmen der Tuberkulosehilfe nicht gelten würden. Das ist aber nicht der Fall. Der Gesetzgeber hat sich auch im Rahmen der Tuberkulosehilfe mit der Frage des Nachrangs beschäftigt, indessen lediglich die Anwendung des § 2 Abs. 2 Satz 2 BSHG ausgeschlossen (§ 48 Abs. 3 BSHG). Schon hieraus folgt, dass es im Übrigen bei dem gesetzlich geordneten Nachrang bleiben soll, und mithin auch bei der Überleitung. Nicht gegen, sondern für die hier vertretene Auffassung spricht die Tatsache, dass nach § 92c BSHG – ausnahmsweise – die Ersatzpflicht des Erben im Falle der Tuberkulosehilfe eingeschränkt ist. Dass im Übrigen Fehler allgemeiner sozialhilferechtlicher Art unterlaufen wären, ist nicht erkennbar.

Die Überleitung leidet jedoch insoweit an einem Mangel, als es sich um die Kosten der Heilbehandlung für das IV. Quartal 1967 handelt. Der Beklagte hat insoweit einen Behandlungsschein durch sein Gesundheitsamt – als Örtl. Träger der Sozialhilfe – am 29. Dezember 1967 ausgeben lassen. Damit hatte er dem Beigeladenen Tuberkulosehilfe gewährt und könnte dieserhalb im Wege der Überleitung nur dann Ersatz erlangen, wenn er die Behandlung dem Kläger unverzüglich mitgeteilt hätte (§ 91 Abs. 2 BSHG). Das ist nicht geschehen. Das Bundesverwaltungsgericht hat in seinem in BVerwGE 29, 229 (232) veröffentlichten Urteil näher ausgeführt, dass eine Mitteilung nur dann unverzüglich herausgegeben ist, wenn der Träger der Sozialhilfe ohne schuldhaftes Zögern etwaige Unterhaltspflichtige ermittelt. Der Beklagte hat aber nach dem unbestrittenen Akteninhalt erst im April 1968 damit begonnen, Fragen nach etwaigen Unterhaltspflichtigen zu stellen. Dagegen können die sonstigen Kosten als durch die Überleitung erfasst angesehen werden. Zwar finden sich in den

Akten des Beklagten noch weitere Vorgänge aus der Zeit vor April 1968. Indessen kann nach der Reihenfolge der Abheftung davon ausgegangen werden, dass diese Kosten dem Beklagten nicht vor April 1968 bekannt geworden sind. Soweit es sich um den Behandlungsschein vom 29. März 1968 handelt, kann die Überleitung (noch) als unverzüglich bewirkt angesehen werden.

Hiernach kann die Klage gegen die Überleitung, soweit sie nicht die Behandlungskosten für das IV. Quartal 1967 betrifft, keinen Erfolg haben. Mit dieser Maßgabe ist die Revision zurückzuweisen."

Leitsatz (BVerwG 5. Senat, Urteil vom 26. November 1969, Az.: V C 54.69)

Zur Überleitung von bürgerlich-rechtlichen Ansprüchen im Rahmen der Sozialhilfe und zum Umfang der dabei anzustellenden Prüfung.

(redaktionell) Auch die geschichtliche Entwicklung bestätigt, dass die Überleitung nicht zu einer Veränderung im Wesen des übergeleiteten Anspruchs führt und dem Träger der Sozialhilfe nicht die Verpflichtung überbürdet ist, sogleich bei der Überleitung dem Hilfesuchenden gegenüber Bestehen und Umfang des übergeleiteten Anspruchs zu prüfen.

Leitsatz (BVerwG 5. Senat, Urteil vom 19. Juni 1984, Az.: 5 C 8/81)

1. Bei der Überleitung nach BVG aF § 27e ist das Merkmal „Ansprüche auf entsprechende Leistungen" erfüllt, wenn der Anspruchsberechtigte diese Leistungen bei rechtzeitiger Gewährung für den Bedarf hätte einsetzen müssen, für dessen Deckung er Leistungen der Kriegsopferfürsorge erhalten hat.

2. Die nach BVG § 27e Abs. 1 zu treffende Ermessensentscheidung hat sich daran zu orientieren, wie der Betroffene durch die Überleitung wirtschaftlich belastet wird.

Berücksichtigung familiärer Bindungen

Leitsatz (redaktionell) (BVerwG 5. Senat, Urteil vom 12. Juli 1979, Az.: 5 C 35/78)

Zur Rechtsfrage, ob Umstände vorliegen, die eine Inanspruchnahme des Unterhaltsverpflichteten besonders hart erscheinen lassen, hat das Bundesverwaltungsgericht in BVerwGE 29, 229 (235) ausgeführt, dass eine sozialhilferechtliche Härte regelmäßig nur dann vorliegen werde, wenn mit der Inanspruchnahme soziale Belange vernachlässigt werden müssten.

Ausschließlichkeit der Regelung

Leitsatz (redaktionell) (BVerwG 5. Senat, Urteil vom 17. Mai 1972, Az.: V C 43.72)

Eine Erstattung der aufgewendeten Kosten kann auch nicht über die Vorschriften des 9. Abschnitts des Bundessozialhilfegesetzes verlangt werden, weil sich dieser Abschnitt, wie bereits die Abschnittsüberschrift zeigt, allein mit der Kostenerstattung zwischen den Trägern der Sozialhilfe befasst. Der Beklagte wird aber hier als Träger der Kriegsopferfürsorge in Anspruch genommen. Der Kläger kann schließlich nicht nach allgemeinem Verwaltungsrecht Erstattung verlangen.

Der Übergang von Ansprüchen gegen einen nach bürgerlichem Recht Unterhaltspflichtigen

Auskunft Unterhaltspflichtiger

Leitsatz (redaktionell) (Bayerischer Verwaltungsgerichtshof München 12. Senat, Urteil vom 8. Juli 2004, Az.: 12 B 99.3020)

Nach § 116 Abs. 1 Satz 1 BSHG sind u.a. die Unterhaltspflichtigen verpflichtet, dem Träger der Sozialhilfe über ihre Einkommens- und Vermögensverhältnisse Auskunft zu geben, soweit die Durchführung des Bundessozialhilfegesetzes es erfordert. Der Kläger ist danach zur Auskunft verpflichtet. Die Vorschrift stellt sicher, dass dem Grundsatz des Nachrangs der Sozialhilfe (§ 2 Abs. 1 BSHG) Geltung verschafft werden kann. Dieser wird, in Fällen wie hier, durch § 91 BSHG verwirklicht. Nach § 91 Abs. 1 Satz 1 BSHG geht ein bürgerlich-rechtlicher Unterhaltsanspruch, den ein Hilfeempfänger für die Zeit hat, für die Hilfe gewährt wird, bis zur Höhe der geleisteten Aufwendungen auf den Träger der Sozialhilfe über.

Leitsatz (redaktionell) (VG Münster 5. Kammer, Urteil vom 28. Juli 2003, Az.: 5 K 1410/01)

Zum Umfang der Auskunft der Schwiegertochter der Hilfeempfängerin über ihr Einkommen:

Die Rechtmäßigkeit dieses Auskunftsverlangens gegenüber der Klägerin setzt ebenso wenig wie die Rechtmäßigkeit des Auskunftsverlangens gegenüber dem Ehemann der Klägerin voraus, dass der Schwiegermutter der Klägerin bzw. der Mutter des Ehemannes der Klägerin der gemäß § 91 BSHG kraft Gesetzes übergeleitete Unterhaltsanspruch zusteht. Nach der Rechtsprechung des Bundesverwaltungsgerichts ist eine Überleitung nicht schon dann rechtswidrig, wenn der übergeleitete Anspruch nicht besteht, es sei denn, er bestünde offensichtlich nicht (mehr) – sogenannte Negativevidenz (BVerwG, Urteil vom 27. Mai 1993 – 5 C 7.91 –, BVerwGE 94, 281 = FEVS 44, 229 = NJW 1994, 64). Für die Auskunftspflicht nach § 116 Abs. 1 BSHG gelten keine strengeren Anforderungen, denn ihr Zweck ist es, dem Sozialhilfeträger erst die Prüfung zu ermöglichen, ob und in welchem Umfang der Nachrang der Sozialhilfe (§ 2 Abs. 1 BSHG) durch Inanspruchnahme Dritter hergestellt werden kann. Dieser Zweck gebietet es, als Unterhaltspflichtige im Sinne von § 116 Abs. 1 BSHG alle Personen anzusehen, die als Unterhaltsschuldner in Betracht kommen, d.h. nicht offensichtlich ausscheiden (BVerwG, Urteil vom 21. Januar 1993 – 5 C 22.90 –, a.a.O. und Urteil vom 17. Juni 1993 – 5 C 43.90 –, FEVS 44, 275 = NJW 1994, 66 sowie OVG NRW, Urteil vom 17. Januar 2000 – 22 A 6004/96 –, FEVS 51, 458 = NDV-RD 2000, 57 = NWVBl. 200, 391).

Im vorliegenden Fall ist ein Unterhaltsanspruch der Hilfeempfängerin gegenüber ihrem Sohn aus §§ 1601 ff. BGB nicht offensichtlich ausgeschlossen. Die von der Klägerin dagegen erhobenen Einwände betreffen die einzelfallbezogene Anwendung des hier maßgeblichen Unterhaltsrechts, die den Zivilgerichten vorbehalten ist. Diese Einwände berühren nicht die hier bestehende Möglichkeit eines Unterhaltsanspruches der Hilfeempfängerin gegenüber ihrem Sohn, dem Ehemann der Klägerin. Diese Erwägungen gelten auch für die Frage, ob privatrechtliche Unterhaltsverpflichtungen zwischen den Eheleuten durch den notariellen Vertrag vom 23. Februar 1998 ausgeschlossen werden und ob dieser von der Klägerin behauptete Ausschluss Auswirkungen auf die Unterhaltsverpflichtung des Ehemannes der Klägerin gegenüber seiner Mutter, der Hilfeempfängerin, hat. Diese Fragen müssen im Streitfall von den Zivilgerichten entschieden werden.

Die Durchführung des Bundessozialhilfegesetzes erfordert es, dass die Klägerin Auskunft über ihre Einkommensverhältnisse gibt. Die Erteilung der Auskunft dient, wie oben ausgeführt, dazu, dem Sozialhilfeträger die Prüfung zu ermöglichen, ob und in welchem Umfang der Nachrang der Sozialhilfe durch Inanspruchnahme Dritter hergestellt werden kann. Die von der Klägerin geforderte Auskunft ist geeignet, erforderlich und angemessen, diesen Zweck zu erfüllen.

Anwendung Härteklausel

Leitsatz (redaktionell) (OLG Koblenz 1. Senat für Familiensachen, Urteil vom 24. Mai 2004, Az.: 13 UF 192/00)

Gemäß § 91 Abs. 2 Satz 2 BSHG ist der gesetzliche Forderungsübergang des Anspruchs gegen einen nach bürgerlichem Recht Unterhaltspflichtigen nämlich ausgeschlossen, wenn dies eine unbillige Härte bedeuten würde. Das Gesetz konkretisiert dies in Satz 2, 2. Halbsatz der vorgenannten Vorschrift dahingehend, dass ein Härtefall in der Regel bei unterhaltspflichtigen Eltern angenommen werden muss, soweit der Sozialhilfeträger einem Behinderten, einem von einer Behinderung Bedrohten oder einem Pflegebedürftigen nach Vollendung des 21. Lebensjahres Eingliederungshilfe für Behinderte (§§ 39 ff. BSHG) oder Hilfe zur Pflege (§§ 68 ff. BSHG) gewährt. Diese, der allgemeinen Härteregelung (Satz 2, 1. Halbsatz) grundsätzlich vorgehende besondere Härteklausel gilt allerdings nur bei den vorgenannten bestimmtem Hilfen in besonderen Lebenslagen, nicht aber, wenn und soweit der Sozialhilfeträger andere Leistungen, wie hier die Hilfe zum Lebensunterhalt, gewährt. Sinn und Zweck der im 2. Halbsatz konkretisierten Privilegierung von Eltern pflegebedürftiger Kinder ist es, diese durch die Behinderung ihres erwachsenen Kindes ohnehin schwer getroffenen Eltern in solchen Fällen finanziell zu entlasten, in denen bei typisierender Betrachtungsweise über den täglichen Lebensunterhalt hinaus durch Maßnahmen der Eingliederungshilfe oder erforderliche Pflegekosten besonders hohe Kosten entstehen.

Leitsatz (redaktionell) (BGH 12. Zivilsenat, Urteil vom 21. April 2004, Az.: XII ZR 251/01)

Was unter dem Begriff der unbilligen Härte zu verstehen ist, unterliegt den sich wandelnden Anschauungen in der Gesellschaft. Was in früheren Zeiten im Rahmen eines Familienverbandes als selbstverständlicher Einsatz der Mitglieder der Familie ohne weiteres verlangt wurde, wird heute vielfach als Härte empfunden. Dabei kann diese Härte in materieller oder immaterieller Hinsicht bestehen und entweder in der Person des Unterhaltspflichtigen oder in derjenigen des Hilfeempfängers vorliegen. Bei der Auslegung der Härteklausel ist in erster Linie die Zielsetzung der Hilfe zu berücksichtigen, daneben sind auch die allgemeinen Grundsätze der Sozialhilfe zu beachten. Darüber hinaus ist auf die Belange und die Beziehungen in der Familie Rücksicht zu nehmen. Neben den wirtschaftlichen und persönlichen Verhältnissen der Beteiligten zueinander kommt es auf die soziale Lage an. Eine Härte liegt deshalb vor, wenn mit dem Anspruchsübergang soziale Belange vernachlässigt würden (Senatsurteil a.a.O. S. 1470).

Leitsatz (redaktionell) (BGH 12. Zivilsenat, Urteil vom 23. Juli 2003, Az.: XII ZR 339/00)

Zutreffend und von der Revision der Beklagten nicht angegriffen ist das Berufungsgericht davon ausgegangen, dass der Übergang des Unterhaltsanspruchs nicht bereits nach § 91 Abs. 2 Satz 2 2. Halbs. BSHG in der Fassung des Gesetzes zur Umsetzung des Föderalen Konsolidierungsprogramms vom 23. Juni 1993 (FKPG, BGBl. I S. 944) ausgeschlossen ist. Nach dieser Bestimmung liegt eine den Anspruchsübergang ausschließende unbillige Härte in der Regel bei unterhaltpflichtigen Eltern vor, soweit einem Behinderten, einem von einer Behinderung Bedrohten oder einem Pflegebedürftigen nach Vollendung des 21. Lebensjahres Eingliederungshilfe für Behinderte oder Hilfe zur Pflege gewährt wird. Voraussetzung für die Anwendung dieser im Gesetz konkretisierten Härteregelung ist mithin u.a., dass dem behinderten Kind Leistungen der Eingliederungshilfe für behinderte Menschen oder Hilfe zur Pflege gewährt wurden. Ist dies – wie hier bezüglich der von Jürgen D. bezogenen Hilfe zur Pflege – der Fall, erfolgt die Freistellung indessen nur wegen dieser Hilfe. Die Härteregelung gilt dagegen nicht für die – hier allein in Rede stehende – Hilfe zum Lebensunterhalt, wie sich aus der Formulierung „... soweit Hilfe zur Pflege gewährt wird" ergibt. Deshalb lässt die Bestimmung von ihrem Wortlaut her ein Absehen von der Inanspruchnahme des Unterhaltpflichtigen nicht schlechthin wegen jeder Art von Sozialhilfeleistungen zu, die einem Pflegebedürftigen gewährt werden. Da die Freistellung von der Heranziehung Unterhaltpflichtiger von dem generellen Nachrang der Sozialhilfe (§ 2 Abs. 2 Satz 1 BSHG) Ausnahmecharakter hat, ist es auch nicht zulässig, den Tatbestand des § 91 Abs. 2 Satz 2 Halbs. 2 BSHG umfassend auf Fälle der Gewährung von Hilfe zum Lebensunterhalt auszudehnen; das ist vielmehr Sache des Gesetzgebers.

Rechtswahrungsanzeige

Leitsatz (VG Göttingen 2. Kammer, Urteil vom 28. April 2004, Az.: 2 A 313/03)

Die Rechtswahrungsanzeige bewirkt rechtlich gesehen nur, dass später ggf. Unterhalt auch für die Vergangenheit gefordert werden kann.

Fehlende Bedürftigkeit

Leitsatz (redaktionell) (OLG Frankfurt 3. Senat für Familiensachen,
Urteil vom 21. November 2003, Az.: 3 UF 119/02)

Der Beklagte kann sich hier nicht auf fehlende Unterhaltsbedürftigkeit seines verstorbenen Vaters berufen. In Kenntnis eines seinem Vater zustehenden Nießbrauchsrechts an einem Grundstück, hat der beim Sozialamt der Stadt Mörfelden beschäftigte Beklagte dieses Recht im von ihm für den Vater ausgefüllten Sozialhilfeantrag vom 26.11/01.12.1993 nicht erwähnt, ebenso nicht die ihm damals bekannte Schenkung seines Vaters an die beigetretene Streitverkündete, Frau XYZ. Eine Berufung auf fehlende Bedürftigkeit im Hinblick auf diese fehlerhaften Angaben ist dem Beklagten gemäß Treu und Glauben (§ 242 BGB) nunmehr verwehrt.

Ausland

Leitsatz (OLG Stuttgart 19. Zivilsenat,
Beschluss vom 29. Oktober 2003, Az.: 19 VA 6/03)

Das Justizministerium Baden-Württemberg als Übermittlungsstelle ist gem. Art. 4 Abs. 1 UNUÜ 1956 nicht verpflichtet, einen Antrag an die türkische Empfangsstelle weiterzuleiten, dem ein nach § 91 BSHG übergeleiteter Unterhaltsanspruch zugrunde liegt.

Titelumschreibung

Leitsatz (OLG Karlsruhe Senat für Familiensachen,
Beschluss vom 1. August 2003, Az.: 5 WF 88/03)

1. Zum Nachweis des Forderungsübergangs bezüglich eines Unterhaltsanspruchs auf den Träger der Sozialhilfe genügt nach der Rechtsansicht des Senats dessen beglaubigte Aufstellung über die gezahlten Sozialhilfeleistungen, wobei diese monatlich spezifiziert aufzuschlüsseln sind.

2. Die Beachtung der sozialhilferechtlichen Schutzvorschriften (hier des § 91 Abs. 1 Satz 3 BSHG) bezüglich des Anspruchsübergangs braucht nicht urkundlich nachgewiesen zu werden. Etwaige Ausschlussgründe sind ggf. vom Unterhaltsschuldner selbst geltend zu machen.

Kostenerstattung

Leitsatz (VG Münster 5. Kammer, Urteil vom 28. März 2003, Az.: 5 K 1522/00)

Der Sozialhilfeträger hat nach BSHG § 91 Abs. 4 Satz 2 auch dann die durch den Auftrag zur gerichtlichen Geltendmachung entstandenen Anwaltskosten zu übernehmen, wenn sich die Angelegenheit vor Einreichung der Klageschrift erledigt hat.

Bemerkung zur Übertragbarkeit der Rechtsprechung auf das neue Recht des SGB XII:

Alle vorstehend zu den einzelnen Abschnitten genannten Entscheidungen sind auf das neue Recht uneingeschränkt übertragbar, da insoweit keine Abweichungen im neuen Recht erkennbar sind.

Hinweis: §§ 96 bis 101 SGB XII entfallen hier.

§ 102 SGB XII   Kostenersatz durch Erben

(1) Der Erbe der leistungsberechtigten Person oder ihres Ehegatten oder ihres Lebenspartners, falls diese vor der leistungsberechtigten Person sterben, ist vorbehaltlich des Absatzes 5 zum Ersatz der Kosten der Sozialhilfe verpflichtet. Die Ersatzpflicht besteht nur für die Kosten der Sozialhilfe, die innerhalb eines Zeitraumes von zehn Jahren vor dem Erbfall aufgewendet worden sind und die das Dreifache des Grundbetrages nach § 85 Abs. 1 übersteigen. Die Ersatzpflicht des Erben des Ehegatten oder Lebenspartners besteht nicht für die Kosten der Sozialhilfe, die während des Getrenntlebens der Ehegatten oder Lebenspartner geleistet worden sind. Ist die leistungsberechtigte Person der Erbe ihres Ehegatten oder Lebenspartners, ist sie zum Ersatz der Kosten nach Satz 1 nicht verpflichtet.

(2) Die Ersatzpflicht des Erben gehört zu den Nachlassverbindlichkeiten. Der Erbe haftet mit dem Wert des im Zeitpunkt des Erbfalles vorhandenen Nachlasses.

(3) Der Anspruch auf Kostenersatz ist nicht geltend zu machen,
1. soweit der Wert des Nachlasses unter dem Dreifachen des Grundbetrages nach § 85 Abs. 1 liegt,
2. soweit der Wert des Nachlasses unter dem Betrag von 15.340,00 Euro liegt, wenn der Erbe der Ehegatte oder Lebenspartner der leistungsberechtigten Person oder mit dieser verwandt ist und nicht nur vorübergehend bis zum Tod der leistungsberechtigten Person mit dieser in häuslicher Gemeinschaft gelebt und sie gepflegt hat,
3. soweit die Inanspruchnahme des Erben nach der Besonderheit des Einzelfalles eine besondere Härte bedeuten würde.

(4) Der Anspruch auf Kostenersatz erlischt in drei Jahren nach dem Tod der leistungsberechtigten Person, ihres Ehegatten oder ihres Lebenspartners. § 103 Abs. 3 Satz 2 gilt entsprechend.

(5) Der Ersatz der Kosten durch die Erben gilt nicht für Leistungen nach dem Vierten Kapitel und für die vor dem 1. Januar 1987 entstandenen Kosten der Tuberkulosehilfe.

Die Vorschrift überträgt inhaltsgleich den bisherigen § 92c des Bundessozialhilfegesetzes. Durch die Aufnahme des Lebenspartners im Sinne des Lebenspartnerschaftsgesetzes in Absatz 1 Satz 1 werden die Erben des Lebenspartners, der mit der leistungsberechtigten Person zusammengelebt hat, in die Ersatzpflicht gegenüber dem Träger der Sozialhilfe wie die Erben der leistungsberechtigten Person oder ihres Ehegatten einbezogen. Als Folgeänderung hierzu wird in Absatz 1 Satz 3 und 4, Absatz 3 Nr. 2 und Absatz 4 Satz 1 jeweils der Lebenspartner aufgenommen.

Durch die Folgeänderung in Absatz 1 Satz 3 wird die gegenüber dem Träger der Sozialhilfe bestehende Ersatzpflicht der Erben eines Lebenspartners wie die der Erben eines Ehegatten der leistungsberechtigten Person ausgeschlossen. Durch die Folgeänderung in Absatz 1 Satz 3 wird die Erbenhaftung ausgeschlossen, wenn die leistungsberechtigte Person selbst der Erbe seines Lebenspartners ist. Mit der Folgeänderung in Absatz 3 Nr. 2 wird sichergestellt, dass der Erbe des Lebenspartners, der mit der leistungsberechtigten Person bis zu deren Tod selbst eine Lebenspartnerschaft geführt, mit ihm in häuslicher Gemeinschaft gelebt und ihn gepflegt hat, dieselbe Vermögensschongrenze wie derjenige Erbe für sich in Anspruch nehmen kann, der im Zeitpunkt des Todes der leistungsberechtigten Person mit dieser verheiratet oder verwandt gewesen ist und sie gepflegt hat. Diese Grenze liegt einheitlich bei einem Nachlasswert in Höhe von 15.340,00 Euro.

Die Folgeänderung in Absatz 4 Satz 1 stellt sicher, dass der im Rahmen der Erbenhaftung des § 97 bestehende Anspruch des Trägers der Sozialhilfe auf Kostenersatz drei Jahre nach dem Tod des Lebenspartners erlischt. Sie entspricht damit der für Erben der leistungsberechtigten Person oder ihres Ehegatten geltenden Ausschlussfrist. Als maßgebliche Bezugsgröße wurde bisher in Absatz 1 Satz 2 und Absatz 3 Nr. 1 des bisherigen § 92c des Bundessozialhilfegesetzes auf das Zweifache des Grundbetrages der besonderen Einkommensgrenze nach dem bisherigen § 81 des Bundessozialhilfegesetzes abgestellt. Da die besondere Einkommensgrenze nicht in das Zwölfte Buch übertragen worden ist, gilt nunmehr als maßgebliche Bezugsgröße das Dreifache des Grundbetrages nach § 80.

§ 103 SGB XII Kostenersatz bei schuldhaftem Verhalten

(1) Zum Ersatz der Kosten der Sozialhilfe ist verpflichtet, wer nach Vollendung des 18. Lebensjahres für sich oder andere durch vorsätzliches oder grob fahrlässiges Verhalten die Voraussetzungen für die Leistungen der Sozialhilfe herbeigeführt hat. Zum Kostenersatz ist auch verpflichtet, wer als leistungsberechtigte Person oder als deren Vertreter die Rechtswidrigkeit des der Leistung zugrunde liegenden Verwaltungsaktes kannte oder infolge grober Fahrlässigkeit nicht kannte. Von der Heranziehung zum Kostenersatz kann abgesehen werden, soweit sie eine Härte bedeuten würde.

(2) Eine nach Absatz 1 eingetretene Verpflichtung zum Ersatz der Kosten geht auf den Erben über. § 102 Abs. 2 Satz 2 findet Anwendung.

(3) Der Anspruch auf Kostenersatz erlischt in drei Jahren vom Ablauf des Jahres an, in dem die Leistung erbracht worden ist. Für die Hemmung, die Ablaufhemmung, den Neubeginn und die Wirkung der Verjährung gelten die Vorschriften des Bürgerlichen

Gesetzbuchs sinngemäß. Der Erhebung der Klage steht der Erlass eines Leistungsbescheides gleich.

(4) Die §§ 44 bis 50 des Zehnten Buches bleiben unberührt. Zum Kostenersatz nach
Absatz 1 und zur Erstattung derselben Kosten nach § 50 des Zehnten Buches Verpflichtete haften als Gesamtschuldner.

Die Vorschrift überträgt im Wesentlichen inhaltsgleich den bisherigen § 92a des Bundessozialhilfegesetzes. Die bisherige Beschränkung auf die Fälle, in denen der Kos-
tenersatzpflichtige für sich oder für seine unterhaltsberechtigten Angehörigen die Voraussetzungen für die Leistungen der Sozialhilfe durch vorsätzliches oder grob
fahrlässiges Verhalten herbeigeführt hat, wird aufgegeben. Eine Ersatzverpflichtung
besteht künftig auch für Fälle, in denen für sonstige Dritte die Voraussetzungen für
die Leistungen der Sozialhilfe oder zu Unrecht erbrachte Leistungen der Sozialhilfe
herbeigeführt worden sind.

§ 104 SGB XII Kostenersatz für zu Unrecht erbrachte Leistungen

Zum Ersatz der Kosten für zu Unrecht erbrachte Leistungen der Sozialhilfe ist in entsprechender Anwendung des § 103 verpflichtet, wer die Leistungen durch vorsätzliches oder grob fahrlässiges Verhalten herbeigeführt hat. Zum Kostenersatz nach
Satz 1 und zur Erstattung derselben Kosten nach § 50 des Zehnten Buches Verpflichtete haften als Gesamtschuldner.

Die Vorschrift überträgt inhaltsgleich den bisherigen § 92a Abs. 4 des Bundessozialhilfegesetzes.

§ 105 SGB XII Kostenersatz bei Doppelleistungen, nicht erstattungsfähige Unterkunftskosten

(1) Hat ein vorrangig verpflichteter Leistungsträger in Unkenntnis der Leistung des
Trägers der Sozialhilfe an die leistungsberechtigte Person geleistet, ist diese zur Herausgabe des Erlangten an den Träger der Sozialhilfe verpflichtet.

(2) Von den bei den Leistungen nach § 27 oder § 42 berücksichtigten Kosten der Unterkunft, mit Ausnahme der Kosten für Heizungs- und Warmwasserversorgung, unterliegen 56 vom Hundert nicht der Rückforderung. Satz 1 gilt nicht im Fall des § 45
Abs. 2 Satz 3 des Zehnten Buches oder wenn neben der Hilfe zum Lebensunterhalt
gleichzeitig Wohngeld nach dem Wohngeldgesetz geleistet worden ist.

Mit dieser Vorschrift wird eine Regelungslücke zur Verhinderung des Doppelbezugs
von Sozialleistungen geschlossen. Danach sind Leistungsberechtigte zur Herausgabe des Erlangten an den Träger der Sozialhilfe verpflichtet, wenn ein vorrangig
Leistungsverpflichteter in Unkenntnis der Leistung des Trägers der Sozialhilfe zusätzlich an die leistungsberechtigte Person geleistet hat. Nach der Rechtsprechung
des Bundesverwaltungsgerichts ist in diesen Fällen eine Rückabwicklung eines Sozialhilfefalles nicht zulässig, wenn die Sozialhilfe rechtmäßig geleistet worden war, weil
eine andere vorrangige Sozialleistung im Zeitraum des Bedarfs nicht als „bereites
Mittel" zur Verfügung stand, sondern erst nachträglich bewilligt worden ist. Der Nachrang der Sozialhilfe ist vielmehr nach der Rechtsprechung des Bundesverwaltungsgerichts durch Erstattung wiederherzustellen, die jedoch bisher dann nicht möglich
ist, wenn der vorrangig verpflichtete Leistungsträger in Unkenntnis der Leistung des

nachrangig Verpflichteten seinerseits nach § 104 Abs. 1 des Zehnten Buches befreiend geleistet hat.

Die Rechtsprechung zum Kostenersatz durch Erben

Leitsatz (redaktionell) (Oberverwaltungsgericht Berlin 6. Senat, Urteil vom 23. Juni 2005, Az.: 6 B 23.03)

Allein aus der vom Gesetzgeber gewählten Formulierung „Erbe des Hilfeempfängers" kann nicht mit der gebotenen Eindeutigkeit auf die Notwendigkeit des Hilfebezugs bis zum Erbfall geschlossen werden. Systematik und Entstehungsgeschichte der Norm bestätigen den Befund und sprechen für die Anwendbarkeit der Regelung auf abgeschlossene Hilfefälle.

Aus den Gründen:

„... Der Kläger ist „Erbe eines Hilfeempfängers" i.S.d. § 92c Abs. 1 Satz 1 BSHG. Nach der Ausschlagung der Erbschaft durch die übrigen Erben nach Frau G. ist er alleiniger Rechtsnachfolger seiner Mutter geworden, für die der Beklagte innerhalb eines Zeitraums von zehn Jahren vor dem Erbfall am 4. November 1997 unstreitig Sozialleistungen erbracht hat. Der Kostenersatzanspruch ist insbesondere nicht bereits deshalb ausgeschlossen, weil der laufende rechtmäßige Hilfebezug zum 30. Juni 1996 – und damit über 16 Monate vor dem Erbfall – eingestellt worden war.

„... 1) Allein aus der vom Gesetzgeber gewählten Formulierung „Erbe des Hilfeempfängers" kann nicht mit der gebotenen Eindeutigkeit auf die Notwendigkeit des Hilfebezugs bis zum Erbfall geschlossen werden.

a) Das Bundessozialhilfegesetz enthält keine Legaldefinition des Begriffs „Hilfeempfänger". Während nach altem Fürsorgerecht sowohl der Hilfesuchende als auch der Empfänger einer Leistung mit dem einheitlichen Begriff „Hilfsbedürftiger" bezeichnet wurden, rückte der Gesetzgeber des Bundessozialhilfegesetzes davon ab, weil die Bezeichnung ebenso wie der Begriff „öffentliche Fürsorge" im Allgemeinen Sprachgebrauch in bestimmtem Sinne abwertend verstanden wurde und noch nicht von den Vorstellungen der Armenfürsorge losgelöst war. Außerdem umfasste das Bundessozialhilfegesetz eine Reihe neuer, bisher nicht zur öffentlichen Fürsorge gehörender Leistungen (vgl. Schellhorn/Schellhorn, BSHG, 16. Aufl. 2002, Einf. Rz. 22, 11 f.). Unterschieden wird daher in den Vorschriften des Bundessozialhilfegesetzes zwischen „Hilfesuchenden" und „Hilfeempfängern". Für Personen, denen laufende oder einmalige Leistungen bewilligt worden sind, ist – soweit ersichtlich – keine eigenständige Bezeichnung als „ehemalige" oder „frühere Hilfeempfänger" eingeführt. Es liegt daher nahe, dass sich der Begriff „Hilfeempfänger" gerade im Zusammenhang mit der Kostenersatzregelung nach § 92c BSHG sowohl auf Personen bezieht, denen Hilfe bis zum Todesfall gewährt wird, als auch auf diejenigen, die im Erbfall zwar keine Leistungen mehr bezogen haben, denen aber in den letzten zehn Jahren vor ihrem Tod (§ 92c Abs. 1 Satz 2 BSHG) Hilfe zuteil geworden ist.

b) Dass allein der (Teil)Wortlaut des Satzes 1 der Vorschrift („Erbe des Hilfeempfängers") keine hinreichend klare Antwort auf die Frage gibt, ob Kostenersatz durch Erben auch für abgeschlossene Hilfefälle beansprucht werden kann, lässt das Ver-

waltungsgericht im Grunde selbst erkennen, indem sich die Kammer dem für die enge Auslegung in Bezug genommenen Urteil der 17. Kammer des Verwaltungsgerichts Berlin vom 3. Dezember 1998 (VG 17 A 470.96) nur „im Wesentlichen" anschließt und einschränkend ausführt, dass „von dem Erblasser ... jedenfalls dann nicht mehr als >>Hilfeempfänger<< gesprochen werden" könne, „wenn – wie hier – die Hilfegewährung bereits längere Zeit vor dem Erbfall eingestellt worden" sei (UA S. 5). Damit verliert die Formulierung „Erbe des Hilfeempfängers" die ihr vom Verwaltungsgericht beigemessene begriffliche Trennschärfe, so dass dem Wortlaut insoweit – isoliert betrachtet – als juristisches Abgrenzungskriterium im Hinblick auf den hier interessierenden Zeitpunkt der Beendigung des Hilfebezugs keine allein ausschlaggebende Bedeutung zukommen kann. Denn wann es sich um eine „längere" und wann um eine „kürzere" Zeit der Hilfeeinstellung vor dem Erbfall handeln soll, ist völlig offen.

2) Systematik und Entstehungsgeschichte der Norm bestätigen den Befund und sprechen für die Anwendbarkeit der Regelung auf abgeschlossene Hilfefälle.

a) Nach § 92c Abs. 1 Satz 1 und 2 BSHG erstreckt sich der Umfang der Ersatzpflicht des Erben auf die „Kosten der Sozialhilfe". Darunter fallen sowohl die Kosten der Hilfe zum Lebensunterhalt (§ 21 BSHG) als auch der Hilfe in besonderen Lebenslagen (§ 27 BSHG). Die Hilfe zum Lebensunterhalt nach § 21 Abs. 1 BSHG umfasst ihrerseits nicht nur laufende, sondern gleichermaßen einmalige Leistungen. Diese sind gemäß § 21 Abs. 2 Satz 1 BSHG auch zu gewähren, wenn der Hilfesuchende zwar keine laufenden Leistungen zum Lebensunterhalt benötigt, den Lebensunterhalt jedoch aus eigenen Kräften und Mitteln nicht voll beschaffen kann. Selbst die Eilfallhilfe des Nothelfers (§ 121 BSHG) wird im Schrifttum als kostenersatzfähig angesehen. Ausgenommen sind lediglich Fälle nach §§ 19 Abs. 2, 20 Abs. 2 und 92 Abs. 2 BSHG sowie die Kosten der vor dem 1. Januar 1987 entstandenen Tuberkulosehilfe (vgl. Schoch, Sozialhilfe, 3. Aufl. 2001, S. 506; Schellhorn/ Schellhorn, a.a.O., § 92c, Rz. 12; Mergler/Zink, BSHG, Std. 2004, § 92c Rz. 19).

Ist somit die Pflicht zum Kostenersatz nicht auf die laufende Hilfe zum Lebensunterhalt beschränkt, sondern umfasst sie ebenso die Kosten anderer Hilfearten, die „innerhalb eines Zeitraumes von 10 Jahren vor dem Erbfall aufgewendet worden" (§ 92c Abs. 1 Satz 1 BSHG) und innerhalb von „3 Jahren nach dem Tode des Hilfeempfängers" geltend zu machen sind (§ 92c Abs. 4 BSHG), führt die am vermeintlichen Wortsinn „Erbe des Hilfeempfängers" haftende „begriffsjuristische" Herangehensweise des Verwaltungsgerichts, auf den aktuellen Hilfebezug im Todeszeitpunkt abzustellen, zu einer system- und sinnwidrigen Verkürzung des Regelungsgehalts der Norm.

b) Entgegen den Feststellungen des Verwaltungsgerichts enthält auch die amtliche Begründung zur Einführung des § 92c Abs. 1 Satz 2 BSHG zum 1. Oktober 1969 durch das Zweite Gesetz zur Änderung des BSHG (2. BSHG-ÄndG) vom 14. August 1969 (BGBl. I S. 1153; BT-Drs.- V/3495, zu Nr. 30, Abschnitt 6, S. 16) einen Hinweis auf die Einbeziehung bereits abgeschlossener Hilfefälle in den Anwendungsbereich der Vorschrift. In der allgemeinen Vorbemerkung zur Änderung des Abschnitts 6 „Kostenersatz" heißt es wörtlich: „2. Neu aufgenommen werden die Vorschriften des § 92c über die Ersatzpflicht des Erben des früheren Hilfeempfängers oder dessen Ehegatten". Entsprechend gingen auch die in der Literatur geäußerten Überlegungen zum „Vollzug des § 92c BSHG in der Praxis" bereits bei Einführung der Bestimmung offenkundig von der Notwendigkeit aus, Kriterien für die Fälle zu entwickeln, „in wel-

chen die Hilfe nicht durch Tod des Hilfeempfängers endet", wobei vermutet wurde, dass dies „wohl die meisten Fälle" seien (so Zeitler, Kostenersatz durch Erben nach § 92c BSHG, ZfS 1970, 349 ff., 350).

3) Schließlich sprechen auch Sinn und Zweck der selbstständigen Erbenhaftung gegen die enge Wortlautinterpretation des Verwaltungsgerichts. Der Zweck der Kostenersatzpflicht liegt nämlich in erster Linie darin, „im öffentlichen Interesse eine möglichst umfassende >>Refinanzierung<< aufgewendeter Sozialhilfekosten sicherzustellen" (zuletzt BVerwG, Urteil vom 10. Juli 2003 – BVerwG 5 C 17.02 –, FEVS 55, 124 ff.,127 f.). Dies folgt – wie dargelegt – schon aus dem im Wortlaut des § 92c Abs. 1 Satz 1 und 2 BSHG („Kosten der Sozialhilfe") zum Ausdruck kommenden sachlichen Umfang der zu erstattenden Leistungen. Könnte hingegen – wie das Verwaltungsgericht meint – von dem Erben eines Hilfeempfängers nur gesprochen werden, wenn der Hilfeempfänger bis zu seinem Tod Hilfe bezogen hätte, wäre der Anwendungsbereich des § 92c BSHG in einer dem erkennbaren Gesetzeszweck widersprechenden Weise auf Fälle laufender Leistungen beschränkt. Angesichts der unterschiedlichen Hilfearten, die der originären Ersatzpflicht durch den Erben unterliegen, und des Regelungszwecks der Bestimmung kann es daher auf die jeweilige Dauer des Hilfebezugs innerhalb des maßgeblichen Zeitraums von zehn Jahren seit dem Erbfall nicht ankommen (ebenso Gottschick/Giese, BSHG, 9. Aufl.1985, § 92c Rz. 2.2.). Im Übrigen dürften den Urteilen des VGH München vom 15. Juli 2003 (– 12 B 99.1700 –, juris), des OVG Münster vom 20. Februar 2001 (– 22 A 2695.99 –, FEVS 53, 378 ff.) und des OVG Lüneburg vom 29. Juli 1987 (– 4 A 40.85 –, juris) mit Blick auf den zeitlichen Ablauf vergleichbare Lebenssachverhalte zugrunde gelegen haben, ohne dass die Unterbrechung des Leistungsbezugs vor dem Todesfall thematisiert und die Anwendbarkeit des § 92c BSHG ins Frage gestellt wurde." ...

Leitsatz (Bayerisches Oberstes Landesgericht 3. Zivilsenat, Beschluss vom 3. März 2005, Az.: 3Z BR 192/04)

Die Festsetzung des Rückgriffanspruchs gegen den Erben eines Betreuten, dessen Betreuer aus der Staatskasse vergütet worden ist, scheidet nicht allein deshalb aus, weil dem Betreuten auch Sozialhilfe gewährt wurde und der Sozialhilfeträger den Erben gemäß § 92c BSHG auf Ersatz der Sozialhilfekosten in Anspruch nimmt.

Leitsatz (redaktionell) (BVerwG 5. Senat, Urteil vom 10. Juli 2003, Az.: 5 C 17/02)

Nach § 92c Abs. 1 BSHG ist der Erbe des Hilfeempfängers oder seines Ehegatten, falls dieser vor dem Hilfeempfänger stirbt, zum Ersatz der Kosten der Sozialhilfe verpflichtet; nach Satz 2 besteht die Ersatzpflicht nur für die Kosten der Sozialhilfe, die innerhalb eines Zeitraumes von zehn Jahren vor dem Erbfall aufgewendet worden sind und die das Zweifache des Grundbetrages nach § 81 Abs. 1 BSHG übersteigen.

Die Kostenersatzpflicht von Erben knüpft damit an verschiedene Erbfälle an, jedenfalls an den Erbfall nach dem Hilfeempfänger, gegebenenfalls aber auch an den Erbfall nach dessen Ehegatten, nämlich dann, wenn dieser vor dem Hilfeempfänger stirbt. § 92c BSHG regelt also zwei mögliche Kostenersatzansprüche. Entgegen der Ansicht der Vorinstanz folgt aus dem Wort „oder" und der Verwendung des Singulars („ist verpflichtet") keine Beschränkung des Kostenersatzes entweder auf den Erben des Hilfeempfängers oder den Erben des vorverstorbenen Ehegatten dahin, dass die Kostenersatzpflicht des einen Erben die des anderen ausschließt. Vielmehr kommt durch das Wort „oder" und die Verwendung des Singulars („ist verpflichtet") zum Ausdruck, dass verschiedene Erbfälle verschiedene Kostenersatzpflichten zur Folge haben; ist der Hilfeempfänger gestorben, ist dessen Erbe zum Kostenersatz verpflichtet, ist der Ehegatte des Hilfeempfängers vor diesem gestorben, ist der Erbe des Ehegatten zum Kostenersatz verpflichtet.

Die jeweilige Kostenersatzpflicht knüpft nicht nur an einen bestimmten Erbfall, den des Hilfeempfängers oder den des vorverstorbenen Ehegatten, an, sondern bleibt maßgeblich auf diesen Erbfall auch in Bezug auf Entstehung (§ 92c Abs. 2 Satz 1 BSHG: Nachlassverbindlichkeit) und Umfang (§ 92c Abs. 1 Satz 2 BSHG: Kosten der Sozialhilfe, die innerhalb eines Zeitraumes von 10 Jahren vor dem Erbfall aufgewendet worden sind).

Leitsatz (Oberverwaltungsgericht für das Land Nordrhein-Westfalen 12. Senat, Beschluss vom 16. Juli 2002, Az.: 12 A 2866/01)

Hat der Beklagte dem Vater der Klägerin erweiterte Hilfe im Sinne des § 29 BSHG gewährt (1.), besteht kein Anspruch nach § 92c BSHG (2.). Ein deswegen fehlerhafter Leistungsbescheid des Beklagten könnte nicht im Wege der Umdeutung als Verwaltungsakt, mit dem eine Forderung von Aufwendungsersatz auf der Grundlage von § 29 Satz 2 BSHG geltend gemacht wird, aufrechterhalten werden (3.).

Leitsatz (Verwaltungsgerichtshof Baden-Württemberg 7. Senat, Urteil vom 11. März 2002, Az.: 7 S 2490/00)

Im Falle des Vorversterbens des Ehegatten des Hilfeempfängers sind allein dessen Erben zum Kostenersatz für die bis zu seinem Tode dem Hilfeempfänger gewährten Sozialhilfeleistungen verpflichtet.

Leitsatz (redaktionell) (Oberverwaltungsgericht Rheinland-Pfalz 12. Senat, Urteil vom 5. April 2001, Az.: 12 A 10133/01)

Die danach grundsätzlich bestehende Ersatzpflicht der Klägerin ist in mehrfacher Hinsicht eingeschränkt: Zum einen haftet der Erbe nach § 92c Abs. 2 Satz 2 BSHG nur mit dem Wert des im Zeitpunkt des Erbfalles vorhandenen Nachlasses. Zum anderen ist der Anspruch auf Kostenersatz nach § 92c Abs. 3 Nr. 1 BSHG nicht geltend zu machen, soweit der Wert des Nachlasses unter dem Zweifachen des Grundbetrages nach § 81 Abs. 1 BSHG liegt, der im Zeitpunkt des Erbfalls maßgeblich ist (Schaefer in: Fichtner, BSHG, 1999, § 92c Rz 8; Schellhorn/Jirasek/Seipp, BSHG, 15. Aufl. 1997, § 92c Rz 14; Sozialhilferichtlinien Rheinland-Pfalz, Stand Juli 2000, Ziffer 92c.06). Zur Ermittlung der Ersatzpflicht der Klägerin sind die Sparguthaben ihrer Mutter in einer Gesamthöhe von 10.595,00 DM also zunächst um den Betrag von 3.012,00 DM zu verringern. Außerdem sind Beerdigungskosten in Höhe von 6.049,75 DM anzuerkennen und ebenfalls abzusetzen, so dass sich ein Kostenersatzanspruch der Beklagten von 1.533,25 DM ergibt.

Leitsatz (redaktionell) (Oberverwaltungsgericht für das Land Nordrhein-Westfalen 22. Senat, Urteil vom 20. Februar 2001, Az.: 22 A 2695/99)

Wie die weitere Entstehungsgeschichte des § 92c BSHG und seine systematische Stellung verdeutlichen, mutet es der Gesetzgeber nach seiner wertenden Entscheidung dem Erben zu, mit dem Nachlassvermögen auch dann zu haften, wenn der Hilfeempfänger selbst nach den Bestimmungen des Abschnitts 6 des Bundessozialhilfegesetzes zum Ersatz der Sozialhilfe, die er vor dem Erwerb eines die zukünftige Hilfegewährung sogar ausschließenden Vermögens erhalten hat, nicht verpflichtet ist.

Leitsatz (Oberverwaltungsgericht für das Land Nordrhein-Westfalen 24. Senat, Urteil vom 23. September 1997, Az.: 24 A 3103/93)

Die Verpflichtung des Erben eines Empfängers von Sozialhilfe zum Kostenersatz nach § 92c BSHG besteht nur, wenn die Hilfe rechtmäßig gewährt worden ist (wie BVerwG, Urteil vom 21. Oktober 1987 – 5 C 39.85 –, BVerwGE 78, 165 = FEVS 37, 1, und OVG NW, Urteil vom 5. Dezember 1985 – 8 A 269/ 84 –, FEVS 35, 457 = NDV 1986, 295).

Leitsatz (BVerwG 5. Senat, Urteil vom 5. Mai 1994, Az.: 5 C 43/91)

1. Sozialhilfeansprüche sind nach Maßgabe der §§ 58, 59 SGB I vererblich, wenn der Hilfebedürftige zu Lebzeiten seinen Bedarf mithilfe eines im Vertrauen auf die spätere Bewilligung von Sozialhilfe vorleistenden Dritten gedeckt hat, weil der Träger der Sozialhilfe nicht rechtzeitig geholfen oder Hilfe abgelehnt hat.

2. Hat dagegen der Hilfesuchende den Bedarf aus eigenem Einkommen oder Vermögen gedeckt, zu deren Einsatz er sozialhilferechtlich nicht verpflichtet war, kommt ein Anspruchsübergang nicht in Betracht.

Die Rechtsprechung zum Kostenersatz bei schuldhaftem Verhalten

Leitsatz (redaktionell) (Oberverwaltungsgericht Rheinland-Pfalz 12. Senat, Urteil vom 21. Oktober 2004, Az.: 12 A 11206/04)

Richtig ist zwar, dass das Entstehen eines Kostenersatzanspruchs nach § 92a Abs. 4 Satz 1 SGB den Erlass eines Rücknahmebescheides gemäß § 45 SGB X gegenüber dem Leistungsempfänger voraussetzt (s.o.). Richtig ist ferner, dass die Unrechtmäßigkeit der Sozialhilfeleistung i.S.v. § 92a Abs. 4 Satz 1 BSHG dem Sozialhilfeträger bei deren Erbringung noch nicht bekannt ist, sondern stets erst später bekannt wird. Richtig ist schließlich, dass deshalb die in § 92a Abs. 3 Satz 1 BSHG genannte Frist von drei Jahren von dem Ende des Jahres an, in dem die Hilfe gewährt worden ist, bereits abgelaufen sein kann, bevor der Sozialhilfeträger von den für die Unrechtmäßigkeit der Leistungserbringung maßgeblichen Tatsachen erfährt. Dies zwingt indessen nicht zu der Annahme, dass deshalb ein Kostenersatzanspruch nach § 92a Abs. 4 Satz 1 BSHG bei entsprechender Anwendung von § 92a Abs. 3 Satz 1 BSHG erst drei Jahre nach Ablauf des Jahres zu laufen beginnt, in dem der Sozialhilfeträger Kenntnis von den die Rücknahme des Leistungsbescheides rechtfertigenden Tatsachen erhält oder in dem er gar erst durch Erlass eines Rücknahmebescheides i.S.v. § 45 Abs. 4 SGB X hierauf reagiert. Vielmehr ist in den Fällen, in denen der Sozialhilfeträger erst so spät von der Unrechtmäßigkeit erbrachter Sozialhilfeleistungen erfährt, dass innerhalb von drei Jahren vom Ablauf des Jahres an, in dem die Hilfe gewährt worden ist, kein Rücknahmebescheid nach § 45 SGB X mehr gegenüber dem Leistungsempfänger ergeht, die Annahme geboten, dass dann ein Kostenersatzanspruch nach § 92a Abs. 4 Satz 1 BSHG gar nicht erst entsteht.

Leitsatz (VG Mainz 1. Kammer, Urteil vom 25. März 2004, Az.: 1 K 278/03.MZ)

Die nur entsprechende Anwendung von § 92a Abs. 3 BSHG bei Geltendmachung eines Anspruchs nach § 92a Abs. 4 BSHG gebietet es, bei Anwendung der Drei-Jahres-Frist nicht auf das Ende des Leistungsbezugs, sondern auf den Zeitpunkt der Aufhebung des zu Unrecht ergangenen Leistungsbescheides als Voraussetzung für den Erlass des Rückforderungsbescheides abzustellen.

Leitsatz (Oberverwaltungsgericht für das Land Nordrhein-Westfalen 12. Senat, Urteil vom 15. März 2004, Az.: 12 A 3993/02)

Ein Anspruch auf Ersatz der Kosten zu Unrecht erbrachter Leistungen der Sozialhilfe gemäß § 92a Abs. 4 Satz 1 BSHG erlischt in entsprechender Anwendung des § 92a Abs. 3 Satz 1 BSHG in drei Jahren vom Ablauf des Jahres an, in dem er aufgrund der Rücknahme der rechtswidrigen Sozialhilfebewilligung entstanden ist.

Leitsatz (VG Münster 5. Kammer, Urteil vom 7. August 2003, Az.: 5 K 875/00)

Es besteht die Pflicht zum Kostenersatz wegen sozialwidrigen Verhaltens, wenn der Hilfeempfänger seinen Krankenversicherungsschutz verliert, weil er es versäumt hat, einen Antrag auf Bewilligung von Arbeitslosenhilfe zu stellen. Kein Anspruch auf Sozialhilfe bei Bedarfsdeckung vor Bekanntwerden des Bedarfs.

Leitsatz (redaktionell) (Bayerischer Verwaltungsgerichtshof München 12. Senat, Beschluss vom 26. Mai 2003, Az.: 12 B 99.2576)

Zunächst ist festzuhalten, dass § 92a Abs. 4 BSHG, der § 92a BSHG durch Art. 1 Nr. 7b des Zweiten Gesetzes zur Umsetzung des Spar-, Konsolidierungs- und Wachstumsprogramms (2. SKWPG) vom 21. Dezember 1993 (BGBl I S. 2374) angefügt wurde und am 1. Januar 1994 in Kraft trat (Art. 12 Abs. 1 2. SKWPG), ein eigenständiger und zusätzlicher Ersatzanspruch für zu Unrecht erbrachte Leistungen ist, der selbstständig neben dem Erstattungsanspruch nach § 50 SGB X gilt und sich insbesondere gegen Personen richtet, die die zu Unrecht gewährten Sozialhilfeleistungen nicht empfangen haben (vgl. dazu auch BVerwG vom 20.11.1997 BVerwGE 105, 374 = DVBl 1998, 475 = FEVS 48, 423; Linhart, BayVBl 1996, 486; W. Schellhorn/H. Schellhorn, BSHG, 16. Aufl. 2002, RdNr. 46 zu § 92a)

Leitsatz (BVerwG 5. Senat, Urteil vom 10. April 2003, Az.: 5 C 4/02)

1. Die aus dem Rechtsstaatsprinzip abzuleitende und in Art. 6 Abs. 2 EMRK inhaltlich näher ausgeformte Unschuldsvermutung gebietet es nicht, von einer Heranziehung zum Kostenersatz nach § 92a Abs. 1 BSHG bis zum rechtskräftigen Abschluss eines anhängigen Strafverfahrens abzusehen, wenn sie auf ein vorsätzliches oder fahrlässiges sozialwidriges Verhalten unabhängig von dessen Strafbarkeit gestützt wird.

2. Eine sozialwidrig herbeigeführte Mittellosigkeit als im Sinne des § 92a Abs. 1 BSHG haftungsauslösender Umstand kann – bei Vorliegen der Verschuldensvoraussetzungen dieser Bestimmung – eine Heranziehung zum Kostenersatz für die den unterhaltsberechtigten Angehörigen gewährte Sozialhilfe auch für Zeiten einer Untersuchungshaft und einer Ersatzfreiheitsstrafe rechtfertigen.

Leitsatz (Verwaltungsgerichtshof Baden-Württemberg 7. Senat, Urteil vom 5. Dezember 2001, Az.: 7 S 2825/99)

Zur Frage, unter welchen Voraussetzungen eine Inhaftierung zur Kostenersatzpflicht führen kann.

(redaktionell): Nach § 92a Abs. 1 Satz 1 BSHG ist zum Ersatz der Kosten der Sozialhilfe verpflichtet, wer nach Vollendung des 18. Lebensjahres die Voraussetzungen für die Gewährung der Sozialhilfe an sich selbst oder an seine unterhaltsberechtigten Angehörigen durch vorsätzliches oder grob fahrlässiges Verhalten herbeigeführt hat. Nach der Rechtsprechung des BVerwG handelt es sich beim Ersatzanspruch nach § 92a Abs. 1 BSHG um einen quasi-deliktischen Anspruch, weil dieser von einem schuldhaften Verhalten des Ersatzpflichtigen abhängt (Urt. v. 23.09.1999 – 5 C 22.99 – und Urt. v. 24.06.1976 – V C 41.74 – Buchholz § 92a BSHG Nrn. 2 und 8). Die Gewährung von Sozialhilfe muss objektiv sozialwidrig herbeigeführt worden sein; ferner muss sich der Ersatzpflichtige der Sozialwidrigkeit seines Verhaltens bewusst oder grob fahrlässig nicht bewusst sein (aaO). Zu berücksichtigen ist zusätzlich, dass der Kostenersatz als Mittel der Durchsetzung des Nachrangprinzips eine Ausnahme darstellt. Das schlichte Nichtleisten von Unterhalt an Unterhaltsberechtigte trotz Leistungsfähigkeit genügt diesen Anforderungen nicht; der Nachrang der Sozialhilfe ist in diesen Fällen durch die Verfolgung und Durchsetzung des Unterhaltsanspruchs herzustellen (BVerwG, a.a.O., Buchholz § 92a Nr. 2).

Die Rechtsprechung zum Kostenersatz für zu Unrecht erbrachte Leistungen

Leitsatz (VG Lüneburg 6. Kammer, Gerichtsbescheid vom 17. Juni 2004, Az:. 6 A 120/03)

Die Rückforderung von Sozialhilfeleistungen von Dritten, hier einem ambulanten Pflegedienst, setzt die Rücknahme der Sozialhilfebewilligungsbescheide voraus.

Aus den Gründen:

„... Als Anspruchsgrundlage kommt auch nicht § 92a Abs. 4 BSHG in Betracht. Danach ist zum Ersatz zu Unrecht erbrachter Leistungen der Sozialhilfe (§ 50 SGB X) in entsprechender Anwendung der Abs. 1 bis 3 des § 92a BSHG verpflichtet, wer die Leistung durch vorsätzliches oder grob fahrlässiges Verhalten herbeigeführt hat. Abgesehen von der Frage, ob diese Vorschrift auf Einrichtungsträger überhaupt anwendbar ist (dagegen spricht der Verweis auf § 92a Abs. 1 BSHG, der auf zu Unrecht erbrachte Leistungen an den Verpflichteten selbst oder an seine unterhaltsberechtigten Angehörigen abstellt; siehe auch OVG Brandenburg, Urt. v. 27.01.2000, a.a.O.), kann die Klägerin deshalb keinen Anspruch aus dieser Vorschrift herleiten, weil sie auf § 50 SGB X Bezug nimmt. Das bedeutet, dass der Ersatzanspruch die Aufhebung des fehlerhaften Bewilligungsbescheides gegenüber dem Hilfeempfänger voraussetzt (Conradis in LPK-BSHG, 6. Aufl. 2003, § 92a RdNr. 22). Dies ist hier jedoch – soweit ersichtlich – nicht geschehen." ...

Leitsatz (redaktionell) (BVerwG 5. Senat, Beschluss vom 26. Januar 1998, Az.: 5 B 40/97)

Das Gesetz geht also davon aus, dass die Haftung des Kostenersatzpflichtigen gemäß § 92 a Abs. 4 Satz 1 BSHG die Erstattungsansprüche gegen den Empfänger nicht verdrängt (etwas anderes ergibt sich auch nicht aus der von den Klägern für ihre Auffassung in Anspruch genommenen Kommentarstelle bei Mergler/Zink, BSHG, § 92a BSHG RdNr. 47, wo ein Vorrang des Anspruchs aus § 92a BSHG für den Fall angenommen wird, dass der Hilfeempfänger selbst der Verursacher ist; für den Fall, dass sowohl gegenüber dem Hilfeempfänger nach § 50 SGB X als auch gegenüber dem Verursacher nach § 92a Abs. 4 BSHG ein Erstattungs- bzw. Kostenersatzanspruch besteht, wird auch von Mergler/Zink gesamtschuldnerische Haftung nach § 92a Abs. 4 S. 2 BSHG angenommen). Ob die Behörde mit der Inanspruchnahme des Hilfeempfängers das Auswahlermessen zwischen den Gesamtschuldnern (BVerwG, Urteil vom 22. Januar 1993 – BVerwG 8 C 57.91 – <Buchholz 401.71 AFWoG Nr. 10 = NJW 1993, 1667/9>) im Einzelfall rechtsfehlerfrei ausgeübt hat, wie das Berufungsurteil (S. 9 der Entscheidungsgründe) annimmt, betrifft die rechtliche Würdigung der Umstände des Einzelfalles und verleiht der Rechtsfrage keine grundsätzliche Bedeutung.

Leitsatz (BVerwG 5. Senat, Urteil vom 20. November 1997, Az.: 5 C 16/97)

Eine Pflicht Dritter zum Ersatz schuldhaft verursachter Kosten der Sozialhilfe nach § 92a Abs. 4 Satz 1 BSHG besteht nur, wenn die Sozialhilfebewilligung gegenüber dem Empfänger der Hilfe aufgehoben worden ist.

Leitsatz (redaktionell) (Verwaltungsgerichtshof Baden-Württemberg 6. Senat, Urteil vom 20. Oktober 1995, Az.: 6 S 2670/94)

§ 92a Abs. 4 BSHG lässt sich aber nicht entnehmen, dass er nur zum Ersatz von Leistungen verpflichten wollte, die nach seinem In-Kraft-Treten vorsätzlich oder grob fahrlässig herbeigeführt wurden. Eine Übergangsvorschrift besteht nicht. Der Gesetzgeber wollte mit der Vorschrift eine als unerträglich empfundene Lücke schließen (vgl. zur Begründung BT-Drucks. 12/5903, 12/5930 (S. 4) mit Verweis auf BVerwG, Urt. vom 22.10.1992 – 5 C 65.88 –, FamRZ 1993, 544; vgl. für den vorliegenden Zusammenhang zuvor BVerwG, Urt. vom 30.04.1992 – 5 C 29.88 –, NJW 1993, 215 = NDV 1992, 340). Die neue Vorschrift sollte mithin keine Neuordnung eines abgegrenzten Regelungsbereichs für die Zukunft schaffen, durch welche die bisherige Ordnung abgelöst würde; vielmehr sollte die bisherige Ordnung gerade aufrechterhalten und in bestimmter Hinsicht vervollkommnet werden. Das aber spricht für den gesetzgeberischen Willen zu einer sofortigen und uneingeschränkten Anwendbarkeit der Vorschrift.

Hinweis: §§ 106 bis 136 SGB XII entfallen hier.

Stichwortverzeichnis

Fortbildung und Praxis

Gesamtverzeichnis der Schriftenreihe der Zeitschrift „Wege zur Sozialversicherung"

Die Bücher sind einzeln oder im Abonnement zu beziehen. Bei Bezug im Abonnement werden 20 Prozent Preisnachlass gewährt. Neu erscheinende Bücher werden Ihnen dann in loser Folge automatisch zugesendet. Das Abonnement kann jederzeit begonnen und gekündigt werden. Alle Preise incl. MwSt. und zuzüglich Versandkosten.

(mehr s. Rückseite)